HISTOIRE
DE LA VILLE
DE
MONTPELLIER

Depuis son origine jusqu'à notre temps

Par Charles D'AIGREFEUILLE

NOUVELLE ÉDITION
PUBLIÉE SOUS LA DIRECTION
De M. DE LA PIJARDIÈRE
Archiviste de l'Hérault
Bibliothécaire honoraire de la bibliothèque Sainte-Geneviève, Président de la Société des Bibliophiles Languedociens
ET
PAR PLUSIEURS MEMBRES DE CETTE SOCIÉTÉ

QUATRIÈME VOLUME

A MONTPELLIER
Chez C. COULET, Libraire-Éditeur
de la Société des Bibliophiles Languedociens
Grand'rue, 5

M DCCC LXXXII

COLLECTION DES CENT-QUINZE

DE LA SOCIÉTÉ

DES BIBLIOPHILES LANGUEDOCIENS

HISTOIRE
DE LA VILLE
DE MONTPELLIER

AVIS IMPORTANT

La Société, laiffant à chaque auteur ou éditeur la refponfabilité de fes écrits, déclare ne point accepter la folidarité des opinions énoncées dans les ouvrages qu'elle fait imprimer.

(*Statuts*, ext. de l'art 1er.)

HISTOIRE
DE LA VILLE
DE MONTPELLIER
Par D'AIGREFEUILLE

CONTINUATION, ADDITIONS ET CORRECTIONS

LIVRE PREMIER

Documents pour servir à la continuation de l'histoire de Montpellier sous l'ancien régime.

PREMIÈRE PARTIE.

Depuis le mois de septembre 1729 jusqu'à la mort de Louis XV.

ELLATION de ce qui s'est passé dans la ville de Montpellier à l'occasion de la naissance de monseigneur le dauphin :
 Le 11 septembre 1729, on seut à Montpellier que la reyne avoit accouché d'un dauphin le 4 dud. mois, ce qui cauza une grande joye à la ville, & le soir il fut tiré trois salves de canon

1729.

Mémoires des greffiers de la ville. Vol. VI, p. 179.(1)

---

(1) Ces mémoires, encore inédits, contiennent le récit des principaux événements qui se sont produits à Montpellier depuis l'année 1640 jusqu'au commencement de la Révolution. Ils sont l'œuvre des greffiers

1729.

de la citadelle, de demy heure en demy heure, en tout vingt sept coups de canon.

Le soir du même jour on tira beaucoup de bouëttes de la salpetriere.

PAGE 180.

Le 14 dud. mois, messieurs les consuls viguiers de Montpellier receurent la lettre du roy, & celle de monseigneur le duc* du Maine, gouverneur de la province, & de M. de St. Florantin, ministre & secrétaire d'Etat, qui leur marquent la naissance de monseigneur le dauphin avec ordre d'assister au *te deum*, aux prieres publiques, & à la procession que le roy a ordonné etre faittes, & pour faire des feux de joye & autres rejouïssances à l'occazion de la naissance de monseigneur le dauphin, dont la teneur s'en suit :

De par le roy :

PAGE 181.

Très chers & bien amés, de toutes les graces qu'il a pleu à Dieu de rependre sur nous depuis notre avenement à la couronne, ce qu'il nous accorde aujourd'huy par la naissance d'un fils, dont la reyne, notre tres chere épouze & compagne vient d'estre heureusement délivrée, est la marque la plus visible que nous ayons encore receue de sa protection, nous y sommes d'autant plus sensibles, qu'en comblant nos vœux & ceux de nos peuples, elle assure le bonheur de notre etat ; c'est dans le sentiment de la juste reconnoissance que nous avons d'un evenement sy* avantageux, que nous croyons ne pouvoir trop tot rendre à la divine providence les actions de graces qui lui en sont deües & nous donnons nos ordres aux archevèques & eveques de notre royaume d'y faire chanter le *te deum* dans toutes les eglizes de leur diocese, & vous faisons cette lettre pour vous mander & ordonner de vous rendre à celluy qui sera celebré dans l'eglize principalle de notre ville de Montpellier ; ainsy qu'à la procession & autres prieres publiques que nous avons pareillement ordonnées, & ensuite faire faire des feux de joye & tirer le canon, ainsy qu'il est accoustumé en pareil cas, pour marque de rejouïssance publique. Donné à Versailles le IIIIme jour de septembre 1729. Louis, signé, & plus bas Phelipeaux. Et au dos est ecrit : à nos tres chers & bien amés les consuls de notre ville de Montpellier.

A Versailles, le 5 septembre 1729.

PAGE 182.

Messieurs les maire & consulz de la ville de Montpellier, cette lettre n'est que pour accompagner* celle du roy par laquelle vous apprendrés que son intention est que vous assistiés au *te deum* que sa majesté veut estre chanté dans l'eglize cathedralle de lad. ville, ainsy qu'aux processions generalles & autres prieres publiques qu'elle a ordonné pour la naissance d'un dauphin dont la reyne a eté heureusement délivrée, qu'il soit fait des feux de joye, & qu'on tire le canon, ainsy qu'il est accoustumé en pareil cas, pour marque de rejouïssance publique. Ce grand evenement sy agreable au roy, & sy interessant pour l'etat vous invitte à donner en cette occazion de nouvelles marques de reconnoissance envers Dieu & de votre zele pour sa majesté par une joye qui ne sauroit trop eclatter ; je luy en rendray compte avec plaisir & je n'en ay pas moins à vous assurer que je suis, messieurs les maire & consuls de Montpellier, votre tres affectionné amy, L. A DE BOURBON.

PAGE 183.

* Messieurs, je vous envoye la lettre que le roy vous ecrit au sujet du *te deum* que sa majesté a ordonné estre chanté en actions de graces de l'heureux accouchement de la reyne & de la naissance d'un dauphin. Je suis, messieurs, votre tres affectionné serviteur: ST-FLORANTIN. A Versailles, le 4 septembre 1729.

Le même jour, messieurs les consuls furent en chaperon felicitter M. de Bernage de St. Maurice, intendant de la province, & luy firent voir les ordres qu'ils avoint receus.

Le 15 dud. mois, MM. les consuls firent assembler le conseil politique

---

consulaires & comme une suite du Thalamus. Si quelques faits ont donné lieu à de complaisantes digressions, c'est que le corps de ville qui dirigeait la rédaction songeait à maintenir & à défendre ses priviléges & ses prérogatives, derniers vestiges des anciennes libertés communales. Par contre, un certain nombre d'évènements ont été jugés indignes de mention. Ils ne seront pas négligés pour cela, & prendront place dans un chapitre additionnel.

de la communauté pour luy donner connoiffance des lettres qu'ils avoint receues, & après que la lecture en fut faitte, il fut deliberé qu'elles feroint enregiftrées dans le talamus, & pour marquer la joye des habitans il fut donné pouvoir à MM. les confuls de faire faire les rejouiffances de la maniere qu'ils jugeroient à propos, & de faire la depenfe convenable à l'occazion* d'une fy heureufe naiffance.

En confequence de cette deliberation, meffieurs les confuls s'eftant donnés beaucoup de foins, firent venir d'Avignon un artificier & des finfoniftes pour faire le feu & rejouiffances.

Le famedy 24 feptembre, meffieurs les confuls furent avertis de la part de meffire Charles Joachim Colbert, eveque de Montpellier, que la proceffion ce fairoit le lendemain dimanche, après la grand meffe.

Le meme jour, il fut ordonné de la part du roy à tous les habitans de faire des feux de joye, rejouiffances & illuminations (le lendemain dimanche) à peine de l'amande.

Le dimanche 25 feptembre, meffieurs les confuls & greffier, revettus de leurs robes, ont affifté à la grand meffe à la cathedralle St. Pierre, & à la proceffion generalle qui fut faitte en l'ordre fuivant :

Les vallets de ville avec leurs pertuifannes, marchant à la tefte, les pauvres de l'hopital general, la confrerie de la vraye croix*, la confrerie des penitens blancs, les religieux recolets, les capuchins, la mercy, les trinittaires, les auguftins, les carmes du palais, les cordelliers, les dominiquains, les paroiffes & chapitres.

Enfuitte venoint les cavaliers de la maréchauffée, M. de Bernage St. Maurice, intandant, fuivy de la nobleffe, le corps du prefidial en robe de ceremonie, la fimphonie, les efcudiers portant leurs maffes d'argent, MM. les confuls & greffier revettus de leurs robes.

La proceffion fortit de la cathedralle St. Pierre, monta la Canourgue, paffa au plan du palais, hors la porte du Peirou, entra à la porte Saint Guilhem, long de la grand rue St. Guilhem, devant M. le prefident Crouzet, devant la paroiffe* Sainte Anne, à la rue St. Firmin, à la place devant Notre-Dame, long de l'Eguillerie, au Campnau, devant le prefident Bonnier, à la deffente de la Blanquerie, long de la rue du St. Sacrement, & rentra à St. Pierre où les prières ordonnées par led. feigneur eveque furent faittes.

Au fortir de la cathedralle, meffieurs les confuls firent mettre des tonneaux de vin fur la baluftrade qui eft devant l'hoftel de ville ; il y en avoit trois fontaines qui ont coulé tout le refte du jour, pandant la nuit & tout l'endemain, & auroint jetté quantité des dragées au peuple qui danfoit au fon des haubois, & qui crioit : Vive le roy, la reyne & monfeigneur le dauphin.

Meffieurs les confuls ayant fceu que M. d'Iverny, commandant dans la province en l'abfence de monfeigneur le marquis de Lafare (qui eft à la cour), etoit arrivé en cette ville, ils furent le voir en chaperon, pour favoir s'il mettroit le feu au bucher, & de quelle maniere il vouloit qu'on feut le prendre pour y mettre le feu.

Enfuitte, fur les trois heures aprés midy *, MM. les confuls & greffier feroint allés à l'eglize cathedralle St. Pierre pour affifter au *te deum* qui fut chanté par la mufique, monfeigneur l'eveque de Montpellier officiant pontifficallement, auquel *te deum* affifta auffy M. d'Iverny, commandant de la province, M. de Bernage, intandant, qui fe placerent dans le cœur, fçavoir : M. d'Iverny eftant à la premiére place du cotté droit en entrant, precedent M. de Celés, grand archidiacre, & M. l'intendant, à main gauche en entrant, à la place du facriftain ; la cour des comptes, aydes & finances, le bureau des finances, le prefidial, dans leurs bancs ordinaires, en robe de ceremonie, & tous les officiers millitaires quy etoint dans la ville.

Le regiment d'Heffy, fuiffe, en garnifon aux cazernes, les bourgeois & habitans, eftoint fous les armes, & firent trois decharges pendant que le *te deum* fut chanté, de meme que les canons de la citadelle. Aprés le *te deum*, lefd. foldats & habitans furent fe renger à la promenade du Peirou.

Par les foins de MM. les confuls qui font : illuftres perfonnes noble Pierre Durand, ancien capitaine de cavalerie, fieur Raymond Roumieu *, bourgeois, M. Laurens Vacquier, procureur au prefidial, fieur Nicolas Balthezard Laborie, maître chirurgien, fieur Jean André & Antoine Vier, architecte, il avoit eté dreffé un feu d'artifice à la promenade du Peirou, qui eft une des portes de la ville & une des plus belles places du royaume par fa fcituation & par la veüe etandüe qu'elle donne de tous cottés, tant fur la mer que fur les Piranées & montagnes voifines ; c'eft dans cette place que l'eftatue equeftre de Louis le grand eft placée. On y avoit elevé deux temples de figure fezagone au coing du grillage de lad. ftatue equeftre de Louis le Grand, qui fe joignoint par une courtine de neuf toifes & demy de long ornée de pilaftres & panneaux, en forte que l'eftatue equeftre paroiffoit au millieu. Le premier reprefentoit le temple du Deftin avec cette infcription ; *Delphino fuperes nato..,* & l'autre le temple de l'Hymen avec ces mots : *Felici connubio.* Ils etoint de cinq toifes de haut, & de quatre de large * ; le focle qui portoit ce temple etoit embelly des panneaux de differents marbres feparés par des pilaftres fur lefquels etoint des trophées des attributs des divinités quy les ornoint, placées entre des coulonnes izolées d'un ordre yonique. Au millieu du temple du Deftin etoit la deeffe Junon tenant le dauphin entre fes bras ; à cotté parroiffoit Diane fuivie de l'Aurore, & l'arc en ciel etoit au deffus, marquant que les dieux avoint eté favorables à cette naiffance. Sur l'entablement etoint les douze fignes du zodiaque ; & le figne fous lequel le dauphin etoit né fe prefentoit en face. Ces fignes etoint fuivis des heures qui ce lioint par le moyen d'un feflon de fleurs de l'un à l'autre. Au temple de l'Hymen, à la place du zodiaque, etoint des trophées d'amour & pour fimetrifer avec les heures on voyoit des jeunes amours quy fe joignoint par des feftons de fleurs, & l'Himen etoit auprés de trois graces quy reprefentoint les trois jeunes princeffes. Autour de ces * temples regnoint douze emblemes trés ingenieufes fur la naiffance de monfeigneur le dauphin, & pardeffus ces temples paroiffoit une Renommée prete à partir pour l'annoncer à tout l'univers. Voicy ce que representoint ces douze emblêmes :

Un foleil naiffant avec ces mots : *orbi furgit.*
Une aigle dans les airs avec un aiglon dans fon nid : *fublimem fequar.*
Un grenadier avec une fleur : *quot fructus flos ille feret.*
Une aigle fixant le foleil : *hæret in uno.*
Deux foleils & un naiffant : *utrique nitorem debeo.*
Un rofier & une tige de lis : *magis inde nitent.*
Un arc en ciel & foleil par deffus : *fpes jubet effe ratas.*
Un vaiffeau guidé par l'etoille polaire : *hac duce tutius ibit.*
Une tige de quatre fleurs de lis : *quam multi crefcent alii.*
Un arbre avec un rejetton & des perfonnes deffous * : *otia certa facit.*
Un arbre anté de plufieurs fruits : *oritur per vincula fructus.*
Un arbre entrelaffé d'un fep de vigne : *dives hoc fædere truncus.*

Sur les 7 heures du foir dudit jour dimanche 25 feptembre, meffieurs les confuls & greffier en robe partirent de l'hoftel de ville au bruit des trompettes, hautbois, violons, & à la lueur d'un grand nombre des flambeaux de cire blanche, & furent chez M. Bofc, confeiller en la cour des aides, où M. D'Iverny avoit dit à meffieurs les confuls qu'il les attendroit pour aller mettre le feu au bucher qu'on avoit dreffé dans cette place à quelques pas du feu d'artifice, où étant ilz feroint allés à la promenade du Peïrou, en cet ordre : la nobleffe etant au devant; M. D'Iverny faifant rang avec M. Durand, premier conful, & viguier quy avoit l'honneur d'eftre à fa gauche, & meffieurs les autres confuls & greffier tout de fuite. Le feu feut mis au bucher par M. * D'Iverny & par meffieurs les confuls & greffier, après avoir fait les trois tours ordinaires ; enfuitte meffieurs les confuls furent accompagner M. D'Iverny chez M. Bofc & furent ce placer au deffus la porte du Peïrou pour voir tirer l'artifice qui fut tiré d'une maniere qui fatisfit toute la ville qui c'eftoit rendue à cette promenade, de même que les etrangers, au nombre de plus de 30,000 perfonnes, ce qui fut fuivy d'une triple decharge quy fut faitte par les foldats & habitans qui etoint rangés en bataille dans cette promenade.

Il eft à obferver que fur les conteftations qu'il y eut entre M. de Vernon, lieutenant du roy de la citadelle & de la ville (en l'abfence de M. de Candillargues, lieutenant du roy & de la ville) & M. le juge-mage, M. D'Iverny, commandant dans la province en l'abfence de M. de la Fare, vint exprés d'Allais pour faire ceffer ces conteftations, ayant prié M. le juge-mage & M. le lieutenant du roy* de n'affifter ny l'un ny l'autre à cette ceremonie jufqu'à ce que leur cas fut decidé par la cour, ce quy fut executté; & il n'y eut que M. D'Iverny & meffieurs les confuls qui miffent le feu au bucher, comme il a été dit ci deffus.

On avoit fait porter fur la promenade huit pieces de canon de la citadelle qui firent auffy trois decharges, de même que ceux de la citadelle.

Après que l'artiffice eut finy, meffieurs les confuls vinrent à l'hoftel de ville où ils fouperent avec les autres officiers de l'hoftel de ville, & jetterent une grande quantité de dragées au peuple.

Les habitans, à l'envy les uns des autres avoint garny tous le devant de leurs maifons d'illuminations aux armes du roy, de la reyne & de monfeigneur le dauphin, & allumé des buchers qu'ils accompagnerent la plufpart des feux d'artiffices & des fontaines de vin. L'hoftel de ville etoit tout illuminé.

M. de Bernage de St. Maurice, intandant, donna une grande fefte le même foir. Elle commença à dix heures par un grand nombre * de fuzées volantes, des boëtes & des pots à feu ; fon hoftel & jardin etoint illuminés par de grands flambeaux de poing qui regnoint tout autour de la cour de fon hoftel ; on en avoit formé une falle à manger de fix toizes cinq pieds de longueur fur cinq toizes trois pieds de large, de forme octogone, embellie de plufieurs luftres ; dans les quatre pans etoint les quatre buffets en niche de chaque cofté, où etoint placés les quatre vertus parées par des pilaftres à la mofaïque formés par des lampions, l'architrave etoit auffy formé par des lumieres, de forte que la frize divifée fuivant la decoration etoit ornée de trophées de mufique & de juftice. L'entre deux des niches de la premiere face formoit un portique où etoit placé le portrait du roy orné de plaques argentées portant des bougies. L'autre cotté etoit de même ou etoit le portrait de la reyne. Dans le millieu des niches fur le haut paroiffoit des placques dorées portant des bougies avec les armes du roy ; & de ces plaques partoint des feftons * de fleurs tout autour faifant un tres bel effet. Au deffus de la frize & corniche fe levoit une ance à panier fort haute quy formoit un fallon à l'Italienne au milieu duquel on avoit placé une grand table à fer à cheval de foixante couverts. Cette table fut fervie delicieufement, & malgré toutes les precautions qu'on avoit pris en cas de pluye, les ondées quy furvinrent furent fi fortes qu'on fut obligé de fe lever de table ; mais cet accident ne fervit qu'a relever & faire eclater la magnificence de M. de Bernage, car un moment après, cette table fut remplacée & recouverte dans un falon avec la meme profufion & delicateffe. Ce feftin magnifique fut fuivy d'un bal, les mafcarades etoint nombreufes, & les collations de toute forte de fruits & confitures avec les liqueurs ne cefferent point, & le tout ne finit qu'au jour.

La joye des habitans fut fi grande qu'elle dura toute la nuit malgré la groffe pluye & orage qu'il fit pendant cette nuit.

* Le 3 octobre, le premier huiffier de la cour des aydes vint à l'hoftel de ville prier de la part de la cour meffieurs les confuls d'affifter le lendemain au *te deum* qu'elle devoit faire chanter au palais à l'occazion de la naiffance de monfeigneur le dauphin.

Le lendemain 4, meffieurs les confuls & greffier, revettus de leurs robbes, furent au palais fur les trois heures après midy affifter au *te deum* qui fut chanté par la mufique du chapitre St. Pierre dans la grand'falle des audiences, où l'on avoit fait dreffer un autel. M. l'eveque de Montpellier officiant pontificallement affifté de plufieurs chanoines dud. chapitre.

La cour etoit en robe de ceremonie & placée fur des bancs qui etoint au millieu de la falle. MM. les confuls etoint placés à un banc après celuy de MM. les gens du roy ; & enfuitte etoint les procureurs de la cour en robe, les dames etoint placées au cotté * droit en entrant, dans des bancs à fuitte de ceux de la cour.

Pendant qu'on chanta le *te deum*, il fut fait trois decharges par les habitans qui etoint fous les armes dans la grande cour du palais.

A l'entrée de la nuit tout le palais fut illuminé ; on avoit elevé dans la cour quatre piramides quy formoient un carré long d'où il fortoit quatre fontaines de vin ; le millieu de la porte du grand efcalier etoit orné d'un ordre yonique avec fon entablement, un attique deffus, fur lequel etoit la deeffe Junon tenant le jeune dauphin entre fes bras ; à la droite etoit Flore qui lui prefentoit une couronne de fleurs, & la France à la gauche quy lui prefentoit l'ordre du St. Efprit fur deux corps avancés formant deux ailes où etoint pofées les quatre vertus. Cette décoration fut illuminée par des grands flambeaux de poing & d'un nombre infiny de lumieres. M. de Bon, premier prefident, donna un magniffique repas à tout ce qu'il y a * de plus diftingué dans la ville, & après il donna auffi le bal.

Il eft à remarquer qu'ayant fait un orage fur les cinq heures du foir, le feu d'artifice que la cour a fait faire fut renvoyé au lendemain.

Le lendemain, 5 octobre, le feu d'artifice fut tiré fur les murailles de la ville derriere le palais, donnant fur la place royalle du Peirou ; on y avoit elevé le palais d'Apollon, de vingt toifes de face par colonnes izolées ; & entre les colonnes il y avoit des ftatues quy reprefentoint differentes divinités. Par le bas des colonnes paraiffoit des figures & des urnes d'une riche forme ; ce temple formoit un grand corps au millieu, & aux deux extremittés, il y avoit deux corps d'architecture de l'ordre yonique qui etoint fur differents plans difpofés en optique. Une quantité de bouëttes & de bombes ouvrirent ce feu d'artifice ; les fuzées volantes y fuccederent & les girandolles & roues à feu firent un * effet merveilleux.

FESTE DU PERROQUET

Les deux celebres compagnies de MM. le corps de ville de Montpellier compofés des mariés & de la jeuneffe voulant donner à leur tour des marques de leur zéle & de la joye qu'ils reffentoint de l'heureufe naiffance de monfeigneur le dauphin delibererent entre eux de tirer le perroquet, qui eft une fefte particuliere à cette ville, mais qui n'avoit pas eté pratiquée depuis vingt neuf ans.

Ils s'affemblerent pour cet effet le 19 feptembre 1729, dans l'hoftel de ville pour elire leurs officiers. M. de la Croix de Candilhargues feut nommé pour capitaine ; M. Haguenot, receveur, pour lieutenant ; M. Rozier, negociant, pour enfeigne ; M. Carquet, major des mariés, & M. Pierre Moulton, pour major de la jeuneffe.

Dès lors en travailla à mettre toutes chofes en etat & à regler l'uniforme des chevaliers, & chacun penfa à s'habiller fuivant le reglement *. L'appareil de cette fefte etant reglé, le dimanche, neuf octobre, les chevaliers du noble jeu de l'arc fe rendirent chez M. Haguenot qui fit les fonctions de capitaine lieutenant à cauze de l'indifpofition de M. de La Croix, capitaine.

Alors M. Haguenot fe mit à la tefte de la compagnie avec les officiers, tous en habits uniformes, precedés des fanfares & de la fimphonie, d'un roy des fauvages vetu d'un habit d'un fatin couleur de chair, la tefte couronnée de laurier, fa feinture de même, portant une maffue fur l'epaulle; il etoit fuivy de douze herauts d'armes vetus de longues robes à la turque, chacune ornée de huit grandes agraffes d'or, un bonet vert à la dragonne bordé d'un gallon de meme, portant fur leurs epaulles des haches de bois doré & des larges fabres de même; fix valets paraiffoint après, vettus de verd avec d'habits à la polonoife, portant l'arc, les fleches & le carquois de M. le capitaine. La compagnie etoit divifée en deux bandes : les mariés marchoint les premiers avec M. Haguenot; la jeuneffe venoit apres avec la même fplendeur & le même ordre, ayant * à fa tefte M. Rofier pour enfeigne, portant fur l'epaulle le drapeau de la celebre compagnie du perroquet, qui fe faifoit diftinguer par la magnificence de fes habits, de même que tous les autres chevaliers. L'uniforme etoit d'un drap couleur brune; celluy des mariés etoit doublé de la meme couleur, bordé d'un gallon d'argent & la vefte galonnée en plein; celluy de la jeuneffe etoit doublé d'un fatin bleu, les paraments de meme, & la vefte du même fatin, galonnée en plein; chacun portoit une fleche à la main, un chapeau bordé & une epée, & avoit après foy un vallet pour porter fon arc & fon carquois. On voyoit encore autour de M. Haguenot, capitaine lieutenant, & de M. Rofier, enfeigne, des Cupidons qui avoint au bout de leurs fleches des bouëttes remplies de poudre de Cipre dont ils parfumoint les paffans de la routte. Chaque chevalier rependoit à pleines mains des dragées au peuple, & cette brillante compagnie fe rendit à l'hoftel de ville avec cet appareil pour invitter MM. les confuls à venir avec eux au foffé pour y recevoir le ferment de fidellité de M. le capitaine lieutenant du noble jeu de l'arc, pour y commencer les feftes en tirant la premiere fleche au perroquet.

MM. les confuls receurent ce celebre corps de ville en robes rouges de ceremonie & fe mirent à leur tefte avec leur greffier en robe, faifant marcher devant eux leur livrée confulaire & fe rendirent en cet ordre au foffé. Alors M. Durand, premier conful, prit le livre des ftatuts du noble jeu de l'arc dreffé par les roys de Mayorque, * autres fois feigneurs de la ville de Montpellier, & fit preter ferment à M. Haguenot, capitaine lieutenant, en ces termes : « Promettés vous, monfieur, d'obferver & de faire obferver à MM. les chevaliers tous les ftatuts du noble jeu de l'arc, comme les roys de Mayorque, vos fondateurs, l'ont ordonné. » M. Haguenot fit enfuite preter ferment à tous les autres officiers. Cette ceremonie etant finie, tous les officiers conduifirent MM. les confuls au pied du mat du perroquet qui etoit de dix-huit toizes d'hauteur, & leur fournirent des arcs & des fleches. M. le premier conful tira la premiere fleche, & MM. les autres confuls & greffiers tirerent à leur tour chacun fa fleche.

Apres quoy on ramena MM. les confuls à l'hoftel de ville dans le même ordre qu'on les avoit conduits dans le foffé. MM. les chevaliers employerent le refte de la journée & plufieurs autres jours à faire leurs vifites pour fe faire voir au peuple. Le 11e, M. de St. Maurice & M. le premier prefident, fuivis de plufieurs autres officiers de la cour des aydes deffendirent au foffé & y furent receus chevaliers. Quelques jours apres, M. de la Moffon, treforier de la bourfe, en fit de même & donna une fefte magniffique à tous les chevaliers, fes confreres; il les invitta à diner à fon chateau de la Moffon. Apres ce repas auffy fomptueux que fuperbe, il les invitta à tirer à la* butte trois bijoux de prix, fçavoir : une tabatiere d'or, une montre d'or & une canne à pome d'or.

MM. les chevaliers ayant continué leur noble exercice, tachant à l'envy l'un de l'autre d'abatre le perroquet, apres en avoir emporté des fragmens confiderables, M. Privat, chevalier de la jeuneffe, le tomba le 24 octobre 1729. Il fut fur le champ conduit en triomphe avec une couronne de laurier fur la tefte, precedé des tambours & des haubois, placé au millieu de M. Haguenot, capitaine lieutenant, & M. Rofier, enfeigne. Il y eut pandant plufieurs foirs des grandes illuminations dans tout le voifinage: il donna meme plufieurs repas qui furent fuivis du bal. Quelques jours apres, on dreffa un grand arc de triomphe devant fa maifon, & le 9 novembre meffieurs les chevaliers du noble jeu de l'arc s'eftant affemblés dans le foffé pour reconnoitre & proclamer leur nouveau roy, alors on vit paroitre des herauts d'armes qui portoint une corbeille d'une grande proppreté qui renfermoit l'habit du roy; ceft habit etoit d'un drap d'Abeville, couleur marron, gallonné d'argent fur toutes les tailles, la vefte d'un gros de Naples ponceau, gallonnée en plein, l'habit doublé du même d'un gros de Naples, & les parements de même, chamarés. M. Privat etant defabillé, M. Haguenot, capitaine lieutenant, prit les habits & l'en revetit; alors MM. les officiers & MM. les chevaliers proclamerent leur nouveau roy.

Cette ceremonie etant finie, on fut le promener par toute la ville dans tout ce pompeux & magniffique appareil*. Le roy du perroquet avoit eu foin, la veille de fon exaltation, d'inviter à fouper tous les chevaliers du noble jeu de l'arc par des billets imprimés. MM. les confuls affifterent à ce repas, le roi s'etant fait porter en chaize à l'hoftel de ville pour les invitter. On fit preparer dans ce deffein le grand jeu de paume avec beaucoup de magniffcence.

Au fortir du repas qui fut des mieux entendus, on conduifit le roy chez lui, au bruit des fanfares & de la fimphonie, & chacun fe retira chez foy.

Le 17 octobre, MM. les confuls en robe ont vifitté Mgr l'archeveque d'Alby, tuteur de M. le marquis de Caftries, gouverneur de cette ville, logé chez M. Durand, premier conful, ayant eté harangué par le fieur Fautrier,

1729. orateur, fes armoiries ayant eté pofées fur la porte de la maifon dudit fieur Durand.

DISERTATION SUR LE METEORE QUI A PARU A MONTPELLIER LE 2 NOVEMBRE.

Les vents de l'eft & du fud qui ont foufflé alternativement pandant les derniers jours du mois d'octobre paffé, ayant entaffé fur notre horizon quantité de nuages epais, il parut le 2 de novembre, vers les 8 heures du matin, du cotté* du fud-eft d'où venoit le vent ce jour là, une nuée epaiffe & opaque d'environ trois toifes de large & de toute la hauteur, qui etoit depuis les autres nuages jufques à la terre où elle s'eftoit abaiffée, qui s'avançoit avec grand bruit vers la partie oriantalle de cette ville, fuivant une direction du fud-eft au nord. Cette terrible nuée commança fes ravages à la maifon de campagne du fieur Durand, pres celle de Farges, où elle arracha quelques arbres & abattit des meurs; de là elle parvint bientot au couvent des Cordelliers: elle y enleva plufieurs arbres, & endommagea les toits & les murailles d'un coing de la maifon. Enfuitte elle renverfa tout le manege, une maifon tout entiere du fieur Deloche, prefque toute la muraille de l'enclos de M. Farjon où elle deracina des olliviers qui furent tranfportés, ainfy que beaucoup des debris de batiments renverfés à plus de 100 toifes & jufque dans des jardins affés eloignés. Apres avoir paffé par deffus les foffés de la ville, cette nuée continua fa route vers le nord fur un efpace de terrain d'environ 100 toifes, paffa à la promenade de l'Efplanade où elle fit* encore quelques ravages aux maifons des peres de l'Oratoire, des religieufes du Vignogue, de M. Niffolle, de M. de Peliffier, de M. de Bouffuges & de M. de Bocaud; elle deffendit enfuite au faubourg du Pilla St. Gelly, où elle renverfa quelques toits & coupa au millieu le verroul de la porte, renverfa une muraille d'une des glacieres, & ecrafa un homme qui s'y etoit mis, croyant d'eftre à l'abry, refervant le plus grand defordre pour le couvent des Recolets; toute la couverture de cette maifon fut enlevée, les meurs les plus faibles abattus, & ceux qui refiftoint ebranlés. Après tout ce fracas & celluy que la nuée fit encore dans quelques endroits voifins, elle fe diffipa dans la campagne auprés de la garrigue de la Vallette. Voilà à peu près le detail de ce phœnomene.

Plufieurs perfonnes qui le virent ont raporté qu'ils y avoint aperceu une lumiere femblable à celle d'une fumée qui s'eleve d'un grand feu, & qu'ils avoint fenty une odeur de fouffre* apres le paffage de la nuée, & d'autres ne l'ont veu que tres opaque.

La nature agit toujours par des voyes fimples dans les diverfes productions qu'elle prefente à l'étude des philofophes, & qui fatisfait fi agreablement leur curiofitté; mais le peuple naturellement fuperftifieux eft porté à trouver le miftere dans des purs effets du hazard, tire des conceguences funeftes & de mauvaite augure de plufieurs phenomenes qui ne leur paraiffent furprenants que parce qu'ils arrivent rarement, ou que leur explication n'eft pas à portée de chacun & ne tombe pas d'abord fous les fens.

Tel est le meteore qui parut, dont les ravages jetterent l'epouvante dans presque tous ceux qui en ont eté les temoins, parmy lesquels les plus grossiers, plongés encore dans des erreurs qui tiennent du paganisme, en ont attribué la cauze à des demons qu'ils nomment esprits folets & qu'ils s'imaginent estre repandus dans l'air pour suciter pareils orages.

1729.

Le 2 novembre, MM. les consuls en chaperon ont visitté M. de Boscat, grand * chambrier au parlement de Touloúze, logé dans la petite maison de M. de Belleval.

PAGE 208.

Le 12 dudit mois, MM. les consuls & greffier en robe ont assisté à l'ouverture des audiances du presidial, M. le premier consul ayant siegé à la droite de M. le juge mage sans estre precedé d'aucun autre officier, prealablement avoir visitté MM. les officiers qui sont à la teste du presidial; le sieur Ricard, greffier, ayant prié MM. les consuls quelque jour auparavant.

Le 14 dudit mois, MM. les consuls & greffier en robe ont eté à l'ouverture des audiances de la cour des aydes, ayant eté precedament priés.

Le 1er decembre, jour & feste St. Eloy, MM. les consuls en robe ont eté assister aux offices à l'hospital St. Eloy, ayant eté priés la veille par M. Vassal, sindic perpetuel.

Le 6 dudit mois, MM. les consuls & greffiers en robe ont eté à l'ouverture des classes aux Jesuites, en ayant eté priés la veilhe.

Le 19 dudit mois, MM. les consuls, orateur & greffier, ont eté à la porte du Pilla St. Gelly recevoir M. le marquis de la Fare *, commandant en chef dans la province, venant des etats de Nimes, & a eté harangué par le sieur Feautrier, orateur, les canons de la citadelle ayant tiré.

PAGE 209.

Ledit jour, MM. les consuls & greffier en robe ont visitté Mgr l'archeveque d'Alby, tuteur de M. de Castries, gouverneur de cette ville, venant des etats, logé chez M. Durand, premier consul, ayant eté harangué, & ses armoiries mises sur la porte de la maison où il logeoit.

Ledit jour, MM. les consuls en chaperon ont visitté M. de Bernage de St. Maurice, intandant de la province, venant des etats de Nimes.

La societté royale des sciances de Montpellier tint une assemblée publique dans la grande salle de l'hostel de ville le jeudy 22 decembre.

La societté etoit placée autour d'une table couverte d'un tapis dont le haut bout etoit occupé par Mgr l'archeveque d'Alby, president pour l'année 1729, par Mgr l'eveque de Montpellier & par M. de Bon *, accademiciens honoraires. Les associés ordinaires etoint aux deux cottés de la table & MM. les consuls en chaperon etoint à l'autre bout du banc, faisant face aux dits sieurs accademiciens honoraires.

PAGE 210.

Le 24 decembre, MM. les consuls en robe ont visitté M. de Bon, premier president en la cour des aides, & a eté harangué par l'orateur, à cauze qu'il n'avoit pas receu la visitte le jour de l'installation de MM. les consuls.

Le 25 decembre, jour & feste de la Noel, MM. les consuls & greffier en robe ont eté à la cathedralle St. Pierre assister à la grand messe, à l'offrande, & le soir à vespres & à la predication.

Le 25 janvier 1730, MM. les consuls & greffier, avec le corps des maitres

1730.

1730.

PAGE 211.

chirurgiens s'eftant affemblés dans la grand falle de l'hoftel de ville ont receu & inftallé le fieur Serres, maitre chirurgien, lequel a preté fermen: en la forme ordinaire entre les mains de M. Romieu, fecond conful* & viguier, en l'abfence de M. Durand, premier conful, & enfuitte a eté conduit à fa maifon, & lefdits maitres tous enfemble ont accompagné MM. les confuls, & les ont remerciés à l'hoftel de ville.

Le 2 fevrier, jour & fefte Notre Dame la Chandeleuze, MM. les confuls en chaperon ont eté à St. Pierre à la benediction des cierges, & à la proceffion.

Le 25 dudit, MM. les confuls & greffier en robe ont acifté à l'enterrement du fieur Jacques Barthelemy, bourgeois, ayant eté fecond conful les années 1712 & 1722, ayant eté precedemment priés.

Le 1er jour du mois de mars, l'election confulaire ne fut point faitte, quoyque d'ufage, parce que le 28 fevrier M. de la Fare, commandant en chef dans la province, ordonna à MM. les confuls de ne point faire l'election confulaire jufqu'à nouvel ordre, & que M. l'archeveque d'Alby, tuteur de M. de Caftries, gouverneur de cette ville, n'eut ecrit de faire ladite election, ce qui fut caufe que l'election confulaire fut renvoyée.

PAGE 212.

*Le 4 mars, en confequence de la lettre ecrite par Mgr l'archevêque d'Alby, tuteur de M. le marquis de Caftries, gouverneur de cette ville, l'election confulaire fut faite fuivant l'ufage, MM. les confuls s'eftant rendus à l'hoftel de ville, apres avoir ouy la meffe & avoir figné les liftes de MM. les electeurs & confuls, feroint montés dans la grand falle où ils auroint procedé à l'election de MM. les electeurs, qui furent M. de La Croix de Candillargues, lieutenant du roy de la ville, M. Fulcrand Caffan, bourgeois, M. Pierre Jallaguier, notaire, les fieurs Sarreau, maitre chirurgien, Antoine Rey, maitre plombier, Tiffon, facteur de bas, & Daniel Rey, maitre tailleur d'habits, lefquels apres leur nomination, ayant eté avertis, fe feroint rendus à l'hoftel de ville, & après les formalittés obfervées, il auroit eté procedé à la nommination de MM. les confuls & par le balottement auroit eté nommé

PAGE 213.

noble Henry Pafcal de St. Felix, chevalier, * fieur Jean Maffannes, bourgeois, Me Antoine Bellonnet, notaire, fieur Jean-Baptifte Germain, maitre chirurgien, fieur Eftienne Laborit, tapiffier, fieur Guillaume Jean, maitre tailleur d'habits, lefquels à l'inftant auroint eté avertis par les efcudiers de leur nomination. Apres quoy meffieurs les confuls anciens, les ellecteurs & petits enfants, auroint vifitté MM. les confuls nouvellement elus.

Enfuitte meffieurs les confuls nouvellement elus ont vifitté MM. les anciens confuls & greffier, MM. les electeurs, M. de la Fare, commandant, M. l'eveque de Montpellier, M. le premier prefident, M. le juge mage, M. le lieutenant de roy de la ville, M. le lieutenant de roy de la citadelle, M. d'Aumelas, doyen des treforiers de France, M. de Joubert, avocat du roy, M. Rolland, procureur du roy.

PAGE 214.

Led. jour 4 mars, meffieurs les confuls * ayant eté priés par les findics de l'hopital St. Eloy de fe trouver à la nomination defd. findics à la place de M. Barthelemy qui étoit mort, ils n'ont pu s'y trouver à caufe de l'election confulaire. M. Beyres, apoticaire, a eté nommé.

Le 16 mars, la premiere pierre de chacun des fix moulins à vent qui doivent eftre conftruits dans le confulat, fçavoir deux prés St. Martin de Prunet, deux prés les puids des cerfs au chemin de Grabels, deux prés le claux de Mafcle, du cotté du Pilla St. Gelly, a eté pofée par MM. les confuls, & ont donné 24 liv. aux ouvriers quy travaillent auxd. moulins.

1730.

Led. jour, meffieurs les confuls en chaperon ont eté chés M. le marquis de Lafare, commandant de la province, pour luy faire leur compliment de condoleance à l'occazion de la mort de madame fon epouze, decedée à Paris. Led. feigneur marquis de la Fare n'ayant pas eté vifible.

* Le 17 mars, meffieurs les confuls nouvellement elus ont preté le petit ferment entre les mains de MM. les confuls, fuivant l'uzage.

Page 215.

Le 21 dud., MM. les confuls & greffier, avec les corps des maitres chirurgiens, s'eftant affemblés dans la grand falle de l'hoftel de ville ont receu & inftallé le fieur Broquoneau, maitre chirurgien, lequel a preté ferment en la forme ordinaire entre les mains de M. Romeu, fecond conful & enfuitte a eté conduit à fa maifon, & lefd. maitres tous enfemble ont accompagné MM. les confuls & les ont remerciés à l'hoftel de ville.

Le 22 dud. mois, MM. les fecond, cinquieme & fixieme confuls, nouvellement elus, ont eté prier M. le juge mage & MM. les gens du roy pour la preftation du ferment de MM. les nouveaux confuls le jour de Notre Dame 25 dudit mois.

Le 25 mars, jour & fefte de l'Annonciation de la Vierge, a eté procédé en la forme ordinaire à * l'inftallation de MM. les confuls nouvellement elus, apres avoir entendu la meffe dans la chapelle du confulat avec MM. les anciens confuls, ont eté à l'eglize Notre Dame, où ils ont preté ferment entre les mains de M. de Bornier, prefident juge mage, y affiftant M. Rolland, procureur du roy, leurs mains mifes fur le petit Talamus, duquel lecture a eté faitte par le greffier confulaire; & apres le ferment preté & les ceremonies accoutumées, MM. les confuls fe font rendus à l'hotel de ville & dans la chapelle ils ont receu le ferment de M. Artaud, avocat, orateur de la ville la prefente année, des capitaines du guet & de fanté, extimeurs jurés, gardes terres, efcudiers, compagnons du guet & hallebardiers, fuivant la coutume & ufage; enfuitte ont fait les vifittes accoutumées, à l'eglize St. Pierre, à l'hopital St. Eloy, M. de Lafare, abfent, M. l'intendant, abfent, M. le juge mage, M. le premier prefident, abfent, l'eveque de Montpellier, abfent, M. de Candillargues, lieutenant de roy de la ville, M. de Combettes, major de la cittadelle, en l'abfence de M. de Vernon. * MM. les confuls ayant, par honnetteté, vifitté & harangué madame de Lafare, fœur de Monfeigneur le marquis de Lafare, commandant de cette province, fans pourtant que la vifitte & harangue puiffe tirer à concequence.

Page 216.

Page 217.

Le 27 dud., MM. les confuls & greffier en robe ont affifté à l'enterrement de M. Defandrieux, premier conful l'année 1728, ayant eté priés par les parens.

Le 2 avril, dimanche des Rameaux, MM. les confuls en chaperon ont eté à St. Pierre à la benediction des Rameaux & à la proceffion.

1730.

Le 6 dud., jeudy faint, MM. les confuls en chaperon ont acifté à la proceffion des Penitents Blancs ayant eté priés la veille par les officiers de la chapelle.

Le 7 dud., vendredy faint, MM. les confuls en chaperon ont eté à St. Pierre entendre la paffion & affifter à l'adoration de la Croix.

PAGE 218.

Le dimanche 9 avril, jour de Paques, MM. les confuls en robe ont eté à la grand meffe, à St. Pierre * & ont fait leurs paques, & l'apres midy ont eté à vefpres & à la predication.

Le dimanche 16 avril, MM. les confuls en chaperon ont eté à St. Pierre, à vefpres & affifté à la proceffion generalle, qui a eté faitte pour prier Dieu de nous donner de la pluye, à cauſe de la fechereffe.

Le 24 avril, MM. les confuls & greffier en robe ont eté vifiter M. le comte de Coniffec, ambaffadeur de l'empereur venant de la cour d'Efpagne, & a eté harangué par le fieur Artaud, orateur de la ville, au logis du Petit-Paris où il etoit logé, madame la conteffe, fon epouze, ayant eté auffy haranguée.

Le dimanche 30 avril, MM. les confuls en robe ont eté à l'hopital general, à la nomination de MM. les intandants, recteurs & treforiers, ayant eté priés la veille par deux de MM. les recteurs.

PAGE 219.

Le 3 may, jour de l'Invention de * la Croix, MM. les confuls en chaperon ont acifté à la proceffion qui a eté faitte par les confreres de la vraye croix en ayant eté priés la veille par les officiers de lad. confrerie.

Le 8 may, MM. les confuls en robe ont eté à l'eglize Sainte Marie affifter à la grande meffe quy a eté celebrée à l'occazion de la beatiffication du bienheureux Vincent de Paul, fondateur des fœurs grifes. Mgr l'eveque de Montpellier ayant officié pontificalement affifté du chapitre, MM. les confuls en ayant eté priés la veille par les fœurs grifes.

Le dimanche 14 dud., MM. les confuls en chaperon ont acifté à la proceffion generalle qui a eté faitte pour demander à Dieu de la pluye, y ayant quatre mois qu'il n'a pas pleu.

Le mercredy 17 dud. mois, jour des Rogations, MM. les confuls en chapeau ont affifté à la proceffion generalle quy fe fait ordinairement.

PAGE 220.

* Le jeudy 18 may, jour & fefte de l'Afcenffion, MM. les confuls & greffier en robe ont entendu la grand meffe à l'eglize Notre Dame, ont eté à l'offrande & donné le pain beny, fuivant l'ufage.

Le dimanche 21 may, MM. les confuls en chaperon ont eté à l'eglize Saint Pierre à la grand meffe pour remercier Dieu de la grace qu'il nous a fait de nous donner de la pluye, ayant eté priés la veille de la part du chapitre.

Le dimanche 28 mai, jour & fefte de la Pentecofte, MM. les confuls & greffier en robe ont eté à l'hopital St. Eloy à la nomination de MM. les intendans, en ayant efté priés par un de MM. les findics.

Le jeudy huitieme juin, jour de la Fefte Dieu, MM. les confuls & greffier en robbe ont porté le day le matin à la proceffion generalle, & le foir à celle de la paroiffe St. Denis, en ayant eté priés la veilhe par les officiers du Saint Sacrement de la parroiffe.

* Le dimanche 11 juin, MM. les confuls & greffier en robe ont porté le day. le matin à la proceffion de la paroiffe St. Pierre, ayant eté priés par les officiers du St Sacrement; & le foir à celle des Penitens Blancs, en ayant eté auffy priés par les officiers de lad. chapelle.

Le 13 dud. mois, Meffieurs les confuls & greffier en robbe ont eté vifiter monfeigneur l'eveque de Laon, duc & pair de France, & a eté harangué par le fieur Artaud, orateur, dans la maifon du Cayla, ayant remercié MM. les confuls & les auroit accompagnés jufques à la porte de la rue.

Le 15 dud. mois de juin, MM. les confuls & greffier ont porté le day aux proceffions des paroiffes Notre Dame des Tables & de Ste. Anne, ayant efté priés la veilhe par les officiers du St. Sacrement.

Le 23 juin, veilhe de la fefte St. Jean Baptifte, le feu de joye a efté fait devant l'hoftel de ville fuivant l'ufage.

Le 28 dud., veilhe de la fefte St. Pierre, MM. les confuls en chaperon ont acifté à la proceffion que le chapitre a fait apres vefpres, ayant eté priés par M. Vidallon, chanoine, de la part du chapitre, d'y affifter.

Le premier juillet, MM. les confuls en robbe ont eté aux Jefuites acifter aux * thezes foutenues par le fieur Charles Serane, fils du fieur Serane, medecin, dediées à M. de Bon, premier prefident en la cour des aydes, en ayant eté priés par led. Serane.

Le 4e juillet, MM. les confuls & greffier en robbe ont eté vifiter M. de Bernage de St. Maurice, intendant de la province, venant de la cour, & a eté harangué chez luy par le fieur Artaud, orateur de la ville.

Le 7e dudit mois, MM. les confuls en chaperon ont eté vifiter M. d'Iverny, commandant dans la province en l'abfence de M. de Lafare, venant d'Alaix.

Le 11 juillet, MM. les confuls en robe ont eté aux Jefuites acifter aux thefes foutenues par le fieur Feiffat, de la ville de Ganges, dediées à Mgr l'evêque de Dolle, en ayant eté priés par led. fieur Feiffat.

Le 29 juillet eft decedé noble Jofeph de La Croix de Candillargues, lieutenant de roy au gouvernement de cette ville, ayant eté premier conful en l'année 1719, & fut enteré le lendemain dimanche à Notre-Dame des Tables, auquel enterrement meffieurs les confuls n'ont point acifté à caufe des conteftations qu'il y a eu entr'eux, MM. de l'eftat major & * officiers des regiments de Normandie & de Dauphin, les fieurs confuls pretendant avoir le pas fur lefd. officiers.

Le 4e aouft, MM. les confuls en robbe ont eté aux Jefuites acifter aux thefes foutenues par fieur Jean Baptifte Bancillon, natif de St. Germain de Calberte, dioceze de Mende, dediées à M. de Vernon, lieutenant de roy de la citadelle, ayant eté precedament priés.

Le dimanche 6 aouft, MM. les confuls en chaperon ont acifté à une proceffion generale pour demander à Dieu de la pluye, à caufe de la grande fechereffe, ayant eté avertis la veilhe de la part du chapitre.

Le 15 aouft, jour & fefte de l'Affomption de la Vierge, MM. les confuls & greffier en robbe ont acifté à la proceffion generale qui fe fait ordinairement pour le vœu du roy Louis XIII.

1730.

PAGE 224.

Le 16 dud. mois, fefte St. Roch, MM. les confuls & greffier en robbe ont eté à l'eglize Notre Dame des Tables acifter à une meffe baffe qui a eté ditté dans la chapelle dud. faint, à laquelle ils ont communié fuivant l'ufage & le vœu fait par * la ville en l'année 1640 ; & enfuitte ont acifté à la proceffion qui a eté faitte marchant après les confreres.

Le 24 aouft, MM. les confuls & greffier en robbe ont eté aux Jefuites acifter à une comedie que les ecoliers du college ont reprefanté, & enfuitte ont diftribué les prix en livres fuivant l'ufage.

Le 31 aouft, jour & fefte Notre Dame des Tables, MM. les confuls & greffier ont acifté à l'office à lad. eglize & ont donné le pain beny.

Copie de la lettre ecrite de Marly le 30 juin par M. le comte de St. Florentin, miniftre & fecretaire d'etat à M. de Bornier, prefident juge mage au prefidial de Montpellier :

PAGE 225.

Monfieur, jay rendu compte au roy dans un confeil des depeches de la conteftation qui etoit furvenue entre vous & MM. les lieutenants de roy des ville & citadelle de Montpellier par rapport aux rejouiffances publiques, & fa majefté a decidé que s'il s'agit d'action militaire, c'eft à ces meffieurs, & en leur abfence aux majors à mettre le feu au bucher * ; mais que s'il eft queftion d'autres rejouiffances pour actions qui ne font point militaires, c'eft à vous à allumer le feu de joye, & en votre abfence aux autres du fiege, fuivant leur rang ; vous prendrez la peine de vous conformer dans l'occafion à cette decizion, & d'enregiftrer ma lettre dans le regiftre de la juridiction, affin qu'elle y ferve de regle. Je fuis, Monfieur, votre tres affectionné ferviteur. ST. FLORENTIN, figné.

Cette lettre a eté retirée par M. le juge mage le 1er août 1730.

Copie de la lettre ecritte par M. le comte de St. Florentin, miniftre fecretaire d'etat, à MM. les confuls de Montpellier, le 27 aouft.

Meffieurs, le fieur Marmier Prignan, commiffaire des guerres à Montpellier, s'eft plaint de ce que vous vous oppofés à ce qu'il affifte aux feux de joye & fur le compte que j'en ay rendu au roy, fa majefté a decidé que ce qui eft porté par la lettre de feu mon pere à M. de St. Maurice, du 11 fevrier 1723, laquelle doit eftre enregiftrée dans vos regiftres devoit eftre executée ; ayés agreable de vous y conformer, affin qu'il n'y ait plus fur cella de difficulté. Je mande la meme chofe au fieur Prignan, & je ne doute nullement qu'il ne s'y conforme. Je fuis, meffieurs, votre très affectionné ferviteur. ST. FLORENTIN, figné.

PAGE 226.

* Le dimanche 24 feptembre, MM. les confuls en chaperon ont eté à l'eglize St. Pierre affifter à la grand meffe en actions de graces de ce que Dieu nous a donné de la pluye apres une fechereffe de plus de fix mois.

En confequence de la lettre ecritte par le roy & par Mgr. le duc Du Maine, gouverneur de cette province, à meffieurs les confuls viguiers de Montpellier, par lefquelles il leur eft ordonné de fe trouver au te deum qui doit eftre chanté dans l'eglize cathedralle St. Pierre de cette ville & de faire des feux de joye & rejouiffances publiques à l'occazion de l'heureufe naiffance de monfeigneur le duc d'Anjou, le dimanche 24e feptembre, lefd. fieurs confuls & greffier en robe ont eté à St. Pierre affifter au te deum qui a eté chanté. M. d'Iverny, commandant de la province (en l'abfence de M. le marquis de la Fare), M. l'intendant & toutes les compagnies de juftice de la ville y ont auffy affifté en robe de ceremonie.

Ledit jour, fur les fept heures du foir, M. le fecond conful en chaperon a eté chercher M. le juge mage chés luy, pour venir mettre le feu au bucher; & lorfqu'ils ont eté à l'hotel de ville, lefd. fieurs juge mage, confuls & greffier, revetus de leurs robes, ont eté chés M. d'Iverny precedés des tambours, haubois & de la fuitte confulaire, portant des flambeaux * alumés, & tous enfemble etant venus fur la place, M. d'Iverny marchant feul, M. le juge mage & M. le premier conful faifant rang & les autres confuls & greffier, de fuitte, aprés les tours ordinaires, ont mis le feu au bucher, & led. fieur juge mage s'eftant retiré dans l'hôtel de ville, MM. les confuls & greffier ont accompagné M. d'Iverny chez lui, & enfuitte ledit fieur fecond conful a accompagné M. le juge mage de la meme maniere qu'il l'avoit eté prendre chez lui; tous les habittans ont mis des illuminations à leurs fenettres & fait des feux de joye, ainfi qu'il avoit eté ordonné la veille de la part de meffieurs les confuls.

Le vingtieme octobre, fefte de la delivrance de la ville, meffieurs les confuls & greffier en robbe ont porté le day à la proceffion generale qui a eté faite fuivant l'ufage.

Le premier novembre, fete de la Touffaint, meffieurs les confuls & greffier en robe ont eté à l'eglize St. Pierre, à la grand meffe & à l'offrande, & l'aprés midy à vefpres & à la predication *.

Le 13 novembre, lefdits fieurs confuls & greffier en robe ont efté vifiter M. le premier prefident chez lui, & a eté harangué par le fieur Artaud, orateur, à cauze qu'il eftoit abfent le jour de l'inftallation de MM. les confuls.

Le 14 dudit mois, MM. les confuls & greffier en robe ont acifté à l'ouverture des audiances du prefidial, en ayant eté priés par le fieur Ricard, greffier, M. de St.-Felix, premier conful ayant fiegé en qualité de viguier (1).

* Le 7 decembre, l'academie royale de fciences a tenu une affemblée publique dans la grand falle de l'hoftel de ville, à laquelle M. l'eveque de Montpellier a prefidé. MM. les confuls y ont acifté en chaperon, fuivant l'ufage.

Le 9 decembre, MM. les confuls & greffier ont efté vifiter Mgr l'archevefque d'Alby, tuteur de M. de Caftries, gouverneur de cette ville, logé chez Jean Antoine, tapiffier, & a eté harangué par l'orateur. Enfuite il a accompagné MM. les confuls jufqu'à la porte de la rue.

Le 10 decembre, fur les 3 heures aprés midy, M. de Maffillian a fait fon entrée en qualité de juge mage de cette ville, venant de fe faire recevoir au parlement de Toulouze; il eftoit precedé de la nobleffe, de la maréchauffée & des huiffiers à cheval; enfuite il venoit, precedé auffy des timballes, des trompettes & haut bois à la * tefte du corps des procureurs au fenechal, au millieu des deux doyens, qui eftoint fuivis de tous fes clercs auffy à che-

---

(1) On s'abftient de reproduire, à dater du mois de novembre 1730, le récit des affemblées, proceffions, vifites annuelles des confuls, toutes les fois que le cérémonial ne mentionne aucune particularité nouvelle.

1730.

val, & d'un grand cortege de caroffes qui eftoint allés le prendre au lieu de St. Jean de Vedas où il avoit couché. Les fixains avec leurs commandants & autres officiers à leur tefte etoint rangès en haye depuis le Cheval Vert jufqu'à la porte de la Sonnerie, où ledit fieur de Maffillan eft entré.

Ledit jour, MM. les confuls ayant fceu que ledit fieur de Maffillan etoit deffandu à fa maifon, fur les 6 heures du foir l'ont eté vifiter en robbe & a eté harangué par le fieur Artaud, orateur, ayant accompagné lefdits fieurs confuls jufqu'à la porte de la rue.

Page 231.

Le 31 décembre, MM. les confuls en chaperon ont vifité M. de Pardaillan*, confeiller au parlement de Toulouze, & commiffaire deputé par ladite cour pour inftaller M. de Maffillan, juge mage, logé chez M. Romieu, bourgeois.

1731.

Le mardy 16 janvier 1731, MM. les confuls ayant eté priés par le fieur Dumas, greffier du prefidial, de monter à l'audiance du prefidial & fenechal, qui etoit la premiere depuis l'inftallation de M. de Maffillan, juge mage; ils y font montés avec l'orateur & greffier, revetus de leurs robes. A l'entrée de la falle d'audiance, ledit fieur Dumas en robbe eft venu prendre M. de St. Felix, premier conful & viguier, & l'a conduit à la chambre du confeil où étant il a preté ferment pour ladite charge de viguier entre les mains de M. de Maffillan, à genoux, la main mize fur les faints evangilles, & M. de Maffillan l'ayant pris par la main luy a donné place à fa droite, qui eft la place que le viguier a acoutumé de prendre, en confequence de l'arret du Confeil & lettres patentes données fur la reunion de la juridiction royale & ordinaire de ladite ville au corps du prefidial. Et après, etant montés à l'audiance, ledit fieur de St. Felix a pris fa place

Page 232.

comme en la chambre du * confeil, du coté de la main droite de M. de Maffillan, immédiatement après luy, precedent le confeiller doyen dud. prefidial, à laquelle audiance le fieur Artaud, orateur, a plaidé pour MM. les confuls & requis la confervation des ftatuts & privileges des habitans. Et pendant le temps qu'il a plaidé, MM. les autres confuls, qui etoint placés à leur banc ordinaire (ledit fieur Artaud etant dans le banc des avocats), fe font tenus debout, couverts, & après ce font affis, pendant que M. de Joubert, avocat du roy, a parlé, & pendant encore qu'on a eté aux opinions. Et les opinions finies, quand M. de Maffillan & les autres officiers ont fiegé pour prononcer, MM. les confuls fe font levez decouverts jufqu'après la prononciation du jugement concernant les ftatuts de la ville. L'audiance etant finie, M. le premier conful s'eft levé, de meme que les autres officiers du prefidial, &, à la tete du rang des officiers qui etoint

Page 233.

de fon cotté, eft allé dans la chambre du confeil où il a pris fa place, & etant forti eft revenu joindre MM. les autres confuls & font allés tous enfemble rendre vifite à M. de Maffillan chez lui, où il a eté harangué par ledit fieur orateur & accompagné MM. les confuls jufqu'à la porte de la rue.

Copie de la lettre ecrite par M. le comte de Maurepas, à cauze de la maladie de M. de St. Florentin, à M. de Bernage, intendant :

Le 31 octobre 1730.—Sur le compte que j'ay rendu au roy, Monsieur, dans le conseil des depeches de la demande du sieur Massillan, juge mage de Montpellier, de la reponse des marchands de cette ville, de la lettre que vous vous êtes donné la peine de m'ecrire le 26 du mois dernier & de l'avis qui y etoit joint, Sa Majesté a decidé qu'il ne convenoit point d'assujetir le corps des marchands de cette ville, à aller à cheval & en habit uniforme audevant de luy lorsqu'il reviendra de Toulouze à Montpellier, qu'il faut les laisser faire à cet egard ce qu'ils jugeront à propos; mais que du moins il est juste de les obliger d'aller en corps, comme vous l'observés, avec les prieurs & consuls à leur teste en manteau noir & rabat, dans sa maison, le feliciter sur son installation le jour même de son arrivée, luy demander sa protection & l'honneur de sa bienveillance; vous aurez, s'il vous plait agréable de le leur faire dire & mesme de faire enregistrer cette lettre dans les registres de la Bource, afin que l'on s'y conforme.

Je suis, etc.

MAUREPAS.

Signé : MASSANE, consul.

1731.

Le 3 fevrier, MM. les consuls en robbe ont assisté à l'enterrement de M. de St. Roman, qui avoit eté premier consul en l'année 1724, ayant eté priés de la part du fils dudit sieur de St. Roman.

Le dimanche 4 fevrier, MM. les consuls en chaperon ont assisté à la procession generalle qui a eté faite pour demander à Dieu de la pluye, y ayant fort longtemps qu'il n'a pas pleu.

Le 7 fevrier, MM. les consuls en chaperon ont visité M. de Bernage, intendant de la province, chez lui, venant des estats de Nismes.

Le 8 fevrier, MM. les consuls & greffier *, revetus de leurs robbes ont eté à la porte du Pilla St. Gelly où M. le marquis de la Fare, commandant de la province, a esté harangué, venant de la cour & de tenir les etats à Nismes, le canon de la citadelle ayant tiré.

PAGE 234.

Le 9 fevrier, MM. les consuls & greffier revettus de leurs robes ont eté viziter M. l'archeveque d'Albi.

Le 24 fevrier, jour de St. Mathias, apostre, MM. les consuls ont fait les boules de cire pour l'election consulaire.

Le premier mars, suivant l'usage, il a eté procedé par MM. les consuls à l'election consulaire, aprés avoir entendu la messe revettus de leurs * robes avec le greffier sont montés à la grand salle de l'hotel de ville & en presence d'un grand nombre d'habittans, les formalités observées, il a eté nommé pour electeurs MM. Pierre Durand, gentilhomme, Raimond Romieu, bourgeois, Auterac, notaire, Robin, maître chirurgien, Coste fils, gantier, Verdier, facturier de bas & Riolhes, maître cordier, & pour consuls noble Jaques Gabriel Eustache; sieurs Jean Rivière, bourgeois, Jean Masse, controlleur au grenier à sel, Barthelemi Choisy, maitre chirurgien, Antoine Bedos, menager & Pierre Ribens, maître plâtrier, lesquels à l'instant de leur nomination en furent avertis par le son de la cloche & par les escudiers de la maison de ville, ainsy qu'il est accoutumé.

PAGE 235.

Aprés la nomination, MM. les consuls en chaperon, avec le greffier, electeurs & petits enfans, ont visitté MM. les consuls nouvellement elus. Ensuitte MM. les consuls nouvellement elus ont visitté MM. les anciens consuls & greffier *, &c.

PAGE 236.

Le 7 mars, MM. les consuls nouvellement elus ont preté le petit serment entre les mains des anciens consuls suivant l'usage.

Le 11 mars, MM. les consuls & greffier ont visitté en robe M. de Bernage, intendant de la province, à l'occazion du mariage de Mlle sa fille

1731.

avec M. Roffignol, maître des requettes, & a eté harangué par l'orateur chez lui.

* Le 20 mars, M. le fecond conful nouvellement elu a eté chez M. le juge mage pour le prier de fe trouver à l'inftallation de MM. les confuls & les 5e & 6e confuls ont eté chez MM. les gens du roi.

Le 25 mars, jour de Paques, MM. les confuls ont eté inftallés en la maniere accoutumée, ont preté ferment dans l'eglize Notre Dame des Tables entre les mains de M. de Maffillan, juge mage, leurs mains mifes fur le petit Talamus dont lecture a eté faitte par le greffier, y affiftant M. de Joubert, avocat du roi, & après ledit * ferment & ceremonies accoutumées, MM. les confuls fe font rendus à l'hotel de ville où ils ont receu le ferment du fieur Pouget, orateur, la prefente armée, des capitaines du guet & de fanté, extimeurs jurés, gardes terres, fuittes confulaires & à cauze de la grand fefte auroint renvoyé leurs vizittes au lendemain.

Le lundy 26 mars, MM. les confuls, orateur & greffier, precedés de la fuitte & fanfare ont fait leurs vifites : A St. Pierre, à l'hopital St. Eloy, à M. l'intendant, à M. l'eveque abfent, à M. le juge mage, à M. le premier prefident abfent, à M. le lieutenant de roy de la ville & citadelle.

Le dimanche premier avril, MM. les confuls en chaperon ont acifté à la proceffion generalle pour prier Dieu de nous donner de la pluye.

* Le 16 avril, MM. les confuls & greffier en robe ont vifitté M. le duc de la Roche Guyon, madame la ducheffe de la Rochefoucaut quy ont eté harangués par le fieur Pouget, orateur, chez Mlle de Toiras où ils logeoient.

Led. jour ont auffy vifitté & harangué M. le marquis de Roye, lieutenant general des galeres, logé au college de Mende.

Le 15 may, les confuls & greffier en robe ont eté vifiter M. Roffignol, maître des requetes * & madame fon epouze, fille de M. de Bernage, intendant de cette province ; ils ont eté harangués chés M. l'intendant, où ils etoint logés ; led. fieur Roffignol ayant accompagné MM. les confuls jufques à la porte de la rue.

* Le 13 juin, MM. les confuls en chaperon ont vifitté M. D'Iverny, commandant dans la province en l'abfence de M. de la Fare, venant d'Alaix.

Le 3 juillet, environ l'heure de midy, le feu prit dans la maifon où loge le nommé Armand, tonnellier, appartenant à Azéma, fripier, & fur l'avis qui en fut donné à MM. les confuls, ils fe tranfporterent avec toute la fuitte confulaire & un detachement des foldats de la garde de l'hoftel de ville à lad. maifon fituée à la rue de la Triperie, ille de Bonnier ; le feu avoit pris avec tant d'eclat, que quoy qu'on y jettat des pleines cornües d'eau, & que toutes les pompes & machines fervant à l'eteindre en jettaffent auffy beaucoup, il ne fut jamais poffible de l'eteindre, au contraire il fut toujours plus fort, quoy ce fut en plein jour & qu'il y eut * beaucoup du monde pour travailler à eteindre le feu ; cella ne peut empecher qu'il prit aux deux maifons attenant, l'une apartenant à la veuve Desfours & l'autre aud.

Azema. Lorſque le feu eut pris dans ſes deux maiſons, ſur les deux heures aprés midy, il fut impoſſible de pouvoir s'approcher, & MM. les conſuls prirent la reſolution de faire abattre leſd. maiſons.

Les voiſins & ſurtout ceux qui ont des maiſons dans lad. ille, voyant le danger preſque inevitable que le feu prit à leurs maiſons, ſortirent tous les effets & meubles qu'ils peurent; mais le feu augmantant toujours prit de plus fort à la maiſon dud. Azema où pluſieurs perſonnes ont reſté mortes, ſoit par le feu ou par la ruine des murailles où le feu avoit pris.

Dans cette triſte ſcituation, MM. les conſuls voyant que le feu augmentoit toujours reſolurent de faire abatre toutes les maiſons attenant celles où le feu avoit pris.

Pour executter ce projet on arreſta tous les maſſons, menuiſiers, platriers qu'on peut trouver dans la ville & cinquante ſoldats du regiment Tallard, qui eſt en garniſon aux cazernes, furent commandés pour abattre leſd. maiſons, ce qui feut executté, & on abattit la maiſon dud. Armand, d'Azema, de la veuve Desfours, de Tinelle, & partie de celle du ſieur* Goudard, de la demoiſelle Arnaud & autres.

Comme la nuit s'approchoit & qu'on craignoit que le vent ne portat le feu à faire des plus grands domages aux maiſons quy reſtent de lad. ille & ont leur façade du coté de la grand rue St. Guilhem on fit conſtruire un battardeau au milieu de la rue où tous ceux qui ont des puids depuis le coing du Sallut faiſoint aller l'eau; mais heureuſement la nuit ſe paſſa ſans que le feu prit davantage.

Ce qu'il y a de plus malheureux dans toute cette incendie eſt que pluſieurs perſonnes qui aydoint à eteindre le feu & à emporter les meubles deſd. maiſons ont reſté morts ſous les ruines; rien de plus deſolant que de voir perir des perſonnes, ſans pouvoir y donner du ſecours s'en etant brullé cinq ou ſix.

Douze ou quinze familles, gens tres commodes, qui logeoint dans leſd. maiſons, ſont reduittes à la mendicitté, tellement que l'hopital a eté obligé à leur fournir la ſubſiſtance, n'ayant rien à manger. Les pertes ou domages ſe portent à environ 15,000 liv.

La demolition deſd. maiſons a brullé pandant ſix jours; MM. les conſuls ont toujours eté preſents, tant pour donner leurs ordres que pour empecher les vols qui pouvoint ſe faire. Mais leur zele s'eſt porté plus loing: touchés de l'etat miſerable des pauvres familles ont demandé permiſſion à monſeigneur l'eveque* de Montpellier de faire une queſte dans la ville pour ces pauvres gens reduitz à la derniere miſere par une incendie qu'on n'a jamais veu de pareilles dans Montpellier.

M. l'eveque de Montpellier permit de faire lad. queſte & donna la ſomme de deux cens livres pour donner un bon exemple.

Sur cette permiſſion, MM. les conſuls & policiens s'eſtant aſſemblés ont fait un departement où chacun a eté chargé d'un ſixain; tous les habitans, tant riches que pauvres, ont donné.

M. de Caſtries, gouverneur de la ville, ayant apris ce malheur, a donné

1731.

deux cens livres, de même que M. Bonnier de Lamoffon, treforier de la bourfe du Languedoc.

La diftribution de l'argent provenu de cette quefte qui fe monte environ 3,000 liv. a eté faitte par M. l'eveque, MM. les confuls & policiens, en faveur de ceux qui avoint perdu leurs meubles dans les maifons brulées, de ceux qui y ont eté bleffés, des enfants de ceux qui y fe font trouvés morts & des proprietaires defd. maifons.

Le cinq aouft, MM. les confuls en chaperon ont acifté à la proceffion generale qui a eté faitte pour demander à Dieu de la pluye à caufe de la fechereffe.

PAGE 245.

Le 8ᵉ dud., les confuls & greffier en robe ont eté aux Jefuittes acifter à une tragedie * qui a eté repréfentée par les ecoliers, & ont fait la diftribution des prix en la forme ordinaire.

Le 14 feptembre, les confuls & greffiers ont vifitté M. le prince de Monaco, logé chés M. de Graves, qui a eté harangué par M. Pouget, orateur.

PAGE 246.

Le 15, MM. les confuls en chaperon ont eté vifiter & complimenter M. de Bon, premier prefident *, à l'occazion du mariage de Mlle Bon, fa fille, avec M. Durban, led. mariage leur ayant eté communiqué la veille par M. le premier prefident & M. Durban.

Le 17 dud., MM. les confuls en chaperon ont vifitté M. d'Iverny, commandant en l'abfence de M. de Lafare, venant d'Alaix.

Le 12 novembre, lefd. fieurs confuls & greffier en robbe, ont vifitté M. le premier prefident de lad. cour qui a eté harangué par le fieur Pouget, orateur, à cauze que le jour de l'inftallation de MM. les confuls, M. le premier prefident etoit abfent.

PAGE 247.

Led. jour, MM. les confuls & greffier en * robbe, ont vifitté M. de Lafare, commandant de cette province, venant de la cour, & a eté harangué par le fieur Pouget, orateur.

Le 13, MM. les confuls & greffier en robbe ont acifté à l'ouverture des audiences du prefidial, ayant eté priés la veille par le fieur Dumas, greffier, de la part de la cour.

Led. jour, MM. les confuls ayant eté priés de la part de M. de Belleval, prefident à la cour des aydes, d'acifter à l'enterrement de M. de Belleval, fon pere, qui avoit eté maire & viguier de cette ville depuis 1693 jufques en 1700, lefd. fieurs confuls & greffier en robbe ont acifté aud. enterrement, marchant aprés la cour des aydes, & precedent les deuils. Led. fieur de Belleval a eté enterré dans fa chapelle à St. Pierre.

PAGE 248.

* PASSAGE DE S. A. R. L'INFANT D'ESPAGNE DOM CARLOS.

S. A. R. allant prendre proceffion du duché de Parme feroit entrée en France par le Rouffillon pour aller s'embarquer à Entibes en Provence.

Le 23 novembre, meffieurs les confuls reçeurent une lettre de M. de

Bernage de St. Maurice, intandant de cette province, par laquelle il leur marquoit que S. A. R. devoit paſſer en cette ville au premier jour & qu'ils n'avoint pas du temps à perdre pour ſe mettre en etat de le recevoir. Que l'intention du roy etoit qu'on rendit à S. A. R. les memes honneurs qu'on rendroit à un fils de France & d'en uſer de meme qu'au paſſage de Mgr le duc de Bourgogne & de M. le duc de Berry, tant par raport aux honneurs generaux que par raport aux preſens de la ville, illuminations, & à toutes les marques exterieures d'honneur, & reſpect & joye, que l'intention du roy etoit que l'on donnat à l'infant dans tous les lieux de ſon paſſage, à la reſerve neantmoins de la preſentation des clefs de la ville & du daix, honneurs qui ne ſont deûs qu'au roy; que la ſuitte de S. A. R. ſera très conſiderable, & de ſe mettre en etat de la recevoir & de faire le logement chés les habitans ſans aucune exception.

* En conceqcuence, MM. les conſuls auroint donné les ordres neceſſaires pour l'execution de ceux du roy & de M. l'intandant. PAGE 249.

Le 26 novembre, M. le marquis de Lafare, commandant en chef dans cette province, M. de Bernage, intandant, accompagnés d'un grand nombre de nobleſſe, partirent avec leurs equipages pour ſe rendre à l'entrée de la province, ſur les frontieres du Rouſſillon, pour y recevoir S. A. R. & l'accompagner pendant ſa route juſqu'à la ſortie de la province.

Le dimanche 2ᵉ decembre, jour de l'arrivée du prince, les artiſans ou vignerons donnerent le divertiſſement de la danſe du chevalet au ſon des hautbois & tambours de baſque & furent avec des flambeaux de cire blanche ſur le grand chemin de La Verune. Lorſqu'ils furent devant le carroſſe de S. A. R. ils commancerent leur danſe & continuerent juſques dans la cour du palais où le prince logea.

Il etoint tous vetus comme des bergers; ils avoint quantité de grelots attachés autour des jambes; leurs habits etoint blancs, couverts de longs rubans de toutes couleurs; ils portoint des baguettes à la main ornées des nœux de rubans; ils danſoint autour d'un cheval fait avec des bois ſur lequel etoit l'homme que le faiſoit danſer; la houſſe qui etoit ſur le cheval etoit de toille peinte de fleurs de lis d'or avec les armes de S. A. R., elle alloit juſqu'à terre & couvroit les jambes de cet homme qui ne paroiſſoit qu'un buſte * ſur ce cheval auquel il faiſoit danſer toute ſorte de danſes au ſon des hautbois & tambours de baſque. PAGE 250.

S. A. R. arriva à Montpellier ſur les ſix heures du ſoir. MM. les conſuls & greffier en robbe de ceremonie l'attandoint hors la porte du Peyrou, pres le couvent des R. P. de la Mercy; ils furent preſentés par M. Deſgranges, maître des ceremonies de France, & ils complimenterent S. A. R. à la portiere du carroſſe; M. Euſtache, premier conſul & viguier, portant la parolle.

S. A. R. fut ſalluée par les canons de la citadelle & par un grand nombre de boettes qu'on avoit poſé ſur la place du Peyrou.

Les rues, depuis la porte du Peyrou juſqu'au palais, etoint tendûes de tapiſſerie.

1731. Le regiment de Teffé infanterie formoit une haye dans les rues par lefquelles le prince paffa.

S. A. R. deffendit de carroffe dans la cour du Palais, où elle fut receüe par M. de Lafare, commandant, par M. de Saint Maurice, intandant, & par M. de Bon, premier prefident de la cour des aydes, fuivy de quelques officiers de la cour & conduitte dans les appartements qu'on luy avoit preparés. Les feigneurs efpagnols & autres perfonnes de la fuitte de S. A. R. furent logés par le * marechal des logis & l'ingenieur du prince fur les billets qui luy furent donnés par MM. les confuls, tant chés les officiers de la cour des aydes, des treforiers de France, que prefidiaux & autres officiers & bourgeois de la ville, les confuls ayant eté auparavant faire compliment à M. de Bon, premier prefident, à M. d'Aumelas, premier prefident du bureau des finances, & à M. le juge mage au fujet dud. logement.

Une heure après l'arrivée du prince, MM. les confuls & greffier en robbe furent introduits par M. de Granges, maître des ceremonies, pour offrir à S. A. R. les prefents de la ville qui confiftoint en fultans, fachets, vin mufquat & liqueurs.

Les prefents qui furent prefentés à S. A. R. conciftoint, fçavoir :

Quatre fultans de tiffu d'or & argent bordés de gallon avec des rubans & des franges d'or & d'argent au bout, huit grands fachets de taffetas de toute couleur bordés d'argent, remplis de poudres de fenteur ; le tout etoit dans une grande corbeille d'ofier doublée de taffetas vert & piquée, avec des poudres de fenteur, trois caiffes bois noyer dans l'une defquelles il y avoit 50 bouteilles vin mufcat, dans une autre 50 bouteilles ratafiat, & dans l'autre 50 bouteilles eau de cedra ou autres liqueurs.

* Pour M. le comte de San Iftevan, major d'homme (fic) mayor, grand d'Efpagne, chevalier de l'ordre du St. Efprit : Deux fultans, fçavoir un de tiffu d'argent bordé de gallon d'argent avec des rubans & des franges au bout, l'autre de fatin bordé de gallons d'argent ; quatre grands fachets de taffetas de toute couleur bordé d'argent, remplis de poudres de fenteur, le tout dans une corbeille d'ofier ; trois caiffes bois noyer, dans l'une defquelles il y avoit vingt quatre bouteilles vin mufcat, dans une autre trois douzaines bouteilles ratafiat, & dans l'autre deux douzaines & demy eau de cedra & autres liqueurs.

Pour M. Defgranges, maître des ceremonies, de même qu'à M. San Iftevan.

A l'entrée de la nuit le palais & la ville furent illuminés, de meme que pandant le fejour de S. A. R.

La maifon de M. de Lafare, celle de M. l'intandant, l'eveché, la lotge des marchants & l'hotel de ville furent auffy illuminés.

Le meme jour, S. A. R. receut les compliments des compagnies qui feurent * conduittes par M. Defgranges, maître des ceremonies.

Le lendemain, S. A. R. entendit la meffe dans la falle de fon appartement où il fut dreffé un hautel, la meffe fut cellebrée par fon premier aumonier, pendant laquelle il fut chanté un motet par la mufique de la cathedralle.

Apres la meſſe, il fut en carroſſe au Peyrou, & mit pied à terre pour viſitter l'eſtatue ſqueſtre & enſuitte il alla à pied au jardin du roy, & aprés l'avoir viſitté il y joua au mail.

A une heure aprés midy, S. A. R. remonta en carroſſe pour aller à la citadelle, ſortit par la porte du Peyrou, paſſa long de la place devant les cazernes, entra par la porte de Lattes, & traverſa la promenade de l'Eſplanade. Il fut receu à la porte de la cittadelle par M. de Lafare, par M. de Vernon, lieutenant de roy de la ville & citadelle, ſuivy des officiers de la garniſon.

Les ſoldats de la garniſon etoint en haye depuis la porte d'entrée juſqu'à la porte de ſecours par laquelle S. A. R. ſortit pour * aller chaſſer ſous les remparts où il reſta pendant deux heures & demy, & tua quantité de gibier.

Enſuitte, il entra dans la citadelle par la porte de ſecours, viſitta les fortiffications de la place & fut ſalué en ſortant par les canons de la place & par un grand nombre de boëttes, & ſe rendit en carroſſe au palaix par le même endroit par où il etoit venu.

Cent cinquante hommes du regiment de Teſſé, qui s'eſt trouvé en cette ville, ont monté la garde à la porte du palaix pendant le ſéjour du prince.

Les armoiries de S. A. R. ont eté miſes ſur la porte de ſon hoſtel : celles de M. de Lafare furent oſtées de deſſus la porte du Peyrou.

M. le marquis de Lafare & M. de St. Maurice, intandant, ont tenû des tables magnifiquement ſervies dans tout le voyage de S. A. R. dans cette province & particuliérement en cette ville le jour de ſon arrivée & le jour du ſéjour.

Les artiſans ont continué leurs * danses pendant le ſéjour de S. A. R. & l'ont accompagné juſques devant le couvent des R. P. Recolets en danſant devant le carroſſe, le mardy quatrieme decembre que S. A. R. partit de cette ville pour continuèr la route juſqu'à Antibes, les canons de la citadelle ayant tiré.

Le lendemain, les armoiries de M. de La Fare furent remiſes ſûr la porte du Peyrou.

Le 7ᵉ decembre, MM. les conſuls en robe ont viſitté M. l'intandant de la province venant de Taraſcon, & a eté harangué chez lui, M. Euſtache, premier conſul, portant la parolle.

Le 9 dudit, MM. les conſuls & greffier en robe ont eté à la porte du pilla St. Gelly & ont harangué M. de La Fare, commandant en chef de la province, venant de Taraſcon d'accompagner S. A. R. M. Euſtache, premier conſul portant la parolle, le canon de la citadelle ayant tiré.

Le 12 janvier 1732, MM. les conſuls & greffier en robbe ont eté chez M. l'intandant pour le viſitter à l'occaſion de la naiſſance de ſon petit fils, ledit ſieur intandant n'ayant pas eté viſible.

*Le 14 janvier, MM. les conſuls & greffier en robe ont eté viſitter M. l'archeveque d'Alby, tuteur de M. le gouverneur, logé chez M. Flaugergues.

Les Etats de la province de Languedoc ayant eté convoqués par man-

1732.

dement du roy dans la ville de Montpellier au 17 janvier, l'ouverture en fut faite ledit jour. MM. les confuls, orateur & greffier, revetus de leurs robes, fe font rendus fur les 9 heures du matin chez Mgr l'archevefque de Toulouze, prefident des etats en l'abfence de Mgr l'archeveque de Narbonne, prefident né, où il a eté harangué par le fieur Pouget, orateur; & après lefdits fieurs confuls ont offert à M. l'archeveque de Touloufe de l'accompagner à l'affemblée, de quoy il les a remerciés, & eft venu en chaife à caufe de la pluye.

Page 257.

MM. les confuls, orateur & greffier font revenus à l'hotel de ville & l'affemblée s'eftant formée dans la grand falle, M. Euftache, premier conful, a quitté* fa robbe, & fans aucune marque confulaire a pris fa place parmi les autres deputtés des etats, & MM. les confuls & greffier en robe (l'orateur s'eftant retiré) ont pris fa place à un banc qu'on a accoutumé de deftiner pour eux au parterre, s'eftant rendus à ladicte affemblée, Mgr le marquis de La Fare, commandant en chef dans la province, M. de St. Maurice, intandant, MM. de Solas & de Caftel, treforiers de France de Montpellier & de Touloufe, commiffaires du roy; l'ouverture a eté faite par M. de La Fare, par M. de St. Maurice, & par M. l'archevefque de Touloufe; après quoy on a eté à Notre-Dame entendre la meffe du St. Efprit.

La veille dudit jour, fur le foir, les armes du roy, de Mgr le duc du Maine. gouverneur de la province, de M. de La Fare, de M. le marquis de Prie, lieutenant de roi de la province, de tous aux etats (quoy qu'abfents) de la province & de la ville, furent pofées fur la porte de l'hotel de ville.

Page 258.

A l'occazion de la tenue des Etats, MM.* les confuls en manteau & chaperon ont vifitté MMgrs. les archeveques, eveques &-barons, à mefure de leur arrivée, aux endroits où ils etoint logés, ont auffy vifitté MM. de La Fare, M. l'intandant & autres commiffaires du roy.

Le 18 janvier, MM. les confuls, orateurs & greffier en robe fe font rendus à la porte de la Sonnerie où ils ont reçeu Mgr l'archeveque de Narbonne n'ayant pas eté harangué à caufe de la pluye, fes armes ayant eté pofées le jour d'auparavant fur la porte de la maifon de M. Gilly où il a logé.

Le 19 dudit, Mgr l'archeveque de Narbonne devant prefider aux Etats, MM. les confuls, orateur & greffier, revettus de leurs robes, fe font rendus chez luy où il a eté harangué par le fieur Pouget, orateur, & ont offert de l'accompagner à l'affemblée de quoy il les a remerciés, étant venu en chaize.

Le dimanche 20 dudit mois, MM. les confuls & greffier fe font rendus le matin dans la grand falle; l'affemblée étant formée s'eft rendue à Notre-Dame des Tables où fe font auffy* rendus MM. les commiffaires du roy.

Page 259.

La meffe du St. Efprit a eté ditte par M. de Monte, curé de ladite paroiffe, affifté de fes fecondaires & chantée par la mufique des etats. Il n'y a pas eu de predication ni proceffion.

Le 21 janvier, lefdits fieurs confuls & greffier en robbe ont acifté à l'enterrement de M. Caffan, fecond conful l'année 1728.

MM. les consuls en manteau & chaperon ont toujours assisté à l'assemblée des etats.

1732.

Le 17 février, MM. les consuls & greffier en robbe ont eté visiter M. de Niquet, president à mortier au parlement de Toulouze, logé chez Jean Antoine, tapissier, & a eté harangué par le sieur Pouget, orateur.

Le 25 dudit, MM. les consuls ont fait faire les boules de cire pour l'election consulaire.

Le 1er mars, suivant l'usage, il a eté procedé par MM. les consuls à l'election * consulaire, après avoir entendu la messe, revéttus de leurs robbes, avec le greffier, sont montés à la grand salle de l'hotel de ville & en presence d'un grand nombre d'habittans, les formallités observées, il a eté nommé pour electeurs noble de la Croix de Candillargues, sieur Jean Massannes, bourgeois, Me Dupin, procureur en la cour des aides, Laborie, chirurgien, Rey, plombier, Durand, tapissier & Ausiére, platrier, & pour consuls : noble de Nigry, sieur Laussel, bourgeois, Me Jean François Romieu, procureur en la cour des aydes, sieurs Peridier, capitaine de bourgeoisie, Bourret, brodeur, & Jean Lemasson, dit l'Angevin, maître tailleur d'habits, lesquels à l'instant de leur nomination en furent avertis au son de la cloche, & par les escudiers de la maison de ville, ainsy qu'il est accoutumé. Après la nomination, MM. les consuls en chaperon avec le greffier, electeurs & petits enfants ont visitté MM. les consuls nouvellement elus.

PAGE 260.

Ensuitte, MM. les consuls nouvellement elus ont visitté MM. les anciens consuls & greffier *, MM. les electeurs, M. de La Fare, commandant de la province, M. l'intendant, M. l'evêque de Montpellier, M. le premier president, M. le juge mage, M. le lieutenant du roy, M. d'Almeras, doyen des tresoriers de France, M. de Joubert, avocat du roy, M. Rouaud, procureur du roy.

PAGE 261.

Le 3 mars, les etats ont fini, & la benedition a eté donnée par Mgr l'archeveque de Narbonne, après quoy les etats en corps ont eté chez M. de La Fare, commandant dans la province, MM. les consuls y etant en robbe.

Le 4 dudit, le greffier consulaire a remis à MM. les gens du roy la liste de MM. les consuls nouvellement elus.

Le 6 dudit, MM. les consuls nouvellement elus ont preté le petit serment.

Le 25 dudit, MM. les consuls ont eté installés en la maniere accoutumée.

* Le 25 avril, feste de St. Marc, MM. les consuls ont assisté en chaperon à la procession de St. Pierre.

PAGE 262.

* Le 16 may, M. de la Rochette, nouvellement pourveu de la charge de lieutenant pour le roy au gouvernement de la ville & citadelle de Montpellier, etant arrivé en cette ville, MM. les consuls en chaperon ont eté le visitter à la citadelle où il est logé, ainsi qu'il en avoit eté uzé lors de l'arrivée de M. de Mayne, lieutenant de roy.

PAGE 263.

Le 20 dudit, MM. les consuls en chaperon ont visitté M. D'Yverny, commandant dans cette province en l'absence de M. de la Fare, venant d'Alaix.

1732.

PAGE 264.

* Lé 2 juin, MM. les confuls en chaperon ont acifté à une proceffion generalle qui a eté faitte pour demander à Dieu la ferenitté du temps & la confervation des biens de la terre.

PAGE 265.

* Le 12 dudit, jour de la Fête-Dieu, ont porté le day à la proceffion faitte par les penitens blancs, ayant efté priés la veille par M. Cofte, prieur, & M. de Mallefagne, maître des ceremonies de ladite confrerie.

PAGE 266.

* Le 1ᵉʳ juillet, MM. les confuls en chaperon ont efté à l'eglize St. Pierre affifter à la meffe qui a efté ditte en actions de graces de ce que Dieu nous a donné du beau temps.

Le 3 juillet, MM. les confuls en robe s'eftant preparés pour aller vifitter M. l'intandant qui venoit de Montauban, il n'a pas efté vifible à caufe de la maladie de fon petit fils, M. Roffignol Languedoc.

Le lendemain, ledit fieur Roffignol etant decedé, MM. les confuls en chaperon ont efté vifitter M. l'intendant.

MM. les confuls & greffier en robbe ont efté aux Jefuites affifter aux thefes foutenues par le fieur Montelier, fils dudit Montelier, capitaine des portes de cette ville, dediées à M. de St. Maurice, intandant de la province, ayant efté priés la veilhe par ledit fieur Montelier.

PAGE 267.

* Le 4 aout, MM. les confuls & greffier, en robbe, ont efté aux Jefuittes affifter à une comedie quy a efté reprefentée par les ecoliers du college.

PAGE 268.

* Le 12 octobre, dimanche, auquel la fefte St. Firmin avoit efté transferée MM. les confuls en chaperon ont affifté à la proceffion qui a eté faitte par le chapitre St. Pierre, prieur de St. Firmin ayant efté priés de la part du chapitre la veilhe.

PAGE 269.

* Le 17 novembre, MM. les confuls, orateur & greffier, fe font tranfportés à la porte du Pilla St. Gelly à une heure aprés midi pour recevoir M. de la Fare, commandant en chef dans la province, venant de la cour; il a efté harangué par le fieur Allets, orateur, les canons de la citadelle ayant tiré.

PAGE 270.

* Le 20 novembre, MM. les confuls en chaperon ont efté vifitter M. de Nigry, premier conful la prefente année, à l'occazion du mariage de Mlle de Nigry, fa fille, avec M. Darenes Defport.

Le 23 novembre, MM. les confuls en chaperon ont affifté à la proceffion qui a efté faitte pour demander à Dieu la ferenitté du temps.

Ledit jour, MM. les confuls ayant feu que M. le marquis de Caftries, pourveu par le roy du gouvernement de cette ville, devoit arriver le même jour & qu'il ne vouloit point d'entrée fe feroint preparés avec l'orateur & greffier pour aller à la porte de la Sonnerie le recevoir & haranguer ; mais à cauze de la pluye ils n'ont peu s'y trouver lors de fon arrivée, ce qui les a obligés d'aller chez M. Flaugergues, où loge M. de Caftries, où il a efté harangué par le fieur Allets, orateur, de quoy il a remercié lefdits fieurs confuls.

PAGE 271.

Enfuitte lefdits fieurs confuls, orateur & greffier * en robbe ont vifitté Mgr l'archeveque d'Alby, tuteur de M. le marquis de Caftries, gouverneur de cette ville, logé chez M. Flaugergues, où il a eté harangué par le fieur Allets.

Sa Majefté ayant ordonné la convocation des Etats de la province de Languedoc au 27 novembre l'ouverture en a eté faitte led. jour. MM. les confuls, orateur & greffier, revettus de la robbe, fe font rendus fur les 9 heures du matin chez M. l'archevefque de Touloufe, prefident aux Etats en l'abfence de Mgr l'archeveque de Narbonne, prefident nay, où il a eté harangué par le fieur Allets, orateur; après quoi lefdits fieurs confuls ont offert à M. l'archeveque de Touloufe de l'accompagner à l'hotel de ville, dont il les a remerciés, etant venu en chaife.

Lefdits fieurs confuls, revenus à l'hotel de ville, l'affemblée s'eft formée dans la grand falle. M. de Nigry, premier conful, a quitté fa robbe & fans aucune marque confulaire a pris fa place dans le premier banc du tiers etat & les autres confuls & greffier ont pris place dans un banc* deftiné pour eux.

Mgr le marquis de la Fare, commandant en chef dans la province, M. de St. Maurice, intendant, & MM. de Bermon & de Rouch, treforiers de France, de Touloufe & de Montpellier, commiffaires du roi, fe font rendus à l'affemblée. L'ouverture a efté faitte par M. de la Fare, par M. de St. Maurice, intendant, & par M. l'archeveque de Toulouze. Après les difcours, l'affemblée a efté à Notre Dame entendre la meffe, MM. les confuls y etant en robbe.

La veille de l'ouverture, les armes du roy, de M. le duc du Maine, gouverneur de la province, de M. de la Fare, commandant, & M. de Mallebois, lieutenant de roi de la province, de tour (quoi qu'abfent), de la province & de la ville, furent pofées fur la porte de l'hotel de ville.

* Le vendredy 28 novembre, MM. les confuls, orateur & greffier en robbe, ont eté à la porte St. Guilhem où M. l'archeveque de Narbonne, prefident des Etats, a efté harangué par le fieur Allets, orateur.

Le dimanche 30 novembre, lefdits fieurs confuls, orateur & greffier en robbe, ont eté chés M. l'archeveque de Narbonne où il a eté harangué & luy ont offert de l'accompagner à l'affemblée, attendu que c'eft la première fois qu'il y affite depuis l'ouverture des Etats; de quoi il a remercié lefdits fieurs confuls, etant venu en chaife à l'hotel de ville, où l'affemblée s'eftant formée, elle s'eft rendue à l'eglife Notre Dame, où MM. les commiffaires du roy fe font auffi rendus, pour entendre la meffe du St. Efprit, qui a efté ditte par M. de Monte, curé, affifté de fes fecondaires & chantée par la mufique des Etats. Il n'y a point eu de predication ny proceffion. MM. les confuls ont affifté à la meffe en robbe.

* Le 1er decembre, M. le marquis de Caftries ayant eté receu à l'affemblée des Etats de la province, MM. les confuls en manteau & chaperon ont eté chez luy le complimenter à l'occazion de ladite reception.

Le mardy 2 decembre, MM. les commiffaires du roy s'eftant rendus à l'affemblée des Etats pour demander le don gratuit, MM. les confuls y ont affifté en robbe.

Le 1er janvier 1733, MM. les confuls en robbe ont vifitté & harangué M. le premier prefident à caufe qu'il n'a pas efté viffitté le jour de l'inftallation.

1733.

Le 3 dudit, l'affemblée de l'académie des fciences s'eft tenue dans l'hotel de ville.

Le 8 janvier, les Etats ont fini, & apres la benediction donnée, s'eftant tranfportés en corps chez M. de la Fare, commandant de la province, MM. les confuls y ont eté en robbe.

Page 275.   * Le 5 dudit, MM. les confuls & greffier en robbe ont affifté à l'enterrement de M. de Montferrier, confeiller honoraire en la cour des aydes, à caufe qu'il avoit eté premier conful & viguier de cette ville l'année 1687, ayant eté priés de la part de M. de Montferrier fils, findic general de la province, lefdits fieurs confuls ayant pris place immediatement après la cour, precedant le deuil.

Le 24 dudit jour & fefte de St. Mathias, MM. les confuls ont fait faire les boulettes de cire pour la nomination de leurs fucceffeurs.

Le 1er mars, fur les 8 heures du matin, MM. les confuls & greffier fe font affemblés dans l'hotel de ville, & après avoir ouy la meffe dans la chapelle, font montés à la grand falle, & fuivant l'ufage, en prefence d'un grand nombre des habitans ont procedé à l'election de MM. les electeurs

Page 276.   & confuls, ayant rencontré pour electeurs M. de Nigry fils, Ugla *, bourgeois, Ricard, notaire, Deydier, maître chirurgien, Laborie, tapiffier, Charrolois, auffy tapiffier, & Jules, tailleur, lefquels à l'inftant de leur nomination ont eté avertis par les efcudiers & par le fon de la cloche de l'hotel de ville & du grand orloge, & s'eftant rendus dans l'hotel de ville, après avoir preté ferment entre les mains defdits fieurs confuls, & veu la lifte des perfonnes propofées pour ce confulat, ils l'ont fignée & remife cachettée à M. le premier conful; laquelle lifte ayant eté luë en public, par le ballotement il a rencontré pour conful: noble Jofeph Dominique de Peliffier de Boirargues, fieurs Leonnard Honnoré Baude, bourgeois, Guillaume Gautier, bourgeois, Pierre Chabanet, orphevre, Jean Louis Laget, maître perruquier & Antoine Corniere dit Caftries, maître cordonnier, qui ont eté avertis à l'inftant de leur nomination par les efcudiers & fons des cloches, fuivant l'ufage.

Page 277.   * Le 16 dudit, MM. les confuls & greffier en robbe ont efté à l'audiance de la cour des aides affifter à la publication d'une declaration du roi concernant les contrebandiers, ayant eté priés la veille de la part de la cour, par le premier huiffier.

Le 17 dud., MM. les confuls nouvellement elus ont preté ferment entre les mains de MM. les confuls etant en robe, ayant eté fait lecture par le greffier du reglement des depenfes ordinaires.

Le 25 mars, fefte de l'Annonciation de la Vierge, MM. les confuls ont eté inftallés en la forme ordinaire, y affiftant M. Bouffeyrolle, avocat, faifant la fonction de procureur du roy, & après led. ferment preté MM. les confuls fe font rendus dans l'hotel de ville où ils ont eté complimentés par M. Chretien, avocat, orateur de la ville la prefente année.

Page 278.   * Le 10 avril, MM. les confuls en robbe ont vifitté M. le duc de Duras, commandant en Guienne, qui a efté harangué par le fieur Chretien, orateur, dans la maifon de M. de La Fare où il logeoit.

Le 26 dud., MM. les confuls en robbe ont eté à l'hopital general affifter à la nomination de MM. les intendans & recteurs dud. hopital, ayant eté priés par MM. Carquet, findic, P. Cambon, procureur, & Sabatier, recteur.

* Le dimanche 31 may, MM. les confuls en chaperon ont acifté à une proceffion generalle faitte pour demander à Dieu la ferenitté du temps.

* Le 17 juin, MM. les confuls en robbe ont acifté à l'enterrement de M. de la Greffe, doyen des confeillers de la cour des aydes, à caufe qu'il avoit eté premier conful de cette ville en l'année 1682, ayant eté priés de la part des parens.

Le 23 juin, veilhe de St. Jean Baptifte, MM. les confuls en robbe ont mis le feu au feu de joye, M. le fecond conful ayant averty M. le juge mage & M. le fixieme conful ayant prié M. le lieutenant de roy de faire mettre la bourgeoifie fous les armes.

Le 24 dud., MM. les confuls en chaperon ont eté à St. Pierre affifter à la meffe chantée en action de graces de ce que Dieu nous a donné du beau temps.

* Le 28 dud., M. Saunier, maître des requettes, etant arrivé de Paris, MM. les confuls & greffier en robbe ont efté chez luy le vifitter ayant eté harangué par M. Chretien, orateur.

Le 3 juillet, MM. les confuls en robe ont eté vifitter M. le duc de Cruffol, colonel du regiment de Medoc infanterie chés le fieur Jean Antoine, tapiffier, où il etoit logé, ayant eté harangué par l'orateur & led. jour, M. le duc de Cruffol eft venu vifitter MM. les confuls à l'hotel de ville, accompagné des officiers dud. regiment.

Le 11 dud., MM. les confuls ont eté en robe affifter aux thezes foutenues par le fieur Fumade, ayant eté priés la veille.

Le 31 dud., MM. les confuls & orateur & greffier en robbe ont eté vifitter M. de Bernage de St. Maurice, intandant de la province, chez luy, venant de la cour, a efté harangué par le fieur Chretien, orateur.

Le 3 aouft, MM. les confuls en robbe ont affifté à la tragedie des ecoliers des Jefuittes, & ont diftribué les prix en libres que la ville a donné fuivant la coutume.

* Le 16 aouft, jour & fefte St. Roch, lefd. fieurs confuls en robbe ont acifté à une meffe baffe qui a eté ditte dans la chapelle St. Roch de l'eglize Notre Dame des Tables, à laquelle ils ont donné des petits pains benys, & ont eté à l'offrande.

Led. jour, lefd. fieurs confuls en chaperon ont acifté à une proceffion generalle faitte pour demander à Dieu de la pluye.

Le 8 feptembre, jour de la Nativité de la Vierge, fefte locale de la feigneurie de Combes & Puech Conil, appartenant à la * communauté, MM. les confuls avec le juge & autres officiers de la juridiction feurent faire faire les criées & proclamations ordinaires.

Le 18 octobre, MM. les confuls en chaperon ont acifté à une proceffion generalle pour demander à Dieu de la pluye à cauze de la secheresse qui dure depuis six mois.

Le 8 novembre, MM. les consuls ayant eté avertys de la part du chapitre St. Pierre qu'il devoit rendre grace à Dieu de ce qu'il nous a donné de la pluye, ils ont acisté en chaperon à la grand messe, & autres prieres.

Sa Majesté, par une ordonnance du 10 octobre dernier, ayant declaré la guerre contre l'Empereur & ses sujets, MM. les consuls receurent lad. ordonnance de la part de M. l'intendant pour la faire publier, & ayant cherché, dans les * ceremoniaux de la ville, de quelle maniere on avoit cy devant fait cette publication, il n'a eté rien trouvé d'ecrit, & s'estant assemblés, ils ont deliberé que lad. publication sera faite cejourd'huy, neuvieme novembre en la maniere qui suit, que les six hallebardiers portant leurs hallebardes, marcheront les premiers & les quatre compagnons du guet de suitte avec le trompette & les tambours de la ville, les six escudiers avec leurs robbes & masses d'argent & le capitaine de santé & du guet, ce qui a été fait par les trompettes & tambours, ayant commancé la premiére publication devant l'hostel de ville, ensuitte devant la maison de M. le commandant de la province, & autres endroits de la ville.

La susd. declaration ayant eté publiée dans la ville & port d'Agde, quarante neuf felouques napolitaines qui venoient du cotté d'Espagne pecher le corail, ayant abordé dans la riviere d'Agde, le sieur Tredos, lieutenant de l'admirauté, fit arrester lesd. felouques & equipages, la rellation de ce qui s'est passé etant icy mis de suitte au moyen d'une lettre ecritte par M. Vassal, marchant d'Agde, à son frere, bourgeois * de cette ville.

D'Agde, du 8 novembre 1733.

Vous serés sans doute bien aize d'aprendre que vendredy dernier, M. Tredos, lieutenant de l'admirauté, receut de la part de M. l'amiral la declaration de la guerre contre l'Empereur avec ordre de la faire proclamer, & comme dans lad. declaration le roy ordonne de courir sus le pavillon imperial dés le jour de la declaration, mond. sieur Tredos ayant sceu qu'il y avoit au bas de notre riviere quarente neuf felouques napolitaines qui venoient des cottes d'Espagne pecher le corail, il prit la resolution de les arrester, le nombre des hommes qu'il y avoit sur lesd. felouques (qui est environ 400 hommes à huit par felouque) firent d'abord penser mond. sieur Tredos; mais ce voyant animé par tous les bourgeois, artisans & matelots, il resolut de les aller attaquer, ce qu'il fit hier. On commença à quatre heures du soir par prendre trois des felouques qui etoint montées à la ville pour prendre des vivres. Aprés s'en etre rendu le maitre, M. Tredos seut au fonds de la riviere avec cent cinquante hommes pour saisir les autres; mais les Napolitains ayant veu venir la troupe lanserent en mer leurs felouques * qu'ils avoint tirées à terre, & notre troupe n'en peut arrester que deux, ce qui fit d'abord cinq. M. Tredos revint à la ville avec la troupe & on rezolut d'armer lesd. cinq felouques pour aller attaquer les autres qui flottoient dans la riviere, ne pouvant pas sortir le grau, parce que la mer etoit haute; lesd. cinq felouques feurent armées & en meme temps soutenues par cent fusilliers qui marcherent par terre le long de la riviere, la moittié du côté de l'ouest & l'autre moitié du coté de l'est; la marche continua de meme jusqu'au fonds de la riviere, où etant arrivé, M. Tredos qui etoit embarqué sur une des cinq felouques, avança & parla à l'avant garde des Napolitains, que d'abord que M. Tredos leur eut dit qu'il y avoit bon quartier, le capitaine de felouque dit que pourveu qu'on luy tint la parolle, qu'ils se rendroint tous, ce qu'ils firent, & les Napolitains monterent eux mesmes les felouques jusqu'icy. L'affaire ce passa de onze heures à minuit, & comme il faisoit obscur, on crut que toutes les felouques etoint montées, on se trompa, car de quarante cinq lorsqu'il a eté jour on n'a trouvé que trente-neuf, en voylà six qui manquent qu'on croit qu'elles se sont mizes à la voile à deux ou trois heures apres minuit que la mer a calmé; voilà dont 39 felouques avec leurs effets portant chacune le corail qu'ils ont peché, & trois cens douze hommes de pris; il est arrivé à la pointe du jour le bataillon garde cotte de la baronnie de Florensac; il doit arriver à ce soir deux compagnies de milice, & demain deux compagnies du regiment de la Couronne pour venir prendre les prisonniers & les conduire à Montpellier. M. Tredos a fait merveille dans cette occazion : il est vray que les Napolitains n'ont pas tiré un seul coup de fusil ; mais il ne s'est pas moins exposé aux evénements. Il faut dire aussy qu'il etoit soutenu par toute la jeunesse de la ville & par plufieurs patrons de refolution, le refte des mattelots & artifans marchoient par terre, fy on vous débite autrement cette nouvelle ne la croyés pas, car je ne vous mande que ce que j'ay veu, je fuis, &c.

A Agde, le 12 novembre 1733.

On a fait l'invantaire des 39 felouques qu'on arrefta icy ; on y a trouvé dix fept caiffes de corail, fçavoir feize de plaines & une dont on en a volé les deux tiers. Le capitaine* avoit déclaré y en avoir dix neuf caiffes & il avoit fait la declaration jufte, car on* a trouvé deux caisses de vuides, qu'on a auffi vollé le corail, ce qui fait les 19 caiffes ; on y trouva cent quarente fufils ou epingars qu'on a envoyé à M. D'Iverny, & le refte confifte à environ cinquante quintaux de fromage, quelque barril de vin & du pain qu'ils avoint achetté icy, & les agrés defd. felouques, cette prife ne refte pas pourtant de valloir quarente mille ecus, fans conter les felouques. Je fuis, etc.

Les fix felouques qui etoint forties de la riviere d'Agde feurent arreftées pres de la ville de Cette.

Les Napolitains feurent conduits dans la cittadelle de Montpellier, & la prize fut declarée bonne par le roy.

Le 13 novembre, ont eté en robbe vizitter M. le premier prefident de lad. cour qui a eté harangué par le fieur Creftien, orateur, à cauze qu'il n'avoit point reçu de vifite le jour de * l'inftallation de MM. les confuls.

Le 14 dud. mois, lefd. fieurs confuls & greffier en robbe ont eté à l'ouverture des audiences du prefidial, ayant eté priés la veille de la part de la cour par le greffier audiencier ; à laquelle audience M. de Boirargues, premier conful & viguier, a fiégé à cotté de M. le juge mage, precedant le doyen des confeillers, fuivant l'arret du confeil portant reunion de la juftice ordinaire au corps de la fenechauffée ; les autres confuls & greffier etant placés dans le premier banc du parquet, fur lequel le tapis de la ville avoit eté mis ; led. fieur de Boirargues ayant vizitté la veilhe MM. les officiers du prefidial.

Le roy ayant permis le paffage dans cette province de plufieurs efcadrons de cavallerie & dragons des troupes efpagnolles, MM. les confuls receurent une lettre de M. l'intendant le 19 novembre 1733 par laquelle il leur marque que les troupes arriveront inceffamment, que le pain & les fourrages * feront fournys par les etapiers, & le furplus de ce qui fera neceffaire pour la fubfiftance des cavalliers & dragons ils s'en pourvoiront au moyen de leur folde, n'eftant queftion que de fixer le prix des denrées, & d'y travailler avec M. Lenoir, commiffaire de guerre, de meme que la difpofition des logements.

En execution de cette lettre, lefd. fieurs confuls arrefterent un tarif defd. denrées conjointement avec led. fieur Lenoir, & firent fournir tout ce qui feut neceffaire, dont ils ont eté rembourcez par les commiffaires des guerres efpagnols, de meme que l'etapier de tout ce qu'il avoit fourny à mefure de l'arrivée defd. troupes, qui commença par les regiments de Millan cavallerie & Tarragonne dragons.

Le 21 novembre, avec féjour.

Le 23 arriva le regiment de Malthe cavalerie & Pavia dragons avec fejour.

Le 26 arriva une compagnie de grenadiers à cheval, & le regiment d'Eftramadure cavalerie avec fejour.

1733.

Les regiments d'Andalouzia & de Bourbon cavalerie arriverent le 29 novembre avec sejour.

PAGE 291.

Le premier decembre, celluy de Flandres * cavallerie arriva, & sejour le second dud. mois.

Quatre compagnies de carabiniers arriverent le sept decembre & sejournerent le 8e & 9e dud. mois.

Le regiment d'Edimbourg dragons arriva le 10 decembre & sejourna le 11 & 12 dud. mois, & le regiment de France dragons espagnols arriva le 16 décembre & sejourna.

Tous lesdits regiments feurent très bien logés, & particulierement les officiers generaux qui ont passé avec lesd. troupes pour aller à l'armée d'Ittallie; de quoy ils ont temoigné etre tres contents.

Le 8e decembre, MM. les consuls, greffier & orateur ont eté à la porte du Pilla St. Gelly pour recevoir M. le marquis de La Fare, commandant en chef dans cette province, venant de Paris, & l'ayant manqué ils feurent

PAGE 292.

chez lui, où il fut harangué * par le sieur Chrestien, orateur de la ville ; le canon de la citadelle a tiré.

Le 14 dudit mois, lesdits sieurs consuls, orateur & greffier ayant sçeu que M. l'archeveque de Narbonne, president nay des Etats, devoit arriver cejourd'huy, ils ont eté à la porte St. Guilhen pour le recevoir & haranguer, ce qui a eté fait, le canon de la citadelle ayant tiré.

Le 15 decembre, Mgr l'archeveque d'Alby, tuteur honoraire de M. le marquis de Castries, gouverneur de cette ville & citadelle, est arrivé. MM. les consuls & greffier, avec l'orateur, en robbe, ont eté le vizitter dans la maison de M. Flaugergues, receveur, où il a eté harangué; & comme ledit seigneur archeveque d'Alby a eté nommé par le roy commandeur de l'ordre du St. Esprit & que depuis sa nomination il n'avoit point eté en cette ville, lesdits sieurs consuls pour temoigner la joye que les habitans ont ressenty de cette nouvelle dignitté, en consequence d'une deliberation de la communauté du presant mois, ils ont fait faire ledit jour 18 decembre un feu de joye devant l'hostel de ville, & fait tirer quantité des fusées volantes & petarts.

PAGE 293.

* Le roy ayant ordonné la convocation des Etats de la province de Languedoc en cette ville au 17 decembre, l'ouverture en a eté faite ledit jour, MM. les consuls, orateur & greffier s'estant revettus de leurs robes sur les 9 heures du matin, & ayant eté informés que Mgr l'archeveque de Toulouze, devoit faire l'ouverture à cause de l'indisposition de Mgr l'archeveque de Narbonne, president desdits Etats, ils se sont rendus dans la maison où loge ledit seigneur archeveque de Toulouze, où il a eté harangué par le sieur Chrestien, orateur, après quoy lesdits sieurs consuls luy ont offert de l'accompagner à l'hostel de ville dont il les a remerciés etant venu en chaize, M. le premier consul ayant quitté sa robbe & est venu avec ledit seigneur archeveque & autres seigneurs des etats en chaise.

Les autres consuls & greffier estant de retour à l'hostel de ville, l'assemblée s'estant formée dans la grand salle, ils ont pris place dans un banc destinné pour eux, derriere celuy des findics de la province, du coté de la nobleffe. M. le marquis de la Fare, commandant en chef dans la province, M. de St. Maurice, intendant * avec MM. de Manfe & de Pouffan, treforiers de France de Montpellier & de Toulouze, fe font rendus à l'affemblée, l'ouverture a eté faite par un difcours que M. de la Fare a prononcé; enfuitte M. de St. Maurice en a fait un, de même que M. l'archeveque de Toulouze, après lefquels MM. les commiffaires du roy & l'affemblée des Etats fe font rendus dans l'eglize Notre Dame pour entendre la meffe à laquelle lefdits fieurs confuls & greffier ont acifté en robbe.

Le 18 decembre, MM. les confuls ayant fçeu que M. l'archeveque de Narbonne, prefident des Etats, devoit y affifter cejourd'huy pour la premiere fois depuis l'ouverture, ils ont eté avec l'orateur & greffier en robbe chez luy où il a eté harangué, après quoy lefdits fieurs confuls luy ont offert de l'accompagner à * l'affemblée, de quoy il les a remerciés, etant venu en chaize à l'hoftel de ville. M. le premier conful ayant quitté fa robbe, eft venu avec le tiers etat.

* Le roy ayant ordonné que le *te deum* feroit chanté en actions de graces des benedictions qu'il a pleu à Dieu de repandre fur fes armes, le jeudy feptieme janvier 1734, deux pretres de la cathedrale St. Pierre vinrent à l'hoftel de ville prier MM. les confuls d'y affifter le dimanche fuivant.

Le vendredy, lefdits fieurs confuls reçurent une lettre de M. le marquis de la Fare, commandant en chef dans cette province, par laquelle il leur marque l'intention du roy & les prie d'affifter au *te deum* lorfqu'on le chantera dans la communauté & d'adjouter à cette ceremonie des feux de joye, ainfi qu'il eft accoutumé en pareil cas pour marque de rejouiffance publique.

En execution des ordres dudit feigneur marquis de la Fare, MM. les confuls firent travailler au feu d'artifice, & le famedy ils feurent en chaperon chez luy pour fçavoir s'il vouloit mettre le feu au bucher, à quoi il repondit que non, & que ce feroit M. le lieutenant de roy; enfuitte lui ayant demandé fy on mettroit des illuminations aux fenetres ledit feigneur marquis de la Fare leur dit auffy que non.

Apres quoi M. Gautier, 3e conful, feut chez M. de la Rochette, lieutenant de roy, pour * fçavoir dans quel endroit il fe rendroit pour acifter à la ceremonie & mettre le feu au bucher; il lui dit qu'il fe trouveroit à l'hoftel de ville.

Le dimanche 10 janvier, lefdits fieurs confuls & greffier en robbe ont eté à la cathedralle acifter au *te deum*, auquel a auffy acifté MM. les commiffaires du roy & les Etats de la province en corps & habits de ceremonie, qui ce placerent dans le chœur de ladite eglize, comme auffy y acifta en ceremonie les compagnies de juftice qui ce placerent dans leurs bancs ordinaires.

M. le lieutenant de roy avec les officiers de la garnifon de la cittadelle, etoint placés dans fon banc.

MM. les commiffaires du roy s'affemblerent dans la maifon de M. le

1734.

president de Belleval, & depuis la porte de ladite maison jusqu'à celle de l'eglize il y avoit des troupes du regiment de Picardie & de bourgeoisie, en haye, & les Etats s'assemblerent dans le college St. Ruf, d'où ils se rendirent en procession dans l'eglize St. Pierre.

Page 298.

Le *te deum* fut chanté par la musique des Etats, M. de Belleval, prevot, officia, & après * avoir chanté l'oraison M. l'archeveque de Narbonne donna la benediction.

A la sortie du *te deum*, les troupes se rendirent à la place de l'hostel de ville, & furent rangées autour de ladite place, où le bucher etoit dressé, & sur les 6 heures du soir M. de La Rochette, lieutenant de roy, se rendit à l'hostel de ville, & ensuitte marchant à la droitte de M. Baude, second consul (M. de Boirargues, premier consul, etant absent), & les autres consuls & greffier marchant à leur rang ils mirent feu au bucher, après quoy il fut fait trois decharges à chacune desquelles il fut fait des acclamations par tout le peuple criant: Vive le roy, M. de Combettes, major de la ville, commandoit les troupes.

Il sera remarqué que M. Marmier, commissaire provincial des guerres, ayant pretendu acister & mettre feu au bucher & de preceder MM. les consuls, ils se sont opposés à ce que ledit sieur Marmier les precedat, conformement aux actes de protextation qui luy feurent faites en 1729 & à la deliberation du conseil de ville du 28 septembre de ladite année. Et ledit sieur Marmier n'a point acisté à ladite ceremonie.

Page 299.

* Le 15e janvier, MM. les consuls en robbe ont acisté à un service que la province a fait faire pour le repos de l'âme de feu M. le comte du Roure, lieutenant general de la province, auquel a aussi acisté MM. les commissaires du roy & les Etats en corps.

Le 7e fevrier, MM. les consuls & greffier, revetus de leur robe, ont acisté cejourd'huy au *te deum* qui a esté chanté apres vespres dans l'eglize cathedralle St. Pierre à l'occasion de la prise de la ville & chateau de Millan. M. le marquis de la Fare, commandant en chef dans cette province, y a assisté, de meme que les compagnies de justice etant placés dans leurs bancs

Page 300.

ordinaires. A la sortie du *te deum*, les troupes se rendirent à la place de * l'hostel de ville & feurent rangés autour de ladite place où le bucher etoit dressé & sur les 6 heures M. de la Rochette, lieutenant de roy, se rendit à l'hostel de ville apres avoir eté prié par MM. les consuls & ensuitte marchant à la droitte de M. Baude, second consul (M. de Boirargues, premier consul estant absent), & les autres consuls & greffier, marchant à leur rang, ils mirent le feu audit bucher après quoy il feut fait trois decharges par les troupes, à chacune desquelles il y eut des acclamations reiterées par le peuple en criant: Vive le roy. M. de Combettes, major de la place, commandoit les troupes.

Le 26 fevrier, MM. les consuls ont esté en chaperon rendre visite à M. de Masillan, juge mage, à l'occasion de son mariage avec la fille de M. de St. Véran.

Le 1er mars, jour auquel il devoit estre procedé à l'election consulaire suivant la coutume, il a efté furcis à ladite election* en confequence de l'ordonnance rendue par M. de Bernage St. Maurice, intendant de cette province, du 27e dud., conformement aux ordres qu'il a receu du Confeil en execution de l'edit du mois de novembre 1733 portant retabliffement des offices municipaux, laquelle ordonnance eft regiftrée dans les regiftres des deliberations.

1734.
PAGE 301.

Le 25 mars, fefte de Notre Dame, MM. les confuls ont continué leurs fonctions au confulat, attendu qu'il n'a pas eté fait de nomination le premier du prefent mois en confequence de l'ordonnance rendue par M. l'intendant le 27 du mois paffé portant qu'il fera furcis à l'election confulaire.

Le 15e avril, meffieurs les confuls en chaperon ont affifté à la proceffion generale qui a efté faite pour demander au feigneur de pluye à cauze de la grande fechereffe.

* Ce jourd'huy 26 avril lundy de Paques, MM. les confuls, revetus de leur robe, ont efté à l'hopital general pour la nomination de MM. les intendants & recteurs, ayant efté priés la veille par deux meffieurs recteurs. Et ce jourdhuy les memes recteurs font venus prendre à l'hoftel de ville & accompagner MM. les confuls aud. hopital.

PAGE 302.

Ce jourd'huy 27 avril, MM. les confuls en chaperon ont affifté à la proceffion de St. Marc dont la fefte a eté transferée à ce jourd'huy s'eftant trouvée le jour de Paques.

* Ce jourd'huy 5 may, meffieurs les confuls & greffier, revettus de leur robe, font allés à la porte St. Guilhem fur les cinq heures du foir pour recevoir Mgr l'archeveque de Narbonne allant à Paris; il a efté harangué par M. Cretien, orateur de la ville, nonobftant les proteftations & requifitions de M. Benezet, avocat nommé pour orateur la prefente année.

PAGE 303.

Le 11 du mois de may, meffieurs les confuls revettus de leurs robbes ont affifté à l'enterrement de feu fieur Bernard Imbert qui avoit eté fecond conful l'année 1716, marchant immediatement après le corps precedés des efcudiers portant leurs maffes garnies de crepes, & les vallets de ville* marchant à la tete avec leurs hallebardes renverfées, garnies de crepes, ayant eté enterré à l'eglize des Carmes dechauffés, & fe font retirés fans accompagner le deuil. Lefd. fieurs confuls avoint eté priés la veille par part des heritiers d'y affifter.

PAGE 304.

* Le 23 juin, veille de la fefte de St. Jean Baptifte, le feu de joye a efté allumé en la forme & maniere ordinaire devant l'hoftel de ville par M. de Maffillian, juge mage, & MM. les confuls & greffier en robe de feremonie. La Fefte Dieu s'eftant rencontré le jour de la St. Jean, la fefte de St. Jean, a efté transferée au 25.

PAGE 305.

Le 24e dudit, s'eft rencontré la Fefte Dieu, MM. les confuls, revettus de leurs robes, ont porté le daix à la proceffion generale du tres St. Sacrement qui s'eft faitte le matin, les rues tapiffées à l'ordinaire : tous les corps de mettiers y ont affifté en confequence de l'ordonnance du bureau de police du 12 dud. auttorifée par l'arreft du parlement de Touloufe, & le foir

1734.

PAGE 306.

MM. les confuls ont porté le daix de la proceffion de la paroiffe St. Denis ayant efté priés la veille par les officiers de la confrerie du St. Sacrement.

* Le 6 juillet, meffieurs les confuls en robe ont efté aux Jefuittes où ils ont affifté aux thezes foutenues par le fieur abbé Rodier, dediées à monfieur le prefident de Lunas, en ayant efté priés la veille par led. fieur Rodier.

Le 7e dud., ils ont auffi affifté à celles foutenues par le fieur Pierre Poujol, fils de Poujol, poiffonnier, dediées à monfieur le chanoine de Belleval, prevot du chapitre St. Pierre.

PAGE 307.

* Le premier aouft, meffieurs les confuls en chaperon ont efté rendre vifitte à M. l'intendant fur fon retour de la foire de Beaucaire.

Led. jour, meffieurs les confuls & greffier, revettus de leur robe, ont affifté au *te deum* qui a efté chanté après vepres dans l'eglize cathedrale St. Pierre, à l'occafion de la victoire remportée par l'armée de Sa Majefté & celle du roy de Sardagne au combat de Parme contre les imperiaux, le 29e du mois paffé; M. de la Rochette, lieutenant de roy de la ville & citadelle, y affifta (M. le marquis de La Fare, commandant en chef, eftant à l'armée D'Alemagne); M. l'intendant y affifta auffi, de même que toutes les compagnies de juftice. M. le lieutenant de roy, accompagné des officiers des compagnies de Suiffe en garnifon à la citadelle & de la nobleffe, prift place dans le cœur.

Il y avoit devant la porte de l'eglize un detachement de 50 fuiffes, & la marechauffée eftoit rengée en haye dans l'eglize.

A la fortie du *te deum*, lefdits 50 fuiffes fe rendirent à la place de l'hotel de ville & furent mis en bataille devant le bucher qui y eftoit dreffé; & fur les 8 heures du foir, M. de la Rochette, lieutenant de roi, fe rendit à l'hotel de ville (la veille, un de MM. les confuls ayant eté le voir à la citadelle pour prendre fon heure & pour favoir s'il fouhaitoit qu'on vint le prendre, il repondit qu'il fe rendroit * à l'hotel de ville) & enfuitte marchant à la droitte de M. Baude, fecond conful, le premier conful etant abfent, & les autres confuls & le greffier marchant à leur rang, ils mirent feu audit bucher après avoir fait trois tours, aprés quoi il fut fait 3 decharges par les dits fuiffes, à chacune defquelles il y eut des acclamations reiterées par le peuple en criant vive le roy. M. Vaiffière, aide major de la ville, commandoit les fuiffes.

PAGE 308.

Le 8 dudit, MM. les confuls & greffier, revetus de leurs robes, ont affifté au *te deum* qui a efté chanté apres vefpres dans l'eglife cathedralle St. Pierre à l'occafion de la prife de Filisbourk, & à la fortie du *te deum*, & fur les 8 heures du foir il fut fait un feu d'artiffice à la place de l'hotel de ville & le tout conformement au dimanche dernier 1er aout.

PAGE 309.

* Le 16e, MM. les confuls ont affifté à la proceffion qui s'eft faite à 5 heures du foir pour demander à Dieu de la pluye à caufe de la grande fechereffe.

Nous confuls & viguiers de Montpelier foubfignés, declarons à touts qu'il appartiendra qu'en confequence de la lifte des officiers de l'hotel de ville pour la prefente année faitte par Mgr l'archeveque d'Alby,

Livre premier. — Première partie.

tuteur honoraire de M. le marquis de Caftries, gouverneur de la prefente ville, le 9 fevrier de la prefente année qui eft ez mains du greffier confulaire lefdits officiers ont eté mis en place depuis le 25ᵉ mars dernier, & que M. Benezech, avocat nommé orateur dans ladite * lifte pour la prefente année la efté de même & qu'il doit eftre regardé comme tel depuis ledit jour 25 mars dernier, nonobftant la harangue que M. Chretien fit lors du paffage de M. l'archevêque de Narbonne, le 5 mai dernier, ce qui fut fait par inavertance. Fait à Montpellier ce 16 aouft 1734.

PELLISSIER DE BOIRARGUES, premier conful & viguier; GAUTIER, conful; CHABANETY, conful; BAUDE, conful.

1734.
PAGE 310.

* Le 29 feptembre, MM. les confuls & greffier, revettus de leurs robes, ont eté vifitter M. de Bernage, intendant de cette province, à l'occazion de la nomination que le roy a faitte de M. Roffignol, gendre dudit feigneur intendant, pour l'intandance d'Auvergne, M. le premier conful ayant porté le compliment parce que le fieur Benezet, orateur, s'eft trouvé abfent.

Le 24 dudit, MM. les confuls en robe ont affifté au *te deum* qui a efté chanté à l'occazion de la victoire de Guaftalle, & a efté fait un feu de joye conformement aux precedents.

Le 28 octobre, MM. les confuls en robe ont affifté à l'enterrement de M. de St. Guilhen qui avoit eté premier conful l'année....

Le 1ᵉʳ novembre, MM. les confuls en robbe ont eté vifitter M. le duc Damville, lieutenant general des galeres, qui etoit logé chez Mˡˡᵉ de Toiras, & a efté harangué par M. Benezet, avocat & orateur de la ville.

* Le 26 novembre, MM. les confuls en robe ont eté vifitter M. de St. Maurice, intendant de la province, à l'occazion de la charge de confeiller d'etat que le roy lui a donnée, ayant eté harangué par M. Benezet, orateur de la ville.

L'an 1734 & le 8ᵉ jour du mois de decembre, heure de 10 du matin, nous Léonard Honnoré Baude, bourgeois, Guillaume Gontier, auffy bourgeois, Pierre Chabanety, orphevre, Jean Louis Laget, maitre perruquier & Antoine Cornière, maitre cordonnier, confuls & viguiers de la ville de Montpellier; noble Jofeph Dominique de Pelliffier de Boirargues, premier conful de ladite ville abfent, etant affemblés dans l'hotel de ville aux fins de proceder à l'inftallation de meffire Louis De Manfe, chevalier, confeiller du roy, prefident trezorier general de France au bureau des finances en la generalité de Montpellier, grand voyer, intandant des gabelles de Languedoc, en la charge de maire * de ladite ville & noble Jean Dortaman, gentilhomme, en la charge de lieutenant de maire de ladite ville; M. Jean Ugla, bourgeois, en la charge de premier conful de ladite ville, & M. Jean Baptifte Aftruc, maitre chirurgien, en celle de troifieme conful de ladite ville, & ce en confequence de la lettre de M. l'intendant à nous ecritte le jour d'hier; & nous etants revettus de nos robbes, avec M. Jean Caffagnes, greffier de ladite ville, nous fommes mis en marche precedés des tambours, trompettes, violons & hautbois, & au bruit de cette fanfare fommes allés à la maifon de M. Dortaman, fcituée à la ruë du Pas Etroit où etant entrés dans fon appartement avons trouvé M. Dortaman environné d'une quantité de perfonnes, & l'ayant approché nous luy avons fait la reverence & temoigné la fatisfaction que fon inftallation fairoit au public, de quoy M. Dortaman nous auroit remercié & temoigné le defir qu'il avoit de don-

PAGE 311.

PAGE 312.

PAGE 313.

ner tous ſes ſoins pour le ſervice du roy, du public & l'avantage des habitans en particulier, & a offert nous accompagner chez * M. De Manſe, maire, & s'eſtant revettu d'un habit noir, manteau court, rabat, plumes au chapeau & l'epée au coſté, s'eſt mis à nôtre tete marchant le premier hors du rang du coſté de notre main droite, & en cet ordre ſommes allés, precedés de la meme fanfare, à la maiſon de M. De Manſe ſcituée à la rue des Trezoriers de France, & M. Benezech, orateur de la ville, s'y eſtant trouvé, s'eſt mis au millieu de nouſdits Baude & Gautier; & de ſuite ſommes montés au premier etage de ladite maiſon, & etant entrés dans une grande ſalle, nous y avons trouvé M. De Manſe, maire, environné d'une grande foule de peuples de toutes qualités (MM. de la bource ne s'y etant pas rendus quoy qu'ils euſſent eté avertis & ſommés la veille par Me Caſſagne, greffier, de s'y rendre comme il avoit eté uſé lors de la reception & inſtallation à ladite charge de maire de MM. de Belleval pere & fils), auquel avons fait la reverance & à icelluy temoigné la joye que ſon inſtallation fairoit au public *, & enſuitte M. Dortaman, lieutenant de maire, s'etant mis du coté gauche de M. De Manſe & ſur la meme ligne, Me Benezech, avocat & orateur, a complimanté M. de Manſe ſur la dignité de ladite charge de maire, à quoi il a repondeu qu'il employeroit tous ſes ſoins & donneroit toute ſon attention pour le ſervice du roy & pour l'intereſt particulier des habitans de cette ville, & que puiſque nous avons pris la peine de nous rendre chés lui, il s'alloit mettre à nôtre tête pour ſe rendre à la maiſon de ville aux fins d'être procedé à ſon inſtallation & s'etant revettu d'une robbe de velours cramoiſin fourrée d'hermine s'eſt mis le premier, faiſant rang avec M. Dortaman, lieutenant de maire, & en cet ordre nous ſommes randus dans l'hotel de ville ſuivis d'une grande foule de peuple où etant ſommes entrés dans la ſalle du bureau de police (n'ayant peu monter à la grand ſalle à cauze qu'elle etoit garnie pour la tenue des prochains Etats, & que la foule du peuple auroit tout gatté), où M. de Manſe, maire, & M. Dortaman *, lieutenant de maire, ſe ſont placés ſur deux fauteüils qui avoint eté à cet effet mis au bout de la table, & nous conſuls nous ſommes placés dans le banc qui eſt ſur la main droite, & MM. Ugla & Aſtruc, premier & troiſieme conſuls nouveaux, s'etant randus en robbe dans ladite ſalle ſe ſont placés dans le banc qui eſt à main gauche; enſuitte de quoy M. De Manſe ayant dit en preſence d'une grande quantité des perſonnes qu'ayant plû au roy de le commettre pour remplir la charge de maire de la ville de Montpellier, crée par edit du mois de novembre 1733, & qu'en conſequence il avoit le jour d'hier preſté ferment ez mains de M. de St. Maurice, conſeiller d'etat, intandant de cette province, ainſy qu'il reſulte du verbail qui luy en a eté dellivré & nous a requis vouloir proceder à ſon inſtallation, nous remettant à cet effet la commiſſion qui luy en a eté expediée & ledit verbail de ferment *, ſur quoy nous conſuls auparavant faire droit aux requiſitions de M. De Manſe avons ordonné que par M. Jean Caſſagne, greffier de la communauté, il ſera tout preſentement fait lecture de ladite commiſſion & verbail.

Et a à l'inſtant, ledit Mᵉ Jean Caſſagne procedé à la lecture de ladite commiſſion & verbail de teneur :

    Louis, par la grace de Dieu roy de France & de Navarre, &c.
    Louis Bazille de Bernage, &c.

Et ce fait, nous dits conſuls faiſant droit aux requiſitions de M. De Manſe l'avons reçeu & inſtallé recevons & inſtallons en ladite charge de maire de la ville de Montpellier pour en jouir conformement & ainſi qu'il eſt porté par ſa commiſſion, & c'eſt par la tradition que nous avons faitte en ſes mains de ladite commiſſion, verbail de ferment & de la baguette de viguier & pour l'avoir fait ſieger à la chaiſe quy eſt au bout de la table, & en conſequence ordonnons que lad. commiſſion & verbail de ferment ſeront regiſtrés ez* regiſtres de la communauté pour y avoir recours quand beſoin ſera, enſuitte de quoi nous avons crié à haute voix & ordonné aux habitans icy aſſemblés de reconnoître M. De Manſe en ladite qualité de maire de la dite ville, ce qui a eté fait à l'inſtant par acclamation publique, & M. De Manſe ayant pris la parolle, a dit que ſon application & le zele qu'il aura pour l'intereſt particulier des habitans de cette ville ſera une preuve de ſa reconnoiſſance.

Et tout de ſuitte M. Dortaman, gentilhomme, a dit que le roy ayant créé des charges de lieutenant de maire dans toutes les villes de ſon royaume il l'avoit commis pour remplir celle de la ville de Montpellier & luy en avoit fait expedier ſa commiſſion, en conſequence de laquelle il avoit preſté ferment lejourd'hier entre les mains de M. de St. Maurice, conſeiller d'etat, intendant de cette province, ainſy qu'il paroit * du verbail qu'il luy en a delivré & a requis M. De Manſe, maire, de vouloir proceder à ſon inſtallation, lui ayant remis ſa commiſſion & verbail de preſtation de ferment.

De laquelle commiſſion & verbail M. De Manſe a ordonné que par Mᵉ Jean Caſſagne, greffier, il ſera tout preſentement procédé à la lecture.

Lecture faitte par ledit Mᵉ Caſſagne, greffier de lad. commiſſion & verbail de teneur :

    Louis, par la grace de Dieu, roi de France, &c.
    Louis Bazille de Bernage, &c.

Sur quoy M. De Manſe, maire, a octroyé acte de lad. lecture, & faiſant droit aux requiſitions de M. Dortaman, la reçeu & inſtallé en lad. charge de lieutenant de maire de lad. ville de Montpellier pour jouir par luy de lad. charge, conformement à ſaditte commiſſion & verbal. Et c'eſt par la tradition qu'il a faite en ſes mains de lad. commiſſion, verbal de ferment, & pour l'avoir fait ſieger à la chaize quy eſt au bout de la table à main gauche * de celle dudit ſieur maire & a ordonné que lad. commiſſion & verbail feront regiſtrés ez regiſtres de la communauté pour y avoir recours quand beſoin ſera & a enjoint au public de reconnoitre M. Dortaman en lad. qualité de lieutenant de maire, ce qui a eté fait par acclamation. Après laquelle inſtallation M. Dortoman a dit qu'il etoit tres ſenſible aux acclamations du

1734.

Page 318.

Page 319.

Page 320.

1734.

public & qu'il fairoit en forte de luy en temoigner fa reconnoiffance dans toutes les occafions.

Aprés laquelle inftallation M. Ugla ayant dit que le roy ayant auffy créé des charges des confuls des villes de fon royaume il luy avoit eté expedié une commiffion pour remplir celle de premier conful de cette ville & qu'il avoit prefté ferment le jour d'hier ez mains de M. de Bernage, conteiller d'etat & intendant de cette province, ainfy qu'il paroit du verbail qu'il luy en a remis & a requis M. De Manfe, maire, de vouloir proceder à nos inf-

PAGE 321. tallations, luy remettant à cet effet * lad. commiffion & verbail de ferment.

Sur quoy M. de Manfe, maire, a ordonné que par Me Caffagne, greffier, il fera procedé à la lecture de lad. commiffion & verbail, ce que led. Me Caffagne a, à l'inftant fait, de teneur :

Louis, par la grace de Dieu, roy de France, &c.
Louis Bazille de Bernage, &c.

De laquelle lecture M. De Manfe, maire, a octroyé acte & faifant droit aux requifitions de M. Ugla l'a reçu & inftallé en lad. charge de premier conful de la ville de Montpellier, & c'eft par la tradiction qu'il a faitte en fes mains de ladite commiffion & verbail de ferment pour par luy en jouir conformement à iceux, laquelle commiffion & verbail feront regiftrés ez regiftres de la communauté pour y avoir recours quand befoin fera & a ordonné au public de reconnoître M. Ugla en ladite qualité de premier conful de cette ville, ce qui a eté fait à l'inftant par acclamation ; de quoi M. Ugla a remercié le public.

PAGE 322. Et de fuitte M. Aftruc ayant dit * qu'ayant pleu au roy de le nommer pour remplir la charge de troifieme conful de la ville de Montpellier il lui en avoit fait expedier une commiffion en confequence de laquelle il a prefté le jour d'hier ferment ez mains de M. de St. Maurice, confeiller d'etat, intendant de cette province, ainfi qu'il paroit par le verbail qui lui en a eté remis, requerant M. De Manfe, maire, de vouloir proceder a fon inftallation lui remettant à cet effet ladite commiffion & verbail de ferment.

De laquelle requifition M. De Manfe, maire, a octroyé acte à M. Aftruc & ordonné que par Me Caffagne, greffier, il fera procedé à la lecture de la commiffion & verbail de preftation de ferment, ce que ledit Me Caffagne a à l'inftant fait de teneur :

Louis, par la grace de Dieu, roy de France, &c.
Louis Bazille de Bernage, &c.

PAGE 323. Aprés laquelle lecture M. De Manfe *, maire, a reçu & inftallé M. Aftruc à la charge de 3e conful de ladite ville de Montpellier, & c'eft par la tradition qu'il a faitte en fes mains de la ditte commiffion & verbail de ferment pour en jouir conformement à iceux, & qu'à cet effet ils feront regiftrés ez regiftres de la communauté pour y avoir recours quand befoin fera, ayant ordonné au peuple icy affemblé de reconnoître M. Aftruc en ladite qualité de 3e conful de la ville, ce qui a eté fait par acclamation, de quoy M. Aftruc a remercié le public.

Et ce fait, M. De Manfe, maire, M. Dortaman, lieutenant de maire, M. Ugla, 1er conful; M. Aftruc, 3e conful, & nous dit Baude, Chabanety, Laget & Corniere, confuls, & Me Caffagne, greffier (M. Gautier s'etant retiré), fommes fortis de ladite falle & etant antrés dans la chapelle du confulat, avons entendu la meffe qui a eté cellebrée par M. Roffet, chapelain de la chapelle du confulat, au bruit des violons & hautbois.

Et etant fortis de la meffe, nous fommes mis en marche precedés de la * fanfare & allés l'accompagner M. De Manfe, maire, à fa maifon & dans fon appartement, de quoy il nous a remerciés & accompagnés jufques à la porte de la rue, & en continant notre marche fommes allés toujours en même ordre & fanfare accompagner M. Dortaman, lieutenant de maire, chez lui & dans fon appartement, de quoy il nous a pareillement remerciés & accompagnés jufques à la porte de la rue, & tout de fuitte nous fommes rendus à l'hotel de ville où nous nous fommes feparés & de tout ci deffus dreflé le prefent verbail que nous avons figné avec M. De Manfe, maire, M. Dortaman, lieutenant de maire, M. Ugla & Aftruc, 1er & 3e conful & fait contrefigner par notre greffier.

Ledit jour 8 decembre, MM. les maire, lieutenant de maire, confuls & greffier, & M. Benezet, orateur en robbe, ont eté fur les 3 heures après midi à la porte du Pilla St. Gelly où ils * ont harangué M. le marquis de la Fare, lieutenant general venant de l'armée d'Allemagne pour tenir les etats.

Le 14 decembre, Mgr l'archeveque d'Alby, tuteur honoraire de M. le marquis de Caftries, gouverneur de cette ville & citadelle, eft arrivé, & MM. le maire, lieutenant de maire, confuls & greffier, en robbe, avec l'orateur, ont eté le vifitter dans la maifon de M. Flaugergues, receveur, où il a eté harangué par M. Benezet, orateur.

Le roi ayant ordonné la convocation des Etats de la province de Languedoc en cette ville au 16 de ce mois, l'ouverture en a efté faite ledit jour; MM. le maire, lieutenant de maire, confuls, & Me Benezet, orateur & greffier, s'etant revettus de leurs robbes fur les 9 heures du matin, & ayant eté informés que Mgr l'archeveque d'Alby devoit faire l'ouverture à caufe de l'indifpofition de Mgr l'archeveque de Narbonne, prefident des Etats, & Mgr l'archeveque de Toulouze, ils fe font rendus dans la maifon de M. Flaugergues, où loge ledit feigneur archeveque d'Alby où il a efté harangué par Me Benezech, orateur, après quoy lefdits fieurs confuls ont offert de l'accompagner à l'hotel de ville dont * il les a remerciés, etant venu en chaife. Et de retour à l'hotel de ville, M. De Manfe, maire, & Dortaman, lieutenant de maire, ont quitté fa robe & fe font placés dans les bancs qui leur avoint efté deftinés, & MM. les confuls & greffier fe font placés à leur banc ordinaire, derriere celluy de MM. les findics de la province, du cofté de la nobleffe.

L'ouverture & les autres ceremonies ont eté faites comme l'année derniere.

Le 19 decembre, MM. les maire & confuls en robbe ont eté vifitter Mgr l'archeveque de Narbonne, logé chez M. Gilly, venant aux Etats, & a efté

1734.

harangué par Me Benezech, orateur de la ville; ledit feigneur archeveque ayant fait dire à MM. les maire & confuls de ne point fe trouver à la porte fuivant la coutume.

Le 23 dudit mois, MM. les confuls, orateur & greffier en robbe ont eté chés M. l'archeveque de Narbonne où il a efté harangué & lui ont offert de l'accompagner à l'affemblée des Etats * attandu que c'eft la premiere fois qu'il y affifte depuis l'ouverture des Etats, de quoi il a remercié lefdits fieurs confuls, etant venu en chaife à l'hotel de ville où l'affemblée s'etant formée, elle s'eft rendue à l'eglife Notre-Dame des Tables où MM. les commiffaires du roy fe font auffy rendus pour entendre la meffe.

L'an 1734 & le 28e jour du mois de decembre, fur les 10 heures du matin, dans l'hotel de ville de Montpellier, par devant nous Louis De Manfe, chevalier, confeiller du roy, prefident treforier general de France en la generalité de Montpellier, grand voyer & intandant des gabelles du Languedoc, maire, Jean Dortaman *, gentilhomme, lieutenant de maire, Jean Ugla, bourgeois; Leonard Honnoré Baude, Jean Baptifte Aftruc, maitre chirurgien; Pierre Chabanety, orphevre; Jean Louis Laget, perruquier & Antoine Courniere, maitre cordonnier, confuls & viguiers de la ville de Montpellier, eft comparue fieur Jean André, habitant de cette ville, lequel nous a dit que le roy ayant par edit du mois de novembre 1733 créé des charges des confuls des villes & lieux de fon royaume il a eté commis pour remplir celle de 5e conful de la ville de Montpellier, ainfy qu'il paroit de la commiffion qui lui en a été expediée; en confequence de laquelle il a preté ferment cejourd'huy entre les mains de M. de St. Maurice, confeiller d'etat, intendant de cette province, & nous a requis, attendu que nous fommes icy affemblés, vouloir proceder à fon inftallation, nous remettant à cet effet fa commiffion & verbail de ferment.

Surquoy nous dits maire & confuls avant * faire droit aux requifitions dudit fieur André avons ordonné que par Me Jean Caffagne, greffier de la communauté, il fera tout prefantement procédé à la lecture de ladite commiffion & verbail de ferment.

Lecture faitte par ledit maitre Caffagne de ladite commiffion & verbal de teneur: Louis, par la grace, &c., Louis Bazille de Bernage, &c. Nous maire & confuls avons octroyé acte de ladite lecture & faifant droit aux requifitions dudit fieur André, l'avons receu & inftallé en ladite charge de 5e conful de ladite ville de Montpellier, pour par lui en jouir conformement à ladite commiffion & verbal de ferment, & c'eft par la tradition que nous avons faite en fes mains de ladite commiffion & verbal de ferment, & en confequence ordonné que tant ladite commiffion que verbal de ferment feront regiftés ez regiftres de la communauté pour y avoir recours quand befoin fera, & nous fommes fignés avec ledit fieur André led. jour et an que deffus: De Manfe, maire; Dortaman, lieut. de maire; Ugla, 1er conful; Baude, conful; Aftruc, conful; Chabanety, conful; Laget, conful; Courniere, conful; André, fignés.

* Le 6 janvier 1735, meffieurs les confuls en robbe ont eté vifitter

M. de Niquet, prefident à mortier au parlement de Touloufe, logé chés Jean Antoine, tapiffier, où il a efté harangué par le fieur Benezech, orateur.

1735.

Le 7me dudit mois, les Etats ont finy, & la benediction a efté donnée par Mgr l'archeveque de Touloufe, aprés quoy les Etats en corps ont eté chez M. le marquis de la Fare, commandant dans la province, MM. les confuls etant en robe.

Le 24 fevrier, MM. les confuls en chaperon ont eté vifitter M. le marquis de Nougaret, commandant de cette province en l'abfence de M. le marquis de la Fare, eftant logé chés M. Jean Antoine, à la grand'rue.

Le 27 dudit, MM. les confuls en chaperon ont affifté à la proceffion generalle qui a eté faite pour demander à Dieu de la pluye.

Le 1er du mois de mars, jour deftiné pour la nouvelle election confulaire*, M. De Manfe, maire, M. Dortaman, lieutenant de maire, & MM. les confuls & greffier, fur les huit heures du matin, fe font rendus à l'hotel de ville, & s'eftant revettus de leurs robbes ont entandu la meffe fous l'invocation du Saint Efprit, & aprés fe font enfermés dans le bureau de police où lefdits fieurs maire, lieutenant de maire & confuls ont fait & dreffé une lifte de dix habitans qui devoint ruller pour electeurs au lieu de 35 qu'on avoit accoutumé de nommer : enfuitte ils ont dreffé la lifte de fix habitans qui doivent par eux eftre propofés aux electeurs pour ruller pour le confulat au lieu de dix huit qu'on avoit auffi accoutumé de nommer, & c'eft parce que les places de premier, troifieme & cinquieme confuls fe trouvent remplies par les commiffions du grand fçeau en confequence de l'edit du roi du mois de novembre 1733, qui crée des charges de confuls des villes & lieux de fon royaume, & que celle du fecond conful fe trouve remplie par le fieur Baude, qui eft continuée pour la prefante année 1735, fur les reprefantations qui ont eté faittes de fon utilité pour le bien de la communauté, à caufe des affaires extraordinaires dont elle eft chargée*; enfuite lefdits fieurs maire, lieutenant de maire, confuls & greffier feroint montés à la grand falle où, fuivant la coutume, il y avoit un grand nombre d'habitans ; ils auroint pris leurs places aux fins de proceder à ladite ellection.

PAGE 331.

PAGE 332.

Et M. le maire auroit dit à haute voix que les charges de premier, troifieme & cinquieme confuls etant remplies par des commiffions du grand fceau, en confequence de l'édit du mois de novembre 1733, & que la feconde claffe etoit remplie par ledit Baude, qui fe trouve continué pour la prefante année, fur les reprefantations qui ont eté faittes de fon utilité pour le bien de la communauté, que par ainfi il ne feroit procedé qu'à l'election du quatrieme & fixieme conful; & ledit fieur maire ayant ordonné que ledit fieur Baude feroit reconnu pour fecond conful, il fut reçu dans l'inftant par acclamation du peuple de l'affemblée, & de fuitte M. le maire ayant remis publiquement entre les mains du fieur Caffagne, greffier, la lifte des electeurs, il en auroit fait la lecture à haute voix, & aprés ladite lecture, par le fort & ballottement fait par les petits enfants * auroit rencontré pour electeur de la quatrième echelle fieur Jean Baptifte Tiffon, faifeur de bas, &

PAGE 333.

1735.

pour la sixieme echelle sieur Fulcrand Redier, marchand tailleur, & lesdits electeurs ayant eté avertis par les escudiers & au son de la cloche du grand horlogé & par celle de l'hotel de ville ils se sont rendus dans la grand salle dudit hotel de ville, & ayant pris leurs places ils ont preté serment entre les mains de M. le maire, lequel leur a dit que par le sort ils ont eté nommés electeurs pour la nouvelle election de quatrieme & sixieme consul, qu'il leur remettoit à cet effet une liste des six habitans pour remplir lesdites deux charges.

Et lesdits electeurs s'etant ensuitte enfermés dans une chambre, & aprés avoir leu la liste des personnes proposées pour remplir lesdites deux charges de quatrieme & sixieme consuls ils l'ont signée & cachettée, & etant revenus à leur place le premier electeur l'a remise à M. le maire, & ensuitte ledit sieur maire l'auroit remise au sieur Cassagne, greffier, qui l'auroit decachettée & lüe publiquement à haute voix.

PAGE 334.
Et le ballotement ayant eté fait par les petits enfans en la maniere accoutumée a rencontré par le sort pour quatrieme consul sieur Antoine Bourine, architecte, & pour * sixieme consul sieur André Bastide, fripier, lesquels auroint eté receus par le peuple de l'assemblée avec acclamation, & à l'instant ils furent avertis par les escudiers suivant la coutume.

Et ladite election ainsy faitte, MM. les consuls en chaperon, & le greffier ont eté visitter les deux consuls nouvellement elus; les electeurs & petits enfans ont eté aussi les visitter.

Et MM. les consuls nouvellement elleus ont fait les visittes cy aprés de meme que les electeurs & petits enfants: M. de la Fare, commandant, etoit absent; à M. l'intendant, à M. l'eveque de Montpellier, à M. le maire, à M. le lieutenant de maire, à M. le juge mage, à M. le premier président, à M. Faure, tresorier de France, en l'absence de M. d'Aumellas, doyen, à M. le lieutenant de roy à la citadelle, à M. Crassous, procureur du roy. Il n'y avoit personne de pourvu à la charge d'avocat du roy.

Et l'aprés dinée lesdits sieurs consuls nouvellement ellus ont eté voir les six consuls anciennement elleus & le greffier.

PAGE 335.
* Le 25 mars, M. Dortaman, lieutenant de maire, M. Ugla, bourgeois, Astruc, maître chirurgien, & André, menager, premier, troisieme & cinquieme consuls, pourvus par commission du grand sceau auxdites charges, M. Baude, Bourgeois, Chabanety, orphevre, & Tourniere, second quatrieme & sixieme anciens consuls, sieur Bourine, architecte & Bastide, fripier, quatrieme & sixieme consuls nouvellement elus, & le sieur Cassagne, greffier consulaire, s'estant rendus dans l'hotel de ville vers les 9 heures du matin toutte la suitte consulaire precedé des tambours, viollons & hautbois, sont allés prendre M. De Manse, maire, chés luy, & l'ont accompagné à la maison de ville & ensuitte il est entré accompagné de M. le lieutenant de maire, de MM. les consuls & greffier, dans la chapelle du consulat où ils ont entendu la messe qui a esté celebrée par M. Rosset, chapellain, & à l'issëu de la messe M. Crassoux, procureur du roy, s'estant rendeu dans l'hotel de ville il auroit eté convenu que sans tirer à conséquence led. sieur

procureur du roy marcheroit au milieu de M. le maire * & lieutenant de maire pour se rendre avec MM. les anciens & nouveaux consuls & le greffier dans l'église de Notre-Dame, à l'effet d'être procédé à la prestation de serment desd. sieurs consuls nouvellement ellus, & s'estant mis en marche, M. le maire & lieutenant de maire, marchant à la teste, led. sieur procureur du roy etoit au milieu d'eux, MM. les anciens consuls & les pourveux marchoint à la droitte & les deux nouveaux consuls ellus à la gauche : ils se sont rendus dans lad. eglise Notre-Dame où estant led. sieur maire, lieutenant de maire, & led. procureur du roy se sont assis chacun sur un fauteuil qui auroint eté placés sur la meme ligne sur l'escalier du cœur de lad. eglize, M. le maire etant assis sur celui du milieu, M. le lieutenant de maire sur celluy qui estoit à la droitte, & M. le procureur du roy sur celluy de la gauche ; ensuitte led. sieur procureur du roy fit un discours & requiert la prestation de serment ; M. le maire fit aussy un beau discours après lequel il a eté fait lecture par ledit Cassagne, greffier, du serment inceré dans le petit Talamus & l'ayant remis ez mains de M. le maire, MM. les consuls l'un après l'autre ont preté le serment à genoux, la main mise sur le petit Talamus & moyennant lequel il les a reçus & installés en lad. charge de consuls par la tradition de la baguette de viguier faitte en leurs * mains & estant sortis de l'eglise, M. le maire & lieutenant de maire, marchant à la tete, M. le procureur du roy s'estant retiré, MM. les consuls nouvellement elus & les procureurs marchant à la droitte & les deux anciens à la gauche se sont rendus dans l'hotel de ville, & les sieurs consuls anciens s'etant retirés M. le maire, lieutenant de maire, & MM. les consuls & greffier se sont rendus dans la chapelle du consulat, & estant assis dans leurs bancs M. Fargeon, adjoint & orateur de la ville, leur a fait un compliment, ensuitte duquel le sieur maire a reçu le serment des cappitaines, de la suitte, des escudiers, des compagnons du guet, hallebardier, du juge de la banque, des experts jurés, & des gardes terre. Cella fait sont sortis de l'hôtel de ville precedés de la fanfare & de la suitte, sont passés à l'Eguillerie, à la plasse Brandille, audevant la maison de M. le maire où ils ont quitté led. sieur maire & les auroit remerciés, & de là sont allés accompagner M. le lieutenant de maire chez luy, & les ayant remerciés sont allés visitter : l'eglise St. Pierre, l'hopital St. Eloi, M. De la Fare etoit à Paris, M. l'intendant, M. l'evêque de Montpellier, M. le maire, M. le lieutenant de maire, M. le juge mage, M. le premier president M. de la Rochette, lieutenant, du roy de la citadelle & de la ville.

* Le 22ᵉ avril, M. Trinquier, curé de la paroisse St. Pierre, a porté le viatique à M. Baude, second consul, M. le maire, lieutenant de maire, trois consuls & greffier en robbe ont porté le day.

Le 24 dud. mois d'avril, MM. les * consuls en robbe se sont rendus sur les deux heures après midy à l'hopital general pour assister à la nomination de MM. les nouveaux intendants, recteurs & autres officiers dud. hopital general, ayant eté priés la veille par deux de MM. les recteurs, n'ayant peu les venir prendre ny accompagner à cause de la pluye qu'il faisoit.

1735.

[PAGE 341.

PAGE 342.

L'an mil fept cens trente cinq & le vingt cinquiefme avril après midy, dans l'hotel de ville, par devant nous Louis de Manfe, chevalier confeiller du roy, prefident trezorier general de France, grand voyer en la generalité de Montpellier, & intendant des gabelles du Languedoc, maire de la ville de Montpellier, Jean Dortaman, gentilhomme, lieutenant de maire, Jean Ugla, bourgeois; Antoine Bourine, architecte, Jean André, menager, & Antoine Baftide, marchand fripier, confuls & viguiers de la ville de Montpellier, fieurs Leonnard Honnoré Baude, bourgeois, fecond conful, fe trouvant malade, & Jean Baptifte * Aftruc, troifieme conful, abfent, eft comparu M. Pierre Ugla, docteur & avocat, habitant en la prefante ville, lequel nous a dit que le roy ayant par edit du mois de novembre 1733 regiftré où befoin a eté, créé & retably en titre d'office, formé differens offices & entre autres ceux de nos confeillers maires, lieutenant de maires & autres officiers des hotels de villes & communautés de fon royaume, pour en jouir par les pourveus aux memes fonctions, rangs, feances, privileges, exemptions & droits dont avoint droit de jouir les precedants titulaires, en confequence il a plu à fa majefté de le comettre pour faire l'exercice & les fonctions de fon procureur dans la prefente ville & communauté de Montpellier, conformement aud. edit du mois de novembre 1733 & aux arrefts du confeil des 29 decembre & 9 mars en fuivant, & ce pour le temps qu'il luy plaira, ainfy qu'il nous la fait aparoir par la commiffion qui luy en a efté expediée à Verfailles le feptiéme du prefent mois fignée Louis & par le roy Phelipeaux, fcellées du grand fceau en cire jaune. En confequence de la commiffion, il a * prefté ce jourd'huy le ferment requis par icelle entre les mains de Mgr de St. Maurice, intendant de cette province, anfi qu'il nous l'a fait aparoir du verbail qui luy en a eté expedié, nous requerant à ces fins de vouloir proceder tout prefantement à fon inftallation & ordonner que tant lad. commiffion que verbail feront enregiftrés dans les regiftres de la communauté pour y avoir recours quand befoin fera.

Surquoy nous dit maire, lieutenant de maire, confuls & viguiers de lad. ville, avons, avant faire droit aux requifitions dud. Me Pierre Ugla, ordonné que par Me Jean Caffagne, greffier de la communauté, il fera tout prefentement procedé à la lecture de lad. commiffion & verbail.

Lecture faitte par ledit Me Jean Caffagne, greffier de la communauté, de lad. commiffion & verbail, dont la teneur s'en fuit:

Louis, par la grace Dieu roy de France & de Navarre, &c. Louis Bazille de Bernage, &c.

Et ce fait, noufd. maire, lieutenant de maire & confuls fufd. avons octroyé acte de lad. lecture, & faifant droit aux requifitions dud. Me Pierre Ugla, l'avons reçu & inftallé en lad. charge de procureur du roy de la prefante ville * & communauté de Montpellier pour par luy en jouir conformement à fad. commiffion & verbail de ferment, ce faifant ordonnons que tant lad. commffion que verbail de ferment feront regiftrés ez regiftres de la communauté pour y avoir recours quand befoin fera, & nous fommes fignés avec ledit Me Ugla. Fait à Montpellier les jour & an que deffus, De Manfe, maire & viguier; Dortoman, lieutenant de maire; Ugla, premier conful; Bourine, conful; André, conful; Baftide, conful, & Ugla, fignés.

1735.

Le 12 may, MM. les maire, lieutenant de maire, confuls & greffier, ont eté en robe complimanter M. de St. Maurice, intandant, fur le mariage de Mlle fa fille avec le fils de M. De Bon, premier prefident; M. Fargeon fils, avocat & orateur de la ville, a porté le compliment.

Ledit jour, fur les fix heures du foir, ils ont auffy eté complimenter M. le premier prefident fur ledit mariage, M. le maire & lieutenant maire y ayant eté fans tirer à confequence, à la confideration de M. l'intendant, lefdits fieurs maire & lieutenant de maire n'etant point obligez à cette vifitte.

* Le 29 may, fur les neuf heures du foir, le fieur Leonnard Honoré Baude, bourgeois, fecond conful & agent de Mgr le marquis de Caftries, etant decedé apres une maladie de trois mois, meffieurs les maire & confuls en chaperon & greffier font allés rendre vifitte de condoleance à fa veuve & au frere dud. fieur Baude, & le landemain dimanche de la Pentecotte, fur les fept heures du foir, ils ont affifté en robe à fon enterrement marchant precedés de leurs efcudiers portant leurs maffes garnies de crepes immediatement apres le corps, & l'ont * accompagné à l'eglife des R. P. Dominiquains où il a efté enfevely, & apres que le corps a eté mis en terre, MM. les maire & confuls fe font retirés fans accompagner le deuil, les fergents, hallebardiers ayant marché à la tete de l'enterrement, leurs hallebardes renverfées & garnies de crepes, la cloche de l'hotel de ville ayant fonné par intervalle depuis la mort dud. fieur Baude jufques à ce qu'il a eté enfevely.

PAGE 343.

PAGE 344.

Le 7e juin, il a efté fait un fervice dans l'eglize Notre Dame des Tables & une grande meffe pour feu M. Leonnard Honnoré Baude, fecond conful, auquel fervice & meffe, MM. les maire, lieutenant de maire & confuls & greffier ont affifté en robbe, led. fervice ayant eté fait dans lad. eglife Notre Dame parce que la veille MM. les maire & confuls ayant * envoyé chez M. Rouffet, pretre & chapelain de la chapelle du confulat, il s'etoit trouvé en campagne, ce qui avoit obligé MM. les maire & confuls d'apeller M. De Monte, curé de Notre Dame, pour venir celebrer le lendemain la meffe dans lad. chapelle du confulat, & que cejourd'huy M. Rouffet, chapelain, etant arrivé, auroit pretendu que M. De Monte, curé de Notre Dame ne pouvoit pas cellebrer led. fervice dans ladite chapelle, pour eviter toutes conteftations comme M. De Monte, curé, avoit eté prié, on a fait ledit fervice dans l'eglife Notre Dame.

PAGE 345.

Le dimanche 6 juin, MM. les maire & confuls, en chaperon, ont affifté à une proceffion generalle faite pour demander à Dieu la ferenité du temps.

* Le 30e juillet, MM. les maire, lieutenant de maire, confuls & greffier

PAGE 346.

1735.

en robbe ont eté vifiter M. l'intendant qui venoit de la ville de Paris, ayant eté harangué par M. Fargeon, avocat & orateur de la ville.

Le 8ᵉ aouft, MM. les lieutenant de maire, confuls & greffier revetus de leurs robbes, ont eté aux Jefuittes à la tragedie qui a efté reprefentée par les ecoliers, ayant eté priés la veilhe par le R. P. de la Rouquette, prefet du college des jefuittes.

Page 347.
* Le feize aouft jour & fefte de St. Roch, MM. les maire, confuls & greffier, revettus de leurs robbes, ont affifté à la meffe qui s'eft dite dans la chapelle de St. Roch, dans l'eglife Notre Dame, à huit heures, & ont eté à l'offrande, n'ayant pas affifté à la proceffion, à caufe qu'ils n'ont pas eté avertis lorfqu'elle eft fortie, etant affemblés à l'hotel de ville à l'effet d'y affifter.

Le 29 aouft, MM. les confuls en chaperon ont vifité M. le marquis de Nogaret, marechal de camp & employé dans la province.

Le 6ᵉ aouft, MM. les confuls en chaperon ont eté vifitter M. l'eveque d'Alais, qui etoit en cette ville pour tenir une commiffion des Etats au fujet du dixieme.

Page 348.
Le 6ᵉ aouft, MM. les maire, lieutenant de maire, confuls & greffier, revettus de leurs robbes, ont eté fur les fix heures du foir chez M. de Bon, premier prefident, pour le feliciter fur la reception de M. le marquis de St. Illaire, fon fils, à la furvivance de la charge du premier* prefident. Ils ont eté harangués tous les deux à ce fujet par M. Fargeon fils, avocat, avec beaucoup de fuccez & d'aplaudiffement. M. de Bon pere a efté harangué le premier. MM. les maire & confuls, aprés avoir eté remerciés de leur vifite, ont eté accompagnés par M. de Bon pere & M. le marquis de St. Illaire, fon fils, jufques à la porte de la baffe cour du palais; MM. les maire & lieutenant de maire ayant affifté à cette vifite, fans tirer à confequence, y ayant eté à la confideration de M. de Bernage St. Maurice, intendant, beau-pere de M. le marquis de St. Illaire, etant difpenfés de toutes vifites par des arrets du confeil. Enfuite lefdits fieurs maire, lieutenant de maire & confuls, font remontés & ont complimenté Mᵐᵉ de Bon, premiere prefidente, & Mᵐᵉ la marquife de St. Illaire, epoufe de M. le furvivancier, ayant eté haranguée par ledit Mᵉ Fargeon, avocat.

Le 14 novembre, MM. les confuls & greffier, revetus de leurs robbes, ont affifté à l'ouverture des audiances de la cour des aydes, qui a eté faite par M. le prefident d'Aigrefeuille, ayant eté priés la veille par le premier huiffier de ladite cour.

Page 349.
MM. les maire, lieutenant de maire & confuls * ont eté, le 5ᵉ decembre, avec le greffier confulaire, revettus de leurs robbes, & l'orateur, à la porte du pilla St. Gely où ils ont harangué M. le marquis de La Fare, commandant dans cette province, qui venoit de l'armée du Rhin pour aller tenir les Etats à Narbonne.

1736.
Le 14 janvier 1736, MM. les confuls en chaperon ont affifté à la proceffion generalle qui a eté faite pour demander à Dieu de nous donner du beau temps.

Le 6 fevrier, MM. le lieutenant de maire & confuls en robbe ont eté a la porte de la Sonnerie où ils ont harangué, par l'organe de M. Fargeon fils, avocat & orateur, M. le marquis de La Fare, commandant dans cette province, qui venoit de tenir les Etats de la ville de Narbonne où ils avoint eté mandés par ordre du roy, M. le maire n'etant pas encore de retour des Etats.

1736.

* Le 8 dud. mois de fevrier, MM. les maire, lieutenant de maire, confuls & greffier en robbe, ont eté chez M. l'intendant qui a eté harangué pour fon retour des Etats de Narbonne par M. Fargeon, orateur.

PAGE 350.

Le 20 fevrier, MM. les maire, lieutenant de maire, & MM. les confuls, avec le greffier, en robbe, ont eté voir M. le marquis de Perignan qui a eté nommé par le roy duc & pair; il a eté harangué par M. Fargeon fils, orateur, chez M. de l'Efperelle, directeur des poudres, où il etoit logé.

Le 23 dudit, MM. les confuls & greffier en robbe ont affifté à l'enterrement de M. Gleize, bourgeois, qui avoit eté fecond conful l'année 1725.

Le 27 dudit, MM. les confuls en chaperon ont eté à l'hopital St. Eloy pour la nommination d'un findic à la place de M. Gleize, bourgeois, qui etoit mort & a eté nommé à fa place M. Bofc, confeiller; MM. les confuls ayant eté priés la veille par un des findics dudit hopital d'affifter à ladite nomination.

Le 1er mars, l'election confulaire n'a pas eté faite quoyque d'ufage à caufe de l'arreft * du confeil d'etat du 13 feptembre 1735 qui fait deffances aux communautés de faire l'election de leurs officiers jufqu'à ce que fa majefté en ayt autrement ordonné.

PAGE 351.

Le 13 mars, en confequence de l'ordonnance de M. l'intendant du.... l'election du fecond, quatrieme & fixieme conful, a eté faite fuivant la coutume, MM. De Manfe, maire, Dortoman, lieutenant de maire, & MM. les confuls & greffier, fur les neuf heures du matin, fe font rendus à l'hotel de ville, & s'eftant revettus de leurs robes ont affifté à la meffe qui a eté ditte fous l'invocation du St. Efprit dans la chapelle du confulat, & après fe font enfermés dans le bureau de police où ils ont fait dreffer une lifte de quinze habitans qui devoint ruller pour electeurs au lieu de trente cinq qu'on avoit accoutumé de nommer; enfuitte ils ont dreffé la lifte de neuf habittans qui doivent par eux eftre propofés aux electeurs pour ruller pour confuls au lieu de dix huit qu'on avoit auffy accoutumé de nommer; & c'eft parce que les places de premier, troifieme & cinquieme confuls fe trouvent remplies par des commiffions du grand fceau en confequence de l'edit du roy du mois de novembre mil fept cens trente trois qui crée des charges des confuls.

Et après les fufdites liftes dreffées, ils font montés à la grand falle (où fuivant la coutume il y avoit un grand nombre de perfonnes) où eftant ils ont pris leur place aux fins de proceder à ladite election. Et M. le maire a dit à haute voix que les charges de premier, troifieme & cinquieme confuls * etant remplies par des commiffions du grand fceau en confequence de l'edit du mois de novembre 1733 il ne feroit procedé qu'à l'election du fecond, quatrieme & fixieme conful, enfuitte il a remis publiquement entre

PAGE 352.

1736.

les mains du fieur Caffagne, greffier, la lifte des electeurs, lequel en a fait la lecture à haute voix & aprés lad. lecture par le foin du balottement fait par les petits enfans auroit rencontré pour electeur de la feconde echelle Me Germain Fouilhon, procureur au fenefchal, pour la quatrieme fieur Bernard Boufcarel, marchant cartier, & pour la fixieme P. Ant. Barillon, maître cordonnier, & lefd. electeurs ayant eté avertis par les efcudiers, & au fon des cloches de l'hotel de ville & du grand horloge ils fe font rendus dans la grand falle de l'hotel de ville, & ayant pris leurs places ils ont preté ferment entre les mains de M. le maire, lequel leur a dit que par le fort ils ont eté nommés electeurs pour la nouvelle election du fecond, quatrieme & fixieme conful, qu'il leur remettoit à cet effet une lifte de neuf habittans pour remplir lefd. trois charges.

Lefd. fieurs electeurs fe font enfuitte enfermés dans une chambre, & aprés avoir veu la lifte des perfonnes propofées pour remplir lefd. charges de fecond, quatrieme & fixieme conful, ils l'ont figné & enfuitte cachettée, & etant revenus * à leur place le premier electeur l'a remife à M. le maire & icelluy à M. Caffagne, greffier, quy aprés l'avoir decachettée en a fait la lecture à haute voix.

Et le balotement ayant eté fait par les petits enfans en la maniere accoutumée a rencontré par le fort M. Pierre Foreftier, bourgeois, pour fecond conful, fieur Jean Antoine Molliere, maître perruquier, pour quatrieme, & fieur Jean Baptifte Baftide, maître coutelier, pour fixieme conful, lefquels ont eté receus par le peuple de l'affemblée avec acclamation; & à l'inftant ils furent avertis par les efcudiers fuivant la coutume.

* Le 25 mars, fur les huit heures du matin, M. Dortoman, lieutenant de maire, Ugla, bourgeois, Jean Baptifte Aftruc, maître chirurgien, & Jean André, menager; premier, troifieme & cinquieme conful, pourveus par des commiffions du grand fceau auxd. charges, MM. Antoine Bourine, architecte, & André Baftide, fripier, quatrieme & fixieme anciens confuls electifs, M. Pierre Foreftier, bourgeois, Jean Antoine Molliere, maitre perruquier, & Jean Baptifte Baftide, maître coutelier, fecond, quatrieme & fixieme confuls nouvellement elus, & Me Jean Caffagne, greffier confulaire, s'etant rendus à l'hotel de ville, toute la fuitte confulaire fans aucune fanfare à cauze de la folennité du dimanche des rameaux qui s'eft rencontré cejourd'huy, eft allée prendre M. De Manfe, maire, chés luy & l'ont accompagné à l'hotel de ville où etant il eft entré dans la chapelle du confulat, accompagné de M. * Dortoman, lieutenant de maire, & de tous MM. les anciens & nouveaux confuls & du greffier, revettus de leurs robbes, ont entendu la meffe qui a eté cellebrée par M. Roffet, chapelain, & au fortir de la meffe M. Ugla, procureur du roy de la communauté, qui s'eftoit rendu dans l'hotel de ville fe font mis en marche pour fe rendre dans l'eglife Notre Dame à l'effet d'etre procedé à la preftation du ferment defd. fieurs confuls nouvellement elus. M. le maire, lieutenant de maire, marchant à la tete precedés de toute la fuitte confulaire, fans aucune fanfare pour les raifons fufdites. M. Ugla, procureur du roy, marchoit au mil-

lieu defd. fieurs maire & lieutenant de maire, MM. les anciens confuls à la droite & les nouveaux à leur gauche, & s'eftant rendus à lad. eglife, M. le maire, lieutenant de maire, & M. le procureur du roy, fe font affis chacun fur un fauteuil qui etoint placés fur la meme ligne & fur l'efcalier du cœur de lad. eglife, M. le maire etant affis fur * celluy du milieu, M. le lieut. de maire fur celluy qui etoit à la droite, & M. le procureur du roy fur celluy de la gauche; enfuitte ledict fieur procureur du roy a fait un difcours & requis la preftation du ferment defd. trois nouveaux confuls; M. le maire a fait auffi un tres beau difcours, après lequel Me Caffagne, greffier, a fait lecture du ferment inceré dans le petit Talamus, & l'ayant remis ez mains dudit fieur maire, MM. les trois confuls nouvellement elus ont preté le ferment à genoux entre fes mains, la main mife fur le petit Talamus, moyennant lequel il les a reçeus & inftallés en lad. charge de confuls par la tradiction de la baguette de viguier faite en leurs mains, cella fait ils font fortis de l'eglife, MM. le maire & lieutenant de maire marchant à la tête, M. le procureur du roy etant au milieu des deux, MM. les nouveaux confuls & les pourveus marchant à la * droite & les anciens à la gauche, fe font rendus dans l'hotel de ville & lefd. anciens confuls fe font retirés de même que led. fieur procureur du roy; M. le maire, lieutenant de maire, confuls & greffier, font entrés dans la chapelle, & etant affis dans leurs bancs M. Coulon, avocat & orateur de la ville, leur a fait un compliment, enfuitte duquel led. fieur maire a reçeu ferment des deux capitaines de la fuitte, des efcudiers, des compagnons du guet, des hallebardiers, du juge de la banque, des experts jurés & des gardes terres.

* Le 30 may, MM. les maire & confuls en robbe ont affifté au fervice qui a eté fait à l'eglize cathedralle St. Pierre de Montpellier, à l'occafion de la mort de M. le duc du Maine, gouverneur de cette province, ayant eté priés la veille par le maître des ceremonies du chapitre.

* Le 11 juin, M. le lieutenant de maire en manteau court & rabat, MM. les confuls & greffier en robbe, accompagnés du fieur Coulom, orateur, & de toute leur fuitte, ont rendu vifitte à meffire Jean Pierre D'Aigrefeuille, chevalier, feigneur de Caunelle, la Foffe & autres lieux, confeiller du roy en fes confeils, prefident honoraire en la cour des comptes, aydes & finances de Montpellier, qui a eté fait confeiller d'etat, & led. fieur Coulom, orateur, a harangué au nom de la ville ledit feigneur prefident.

Le 3e juillet, le corps des Mes chirurgiens jurés de cette ville, revettus de leurs robbes, f'eftant affemblés dans la grand falle de l'hotel de ville aux fins de proceder à la reception en ladite maîtrife du fieur François Michaud ils feroint deffendus precedés des violons & auroint prié MM. les confuls (qui etoint affemblés dans la falle du bureau de police) de vouloir affifter à lad. reception, ce qu'ils auroint offert de faire, & à l'inftant lefdits fieurs confuls & greffier, en robbe rouge, feroint montés à la grand falle dudit hoftel de ville, & après que led. fieur Michaud a eté examiné en prefence de M. Fizes, profeffeur en medecine, par les maitres chirurgiens, & en prefence defdits fieurs confuls ledit fieur Fizes a dit à M. Foreftier, fecond conful & viguier,

1736.

PAGE 356.

PAGE 357.

PAGE 359.

PAGE 360.

1736.
PAGE 361.

que ledit fieur Michaud avoit eté trouvé capable & qu'il pouvoit luy faire preter ferment en la forme ordinaire, ce que ledit fieur Michaud a* fait entre les mains dudit fieur Foreftier, fecond conful & viguier, enfuitte de quoy M. Salles, maître chirurgien & parrin dudit fieur Michaud, a fait un compliment & a revettu ledit fieur Michaud des ornements de la chirurgie, à quoy ledit fieur Michaud a repondu par un autre compliment, & enfuitte lefdits maîtres chirurgiens & ledit Michaud ont accompagné MM. les confuls à l'endroit où il les etoint venus prendre, precedés de violons, le recipiandaire n'ayant pas eté promené par la ville fuivant la coutume, à caufe que MM. les maîtres chirurgiens ont jugé à propos de fuprimer cette ceremonie pour toujours.

Le 2ᵉ aouft, MM. les maire, lieutenant de maire & confuls, en chaperon, ont eté rendre vifitte à M. de Bernage, confeiller d'Etat, intendant en Languedoc, venant de faire tenir la foire de Beaucaire.

Le dimanche 5ᵉ août, MM. les confuls en chaperon ont affifté à la proceffion generalle qui a eté faite pour demander à Dieu de la pluye, à caufe de la grande fechereffe.

PAGE 362.

*·Le 29 dudit mois d'aouft, MM. les maire, confuls & greffier en robbe accompagnés du fieur Coulom, orateur, ont eté rendre vifitte à M. De Bernage, confeiller d'Etat, intendant, à l'occafion de l'heureux accouchement de madame de Bon, premiere prefidente, fa fille, qui avoit eu un garçon le 27 dud. mois, led. feigneur intandant ayant eté harangué par led. fieur Coulom, orateur.

Le.... octobre, MM. les confuls & greffier en robbe, accompagnés de M. Coulon, avocat, orateur de la ville, ont eté rendre vizitte à M. de Bon, premier prefident, chés lui, qui a efté harangué fur fon retour de Paris.

PAGE 363.

Le 20 octobre, MM. les maire & * confuls en robbe ont rendu vifitte à Mᵐᵉ de Roffignol, intendante d'Auvergne & fille de M. de Saint Maurice, intendant de cette province, elle a eté haranguée par le fieur Coulon, orateur, dans la maifon où loge le feigneur de S. Maurice, où elle etoit logée.

Le 28 dudit mois, MM. les confuls en robbe ont eté vifitter M. Saunier, procureur general à la cour des aydes & maître des requettes, venant de Paris; il a eté harangué par le fieur Coulon, orateur.

Le mardi 13ᵉ novembre, lefdits fieurs confuls en robbe ont affifté à l'ouverture des audiances du prefidial, qui a eté faite par M. Bornier, ancien juge mage, & par M. Craffous, procureur du roy, lefdits confuls ayant eté priés la veille par le fieur Davranche (?), greffier de la cour.

PAGE 364.

*Le 6 decembre, meffieurs les maire, confuls, revettus de leurs robbes, ont eté à la porte du Pilla St. Gely où ils ont harangué par l'organne de M. Coulomb, orateur, M. le marquis de La Fare, commandant dans cette province, quy venoit de Paris pour la tenue des Etats.

Le 8ᵉ decembre, MM. les confuls en robbe ont affifté à l'enterrement de M. de Nigry, gentilhomme, qui avoit eté premier conful en l'année 1732, lefdits fieurs confuls marchant immediatement après le corps fans eftre precedés de perfonne.

Le 11 decembre, MM. les confuls en robbe ont eté vifitter M. de Niquet, préfident à mortier au parlement de Touloufe, qui eft logé chez M. de La Fare où il a eté harangué par le fieur Coulon, orateur de la ville.

1736.

Le roy ayant ordonné la convocation des Etats de la province de Languedoc en cette ville l'ouverture en a eté faite le 13 decembre, jour indiqué, MM. les confuls & le fieur Coulom, orateur & greffier en robbe, font allés chez Mgr l'archeveque de Toulouze qui en devoit faire l'ouverture en l'abfence de Mgr l'archeveque de Narbonne, préfident né des Etats, & après qu'il a eté harangué par M. Coulom, MM. les confuls luy ont offert de l'accompagner à l'hotel de ville, de quoy il les a remerciés. Les autres ceremonies ont eté faites comme l'année derniere & fuivant la coutume.

L'an mil fept cens trente fix & le douzieme jour de mois de decembre après midy, nous maire, confuls & viguier de la ville, & communauté de Montpellier affemblés dans l'hotel de ville :

A comparu noble Pierre Robert d'Efcouin de Saint Maximin, qui nous a dit que le roy luy ayant accordé le vingt fept feptembre dernier une commiffion de l'office de fon confeiller, lieutenant de maire de la prefente ville & communauté pour l'exercer tant qu'il plaira à fa majefté, après toutesfois qu'il aura preté ferment en tel cas requis devant M. de Saint Maurice, confeiller d'etat, intandant de cette province, & qu'il luy aura * fait aparoir de fa religion catholique, apoftolique & romaine, & age competant, il s'eft prefenté aujourd'huy devant ledit feigneur intandant pour fatiffaire à ce deffus, lequel par fon ordonnance de ce jour a commis le fieur Baudouin, fon fubdelegué, pour prendre et recevoir fon ferment, & comme il la prefté ez mains dud. fieur Baudouin, ainfy qu'il refulte du proces verbal qui en a eté dreffé en date de ce jour, il requiert qu'il nous plaife l'inftaller aud. office & de l'en faire jouir conformement à ladite commiffion & ordonnance de M. l'intandant, & en outre de faire regiftrer ez regiftres de ladite communauté tant lad. commiffion, ordonnance de M. l'intandant que ledit proces verbal de preftation de ferment, qu'il nous remet à cet effet.

PAGE 365.

Sur quoy nous maire & confuls fufdits avant faire droit aux requifitions dud. fieur St. Maximin avons ordonné que par Me Caffagne, greffier, confulaire, il fera procedé à la lecture de ladite commiffion, ordonnance & proces verbal.

Lecture faite par led. Me Caffagne *, greffier de ladite commiffion, ordonnance & verbail de preftation de ferment dont la teneur s'en fuit :

PAGE 366.

Louis, par là grace de Dieu, roy de France & de Navarre, etc. Louis Bazille de Bernage, confeiller d'etat, etc.

Ce jourd'huy douzieme jour du mois de decembre mil fept cens trente fix, pardevant nous Pierre Baudouin, fubdelegué de l'intandance, nous, maire, confuls fufdits, avons reçu & inftallé, recevons & inftallons ledit fieur Pierre Robert d'Efcouin de Saint Maximin en ladite charge de confeiller du roy, lieutenant de maire de la prefante ville, pour par luy en jouir conformement à lad. commiffion & ordonnance de M. l'intandant, & en outre avons ordonné que tant ladite commiffion, ordonnance que

1736.

proces verbail de preftation de ferment feront regiftrés ez regiftres de la communauté pour fervir & valloir ainfy que de raifon, & nous fommes fignés avec ledit fieur St. Maximin, à Montpellier, le jour & an que deffus: De Manfe, maire, Ugla, P. C., Foreftier S. C., Aftruc, conful, Moliere, conful, André Baftide, conful; Saint Maximin, ainfi figné à l'original.

PAGE 367.

* Le 17 octobre, M. de St. Maximin, lieutenant de maire, & MM. les confuls en robbe ont eté vifitter Mgr l'archeveque de Narbonne, préfident né des Etats, & a eté harangué par le fieur Coulon, orateur, chez M. Gilly où il etoit logé, n'ayant pas voulu l'eftre à la porte fuivant l'ufage.

Le 18 dudit, ledit fieur de Saint Maximin, lieutenant de maire, & MM. les confuls en robe avec le greffier, auffy en robe, ont eté vifitter M. de Roffignol, intendant d'Auvergne, quy etoit logé chez M. de Bernage, intendant de cette province, fon beau pere, où il a eté harangué par le fieur Coulom, affeffeur.

Le 20e decembre, M. le lieutenant de maire, conful, orateur & greffier en robbe ont eté chez M. l'archeveque de Narbonne où il a eté harangué & luy ont offert à l'accompagner à l'affemblée des Etats, attandu que c'eft la première fois qu'il y affifte depuis l'ouverture des Etats de quoy il les a remerciés s'eftant rendu à l'hotel de ville en chaife où l'affemblée etoit deja formée.

PAGE 368.

Le 22e decembre, meffire Louis De Manfe, chevalier, confeiller du roy, préfident treforier general de France*, grand voyer & intendant des gabelles en la generalité de Montpellier, maire de lad. ville, pourveu en lad. charge par commiffion du grand fceau, eft decedé fur les onze heures du matin, aprés une maladie de cinq jours, d'une inflamation au gozier.

Le 23e dimanche, fur les onze heures du matin, meffieurs les confuls en chaperon & le greffier, furent faire leur compliment de condoléance à la veuve & aux enfans.

Le même jour, fur les fept heures du foir, le corps fut porté fans ceremonies dans la paroiffe de Notre Dame & mis à repofer dans la chapelle de St. Roch qu'on avoit garny de deuil.

Le lendemain 24, il fut cellebré une meffe baffe de *requiem* par l'aumonier de Mgr l'archeveque de Narbonne; le corps des Etats y affifta, de même que M. Dortoman, lieutenant de maire, anciens confuls & greffier, revettus de leurs robbes; pendant la meffe il fut chanté par la mufique un *De profondis*, & la meffe etant finie, tout le corps des Etats, & MM. les lieutenant de maire, confuls & greffier feurent donner d'eau benite au corps.

PAGE 369.

Led. jour fur les quatre heures du foir, MM. les grands vicaires, MM. les deputtés de la nobleffe, & MM. du tiers etant affemblés dans l'hotel de ville furent à l'eglife Notre Dame où ils affifterent à vefpres * des morts qui furent chantées par la mufique. M. Dortoman, lieutenant de maire, anciens confuls & greffier, revettus de leur robbe, furent à la maifon de M. De Manfe prendre le deuil & le conduifirent dans l'eglife Notre Dame où etant ils fe mirent avec le deuil dans le banc de la cour des aydes, & les vefpres etant finies, l'enterrement fut fait, & le convoy marcha fuivant l'ordre cy aprés jusque à l'eglife des R. P. de la Trinité ;

1736.

Les banieres de la ville qui furent portées par des pauvres, auxquelles il y avoit un trainant de crêpe flottant ;

Les fix pertuifaniers de la ville & les compagnons du guet avec des crepes trainant aux pertuifanes & aux ecuffons ;

Les pauvres de l'hopital general ;

La compagnie des penitents blancs, le deffunt etant de cette confrerie ;

Les couvents mandians ;

Enfuitte les pretres feculiers au nombre de foixante ;

La mufique ;

Le drap de deuil porté par quatre maires ;

Le corps revettu du fac de penitent, de fa robbe de treforier de France & de celle de maire, une epée, des bottines en qualité de chevalier & treforier de France ;

* Cinquante fept pauvres de l'hopital general qui portoient un flambeau blanc chacun, dont la moitié etoit devant le corps & l'autre moitié après le corps.

PAGE 370.

La compagnie des cavaliers de la marechauffée ;

MM. des Etats ;

Le deuil qui etoit mené par M. le lieutenant de maire, les confuls & greffier en robe ;

L'enterrement en cet ordre fortant de la paroiffe Notre Dame paffa devant l'hôtel de ville, deffendit devant la maifon de M. le confeiller d'Efplans, dans la grand rue jufqu'au coing de M. Laperonnie, & tournant aud. coing, paffa au coin de la maifon de M. de Remiffe & droit à la grand porte de l'eglife des R. P. de la Trinitté où le corps a eté enfevely dans un cavot qui eft dans le fanctuaire du cofté de l'hoftel, & enfuite toutes les compagnies fe retirerent fans que perfonne accompagnat le deuil à cauze de l'heure tarde.

Avant que l'enterrement fe fit il fut publié par le trompette de la ville dans toutes les rues où l'enterrement devoit paffer qu'on fermat les boutiques, ce qui fut executé.

Meffieurs les treforiers de France n'affifterent point au convoy à caufe de MM. des Etats.

S'enfuit la teneur de la lettre ecritte par M. de Bernage, intandant, à MM. les confuls au fujet de M. Dortaman, lieutenant de maire ancien, en datte * du 24 decembre.

PAGE 371.

La mort de M. De Manfe à laquelle je fuis perfuadé, meffieurs, que vous êtes fenfible, m'a engagé à prier M. Dortoman, pourveu de la commiffion de lieutenant de maire ancien, d'en reprendre les fonctions que M. de St. Maximin n'eft ny dans la difpofition, ny en etat de remplir par le peu de connoiffance qu'il a des affaires de la ville, d'ailleurs l'exercice de fa commiffion de lieutenant de maire alternatif finira au premier mars prochain & M. Dortoman rentreroit alors en place, ainfy je vous prie de travailler dès à prefent de concert avec luy, comme vous l'avés fait par le paffé, à l'adminiftration des affaires de la ville auxquelles je fuis perfuadé qu'il donnera tous fes foins avec le meme zele. Je fuis entierement à vous. DE BERNAGE DE SAINT MAURICE, figné.

IV.   8

1736.

S'enfuit la teneur de la lettre ecritte le 24 decembre par M. de St. Maurice à M. Dortoman :

PAGE 372.

L'hotel de ville de Montpelier vient de faire, Monfieur, par la mort de M. De Manfe une perte à laquelle je fuis perfuadé que tout le monde doit eftre fenfible & les relations de travail dans lefquelles vous avés * eté avec lui vous font connoitre plus particulierement le regret que nous en devons tous avoir. M. de St. Maximin, qui a eté pourveu de l'office alternatif de lieutenant de maire n'etant point au fait ces affaires de la ville ny dans le deffein de continuer l'exercice de cette commiffion dont les fonctions doivent d'ailleurs ceffer au premier mars prochain, je vous prie de vouloir bien continuer, comme vous avés fait par le paffé, les fonctions de l'exercice de lieutenant de maire ancien dont vous êtes pareillement pourveu par commiffion ; je connois trop votre zele pour le bien public & les interets de la communauté pour n'eftre pas perfuadé que vous vous porterés volontiers à reprendre des ce moment cy vos fonctions, & reparer en tout ce qui dependra de vous la perte qu'elle vient de faire. Je fuis tres parfaitement, Monfieur, votre très humble & très obeiffant ferviteur. DE BERNAGE DE ST. MAURICE, figné.

1737.

Le vingt quatre janvier mil fept cens trente fept, MM. le lieutenant de maire ancien, confuls & greffier en robbe ont affifté au fervice qui a eté fait à l'eglife Notre Dame pour le repos de l'ame de S. A. S. monfeigneur le duc Du Maine, lequel fervice a eté fait aux frais & depans de la province.

PAGE 373.

* Le mardy 29e janvier, MM. les confuls en robbe & greffier ont affifté au fervice qui a eté fait à l'eglife Notre Dame des tables pour le repos de l'ame de M. de Manfe, maire, lequel fervice a eté fait aux frais & depans de la province, les Etats en corps y ayant affifté.

Le 30 janvier, MM. le lieutenant de maire & confuls en chaperon ont eté vifitter M. le marquis de Nogaret, lequel n'a pas receu la vifitte.

Le 4 fevrier, les Eftats ont finy.

PAGE 374.

* Copie de la lettre ecritte par Monfeigneur l'archeveque D'Alby à M. de l'Epine, confeiller, au fujet du fervice qui doit eftre fait pour feu M. De Manfe :

A Alby, ce 11 fevrier 1737.

M. l'abbé Rouffet m'a ecrit la nouvelle conteftation qui s'eft encore elevée au fujet du fervice qui fe doit faire pour M. De Manfe ; c'eft à MM. les confuls à foutenir fes droits & ceux de la chapelle de l'hotel de ville, & je me tiens la deffus à ce que j'ay defcidé à l'occafion du fervice pour feu M. Baude ; il eft facheux que la lettre que je vous ecrivis fe foit egarée : celle cy y fuppleera ; il paroit toujours que ce fervice fe doit faire felon l'ufage dans cette chapelle & je vous prie de le dire de ma part à MM. les confuls & M. l'abbé Rouffet auxquels je n'ay pas le temps d'ecrire par ce courrier,

Monfeigneur l'evêque de Montpellier ayant fu que la ville faifoit faire un fervice, il défira pour qu'il fut fait avec plus de dignité, qu'un de fes vicaires generaux dit la meffe, ce qui forma une conteftation avec M. Roffet, chapellain de ladite chapelle, qui pretendoit qu'il n'y avoit que lui qui pouvoit faire ce fervice, & que MM. les confuls devoient le foutenir dans fon droit; cela donna occafion à MM. les confuls d'en donner avis à Mgr l'archeveque D'Alby pour fçavoir fon fentiment & fa decifion & par fa lettre du 11me du prefent mois, il dit qu'il convient de donner fatisfaction à Mgr l'evêque de Montpellier puifqu'il defire que ce fervice foit fait par un de fes vicaires generaux, que les droits de la ville n'etoient point bleffés en rien parce qu'un des vicaires generaux faira l'office dans la chapelle du confulat. En confequence de cette decifion, la meffe a eté celebrée par M. de

St. Bonnet, un des vicaires generaux & curé de la paroiſſe Notre Dame. Le ſieur de Saint-Bonnet ayant officié en qualité de grand vicaire ne voulut point de retribution, ni même prendre les chandelles [1].

1737.

Le 1ᵉʳ mars, election des ſecond, quatrieme & ſixieme conſuls.... par le ſort du balotement auroit rencontré pour electeur de la ſeconde echelle Mᵉ Pierre Dupin, procureur en la cour des aydes, pour la quatrieme, ſieur Eſtienne Domergue, greffier de Lattes, & pour la ſixieme ſieur Antoine Barrillon, maître cordonnier....

* Le 13 mars, MM. le lieutenant de maire, conſuls & greffier, revettus de leurs robbes, ont eſté viſitter madame la ducheſſe D'Uzes qui etoit logée chés M. le marquis de la Fare, commandant de la province, ayant eſté haranguée par M. Coulom, orateur de la ville.

PAGE 378.

M. le duc D'Uzes, ſon mari, qui eſtoit auſſi en ville logé chés le ſieur Antoine Jean, tapiſſier, n'a pas voulu eſtre veu à cauſe de ſon indiſpoſition.

Le 18 mars, il a eté cellebré une grand meſſe de *requiem* pour le repos de l'ame de feu M. Louis De Manſe, maire de Montpellier, laquelle meſſe a eté chantée par M. Rouſſet dans la chapelle du conſulat; MM. les lieutenant de maire, conſuls & greffier en robbe y ont aſſiſté.

Le 21 dud. mois de mars, MM. les conſuls nouvellement elus ont preté le petit ſerment entre les mains de M. Dortoman, lieutenant de maire, & il leur a eté fait lecture par Mᵉ Caſſagne, greffier, des trois lettres ecrittes par M. le duc D'Antin à M. Manny, premier conſul & à MM. les autres conſuls en 1717, comme auſſi de l'etat des depenſes ordinaires de la communauté.

Le 25 mars, ſur les huit heures du matin, M. Dortoman, lieutenant de maire, ſieur Jean Baptiſte Aſtruc, & Jean André, troiſieme & cinquieme * conſuls, pourveus par des commiſſions du grand ſceau auxd. charges, M. Ugla, premier conſul abſent, ſieur Pierre Foreſtier, bourgeois, Jean Antoine Moliere, maître perruquier, & Jean Baſtide, fripier, ſecond, quatrieme & ſixieme conſuls anciens, ſieurs Pierre Duffours, bourgeois, Jean Arles, capitaine, & Jean Plantin, maître tailleur, ſecond, quatrieme & ſixieme conſuls nouvellement elus, & Mᵉ Jean Caſſagne, greffier, &c., ont entendu la meſſe, &c.

PAGE 379.

* L'an mil ſept cent trente ſept & le ſixieme jour du mois d'avril, heure de neuf heures du matin, nous noble Jean Dortoman, lieutenant de maire ancien, Jean Ugla, bourgeois, premier conſul, Pierre Duffours, bourgeois, ſecond conſul, Jean Baptiſte Aſtruc, maître chirurgien, troiſieme conſul, Jean Arles, Jean André, & Jean Plantin, auſſi conſuls viguiers de la ville de Montpellier, etant aſſemblés dans l'hotel de ville, aux fins de proceder à l'inſtallation de Mᵉ Jacques de Vichet, chevalier conʳ du roy, preſident treſorier general de France au bureau des finances en la generalité de Montpellier, grand voyer, intendant des gabelles du Languedoc, en la charge de maire de ladite ville, nous ſommes revettus de nos robbes avec Mᵉ Jean

* *Mémoires des greffiers de la ville.* Vol. VII, p. 1.

---

(1) Ce paragraphe eſt extrait du volume ſuivant où il eſt écrit au verſo de la première garde.

Caffagne, greffier de la ville, & mis en marche avec le fieur Nadal, orateur, precedés des tambours, trompettes, violons & haut-bois, & au bruit de cette fanfare, allés à la maifon dud. fieur Vichet, fituée près St. Firmin & etant entrés dans les falles baffes de ladite maifon, nous y avons trouvé le fieur de Vichet environné d'une foule de peuple de toute qualité, & MM. de la bourfe ne s'y etant pas rendus quoi qu'ils euffent eté avertis & fommés la veille par le fieur Raiffac, capitaine du guet, de s'y rendre, comme il en avoit eté uzé lors de la reception de MM. de Belleval pere & fils, auquel led. fieur de Vichet nous avons fait la reverence et à icelluy temoigné la joye que fon inftallation fairoit au peuple; & enfuite le fieur Nadal, orateur, a complimenté M. de Vichet fur la dignitté de lad. charge de maire, à quoy il a repondu qu'il employeroit tous fes foins & donneroit toute fon attention pour les * fervices du roy & pour l'interêt particulier des habitants de cette ville & puifque nous avions pris la peine de nous rendre chez luy il s'alloit mettre à notre tête pour fe rendre à la maifon de ville aux fins d'être procedé à fon inftallation; & s'etant revetu d'une robbe de velour cramoifin fourrée d'hermine, s'eft mis le premier faifant rang avec M. Dortoman, & en cet ordre nous fommes rendus dans l'hotel de ville, fuivis d'une grande foule de peuple où etant fommes entrés dans la falle du bureau de police où led. fieur de Vichet & M. Dortoman, lieutenant de maire, fe font placés fur deux fauteuils qui avoint eté à cet effet mis au bout de la table, & nous dits confuls nous fommes placés dans le banc qui eft fur la main droitte, enfuitte de quoy M. de Vichet ayant dit en prefence d'une grande quantité de perfonnes qu'ayant plu au roy de le comettre pour remplir la charge de maire de la ville de Montpellier créée par l'edit du moys de novembre 1733, & qu'en confequence il avoit prêté ferment es mains de mond. fieur de St. Maurice, confeiller d'etat, intendant de cette province, ainfi qu'il refulte du verbail qui luy en a eté delivré, & nous a requis vouloir proceder à fon inftallation, nous remettant à cet effet la commiffion qui luy en a eté expediée & led. verbal de ferment.

Sur quoy nous lieutenant de maire & confuls auparavant faire droit aux requifitions de M. * de Vichet avons ordonné que par Me Jean Caffagne, greffier de la communauté, il fera tout prefentement fait lecture de lad. commiffion & verbal, & à l'inftant led. Me Caffagne a procedé à la lecture de lad. commiffion & verbal de teneur: « Louis, par la grâce de Dieu, roy de France, &c.; Louis Bazille de Bernage, &c.; » & ce fait nous lieutenant de maire & confuls, faifant droit aux requifitions de M. de Vichet, l'avons receu & inftallé, recevons & inftallons en lad. charge de maire de la ville de Montpellier pour en jouir conformement & ainfi qu'il eft porté par la ditte commiffion *, & c'eft par la tradiction que nous avons faite en fes mains de lad. commiffion, verbal de ferment, & de la baguette de viguier & pour l'avoir fait fieger à la chaife qui eft au bout de la table, & en confequence ordonnons que lad. commiffion & verbal de ferment feront regiftrés es regiftres de la communauté pour y avoir recours quand befoin fera. Enfuitte de quoy nous avons crié à haute voix & ordonné aux habitants icy assemblés de reconnoître M. de Vichet en lad. qualité de maire de la ville, ce qui a eté à l'inftant fait par acclamation publique; & M. de Vichet ayant pris la parole a dit que fon application & le zele qu'il aura pour l'interêt particulier des habitants de cette ville fera * une preuve de fa reconnoiffance, & etant fortis de lad. falle, nous fommes mis en marche precedés de la fanfare, & allés accompagner M. de Vichet, maire, à fa maifon & dans fon appartement, de quoi il nous a remercié & accompagné jufqu'à la porte de la rüe, & tout de fuite nous fommes rendus à l'hotel de ville où nous nous fommes feparés, & de tout ce deffus dreffé le prefent procés verbal que nous avons figné avec M. de Vichet, maire, & fait contrefigner par notre greffier; Vichet, maire; Dortoman, lieutenant de maire; Ugla, premier conful; Duffours, conful; Aftruc, conful; Arles, conful; André, conful; Plantin, conful; par mefd. fieurs Caffagne, greffier, figné à l'original.

> * Le 19 may, MM. les confuls en robbe ont eté rendre vifitte à M. l'abbé de Soreze, neveu de fon eminence monfeigneur le cardinal de Flury, confeiller né & grand chambrier au parlement de Toulouze, ayant eté harangué par le fieur Nadal, orateur, chez M. de l'Efperelle, directeur des falpetres où il etoit logé.
> * Le 7me aouft, M. le lieutenant de maire & confuls en robes ont eté aux jefuites, à la commedie, qui a eté reprefentée par les ecoliers du college & ont fait la diftribution des prix en livres, en la forme ordinaire; ayant eté priés la veille par le R. P. de la Rouquette, prefet du college, les ecoliers dud. college avec deux peres, etant venus les chercher, & après avoir eté complimenté par un defd. ecoliers font partis accompagnés defd. enfants & peres, precedés des tembours & de la fuitte confulaire & allés aud. college. Le foir ils ont eté reconduis à l'hotel de ville en la même forme avec les ecoliers qui avoint gagné les prix, ayant eté encore complimentés.
> Le 3 août, M. le lieutenant de maire, confuls en chaperon * ont eté rendre vifite à M. l'intendant venant de faire tenir la foire de Beaucaire.
> Le 22me octobre, M. le maire, confuls & greffier en robbes accompagnés dud. Nadal, avocat & orateur, ont eté rendre vifitte à monfeigneur l'archeveque d'Alby, à fon arrivée pour les Etats etant logé chez M. Flaugergues, prés l'hôtel de ville, ayant eté harangué par ledit fieur Nadal.
> MM. les confuls ont vifitté en chaperon M. le marquis de La Fare, commandant, M. l'intendant & MM. les treforiers de France, prefidents pour le roy aux Etats, la veille de la tenue defd. Etats.
> * Le roy ayant ordonné la convocation des etats de la province de Languedoc, en cette ville, l'ouverture en a eté faite aujourd'hui vingt quatrieme octobre, jour indiqué, MM. les confuls & le fieur Nadal, orateur & le greffier en robbes, font allés chez Mgr l'archevêque de Toulouse qui en devoit faire l'ouverture en l'abfence de Mgr l'archevêque de Narbonne, prefident né des Etats, & après qu'il a eté harangué par led. fieur Nadal, MM. les confuls ont offert de l'accompagner à l'hotel de ville, de quoy il

1737.

Page 4.

Page 5.

Page 6.

Page 7.

Page 8.

1737.

les a remerciés, etant venu en chaife. Les autres ceremonies de l'ouverture ont eté faites en la maniere accoutumée.

Le lundi 28e octobre, les maire, lieutenant de maire, confuls & greffier en robbes avec le fieur Nadal, orateur, ont eté vifitter Monfeigneur l'archevêque de Narbonne, prefident né des etats, ayant eté harangué par led. fieur Nadal, orateur, chez M. Gilly où il etoit logé, n'ayant pas voulu les recevoir à la porte fuivant l'ufage.

Le 29e dud. mois, MM. les confuls & greffier en robe, avec le fieur Nadal, orateur, ont eté vifiter M. Cazes de la Barre, maître des requettes qui etoit logé chez M. Fermaud au Plan du Palais, où il a eté harangué par led. fieur Nadal, orateur, led. fieur Cazes avoit fait favoir fon arrivée.

Le 4 novembre, MM. les confuls en chaperon ont affifté à la proceffion qui a eté faite par les reverends peres de la Mercy*, à l'occafion de la redemption de foixante quinze captifs qui avoint eté rachetés dans le royaume de Maroc, à laquelle proceffion les penitents blancs de cette ville ont affifté, ainfi que les captifs qui avoint eté rachetés & qui ont paffé en cette ville, allant à Paris. MM. les confuls avoint eté priés la veille par deux peres de la Mercy & une deputation du dit couvent, avec plufieurs captifs, font venus les prendre à l'hotel de ville.

Le 15 novembre, MM. les confuls en robbes ont eté à l'ouverture des audiances de la cour des aydes, ayant eté priés la veille par le fieur Sabatier, huiffier de lad. cour, fuivant l'ufage, l'ouverture a eté faite par M. le premier prefident & M. Duché, avocat general.

Led. jour, fur les cinq heures du foir, MM. les confuls en robes avec le fieur Nadal, orateur, ont eté vifiter M. le premier prefident qui a eté harangué par led. fieur Nadal, à caufe qu'il n'avoit pas eté vu le jour de l'inftallation de MM. les confuls, fuivant l'ufage.

Cette année, il n'a eté fait aucune ouverture des audiances du prefidial.

Le 5e decembre, M. le maire, lieutenant de maire, confuls en chaperon & le greffier ont eté vifitter M. de Bernage de St. Maurice, intendant, à l'occafion de la mort de M. de Bernage, fon pere, qui eft decedé à Paris.

*. Le 11e decembre, MM. les confuls & greffier en robbes, ont affifté à la grand'meffe qui a eté cellebrée à l'hopital St. Eloi pour le repos de l'âme de M. de Bernage, pere de M. de St. Maurice, intendant de cette province; ce fervice a eté fait aux frais de l'hopital, & MM. les confuls avoint eté priés la veille par le fieur Foreftier, intendant dud. hopital.

Led. jour, MM. les confuls en chaperon ont eté vifitter M. Dortoman, lieutenant de maire, à l'occafion de la mort de madame fon epoufe qui etoit decedée le 10me dud. mois à 5 heures du foir.

Le 23e dud. mois de decembre, MM. les confuls & greffier en robbes ont affifté au fervice qui a eté fait dans la chapelle de MM. les penitents pour le repos de l'âme de M. de Bernage, pere de M. de St. Maurice, intendant de cette province, decedé à Paris, MM. les confuls ayant efté priés par une deputation des officiers defd. penitents qui ont fait led. fervice aux depens de la confrerie.

Led. jour a efté publié l'arreft du confeil du 4e decembre portant qu'à commancer du premier janvier 1738, l'execution de l'edit du mois de novembre 1733, portant retabliffement des offices municipaux *, fera & demeurera fufpendu, jufqu'à ce qu'il en foit autrement ordonné par Sa Majefté, & a furfis & furfoit à la vente defd. offices municipaux qui n'ont pas eté vendus & a revoqué & revoque toutes les commiffions du grand fceau defd. offices, & permet aux corps & communautés des villes de proceder, fuivant les anciens reglements, à l'elleétion des officiers municipaux dont les charges n'ont pas efté levées & auxquelles il n'a pas efté pourveu foit par des provifions ou par des arrets de réunion.

Le 24e decembre, le fieur Lageffe a efté reçu cappitaine de fanté, au lieu & place du fieur Aymard qui a efté remercié.

 * L'an mil fept cent trente huit & le premier jour du mois de mars, fur les neuf heures du matin, affemblés dans l'hôtel de ville fieurs Pierre Duffours, bourgeois; Jean Arles, capitaine de bourgeoifie & Jean Plantin, confuls viguiers de Montpellier, avec Me Jean Caffagne, greffier de la communauté, aux fins de proceder à la nouvelle eleétion confulaire fuivant la coutume, s'etant revetus de leurs robbes, ils auroint entendu la meffe de St. Efprit dans la chapelle du confulat & apres fe font enfermés dans le bureau de police, où etant le fieur Duffours, 2me conful, a dit que pareil jour on a de coutume de nommer des electeurs & de dreffer la lifte. En confequence ils ont fait & dreffé une lifte de vingt un habitants pour ruller pour electeurs au lieu de trente cinq qu'on a coutume d'y mettre, attandu qu'il n'y a que trois enfants pour les nommer, les premier, troifieme & cinquieme confuls qui etant pourveus des commiffions du grand fceau etant fortis de charge depuis le premier janvier dernier, en execution de l'arreft du 4 decembre auffi dernier, n'en ayant point voulu prefenter.

Et après la fufd. lifte dreffée, ils font montés * à la grand'falle dans laquelle & fuivant la coutume, il s'eft trouvé un grand nombre de perfonnes qui s'y etoint rendus au fon de la cloche, & lefdits fieurs confuls & greffier ayant pris leurs places aux fins de proceder à laditte eleétion, le fieur Dufours, fecond conful & viguier, a remis publiquement entre les mains dud. fieur Caffagne la lifte des electeurs, de laquelle il a fait lecture à haute voix, & après laditte lecture par le fort du ballotement fait par les petits enfants auroint rencontré pour electeurs : Me Jean Baptifte de l'Efpine, M. Pierre Foreftier, bourgeois, M. Germain Fouilhon, pror au fenefchal, fieur Jean Deydier, maître chirurgien, fieur Pierre Verdier, facturier de bas, Jean Bourret, brodeur, & Jean Jacques Berger, maître tailleur; lefquels ayant eté avertis par les efcudiers de leur nomination & par le fon des cloches de l'hôtel de ville & du grand horloge fe feroint rendus dans la grand falle de l'hôtel de ville & ayant pris leur place, ils ont prêté ferment entre les mains dud. fieur Dufours, fecond conful, lequel leur a dit que par le fort ils ont eté nommés electeurs pour la nouvelle eleétion de fix confuls, & qu'à cet effet il leur remettoit la lifte de dix huit, pour remplir lefd. charges. Et de fuitte lefd. electeurs fe font enfermés dans une

1738.
PAGE 14.

chambre à costé de la grand salle* & apres avoir opiné & deliberé sur les sujets proposés dans lad. liste ils l'ont signée & cachetèe sous une enveloppe, & etant revenus prendre leur place dans la grand salle, M. de l'Espine, premier consul, a remis lad. liste à M. Dufours, second consul & icelluy à Me Cassagne, greffier, lequel ayant procedé à l'ouverture auroit eté par luy lue publiquement. Et le balottement des boules ayant eté fait en la forme ordinaire par les petits enfants, a rencontré par le sort : noble Jacques François comte Montmaur pour premier consul, M. Guillaume Gautier, bourgeois, pour second consul, Me Pierre Jallaguier, n^{re}, pour troisieme consul, sieur Alexandre Giraud, M^e chirurgien, pour quatrième consul, sieur Jean Desandrieux, tapissier, pour cinquième consul, & sieur Claude Boule, marchand tailleur, pour sixieme consul, lesquels ont eté receus par le peuple à l'assemblée avec acclamation & au son des cloches de l'hotel de ville & du grand orloge & avertis par les escudiers. Et ladite election, ainsi faite, MM. les consuls en chaperon & greffier, les ont eté visitter, & MM. les electeurs & petits enfants ont eté aussi les visitter.

Lesd. sieurs consuls elus ont fait les visittes cy après de même que les petits enfants. M. le marquis de La Fare etoit absent, M. l'intendant etoit aussy absent, etant à la cour, etc.

PAGE 15.

* Le 10 mars, MM. les consuls nouvellement elus, suivant la coutume, ont presté le petit serment entre les mains de MM. les anciens consuls revettus de leurs robbes, & lecture a eté faite par le greffier de l'etat des depenses ordinaires de la communauté & des trois lettres ecrites à M. Manny & aux consuls par M. le duc d'Antin, de l'ordre de M. le regent en date des 9, 29 juin 1717 & 29 juillet aud. an.

Le 22me dud. mois de mars, M. Gauthier, second consul, nouveau eleu, a esté voir M. de Massilian, juge mage pour le prier de se disposer pour la ceremonie de la prestation de serment & installation de MM. les consuls. Et MM. les 5me & 6me consuls, aussy nouvellement elus, ont esté pour le même sujet voir l'un M. le procureur du roy & l'autre M. l'avocat.

PAGE 16.

* Le vingt cinq mars mil sept cent trente huit, jour & feste de Notre Dame sur les huit heures du matin, MM. les consuls nouvellement eleus ont pretté serment.

PAGE 17.

* Cela fait, M. Carbonnier, avocat & orateur de la ville, leur a fait un compliment après lequel MM. les consuls ont reçeu le serment des deux capitaines de la suitte, etc.

PAGE 18.

* Le 28e dud. mois de mars, MM. les departeurs des rolles des impositions de l'année ont preté le serment requis & accoutumé entre les mains de MM. les consuls.

L'an mil sept cent trente huit & le second jour du mois d'avril, par devant nous Gilbert de Massillan, conseiller du roy, president juge mage, lieutenant general né en la senechaussée & siege presidial de Montpellier, dans notre hostel, heure de dix du matin,

A comparu Rouël, procureur en la cour de messire Jaques Vichet, president tresorier de France, general des finances en la generalité de cette

Livre premier. — Première partie.

ville de Montpellier, de luy affifté, lequel nous a dit qu'ayant plu au roy d'accorder à fa partie des lettres de provifion de confeiller du roy, lieutenant de maire ancien & mitrienal * de lad. ville, il nous auroit prefenté requette le jour d'hier, pour demander qu'il nous plut proceder à fon inftallation conformément auxd. lettres, fur laquelle nous aurions rendu ordonnance fe foit montré au procureur du roy, le même jour, lequel auroit en, confequence donné les conclufions contenant qu'il n'empeche pour le roy les fins de lad. requete & comme lad. partie defire fe faire inftaller en lad. charge, il requiert qu'il nous plaife proceder à fon inftallation, nous remettant lefdites provifions, requêtes & conclufions, de teneur :

Louis, &c., mandons, &c., a donné, &c., par le roy, &c., à monfieur, &c., fuplie, &c., foit montré, &c., je confens, &c.,

Nous prefident & juge mage faifant droit à la requifition dud. Roüel, fommes partis precedés par les cavaliers de la marechauffée & les huiffiers de la cour accompagné du fieur de Vichet qui marchoit à notre gauche, ayant à notre fuitte le corps des procureurs, & etant arrivés dans le cœur de l'hotel de ville, les confuls en robes rouges nous auroint receu fur le perron du grand efcalier, & nous auroit fuivy dans la grand falle où nous nous ferions affis fur un fauteuil fleurdelifé placé à la tete d'un long bureau, & lefd. fieurs confuls s'etant affis au retour dud. bureau, led. fieur Vichet auroit demuré debout, & led. Roüel nous auroit requis de rechef qu'il nous plut inftaller led. fieur Vichet, fa partie, en lad. charge de lieutenant de maire.

* Nous dit prefident & juge mage, avons enjoint au greffier, de faire la lecture des provifions dud. fieur Vichet, ce qu'il a à l'inftant fait, & enfuitte avons efcorté led. fieur Vichet, qui a refté debout & decouvert à notre gauche à remplir les devoirs de fa charge, en homme de bien & d'honneur, & ce fait le fieur Comte, premier conful, nous auroit remis la baguette de viguier que nous avons mis entre les mains dud. fieur Vichet, & moyennant ce, l'avons mis & inftitué en la poceffion dud. office de lieut. de maire pour en jouir & ufer plainement & paifiblement aux honneurs, pouvoirs, libertés, fonctions, authorités, privileges, droits, exemptions, franchifes, immunités, prerogatives, rangs, feances, gages, fruits, profits, revenus & emolements dont ont jouy ou doivent jouir les pourvus de pareils offices, led. fieur Vichet ayant eté difpenfé par le roy de preter ferment & s'eftant led. fieur Vichet, affis dans un fauteuil fleurdelyfé placé à notre gauche & au deffous du nôtre nous nous serions levé & forty de lad. falle accompagné dud. lieutenant de maire & des fieurs confuls, lefquels nous auroint accompagné, jufques & fur le feuil de la porte d'entrée de l'hôtel de ville, & nous fommes enfuitte retirés dans notre hôtel avec la meme fuitte que deffus ; & plus par nous n'a eté procedé. Maffillian, jugemage, figné. Par mond. fieur Davranche, greffier, figné.

S'enfuit le ceremonial qui a eté obfervé par MM. les confuls apres lad. inftallation.

Immediatement apres l'inftallation de M. * Vichet, lieutenant de maire,

1738.

PAGE 19.

PAGE 20.

PAGE 21.

IV. 9

qui a eté faite en la forme cy deſſus, il s'eſt revêtu d'une robe de velours cramoiſin foûrrée d'hermine & led. fieur lieut. de maire, marchant feul à la tête de MM. les conſuls & greffier, qui etoint auſſi revetus de leurs robbes, feroint partis tous enſemble de l'hôtel de ville precedés de la ſuitte conſulaire, du trompette, des tambours de la ville & des hautbois & dans cet ordre feroint allés accompagner led. fieur lieutenant de maire à ſa maiſon, où il a eté complimenté par le fieur Carbonnier, aſſeſſeur de la ville, qui s'y etoit rendu à cet effet, en préſence d'une grande quantité de perſonnes qui s'y etoint pareillement rendus, & ce fait led. fieur lieutenant de maire a remercié MM. les conſuls de la peine qu'ils avoint pris de l'accompagner chez lui & leur a temoigné qu'il travailleroit toujours de concert avec eux pour le bien & avantages de cette communauté, & de ſuitte leſd. fieurs conſuls & greffier precedés de la fanfare ſe ſont retirés à l'hotel de ville.

* Le mardy 8me avril, derniere feſte de Paques, meſſire Charles Joachim Colbert de Croiſſy, eveque de Montpellier, né le 11 juin 1667, & ſacré le 10 mars 1697, mourut en cette ville ſur l'heure d'une après midi. Il fut expoſé dans une des ſalles du palais epiſcopal pandant le reſte du jour, le mercredy & le jeudy ſuivant, pendant leſquels jours differents pretres, tant ſeculiers que reguliers, celebrerent le matin continuellement des meſſes de *Requiem* ſur deux autels qu'on avoit dreſſés dans la même ſalle à chaque coſté du deffunt. Et le ſoir tous les ordres religieux furent y faire ſucceſſivement l'office des morts.

L'enterrement fut fait vendredy matin, onzieme dudit mois & marchoit en cet ordre: les 6 vallets de ville avec leurs pertuiſanes renverſées couvertes d'un crepe, toutes les confreries laïques comme du ſaint ſacrement & enſuite les pauvres de l'hopital general, la confrerie des penitents à laquelle s'etoit joint celle des penitents de la Verune, tous les ordres religieux, les quatre paroiſſes, chacun ſous * ſa croix, le chapitre, le corps porté par ſix pretres en ſurplis precedé par l'aumonier dud. ſeigneur eveque, en ſurplis & par deſſus un manteau de deuil trenant juſqu'à terre. Après le corps marchoint meſſieurs de la cour des aydes, MM. les treſoriers de France, le preſidial, les conſuls & greffier avec leurs robbes, precedés par leurs eſcudiers dont les maſſes etoint couvertes de crepes; enſuitte venoint les domeſtiques dud. ſeigneur eveque. Après eux marchoint les deuils precedés par un maitre de ceremonie, menés, ſçavoir: M. Cazes, parent dud. ſeigneur eveque, premier deuil, par M. le recteur & M. le prieur des docteurs de l'univerſité des lois, MM. les intandants, recteur, & ſyndics dud. hopital general de Montpellier, heritier, par un de MM. les profeſſeurs en droit ou par un de MM. les docteurs agregés. On ſe conforma en cella à tout ce qui avoit eté obſervé en 1676 aux obſeques de M. de Bouſquet, eveque, M. de Pradel, predeceſſeur immediat de M. de Colbert ayant eté enterré ſans aucune ceremonie.

MM. les adminiſtrateurs de l'hotel dieu St. Eloy, ſuivoient; après eux les dames de la miſericorde, les officiers de la temporalité, les vaſſeaux dud. ſeigneur eveque & le peuple.

L'enterrement fit le grand tour de la proceffion generale qu'on augmenta meme confiderablement *. On fe rendit à l'eglife cathedrale St. Pierre, tout le clergé entra dans le cœur, les compagnies fe placerent dans la nef à leurs bancs couverts d'un drap noir, les deuils furent placés au jubé du chapitre avec MM. les officiers de la faculté, qui les menoint, on fut à l'offrande dans le meme ordre, l'office fut fait par M. le prevoft, les quatre autres dignittés du chapitre portoint le drap d'honneur; après la grand meffe chantée en mufique, lefd. quatre dignittés firent chacun fon abfoute. M. le prevoft celebrant fit la derniere, après quoy on marcha dans le meme ordre jufqu'à l'hopital general où led. feigneur eveque fut inhumé.

Le famedy dix neufvieme avril, MM. les lieutenant de maire, confuls & greffier en robbe ont affifté au fervice qui a eté fait dans l'eglife de l'hopital St. Eloy de cette ville pour le repos de l'ame de M. l'eveque de Montpellier, ayant eté priés la veille par MM. les adminiftrateurs dud. hopital.

Le dimanche 27 dud. mois d'avril, MM. * les confuls en chaperon ont affifté à la proceffion generalle quy a eté faite pour demander à Dieu qu'il nous donne la pluye dont nous avons befoin.

Le lundy 28e dud. mois d'avril fur les huit heures du foir, le fieur Guillaume Gautier, fecond conful en charge, eft decedé de mort fubite d'une apoplexie de fang, MM. les autres confuls affifterent à fon enterrement qui fut fait le mercredy matin, & il fut inhumé dans l'eglife des R. P. de la Mercy, la cloche de l'hotel de ville fonna pendant tout le mardy & le mercredy jufqu'à ce qu'il fut enterré.

Le 6e & 7e may, MM. les confuls en robbes ont affifté aux ceremonies qui ont eté faites dans l'eglife de l'hopital St. Eloy de cette ville à l'occafion de la canonifation de St. Vincens de Paul, fondateur des fœurs grifes; ils en avoint eté priés la veille par deux des fœurs grifes.

Le 10e dud. mois, M. le lieutenant de maire & confuls en chaperon ont eté rendre vifite à monfeigneur de Charancy, eveque de St. Papoul, & nommé par le roy à l'evechê de Montpellier, qui eft arrivé en cette ville depuis ce matin, etant logé chez M. Cofte, grand prevoft. Il n'a eté vifité qu'en chaperon, parce qu'il n'a pas encore fes bulles.

*Copie de la lettre écrite par M. le lieutenant de maire & confuls à M. le duc de Richelieu à l'occafion de fa nomination au commandement de la province de Languedoc :

Le 13 may 1738.

Monfeigneur, nous attendions de recevoir des ordres de votre part au fujet de votre nomination au commandement de cette province pour prendre la liberté de vous marquer à cette occafion nôtre joye & celle de tous nos concitoyens ; cet evenement nous intereffe d'une maniere d'autant plus fenfible qu'elle jouit depuis longtemps de l'avantage d'être le fejour ordinaire du gouverneur & du commandant en chef de la province.

Nous vous fupplions tres humblement, monfeigneur, de vouloir bien nous accorder l'honneur de votre protection, dont nous nous promettons par avance les effets les plus avantageux, & de recevoir nos premiers hommages, comme une marque du profond refpect avec lequel nous fommes, monfeigneur, vos tres humbles & tres obeiffants ferviteurs, les lieutenant de maire perpetuel, confuls viguiers de Montpellier.

1738.   Copie de la lettre ecrite aud. feigneur duc le 23ᵉ may au fujet de fon logement.

PAGE 27.

Monfeigneur, le defir que nous avons de vous marquer * nôtre foumiffion ne reconnoit aucunes bornes & nous fommes bien fachés que la qualité d'adminiftrateurs que nous exerçons, nous empeche de faire tout ce que notre zele nous infpireroit ; dans cette fituation nous avons penfé, monfeigneur, que nous ne pouvions agir d'une maniere plus convenable qu'en nous adreffant à vous-meme, & en vous demandant vos ordres ; nous avons lieu d'efperer que vous recevrez avec bonté le memoire que nous avons l'honneur de vous prefenter ; nous fommes perfuadés, monfeigneur, que les interets d'une ville qui aura bientot l'honneur de vous poffeder & qui fe flatte de meriter l'honneur de votre protection, feront mieux entre vos mains qu'entre les notres, & nous vous fupplions en meme temps de croire qu'elle fait tous fes efforts, quelque oberée qu'elle foit, pour vous marquer fa foumiffion & le defir qu'elle a de vous plaire. Nous fommes avec un tres profond refpect, monfeigneur, vos tres humbles & très obeiffants ferviteurs, le lieutenant de maire, confuls viguiers de Montpellier.

PAGE 28.

Le 28ᵉ may, MM. les confuls en robbes ont eté à l'hopital St. Eloy, affifter à la nomination des nouveaux intendants & fyndics dud. hopital, & ont eté nommés * pour intendants meffire Jean Pierre d'Aigrefeuille, confeiller d'Etat, meffire Pierre Bonnafoux, Jean Pierre Ratte, confeiller en la cour des aydes, & M. Charles Gabriel Le Blanc, fecretaire du roy ; pour fyndics furnemeraires H. de Bouliaco, gentilhomme, & Pierre Foreftier, bourgeois, & pour treforier M. Paquier, fyndic dudit hopital. Lefdits fieurs confuls avoint eté priés la veille par un des intendants dud. hopital.

PAGE 29.

Le 29 dud. mois de may, le corps des maitres chirurgiens, revettus de leurs robbes noires, fe font affemblés dans la grande falle de la maifon de ville pour proceder à la reception en la maitrife de maitre chirurgien du fieur Paul Delpuech, enfuitte ils feroint defcendus precedés des violons & ayant trouvé M. Vichet, lieutenant de maire, & MM. les confuls affemblés, ils les auroint priés de venir affifter à lad. reception dud. fieur Paul Delpuech en lad. maitrife de chirurgien, & lefd. fieurs lieutenant de maire, confuls & greffier, revettus de leurs robbes, font montés à lad. falle, le corps des maitres chirurgiens venant après eux, & led. fieur Vichet, lieutenant de maire, fe feroit affis dans une chaife * à bras au bout de la table, fur la main droitte, & MM. les confuls à leur banc ordinaire à la droitte dud. fieur de lieutenant de maire ; M. Sauvage, profeffeur en medecine, fe feroit affis au meme bout de lad. table, à la gauche dud. fieur lieutenant de maire fur une autre chaife à bras ; MM. les chirurgiens fur l'autre banc vis à vis MM. les confuls, & led. afpirant à l'autre bout de lad. table a fouffert debout l'examen qui luy a eté fait publiquement par lefd. maitres chirurgiens, après lequel led. fieur Sauvage, profeffeur & les maitres chirurgiens, fe feroint retirés dans une chambre pour donner leurs fuffrages, & enfuitte etant revenus & ayant repris leurs places, led. fieur Sauvage, profeffeur, auroit dit aud. fieur lieutenant de maire comme led. fieur Paul Delpuech avoit eté reconnu capable d'exercer la maitrife de chirurgien & qu'il pouvoit luy faire preter ferment en tel cas requis & accoutumé, & led. fieur Sauvage s'etant retiré, led. fieur Paul Delpuech s'eft prefenté devant led. fieur

PAGE 30.

lieutenant de maire, & a preté le ferment la main mife fur les faints* evangiles. Enfuitte M. Goulard, maitre chirurgien & parrin dud. Delpuech, a fait un compliment, & après avoir revetu led. Paul Delpuech des ornements de la chirurgie, il a repondu par un compliment. Cella fait, lefd. maitres chirurgiens ont accompagné M. le lieutenant de maire & confuls, jufques dans la falle du bureau de police, precedés des violons, & après les avoir remerciés fe font retirés.

* Le 9 juin, MM. le lieutenant de maire, confuls & greffier en robbes, & le fieur Carbonnier, orateur, qui marchoit au milieu de M. le premier & troifieme confuls, ont eté rendre vifitte à M. l'intendant qui venoit de Paris, ayant eté harangué par led. fieur Carbonnier.

* Le 26ᵉ dud. mois de juin, M. le lieutenant de maire & confuls, en robbes, ont eté rendre vifitte à madame de Bernage, mere de M. de Bernage, intandant de cette province, ayant eté haranguée par le fieur Carbonnier, orateur.

En cette année, le fieur Caffagne, greffier confulaire, proprietaire d'un champ fitué pres l'eglife St. Denis, & tout aupres du claux du grand St. Jean qui fait pointe aux deux chemins de Frontignan, de contenance d'environ fix cefterées, & auquel il avoit fait enfemencer cinq ceftiers & demy de bled tant feulement, en a recueilly cent, fans à ce comprendre la dixme, & il eft à remarquer que le bled avoit eté couché par les pluyes, fans quoy on affura qu'il y auroit eu plus de cent vingt ceftiers de bled.

Le lundy 21ᵉ juillet, MM. les confuls & greffier en robbes ont affifté à la thefe qui a eté foutenue par le fieur Dediei & qui l'auroit dediée à M. Fulcrand Jean Jofeph Hyacinthe d'Aigrefeuille, prefident en la cour des aydes, lefd. fieurs confuls ayant eté priés la veille.

* Le lundi 28ᵉ dud. mois de juillet, MM. les confuls en robbes ont affifté à la thefe quy a eté foutenue par le fieur Saltet, de cette ville, qui l'auroit dediée à S. A. Monfeigneur le prince de Dombes, MM. les confuls ayant eté priés la veille.

Le 7 aouft, MM. les confuls en robbes ont affifté à la tragedie qui a eté reprefentée par les ecoliers du college, fous le nom *Darchinoure*, ils avoint eté priés la veille.

Le 14ᵉ aouft, à dix heures du matin, a eté publié la diminution de fix deniers fur chaque piece de deux fols.

Le 15ᵉ dud. mois, proceffion du vœu du roy qui a été renouvelé en cette année, comme etant la centieme; cette proceffion a eté plus folennifée que celle qu'on avoit accoutumé de faire tous les ans; toutes les paroiffes y ont affifté avec toutes les confreries qui ont croix & l'hopital general. On fit * ftation à Notre Dame, où l'on chanta en mufique le pfaume *exaudiat* & l'antienne de la vierge *fubtuum prefidium*. La cour des aydes etoit fort nombreufe.

Le 17 dud. mois, MM. les confuls en chaperon ont affifté à une proceffion generale qui a eté faite pour demander à Dieu de la pluye.

* Meffire George Lazare Berger de Charency, eveque de St. Papoul, nommé à l'eveché de Montpellier depuis le mois de may dernier, s'y rendit dans le mois de juin fuivant, & alla loger chez monfieur Cofte, grand prevoft à l'Eguillerie, dans la maifon de M. Lazerme où il refta jufqu'à ce-

1738.

jourd'huy, feize du mois de novembre, jour auquel il fit fon entrée publique en la maniere quy ce fuit :

Ledit feigneur eveque fe rendit au couvent des reverends peres carmes dechauffés où il difna; depuis led. couvent jufqu'à la porte de la Sonnerie un detachement du regiment de Picardie & la compagnie des grenadiers de la bourgeoifie etoint en haye; & fur les trois heures ledit feigneur eveque partit dud. couvent habillé en rochet & camal, portant un chapeau vert monté fur un petit cheval blanc bien anarché, couvert de violet & l'ource blanche, il etoit accompagné de beaucoup de nobleffe à cheval, & enfuitte venoit les cavaliers de la marechauffée à cheval, une grande quantité de peuple, & etant arrivé devant l'eglife de St. Denis au coin du logis du Cheval Vert, où MM.* les lieutenant de maire, confuls & greffier, avec leurs robbes, s'etoint rendus, led. feigneur eveque, à cheval, fut harangué par Me Carbonnier, avocat horateur de la ville; il fit une tres belle harangue à laquelle led. feigneur eveque repondit avec beaucoup de douceur & d'eloquence, & après avoir remercié MM. les confuls, il marcha precedé defdits fieurs confuls, de fon aumonier & domeftiques, les nobles venant après avec les cavaliers de la marechauffée, jufques devant la porte de la Sonnerie, vis à vis le corps de garde, où eftant, il defcendit de cheval & fe mit à genoux fur une agenouillere garnie d'un tapis de pied où il baifa le crucifix qui luy fut prefanté par M. de Belleval, prevoft du chapitre, enfuitte il entra dans le corps de garde que MM. les confuls avoint eu foin de faire tapiffer, & il fut habillé de fes habits epifcopaux, MM. Pouget & Boyer, chanoines, etoint affiftants & eftant habillé, il fortit dud. corps de garde & fe mit fous le day qui etoit porté par MM. le lieutenant de maire *, confuls & greffier; les pauvres de l'hopital general, MM. les penitents blancs, tous les ordres religieux & les quatre paroiffes s'etoint rendus devant lad. porte de la Sonnerie avec le chapitre, & la proceffion marcha dans l'ordre cy-après :

Les banniéres de la ville, la fuitte confulaire, les pauvres de l'hopital general, la nobleffe à cheval, MM. les penitens blancs, tous les ordres religieux qui ont accoutumé d'affifter aux proceffions, les quatre paroiffes le chapitre, enfuitte venoit le day, led. feigneur eveque etant deffous à pied, donnant la benediction au peuple. Après le day venoit les cavaliers de la marechauffée, les grenadiers du fixain St. Louis & quantité de peuple; un detachement du premier bataillon de Picardie marchoit avant & à cofté du day, les fixains, compofés de la bourgeoifie, eftoint en haye depuis lad. porte jufques à l'eglife St. Pierre; dans cet ordre la proceffion paffa le long de la grande rue, devant l'hotel de ville, à l'Eguillerie, à la Chapelle Neuve, devant le couvent de Ste. Urfule, à la rue de la Blanquerie, au coin des Fleurs* de Lis, à la rue du St. Sacrement, & etant arrivée au devant de l'eglife St. Pierre qui etoit gardée par le premier bataillon de Picardie, rangés autour de la place, led. feigneur eveque fur la porte de lad. eglife fut harangué par M. de Belleval, prevot du chapitre, lequel luy auroit porté un tres beau & eloquent difcours fur le merite de fa perfonne, auquel led. feigneur eveque luy auroit repondeu avec beaucoup d'eloquence ; enfuitte il entra dans lad. eglife, & s'eftant mis à genoux fur un agenouiller devant l'hôtel, il fit fon oraifon ; pendant lequel temps la mufique chanta un motet ; & après avoir fait les ceremonies & dit les oraifons accoutumées ; il donna fa main à baifer à tous les chanoines, aux quatre curés qui poferent leurs etolles & à tous les ecclefiaftiques qui avoint affifté à la proceffion, & enfuitte à MM. les lieutenants de maire, confuls & greffier. Pendant laquelle feremonie, la muzique* chanta le *te deum* que led. feigneur eveque avoit entonné, à la fin duquel il donna la benediction, & fut dans la facriftie où il pofa fes habits epifcopaux, & enfuitte en rochet & cammal, il fut accompagné en proceffion dans l'evechè, ayant paffé dans l'eglize, & fortit par la grand porte. MM. les confuls fe retirerent fans l'accompagner à l'evechè.

Le landemain dix feptieme & les deux jours fuivants, led. feigneur eveque fut veu & complimenté par tous les corps des compagnies ; la veilhe que led. feigneur eveque fit fon entrée, les clochers de toutes les eglifes fonnerent jufqu'à neuf heures du foir.

Le 26ᵉ novembre, MM. les lieutenant de maire & confuls ayant eu avis que monfeigneur Louis François Armand Dupleffis, duc de Richelieu, pair de France, chevalier des ordres du roy, marechal de camp de fes armées, nommé par fa majefté pour venir commander dans cette province à la place de M. le marquis de La Fare *, etoit party de la cour & qu'il devoit arriver à la ville de Nifmes demain vingt fept, led. fieur lieutenant de maire avec meffieurs Comte de Montmaur, Jallaguier, notaire, premier & troifieme conful, & le fieur Caffagne, greffier, fe feroint preparés pour partir ledit jour vingt fept pour aller aud. Nimes faluer led. feigneur duc de la part de la communauté, mais monfeigneur l'intendant qui etoit à Uzes à l'arrivée dud. feigneur, ecrivit une lettre à M. le lieutenant de maire, qu'il receut dans la nuit, par laquelle il luy marquoit qu'il pouvoit faire partir les deputés pour fe rendre aud. Nimes, que fa prefance & celle du greffier etoint neceffaires à Montpellier. En confequence, led. fieur Comte de Montmaur, Jallaguier, notaire, premier & troifieme conful, & les fieurs Giraud, maitre chirurgien, & Defandrieux, tapiffier, quatrieme & cinquieme confuls, partirent led. jour vingt fept à quatre * heures du matin dans un carroffin & arriverent à Nimes fur les deux heures après midy, où etant ils fe rendirent à l'evechè où led. feigneur duc devoit loger, & fur les quatre heures, led. fʳ duc etant arrivé, il fut complimenté par lefd. fieurs confuls par l'organe de M. Comte, premier conful, auquel led. feigneur duc repondit tres obligeamment, & lefd. fieurs confuls s'etant retirés fe rendirent au cabaret où ils eftoient deffendus & en partirent fur les cinq heures, & ayant marché toute la nuit, ils fe rendirent en cette ville le vingt huit à fix heures du matin, & led. jour à deux heures apres midy, MM. les lieutenants de maire, confuls, orateur & greffier, revettus de leurs robes, accompagnés de la fuitte confulaire, fe rendirent hors la porte du Pilla St. Gelly, & fur les trois heures Mgr le duc de Richelieu arriva dans le carroffe de Mgr l'intendant accompagné dud. feigneur intendant, M. de Vaux, fils dud. feigneur intendant,

1738.

PAGE 39.

PAGE 40.

PAGE 41.

& de M. de Bon, fon gendre, & etant* au coin de la boucherie, vis-à-vis le portail du St. Efprit où MM. les lieutenant de maire, confuls & greffier s'etoint randus, led. feigneur duc ouvrit la portiere du carroffe, & en feroit deffandeu à l'inftant : enfuitte feroit deffandeu dud. carroffe Mgr l'intendant avec les autres meffieurs qui y eftoint, & MM. les lieutenant de maire & confuls ayant falué led. feigneur duc, Me Carbonniére, orateur de la ville, luy auroit fait une tres belle harangue, à laquelle led. feigneur duc repondit avec beaucoup de temoignage & d'affection pour cette communauté. Enfuitte M. le lieutenant de maire luy prefanta le days qu'il ne voulut pas accepter & monta en carroffe avec Mgr l'intendant, M. de Vaux & M. de Bon fils, & etant arrivé fur la porte de la ville, il fut complimanté par MM. de l'etat major de la place; M. de la Rochette, lieutenant de roy de la ville &* citadelle, luy porta la parole & il ne luy prefenta les clefs des portes de la ville, ainfy qu'on le pratiquoit cy-devant, parce que l'intention du roy eft qu'on ne peut les prefanter qu'à fa propre perfonne, & etant arrivé à l'Éfplanade où le regiment de Picardie, avec la bourgeoifie, bordait l'haye depuis lad. porte de la ville jufques à la maifon de M. Defplans ; M. de Vaffé, collonel aud. regiment de Picardie, etant à la tete dud. regiment, auroit falué avec l'exponton led. feigneur duc qui deffendit d'abort du carroffe & embraffa led. fieur Vaffé, enfuitte monta en carroffe & fe rendit à fon hôtel chez madame Defplans. Les cavaliers de la marechauffée venoit immediatement apres le carroffe, & madame la ducheffe, epoufe dud. feigneur duc de Richelieu, devant arriver le meme foir, MM. les lieutenant de maire, confuls & greffier, l'attendirent au fauxbourg du Pila St. Gely jufqu'à fix heures & demy qu'elle arriva dans fon caroffe où etoit M. le marquis de Sapte, M. de * Montferrier, findic general de la province, qui venoit de Paris, & madame de   & etant devant le logis de la Couronne où MM. les lieutenants de maire & confuls s'etoint randus M. le marquis de Sapte qui etoit dans le carroffe, ouvrit la portiere & deffandit, & madame la ducheffe fe feroit mife en etat de defcendre pour recevoir la harangue, M. le lieutenant de maire l'a fuppliée de refter, elle fit encore des efforts à vouloir deffendre ; mais led. fieur lieutenant de maire l'ayant fuppliée de plus fort de refter dans led. carroffe, elle y refta & fe tint toute droite fur la portiere, led. fieur marquis luy donnant la main pendant tout le temps que Me Carbonnier, orateur, luy fit la harangue, à laquelle lad. dame ducheffe repondit avec beaucoup de douceur & de politeffe, & remercia MM. les lieutenant de maire & confuls. Les cavalliers de la * marechauffée qui etoint allés au devant marchoint immediatement après le carroffe. Les troupes & la bourgeoifie qui bordoint l'haye depuis la porte de la ville jufques à l'hotel dud. feigneur avant l'arrivée de madame la ducheffe eurent ordre de fe retirer, attendu qu'il pleuvoit. MM. du corps des marchands firent le meme foir un beau feu d'artiffice, les deux façades de la bourfe etoint illuminées des flambeaux cire blanche au nombre de foixante, led. feigneur & madame la ducheffe feurent foupper chés Mgr l'intendant le foir de leur arrivée.

Le lendemain vingt-neuvieme novembre & les jours fuivants, led. feigneur duc de Richelieu a eté veu & complimanté par tous les corps des compagnies feculieres & regulieres.

MM. les deputés de la cour des aydes ne luy ont point donné de monfeigneur ni de monfieur dans le complimant qu'ils luy ont porté.

Le lundy premier decembre *, fur les dix heures du matin, MM. les confuls & greffier, revettus de leurs robbes, accompagnés de la fuitte confulaire, fe font rendus au palais ayant eté invités la veilhe par le premier huiffier de la part de la cour pour affifter à la publication de l'enregiftrement de la commiffion de Mgr le duc de Richelieu au commandement general de cette province, & etant arrivés audit palais, la cour fiegeant à l'audiance, fe font placés dans un banc garny d'un tapis fleurdelizé qui etoit dans le parquet. Me Affié, avocat, a plaidé l'enregiftrement de lad. commiffion.

Ledit jour 1er decembre, MM. les confuls en chaperon ont eté voir monfeigneur l'eveque de Montpellier pour le prier d'ordonner des prieres publiques pour demander au feigneur la ferenité du temps.

Le 5 decembre, monfeigneur Louis * François Armand Dupleffis, duc de Richelieu, pair de France, chevalier des ordres du roy, marechal de camp de fes armées, lieutenant general de la province de Languedoc, commendant en chef dans lad. province ayant efté receu cejourd'hui à la cour des comptes, aydes & finances de cette ville & devant y tenir fa premiere audiance, MM. les confuls & greffier, revettus de leurs robes, y ont affifté & pris place dans un banc qui leur avoit efté deftiné dans le parquet, ayant eté avertis la veilhe par le premier huiffier de l'ordre de la cour, d'affifter à lad. audiance.

Le 7me decembre, MM. les confuls ont affifté à la proceffion generale ordonnée par monfeigneur l'eveque pour demander au feigneur la ferenité du temps, y ayant un mois qu'il pleuvoit fans difcontinuer.

Le 10 decembre, monfeigneur l'archevêque de Narbonne, commandeur des ordres * du roy, prefidant né des Etats, eft arrivé en cette ville pour la tenue defd. Etats, convoqué par fa majefté au 11e dud. mois, MM. les lieutenants de maire, confuls & greffier, revettus de leurs robbes, ont eté chés M. Bonnier, treforier de la Bourfe, où led. feigneur archeveque logeoit ; il a eté harangué par Me Carbonnier, avocat, orateur de la ville, led. feigneur archeveque ayant fait fçavoir à MM. les confuls de ne point fe trouver à la porte de la ville à fon arrivée. Ses armes feurent pofées led. jour fur fa porte.

Led. jour, les armes du roy, celles de fon alteffe monfeigneur le prince Dombes (fic), gouverneur de la province, celles de monfeigneur le duc de Richelieu, commandant en chef, celles de M. de St. Philix, lieutenant du roy particulier de tour, celles de la province & celles de la ville, feurent pofées fur la porte de l'hotel de ville pour y refter pendant toute la tenue des Etats.

* Led. jour 10 decembre, les armes de M. de St. Philix, lieutenant de roy particulier de la province, etant de tour, feurent pofées fur fa porte.

1738.

Led. jour, veilhe de la tenue des Etats, MM. les consuls en chaperon portant le rabat & manteau court, ont eté visitter Mgr le duc de Richelieu, commandant, M. de St. Philix, lieutenant du roy particulier, Mgr l'intendant, M. Dautrivay, tresorier de France de Montpellier, & M. Azema, tresorier de France de Toulouse, commissaires du roy.

Le 11me dud. jour de l'ouverture des Etats, M. le lieutenant de maire, consuls & greffier, revettus de leurs robbes, ont eté sur les dix heures du matin chez monseigneur l'archeveque de Narbonne, où ils ont trouvé une grande assemblée de prélats, de noblesse & de ceux du tiers etat, & après avoir salué led. seigneur archeveque & fait leur compliment, il a eté harangué par Me Carbonnier, avocat, orateur de la ville, après lad. harangue MM. le lieutenant de maire & consuls luy ont offert de * l'accompagner jusqu'à l'hotel de ville, & il les a remercié.

PAGE 50.

Peu de temps après, led. seigneur archeveque avec l'assemblée ce sont rendus à l'hotel de ville en chaise où etant sont montés à la salle d'assemblée, M. le lieutenant de maire ayant quitté sa robbe & a pris rang avec le tiers etat en qualité de député de la communauté, & MM. les consuls & greffier en robe ce sont placés dans un banc qui avoit eté preparé derriere celluy de messieurs les sindics de la province, du coté de la noblesse, ainsy qu'on le pratique tous les ans.

Monseigneur le duc de Richelieu, M. de St. Philix, lieutenant du roy particulier estant de tour, M. de Bernage, intendant, M. Azema, tresorier de France de Toulouse, & M. Dautrivay, tresorier de France* de Montpellier, commissaires du roy, se sont randus à lad. assemblée.

PAGE 51.

L'ouverture a eté faite par un discours tres eloquent que led. seigneur duc de Richelieu a prononcé, ensuitte par M. l'intendant & par Mgr l'archeveque de Narbonne, apres quoy tous lesd. seigneurs commissaires du roy & l'assemblée des Etats se sont rendus dans l'eglise Notre-Dame, MM. les consuls & greffiers en robbes marchant à la teste de l'assemblée, ont entendeu la messe quy a eté ditte par l'aumonier de M. l'archeveque de Narbonne, la musique ayant chanté un mottet, MM. les consuls & greffier etoint placés dans la tribune de M. de Girard Coulondres, ayant cedé la leur à la musique depuis quelques années.

Le dimanche 14e dud. mois de decembre, les Etats etant assemblés dans l'hotel de ville sur les neuf heures du matin, la distribution des cierges a eté faite dans lad. salle par MM. les sindics de la province; MM. les consuls & greffier qui etoint en robbes dans l'assemblée * & assis dans leur banc ordinaire, il leur a eté distribuée un cierge à chacun. La distribution faite, lesd. consuls & greffier en robbes à la tete de l'assemblée se sont randus à l'eglise de Notre Dame & pris place dans la tribune de M. Gerard Coulondres.

PAGE 52.

Peu de temps apres, M. le duc de Richelieu, M. de St Philix, M. l'intendant & MM. les tresoriers de France, commissaires du roy, se sont randus dans lad. eglise.

La messe a eté ditte pontificalement par monseigneur l'eveque de Montpellier, affifté de MM. du chapitre St. Pierre. Immediatement apres l'evangile, il y a eu predication fort inftructive pour les grands qui a eté prononcée par M. de St. Maximin, prevot & vicaire general d'Alais. La meffe eftant finie, la proceffion a eté faite dans la ville. MM. les confuls & greffier ont porté le dais, tous les ordres religieux, toutes les paroiffes & le chapitre y ont affifté.

1738.

A l'occafion de la tenue des Etats *, MM. les confuls en chaperon portant le rabat & manteau court ont vifitté nolfeigneurs les archeveques & eveques & MM. les barons lors de leur arrivée en cette ville.

PAGE 53.

Le 23 decembre, MM. les confuls en robbe ont eté rendre vifite à M. le prince de Mafferand, piedmontois, grand d'Efpagne, qui etoit logé au Cheval Blanc, où il a eté harangué par le fieur Carbonnier, orateur.

Le 24e dudit mois, MM. les confuls en chaperon ont eté rendre vifitte à M. le marquis de Nougaret, commandant fous les ordres de M. le duc de Richelieu en la Vonage.

Le 25e dud. mois, MM. les confuls ont eté rendre vifite à M. le comte de Guife, frere de madame la ducheffe de Richelieu, logé chés M. le duc de Richelieu, où il a eté harangué.

Led. jour, MM. les confuls en robbe ont eté à St. Pierre à la meffe, & le foir à vepres parrapart *(fic)* à la fete de la Noël.

* Le 1er jour de l'année 1739, MM. les confuls en chaperon ont eté vifitter M. le duc de Richelieu, M. l'intendant, M. le premier prefident, Mgr l'eveque de Montpellier, Mgr l'archeveque de Narbonne, pour luy fouhaiter la bonne année, & chés M. le lieutenant de maire.

PAGE 54.

Le premier mars fuivant, MM. les lieutenant de maire, confuls & greffier, fe font rendus à l'hotel de ville fur les neuf heures du matin & s'eftant revettus de leurs robbes ont affifté à la meffe qui a eté dite fous l'invocation du St. Efprit dans la chapelle du confulat, & apres fe font enfermés dans le bureau de police où ils ont fait & dreffé une lifte de trente cinq habitans qui doivent ruller pour electeurs, en fuitte ils ont dreffé la lifte de dix huit habittans qui doivent par eux eftre propofés aux electeurs pour ruller pour confuls.

Et apres les fufd. liftes dreffées ils font montés * à la grand falle ou fuivant la coutume il y avoit un grand nombre de perfonnes qui etant ils ont pris leurs places, aux fins de proceder à lad. election, & M. le lieutenant de maire a dit à haute voix qu'il alloit eftre procédé à l'election de fept electeurs & ayant remis publiquement entre les mains de Me Caffagne, greffier, la lifte des electeurs il en a fait la lecture à haute voix, & aprés lad. lecture, par le fort du balottement fait par les petits enfants, auroit rencontré pour electeurs noble de la Croix de Candillargues, Me Jean Maffannes, bourgeois, Me Antoine Peridier, notaire, Me Deydier, chirurgien, Dumas, perruquier, Viala, tailleur, & Teiffier, maitre cord^r, lefquels ayant eté avertis par les efcudiers & au fon des cloches du grand orloge & de l'hotel de ville ils fe font rendus à la grand falle dud. hotel de ville & ayant pris leurs places, etc.*, & le balottement ayant eté fait par

PAGE 55.

PAGE 56.

les petits enfans en la maniere accoutumée a rencontré par le fort pour consuls, noble Saint Etienne de Bouffonnel, M. Pierre Laplaine, bourgeois, Me François Abauzit, procureur en la cour des aydes, fieur Eftienne Robin, maitre chirurgien, André Baftide, chauffetier, Antoine Corbiere, maitre cord^{er}, lefquels ont eté receus par le peuple de l'affemblée avec acclamation, ayant eté à l'inftant advertis de leur nomination par les efcudiers par le fon des cloches de l'hotel de ville & du grand orloge.

Lefd. fieurs confuls elus ont fait les vifittes cy apres de meme que les petits enfants : A madame la ducheffe de Richelieu, commandant, M. le duc etant abfent ; M. l'intendant, M. l'eveque de Montpellier, M. le lieutenant de maire, M. le juge mage, M. le premier prefident, M. Faure, doyen des treforiers de France *, M. le lieutenant de roy, M. Soulier, avocat du roy.

Le 14e mars, la grand cloche qui eft placée au clocher neuf de l'eglife Notre Dame des Tables a efté benie par monfeigneur l'eveque de Montpellier, affifté de MM. Lenoir & Broffeau, chanoines, le chapitre n'y ayant pas affifté. Monfeigneur le duc de Richelieu, commandant de cette province, en a eté le parrain & madame de Saint Felix la marraine pour & au nom de madame la ducheffe de Richelieu qui etoit partie depuis quelques jours pour Paris ; la ditte cloche porte le nom de Sophie.

Le 16 dud. mois, lad. cloche a efté montée aud. clocher & mife en place.

Led. jour 16e dud. mois, MM. les confuls en chaperon * ont vifitté M. Euftache, commiffaire principal pour la tenüe de l'affiette, & monfeigneur l'eveque de Montpellier, à lad. occazion, ayant efté mandé à demain 17.

Led. jour 17e mars, MM. les confuls en chaperon ont eté vifitter monfeigneur l'eveque d'Alaix & M. le marquis de Cauviffon, commiffaires nommé par le roy pour le reglement des communautés.

Le meme jour, MM. les confuls en chaperon ont eté prendre M. Euftache, commiffaire principal.

Le 25e mars, fur les huit heures du matin, MM. les anciens & nouveaux confuls s'eftant rendus à l'hotel de ville, de meme que M. Vichet, lieutenant de maire, qui etoit precedé par la fuitte confulaire de haubois & tambours qui avoint eté chés luy pour le prendre, fe font revettus de leurs robbes & font entrés avec le greffier confulaire auffy revettu de fa robbe dans la chapelle du confulat où ils ont entendu la meffe qui a eté cellebrée par M. Roffet, chapelain de lad. chapelle, & à l'iffüe de la meffe M. le lieutenant de maire, les anciens & nouveaux confuls font partis de * l'hotel de ville precedés de la fuitte & de la fanfare, led. fieur lieutenant de maire marchant à la tete feul, & MM. les anciens & nouveaux confuls en deux colonnes, les anciens ayant la droitte, & les nouveaux la gauche ; M. Reboul, avocat & orateur de la ville, au millieu des deux premiers confuls, fe font rendus en cet ordre à l'eglife Notre Dame où etant M. le lieutenant de maire & ledit fieur Reboul, orateur, faifant la fonction de procureur du roy, se sont assis sur deux fauteuils qui avoint eté placés sur l'escalier du cœur de lad. eglise, suivant l'usage, MM. les consuls etant debout, led. sieur Reboul, en lad. qualité de procureur du roy, a requis le serment, l'installation de MM. les nouveaux consuls & la lecture du serment, surquoy monsieur le lieutenant de maire, apres avoir fait un tres beau discours, a requis lecture dud. serment inseré dans le petit talamus, ce qui a eté à l'instant fait par le sieur Cassagne, greffier, lequel a remis tout de suitte led. petit talamus ez mains dud. sieur lieutenant de maire, sur lequel lesd. sieurs consuls nouvellement elus ont preté serment, au moyen de quoy ils ont eté receus & installés en lad. charge de consuls par la tradiction * de la baguette de viguier qui leur a eté remise par led. sieur lieutenant de maire; cella fait, sont sortis de l'eglise dans le meme ordre que dessus, MM. les nouveaux consuls ayant la droite, & les anciens la gauche, se sont rendus à l'hotel de ville, où etant, les anciens consuls se sont retirés, & M. le lieutenant de maire avec les nouveaux consuls & le greffier sont entrés dans la chapelle du consulat où etant assis dans leurs bancs, led. sieur Reboul, orateur, leur a fait compliment.

1739.

PAGE 60.

*Le 31 dudit mois, MM. les consuls en chaperon ont assisté à la procession generalle qui a eté faite pour la pluye.

PAGE 61.

*Relation de ce qui s'est passé à l'occasion de la publication de la paix :

PAGE 63.

M. de Bernage, intendant de la province de Languedoc, ayant receu les ordres du roy pour faire publier la paix faite entre Sa Majesté, le prince Charles, empereur, & les seigneurs electeurs, princes & etats de l'empire, chanter le *te deum* & faire faire des feux de joye dans toutes les villes & lieux de cette province, ecrivit une lettre à M. le lieutenant de maire & consuls pour leur en donner connoissance, & pour faire en meme temps les arrangements * convenables pour que cette publication fut faite avec solennité; en consequence de cet avis, de la lettre du roy & de celle de Mgr le prince de Dombes, que MM. les lieutenant de maire & consuls receurent quelques jours apres il fut resolu, de concert avec M. l'intendant & M. de Massillian, juge mage, qui devoit aussy faire ladite publication de renvoyer cette ceremonie au dimanche 28 juin, & que le *te deum* seroit chanté, & le feu de joye fait le lendemain 29 dudit mois, fête de St. Pierre, apotre; en consequence de cette resolution, MM. le lieutenant & consuls se donnerent tous les mouvements possibles pour faire dresser un feu d'artiffice à la place du Peyrou, & tant eux que M. le juge mage se disposerent pour faire ladite publication.

PAGE 64.

Ledit jour dimanche 28 juin *, MM. les consuls s'estant rendeus à l'hotel de ville à l'effet de ladite publication, se revetirent de leurs robes sur les 4 heures apres midy, & etant montés à cheval allerent, precedés des hallebardiers, compagnons du guet, des sept tambours de la ville, des 4 hautbois à pied, de 2 trompettes, d'un timballier, des 6 escudiers, des 2 capitaines du guet, à cheval, des sieurs Rey & Bedos, commis au greffe de l'hotel de ville, & de Me Jean Cassagne, greffier consulaire, en robe, à cheval, à la maison de M. de Vichet, lieutenant de maire, scituée pres St.

PAGE 65.

1739.

PAGE 66.

Firmin, où eſtant arrivés ledit ſieur Vichet qui attendoit leſdits ſieurs conſuls, monta à cheval portant ſa robbe de velours cramoiſy doublée d'hermine, ſe mit à la tête deſdits ſieurs conſuls marchant ſeul & precedés comme dit a eté revinrent à l'hotel de ville, où M. Laplene, ſecond * conſul, & le ſieur Courbiere, ſixieme conſul, deſſendirent de cheval, quitterent leurs robbes & allerent en chaperon chez M. de Maſſillian, juge mage, luy dire que MM. les lieutenant de maire & conſuls etoint à l'hotel de ville, qu'il eut la bonté de s'y rendre à l'effet de faire la publication de la paix, à quoy ledit ſieur de Maſſillian ayant repondeu qu'il alloit partir pour ſe rendre à l'hotel de ville, leſdits ſieurs conſuls prirent conget dudit ſieur juge mage qui les accompagna juſques....

PAGE 67.

Et revinrent à l'hotel de ville, reprirent leurs robbes, monterent à cheval & allerent reprendre leur place au millieu de la place de l'hotel de ville, où MM. les lieutenant de maire & conſuls, & tout le courtege étoit rangé, apres quoy M. le juge mage en robbe rouge & bonnet carré, accompagné de Mᵉ Fermaud, lieutenant principal, Jauſſerand * & Magnol, conſeillers, Soulier & Craſſous, avocat & procureur du roy, en robbe de ceremonie & bonnet carré, touts à cheval, s'eſtant rendus dans la place de l'hotel de ville precedez des cavaliers de la marechauſſée conduits par deux exempts, des huiſſiers en robbe & bonnet carré, de deux trompettes & d'un timbalier, & du ſieur Davranche, greffier du preſidial, en robbe & bonnet carré, touts à cheval, apres s'etre faits des civilittez reciproques avec MM. les lieutenant de maire & conſuls & qu'ils ſe feurent rangés devant le corps de garde, les trompettes qui etoint avec la troupe de M. le jugemage, & celles qui etoint avec MM. les lieutenant de maire & conſuls, ſonnerent pendant trois fois, qui eſt crie de roi, & la premiere publication fut faite par le ſieur Davranche, greffier du preſidial, devant le corps de garde, & par le ſieur Caſſagne, greffier * conſulaire, devant la maiſon du ſieur Vialars, bourgeois, leſquels greffiers firent lecture de l'ordonnance du roi dont la teneur s'enſuit :

PAGE 68.

PAGE 69.

Ordonnance du roy du 28 may 1739 pour la publication de la paix.
De par le roy. On fait ſçavoir à tous qu'une bonne, ferme, ſtable & ſolide paix avec une reconciliation entiere & ſincere a eté faite & accordée, entre tres haut, tres excellent & tres puiſſant prince Louis par la grace de Dieu roy de France & de Navarre, notre ſouverain ſeigneur, & tres haut, tres excellent & tres puiſſant prince Charles, empereur, & les ſeigneurs electeurs, princes des etats de l'empire, leurs vaſſaux, ſujets & ſerviteurs en tous leurs royaumes, pays, terres & ſeigneuries de leur obeiſſance * que ladite paix en generale entre eux & leurs dits vaſſaux & ſujets & qu'au moyen d'icelle il leur eſt permis d'aller, venir, retourner & ſéjourner en tous les lieux deſdits royaumes, eſtats & pays, negocier & faire commerce de marchandiſes, entretenir correſpondance, & avoir communication les uns avec les autres, & en toute liberté, franchiſe & ſureté, tant par terre que par mer, & ſur les rivieres & autres eaux, & tout ainſy qu'il a eſté ou deu etre fait en tems de bonne, ſincere & amiable paix telle que celle qui a pleu à la divine bonté de donner audit ſeigneur roy & auxdits ſeigneurs empereurs, electeurs, princes & etats de l'empire & à leurs peuples & ſugets ; pour les y maintenir, il eſt tres expreſſement deffandu à toutes perſonnes de quelque qualité & condition qu'elles ſoint, d'entreprendre, attenter, ou innover aucune choſe au contraire au prejudice d'icelle, ſur peine d'etre punis ſeverement comme infracteurs de paix * & perturbateurs du repos public : & afin que perſonne ne puiſſe en pretandre cauſe d'ignorance la preſante ſera leüe, publiée & affichée où beſoin ſera. Fait à Verſailles, le 28 may 1739. Signé Louis & plus bas PHELIPEAUX.

PAGE 70.

Louis Auguſte de Bourbon, par la grace de Dieu prince ſouverain de Dombès, comte d'Eu, commandeur des ordres du roy, colonel general des Suiſſes & Friſons, gouverneur & lieutenant general pour Sa Majeſté dans ſes provinces du haut & bas Languedoc,

Veu l'ordonnance du roy du 28 may dernier pour la publication de la paix. Nous ordonnons qu'elle fera publiée & affichée dans tous les lieux ordinaires de notre gouvernement & exécutée fuivant fa forme & teneur; enjoignons à tous gouverneurs & commandans des villes & places, prevots, viguiers, maires & confuls de tenir la main à l'execution de ladite ordonnance. Fait à Verfailles le 6e jour de juin 1739. Signé LOUIS AUGUSTE DE BOURBON.

1739.

Louis Bazille de Bernage, chevalier *, feigneur de St. Maurice, Vaux, Chaffy & autres lieux, confeiller d'etat, grand croix de l'ordre royal & militaire de St. Louis, intendant de juftice, police & finances en la province de Languedoc,
Veu l'ordonnance du roy cy deffus & celle de monfeigneur le prince de Dombes etant enfuitte, nous ordonnons que lefd. ordonnances feront lues, publiées & affichées dans toutes les villes & lieux de cette province à ce que perfonne n'en ignore. Fait à Montpellier le 24 juin 1739. Signé DE BERNAGE, et plus bas: par monfeigneur: GRASSET.

PAGE 71.

Apres laquelle publication, M. le juge mage confeillers, gens du roy, leur greffier, M. le lieutenant de maire, confuls, greffier & commis jetterent au peuple quantité de confitures & dragées, & enfuitte fe mirent en marche en l'ordre qui fuit:

Marche de M. le juge mage: les cavaliers de la marechauffée conduits par deux exemps à cheval; les huiffiers en robbe & bonnet carré, à cheval; les deux trompettes & le timbalier, à cheval *; le fieur Davranche, greffier, en robe & bonnet, à cheval, M. le juge mage en robbe rouge & bonnet carré faifoit rang avec M. Fermaud, lieutenant en principal, qui étoit en robbe noire & bonnet carré, à cheval; M. Jaufferand & Magnol, confeillers; M. Soulier & Craffoux, avocat & procureur du roy.

PAGE 72.

Marche du corps de ville: Les fix pertuifaniers avec leurs pertuifanes ornées de rubans, & ayant une cocarde à leurs chapeaux, à pied; les quatre compagnions du guet ayant une cocarde à leurs chapeaux & des rubans à leur ecuffon, à pied; les fept tambours de la ville portant des cocardes, à pied; les quatre hautbois portant des cocardes & des rubans à leurs hautbois, à pied; les deux trompettes & le timbalier portant de cocardes & ayant de rubans à leurs trompettes, à cheval; les fix efcudiers en robbe portant des * cocardes & ayant des rubans flottans à leurs maffes d'argent, à cheval; les deux capitaines de guet & de fanté ayant des cocardes à leurs chapeaux, led. capitaine de fanté portant le guidon, à cheval; le fieur Caffagne, greffier en robbe, à cheval, ayant à fes cottés les fieurs Rey & Bedos, fes commis, auffi à cheval; M. le lieutenant de maire en robbe de velours cramoify doublée d'hermine avec fon chapeau fur la tête, à cheval; M. le premier & fecond conful, en robbe, à cheval; MM. les troifieme & quatrieme confuls, MM. les cinquieme & fixieme confuls, lefdits fieurs lieutenant de maire, confuls, greffier & commis, portant chacun un abreffac de taffetas blû doublé de blanc, orné de cocardes & d'une ceinture de ruban couleur de feu, dans lefquels abreffas ils avoint quantité de confitures & dragées pour donner au peuple*. Les chevaux defd. fieurs lieutenant de maire, confuls, greffier & commis, portant des cocardes de ruban à la tete & à la queüe. Apres ledit cortege venoit un fergent & huit grenadiers du regiment de Picardie pour retenir la foule du peuple.

PAGE 73.

PAGE 74.

En cet ordre, ils ont deffilé long de la rue de la Peyre & allés devant l'hotel de monfeigneur le duc de Richelieu, commandant en chef de cètte province où il a eté fait la feconde publication, fcavoir par le greffier de M. le juge mage devant la porte dud. hotel & par le greffier confulaire devant le coin de la Peyre.

Enfuitte ils ont continué leur marche par la grand rue, ont tourné au coin de la pointe dans l'Argenterie, à la place de l'hotel de ville, fous l'arc de Plantier, devant la Poiffonnerie, devant la croix de la place des Sevenols, droit au grand temple, devant la maifon * de M. l'intendant où la troifieme publication a eté faite, fcavoir par le greffier du juge mage devant la porte de M. l'intendant, & par le greffier confulaire à l'entrée du grand temple. De là ils ont paffé dans la rue qui va au palais, dans la grand rue du Palais, dans la rue du Peyrou, hors la porte du Peyrou, ont fait le tour de la figure equeftre du roy Louis XIIII & ont fait la quatrieme publication, fcavoir par le greffier du juge mage, du côté droit en regardant la face de l'equeftre & par le greffier confulaire du cofté gauche; apres quoy ils ont fait encore le tour de la figure equeftre, & font rentrez dans la ville par la porte du Peyrou, ont paffé dans la grand rue du Palais & allés droit au palais où il a eté fait la cinquieme publication, fcavoir : de la part de M. le juge mage, devant la porte du Palais, & par le greffier confulaire devant M. Gros, receveur *; de là ils ont fait le tour des arbres du puids du plan du palais & font revenus dans la rue du Palais, ont deffilé jufqu'à la Cauquille, dans la rue de la Canourgue, dans la rue Baffe, devant les lauriés de M. le premier préfident, devant faint Ruf, à St. Pierre où il a eté fait la fixieme publication, fcavoir : de la part de M. le jugemage devant la porte de l'eglife St. Pierre, & de la part de M. le lieutenant de maire devant faint Ruf; enfuitte ont fait le tour des eguilles de St. Pierre, font entrés dans la rue du St. Sacrement, ont paffé devant le coin des fleurs de lis & entrés dans la rue de la Blanquerie où il a eté fait la feptieme publication, fcavoir : par le greffier de M. le juge mage devant la maifon du fieur Salles, chirurgien, & par le greffier de M. le lieutenant de maire & confuls au coin des fleurs de lis *; ils ont deffillé long de la Blanquerie, dans la rue de fainte Urfulle, devant le plan de la Chapelle Neuve, dans l'Eguillerie jufques à la maifon de M. le juge mage où il a eté fait la huitieme publication, fcavoir : par le greffier du fenefchal devant la porte de M. le juge mage & par le greffier confulaire au coin de la maifon du fieur Perié : de là ont continué leur marche par la rue de l'Eguillerie, dans la traverfe des Jefuittes, devant M. le prefident Joubert, dans la rue de l'Efplanade, droit à la citadelle, font entrés dans lad. citadèlle, ont fait le tour de la place d'Armes & ont fait la neuvieme publication, fcavoir : par le greffier de M. le juge mage devant le logement de M. le lieutenant de roy, & par le greffier confulaire au millieu de la place d'armes; en entrant & en fortant de la citadelle, la garde etoit fous les armes, l'officier à la tete & le tambour battant au champ; font fortis * de la citadelle, ont paffé par la promenade de Roquelaure, dans la grande allée, dans la traverfe des Jefuittes, devant leur eglife meme, font rentrés dans l'Eguillerie, devant la Bourſe, ſous l'arc de Plantier, à ſaint Firmin, chés M. le lieutenant de maire où il a eté fait la dixieme publication, ſcavoir : par le greffier du ſieur juge mage devant la porte dud. ſieur lieutenant de mairé & par le greffier conſulaire devant le derriere de la maiſon de M. Dalayrac, conſeiller ; enſuitte ont tourné le coin de la maiſon de M. le lieutenant de maire, ont paſſé devant M. le preſident Crouzet, au coin de M. Raynaud, devant M. Allut, ſecretaire du roy, au coin de M. Remiſſe, devant la maiſon de M. Laperonnie, & entrés dans la grande rüe à la pointe où la onzieme * & derniere publication a eté faite, ſcavoir : par le greffier de M. le juge mage devant la maiſon de M. Fargeon, conſeiller, & par le greffier conſulaire, devant le Cheval Blanc ; apres quoy ils ont deffilé dans la Grande Rue ont tourné au coin de la Peyre & ſont montés à la place de l'hotel de ville où ils ſe ſont rangés, ſcavoir : M. le juge mage & ſa troupe du coté de la maiſon de M. Vialars, & M. le lieutenant de maire avec ſa troupe du coſté de l'hotel de ville, & apres s'etre ſalués reciproquement led. ſieur juge mage avec ſa troupe, s'eſt retiré, & leſd. ſieurs lieutenant de maire & conſuls ont continué leur marche juſques à la maiſon de M. le lieutenant de maire où MM. les conſuls l'ont laiſſé, apres que led. ſieur lieutenant de maire les en a remerciés, & en continuant leſd. ſieurs conſuls precedez de tout le cortege ont paſſé devant la maiſon de M. Lagarde, dans la grand rue ſaint Firmin, & ſont revenus à l'hotel de ville * où ils ſe ſont ſeparés.

M. le juge mage, conſeillers, gens du roy, M. le lieutenant de maire, conſuls, greffiers & commis, ont diſtribué quantité de dragées & confitures au peuple dans toutes les rues où ils ont paſſé.

Le ſoir du meme jour, M. le juge mage a donné un ſuperbe repas auquel M. l'intendant aſſiſta.

M. le lieutenant de maire, conſuls, greffier & commis ont ſoupé à l'hotel de ville.

Du landemain lundi 29 juin, MM. les lieutenant de maire, conſuls & greffier en roube, ont eté ſur les cinq heures apres midy à l'egliſe St. Pierre aſſiſter au *te deum* qui a eté chanté dans lad. eglize ; ils ſe ſont mis dans leur banc ; M. de la Rochette, lieutenant de roy de la ville & citadelle, en l'abſence de monſeigneur le commandant, M. l'intendant & quantité d'officiers ont aciſté aud. *te deum* ; un detachement du regiment de Picardie etoit ſous les armes & * bordoint la haye depuis le benitié juſques à la porte du cœur ; les cavaliers de la marechauſſée bordoint la haye à l'entrée de la porte de l'egliſe, & la bourgeoiſie qui etoit ſous les armes bordoint pareillement la haye depuis la porte de l'eglize juſques chez M. l'intendant. M. le lieutenant de roy s'eſt placé apres le dernier chanoine de la cathedralle, & M. l'intendant à la place du ſacriſtain ; tous les deux etoint en habit de cavalier.

Le même jour, à ſept heures du ſoir, il a eté fait trois décharges de canon de la citadelle par neuf coups chaque fois, & le regiment de Picardie qui etoit ſous les armes à l'Eſplanade, a pareillement fait trois decharges.

1739.

Led. jour, fur les neuf heures du foir, M. le lieutenant de maire, confuls & greffier en robbe, font allés au bruit de la fanfare & à la lueur des flambaux mettre feu au buché qui avoit eté preparé devant le feu d'artifice qui avoit eté dreffé dans la place du Peyrou au devant du pieddeftal où eft placée l'effigie * du roy Louis XIV; led. feu reprefantoit le pavillon de la France; fon plan etoit un carré long decoré d'un ordre compofite formant quatre grandes ouvertures où etoit placé aux deux grands faces quatre colonnes fur fes pieds deftaux avec fes chapitaux & fon entablement couronné d'une baluftrade au deffus; dans les quatre entre colonnes etoit placé quatre figures couleur de meteil, dont l'une reprefantoit le commerce, l'autre la culture, l'autre l'abondance, & la derniere la fcience & les arts avec leurs attributs convenables. Au deffus de chaque figure etoit pofée un embleme; les focles fur lefquels ce pavillon etoit pofé etoint porté par des figures reprefentant les vertus : au millieu de ce pavillon etoit un trophée d'armes, & au deffus paroiffoit la France qui arreftoit fon genie qui avoit l'epée à la main, pourfuivant fes ennemis, & de l'autre * main prefantoit la paix; un autre petit genie alloit bruler les armes avec une torche en portant de l'autre main un bouclié aux armes de monfeigneur le cardinal de Fleury. Au deffus de tout cet ediffice parroiffoit une renommée fort ellevée pour publier cette fete. Apres que M. le lieutenant de maire & confuls eurent fait trois tours du buché, ils y mirent feu, & enfuite s'allerent placer au deffus de la porte du Peyrou où ils virent jouer l'artifice, & ce fait fe retirerent à l'hotel de ville où il y eut un magnifique foupé.

Tous les habitans avoint mis des illuminations à leurs fenetres & firent des feux de joye devant leurs portes, ainfy qu'il avoit eté ordonné de la part de M. le lieutenant de maire; l'hotel de ville etoit auffy illuminée.

Le 4ᵉ juillet, MM. les confuls en robbe ont affifté à la ceremonie qui a eté faite au couvent des R. P. dominiquains à l'occazion * de la beatification du pape Benoift onfieme, ayant eté priés la veille par deux peres dud. ordre.

Le 21 juillet, MM. les confuls en robbe, avec l'orateur, ont eté vifitter le prince d'Aftorc, embaffadeur du roy des deux Cicilles, logé chez M. de Plantade où il a eté harangué par le fieur Nadal, avocat, faifant pour M. Reboul, orateur, qui etoit abfent.

Le 4ᵉ aouft, MM. les confuls ont affifté à la tragedie qui a eté prefentée aux jefuittes par les ecoliers du college.

* Le 31 aouft, jour & fefte Notre Dame des Tables, MM. les confuls & greffier, en robbe, s'eftant rendus à la paroiffe Notre Dame des Tables pour affifter à la proceffion qui fe fait à cette occafion, lorfque lad. proceffion a commencé à fortir de l'eglife, MM. les confuls ayant voulu prendre leur rang immediatement apres les pretres ainfy qu'il eft d'ufage, M. de Cambaceres, marguilliers, & les autres deux ouvriers leur ont difputé le pas, pretendant marcher les premiers, & lefd. fieurs confuls voulant evitter l'efcandale qui feroit immanquablement arrivé, fe font retirés apres avoir fait leurs proteftations auxd. fieurs marguilliers & ouvriers; ils ont cependant

envoyé à l'eglize le pain beny que la ville a coutume de donner & n'ont point affifté aux offices ny à l'offrande.

* Le 14ᵉ de novembre, MM. les confuls en robbe ont affifté à l'ouverture des audiances du prefidial; ils fe font placés dans le parquet à leur banc ordinaire, M. le premier conful n'y ayant pas affifté à caufe d'une indifpofition.

* Le 15ᵉ dud. mois, dimanche, meffieurs les confuls en chaperon ont affifté à la proceffion generalle qui a eté faite pour demander à Dieu le beau temps dont on etoit privé depuis longtemps.

Le 26ᵉ novembre, MM. les confuls en robbe ont eté rendre vifitte à monfeigneur de Charancy, eveque de Montpellier, à l'occafion de fon retour de la cour; il a eté harangué par le fieur Reboul, orateur.

Le 12ᵉ decembre, MM. les lieutenant de maire, confuls en robbe, ont eté à la porte de la Sonnerie où ils ont harangué monfeigneur de Crillon, nommé à l'archeveché de Narbonne, qui venoit dud. Narbonne en cette ville à l'occafion de la tenue des Etats.

Le 13ᵉ dud. mois, MM. le lieutenant de maire, confuls & greffier, en robbe, ont eté à la porte du Pilla St. Gely où monfeigneur le duc de Richelieu, qui venoit de la cour, a eté harangué conformement, & en la même forme & maniere que l'année derniere.

Les 14, 15, 16 & 17ᵉ du mois de decembre, MM. les confuls en manteau court ont vifitté* noffeigneurs les eveques & barons à feur & à mefure de leur arrivée, à l'occafion de la tenue des Etats.

Le 16 decembre, MM. les confuls en chaperon & manteau court ont eté rendre vifitte à Mʳˢ le duc de Richelieu, l'intendant & les treforiers de France qui entrent aux Etats en qualité de commiffaires du roy.

Le 17 decembre, jour auquel l'ouverture des Etats de cette province a eté indiquée, MM. les confuls & greffier en robbe, accompagnés du fieur Reboul, orateur, font allés chez M. l'archeveque de Touloufe, nommé à l'archeveché de Narbonne, prefident né des Etats, où ils ont harangué ledit feigneur; à fuitte de quoy lefd. fieurs confuls ont offert aud. feigneur de l'accompagner à l'hotel de ville, ce qu'il a refufé, s'eftant mis en chaife.

Toutes les autres ceremonies fe font faites en la forme & maniere de l'année derniere, à l'exception de la predication qui a eté faite par M. l'eveque de Lodeve.

Du 24 decembre, MM. les confuls en robbe ont eté * rendre vifitte à M. Pajot, maître des requettes, intandant de Montauban; il etoit logé à l'Intandance, où il a eté harangué par le fieur Reboul, orateur.

Le premier janvier 1740, M. le lieutenant de maire, confuls en menteau & rabat, ont eté rendre vifitte à M. le duc de Richelieu, l'intendant, M. de Touloufe, nommé à Narbonne, M. notre eveque, & M. le premier prefident, pour leur fouhaitter la bonne année. Enfuitte, MM. les confuls ont eté chez M. le maire pour le meme fujet.

Le 16 janvier, MM. les confuls en chaperon ont vifitté M. de Ste.

1740.

Colombe, président aux requettes du parlement de Touloufe; il etoit logé chez M. de Solas, treforier de France.

Le 17 dud. mois, MM. les confuls ont affifté à la proceffion generalle qui a eté faite pour la ferenité du temps.

Le 20e dud. mois, MM. les lieutenant de maire & confuls en robbe ont eté rendre vifitte à monfeigneur le duc Dormon, logé chez M. le duc de Richelieu, où il a eté harangué par le fieur Reboul, orateur.

PAGE 90.
* Le 23 janvier, MM. les confuls en robbe & greffier ont affifté à la meffe & à l'oraifon funebre que les etats, ont fait cellebrer dans l'eglife Notre Dame pour feu M. de Beauvau, archeveque de Narbonne.

Le 1er fevrier, la benediction des etats a eté donnée par M. l'archeveque de Touloufe nommé à l'archevêché de Narbonne.

Le 21 dudit mois de fevrier, MM. le lieutenant de maire & confuls en robbe ont eté rendre vifite à Mgr le duc de Richelieu, commandant de cette province, à l'occafion de l'heureux accouchement de madame la duchefle de Richelieu, fon epoufe, d'une fille; ledit feigneur duc a efté harangué par ledit fieur Reboul, orateur defdits fieurs confuls.

Le 25 dudit mois, jour & fefte de St. Mathias, il a eté procedé fuivant la coutume par MM. les lieutenant de maire & confuls à la faction des balottes de cire pour la nouvelle election confulaire, qui ont eté depofées dans la caiffe deftinée à cet ufage, en la forme & maniere accoutumée.

PAGE 91.
* Le 1er mars, MM. les lieutenant de maire, confuls & greffier fe font rendus à l'hotel de ville fur les 9 heures du matin, & s'eftant revettus de leurs robbes, ont affifté à la meffe qui a eté ditte fous l'invocation du St. Efprit dans la chapelle du confulat, & après ils fe font enfermés dans la falle du bureau de police où ils ont fait & dreffé une lifte de 35 habitans qui doivent ruller pour electeurs, enfuitte ils en ont dreffé une autre de 18 habitans qui doivent par eux etre propofés aux electeurs pour ruller pour confuls.

Electeurs de la prefente année: noble de la Croix de Candillargues, M. Jean Maffanes, bourgeois; maitre Jean Louis Vezian, notaire; fieur Salles, maitre chirurgien; Pierre Verdier, facturier de bas; Eftienne Bedes, menager, & Nicolas Boule, maitre tailleur.

PAGE 92.
*..... Et le balottement ayant eté fait par les petits enfants en la maniere accoutumée, a rencontré pour confuls par le fort: noble Jaques Gabriel Euftache, Gervais Bouday, bourgeois; Jacques Cabanes, procureur à la cour des aydes, Fulcrand Boufcarel, marchant papetier; Franc Plantin, maitre perruquier, & Antoine Barillon, maitre cordier.

PAGE 94.
* Le 6e mars, MM. les confuls ont eté vifitter en chaperon M. l'eveque d'Alais & M. le marquis de Cauviffon, qui fe font rendus en cette ville pour la commiffion du reglement des communautés.

Le greffier ayant porté quelques jours auparavant la lifte de MM. les confuls nouveaux ellus à MM. Soullier, avocat du roy, & Craffoux, procureur du roy.

Le 23e dud. mois de mars, MM. les nouveaux confuls ellus ont eté voir lefd. fieurs avocat & procureur du roy, fuivant l'uzage pratiqué, pour les prier de fe tenir prefts pour l'inftallation confulaire qui doit fe faire le 25 dud. mois, jour de Notre Dame.

* L'an mil fept cens quarante & le vingt cinquieme jour du mois de mars, fur les neuf heures du matin, MM. les anciens & nouveaux confuls s'eftant rendus à l'hotel de ville, de même que M. Vichet, lieutenant de maire, qui etoit precedé par la fuitte confulaire, des haubois & tambours qui avoint eté ches luy pour le prendre, fe font entrés avec le greffier confulaire auffi revettu de fa robbe dans la chapelle du confulat, où ils ont entendu la meffe qui a été cellebrée par M. Roffet, chapelain de lad. chapelle, & à l'iffue de la meffe, M. le lieutenant de maire, les anciens & nouveaux confuls font partis de l'hotel de ville precedés de la fuite & de la fanfare, led. fieur lieutenant de maire marchant à la tête feul, & MM. les anciens & nouveaux confuls en deux colonnes, les anciens ayant la droitte & les nouveaux la gauche, fe font rendus en cet ordre à l'eglife Notre Dame où etant, M. le lieutenant de maire s'eft placé fur un des fauteuils qui avoint eté placés fur l'efcalier du cœur de ladite eglife fuivant l'ufage pour ledit fieur lieutenant de maire & pour MM. les gens du roi, & de fuite ledit fieur lieutenant * de maire ayant demandé à MM. les nouveaux confuls s'ils avoint invité MM. les gens du roy de fe rendre à cette ceremonie pour requerir leur inftallation & le ferment qu'ils doivent preter, furquoy M. Euftache, premier conful nouveau, a dit audit fieur lieutenant de maire que le 23 de ce mois, MM. Plantin & Barillon, 5e & 6e confuls, ayant eté fuivant l'ufage chez MM. Sollier & Craffoux, avocat & procureur du roy en la fenechauffée & fiege prefidial de Montpellier, pour les prier de fe rendre au prefent jour, lieu & heure, à l'effet de faire les requifitions ordinaires, ils auroint refuzé; que Me Caffagne, greffier confulaire, ayant eté encore le jour d'hier de leur part pour leur faire la meme priere, lefdits fieurs avocat & procureur du roy perfifterent dans leur refus, ce qui fut caufe qu'ils leur firent figniffier un acte le jour d'hier par lequel ils les prient de fe rendre cejourd'hui à l'heure de neuf dans cette eglife de Notre Dame des Tables à l'effet de requerir leur inftallation & ferment, avec declaration que faute par eux de s'y rendre ils fairont requerir leur inftallation & ferment par les fieurs * anciens confuls, avec proteftation de tout ce dont ils peuvent protexter; & comme lefdits fieurs avocat & procureur du roy ne s'y font pas rendus à ladite heure de 9, ny à celle de 10 de la furceance, & que lefdits fieurs anciens confuls qui font icy prefents font quelque difficulté de faire les requifitions en queftion, ils prient ledit fieur lieutenant de maire de vouloir recevoir leur ferment, de les inftaller en leurs fonctions & de leur en octroyer acte & ont figné.

Sur quoy ledit fieur lieutenant de maire a octroyé acte auxdits fieurs nouveaux confuls de leurs dires & requifitions, & en conféquence a ordonné qu'ils preteront ferment en fes mains en la forme & maniere accoutumée, auquel effet il a requis la lecture du ferment inceré dans le petit

Talamus, laquelle a eté à l'inftant faite par Me Caffagne, greffier, qui a remis tout de fuite ledit Talamus, au moyen duquel ferment & de la tradiction de la baguette de viguier qui a eté faitte en leurs mains par ledit fieur lieutenant de maire, il * les a receu & inftallés en ladité charge de confuls viguiers de ladite ville de Montpelier pour, par eux, l'exercer aux droits, emoluments & prerogatives qui font attribués à ladite charge, & a ledit fieur lieutenant de maire figné.

Cella fait, font fortis dans le même ordre que cy devant, fe font rendus à l'hotel de ville, & font entrés dans la chapelle du confulat, & etant affis dans leur banc, le fieur Coulom, orateur, leur a fait un compliment; enfuitte ils font fortis de l'hotel de ville precedés de la fuitte & de la fanfare, & en cet ordre font allés accompagner M. le lieutenant de maire chez luy (à l'exception de M. le 1er conful qui a refufé & expreffement protefté contre la pretèntion de M. le lieutenant de maire à ce fujet, attandu qu'elle n'eft aucunement fondée fur les edits & arrefts du confeil qui reglent les droits & prerogatives des maires); & ledit fieur lieutenant de maire etant arrivé chez lui accompagné defdits fieurs confuls, il fe feroit aperçu que ledit fieur Euftache, premier conful, n'étoit pas avec eux, & leur en ayant * demandé la raifon, lefdits fieurs confuls lui auroint repondu que ledit fieur Euftache avoit refuzé d'accompagner ledit fieur lieutenant de maire, pretendant que les confuls ny etoint point obligés; que pour eux ils n'avoint pas trouvé cette pretention fondée & etoint venus accompagner ledit fieur lieutenant de maire chez lui, fuivant l'ufage: furquoy ledit fieur lieutenant de maire auroit protexté de fe pourvoir où & pardevant qui de droit pour raifon du refus fait par ledit fieur Euftache, 1er conful, de l'accompagner conjointement avec fes collegues, fuivant l'ufage conftamment obfervé dans l'hotel de ville de Montpelier depuis la creation des offices de maires, jufques à prefent, lequel ufage doit fervir de regle en fait de ceremonial, & fuivant ce qui eft porté par l'article 55 de l'édit du mois de decembre 1706, par lequel Sa Majefté confirme en tant que de befoin les maires & leurs lieutenans dans la jouiffance des ufages & coutumes des villes qui leur feroint plus avantageux que ceux exprimés dans ledit edit; & après avoir eté remercié lefdits fieurs confuls font revenus à l'hotel de ville où ils ont pris M. Euftache, premier conful, & M. Coulon, orateur, & enfuitte font allés à l'eglife St. Pierre, etc.

* Le 29 mars, MM. les lieutenant de maire & confuls en robbe ont eté rendre vifitte à M. le marquis de Chavigny, ambaffadeur de France à la cour de Portugal, qui etoit logé chez M. le duc de Richelieu, où il a eté harangué par le fieur Coulon, orateur des fieurs confuls.

Coppie de la lettre ecrite par M. Le Mafuyer, procureur general au parlement de Touloufe, au fujet de la conteftation elevée avec MM. les gens du roy :

Meffieurs, j'ecris à mes fubftituts en la maniere la plus affurée, pour prevenir pour toujours la difficulté dans laquelle l'ufage ancien dans votre ville qu'ils affiftent & qu'ils requierent la* reception de MM. les confuls, ne fouffre pas ny de leur divifion ny de l'abfence d'un d'eux; le refus auquel leur mefintelligence a donné

Livre premier. — Première partie. 87

lieu, n'a pas deu retarder vôtre inftallation, & l'intereft & l'ordre public font des garants & des objets qui eloignent la civilité de tout murmure de leur part. Les reponces qu'ils ont faites à l'acte par lequel vous les avés fommés & requis de fe trouver à vôtre reception, eft une efpece de refus qui leur a fait perdre leurs droits pour cette année & une renonciation volontaire momentanée & paffagere fur laquelle vous devés vous tranquilifer. Je fuis très parfaitement, meffieurs, votre tres humble & tres affectionné ferviteur.

1740.

A Touloufe, ce 30 mars 1740.

Le Masuyer, figné.

* Le 9 avril, lefdits confuls ont affifté à la proceffion generalle qui a eté faite pour demander à Dieu qu'il veuille bien nous donner de la pluye, y ayant une grande fechereffe. PAGE 102.

Le 3 may a fait un froid auffy fort que dans le mois de janvier, & qui a continué le lendemain.

* Le 4 may, MM. les confuls en chaperon ont eté rendre vifite à M. le marquis de Nogaret, marechal de camp commandant en Languedoc en l'abfence de Mgr le duc de Richelieu; il etoit logé chez M. Jean Antoine. PAGE 103.

Le 12 may, MM. les confuls en chaperon ont affifté à l'affemblée de l'accademie des fciences qui s'eft faite dans l'hotel de ville & fe font placés à leur banc ordinaire, ayant eté priés la veille par M. Lameurier, membre de lad. focietté.

Le 24 may, MM. les lieutenant de maire, confuls en robbe, avec le fieur Coulon, orateur, ont eté rendre vifitte à M. le duc d'Agenois, neveu de Mgr le duc de Richelieu; il a eté harangué par led. fieur Coulom chez M. le duc de Richelieu où il etoit logé.

* Le 27e mai, MM. les lieutenant de maire, confuls & greffier en robbe ont eté rendre vifitte à madame la princeffe Trebulce, italienne, quy etoit logée dans la maifon de M. Saunier, pres les Penitens: elle a eté haranguée par le fieur Coulom, orateur. PAGE 104.

Le 7e juin, MM. les confuls en chaperon ont eté à l'hopital Saint Eloy et ont affiftés à la nomination de M. Aftruc, fecretaire du roy, pour intendant de lad. maifon à la place de M. Leblanc qui a eté fait findic perpetuel.

* Le 23 juin, veille de faint Jean Baptifte, le feu de joye a eté allumé fur les neuf heures du foir au devant l'hotel de ville, en la forme & maniere accoutumée, l'artiffice ayant eté tiré à l'Efplanade, attandu qu'il auroit eté trop confiderable pour la place, cet artiffice etant le même quy avoit eté preparé à l'occafion de la naiffance de Mlle de Richelieu, & qui n'avoit point eté tiré, à caufe de la maladie de madame la ducheffe. PAGE 105.

* Le 30 juillet, MM. les confuls en robbe ont eté rendre vifitte à M. l'intandant qui venoit de la cour; il a eté harangué par le fieur Coulon, orateur. PAGE 106.

Le 10 aouft, MM. les lieutenant de maire & confuls ayant apris la mort de madame la ducheffe de Richelieu, commandant en chef de cette province, qui etoit à Paris, ont ecrit à monfeigneur le duc de Richelieu, pour luy temoigner la part qu'ils prenoint à cette perte.

Le 16 d'aouft, jour & fefte de St. Roch, MM. les confuls, revettus de leurs robbes, ont affifté à la meffe qui s'eft ditte à la chapelle St. Roch dans la

1740.
PAGE 107.

paroiffe* Notre Dame des Tables, fur les huit heures du matin, ont eté à l'offrande & n'ont pas affifté à la proceffion qui s'eft faite à 10 heures du matin, avant la grand meffe, à caufe que MM. les confuls voulloit les preceder.

Nota : MM. les confuls n'ont pas affifté à la proceffion, MM. les confreres n'ayant pas voulu leur ceder le pas.

Le 20 aouft, M. le fenefchal de Montpellier a rendu appointement contradictoire entre MM. les confuls, viguiers & les marguilliers & ouvriers de l'eglife Notre Dame des Tables, par lequel app^t lefd. fieurs confuls font maintenus par maniere de provifion à la preceance qu'ils ont eu de tout temps fur lefd. marguilliers à la proceffion qui fe fait dans l'eglife paroiffialle Notre Dame des Tables, le 31 aouft, jour & fefte de lad. paroiffe.

Le 27 dud. mois, MM. les confuls en robbe ont affifté au fervice qui a eté fait à l'hopital St-Eloy pour le repos de l'ame de madame la ducheffe de Richelieu, decedée à Paris ; lefd. fieurs confuls avoint eté priés la veille par un findic dud. hopital.

Le 29e dud., lefd. fieurs confuls en robbe ont affifté à l'enterrement de M. Beaulac, baron de Pezenes, qui avoit eté premier conful l'année....
Il a eté enterré à l'eglife St. Mathieu, dans fa chapelle ; lefd. confuls avoint eté priés la veille de la part de fes heritiers.

Le 31 aouft, jour & fefte de Notre Dame des Tables, MM. les confuls & greffier en robbe ont affifté à la proceffion qui fe fait led. jour & ont marché immediatement apres les pretres, en execution de l'appointement de

PAGE 108.

M. le fenefchal* du 20 dud. mois d'aouft ; enfuitte ils ont affifté à la grande meffe, y ont donné le pain beny & ont eté à l'offrande fuivant l'ufage. Nota : MM. les marguilliers n'ont pas affifté à la proceffion à caufe de la preceance qui avoit eté accordée à MM. les confuls par le fufd. appointement.

Le 22 feptembre, il a eté fait un fervice dans la chapelle du confulat pour feu Elizabet Sophize, princeffe de Lorraine, epouze de monfeigneur le duc de Richelieu, commendant en chef dans cette province, decedée à Paris le deuxieme du mois d'aouft dernier ; la chapelle etoit toute tendue de noir & decorée des ornemens de la province avec les armoiries de lad. princeffe. Il y avoit une reprefentation au fond de la chapelle ; la meffe a eté cellebrée par M. de St. Bonnet, un des vicaires generaux & curé de la paroiffe Notre Dame, affifté de fon clergé. Meffieurs les lieutenant de maire, confuls & greffier en robbe ont affifté aud. fervice & fe font placés dans

PAGE 109.

leur banc ordinaire*. Tous les officiers & gens de la maifon dud. feigneur duc qui fe font trouvés en ville y ont affifté en habit noir & fe font placés au banc qui eft placé vis à vis celluy de MM. les confuls & les gardes dud. feigneur, avec leurs moufquetons, etoint placés devant & à cofté de la reprefentation.

Le 26e feptembre, le reverendiffime pere Cayetan a Laurino, miniftre general de tout l'ordre de la reguliere obfervance de St. François & grand d'Efpagne de la premiere claffe, eft arrivé à Montpellier & fut logé au couvent des R. P. Cordeliers, & le landemain il fut vifitter le couvent des Recolets où MM. les confuls & greffier en robe feurent l'haranguer en latin, par l'organe de M. Coulomb, orateur.

Le 2 octobre, MM. les lieutenant de maire, confuls & greffier, en robbe, ont eté rendre vifitte à madame la princeffe de Leon, fille de monfeigneur le duc de Roquelaure; elle etoit logée dans la maifon de monfeigneur le duc de Richelieu, commandant de cette province, & a eté haranguée, par M. Coulon, orateur.

* Le 24 octobre, MM. les confuls en robbe ont eté rendre vifitte au prince hereditaire de Heffe Darmftat & aux princes Georges & Frederic, leurs freres, fils du Landgrave regnant de Effe, qui voyagoint inconnitto fous le nom des comptes de Nidda: ils furent harangués par le fieur Coulon, orateur, au Cheval blanc où ils etoint logés.

Le lundy 14 novembre, MM. les lieutenant, confuls ont eté en robbe à l'ouverture des audiances de la cour des aydes.

Le 13 decembre, MM. les confuls en robbe ont eté à la porte du Pila St. Gely où ils ont harangué Mgr l'archeveque de Narbonne qui venoit de la cour pour la tenue des etats.

* Le 14 dudit mois de decembre, MM. les lieutenant de maire & confuls ont eté chez Mgr le duc de Richelieu où il a eté harangué par le fieur Coulom, orateur. Lefdits confuls n'ayant pas eté à la porte à caufe que ledit feigneur duc etoit arrivé à meilleure heure que celle pour laquelle ils avoint eté avertis.

Le 15 decembre, jour auquel l'ouverture des etats de cette province a eté indiquée, toutes les ceremonies ont eté faites en la forme accoutumée, à l'exception de la publication qui a eté faite par un pere benedictin.

* Copie de l'appointement rendu par M. le fenefchal de Montpellier contre les marguiliers & ouvriers de la paroiffe Nôtre Dame au fujet de la preféance à la proceffion de Nôtre Dame des Tables:

Armand François de la Croix, marquis de Caftries, baron de Gourdiege, Caftelnau, le Cres & Salezon, feigneur Defpey, Figaret, St. Bres & autres places, gouverneur pour le roi de la ville, fort de Cette & fort en dependants, fenechal dudit Montpellier, gouvernement, ou fon lieutenant, general, Gilbert de Maffillian, prefident & jugemage, au premier huiffier & fergent requis; comme en l'inftance devant nous introduite & pendante entre les fieurs lieutenant de maire & confuls viguiers de Montpellier, demandeurs par requette du 14e juillet, &c., à ce qu'ils foint maintenus par provifion & fans prejudice du droit des parties au droit de preceder les ouvriers & marguiliers de la paroiffe Nôtre Dame des Tables à la proceffion qui fe fait chaque année le 31 août, jour de la fefte locale de ladite paroiffe, & autres ceremonies qui fe font ledit jour dans ladite eglife, avec inhibitions & deffances de leur donner aucun trouble ny empechement, à peine de 1;000 livres d'amande & d'enquis, & que l'ordonnance qui interviendra fera executée par provifion, nonobftant & fans prejudice de l'apel, avec depans, d'une part; & lefdits ouvriers & marguiliers de Notre Dame des Tables affignés ? & deffandeurs d'autre; & entre lefdits fieurs lieutenant de maire, confuls & viguiers de Montpellier, demandeurs par libelle du 4 de ce mois, en rejection des deffances des ouvriers & marguiliers par fins de non valloir & de non recevoir à ces precedentes fins prifes par les demandeurs leur foint adjugées, & en confequence les maintenir deffinitivement dans le droit de preceder lefdits ouvriers & marguiliers à la proceffion & autres ceremonies qui fe font dans ladite eglife de Notre Dame, ledit jour 31 de ce mois, jour & fefte de Notre Dame des Tables, fubfidiairement, & s'il venoit à y avoir de conteftation, attandu que la cas par raport à la provifion, requiert celeritté adjuger pour ce chef aux demandeurs les fins de la fufdite requete avec depans, d'une part; & lefdits ouvriers & marguilliers, deffandeurs, d'autre;. & entre les lieutenant de maire & confuls viguiers de la ville de Montpellier, demandeurs, par libelle du 22 feptembre, à ce que les marguilliers & ouvriers de la paroiffe Nôtre Dame des Tables foint deboutés de leurs fins de non valloir & de non recevoir; & que les fins prifes par les demandeurs dans leur libelle, communiqué le 4 août dernier, leur foint adjugées en difant droit à leurs fins de non valloir & de non recevoir; en confequence & attandu l'appointement contradictoire rendu le

1740.
PAGE 114.

20 du mois d'aouſt dernier ; maintenir deffinitivement les demandeurs dans le droit de preceder leſdits marguilliers & ouvriers à la proceſſion qui ſe faira* à ladite egliſe le jour & feſte de Notre Dame des Tables, qui eſt le 31 du mois d'aouſt, & autres ceremonies ſubcidiairement, & en cas de difficulté par rapport aux conteſtations qui pourroient eſtre portées en l'etat, les reintegrer & maintenir en plein poceſſoire, ſur le fondement que les demandeurs ont toujours eté, comme ils le ſont encore, dans le droit inconteſtable & dans la poceſſion de preceder leſdits marguilliers & ouvriers de la fuſdite proceſſion & autres ceremonies ainſy etabli par les actes raportés & communiqués, n'y ayant eté troublés que l'année derniere 1739, ce qui a obligé les demandeurs de former une complainte avec deffances de leur donner aucun trouble, a peine d'enquis avec depans, d'une part, & leſdits ouvriers & marguilliers duement ſommés en la perſonne de leur procureur, d'autre; ouys Fouilhon, pour leſdits lieutenant de maire, conſuls viguiers de Montpellier ; Allet, pour les ouvriers & marguilliers de l'egliſe Notre Dame des Tables, aſſiſté du ſieur Duguies,

PAGE 115.

le procureur du roy dit qu'il y a lieu de maintenir definitivement les parties de Fouilhon qui ont dit & requis comme au regiſtre ; avons, ayant aucunement egard à l'exploit & libelle des* parties de Fouilhon, maintenu & maintenons definitivement leſdites parties de Fouilhon dans le droit de preceder les parties d'Allet à la proceſſion qui ſe fait le jour & feſte de Notre Dame des Tables, & aux autres ceremonies qui ſe font ledit jour ; faiſons deffances auxdites parties d'Allet de leur donner aucun trouble ny empechement ſous les peines de droit ; condamnons les parties d'Allet aux depans ; à cette cauze, à la requeſte deſdits lieutenant de maire & conſuls, vous mandons le preſent appointement à execution. Donné à Montpelier le 3e decembre 1740. Davranche, ſigné. Controllé & ſellé.

Le 10 decembre, le ſuſdit appointement a eté ſigniffié à parties.

1741.
PAGE 116.

* Le 1er fevrier 1741, MM. les lieutenant de maire, conſuls, ont eté rendre viſite à Mgr le duc de Chevreuſe, à madame la ducheſſe, ſon epouſe ; ils ont eté harangué par le ſieur Coulon, orateur, chez Mgr le duc de Richelieu où ils etoint logés.

Le 6 fevrier, la benediction des Etats a eté donnée par M. l'archeveque de Narbonne en la maniere accoutumée, & les Etats en corps ont eté tout de ſuitte chez M. le duc de Richelieu pour lui communiquer & à MM. les autres commiſſaires du roy qui s'y etoint à cet effet rendus, la deliberation que les Etats avoint priſe au ſujet de l'octroy qu'ils ont accordé au roy.

PAGE 117.

Le 1er jour du mois de mars, aſſemblés dans l'hotel de ville, maître Jacques Vichet, treſorier general de France en la generalité de Montpelier, noble Jacques Gabriel Euſtache*, ſieur Gervaix Bouday, bourgeois, Jacques Cabanes, procureur à la cour des aydes, Bernard Bouſcarel, marchant cartier, Jean Plantin, maître perruquier, & Pierre Barrillon, maître cordonnier, conſuls viguiers de Montpelier, avec M. Jean Caſſagne, greffier de la dite ville & communauté, revettus de leurs robbes, ont aſſiſtés à la meſſe qui a eté ditte ſous l'invocation du St. Eſprit dans la chapelle du conſulat, enſuitte ſont entrés dans le bureau de police où ils ont dreſſé une liſte de 35 habitans pour ruller pour electeurs, & une de 18 habitans, qui doivent

PAGE 118.

eſtre propoſés auxdits electeurs pour ruller pour conſuls ; * & le balotement ayant eté fait par les petits enfants, il auroit rencontré par le ſort pour premier electeur noble Antoine René de la Croix de Candillargues ; pour ſecond, M. Pierre Laplene, bourgeois ; pour 3e, M. Jean Catrix, procureur ; pour 4e, ſieur Alexandre Giraud, maître chirurgien ; pour 5e, ſieur Jean Bourret, brodeur ; pour 6e, ſieur Jean Poutingon, fondeur ; & pour 7e,

PAGE 119.

Jean Euziere, maître plâtrier. * Et par le ſort & balottement fait par les ſuſdits enfants, a rencontré pour premier conſul noble Jean Eſtienne de Guilleminet Galargues ; pour le ſecond, M. Jean Daché, bourgeois ; pour le 3e, M. Pierre Dupin, procureur ; pour le 4e, ſieur Thomas Goulard, maître chirurgien; pour le 5e, Pierre Boudray, marchand de bois & tourneur; pour le 6e, Jean Jacques Berger, maître tailleur.

Le 25e jour du mois de mars, fur les 9 heures du matin, MM. les anciens & nouveaux confuls s'eftant rendus à l'hotel de ville, maître Doux, avocat, fubftitut de MM. les gens du roy, s'eftant rendeu dans ladite eglife, & s'eftant affis à la gauche dudit fieur lieutenant de maire, a fait un difcours à MM. les nouveaux confuls & requis leur inftallation en la forme ordinaire, fe font rendus à l'hotel de ville où le fieur Fraiffines, orateur, a fait un compliment * après lequel ledit fieur lieutenant de maire a receu le ferment des experts, & avant que de fortir de l'hotel de ville pour aller faire leurs vifittes, M. de Guilleminet, premier conful, a dit que fon intention n'eftoit pas de refufer à M. Vichet, lieutenant de maire, les honneurs qui font attribués à fa charge, & dont il a droit de jouir, mais qu'il n'y a aucun edit, declaration du roy ny arrêts du confeil qui autorife la pretention dudit fieur lieutenant de maire, qu'il paroit au contraire qu'elle eft expreffement decidée & condamnée par l'edit du mois de decembre 1706; l'article 50 a preveu la conteftation que ledit fieur Vichet a elevé, le roy y regle precifement la maniere dont les maire & lieutenant de maire doivent etre conduits à l'hotel de ville & reconduits en leurs maifons ez jours de ceremonie; il y eft dit que les herauts, fergents & vallets de ville, feront teneus de fe rendre en cazaque & livrée de ville* en la maifon des maires en exercice ou en leur abfence en celles de leurs lieutenans pour les conduire à l'hotel ou maifon de ville, & de les reconduire en leurs maifons après les ceremonies finies; fuivant la difpofition de cet edit, ledit fieur lieutenant de maire ne peut pretendre d'etre reconduit en fa maifon que par les vallets de ville, la loy y eft precife pour le cas qui donne lieu à fa pretention; le roy n'a pas entendeu deferer des honneurs de cette efpece aux acquereurs de fes charges, & il n'eft pas même naturel de penfer qu'un corps de ville auffy confiderable que Montpellier, qui a l'honneur d'avoir à fa tete un premier conful pris du corps de la nobleffe foit employé à des fonctions auxquelles Sa Majefté n'a deftiné que des vallets de ville. C'eft mal à propos que ledit fieur lieutenant de maire pretend tirer quelque avantage de ce qui s'eft pratiqué pendant quelques années que feu M. de Belleval a eté maire de Montpelier, pendant lequel temps on* pretend que les confuls qui etoint dans la depandance du maire, qui choififfoit & nommoit les perfonnes qu'il vouloit pour remplir ces charges, alloint le reconduire en fa maifon, car 1° quand cella feroit, les confuls faifoint une chofe qui etoint contraire à la difpofition de l'edit de 1706; 2° en fuppofant le fait, il n'a pas dependeu de ces confuls d'avilir leurs charges ny d'obliger leurs fucceffeurs à faire ce qu'ils avoint pratiqué volontairement contre les reglemens parce qu'il n'y a que le roy qui puiffe regler les honneurs & les prerogatives des charges, & qu'il ne depend pas de fes fujets de les deferer arbitralement contre la difpofition des edits; 3° c'eft inutilement que led. fieur lieutenant de maire pretent fe fervir de l'article 55 de ce meme edit pour etablir fes pretentions en ce qu'il y eft dit que s'il y a des ufages dans les villes plus avantageux aux

1741.

PAGE 126.

maires, Sa Majefté ne pretend y deroger; cet article ne peut être entendeu que des ufages anciens & non de ceux qui pourroint s'introduire* par des abus, ou ce qui s'eft pratiqué par autoritté pendant environ 5 années que ledit feu fieur de Belleval a eté maire ne peut pas fonder un ufage; il faut examiner ce qui fe pratiquoit auparavant dans l'hôtel de ville depuis un temps immemorial à l'egard de M. le jugemage qui avant la creation des maires, & dans l'intervalle de la fuppreffion de ces charges, en faifoit les fonctions; quant à la preftation du ferment & inftallation de MM. les confuls, il n'y a qu'à ouvrir les regiftres de l'hotel de ville qui contiennent les proces verbaux de ce qui fe pratiquoit en ces occafions; on n'y trouvera pas que les confuls l'ayent jamais conduit en fa maifon, or fy cella n'a jamais eu lieu à l'egard du fieur jugemage, quoique fa charge & fes fonctions foint infiniment plus confiderables que celle des maires, ne peut pas le pretendre, & que les abus qui peuvent s'etre gliffés par la dependance des confuls pendant quelques années contre la difpofition expreffe de l'edit de

PAGE 127.

1706 ne peuvent pas nuire à leurs* fucceffeurs ny les obliger à faire des fonctions deftinées à des vallets de ville. Au furplus, quant meme il pourroit y avoir quelque doute à ce fujet, ce qu'on ne peut pas penfer, ledit fieur lieutenant de maire feroit mal fondé, quant à préfent, dans fes pretentions parce qu'il ne peut pas ignorer que M. Euftache, premier conful l'année dernière, 1740, predeceffeur dudit fieur de Guilleminet, luy ayant refufé de le reconduire en fa maifon, ledit fieur Vichet fe pourveut au confeil pour y pourfuivre un reglement à ce fujet, en forte que l'inftance y etant pendante fur les requettes & memoires refpectifs des parties les chofes doivent refter en l'etat, fans rien innover jufques à ce qu'il ayt pleu à Sa Majefté de prononcer fur les differents des parties, auquel effet ledit fieur de Guilleminet requiert le greffier d'inferer fes proteftations contraires dans les regiftres de l'hotel de ville pour lui fervir ainfi qu'il apartiendra, & a figné Guilleminet, 1er conful, & ledit fieur Vichet, lieutenant de maire,

PAGE 128.

a expreffement protexté contre ledit fieur de Guilleminet, 1er conful, fur le refus par lui fait de* l'accompagner, conformement à l'ufage conftament obfervé dans l'hotel de ville de Montpelier depuis la creation des offices de maire, & nottament à l'egard de M. de Belleval, de M. De Manfe, & dudit Vichet luy meme depuis qu'il eft en place, lequel ufage doit fervir de regle pour le ceremonial dont il s'agit, ainfi qu'il eft porté par l'article 55 de l'edit du mois de decembre 1706, par lequel Sa Majefté confirme en tant que de befoin les maires & leurs lieutenans dans la jouiffance des ufages & coutumes des villes qui leur feroint plus avantageux que ceux exprimés dans ledit edit; & en outre ledit fieur Vichet protexte qu'il va pourfuivre l'inftance qu'il a formée au confeil contre le fieur Euftache, 1er conful, l'année derniere, fur la meme conteftation que ledit fieur de Guilleminet vient de renouveller aujourd'huy, enfemble de tous les depens, domages & interets, & a figné Vichet, lieutenant de maire perpetuel & viguier. Et MM. les autres 5 confuls ont dit qu'ils accompagneroint ledit fieur lieu-

PAGE 129.

tenant de maire* fans que cette demarche puiffe tirer à confequence ny faire ufage, moins encore en rien prejudicier à l'inftance qui eft pendante au confeil entre M. Euftache & ledit fieur lieutenant de maire, protextant au contraire de tout ce qu'ils peuvent & doivent de droit protexter & ont figné.

Et de fuitte etant fortis de l'hotel de ville, à l'exception de M. de Guilleminet, premier conful, precedés de la fuitte & fanfare, font allés en cet ordre accompagner M. le lieutenant de maire chez lui, lequel les ayant remerciés ils fe font retirés à l'hotel de ville où ayant pris M. de Guillerminet, 1er conful, qui les y avoit attendus, & le fieur Fraiffines, orateur, qui s'y etoit rendeu, font allés tous enfemble à l'eglize St. Pierre, etc.

De là ils ont eté vifitter & complimenter * les cy après nommés, Mgr le duc de Richelieu etoit abfent, Mgr l'intandant, Mgr l'eveque de Montpellier qui etoit malade n'a pas receu la vifitte, &c. Ils ont fait dreffer le prefent proces verbal qu'ils ont figné, de Guilleminet, conful; Daché, conful; Dupin, conful; Goulard, conful; Bouday, conful, & Berger, conful.

Le 27 avril, MM. les lieutenant de maire & confuls ont eté rendre vifitte à M. & à madame de Roffignol, intendant d'Auvergne, gendre de M. l'intendant & ont eté harangué par le fieur Fraiffines, orateur.

* Le 30 avril, MM. les confuls en chaperon ont affifté à la proceffion generalle qui a eté faite pour qu'il plaife à Dieu donner de la pluye dont la terre a befoin pour la confervation de la recolte.

Le 15 may, MM. les confuls & greffier en robbe affifterent à l'enterrement de M. Bouday, qui avoit eté fecond conful l'année 1740; ils en avoint eté priés la veille par les parents dudit fieur Bouday.

Le 19 dudit mois, MM. les confuls en chaperon furent rendre vifitte à M. le marquis de Nogaret, commandant en l'abfence de M. le duc de Richelieu.

Le dimanche 21 may, M. le duc de Richelieu partit de cette ville pour celle de Touloufe où il alloit pour fe faire recevoir au parlement.

Le lendemain lundy, MM. les confuls en chaperon furent à St-Pierre affifter à la grande meffe qui fut ditte en action de graces à l'occafion de la pluye que Dieu nous avoit donnée & qui lui avoit eté demandée le 30 avril.

* Le 19 juin, MM. les confuls en robbe ont eté rendre vifitte à M. l'ambaffadeur de Venife à la cour d'Efpagne qui etoit logé au Cheval Blanc, où il a eté harangué par le fieur Fraiffines, orateur de la ville [1].

Le 23e jour du mois de juin, veille de St. Jean Baptifte le feu de joye a eté alumé, fur les neuf heures du foir, au devant de *l'hotel de ville*, en la forme & maniere accoutumée, apres quoy l'artifice qui avoit eté placé * à la baluftrade de l'hotel de ville a eté tiré.

Le douze juillet, MM. les confuls en robbe ont affifté à la thefe qui a eté foutenue aux jefuittes par le fieur Michel Ferrall, natif d'Iverne en Irlande

---

(1) Ce paffage eft extrait de la page 136 où il n'eft pas placé à fa date.

1741.

qui l'avoit dediée à M. le president de Belleval: lesd. sieurs consuls avoint eté priés la veille & se sont placés à leur banc ordinaire.

Le 13 dud. mois, MM. les consuls en robbe ont eté rendre visitte à M. le duc d'Uzes & a eté harangué par le sieur Fraissines, orateur de la ville, chés le sieur Jean Antoine où il etoit logé.

Le 8ᵉ aoust, MM. les consuls & greffier en robbe ont assisté à la tragedie qui a eté representée aux jesuittes.

Le dimanche 13 dud. mois, MM. les consuls en chaperon ont assisté à la procession generalle qui a eté faite pour demander à Dieu qu'il luy plaise nous donner de la pluye à cause de la grande secheresse qu'il y avoit à la campagne.

PAGE 134.

* Le 16 dud. mois d'aoust, MM. les consuls & greffier en robbe ont assisté à la messe qui s'est ditte à la chapelle de St. Roch dans la paroisse Notre Dame des Tables, qui a eté ditte sur les sept heures du matin, ont eté à l'offrande & n'ont point assisté à la procession, les confreres de la confrerie n'ayant pas voulu leur ceder le pas.

Le 18 dud. mois, MM. les consuls en chaperon ont assisté au service qui a eté fait dans la paroisse Notre Dame des Tables pour feu M. le marquis de Castries.

Le 31 dud. mois, MM. les consuls & greffier en robbe ont assisté à la procession qui s'est faite à Notre Dame des Tables à l'occasion de la feste de cette paroisse: ils ont marché immediatement après les pretres, en execution de l'appᵗ du 20 aoust 1741 qui les maintient dans ce droit, ensuitte ils ont assisté à la grande messe, ont eté à l'offrande & ont presenté le pain beny suivant l'usage. — NOTA. MM. les marguilliers n'ont pas assisté à la procession.

Le 13 septembre, MM. les consuls en chaperon ont eté à l'hopital St. Eloy assister à la nomination d'un intendant dud. hopital, à la place de M. Astruc, secretaire du roy, & a eté nommé à la pluralité des voix M. Combelle, correcteur, lesd. sieurs consuls ayant eté priés la veille par un desd. sindics dud. hopital qui est venu les prendre, à l'hotel de ville, leur ayant remis aussy la veille le nom des quatre sujets qui devoint etre proposés.

PAGE 135.

* Le 17 octobre, MM. les consuls en chapperon ont eté rendre visitte à M. l'intendant, quy venoit de Clermont d'Auvergne.

Le 24 novembre, MM. les consuls & greffier en robbe ont assisté à l'audiance de la cour des comptes, aydes & finances, à l'occasion de la publication de la declaration du roy du 17 octobre dernier concernant la nobilité & roture des fonds de la province, ayant eté priés la veille par le premier huissier.

Le 6 decembre, MM. les lieutenant de maire, consuls & greffier, en robbe, ont eté à la porte du Pilla St. Gilly, où ils ont eté attendre monseigneur le duc de Richelieu, qui venoit de la cour: il a eté harangué par le sieur Fraissines, orateur, etant deffendu à cet effet de son carrosse, apres quoy MM. les lieutenant de maire & consuls lui ont presenté le daix qu'il a refusé.

PAGE 136.

* Le 7ᵉ decembre, le sieur Benoist Mejean, de Sumene, dioceze d'Alais,

a eté receu maître chirurgien juré de la presente ville, en la forme & ma- 1741.
niere accoutumée, ainfy qu'il eft expliqué à la precedente reception, ayant
preté ferment entre les mains de M. le lieutenant de maire, qu'il avoit prié
la veille, de même que MM. les confuls d'affifter à lad. reception.

Le 12 decembre, à deux heures après midy, MM. les lieutenant de maire
& confuls en robbe ont eté à la porte de la Sonnerie attendre monfeigneur
l'archeveque de Narbonne qui venoit aux Etats; à fon arrivée, il a eté
harangué par le fieur Fraiffines, orateur; led. feigneur etant defcendu de
caroffe pour recevoir lad. harangue.

Le 13e dud. mois, les armes du roy, celles * de fon alteffe monfeigneur PAGE 137.
le prince de Dombes, gouverneur de la province, celles de monfeigneur le
duc de Richelieu, commandant en chef, celles de M. de St. Phelis, lieutenant de roy particulier de tour, celles de la province & celles de la ville
furent pofées fur la porte de l'hotel de ville pour y refter pandant toute la
tenüe des Etats.

Led. jour, les armes de M. de St. Phelis, lieutenant particulier de tour
aux Etats la prefente année, ont eté pofées fur la porte de fa maifon.

Le 14 dud. mois, jour de l'ouverture des Etats.

* L'ouverture a eté faite par un difcours tres eloquent que led. feigneur PAGE 139.
duc de Richelieu a prononcé.... Apres quoy lefd. feigneurs commiffaires du
roy & toute l'affemblée des Etats fe font rendus dans l'eglife Notre Dame...
MM. les confuls & greffier etant placés à la tribune de M. Girard Coulondres, ayant cedé la leur à la mufique depuis quelques années.

Le 11e janvier 1742, MM. les lieutenant de maire, confuls & greffier, en 1742.
robbe, ont eté rendre vifitte à monfeigneur l'archeveque de Narbonne à
l'occafion du cordon bleu dont le roy l'a honoré; il a eté harangué par le
fieur Fraiffines, orateur de la ville.

*Ceremonial qui fut obfervé à l'occazion du bapteme de mademoifelle de PAGE 140.
Richelieu, fille du haut & puiffant feigneur, monfeigneur Louis Armand
Duplaiffis, duc de Richelieu & de Fronfac, pair de France, commandant en
chef dans la province de Languedoc; elle a eté baptifée au nom de la province les Etats tenants en la prefente ville, le jeudy premier fevrier mil fept
cens quarante deux :

Sur l'heure de onze du matin, MM. les officiers de la province, precedés
des huiffiers des etats, de MM. les lieutenant de maire, confuls & greffier en
robe de ceremonie, de la marechauffée, des haubois de la ville, des tambours & trompettes, des efcudiers & vallets de ville, furent à l'hotel de monfeigneur le duc de Richelieu, & de là etant partis dans le meme ordre que
deffus ils accompagnerent mademoifelle de Richelieu qui etoit immediatement avant lefd. fieurs confuls avec fa nourice & une dame d'honneur, precedée des gardes dud. feigneur duc, qui venoit apres MM. les officiers de la
province fuivy de toute la nobleffe & officiers de guerre, à l'eglife Notre
Dame des Tables où les Etats etoint affemblés en ceremonie. (Le regiment
de Bourbon & le bataillon de milice de St. Sever en quartier aux*cazernes PAGE 141.
etoint fous les armes à la place de l'hotel de ville & bordoint la haye depuis

1742.

l'hotel de M. le duc jusques à l'eglise), la messe fut cellebrée par monseigneur l'eveque de Montpellier, pandant laquelle mademoiselle de Richelieu fut placée avec sa nourice & plusieurs dames tout auprès de la chapelle St. Roch, & la messe finie il fut placé au dessous du grand autel deux grands fauteuils à bras dans l'un desquels se plaça monseigneur l'eveque de Monpelier, & dans l'autre monseigneur l'archeveque de Narbonne, ensuitte mademoiselle de Richelieu fut portée par M. de Montferrier, sindic general de la province, au devant de monseigneur l'evêque de Monpelier, qui fit la ceremonie du bateme & la nomme Louise Elisabeth de Languedoc, pandant laquelle ceremonie les grands orgues furent touchés ; & la ceremonie etant finie, lad. demoiselle & M. le duc, son pere, furent reconduits à leur hotel dans le même ordre que dessus.

Le même jour, led. seigneur duc donna un grand diner à tous les Etats, auquel MM. les lieutenants de maire, consuls & greffier assisterent, ayant eté priés par le seigneur duc.

Le soir du même jour, il y eut concert & soupé pour les dames, & ensuitte un grand bail qui dura toute la nuit.

Le 8 fevrier, la benediction des Etats a eté donnée par monseigneur l'archeveque de Narbonne en la maniere accoutumée.

L'an mil sept cens quarante deux & le premier jour du mois de mars, sur les neuf heures du matin, assemblés dans l'hotel de ville messire Jacques Vichet, tresorier general de France en la generalité de Montpellier, noble Jean Estienne de Guilleminet Galargues, sieurs Jean Dache, bourgeois ; Pierre Dupin, procureur en la cour des aydes; sieur Goulard, maître chirurgien ; Pierre Bouday, marchand de bois & tourneur ; Jean Jacques Berger, maître tailleur d'habits, consuls viguiers de Montpellier, avec maître Jean Cassagne, greffier de lad. ville & communauté ; revettus de leurs robes, ont assisté à la messe qui a eté ditte sous l'invocation du St. Esprit dans la chapelle du consulat, ensuite sont entrés dans le bureau de police où ils ont dressé une liste de trente cinq habitants pour ruller pour electeurs & une de dix huit habitants qui doivent estre proposés auxd. electeurs pour ruller pour consuls la presente année.

C'est le nom & surnom de trente cinq habitans, &c., apres laquelle lecture le balotement ayant eté fait par les petits enfants qui s'estoint rendus à cet effet, il auroit rencontré par le sort pour premier electeur noble Pierre Thimotée Combet de Geoffroy, seigneur de Bousigues; pour second, M. Jacques Cabanes, bourgeois ; pour troisieme, M. Pierre Benezeth *, procureur en la cour des aydes, pour quatrieme M. Etienne Robin, maître chirurgien; pour cinquieme, sieur Jean Richer, maître perruquier; pour sixieme, sieur Estienne Bedos, menager; & pour septieme sieur Nicolas Boulle, maître d'habits.....

PAGE 144.

Premier consul noble Simon Gaspard Patris, second M. Laurent Vaquier, bourgeois; 3e, Me Germain Fouilhon, procureur au senechal ; 4e, M. Antoine Bourine, architecte; 5e, sieur Jacques Bastide, menager ; 6e, sieur Baptiste Bastide, maître coutelier.

Livre premier. — Première partie.

* Paſſage de S. A. R. l'Infant Dom Philipe d'Eſpagne.

1742.
PAGE 147.

Au commancement du mois de mars de l'année 1742, MM. les lieutenant de maire & conſuls ayant eu avis que S. A. R. l'infant Dom Philipe, qui a epouſé une dame de France, devoit paſſer en cette ville pour aller s'embarquer à Antibes & ſe rendre de là dans l'Italie, & ayant receu dans le même temps des ordres de Mgr le duc de Richelieu, commandant en chef dans cette province, & de M. l'intandant pour rendre à ce prince les memes honneurs qui furent rendües à l'infant don Carlos lors de ſon paſſage en cette ville, leſdits ſieurs lieutenant de maire & conſuls prirent touts les arrangements convenables tant pour les honneurs que la ville devoit lui rendre que pourvoir au logement de toute la ſuitte:

Le 8 dudit mois de mars, Mgr le duc de Richelieu & M. l'intendant ſe rendirent avec leurs équipages ſur les frontieres du Rouſſillon où ils prirent S. A. R., & l'accompagnerent juſques en cette ville, * leſdits ſeigneurs duc de Richelieu & intandant ayant pendant la route donné alternativement à manger à tous les ſeigneurs & officiers de la ſuite du prince avec la derniere magnificence.

PAGE 148.

M. le duc d'Agenois qui etoit en cette ville, en partit pareillement ledit jour & ſe rendit ſur les frontieres d'Eſpagne où il attendit S. A. R. à laquelle il preſenta une lettre du roy de France, avec une epée garnie de diamans dont il avoit eté chargé par Sa Majeſté.

Le 24 dudit mois de mars, S. A. R. arriva en cette ville avec un grand cortege, ſur les 7 heures du ſoir; il etoit precedé des vignerons qui danſoint au ſon des hauboïs la danſe du chevalet, & MM. les lieutenant de maire, conſuls & greffier, en robbe, la receurent & complimenterent à la porte de la Sonnerie, dans l'interieur de la ville, où ils attendoint ce prince en conſequence de ce qui avoit eté reglé par M. Deſgranges, maître des ceremonies de France, M. Vichet, lieutenant de maire ayant porté la parolle; enſuitte il pourſuivit ſa route par la grande rue qui etoit tapiſſée, illuminée & bordée des deux cottés par le regiment de Challiou. Il deſſendit de caroſſe dans la cour de l'hotel de Mgr le duc de Richelieu * où S. A. R. fut receüe par ledit ſeigneur duc & par M. l'intandant, ſuivis de pluſieurs autres ſeigneurs qui l'accompagnerent dans les appartements qu'on luy avoit preparés dans ledit hoſtel. Toutes les façades dudit hoſtel, tant du coſté de la rue, dans la cour & du coſté du jardin, etoint illuminés depuis le haut juſques en bas avec des lamperons qu'on avoit pris ſoin d'y placer & qui faiſoint un effet merveilleux. Les armoiries de S. A. R. etoint ſur la porte dudit hoſtel avec un cordon.

PAGE 149.

A l'arrivée de S. A. R., elle fut ſaluée par pluſieurs decharges des canons de la cittadelle, & par quantité de boetes qui avoint eté placées à l'Eſplanade.

Toute la ville fut illuminée au moyen des lanternes aux armes du prince que les habitans avoint miſes à toutes les fenetres des maiſons.

Les ſeigneurs eſpagnols & autres perſonnes de la ſuitte de S. A. R. furent

1742.

PAGE 150.

logés sur les billets de MM. les consuls tant chés MM. les officiers de la cour des aides, des tresoriers de France que autres officiers & bourgeois de la ville, MM. les consuls * ayant eté auparavant faire compliment aux chefs des compagnies; les vallets des equipages furent logés aux cazernes, de meme que les mullets & chevaux.

D'abord, apres l'arrivée du prince, MM. les lieutenant de maire, consuls & greffier en robbe se rendirent audit hostel où ils firent porter les presents qu'ils avoint à offrir à S. A. R. de la part de la ville, & ayant eté introduits dans l'appartement du prince par M. Desgranges, maitre des ceremonies, ils lui presenterent lesdits presents qui consistoint en quatre sultans de tissus d'or & d'argent tres riches, bordés & gallonnés avec des gallons d'or & d'argent & des franges au bout; plusieurs grands & petits sachets de toute couleur, bordés d'argent & remplis de poudre de senteur; le tout etant dans une grande corbeille d'osier, doublée de taffetas vert, tant dedans que dehors & proprement piquée avec des poudres de senteur.

Trois caisses bois noyer, dans l'une desquelles il y avoit 50 bouteilles vin muscat, dans une autre 50 bouteilles rattafiat, & dans l'autre 50 bouteilles eau de cedra ou autres liqueurs *, desquels presents S. A. R. remercia lesdits sieurs lieutenant de maire & consuls.

PAGE 151.

Environ une heure après l'arrivée du prince, il fut tiré un grand & magniffique feu d'artifice qui avoit eté dressé par le soin de MM. les lieutenant de maire & consuls sur l'Esplanade, vis à vis l'appartement de S. A. R. qui y mit feu au moyen d'un dragon qu'il fit partir d'une des fenetres dudit appartement.

Le lendemain, MM. les consuls, en chaperon, furent presentés à M. le marquis de Ste. Creuz & à M. Desgranges, maitre des ceremonies, les presents qui avoint eté destinnés pour eux & qui consistoint pour chacun d'eux en 2 sultans, un de tissu d'argent bordé de galons d'argent, avec des rubans & des franges au bout, & l'autre de satin bordé de galon d'argent, plusieurs grands & petits sachets de taffetas remplis de poudres de senteur, le tout dans une corbeille d'ozier, trois caisses bois noyer dans l'une desquelles il y avoit 24 bouteilles vin muscat, dans une autre 3 douzaines bouteilles rattafiat, & dans l'autre 2 douzaines 1/2 eau de cedra & autres liqueurs.

PAGE 152.

* Le lundy de Paques, S. A. R. fut complimentée par MM. les officiers de la cour des aides, du bureau des finances, du presidial, par MM. du chapitre, & par les professeurs des universités de droit & de medecine.

Le prince sejourna en cette ville les trois fetes de Paques pandant lequel temps il y eut des grandes rejouissances; la derniere feste, S. A. R. fut à la comedie.

Pendant tout le sejour de S. A. R., M. le duc de Richelieu a tenu table ouverte (à la maison de M. Mouton, secretaire du roy, où il s'estoit logé) pour tous les seigneurs de la suitte du prince & autres.

S. A. R. partit de cette ville le mercredy 28ᵉ dudit mois de mars sur les 10 heures du matin pour se rendre à Antibes, où il fut sallué par plusieurs decharges des canons de la citadelle & les vignerons l'accompagnerent en dansant le chevalet au devant du carosse jusques au pont de Castelnau ; Mgr le duc de Richelieu & M. de Bernage, intendant, accompagnerent S. A. R. jusques à Tarascon ; pendant la route, ces deux seigneurs donnerent à manger alternativement comme ils l'avoint pratiqué depuis la frontière du Roussillon jusqu'en cette ville.

La maison de S. A. R. etoit composée d'environ 170 personnes sans à ce comprendre environ 200 domestiques attachés au service des personnes du prince ou pour les equipages.

S'ensuit la liste des gardes du corps du roy d'Espagne & des regiments de cavalerie, dragons & infanterie espagnoles qui ont passé en cette ville pour aller en Italie depuis ce jusque au... :

Trois brigades des gardes du corps qui ont logé chez les bourgeois faisant la quantité de 450 hommes ; Belzia dragons, 400 ; Royal prince cavalerie, 350 ; Pavie dragons, 420 ; Calatrava cavalerie, 350 ; Frise dragons, 420 ; Seville cavalerie, 340 ; Numanse dragons, 420 ; * Montezat cavalerie, 350 ; grenadiers à cheval, 150 ; total de la cavalerie, 3,650.

Infanterie : Affrica, 1,300 ; Saria, 1,200 ; Toleda, 1,000 ; Maillorca, 1,000 ; Burgos, 1,000 ; Galicia, 1,100 ; Cardova, 1,000 ; Merida, 600 ; Victoria, 775 ; total de l'infanterie, 8,975.

* Le 25 mars, jour de l'anonciation de la Vierge, s'estant rencontré le dimanche de Paques, MM. les anciens & nouveaux consuls se rendirent à l'hotel de ville, de meme que M. Vichet, lieutenant de maire, sans aucune ceremonie, à cause de la solennité du jour... Ils sont sortis & sont allés sans aucune fanfare à l'eglise Notre Dame, où ils sont entrés par la grande porte de costé de la loge, & M. Vichet s'estant assis sur un fauteuil qui avoit eté placé sur l'escalier du cœur de ladite eglise, le sieur Coulon, avocat, faisant les fonctions de procureur du roy, s'est assis au coté gauche dudit sieur lieutenant de maire, sur un autre fauteuil, après quoy ledit sieur Coulon, a requis l'installation desdits sieurs nouveaux consuls, &c.

* Et ce fait sont sortis de lad. eglize, sont allés à l'hotel de ville, & MM. les nouveaux consuls sont entrés, avec led. sieur lieutenant de maire & le greffier dans la chapelle du consulat, & etant assis dans leur banc, le sieur Coulon, orateur, s'est presenté pour les remercier de l'honneur qu'on luy avoit fait de le nommer à cette place, mais led. sieur Coulon ayant pretendu que lesd. sieurs * lieutenant de maire & consuls devoint recevoir led. remerciment debout, & lesd. sieurs lieutenant de maire & consuls le contraire, etant fondés sur un uzage immemorial, led. sieur Coulon auroit offert de faire led. compliment ainsy qu'on le souhaitoit moyennant qu'on couchat ses protestations dans le present verbail, à quoy lesd. sieurs lieutenant de maire & consuls n'ayant pas voulu consentir, led. sieur Coulon s'est retiré ; après quoy, led. sieur lieutenant de maire a receu le serment des deux capitaines de la suitte, des escudiers, du juge de la banque, des experts & des garde terres, & cella fait, se sont retirés ayant renvoyé leurs visittes au lundy de Quasimodo, jour auquel la feste de Notre Dame a eté transferée, cette ceremonie ayant eté renvoyée aud. jour, attendu que S. A. R. l'infant dom

1742.

Philipe qui eft arrivé en cette ville depuis hier doit y fejourner les deux fetes qui fuivent ce jour. MM. les confuls n'ont point accompagné M. Vichet, lieutenant de maire, chés luy, fuivant l'ufage, à cauze de la folennité du jour, & qu'ils n'avoint aucune fanfare.

Page 158.

Le même jour, MM. les confuls en robbe furent à St. Pierre affifter à la grande * meffe; ils ont eté à l'offrande, & l'apres diné ils ont affifté aux vefpres & au fermon.

Le lundy 2e avril, fefte de Noftre Dame, jour auquel les vifittes de MM. les confuls avoint eté renvoyées, ayant fait mauvais temps & tombé beaucoup de la pluye, lefdits fieurs confuls qui etoint affemblés dans l'hotel de ville ont renvoyé leurs vifittes au dimanche fuivant huitieme dud. mois.

Led. jour dimanche huitieme du mois d'avril, MM. les confuls & greffier s'eftant rendus à l'hotel de ville, fe font revettus de leurs robbes confulaires, font entrés dans la chapelle du confulat où ils ont entendu la meffe, apres laquelle le fieur Coulon, orateur, s'eft rendu dans lad. chapelle & a complimenté lefd. fieurs confuls qui etoint affis ainfy qu'il avoit eté convenu, apres quoy ils font fortis de l'hotel de ville, au bruit de la fanfare accoutumée, & ont eté faire les vifittes.

Le 6 du mois de may, MM. les confuls en chaperon ont affifté à une proceffion generale qui a eté faite pour demander à Dieu de la pluye dont le bien de la terre a grand befoin.

Page 161.

* Le fieur Jean Vergely a eté receu & inftallé en la charge de 5e conful ancien mitriennal de la ville de Montpellier, & le verbal & les provifions font inferées dans le regiftre du confeil de ville.

Le 23 juin, veille de la fefte de St. Jean Baptifte, le feu de joye a efté allumé fur les 9 heures du foir en la forme ordinaire devant l'hotel de ville par MM. les confuls & greffier en robbe, M. le lieutenant de maire ni a pas affifté à caufe de la mort de madame fa belle mere, ledit feu ayant efté allumé, fe font retirés dans l'hotel de ville, & enfuitte l'artiffice a joué.

Page 162.

* Le 29 juin, fur les 11 heures du matin, MM. les confuls & greffier en robbe ont affifté à l'enterrement de M. Degreffeuille, ancien lieutenant colonel, ayant eté premier conful de Montpellier, lefdits fieurs confuls & greffier marchant immediatement aprés le corps; il fut inheumé dans l'eglife Notre Dame des Tables; il y avoit un detachement de 100 hommes du regiment de Challiou en quartier dans les cazernes.

Le 7 aouft, M. le lieutenant de maire, confuls & greffier, revettus de leur robbe, ont efté rendre vifitte à Mgr le duc de Richelieu, commandant en chef de cette ville & province, qui venoit de la cour; il a efté harangué par M. Coulon, orateur de la ville. Il ni a pas eu d'autre feremonie, attendeu qu'il eftoit arrivé ledit jour à 2 heures du matin.

Le 23 dudit, MM. les confuls & greffier, revettus de leurs robbes, font allés rendre vifitte à Mgr de Crillon, archeveque de Narbonne qui venoit de la cour; il eftoit logé chez madame de Flaugergues, & a efté harangué dans

Page 163.

ladite * maifon par M. Coulon, orateur, MM. les confuls ne s'eftant pas rendeus à la porte de la ville, n'ayant fceu fon arrivée qu'aprés qu'il a efté entré dans la ville.

Le 31 dudit mois, MM. les confuls & greffier, en robe, ont affifté à la proceffion qui fut faite à Notre Dame des Tables à l'occafion de la fefte de cette paroiffe : ils ont marché immediatement aprés les preftres, en execution de l'apointement du 20 aout 1741 qui les maintient dans ce droit; enfuitte ils ont prefenté le pain beni fuivant l'ufage, MM. les marguilliers n'ayant point affifté à la proceffion.

Le 21 feptembre, MM. les confuls & greffier, en robbe, ont affifté aux thefes generallés d'un R. P. carme dechauffé, foutenues dans le couvent des R. P. carmes dechauffés, ayant efté priés la veille par lefdits R. P., laquelle a efté dediée à Mgr de Bernage, intendant.

* Le 23 octobre, MM. les lieutenant de maire & confuls ayant apris que M. le marquis de St. Illaire, fils à M. Xavier Bon, premier prefident en la cour des comptes, aides & finances de Montpellier, avoit eté receu ce matin par la cour en ladite charge de premier prefident, revetus de leurs robbes, avec l'orateur & greffier, font allés fur les 4 heures du foir à la maifon dudit feigneur, premier prefident ; & aprés l'avoir falué, a efté harangué par M. Carbonnier, avocat, faifant pour M. Coulomb, avocat & orateur de la ville, enfuitte ledit feigneur premier prefident les a accompagnés jufques à la porte de la cour du palaix.

Le 2 novembre, M. Saunier, maître des requettes, eftant arrivé de Paris, MM. les confuls en robbe ont efté chez luy le vifiter ayant eté harangué par M. Carbonnier, avocat, faifant pour M. Coulomb, orateur de la ville.

* Le 12 decembre, veille de l'inftallation de M. de Maffillian, prefident & jugemage en la charge de maire perpetuel, MM. Fouilhon & Baftide; troifieme & 5e confuls, députtés par MM. les confuls, feurent en chaperon, fuivis de deux vallets de ville, rendre vifitte à M. Fermaud, lieutenant principal, commiffaire nommé par le parlement de Touloufe pour inftaller ledit fieur jugemage audit office de maire perpetuel ; & ledit fieur Fermaud ayant receu leur vifitte, les a accompagnés jufques à la porte de la rue.

Ledit jour, les banieres ont eté arborées & les armoiries ont eté pofées au devant de la porte de l'hotel de ville, conformement au jour de l'inftallation de MM. les confuls, de meme il a eté pofé un cordon à la porte du degré de la falle avec l'armoirie de M. de Maffillian, maire.

* Verbail d'inftallation de M. de Maffillian, en la charge de maire :

L'an 1742 & le 12e du mois de decembre, par devant nous Jean Jacques Fermaud, confeiller du roy, lieutenant principal en la fenechauffée, gouvernement & fiege prefidial de Montpellier, dans notre hotel, heure de 8 du matin, a compareu Bouiffon, procureur de meffire Gilbert de Maffillian, confeiller du roy, prefident jugemage, lieutenant general né en la fenechauffée & fiege prefidial de Montpellier, qui nous a exibé l'arreft de la fouveraine cour du parlement de Touloufe que fa partie a obtenu le 1er de ce mois, par lequel nous avons été commis pour l'inftallation dudit fieur de Maffillian en la charge de maire & viguier de Montpelier, & a requis qu'il

1742.

PAGE 164.

PAGE 165.

PAGE 166.

1742.

PAGE 167.

nous plaife de recevoir ledit arreft avec l'honneur & le refpect deu, de nommer un greffier & de renvoyer à tel jour qu'il nous plaira pour proceder en confequence.

Nous dit, lieutenant principal & commiffaire, faifant * droit à la requifition de Bouiffon, avons receu ledit arreft contenant notre commiffion avec tout l'honneur & le refpect deu, pris & nommé pour notre greffier en ladite commiffion Jean Jofeph Bruguière, notaire royal de cette ville, lequel moyennant ferment par luy preté la main mife fur les faints evangiles a promis de bien & duement faire fes fonctions & en confequence, renvoyé & renvoyons à demain heure de 9 du matin, pour proceder à l'inftallation dudit fieur de Maffillian en la charge de maire & viguier de Montpellier, & avons figné avec notre greffier: Fermaud, Bruguière.

Du jeudy 13e decembre, nous Jean Jacques Fermaud, confeiller du roy, lieutenant principal en la fenefchauffée & fiege prefidial de Montpelier, commiffaire deputé par arreft du parlement du premier du prefent mois pour proceder à l'inftallation du fieur de Maffillian, prefident jugemage, en la charge de maire, dans notre hotel, heure de 9 du matin.

PAGE 168.

Ayant eté requis le jourd'hier de remplir notre commiffion fur le verbail fur ce teneu*, en confequence du renvoy par nous fait au prefent jour & heure aurions offert fur les nouvelles requifitions dudit fieur de Maffillian de nous rendre à l'hotel de ville, & etant partis precedé de la fuitte & livrée confulaire, des cavaliers de la marechauffée & des huiffiers de notre fiege, que nous aurions à ces fins mandé, nous nous fommes rendus à l'hotel de ville, ayant pris la droitte fur ledit fieur de Maffillian, fuivis de MM. les confuls & des marchands & negocians deputés de leurs corps, & eftant montés dans la grand falle, nous nous fommes affis fur une chaife fleur de lizée placée à la tete d'un long bureau; MM. les gens du roy etant affis fur un banc fleur de lizé à l'extremité oppofée dud. bureau; lefd. fieurs confuls fe font placez à notre droite fur un banc plaffé au retour, & led. fieur de Maffillian s'eft affis à la tête d'un banc plaffé à main gauche, au retour dud. bureau, fur lequel etoint tout defuitte affis lefd. fieurs marchands & negocians; & ayant enfuite commandé le filence, Bouiffon, procureur en notre fiege, auroit requis le regiftre des provifions dud. * fieur de Maffillian & fon inftallation, fur quoy M. Craffous, procureur du roy, s'etant levé, auroit prononcé un difcours & confanty à l'inftallation & mife de poffeffion dud. fieur de Maffillian.

PAGE 169.

Et defferant aux requifitions de la partie de Bouiffon, attendu le confantement du procureur du roy, apres avoir prononcé un petit difcours fur l'avantage que la ville & la communauté devoint recevoir de l'inftallation d'un magiftrat auffy accomply que le fieur de Maffillian, avons ordonné & ordonnons que les provifions obtenues par led. fieur de Maffillian feront enregiftrées ez regiftres de l'hotel de ville, & que led. fieur de Maffillian fera mis en poffeffion de la charge & office de mairé & viguier de Montpellier, ce qui a eté à l'inftant fait par la tradition de la baguette de viguier, que le fieur Patris, premier conful, auroit remis en nos mains, & led. fieur maire s'eſtant enſuitte aſſis à notre gauche, il auroit prononcé un diſcours pour temoigner ſon zele pour les interets de la communauté.

1742.

Avons enſuite hautement enjoint aux habitans aſſemblés dans l'hotel de ville * dé reconnoitre led. ſieur de Maſſillian, maire perpetuel, & de luy defferer & obeir en cette qualité, laquelle injonction par nous faite a eté ſuivie des acclamations qui ont fait connoitre la joye que lad. inſtallation a cauſé.

Page 170.

Et cette ceremonie etant finie, nous nous ſommes retirez, leſd. ſieurs maire & conſuls nous ayant accompagné juſqu'au bas de l'eſcalier, nous leur aurions dit que nous les diſpenſſions de nous reconduire chés nous & les aurions priés de ſe retirer; & nous etant mis en chaiſe, nous nous ſommes rendus chés nous & plus par nous n'a eté procedé, & nous ſommes ſignés avec notre greffier. Signé Fermaud, Bruguiere, gref.

S'enſuit le feremonial qui a eſté obſervé par MM. les conſuls avant & apprés la ſuſd. inſtallation :

Led. jour 13ᵉ du mois de decembre, ſur les neuf heures du matin, meſſieurs les conſuls & greffier aſſemblés dans l'hotel de ville aux fins d'aſſiſter à l'inſtallation de M. * de Maſſillian, preſident jugemage, en l'office de maire perpetuel, ſe ſont revetus de leurs robes, & M. Farjon fils, avocat, s'eſtant à cet effet rendeu à l'hotel de ville, ſe ſont mis en marche precedez des tambours, trompettes & hautbois, ſont allés à la maiſon dudit ſieur de Maſſillian, & etant entrez dans ſon appartement l'ont trouvé environné d'une grande foulle de peuple de toute qualité, & les deputés du corps des marchands au nombre de douſe, & leſd. ſieurs conſuls ayant aproché led. ſieur de Maſſillian & fait la reverance ſur ſa nouvelle dignité de maire & luy auroint temoigné la joye que ſon inſtallation faiſoit au public, M. Farjon, avocat, faiſant pour M. Coulomb, avocat & orateur de la ville, le complimenta; aprés quoy led. ſieur de Maſſillian remercia meſſieurs les conſuls, & qu'il employeroit tous ſes ſoins & donneroit toutes ſes attentions pour le ſervice du roy & pour l'intereſt particulier des habitans, & s'eſtant revetu d'une robbe de velours cramoiſy fourrée d'hermine, il s'eſt mis à la tête deſd. ſieurs conſuls à * quatre pas hors du rang du coté droit, enſuite venoit aprés MM. les conſuls, MM. les deputez du corps des marchands, ayant à leur tete M. Jullien, conſul de la bourſe, & dans cet ordre, precedez de la ſuitte conſulaire, des trompettes, hautbois & tambours, ſont allés à la maiſon de M. Fermaud, lieutenant principal, commiſſaire deputté par arreſt du parlement de Touloufe du 1ᵉʳ decembre pour proceder à l'inſtallation dud. ſieur de Maſſillian en l'office de maire, où eſtant led. ſieur Fermaud, commiſſaire, ayant offert ſur les requiſitions dud. ſieur de Maſſillian de ſe rendre à l'hotel de ville ſe ſont mis en marché dans l'ordre porté par le ſuſd. verbail d'inſtallation cy deſſus inceré.

Page 171.

Page 172.

Et la feremonie etant finie à l'hotel de ville, MM. les conſuls, dans le même ordre cy deſſus, ont accompagné M. de Maſſillian à ſa maiſon, & ce fait ſe ſont rendus à l'hotel de ville, & ayant poſé leurs robes, ſont retournés à la maiſon dud. ſieur de Maſſillian qui leur a donné un magnifique repas auquel MM. les deputés du corps des marchands ont aſſiſté.

1742.
PAGE 173.

* Le 17ᵉ jour du mois de decembre, fur les trois heures aprés midy, pardevant nous Gilbert de Maffillian, prefident jugemage & maire viguier perpetuel, noble François Simon de Patris, Laurens Vaquier, bourgeois; Antoine Bourine, architecte; Jean Berger & Jean Baftide, maître coutelier, confuls & viguiers de Montpellier, eft comparu fieur Jean Durand, procureur au fenechal de cette ville, lequel nous a dit que le roy ayant, par edit du mois de novembre 1733, créé des charges des confuls des villes & lieux de fon royaume, il a eté commis pour remplir celle de troifieme conful de la ville de Montpelier, ainfy qu'il paroit de la commiffion qui luy a eté expediée, en confequence de laquelle il a preté ferment cejourd'huy entre les mains de M. de St. Maurice, confeiller d'Etat, intendant de cette province, & nous a requis attendu que nous fommes ici affemblés, vouloir proceder à fon inftallation, nous remettant à cet effet fa commiffion & verbail de ferment.

PAGE 174.

Surquoy, nous, maire & confuls, avent faire droit aux requifitions dud. fieur Durand, avons * ordonné que par Mᵉ Jean Caffagne, greffier de la communauté, il fera tout prefentement procedé à la lecture de lad. commiffion & verbail de ferment.

Lecture faite par ledit Mᵉ Caffagne de lad. commiffion & verbal de teneur: Louis, par la grace de Dieu, &c. Louis Bazille de Bernage, &c.

Nous d. maire & confuls avons octroyé acte de lad. lecture & faifant droit aux requifitions dudit fieur Durand, l'avons reçu & inftallé en lad. charge de troifieme conful de la ville de Montpelier pour par luy en jouir conformement à fad. commiffion & verbal de ferment & ecrit par la tradition que nous avons faite en fes mains de laditte commiffion & verbail de ferment, & en confequence ordonné que tant lad. commiffion que verbail de ferment, feront regiftrés ez regiftres de la communauté pour y avoir recours quand befoin fera, & nous fommes fignés avec le fieur Durand, ledit jour & an defus: de Maffillian, maire, Patris, Vaquier, Bourine, Berger, Baftide, conful, & Durand figné.

PAGE 175.

Le 18ᵉ decembre, à deux heures apres midy, MM. les maire, confuls & greffier, en robbe, ont eté à la porte de la Sonnerie attendre Mgr * l'archeveque de Narbonne qui venoit aux Etats. A fon arrivée, il a été harangué par M. Farjon fils, faifant pour M. Coulomb, orateur, led. feigneur eftant defcendu de carroffe pour recevoir lad. harangue.

Le 19 decembre, MM. les maire, confuls & greffier, en robbe, ont eté rendre vifitte à monfeigneur le duc de Richelieu, commandent en chef dans la province qui venoit de la cour; il a eté harangué par M. Farjon fils, avocat, faifant pour M. Coulomb; il n'y a pas eu d'autre feremonie, attendu qu'il etoit arrivé led. jour à fix heures du matin.

Ledit jour, les armes du roy, celles de fon alteffe monfeigneur le prince de Dombes, gouverneur de la province, celles de monfeigneur le duc de Richelieu, commandent en chef, celles de la province & celles de la ville, feurent pofées fur la porte de l'hotel de ville pour y refter pendant toute la tenue des etats.

Led. jour, veille de la tenue des etats, MM. les confuls, en chaperon, portant le rabat & manteau court, ont eté vifitter monfeigneur * le duc de Richelieu, commandant, &c.

Le 20 decembre, jour de l'ouverture des Etats, M. le maire, portant la robe de palais, & MM. les confuls & greffier, en robbe, ont eté fur les onze heures du matin chés monfeigneur l'archeveque de Narbonne où ils ont trouvé une grande affemblée de prelats, de nobleffe & des gens du tiers-ctat, & après avoir falué led. feigneur archeveque, il a eté harangué par M. Farjon fils, avocat, faifant pour M. Coulomb, orateur, apres laquelle harangue lefd. fieur maire & confuls ont offert de l'accompagner à l'hotel de ville, de quoy il les a remerciés.

Peu de temps après, led. feigneur archeveque, avec l'affemblée, fe font rendus à l'hotel de ville en chaife ou etant font montés à la grande falle d'affemblée.

* L'ouverture a eté faite par un difcours tres eloquent que led. feigneur duc de Richelieu a prononcé, enfuite par M. l'intendant, & enfuite par monfeigneur l'archeveque de Narbonne.

Le 21ᵉ jour du mois de decembre, fur les * dix heures du matin, par-devant nous Gilbert de Maffillian, prefident jugemage & maire & viguier perpetuel, noble François Simon de Patris, Laurens Vaquier, bourgeois, Antoine Bourine, architecte, Jean Berger & Jean Baftide, coutelier, confuls viguiers de la ville de Montpellier, eft compareu M. Pierre Nadal, avocat, lequel nous a dit que le roy ayant par edit du mois de novembre 1733 crée des charges de lieutenant de maire il a eté pourvu aud. office de lieutenant de maire ancien mitryennal, qu'avoit auparavant M. Vichet, ainfy qu'il paroit par les provifions qui luy ont eté expediées qu'il nous a remis, & nous a requis recevoir fon ferment & de proceder à fon inftallation....

Et ce fait, noufd. maire, faifant droit aux requifitions dud. fieur Nadal, & nous etant * aparu de fon enquette de bonne vie & mœurs, religion catholique, apoftolique, romaine & de fon age competant, avons dud. fieur Nadal receu le ferment & l'avons inftallé & inftallons en lad. charge de lieutenant de maire ancien mitriennal de la ville de Montpellier.

* Du 31 decembre, MM. les confuls & greffier, en robbe, ont affifté à l'enterrement du haut & tres puiffant feigneur marquis de Nogaret, marechal des camps & armées du roy, commandant dans la province fous les ordres de M. le duc de Richelieu, etant decedé le 29 dud. dans la maifon du fieur Jean Antoine, à la Grand Rue.

Le convoy & enterrement fut fait en confequence des ordres de M. le duc, fuivant l'ordre cy après jufques dans l'eglife Notre Dame des Tables où le corps a eté enfevely dans un tombeau qui eft au pied du degré de la fainte table à coté droit, led. feigneur duc ayant voulu qu'on fit les honneurs tout comme fy led. fieur marquis de Nogaret avoit commandé en chef dans la province.

Les fix pertuifaniers de la ville & les compagnons du guet avec des crepes tenant aux pertuifanes & aux ecuffons des compagnons du guet.

IV.   14

1742.
Page 181.

Le regiment de Chaliou, les officiers etant chacun dans leur divifion, les pauvres de l'hopital general, la compagnie des penitens blancs *, tous les couvents, à l'exception des carmes dechauffez, les quatre parroiffes, le chapitre ; le drap d'honneur fut porté par trois barons des Etats & par M. le marquis de Viffec, marechal de camp ou brigadier. Enfuite venoit le corps, y ayant devant & aprés le corps cinquante fept pauvres de l'hopital qui portoint un flambeau blanc chacun. Enfuite la compagnie de cavaliers de la marechauffée, les gardes de Mgr le duc de Richelieu & les gens de fa fuitte, MM. de la cour des aydes, monfeigneur le duc de Richelieu etoit à la tete, ayant à fa droite M. le premier prefident, & à fa gauche M. de Foulon, préfident, led. feigneur duc portoit un manteau long, fon ecuyer luy portoit la queue, & celluy cy etoit auffi en manteau long & fon vallet luy portoit la queue ; MM. les treforiers de France, MM. les confeillers du prefidial, MM. les confuls precedés des efcudiers & des deux capitaines de la

Page 182.

fuitte *, les domeftiques du deffunt ; le deuil qui etoit mené par M. le marquis de Montconfeil & par MM. de l'etat major ; enfuitte venoint tous les officiers de divers regimens & beaucoup de nobleffe. En cet ordre, le convoy fut à la paroiffe de Notre-Dame, paffant devant l'hotel de Mgr le duc de Richelieu, devant les penitens, devant le grand bureau du tabac, devant le college des jefuittes, entra dans la rue de l'Eguillerie & tout le long de lad. rue jufques à l'eglife où le corps a eté inhumé. Mgr l'archeveque de Narbonne avec tous les feigneurs eveques de l'affemblée des Etats s'etant rendus dans l'eglife etoint placés dans le fanctuaire. Le corps fut repozé dans le cœur pendant l'abfoute qui fut faite par Mgr l'evêque de Montpellier qui s'etoit rendu dans l'eglife à cet effet. Pendant l'abfoute, ledit regiment a fait quatre decharges, de même que le canon de la citadelle. Les cloches de l'hotel de ville & du grand orloge ayant fonné par intervalles pendant les deux jours que le corps a refté dans la maifon & jufqu'à ce qu'il a eté inhumé.

1743.
Page 183.

* Le 17 janvier 1743, fur les 4 heures du foir, MM. les confuls & greffier en robbe ont affifté à l'enterrement de M. Laurent Vaquier, fecond conful en charge marchant immediatement aprés le corps, precedés de leurs efcudiers portant leurs maffes garnies d'une crepe. Le corps a eté porté dans la chapelle de St. Claude aux Carmes dechauffés, où il a eté enfevely ; MM. les confuls, le jour du deces dudit fieur Vaquier, feurent temoigner à la veuve la part qu'ils prenoint à fon affliction.

Du 22 janvier, MM. les confuls & greffier, revettus de leurs robes, ont affifté à leur tribune au fervice fait par les Etats pour le repos de l'âme de feu M. Vaquier, fecond conful en charge ; les Etats ont fait remettre à M. de Maffillian, maire, 150 liv. pour la diftribution de meffes.

Du 29 janvier, MM. les confuls en chaperon ont eté rendre vifite à M. de la Devefe, marechal de camp, commandant en l'abfence de Mgr le duc de Richelieu à la plaffe de feu M. le marquis de Nogaret.

Le 12 fevrier, MM. les confuls & greffier, revetus de leur robe, ont eté complimenter Mgr de Bernage, intendant, fur fa nouvelle dignité de conseiller d'etat ordinaire, M. Faure *, avocat, faisant pour M. Coulomb, orateur de la ville, a porté le discours.

Le 15 fevrier, il a esté fait un service dans la chapelle du consulat pour le repos de l'âme de feu M. Laurent Vaquier, second consul en charge lors de son deces, auquel service MM. les consuls & greffier ont assisté revetus de leurs robbes.

Du 1er mars, il n'a pas eté procedé suivant l'usage à l'election consulaire attendu l'arrest du conseil du 13 mars 1642 qui fait deffences aux corps de ville & communaultés du royaume de proceder à aucune election.

Du 6 mars, le sieur François Abauzit, procureur à la cour des aydes, a eté receu & installé en la charge de 3e consul ancien mytriennal de la ville de Montpellier, le verbail de l'installation, ensemble les provisions, sont inserées dans le registre du conseil de ville.

* Le 26 mars, M. Asemard, conseiller du roi, auditeur en la cour des comptes, aides de Montpelier, a eté receu & installé en l'office de lieutenant de maire alternatif mitrienal suivant le procés verbal dudit jour inceré dans le registre des deliberations de la communauté.

Le 6 avril, a eté celebré dans l'eglise des R. P. Dominiquains de cette ville le service solennel que la ville avoit deliberé le 30 mars de faire faire pour M. François Armand de la Croix, marquis de Castries, baron des Etats de la province de Languedoc, seneschal, gouverneur de la ville, citadelle & diocése de Montpelier, de Cette & forts en dependant, officier dans le regiment du roy agé de dix huit ans, etant decedé à Chalon sur Marne, le   janvier 1743, venant de l'armée de Baviére. Ce service a eté fait à l'eglise des Dominiquains parce que l'eglise de Notre Dame etoit occupée par les predications & exercice de pieté * qu'on y faisoit tous les jours depuis le matin jusqu'à la nuit à cause de la mission. La messe fut celebrée par Mgr l'eveque de Montpellier qui avoit eté prié par MM. les consuls de faire la ceremonie. Cette messe fut chantée par la musique. MM. du chapitre y assisterent, ayant eté priés par MM. les consuls en la personne de MM. leurs sindics, & ils feurent encore priés chacun en particulier par billet. M. l'intendant, M. de la Devese, commandant dans la province sous les ordres de M. le duc de Richelieu, & M. le premier president, feurent priés par MM. les consuls, mais ces seigneurs n'y assisterent pas. Nombre de nos seigneurs de la cour des aydes y assisterent en robe, mais non en corps, ayant eté priés chacun en particulier de s'y trouver de la part de MM. le maire, lieutenant de maire & consuls par * billets imprimés qu'on envoya chez chacun d'eux. MM. les tresoriers de France s'y rendirent en habit noir, ayant eté priés par billet. M. le premier president fut prié par MM. les consuls. MM. les conseillers du presidial y assisterent en corps, MM. les consuls ayant prié à cet effet M. de Massillian, president jugemage & maire. Lesdits sieurs conseillers feurent encore priés par MM. les consuls & par billet qu'on envoya à chacun d'eux. MM. de l'etat major de la ville & citadelle, ensemble tous les officiers des troupes qui sont en quartier & en garnison y assisterent, de meme que tous les officiers de bourgeoisie ayant eté priés par M. le lieutenant du roy; les commandants des bataillons seulement feurent priés par billets, & tous les officiers de bourgeoisie chacun en particulier auffy par billet. Toute la nobleffe y affifta ayant eté priés par billets*. MM. de l'Academie des fciences y affiftérent auffy par billets. M. le premier prefident pere etoit à leur tête ayant eté priés par MM. les confuls. MM. les maire, confuls & greffier, en robbe, etoint dans leur banc qui fut placé dans une chapelle vis à vis la chefe. Aprés l'evangille, l'oraifon funebre fut prononcée par M. Chaix la Tuilliéré, chanoine de St. Ruf, avec un applaudiffement general, & aprés la meffe l'abfoute fut faite par Mgr l'eveque de Montpellier. Aucun banc ne fut tendu de noir.

Decoration de l'autel: L'autel etoit tandu en noir fans deranger l'economie de l'ordre corintien dont il eft orné; les colonnes & toutes les parties de cét ordre etoint couvertes d'etoffe noire parfemée de larmes, n'ayant laiffé a decouvert que les corniches des pieds eftaux, les chapitaux & l'architrave de la corniche *. Le tableau etoit couvert d'un drap de velours noir, & au deffus une croix de moire d'argent, & dans les 4 angles on avoit placé 4 grandes armoiries, de meme que fur les pieds defteau, entre les colonnes etoint placés deux grands trophées d'armes & fur l'attique du millieu en haut etoit plaffé encore les armes en grand de ce feigneur. L'autel etoit decoré & orné par 12 grands chandelliers d'argent avec 12 cierges d'une toife de hauteur & à chaque cierge une armoirie. On avoit formé une ftrade du coté de l'epitre où l'on avoit plaffé le fiege de Mgr l'eveque de Montpellier, le tout tendu de vellours noir.

Decoration de l'eglife: Au tour de l'eglife etoint deux tentures de tapifferie en noir, l'une fur l'autre, & un litre de velours noir, qui fe terminoit fur la hauteur parfemée des armes dudit feigneur; les grandes armoiries etoint fur le pillier des chapelles & les petites entre deux.

* Decoration du mauzolée: Le mauzolée etoit fur une grande eftrade d'environ trois pieds de hauteur formée fur une baluftrade; autour on avoit elevé fur ladite eftrade 5 degrés tout autour, d'un pied de haut chacun, fur lefquels etoit placé 5 rangées de cierges de cire blanche de demy livre chacun, enfuitte on avoit elevé un focle où etoit plaffé au deffus une forme de tombeau, fur lequel on avoit mis la reprefentation.

Sur le premier degré au deffus de l'eftrade, on avoit plaffé dans les 4 angles 4 girondolles d'environ 10 pieds de hauteur, y compris les cierges; entre les deux girondolles, fur le devant, on avoit placé une ftatue en relief d'une pleureufe, avec les attributs convenables pour reprefenter la ville.

* Le 25 dudit, MM. les confuls, en chaperon, ont affifté à l'affemblée de l'Académie des fciences, qui s'eft faite dans l'hotel de ville, & fe font placés à leur banc ordinaire qui eftoit au bout de la table vis à vis du prefident, ayant efté priés la veille par M. Lamurier, membre de ladite focietté.

Ouverture de la miffion: Le 21, 22 & 23 mars, on donna dans toutes les eglifes de la ville la benediction du trés St. Sacrement comme il étoit porté par le mandement de Mgr l'eveque de Montpelier ; le 23, à 7 heures du foir, les cloches de toutes les eglifes fonnerent pendant un quart d'heure. Le 24, Mgr l'eveque, à l'iffue des vefpres, fit un difcours des plus touchants, après lequel il y eut une proceffion generalle où tous les religieux affiftèrent, & tous MM. les miffionnaires. On fit le tour royal. Le 25, le pere Bridaine, chef de la miffion, precha à l'eglife cathedrale fur l'importance du falut & indiqua l'eglife St. Pierre, celle de Notre Dame & celle de St. Paul ou l'on fefoit regulierement les exercices de la miffion.

1743.

Du dimanche 28 avril, MM. les maire & confuls & greffier, en robbe, affifterent à la proceffion generale de miffion, ayant eté priés la veille par M. Bridaine & deux autres miffionnaires, le public ayant eté averty quelques jours à l'avance de la façon qu'il convenoit de decorer les rues, & le tour que cette proceffion fairoit ayant eté reglé, le trompette de la ville publia de rue en rue, de la part de MM. les maire & confuls, de les tenter & tapiffer le plus proprement qu'il fe * pourroit, ce qui fut executé avec tant d'ordre & de foin, que les plus fuperbes tapifferies feurent tendues, & les rues non feulement tentées, mais encore à la plufpart on avoit pratiqué à droite & à gauche des allées d'arbres fort élevés qui formoit un coup d'œil des plus charmants tant par leur fimetrie que par la nouveauté dudit ornement; & d'intervalle en intervalle on voyoit au deffous des tentes des guirlandes de fleurs ou de laurier où pendoint des medailles, dont les decorations, par leur varieté, formoint un fpectacle admirable. Outre ces decorations, il ne fut perfonne qu'il ne donnat quelque marque particuliere de fa devotion & de fon zelle. Devant les portes de la plus grande partie des maifons un peu diftinguéés, d'abord que le trés St. Sacrement paroiffoit, on mettoit dans des rechauds d'argent pofés fur des tables couvertes d'une nape trés fine les parfums les plus odoriferans ; le pavé etoit generalement couvert d'une herbe verte.

PAGE 192.

A la plufpart des fenetres on avoit etalé les toilettes les plus riches en velours, damas, & autres étoffes à natte d'or ou galons d'argent, au deffus defquelles etoint des vafes garnis des fleurs les plus belles, & au deffous les tableaux les plus manifiques. Pour * achever la decoration des rues on rencontroit dans differens quartiers des repaufoirs où la richeffe, la propreté & l'arengement faifoint voir le genie de ceux qui y avoint travaillé.

PAGE 193.

Les endroits par où cette proceffion devoit paffer ainfy decorés, les demoifelles du premier & fecond rang, toutes habillées de blanc, fe rendirent à midy à l'eglife des Capucins, les artifannes habillées de meme dans celle de St. Mathieu, les dames & demoifelles à l'eglife de Ste-Anne, & les femmes artifannes aux carmes du palaix, les jeunes gens à la cour de l'evechéé & les hommes à la cathedralle, où chacuns s'étant affemblé auxdits endroits, le pere Bridaine ayant chargé plufieurs miffionnaires & autres eclefiaftiques du foin de faire ranger chaque corps, fit defiller la proceffion, qui fortit de l'eglife cathedralle à trois heures apres midy en cet ordre : Les valets de ville, leurs pertuifannes fur l'épaule, marchoint les premiers fuivis des efcudiers en robe, leur maffe d'argent également fur l'epaule, portant de

1743.

PAGE 194.

gros flambeaux de cire blanche, après lefquels venoint les tambours de la ville en uniforme, de meme que les trompettes & timballes; après ces inftrumens paroiffoit 50 jeunes meffieurs jouant de plufieurs inftruments qui accompagnoint * les cœurs des demoifelles, à la tefte defquelles le R. P. Bridaine marchoit avec une canne de rofeau à la main, immediatement avant la croix de ces demoifelles (au nombre de plus de cinq mille), toutes en habit blanc, un grand voile fur la tefte qui leur couvroint la taille, tombant fur les cotes, couvrant entierement le vifage, portant une couronne de fleurs fur la tefte, & un cierge à la main où etoit attaché au milieu un bouquet avec un nœud de ruban blanc, ce qu'on ne pouvoit voir fans eftre attendri, touché & edifié tout à la fois. Après les filles ainfy habillées marchoint les fœurs noires, & les fœurs grifes, precedant un autre cœur de toutes fortes d'inftrumens pour accompagner les cantiques que les dames, demoifelles & artifannes mariées chantoint, marchant de quatre en quatre après leur croix, ces dames au nombre de plus de fix mille, tenant chacune un cierge, edifiant par l'air modefte & la devotion qui paroiffoit dans leur marche. Apres les dames fuivoit la jeuneffe de la ville au nombre de plus de huit mille, chacun portoit un cierge ou etoit attaché un * bouquet avec un ruban blanc, pour les diftinguer des hommes mariés, marchant de quatre en quatre avec beaucoup de recueillement après leur croix. Cette jeuneffe etoit precedée de plufieurs inftrumens qui repondoint aux cantiques que leur cœur chantoint & fuivi du corps de MM. les etudians en medecine; après MM. les etudiants venoit la croix des mariés (precedée par un detachement de foldats), après quoy les hommes mariés de tout etat, au nombre de plus de fix mille, tenant chacun un cierge, marchant de quatre en quatre, formant differants cœurs, les uns relevés par toutes fortes d'inftrumens de mufique, & les autres par quantité d'haubois, repetant les airs des cantiques, ce qui faifoit une varieté des plus agreables. Apres cette prodigieufe quantité de gens de tout fexe & de tout etat qui refterent au moins cinq groffes heures à paffer, la croix des penitens au nombre de plus de cinq cens, ayant à leur tefte quantité de gros flambeaux portés par des freres pieds nuds, enfuite marchoint tous les religieux, après lefquels venoint les paroiffes de St. Denis, Ste. Anne, Notre Dame & St. Pierre, precedant les chapitres; les chapitres etoint fuivis des tambours & fifres du regiment de Chaliou battant au champ lorfque la mufique du chapitre qu'ils* precedoint avoit ceffé de chanter.

PAGE 195.

PAGE 196.

Immediatement après la mufique etoint placés plufieurs jeunes eclefiaftiques habillés d'une aube tres fine, une riche dantelle au fonds, une echarpe de tafetas blanc de la gauche à la droite arrefté fur le coté avec un nœud de ruban en or à graine d'épinard, les uns portant une petite corbeille plaine de fleurs, & les autres des navettes d'argent plaines d'encens & les derniers des encenfoirs, rangés deux à deux, l'un à droite & l'autre à gauche, d'abord deux portes fleurs après deux navettes, enfuitte deux encenfoirs, ce qui etant continué à l'alternative alloit jufques au devant du très St. Sacrement pofé fous un pavillon d'environ dix pans d'hauteur fur fix de large garny tres fuperbement avec une quantite prodigieufe de diamans & autres bijoux.

1743.

Ce pavillon ou char de triomphe eftoit placé fur un efpece de brancard qui eftoit porté par quatre chanoines preftres, en chafuble magnifique, & monfeigneur l'eveque de Montpellier qui officioit tenoit un ruban blanc attaché au pied du tres faint * Sacrement & fix rubans de meme couleur tombant du haut du pavillon, où ils eftoint arreftés au couronnement, etoint tenus par MM. les maire, confuls & greffier.

PAGE 197.

M. de la Devefe, commandant de la province, & M. de Bernage, intendant, fuivoint d'abord le St. Sacrement; aprés lés feigneurs venoint les confrairies du St. Sacrement de Notre Dame, de St. Pierre, tous les confraires en grand nombre, portant des gros flambeaux de cire blanche, eftoint fuivis des particuliers du premier ordre tenant chacun un cierge, apres lefquels venoint une foule prodigieufe de monde de tout fexe & de tout etat, ayant chacun un cierge & qui finiffoit la marche de cette proceffion generalle, qui etant arrivée à l'efplanade le tres St. Sacrement, il fut falué de toute l'artillerie de la citadelle, & enfin elle rentra apres neuf heures du foir à la cathedralle, l'heure tarde empecha de fuivre le projet qui avoit eté formé d'aller à la place du Peirou où on avoit elevé un repofoir qui auroit eté quelque chofe de fuperbe, fi le vent furieux qu'il fit ce jour là avoit permis de le decorer fuivant le deffein qui en avoit été fait; en forte que le public fut privé de voir le ciel ouvert que M. Bridaine * avoit avancé de faire voir par la magnificence de ce repofoir & par l'exhortation qu'il devoit faire.

PAGE 198.

Tour de la proceffion: En fortant de St. Pierre monta à la Canourgue, à la rue du Palais, devant la porte du Peyrou, le long de la rue de la Valfere, jufques à la rue de St. Guillien, tourna à main droitte jufques au devant la porte St. Guilhem, le long de la rue de l'Antienne Triperie, tourna à main droite & entra dans la Grande Rue, devant la porte de la Sonnerie, fuivit lad. Grande Rue, devant le Gouvernement, paffa devant les Penitens, tourna à la rue qui va des Auguftins à l'Efplanade; eftant à l'Efplanade fuivit fur la droite l'allée du long des maifons & entra dans l'allée du cofté de la citadelle, enfuitte entra dans la grande allée jufques audevant de la rue des Jefuites, tourna à droite & deffendit par la rampe du cofté du jardin de M. le prefident de Boucaud, devant la porte du Pilla St. Gelly, monta le long de l'Eguillerie, devant la maifon de * M. de Maffillian, jufques au coin de la maifon de M. de Guilleminet & tourna à droitte, aux quatre coins du Campnau, devant la maifon de M. d'Alco, devant M. de Ratte, monta le long de la rue de M. de la Greffe jufques au coin de la Canourgue, entra dans la place de la Canourgue, où Mgr l'eveque donna la benediction aprés avoir fait une exortation au public & pria tous les affiftans de fe retirer à caufe de l'heure tarde. Cependant une grande foule de peuple accompagna le trés St. Sacrement jufques à l'eglife de St. Pierre où led. feigneur eveque donna la benediction fur la porte de l'eglife.

PAGE 199.

* Du dimanche 19 may, MM. les confuls & greffier, en robbe, affifterent

PAGE 200.

1743.

à la procession qui se fit à l'occasion de la benediction de la croix de mission placée à l'Esplanade. Marche de la procession : Les femmes qui s'estoint assemblées dans l'eglise de Ste. Anne & aux Carmes se rendirent à l'Esplanade aprés leur croix, par la rue des Jesuites ; les filles qui estoint assemblées aux Capucins & aux Dominiquains se rendirent aussi aprés leur croix à l'Esplanade par la rue du Pilla St. Gelly ; les jeunes hommes, qui etoint assemblés dans l'eglise des religieux de St. Paul, se rendirent à la place de l'hotel de ville, & entrerent à l'Esplanade par la rue des Augustins ; & ceux qui estoint assemblés dans l'eglise de Notre Dame les suivirent. Les filles estoint en si grand nombre &

PAGE 201.

dans le meme habillement * du jour de la procession du tres Saint Sacrement avec la differance qu'au lieu d'un cierge, tout le monde portoit une petite croix à la main, & dans le temps que chacun se rangeoit dans l'Esplanade il tomba une pluye si forte qu'un chacun fut obligé de decamper & de courir aux endroits les plus à portée de se mettre à couvert, à l'exception de M. Bridaine qui souffrit la pluye pendant une heure de temps qu'elle tomba. Le regiment de Chaliou qui estoit aussy à l'Esplanade rangé en bataille, se retira egallement, en sorte que dans un instant environ 15,000 ames qu'il y avoit dejà sur cette place prirent leur parti avec beaucoup de precipitation, ce qui occasionna un grand desordre. Le chapitre commençoit à sortir de St. Pierre lorsque l'orage commença & eust le temps de rentrer dans l'eglise sans estre mouillé ; la confrerie des Penitens qui avoit dejà defillé fut obligé de se separer & de se refugier dans plusieurs eglises & dans les maisons, de meme que les religieux, & sur les 6 heures le temps

PAGE 202.

s'estant mis au beau, le chapitre * sortit de St. Pierre precedé de la confrerie de la Croix, des penitens, des communautés religieuses, de toutes les paroisses, & suivi de MM. les consuls & greffier, en robbe, qui marchoint immediatement aprés Mgr l'eveque, & se rendit à l'Esplanade par la rue de la porte de Lattes, la suitte consulaire marchoit à la teste de la procession ayant aprés eux le trompette, timballes & une sinphonie de toutes sortes d'instruments qui precedoit une croix d'environ 10 pans d'hauteur plantée sur un terrain trés naturellement representé, au pied de laquelle estoit couchée une Magdelaine de grandeur naturelle. Cette croix posée sur un brancard etoit portée par 4 messieurs, teste nue, precedés de plusieurs jeunes gens qui portoint chacun un mistere de la passion, estant arrivés au pied de la croix, Mgr l'eveque au bruit des canons de la citadelle commença la ceremonie de la benediction de la croix, & aprés qu'il eut chanté la preface, M. Bridaine ayant crié de lever chacun la croix qu'on portoit pour les benir, il en parut à l'instant plus de 20,000 en l'air, ce qui fit un coup d'œil des plus frapans ; la benediction faite * Mgr l'eveque n'ayant peu

PAGE 203.

se placer sur un echafau qu'on avoit elevé pour y faire les exhortations, à cause de la quantité de monde qui s'en etoit emparé, fut obligé de monter sur le piedestal de la croix où il prononça un discours tres touchant ; aprés ce discours il se prosterna au pied de la croix, & l'ayant bezée à trois endroits, MM. Lenoir & Arniac, chanoines, prestres assistans, firent de même, enfuitte le R. P. Bridaine, & MM. les confuls & greffier firent la même ceremonie, & dans un profond filance qui regnoit de toute part, M. Bridene fit une exortation d'un ton de voix furprenant, mais fi touchant & fi perfuafif que rien ne peut lui refifter : il fit fes adieux d'une maniere fi tendre & fi touchante que tout le monde en fuft emu & fe retira avec beaucoup de douleur & des regrets. Cella fait, tout le monde s'en alla.

* Du 28 juin, MM. les confuls ayant eté priés par le maitre de ceremonie du chapitre St. Pierre d'affifter à la proceffion que ledit chapitre a accoutumé de faire la veille de la fefte St. Pierre refuferent di aller.

Le 1er aouft, MM. les confuls & greffier, en robe, ont eté rendre vifitte à Mgr l'intendant qui a eté harangué par M. Faure, avocat & orateur de la ville, fur fon retour de la cour & fur la nouvelle dignité que le roy lui a accordé de la charge de prevot des marchants de la ville de Paris.

Le 10 août, MM. les maire, confuls & greffier, en robe, ont affifté à la tragedie qui a eté reprefantée aux Jefuittes par les ecoliers du college ; ils avoint eté priés la veille, & les ecoliers avec le P. retorien font venus prendre lefdits fieurs maire & confuls qui fe font rendus tous enfemble aux Jefuittes * precedés des tambours, trompettes & de la fuitte confulaire. Après la piece, ils ont diftribué les prix en libres & enfuitte ils ont eté reconduits à l'hotel de ville dans le meme ordre qu'on etoit venu les prendre, leur ayant eté fait un compliment de remerciment, ayant eté auffi complimentés lorfqu'ils font venus les prendre par un defdits ecolliers.

Le 22 aout, M. de Bernage, intendant, eft parti de cette ville pour aller dans celle de Paris, le roy l'ayant honnoré de la charge de prevoft des marchands. MM. les confuls n'ont point efté le voir pour le complimenter fur fon depart, attendu qu'il partit inconito.

Le 26 octobre, MM. les confuls & greffier, en robbe, ont eté rendre vifitte à M. de Saunier, maître des requettes, venant de Paris, logé chez M. Jarlan, & a efté harangué par M. Carbonnier, avocat, faifant pour M. Faure, orateur de la ville.

* M. Le Nain, nommé à l'intendance de cette province à la place de M. de St. Maurice, eft arrivé en cette ville le 31e octobre fur les 7 heures du foir.

Le lendemain 1er novembre, MM. les confuls & greffier, en robbe, luy ont rendu vifitte, & a efté harangué par M. Faure, avocat & orateur de la ville.

Le 19 novembre, MM. les confuls & greffier en robbe ont eté rendre vifitte à l'epoufe de M. Le Nain, intendant, qui eftoit arrivé en cette ville depuis dimanche dernier, & a efté harangué par M. Faure, orateur de la ville.

*Le 1er decembre, fefte de St. Eloy c'eftant trouvé le dimanche, la fefte a efté renvoyée au 2e dudit mois, & MM. les confuls, en robe, ont affifté à la meffe qui a efté chantée à l'occafion de ladite fefte St. Eloy, patron de l'hopital de ce nom. Ils avoint efté priés la veille par M. Beyres, findic.

1743.

Le 12ᵉ decembre, MM. les confuls & greffier, en robbe, ont efté rendre vifitte à Mgr l'archeveque de Narbonne, logé chez Mme Flaugergues à l'occafion de la tenue des Etats. Il a efté harangué par M. Faure, avocat & orateur, dans fon apartement. Ledit feigneur ayant difpenfé lefdits fieurs confuls de l'attendre à la porte de la ville.

Le 18ᵉ decembre, MM. les maire, confuls en robbe, ont eté à la porte du Pila St. Gily, où Mgr le duc de Richelieu, qui venoit de la cour, a eté harangué par M. Faure, orateur, conformement & en la même forme que l'année 1738, eftant defcendu du carroffe.

Page 208. * Le 19ᵉ jour du mois de decembre, ouverture des Etats.

1744.
Page 210. * Le 1ᵉʳ janvier 1744, MM. les maire, confuls & greffier, en robbe, ayant à leur tefte la fuitte confulaire avec les tambours & trompettes ont efté rendre vifitte à Mgr le duc de Richelieu, commandant en chef dans la province, fur la dignité que le roy l'a honnoré de la charge de premier gentilhomme de la chambre, & en meme temps fur la nouvelle année il a efté harangué par M. Faure, avocat & orateur de la ville. M. le maire lui a prefanté l'hiftoire de Montpellier faite par M. Degreffeuille, chanoine de la cathedralle St. Pierre, reliée en maroquin rouge & la tranche dorée, dont la ville lui a fait préfent.

Lefdits fieurs maire & confuls pour temoigner la joye qu'ils ont reffenti de cette nouvelle dignitté ont fait faire une quantité des illuminations dans l'hotel de ville & fait publier que tous les habitans eurent à faire auffi des illuminations à leurs feneftres, ce qui a efté executé le meme jour.

Page 211. Le 11 janvier, a efté fait l'enterrement de M. de Confeil, ecuyer, deputé de Nifmes * aux Etats. MM. les confuls & greffier, revettus de leur robbe, y ont affifté menant le deuil. Le tiers etat marchoit immediatement après le corps, precedés des cavaliers de la marechauffée, & enfuitte MM. les confuls & greffier, qui menoient le deuil, & dans cet ordre le convoy fortit de l'eglife Notre Dame, paffa dans la rue de l'hotel de ville, dans celle des treforiers de France, à la place Brandille, à l'Eguillerie, & entra dans l'eglife Notre Dame; la meffe fut chantée en mufique & cellebrée par M. le curé. L'abfoute eftant finie, le tiers etat s'eft retiré, & MM. les confuls avec le deuil fe font retirés dans l'hotel de ville. M. Pollier, avocat, taifoit le 1ᵉʳ deuil. La veille, le corps fut porté dans l'eglife Notre-Dame, & repofa dans la chapelle de St. Roch qu'on avoit garni de noir.

Page 212. Le 23 dudit, la province fit faire un fervice pour le repos de l'ame dudit fieur du Confeil. Les Etats en corps, M. le duc de Richelieu, & MM. les commiffaires du roy y affifterent *. MM. les confuls & greffier, en robbe, y affifterent & furent placés à la tefte du banc de la cour des aydes. M. de Meirargues, grand vicaire d'Alby, celebra la meffe.

Le 2 fevrier, MM. les confuls en manteau & chaperon ont affifté à la grande meffe & à la proceffion qui fut faite à St. Pierre à l'occafion de la fefte de Notre Dame la Chandeleur, fuivant l'ufage.

Le 6 fevrier, la benediction des Etats a efté donnée par Mgr l'archeveque de Touloufe.

Le 22 fevrier, MM. les confuls en robbe ont affifté à l'enterrement de M. Bourines, architecte & 4e conful, decedé le 21 dudit.

Le 26 dudit, il a efté fait un fervice pour le repos de l'ame de feu M. Bourines, 4e conful en charge lors de fon deces, auquel fervice MM. les confuls & greffier, en robbe, ont affifté.

Lettre du roy (1) ecritte à M. de la Devefe, commandant en Languedoc, lieutenant general des armées du roy, dattée de Verfailles le 2 mai 1744 :

M. de la Deveze, j'ay pris la refolution de me rendre fur ma frontiere de Flandres, pour y commander en perfonne l'armée que j'y ait fait affembler ; j'ay cru devoir vous en donner avis & vous faire connoitre que je fuis tellement perfuadé de votre zelle & de votre fidelité pour mon fervice que je ne doute point que vous ne continuiez à m'en donner des preuves pendant mon abfence & que vous ne rempliffiez avec la meme attention & la meme exactitude que vous avés fait paroître jufqu'à prefant les devoirs de la place que je vous ai confié. Sur ce, je prie Dieu qu'il vous ait, M. de la Devefe, en fa fainte garde. Ecrit à Verfailles, le 2 mai 1744. Louis figné, & plus bas Phelipeaux.

Le 28 mars, MM. comte de Montmaur a eté receu & inftallé pour remplir la charge de 1er conful ; M. Jean Sallines, bourgeois, celle de fecond conful ; M. François Salles, maître chirurgien, celle de quatrieme ; & fieur Jacques Trentignan, tailleur, celle de 6e conful ; en confequence de leurs commiffion du grand fceau & verbal de preftation de ferment devant M. l'intendant, ainfy qu'il refulte du proces verbal de leur inftallation.

Le 31 may, MM. les confuls & greffier ont affifté, revetus de leurs robes, au *te deum* chanté dans l'eglife cathedralle St. Pierre, en action de grace de la conquette du comté de Nice qui vient d'eftre faite par l'armée d'Efpagne fortifiée par celle du roy.

Et le foir du meme jour a efté fait feu de joye à la place de l'hotel de ville, MM. les maire, confuls & greffier ayant efté avec la fanfare prendre M. le marquis de la Devefe, marechal de camp, commandant de la province en l'abfence de Mgr le duc de Richelieu, à fa maifon, pour alumer le bucher ; M. le maire marchant avec luy cotte à cotte à fa gauche, fuivis de MM. les confuls, ce qui a efté fait après les tours ordinaires, le régiment de Guienne eftant fous les armes, & après le feu led. feig. marquis s'eft retiré, n'ayant pas voulu permettre que MM. les confuls l'aillent accompagner chés luy, lefd. fieurs confuls luy ayant auparavant envoyé fept flambeaux cire blanche, dont un eftoit garny de velours à frange d'or.

Le 23 juin, MM. les maire, confuls & greffier, revetus de leur robbe, ont efté à la porte du Peirou recevoir M. Philipeaux de Pont Chartrain, comte de Maurepas, commandeur & greffier des ordres du roy, fecretaire d'etat, miniftre de la marine, venant de Provence ; il a efté harangué par M. Faure St. Marcel, orateur de la ville. Ces armoiries ont eté pofées fur la porte de l'hotel de M. Le Nain, intendant de la province, où il a logé.

---

(1) Cette lettre eft tranfcrite pp. 270 & 271 du manufcrit.

1744.

Led. jour, veille de la fefte de St. Jean Baptifte, MM. les maire, confuls & greffier, revetus de leur robbe, ont affifté au feu en la maniere ordinaire; M. le maire n'ayant pas voulu que la fuitte fut le prendre chés luy, ce feroit rendu fur les huit heures & demy à l'hotel de ville où MM. les confuls eftoient affemblés.

PAGE 216.

Le 26 juin, MM. les maire & confuls, en chaperon, ont affifté fur les trois heures apres midy à l'exercice litteraire fait par les ecolliers de troifieme dans le college royal & academique des R. P. Jefuittes de Montpellier, ayant efté priés la veille * par lefd. Jefuites.

Le 27 juin, MM. les confuls & greffier, ont affifté, revetus de leur robbe, au *te deum* chanté dans l'eglife cathedralle St. Pierre, en action de graces de la prife de la ville de Menein en Flandres, qui vient d'eftre faite par l'armée du roy, fa majefté etant à la tefte de lad. armée.

Led. jour, à l'iffeue dud. *te deum*, MM. les confuls, en robbe, ont affifté à la proceffion qui a eté faite par le chapitre de St. Pierre à l'occafion de la fefte de ce faint ayant efté priés la veille par M. Feraille, maître de feremonie, & M. Foreville, preftre du bas cœur.

PAGE 217.

Et le foir du meme jour, fur les huit heures & demy, a efté fait feu de joye à la place de l'hotel de ville, MM. les maire, confuls & greffier en robbe ayant eté avec la fanfare prendre M. le marquis de la Devefe, marechal de camp, commandant de la province en l'abfence de monfeigneur le duc de Richelieu, à fa maifon, pour allumer le bucher, M. le maire * marchant avec luy cotte à cotte à fa gauche, fuivis de MM. les confuls, ce qui a eté fait aprés les tours ordinaires, le regiment de Guienne eftant fous les armes.

Le 1er juillet, MM. les confuls & greffier, en robbe, ont affifté à la thefe generalle de philofophie qui a eté foutenue par le fieur Cuffon de cette ville au college des R. P. Jefuites, dédiée à M. de Bon, premier prefident, ayant efté priés la veille.

PAGE 218.

Le 19e dud., MM. les confuls & greffier, revetus de leur robbe, ont affifté au *te deum* chanté dans l'eglife cathedralle St. Pierre en action de graces de la prife d'Ypres en Flandres qui vient d'eftre faite par l'armée du roy. Et le foir du même jour, fur les huit heures & demy, a efté fait feu de joye à la place de l'hotel * de ville, en la forme ordinaire, conformement à celui qui a efté fait pour la prife de Menein.

Le 2 aouft, MM. les confuls & greffier, revetus de leur robe, ont affifté au *te deum* chanté dans l'eglife cathedralle St. Pierre en action de graces de la prife du fort de Kenoc & de la ville de Furnes en Flandres, qui vient d'eftre faitte par l'armée du roy. Et le foir du meme jour, fur les huit heures, a efté fait feu de joye à la place de l'hotel de ville en la forme ordinaire.

PAGE 219.

Le 4e aouft, fur les fept heures du matin, MM. les confuls & greffier, en robbe, ont affifté à l'enterrement de M. Ugla, bourgeois, ayant eté premier conful en vertu d'une commiffion du grand fceau, lefd. fieurs confuls & greffier marchant immediatement aprés le corps : il fut * inhumé dans l'eglife de Notre Dame des Tables.

Le 16 dud. mois d'aouſt, MM. les conſuls & greffier, en robbe, ont aſſiſté à la meſſe qui a eſté ditte à la chapelle St. Roch dans la paroiſſe Notre Dame, qui a eſté ditte ſur* les ſept heures du matin, ont eté à l'offrande & n'ont point aſſiſté à la proceſſion, les confraires de la confrairie n'ayant pas voulu ceder le pas.

Du 23 aouſt, MM. les conſuls & greffier, revetus de leur robbe, ont aſſiſté au *te deum* chanté dans l'egliſe cathedralle St. Pierre, en action de graces de la priſe du fort Dauphin & de la proſperité des armes du roy dans le Piemond. Et le ſoir du meme jour, ſur les ſept heures du ſoir a eté fait feu de joye à la place de l'hotel de ville en la forme ordinaire.

Le 31 dud. mois, MM. les conſuls & greffier, en robbe, ont aſſiſté à la proceſſion qui a eté faite à Notre Dame des Tables, à l'occaſion de la feſte de cette paroiſſe; ils ont marché immediatement aprés les preſtres, en execution de l'appointement du 20 aouſt 1741 qui les maintient dans * ce droit; enſuitte ils ont aſſiſté à la grand meſſe, ont eté à l'offrande & ont preſenté le pain beny ſuivant l'uſage, MM. les marguilliers n'ayant pas aſſiſté à lad. proceſſion.

Le 8e ſeptembre, MM. les maire, conſuls & greffier, en robbe, ont aſſiſté au *te deum* qu'ils ont fait chanter dans la chapelle du conſulat à l'iſſue d'une meſſe baſſe qui a eté ditte par le chapelain ordinaire pour remercier Dieu du retabliſſement de la ſanté du roy; & apres le *te deum* chanté, pour marque de rejouiſſance, leſd. ſieurs maire & conſuls firent monter le chevalet. Et ſur les neuf heures du ſoir, leſd. ſieurs maire & conſuls ont fait tirer un feu d'artiffice avec quantité de fuſées ſur le balcon de l'hotel de ville; & apres le feu tiré, l'hotel de ville fut illuminé avec des flambaux de cire blanche & des lanternes, & il fut fait une illumination generalle dans toute la ville.

Le 20 ſeptembre, MM. les conſuls & greffier en robbe ont aſſiſté au *te deum* chanté ſuivant * l'intention du roy dans l'egliſe cathedralle St. Pierre en action de graces de la convaleſcence de ſa majeſté. Et le meme jour, ſur les ſept heures du ſoir, il a eſté fait un feu de joye à la place de l'hotel de ville, comme cellui qui fut fait à cette occaſion le 8e dud., & apres le feu fini l'hotel de ville fut illuminé avec des lanternes miſes à toutes les feneſtres, & il fut fait auſſi une illumination generalle dans toute la ville.

Le 11 octobre, MM. les maire & conſuls, en robbe, ont aſſiſté au *te deum* chanté dans l'egliſe cathedralle St. Pierre en action de graces de la priſe de la fortereſſe de Demone & de la proſperité de l'armée du roy qui a paſſé le Rein.

Et le ſoir du meme jour, ſur les ſept heures, a eſté fait feu de joye à la place de l'hotel de ville en la forme ordinaire.

*Le dix-huitieme novembre, MM. les maire, lieutenant de maire, conſuls & greffier, en robbe, ont eté à la porte du Pilla St. Gelly où Mgr le duc de Richelieu, qui venoit de l'armée, a * eſté harangué par M. Faure, avocat & orateur de la ville, eſtant deſſendu à cet effet de ſon caroſſe, apres quoy

1744.

MM. les maire, lieutenant de maire & consuls, luy ont presanté le daix qu'il a reffusé.

Le 19 novembre, a esté fait en cette ville l'ouverture des etats en la maniere accoutumée à l'occasion de quoy MM. les consuls & greffier, en robbe, se sont rendus sur les neuf heures du matin chés madame de Flaugergues, où loge Mgr l'archeveque de Narbonne, president né aux Etats, que lesd. sieurs consuls ont salué.

PAGE 225.

* Le 29 novembre, les consuls & greffier, revetus de leur robbe, ont assisté au *te deum* qui a eté chanté cejourd'huy dans l'eglise cathedralle St. Pierre,

PAGE 226.

à l'occasion de la victoire remportée par les troupes du roy jointes à celles d'Espagne * sur l'armée du roy de Sardaigne devant Coni. Mgr le duc de Richelieu, commandant en chef dans la province, & M. l'intendant y assisterent. A la sortie du *te deum*, les troupes se rendirent sur la place de l'hotel de ville où il etoit dressé un bucher & un feu d'artiffice. La veille, MM. les consuls prierent M. Saillens, second consul, d'aller à la cittadelle voir M. de la Rochette, lieutenant de roy pour prendre son heure pour le venir prendre pour mettre feu aud. bucher, attendu que M. le duc de Richelieu ne pouvoit pas y assister; cependant M. le premier consul ayant trouvé led. sieur lieutenant de roy chés led. seigneur duc il luy auroit dit que M. le second consul devoit aller à la citadelle pour scavoir son heure pour l'aller prendre pour mettre le feu; il luy repondit de ne pas prendre la peine d'i aller, qu'il se rendroit à six heures chés M. de Marmier, com-

PAGE 227.

missaire * des guerres; en consequence, sur les six heures du soir, led. sieur second consul, avec la livrée consulaire, suivi de son escudier, partit de l'hotel de ville & fut chés M. de Marmier prendre led. sieur lieutenant de roy & s'estant rendus devant l'hotel de ville où MM. les lieutenants de maire, consuls & greffier les attandoient, ils marcherent & firent les tours ordinaires au bucher. M. le lieutenant de roy marcha à la droitte de M. Nadal, lieutenant de maire, MM. les consuls & greffier marchant à leur rang; & en cet ordre, precedés de hautbois, trompettes & tambours, ils mirent feu au bucher & ensuitte ils se rendirent à l'hotel de ville, & led. sieur second consul fut accompagner led. sieur lieutenant de roy chés M. de Marmier en la meme maniere qu'il avoit eté le prendre.

Le 20ᵉ decembre, MM. les consuls & greffier, revettus de leur robbe, ont assisté au *te deum* qui a eté chanté cejourd'huy dans l'eglise cathedralle St.

PAGE 228.

Pierre à l'occasion de la prise de la ville de Fricbourg en Flandres * auquel a assisté tous les Etats en corps.

Et le soir du meme jour, sur les sept heures, a esté fait un feu de joye sur la place de l'hotel de ville, comme celui qui feut fait à l'occasion de la victoire remportée devant Coni, auquel a assisté M. le lieutenant du roy.

Le 3 janvier 1745, la benediction des Etats a esté donnée par Mgr l'archeveque de Narbonne, jour auquel ils ont fini.

Le 13 janvier, MM. les consuls, en chaperon, ont eté voir M. de la

PAGE 229.

Devese, commandant de cette province en l'absence * de Mgr le duc de

Richelieu, pour le felicitter fur ce qu'il a efté fait lieutenant-general des armées du roy.

Lettre du roy (1) ecritte à M. de la Devefe, lieutenant general des armées du roy, commandant en Languedoc:

M. de la Deveze, j'ai pris la refolution de me rendre inceffament fur ma frontiere de Flandres pour y commander en perfonne l'armée que j'y ay fait affembler. La marque que j'ay receu de votre zelle dans toutes les occafions, & particulierement durant ma campagne de l'année dernière, me donnent lieu d'en attendre de nouvelles de votre part & ne me permettent point de douter que vous ne rempliffiez avec la même fidelité & avec la même exactitude les devoirs de la place que je vous ay confié. Sur ce, je prie Dieu qu'il vous ait, monfieur de la Devefe, en fa fainte garde. Ecrit à Verfailles le 5me mai 1745. Signé Louis, & plus bas Phelipeaux.

* Le 7e juin, MM. les confuls & greffier ont affifté, revetus de leur robe, au *te deum* chanté dans l'eglife cathedralle St. Pierre en actions de grace de la victoire que l'armée du roy vient de remporter en Flandres devant Fontenoy. Et le foir du meme jour, fur les 8 heures, il a efté fait un feu de joie à la place de l'hotel de ville; MM. les maire, confuls & greffier en robbe fe difpofant à partir de l'hotel de ville avec la fanfare pour aller prendre M. le marquis de la Devefe *, ledit feigneur auroit envoyé que fa fanté ne lui permettant point de venir à pied qu'il fe rendoit en chefe à l'hotel de ville à l'heure indiquée; & ledit feigneur fi eftant rendu à 8 heures, ledit fieur maire auroit marché avec lui cotte à cotte à fa gauche, fuivy defdits fieurs confuls & greffier. Et après les tours ordinaires, ledit buché a eté allumé, la compagnie des grenadiers du regiment de la Roche Aymond eftant fous les armes; & après le feu ledit feigneur fe retira de la meme maniere qu'il eftoit venu.

* Le 11e juillet, MM. les confuls & greffier, revetus de leur robbe, ont affifté au *te deum* qui a eté chanté dans l'eglife cathedralle de St. Pierre à l'occafion de la prife de la ville & chateau de Tournay. Et le foir du meme jour, fur les 8 heures, il a efté fait un feu de joye à la place de l'hotel de ville en la maniere ordinaire, auquel affifta M. de la Rochette, lieutenant de roy de la ville & citadelle, en l'abfence de M. le marquis de la Devefe, commandant, que M. le fecond conful fut prendre chez M. Marmier où il s'eftoit rendu.

* MM. les confuls & greffier, en robbe, ont affifté le 8 aouft au *te deum* qui a efté chanté dans l'eglife cathedralle de St-Pierre à l'occafion de la prife de la ville de Gand. Et le meme jour, il a efté fait un feu de joye à la place de l'hotel de ville, en la forme ordinaire, auquel a affifté M. le marquis de la Devefe, commandant.

* Du 22 aouft, MM. les confuls & greffier, en robbe, ont affifté au *te deum* qui a efté chanté dans l'eglife cathedralle St. Pierre à l'occafion de la prife

---

(1) Cette lettre eft tranfcrite pp. 271 & 272 du manufcrit.

d'Oudenàrde & de Bruges. Et, le meme jour, il a efté fait un feu de joye à la place de l'hotel de ville en la forme ordinaire.

* Du 8 feptembre, MM. les confuls & greffier, en robbe, ont affifté au *te deum* qui a eté chanté dans l'eglife cathedralle de St. Pierre à l'occafion de la prife de la ville d'Endormonde en Flandre. Et le même jour, fur les 8 heures du foir, il a efté fait un feu de joye à la place de l'hotel de ville en la forme ordinaire.

Le 19 feptembre, MM. les confuls & greffier, en robbe, ont affifté au *te deum* qui a eté chanté dans l'eglife cathedralle St. Pierre à l'occafion de la prife de la ville d'Oftande. Et le meme jour, fur les fept heures du foir, il a efté fait un feu de joye à la plaffe de l'hotel de ville en la forme ordinaire, auquel a affifté M. le marquis de la Devefe, qui envoya à MM. les confuls de ne point venir le prendre.

* Le 3 octobre MM. les confuls & greffier, en robbe, ont affifté au *te deum* qui a efté chanté dans l'eglife cathedralle St. Pierre, à l'occafion de la prife de la ville de Nieuport. Et le meme jour, fur les fept heures du foir, il a efté fait un feu de joye à la plaffe de l'hotel de ville en la forme ordinaire.

Le vingt un feptembre, le fieur Jean Louis Peliffier, de cette ville, a eté receu maître chirurgien juré de lad. ville en la forme & maniere accoutumée, ainfy qu'il eft expliqué cy devant, ayant prefté ferment entre les mains de M. le maire qu'il avoit prié la ville, de meme que MM. les confuls, d'affifter à lad. reception.

Le fixieme octobre, le fieur Jean Martin a efté receu maître chirurgien juré de lad. ville, en la forme & maniere accoutumée,* ayant prefté ferment entre les mains de M. Comte, premier conful, qu'il avoit prié la veille, de meme que les autres confulz, d'affifter à lad. reception.

Le 10 octobre, MM. les confuls & greffier en robbe, ont affifté au *te deum* qui a eté chanté dans l'eglife cathedralle St. Pierre, à l'occafion de la prife de Tortonne en Italie. Et le meme jour, fur les fept heures du foir, il a efté fait un feu de joye à la plaffe de l'hotel de ville en la forme ordinaire.

Le 24 octobre, MM. les confuls & greffier, en robbe, ont affifté au *te deum* qui a efté chanté dans l'églife cathedralle St. Pierre à l'occafion de la* prife des villes de Parme & Plaifance, en Italie, faite par l'armée d'Efpagne. Et le meme jour, fur les fept heures du foir, il a efté fait un feu de joye à la plaffe de l'hotel de ville en la forme ordinaire, auquel a affifté M. de La Rochette, lieutenant du roy.

Du 7 novembre, MM. les confuls & greffier, en robbe, ont affifté au *te deum* qui a eté chanté dans l'eglife cathedralle St. Pierre, à l'occafion de la victoire remportée par les troupes du roy jointes à celles d'Efpagne fur l'armée du roy de Sardaigne. Et le meme jour, fur les fept heures du foir, il a eté fait un feu de joye à la place de l'hotel de ville en la forme ordinaire, auquel a affifté M. le major en l'abfence de M. de Ladevefe & de M. le lieutenant du roy.

* Du 14 novembre, MM. les confuls & greffier, en robbe, ont affifté au *te deum* qui a efté chanté dans l'eglife cathedralle St. Pierre, à l'occafion de la prife d'Ath en Flandres. Et le meme jour, fur les fept heures du foir, il a eté fait un feu de joye fur la plaffe de l'hotel de ville, en la forme ordinaire.

Du 5 decembre, MM. les confuls & greffier, en robbe, ont affifté au *te deum* qui a eté chanté dans l'églife cathedralle St. Pierre à l'occafion des derniers avantages remportés par les troupes du roy en Italie. Et le meme jour, fur les fept heures du foir, il a eté fait un feu de joye fur la plaffe de l'hotel de ville, en la forme ordinaire.

Le 6e decembre, a efté fait l'ouverture du jubilé accordé par notre faint pere le pape, lequel a efté annoncé la veille par le fon des cloches de toutes les eglifes, depuis cinq heures du foir jufques à cinq heures & demy; & la cloture d'iceluy fe faira le 19e dud. par le fon defd. cloches.

*Du 11 janvier 1746, MM. les confuls n'ayant peu fe trouver à la porte de la ville pour complimenter Mgr l'archeveque de Narbonne, venant pour la tenue des Etats, à caufe qu'ils n'eftoint pas prevenus fur l'arrivée dud. feig., ils ont efté, en robbe, luy rendre vifitte chés madame de Flaugergues où il etoit logé, M. Comte, premier conful, ayant porté la parolle.

Le 20 janvier, jour de l'ouverture des Etats de la province, MM. les confuls & greffier, revetus de leur robbe, fe font rendus fur les dix heures du matin, avec la fuite confulaire, chés monfeig^r l'archeveque de Narbonne, prefident nay aux Etats, logé chés madame de Flaugergues, aprés avoir falué led. feigneur & fait leur compliment lefd. fieurs confuls lui ont offert de l'accompagner à l'affemblée des Etats, & led. feigneur eftant parti à pied avec la compagnie qui eftoit chés luy, pour fe rendre à lad. affemblée, MM. les confuls, * greffier & fuitte confulaire ont marché à la tete, & en cet ordre fe font rendus à la maifon de ville dans la grande falle & l'affemblée s'eftant formée, lefd. fieurs confuls & greffier ont pris leur place ordinaire ; s'eftant rendus à lad. affemblée, monfeigneur Le Nain, intendant en Languedoc, commiffaire principal pour le roy, MM. Bouffuges & Martin, treforiers de France, de Montpellier & de Touloufe, commiffaires du roy. L'ouverture a eté faite par led. feigneur le Nain en l'abfence de Mgr le duc de Richelieu, & par Mgr l'archeveque de Narbonne.

La veille dud. jour, MM. les confuls ont fait mettre fur la porte de l'hotel de ville les armes du roy, celles de fon alteffe Mgr le prince [de] Dombes, gouverneur de la province, celle de Mgr le duc de Richelieu, celles de monfeig. le Nain, commiffaire principal pour le roy, celles de la province & celles de la ville pour y refter pendant tout le temps de la tenue des Etats, comme auffi celles dud. feigneur le Nain, fur la porte de fon hotel.

*Le 25 janvier, M. le marquis de Caftries, maître de camp du regiment du roy & gouverneur de la ville & citadelle de Montpellier & fort de Cette, eft arrivé en cette ville pour la premiere fois, venant aux Etats pour fe faire recevoir baron, \& ayant difpenfé MM. les confuls de le recevoir à la porte de la ville, M. le maire & lefdits fieurs confuls & greffier, revettus de leurs robbes, ont eté lui rendre vifitte chez M. le Blanc, fecretaire du roy, où il eftoit logé.

1746.

Le même jour, fes armoiries furent pofées fur la porte de la maifon dudit fieur Le Blanc.

PAGE 244. * Le 3 mars, la benediction des Etats a eté donnée par Mgr l'archeveque de Touloufe, jour auquel les Etats ont fini.

Le 20 mars, MM. les confuls & greffier, en robbe, ont affifté au *te deum* qui a eté chanté cejourd'huy dans l'eglife cathedralle St. Pierre à l'occafion de la prife de la ville de Bruxelles, ayant efté priés la veille par les maitres de feremonie du chapitre St. Pierre.

Et le meme jour, fur les 7 heures du foir, a efté fait un feu de joye à la place de l'hotel de ville, auquel a affifté M. le marquis de la Devefe, commandant.

PAGE 246. * Le 6 may, MM. les lieutenant de maire & confuls, en robbe, ont efté faire vifitte à M. le premier prefident de cette ville, venant de Paris, où il avoit refté environ une année.

PAGE 249. * Le 26 juin, MM. les lieutenant de maire & MM. les confuls & greffier, en robbe, ont affifté au *te deum* qui a eté chanté cejourd'hui dans l'eglife cathedralle St-Pierre en action de graces de la prife de la ville & chafteau d'Anvers, ayant eté priés la veille par les maitres de ceremonie du chapitre St. Pierre. Et le meme jour, fur les 7 heures du foir, a eté tiré un feu d'artifice à la place de l'hotel de ville, auquel a affifté M. de la Rochette, lieutenant de roy.

Le 23 juin, veille de la fefte St. Jean Baptifte, le feu de joye a eté allumé fur les 8 heures du foir en la forme ordinaire, devant l'hotel de ville, par M. Nadal, lieutenant de maire & les confuls & greffier en robbe; la fuitte & fanfare ayant efté prendre M. le lieutenant de maire en l'abfence de M. de Maffillian, maire, qui etoit chez lui, n'ayant pas voulu y affifter, & MM. les confuls attendirent dans l'hotel de ville ledit fieur lieutenant de maire.

PAGE 250. * Le 30 juillet, MM. les maire, lieutenant de maire, confuls & greffier, en robe, ont efté faire une vifitte à M. Le Nain, intendant, fur fon retour de la cour.

Le 31 juillet, MM. les confuls & greffier, en robbe, ont affifté au *te deum* qui a efté chanté cejourd'hui dans l'eglife cathedralle St. Pierre, en action de graces de la prife de Mons en Flandres, ayant eté priés la veille par les maitres des ceremonies dudit chapitre. Et le meme jour, fur les 7 heures, a efté alumé au milieu de la place de l'hotel de ville un bucher en la forme ordinaire, n'y ayant pas eu un feu d'artificce ny fanfare, à caufe de la mort de madame la dauphine.

PAGE 251. * Le 12 aouft, MM. le lieutenant de maire & confuls, en robbe, ont eté au college des Jefuites faire la diftribution des prix en livres, en la forme ordinaire, ayant eté priés la veille par le prefet dudit college, les ecoliers avec un pere jefuite eftant veneu les chercher, & apres avoir eté complimentés par un des ecoliers, font partis, accompagnés defdits ecoliers & pere, precedés des tambours & de la fuitte confulaire & allés audit college, & apres ladite diftribution, n'y ayant pas eu de tragedie, ils ont eté reconduits à l'hotel de ville en la meme forme, avec les ecolliers qui avoint gagné le prix.

Le 16 aouft, jour & fefte de St. Roch, MM. les confuls, revetus de leurs robbes, ont affifté à la meffe qui a eté ditte dans la chapelle de St. Roch, dans la paroiffe Notre Dame des Tables, fur les 8 heures du matin, ont eté à l'offrande & affifté à la proceffion qui s'eft faite fur les 10 heures du matin ayant la grand meffe, ayant eu le pas fur les confreres de ladite confrerie de St. Roch.

* Le 21 aouft, MM. les confuls, en robbe, ont affifté au *te deum* qui a eté chanté ce jourd'hui dans l'eglife cathedralle St. Pierre en action de graces de la prife de St. Guillain & Charleroy, en Flandres, ayant efté priés la veille par les maitres de ceremonnie dudit chapitre St. Pierre. Le meme jour, fur les fept heures du foir, a eté allumé un bucher en la forme ordinaire, n'y ayant pas eu de feux d'artifice.

*Le 30 octobre, MM. les confuls ont affifté au *te deum* qui a efté chanté cejourd'hui dans l'eglife cathedralle de St. Pierre en action de graces de la prife de la ville & chateau de Namur en Flandres, ayant eté priés la veille par les maitres de ceremonie du chapitre St. Pierre. Le meme jour, fur les 7 heures du foir, a efté allumé un bucher & tiré un feu d'artiffice en la forme ordinaire.

Le 13 novembre, MM. les confuls, en robbe, ont affifté au *te deum* qui a efté chanté, cejourd'huy dans l'eglife cathedralle St. Pierre en actions de graces de la * victoire remportée dans les Pays-Bas par l'armée de M. le marechal comte de Saxe, ayant eté priés la veille par les maitres de ceremonie du chapitre St. Pierre. Le meme jour, fur les 7 heures du foir, a efté allumé un bucher & tiré un feu d'artiffice en la forme ordinaire.

Le 16 novembre, MM. les maire, lieutenant de maire & confuls ont eté, en robbe, rendre vifitte à Mgr de Crillon, archeveque de Narbonne, prefident né des Etats, logé chez madame de Flaugergues, venant pour la tenue des Etats, n'ayant peû le recevoir à la porte de la ville à caufe qu'on n'eftoit point prevenu de fon arrivée.

Du 24 novembre, ouverture des Etats de la province.

* Le lundi 2 mars 1747, le prince don Philipe, infant d'Efpagne & gendre du roy, revenant d'Aix, arriva en cette ville dans le deffein dy faire un affez long féjour. MM. les maire, lieutenant de maire & les confuls, fe rendirent à la porte du Pila St. Gely, où etant entre les deux portes, le prince fit arrefter fon carroffe, M. le maire offrit à fon alteffe royale le daix & de lui faire fon compliment; le prince refufa le daix & temoigna qu'il fouhaitoit recevoir la harangue à fon palais, & en confequence MM. les maire, lieutenant de maire, & confuls s'etant rendus une demi heure aprés au gouvernement (chés M. Defplans), ils furent introduits par le maître des ceremonies du prince, dans fa chambre, où M. de Maffillian, prefident & juge mage & maire, eut l'honneur d'haranguer S. A. R.

Le lendemain 3 mars, M. le maire, lieutenant de maire & confuls furent, revettus de leur robbe de ceremonie, voir M. le duc de Modene, logé chez

1746.

PAGE 252.

PAGE 253.

PAGE 254.

PAGE 257.

M. de Cambaceres Murles de Restinclieres, à la place de la Canourgue. Un gentilhomme vint les recevoir à la salle & les conduisit dans * l'apartement de son altesse serenissime, que M. Faure, docteur & avocat, harangua. Ce meme gentilhomme accompagna MM. les maire, lieutenant de maire & consuls jusques au palier de l'escalier.

En sortant de l'hotel de M. le duc de Modene ils furent chez M. le marquis de Lamina, cappitaine general, & ayant eté introduits dans son appartement, M. le maire lui fit un compliment auquel il répondit avec politesse & ils s'entretinrent quelque temps sur les abus qui s'estoint glissés dans les logements des seigneurs qui etoint à la suitte du prince, que les fourriers & les commissaires ordonnateurs avoint choisy à leur gré, & sur les moyens les plus propres pour corriger ces abus & pour les prevenir. M. le marquis de Lamina accompagna MM. les maire & consuls jusques à l'avant chambre de l'appartement qu'il occupoit dans la * maison de M. le marquis de Grave auprés des Jésuittes.

La ville n'a point fait dans cette occasion des presens au prince ny donné aucune demonstration de la joye publique de voir Son Altesse Royalle. On a cru qu'il suffisoit de l'avoir fait à son passage en 1742.

Les compagnies de justice & de finances n'ont point harangué le prince parce qu'elles n'avoint receu aucun ordre; c'est ainsy qu'on a usé à Aix, suivant la lettre que M. le procureur du pays de Provence a ecrit à MM. les consuls.

Le 15 mars, jour de l'anniversaire de la naissance du prince dom Philipe, sa cour fut tres brillante; il fut le soir à la comedie & fut souper chez M. le duc de Modene, qui etoit logé chez M. de Restinclieres à la Canourgue; MM. les maire & consuls avoint donné des ordres pour faire des illuminations; chacun s'empressa à l'envi de donner des preuves de son amour, de sa veneration & de son respect pour le prince.

* Le 5 avril, MM. les consuls en robbe ont assisté à l'enterrement de M. Durand Petieu, qui avoit eté premier consul en l'année.... Il a eté enterré dans l'eglise des grands carmes; lesdits sieurs consuls ayant eté invités la veille de la part de ses heritiers.

* Le 23 may, le prince dom Philippe, infant d'Espagne, partit du lieu de la Verune, aprés y avoir sejourné environ un mois pour aller en Provence, ayant sejourné en cette ville depuis le 2 mars, jour de son arrivée, jusques * à son depart pour la Verune. Il etoit logé à l'hotel occupé par Mgr le duc de Richelieu, & à la Verune, au chateau de Mgr l'eveque de Montpellier.

Le meme jour, Mgr le duc de Modene & M. de Lamina, cappitaine general de l'armée espagnole, partirent aussi pour la Provence.

Les deux bataillons des gardes valonnes partirent le meme jour, aprés avoir resté dans les casernes de cette ville depuis le 21 fevrier, jour de leur arrivée; & le meme jour il arriva encore environ 700 gardes valonnes qui logerent dans le cloitre du couvent des R. P. de l'observance. Ils coucherent sur la paille seulement pendant 15 jours de sejour qu'ils firent & partirent ensuite pour l'Espagne *. Le regiment des gardes lorraines partit de cette ville le 21 may; il etoit arrivé le 23 fevrier & fut caferné partie dans le cloitre du couvent des R. P. Recollets, partie au logis de la Couronne & partie dans le moulin à huille de M. Dumas, qui eft vis à vis l'hopital general. Enfuitte ces derniers furent cazernés à Boutonet où etoit anciennement l'eglife. Les habitants de cette ville & ceux de Boutonet qui voulurent s'exempter du logement fournirent des lits qui furent placés dans les endroits cy deffus nommés.

Le 21 juin, MM. les maire & confuls, en robbe, ont eté rendre vifitte à Mgr le prince Charles de Lorraine, grand ecuyer de France, qui etoit logé dans l'hotel occupé par Mgr le duc de Richelieu, commandant, où il a efté harangué par M. le maire.

*Le 29 juin, MM. les confuls, en chaperon, ont affifté à la proceffion qui a eté faite par le chapitre St. Pierre, à 6 heures du foir, à l'occafion de la fefte de ce faint, ayant eté priés la veille par le bedeau de la part dudit chapitre.

Le 1er juillet, fur les 11 heures du matin, MM. les confuls, en robbe, ont affifté à l'enterrement de M. Laplaine, avocat, ayant efté fecond conful en l'année ...., lefdits fieurs confuls marchant immediatement après le corps. Il a efté inhumé dans l'eglife des R. P. cordelliers.

Le 16 juillet, fur les 11 heures du matin, MM. les confuls, en robbe, ont affifté à l'enterrement de M. Azema, auditeur en la chambre des comptes, lieutenant de maire alternatif. Il a eté inhumé dans l'eglife des R. P. Recolets.

Le 30 juillet, MM. les confuls ont affifté au *te deum* qui a eté chanté à l'occafion de la conquette de la Flandre hollandoife, & fur le foir il fut fait un feu de joye.

* Le... aouft, MM. les confuls en robbe ont affifté à la tragedie qui a eté reprefantée au college des R. P. Jefuites.

*Le 22 aouft, MM. les confuls ayant eté priés de la part des heritiers de M. Vichet, treforier de France, d'affifter à l'enterrement dudit fieur Vichet, qui avoit eté maire par commiffion du grand fceau & enfuitte acquereur de l'office de lieutenant de maire de cette ville, lefdits fieurs confuls & greffier, en robbe, ont affifté audit convoi, marchant après MM. les treforiers de France, & precedent le deuil. Ledit fieur Vichet a efté inhumé dans l'eglife des R. P. de l'Obfervance.

* Le 5 feptembre, Mgr le duc de Richelieu eft arrivé en cette ville venant de l'armée de Flandres. MM. les confuls, en robbe, furent à la porte du Pilla St. Gely pour recevoir ledit feigneur, le complimenter & lui prefanter le daix. Mais comme il n'arriva que vers la minuit, lefdits fieurs confuls qui l'avoint attendu jufques à 9 heures, fe retirerent. Le 7 dudit, ledit feigneur eft parti pour quelque commiffion fecraite.

Le 22 feptembre, M. Antoine Reboul, avocat & juge des equivalens des diocefes de Montpellier & de Nifmes, a eté receu & inftallé en l'office de lieutenant de maire alternatif mitrienal de ladite ville, fuivant le proces verbal dudit jour inceré dans les regiftres des deliberations de la communauté.

1747.
PAGE 268.

* Le 22 septembre, Mgr Le Nain, intendant, accompagné de M. de Massillian, maire, & de MM. les consuls, en chaperon, a fait la ceremonie de la premiere pierre qui a eté posée pour la halle au poisson, à laquelle on a mis une plaque de cuivre, gravée aux armoiries dudit seigneur intendant, avec l'inscription qui suit :

Du regne de Louis XV, cette pierre a eté posée le 22 septembre 1747 par Mgr Jean Le Nain, chevalier, baron d'Asfeld, conseillier du roy en ses conseils, maître des requettes ordinaire de son hotel, & intendant de justice police & finance de Languedoc.

Et au revers de ladite plaque sont les armoiries de la ville, les noms de MM. les maire & consuls & greffier dont le nom est cy apres : M. de Massillian, maire, M. Comte, 1er consul; M. Salliens, 2e consul; M. Abauzit, 3e consul; M. Salles, 4e consul; M. Berger, 5e consul; M. Trentignan, 6e consul; M. Cassagnes, greffier.

Ledit seigneur, intendant, & MM. les maire & consuls estant sur les lieux, il a eté presenté par le sieur Giral, architecte, à M. l'intendant un tablier, & par les maçons, sur un bassin d'argent une truelle avec un marteau. Après la ceremonie faite, il a esté donné * aux maçons par Mgr l'intendant 2 louis d'or de 24 livres chacun, & par la ville 36 livres & 12 livres aux domestiques dudit seigneur intendant.

PAGE 269.

Le 15 octobre, MM. les maire & consuls en robbe ont assisté au te deum qui a eté chanté cejourd'hui dans l'eglise cathedralle de St. Pierre, en action de graces de la prise de Berg-op-Zoom, ayant eté priés la veille par les maîtres de ceremonie du chapitre St. Pierre. Le meme jour, sur les 7 heures du soir, a eté alumé un bucher & tiré un feu d'artifice en la forme ordinaire.

PAGE 272.

* Le 23 novembre, ledit jour, ouverture des Etats de la province.

1748.
PAGE 274.

* Le premier janvier, l'eglize des R. P. Jesuittes a esté benie par monseigneur l'evéque de Montauban, les Etats estant seans dans la presente ville.

M. le maire &.MM. les consuls, en chaperon, ont assisté à vespres au sermon & benediction ayant eté priés la veille par deux R. P. Jesuittes.

Le 8 fevrier, la benediction des Etats a eté donnée par Mgr l'archeveque de Touloufe, jour auquel les Etats ont finy.

PAGE 275.

* Le 14 dud. mois de fevrier, messire George Lazare Berger de Charency, eveque de Montpellier, fut trouvé mort dans son lit, sur les 6 heures du matin, & il fut inhumé dans l'eglise cathedralle St. Pierre dans le cavot de MM. les chanoines. Le 17 dud., les feremonies funebres furent faites de meme qu'à la mort de Mgr de Colbert, son predecesseur, à l'exception que MM. les tresoriers de France & messieurs les conseilliers au presidial n'ont point assisté au convoy.

Le dimanche 25e fevrier, aud. an, la chapelle de MM. les penitens bleus a esté benite par M. Bachellier, chanoine de l'eglise cathedrale St. Pierre. Messieurs les consuls, en chaperon, ont assisté à vespres, au sermon & benediction, ayant esté priés la veille par MM. les officiers de la confrerie.

PAEG 276.

* Le dimanche troisième mars, l'eglise des reverands peres mercenaires a efté benie par M. Lacroix de Candillargues, prevoft du chapitre St. Pierre, l'un des vicaires generaux ; MM. les confuls n'y ont point affifté n'ayant pas efté priés par lefd. R. peres.

Le dixieme mars, fur les trois heures apres midi, M. de Jaufferand a fait fon entrée en qualité de juge mage de cette ville, venant de fe faire recevoir au parlement de Touloufe. Il etoit precedé de la nobleffe, de la marechauffée & des huiffiers à cheval; enfuitte il venoit, precedé auffi des timballes, trompettes & haut bois & du chevalet, à la tette * du corps des procureurs au fenechal, au milieu des deux doyens, qui eftoint fuivis de tous fes clercs, auffi à cheval, & d'un cortege de carroffes qui eftoint allés le prendre à la metterie de M. Barre, juge du Petit Scel, tout auprés de St. Jean de Vedas, où il avoit difné. Le fixain St. Louis, avec fon commandant & autres officiers à la tefte, eftoit rangés en haye depuis le Cheval Vert jufques à la porte de la Sonnerie où led. fieur de Jaufferand eft entré.

Led. jour, MM. les confuls & greffier, en robbe, ayant fceu que led. fieur de Jaufferand eftoit deffandu à fa maifon, fur les 4 heures du foir, l'ont efté vifiter, ayant accompagné lefd. fieurs confuls jufques à la porte de la rue.

Il fut inftallé le jeudy fuivant par M. de Maffillian, fon predeceffeur, & maire de la ville, commiffaire à ce deputé par le parlement.

Le lendemain vendredy, le fieur Caftan, greffier du prefidial, vint avertir MM. les maire, lieutenant de maire * & confuls que M. Jaufferand devoit tenir le lendemain fa premiere audiance, & en confequence M. Reboul, lieutenant de maire, & MM. les confuls, fe rendirent au palais led. jour famedi, fur les neuf heures, & étant à l'entrée de la falle d'audience, led. fieur Caftan, greffier, vint les recevoir à la porte & conduifit M. le lieutenant de maire dans la chambre du confeil, où il prefta ferment entre les mains de M. Jaufferand, en qualité de viguier. Il avoit eté convenu qu'il feroit admis à prendre la place de viguier, attendu que M. de Maffillian, prefident au prefidial, quy, malgré l'aplication qu'il avoit fait de la premiere place, l'a cependant confervée, en confequence d'un ordre de Mgr le chancellier & d'une deliberation de fa compagnie, à la priere & du confentement de fon fucceffeur, eft auffi revetu de la charge de maire à laquelle celle de viguier eft unie, & qu'il eut eté indeffent que M. le maire * prit la place de viguier, c'eft à dire qu'il fiegat audeffus du doien dans un tribunal où il avoit droit de prefider, & qu'il ne pouvoit dans le meme fiege y remplir des fonctions differentes. D'ailleurs, M. les lieut. de maire font en droit de jouir par devolu des honneurs accordées aux maires.

MM. les officiers du prefidial, & M. Reboul etant fur le fiege, & MM. les confuls etant affis fur un banc couvert d'un tapis fleur de lifé, le placet prefanté pour demander la confirmation des ftatuts & privileges de la ville fut appellé; M. Farjon fils, avocat, plaida, fit connoître l'ancienneté, la faveur & la juftice des articles qui font en vigueur. Pendant la plaidoirie de M. Farjon, MM. les confuls fe tinrent debout & couverts; ils fe decouvrirent lors des conclufions prifes par M. Farjon & lorfque M. le jugemage

1748.

Page 277.

Page 278.

Page 279.

1748.
PAGE 280.

prononça la confirmation defd. ftatuts; ils furent affis & couverts pendant la plaidoirie de M. Soulier, avocat du roy.* Cette ceremonie etant finie, MM. les lieutenant de maire & confuls furent chés M. le jugemage pour le remercier. M. Reboul ne l'harangua point à ce fujet.

M. Reboul avoit eté la veille de l'audiance voir tous les officiers du prefidial, fuivant la forme ordinaire, qui ne l'obligeoit point à les trouver chés eux.

Le 24 avril, MM. les maire, confuls & greffier, en robbe, ont eté faire compliment à M. Le Nain, intendant, fur la dignité de confeillier d'etat que fa majefté lui a accordé; il eft allé le meme jour chés M. le maire le remercier.

PAGE 281.

* Du 5 may, MM. les confuls, en robbe, ont eté faire vifitte à M. le marquis de Lamina, general de l'armée d'Efpagne, venant de la cour d'Efpagne.

PAGE 282.

* Le fix juin, fur les dix heures du matin, MM. les confuls & greffier, en robbe, ont affifté à l'enterrement de haut & trés puiffant feigneur Pierre Paul de Clerc de la Deveze, chevalier, feigneur de Beaufort, Gigors, Pierrerue, Ferrieres, &c., lieutenant general des armées du roy, commandant en Languedoc fous les ordres de M. le duc de Richelieu, commandant en chef dans lad. province, decedé le jour d'hier dans la maifon de M. Perier, banquier, fcituée hors la porte de Lattes.

Le convoy & enterrement a eté fait fuivant l'ordre cy apres, jufques dans l'eglife paroiffiale de St. Denis où le corps a eté inhumé dans un tombeau, qui eft dans la chapelle à main droite pres le fantuaire.

La maréchauffée, les compagnies de milice de Lorraine en garnifon dans la cittadelle, deux piéces de canon trenés par des foldats; à chaque canon il y avoit un crefpe. M. le comte de Baviere, brigadier des armées

PAGE 283.

de fa majefté catholique, cappitaine * dans les gardes wallonnes l'epée nue à la main eftoit fur un cheval garni d'un caparaffon noir. Le regiment de milice de Libourne, les officiers eftant chacun dans leur divifion, les valets de ville avec les pertuifanes, la confrerie de MM. les penitens blancs, tous les ordres religieux, les quatre paroiffes, le chapitre St. Pierre. Le drap d'honneur a efté porté par MM. de Campo Santo, Lacroix, Heron, &c., lieutenants generaux d'Efpagne (le quartier general de l'armée d'Efpagne eftant de fejour dans la prefente ville), enfuitte venoit le corps y ayant avant & apres vingt cinq pauvres de l'hopital qui portoint chacun un flambeau blanc. Immediatement aprés le corps, marchoit MM. les confuls &

PAGE 284.

greffier precedés des efcudiers. M. de Mellet, lieutenant de roy * de la ville & citadelle, faifoit le deuil. Il eftoit mené par deux officiers gardes walonnes. Enfuite marchoint tous les officiers des quatre bataillons des gardes walonnes, la nobleffe & plufieurs habitans. En ceft ordre, le convoy a paffé devant l'hotel de M. le duc de Richelieu, le long de la grande rue jufqu'à la paroiffe St. Denis où le corps a eté inhumé. Aprés la meffe qui fut chantée en mufique & cellebrée par M. Blay, chanoine, MM. les confuls furent les premiers à l'offrande. Pendant l'abfoute, les troupes firent plufieurs decharges, de meme que le canon de la citadelle, & depuis le moment de la mort jufqu'à ce que le corps fut inhumé, il tiroit à chaque heure.

Le 7 dudit mois de juin, MM. les confuls, en chaperon, furent rendre vifite à M. Lebrun, marechal de camp, commandant, attendu le deceds de M. le marquis de la Deveze.

* Du 10 aout, les 4 bataillons des gardes valonnes logés dans les cazernes depuis le 30 janvier 1747 font partis ledit jour 10 aouft.

* Le 1er feptembre, MM. les lieutenant de maire & confuls en chaperon ont affifté à la proceffion generale qui a efté faite pour demander de la pluye au Seigneur pour le bien de la terre.

Le 23 dudit, le fieur Pons a efté receu maître chirurgien juré de ladite ville, en la forme & maniere accoutumée, ainfi qu'il eft expliqué cy devant, ayant prefté ferment entre les mains de M. Nadal, lieutenant de maire, qu'il avoit prié la veille, de meme que MM. les confuls, d'affifter à ladite reception.

* Le dimanche 27 octobre, il fut fait des rejouiffances à l'occafion de ce que le roy avoit honnoré Mgr. le duc de Richelieu, commandant en chef dans la province, du baton du marechal de France. MM. les maire & confuls firent tirer un feu d'artifice à la place de l'hotel de ville & mirent feu au bucher qui eftoit au milieu de ladite place. Les fixains etoint fous les armes & firent trois falves & le canon de la citadelle tira; enfuitte l'hotel de ville fut illuminé avec des flambeaux cire blanche, & il y euft une illumination generalle dans toute la ville.

Le 13 novembre, MM. les confuls & greffier, revetus de leurs robbes, ont efté à l'eveché rendre leurs devoirs pour la premiere fois à Mgr de Villeneuve, eveque de Montpellier, eftant arrivé la veille, venant de Paris. Il a rendeu * à MM. les confuls les memes honneurs que fes predeceffeurs ont rendu en femblable cas & les a accompagnés jufqu'au perron de l'efcallier, il eft à obferver que la communauté ne lui a fait aucune deputation pour aller à fon rencontre & qu'elle a fuivi dans cette occafion ce qui fut pratiqué à l'egard de Mgr de Charancy, fon predeceffeur, lorfqu'il vint de St. Papoul.

Le 16 dudit, MM. les lieutenant de maire, confuls & greffier, revetus de leur robbe, ont efté à la porte du Peyrou attendre Mgr l'archeveque de Toulouze qui doit prefider aux Etats en l'abfence de Mgr l'archeveque de Narbonne, où il a efté complimenté par lefdits fieurs lieutenant de maire & confuls. Le canon de la citadelle a tiré, & les armoiries ont eté pofées fur la porte de M. de Reftinclières, où ledit feigneur archeveque logeoit.

* Le 20 novembre, Mgr le marechal duc de Richelieu, commandant en chef dans la province, eft arrivé en cette ville fur les trois heures du foir, venant de Gennes où il commandoit les troupes combinées de France & d'Efpagne, & où il receut le baton de marechal de France dont le roi l'a honnoré. MM. les maire & confuls & greffier, revettus de leurs robbes, furent à la porte du Pilla St. Gelly, & ledit feigneur eftant arrivé au devant du logis de la Couronne où MM. les maire & confuls l'attendoit, il def-

1748.

cendit de fon carroffe & fut harangué par M. de Maffillian, maire, & enfuitte il lui prefenta le daix qu'il ne vouleuft point accepter & remonta en carroffe. Le 4me bataillon du regiment de Bourbonnois, en quartier dans les cazernes, borda la haye de long de l'Efplanade, depuis la porte de la ville jufqu'à l'hotel dudit feigneur. Le foir, fur les 7 heures, l'hotel de ville fut illuminé avec de flambeaux de cire blanche, & il y euft une illumination generalle dans toute la ville; le chevalet fut monté de l'ordre de MM. les maire & confuls.

Page 290.

* Le roy ayant ordonné la convocation des Etats, l'ouverture en a eté faite cejourd'huy 21 novembre. MM. Nadal, lieutenant de maire & confuls, revetus de leur robbe, font allés chez Mgr l'archeveque de Touloufe logé chez M. de Cambaceres Reftinclieres, qui en devoit faire l'ouverture en l'abfence de Mgr l'archeveque de Narbonne, prefident né, & après que ledit feigneur archeveque de Toulouze a eté complimenté par ledit fieur Nadal, lieutenant de maire & confuls, lui ont offert de l'acompagner à l'hotel de ville, de quoy il les a remerciés etant obligé d'aller en chaife. Toutes les autres ceremonies ont eté faites en la forme & maniere accoutumée.

Du 11 decembre, MM. les confuls, en robbe, ont affifté à l'audiance de la cour des comptes, aides & finances.

1749.
Page 291.

* Le 3 janvier 1749, MM. les confuls, en chaperon, ont efté voir M. Le Brun, commandant de cette province, en l'abfence de M. le marechal duc de Richelieu, pour le felicitter de ce qu'il a eté fait lieutenant general des armées du roy.

Le 4 janvier, la benediction des Etats a eté donnée par Mgr l'archeveque de Toulouze, jour auquel les etats ont finy.

Le 28 janvier, le fieur Jean Galabert fils, de cette ville, a eté receu maître chirurgien juré de ladite ville en la forme & maniere accoutumée.

Du.... fevrier, le fieur Jofeph Sarrau fils, de cette ville, a efté receu maître chirurgien juré.

Le 15 fevrier, le fieur Efpinas fils, de cette ville, a efté receu maître chirurgien juré.

Mémoires des greffiers de la ville. Vol. VIII, p. 1.

Relation de la publication de la Paix

M. Lebrun, lieutenant general, commend. dans la province fous les ordres de Mgr le marechal duc de Richelieu, ayant receu les ordres du roy pour faire publier la paix faite entre très haut, très excelent & très puiffant prince, Louis, par la grace de Dieu roy de France & de Navarre, & très haut, très excellent et très puiffent prince, George, roy de la Grande-Bretagne, electeur de Brunfwick-Lunebourg, & très haute, très excellente & très puiffante princeffe Marie Therefe, reine de Hongrie & de Boheme, imperatrice des Romains, ecrivit une lettre à MM. les maire, lieutenant ordinaire & confuls pour leur en donner connoiffance, & pour affifter au te *deum* & ajouter à cette pieufe ceremonie, de feux de joye & toutes les marques de rejouiffances publiques.

Le famedy premier mars mil fept cens quarante neuf, à une heure aprés midy *, MM. les confuls s'etant rendus à l'hotel de ville à l'effet de ladite publication, fe revetirent de leurs robes, & etant montés à cheval, allerent precedés de hallebardiers, compagnons du guet, des tambours de la ville, des haut-bois, tous à pied, des trompettes & timballiers, de fix efcudiers, des deux cappitaines de la fuitte, des fieurs Caffagne fils, & Bedos, commis au greffe de l'hotel de ville, & de Me Jean Caffagne, greffier confulaire, tous à cheval, à la maifon de M. Nadal, lieutenant de maire (M. de Maffilian, maire, n'ayant pas affifté à cette feremonie), fcituée dans la rue des treforiers de France, où etant arrivés, ledit fieur Nadal, qui attendoit lefdits fieurs confuls, monta à cheval, portant fa robbe de velours cramoify doublée d'hermine, fe mit à la tete defdits fieurs confuls, marchant cotte à cotte avec M. Comte, premier conful, vinrent fur la place de l'hotel de ville, & s'étant rangés, MM. Salliens & Trintinian, fecond & fixiéme confuls, deffendirent de cheval, poferont leurs robes, & allérent, en chaperon, chez M. Jaufferand, juge mage, lui dire que MM. les lieutenant de maire & confuls etoint à cheval fur la place de l'hotel de ville, qu'il eut la bonté de s'i rendre à l'effet de faire la publication de la paix; à quoy ledit fieur * Jaufferand ayant repondeu qu'il alloit partir pour fe rendre à l'hotel de ville, lefdits fieurs confuls prirent congé dudit fieur juge mage qui les accompagna jufques au feuil de la porte de l'efcallier, & revinrent à l'hotel de ville reprendre leurs robbes & monterent à cheval prendre leur place.

Aprés quoy, M. le juge mage, en robe rouge, le bonnet carré, accompagné de M. Lagarde & de M. Rouffet Tournel, confeillers, & du fieur Durant, greffier en chef, en robe de ceremonie & bonnet carré, tous à cheval, s'etant rendus devant l'hotel de ville precedez de deux fergents & de vingt grenadiers du regiment de Bourbon, des cavalliers de la marechauffée conduits par le fieur Tarteiron, brigadier des huiffiers, en robbe & bonnet carré, des haut-bois, du fieur Caftanier, fecretaire de M. le juge mage, fans robe, & du fieur Caftan, commis au greffe, portans la robe & bonnet carré, & aprés s'eftre fait des civilités reciproques avec MM. les lieutenant de maire & confuls, & qu'ils fe feurent rangés devant l'hotel de ville, les trompettes & haut-bois, de part & d'autres, donnerent pendant trois fois; & la premiere publication fut faite par le fieur Caftan, commis du greffier du prefidial, devant l'hotel de ville; & par le fieur Caffagne, greffier confulaire, devant * la maifon du fieur Vialars, me; lefquels greffiers firent lecture de l'ordonnance du roy, dont la teneur s'enfuit:

1749.

PAGE 2.

PAGE 3.

PAGE 4.

Ordonnance du roy du 1er fevrier 1749. De par le roy, on fait fçavoir à tous qu'une bonne ferme, ftable & folide paix, avec une reconciliation entiere & fincere a eté faite & accordée entre trés haut, trés excellent & trés puiffant prince, Louis par la grace de Dieu, roy de France & de Navarre, notre fouverain feigneur, & trés haut, trés excellent & trés puiffant prince, George, roy de la grande Bretagne, electeur de Brunfwik Lunebourg, & trés haute, trés excellente & trés puiffante princeffe Marie Therefe, reine de Hongrie & de Boheme, imperatrice des Romains & leurs vaffaux, fujets & ferviteurs en tous leurs royau-

1749.
PAGE 5.

mes, pais, terres & seigneuries de leur obeissance, que ladite paix est generale entre eux & leurs vassaux & sujets & qu'au moien d'icelle il leur est permis d'aller, venir, retourner & * sejourner en tous les lieux desdits royaume, estats & pais, negocier & faire commerce de marchandises, entretenir correspondance & avoir communication les uns avec les autres, & ce en toute liberté, franchise & seureté, tant par terre que par mer & sur les rivieres & autres eaux, & tout ainsy qu'il a eté & deu estre fait en temps de bonne, sincere & amiable paix, telle que celle qu'il a pleu à la divine bonté de donner audit seigneur roy, aud. seigneur roy de la grande Bretagne, electeur de Brunswik Lünebourg, à lad. dame reine de Hongrie & de Boheme, imperatrice des Romains, & à leurs peuples & sujets, & pour les y maintenir il est tres expressement defendu à toutes personnes, de quelque qualité & condition qu'elles soient, d'entreprendre, attenter ou innover aucune chose au contraire d'icelle sur peine d'etre punis severement comme infracteurs de paix & perturbateurs du repos public, & afin que personne ne puisse en pretendre cause d'ignorance, la presente sera lue, publiée & affichée ou besoin sera. Fait à Versailles le premier fevrier mil sept cent quarante-neuf. Signé Louis, & plus bas M. P. de Voyer d'Argenson, Estienne Le Brun, lieutenant general des armées du roy, commandant en la province de Languedoc,

PAGE 6.

Veu l'ordonnance du roy. ci-dessus, nous ordonnons * que la presente ordonnance sera lue, publiée & affichée dans toutes les villes & lieux de cette province, à ce que personne ne puisse en pretendre cause d'ignorance. Fait à Montpellier ce 19 fevrier 1749. Signé Lebrun, & plus bas : par monseigneur : de Beaulieu.

Aprés les publications faites, le peuple cria « vive le roy », & M. le juge mage, conseillers, leur greffier, MM. les lieutenant de maire, consuls, greffiers & commis, jetterent au peuple quantité de paquets de confiture & dragées, & ensuite se mirent en marche en l'ordre qui suit :

Marche de M. le juge mage : Un sergent & douze grenadiers du regiment de Bourbonois ; les cavaliers de la marechaussée, conduite par le sieur Tarteiron, brigadier à cheval ; les huissiers en robbe & bonnet carré, à cheval ; les haut-bois, à pied ; led. Castanier, secretaire de M. le juge mage, sans robe, à cheval ; & ledit Castan, commis au greffe, en robbe, à cheval ; M. le juge mage, en robbe rouge, le bonnet carré, & MM. Lagarde & Rouffet Tournel, conseillers, & Durant, greffier en chef, en robe noire & bonnet carré.

PAGE 7.

* Marche du corps de ville : les dix hallebardiers à pied, ayant une cocarde à leurs chapeaux & de rubans flottans à leurs hallebardes ; les quatre compagnons du guet, de meme ; les sept tambours de la ville, de meme ; le haut-bois, de même ; les trompettes & le timbalier à cheval, portant de cocardes & de rubans à leurs trompettes ; les six escudiers à cheval, avec de cocardes & de rubans flotans à leurs nasses ; les deux cappitaines de la suitte, à cheval, ayant de cocardes à leurs chapeaux ; un homme, à cheval, qui portoit l'etandar, ayant aussi une cocarde à son chapeau ; led. Cassagne, greffier, en robe, à cheval, ayant à ses cottés les sieurs Cassagne & Bedos, ses commis, à cheval ; M. le lieutenant de maire, en robe de velours cramoisy doublée d'hermine, une veste de drap d'or & de botte, & un plumet noir à son chapeau, sans epée ; M. Comte, premier consul, marchant cotte à cotte, avec led. sieur lieutenant de maire ; MM. Salleins & Abauzit, second & troisieme consuls, MM. Sales & Berger, quatrieme & cinquieme consuls ;

PAGE 8.

M. Trintinian, sixieme consul ; lesd. sieurs lieutenant de maire, consuls *, greffier & ses deux commis, portant chacun un abressac de taffetas bleu, doublé, orné de cocardes & d'une ceinture de rubans bleu, dans lesquels abressacs il y avoient de confitures & de dragées pour jetter au peuple ; leurs chevaux portoint de cocardes de ruban à la tete & à la queue ; apres led.

cortege marchoit un fergent & huit grenadiers du regiment de Bourbonois, pour retenir la foule du peuple.

1749.

En cet ordre, ils ont defilé long de la rue de l'hotel de ville & devant l'hotel de M. le marechal duc de Richelieu, commendant en chef dans la province, où il a eté fait la feconde publication par le greffier de M. le juge mage devant la porte dud. hotel & par le greffier confulaire au coing de la Peyre.

Enfuite, ils ont continué leur marche par la grand'rue au coin de M. de Remife, devant le Petit St. Jean, tourné à la place des Multiplians, à la rue de St. Guilhem par la maifon de M. Goudard, devant M. Lebrun, commendant, où la troifiéme publication a eté faite par le greffier du juge mage, devant la porte dudit fieur Lebrun, & par le greffier confulaire devant la maifon dudit fieur Goudard. De là ils ont paffé jufqu'au coin de la * maifon de M. le prefident Crouzet, tourné à la rue de Ste. Anne chez M. le juge mage où la quatrieme publication a eté faite par le greffier dud. juge mage devant fa maifon, & par le greffier confulaire devant l'eglife de Ste. Anne. De là ils ont paffé devant la maifon de M. Vacquier, entrés dans la rue de St. Firmin, à la place de la Poiffonnerie & au Grand Temple, devant l'Intendance, où la cinquieme publication a eté faite par le greffier de M. le juge mage devant l'hotel, & par le greffier confulaire à l'entrée de la place du Grand-Temple. Enfuite ils ont paffé dans la rue qui va au palaix, dans la grand rue du Palaix, hors la porte du Peyrou, devant l'equeftre, M. le juge mage ayant paffé fur la droite, & MM. les lieutenans de maire & confuls fur la gauche où il a eté fait la fixieme publication par le greffier de M. le juge mage, à coté droit, en regardant la face de l'equeftre, & par le greffier confulaire du coté gauche. Après avoir fait le tour, font reantrés dans la ville par ladite porte du Peyrou, dans la grand rue du Palaix, devant le palaix, où la feptieme publication a eté faite par le greffier du juge mage devant la porte du palaix, & par le greffier confulaire au coin de la maifon de M. le prefident St. Martial.

PAGE 9.

De là ils ont fait le tour du puids du plan du * palaix; & la pluye etant furvenue de façon à ne pouvoir point continuer les publications que reftoint à faire, fçavoir : devant l'eglife cathedralle, devant l'hotel Dieu, devant la maifon de M. de Maffillian, maire, à la citadelle & devant la maifon de M. Nadal, lieutenant de maire, ils ont eté droit à l'hotel de ville, paffant par la rue de la Barralerie; & etant arrivés fur la place, toujours la pluye fur le corps, fe font rangez, fçavoir : M. le juge mage devant la maifon de M. Vialars, marchant, & MM. les lieutenant de maire & confuls devant l'hotel de ville. Et après s'eftre falués reciproquement, ledit fieur juge mage, avec les officiers & les gens qui etoint à fa fuite, s'eft retiré; & MM. les lieutenant de maire & confuls continuerent leur marche jufques à la maifon dudit fieur lieutenant de maire, où MM. les confuls l'ont laiffé. Et après les avoir remerciés, ils font revenus à l'hotel de ville, où ils fe font feparez.

PAGE 10.

Dans toutes les rues où ils font paffés, ils ont jetté quantité de paquets de confitures & de dragées au peuple.

1749.

PAGE 11.

Le foir du meme jour, M. de Maffilian, maire, a donné un fuperbe repas à M. le lieutenant de maire, confuls & greffier.

* Le lendemain 2 mars, MM. les maire, confuls & greffier, en robbe, ont eté fur les quatre heures aprés midy à l'eglife St. Pierre affifter au *te deum* qui a eté chanté dans ladite eglife. M. Lebrun, lieutenant general commendant fous les ordres de M. le marechal duc de Richelieu, commendant en chef dans la province, & quantité d'officiers, ont affifté au *te deum*. M. Le Nain, intendant, etoit abfent. Le regiment de Bourbonnois etoit fous les armes devant & dans l'eglife.

Le meme jour, fur les fept heures, MM. les maire, lieutenant de maire, confuls & greffier, en robbe, à la lueur de flambeaux, precedés des tambours, trompettes & haut-bois, mirent le feu au buché qui avoit eté preparé devant le feu d'artifice qui avoit eté dreffé fur le balcon de l'hotel de ville.

Quoique M. Lebrun eut affifté au *te deum*, il n'affifta point au feu, en confequence de l'ordre porté par la lettre de M. de Saint-Florentin, en date du 30 juin 1730, qui fait la diftinction des feux militaires de ceux qu'on appelle feux pacifiques.

La bourgeoifie etoit fous les armes, & firent plufieurs decharges à chacune defquelles le peuple crioit « vive le roy ! »

PAGE 13.

* Le 8 may, MM. les confuls, en robbe, ont affifté à l'affemblée de l'academie des fciences qui s'eft faite dans l'hotel de ville.

Le 27 may, MM. les confuls en robbe ont affifté à la nommination de MM. les intendans de l'hopital St. Eloy, ayant efté priés la veille par M. Combelle, findic *, qui eft venu ce jourd'huy à l'hotel de ville pour les prendre, & il les a accompagnés audit hopital.

PAGE 14.

1750.
PAGE 17.

* Du 16 janvier 1750, MM. les maire, lieutenant de maire & confuls en robbe, ont efté faire vifitte à M. l'intendant eftant arrivé le 15 dud. de Paris, où il avoit fait un long fejour.

Le 28 janvier, MM. les maire, lieutenant de maire & confuls & greffier, en robbe rouge, ont efté faire vifitte à Mgr le marechal duc de Richelieu venant de la cour pour la tenue des Etats n'ayant peu eftre vifible que led. jour eftant arrivé lundy dernier fur les dix heures du foir, & au fortir de chés led. feigneur ils ont efté en manteau court & chaperon faire vifitte à M. Le Nain, intendant, à MM. les commiffaires du roy, à MM. les eveques & MM. les barons des etats.

Le 29 janvier, ouverture des Etats.

PAGE 20.

* Le 14 avril, le fieur Vigaroux fils, de cette ville, a efté receu maiftre chirurgien juré de lad. ville en la forme & maniere accoutumée, ainfi qu'il eft expliqué au regiftre precedent, ayant prefté ferment entre les mains de M. Salles, conful.

PAGE 21.

* Le 26 avril, les perfonnes qui compofent la maifon de la fuite de fon A. R. madame l'infante d'Efpagne, ducheffe de Savoye, font arrivées en cette ville, & font parties le lendemain 27 pour aller attendre cette princeffe fur les frontieres d'Efpagne, & enfuitte revenir avec la princeffe pour fe rendre à Turin.

Le 16 may, S. A. R. madame l'infante d'Espagne, duchesse de Savoye, alant à Turin, arriva en cette ville sur les sept heures du soir. MM. les lieutenant de maire, consuls & greffier, revetus de leurs robes, s'estoint rendus à la porte de la Sonnerie, hors la ville. Elle ne fut point* haranguée, en consequence de ce qui avoit eté reglé par M. de Granges, maître des ceremonies de France, depuis la porte de la ville jusqu'à l'hotel de M. le marechal, duc de Richelieu, où madame la duchesse logea. Les rues estoint bordées des deux costés par les regiments de la marine & de Conty. Elle deffendit du carrosse dans la basse-court dudit hotel, & fut receue par Mgr Le Nain, intendant & plusieurs autres seigneurs qui l'accompagnerent dans les appartements qu'on lui avoit preparés. Madame de Salas, premiére dame d'honneur, madame la baronne de Valaise, dame d'atour, & madame la marquise d'Almare, dame du palais, logerent dans ledit hotel, comme aussi les six pages & plusieurs autres personnes de la suitte. Les autres dames & seigneurs furent logés sans billest, tant chés MM. les officiers de la cour des aides que chés MM. les tresoriers de France, MM. les consuls ayant esté auparavant faire compliment au chef des compagnies.

Les autres personnes de la suitte furent logées chés les bourgeois, marchants & autres habitans, & la plus grande partie des équipages aux casernes.

Le lendemain 17, feste de la Pentecoste, madame la duchesse fut sur les onze heures du matin * entendre la messe dans la chapelle des penitens blancs; & MM. les lieutenant de maire, consuls & greffier, revetus de leurs robes, se rendirent sur l'heure de midy à l'hotel de Mme la duchesse où ils firent porter les presents qu'ils avoient à lui offrir de la part de la ville. Et ayant esté introduits dans les appartements par M. de Granges, maître des ceremonies de France, ils presanterent à Mme la duchesse les presents qui consistoint en trois sultans moere d'argent, couleur de rose, blanc & bleu, un bordé d'une dentelle d'or de Paris, & les deux autres d'une dentelle d'argent à brillant; dix-huit sachets de poche moere d'argent de plusieurs couleurs, remplis de poudre de senteur, le tout dans une corbeille d'osier doublée de taffetas vert piqué, avec des poudres de senteur, & par dessus estoint les armes de la ville, peintes sur le taffetas.

A M. de Granges, maître de ceremonies, une caisse contenant 24 bouteilles de trois truquettes chacune, contenant des muscats ou liqueurs, que la communauté eut soin de lui envoyer à Paris, quittes de tous fraix.

Le lendemain 18, Mme la duchesse partit à 8 heures de matin aprés avoir entendu la messe à la chapelle des penitens * blancs.

Quarante cavaliers de la marechauffée, commandés par un lieutenant, deux exempts & sept brigadiers, furent sur les frontieres de la province pour l'attendre & l'ont suivie dans sa marche jusques à Tarascon.

* Le 27 juillet, MM. les consuls, en robbe, ont esté faire visitte à M. le comte de Maillebois, lieutenant general des armées du roy & de la province de Languedoc & inspecteur general de l'infanterie, logé à l'hotel de Mgr le marechal duc de Richelieu, estant venu en cette ville pour faire la

reveue. Il a accompagné lesdits sieurs consuls jusques à la porte de la salle des gardes de M. le marechal.

Le 13 aoust, MM. les maire, lieutenant de maire & consuls, en robbe, ont esté au college des Jesuites faire la distribution des prix en livres, en la forme ordinaire, ayant eté priés la veille par le pere prefet dudit college ; les ecoliers avec un pere jesuite estant venus les chercher, & aprés avoir eté complimentés par un des ecoliers, sont partis accompagnés desdits ecoliers & pere, precedés des tambours & de la suitte consulaire, & allés audit college pour assister à la tragedie qui a eté represantée par lesdits ecoliers. Aprés la piece, ils ont distribué lesdits prix, & ensuite lesdits ecoliers ont* reconduit lesdits sieurs maire, lieutenant de maire & consuls à l'hotel de ville dans le meme ordre qu'on etoit venu les prendre.

* Le 1ᵉʳ septembre, le sieur Jean Alquier a esté receu maistre chirurgien juré de la ville de Montpellier en la maniere accoutumée, ainsi qu'il est expliqué au registre precedent. Il a presté serment entre les mains de M. Nadal, lieutenant de maire.

Le 14 septembre, MM. les consuls, en robbe, ont assisté au *te deum* qui a esté chanté ce jourd'huy dans l'eglise cathedralle St. Pierre à l'occasion de la naissance d'une princesse dont Mᵐᵉ la dauphine vient de s'accoucher, ayant eté priés la veille par le maître des ceremonies du chapitre.

Et le meme jour, sur les sept heures du soir, a eté alumé au milieu de la place de l'hotel de ville un bucher, & tiré un feu d'artifice auquel a assisté M. Nadal, lieutenant de maire, & MM. les consuls en robe, qui ont alumé ledit bucher.

Le 23 septembre, S. A. S. Mᵐᵉ la comtesse douarière de Toulouse, venant des bains de Bareges, arriva en cette ville sur les cinq heures * du soir. MM. les lieutenant de maire, consuls & greffier, revetus de leur robbe, s'estoint rendus à la porte de la Sonnerie hors la ville. Elle fut haranguée par M. Nadal, lieutenant de maire, depuis la porte de ladite Sonnerie jusqu'à l'hotel de Mgr le marechal duc de Richelieu où S. A. S. logea. Les rues estoient bordées de deux cotés par les regiments de la marine & de Conti. Elle deffendit du carrosse dans la bassecourt dudit hotel, & fut receue par M. Lebrun, commandant, & etat major qui l'accompagnerent dans les appartements qu'on lui avoit preparé. Mᵐᵉ Dantin & Mᵐᵉ de Mailly, qui accompagnoint S. A. S., logerent aussi dans ledit hotel, & toutes les personnes de la suitte.

Une heure apres son arrivée, M. le lieutenant de maire, consuls & greffier, revetus de leurs robes, se rendirent à l'hotel de S. A. S. où ils furent porter le present qu'ils avoint à lui offrir de la part de la ville. Et ayant eté introduits dans son apartement, ils lui presenterent le present, qui consistoit en un sultan sablé d'argent garni de dentelles d'or, doublé d'un satin blanc, & 24 sachets de poche, sçavoir douse moiré d'argent & douse de tafetas de plusieurs couleurs, bordés avec un cordon d'or & argent, remplis de * poudre de senteur, le tout dans une corbeille d'osier doublée de taffetas vert. Le lendemain 24, elle sejourna & fut sur les onse heures du matin entendre la messe aux penitens blancs, où M. Mallet, maître de musique de la cathedralle St. Pierre, fit chanter un motet en musique.

Le 25, S. A. S. partit sur les onse heures du matin après avoir entendu la messe aux penitens blancs. Les cavaliers de la marechauffée faisoint l'escorte, le regiment de la marine bordoit la haye du costé de l'Esplanade depuis l'hotel jusques à la porte du Pilla-St-Gelli.

* Le 30 decembre, MM. les maire & consuls, en robbe, ont assisté à l'enterrement de M. Jean Le Nain, chevalier, baron d'Aspheld, conseiller d'etat, intendant de justice, police & finances en la province de Languedoc, decedé le 28 dudit, sur les quatre heures du soir, ayant esté priés par M. Dheur, secrétaire dudit seigneur, Mme Le Nain, son epouze, & Mme de Roziers, sa fille, estant parties pour Paris, sur les neuf heures du soir, jour du deces dudit seigneur. L'enterement ce fit sur les onze heures du matin. Le corps fut inhumé dans la chapelle des penitens blancs, estant de cette confrerie & n'ayant point fait election de sepulture. Le convoy marcha suivant l'ordre cy aprés. Les cavaliers de la marechaussée, les pauvres de l'hopital general, la compagnie des penitens, tous les couvents mendians, à l'exception des carmes dechaussés, ensuitte la paroisse Notre-Dame & le chapitre St. Pierre, le corps revetu du sac de penitent & de la robbe de conseiller d'etat, 31 pauvres de l'hopital general portant un flambeau chacun avec les armoiries ; la moitié marchoit avant le corps, l'autre moitié aprés.

Immediatement après le corps, MM. du presidial, ayant à leur tete les huissiers, ensuitte MM. le maire & consuls, ayant à leur teste la suitte consulaire.

M. Dheur, secretaire dudit seigneur intendant, faisoit le premier deuil avec M. Coulomb, subdelegué general, & ensuitte marchoint tous les commis de l'intendance. Il y avoit un grand nombre de messieurs de la cour des aydes, de messieurs des treforiers de France, & beaucoup de noblesse qui avoint esté priés.

Le 29 janvier 1751, le sieur Vidal a eté receu maître chirurgien juré de la ville de Montpellier * en la forme ordinaire, ayant preté serment entre les mains de Comte, 1er consul.

Le 30 janvier, sur les huit heures & demy du soir, il fit un orage qu'on n'avoit jamais veû de memoire d'homme. Il dura une heure sans discontinuer, avec des éclairs & des tonnerres les plus terribles ; & la pluye etoit si forte que les toits ne pouvant la recevoir, occasionna beaucoup des inondations dans les maisons. Mais ce qu'il y a eu de plus extraordinaire, c'est que parmy la pluye il tomba une grelle sy considerable qu'après la pluye finie il y en eut un pan sur les toits & dans les rues ; elle ne fondit que dans toute la journée du lendemain.

Monseigneur Jean Emmanuel de Güignard, vicomte de St. Priest, chevalier conseiller du roy, nommé à l'intendance de cette province, & arrivé en cette ville le 9e mars 1751, sur les sept heures du soir.

Le lendemain 10e dudit, MM. le maire, lieutenant de maire, consuls & greffier, en robbe, luy ont rendu visite, & a eté arangué par M. Nadal, lieu-

1751.

tenant de maire. Eſtant ſortis de l'apartement, ſont reantrés, ont complimenté Mme ſon epouſe.

Le 22 mars, MM. les lieutenans de maire & conſuls, en robbe, ont eſté faire viſitte à M. le preſident Daſpe, logé chez M. le conſeiller de Leſpine.

PAGE 33.

* Le 20 avril, MM. les conſuls, en robbe, ont eſté faire viſitte à M. de Riquet Bonrepos, procureur general au parlement de Toulouſe, logé à la Grande-Rue chés le ſieur Jean-Antoine.

Le ſecond may 1751, ſur les onze heures du matin, MM. les conſuls & greffier, en robbe, ont aſſiſté au convoy & enterrement de Eſtienne Le Brun, lieutenant general des armées du roy, commandant en la province de Languedoc en l'abſence de M. le marechal duc de Richelieu, commardant en chef dans ladite province, decedé le 30 avril ſur les onze heures du ſoir, dans la maiſon de M. Gilly, ſcituée à la rue St. Guilhen.

Le convoy & enterrement a eté fait ſuivant l'ordre cy-apres juſques dans l'egliſe paroiſſiale Notre-Dame des Tables où le corps a eté inhumé dans un tombeau devant la chapelle de la Miſericorde, la marechauſſée à cheval ayant à ſa tete le prevoſt general & les autres officiers du corps. Enſuitte venoit M. de La Chaiſe, marechal de camp, à cheval à la teſte du 4e bataillon de la marine, eſtant precedé de chevaux de main menés par ſon vallet.

PAGE 34.

Après le battaillon marchoint MM. le * major & aide-major de la place, l'hopital general, la confrerie des penitens blus, tous les ordres religieux, les quatre paroiſſes, le chapitre, le drap d'honneur porté par quatre officiers, le ſuiſſe ſeul, un detachement dudit bataillon commandé par un cappitaine, le corps qui etoit porté par huit penitens, & à leurs cottés huit ſergents dudit battaillon.

Il y avoit 41 flambeaux portés par des pauvres de l'hopital. Immédiatement après le corps marchoint les domeſtiques, MM. les conſuls precedés de toute la ſuitte, MM. les intendants de l'hopital St. Eloy, M. le lieutenart du roy & M. de St. Coſme, commiſſaire des guerres. Enſuitte venoint tous les officiers de la garniſon, pluſieurs gentilshommes & autres perſonnes de diſtinction.

En cet ordre, le convoy a paſſé devant la maiſon de M. Fizes, conſeiller, le long de la rue du Petit-St-Jean, à la Grand'Rue, devant le Gouvernement, à l'hotel de ville, eſt entré dans ladite egliſe Notre-Dame, où le corps a eté inhumé apres la meſſe * qui a eté chantée en muſique & cellebrée par M. Blay, chanoine. MM. les conſuls furent les premiers à l'offrande. Pendant l'abſoute, les troupes firent 3 decharges, de meme que le canon de la cittadelle.

PAGE 35.

PAGE 36.

* Le jeudy 12 aouſt, M. de Surat, juge criminel, a tenu ſa premiere audiance à laquelle MM. le lieutenant de maire, conſuls & greffier, ont aſſiſté, revetus de leurs robbes, ayant eté priés la veille par le ſieur Durand, greffier.

A l'entrée de la ſalle d'audiance, led. ſieur Durand, en robbe, eſt venu prendre M. Reboul, lieutenant de maire & viguier, & le conduire à la chambre du conſeil; & MM. les conſuls & greffier ont pris leur place dans un banc garni d'un tapis fleurdeliſé, qui etoit placé dans le parquet.

A l'audience, ledit fieur Reboul, lieutenant de maire, a pris fa place du coſté de la main droite de M. le juge criminel, immédiatement après lui, precedant le doyen de MM. les conſeillers, qui eſt la place que M. le viguier a accoutumé de prendre en confequence de l'arreſt du conſeil donné ſur l'union de la juridiction royalle & ordinaire de la preſante ville au corps du preſidial. M. Farjon, avocat de la communauté, a plaidé pour MM. les conſuls & a requis l'obſervation des ſtatus municipaux en matiere criminelle, & pendant le temps qu'il a plaidé, MM. les conſuls fe ſont tenus debout couverts, & enſuitte ſe ſont aſſis pendant que M. Nadal, procureur du roy, a parlé, & pendant le temps que M. le juge criminel a prononcé, MM. les conſuls * ont reſté debout, découverts, juſques après la prononciation du jugement concernant les ſtatus. L'audiance etant finie, MM. les lieutenans de maire & MM. les officiers ſont allés à la chambre du conſeil; & eſtant ſortis, il eſt venu joindre MM. les conſuls, & de ſuitte ſont allés tous enſemble à la maiſon de M. le juge criminel, où il a eté complimenté par ledit fieur Reboul, & ledit juge criminel a accompagné MM. les lieutenans de maire & conſuls juſques à la porte de la rue.

1751.

PAGE 37.

* Le 29 aouſt, jour de l'ouverture du jubilé, MM. les conſuls en chaperon ont eté à l'egliſe cathedralle St. Pierre, ont aſſiſté à la grande meſſe du Saint Eſprit, & le ſoir ils ont aſſiſté à la proceſſion generalle qui a eté faite à cette occaſion.

PAGE 38.

*Le 26 ſeptembre, MM. les conſuls en chaperon ont aſſiſté à la proceſſion qui a eſté faite à l'occaſion de la cloture de la miſſion & à la benediction de la croix qui a eſté plantée au Courrau, près de Lange [sic], à laquelle a aſſiſté la confrerie de la vraye croix, les penitens blancs, toutes les paroiſſes & la chapelle St. Pierre, & apres la benediction de lad. croix un des miſſionnaires a fait une predication tres touchante.

PAGE 39.

M. de Moncan, marechal de camp des armées du roy, commandant dans la province en l'abſence de M. le marechal duc de Richelieu, ayant ecrit une lettre à MM. les maire & conſuls que l'intention du roy eſtoit que le *te deum* fuſt chanté, en actions de graces de la naiſſance de M. le duc de Bourgogne, dont Mme la dauphine s'eſtoit accouchée heureuſement, & d'ajouter à cette pieuſe ceremonie de feux de joye, & de donner en cette occaſion toutes les marques de rejouiſſances publiques, MM. les maire, conſuls & greffiers, en robbe, ont aſſiſté au *te deum* qui fut chanté dans l'eglize cathedralle le dimanche 3e octobre 1751, où aſſiſta M. de Moncan & M. de Saint-Prieſt, intendant, MM. les officiers de la cour des aydes, MM. les treſoriers de France & MM. du preſidial en corps. Et le ſoir du meme jour, le feu d'artifice fut fait à la place de l'Hotel-de-Ville. MM. le maire & conſuls, en robbe, precedés des tambours de la ville & de la ſuitte conſulaire, portant des flambeaux alumés, furent prendre M. de Moncan chez luy, & tous enſemble * eſtant venus ſur la place de l'Hotel-de-Ville, M. de Moncan & M. le maire faiſant rang, & MM. les conſuls & greffier, de ſuitte ont mis feu au buché. Et leſdits ſieurs maire & conſuls ayant voulou accompagner ledit ſieur de Moncan, les a remerciés, eſtant entré dans

PAGE 40.

1751.

la maifon de M. Vialla, negociant, pour voir jouer l'artiffice ; & MM. les maire & confuls fe font retirés dans l'hotel de ville.

Et pour donner de plus grandes joyes publiques de la naiffance de M. le duc de Bourgogne, la communauté, en confequence de la lettre que Mgr l'intendant a ecrit à MM. les adminiftrateurs le 28 feptembre dernier, delibera le meme jour de payer la dot des dix filles nées dans la ville, qui fe marieront avec des habitans, auxquelles il fera conftitué 200 liv. à chacune. — *Nota*. Le directeur du controlle ayant refufé de controller gratis les contrats de mariage, il a eté obligé de reftituer le controlle qui avoit eté perçu.

PAGE 41.

Le jeudy 4ᵉ novembre, on celebra avec beaucoup de folennité à l'eglize cathedralle les onze * mariages des filles dotées par la ville à l'occafion de la naiffance de Mgr le duc de Bourgogne. M. le commandant, M. l'intendant & MM. les maire & lieutenant de maire affifterent avec MM. les confuls à cette ceremonie. Ils fignerent tous l'acte de celebration de ce mariage, en faveur defquels la ville a donné 2,000 liv., fçavoir à 9 filles 200 liv. à chacune, & 100 liv. à deux.

Le 24ᵉ fevrier 1752, le fieur Philipe Giraud, de cette ville, a eté receu maître chirurgien juré en la forme & maniere acoutumée, ainfi qu'il eft expliqué cy-devant, ayant prefté ferment entre les mains de M. Comte, premier conful, ayant efté prié la veille, de meme que MM. les confuls, par ledit fieur Giraud.

Le 28ᵉ fevrier, jour de la cloture du jubilé, MM. les confuls en chaperon ont affifté à la proceffion generalle qui a eté faite à cette occafion.

Le 29ᵉ fevrier, le fieur Jacques-Jofeph Rey a eté receu maître chirurgien juré de cette ville en la forme & maniere accoutumée, ainfi qu'il eft expliqué cy-devant, ayant prefté ferment entre les mains de M. Comte, premier conful, ayant efté prié la veille par le fieur Rey, de meme que MM. les confuls qui ont affifté à fa reception.

PAGE 42.

* Le 16 mars, MM. les confuls, en robbe, ont eté faire vifite à M. le prefident de Caulet, venant de Touloufe, logé chez Mᵐᵉ d'Aubert, près le Petit-Scel.

Le 10 avril, le fieur Dortes a eté receu maître chirurgien juré de cette ville en la forme & maniere acoutumée, ayant prefté ferment entre les mains de M. Comte, premier conful, ayant eté prié la veille par le fieur Dortes, de meme que MM. les confuls qui ont affifté à ladite reception.

Le 20 avril, le fieur Jacques Sarda fils a eté receu maître chirurgien juré de cette ville en la forme & maniere acoutumée, ayant prefté ferment entre les mains de M. Salles, 4ᵉ conful, qui avoit eté prié la veille par le fieur Sarda, de meme que MM. les confuls qui ont affifté à ladite reception.

Le 1ᵉʳ may & le 2ᵉ may 1752, MM. les confuls, en robbe, ont affifté aux ceremonies qui ont eté faites dans l'eglife de la Vifitation Ste-Marie de cette ville, à l'occafion de la beatification de la venerable fervante de Dieu Jeanne-Françoife Fremiol de Champtal, fondatriffe de l'ordre des religieufes de la Visitation Ste-Marie. Ils en avoint esté priés par l'aumonier des dames religieuses de Ste. Marie.

* Le 12 may, MM. les consuls, en robbe, ont esté à la cour des aydes & ont assisté à la publication & enregistrement des lettres patentes données par sa majesté pour l'etablissement d'un St. Cosme à Montpellier & d'une ecole de chirurgie.

Le 24 may, le sieur Thibal a eté receu maître chirurgien juré de cette ville en la forme & maniere acoutumée, ayant presté serment entre les mains de M. Salles, 4e consul, qui avoit esté prié la veille par le sieur Thibal, de meme que MM. les consuls qui ont assisté à ladite reception.

* Le 24 aoust, MM. les lieutenant de maire & consuls, revetus de leur robbe, se sont rendus sur les sept heures du soir à la porte du Peyrou, pour recevoir M. le marquis de Paulmy d'Argenson, secretaire d'estat, ministre de la guerre en survivance. Il est arrivé à 9 heures du soir & a eté harangué par M. Nadal, lieutenant de maire. Ses armoiries ont esté posées sur la porte de l'intendance où il a logé.

Le 17 septembre, MM. le maire, consuls & greffier, en robbe, ont assisté au *te deum* chanté, suivant l'intention du roy, dans l'eglise cathedralle St. Pierre, en actions de graces du retablissement de la santé de M. le dauphin.

Et le soir du meme jour, sur les sept heures *, a esté fait un feu de joye à la place de l'Hôtel-de-Ville. MM. les maire & consuls & greffier, en robbe, ont esté, suivis de la fanfare, prendre M. le comte de Moncan, commandant, etant chez lui, pour allumer le buché. M. le maire marchoit à costé gauche, suivi de MM. les consuls & greffier. Et apres avoir fait les tours ordinaires du bûché, tous y ont mis feu. Et ensuitte M. de Moncan, n'ayant pas voulu permettre que les maire & consuls l'accompagnassent chez lui, se sont retirés dans l'hotel de ville. Il a esté envoyé audit sieur de Montcam sept flambeaux cire blanche, dont un estoit garni d'une poignée de velours & d'une frange d'or. Suivant l'usage, un détachement du regiment de la reyne estoit sous les armes.

Le 19 septembre, M. le marquis de Paulmy, ministre de la guerre, est arrivé en cette ville, venant de Perpignan; il est passé incognito.

Le 26 septembre, M. de St. Priest, intendant, accompagné de M. Nadal, lieutenant de maire, & de MM. les consuls en chaperon, a fait la ceremonie de la premiere pierre qui a eté posée pour * la maison de St. Cosme, à laquelle on a mis une plaque en cuivre gravée aux armoiries dudit seigneur intendant avec ses titres. Avant & après la ceremonie, il a eté tiré quantité de boites. M. le lieutenant de maire & MM. les consuls ont, après M. l'intendant, frappé quatre coups chacun sur ladite pierre.

Le 21 dudit, MM. le lieutenant de maire, consuls & greffier, en robbe, ont esté sur les quatre heures du soir à la porte de Lattes, attendre Mgr de la Roche-Aymon, archeveque de Toulouse, nommé par le roy à l'archeveché de Narbonne, venant de la cour pour tenir les estats. Il a esté harangué par M. Nadal, lieutenant de maire, près la porte de Lattes. Il est descendu de carroffe à la porte du pilla St. Gelly, & il eft venu à pied depuis ladite porte jufqu'à celle de Lattes, ayant paffé tout le long de l'Efplanade.

* Le 23 octobre, MM. les maire, confuls & greffier, en robbe, fe rendirent fur les trois heures du foir hors la porte du Pilla St. Gelly pour recevoir Mgr le marechal duc de Richelieu, venant de la cour pour tenir les etats. Il arriva fur les quatre heures, & eftant deffendu de carroffe, il fut harangué vis-à-vis la boucherie par M. de Maffillian, maire. Enfuite le daix luy fut prefenté, qu'il ne voulut pas accepter.

Le meme foir, il y eut une illumination generalle dans la ville.

Le 25 octobre, veille de la tenüe des Etats, MM. les confuls en chaperon, portant le manteau court, ont efté vifiter Mgr le marechal duc de Richelieu, commandant, Mgr l'intendant, M. de Solas, treforier de France de Montpellier, M. Caftel, treforier de France de Touloufe, commiffaires du roy, & Mgr l'eveque de Montpellier.

Ledit jour, les armoiries du roy, de Mgr le prince de Dombes, gouverneur de la province, celles de Mgr le marechal duc de Richelieu, commandant en chef dans la province, celles de la province & celles de la ville furent pofées fur la porte de l'hotel de ville & fur la porte de l'eglize de Notre Dame, pour y refter pendant la tenue des Etats. MM. les confuls en manteau court & chaperon ont vifité noffeigneurs les eveques & barons des etats à leur arrivée.

Le 26 octobre, ouverture des Etats.

* Le foir du meme jour, il a eté fait une illumination generalle dans toute la ville pour marquer la joye du retabliffement des etats.

* Le dimanche 29 dud. mois, la meffe a eté dite par M. l'eveque de Montpellier & eftant finie, on a fait la proceffion; on na pas fuivi le tour ordinaire à caufe qu'il y avoit une maifon dans la rue de Largenterie qu'on•avoit etançonné, menaffant ruine, les poutres eftant apuyés à terre, la rue n'eftoit point praticable pour la proceffion, & le tour fut changé le long de Laguillerie, devant les Jefuites, devant la Monnoye, fous l'arc de M. Ramond, devant les Penitents, & monta à la place de l'hotel-de-ville.

Le 2 novembre, MM. les confuls, en robbe, ont affifté à l'enterrement de M. Dortoman, ancien cappitaine d'infanterie, ayant efté lieutenant de maire par commiffion pendant les années 1735, 1736 & 1737. Ils furent invités la veille du convoy par les heritiers. Il a efté inhumé dans l'eglife de Notre-Dame. MM. les confuls marchoient immediatement aprés le corps, precedés d'un detachement du regiment de Mailly & des efcudiers; enfuitte marchoient l'etat-major de la ville avec les officiers du regiment.

Le 8 novembre 1752, il a efté fait une proceffion par les * reverends peres de la Mercy, à l'occafion de la redemption d'environ 240 catifs, tous efpagnols, qui ont eté rachetés dans le royaume. . . . ., à laquelle proceffion les penitens blancs ont affifté, de mefme que les catifs. MM. les confuls n'y ont pas affifté, quoique priés par les peres de la Mercy.

Le 17 novembre, MM. les lieutenant de maire & confuls, en robbe, ont eté vifiter M. le duc de Villars, gouverneur de Provence, logé chez Mgr le marechal duc de Richelieu. M. Nadal, lieutenant de maire, l'a complimenté.

Le 28 avril 1753, MM. les confuls, en robbe, ont affifté à l'enterrement de M. de Focart, ancien premier conful. Il a efté inhumé dans l'eglife des reverends peres Dominicains.

Le 4 may, M. Ricard, curé de la paroiffe Notre-Dame, a porté le viatique à M. de Maffilian, prefident prefidial & maire de Montpellier. MM. les * officiers du prefidial, à la tete defquels etoit M. Gaufferand, juge-mage, ont porté le daix de la ville, & MM. les confuls & greffier y ont affifté, portant chacun un flambeau.

Le 13 juin, Mgr le vicomte de St. Prieft, intendant, accompagné de M. Reboul, lieutenant de maire, de MM. les confuls & de M. Pitot, directeur des travaux publics de la province, a fait la ceremonie de la premiere pierre qui a eté pofée au coin tirant vers le couchant du baffin d'origine de la fontaine de St. Clement, à laquelle on a mis * une plaque de cuivre enfermée dans une boette de plomb, gravée aux armes dudit feigneur avec les infcriptions qui fuivent :

DU REGNE DE LOUIS XV

« Cette pierre du refervoir d'origine de la fontaine de St. Clement a eté pofée, le 13 de juin 1753, par Mgr Jean-Emmanuel de Guignard, vicomte de St. Prieft, chevalier confeiller du roy en fes confeils maître des requettes ordinaires de fon hotel, intendant de juftice, police & finances du Languedoc. »

Et au revers de la plaque font les armoiries de la ville avec le nom de MM. les maire, lieutenant de maire, confuls & greffier, comme s'enfuit :

Cette ceremonie a efté faite, meffire Gilbert de Maffilian, premier prefident au prefidial, etant maire perpetuel & viguier de Montpellier; M. Antoine Reboul, juge-mage, confervateur de l'equivalent, lieutenant de maire alternatif; confuls: MM. Jacques-François Comte Montmaur, ecuyer, Jean Salliens, bourgeois; François Abaufit, procureur en la cour des aydes; François Salles, maître chirurgien, Jean Berger & Jacques Trentinian, marchand tailleur, & Jean Caffagne, greffier.

Lefdits feigneurs intendant, & MM. les maire & confuls eftant fur les lieux, il a eté prefenté par ledit fieur Pitot, directeur de la * conduitte de la fontaine, à Mgr l'intendant un tablier; & par les maçons, fur un baffin d'argent, une truelle avec un marteau.

Après la ceremonie faite, il a eté donné aux maçons, par Mgr l'intendant, trois louis d'or de 24 livres chacun, & par la ville deux louis d'or, & trente fix livres aux domeftiques dudit feigneur intendant.

Le 9e aouft, MM. les lieutenant de maire & confuls, en robbe, ont affifté à la tragedie qui a eté reprefentée par les ecolliers du colege fous le nom de la *Critique des mauvais poëtes*; ils avoient eté priés la veille.

* Le jeudi 30 aouft, MM. les confuls, en robbe, ont affifté aux premieres vefpres qui ont eté chantées dans l'eglize des Capucins à l'occafion de la cannonifation de faint Jofeph & de faint Fidelle, ayant efté priés la veille par deux capucins.

1752.

PAGE 55.

Le dimanche 2 feptembre, MM. les confuls ont affifté à la proceffion qui a efté faite à l'occafion de la tenue du chapitre provincial des capucins.

* Le 30 feptembre 1753, MM. les confuls & greffier, en robbe, ont affifté au *te deum* chanté dans l'eglize cathedrale St. Pierre à l'occafion de la naiffance de Mgr le duc d'Aquitaine, dont Mme la dauphine s'est accouchée heureufement.

Et le foir du meme jour, il fut fait un feu d'artiffice à la place de l'Hotel-de-Ville. MM. les confuls & greffier, en robbe, precedés des hautbois, les tambours de la ville & la fuitte confulaire, portant des flambeaux, furent prendre M. de Moncan, commandant, logé chez M. Perier, hors la porte de Lattes. Et etant venus fur la place de l'hotel-de-ville, M. de Moncan & M. le premier conful faifant rang (M. le maire & lieutenant de maire eftant abfents), & MM. les confuls & greffier marchant de fuitte, ont mis feu au buché. Et lefdits fieurs confuls ayant enfuite vouelu acompagner M. de Moncan chés lui, il les a remerciés & eft entré dans la maifon de M. Viallar pour voir jouer l'artiffice, & MM. les confuls fe font retirés dans l'hotel de ville. Il y eut une illumination generalle dans toute la ville & fes faubourgs.

PAGE 56.

* Le 26 decembre 1753, MM. Reboul, lieutenant de maire, & Abaufit, conful, ayant eté faluer M. de St. Prieft, intendant, & le prier de donner fon heure pour recevoir la vifitte en ceremonie de MM. les confuls au fujet de la naiffance d'un petit-fils dont Mme la comteffe d'Entraigues, fa fille, avoit heureufement accouché, ledit feigneur intendant a remercié ces meffieurs de la politeffe de MM. les confuls, & les a chargés de leur dire qu'il les difpenfoit de cette vifitte, laquelle avoit eté faite à M. de Bernage en 1732, au fujet de l'accouchement de Me de Roffignol, fa fille.

Le 29 dudit, MM. les confuls, en robbe, ont affifté à l'affemblée de l'accademie des fciences qui s'eft faite dans l'hotel de ville, & fe font placés à leur banc ordinaire, ayant eté priés la veille par M. de Ratte, membre de ladite fociété.

1754.

Le 25 janvier 1754, MM. les lieutenant de maire, confuls & greffier, revetus de leurs robbes, ont eté cejourd'huy faire vifitte à Mgr l'intendant pour le feliciter & complimenter fur le mariage de Mlle fa fille avec M. le prefident de Boucaud.

Le 26 janvier, MM. les lieutenant de maire & confuls, en robbe, ont efté faire vifitte à Mgr l'archeveque de Narbonne venant de la cour pour tenir les Etats, logé chez M. Lamouroux. Il a eté harangué par M. Reboul, lieutenant de maire.

PAGE 57.

* Le 28 janvier, monfeigneur le marechal duc de Richelieu arriva en cette ville fur les neuf heures du foir, venant de la cour, pour tenir les etats. MM. les maire, lieutenant de maire & confuls ne furent point le recevoir en la maniere accoutumée à la porte de la ville accaufe de l'heure tarde, mais f'eftant difpofés le lendemain matin pour luy faire vifitte, ils envoyerent prendre l'heure dud. feigneur. Il leur fit dire qu'il les en difpenfoit.

Livre premier. — Première partie.

Le 30 dudit, il a eté fait une illumination generalle dans toute la ville pour marquer la joye du retablissement de la santé de Mgr le duc de Fronsac, fils à monseigneur le marechal duc de Richelieu, commandant de cette province.

* 31 janvier 1754, ouverture des Etats.

* Le 8 mars 1754, veille de l'installation de messire Jean-Antoine de Cambaceres, conseiller en la cour des comptes, aydes & finances de Montpellier en la charge de maire perpetuel de ladite ville, MM. Abausit & Berger, troisieme & cinquieme consuls, deputés, par MM. les consuls, furent en chaperon, suivis de deux vallets de ville, rendre visitte à M. Reboul, lieutenant de maire de ladite ville, commissaire nommé par le parlement de Toulouse pour installer M. de Cambaceres audit office de maire perpetuel. Et ledit sieur Reboul ayant reçu leur visitte, les a accompagnés jusques à la porte de la rue.

Ledit jour, les banieres ont eté arborées, & les armoiries ont eté posées au-devant de la porte de l'hotel de ville, conformement au jour de * l'installation de MM. les consuls. Il a eté posé aussy un cordon à la porte du degré de la salle, & a eté posé à ladite porte les armoiries de M. de Cambaceres, maire.

1754.

PAGE 58.
PAGE 60.

PAGE 61.

Verbail de l'installation de M. de Cambaceres en l'office de maire. — L'an mille sept cens cinquante quatre & le neuvieme jour du mois de mars, par-devant nous Antoine Reboul, conseiller du roy, juge conservateur du droit d'équivalent au departement de Montpellier, lieutenant de maire en ladite ville, dans notre hotel, heure de huit du matin ;

A comparu Parlier, procureur de messire Jean-Antoine de Cambaceres, conseiller en la cour des comptes, aydes & finances de Montpellier, qui nous a exibé l'arret de la souveraine cour du parlement de Toulouse que sa partie a obtenu le cinquieme de ce mois, par lequel nous avons eté commis pour l'installation du sieur de Cambaceres en la charge de maire & viguier de Montpellier. Et a requis qu'il nous plaise de recevoir ledit arret avec l'honneur & le respect deu, & de nommer un greffier, & de renvoyer * à tel qu'il nous plaira pour proceder. En consequence, nous dit lieutenant de maire & commissaire, faisant droit à la requisition de Parlier, avons receu lesdits arrests contenant notre commission avec tout l'honneur & le respect deu, & nommé pour notre greffier en ladite commission Etienne Bedos, greffier consulaire de cette ville, lequel, moyennant serment par luy preté, la main mise sur les saints evangiles, a promis de bien & duement faire ses fonctions, & en consequence renvoyé & renvoyons à ce jourd'huy, à trois heures après midy, pour proceder à l'installation du sieur de Cambaceres en la charge de maire & viguier de Montpellier, & avons signé avec notre greffier. REBOUL, BEDOS, signés.

Ledit jour 9 mars 1754, nous Antoine Reboul, conseiller du roy, juge conservateur du droit d'équivalent au departement de Montpellier & lieutenant de maire de ladite ville, commissaire deputé par arrest du parlement du 5 du present mois pour proceder à l'installation du sieur de Cambaceres, conseiller en la cour des comptes, aydes & finances de Montpelier en la charge de maire, dans notre hotel, heure de trois après midy, ayant eté requis ce jourd'huy de remplir notre commission ; sur le verbal sur ce tenu en consequence du renvoy par nous fait * au present jour & heure, aurions offert, sur les nouvelles requisitions dudit sieur de Cambaceres, de nous rendre à l'hotel de ville. Et etant partis, precedés de la suitte & livrée consulaire, nous sommes rendus à l'hotel de ville, ayant pris la droite sur ledit sieur de Cambaceres, suivis de MM. les consuls & des marchands & negocians deputés de leurs corps. Et etant montés dans la grande salle, nous sommes assis sur une chaise fleurdelizée, placée à la tette d'un long bureau ; MM. les gens du roy etant assis sur un banc fleurdelizé, à l'extremité opposée dudit bureau. Lesdits consuls se sont placés à notre droite sur un banc placé au retour ; & ledit sieur de Cambaceres s'est assis à la tette d'un banc placé à main gauche au retour du bureau, sur lequel etoient tout de suite assis lesdits sieurs marchands & negocians.

Et ayant ensuitte commandé le silence, Parlier, procureur au presidial, auroit requis le regittre des provisions dudit sieur de Cambaceres, & son installation.

Sur quoy, M. Soulier, avocat du roy, s'etant levé, auroit prononcé un discours & consenti à l'installation & mise de possession du sieur de Cambaceres *, & deferant aux requisitions de la partie de Parlier, attendu le consentement du procureur du roy, après avoir prononcé un discours sur l'avantage que la ville & communauté devoient recevoir de l'installation d'un magistrat aussy accompli que le sieur de Cambaceres, avons ordonné & ordonnons que les provisions obtenues par ledit sieur de Cambaceres seront enre-

PAGE 62.

[PAGE 63.

PAGE 64.

IV   19

giftrées ez regiftres de l'hotel de ville ; & que ledit fieur de Cambacerès fera mis en poffeffion de la charge & office de maire & viguier de Montpellier, ce qui a efté à l'inftant fait par la tradition de la baguette de viguier que nous lui avons remis. Et ledit fieur de Cambacerès, maire, s'eftant enfuite affis à notre droite il auroit prononcé un difcours pour temoigner fon zele pour les interefts de la communauté.

Avons enfuite hautement enjoint aux habitans affemblés dans l'hotel de ville & aux abfens de reconnoiftre ledit fieur de Cambacerès, maire perpetuel, & de lui defferer & obeir en cette qualitté; laquelle injonction par nous faite a eté fuivie des acclamations qui ont fait connoitre la joie que ladite inftallation a caufé !

Et cette ceremonie etant finie, nous nous fommes retirés, lefdits fieurs maire & * confuls nous ayant accompagnés jufques au bas de l'efcallier, nous leur aurions dit que nous les difpenfions de nous reconduire chez nous, & les aurions priés de fe retirer. Et nous etant mis en chaife, nous nous fommes rendus chez nous, & plus par nous n'a eté procedé; & nous fommes fignés avec notre greffier. Signé Reboul, Bedos, greffier.

S'enfuit le ceremonial qui a eté obfervé par MM. les confuls avant & aprés la fufdite inftallation.

Ledit jour 9ᵉ mars 1754, fur les trois heures de l'aprés midy, MM. les confuls & greffier, affemblés à l'hotel de ville aux fins d'affifter à l'inftallation de M. de Cambacerès, confeiller en la cour des comptes, aydes & finances de Montpellier en l'office de maire perpetuel de ladite ville, fe font revetus de leurs robes & fe font mis en marche, precedés de la fuitte confulaire, des tambours, trompettes & haut-bois, font allés à la maifon du fieur de Cambacerès, & etant entrés dans la falle de compagnie, l'ont trouvé environné d'une grande foule de peuple de toute quallité *, & les deputtés du corps des marchands & negocians au nombre de douze. Et lefdits confuls ayant aproché ledit fieur de Cambacerès & fait la reverance & compliment fur fa nouvelle dignité de maire, & luy avoir temoigné la joye que fon inftallation faifoit au public, ledit fieur de Cambacerès remercia MM. les confuls & les affura qu'il employeroit tous fes foins & porteroit toutes fes attentions pour le fervice du roy & pour l'intereft particulier des habitans. Et s'eftant revetu d'une robbe de velours cramoify, fourrée d'hermine, il s'eft mis à la tette defdits fieurs confuls, à quelques pas hors du rang, du cotté droit; enfuitte venoint après MM. les confuls, MM. les deputtés du corps des marchands, ayant à leur tete M. Perier, conful de la bource; & dans cet ordre, precedés de la fuitte confulaire, des trompettes, haut-bois & tambours, font allés à la maifon de M. Reboul, lieutenant de maire & commiffaire député par arreft du parlement de Touloufe du 5ᵉ decembre, pour proceder à l'inftallation dudit fieur de Cambacerès en l'office de maire ; où etant ledit fieur Reboul, commiffaire, ayant offert fur les requifitions dudit fieur de Cambacerès * de fe rendre à l'hotel de ville, fe font mis en marche dans l'ordre porté par le fufdit verbail d'inftallation cy-deffus inceré.

Et la ceremonie etant finie à l'hotel de ville, MM. les confuls, dans le meme ordre cy-deffus, ont accompagné M. de Cambacerès à fa maifon, & ce fait, fe font rendus à l'hotel de ville; & ayant pofé leurs robbes, fe font retirés. Et deux jours après, M. le maire a donné un magnifique repas auquel MM. les deputés du corps des marchands ont affifté, de meme que MM. les lieutenant de maire, confuls & greffier, & MM. les gens du roy.

Le 1ᵉʳ avril, MM les confuls & greffier, en robbe, ont eté vifiter M. de

Bon, premier préfident à la cour des aides, venant de la cour, où il avoit demeuré près de deux ans.

1754.

L'an mil fept cens cinquante quatre & le 5e jour du mois d'aouft, à onze heures du matin, dans l'hotel de ville de Montpellier *, par devant nous Jean-Antoine de Cambacerès, confeiller en la cour des comptes, aydes & finances de Montpellier, maire & viguier de ladite ville, prefens MM. Reboul, confeiller du roy, juge confervateur du droit d'equivalent au departement de Montpellier, lieutenant de maire alternatif & my-triennal, M. Comte de Montmaur, M. Jean Salliens, bourgeois; M. François Abaufit, procureur en la cour des aydes, François Sales, maître en chirurgie, Jean Berger & Jacques Trintinian, confuls de la dite ville ;

PAGE 68.

A comparu Thoulouze, procureur au fenechal & prefidial de cette ville, & M. Pierres d'Aubaignes, confeiller du roy, fubftitut de M. le procureur general en la cour des comptes, aydes & finances de cette ville, qui nous a dit que le roy ayant accordé audit fieur Madieres des provifions de l'office de lieutenant de maire ancien mi-triennal de ladite ville & communauté de Montpellier, données à Verfailles le douzieme juin dernier qui nous font adreffées pour la reception & inftallation de fa partie, il s'eft pourvu par requete devant nous. Sur laquelle ayant rendeu ordonnance de foit montré au procureur du roy le 3 de ce mois, M. le procureur du roy donna des conclufions pour requerir l'enquefte des bonnes vie & mœurs & profeffion de la religion catholique, apoftolique & romaine. Et le meme jour, ayant eté par nous rendeu une ordonnance qui ordonna ladite enquete, il y a eté procedé en la forme ordinaire, après quoy M. le procureur du roy a donné des conclufions ce jourd'huy par lefquelles il a declaré n'empecher que ledit fieur Madieres foit receu & inftallé * dans l'office de lieutenant de maire ancien mi-triennal de cette ville. C'eft pourquoy il fe prefente devant nous, requerant qu'il nous plaife vouloir recevoir & inftaller audit office, pour en jouir conformement aux edits, declarations du roy, arrefts du confeil & à fes provifions, offrant de preter le ferement en tel cas requis & acoutumé, & ont figné :

PAGE 69.

Nous maire fufdit, veû les provifions accordées audit fieur Madieres, en datte du douze du mois de juin dernier, figné Voigny, duement fcellées avec les pieces qui font attachées fous le contre fcel, la requete à nous prefentée par le fieur Madières, l'ordonnance du foit-montré au procureur du roy, du trois de ce mois, les conclufions du procureur du roy & notre ordonnance à fuite du meme jour, l'enquette faitte en confequence pardevant nous ledit jour, & les conclufions definitives du procureur du roy en date de ce jour, d'huy, faifant droit aux requifitions de Thoulouze, ayant egard à la requefte dudit fieur Madières, ordonnons qu'il fera tout prefentement receu & inftallé en l'office de lieutenant de maire ancien & mi-triennal, pour en jouir conformement à fes provifions qui feront enregiftrées dans les regiftres de la communauté, à la charge par ledit fieur Madières de preter par devant nous le ferement en tel cas requis, ce qu'il a à l'inftant fait, & l'avons inftallé & inftallons en ladite charge de lieutenant de maire ancien mi-triennal de la ville de Montpellier pour en jouir conformement à fes provifions & ainfi qu'il eft porté par fefdites provifions & par la tradition de la baguete que nous avons faite en fes mains ; & en confequence ordonnons que lefdites provifions feront regiftrées ès regiftres de la communauté pour y avoir recours quand befoin fera.

* Le 14 octobre 1754, le fieur Poujol a eté receu maître chirurgien juré de cette ville en la forme & maniere acoutumée, ainfi qu'il eft expliqué cy-devant, ayant prefté ferment entre les mains de M. de Madieres, lieutenant de maire, ayant eté prié la veille par ledit fieur Poujol, de meme que MM. les confuls, qui ont affifté à fa reception.

PAGE 71.

Le 15 novembre 1754, les confuls & greffier en robe ont eté à l'ouverture de la cour des aydes, qui a eté faite par M. d'Aigrefeuille, qui attend tous les jours fes provifions de premier prefident.

Le 26 novembre 1754, MM. le maire & confuls & greffier, en robbe, ont eté à la porte du Pile-St-Gilles, & au-devant de la maifon du fieur Belize, attendre Mgr l'archeveque de Narbonne, qui venoit de Paris pour fe rendre aux Etats, & il feut complimenté par M. de Cambacerès, maire.

Le meme jour, Mgr le marechal de Richelieu arriva en cette ville dans la nuit, venant de la cour pour tenir les Etats. M. le maire, lieutenant de maire & confuls ne furent point le recevoir en la maniere accoutumée à la porte de la ville, à caufe de l'heure tarde. Mais s'etant difpofés le lendemain matin pour lui faire vifite, ce feigneur leur fit dire qu'il les en difpenfoit.

1754.
PAGE 72.

*L'an mil sept cens cinquante quatre & le vingt-septieme jour du mois de novembre, sur les huit heures du matin, MM. les consuls s'etant rendus dans l'hotel de ville sur l'avis qui leur en avoit eté donné la veille par messire Jacques de Cambacerés, conseiller en la cour des comptes, aydes & finances & maire perpetuel de ladite ville; lequel, s'etant rendu à l'hotel de ville, mis sa robbe de velours cramoisy doublée d'hermine, auroit dit aux sieurs consuls & à maître Bedos, greffier, de prendre leurs robes, qu'il avoit à leur communiquer une lettre qu'il a receues de M. de Montferrier, sindic general de la province, qui lui fait part de celle ecritte par Mgr le controlleur general à Mgr l'archeveque de Narbonne, le 30 octobre. Et etant montés à la grande salle de l'hotel de ville & assis, sçavoir ledit sieur maire à une chaire à bras au haut bout de la table, & lesdits sieurs consuls à leur banc ordinaire; ledit sieur maire leur auroit dit que depuis l'arrêt du conseil du 30 juillet dernier, par lequel le roy a ordonné la reunion aux villes & communautés des offices municipaux crées pour la province qui n'avoient pas encore eté levés, l'effet des commissions qui avoient eté donnés pour l'exercice de ces memes offices cessent, & que les particuliers en faveur desquels ces commissions avoient eté expediées, n'en doivent plus faire aucunes fonctions. Dans ces circonstances, ledit sieur maire leur auroit proposé de proceder à l'election des premier, second & quatrieme consuls, les places de troisieme & cinquieme etant remplies par des titulaires, & la sixieme par le sieur Trentinian, qui sera continué pour faire & remplir les fonctions des consuls avec ceux qui seront nommés jusques au premier mars prochain.

Sur quoy lesdits sieurs consuls auroient offert de proceder à ladite nouvelle election, conformement à l'ancienne coutume.

PAGE 73.

*Et attandu qu'il ne s'agit que de la nomination des trois consuls, il a eté determiné qu'elle sera faite par le sort du ballotement, suivant l'ancienne coutume. Et en consequence, lesdits sieurs consuls s'etant fait representer par le greffier, le livre ceremonial dans lequel la forme de ladite election se trouve decrite, & lecture en ayant eté faite, il auroit eté mis les boulles de cire blanche dans les boetes avec lesquelles le ballottement doit etre fait par les petits enfans qui representent lesdits sieurs consuls.

Apres quoy lesdits sieurs maire & consuls auroint dressé une liste des electeurs dont la teneur s'ensuit.

C'est la liste de 15 habitans elus & nommés pour ruller pour etre electeurs des premier, second & quatrieme consuls de la ville de Montpellier, en execution de l'arret du 30 juillet dernier.

Echelle du dimanche. — Noble de Girard, marquis de Pezenes, — noble Dessandrieux, — noble Combet de Geoffroy, — noble de Guilheminet de Galargues, — noble de Nigry.

Echelle du lundy. — Jean Guilhaumat, bourgeois; — Daché, bourgeois; — Gimel, bourgeois; — Betirac, bourgeois; — Ignace Alletz, bourgeois.

Echelle du mercredy. — Antoine Perrier, marchand; — Mejean, maîtrechirurgien ; — Peret, maître droguiste ; — Rey, maître chirurgien ; — Vernier, marchand parfumeur.

Fait & arretté dans l'hotel de ville de * Montpellier, le vingt-septieme novembre mil sept cent cinquante quatre. CAMBACERÈS, maire; MADIERES, lieutenant de maire, signés.

Ensuite auroit eté dressé une liste de neuf personnes pour ruller pour le consulat, aux fins d'estre remis aux electeurs, suivant l'usage. Aprés quoy, M. le maire auroit ordonné au concierge d'ouvrir la porte de la maison de ville, sonner la cloche de l'hotel de ville & celle du grand horloge. Les petits enfants qu'on avoit fait avertir se seroient rendus à l'hotel de ville avec nombre d'habitants de toute sorte de qualité pour etre presens à ladite election, laquelle ayant commencé de proceder, M. de Cambacerés, maire, auroit dit publiquement à haute voix que s'estant assemblés avec MM. les consuls, ils avoient, suivant la coutume, dressé une liste de quinze habitants qui devoient ruller pour electeurs, laquelle il auroit remis au greffier pour en faire lecture.

Ce qu'ayant eté fait, M. le maire & le greffier ayant ouvert la cassette dans laquelle etoient les boetes, il en auroit eté sorty celles pour les electeurs. Et aprés le ballotement fait suivant la coutume, se seroit trouvé dans la balle de l'enfant qui representoit M. Abauzit, M. Guilheminet-Galargues pour premier electeur. Un pareil ballotement ayant eté fait pour les autres deux electeurs, auroit rencontré M. Gimel, bourgeois, & pour quatrieme M. Vernier *, liquoriste.

Lesquels ayant eté avertis de se rendre à l'hotel de ville à mesure de la nomination, ils seroient entrés dans une chambre particuliere où etoint lesdits sieurs maire, consuls & greffier. Et ledit sieur maire leur auroit dit qu'ils auroint eté nommés par le sort pour proceder à la nouvelle election; qu'ils devoient y proceder suivant l'ancienne coutume, avec pleine liberté.

Ensuitte, M. le maire, suivant l'usage, auroit desdits sieurs electeurs exigé le ferment en tel cas requis & accoutumé, la main mise sur les saints evangilles, moyennant lequel ils auroient promis & juré de bien & duement proceder, selon Dieu & conscience en ladite election pour ce qui les concerne.

Lesdits sieurs maire & consuls s'etant remis à leur place, lesdits sieurs electeurs seroient venus ensuite & placés au banc oposé à celuy de MM. les consuls, auxquels M. le maire auroit dit à haute voix qu'ils avoient eté nommés par le sort pour electeurs, & aprés le ferment qu'ils venoient de preter entre ses mains, ils etoient priés de proceder au choix des bons sujets pour remplir le rolle du consulat, leur ayant pour cet effet remis une liste des personnes qu'ils avoient nommé par forme judicative, qu'il leur etoit libre de suivre ou ne pas suivre.

Lesdits sieurs electeurs ayant pris ladite liste, se seroient retirés dans une chambre, & environ demy-quart d'heure aprés, ils auroient mandé prier lesdits sieurs maire & consuls de leur envoyer l'arret du conseil du 30 juil-

1754.

PAGE 76.

let dernier & coppie de la lettre ecrite par M. le controlleur general à Mgr l'archeveque de Narbonne du 30 du mois d'octobre.

Aprés quoy, lesdits sieurs electeurs etant revenus * & placés au banc qui leur avoit eté preparé, ledit sieur Guilheminet-Galargues, premier electeur auroit dit publiquement & à haute voix qu'ils avoient dressé la liste de neuf personnes qui devoient ruller pour le consulat de la premiere, seconde & quatrieme echelle, que ledit sieur de Guilheminet auroit remise cachetée audit sieur maire, qu'il auroit fait passer au greffier, qui l'ayant decachettée, en auroit fait la lecture publiquement.

C'est la liste des habitans eleus & nommés pour ruller pour remplir les places de premier, second & quatrieme consuls, jusques au 1er mars de l'année prochaine mil sept cent cinquante cinq, en execution de l'arret du conseil du 30 juillet dernier.

Premiere echelle. — Noble Simon Gaspard Patrix; — noble Philippe Capon; — noble Lacroix de Candillargues.

Seconde echelle. — Antoine-Jean-Jacques Gautier, bourgeois; — Deveze, bourgeois; — Louis Brun, bourgeois.

Quatrieme echelle. — Bourquenaud, maître chirurgien; — Lacroix, garde de monseigneur le prince de Dombes; — Antoine Boudon, marchand mangonier.

Fait & arretté dans l'hotel de ville de Montpellier, le vingt sept novembre 1754. GUILHEMINET-GALARGUES, GIMEL, VERNIER, signés.

PAGE 77.

* Ensuitte, ledit sieur maire ayant pris la clef de la cassette, & le greffier l'autre, ils l'auroient ouverte & ensuite remise ez mains de l'enfant de M. le maire, & procedé tout de suite au ballotement. Et auroit rencontré pour la premiere M. de Capon, gentilhomme, pour la seconde Jean-Jacques Gautier, & pour la quatrieme M. Clergeau Lacroix, garde de M. le prince de Dombes.

Lesquelles nominations, de meme que celle de M. Trentignan, qui a esté continué pour remplir la sixieme echelle, ayant eté ainsy faittes, auroient eté reçues par le peuple avec acclamation.

Lesquels dits sieurs de Capon, Gautier & Lacroix, ayant eté avertis de leur nomination, se seroient rendus à l'hotel de ville & entrés dans la chapelle du consulat, où se trouvoient MM. le maire, les consuls en titre d'office, & le sieur Trentignan qui a esté continué. Ledits commissionnaires s'etant tirés, M. le maire, assis sur un fauteuil, mis sur le marchepied de l'autel, ayant à son cotté les gens du roy qui ont requis la prestation du serment des consuls nouvellement eleus, ayant fait un discours sur l'importance de la charge qu'ils venoient d'etre nommés; ensuitte M. le maire

PAGE 78.

auroit pris la parole & auroit fait pareillement un discours pour * leur faire connoître les engagemens qu'ils alloient contracter avec le public, & auroit receu le serment desdit sieurs Philipe de Capon, gentilhomme; Jean-Jacques Gautier, bourgeois, & Guilhaume Clergeau Lacroix, à genoux, une main sur le petit Talamus, entre les mains dudit sieur maire, & par la tradition de la baguëtte de viguier qui leur avoit eté remise, moyennant lequel ils ont promis de garder & obferver les ordonnances royaux, edits & arrets de reglements; & ce fait, ledit fieur maire les a inftallés en la charge de confuls & viguiers de Montpellier, par la tradiction, comme a eté dit cy-deffus, de la baguette faite en leurs mains, faifant deffenfe à toutes perfonnes de leur donner aucun trouble ny empechement fous les peines de droit. Et ce fait, ledit fieur maire fe feroit retiré chez luy, accompagné de la fuitte & fanfare.

1754.

Enfuitte lefdit fieurs confuls nouveaux & anciens font partis de l'hotel de ville, & precedés de la fuitte & fanfare, font allés à l'eglife St. Pierre, à l'hopital St. Eloy, à Mgr le marechal de Richelieu, à Mgr de St. Prieft, intendant; à Mgr l'eveque de Montpellier, à M. le maire, à M. le premier prefident, qui n'a pas voulu recevoir la vifitte*; à M. Surat, lieutenant criminel, à caufe du decedés de M. Jaufferand, juge-mage; à M. le lieutenant de roy de la citadelle.

PAGE 79.

Et ce fait, fe font retirés à l'hotel de ville où ils ont pofé leurs robes, & en chaperon ont eté rendre vifitte à M. Faure, doyen des treforiers de France, & à MM. les gens du roy, & plus par lefdits fieurs maire & confuls n'a eté procedé.

Ledit jour 27 novembre, après midy, veille de la teneue des Etats, MM. les confuls en chaperon, portant le manteau court, ont eté vifiter Mgr le maréchal duc de Richelieu, commandant, Mgr l'intendant, M. de Solas, treforier de France de Montpellier; M. Guy, treforier de France de Touloufe, commiffaires du roy, & Mgr l'eveque de Montpellier.

Le 28 novembre, ouverture des Etats.

* Le premier janvier, MM. les confuls en manteau & rabat ont eté rendre vifite à M. le marechal duc de Richelieu, M. de St. Prieft, intendant, M. l'archeveque de Narbonne, Mgr l'eveque de Montpellier, & à M. le premier prefident pour leur fouhaiter la bonne année, MM. les confuls ont eté pour le meme fujet chez M. le maire & M. le lieutenant de maire.

1755.
PAGE 81.

* Le 18 janvier 1755, MM. les lieutenant de maire, confuls & greffier, revetus de leurs robes, ont eté rendre vifite de felicitation à Mgr d'Aigrefeuille, pourvu par le roy de la charge de premier prefident en la cour des comptes, aydes & finances de Montpellier, ayant eté harangué par M. Madières, lieutenant de maire, dans fon hotel. Enfuite, Mme fon epouze a eté haranguée, aprés quoy M. le premier prefident, accompagné de M. le lieutenant de maire & conful jufques à la grande porte d'entrée du bout des degrés, MM. les lieutenant de maire & conful ayant eté remerciés de leur vifite, avec beaucoup de temoignages de protection dans toutes les occafions pour le general & particulier de la communauté & de confideration pour MM. les confuls.

PAGE 82.

Le 22 dudit mois, MM. les lieutenant de maire, confuls & greffier en robe ont eté au palais affifter à la premiere audiance de Mgr le premier prefident, ayant eté avertis la veille par le premier huiffier de la cour.

Le 5 mars 1755, M. Faure St. Marcel, dès etre arrivé de Toulouze, où il avoit eté receu juge mage de cette ville, envoya fon fecretaire pour avertir

1755.
PAGE 83.

de son arrivée MM. les consuls. Le meme * jour, MM. le lieutenant de maire, consuls & greffier, en robbe, ont eté chez luy pour lui rendre visite, & a eté complimenté par M. Madieres, lieutenant de maire. Ensuite, ledit sieur juge mage a accompagné lesdits sieurs lieutenant de maire & consuls jusques à la porte de la rue.

Le 9 mars 1755, MM. les consuls ayant eté priés par le sieur Durand, greffier du presidial, de monter à l'audiance du presidial, le senechal, quy etoit le premier depuis l'installation de M. Faure, juge-mage, ils y sont montés avec le greffier, revetus de leur robbes; il est venu prendre M. Madieres, lieutenant de maire & viguier, & l'a conduit à la chambre du conseil, où etant, il a preté serment pour la charge de viguier entre les mains de M. Faure, à genoux, la main mise sur les saints evangiles. Et M. Faure l'ayant pris par la main, luy a donné place à sa droite, quy est la place que le viguier a accoutumé de prendre, en consequence de l'arret du conseil & lettres-patentes données sur l'union de la juridiction royalle &

PAGE 84.

ordinaire de ladite ville au corps du presidial *. Et aprés, etant montés à l'audiance, ledit sieur Madieres a pris sa place, comme en la chambre du conseil, du cotté de la main droite de M. Faure, immédiatement après luy, precedant le conseiller doyen dudit presidial. A laquelle audiance M. Farjon, avocat, a plaidé pour MM. les consuls & a requis la conservation des status & privileges des habitans. Et pendant le temps qu'il a plaidé, MM. les consuls, quy etoient placés à leur banc ordinaire (ledit sieur Farjon etant dans le banc des avocats), se sont tenus debout couverts, & après se sont assis pendant que M. Soulier, avocat du roy, a parlé, & pendant encore qu'on a eté aux opinions. Et les opinions finies, quand M. Faure & les autres officiers ont siegé pour prononcer, MM. les consuls se sont levés decouverts jusqu'après la prononciation du jugement concernant les status de la ville. L'audiance etant finie, M. le lieutenant de maire s'est levé, de meme que les autres officiers du presidial, & à la tette du rang des officiers quy etoient

PAGE 85.

de son cotté, est allé dans la chambre du conseil, où il * a pris sa place. Et etant sorty, est revenu joindre MM. les consuls, & ont eté tout de suitte rendre visitte à M. Faure chez luy, où il a eté complimenté par M. Madieres, lieutenant de maire. M. le juge-mage a accompagné MM. les consuls jusqu'à la porte de la rüe.

PAGE 87.

* 28 aout 1755. — C'est la liste des 35 habitans eleus & nommés pour ruller pour electeurs des consuls de la ville de Montpellier :

PAGE 88.

* Echelle du dimanche. — Sabran, gentilhomme ; — Combet Geofroy ; — Guilheminet-Galargues ; — de St. Roman ; — Patrix.

PAGE 89.

* Echelle du lundi. — Goulard, professeur & demonstrateur royal en chirurgie ; — Lapoupiere, bourgeois ; — Mejean, professeur & demonstrateur royal en chirurgie ; — Betirac, bourgeois ; — Deveze, bourgeois.

Echelle du mardi. — Boyer, financier ; — Ricard, notaire ; — Baron, procureur à la cour des aydes ; — Castanier, procureur au presidial ; — Roger, controlleur aux poudres.

Echelle du mercredy. — Martel, garde de Mgr le prince de Dombes ; —

Rey, maître apoticaire; — Martin Didier, maître chirurgien; — Peyre, maître apoticaire; — Giral, architecte.

Echellé du jeudi. — Viala, maître perruquier; — Arnail, maître perruquier; — Vernet, fabricant de bas; — Rouviére, mangonnier; — Germain, commiffionnaire.

Echelle du vendredy. — Rolland, tinturier; — Charolois, tapiffier; — Daümas, marchand futanier; — Durand, tapiffier; — Plantin, tailleur.

Echelle du famedy. — Gautarel, maître menuizier; — Efteve, maître menuizier; — Neyre, maître-maçon; — Nogaret, maître-platrier; — * Lourdou, maître cordonnier.

* Electeurs, après le ballotement fait: Sabran, gentilhomme, premier electeur; M. Mejean, profeffeur & demonftrateur royal en chirurgie, fecond; M. Boyer, financier, troifieme; M. Martel, garde de Mgr le prince de Dombes, quatrieme; M. Daumas, marchant futanier, cinquieme; M. Arnail, maître perruquier, fixieme; Gautarel, maître menuifier, feptieme; lefquels ayant eté avertis de fe rendre à l'hotel de ville à mefure de la nomination ils feroint entrés dans la falle, & M. le maire leur auroit dit qu'ils avoint eté nommés par le fort pour proceder à la nouvelle election, qu'ils devoint y proceder fuivant l'ancienne coutume avec pleine liberté, & après avoir exigé d'eux le ferment, la main mife fur les faints evangiles, moyenant lequel ils auroint promis de bien & duement proceder felon Dieu & leur confcience à lad. election; pour ce qui le concerne, M. le maire les auroint priés de proceder aux choix des bons fujets pour remplir le rulle du confulat, leur ayant pour cet effet remis une lifte des perfonnes qu'ils avoint nommé par forme d'indication * qu'il leur etoit libre de fuivre ou de ne pas fuivre; lefd. fieurs electeurs ayant pris lad. lifte fe feroint retirés dans une chambre & environ demi quart d'heure après ils auroint mandé prier lefd. fieurs maire & confuls de leur envoyer l'arreft du confeil du . . . . & lettres patentes des deux & fix de ce mois obtenu par le college & communauté de maitres en chirurgie, la lettre de M. l'intendant & les ordres de monfeigneur le duc de Richelieu.

Après quoy lefd. fieurs electeurs etant revenus dans la falle & placés au banc qui leur avoit eté preparé, led. fieur Sabran, premier electeur, auroit dit publiquement & à haute voix qu'ils avoint dreffé la lifte de dix-huit perfonnes qui devoint ruller pour le confulat, laquelle l'ayant remife à M. le maire il l'auroit faitte paffer au greffier qui l'ayant decachetée en auroit fait lecture publiquement, de teneur :

C'eft le nom & furnom des dix-huit habitans eleus & nommés pour ruller pour confuls de la ville de Montpellier & en remplir les fonctions jufques au 1er de mars prochain.

Premiere echelle. — Gafpard Patrix, gentilhomme; — Guilheminet-Galargues, comte de Montmaur.

* Seconde echelle. — Pierre Bourquenod, profeffeur & demonftrateur royal en chirurgie; — Gimel, bourgeois; — Duffours, bourgeois.

1755.

Troisieme echelle. — Davranche, notaire; — Bousquet, procureur à la cour des aydes; — Cambon, procureur au presidial.

Quatrieme echelle. — Jean Mallet, maître de musique; — Sarda, maître chirurgien; — Alexandre Giraud, maître chirurgien.

Cinquieme echelle. — Estienne Couronnat, maître perruquier; — Feau, marchant boutonnier; — Franc, hôte.

Sixieme echelle. — Jean Salager, maitre tailleur d'habits; — Jean Lafosse, maitre-menuzier; — Gimon, maitre tailleur d'habits.

PAGE 94.
Ensuitte ayant eté fait lecture de ladite liste par le greffier, il auroit eté de suite * procedé au ballotement & auroit rencontré :

A la premiere echelle : Simon-Gaspard Patrix, gentilhomme;

Pour la seconde : Pierre Bourquenod, professeur & demonstrateur royal en chirurgie ;

Pour la troisieme : Bousquet, procureur à la cour des aydes ;

Pour la quatrieme : Jean Mallet, maitre de musique ;

Pour la cinquieme : Estienne Couronnat, maitre perruquier ;

Pour la sixieme : Jean Salages, maître tailleur d'habits.

Laquelle nomination ayant eté ainsy faite, auroint eté receus par le peuple avec acclamation.

PAGE 97.
* Le 9 novembre, MM. les lieutenant de maire, consuls & greffier, en robbe, ont eté rendre visite à M. de St. Priest, intendant, & à Mme son epouze, venant de Paris; & M. l'intendant a eté harangué par M. Reboul, lieutenant de maire, qui les a ensuite accompagnés jusques à la porte du salon. Après quoy, lesdits sieurs lieutenant de maire, consuls & greffier ont eté à l'apartement de Mme l'intendante qui a eté aussi haranguée par M. Reboul.

Le 12 décembre, MM. les lieutenant de maire, consuls & greffier, en robbe, ont eté rendre visitte à Mgr l'eveque de Montpellier, qui etoit arrivé de Paris le jour d'hier, venant de l'assemblée du clergé, & a eté harangué par M. Reboul, lieutenant de maire.

Le dimanche 14 decembre 1755, MM. les consuls & greffier, en robbe, ont eté à St. Pierre assister au *te deum* qui a eté chanté à l'occasion de la

PAGE 98.
naissance de Mgr le comte de Provence *, ayant eté invités la veille par le maître de ceremonies de la cathedralle. Et le soir du meme jour, MM. les consuls & greffier, en robbe, furent prendre M. le comte de Moncan, precedés des flambeaux que portoint la suite, des tambours de la ville & des hautbois. Et arrivés à l'hotel de ville, aprés avoir fait trois fois le tour du feu, M. de Moncan, les consuls & greffier prirent un flambeau & mirent feu au bucher. Ensuite, lesdits consuls monterent sur la terrasse de l'Orgerie. Ensuite, le feu d'artifice joua, & le meme soir il y eut illumination publique.

1756.
Le 7 janvier 1756, MM. le maire, lieutenant de maire & consuls ayant eu avis que Mgr duc de Mirepoix, nommé par sa majesté pour commander en chef dans cette province à la place de Mgr le duc de Richelieu, etoit party de la cour & qu'il devoit arriver en la ville de Nimes le samedy dix de ce

mois, il a eté determiné que M. Reboul, lieutenant de maire, qui avoit eté prié par M. * Patrix, premier conful, & MM. Bourquenod, Boufquet, Matte, fecond, troifieme & quatrieme confuls, & le fieur Bedos, greffier confulaire, partirent le lendemain, huit de ce mois, pour aller à la ville de Nîmes recevoir les ordres dudit feigneur, en confequence de la deliberation prife par le confeil de la ville le. . . . . decembre dernier, qui les nomme pour cette deputation.

1756.
PAGE 99.]

Lefdits deputés partirent le 8 janvier dans un carroffin, ayant pris à leur fuitte Raiffac, cappitaine du guet, & deux vallets de ville. Ils allerent coucher ce jour-là à Lunel. Et etant arrivés le lendemain neuf à la ville de Nîmes fur le midy, ils furent loger au cabaret des Arenes. Deux heures après leur arrivée, MM. le maire & confuls de Nimes envoyerent fçavoir fi lefdits fieurs lieutenant de maire & confuls de la ville de Montpellier etoient vifibles; & fur la reponfe des deputés de la ville de Montpellier, MM. les confuls de Nîmes en chaperon, etant accompagnés du greffier confulaire & des deux deputés du confeil de ville, vinrent rendre vifitte auxdits fieurs lieutenant de maire & confuls de Montpellier. Et après leur avoir fait compliment fur la fatisfaction qu'ils avoient de les poffeder dans leur ville, ils leur offrirent leur chaperon & les prierent inftament de vouloir bien le porter tout le temps de leur fejour dans Nîmes; ce que MM. les lieutenans de maire & confuls de Montpellier refuferent* ; & après les avoir remerciés de leurs politeffes, ils les accompagnerent jufques à la porte de la rue.

PAGE 100.

M. le lieutenant de maire de Nîmes vint un moment après rendre vifitte audits fieurs deputés de la ville de Montpellier; & dans le temps qu'il faifoit fon compliment, lefdits fieurs confuls de Nîmes revinrent fans chaperon pour prier à fouper lefdits fieurs deputés de Montpellier, qui accepterent leur offre.

Après le dîné, lefdits fieurs deputés de Montpellier furent rendre vifitte à MM. les maire, lieutenant de maire & confuls de Nîmes, à Mgr l'eveque & à M. le commandant. Et s'etant retirés dans le cabaret où ils etoient logés, lefdits fieurs confuls de Nîmes vinrent fur les cinq heures les prendre pour les conduire à la comedie, où lefdits fieurs deputés furent placés à la première loge qui avoit eté tapiffée & eclairée, & après que la comedie feut finie, lefdits fieurs confuls de Nîmes conduifirent les deputés de Montpellier à l'hotel de ville, où ils les regalerent fplendidement; les deputés du confeil de ville de Nîmes affifterent à ce foupé avec MM. les lieutenant de maire, confuls & greffier confulaire.

Le lendemain famedy 20ᵉ janvier *, Mgr le duc de Mirepoix arriva à Nîmes fur les trois heures de l'après midy, & feut loger à l'eveché. MM. les deputés de Montpellier s'y etant rendus, ils furent prefentés à ce feigneur par M. le comte de Moncan, commandant dans la province en l'abfence du commandant en chef.

PAGE 101.

M. Reboul, portant la parole pour la ville de Montpellier, fit un trés beau compliment au feigneur duc de Mirepoix, lequel repondit d'une façon trés obligeante pour la ville & pour les deputés; & après leur avoir dit qu'il

1756.

arriveroit à Montpellier le lundy douze, à deux heures de l'après midy, il les accompagna jusques à la porte de la salle où il les avoit reçus. Lesdits sieurs deputés s'etant retirés, feurent de nouveau conduits à la comedie par lesdits sieurs consuls de Nîmes, qui revinrent souper avec eux au cabaret des Arenes. Et le lendemain dimanche onze janvier, ils se rendirent à Montpellier, & ayant voulu arretter avant leur depart la depense qu'ils avoient fait dans le cabaret, l'hote leur repondit que MM. les consuls* de Nîmes les avoient entierement defrayés.

PAGE 102.

Le lundy 12 janvier 1756, MM. les maire, lieutenant de maire, consuls & greffier, en robbe, se rendirent avec la suitte consulaire hors la porte du Pila St-Gely, & ils attendirent Mgr le duc de Mirepoix dans le fauxbourg auprès de l'écorchoir public & vis-à-vis le portail du St. Esprit. Toute la bourgeoisie etoit sous les armes dans ce faubourg, & le chevalet avoit eté sur le chemin au devant de ce seigneur, lequel arriva sur les trois heures de l'après midy, dans un carrosse où etoit M. le comte de Levy. La marechaussée marchoit immediatement après le carrosse. Lorsque Mgr le duc de Mirepoix feut arrivé au lieu où MM. le maire, lieutenant de maire, consuls & greffier l'attendoient, il fit arretter son carrosse, d'où il descendit tout de suite. Il feut harangué par M. de Cambacerès, maire, qui lui parla avec beaucoup de dignité & d'eloquence; & M. le duc de Mirepoix lui repondit très obligeamment, après quoy* M. le maire luy presenta le dais qu'il refusa, & ayant temoigné qu'il desiroit aller à pied jusqu'à son hotel, M. le maire se mit à sa gauche, & les sieurs lieutenant de maire, consuls & greffier le suivirent. Quand ledit seigneur fut parvenu à la porte du Pila St. Gely, il y trouva M. de Melet, lieutenant de roy, & MM. les major & ayde-major de la ville & citadelle qui lui firent leurs compliments; mais ils ne lui presenterent point les clefs des portes de la ville, parce qu'elles ne doivent être presentées qu'au roy.

PAGE 103.

Ledit sieur de Melet s'etant mis à la droite de M. le duc de Mirepoix, il continua sa marche en prenant le chemin de l'Esplanade, sur laquelle presque tous les habitans de la ville s'etoient rendus. Les soldats du regiment de Briqueville, qui est en quartier aux cazernes, formoient la haye des deux cotés du chemin jusques à la porte du jardin du Gouvernement. A quelque distance de cette porte, M. de St. Priest, intendant, M. le comte de Moncam & tous les gentilhommes de la ville furent au-devant de Mgr le duc* de Mirepoix, qui les reçut avec de grands temoignages d'affection; & il entra par le jardin dans son hotel, d'où lesdits sieurs maire, lieutenant de maire, consuls & greffier se retirerent à l'hotel de ville.

PAGE 104.

Le meme soir, il feut fait des illuminations par toute la ville. MM. les marchands firent illuminer avec des flambeaux les deux façades de la maison de la bourse consulaire, & ils firent aussi tirer un beau feu d'artifice lorsque Mgr le duc de Mirepoix passa devant pour se rendre chez M. le comte de Moncam où il feut souper.

Le lendemain 13 janvier 1756, ledit seigneur duc de Mirepoix a eté visité

& complimenté par toutes les compagnies de juftice & par tous les corps & communautés de la ville.

Le 15 janvier 1756, M. d'Aigrefeuille, premier prefident en la cour des aides, a fait fon entrée publique dans Montpellier fur les fix heures du foir avec Mme fon epouze. Il venoit de Marfeille où il avoit refté environ trois mois. Les procureurs à la * cour des aides avoint eté au-devant de lui en carroffe jufques'à Lunel; ils l'accompagnoint dans fon entrée. Le carroffe de M. le premier prefident etoit fuivy de la marechauffée, des clercs & des huiffiers à cheval.

Le 16 janvier, à 9 heures du matin, MM. les confuls & greffier, en robbe, ont affifté à la publication qui a eté faite des lettres-pattentes de Mgr le duc de Mirepoix, à l'audiance de la cour des aydes. Ils y avoient eté invités la veille par le premier huiffier.

Le meme jour, fur les onze heures du matin, MM. les confuls & greffier, en robbe, ont eté rendre vifitte à M. d'Aigrefeuille, & lui ont fait compliment fur fon heureufe arrivée.

* Le 22 janvier 1756, ouverture des Etats.

* Le dimanche 25 janvier, la meffe a eté dite pontificalement par Mgr l'eveque de Montpellier, affifté de MM. du chapitre St. Pierre; immediatement après l'evangile, M. Bellonnet, pretre, fils de feu M. Bellonnet, n{re}, a preché. La meffe etant finie, la proceffion a eté faite dans la ville. MM. les confuls & greffier, en robbe, ont porté le daix; le chapitre, les parroiffes & tous les ordres y ont affifté.

* Le 16 fevrier, MM. les confuls & greffier, en robbe, ont eté à l'audiance de la cour des aides pour l'enregiftrement des lettres-paténtes de M. le comte d'Eu, gouverneur de la province, en ayant eté priés & invités la veille par le premier huiffier.

17 fevrier, le fieur Jean Salager, marchand tailleur & fixieme conful, etant decedé, MM. les confuls, en chaperon, feurent rendre vifitte à la veuve; & le lendemain 18, lefdits confuls & greffier, en robbe, ont affifté à l'enterrement, etant venus immediatement après le corps, enfuite le deuil. Il a eté inhumé dans le cavôt de la confrerie de la vraye croix.

Le 18 fevrier, MM. les confuls & greffier, en robbe, ont eté à l'audiance de la cour des aides qui a eté tenue par M. le duc de Mirepoix, commandant en chef de la province de Languedoc, ayant eté invités la veille par le premier huiffier de la cour.

Le 19 fevrier, il a eté fait un fervice par les Etats à Notre-Dame pour le repos de l'ame de Jean Salager, fixieme conful. Il a eté remis par les Etats à M. Cambacerés, maire, 150 livres pour faire dire des meffes.

* Le 21 fevrier, il a eté fait un fervice par les etats à l'eglife Notre-Dame pour le repos de l'ame de M. le comte d'Eu, gouverneur de la province de Languedoc. Il fut dreffé un beau catafalque, l'eglife fût tapiffée en noir, & Mgr l'archeveque de Narbonne dit la meffe.

Le 24 fevrier, le corps des maîtres chirurgiens, revetus de leurs robes noires, fe font affemblés dans le grand falle de l'hotel de ville pour proceder

1756.

à la reception en la maîtrife de maître chirurgien du fieur Laborie. Enfuite feroient decendus precedés des violons. Et ayant trouvé MM. les confuls affemblés, ils les auroient priés de venir affifter à la reception dudit fieur Laborie. Et lefdits fieurs confuls & greffier, revetus de leurs robes, font montés à ladite falle, le corps des maîtres chirurgiens venant après eux. Et lefdits fieurs confuls fe feroient affis, fçavoir: M. Bourquenod, fecond conful, fur une chaife à bras au bout de la table, fur la main droite; & les autres confuls à leur banc ordinaire, à la droite du fieur Bourquenod; MM. les dits chirurgiens fur l'autre banc vis-à-vis. Après quoy, le corps, en s'adreffant audit fieur Bourquenod, luy auroit dit qu'il * pouvoit recevoir le ferment dudit fieur Laborie, ayant eté reconnu capable d'exercer la maîtrife de chirurgien dans la ville. Ledit fieur Laborie s'eft prefenté devant ledit fieur fecond conful & a preté le ferment la main mife fur les faints evangiles. Enfuite, M. Galabert, maître chirurgien & parrain du fieur Laborie, a fait un compliment; & après avoir revetu ledit Laborie des ornements de la chirurgie, il a repondu par un autre compliment de remerciement. Cela fait, lefdits fieurs chirurgiens ont accompagné MM. les confuls jufques dans la falle du bureau de police, precedés des violons, & après avoir remercié, fe font retirés.

Le 27 dudit mois de fevrier, il a eté fait un fervice dans la chapelle du confulat pour feu fieur Jean Salager, fixieme conful. MM. les confuls & greffier, en robbe, y ont affifté.

* Le 1er mars, a eté procedé à une nouvelle election confulaire, & à cet effet MM. les lieutenant de maire, confuls * & greffier, fe font rendus à l'hotel de ville ayant pris leurs robes & entendu la meffe dans la chapelle du confulat, & enfuite s'etant affemblés dans la falle, ils ont dreffé deux liftes, l'une de vingt-cinq habitans pour ruller pour electeurs, & l'autre de douze habitans qui doivent ruller pour confuls, après quoy la cloche ayant fonné, lefd. fieurs lieutenant de maire, confuls & greffier, ont procedé au balotement de la lifte des electeurs: M. Defandrieux, ecuyer; M. Chalier, bourgeois; M. Haguenot fils, maître apoticaire; M. Taillet, maître tapiffier, & Efpinas fils, maître cordonnier; ayant eté rencontrés pour confuls M. Combet de Geofroy, ecuyer; M. Desfours, bourgeois, ancien architecte, M. Alexandre Giraud, maître chirurgien, & fieur Pierre Nogaret, maître platrier, lefquels à l'inftant de leur nomination en feurent avertis par le fon de la cloche & par les efcudiers de l'hotel de ville fuivant l'ufage; après la nomination, MM. les confuls nouveaux eleus ont eté vifités par les anciens confuls & greffier, electeurs & petits enfants; & l'après dinée, MM. les nouveaux confuls & electeurs * ont encore vifité M. le duc de Mirepoix, commandant, M. l'intendant, M. l'eveque de Montpellier, M. le premier prefident, M. le maire, M. le lieutenant de maire en exercice, M. le juge mage, M. le lieutenant de roy.

*2 mai 1756, MM. les maire, lieutenant de maire & confuls, ayant appris que le roy avoit nommé M. le duc de Mirepoix, commandant capitaine des gardes du corps, il auroit eté ordonné une illumination dans toute la ville.

* Le 30 may 1756, par & à la requête de MM. le maire, lieutenant de maire & confuls de Montpellier, eft expofé à MM. les intendans & recteurs electifs & findics de l'hopital general qu'ils ne peuvent ignorer que les requerants font intendants nés dudit hopital ; qu'en cette qualité ils ont la prefcéance fur tous les autres intendans & recteurs electifs, fuivant les anciens reglements de cette maifon qui portent que les autres intendans & recteurs feront les adjoints des requerants pour les aider dans l'adminiftration de cette maifon ; que cette prefcéance leur ayant eté conteftée, & plufieurs intendans electifs ayant refufé d'accepter leurs charges fous pretexte de cette prefcéance, il fut rendu arrêt au confeil du roy, du 16 may 1664, qui fait deffences à l'avenir, etant gentilhommes, officiers de juftice & autres de quelque qualité & condition qu'ils foint, de refufer les charges auxquelles ils feront nommés pour avoir le foin & direction de ladite maifon & fervice des pauvres, ni de contefter pour raifon de ce auxdits confuls la prefeance, à peine de punition, meme contre lefdits officiers de juftice, d'interdiction de leurs charges, & de repondre en leur propre du deperiffement de ladite maifon ; lequel arrêt, avec les lettres-patentes y attachées, furent regiftrés dans le livre D, f° 112 de ladite maifon, le 17 avril 1666 ; qu'enfin les lettres-patentes du 17 avril 1678, portant etabliffement d'un hôpital general dans cette ville & union d'icellui à la maifon de charité qui y etoit cy-devant, n'ont pas oté cette prefeance aux requerants ; au contraire, l'article 2 porte que les confuls de ladite ville auront le meme rang, & voix deliberative qu'auparavant ; & quoique les droits des requerants foint parfaitement connus des adminiftrateurs electifs dudit hopital, cependant ils cherchent toutes les occafions pour eloigner les requerants de ladite maifon, & refufent depuis plus de trois années de repondre aux divers memoires qui leur ont eté prefentés, & de deferer aux reprefentations réitérées que les requerants ont faites ; au contraire, ils ont meme entrepris ce jourd'hui, que les requerants fe font rendus audit hopital pour affifter, en qualité de premiers intendants nés de cette maifon, à la confecration de l'eglife dudit hopital, de leur contefter cette prefeance, & contre la difpofition expreffe de l'arrêt du confeil du 16 mai 1664, ils ont refufé de prendre leurs places après les requerants, & d'affifter aux ceremonies de la confécration de ladite eglife. Bien plus, par une demarche tres indefcente, ils ont fait fignifier par huiffier, pendant ladite ceremonie, un acte de proteftation par lequel le premier des fieurs intendants a entrepris de prendre la qualité de prefident qui n'apartient, de droit & dans tous les actes, qu'à Mgr l'evêque, non à ceux à qui la prefidence eft accidentelle. Enfin, pour augmenter le trouble, M. l'abbé de Lautrec, chanoine, l'un defdits intendants electifs, & qui marchoit en corps avec le chapitre & clergé dudit feigneur eveque, a affecté de venir fe placer au-devant des requerants au moment qu'ils devoint fe prefenter à Mgr l'eveque pour remplir la place des fondateurs, qui appartient aux adminiftrateurs dudit hopital ; & fur les reprefentations qu'on lui a faites, il a pris pretexte d'etre obligé, en qualité de fous-chantre, de donner des ordres aux pretres du

1756.
PAGE 116.

1756.

cœur, ce qui n'avoit d'autre objet que de porter les requerants à quelque extremité fcandaleufe qu'ils ont fu eviter par leur prudence; & comme toutes ces demarches font contraires aux droits des requerants & aux reglements dont la fageffe a foutenu ledit hopital, les requerants ont fommé & requis lefdits intendants & recteurs electifs & fyndics dudit hopital de fe conformer auxdits reglements, notamment à l'arrêt du confeil du 16 may 1664, dont il fera donné copie avec le prefent acte; & dans le cas de trouble dans ladite preſeance que les requerants ont fur eux, ou du refus de leur part de faire leurs fonctions pour eviter cette preſeance, il leur eſt protefté ce que de droit, & ce parlant à M. Jullien, l'un des fyndics dudit hopital, pour tous lefdits adminiſtrateurs electifs, & baillé coppie dudit arrêt du confeil de 1664 & prefent exploit.

* Le 31 may, à l'occafion de la naiſſance du fils de M. le marquis de Caſtries, gouverneur de la ville & citadelle de Montpellier, MM. les maire & confuls, pour temoigner leur joye, ont ordonné une illumination dans toute la ville, & la façade de l'hotel de ville a eté fuperbement illuminée, & a eté tiré quantité de bombes & de fuzées.

Le 2 juillet, on apprit la prife du fort St. Philipe. Ce fut la nuit du 27 au 28 de juin, & le 29 la capitulation.

Ledit jour, M. l'intendant d'Auvergne arriva à Montpellier, fut loger à l'hotel de M. de St. Prieft. MM. les lieutenant de maire, confuls & greffier en robe furent lui rendre viſite.

Le 15 du mois d'août, le *te deum* fut chanté à la cathedralle à l'occaſion de la prife du fort St. Philipe. La ville fut illuminée; le meme jour il y eut un feu à l'hotel de ville, que M. le comte de Moncan, commandant, mit le feu avec MM. les lieutenant de maire, confuls & greffier.

Le 23 août, MM. le maire, lieutenant de maire & confuls, ayant apris que Mgr le marechal duc de Richelieu, de retour du port Mahon, où il etoit generaliffime & commandant de la mer Mediterranée, devoit paſſer en cette ville, ils fe rendirent, fur les fept heures * du foir au fauxbourg du Pilla St. Gelly; & ce feigneur etant arrivé fur les huit heures, il fut harangué par M. Madieres, lieutenant de maire, qui lui porta un fort beau difcours auquel ce feigneur repondit d'une maniere très obligeante, & ajouta qu'on n'ignoroit point l'amitié qu'il avoit eu pour cette ville en particulier & qu'il conferveroit toujours pour les habitans; qu'il feroit charmé de trouver des occafions pour le lui temoigner. Enfuite, M. Madieres lui prefenta le day qu'il reffufa; après quoy il monta dans fon carroffe, entra dans la ville par la rue de l'Eguillerie, & feut defcendre à l'hotel de M. de St-Prieft, intendant, où il foupa. Après quoy ce feigneur, accompagné de M. l'intendant & des autres perfonnes de diſtinction qui avoint foupé à l'intendance, il feut à la falle du concert où tous les academiciens s'eſtoient rendus; & après le concert il feut coucher dans l'hotel de Mgr le duc de Mirepoix, commandant. Le meme foir, la façade de la falle feut illuminée par des lampions & des pots à feu, & tous les habitans, fur les ordres de MM. le maire & * confuls, illuminerent leurs maifons. Le lendemain 24, ce seigneur feut à l'opera, & à la sortie la façade de cette salle estoit illuminée comme le jour precedant. Le 25, il partit de cette ville sur les deux heures aprés midy pour se rendre à Paris, les troupes etant sur l'Esplanade, ne l'ayant pas eté le jour de son arrivée parce qu'il ne le vouloit point.

Les 25 & 26 aout, installation en la charge de maire de messire Marcel de Faure, conseiller du roy, president juge-mage, lieutenant general en la senechauffée, gouvernement & siege presidial de Montpellier.

* Le 22 septembre audit an, M. le duc de Mirepoix, commandant en chef, venant de Paris, arriva en cette ville par la porte du Pille-St-Gely, où MM. les maire, consuls & greffier, en robe, se rendirent, firent porter le daix vis à vis le logis de la Couronne. Ce seigneur arriva sur les trois heures de l'après-midy, descendit du carrosse & feut arrangué par M. Faure, maire, qui lui presenta ensuite le daix qu'il ne voulut point accepter. M. le duc fut à pied jusques à son hotel, ayant à sa gauche M. le maire; MM. les consuls & greffier venant après.

* Le 28 octobre, ouverture des Etats.

Le 11 novembre audit an, MM. les consuls ayant apris l'arrivée en cette ville de M. de Bachy, embassadeur du roy à Lisbonne, MM. les consuls & greffier, en robbe, furent chés M. du Caila, où il etoit logé. Il fut arrangué par M. Desfours, 2ᵉ consul, qui etoit à la teste du corps de ville. Aprés quoy, lesdits sieurs consuls ayant demandé d'etre introduits dans l'apartement de Mᵐᵉ Bachy, son epouse, pour l'arranguer, M. de Bachy leur dit qu'elle n'etoit * pas levée, & les remercia & les accompagna jusques au perron du degré.

Le lendemain 12, M. de Bachy envoya à l'hotel de ville son ecuyer pour s'informer de l'heure où MM. les consuls seroint assemblés pour recevoir la visite du sieur de Bachy; & l'heure ayant eté donnée, M. de Bachy, accompagné de son ecuyer & de son secretaire, vint à l'hotel de ville où MM. les consuls l'attendoint. Ils feurent le prendre à la porte de la salle dans laquelle ils entrerent; & après leur avoir temoigné sa reconnoissance & le desir qu'il auroit de faire plaisir à la ville & à chacun d'eux en particulier, il sortit de ladite salle, où lesdits sieurs consuls l'accompagnerent jusques à la porte d'entrée où est la barriere.

Le 19 janvier, MM. les maire & consuls & greffier, en robbe, ont * assisté à une messe qu'ils ont fait dire dans leur chapelle par leur chapelain pour remercier le seigneur de ce qu'il avoit conservé notre roy & pour faire des vœux au ciel pour obtenir sa conservation, ayant eté assassiné le 5 de ce mois par le nommé Damiens.

Le 20 fevrier 1757, il feut chanté un *te deum* dans l'eglise de la cathedralle St. Pierre, Mgr l'eveque ayant fait inviter les puissances, la cour des aydes, qui y assisterent en robbe rouge, MM. les tresoriers de France, le corps du presidial & MM. du corps de ville. Ce *te deum* fut chanté pour rendre au ciel de solennelles actions de graces pour remercier Dieu d'avoir conservé la personne sacrée du roy de l'attentat comis en sa personne le 5

1757.
PAGE 128.

janvier dernier, veille de la fefte du roy, par le nommé Pierre Damiens de la ville * d'Arras; dans la province d'Artois.

Le foir du meme jour, il feut tiré un feu d'artifice dans la place de l'hotel de ville, & le feu feut mis au buché par Mgr le duc de Mirepoix, commandant en chef dans la province, ayant à fa gauche M. Faure, maire, MM. les lieutenant de maire, confuls & greffier, en robbe; venant après. Et le feu d'artifice ayant fini, MM. les maire, lieutenant de maire, confuls & greffier feurent accompagner M. le duc dans fon hotel, l'ayant eté prendre avec la fanfare dans le meme ordre.

La ville avoit fait pofer autour de la place des guirlandes & des pots à feu, de meme que depuis l'hotel de ville jufques à l'hotel de M. le commandant on avoit fait pofer des guirlandes de chaque cotté des maifons avec un cordon qui reignoit tout le long, & de deux en deux pieds il avoit eté pofé un pot à feu, ce qui faifoit une illumination fort belle. Tous les habitants de cette rue s'etoient empreffés de pofer fur leurs fenetres d'illuminations, de meme que dans toute la ville jufques au 3e etage, ainfy que MM. le maire, lieutenant de maire & confuls l'avoint ordonné la veille.

PAGE 129.

M. le duc de Mirepoix avoit * fait illuminer avec des lampions la façade de fon hotel d'un coté & d'autre, & principalement du coté de l'Efplanade, depuis le rez de chauffée jufques aux toits. Ce feigneur fit verfer trois tonneaux de vin & donner ce foir-la un repas fuperbe.

On ajoute que jamais on n'avoit vu d'illumination fi belle, & le public temoigna autant de joye.

Le 28 du meme mois de fevrier, M. le duc de Mirepoix ayant reçu la nouvelle de fa nommination comme marechal de France, MM. les maire, lieutenant de maire & confuls firent ordonner une illumination generalle le meme jour dans toute la ville & fe rendirent chez M. le duc de Mirepoix, commandant, & ce feigneur feut harangué par M. Faure, maire.

Le 1er mars eut lieu l'election confulaire.

PAGE 130.

* Lifte des électeurs : De Carnas, écuyer; — Caifergues, bourgeois; — Thoulouze, procureur au fenechal; — Philipe Giraud, maître chirurgien; — Auzillion pere, marchand de caffé; — Lafoffe, maître menuifier; — Daras, maître tailleur d'habits.

PAGE 131.

* Et le balotement ayant eté fait, a rencontré par le fort pour premier conful M. Jean Louis Faure, ecuyer; pour fecond M. Pierre Foreftier, bourgeois; pour troifieme Me Germain Fouilhon, procureur au fenechal, pour quatrieme fieur Martin Didié, maître chirurgien; pour cinquieme fieur Tailland, tapiffier, & pour fixieme fieur Gautarel, maître menuifier, lefquels auroint eté reçus par le peuple de l'affemblée avec acclamations, & à l'inftant la cloche a fonné, & les efcudiers ont eté les avertir de leur nomination fuivant la coutume; après quoy M. le maire a dit à MM. les confuls & au peuple affemblé que monfeigneur le marquis de Caftries fouhaitoit qu'on nommat pour remplir la place de greffier alternatif le fieur Eftienne Bedos, pourveu de l'office, ancien mitriennal, & lefd. fieurs con-

fuls & le peuple auroint publiquement nommé le fieur Eftienne Bedos, pour remplir la place ou office de greffier alternatif & d'en faire les fonctions, & en confequence il auroit tout de fuite pretté ferment entre les mains de M. le maire & après quoy on fe feroit retiré.

1757.

Le 28 juin, veille de la fete St. Pierre, MM. les confuls n'ont pas eté à la proceffion que font l'après mídy MM. les chanoines parce qu'ils n'avoint point eté invités fuivant l'ufage.

* Le 5 aouft, MM. les maire, confuls & greffier, en robbe, feurent vifiter M. de St-Prieft, intendant, de retour de Grenoble, où il avoit eté pour le mariage de M. le vicomte de St-Prieft, fon fils, avec Mlle de . . . . . Ce feigneur feut harangué par M. Faure, maire, qui le remercia, & les accompagna jufqu'à la porte de l'avant-falle, fuivant l'uzage ; & lefdits fieurs maire & confuls ayant defcendu les degrés, ils remontèrent, & feut à l'apartement de Mme l'intendante, où fe trouva Mlle de . . . . . ., epoufe de M. le vicomte. M. Faure, maire, les harangua ; après quoy Mme l'intendante & Mme fa belle-fille les accompagna jufques à l'avant-falle de fon appartement.

PAGE 138.

* Le 21 aouft, MM. les confuls & greffier, en robbe, ont eté à St-Pierre au *te deum* qui a eté chanté en actions de graces de la victoire qui a eté remportée par l'armée de S. M., commandée par M. le marechal d'Eftrées fur celle des Hanovriens, ayant eté invités la veille par le maître de ceremonies du chapitre St-Pierre.

PAGE 139.

Le meme jour, il y eut un feu d'artifice à l'hotel de ville ; le feu fut mis au buché par M. le comte de Moncan, commandant en l'abfence de M. le marechal de Mirepoix. La fanfare & la fuite avoient eté chercher M. le maire ; & arrivés à l'hotel de ville, MM. les maire, confuls & greffier, en robbe, precedés de la fanfare & de la fuite, avoint eté prendre M. de Moncan, logé chez M. Perié, hors la porte de Lattes.

Le 1er feptembre, audit an, M. le marechal de Mirepoix, commandant en chef, arriva en cette ville *, venant de la cour. MM. les maire, confuls & greffier, en robbe, ont eté à la porte du Pila-St-Gilles, vis-à-vis du logis de la Couronne l'attendre. Il a eté harangué par M. Faure, maire, qui luy a enfuite prefenté le dais qu'il a refufé.

PAGE 140.

Le 22 feptembre, à trois heures après midy, on a porté les faints facrements à M. le marechal de Mirepoix, attaqué d'une fievre maligne. Le dais ayant eté porté par MM. les confuls portant leurs chaperons, n'ayant pu prendre leurs robbes à caufe de l'abfence des efcudiers qui ont la clef du cabinet où lefdites robbes font renfermées ; le pro-curé ayant porté le faint facrement jufques dans l'hotel, où s'eft trouvé Mgr l'eveque de Montpellier qui l'a adminiftré ; M. de St-Prieft, intendant, portant un flambeau, ayant accompagné le faint facrement à Notre-Dame avec nombre de feigneurs.

Le 24 feptembre, à neuf heures 40 minutes du foir, Mgr Gafton-Charles-Pierre de Levy, duc de Mirepoix, marechal hereditaire de la Foy, chevalier des ordres du roy, capitaine de fes gardes, marechal de France, gou-

1757.

PAGE 141.

verneur de Brouage, lieutenant general & commandant en chef en la province de Languedoc, mourut après une violante & courte maladie, dans l'apartement du rez de chauffée * de la maifon de M, Defplans, près la porte de Lattes.

Pendant les deux jours qui precederent fa mort, M. l'eveque fit faire des prieres publiques & expofer le faint facrement dans toutes les eglifes où le peuple courroit en foule pour prier Dieu pour fa confervation. M. l'eveque de Montpellier lui porta le faint facrement, & MM. les confuls, en chaperon, porterent le daix.

M. le comte de Moncan, commandant en Languedoc, depecha tout de fuitte un courrier à la cour pour porter la nouvelle de cette mort.

Le lendemain 25 feptembre, à dix heures du matin, le cadavre de Mgr le marechal de Mirepoix feut embaumé, & de fuitte il feut placé fur un lit de parrade qu'on avoit dreffé dans la grande pièce de compagnie du rez de chauffée.

Cet apartement etoit tendu de noir, avec les titres de la province en velours noir, & de diftance en diftance il y avoit fur le titre les armoiries de M. le marechal, dorées fur de carton. On avoit elevé au devant de la cheminée qui eft dans ladite falle une ftrade tendue de drap noir, fur laquelle avoit eté placée le lit *, & au deffus de ce lit etoit un dé ou poële garni de noir. Les deux portes qui etoient aux deux cotés de cette ftrade avoient eté mafquées par deux autels tendus de noir, fur lefquels il feut dit des meffes baffes par toutes les communautés religieufes qui avoint eté invitées par Mgr notre eveque, & qui y dirent des meffes, les 26 & 27, depuis fix heures du matin jufqu'à midy.

PAGE 142.

L'après midy des 25, 26 & 27, les parroiffes & les ordres religieux vinrent chanter l'office des morts en prefence du cadavre; & le 27 le chapitre feut le dernier qui vint y falmodier l'office fur les quatre heures après midy.

Le meme jour, à 5 heures, MM. les officiers du prefidial vinrent en corps donner de l'eau benite au cadavre. Dès que MM. du prefidial feurent fortis, MM. les maire, confuls & greffier, revetus de leurs robbes de ceremonies & precedés de la livrée confulaire, feurent auffi lui donner de l'eau benite.

PAGE 143.

Pendant ces trois jours, il y eut un concours infini du peuple qui vinrent donner de l'eau benite. Le mercredi 28, jour de l'enterrement *, tous ceux qui devoient compofer le convoy fe rendirent à l'hotel du Gouvernement & marcherent dans l'ordre fuivant : 1º les vallets de ville precedés des trompettes qui avoient une banderolle noire à leurs trompettes & un crepe à leurs chapeaux ; les vallets de ville portant leurs pertuifanes trenantes avec des crepes ; 2º tous les pauvres de l'hopital general, hommes, femmes & enfants, marchant fous leurs croix, fuivis de MM. les intendants ; 3º foixante cavaliers de la marechauffée, commandés par M. Cofte, prevot general, un lieutenant, quatre exempts tous à cheval, ayant de crepes à leurs banderolieres & chapeaux ; la banderole du trompette garnie d'un crepe ; 4° les deux battaillons du regiment de la marine avec fes officiers, tambours & drapeaux couverts de crepes; tous leurs officiers & fergents ayant des crepes à leurs chapeaux, fpontons, allebardes & epées; la confrerie de Saint-Paul, la confrerie de la Vraye-Croix, la confrerie des penitens blancs, les recollets, les capucins, les cordelliers, les auguftins, les * trinitaires, les grands carmes, les dominicains & tous les religieux de la ville à, l'exception des carmes dechauffés & la confrerie des penitens bleus qui n'affiftent qu'aux enterremens de leurs confreres; la paroiffe Saint-Denis, celle de Sainte-Anne, celle de Notre-Dame, la paroiffe de St-Pierre & le chapitre cathedral avec fa chapelle de muzique, quatre chapiers en chape de velours noir precedés de fes bedeaux dont les maffes etoient environnées de crepes, M. l'eveque officiant, MM. Vincent & Morel, chanoines, faifant diacre & fous-diacre; le drap d'honneur porté par M. le chevalier de Beauteville, M. d'Audeffan, M. le lieutenant-colonel du regiment de la marine, & M. de Chatillon, colonel du regiment des grenadiers royaux, tous les quatre brigadiers des armes du roy. Après venoit le corps, porté par fix fergents du regiment de la marine. On avoit eté obligé de le mettre dans une caiffe à caufe de mauvaife odeur. Il etoit couvert d'un drap de velours noir fur lequel on avoit placé le manteau ducal*, la couronne, les batons de marechal de France, l'épée, les eperons & autres grandes & petites pieces d'honneur. La biere etoit environnée de cent flambeaux de poye portés par cent pauvres de l'hopital, & des gardes de M. le marechal de Mirepoix qui portent leurs armes trenantes avec leurs crepes aux chapeaux & aux epées.

Elle etoit fuivie de la maifon de M. le marechal, à la tete de laquelle etoit fon fuiffe avec le baudrié noir, un crepe à l'epée & à fon chapeau ; tous les officiers de la maifon portant des crepes à leurs chapeaux & epées, & la livrée des manteaux & des crepes à leurs chapeaux.

Enfuitte marchoint MM. les officiers du prefidial en corps, precedés de leurs huiffiers; après MM. les officiers du prefidial, marchoint MM. les confuls revetus de leurs robbes de ceremonies; precedés des efcudiers avec leurs maffes couvertes de crepes, & des capitaines du guet & de fanté ayant de crepes à leurs epées & chapeaux; après eux venoit le deuil. Le premier deuil etoit M. le comte de Levy, qui portoit un tabart, & qui etoit accompagné par M. le comte de Moncan, commandant, qui etoit à fa droite, & par M. le vicomte de St-Prieft, qui etoit à fa gauche *. M. de Cambis, colonel du regiment de fon nom, formoit le fecond deuil. Il etoit revetu d'un manteau noir & accompagné par M. de Mellet, lieutenant du roy, de la ville & citadelle, & par M. le major. Mgr l'eveque de Carcaffonne formoit le troifieme deuil; & enfuite venoit un nombre confiderable de feigneurs, de nobleffe & d'officiers.

Un moment avant que le convoy partit, MM. les officiers du prefidial deputerent à M. le comte de Levy M. le lieutenant criminel & deux confeillers pour le complimenter. M. de Levy leur repondit : « Vos regrets, meffieurs, honorent la memoire de mon oncle & foulagent ma douleur. »

1757.

Page 144.

Page 145.

Page 146.

Quand MM. les officiers du prefidial furent fortis de chez M. de Levy, MM. les confuls furent auffy le complimenter & en feurent très bien receus.

Le convoy partit de l'hotel du Gouvernement environ fur les dix heures. Il paffa dans la Grand'Rue, dans celle du Petit St-Jean, dans celle de la Valfere jufqu'à la porte du Peyrou, au plan du palais, à la Canourgue, devant la Vieille-Intendance, devant M. le prefident d'Alco, devant M. d'Arenes, à l'Eguillerie & dans l'eglife de Notre Dame, où Mgr le marechal devoit etre inhumé.

Pendant les trois jours qui * fuivirent fa mort & depuis le point du jour jufqu'à l'entrée de la nuit, de demi-heure en demi-heure, la citadelle tira un coup de canon, & la grande cloche de l'horloge & celle de l'hotel de ville fonnerent chacune trois coups d'un moment à autre. L'eglife Notre-Dame avoit eté toute tapiffée de noir avec deux littres ou cordons de velours couverts d'armoiries; on avoit elevé au bas de l'eglife un catafalque fur lequel feut placé le cercueil de M. de Mirepoix.

Mgr l'eveque de Montpellier celebra une grande meffe de mort qui feut chantée en muzique. Aprés l'evangille, le bedeau du chapitre cathedral feut avertir MM. les officiers du prefidial qui etoient à leurs bancs. Ils y feurent les premiers, precedés des huiffiers, baiferent la bague de M. l'eveque, qui etoit affis auprés du maître hotel, fes affiftants debout, ayant à fes pieds un carreau de velours fur lequel MM. les officiers du prefidial. mirent les genoux.

MM. les confuls, qui etoint placés dans leur tribune, allerent auffy à l'offrande aprés MM. les officiers du prefidial, precedés des efcudiers; & aprés MM. les * confuls tout le deuil & tous les domeftiques feurent à l'offrande, aprés laquelle Mgr l'eveque continua & acheva la meffe, aprés laquelle les quatre dignités du chapitre ayant pris chacun une chape de velours noir, MM. l'eveque & chapitre vinrent en proceffion environner la biere, aux quatre coins de laquelle les quatre dignités s'etant placés, y feut fait cinq abfoutes, fçavoir: quatre par les quatre dignités en commençant par le plus ancien, & une par Mgr l'eveque, pendant laquelle tout le monde feut debout.

Les abfoutes finies, le clergé accompagna le corps de M. de Mirepoix, qui feut porté par lefdits fergents dans la chapelle de St-Roch, appartenant à M. le marquis de Caftries, gouverneur de la ville & citadelle de Montpellier, où il feut inhumé dans un creux qui avoit eté fait dans la terre.

Dans le temps qu'on l'enteroit, il feut fait trois falves par tous les canons de la citadelle & par la marechauffée & les deux bataillons du regiment de la vieille marine. Aprés quoy, toutes les perfonnes qui compofoient le convoy fe retirerent.

Le 2 novembre 1757, il a eté chanté un *te deum* à la cathedrale & fait un feu d'artifice à la place de l'hotel de ville, à l'occafion de la * naiffance de Mgr le comte d'Artois, le 9 octobre 1757.

Le 25 novembre 1757, MM. le maire, lieutenant de maire & confuls, ayant eu avis que Mgr le marechal de Thomond nommé par S. M. pour commander en chef dans cette province à la place de M. le marechal de Mirepoix, qui etoit mort, que M. de Thomond etoit à Bordeaux commandant en. . . . . devoit arriver à la ville de Beziers le 29, il fut determiné que M. Reboul, lieutenant de maire en exercice, qui avoit eté prié par M. Faure, premier conful, & M. Fouilhon, procureur au prefidial, & Deidier, maître chirurgien, 3e et 4e confuls, & M. Bedos, greffier confulaire, partirent de cette ville le 27 pour fe rendre à la ville de Beziers recevoir les ordres dudit feigneur.

Lefdits deputés partirent ledit jour 27 dans un carroffin, ayant pris à leur fuitte Charlot, capitaine de fanté, & deux vallets de ville. Ils feurent coucher à Pezenas, & arriverent le 28 avant midy à Beziers. Ils feurent loger au cabaret de la Croix-Blanche. Une heure après, MM. les maire, lieutenant de maire & confuls de Béziers, accompagnés du greffier confulaire, vinrent rendre vifitte auxdits fieurs lieutenant de maire & confuls de Montpellier. Et aprés leur avoir fait compliment fur la fatisfaction qu'ils avoint de les poffeder dans leur ville, & aprés les avoir remerciés de leurs * politeffes, ils les accompagnerent jufques à la porte de la rue.

Demy heuré après, lefdits fieurs deputés furent rendre vifite à MM. le maire, lieutenant de maire, confuls & greffier de Beziers, à M. l'eveque & à M. le commandant; & s'étant retirés dans le cabaret où ils etoint logés, lefdits fieurs vicaire, lieutenant de maire & confuls de Beziers, vinrent prier lefdits fieurs deputés à fouper, qu'ils accepterent.

Sur les fix heures du foir, lefdits fieurs deputés fe rendirent à l'hotel de ville, où ils fouperent, & affifterent au repas plufieurs perfonnes de confideration de Beziers.

Le lendemain 29, M. de Thomond arriva à Beziers fur les quatre heures de l'aprés midy, feut defcendre à l'evêché, où, après avoir receu les harangues, fut fouper & loger chez M. le commendant.

Lefdits deputés s'etant rendus à cinq heures à l'eveché, feurent prefentés à M. de Thomond par M. de Montferrier, fyndic general de la province, qui avoit eté à Bordeaux auprés de ce feigneur. M. Reboul, lieutenant de maire, portant la parole pour la ville de Montpellier, fit un beau compliment audit feigneur marechal de Thomond, qui répondit d'une façon obligeante pour la ville & pour les deputés. Et aprés leur avoir dit qu'il arriveroit le lendemain 30 à Montpellier, fur les trois heures après midy *, il les accompagna jufques à la porte de la falle où il les avoit receus. Lefdits fieurs deputés s'etant retirés, feurent à leur cabaret, & tout de fuitte après avoir quitté leurs habits noirs, monterent en carroffe, furent fouper à Pezenas; après quoy, une heure aprés minuit, ils remonterent en carroffe & arriverent en cette ville à midy.

Le 30 du meme mois, MM. le maire, lieutenant de maire, confuls & greffier, en robbe, fe rendirent avec la fuite confulaire hors la porte de la Sonnerie, & ils attendirent Mgr le marechal de Thomond dans le fauxbourg, auprés du logis du Cheval-Vert. Toute la bourgeoifie etoit fous les

1757.

Page 150.

Page 151.

1757.

armes dans ce faubourg, & le chevalet avoit eté fur le chemin au devant de ce feigneur, qui arriva fur les deux heures de l'aprés midy, dans un carroffe où etoit M. le comte de Moncan & M. de St-Prieft, intendant; la marechauffée marchoit immediatement aprés le carroffe. Lorfque M. de Thomond feut arrivé au lieu où MM. le maire, lieutenant de maire, confuls & greffier l'attendoient, il fit arretter fon carroffe d'où il defcendit tout de fuitte. Il fut harangué par M. Faure, maire, qui lui parla avec beaucoup de dignité & d'eloquence, & M. le marechal lui repondit trés-obligeamment;

PAGE 152. aprés quoi *, M. le maire lui prefenta le dais qu'il refufa, & ayant temoigné qu'il defiroit aller à pied jufqu'à fon hotel. En confequence, M. le marechal de Thomond, M. le comte de Moncan, M. l'intendant & M. le maire, lieutenant de maire, confuls & greffier le fuivirent. Quand ledit feigneur feut parvenu à la porte de la Sonnerie, il trouva M. de Melet, lieutenant du roy, & MM. le major & aide-major de la ville & citadelle de Montpellier qui lui firent leur compliment; mais ils ne lui prefenterent point les clefs des portes de la ville, parce qu'elles ne doivent être prefentées qu'au roy.

Ledit feigneur continua la marche en entrant dans la ville par la porte de la Sonnerie, le long de la Grand'Rue, & entra dans fon hotel par la grande porte. Tous les habitans de la ville s'etoint rendus fur les avenues, & depuis la porte de la ville jufques à fon hotel, les foldats du regiment de Nice, qui eft en quartier aux cazernes, formoint la haye des deux cottés de la rue. Tous les gentilhommes de la ville s'etoint rendus à l'hotel de M. le marechal, qui les reçut avec bien des temoignages d'affection; & apres etre entré dans fon hotel, lefdits maire, lieutenant de maire, confuls & greffier fe retirerent à l'hotel de ville.

PAGE 153. * Le même jour, il fut fait des illuminations dans toute la ville.

Le 1er decembre, le fgr. marechal de Thomond fut vifité & complimenté par toutes les compagnies de juftice & par tous les corps & communautés de la ville.

Le 7 decembre, MM. les confuls & greffier, en robbe, ont eté vifiter M. le duc d'Aumont, pair de France, qui etoit logé chez M. Duranti, à la Grand'Rue.

PAGE 154. * Le 18 decembre 1757, ouverture des Etats.

1758.
PAGE 155. * Le premier janvier 1758, MM. les confuls en chaperon ont eté rendre vifite aux puiffances, fçavoir à M. le marechal de Thomond, à M. de Moncan, à M. l'intendant, à M. l'eveque de Montpellier & à M. le premier prefident : ces deux feigneurs firent dire qu'ils n'etoint point vifibles; enfuite ils feurent chez Mgr l'archeveque de Narbonne, chez M. Faure, maire, & chez M. Reboul, lieutenant de maire en exercice; on obferve que les grandes pluyes qu'il fit ce jour & n'ayant peut trouver des chaifes à porteur on fut obligé de prendre deux carroffins.

Le 14 janvier, il a eté fait un fervice par les Etats à Notre-Dame, pour feu Mgr le marechal de Mirepoix. L'eglife etoit tandue en noir au-deffous

PAGE 156. des tribunes *, y ayant un cordon autour avec fes armes d'efpace en efpace.

Il avoit été elevé au fond de l'eglife un catafalque, M. l'eveque de Montpellier dit la meffe pontificalement, affifté de fon chapitre. Immediatement après la meffe, Mgr l'eveque fit l'abfoute, & les confuls en robe y ont affifté.

* Le 23 janvier, M. le marechal de Thomond tint la premiere audiance à la cour des aydes, & les confuls & greffier, en robbe, y affifterent, ayant eté priés la veille par le premier huiffier de la cour.

* Le 1ᵉʳ mars 1758, electeurs : comte de Montmaur ; — Chalier, bourgeois ; — Efprit Rey, maître apoticaire ; — Maiftre, fabriquant.

* Elus : le chevalier Patrix, ecuyer, premier conful ; — Desfours, bourgeois, fecond ; — Abauzit, troifieme ; — Roger, confervateur des poudres, quatrieme ; — Berger, cinquieme ; — Benoît Rigaudier, chaudronnier, fixieme.

* Le 6 avril, MM. les maire, confuls & greffier, en robbe, ont eté rendre vifite à Mgr de St-Prieft, intendant de cette province, à l'occafion de l'heureux accouchement de Mme l'intendante *, fon epoufe, d'un fils. Ledit feigneur intendant a eté complimenté par M. Faure, maire.

Le 7 avril, les maire, lieutenant de maire, confuls & greffier en robbe ont eté à l'hôtel de l'intendance vifitter Mgr l'intendant pour lui temoigner le plaifir que les habitans & eux, en particulier, ont reçu de l'heureux accouchement de Mme l'intendante, qui a fait un garçon la nuit du 6 au 7 de ce mois. L'harangue a eté faite par M. Faure, maire, à laquelle M. l'intendant a repondu & a dit qu'il etoit fenfible à la demarche de la ville avec d'autant plus de raifon qu'il etoit perfuadé que le cœur avoit plus de part à cette vifite que toute autre chofe.

Le 10 avril, jour de l'affiette.

Le 30 avril, le chevalier Patrix, 1ᵉʳ conful, a dit que pour la confervation du rang & voix deliberative que MM. les confuls de cette ville doivent avoir dans le bureau de l'hopital, & dans lefquels ils ont été * maintehus par arret du confeil du 6 may 1664, & par l'art. 4 des lettres pattentes de 1678, ils font obligés de renouveller aujourd'huy les proteftations qu'ils ont fouvent fait, & nottamment le 28 avril 1754, le 26 avril 1755, le 25 avril 1756, le 30 may audit an, & le 24 avril 1757 ; qu'il prie le bureau d'etre bien perfuadé que ces proteftations n'ont d'autre objet que la confervation des droits de MM. les confuls ; qu'il auroit eté à fouhaiter qu'avant l'affemblée d'aujourd'hui, les conteftations qui s'eleverent l'année 1756, lors de la confecration de l'eglife de cette maifon, euffent peu etre terminées, afin que MM. les confuls ne fuffent pas dans la neceffité de renouveller leurs proteftations ; mais qu'ils efperent qu'on trouvera bientôt des moyens de les terminer par les voyes de conciliation qui font les feules qui peuvent convenir à une maifon de charité & à fes adminiftrateurs ; & qu'au furplus ils demandent que les prefentes proteftations foint inferées dans le regiftre de l'hopital, & qu'il leur en foit delivré un extrait, de meme que des precedentes.

Le 14 may, MM. les confuls en chaperon furent rendre vifite à M. le

1758.

comte de Moncan pour le feliciter de la charge de lieutenant general que le roy lui a donné.

Le 15 juin, MM. les maire, lieutenant de maire & confuls ayant eté informés de l'arrivée de Mgr le comte de Thomond, marechal de France, commandant en chef de la province de Languedoc, & de Mme fon epoufe, venant de la cour, fe * font rendus à trois heures de l'aprés midy hors la porte du Pila St. Gely, revettus de leurs robbes & fuivis de la fuitte confulaire; & fur les 4 heures, Mme la marechale de Thomond eft arrivée dans un carroffe dans lequel il y avoit Mme la comteffe de Moncan & Mme de . . . . Et etant devant le logis de la Couronne, M. Faure, maire, lui fit la harangue, à laquelle Mme la marechale repondit avec beaucoup de douceur & de politeffe, & remercia MM. les maire & confuls. Enfuite, M. le marechal etant defcendu du carroffe, M. Faure, maire, lui auroit fait une trés belle harangue, à laquelle ce feigneur repondit avec beaucoup de temoignages d'affection pour cette ville, aprés quoy M. le maire lui prefenta le days qu'il ne vouleut pas accepter. M. le marechal ne vouleut pas remonter en carroffe, & pour lors cellui de Mme la marechalle marcha. M. le marechal fut à pied, ayant à fon coté M. le maire, jufques dans fon hotel. Et etant arrivé fur la porte de la ville, ce feigneur fut complimenté par M. de Mellet, lieutenant du roi de la ville & citadelle, le major & l'aide major y etant; ledit fieur de Melet fe mit à l'autre coté de M. le maréchal; la marechauffée venoit aprés, le regiment de * Nice etant fous les armes, bordoint des deux cotés depuis la porte de ville jufques à fon hotel, où lefdits maire, confuls & greffier ont falué ledit feigneur & fe font retirés à l'hotel de ville.

Le foir du meme jour, toute la ville a eté illuminée, & MM. les marchands ont illuminé la loge & fait tirer un feu.

Le 29 juin, MM. les confuls & greffier, en robbe, ont affifté à l'enterrement de M. Gilbert de Maffilian, prefident au prefidial, ancien juge mage & maire de la ville. Lefdits fieurs confuls marchoint immediatement aprés MM. les officiers du prefidial, precedés de leur livrée confulaire. Lefdits fieurs officiers du prefidial marchoint aprés le corps. Ledit fieur de Maffilian a eté inhumé dans l'eglife Notre-Dame, dans fon cavot prés la chapelle St-Roc, ayant eté regretté de toute la ville.

Le 10 feptembre, MM. le maire, confuls & greffier, en robbe, ont eté * rendre vifite à M. de Monrepos, procureur general au parlement de Touloufe, logé chez M. Nadal, procureur du roy au fenechal, où il a eté harangué par M. Faure, maire.

Le 18 feptembre, Mme la ducheffe d'Aiguillon & Mme la comteffe d'Egmont, fille de M. le marechal de Richelieu, font arrivées en cette ville venant de Bourdeaux. Elles ont eté loger chez M. Flaugergues, où elles ont eté haranguées par M. Faure, maire, etant avec MM. les confuls & greffier en robbe. Le canon tira à leur arrivée & départ, qui fut le 23 de ce mois.

Le 15 octobre, il fut chanté un *te deum* dans l'eglife cathedralle St-Pierre.

M. l'eveque avoit fait inviter les puiſſances; la cour des aides, les treſoriers de France, le preſidial & le corps de ville y aſſiſterent en robe. Ce *te deum* fut chanté à l'occaſion de la defaite des Anglois ſur les cottes de Bretagne & dans le Canada. Le ſoir du meme jour, il fut tiré un feu d'artifice * dans la place de l'hotel de ville, & le feu feut mis au buché par M. le marechal de Thomond, commandant en chef dans la province de Languedoc, ayant à ſa gauche M. Faure, maire, & MM. les lieutenant de maire, conſuls & greffier, en robbe, venant après. Et le feu d'artifice etant fini, MM. les maire, lieutenant de maire, conſuls & greffier, ont accompagné M. le marechal dans ſon hotel, l'ayant eté prendre avec la fanfare dans le meme ordre,

Le 12 novembre, le *te deum* feut chanté à St-Pierre. M. l'eveque avoit, ſuivant l'uſage, fait inviter les puiſſances; la cour des aides, les treſoriers de France, le preſidial & les corps de ville y aſſiſterent en robbe. Le *te deum* fut chanté à l'occaſion de la victoire remportée par l'armée du prince de Soubiſe ſur les Hanovriens & les Heſſois. Le ſoir du meme jour, il fut tiré un feu d'artifice dans la place de l'hotel de ville. Le feu fut mis au buché par M. le marechal de Thomond, ayant à ſa gauche M. Faure, maire, MM. les lieutenant de maire, conſuls & greffier venant après. Et ledit feu etant fini, MM. les maire, lieutenant de maire & conſuls ont eté accompagner M. le marechal dans ſon hotel, l'ayant eté prendre avec la fanfare dans le meme ordre.

* Le 20 décembre, MM. les conſuls & greffier, en robbe, ont eté rendre viſite à M. de Gevres, duc & pair de France, logé chez M. le marechal de Thomond.

Le 25 janvier 1759, jour de l'ouverture des Etats, M. les maire & conſuls, en robbe, ont eté chés M. l'archeveque de Narbonne où il a eté harangué, après quoy leſd. ſieurs maire & conſuls ont offert de l'accompagner à l'hotel de ville, ce qu'il a refuſé etant entré dans ſa châiſe ayant la goute.

* Le 1er fevrier, MM. les maire, conſuls & greffier, en robbe, ont rendu viſite à Mgr le marechal de Thomond, commendant de cette province, à l'occaſion de l'heureux accouchement de Mme la marechale, ſon epouſe, d'une fille; ledit ſeigneur marechal a eté complimenté par M. le maire.

Ceremonial qui fut obſervé à l'occaſion du bapteme de M. Antoine-Fulcrand-Emanuel Languedoc, fils de haut & puiſſant ſeigneur Mgr Jean-Emanuel de Guignard, vicomte de St-Prieſt, maître des requetes, intendant de la province de Languedoc. Il a eté baptiſé au nom de la province, les etats tenant en la preſente ville, le mardi 13 fevrier 1759.

Sur les onze heures du matin, trois de MM. les officiers de la province, precedés des huiſſiers des etats, de MM. les conſuls & greffier, en robbe de ceremonie, de la marechauſſée, des hautbois de la ville, des tambours & trompettes, des eſcudiers & vallets de ville, feurent à l'hotel de Mgr le vicomte de St-Prieſt; & de là etant partis dans le meme ordre que deſſus, ils accompagnerent le fils de Mlle de St-Prieſt, qui etoit immediatement

1759.
PAGE 171.

avant * MM. les confuls avec fa nourrice & les gens de Mgr l'intendant; enfuite venoint MM. les officiers de la province, M. l'intendant fuivi de beaucoup de nobleffe & officiers de robbe. A l'eglife de Notre-Dame des Tables, où les Etats etoint affemblés en ceremonie, la meffe fut celebrée par Mgr Jean-Sebaftian de Barrat, eveque de Caftres, oncle maternel de l'enfant, pendant laquelle l'enfant fut placé avec fa nourrice tout auprès la chapelle de St-Roch, & Mme l'intendante, avec quantité de dames, à la tribune qui eft au-deffus du banc des marguiliers. Et la meffe finie, il fut placé au deffous du grand hotel deux grands fauteuils à bras, dans l'un defquels fe plaça M. l'eveque de Caftres, & dans l'autre Mgr l'archeveque de Narbonne. Enfuite l'enfant fut porté par M. de Joubert, fyndic general de la province, au-devant de M. l'eveque de Caftres qui fit la ceremonie du bapteme, & fut nommé Charles-Antoine-Fulcrand-Emmanuel de Languedoc; pendant laquelle ceremonie les grands orgues furent touchés; & la ceremonie etant finie, l'enfant & M. de St-Prieft, intendant, fon pere, feurent reconduits à leur hotel dans le meme ordre que deffus.

Le meme jour, ledit feigneur intendant donna un grand diné à tous les Etats, auquel MM. le maire, lieutenant de maire, confuls & greffier affifterent, ayant eté priés par ledit feigneur intendant.

PAGE 172.

* Ceremonial qui fut obfervé à l'occafion du bapteme de Mlle de Thomond, fille de très haut, très puiffant & très illuftre feigneur, Mgr Charles O'Brien, comte de Thomond, vicomte de Clar, baron Dihiffan & Arayfy, fgr de Mange, Luffeaux, Champmarin, Pied-de-Bœuf, Chiffreville & autres lieux, pair d'Irlande, marechal de France, chevalier des ordres du roy, gouverneur de la ville de Neuf-Brifac, colonel du regiment d'infanterie irlandois, commandant en chef dans la province de Languedoc. Elle a eté baptifée au nom de la province, les Etats tenant, le lundy 26 fevrier 1759.

Sur l'heure de onze du matin, MM. les officiers de la province, precedés des huiffiers des Etats & de MM. les confuls & greffier, en robbe de ceremonie, de la marechauffée, des hautbois de la ville, des tambours & trompettes, des efcudiers & vallets de ville, feurent à l'hôtel de M. le marechal de Thomond; & de là etant partis dans le meme ordre que deffus, ils accompagnerent Mlle de Thomond qui etoit immediatement avant lefdits fieurs confuls avec fa nourrice & plufieurs dames d'honneur, precedée des gardes de M. le marechal. Enfuite, venoint MM. les officiers de la province, M. le marechal de Thomond avec MM. les commiffaires du roy, fuivis de toute la nobleffe & officiers de guerre, à l'eglife de Notre-Dame des Tables, où les Etats etoint affemblés en ceremonie. Le regiment de

PAGE 173.

Nice, en quartier aux cazernes, etoit fous les armes à la place * de l'hotel de ville & bordoit la haye depuis M. le marechal jufques à l'eglife. La meffe feut celebrée par Mgr l'eveque de Montpellier, pendant laquelle Mlle de Thomond fut placée avec fa nourrice tout auprès la chapelle de St-Roch. Et la meffe finie, il fut placé au-deffous du grand hotel deux grands fauteuils à bras dans l'un defquels fe plaça Mgr l'eveque de Montpellier, & dans l'autre Mgr l'eveque de Narbonne. Enfuite Mlle de Thomond fut portée par M. de Montferrier, fyndic general de la province, au-devant de Mgr l'eveque de Montpellier, qui fit la ceremonie du bapteme, & feut nommée Charlotte-Antoinette-Marie Septimanie ; pendant laquelle ceremonie les grands orgues feurent touchés. Et la ceremonie etant finie, ladite demoifelle & M. le marechal, fon pere, feurent reconduits dans fon hotel dans le meme ordre que deffus.

1759.

Le meme jour, ledit feigneur duc donna un grand diné à tous les Etats, auquel MM. les mairé, lieutenant de maire, confuls & greffier affifterent, ayant eté priés par ledit feigneur duc.

Le foir du meme jour, il y eut concert & foupé pour les dames, & enfuite un grand bail qui dura toute la nuit.

Le 1er mars, il a eté procedé à la nouvelle election confulaire :

* Electeurs : Faure, ecuyer ; — Gautier, bourgeois ; — Fouilhon, procureur au prefidial ; — Martin Deidier, maître chirurgien ; — Belefe, marchand mangonnier ; — Taillet, maître tapiffier ; — Ravifé, maître ferrurier.

PAGE 174.

Confuls : le chevalier Jofeph-Gafpard de Ratte, gentilhomme ; — Pierre Teiffonniere, bourgeois ; — Jean Durant, procureur au prefidial & controlleur de l'annuel ; — Philippe Giraud, maître chirurgien ; — Janel, maître-perruquier ; — Martin Efpinas, maitre cordonnier ; — Etienne Bedos, greffier alternatif mi-triennal.

* Le 29 avril, M. Giraud, quatrieme conful, a dit que c'etoit avec peine qu'ils fe voyent dans la neceffité de renouveller aujourd'huy les proteftations que fes predeceffeurs ont fait pour conferver leur rang & voix deliberative qu'ils doivent avoir dans le bureau de l'hopital & dans lequel ils avoient eté maintenus par arrêt du confeil du 16 may 1664 & par l'art. 4 des lettres patentes de 1678, qu'il ne doit pas laiffer ignorer que leur intention n'a jamais eté de troubler l'adminiftration de cette maifon comme on a vouleu le faire entendre ; mais feullement les ayder & les foulager & procurer à cette maifon de charitté * tous les fecours qu'ils pouroint dependre d'eux ; qu'il eft vray que le befoin des pauvres fe perpetueroit dans l'hotel de ville par la connoiffance qu'ils donneroint à fes fucceffeurs des affaires importantes ; c'eft dans ces vues principalement qu'ils agiffent pour regler & terminer par les voyes de la mediation, quy font les feules quy peuvent convenir à une maifon de charitté & à fes adminiftrateurs, le motif quy les en eloignent & ils demandent en concequence que les prefentes proteftations foint incerés dans les regiftres de l'hopital & qu'il leur en foit delivré extrait pour qu'il paroiffe toujours qu'il n'y a que le zele & l'amour des pauvres quy les animent dans les proteftations qu'ils font.

PAGE 178.

PAGE 179.

Le 20 may, MM. les confuls & greffier, en robbe, fe font rendus à St-Pierre à 3 heures après midy, à l'occafion du *te deum* qui a eté chanté par ordre du roy, en actions de graces de la victoire remportée fur les Heffois & Hanovriens, ayant eté invités la veille par deux eccléfiaftiques. Le foir, la façade de * l'hotel de ville feut illuminée avec flambeaux ; il fut tiré fur les huit heures un feu d'artifice ; MM. les maire, confuls & greffier, en

PAGE 180.

1759.

robbe, mirent le feu au buché avec M. le marechal de Thomond qu'on avoit eté prendre à fon hotel avec la fanfare, & où on le reconduifit après que l'artifice eut joué.

Le 27 dudit, à 5 heures du foir, l'ouverture du jubilé univerfel fut faite par le fon des cloches de toutes les eglifes pendant demy heure, & le lendemain lundi la quinzaine commença. La meffe du St-Efprit fut dite à dix heures, à laquelle MM. les confuls en chaperon affifterent à Notre-Dame.

Page 181.

* Le 23 juin, veille de la St-Jean-Baptifte, le feu de joye a eté allumé fur les huit heures du foir devant l'hotel de ville par MM. les maire, confuls & greffier. Il eft à obferver que la fanfare va chercher M. le maire chés luy & aprés que le feu eft mis au bucher, lad. fanfare va l'accompagner.

Le 28 juin, veille de la fete de St. Pierre, MM. les confuls n'ont pas eté à St. Pierre à la proceffion, parce que MM. les chanoines ne les ont pas priés fuivant l'ufage.

Page 182.

*Le jeudi premier novembre, jour & fete de tous les faints, MM. les confuls & greffier, en robbe, ont eté à l'eglife cathedralle à la grande meffe & ont eté à l'offrande; il eft à obferver que la cour des aides, les trezoriers de France ny le prefidial ne pareurent pas ce jour là à St-Pierre, & par confequent lefd. fieurs confuls feurent les feuls qui feurent offrir.

Le 14 novembre, MM. les maire, confuls & greffier, en robbe, feurent hors la porte du pile St-Gely & vis à vis la maifon du fieur Beleze attendre Mgr l'archeveque de Narbonne venant de Paris, & il fut harangué par M. Faure, maire, pendant laquelle led. feigneur refta hors du carroffe.

Page 183.

* Led. feigneur archeveque de Narbonne partit le lendemain pour fe rendre dans fon diocefe pour l'ouverture du jubilé & revint en cette ville pour les Etats le 26 novembre. MM. les confuls & greffier, en robbe, feurent l'attendre au devant du logis du Cheval Vert; il fut complimenté par M. Teiffonniere, fecond conful.

Le 28 novembre, veille de l'ouverture des Etats, MM. les confuls, en manteau court & chaperon, ont eté vifiter M. le commendant, M. de St-Felix, en qualité de lieutenant du roy de la province, M. l'intendant, MM. les treforier de France de Touloufe & de Montpellier, commiffaires du roy, à l'occafion de la tenue des Etats, ils ont eté auffi rendre vifite à nofseigneurs les archeveques, eveques & barons, à mefure de leur arrivée, aux endroits où ils etoint logés.

Le 29 dud., MM. les confuls, en robbe, ont eté chés Mgr l'archeveque de Narbonne où il a eté harangué, aprés quoy lefd. fieurs confuls ont offert de l'accompagner à l'hotel de ville, ce qu'il a refufé, etant entré dans la chaife. La veille, les armoiries ont eté pofées fur les deux portes de l'eglife Notre-Dame, fur celle de l'hotel de ville, fur la porte de M. le commendant & fur celle de M. de St-Felix, lieutenant du roy de la province.

Page 184.

L'ouverture des Etats a eté faite par un difcours que M. le marechal de Thomond a prononcé, enfuite par * l'intendant & par M. l'archeveque de Narbonne, aprés quoy MM. les commiffaires du roy & noffeigneurs des etats fe font rendus dans l'eglife Notre-Dame des Tables, MM. les confuls, en robbe, marchant à la tete de l'affemblée, ont entendu la meffe & fe font plaffés dans leur tribune. MM. les marguilliers ayant donné la clef à M. Mallet, maître de mufique de la tribune de M. de Girard pour y mettre la mufique qui fe plaçoit auparavant dans celle de MM. les confuls.

1759.

Le dimanche 2 décembre, la meffe a eté dite pontificalement par Mgr l'archeveque de Narbonne (Mgr l'eveque de Montpellier etant indifpofé) affifté du chapitre St-Pierre. Immediatement après l'evangille, un grand vicaire de Nimes a preché; la meffe finie, la proceffion a eté faite dans la ville; MM. les confuls, en robbe, ont porté le daix; le chapitre, les paroiffes & tous les ordres y ont affifté.

Le premier janvier 1760, MM. les confuls, en manteau court & chaperon, & le greffier, ont eté rendre vifitte aux puiffances, fçavoir *: à M. le marechal de Thomond, à M. de Moncan, à M. l'intendant, à M. l'eveque de Montpellier qui fit dire qu'il n'étoit pas vifible, à M. le premier prefident qui ayant eté vû, dit à MM. les confuls : « C'eft par megarde qu'on vous a laiffé monter, n'etant pas dans l'ufage de recevoir cette vifite ; ainfy il faudra mettre dans le ceremonial comme les années precedentes.» Enfuite ils feurent chés Mgr l'archeveque de Narbonne, chés M. Faure, juge mage & maire, & chés M. Reboul, lieutenant de maire en exercice.

1760.
PAGE 185.

Le 2 janvier, Mgr l'archeveque de Narbonne partit pour Paris.

Ledit jour, on leva les armoiries qui etoint fur la porte de l'hotel où logeoit M. l'archeveque de Narbonne, & on fut pofer de fuitte celles de Mgr l'archeveque de Touloufe & le cordon fur la porte de la maifon de M. le prefident de Souvignargues, où logeoit ledit feigneur archeveque de Touloufe.

Le 4 janvier 1760, MM. les confuls & greffier, en robbe, ont eté chez Mgr l'archeveque de Touloufe, qui a eté complimenté par M. Durand, 3e conful. Après quoy, lefdits fieurs confuls ont offert de l'accompagner aux etats, ce qu'il a refufé, etant entré dans la chaife pour s'y rendre.

* Le 12 fevrier, MM. les confuls & greffier, en robbe, fe font rendus fur les 10 heures du matin à la chapelle de la devote & royale compagnie des penitens bleus, en ayant eté invités la veille par deux officiers de ladite compagnie, pour affifter au fervice de fon alteffe royale Mme la ducheffe de Parme, decedée à Verfailles. La meffe fut ditte par M. l'abbé de Lacroix, prevot de la cathedralle, en l'abfence de Mgr l'eveque. M. l'abbé de Bellonnet, bachelier de Sorbonne, a prononcé l'oraifon funebre. Dans fa premiere partie, il a fait voir les exemples de vertu qu'elle avoit donnés à la cour de France; & dans la feconde l'etendue des fervices pour le bonheur de fes peuples, le foin de fa famille & la pieté qui a couronné une vie qui, quoique courte, etoit remplie de merites. Après la meffe, M. le prevot & les quatre dignités du chapitre ont fait les cinq abfoutes autour du maufolée; enfuite les freres penitens ont auffi fait leur abfoute autour du maufolée. Les différents corps qui ont affifté à ce fervice ont pris leur place dans

PAGE 186.

1759.

l'eglife en arrivant; la cour des comptes, aydes & finances, a pris les bancs fleurdelifés à la droite, les treforiers de France & le prefidial vis à vis à la gauche, le corps de ville après la cour des aydes, les officiers du regiment de Bourgogne, d'Angoumois, la milice & la nobleffe fe font placés fur des chaifes au milieu de la nef; les ecclefiaftiques ont pris les places les plus reculées du fanctuaire. Après que tout fut fini, le chapitre fe retira profeffionnellement comme ils etoint venus *. Le portal de l'eglife a eté tendu de noir fleurdelifé avec armoiries de la princeffe rehauffées en or; le pourtour intérieur décoré par deux ordres le 1er gothique & le 2e par des efquelettes; chaque pilaftre etoit garni de noir fleurdelifé & encadré par une mouleure; l'entablement etoit terminé de gros cierges, des tribunes etoint pratiquées entre chaque pilaftre, décorées par des grands rideaux herminés & relevés avec gout; la frife du fecond ordre portoit un litre de velours noir avec les armes de la princeffe, avec des fleurs de lis entremelées avec des larmes.

PAGE 187.

Le 23 fevrier, le fieur Charlot Cot a eté receu capitaine du guet, après le decès du fieur Reiffac, par M. le maire qui a receu fon ferment dans une falle de l'hotel de ville, en prefence de toute la fuitte, auxquels il leur a eté ordonné d'obeir. Ladite place a eté donnée audit fieur Charlot par Mgr le marquis de Caftries, gouverneur de la ville & citadelle de Montpellier.

Le 1er mars, il a eté procedé à la nomination confulaire des premier, fecond, quatrieme & fixieme confuls.

Electeurs: Defandrieux, gentilhomme; — Peridier, bourgeois; — Bonnet, maître apoticaire, — Defandrieux, maître tapiffier; — Bedos, maître cordonnier.

PAGE 188.

Confuls: le chevalier de Patris, gentilhomme*; — Romieu, bourgeois, ancien procureur à la cour des aides; — Deloche, marchand parfumeur; — Trintinian, maître tailleur d'habits.

PAGE 189.

*Le 25 mars, fur les neuf heures du matin, MM. les anciens & nouveaux confuls s'etant rendus à l'hotel de ville, de meme que M. Faure, maire, qui etoit precedé par la fuitte confullaire, des haut voix & tambours, qui avoint eté chés lui pour le prendre, fe font revettus de leurs robbes & entrés avec le greffier confulaire, auffi revettu de fa robbe, dans la chapelle du confulat où ils ont entendu la meffe, après quoy, precedez de la fuitte & de la fanfare, dans l'eglife Notre-Dame des Tables, où etant M. le maire s'eft plaffé fur le fauteuil du millieu; celui de la droite a eté vuide; M. Madieres n'ayant peu venir à caufe de fa maladie & cellui de la gauche a eté occupé par M. Campan, faifant les fonctions de procureur du roy, qui s'etoit rendu dans lad. eglife, qui a fait un difcours à MM. les anciens & nouveaux confuls & a requis l'inftallation des nouveaux confuls.

Surquoy M. le maire, après avoir fait un beau difcours fur les fervices importants que MM. les anciens confuls ont rendu à la ville & fait connoître aux nouveaux les differents ouvrages que la ville avoit commancé, a ordonné qu'ils feroint inftallés & en confequence qu'ils preteroint ferment en fes mains en la forme ordinaire &* accoutumée, auquel effet qu'il

PAGE 190.

feroit fait lecture du ferment inceré dans le petit Talamus, laquelle lecture a eté à l'inftant faite par Mᵉ Bedos, greffier, qui a remis enfuite led. Talamus à M. le maire, entre les mains duquel lefd. fieurs nouveaux confuls ont preté ferment, leurs mains mifes fur le petit Talamus, au moyen duquel & de la tradition de la baguette de viguier, qui a eté faitte en leurs mains par led. fieur maire, il les a reçus & inftallés en lad. charge de confuls viguiers de la prefente ville de Montpellier, pour par eux l'exercer aux droits, emoluments & prerogatives attribués à lad. charge & cella fait font fortis dans le meme ordre que fi devant. MM. les nouveaux confuls marchant à la droite, & les anciens à la gauche, fe font rendus à l'hotel de ville dont MM. les anciens confuls fe font retirés & M. le maire & MM. les nouveaux confuls & le greffier font entrés dans la chapelle du confulat & s'etant affis dans leur banc, M. le maire a reçu le ferment du fieur Charlot, capitaine du guet, le fieur Raiffac etant decedé, de la fuitte, du juge de la banque & des experts jurés, après quoy ils font fortis de la chapelle, M. le maire n'ayant pas voulu que la fuitte ni la fanfare l'accompagnat chés lui.

Enfuite MM. les nouveaux confuls ont eté à l'eglife St-Pierre où ils ont fait ftation * enfuite ont vifité les malades de l'hotel Dieu & goutté le bouillon & fait les vifites cy après, à l'exception de celle de M. le marechal de Thomond & de M. le vicomte de St-Prieft qui etoint à Paris, à M. le comte de Moncan, commandant en fecond, à M. l'eveque, qui n'a pas reçu la vifite, à M. le premier prefident, qui n'a pas reçu la vifite, à M. Faure, juge mage & maire, à M. Madieres, lieutenant de maire, à M. le lieutenant du roy de la citadelle. Et revenus à l'hotel de ville, ils ont pofé leurs robbes & mis leur chaperon, ont eté rendre vifitte à M. Campan, avocat du roy.

* Le 14 avril, MM. les confuls, en robbe, ont eté chés M. l'eveque de Montpellier pour prendre l'heure de l'affiette pour le lendemain, & de là chez M. de Baubois, commiffaire principal, qui etoit logé chés Cabanes, perruquier, lui rendre vifite & donner l'heure pour le lendemain.

Le lendemain 15 dud., à trois heures après midy, MM. les confuls, en robbe, ont eté prendre M. de Baubois, & enfemble fe font rendus à l'eveché & M. l'eveque s'etant trouvé indifpofé, M. de St-Bonnet, vicaire general, vint tenir l'affiette, & venu à l'hotel de ville en l'ordre qui fuit : M. de St-Bonnet, au milieu, ayant à fa droite M. le commiffaire principal, & à fa gauche M. Faure, envoyé de Ganges; & après le commiffaire principal, M. Faure, juge mage, enfuite marchoit MM. les confuls de la ville, le findic du diocefe & autres deputés, & s'etant rendus dans une falle de l'hotel de ville dans laquelle on avoit preparé quatre fauteuils, fçavoir : un pour M. de St-Bonnet, prefident de l'affemblée, deux à fa droite dont un pour le commiffaire principal & l'autre pour M. Faure, juge mage, & à fa gauche un pour l'envoyé du baron; les fauteuils du prefident, du commiffaire principal & de l'envoyé du baron etoint fur la meme ligne, cellui de M. le juge mage etant fur le retour du bureau, M. Reboul, lieutenant de

1760.
PAGE 193.

maire, fur une chaife à bras, après, enfuitte MM. les confuls, en robbe, fur un banc vis à vis de celluy de M. le findic & des diocezains*. Après la feance, MM. les confuls quitterent leurs robbes &, en chaperon, furent avec M. le lieutenànt de maire de cette ville, M. Patris, findic, qui avoit eté nommé dans cette affemblée & les diocefains precedés de la fuitte confulaire faire vifite à M. le comte de Moncan, commandant en fecond dans cette province; à M. de St-Bonnet, qui avoit prefidé à l'affiette & à M. l'eveque, n'ayant point eté chés M. l'intendant parce qu'il etoit à Paris.

Le lendemain, MM. les commiffaires entendirent la meffe dans la chapelle de l'hôtel de ville, monterent enfuitte dans la grande falle où ils finirent leur fceance à onze heures; les confuls furent priés à diner ce jour là chés M. l'eveque.

Le 23 avril, le fieur Pierre-Antoine Gendrier a eté receu capitaine de fanté par M. le maire.

PAGE 195.

* Extrait des regiftres du confeil d'etat du roy.

Sur la requete prefentée au roy etant en fon confeil par les adminiftrateurs de l'hopital St-Eloy de la ville de Montpellier, contenant qu'il eft d'ufage dans prefque tous les grands hopitaux du royaume que les garçons ou compagnons chirurgiens & appoticaires qui ont fervy les pauvres malades pendant fix ans acquierent le droit de maitrife fans etre obligés de faire aprentiffage chez les maitres; ce privilege ayant meme ete expreffement accordé à l'hopital general de Montpellier par lettres patentes de fon etabliffement du mois de may 1678; de forte que l'hopital de St-Eloy etant entierement feparé dudit hopital, general & meme plus ancien & du moins auffi bien fervy, il feroit jufte d'accorder ledit privilege aux garçons chirurgiens qui y auront travaillé pendant fix années, afin de les encourager par cette recompenfe à y demeu-

PAGE 196.

rer longtemps & acquerir par ce moyen l'experience neceffaire pour la guerifon des malades ; outre que la plus part d'entre eux ont deja* merité cette grace par les foins affidus qu'ils fe font donnés pendant la derniere guerre pour guerir un grand nombre des foldats malades qui ont eté mis dans ledit hopital, quoique fa deftination foit pour les pauvres habitants de la ville : requerant pour ces caufes les fuppliants qu'il plût à Sa Majefté ordonner que les garçons chirurgiens qui auront fervy fix ans dans ledit hopital St-Eloy jouiront de la maitrife en payant la fomme de 306 liv. reglée pour cet effet par les declarations du feu roy, rendues fur ce fujet, & qu'ils feront receus maitres fans examen, attendu qu'ils font examinés lors de leur entrée dans ledit hopital par le medecin ordinaire & par les deux chirurgiens majors d'icelluy. A quoy ayant egard, veu ladite requete, enfemble l'avis du fieur de Bafville, confeiller ordinaire en fon confeil d'etat, intendant de juftice, police & finances en Languedoc. Oui le rapport & tout confideré, Sa Majefté

PAGE 197.

etant en fon confeil, de l'avis de M. le duc d'Orléans, regent, a ordoné & ordonné * que les garçons chirurgiens qui auront fervi pendant fix ans dans ledit hopital de St-Eloy de Montpellier feront reçus maitres fans aucun examen, fur le certificat des adminiftrateurs dudit hopital, en payant neantmoins par chacun d'eux la fomme de 306 liv. reglée par les declarations cy devant rendues à ce fujet moyennant quoy ils jouiront de lad. maitrife & des memes droits & privileges dont jouiffent les maitres chirurgiens de lad. ville & qu'à cet effet toutes lettres pattentes feront expediées. Fait au confeil d'etat du roy, S. M. y etant, monfieur le duc d'Orleans, regent, prefent, tenu à Paris le douzieme octobre mil fept cens feize, figné Philipeaux.

Le prefent arreft a eté regiftré ez regiftres de la cour du parlement de Touloufe en confequence de fon arreft du feize decembre mil fept cens feize, controllé. Roujoux figné.

PAGE 198.

Louis, par la grace de Dieu roy de France & de Navarre, à tous ceux qui * ces] prefentes lettres verront, falut.

Les adminiftrateurs de l'hopital St-Eloy de Montpellier nous ayant remontré qu'il eft d'uzage dans prefque tous les grands hopitaux du royaume que les garçons ou compagnons chirurgiens & appoticaires qui ont fervy les pauvres malades pendant fix ans acquierent le droit de maitrife fans être obligés de faire apprentiffage chés les maitres. Ce privilege ayant meme eté expreffement accordé à l'hopital general de Montpellier par lettres patentes de fon etabliffement du mois de may 1678, de forte que l'hopital de St-Eloy etant entierement feparé dud. hopital general & même plus ancien & du moins auffi bien fervy, il feroit jufte d'accorder led. privilege aux garçons chirurgiens qui y auront travaillé pendant fix années afin de les encourager par cette recompenfe à y demeurer longtems & acquerir par ce moyen l'experience ne-

PAGE 199.

ceffaire pour la guerifon des malades, outre que la;* plufpart d'entr'eux ont deja merité cette grace par les foins affidus qu'ils fe font donnés pendant la derniere guerre pour guerir un grand nombre des foldats malades qui ont eté mis dans led. hopital quoique fa deftination foit pour les pauvres habitants de la ville, nous avons par arreft donné en nôtre confeil d'etat, nous y etant, le douze octobre dernier, ordonné que les garçons chirurgiens qui auront fervy, pendant fix ans dans ledit hopital St-Eloy à Montpellier feront reçus maitres fans aucun examen fur le certificat des adminiftrateurs dud. hopital en payant néantmoins par chacun d'eux la fomme de trois cens fix livres règlée par les declarations du feu roy nôtre tres honoré feigneur et bifayeul, rendues à ce fujet; moyennant quoy ils jouiront de lad. maitrife & des mêmes droits & privileges dont jouiffent les maîtres chirurgiens de la ditte ville pour l'execution duquel * arreft nous avons ordonné que toutes lettres-patentes feront expediées, lefquelles les expofans nous ont tres humblement fait fupplier de leur vouloir accorder; à ces caufes, defirant favorablement traiter les expofants, aprés avoir fait voir en nôtre confeil led. arreft dud. jour douze octobre dernier cy attaché fous le contre fcel de nôtre chancellerie, de l'avis de nôtre tres cher & tres aimé oncle le duc d'Orleans, regent, de nôtre tres cher & tres aimé coufin le duc de Bourbon, de nôtre tres cher & tres aimé oncle le duc Du Mayne, de nôtre tres cher & tres aimé oncle le comte de Toulouze & autres pairs de France; grands & nottables perfonnages de nôtre royaume & de nôtre grace, fpeciale, pleine puiffance & autoritté royalle, nous avons, conformement aud. arreft de nôtre confeil ordonné & ordonnons par ces prefentes fignées de notre main, voulons & rious plait que les garçons chirurgiens qui auront fervy pendant fix ans dans l'hopital * de St-Eloy à Montpellier foient reçus maitres, fans aucun examen, fur le certificat des adminiftrateurs dud. hopital, en payant neantmoins par chacun d'eux la fomme de trois cens fix livres reglée par les declarations cy-devant rendues à ce fujet, moyennant quoy ils jouiront de lad. maitrife & des memes droits & privileges dont jouiffent les maitres chirurgiens de lad. ville, & donnons en mandement à nos amés & feaux les gens tenant notre cour de parlement à Toulouze que ces prefentes avec led. arreft de nôtre confeil ils ayent à faire lire, publier & enregiftrer, & le contenu en iceux garder, obferver & executer felon leur forme & teneur, nonobftant tous edits, declarations, ordonnances, reglements & autres chofes à ce contraires, auxquelles nous avons par ce regard dérogé & derogeons par ces prefentes, aux copies defquelles collationnées par l'un de nos amés & feaux confeillers fecretaires, voulons que foy foit ajoutée comme à l'original; car tel eft nôtre plaifir; * en temoin de quoi nous avons fait mettre nôtre fcel à cefd. prefentes, données à Paris le XIIIe jour du mois de novembre, l'an de grace mil fept cent feize & de nôtre regne le douzieme. Par le roy, le duc d'Orléans, régent, prefent. Signé PHILIPEAUX.

Les prefentes lettres pattentes ont eté regiftrées ez regiftres de la cour du parlement de Touloufe en confequence de fon arreft du 16 decembre 1716, duement controllé; figné ROUJOUX.

Extrait des regiftres de parlement. Veu les lettres pattentes du roy fignées Louis, au reply, pour le roy le duc d'Orléans, regent, Philipeaux, données à Paris le quatorze novembre, fcellées de cire jaune, arreft du confeil du douze octobre dernier, la requete prefentée à la cour par le findic de l'hopital St-Eloy de Montpellier & l'ordonnance de foit montré au procureur general du roy, la cour ordonne que lefd. lettres patentes & arreft du confeil feront enregiftrés ez regiftres de la cour pour par les fuppliants jouir de l'effet contenu en icelles, felon * leur forme & teneur. Prononcé à Montpellier en parlement le feize decembre mil fept cens feize, collationné, figné Rouzaut ; controllé, figné Rouzoux ; collationné par nous confeiller fecretaire du roy maifon couronne de France, audiancier en la chancellerie de Montpellier, figné LE BLANC.

Nous fouffignés, intendants & fyndics perpetuels de l'hotel Dieu St-Eloy de Montpellier, certiffions & atteftons à tous qu'il apartiendra que l'une des places de garçon chirurgien gaignant maitrife dans cet hotel Dieu par un fervice de fix années confecutives; fuivant l'arret du confeil du 12 octobre 1716 & lettres pattentes du 14 novembre fuivant, duement enregiftrées au parlement de Touloufe, etant venue à vacquer en l'année 1754, elle feut mife à la difpute en la forme ordinaire; & que le fieur Jofeph Courrege, l'un des difputans, fut jugé le plus digne, & en confequence nommé & inftallé à ladite place par deliberation du 27 juillet de la meme année. Certifions en outre que depuis ledit jour * jufques à ce jourd'hui, il a fervy les pauvres malades dans ledit hotel Dieu en ladite qualité, & qu'il a juftifié de plus en plus la preference qu'il avoit obtenue par l'affiduité, l'application & les talents auxquels il a eté redevable de fes nouveaux progrés dans la chirurgie & de notre approbation. En foy de quoy nous avons figné le prefent certificat pour fervir & valloir audit Courrege, ainfy que de raifon, & notamment pour qu'il puiffe jouir de l'effet dudit arret & lettres-patentes. Donné à Montpellier le 28 juillet 1760, contrefigné par le fecretaire du bureau qui a apofé le fceau dud. hôtel Dieu.

Signé : † eveque de Montpellier, Belleval, Combelles, Perdrix, Bocaud, Bosc, Gabriel Bertes, Bernard, Duffours, J. G. Mourgues, Senard, Paquier, treforier; par mesd. sieurs: Huc, secrétaire, signé.

L'an mil sept cens soixante & le huitieme jour du mois d'aout avant midy par nous Martin Laurier, huissier en la cour des aides de Montpellier, y resident, à la requete du sieur Joseph Courrege, garçon chirurgien de l'hotel Dieu de St-Eloy de cette ville, l'arrest du conseil d'Etat du douze octobre 1716, lettres pattentes sur icelluy du 14 novembre suivant, le tout registré au parlement de Toulouze le seize décembre aud. an, avec le certificat de son service audit hotel Dieu du 28 juillet dernier, ont été intimés & signifiés à MM. les maire, consuls & viguiers de la presente ville, afin qu'ils ne l'ignorent & iceux sommés & requis devant eux, en consequence desd. arrests, lettres pattentes & certificats de service, recevoir led. sieur Courrege, maitre chirurgien dudit Montpellier, auquel effet il prie les sieurs maire & consuls de vouloir lui donner le jour & l'heure qu'ils lui plairra choisir pour sa reception, afin qu'il puisse sommer les maitres chirurgiens de lad. ville pour assister à sa reception & ce parlant à la personne de M. le maire trouvé dans l'hotel de ville, qui a repondu que pour satisfaire auxdits arrets & lettres pattentes il offre de faire lad. reception & donne le jour à demain neuvieme du courant, heure de deux après midy en la forme ordinaire & qu'ils ont accoutumés de faire pour les autres maitres & leur avons baillé cette copie. Laurier signé.

L'an mil sept cens soixante & le huitieme jour du mois d'aoust avant midy pardevant nous notaire garde nottes du roy à Montpellier & temoins, seut * present sieur Joseph Courrege, garçon chirurgien de l'hotel Dieu St-Eloy de Montpellier, lequel ayant la presence du sieur Pierre Vidal, maitre chirurgien juré sindic & trezorier des maitres chirurgiens jurés de lad. ville, lui a exposé que par arrest du conseil du douze octobre & lettres pattentes du quatorze novembre mil sept cens seize, registrées au parlement le seize decembre aud. an, Sa Majesté a accordé la maitrise en chirurgie aux garçons chirurgiens qui ont servy les pauvres dudit hotel Dieu, sans être obligés de subir aucun examen en payant une seule fois la somme de trois cens six livres pour touts droits. Et comme l'exposant seut reçu aud. hotel Dieu le vingt sept juillet mil sept cens cinquante quatre, après avoir eté examiné par les medecins & chirurgiens majors & disputé lad. place de garçon chirurgien en la maniere accoutumée, & qu'il a servy les * pauvres en lad. qualité pendant le temps porté par led. arrest du conseil & lettres pattentes, suivant le certificat que lui ont accordé MM. les administrateurs dud. hotel Dieu le vingt huit juillet dernier, il auroit en consequence prié lesd. maitres chirurgiens en la personne du sieur Didié, lieutenant de M. le premier chirurgien du roy & du sieur Pons, jurés, au raport de le recevoir maitre chirurgien, & pour cella seut auroit donné requete dans laquelle après avoir eté requis de ce qui vient d'etre dit cy dessus, il auroit conclu à ce qu'il seroit reçu maitre chirurgien conformement aud. arrest du conseil & lettres pattentes & qu'à cet effet, veu le certificat susmentionné, il seut ordonné que la requete seroit montrée à tous les maitres, laquelle requete ayant eté rependue par lesd. sieurs Pons & Didié d'un soit fait, le vingt neuf juillet dernier, les autres maitres à qui l'exposant seut l'appointer suivant l'uzage des recipiendaires ils refuserent d'y joindre ainsy qu'il * se pratique leurs signatures jusques à ce que la communauté se seut assemblée à ce sujet, & qui ayant eté fait le lendemain, le sieur Lamoriere, doyen de l'assemblée, auroit demandé en son nom & de l'exposant huit jours pour deliberer ; lequel delay estant expiré il lui a eté declaré par led. sieur Vidal que l'on n'avoit aucune reponse à lui faire, laquelle reponse estant un veritable refus, l'exposant qui doit cependant jouir du benefice dudit arrest du conseil & lettres pattentes auroit eté forcé de prier lesd. sieurs, MM. les maire & consuls de cette ville de vouloir lui donner jour & heure pour lui faire pretter serment & le recevoir maitre chirurgien, lesquels luy ont marqué le jour de demain samedy neuvieme du courant, heure de deux après midy, dans l'hotel de ville, lieu accoutumé pour recevoir les maitres chirurgiens dud. Montpellier, ce qui oblige l'exposant de prier, sommer & requerir led. sieur Vidal de faire trouver aud. lieu, jour & heure, les maitres chirurgiens jurés de lad. ville * pour recevoir l'exposant maitre chirurgien, autrement faute de ce faire il lui a protesté qu'il sera passé outre à lad. reception & prestation de serment, lui ayant donné copie dud. arrest du conseil & lettres pattentes, arret de registre & certificat de service susdit, & en meme temps ledit exposant a offert aud. sieur Vidal, en la qualité de receveur & tresorier des maitres chirurgiens, la somme de trois cens six livres en payant un ecus de six livres piece, à laquelle somme la maitrise dudit exposant a eté reglée par led. arrêt du conseil & lettres pattentes, sommant & requerant led. sieur Vidal de recevoir lad. somme & d'en fournir quittance & autrement, faute de ce faire, lui a protesté, que la somme demeurera consignée en ses mains, dont lesdits maitres chirurgiens pourront la retirer quand bon leur semblera. Lequel d. sieur Vidal a repondu qu'il ne peut recevoir lad. somme sans le consentement de la compagnie des maitres en chirurgie & que la * requette presentée par led. sieur Courrege n'est pas dans les formes, & contraire aux reglements & statuts de laditte compagnie ; & led. sr Courrege a persisté en ses protestations & a requis nousd. notaire de lui octroyer acte de ce dessus qui lui a eté concedé. Fait & passé dans la maison où loge led. sieur Vidal, fauxbourg de la Sonnerie dud. Montpellier, en presence du sieur Barthelemy Huc, des sieurs François & Jean Icard, habitans de Montpellier, signés avec led. sieur Courrege, requis led. sieur Vidal de signer a dit n'etre necessaire, lui ayant aussy remis copie du present acte de nous signé, & nous Jean Louis Vezian, notaire soussigné; Courrege, Huc, Icard, Vezian, notaire, signés à l'original, duement controllé, collationné sur l'original Vezian, notaire, signé.

Livre premier. — Première partie.

Copie de la lettre écrite par M. le duc d'Antin, prefident du confeil du dedans du royaume, à M. de Bafville, le 14 août 1717.

<small>Les adminiftrateurs de l'hopital de Montpellier fe plaignent que les chirurgiens de cette ville veulent s'opofer à * l'execution de l'arret du confeil du 12 octobre 1716, qui accorde la maitrife aux garçons chirurgiens qui auront fervy fix années audit hopital, & qui a eté rendu fur votre avis.
Il eft vrai que les chirurgiens ont prefenté au confeil une requete en opofition. Mais la regence a trouvé cette opofition fi mal fondée, qu'elle les en a deboutés le 14 juin dernier & mis à neant leur dite requete. Ainfy rien ne doit empecher que l'arreft du 14 octobre foit executé felon fa forme & teneur, c'eft ce que j'ai crû devoir vous faire fçavoir pour que vous en informiés lefdits chirurgiens qui renouvellent leur opoofition fous pretexte que la decifion du Confeil leur eft inconnue & troublent l'hopital dans la proceffion où le roy les a mis par fon arreft. Je fuis, etc. Signé le duc d'Orleans. J'ai l'original, Delamoignon de Bafville (figné).</small>

* L'an mil fept. cens foixante & le neuvième jour du mois d'aouft, pardevant nous les maire, confuls & viguiers de la ville de Montpellier dans a maifon confulaire, à trois heures après midy, s'eft prefenté Me Pralon procureur au prefidial & du fieur Jofeph Courrege, garçon chirurgien fervant l'hotel Dieu Saint Eloy de cette ville, de lui affifté, lequel nous a dit qu'en confequence de l'arreft du confeil d'Etat du roy du douze decembre 1716 & lettres pattentes accordées par Sa Majefté le quatorze novembre fuivant portant ledit arreft lettres patentes que les garçons chirurgiens qui auront fervi pendant fix ans dans l'hotel Dieu faint Eloy de cette ville feront reçus maitres fans aucun examen, fur le certificat des adminiftrateurs dudit hôtel Dieu, en payant neanmoins par chacun d'eux la fomme de trois cens fix livres & que, moyennant ce, ils jouiront de ladite maitrife & des mêmes droits & priviléges dont joüiffent les * maitres chirurgiens de Montpellier, lequel arreft & lettres pattentes ont eté regiftrées ez regiftres de noffeigneurs du Parlement de Touloufe, fuivant fon arreft du feize decembre 1716, ayant à cet effet fommé & requis lefdits maitres chirurgiens de cette ville en la perfonne du fieur Vidal, juré findic & trezorier des maitres chirurgiens, de fe trouver cejourd'huy à l'hotel de ville à deux heures après midy, pour affifter & être prefents à la preftation de ferment de ladite partie, conformément à la reponfe que nous dit maire & confuls avions fait lorfque ledit arreft du Confeil d'Etat & lettres pattentes, avec les arrets de regiftres du parlement & certificat de MM. les intendants & findics perpetuels dudit hotel Dieu faint Eloy nous furent fignifiés par exploits de Martin Laurier, huiffier, du jour d'hier avant midy & de l'acte fait auxdits maitres chirurgiens de recevoir la fomme de trois cens fix livres, à deniers decouverts, en cinquante un écus de fix livres pieces, à laquelle fomme, la maitrife du fieur Courrege *, fa partie, a eté reglée par ledit arreft du confeil & lettres patentes, ledit acte auffi en datte du jour d'hier avant midi reçû par Me Vezian, notaire, duement controllé.

Lefdittes pieces de teneur:

<small>Extrait des regiftres du confeil d'Etat du roy fur la requete prefentée au roy, &c. Fait au confeil d'Etat du roy tenu à Paris le 12e jour du mois d'octobre, &c. Le prefent arreft regiftré au parlement de Touloufe, &c.
Louis, par la grace de Dieu, &c. Donné à Paris le 14 novembre 1716, &c. Les prefentes lettres pattentes regiftrées au parlement de Touloufe, &c.
Extrait des regiftres du parlement: veu les lettres patentes, &c.
Nous intendants & findics perpetuels de l'hôtel Dieu faint Eloy de la ville de Montpellier, &c.</small>

1760.

PAGE 210.

PAGE 211.

PAGE 212.

PAGE 213.

1760.

L'an mil sept cens soixante, &c., controllé, &c., requerant qu'il nous plaise, attendu que l'heure de deux & celle de la surcéance marquée par le susdit acte du jour d'hier est passée, & que * nul ne s'est presenté pour lesdits maitres chirurgiens recevoir le sieur Courrege sa partie au serment pour qu'il jouisse des droits & privilèges qui lui sont accordés par les lettres pattentes du susdit jour quatorzieme novembre 1716, ayant satisfait à tout ce qui est porté par icelles; ont aussy comparu M de Perdrix, conseiller en la cour des comptes, aides & finances, intendant, & M. Bosc, sindic perpetuel, commissaires deputés par le bureau des administrateurs dudit hôtel Dieu pour assister à la reception du sieur Courrege, & M. Bosc, sindic, a requis de son chef pour ledit bureau l'execution de l'arrest du conseil & lettres pattentes de 1716; & qu'à cedit effet ledit arrest du Conseil, arrest de registres & copie de la lettre de M. le duc d'Antin du quatorze aoust mil sept cens dix sept, adressée à M. de Lamoignon de Basville, intendant de la province, ladite copie par lui certiffiée, qui * prouve que les chirurgiens furent deboutés la même année 1717, de l'opposition qu'ils avoint formée envers l'arrest du Conseil, le certificat donné par le bureau audit Courrege & l'acte de celui cy donné le jour d'hier aux maitres chirurgiens, soient lus par le greffier & inscris dans l'acte de reception dudit Courrége.

La copie de la lettre de M. le duc D'antin de teneur :

Copie de la lettre, &c. J'ai l'original : de Lamoignon de Basville.

Nous dit, maire & consuls, attendu que l'heure de la surcéance est passée & que nul ne s'est présenté pour les maitres chirurgiens, veu lesdittes pieces, veu aussy la copie d'un acte à nous signifié ce jour d'hui à la requette des maitres chirurgiens par Servel, huissier, avons ordonné au greffier de faire lecture de l'arrest du conseil d'Etat & lettres patentes, de l'arrest d'enregistrement du parlement de Toulouse, de la copie * de la lettre * de M. le duc d'Antin du quatorze aout 1717, à M. de Basville, intendant, du certificat de MM. les intendants & sindics perpetuels de l'hôtel Dieu saint Eloy, de l'acte de sommation faite aux maitres chirurgiens. Ladite lecture ayant eté faitte, nous aurions fait pretter serment audit Courrege, la main mise sur les saints Evangiles, lequel moyennant icelui a promis de bien & duement remplir en Dieu & en conscience tout ce qui regarde son art de maitre chirurgien : avons aussy ordonné que tant ledit arrest du Conseil d'Etat, lettres patentes, arrest du parlement de Toulouze, copie de la lettre de M. le duc d'Antin à M. de Basville, certificat des intendants & sindics, & acte de sommation seront registrés ez registres de l'hotel de ville & que de tout ce dessus sera expedié acte au sieur Courrege pour qu'il puisse jouir des droits & privileges à lui accordés par les dites lettres patentes du susdit quatorze novembre * mil sept cens seize; en foy de quoy nous sommes signés & fait contre signer par notre greffier, & à icelluy fait aposer le sceau & armes de la ville.

Le 26 septembre, MM. les consuls & greffier, en robbe, se sont rendus à la cour des aides, où ils avoint eté invités la veille par le premier huissier, où il fut fait lecture du traité fait entre le roy de France & de Sardaine qui regle les limittes de France & de Savoye.

1760.

Le 10 novembre, MM. les maire, confuls & greffier, en robbe, ont eté chez M. de Saint-Prieft, intendant, venant de la cour : il fut harangué par M. Faure, maire, enfuite il complimenta Mme l'intendante, M. le vicomte & Mme la vicomteffe.

Le 21 novembre, MM. les maire, confuls & greffiers, en robbe, fe font rendus hors la porte du Pile St-Geli au coing de la Couronne attendre M. le marechal de Thomond, commandant en chef de la province, venant de la cour avec Mme fon epouze : il fut harangué par M. Faure, maire, de meme que Madame ; on avoit fait porter le daix la veille. On avoit ordonné d'illumination dans toute la ville & fait monter, le jour de l'arrivée, le chevalet.

Le 13 novembre, l'ouverture de la cour des aides fut * faite par M. le préfident Joubert, ayant eté invités la veille par le premier huiffier.

PAGE 218.

Le 26 novembre, veille de l'ouverture des Etats, MM. les confuls, en manteau court & chaperon, ont eté vifiter M. le commandant, M. l'intendant, &c.

Le meme jour, les armoiries ont eté pofées fur la porte de l'hotel de ville & fur celles de Notre Dame, fuivant l'ufage, & fur celle de M. l'archeveque de Toulouze qui devoit faire l'ouverture des Etats, demeurant chez M. de Souvignargues, rue du Campnau.

Le 27 dudit, jour de l'ouverture des Etats, MM. les maire & confuls, en robe, ont eté chez M. l'archeveque de Toulouze, où il a eté harangué. Aprés quoy lefdits fieurs maire & confuls ont offert de l'accompagner à l'hotel de ville, ce qu'il a refufé etant entré dans fa chaife.

L'ouverture des Etats a eté faite par M. le marechal de Thomond par un difcours qu'il a fait, enfuite par M. l'intendant, par M. l'archeveque de Touloufe, &c.

Le 28 dudit, MM. les maires & confuls, en robbe, fe font rendus hors la porte du Pile St-Gily attendre, vis à vis la maifon de M. Desfours M. l'archeveque de Narbonne qui venoit de Paris où il avoit eté nommé * par le roy grand aumonier de France, le jour de la feparation de l'affemblée du clergé dans laquelle il avoit prefidé. Ledit feigneur fut harangué par M. Faure, maire. Le même jour, on pofa fur la porte de M. l'archeveque de Narbonne, logé chez M. de Breffon les armoiries, & on laiffa celles qui avoint eté mifes chez M. l'archeveque de Toulouze.

PAGE 219.

Le 29 novembre, à dix heures du foir, mourut M. de Saint-Laurens Capion, lieutenant du roy de Pecais, maire de Mende ; il fut porté le 30 au foir dans la chapelle de Notre-Dame de Bon-Secours & le lendemain l'enterrement fut fait, auquel affiftérent les envoyés de la nobleffe & les grands vicaires & le Tiers-Etat. On fortit de Notre-Dame, on paffa dans la rue qui va de l'hotel de ville au Gouvernement, dans la grand'rue, tourna à la pointe dans l'Argenterie & rentra dans l'eglife Notre-Dame où aprés la meffe fut enterré. Les troupes y affifterent parce qu'il etoit lieutenant du roy de Pecais.

1760.   Le 16 decembre, les Etats ont fait un service pour M. Saint-Laurent Capion.

1761.   Les Etats se sont separés le 7 janvier 1761, M. l'archeveque de Narbonne a donné la benediction.

Le 21 fevrier, MM. les consuls, en robbe, ont assisté au service qui a eté fait dans la chapelle de la cour des aides pour M. de Bon pere, ancien premier president de ladite cour, mort à Narbonne, en ayant eté invités * l'avant veille, au nom de la cour, par le sieur Sabatier, premier huissier.

PAGE 220.

Le 1er mars, a eté procedé à l'election consulaire, de la meme maniere qu'il est ecrit au verbail de l'année 1757, & a eté nommé pour electeurs M. Faure, ecuyer; M. Perier, bourgeois; M. Germain Fouilhon, procureur au senechal; M. Joseph Dartis, orphevre; Bonnard, maitre peruquier; Jean Lafosse, maitre menuisier, & Benoist Rigaudier, maitre chaudronnier; & pour consuls M. Joseph Guittard de Ratte, gentilhomme; MM. Antoine Germain Courant, bourgeois; Me Jean Antoine Durant, procureur au seneschal; M. Jean Couly, garde du prince; sieur Antoine Dubruel, maitre peruquier & Pierre Gautarel, menuisier.

PAGE 223.   * Le 26 avril, il a eté chanté un *te deum* en actions de graces des avantages que les troupes de Sa Majesté, commandées par M. de Broglie, ont remportés sur le corps des ennemis commendés par M. le prince hereditaire de Brunswick & sur l'armée combinée commandée par le prince Ferdinand. MM. les consuls & greffier, en robbe, y ont assisté. Il a eté * tiré le soir meme un feu d'artifice sur la platte forme de l'Orgerie; le feu a eté mis au bucher par M. le marechal de Thomond, commendant, & MM. les maire, consuls & greffier. On observe que MM. les maire & consuls, avec la fanfare, avoint eté prendre M. le marechal dans son hotel & l'avoint reconduit dans le meme ordre.

PAGE 224.

Le 23 may, M. de Cambaceres reprit les fonctions de maire.

PAGE 225.   * Le 16 juillet, MM. les consuls, en chaperon, ont eté à St. Pierre pour remercier Dieu de la pluye.

Le 10e aout, M. le marechal de Thomond, commandant en chef, est parti avec M. le comte de Moncan pour la ville de Toulouze, portant des ordres du roy pour faire enregistrer par le parlement l'edit du troisieme vingtieme, pour la prolongation de cette levée pendant deux ans.

Le 20 aout, Mme la marechale de Thomond accoucha d'un second fils sur les sept heures du soir.

PAGE 225.   * Le lendemain 21, à 4 heures de l'après midi, l'enfant fut baptisé & tenu par deux enfans de l'hopital general; on lui a donné le nom de . . . . .

Le 29 du meme mois, M. le marechal de Thomond est arrivé, M. de Cambaceres, maire, y fut tout de suitte & lui ayant demandé son heure pour recevoir la visite de la ville sur l'heureux accouchement de Madame, il l'auroit prié de s'en dispenser, qu'il etoit très flatté de la lettre que le corps de ville luy avoit ecrit à cette occasion, & que la reponse qu'il a fait est un sur garent de sa reconnoissance, laquelle lettre est ci après ecrite :

Copie de la lettre ecrite par M. le marechal, ecrite de Touloufe à MM. les maire & confuls, le 26 août 1761 :

Meffieurs, je fuis auffi fenfible que reconnoiffant de l'interet que vous voulés bien prendre à l'accouchement de * ma femme & à la naiffance d'un fecond fils qu'elle vient de mettre au monde; rien ne peut me flatter davantage que les marques de fatisfaction que vous avés la bonté de me donner dans cette occafion; je vous prie de recevoir mes finceres remerciemens & l'affurance de l'empreffement avec lequel je faifirai toujours celles qui pourront vous convaincre des fentimens que je vous ay voué. Je fuis, Meffieurs, votre très-affectionné à vous fervir. Signé : THOMOND.

Le 7 feptembre, à fept heures & demie du foir, on a porté le St. Sacrement à M. le marechal de Thomond, attaqué d'une fievre maligne & d'une pleurefie, le dais ayant eté porté par MM. les confuls, portant leurs chaperons, le procuré ayant porté le facrement.

Le 9 feptembre, à dix heures du matin, M. Charles O'Brien, comte de Thomond, vicomte de Clare, etc., pair d'Irlande, marechal de France, chevalier des ordres du roy, gouverneur de Neuf-Briffack, colonel d'un regiment d'infanterie irlandoife, commandant en chef dans la province de Languedoc & fur toutes les côtes de la Mediterranée, mourut, après une maladie de quatre jours, dans l'apartement du rés-de-chauffée de la maifon de M. Defplan prés de la porte de Lattes.

* Le jour qui preffeda fa mort, toutes les communautés religieufes, les compagnies des penitents blancs & bleus, & MM. les marguelliers de Notre-Dame firent prier Dieu pour fa confervation. M. le comte de Moncan, lieutenant general & commandant en Languedoc, depecha tout de fuitte un courrier à la cour pour porter la nouvelle de cette mort. Le même jour, à fix heures du foir, Mme la marechalle fut à Pignan, & à 10 heures le cadavre de M. le marechal de Thomond fut embaumé & de fuite placé fur un lit de parade qu'on avoit dreffé dans la grand piece de compagnie du rés-de-chauffée. Cet appartement etoit tendu de noir avec les litres de la province en velours noir, & de diftance en diftance, il y avoit fur le litre les armoiries de M. le marechal, dorées, fur de carton. On avoit elevé au devant de la chiminée, qui eft dans ladite falle, une ftrade tendu de drap noir fur laquelle avoit eté placé le lit, & au-deffus étoit une dé [un dais] ou poële garni de noir. Les deux portes qui etoint aux deux cotés de cette ftrade avoint eté mafquées par deux hotels tendus de noir, fur lefquels il fut dit des meffes baffes par toutes les communautés religieufes, qui avoint eté invitées par Mgr l'eveque & qui dirent des meffes les 10 & 11 depuis fix heures du matin jufques à midi.

* L'aprés midi des 9, 10 & 11, les paroiffes & les ordres religieux vinrent chanter l'office de morts en prefence du cadavre, & le 11 le chapitre cathedral fut le dernier qui vint y pfalmodier l'office, fur les quatre heures de l'aprés-midi.

Le même jour, à 10 heures du matin, la cour des aides (qui avoit eté prié le lendemain de la mort d'affifter à l'enterrement, par M. Mailane, major, de la part de M. le comte de Moncan) fut à l'iffue de la féance, precedée de la marechauffée & des huiffiers en corps, donner de l'eau benite

1761.

au cadavre; les gardes etoint fous les armes; enfuitte les tre foriers de Franc feurent faire la meme ceremonie; à midy, MM. les officiers du Prefidial y allerent donner de l'eau benite, & à cinq heures du foir, MM. les maire, confuls & greffier, en robbes, precedés de la livrée confulaire feurent auffi leur donner de l'eau benite, ayant eté reçus fur le degré du veftibulle par le fieur Marc, faifant les fonctions du capitaine des gardes, qui les conduifit jufques à la porte & les reconduifit jufques au dernier degré du veftibule, les gardes etant en haye ayant le fufil devant eux.

Pendant ces trois jours prefque toute la ville y fut donner de l'eau benite.

Le famedi IIe, jour de l'enterrement, tous ceux qui devoint y affifter fe rendirent à l'hotel du Gouvernement & marcherent dans l'ordre fuivant :

PAGE 229.

* 1º Les vallets de ville, precedés de trompettes qui avoint une banderolle noire à leurs trompettes & une crepe à leur chapeau, les vallets de ville portant leurs pertuifanes tenant avec des oupes.

2º Tous les pauvres de l'hopital genéral, hommes, femmes & enfants, marchant fous leur croix fuivie de MM. l'intendant & recteurs.

3º Soixante cavaliers de la marechauffée commandés par M. Cofte, prevot general, un lieutenant, quatre exempts, tous à cheval, ayant de crepes à leurs bandoulieres & chapeaux, la banderole des trompettes, garnie d'une crepe.

4º Le bataillon de. . . . milice, avec les officiers, tambours & drapeaux, couverts de crepes; tous les officiers & fergents ayant des crepes à leurs chapeaux, fpontons, hallebarde & epées.

5º Le bataillon de garde-cottes, auffi, avec les officiers, tambours & drapeaux avec des crepes.

6º Le bataillon de Montmorency, auffi, avec les officiers, tambours & drapeaux ayant auffi des crepes.

7º Aprés les troupes venoint M. Fizeral (Fitz-Gerald), brigadier des armes du roi, & l'aide de camp de M. le marechal à cheval, ayant quatre cheveaux, un defquels etoit celui dudit feigneur marechal.

PAGE 230.

8º La compagnie des Penitens blancs, les Recolets *, les Capucins, les Cordeliers, les Auguftins, les grands Carmes & les Dominiquains, la paroiffe de Saint-Denis, & celle de Saint-Anne, celle de Notre-Dame & celle de Saint-Pierre, le chapitre cathedral avec fa chapelle de mufique, 4 chapiers de velours noir, precedés de fon bedeau, dont la maffe etoit entrelaffé de crepes. M. l'eveque officia, MM. . . . . & Dagaye faifant diacre & foudiacre.

Aprés venoit le corps porté par fix fergents du regiment de Montmorancy. Il etoit couvert d'un drap de velours noir fur lequel on avoit placé le manteau ducal, le cordon de l'ordre de Saint-Efprit, la couronne fermée, le batton de marechal de France & le chapeau de baron, l'epée. La biere etoit environnée de cent & un flambeaux ou cierges portés par des pauvres de l'hopital general, les gardes de la marechauffée precedoint le corps, portant leurs armes trenantes, avec leurs crepes aux chapeaux & epées, & le fuisse avec son hallebarde trainante avec un crepe à ladite hallebarde, au chapeau & à l'epée, le capitaine des gardes & l'ecuyer de Mme etoit immediatement après le corps; venoit ensuitte tous les officiers de la maison portant de crepes à leurs chapeaux & epées, & la livrée portant des manteaux & de crepes à leurs chapeaux.

* Après quoy marchoit MM. les officiers de la cour des aides en corps, precedés des huissiers, après M. le tresorier de France precedés de ses huissiers, en suitte les officiers du presidial, aussi precedés de ses huissiers, & MM. les consuls & greffier, en robbe, aussi precedés de ses escudiers, leurs masses etant couverts de crepes; & les capitaines du guet & de santé ayant de crepes à leurs chapeaux & epées; en suitte venoit les administrateurs de l'hopital Saint-Eloy. Aprés venoit le deuil dont le premier etoit M. l'abbé de Breteuil, son neveu, ayant à sa droite M. le comte de Moncan, lieutenant general & commandant & à sa gauche M. le vicomte de Saint-Priest, intendant; M. Estafort, ecuyer de Son Altesse Royale le prince Edouard, son parent, formoit son second deuil; il etoit revetu du manteau & acompagné par M. . . . .

Le troisieme deuil etoit formé par M. Brancheu, son secretaire, & commissaire de guerre. Venoit ensuitte un nombre considerable de seigneurs, de noblesse & d'officiers. Le convoi parti de l'hotel sur les 10 heures du matin, il passa dans la Grande Rue, dans celle du Petit-St-Jean, à la Valfére, jusqu'à la porte du Peyrou, au plan du Palais, à la Canourgue, devant la vieille Intendance, devant M. le president d'Alco, devant * M. Darenes, à l'Aiguillerie & devant l'eglise Notre-Dame où M. le marechal devoit être inhumé.

Pendant les trois jours qui suivirent sa mort, & depuis le point du jour jusqu'à l'entrée de la nuit, de demi-heure en demi-heure, la citadelle tira un coup de canon, & la grande cloche de l'horloge & celle de l'hôtel de ville sonnerent chacune trois coups d'un moment à autre, l'eglise etoit toute tapissée de noir, avec deux litres ou cordons de velours couverts d'armoiries; on avoit elevé au bas de l'eglise un catafalque sur lequel fut placé le cercueil.

M. l'eveque dit une grand messe de mort qui fut chantée en musique; elle etoit placée dans la tribune de M. de Girar, la clef de laquelle MM. les marguilliers avoint fait remettre; après l'evangille le bedeau du chapitre cathedral fut avertir MM. les officiers de la cour des aides qui etoint à leurs bancs d'aller offrir; ils y furent precedés de leurs huissiers & baiserent le crucifix. M. l'eveque etoit assis sur un fauteuil au pied du maitre autel, les assistans etant debout, ensuitte MM. les tresoriers de France, les officiers du presidial, aussi precedés de leurs huissiers, MM. les consuls & greffier qui etoint à leur tribune y feurent, precedés de leurs escudiers, après quoy tout le deuil & les domestiques feurent à l'offrande, après laquelle * M. l'eveque continua & acheva la messe; ensuitte les quatre dignités du chapitre prirent chacun une chape de velours noir. M. l'eveque & le chapitre feurent en procession environner la biere, aux quatre coings de laquelle les quatre dignités s'etant placés, il fut fait cinq abfoutes, fcavoir : quatre par les quatre dignités, en commençant par le plus ancien, & une par Mgr l'eveque, pendant laquelle tout le monde fut debout.

Les abfoutes finies, le clergé accompagna le cadavre, qui fut porté par les fergents dans la chapelle de Saint-Roch où il fut inhumé dans un crus qui avoit eté fait dans la terre, en entrant, à main droite; il fut mis dans une caiffe de plomb.

Dans le tems qu'on l'enterroit, il fut fait trois faluts par tous les canons de la citadelle & par la marechauffée & les bataillons de . . . .

Aprés quoi toutes les perfonnes qui compofoient le convoi fe retirerent.

Le 4 octobre, M. de Reffiguier, prefident aux enquetes du parlement de Touloufe, ayant fait dire qu'il etoit arrivé en cette ville, MM. les confuls en chaperon ont eté lui rendre vifite chez M. de Joubert, findic general de la province, où il etoit logé.

M. le duc de Fitzxaimes, nommé par Sa Majefté pour commander en chef dans cette province, à la place de feu M. le marechal de Thomond, etant parti de la cour & * devant arriver à la ville de Nifmes le lundi 19 du mois d'octobre, MM. le chevalier de Ratte, ecuyer, Courant Bourgeois, & je Durant, procureur au prefidial, premier, fecond & troifième confuls, & Bedos, greffier, partirent le famedi 17 pour aller à la ville de Nimes recevoir les ordres dudit feigneur duc, dans un carroffe ayant à leur fuitte le fieur Charlot, capitaine du guet & deux vallets de ville, ils feurent coucher ce jour là chez le fieur Troupenar, hote du Petit Luxembourg, le lendemain 18 dimanche M. Alizon, lieutenant de maire, & le fieur Caffan, greffier de la ville de Nîmes, vinrent, fur les neuf heures du matin, rendre vifitte à MM. les deputés de Montpellier, & une heure aprés MM. les confuls, en robbe, & plufieurs deputés du confeil de ville de Nîmes, vinrent auffi rendre vifitte auxdits fieurs deputés, & aprés leur avoir fait compliment fur la fatisfaction qu'ils avoint de les poffeder dans leur ville, ils les prierent à fouper ce même jour, ce qu'ils accepterent, & aprés les avoir remerciés de leurs politeffes, ils les accompagnerent jufques à la porte de la rue.

Enfuite, lefdits deputés feurent rendre vifite à Mgr l'eveque de Nîmes & à M. de Ratel, commandant, apres quoy * ils fe rendirent à leur cabaret pour dîner, & fur les deux heures lefdits fieurs lieutenant de maire & confuls de Nîmes envoyerent au cabaret trois valets pour recevoir les ordres defdits fieurs deputés, lefquels nous menerent à une maifon defdit fieur lieutenant de maire, confuls, greffier & deputés du confeil de ville pour leur rendre la vifite, aprés quoy les deputés feurent à leur cabaret d'où ils feurent pris fur les quatre heures par lefdits fieurs lieutenant de maire, conful & deputés du confeil de ville de Nîmes qui menerent lefdits deputés aux Arenes, à la Maifon Quarrée, dans toutes les manufactures, & à la Fontaine, & de là on fe rendit à l'hotel de ville où ils fouperent, & s'etant levés de table à onze heures, lefdits fieurs lieutenant de maire, confuls & deputés de Nîmes, accompagnerent les deputés de Montpellier à leur cabaret, où ils trouverent des billets de M. l'eveque de Nîmes & de M. de la Boiffiere qui alloit etre pourvu de la charge de maire, à qui les deputés de Montpellier avoint eté rendre visitte.

Le lundy, Mgr l'eveque envoya prier MM. les deputés de Montpellier à souper; le meme jour, & sur les quatre heures, M. de Fitzxaimes arriva à Nîmes avec Mme son epousé & Mlle sa fille; ils furent logés à l'eveché; MM. les deputés de Montpellier si etant rendus, ils feurent presentés à ce seigneur par Monseigneur l'eveque; M. de Ratte, portant la parole * pour la ville de Montpellier, fit un trés beau compliment audit seigneur duc de Fitzxaimes, lequel repondit d'une façon trés obligeante pour la ville & pour les deputés & aprés leur avoir dit qu'il arriveroit à Montpellier le lendemain mardy à cinq heures du soir; il les accompagna jusques à l'endroit où il les avoit pris. Ensuitte, lesdits sieurs deputés feurent presentés à Mme la duchesse & à mademoiselle sa fille par M. le duc à laquelle M. de Ratte fit un trés-beau discours, de même qu'à Mlle sa fille, auquel Mme la duchesse repondit fort poliment. Pendant tout le temps que M. de Ratte parla, Mme la duchesse se tint debout, apres quoy lesdits sieurs deputés se retirerent & retournerent à l'eveché à cinq heures où ils se mirent à table & se leverent lorsque M. le duc & Mme la duchesse se leverent, d'où ils passerent dans la salle de compagnie, & aprés avoir remercié M. l'eveque de l'honneur qu'il leur avoit fait, se retirerent, ayant trouvé à l'avant salle le premier consul de Nîmes qui les accompagna jusqu'à leur logis d'où ils se mirent à dix heures du soir dans leur carrosse pour se rendre à Montpellier.

Du vingt octobre, MM. les maire, consuls & greffier, en robbe, se rendirent hors la porte du Pile St-Gily, où ils attendirent Mgr le duc de Fitzjames dans le faubourg, auprés de l'ecorcheur public. Toute la bourgeoisie etoit sous les armes dans le faubourg & le chevalet avoit eté sur le chemin au devant de ce seigneur, lequel arriva, sur les cinq heures du soir, dans un carosse ou etoit * Mme la duchesse & Mlle sa fille; la marechaussée marchoit immediatement aprés le carosse. Lorsque M. le duc de Fitzjames feut arrivé au lieu où MM. les maire, consuls & greffier l'attendoint, il fit arretter son carosse d'où il descendit; tout de suitte il feut harangué par M. de Cambaceres, maire, qui lui parla avec beaucoup de dignité & d'eloquence, & M. le duc repondit tres-obligeamment; ensuitte M. de Cambaceres harangua Mme la duchesse & Mlle sa fille, etant debout dans le carosse, laquelle repondit avec beaucoup d'affabilité. Ensuitte, M. de Cambaceres presenta le dai à M. le duc de Fitzjames, qu'il reffusa. Et ayant desiré d'aller à pied jusqu'à son hotel, M. le maire se mit à sa gauche, & les sieurs consuls & greffier le suivirent, quand ledit seigneur feut arrivé à la porte du Pile Saint-Gily, il y trouva M. D'Olimpie, lieutenant du roy, & MM. les majors & aide majors de la ville & citadelle qui lui firent leur compliment, mais ils ne lui presenterent point les clefs des portes de la ville parce qu'elles ne doivent etre presentées qu'au roy.

M. D'Olimpie s'etant mis à la droite de Mgr le duc de Fitzjames, il continua sa marche, & prenant le chemin de l'Esplanade, sur laquelle presque

1761.

PAGE 238.

tous les habitans de la ville s'etoint rendus, les foldats du regiment de Montmorency, qui eft en quartier aux cazernes formoint les deux cottés, jufques à la porte * du jardin du Gouvernement. A quelque diftance de cette porte, M. de Saint-Prieft, intendant, M. le comte de Moncan & tous les gentilhommes de la ville feurent au devant de Mgr le duc de Fitzjames, qui les reçut avec de grands temoignages d'affection, & il entra par le jardin dans fon hotel, d'où lefdits fieurs maire, confuls & greffier fe retirerent à l'hotel de ville.

Le meme foir, il feut fait des illuminations dans toute la ville ; MM. les marchands firent illuminer avec des flambeaux les deux façades de la maifon de la bourfe confulaire; ce meme foir, Mgr le duc de Fitzjames feut fouper chez M. le comte de Moncan, & pendant le fouper MM. les maire & confuls firent tirer quentité de boetes & de fuzées.

Le lendemain, M. le duc de Fitzjames a eté vifité & complimenté par toutes les compagnies & juftices, & par tous les corps & communautés religieufes de la ville.

PAGE 239.

* Ouverture des Etats le 22 octobre.

Les Etats, pour temoigner au roy leur zele, ont donné au roy un vaiffeau de 74 canons.

Le premier decembre, les Etats ont finy leurs feances ; le meme jour M. l'archeveque de Narbonne eft parti pour la cour.

1762.

PAGE 240.

Le premier mars 1762, l'election des quatre electeurs & * premier, fecond, quatrieme & fixieme confuls, a eté faite comme en l'année 1760, les places de 3e & cinquieme etant remplies par MM. Abauzit & Boyer, titulaires.

Et a eté nommé pour electeurs M. Sabran, ecuyer; M. Durant, bourgeois; M. Didier, chirurgien; Pierre Nogaret, maître platrier & Martin Efpinaffe, maître cordonnier.

Et a eté efleu confuls M. Simon Gafpard Patris, ecuyer; M. Bicard, bourgeois ; Philippe Giraud, maître chirurgien, & Jaoul pere, menager, juge de la banque.

Le 14 mars, MM. les nouveaux confuls, fuivant la coutume, ont preté le petit ferment entre les mains de M. de Cambaceres, maire ; enfuite a eté fait par Me Bedos, greffier, lecture du reglement des depenfes ordinaires de la ville.

PAGE 241.

* Le 25 mars, fur les huit heures du matin, MM. les anciens & nouveaux confuls s'eftant rendus à l'hotel de ville, de meme que M. de Cambaceres, maire, qui etoit precedé de la fuitte confulaire, des haut bois & tambours qui avoint eté chés luy pour le prendre, fe font revettus de leurs robes, & entrés avec Me Bedos, greffier, auffi revetu de fa robe, dans la chapelle du confulat où ils ont entendu la meffe qui a eté dite par le chapelain ; apres quoy fe font rendus precedés de la fuitte & fanfare à l'eglife Notre-Dame où etant M. le maire s'eft plaffé fur un fauteuil ; à fa gauche, fur une chaife, M. Nadal, procureur du roy de la communauté, qui s'etoit rendu dans lad. eglife : led. fieur Nadal a fait un tres beau difcours à

MM. les anciens & nouveaux confuls, & a requis l'inftallation defd. nouveaux confuls.

Enfuite, M. le maire a prononcé un difcours fur les fervices importants qu'ont rendus à la ville les anciens confuls & fait connoître aux nouveaux leurs engagements & leurs obligations, a ordonné qu'ils feroint inftallés, & en concequence qu'ils preteroint ferment en fes mains en la forme ordinaire & accoutumée.

* Et M. le maire, MM. les confuls & greffier font entrés dans la chapelle du confulat, & s'etant affis dans leur banc, M. le maire a receu la ferment des deux capitaines de la fuitte & des experts jurés (le juge de le banque n'a pas preté ferment parce qu'il a eté eleu conful cette année, aprés quoi ils* font fortis de la chapelle.

Le 1er avril, l'affiette s'eft tenue en la forme ordinaire. M. de Beaune, d'Uzes, lieutenant principal, n'a voulu recevoir aucune vifitte de MM. les confuls, à caufe de l'abfence de M. Faure, juge mage. Il y a eu * pour l'entrée à l'affiette conteftation entre M. Fermaud, lieutenant principal du fenechal, & M. Seurat, lieutenant criminel aud. fiege, qui ont remis leurs memoires fur le bureau, & aprés avoir eté entendus par l'affemblée, le provifoire a eté accordé à M. Seurat.

Le 24 dud., deux recteurs de l'hopital general font venus à l'hotel de ville pour dire qu'on devoit nommer le lendemain les nouveaux intendans & recteurs. MM. les confuls ny feurent pas cette année, ce parce qu'ils ont voulu que la pretention qu'ils ont elevée fondée fur les lettres patentes dud. hopital fut vuidée.

* Le 31 dud., MM. les maire, confuls & greffier, en robbe, ont prefenté le pain beny à Notre-Dame, la bourgeoifie etant fous les armes, M. le quatrieme conful ayant eté la veille prier M. le major en l'abfence de M. le lieutenant du roy.

Le 20 feptembre, MM. les confuls, en chaperon, ont eté rendre vifite à M. le prefident de Porte, logé chés le fieur Jean Antoine, logé à la grande rue.

* Le 14 octobre, M. le marechal de Richelieu, venant du coté de Nimes, eft arrivé en cette ville eft allé loger chés M. de St-Prieft, intendant. MM. les confuls, en robbe & le greffier ont eté lui rendre vifitte : il les a reçus avec beaucoup d'affection.

Le 22 dud., M. de Fitzjames, commendant, eft arrivé avec madame fon epouze, M. le prince de Chimay, fon gendre, & fon epouze. MM. les maire & confuls ne furent pas à la porte de la ville parce qu'ils avoint prié de ne pas s'y rendre.

M. l'archeveque de Toulouze eft arrivé en cette ville le 25 octobre, venant de Paris, pour prefider aux Etats convoqués pour le 28 du meme mois. MM. les maire, confuls & greffier, en robbe, ont eté chés M. de St-Breffon, où il logeoit, luy rendre vifitte ; il a eté complimenté par M. de Cambacerès, maire, auquel M. l'archevêque a repondu par des demonftrations d'amitié.

1762.

PAGE 242.

PAGE 243.

PAGE 244.

PAGE 245.

PAGE 246.

1762.
PAGE 247.

* Le 28 octobre, ouverture des Etats. L'ouverture a été faite par M. de Fitzjames, commendant, par un tres beau discours; M. de St-Priest, intendant, en a fait un aussi très beau qui a été admiré de tout le monde.
Le 6 décembre, les Etats se separerent.

1763.
PAGE 248.

* Le premier mars 1763 a eté procedé à une nouvelle election de MM. les six consuls en la forme ordinaire. A eté nommé pour electeurs M. le chevalier de Ratte, ecuyer; M. Durant, bourgeois; Ricard, procureur; Alexandre Giraud, maître chirurgien; Argelliés pere, confiseur, Boulle, maître tailleur, & Espinas, maître cordier, & pour consuls MM. Guilleminet Galargues, ecuyer; Pierre Desfours, bourgeois; Louis Pegat, procureur au presidial; Redier, capitaine de bourgeoisie; Cabannes, maître peruquier & Jacques Philipe Levat, maître tailleur, lesquels ont eté receus par l'assemblée par acclamation.

PAGE 249.

* Le 15e dud., l'assiette fut tenue, M. Lacroix, lieutenant de vaisseau du roy, etoit lieutenant principal qui a dispensé les MM. consuls de la visite & de le venir prendre pour aller l'après midi à l'eveché.

PAGE 250.

* Le 5 juin au matin, la procession de la paroisse St-Pierre, & l'après midi celle des penitens blancs, a eté faite, & lorsqu'on fut sorti de l'eglise Ste-Anne, où etoit le reposoir, il commença à pluvoir, & la pluye fut si forte que le St-Sacrement fut mis dans la maison de M. le president de Crouzet, où est le bureau de direction des fermes; & après y avoir resté près d'une heure, l'heure se faisant tarde & la pluye continuant toujours, on fit venir une chaise à porteur que M. le president Clarisse preta; les porteurs se mirent pied nud, leverent leur chapeau, & M. Hubert, chapelain, qui portoit le St-Sacrement, entra dans lad. chaise & fut porté dans lad. eglise Ste-Anne. Le diacre & le sous diacre suivirent avec une paire pluye chacun, & quarante penitens portant un flambeau, à pieds nuds, & quantité de monde que la pluye n'arretta point feurent accompagner le St-Sacrement jusqu'à Ste-Anne.

Rellation de la publication de la paix: M. le marquis de Lemps, commendant pour le roy en la province de Languedoc, ayant receu les ordres du roy, pour faire publier la paix faite entre trés-haut, trés-excellent & trés-puissant prince Louis, par la grace de Dieu roy de France & de Navarre,

PAGE 251.

trés haut, trés * excellent & trés puissent prince Georges, roy de la Grande Bretagne, electeur de Brunswick Lunebourg, & trés-haut, trés-excellent & très puissant prince Joseph, roy de Portugal & des Algarves, a ecrit une lettre à MM. le maire & consuls, le . . . ., à laquelle etoit joint celle du roy, de M. le comte de Saint-Florentin & l'ordonnance du roy pour leur en donner connoissance & pour assister au *te deum*, & ajouter à cette pieuse ceremonie des feux de joye & toutes les marques de rejouissances publiques & usitées en pareille occasion.

Le lundy 27 du mois de juin 1763, M. le maire fit convoquer un conseil de ville pour leur donner connoissance de la susdite lettre, de celle du roy à M. de Lemps du 16 du même mois, il fut deliberé de renvoyer à MM. les maire & consuls, & donné pouvoir de faire tout ce qu'il estoit

neceſſaire & convenable, ſuivant l'uſage pour cette ceremonie; en conſe-   1763.
quence, MM. les maire & conſuls s'etant aſſemblés aprés avoir pris connoiſſance & leu les procès verbaux contenant ce qui etoit pratiqué en pareille occaſion, ordonnerent le feu de joye & firent dreſſer le tour qu'on
devoit faire dans la ville pour cette publication.

 Le 30 du meme mois, M. Jurat, juge criminel, en l'abſence de M. Faure,
juge mage, qui etoit * à Toulouze, ſe rendit à l'hotel de ville, & ayant   Page 252.
demandé à parler à MM. les maire & conſuls, il fut introduit par le greffier
de la ville dans une des ſalles où eſtoit M. de Guilleminet Galargues &
M. Desfours, bourgeois, premier & ſecond conſuls, auxquels, aprés des poli-
teſſes reſpectives, il dit qu'il avoit receu une lettre de M. le marquis de
Lemps pour la publication de la paix, qu'il vouloit ſe conformer aux anciens uſages, & demanda de prendre viſion du ceremonial qui avoit eté
obſervé en l'année 1749, MM. les conſuls lui firent remettre de ſuitte, non
ſeulement le regiſtre de 1749, mais encore pluſieurs autres depuis l'année
1696, pour qu'il prit tous les eclairciſſements qu'il jugeroit neceſſaire, &
aprés en avoir fait lecture, MM. les maire & conſuls lui firent part auſſi du
tour qu'ils avoint projetté, & qui avoit eté déja approuvé par M. le commendant, y ayant adheré il en demanda copie, qui lui fut à l'inſtant remiſe
& la publication ſe fift le dimanche trois juillet, à neuf heures du matin,
ſuivant qu'il s'etoit pratiqué le 30 ſeptembre 1696 & en la maniere qui
ſuit : M. de Cambaceres, maire, n'aſſiſta point à cette ceremonie, à cauſe
de l'inſtance pendante au conſeil entre la ville & MM. du preſidial *, ſur le   Page 253.
ceremonial qui doit etre obſervé dans des pareilles ceremonies, & marqué
par les edits de 1702 & 1706. M. Reboul, lieutenant de maire, ne s'y trouva
pas, eſtant abſent.

 Un moment avant neuf heures, MM. les conſuls, en robbe rouge, ſortirent de l'hotel de ville, monterent à cheval, à l'exception des ſecond &
ſixieme conſuls qui furent, en chaperon, chés M. de Seurat, lieutenant criminel, lui dire que MM. les conſuls etoint à l'hotel de ville prets à partir,
qu'il eut la bonté de s'y rendre à l'effet de faire la publication de la paix, à
quoy led. ſieur Seurat repondit qu'il alloit ſe rendre à l'hotel de ville tout
de ſuitte, leſd. ſieurs conſuls ayant pris congé dud. ſieur Seurat, il les accompagna juſqu'à la porte de la rue, & de retour à l'hotel de ville reprirent
leurs robes, monterent à cheval, prirent leurs places au millieu de la place
de l'hotel de ville où MM. les conſuls & tout le cortege etoint rangés, aprés
quoy M. de Seürat, en robbe, accompagné ſeulement de M. Campan &
Nadal, avocat & procureur du roy, & du ſieur Durand, greffier, tous en
robbe de ceremonie & bonnet carré, & le ſieur Lagarde, ſecretaire de M. Seurat, ſans robbe, ſe rendirent dans la place de l'hotel de ville precedés de ſix
cavaliers de * la marechauſſée & d'un exempt, des huiſſiers en robbe, &   Page 254.
d'un trompette, tous à cheval, led. ſieur Seurat s'eſtant approché de M. le
premier conſul, & aprés s'eſtre fait des civilités reciproques, led. ſieur premier conſul lui fit des proteſtations pour ne point acquieſcer en rien ny
prejudicier aux droits de la ville, en ce qu'ils devoint marcher cotte à cotte

avec luy, conformement aux edits & declaration du roy de 1702 & 1706 & ainfy qu'il s'etoit pratiqué en 1713, & led. fieur Seurat s'etant retiré auprés de fa troupe, le fignal pour la premiere publication fut donné de part & d'autre en meme temps, & les trompettes fonnerent pendant trois fois, & la publication fut faite par le greffier du prefidial devant l'hotel de ville, & par Me Bedos, greffier confulaire, devant la maifon du fieur Viallars, negociant.

* Aprés laquelle publication le peuple cria: vive le roy; & M. Seurat, avec fa troupe, MM. les confuls, greffier & commis jetterent au peuple quantité de confitures & dragées, & enfuite fe mirent en marche en l'ordre qui fuit:
Marche des officiers du prefidial: Six cavalliers de la marechauffée conduits par un exempt à cheval; la fymphonie du regiment de Poitou à pied; les huiffiers en robbe & bonnet carré, à cheval; un trompette, à cheval; le greffier du prefidial en robbe & bonnet carré à cheval; M. Seurat, juge criminel, en robbe & bonnet carré, à cheval, de meme que M. Campan & Nadal, avocat & procureur du roy.

* Marche du corps de ville, à une certaine diftence de celluy du prefidial: Les fix pertuifaniers, avec leurs pertuifanes ornées de rubans, ayant une cocarde à leurs chapeaux, à pied; les compagnons du gué, auffi à pied, ayant une cocarde à leurs chapeaux & des rubans à leurs ecuffons; les fept tambours de la ville ayant des cocardes à leurs chapeaux; les quatre hautbois, ayant des cocardes & de rubans, tous etant auffi à pied; les deux trompettes & le timballier, ayant des cocardes à leurs chapeaux & de rubans à leurs trompettes, à cheval; les fix efcudiers, en robbe, portant des cocardes & ayant des rubans flottans à leurs maffes d'argent, à cheval; les deux capitaines du gué & de fanté ayant des cocardes à leurs chapeaux, à cheval; le guidon ayant à fon chapeau une cocarde, à cheval; M. Eftienne Bedos, greffier en chef, en robbe & bonnet carré, à cheval, ayant à ces cottés les fieurs Jean André Bedos & Vialla, fes commis, à cheval*; M. Guilleminet Galargues & M. Dufours, premier & fecond confuls, à cheval; M. Pegat, procureur au prefidial & bureau des finances, & MM. Redier, troifieme & quatrieme confuls; M. Cabannes, maître perruquier, & M. Levat, maître tailleur, cinquieme & fixieme confuls, à cheval; lefd. fieurs confuls, greffier & commis portant chacun un havrefac de tafetas bleu doublé de blanc, orné de cocardes & d'une ceinture de rubans couleur de feu, dans lefquels havrefacs il y avoit quantité de confitures & dragées pour donner au peuple; les chevaux defd. fieurs confuls, greffier & commis portant des cocardes de ruban à la tête & à la queue.

Aprés led. cortege venoit un fergent & doufe grenadiers du regiment de Poitou; enfin fix cavalliers de la marechauffée, commendés par un exempt, à cheval, pour retenir la foule du peuple.

En cet ordre, ils ont defilé le long de la rue de l'hotel de ville & devant l'hotel de M. le duc de Fitzames, commendant en chef dans la province, où il a eté fait la feconde publication par le greffier dud. juge criminel, devant la porte dud. hotel, & par le greffier confulaire, devant la maifon de S. Roch.

Livre premier. — Première partie.

* Enfuite ils ont continué leur marche par la grande rue, au coin de M. de Remiffe, devant le Petit St-Jean, à la rue de St-Guilhem, montant à la maifon de M. le prefident Crouzet, à la rue qui va à l'eglife des collegiaux Ste-Anne & à la place du Petit Scel où la troifieme publication a eté faite par le greffier du lieutenant criminel, à la place du petit fcel, & par le greffier confullaire devant l'eglife defd. collegiaux; ils ont paffé devant la maifon de M. Chaunel jufques à celle de M. Paul, & de là on s'eft rendeu dans la place du Peyrou, devant l'equeftre, où le lieutenant criminel ayant paffé fur la droite & MM. les confuls fur la gauche, où il a eté fait la quatrieme publication, par le greffier du lieutenant criminel, du coté droit en regardant l'equeftre, & par le greffier confulaire du coté gauche, en regardant auffi l'equeftre, & après avoir fait le tour font rentrés dans lad. ville par la porte du Peyrou, dans la grande rue du Palais, devant le Palais, où la cinquieme publication a eté faite par le greffier du lieutenant criminel, devant la porte du Palais, & par le greffier confulaire, au coin de la maifon de M. le prefident Gros; & on a continué en allant à la rue qui va à la Canourgue, on eft entré dans la rue Baffe, & de là * à St-Pierre, où la fixieme publication a eté faite par le greffier du lieutenant criminel devant l'eglife St-Pierre & par le greffier confulaire, devant l'eglife de St-Ruf; après quoy on eft entré dans la rue du St-Sacrement jufques aux fleurs de lis, dans la rue de la Blanquerie en paffant devant l'hotel Dieu où la feptieme publication a eté faite par le greffier du lieutenant criminel, devant l'hotel Dieu, & par le greffier confulaire, au coin des fleurs de lis; on eft defcendu vers la porte, on eft monté dans la rue St-Urfule, à la Capelle nove & au coin de la maifon de la veuve du fieur Perié, où la huitieme publication a eté faite par le greffier du lieutenant criminel, aux croifées de lad. veuve, & par le greffier confulaire devant le college de droit; on eft monté à la rue qui va aux dominiquains, à la maifon de M. Joubert où loge M. de Cambacerès, maire, & jufques à la maifon de M. de Ratté où la neuvieme publication a eté faite par le greffier du prefidial, au haut de la rue de la Blanquerie, & par le greffier confulaire devant la maifon de M. le maire *; on eft monté dans la rue qui va à la maifon de M. Margouet, d'où l'on eft entré dans la place du Grand Temple où la dixieme publication a eté faite par le greffier du prefidial devant l'hotel de M. l'intendant & par le greffier confulaire, au coin de la maifon dud. fieur Margouet; & ayant fait le tour de la croix, on eft entré dans la rue qui va au plan d'Enfivade, où la onzieme publication a eté faite par le greffier du prefidial aud. plan d'Enfivade, & par le greffier confulaire, devant la maifon de M. Seurat, lieutenant criminel; on a paffé devant la maifon de M. Senez, de là devant l'eglife des Capucins, on a tourné le coin de M. Maupel, treforier de France, à l'Eguillerie; on a tourné le coin de M. Campan dans la rue de l'Eguillerie; on a tourné le coin de M. Mafclary, devant l'eglife des Jefuites, devant la maifon des demoifelles Girard & à l'Efplanade, d'où on s'eft rendu dans la citadelle, & ayant fait le tour de la place d'Armes, la doufieme publication a eté faite par le greffier du prefidial devant le logement de M. le lieutenant

1763.
Page 260.

Page 261.

Page 262.

1763.

PAGE 263.

du roy, & par le * greffier confulaire au millieu de la place d'Armes, en entrant & en fortant la garde etoit fous les armes; le tambour ne battit pas au champ, fuivant l'ufage, parce qu'il ne s'y trouva pas; font fortis de la citadelle, on s'eft rendeu fur la promenade de l'Efplanade, on eft entré dans la rue de M. le chevalier Patris, on eft paffé devant la maifon de M. Cofte, grand prevot, devant le college & dans la rue de l'Eguillerie, devant la maifon de M. Guilleminet Galargues, premier conful, où la treifieme & derniere publication a eté faite par le greffier du prefidial devant la maifon de M. le premier conful, & par le greffier confulaire à la Tour d'Encanet. On a defilé le long de l'Eguillerie, devant l'eglife Notre Dame de Tables & etant arrivés à la place de l'hotel de ville dans le meme ordre que l'on etoit parti, fe font rangés, fçavoir M. Seurat devant la maifon de M. Vialars, & MM. les confuls devant l'hotel de ville, & après s'etre falués reciproquement

PAGE 264.

M. Seurat avec ceux qui * l'accompagnoit & fa fuitte, fe font retirés, & MM. les confuls, greffier & fa fuitte font rentrés dans l'hotel de ville où après s'etre repofé ont diné. Dans toutes les rues où ils ont paffé, ils ont jetté quantité de paquets de confitures & de dragées au peuple.

Le meme jour, fur les 8 heures, MM. les maire & confuls & greffier, en robe, mirent le feu au bucher. Le feu d'artifice qui avoit eté placé dans l'angle de l'Orgerie fut tiré, la fanfare ayant eté prendre M. de Cambaceres, maire, chés luy; & après le feu il fut reconduit de meme. Le foir du meme jour, M. de Cambaceres, maire, a donné un fuperbe repas chés luy à MM. les confuls, greffier, & à plus de cent perfonnes de diftinction de la ville & la fete a eté terminée par un bal que M. le maire a donné chés luy aux dames & meffieurs qu'il avoit invité à ce repas. M. de Lemps, qui commande en l'abfence de M. de Moncan & de M. le duc de Fitzjames dans la province, a mis le feu au bucher avec MM. les maire, confuls & greffier, parce qu'il le fouhaita.

PAGE 265.

* Le 10 juillet, M. le comte de Moncan, commendant en l'abfence de M. de Fitzames, arriva venant de Paris. Il a eté vifité par MM. les confuls, en chaperon.

Le 9 aout, MM. les confuls & greffier, en robbe, ont affifté à un exercice litteraire des ecolliers du college fur la poefie, ils en auroint eté priés trois jours à l'avance par le recteur & deux profeffeurs, lefquels font venus prendre à l'hotel de ville lefd. fieurs confuls (MM. les maire & lieutenant de maire etant abfens), qui fe font rendus au college, precedés des tambours & de la fuitte, deux defquels portoint la corbeille dans laquelle etoit les livres que la ville donne annuellement aux enfants pour exciter leur emulation; après led. exercice litteraire, lefd. fieurs confuls ont diftribué tous les prix & couronné les enfants, enfuite ils ont eté reconduits à l'hotel de ville par led. recteur & lefd. deux profeffeurs dans le meme ordre qu'ils etoint venu les prendre.

S'enfuit l'acte que fit fignifier M. Faure, juge mage, à dix heures du matin, & la reponfe qu'il fut faite avant midy par MM. les confuls.

* L'an mil sept cens soixante trois & le neuvieme jour du mois d'août, par moy Pierre Armand, premier huissier au presidial de Montpellier, y resident, soussigné, à la requette de M. Marcel Faure, premier president presidial, juge mage, lieutenant general né en la senechauffée gouvernement de Montpellier, a eté exposé à MM. les maire, lieutenant de maire, consuls & viguier de lad. ville que le college de Montpellier fondé par le roy de Majorque, & qui de tous temps fouloit etre royal comme s'expliquent les anciens titres feut retably & dotté par des lettres patentes d'Henry * Quatre du mois de juillet 1596 que la direction & execution dud. etabliffement feut commife par le roy au gouvernement de Montpellier ou fon lieutenant general, que led. fieur requerant reprefente comme etant le juge confervateur des priviléges de l'univerfité de cette ville & que par des articles & conventions paffées au mois d'octobre 1604 entre Mgr l'eveque de Montpellier, le gouverneur, confuls & députés de lad. ville duement authorifées & homologuées par des lettres patentes du mois de mars 1610, la conduite, adminiftration & regie dud. college appartient à l'eveque du diocezain, aux magiftrats & aux fitoyens, que cette fage adminiftration economique fut interrompue par les troubles de la religion, depuis 1610 jufques à 1629, que les foydifans cy devant jefuites s'emparerent du college, fans vouloir reconnoitre ny fe foumettre à aucune forte d'authorité, que pendant tout ce temps l'exercice des droits du fieur regent a eté fufpendu & comme endormi, qu'ils ont eté plainement & entierement retablis par l'article trois de l'edit du mois de fevrier dernier, enregiftré au parlement & au fenechal, que par cet article le roy veut que fes juges exercent à l'avenir l'authorité & la jurifdiction qui leur a eté confiées par fa majefté & par fes predeceffeurs fur tout ce qui concerne la police, regie & adminiftration du college, & comme le droit commun, dans toutes les bonnes villes du royaume où il y a des colleges & fondations royales, le premier des prix qui fe donne dans led. college eft annuellement diftribué par le juge mage, lieutenant general ou autre premier juge, parce que tous les colleges font fous la protection des magiftrats & les autres prix font enfuite diftribués par * les maire & confuls, parce qu'ils ont & qu'il eft jufte qu'ils ayent part à la regie & adminiftration dud. college, que le droit de diftribuer le premier prix a eté confirmé au juge mage de Montauban par arret de la chambre de l'edit du 27 avril 1628 & tous les lieutenants generaux qui leur reclame, que d'ailleurs ce droit loin d'avoir quelque chofe de contraire aux interets & aux droits des maire & confuls ne peut que leur fournir l'ocafion de les exercer plus folennellement, fe dit huiffier à la requifition que deffus ay declaré à MM. les maire, lieutenant de maire, consuls viguiers de la ville de Montpellier, que led. fieur requerant eft en droit de fe rendre à l'hotel de ville ce jourd'huy neuf aouft à l'heure à laquelle la diftribution des prix doit etre faite pour fe mettre à leur tette & aller avec eux au college à l'effet de proceder à la diftribution du premier prix de retorique feulement, avec offre de fournir ce prix qui eft le premier de l'emplification latine à fes frais & depens, tenant le confentement exprès qu'il donne que les autres prix foint enfuite diftribués par M. le maire ou tel autre officier municipal qui fera à la tete de MM. les confuls, & au cas led. fieurs maire & confuls ne repondent point par acte fignifié au requerant ce jourd'hui avant midy qu'ils confentent que la diftribution des prix du college royal foit faite en la forme cy deffus defignée, led. fieur requerant leur declare dores & déjà que prenant leur filence pour refus, il fe pourvoira en la cour du parlement pour fe faire maintenir dans le droit de diftribuer le premier prix & obtenir perfonnellement contre lefd. fieur maire & confuls la condamnation des juftes dommages & interets qu'il fera en droit de preter, leur proteftant en outre de tout ce que led. fieur requerant peut proteſter de droit *. Et ce parlant à la perfonne du fieur Bedos, greffier confulaire, pour MM. les maire, lieutenant de maire, consuls & viguiers de l'hotel de ville & lui ay baillé cette copie fignée de M. le juge mage, Faure & Armand, huiffier.

1763.
PAGE 265.

PAGE 266.

PAGE 267.

PAGE 268.

L'an mil fept cens foixante trois & le neuvieme jour du mois d'aouft avant midy par nous André Boureli, premier huiffier, concierge & garde meubles au bureau des finances de Montpellier, y refident, fouffigné, à la requette de M. le maire, Lt de maire, confuls viguiers de la ville de Montpellier, eft expofé à M. Faure, premier prefident prefidial & juge mage en la fenechauffée & gouvernement de Montpellier, en reponfe à l'acte qu'il a fait fignifier cejour d'huy que c'eft mal à propos qu'il pretend s'ingerer dans la diftribution des prix qui fe donnent au college & de donner le premier de ces prix au prejudice des maire & confuls qui font dans le droit & dans la poceffion de faire cette diftribution à l'exclufion de tous autres, fuivant les edits & declarations concernant les offices municipaux, & que s'eft auffi mal à propos qu'il veut fe rendre à l'hotel de ville pour fe mettre à la tête des requerants, tandis que fuivant les mêmes edits le dit fieur juge mage ne peut jamais preceder les requerants & ne peut etre à l'hotel de ville que comme l'un des principaux habitants, cependant comme les pretentions dudit fieur juge mage intereffent plus la ville que les requerants & qu'ils ne veulent point elever des conteftations

1763.
PAGE 269.

personnelles à ce sujet, qu'il est meme de leur prudence de prevenir celle qui s'eleveroit si les prix etoint distribués aujourdhui & si ledit sieur juge mage se rendoit à l'hotel de ville * pour se mettre à leur tete comme il le declare, les requerants ont determiné de renvoyer la distribution des prix & de faire part au conseil de ville de l'acte & des pretentions dudit sieur juge mage pour y etre pris telle deliberation qu'il appartiendra, lui protestant de la nullité & cassation de tout ce que pourroit faire au prejudice du present acte, & à tous depens, dommages & interrets &, se parlant à la personne de M. Faure, president juge mage, lequel a repondu que prenant la reponce de MM. les consuls pour un refus coloré, il se pourvoira en la cour du parlement pour se faire maintenir dans le droit de distribuer le premier prix d'amplification latine de rethorique seulement, sans droits d'arreter ny suspendre la distribution des prix qui a eté indiquée à cejourd'hui & qui est bien propre a exciter l'emulation des jeunes ecoliers qu'il se faira toujours un devoir & un plaisir d'entretenir, il declare auxdits sieurs consuls que, sans entendre porter le moindre prejudice au droit qu'il a de distribuer le premier prix qu'il se reserve de faire valoir par expres, il ne se rendra pas à l'hotel de ville cejourd'hui & que l'acte qu'il a fait signiffier à MM. les maire & consuls ne soit regardé comme il est en effet que comme un acte conservatoire de ses droits, qu'il consent meme que MM. les consuls procedent cette année à la distribution des prix en la même forme & maniere qu'ils les ont distribués tant que les cy-devant soy disant jesuites ont regi & administré le college, declarant en outre à MM. les consuls que faute de proceder à ladite distribution des prix, pour ne pas priver les ecoliers de l'avantage d'etre couronnés il ira faire lui-même la dite distribution & fournira à l'avance de toutes les sommes necessaires pour le payement de tout ce qui forme les prix, sauf à repeter de qui & par devant qui il appartiendra.

PAGE 270.
* Installation de M. Besaucéle, lieutenant de maire.

PAGE 274.
* Le 3 octobre M. le duc d'Uzés etant arrivé en cette ville avec Madame son epouze, MM. les consuls & greffier, en robe, ont eté chez la veuve de Jean Antoine, où ledit sieur duc etoit logé, lui rendre visitte.

Le 14 decembre M. de Bruvick, grand d'Espagne est arrivé en cette ville est allé logé chez M. de Fitzjames, avec Madame son epouse; MM. les consuls en robbe ont eté rendre visite & presenter ses respects, tant à M. de Bruvick qu'à madame son epouse.

Le 25 dudit MM. les consuls, en robe, ont eté à Saint-Pierre à l'occasion de la fette de la Noel.

Le premier de l'an 1764 MM. les consuls, en chaperon, ont eté souhaiter la bonne année à M. le comte de Moncam, commandant en second dans la province de Languedoc, à M. le vicomte de Saint-Priest, à M. l'eveque, à M. le premier president. (Ces deux derniers n'ont point reçu la visite), ensuite chez M. Cambacéres, maire, & à M. Besaucéle, lieutenant de maire.

1764.
Le 16 janvier M. le duc de Fitjames est arrivé en cette ville avec Madame son epouse venant de Toulouze.

* Le 21 janvier M. de Saint-Prieſt, intendant, venant de la cour, eſt arrivé en cette ville à quatre heures du ſoir; MM. les lieutenants de maïre, conſuls & greffier, en robbe, ont eté à ſon hotel lui rendre viſite. Il a eté harangué par M. Beſaucéle, lieutenant de maire.

Le 23 janvier aud. an M. le duc de Fitzjames, commandant, eſt party ce matin à ſix heures du matin pour ſe rendre à la cour.

Le 24 dudit mois MM. le maire, lieutenant de maire & conſuls, en robe, ſe font rendus hors la porte du Pile-Saint-Gely & ont harangué Mgr de Dillon, archeveque de Narbonne, venant de la cour en cette ville pour la tenue des Etats pour la première fois. La harangue faite par M. de Cambaceres, maire.

Le 25 dudit mois MM. les conſuls, en manteau court & chaperon, ont eté rendre viſite * à MM. les eveques & barons venant aux Etats.

Ledit jour MM. les conſuls, auſſy en manteau court, ont eté rendre viſite à M. de Saint-Prieſt, intendant, aux treſoriers de France de Touloufe & de Montpellier en qualité des commiſſaires du roy aux Etats.

Ledit jour 25 la ſentinelle a eté poſée à la porte de l'hotel de M. l'intendant.

Le 26 dudit, jour de l'ouverture des Etats de la province de Languedoc, MM. les conſuls, en robe, ſe font rendus ſur les dix heures du matin, precedés de la ſuitte conſulaire, chez Mgr de Dillon, archevêque de Narbonne, preſident né aux Etats, logé chez M. Flaugergues & après avoir ſalué ledit ſeigneur, leſdits ſieurs conſuls luy ont offert de l'accompagner à l'aſſemblée des Etats &, l'ayant refuſé, ils font revenus à l'hotel de ville.

* Le premier mars l'election des electeurs des premier, ſecond, quatrieme & ſixieme conſuls a eté faite comme en l'année 1760. Les places de troiſieme & cinquieme eſtant remplies par MM. Abauzit & Berger, titulaires; & a eté nommé pour electeurs M. de Ratte, ecuyer, M. Pierre Ricard, bourgeois, M. Pons, m^e chirurgien, Pierre Dumas, m^e maçon & Pierre Fraiſſe, m^e maçon.

Et a eté éleu conſuls M. Simon Gaſpard Patris, ecuyer, M. Durant, bourgeois, M. Alexandre Giraud, m^e chirurgien & Simon, m^e tailleur d'habits.

Le 3 mars, M. le comte Ducham envoyé d'Alais mourut; il feut porté dans l'egliſe Notre-Dame & entrepoſé dans la chapelle de Saint-Roch; le lendemain trois, tout le Tiers-État, les envoyés de la nobleſſe & les grands vicaires ſe rendirent avec MM. les ſindics generaux * à l'hotel de ville, dans la ſalle des Etats à neuf heures du matin; MM. les conſuls, en robbe, feurent au logement de M. le curé de Notre-Dame, precedés de leur ſuitte prendre le deuil qui s'y etoit rendu. Et dans le même tems les etats ſe rendirent à l'egliſe, enſuitte MM. les conſuls menant le deuil en la forme cy après: M. Guilleminet Gallargues, premier conſul, menoit le premier deuil; le troiſieme, le ſecond; le quatrieme, le troiſieme; le ſixieme, le quatrieme deuil; le ſecond & cinquieme conſuls etoint abſents. En cet ordre ils ſe rendirent dans Notre-Dame, entrerent par la grand porte & ſe

1764.

placerent dans le banc de la cour des aides; après quoy l'enterrement fut fait comme fuit: la fuitte confulaire, les pertuifaniers ayant à leurs pertuifanes une crepe, de meme que les efcudiers à leurs maffes; la compagnie des penitens blancs, les couvents mandiants, les pretres ecclefiaftiques de la paroiffe, le drap d'honneur etoit porté par quatre envoyés de la nobleffe, & le corps porté par fix portefaix, enfuitte la marechauffée & tout le Tiers-Etat. Le deuil, mené, comme a eté dit, par MM. les confuls, tenoit la droite, les deux capitaines de ville, en habit noir, marchant devant les confuls. Le tour de l'enterrement feut le même que celui des Etats, & etant entrés dans l'eglife MM. des Etats prirent chacun leurs places, & MM. les confuls, avec le deuil, dans le banc de la cour des aides. La grand-meffe feut chantée en mufique par le grandvicaire d'Agde; il n'y eut point d'offrande; enfuitte l'inhumation du corps feut faitte dans le veftibulle de la facriftie au-deffous de la cloche. Pendant la grand-meffe

PAGE 279.
les * cavaliers de la marechauffée etoint autour du corps; apres quoy tout le monde fe retira & MM. les confuls feurent accompagner le deuil dans le même endroit où il l'avoit pris.

Le 25 mars MM. les confuls ont fait les vifites..... Nota: le troifieme conful n'a pas eté faire les vifites parceque M. Fages qui a acquis de M. Abauzit quoiqu'il ayt des provifions n'a pas encore eté inftallé.

PAGE 282.
Le 5 avril M. Charles Fages a eté reçu & inftallé en la charge de 3e conful par M. le maire.

Le 6 avril MM. les confuls & greffier en robe ont eté rendre vifite & complimenter M. de St-Prieft, intendant, fur ce que le roy luy a donné pour adjoint à l'intendance de Languedoc M. le vicomte de St-Prieft fon fils; après quoy ils ont complimenté M. le vicomte de St-Prieft.

Le 9 avril Mgr l'archeveque de Narbonne venant de Narbonne pour aller à Paris MM. les confuls en robe ont eté à la porte du Peyrou l'attendre & l'ont complimenté.

Le 14 may l'affiette s'eft tenue à trois heures après midy: M. Lacroix de Candillargues eft le lieutenant principal; M. l'eveque, à caufe de fa maladie n'a peu venir: M. Bonnet, vicaire general la reprefenté.

PAGE 283.
* Le 10 octobre MM. les confuls, en robe ont eté rendre vifite à M. Dagueffeau, confeiller d'etat, qui étoit logé dans la maifon de M. Saunier.

Ceremonial de ce qui a eté fait le jour de l'arrivée en cette ville de Mgr le marquis de Caftries, gouverneur de la ville & citadelle:

M. de Cambaceres, maire, ayant eté informé que Mgr le marquis de Caftries, gouverneur de la ville & citadelle de Montpellier, devoit, à fon retour des eaux de Barege, où il eft allé à caufe de fes bleffures, paffer &

PAGE 284.
s'arrêter en * cette ville quelques jours, qu'il paroiffoit convenable de lui donner à fon paffage des marques diftinguées de joye de l'avoir parmi eux, ayant l'avantage de poffeder à plus d'un titre tous les cœurs des habitants, qui ont toujours comté parmi le nombre des citoyens cette illuftre famille, qu'il etoit naturel dans cette occafion de donner des marques encore plus eclatantes & plus fingulieres, ayant l'avantage de recevoir celui qui en a

fait la principale gloire; la renommée avoit deja affés apris aux habitans à l'admirer pour ne pas defirer ardemment de le connoitre & de recevoir leur gouverneur couvert de gloire, qui fembloit n'avoir rien couté à fes talens & qui a failli beaucoup couter à fa patrie, après avoir arrofé de fon fang des lauriers, ce qui les a rendus plus brillans, & lui a merité tout à la fois l'eftime de nos ennemis, les applaudiffements & l'amitié de nos plus illuftres guerriers & reçu des marques de faveur & de diftinction du plus aimé des rois. Le confeil de ville affemblé le 12 feptembre delibera que MM. les maire & confuls rendroient à Mgr le marquis de Caftries les honneurs qui lui font dues, & pour lui donner auffy un temoignage de joye qui excite dans le cœur de tous les habitans fon arrivée en cette ville, M. le maire a eté prié de faire faire des fultans & autres prefants ufités en femblable occafion qui lui feront offerts par lefdits fieurs maire & confuls, comme auffi qu'il fera fait des illuminations & autres marques * de rejouiffance.

1764.

PAGE 285.

MM. les confuls & greffier, ayant eu avis par M. le maire qui avoit eté joindre à Lezignan Mgr le marquis de Caftries, qu'il devoit arriver le 13 octobre de l'apres midy, fe rendirent, en robe, hors la porte de la Sonnerie, precedés du chevalet, & fur les cinq heures Mgr le marquis de Caftries arriva avec beaucoup de nobleffe qui avoint eté à fon devant, defcendit de fon carroffe, feut complimenté par M. Patris, premier conful; M. le maire ayant eté au devant de lui, après quoy il feut à pied, en paffant par la grand rue, avec MM. les confuls jufques à la maifon de M. de la Clote, confeiller à la cour des aydes où il feut loger, fe retirerent, obfervant que la joye etoit fi publique que les habitans etoient en fi grand nombre depuis le fauxbourg jufques à fon hotel qu'on avoit peine à paffer.

Le foir du meme jour il y eut une illumination dans toute la ville qui avoit eté ordonnée le matin par MM. le maire & confuls.

Le lendemain 14 MM. les confuls & greffier en robe feurent prefenter à Monfeigneur le marquis de Caftries les prefens que le confeil de ville avoit deliberé de luy offrir; M. Patris, premier conful, luy fit un compliment auquel Monfeigneur le marquis de Caftries repondit tres obligemment, & temoigna le defir qu'il avoit toujours de pouvoir etre utile à la ville & à chacun des habitans en particulier.

Le 15 fur les dix heures du foir, premier jour que monfeigneur le marquis donna à manger chez luy, la ville fit tirer dans le jardin où il eft logé quantité de bombes & de fuzées.

* Ceremonial de ce qui s'eft fait à l'arrivée de S. A. S. Mgr le comte D'Eu, gouverneur de la province, venant tenir les Etats convoqués à Montpellier le 29 novembre.

PAGE 286.

MM. les maire & confuls ayant reçu une lettre de M. le comte de Monçan le 7 novembre dont la teneur s'enfuit :

L'intention du roy eft, MM., que vous rendiez à S. A. S. Mgr le comte D'Eu, tous les honneurs qui lui font deus, à fon arrivée à Montpellier, &

1764.

PAGE 287.

que vous vous conformiés pour cella au ceremonial qui a eté fuivy par M. le prince de Conty, qui eft tranfcrit dans vos regiftres.

Au refte, je vous obferve que S. A. S. ne veut aucun honneur dans la ville, fur fa route du * Saint-Efprit jufques icy. J'ai l'honneur d'être avec un parfait attachement, MM., votre très humble & très obeiffant ferviteur.

MONCAN, figné.

Le huit du mois de novembre il feut affemblé un confeil de ville pour leur faire part de ladite lettre & du ceremonial de ce qui avoit eté fait lors de l'arrivée de M. le prince de Conti en cette ville, le 1er janvier 1661 ; & quoique la deputation que la ville devoit faire, compofée de quatre confuls, du greffier & de quatre confeillers politiques, deut aller à la ville de St-Efprit, pour recevoir les ordres de ladite Alteffe, comme il en avoit eté ufé pour M. le prince de Conty le confeil de ville delibera, pour fe conformer à l'intantion & obeir aux ordres particuliers de S. A. S. que les deputés n'iroint qu'à Nimes; en concequence il feut nommé quatre de MM. les confuls, le premier, le fecond, le troifieme & le quatrieme, le greffier de la ville, M. de Saint-Roman, gentilhomme, M. Farjon, fils aîné, avocat, M. Verdier, bourgeois & M. Chamand, procureur en la cour des comptes, aides & finances de Montpellier. Lefd. fieurs deputés ayant eu avis que S. A. S. devoit arriver à la ville de Nimes, le vingt quatre de ce mois, M. le chevalier de Patris, gentilhomme, M. Durant bourgeois, M.

PAGE 288.

Fages, procureur & M. Alexandre Giraud, * m^e en chirurgie, premier, 2e, 3e & 4e confuls, m^e Bedos, greffier, & M. de St-Romand, gentilhomme. M. Fajon, avocat, M. Verdier, bourgeois & Me Chamand, procureur, partirent le vendredy au foir, vingt trois, pour aller à la ville de Nimes recevoir les ordres de S. A. S. dans trois caroffes, ayant à leur fuitte le fieur Charlot, capitaine du gué & quatre valets de ville; ils y arriverent le famedy à midy, furent logés chez le f. Troupenas, hote du Petit Luxembourg; une heure après être arrivés, M. les confuls de Nimes, en robe, avec nombre de confeillers politiques vinrent rendre vifite à MM. les deputés de Montpellier, & après leur avoir temoigné le plaifir qu'ils avoint de les avoir dans leur ville ils les prierent à fouper, qu'ils accepterent & les ayant remerciés de leurs politeffes il les accompagnerent jufques à la porte de la rue; un moment après M. le maire & L^t de maire rendirent vifite aux deputés & laifferent à la porte du cabaret quatre vallets de ville pour executer les ordres defdits deputés; enfuite lefdits fieurs deputés feurent rendre vifite à Mgr l'eveque de Nimes, à M. de Ratel, commendant, MM.

PAGE 289.

les * maire, lieutenant de maire, confuls & confeillers politiques, après quoi ils fe rendirent à l'hotel de ville à attendre le moment de l'arrivée de S. A. S.

Sur les quatre heures après midy, S. A. S. arriva à Nimes, il fut loger à l'eveché; un moment après ils s'y rendirent, feurent prefentés à S. A. S. par M. de Bonneguife, premier gentilhomme, M. Patris, premier conful, portant la parole, lui dit qu'ils etoint venus pour lui rendre leur foumiffion &

recevoir les ordres de S. A. S., qui leur temoigna combien il etoit fen- 1764.
fibles à la peine qu'ils avoient pris, qu'il ne vouloit point faire la grande
entrée, qu'il fejourneroit à Nimes le dimanche & qu'il arriveroit à Montpellier le lundi à quatre heures aprés-midi. Les deputés partirent le dimanche au foir & arrivérent le lundy à dix heures du matin à Montpellier.

Le même jour 27 novembre MM. les maire, confuls & greffier, en robe
confulaire, fe rendirent hors la porte du Pile-St-Gille ou ils attendirent
S. A. S. dans le faubourg, auprés du pont des Auguftins ; la bourgeofie
etoit fous les armes dans le fauxbourg, les officiers à leur tête & bordoit la
haye depuis la porte de la ville jufqu'au pont des Auguftins. Le chevalet
avoit eté au-devant de ladite Alteffe * jufques au pont de Caftelnau, S. A. S.   PAGE 290.
arriva dans un carroffe où etoit M. de Friche, capitaine des gardes, M. de
Bonneguife, premier gentilhomme & M....., à l'heure de quatre qu'il avoit
donné ; fes gardes entouroient fon carroffe ; il y en avoit partie devant le
carroffe, quelques-uns à côté de la portiére & l'autre partie après.

La maréchauffée venait après les gardes, le grand prevôt & les officiers
à la tête ; & lorfque Mgr le comte d'Eu fut arrivé au lieu où MM. les maire
& confuls & greffier l'attendoient, il fit arrêter fon carroffe, d'où il defcendit tout de fuite ; il fut harangué par M. de Cambacerés, maire, qui lui
parla avec beaucoup d'eloquence, à laquelle S. A. S. fit une reponfe tref
fatisfaifante. A la fin de fon compliment M. le maire lui prefenta le day
qu'elle refufa. S. A. S. ne voulut point remonter en carroffe & vint à pied
depuis le pont des Auguftins jufques à fon hotel, M. le maire à fon coté ;
MM. les confuls fuivoient derriere ; quand S. A. S. fut arrivée à la porte
du Pila-Saint-Gely il y trouva M. d'Olimpie, lieutenant du roy & MM. de
l'etat major, qui lui firent leur compliment, ne lui prefenterent point les
clefs de la ville parce qu'elles ne doivent être prefentées qu'au roy & marcherent de l'autre coté de S. A. S.

S. A. S. etant entrée dans la ville, paffa à l'Efplanade où tous les habitans
de la * ville s'étoient rendus. Les foldats du regiment de Conty, qui eft   PAGE 291.
en quartier aux cazernes, bordoient la haye des deux côtés jufques à la
porte du jardin du gouverneur. A l'entrée de l'Efplanade M. le comte de
Moncan, commendant & M. de Saint-Prieft, intendant, furent au devant
de fadite alteffe & marcherent à fes cotés avec M. le maire. Les officiers
du genie & de l'artillerie & nombre de gentilhommes fe mirent à la fuite.
S. A. S. les reçut tous avec des grands temoignages d'affection ; il entra
dans fon hotel par le jardin, & apres qu'il fe fut repofé un moment MM.
les maire & confuls lui prefenterent les prefents de la ville confiftant en
deux fultans, l'un d'une étoffe en fond d'or & l'autre fond argent, fix facs
de nuit, deux douzaines fachets & un affortiment de portefeuilles qu'il
reçut avec beaucoup de temoignages de reconnoiffance.

Le même jour il fut fait des illuminations dans toute la ville qui furent
continuées pendant trois jours ; le feu d'artifice que la ville devoit faire
tirer à l'Efplanade vis-à-vis du gouvernement fe tira le trente du mois à
caufe des grandes pluies.

1764.

PAGE 292.

Le lendemain mardy S. A. S. a eté visitée & haranguée par toutes les compagnies de justice & par tous les corps & communautés religieuses de la ville suivant l'usage: elle a reçu celle * de la cour des aydes dans le cabinet, piéce aprés la salle d'audience.

PAGE 293.

* Le 2 decembre dimanche la procession des etats a eté faite comme suit :

Les vallets de ville, la marechaussée, les ordres & religieux de la ville, auxquels on avoit donné à chacun un cierge, les 4 paroisses & le chapitre, les gardes de S. A. S. au nombre de quarante, y compris 2 brigadiers & 2 sous brigadiers, etoint entre les chanoines; le day qui etoit porté par MM. les consuls en robe; ensuite venoit son Altesse Serenissime au millieu de deux de ses gentilhommes, M. de Saint-Priest pere & fils & les deux tresoriers de France, aprés quoy l'eglise & le tiers etat.

1765.

Le 1er mars a eté procedé à la nouvelle election de MM. les consuls en la forme ordinaire : a eté nommé pour electeurs M. le marquis de Portalez, ecuyer, M. Romieu, bourgeois, M. Martel, procureur, M. Martin Didier, me chirurgien, M. Ricard, peruquier, le sieur ..... & le sieur Espinas me cordonnier & pour consuls : M. François de Clausel, ecuyer, M. Courant,

PAGE 294.

bourgeois, M. Marre, procureur à la cour des * aides; M. Fortier, essayeur de la monnoye, Arnail, me peruquier, Detouche, me tailleur d'habits, lesquels ont eté reçus par l'assemblée par acclamation. A l'instant la cloche a sonné & les escudiers ont eté les avertir suivant la coutume.

PAGE 297.

*Le 19 aoust la piece du college a eté faite ; quelques jours auparavant, le principal avoit eté voir M. le maire pour prendre son jour & remit un etat des livres, pour voir s'il lui convenoit, & aprés un examen ils ont remis led. etat au sieur Faure, libraire, qui a fait la vente desd. livres. A deux heures aprés midy le principal & trois professeurs en robe vinrent à l'hotel de ville avec plusieurs enfans du college ayant à leur tete les tambours; entrés dans la chapelle où MM. les consuls etoint en robe, un des enfants leur fit une belle harangue, ensuite ils s'en allerent au college, se mirent à leur banc qui etoit le premier en face du teatre ; aprés la piece MM. les consuls monterent sur le teatre & donnerent le prix aux enfants. M. Courant, second consul, etant à la tete du consulat en donna un personnelle-

PAGE 298.

ment à celuy qui eut le premier prix de l'amplification. * Ensuite on ramena MM. les consuls à l'hotel de ville de la meme maniere qu'on etoit venu les prendre. Un des ecoliers a fait un discours de remerciment suivant l'usage.

Le 7 octobre MM. les consuls en robe ont eté rendre visitte à M. Saunier, me des requettes, venant de Paris, logé chez M. de Sarret, & est venu nous accompagner jusques au bout du degré.

Le 14 octobre M. de Montaran, me des requettes & intendant de commerce, ayant envoyé à l'hotel de ville qu'il estoit arrivé en cette ville, on luy a envoyé le capitaine du gué pour sçavoir l'heure qu'il souhaite recevoir MM. les consuls; & l'ayant donnée, MM. les consuls & greffier en robe ont eté le visiter, etant logé chés M. Benoist, conseiller auditeur, derriere

Notre Dame, & M. de Montaran a accompagné MM. les confuls jufques à la porte de la rue.   1765.

Du quinze octobre MM. les maire, lieutenant de maire & confuls, ont nommé pour portier à la falle de fpectacle le nommé Antoine Vilet, à la place du nommé Prévot, lequel Vilet a été habilé par la ville, fuivant la deliberation du confeil de ville du 21 feptembre dernier autorifée par ordonnance de M. l'Intendant du 26 du meme mois.

* Le 7 decembre à une heure apres midy, M. le directeur & les infpecteurs des ouvrages de la conduite des eaux de St-Clement & du Boulidou ayant fait fçavoir que les eaux pourroint arriver ce jour là fur la place du Peyrou, M. Marie-Jofeph-Emmanuel de Guignard, vicomte de St-Prieft, feigneur D'Alivet & autres places, intendant de la province de Languedoc, fe feroit rendu fur la place du Peyrou avec M. de Cambaceres, maire de la ville, & plufieurs perfonnes de diftinction, qu'il lui fut remis un marteau avec lequel il fit tomber une pierre qui avoit eté mife à l'extremité des gorgues & l'eau commença à couler pour la première fois au Peyrou avec une fi grande abondance, que le grand nombre des perfonnes quy s'y etoint rendus en feurent furpris & en temoignerent leur joye & contentement. Il eft à obferver que M. le vicomte de St-Prieft peré, intendant, avoit mis la premiere pierre à la fource le 13 juin 1753.   PAGE 299.

* Le 21 novembre 1765 MM. les maire, L^t de maire & confuls, ayant eu avis que le prince de Beauvau, nommé par Sa Majefté pour commander en chef dans cette province à la place de M. le duc de Fitzames, que M. le prince etoit à Bordeaux, commendant en Guyene, devoit arriver à la ville de Beziers le 15 decembre prochain, il fut determiné que M. de Claufel, gentilhomme, Courant, bourgeois, Marre, procureur à la cour des aides & Fortier, effayeur de la monnoyé, 1er, 2me, 3me & 4me confuls, & M. Bedos greffier s'y rendroint; en confequence lefdits fieurs deputés partirent de cette ville le 13 decembre à 4 heures du matin, à l'exception de MM. les 1er & 3me confuls qui ne partirent qu'à midi en pofte parce qu'ils devoint fe rendre le matin à la cour des aides pour affifter à l'enregiftrement des lettres de commendant de M. le prince, avec les 5me & 6me confuls, ayant pris à leur fuitte le fieur Charlot, capitaine du gué & deux vallets de ville, feurent coucher à Pezenas ledit jour 13 & le lendemain arriverent à Beziers à midy & feurent loger à la Croix Blanche, firent ce jour là quelques vifittes de bienfeance & le * lendemain dimanche M. le prince arriva à Beziers à deux heures après-midi etant venu par le canal avec Mme la princeffe depuis Touloufe; il eut la bonté de faire avertir lefdits fieurs deputés, par deux foldats de la bourgeoifie, de fon arrivée; ils feurent à l'eveché où il etoit logé, M. de Claufel, premier conful, fit un beau compliment au prince, qui repondit d'une façon trés obligeante pour la ville & pour les deputés; enfuite M. de Claufel demanda à M. le prince la permiffion de faluer Madame la princeffe; il repondit qu'il n'etoit venu du canal que pour recevoir les deputés de Montpellier, & qu'il y retournoit pour joindre là princeffe qui etoit encore dans le batteau & après avoir pris ces ordres, & leur   PAGE 300.

PAGE 301.

1765.

avoit dit qu'il arriveroit le lendeman lundi à Montpellier l'après midi, M. le prince les accompagna jufques à la porte de la falle où il les avoit reçus.

Lefdits fieurs deputés s'etant retirés feurent à leur cabaret & après avoir quitté leurs habits monterent en carroffe, feurent fouper à Pezenas & fur les dix heures ils remonterent en carroffe & arriverent en cette ville à onze heures du matin.

Le 16 decembre MM. les maire, lieutenant de maire, confuls & greffier, en robe, fe rendirent avec la fuitte confulaire precedés du chevalet hors la porte de la Sonnerie où ils attendirent M. le prince de Beauvau dans le faubourg, au coin du logis du Cheval Vert. La bourgeoifie etoit * fous les armes dans ce fauxbourg, & le chevalet fut fur le chemin jufques à la Croix du capitaine au devant du prince qui arriva fur les cinq heures de l'après-midi dans un carroffe, avec Madame la princeffe, & lorfque M. le prince fut arrivé au lieu où MM. les maire, lieutenant de maire, confuls & greffier, l'attendoient, il fit arreter le carroffe, d'où il defcendit tout de fuitte, fut harangué par M. de Cambacerés, maire, qui lui parla avec beaucoup de dignité & d'eloquence, & M. le prince luy repondit très-obligeamment, après quoy M. le maire lui prefenta le dais qu'il refufa; enfuitte Madame la princeffe defcendit de carroffe, quoiqu'on la priat de refter de dans, & fut haranguée par M. le maire, qui repondit très obligeamment.

M. le prince ayant temoigné le defir d'aller à pied jufqu'à fon hotel, en confequence il marcha, ayant à fes côtés MM. les maire, L^t de maire, confuls & greffier & quantité du monde. Quand M. le prince fut parvenu à la porte de la ville il trouva M. d'Olimpie, lieutenant du roy, M. Maillamne, major & M. Berger, aide-major de la ville & citadelle de Montpellier qui leur firent leur compliment; il ne lui fut point prefenté les clefs des portes de la ville, ne devant l'être qu'au roi. * M. le prince continua fa marche en entrant dans la ville par la porte de la Sonnerie, le long de la grande rue & entra dans fon hotel par la grande porte; tous les habitans de la ville s'etoint rendus fur les avenues, & depuis la porte de la ville jufques à fon hôtel, les foldats du regiment de Flandre, qui eft en quartier aux cazernes, formoint la haye des deux cottés de la rue; tous les gentilhommes de la ville s'etoint rendus à l'hotel de M. le prince, qui les reçut avec beaucoup d'affection & après être entré dans fon hotel MM. les maire, lieutenant de maire, confuls & greffier, après avoir falué le prince, fe retirerent à l'hotel de ville. Il fut fait le même jour des illuminations dans toute la ville. La ville fit tirer dans le jardin de M. le commendant quantité de fuzées & de boettes.

Du 18 decembre, veille des etats, MM. les confuls etant affemblés à l'hotel de ville pour aller vifiter Noffeigneurs les commiffaires du roy, les evèques & barons, M. Courant, fecond conful, n'auroit mis que le chaperon tout comme le premier conful, qu'alors MM. les autres confuls qui mettoint le manteau court, le rabat & * le chaperon auroit dit aud. f^r Courant qu'il devoit etre comme eux.

Led. f^r Courant auroit dit qu'il etoit officier de garde cotte par brevet du roy, qu'ayant droit de porter l'epée il ne pouvoit mettre ny le manteau court ny le rabat.

MM. les confuls ont repliqué qu'il avoit eté nommé conful en qualité de bourgeois, d'ailleurs ils ne s'oppofoint point qu'il ne portât l'epée, mais qu'il devoit mettre le manteau court tout comme en avoit ufé tous ceux qui n'etant pas premier conful avoint droit de porter l'epée.

Led. fr Courant ayant eté certain de l'ufage qu'il y avoit que les confuls qui par des qualités particulieres avoint droit de porter l'epée avoint pendant les etats mis le manteau court & le chaperon, il avoit confenti à le mettre, ce qu'il a fait.

MM. les confuls en manteau court & chaperon ont eté vifiter M. le commendant, M. l'intendant & M. les treforiers de France de Toulouze & de Montpellier, commiffaires du roy, à l'occafion de la tenue des etats. Ils ont eté auffi rendre vifite à Mgrs les archeveques, eveques & barons, a mefure qu'ils arrivoint à leur logement.

Led. jour les armoiries ont eté pofées fuivant l'ufage fur la porte de l'hotel de ville & fur celles de Notre Dame, comme auffi fur celle de la maifon de M. Flaugergues où loge M. de Dillon, archeveque de Narbonne.

* Le 19 decembre, jour de l'ouverture des etats, MM. les confuls en robe ont eté chés M. l'archeveque de Narbonne, après quoy ils ont offert de l'accompagner à l'hotel de ville, ce qu'il a refufé & eft entré dans fa chaife.

L'ouverture des etats a eté faite par M. le prince de Beauvau, par un difcours qu'il a fait; enfuite par M. le vicomte de Saint Prieft fils, intendant & par M. l'archeveque de Narbonne. Enfuite MM. les commiffaires du roy & noffeigneurs des etats fe font rendus dans l'eglife Notre Dame des tables. MM. les confuls en robe marchant à la tete de l'affemblée ont entendu la meffe.

Le dimanche 22 decembre les etats etant affemblés dans l'hotel de ville fur les neuf heures du matin, la diftribution des cierges a eté faite dans la falle par MM. les fyndics de la province, MM. les confuls qui etoint en robe dans leur banc ont eu un cierge chacun. Après quoy MM. les confuls en robe à la tete de l'affemblée fe font rendus à l'eglife de Notre Dame & pris place à leur tribune; enfuite M. le prince de Beauvau, M. l'intendant & les deux treforiers de France fe font rendus dans lad. eglife.

La meffe a eté dite pontificalement par M. l'eveque de Montpellier affifté du chapitre St-Pierre. Immediatement apres la meffe finie la proceffion a eté faite. MM. les confuls en robe ont porté le day, le chapitre, les * parroiffes & tous les ordres y ont affifté avec un cierge.

Le 21 novembre & les deux jours fuivans MM. les confuls & greffier en robe ont eté à St-Pierre à l'oraifon de quarante heures qui a eté faite pour la confervation de M. le Dauphin, en ayant eté informés par M. le vicomte de St-Prieft qui y affifta, de meme que M. le comte de Moncan & toute la nobleffe de la ville.

Le 26 decembre le courrier porta la trifte nouvelle de la mort de mon-

1765. feigneur le Dauphin qui arriva le vingt de ce mois à fept heures du matin.

Les etats qui etoint fceans en cette ville prirent le deuil le 31 du meme mois en la forme fuivante. Noffeig. les archeveques & eveques en camail noir & collet blanc, MM. les commiffaires du roy & le tiers etat fe mirent en noir avec des pleureufes à la manche de leurs habits & la crepe à leurs chapeaux, n'ayant à leurs habits que fix boutons de la meme etoffe; ceux qui portoient l'epée y mirent des crepes: on vit la nobleffe de la ville les officiers de la cour des aides, le treforier de France & le prefidial auffi avec des pleureufes.

1766.

PAGE 305.

* Le 15 janvier 1766 on quitta le collet blanc & les pleureufes.

Le 27 janvier il fut fait à Notre Dame un fervice par les etats pour Mgr le Dauphin; M. l'archeveque de Narbonne officia, affifté du chapitre St-Pierre, M. l'eveque de Lavaur prononça l'oraifon funebre; le cataphalque avoit eté fait à l'entrée de l'eglife; les abfoutes furent faites par Mgr l'archeveque de Narbonne & par quatre eveques.

Le 24 janvier M. Renaud de Villeneuve, eveque de Montpellier, mourut à neuf heures du matin après quatre jours de maladie, qui lui vint d'une chutte qu'il fit de fes degrés; il feut embeaumé le même jour, expofé le 25, 26 & 27, pendant lefquels il fut dit des meffes baffes aux deux autels qui avoint eté dreffés dans la meme chambre.

Le 28 janvier l'enterrement fut fait. Noffeigneurs des etats y affifterent en la forme que fuit.

Les pertuifaniers de la ville, les pauvres de l'hopital general, toutes les confreries, les ordres religieux, les 4 paroiffes, tous les curés du diocefe

PAGE 306.

marchant fous la croix de la paroiffe St-Pierre, * les ecclefiaftiques du feminaire qui marchoint fous la croix du chapitre St-Pierre, venoit après le corps porté par quatre ecclefiaftiques en furplis dans la biere de la compagnie des penitens bleus; enfuite les domeftiques dud. feu feigneur eveque les adminiftrateurs du mont de pieté; Noffeigneurs des etats ayant à leur tête la marechauffée; les adminiftrateurs de l'hotel Dieu. Meffieurs les confuls en robe menoint le deuil.

Le tour fut de l'evecfié fur la Canourgue, près la porte du Peyrou, à la Valfère, à St-Guilhem, à la rue du petit St-Jean, à la GrandeRue, au gouvernement, à l'hotel de ville, à l'Eguillerie jufques au coin de la maifon de M. de Guilleminet, au Campnou, devant M. Alco, à la Blanquerie & dans la rue du St-Sacrement, d'où à St-Pierre. Il fut inhumé dans le cavot du chapitre.

Le 30 janvier les etats fe font feparés.

PAGE 307.

Le 1er fevrier MM. les confuls & le greffier en robe ont eté à St-Pierre * au fervice qui a eté fait pour monfeigneur le Dauphin, en ayant eté invités par une lettre qui leur avoit eté ecrite par M. le prince de Beauvau, commendant de la province & priés la veille par les deux maitres de ceremonie de la cathedrale; a affifté au fervice la cour des aides en robe rouge, les treforiers de France & le prefidial, M. le commendant, M. l'intendant & quantité de nobleffe; le cataphalque a eté fait au bas de l'eglife; il fut fait cinq abfoutes par cinq chanoines, M. La Croix de Candillargues, prevot, officia.

Le 6 dud. mois de fevrier la compagnie des penitens bleus a fait un fervice dans la chapelle où MM. les confuls en chaperon affifterent, y ayant eté priés la veille. Il y eut un beau cataphalque.

Le 8 dud. MM. les maire, L^t de maire & confuls, en robe, affifterent à un fervice qui fut fait dans la chapelle du confulat pour monfeigneur le Dauphin. M. Redier, chanoine de Ste-Anne faifant pour M. Roffet, chapelain, chanta la grande meffe, y ayant diacres & fous diacres; il fut fait un cataphalque tres beau au bas de lad. chapelle & la chapelle fut tapiffée en noir.

* Le 18 fevrier la compagnie des penitens blancs fit un fervice pour Mgr le Dauphin dans leur chapelle; le cataphalque qui avoit eté fait au bas de lad. chapelle etoit fort beau, auquel fervice affifterent MM. les confuls en chaperon & partie de MM. les officiers de la cour des aides en robe noire.

Il eft à obferver que depuis la Noël jufques au 12 fevrier 1766 il a gelé de maniere que le vin a gelé, de meme que le baffin de Cette, l'etang d'Eteau (fic), le Rhone, & la partie inferieure du Lez.

Cet hiver a fait perir les herbes de façon que MM. les confuls ont eté obligés de demander la permiffion de manger de viande pendant le careme trois jours de la femaine à MM. les vicaires generaux, le fiege vacant, ce qu'ils ont permis par leur ordonnance du 10 fevrier 1766, fçavoir le dimanche, le mardi & le jeudi.

Le 1er mars a eté elu pour confuls M. Galargues, ecuyer, M. Ricard, bourgeois, M. Peyre m^e ap^{re}, & M. Jaoül, menager & m^e E^e Bedos pour greffier.

Led. jour & le 25 dud. les vifites ont eté faites comme l'année derniere.

* Du 21 may MM. les maire & confuls affemblés dans l'hotel de ville : M. de Cambaceres, maire, a dit qu'en l'année 1753 & par deliberation du 14 avril, le fieur Cornu, horloger de cette ville, fut chargé & enfuite par acte reçu Me Ricard, notaire, le 16 may fuivant, de faire une horloge * neuve, moyennant le paiement d'une rente viagere de 225 liv. pour luy & fes enfans; qu'il fut convenu en même tems qu'il en auroit l'entretien & que la communauté lui donneroit l'impofition faite pour le guet & garde; que ledit fieur Cornu ayant demandé à la ville d'eteindre ladite rente, la communauté lui avoit payé, par acte reçu ledit Ricard notaire, le 25 fevrier dernier une fomme de 3000 liv.; que par le même acte, il renonce à tous les engagements qu'il avoit contractés avec la ville & particulierement d'etre dechargé de l'entretien & du guet & garde de ladite horloge, au moyen de quoi la ville fe trouve libre & a deliberé de donner le bail de l'entretien à des gens de l'art; qu'il eft neceffaire auffi de pourvoir au guet & garde, qu'il propofe pour remplir cet objet le fieur Charlot, capitaine du guet de la ville, qui, par fon etat, eft plus propre que perfonne à remplir

1766.

les vues de l'assemblée & de le charger en même tems de veiller sur celui qui aura l'entretien de ladite horloge.

MM. les maire & consuls voulant reconnoitre au sieur Charlot les services qu'il rend à la ville dans la place qu'il remplit à la satisfaction du public, l'ont nommé pour remplir à l'avenir la charge du guet & garde de la grande horloge, aux gages qui sont imposés par la ville pour cet objet, comme aussi l'ont chargé de veiller que celui qui sera chargé de l'entretien de ladite horloge remplisse exactement ses engagemens, & ayant fait entrer dans l'assemblée ledit sieur Charlot, M. le maire lui a dit qu'il avoit été nommé pour remplir les fonctions du guet & garde & en même temps de l'inspection sur celui qui aura l'entretien de ladite horloge: icelui a remercié MM. les maire & consuls & ayant preté serment entre les mains de M. le maire, il a promis de remplir cette charge avec toute * l'exactitude & l'attention qu'elle exige & avons signé :

PAGE 310.

CAMBACERES, maire, RICARD, PEYRE, FAGES.

Le 20 avril la portalliere qu'on appelloit de Celleneuve, & sous laquelle les voitures & le public passoint pour aller du faubourg Saint-Guilhen à Celleneuve est tombée par sa vetusté. Cette portaliere etoit un monument fort ancien; l'*Histoire de Montpellier* faite par M. l'abbé d'Aigrefeuille en fait mention & pour qu'à l'avenir on puisse connoître son emplacement, elle etoit sur le grand chemin, à six toises de l'angle de la maison de M. Pelissier, médecin, & à deux toises du bassin où coule l'eau de St-Clément.

PAGE 311.

* Du 3 juin dans l'hotel de ville de Montpellier, Nous, maire, lieutenant de maire, consuls viguiers, seigneurs & barons de Cavarettes & Valenne, Combes & Puech Conil, juges de police des causes sommaires du lanéfice & manufactures de ladite ville & consulat assemblés. M. de Cambaceres, maire, a dit que M. Durand, qui avoit eté nommé à la charge de procureur juriditionnel desdites terres & seigneuries en l'année 1764 lui a ecrit cejourd'hui une lettre dans laquelle il lui marque que ses infirmités ne lui permettoint plus de remplir les fonctions de ladite charge de procureur juriditionnel & le prioit de le remplacer.

M. le maire a ajouté que Mgr le marquis de Castries lui avoit ecrit à cette occasion, & l'avoit prié de proposer à MM. les consuls le sieur Louis Pegat, procureur au bureau des finances & au presidial, pour remplir cette charge.

PAGE 312.

Nous maire, lieutenant de maire & consuls viguiers, avons nommé M. Louis Pegat, procureur au bureau des finances & presidial de cette ville, pour remplir la charge de procureur * juriditionnel desdites seigneuries de Caravettes, Valenne, Combes & Puech Conil, & l'exercer aux honneurs, prerogatives, profits, revenus & emolumens y attachés, à la charge neanmoins par lui de pretter le serment en tel cas requis & accoutumé, par devant le juge desdites terres & seigneuries, enjoignons à tous les vassaux & justiciables desdites terres & seigneuries, de le reconnoitre en cette qualité & avons signé les presantes avec le greffier de la communauté, sur lesquelles avons fait aposer le sceau & armes de la ville en cire ardente & ont signé.

* Du dixieme juin Antoine Fuzillier nommé pour remplir la place de concierge de l'hotel de ville a pretté serment entre les mains de M. de Cambaceres, maire, moyenant lequel il a promis de bien & fidellement remplir ces fonctions en homme de bien & d'honneur, à quoy nous l'avons exorté & avons signé.

Le 17 juin MM. les consuls en chaperon ont eté rendre visite à M. de Puffignieu, conseiller en la cour de monoyes de Lyon, Baron, avocat general de la cour des monnoyes, deputtés * par lad. cour pour faire le procés à des faux monnoyeurs: ils etoint arrivés depuis le 15 de ce mois. Ces messieurs sont venus à l'hotel de ville avec M. Delhorme, greffier, accompagnés par M. Bernard, directeur de la monnoye de cette ville, rendre visite à MM. les consuls. Il sont logés chés M. Bernard.

Le 10 septembre M. le president Desparaza, MM..., conseillers au parlement, sont arrivés à Montpellier, ont eté logés chés M. Faure, jugemage & sont partis le 14 dud. mois pour aller en qualité de deputés du parlement en Vivaroix juger. MM. les consuls & greffier en robe ont eté leur rendre visite.

* Le 24 octobre M. de St-Priest pere, intendant, est arrivé. MM. les consuls & greffier en robe ont eté le voir & temoigner le plaisir de son retour.

Le 12 novembre MM. les consuls ayant eté avertis que M. de Boulogne, intendant de finances, etoit arrivé en cette ville, lesd. sieurs consuls & greffier en robe ont eté complimenter M. de Boulogne logé dans la maison de Madame de Gremian.

* Le 21 novembre MM. les maire, consuls & greffier, en robe, ont eté complimenter Mgr Raimond de Durfort, évêque de Montpellier, arrivé en cette ville pour la premiere fois, ayant succedé à feu Mgr de Villeneuve, etant logé dans le palais episcopal, etant cy-devant eveque d'Avranches, les accompagnés jusques au perron.

Le 24 dudit M. le prince de Beauveau, commendant de la province, est arrivé en cette ville. MM. les maire & consuls n'ayant pas sçu son arrivée n'ont pas eté à la porte de la ville, mais se sont rendus au moment de son arrivée à son hotel, en robe; il a eté complimenté par M. le maire.

Le 25 dudit MM. les maire & consuls ayant eté informés de l'arrivée de Mgr l'archeveque de Narbonne, ils se feroint rendus hors la porte de la ville pour le recevoir & luy * rendre les honneurs qui lui sont deus; mais M. le marquis de Montferrier, sindic general de la province, les ayant prevenus que M. l'archeveque les dispensoit, ne pouvant pas sçavoir l'heure de son arrivée, ce qui a eté cause qu'ils se sont rendus à son hotel, où il a eté complimenté par M.....

Ouverture des Etats le 27 novembre.

* Le 30 novembre dimanche, la procession des etats, à cause de la pluye n'a pas eté faite.

1767.

Les etats fe font feparés le 5 janvier 1767.

Du cinquieme fevrier MM. les maire & confuls affemblés dans l'hotel de ville. M. de Cambaceres, maire, a dit que le corps de ville qu'il a prié de s'affembler n'a point ignoré la maladie auffi longue que dangereufe du fieur Nogaret, fon architecte, qui depuis près d'une année n'a peu remplir ces fonctions ; mais pour empecher que les reparations journalieres & indifpenfables dont la communauté eft chargée ne devinrent plus confiderables à caufe des degradations, il pria M. Giral, architecte, de vouloir bien donner fes foins dans cette partie, de meme qu'aux ouvrages dejà commancés, ce qu'il vouleut bien accepter à condition qu'il auroit pour adjoint le fieur Donat, fon eleve.

La fanté du fr Nogaret s'etant retablie, il paroit jufte de le reintegrer dans une place qui lui avoit eté toujours confervée & comme fes forces ne lui permettent pas encore de vacquer avec la meme activité qu'avant * fon accident au nombre d'affaires dont il eft chargé & qu'il doit ufer de grands menagements pour ne point rechutter, il propofe de lui donner pour adjoint le fr Nogaret fon neveu, qui par fes talents & fa capacité lui a paru tres en etat de foulager fon oncle, & de remplir conjointement avec lui la place d'architecte.

Le corps de ville a deliberé unanimement de donner au fieur Nogaret, deja architecte, fon neveu, le fieur Jean Nogaret pour adjoint.

M. de Cambaceres, maire, a dit qu'il convenoit de reconnoître les fervices qu'avoient rendus à la ville les fieurs Giral & Donnat, fon eleve, qu'en le remerciant il lui avoit fait deja connoitre combien le corps de ville & le confeil politique avoit eté fenfible & fatisfaite de la bonté qu'il avoit eu pendant la maladie du fieur Nogaret de diriger les differents ouvrages de la ville & comme il etoit jufte de reconnoître fes fervices il propofoit de renvoyer au confeil de ville pour deliberer une gratification convenable à fes fervices & à fon merite diftingué.

Le corps de ville a unanimement deliberé de prier M. le maire de propofer au premier confeil de ville de donner aux fieurs Giral & Donnat une gratification pour les * fervices qu'ils rendent à la ville depuis fix mois & ont figné :

CAMBACERES, maire, GUILLEMINET GALARGUES, premier conful, PEYRE, RICARD, JAOUL, confuls.

L'an mil fept cent foixante fept & le dix huitieme jour du mois de mars, dans une des falles de l'hotel de ville de Montpellier, le corps de ville affemblé, ayant avertis chacun de MM. les confuls, M. le maire a dit qu'il avoit reçu par le courrier de hier dix fept un paquet de M. le marquis de Caftries à fon adreffe, dans lequel etoit un fecond paquet à l'adreffe de MM. les maire & confuls, contenant une lettre que M. le marquis de Caftries, gouverneur de la prefente ville, luy ecrit, à laquelle eft joint la nomination & le choix des trois habitants qui doivent remplir les trois premieres echelles fur les neuf qui luy ont eté prefentés par le confeil de ville ordinaire & renforcé; M. le procureur du roy de la ville a requis la lecture de la lettre & de la nomination de trois habitants faite par M. le marquis de Castries.

Lecture faite de lad. lettre & nomination, le sr procureur du roy a requis le regiftre de l'un & de l'autre ce qui a eté fait à l'inftant par M. Bedos greffier:

Nous Charles Eugene Gabriel de la Croix, marquis de Caftries, baron né des etats du Languedoc & gouverneur des ville & citadelle de Montpellier, ville * & fort de Cette, lieutenant general des armées du roy & du gouverneur du Lyonnais, meftre de camp general de la cavalerie de France, chevalier des ordres du roy & conformement à l'article 9 de l'arret du confeil & lettres patentes des 7 & 25 novembre dernier enregiftrés au parlement de Toulouse le 23 decembre fuivant, avons choifi & nommé parmi les neuf habitants de la qualité requife qui nous ont eté prefentés par le conful ordinaire & renforcé de Montpellier pour les trois premieres echelles de la prefente année.

Avons en confequence choify & nommé pour remplir le premier chaperon. M. Moinier de Fourques, gentilhomme. Pour le fecond chaperon, M. Rame, bourgeois. Pour le troifieme chaperon, M. Chamand, procureur à la chambre des comptes.

Fait à Paris dans notre hotel le dixieme mars mil fept cens foixante fept. Caftries, figné. Par Monfeigneur Pafche. A Paris le 10 mars 1767.

Meffieurs, vous pouvés etre certains que je n'aurai jamais d'autre but dans le choix que je feray pour l'adminiftration des affaires de la ville, que fon plus grand avantage. Je ne me fuis jamais écarté de ce principe & fon execution en fera fidelle. La bonne opinion que j'ai des perfonnes que je prefere a determiné mon choix; je ne doute pas * qu'ils ne concourent avec moy à la confervation des droits du corps municipal, & à ce titre je chercheray avec empreffement les occafions de leur en marquer ma reconnoiffance.

J'ai l'honneur de vous envoyer en conequence l'etat des fujets des trois premieres echelles que j'ai eftimé les plus propres à eftre faits confuls cette année & je m'y borne fans prejudicier à mes droits fur la nomination des trois derniers que je ne cefferai de reclamer. Je vous prie d'etre perfuadés de tous les fentiments avec lefquels j'ai l'honneur d'etre, Meffieurs, votre très humble & tres obeiffant ferviteur. Signé Caftries.

Tout ce deffus a eté unanimement deliberé & executé conformement aux requifitions de M. le procureur du roy.

Lefdits jour & an que deffus MM. de Fourques, ecuyer; M. Rame, bourgeois; Chamand, procureur à la cour des aides; Alquier, me en chirurgie; Vernet, fabriquant en bas & Gautarel, me menuifier, après avoir reçu la vifitte de MM. les confuls en chaperon, ont eté faire les vifittes cy après: * M. le comte de Moncan, commendant, M. de St-Prieft père, intendant; M. l'eveque; M. le premier prefident à la cour des aides; M. de Cambaceres, maire; M. Faure, juge mage, M. de Solas, doyen des treforiers de France; M. d'Olimpie, lieutenant du roy; MM. les confuls & procureur du roy & de la ville.

Du vingtieme mars dans l'hotel de ville de Montpellier à onze heures du matin le corps de ville affemblé, revettus de la marque confulaire, M. de Guilleminet Galargues, premier conful, a dit qu'il avoit fait avertir MM. les anciens & nouveaux confuls de fe trouver au prefent jour, lieu & heure pour recevoir le ferment de MM. les nouveaux confuls, ainfy qu'il s'eft toujours pratiqué; & après avoir fait faire lecture par me Bedos, greffier de la communauté, du reglement fait par noffeigneurs les commiffaires du roy & des etats pour les depenfes ordinaires de la communauté, M. André Moinier de Fourques gentilhomme, M. Antoine Rame, bourgeois & M.

1767.

PAGE 322.

Pierre Chamand, procureur en la chambre des comptes, qui font les trois choifis & nommés par Monfeigneur le marquis de Caftries, gouverneur de la ville, fur les neuf fujets nommés & prefentés par le confeil de * ville ordinaire & renforcé, & M..... Alquier, m^e en chirurgie, M. Guillaume Vernet, marchand fabriquant de bas, & M..... Gautarel, m^e menuifier, eleus & nommés par led. confeil ordinaire & renforcé, ont pretté, fuivant l'ufage de tout temps obfervé, le ferment la main mife fur les faints evangilles entre les mains de M. le premier conful.

Le 19 mars le courier porta la nouvelle que madame la Dauphine etoit morte le 12 du meme mois, ayant eté regrettée de toute la France.

Le 24 mars, veille de l'inftallation de MM. les nouveaux confuls, les armoiries fuivant l'ufage ont eté pofées fur la porte de l'hotel de ville & fur la grand porte de l'eglife Notre Dame des Tables.

Le dit jour pour avertir M. le jugé mage & M. le procureur du roy du prefidial de fe rendre à Notre Dame des Tables leur a eté envoyé le billet figné comme fuit du greffier confulaire.

PAGE 323.

M. Faure, prefident juge mage, vous etes prié par MM. les officiers municipaux, de vous rappeler que fuivant l'uzage de la ville de Montpellier MM. * les nouveaux confuls doivent pretter ferment demain 25 mars, à neuf heures precifes du matin, dans l'eglife de Notre-Dame des Tables où vous etes prié de vous rendre. A Montpellier, le 24 mars 1767. Bedos, greffier (figné).

Le billet envoyé à M. Nadal, procureur du roy, eft conforme à celuy de M. le juge mage.

Du 25 mars, jour de l'inftallation, MM. les anciens confuls & nouveaux confuls fe font rendus fuivant l'uzage à l'hotel de ville à huit heures du matin & après avoir pris leur robes confulaires font entrés avec le greffier confulaire, auffi en robe, dans la chapelle du confulat, où ils ont entendu la meffe qui a eté dite par leur chapellain & à neuf heures font partis de l'hotel de ville precedés de la tanfare & de leur fuitte pour fe rendre dans l'eglife Notre Dame des Tables & etant arrivés fur le perron de la grande porte ils ont trouvé M. Faure, juge mage, & M. Campan, avocat du roy, precedés des huiffiers du prefidial & fuivys du corps des procureurs, ils font entrés dans l'eglife, M. le juge mage ayant pris la droite & MM. les confuls la gauche; après eux MM. les procureurs au prefidial qui avoint accompagné M. le juge mage & etant arrivés fur l'efcallier du cœur de lad. eglife où il avoit eté placé une grande chaife, M. le juge mage y prit place, M.

PAGE 324.

l'avocat du roy à fa * droite, fur une petite chaife & le greffier de la ville à fa gauche; enfuitte M. l'avocat du roy debout a fait un difcours & a requis la preftation de ferment de MM. les nouveaux confuls. M. le juge mage la ordonné; en confequence le greffier confulaire a fait lecture du ferment porté dans le petit Talamus qui a eté remis à M. le juge mage, de meme que la baguette de viguier, par M. de Guilleminet, laquelle a eté remife tout defuite à MM. les nouveaux confuls l'un après l'autre, qui ont preté ferment fur le petit Talamus entre les mains de M. le juge mage & après led. ferment pretté, M. le juge mage, M. l'avocat du roy &

MM. les consuls sont sortis de l'eglise, de la meme maniere qu'ils y etoint entrés. & arrivés sur le perron se sont separés; MM. les anciens & nouveaux consuls precedés comme a eté dit cy dessus de toute leur suitte & phanphare sont revenus à l'hotel de ville & les nouveaux sont entrés dans la chapelle où ils ont reçu le serment des capitaines du guet & de santé, des estimeurs jurés & de la suitte, & aprés led. serment MM. les consuls & greffier en robe ont eté faire les visites suivantes :

À l'eglise St-Pierre, à l'hôpital St-Eloy, à M. le comte de Moncan, commendant en second ; à M. de St-Priest, intendant ; à M. l'eveque qui ny s'y est pas trouvé ; à M. le premier president, ne sy est pas trouvé, * à M. de Cambaceres, maire ; à M. Faure, juge mage ; à M. D'Olimpie, lieutenant du roy.

Revenus à l'hotel de ville MM. les consuls ont demandé à voir le seremonial observé à pareil jour avant l'année 1733. Le greffier leur a fait lecture de plusieurs années anterieures où M. le juge mage avoit reçu le serment, ayant eté requis par M. le procureur du roy; ils ont trouvé qu'ils avoint fait toutes les visites qu'ils etoint tenus suivant led. seremonial & ont tout desuitte nommé pour assesseur de la ville pour cette année.M. Antoine Jean Jacques Farjon, procureur du roy de la ville, dont le choix est agreable à M. le marquis de Castries & ont suspendu la prestation du serment jusques à ce que nosseigneurs les commissaires du roy ayent autorisé l'imposition de 300 liv. pour son honoraire demandé par la deliberation prise le 14 mars 1767 & se sont ensuite retirés.

Led. jour MM. les officiers des penitens bleus sont venus à l'hotel de ville prier MM. les consuls de venir à la procession qu'ils sont aprés le sermon. MM. les consuls etant informés qu'on avoit demoly la tribune qui donnoit dans le cœur à main gauche qu'on avoit * pour eux ils avoint voulu sçavoir qu'elle etoit la place qu'ils devoint occuper. On leur a fait dire que le banc seroit dans le cœur du même côté où etoit lad. tribune, que cette place n'ayant pu leur convenir parcequ'ils etoint le seul corps qui aille à cette chapelle & que s'ils ne leur donnoint la premiere place ils se dispenseroint d'y venir, qu'alors lesd. officiers desd. penitens bleus ont dit que leur chapelle n'etoit point finie ; mais qu'il etoit juste qu'ils prissent la premiere place, qui dans le moment etoit au balustre ; à quoy MM. les consuls ont consenty & ont eté en consequence à lad. chapelle où ils ont entendu complies, sermon &. la benediction & assisté en chaperon à la procession, sans prejudice d'icy à l'année prochaine d'avoir un banc placé dans lad. chapelle, dans l'endroit le plus convenable.

Led. jour 25 mars le grand deuil pour madame la dauphine a commencé & MM. les consuls & greffier ont mis les pleureuses.

Le premier avril l'assiette fut tenue dans l'hotel de ville. M..... d'Uzés, etant commissaire principal, qui dispensa MM. les consuls d'aller chés luy.

* Du 12 may 1767, dans l'hotel de ville de Montpellier, le corps de ville assemblé. M. de Cambaceres, maire, a dit que M. Farjon, avocat & juge gruyer des terres de la communauté, ayant eté nommé pour exercer

1767.

la charge de procureur du roy de la ville, cette place luy ayant donné la qualité d'officier municipal, il s'etoit des lors demis en conféquence de celle de juge gruyer des terres de la barônnié de Caravettes, Valenne, de Combes & Puech Conil, que Mgr le marquis de Caftries ayant agréé le choix qui avoit eté fait de M. Befaucelle, avocat, pour le remplacer dans cette charge, il propofoit de proceder à fa nomination fuivant le droit qu'ont les officiers municipaux de nommer à cette place. Le corps de ville affemblé à cet effet a deliberé unanimement, M. Pierre Ignace Befaucelle, avocat, ayant l'attache de Mgr le marquis de Caftries, de le nommer comme ils le nomment pour exercer la charge du juge gruyer des terres de Cavarettes, Valenne, Combes & Puech Conil, en conféquence qu'il lui fera expedié une commiffion en la forme ordinaire & avons figné:

CAMBACERÉS, maire; MOYNIER DE FOURQUES, premier conful; CHAMAND, conful; RAME, VERNET, conful; ALQUIÉ, conful; GAUTAREL.

PAGE 328.   * Le 18 juin, l'aprés midy, ils n'ont point eté à la proceffion des penitens blancs, ainfy qu'il en refulte du proces verbal dont la teneur s'en fuit:

PAGE 328 bis.   * Du 20 juin, nous confuls viguiers de la ville de Montpellier affemblés dans l'hotel de ville pour traiter des affaires journalieres aurions eté avertis par un de nous que le capitaine de ville lui avoit dit que la confrerie des Penitans Blancs avoit remis fuivant l'ufage de greffe un projet du tour de leur proceffion, lequel il convenoit d'en faire la lecture & l'ayant lue & examiné aurions trouvé qu'il etoit extremement long, & par les differents tours qu'il faifoit paffoit pres des fept parties de la ville, nous aurions confideré qu'etant obligés de porter le matin du même jour le day à la proceffion de Saint-Pierre, nos forces ne pouvoint pas nous permettre

PAGE 329 recto   de le * porter le foir à la proceffion des Penitens Blancs, fi ce tour fubfiftoit en l'etat qu'il etoit, en confequence il fut projetté de fupprimer du tour depuis la maifon de M. Campan en paffant à la Capellenove, à Ste-Urfulle, à la Blanquerie & aux Fleurs de lis, & de paffer dans la rue qui va dudit fieur Campan devant celle de M. Patris, de M. Imbert, à la Blanquerie jufques au coin des Fleurs de Lis, où eft l'entrée de la rue du Saint-Sacrement par où l'on va au repofoir fuivre le reftant du tour, & de fuitte l'ordre fut par nous donné au trompette d'aller dans les rues par nous indiquées publier, fuivant l'ufage de notre ordre, l'ordonnance portant injonction aux habitans de balier le rues & de tapiffer le devant de leurs maifons, le lendemain dimanche apres midy pour la proceffion des Penitens Blancs. Le fous-maître de cette confrerie ayant trouvé fur l'heure de onze avant midy le fecond conful dans les rues de la ville il lui auroit dit que le tour que la confrerie avoit remis à l'hotel de ville devoit être executé, & que les officiers municipaux n'avoint aucun droit de le reformer, qu'on fupprimoit la rue Ste-Urfulle où fe trouvoit le couvent où fa fille etoit religieufe, qu'il feroit bien aife de lui donner cette fatisfaction, qu'il lui auroit repondu que nous devant affembler l'aprés-

PAGE 329 verfo   midy, il feroit * le maître de s'y rendre pour faire telles reprefentations qu'il trouveroit à propos. En effet le fous-maître de ladite confrerie des pénitens blancs s'y etant rendu à quatre heures, il nous auroit demandé de confentir que la proceffion paffat dans la rue Ste-Urfulle; nous aurions perfifté à lui dire que nos forces ne nous permettoint pas de pouvoir fournir à une pareille fatigue fans courir le rifque de porter prejudice à notre fanté, que ce motif feul devoit l'engager à fe pretter volontiers à fuivre le tour que nous avions indiqué & que nous avions deja donné ordre de publier; il fe retira en difant qu'il ne pouvoit rien de lui meme etant fubordonné à un bureau de direction de cette confrerie; qu'il etoit deja affemblé; en effet demy heure après deux penitens blancs s'etant rendus à l'hotel de ville, nous dirent que la direction de fa confrerie etoit affemblée, qu'elle les mandoit devant nous pour fçavoir fi nous voulions fuivre le tour qu'elle avoit fait remettre; nous aurions reprefenté de rechef à ces deux deputés que devant porter le day demain dimanche à la proceffion que fait le matin la paroiffe Saint-Pierre, il nous etoit impoffible de pouvoir le porter l'après midy en faifant un fi * grand tour fans nous expofer à alterer notre fanté, & ils feroint convainus que cette corvée eft penible & fatigante s'ils en avoint fait l'experience, que s'etoit ce motif qui nous avoit déterminé a reformer le projet du tour qu'ils nous avoint remis; qu'alors ces deux deputés nous dirent : « Vous voulés donc fuivre le tour que vous avés deja fait publier ? » & leur ayant repondu que ouy; ils fe retirerent. Un moment après il fut publié dans la ville que cette confrerie alloit nous faire des actes & nous attaquer en juftice pour nous forcer à faire leurs volontés; nous avions cru d'abord que s'etoit quelques artifants qui avoint fait courir ce bruit, & nous ne pouvions penfer que des magiftrats peuffent jamais eftre à la difcretion & aux ordres d'une confrerie, neantmoins nous fumes trouver Mgr l'eveque de Montpellier pour lui faire part de tout ce que nous avions appris & de la conduite que nous avions tenue; ce prelat l'ayant approuvée, nous le fuppliames de vouloir bien prendre connoiffance de cette affaire & empecher les fuittes que de pareilles difcutions peuvent entrainer. Mgr l'eveque convaincu de la folidité de nos repréfentations envoya prier M. Dumas, prieur de cette confrerie, de venir chez lui & s'y etant rendu il le chargea de dire de fa part à fes confreres de finir cette conteftation * qu'il trouvoit deplacée de leur part; les penitens n'en firent aucun cas, puifque le lendemain dimanche à 8 heures du matin nous aurions eté avertis que la veille cette confrerie avoit fait figniffier un acte à onze heures du foir à nous officiers municipaux par Boudon, huiffier au préfidial, en parlant au greffier de la ville, pour nous requerir de fuivre le memoire de la route de leur proceffion fuivant l'etat par eux remis la veille devers le greffe confulaire & en confequence de faire courir le trompette dans les rues par eux indiquées, afin que les habitans balient & tapiffent le devant de leur maifon, autrement & faute de ce faire proteftent de fe pourvoir où & par devant qui il appartiendra pour nous y obliger. Auquel acte il a eté repondu que les officiers municipaux ne refufent point de venir à la

1767.

Page 330.

Page 331.

1767.   procession, où ils auront l'honneur de porter le day ; mais que les Penitens Blancs ayant envoyé fuivant l'ufage au corps municipal la notte ou etat des rues où les penitans fe propofoint de paffer à l'effet de l'agreer ou reformer, ils ont fait connoitre que le tour etoit trop confidérable, & fatigueroit extremement MM. les confuls qui font dans l'ufage de porter eux meme le day, furtout devant affifter demain matin à la proceffion de la paroiffe St-Pierre où ils porteront egalement le day; que le droit de * regler le tour de la proceffion emane neceffairement du corps des officiers municipaux; puis que c'eft à eux que le tour eft envoyé pour l'approuver s'il y a lieu, & que c'eft les officiers municipaux qui donnent les ordres pour faire publier de nettoyer & tapiffer les rues par où la proceffion doit paffer & punir ceux des habitants qui agiroient contrairement aux reglements donnés à ce fujet ; que fans remonter fort haut & en fe fixant à l'année derniere le tour donné par la confrerie des Penitens Blancs & envoyé au corps de ville fut reformé & reduit par les officiers municipaux, que cellui de cette année merite d'autant plus cette reforme qu'il tend à paffer tout près des fept portes de la ville, que concequamment & par toutes ces confiderations le tour arreté par le corps municipal pour la prefente année, doit etre executé; il feroit en effet inoui que des officiers municipaux fuffent affujetis aux ordres & aux volontés des Penitans Blancs que le tour reglé par les officiers municipaux eft & a eté deja donné pour faire netoyer & tapiffer les rues.

Et après la lecture dudit acte & de la reponfe qui y fut faite par le greffier confulaire & de luy figné nous nous determinames avant de rien faire d'aller après la proceffion de Saint-Pierre de rechef * trouver Mgr l'eveque pour l'informer de la demarche peu reflechie de cette confrerie à l'egard du corps de ville & vis à vis des magiftrats, en prenant un ton de fuperiorité qu'elle n'a jamais eu, ny meme peu avoir, & dans le tems que nous mettions nos robes confulaires pour nous rendre à Saint-Pierre pour porter le day à la proceffion de cette paroiffe, le même huiffier (etant alors neuf heures & un quart du matin) nous auroit fait figniffier encore une requete prefentée à la fenechal par les Penitans Blancs, dans laquelle ils concluent à ce que les officiers municipaux foient affignés en jugement, pour les voir maintenir dans l'ufage & droit où ils font de regler & fixer le tour que doit tenir leur proceffion du Saint-Sacrement, avec deffenfes auxdits officiers municipaux de l'augmenter ou diminuer à peine de dix mille livres d'amende, d'enquis & d'etre condamnés perfonnellement aux depens, & attendu eft-il dit, que le cas requiert feleritée & que la proceffion ne fçauroit eftre renvoyée, ordonner que lefdits officiers municipaux feront fommairement affignés pour voir ordonner que le tour indiqué par les confreres des Penitens Blancs dans la lifte par eux remife à l'hotel de * ville & enoncée dans l'acte figniffié ce jourd'hier feroit executé provifoirement en entier & d'enjoindre auxdits officiers municipaux de faire courir le trompette dans les rues par eux indiquées, afin que les habitans baillent & tapiffent le devant de leurs maifons, en refus leur permettre de faire faire

ledit avertiffement, de l'autorité du fenechal & que l'ordonnance qui inter- 1767.
viendra fera executée nonobftant oppofition ou appellation quelconque.
Sur cette requete M. Faure, juge mage, a rendu une ordonnance d'un
jugement figniffié & fommairement d'heure à heure par devant lui, aux
fins de ladite requete, enfuite nous fommes rendus à Saint Pierre ou nous
avons entendu la meffe & porté le day à la proceffion & aprés qu'elle a eté
finie nous fommes partis de l'eglife, d'où nous avons eté chez Mgr l'eveque
pour lui faire part tant de l'acte que de l'affignation, & de le fupplier de
rechef d'interpofer fon autorité pour eviter l'fcandalle qui pourroit arriver.
Dés que le prelat eut eu connoiffance des entreprifes de cette confrerie il
en fut affligé & ne peut contenir devant nous ces regrets, en nous difant
qu'il avoit eté furpris & trompé & que la conduite que ces penitens tenoint
etant contraire a ce qu'ils luy avoient promis le jourd'hier ne pouvoit que
les augmenter. Ce digne prelat ayant approuvé notre demarche & fait
connoitre fes volontés, il nous ajouta qu'il alloit encore * agir pour faire PAGE 335.
ceffer les entreprifes de cette confrerie & nous fommes retirés à l'hotel de
ville, etant alors une heure apres midy, où nous avons mandé avertir le
procureur de la communauté de s'y rendre pour le charger de fe prefenter
fur ladite affignation, & en comparoiffant en leur nom dire que c'eft mal
à propos que les Penitents avoint formé une pareille demande contre le
corps de ville attendu qu'il n'y avoit que Mgr l'eveque diocefain quy ait
feul le droit de permettre & deffendre des proceffions qu'elles foient, qu'il
n'y avoit que les officiers municipaux qui fuffent feuls en droit, comme ils
ont fait de tous le temps, d'ordonner aux habitans de balayer les rües &
faire tapiffer là où MM. les officiers municipaux ont determiné que la
proceffion doit paffer & que lorfque quelqu'un contrevient aux ordonnances rendues à ce fujet il eft condamné par les officiers municipaux aux
peines portées par lefdites ordonnances, qu'ainfi lefdits officiers municipaux
infiftent aux fins de non proceder & requierent le fieur juge mage de
declarer n'entendre vouloir prendre juridiction & connoiffance des demandes de cette confrerie, le procureur de la communauté en confequence
les ordres par nous donnés ayant comparu devant M. Faure juge mage il
feroit revenu après l'heure de trois nous faire part qu'il avoit executé ce
dont nous l'avions chargé & de l'ordonnance qui avoit eté rendue par
ledit fieur juge mage où il y avoit trouvé un attroupement des Penitens
affiftant leur procureur ; le fieur Faure juge mage au lieu de faire droit au
declinatoire & fans y prononcer ny ouir les gens du roy, comme il eft
porté * par les ordonnances, avoit retenu la caufe, renvoyé les parties en PAGE 336.
jugement & avoit ordonné, par provifion, que le tour indiqué par les
penitens dans la lifte remife du 19 de ce mois au greffe de l'hotel de ville
& enoncé dans l'acte figniffié aux maire & confuls par exploit du jourd'hier
feroit provifoirement executé fuivant fa forme & teneur & fuivy lors de la
proceffion qui doit fe faire cejourd'hui, a enjoint auxdits maire & confuls
de faire publier fur l'heure par le crieur public, en la forme ordinaire, que
la proceffion de la confrerie des Penitens Blancs paffera dans les rues defi-

gnées dans ladite lifte & enoncées audit exploit, & d'ordonner aux habitants des maifons qui font fur lefdites rues de faire balayer & tapiffer le devant de leur maifon fous les peines de droit & faute par lefd. maire & confuls de ce faire fur l'heure de la figniffication de la prefente ordonnance & à fin que la proceffion foit faitte avec deffence ordonne que lefdites publications & injonctions feront faites de fon autorité, permet en confequence à la confrerie de Penitens Blancs d'hors & deja de faire faire lesdites publications & injonctions par le premier trompette ou huiffier requis, auxquels il eft ordonné d'y proceder à peine de defobeiffance & punition exemplaire, ordonne audit cas à touts les habitants des maifons qui donnent fur les rües dans lefquelles ladite proceffion doit paffer de faire balayer & tapiffer le devant de leurs maifons à peine de dix livres d'amende & attendu qu'il s'agit d'un fait de haute police ordonne que fon ordonnance fera executée nonobftant oppofitions, appellations & autres empechements quelconques & fans y prejudicier. Cette forme irreguliere de prononcer nous a convaincu de l'envie continuelle qu'a ce juge de vouloir depouiller le corps municipal & le bureau de police d'un droit qui ne leur avoit pas eté * encore contefté & dont la connoiffance a eté deffendue audit fieur juge mage par differents arrets du confeil & du parlement de Toulouze & quoique cette ordonnance ne nous eut pas eté encore figniffiée, comme notre confeil portoit de ne point y acquiefcer & de ne point affifter à la proceffion, neantmoins pour eviter l'efcandalle en nous retirant de l'hotel de ville, nous aurions donné ordre au concierge de remettre aux Penitens le day de la ville s'ils venoient le demander. Cette ordonnance fut figniffiée à cinq heures du foir en parlant au greffier confulaire, qui repondit de notre ordre que ce dont il s'agit etoit un fait de police dont les officiers municipaux avoint la manutention & a declaré qu'il fe pourvoiroint en caffation de l'ordonnance qui luy eft figniffiée où & par devant qui de droit, comme attantatoire aux droits defdits fieurs officiers municipaux & a protefté de tout ce que de droit. Aprés la fignification de cette ordonnance les Penitens fe haterent tout de fuitte de prendre un huiffier pour publier le tour de leur proceffion avec leur bedeau portant une petite cloche & allerent fur le champ en fonnant dans les rues où ils vouloient faire paffer leur proceffion & l'huiffier criant de la part du roy & de M. le fenechal injonction aux habitans de ballier les rües & de tapiffer les façades de leurs maifons à peine de dix livres d'amende. Mgr l'eveque informé de cette nouvelle entreprife de la part de la confrerie des Penitens Blancs envoya chercher les officiers de cette confrerie & leur dit qu'il etoit fort furpris du peu de defference qu'ils avoint pour les ordres qui leur avoit donnés, qu'il vouloit que cette affaire n'eut point d'autres fuittes, il propofa en confequence un nouveau tour,* mais les Penitens n'entendirent point les arrengements que vouloit faire ce prelat puifque dans le temps que M. Farjon, procureur du roy de la ville, etoit allé de fa part à l'hotel de ville pour nous affembler à fin de nous faire connoître les intentions de Mgr l'eveque, la proceffion fortit & les chofes refterent en l'etat où elles étoient avant la nouvelle mediation de Mgr l'eveque; à laquelle nous aurions volontiers defferé & de tout ce-deflus nous avons dreffé le prefent procés-verbal pour etre fur icellui ftatué, ainfi qu'il appartiendra & avons figné à l'original. A Montpellier le 21 juin 1767.

    * Le 19 juillet MM. les confuls, en robe, ayant apris l'arrivée de M. le chevalier de St-Prieft, fils de M. le vicomte de St-Prieft, confeiller d'etat, intendant en la province du Languedoc, ayant eté nommé par Sa Majefté plenipotentiaire en Suede avec le titre d'ambaffadeur, ont eté l'arrenguer: il a repondu avec beaucoup de bonté & qu'il feroit toujours flatté du nom de citoyen de cette ville.

    Le 24 août le prince d'York frere du roy d'Angleterre arriva en cette ville incognito venant de la cour de France par Bordeaux ce jour là. Le 25 pendant le jour il fut avec M. de Saint-Prieft, intendant, voir les ouvrages de la fontaine fur la place royale du Peyrou ou jardin du roi, la falle de fpectacles & foupa chez M. l'intendant. Le 26 il partit à trois heures après midy pour aller coucher à Nîmes, devant voir la Provence & fe rendre enfuitte à la cour de France.

    On a appris que ce prince etant arrivé à Monaco le 13 feptembre, y etoit mort.

    Le trois novembre le corps de ville affemblé à l'occafion de l'arret du trois août dernier concernant les arts & mettiers ont deliberé de prier M. le maire d'ecrire de * rechef à Monfeig. le controlleur general & de luy envoyer le memoire qui a eté fait à ce fujet, en y joignant l'avis du bureau de commerce.

    * Du 7 novembre, le corps de ville affemblé, M. de Cambaceres, maire, a dit qu'il avoit fait convoquer cette affemblée pour leur faire part d'une lettre qui leur avoit eté adreffée par MM. les maire, lieutenant de maire, jurats & gouverneur de la ville de Bordeaux, dattée du 25 octobre qui lui avoit eté remife par la nommé Margueritte Forton, femme de Bernard Roumegoux, qui, en confequence des ordres du roi, avoit eté envoyée dans cette ville pour etre visittée par des medecins & chirurgiens, s'etant plaint d'etre infectée du mal venerien, qui lui avoit eté donné par un enfant qu'elle alletoit, qu'il propofe * d'en entendre lecture afin de pouvoir avec connoiffance de caufe remplir l'objet de MM. les maire, lieutenant de maire, jurats & gouverneur de la ville de Bordeaux. Lecture faite de ladite lettre, le corps de la ville affemblé a deliberé unanimement pour remplir avec la plus grande exactitude le vœu de MM. les maire, L^t de maire, jurats & gouverneur, de nommer pour medecins MM. Chaptal, Feitzmaurice & Farjon, & pour chirurgiens MM. Lamorie, Goulard & Bourquenod; M. Alquier, conful & chirurgien, a eté prié de vouloir bien etre prefent à la verification, après avoir pretté ferment entre nos mains. Le fieur Bedos, greffier, a eté chargé d'envoyer à ces MM. des billets pour fe rendre demain à 3 heures precifes après midi à l'hotel de ville pour faire ladite verification & dreffer procés verbal & ont figné.

CAMBACERES, maire; MOYNIER DE FOURQUES, 1er conful; RAME, 2e conful; ALQUIÉ, conful; VERNET, conful; CHAMAND, conful.

1767.

PAGE 342.

Du 17 novembre MM. les officiers municipaux assemblés dans l'hotel de ville, M. de Cambaceres, maire, a dit qu'il les avoit prié de s'assembler pour, suivant le droit qu'ils en avoient, * nommer à la place de directeur, & inspecteur des ouvrages de la ville qui se trouvoit actuellement vacante par la mort du sieur Nogaret, qui avoit eté prés de deux ans malade, que pendant cet espace de temps, le sieur Nogaret, son neveu, luy avoit eté donné pour adjoint, que s'etant bien acquitté de la direction des ouvrages qui luy avoit eté confiés il paroissoit juste, pour le recompenser de son exactitude & de son attention, de le nommer pour remplir cette place, que M. le marquis de Castries l'avoit honoré de son consentement qu'il pensoit que ce choix etoit une suitte de la confiance d'un corps de ville qu'il avoit meritté. Il a eté determiné unanimement de nommer ledit Jean Nogaret, pour directeur & inspecteur des ouvrages que la ville peut faire dans le courant de l'année & pour veiller sur la conduite de la fontaine dejà faitte, cette place lui etant devolue de droit, soit par l'atache de M. le marquis de Castries, soit par la confiance qu'il a meritté de la part de la communauté pendant le temps qu'il l'a remplie en qualité d'adjoint de son oncle. M. le maire a eté chargé par le corps de ville de faire deliberer au premier conseil de ville pour son honoraire pour ces deux objets. Cambaceres, maire; Moynier de Fourques, 1er consul; Rame, 2e consul; Alquié, consul; Vernet, consul.

PAGE 343.

* Le 23 novembre MM. les maire & consuls se sont rendus hors la porte du Pile-St-Gily, à six heures de l'aprés-midy, attendre Mme la princesse de Beauveau, etant arrivée à 8 heures a eté haranguée par M. Farjon, avocat & orateur, à laquelle ladite dame a temoigné etre bien sensible, vouloir descendre de carosse pour recevoir ladite harangue, ce qu'elle auroit fait si MM. les Maire & consuls ne l'avoint empechée, ayant resté droite dans le carrosse.

Le 24 dudit M. le prince de Beauveau etant arrivé la nuit du 23, MM. les maire & consuls feurent à midi à son hotel pour lui rendre ces devoirs, a eté harangué par M. Farjon, avocat & orateur.

PAGE 345.

* Le 26 novembre, jour de l'ouverture des etats, MM. les consuls en robe ont eté chez Mgr l'archeveque de Narbonne pour lui offrir de l'accompagner à l'hotel de ville; en consequence lesd. sieurs consuls s'etant mis à la tete, led. seigneur est venu à pied à l'hotel de ville.

Le 5 janvier les etats ont fini.

1768.

L'an mil sept cens soixante huit & le dixhuitieme jour du mois de mars dans une des salles de l'hotel de ville assemblé ayant averty chacun de MM. les consuls, M. Moinier, premier consul, a dit que M. le maire lui avoit remis un paquet qu'il avoit reçu par le courier de hier dix sept, de M. le marquis de Castries à son adresse, dans lequel etoit un second paquet à l'adresse de MM. les consuls, contenant une lettre que M. le marquis de Castries, gouverneur de la presente ville, a ecrit, à laquelle est joint la nomination & le choix de trois habitans qui doivent remplir les trois premieres echelles, sur les neuf qui luy ont eté presentés par le conseil de ville &

renforcé. M. le procureur du roy a requis la lecture de la lettre & de la nomination de trois habitans faite par M. le marquis de Castries.

Lecture faite de lad. lettre & nomination * le sieur procureur du roy a requis le registre de l'un & de l'autre, ce qui a eté a l'instant fait par m^e Bedos, greffier.

<small>Nous Charles Eugene Gabriel de Lacroix de Castries, marquis de Castries, baron né des etats du Languedoc, gouverneur des ville & citadelle de Montpellier, ville & fort de Cette, lieutenant general des armées du roy & des provinces de Lyonnois & Forés, mestre de camp general de la cavalerie de France, chevalier des ordres du roy & conformement à l'article 9 de l'arrêt du conseil & lettres patentes des 17e & 23e novembre de l'année 1766, enregistré au parlement de Toulouze le 23 decembre suivant, avons choisi & nommé parmi les neuf habitans de la qualité requise qui nous ont eté presentés par le conseil ordinaire & renforcé de Montpellier pour les trois premières echelles de la presente année. Avons en consequence choisy & nommé pour remplir le premier chaperon : M. Marcelin de Masclary, pour remplir le second chaperon, M. Bouisset, bourgeois ; * pour remplir le troisieme chaperon, M. Catrix pere, procureur à la cour des aydes. Fait à Paris dans notre hotel, le neuf mars mil sept cens soixante huit. CASTRIES (signé).</small>

<small>A Paris le 9e mars 1768.
Messieurs, Je vous envoye la nomination des trois sujets que j'ai estimé les plus propres à remplir le premier, second & troisieme chaperon de l'hotel de ville de Montpellier ; j'espere que par leur exactitude à remplir les fonctions qui leur sont attribués, ils meriteront les veux de leurs concitoyens, de la preference que je leur donne. Je vous prie de leur commander tres expressement de ma part d'etre persuadés de tous les sentimens avec lesquels j'ai l'honneur d'etre, Messieurs, votre tres humble & tres obeissant serviteur. CASTRIES (signé).</small>

De tout ce dessus il a eté unanimement deliberé & executé, conformement aux requisitions * de M. le procureur du roy.

Du dix huit mars, à onze heures avant midy, M. Monier de Fourques a dit qu'il les avoit priés de s'assembler pour leur faire part des articles 1 & 2 de l'arrest du conseil & lettres pattentes du 7 novembre 1766 & 15 novembre aud. an, ensemble de la lettre ecritte par M. le controlleur general à M. De l'Estrade, premier consul de la ville de Sommieres, du 27 mai 1767.

* Du dix neuf mars dans l'hotel de ville de Montpellier, à onze heures du matin, le corps de ville revettus de la marque consulaire assemblé, M. Moynier de Fourques, premier consul, a dit qu'il avoit fait avertir Messieurs les anciens & nouveaux consuls de se trouver au present jour, lieu & heure pour recevoir le serment de MM. les nouveaux consuls, ainsi qu'il s'est toujours pratiqué, & aprés avoir fait faire lecture par M. Bedos, greffier de la communauté, du reglement fait par nosseigneurs les commissaires du roy & des etats pour les depenses ordinaires de la communauté, M. Marcelin Masclary, gentilh^e, M. Bouisset, bourgeois, M. Catrix pere, procureur à la cour des aides, qui sont les trois choisis & nommés par Mgr le marquis de Castries, gouverneur de la ville, sur les neuf sujets nommés & presentés par le conseil de ville ordinaire & renforcé, ont preté, suivant l'usage de tout temps observé, le serment, la main mise sur les saints evangilles, entre les mains de M. le premier consul & plus n'a eté procedé.

* Du vingt quatre mars, MM. les anciens & nouveaux consuls s'etant rendus à l'hotel de ville à huit heures du matin, suivant l'usage, ils ont lu le ceremonial de l'année derniere & arreté celuy qui doit etre observé cette année, & a eté deliberé d'envoyer un billet signé par le greffier à M. Faure, juge mage & à M. Nadal, procureur du roy du presidial, conçu comme

1768.	fuit, la forme duquel avoit eté concertée l'année derniére entre M. le jugé mage & M. Chamand, 3ᵉ conful.

MM. les anciens confuls ont reprefenté que l'année derniere M. Faure arriva à neuf heures du matin, en confequence du billet qui lui avoit été envoyé, à pareil jour que demain, à l'eglife de Notre Dame precedé des huiffiers & fuivi du corps des procureurs de fon fiege, qu'il avoit invité & qui fe trouverent à la porte de lad. eglife ; ils etoint entrés enfemble & Page 352.	qu'ils s'etoint mellés avec MM. * les confuls, ce qui caufa de la confufion. Pour obvier à cette indeffance il convenoit de voir M. le juge mage & fe régler de façon qu'on peut marcher avec luy fur la même ligne jufques au degré du cœur, où il reçoit le ferment; en confequence M. de Mafclary étant allé voir M. le juge mage, luy ayant obfervé le trouble qu'il y avoit eu l'année dernjère en entrant dans l'eglife, le juge mage en auroit convenu & promis que les procureurs ne marcheroint qu'après que tous MM. les confuls, tant anciens que nouveaux & le greffier feroint entrés.

Page 354.	* Du 28 mars les confuls affemblés dans l'hotel de ville, M. de Mafclary, premier conful, a dit qu'il les avoit convoqués pour leur faire part que la confrerie des Penitens Blancs avoit deputé à M. le maire à l'occafion des contestations qui s'eleverent l'année derniere pour le tour que devoit faire leur proceffion, qu'il penfe que cette demarche qui a eté faite par M. le préfident de Belleval doit etre accueillie avec d'autant plus de raifon qu'il ne s'agit que d'eviter des contestations toujours defagréables, qu'il fut de-Page 355.	liberé que * le greffier fe transporteroit chés M. de Belleval pour témoigner de leur part le defir qu'ils auroint de terminer à l'amiable les conteftations qui s'eleverent l'année derniere lors de la proceffion que la confrairie fait dans l'octave de la Fete-Dieu, & de l'affurer que le corps de ville fe prêtera à tout ce qui fera raifonnable & qu'on attendra fa réponfe pour convoquer l'affemblée à l'hotel de ville. Le greffier, de retour, a raporté avoir parlé à M. de Belleval qui l'avoit chargé de les remercier de leur politeffe, & avoit envoyé un de fes domeftiques à M. Gouan pour le prier de l'attendre chez lui à deux heures aprés-midi.

On avoit lieu d'attendre d'un moment à autre une reponfe fur la démarche qui avoit eté faite par le greffier, mais fans vouloir en aprofondir les motifs de ce que cette affemblée n'a pas eu lieu, par la faute de MM. les deputés de cette confrairie, cette journée paffa de même que celle du 29. Ce fut le 30 que des deputés vinrent à l'hotel de ville pour prier MM. les confuls d'affifter avec eux à la vifitte des églifes, qu'ils parlerent au capitaine du gué, lequel en ayant prevenu, M. le premier conful auroit fait affembler tout de fuite le corps de ville pour fçavoir ce qu'ils vouloint faire; en effet s'etant affemblés M. Catrix, 3ᵉ conful, a dit que M. de Belleval avoit eté chés Page 356.	lui (le même jour que le greffier * lui avoit parlé) pour lui dire que n'ayant pas de pouvoir de la confrerie il ne pouvoit point s'affembler avec MM. les confuls.

M. le premier conful a obfervé qu'il eft furprenant qu'on ait fait affembler le 28 le corps de ville fous pretexte qu'on vouloit terminer les contestations pendantes entre le corps de ville & la confrairie des Penitans Blancs qui s'étoit assemblée pour cela & avoit nommé des deputés qu'on avoit designé estre M. le president de Belleval & M. Ugla, conseiller, & que le corps de ville eut fait des demarches vis-à-vis de ces deputés, & qu'aujourdhui ces memes deputés disent qu'ils n'ont point de pouvoir, & comme il est essentiel de laisser à nos predecesseurs (sic) une connoissance de la conduite peu reguliere de cette confrairie qui ne cherche qu'à s'approprier une autorité sur le corps de ville, qu'elle n'a jamais eu & qu'elle n'aura ; en conçequence il propose de determiner s'ils doivent aller demain visiter les eglises avec cette confrairie.

Le corps de ville a determiné unanimement qu'il paroissoit plus decent d'aller visiter les eglises en corps, & en cella on suivra les exemples des compagnies de justice & des chapitres, & en consequence le lendemain jeudi saint le corps de ville & le greffier s'est * rendus à l'hotel de ville à deux heures precises, où ils ont mis leurs chaperons & precedés de leurs escudiers portant leurs masses & suivis des capitaines de ville & de la suitte portant leurs hallebardes sont partis de l'hotel de ville & ont eté faire leur estation aux eglises cy après : à la paroisse Sainte-Anne & à Saint-Pierre, à l'hopital general, au Bon Pasteur, comme administrateurs de cette maison, à l'hotel Dieu & à Notre Dame d'où ils se sont rendus à l'hotel de ville & se sont retirés.

Marcelin de Masclary, premier consul; Chabanne, consul ; Catrix, consul ; Couve, consul; Fortier, consul. *(Signé.)*

Le 7 may l'assiette s'est tenue en presence de M. Despaliere, grand vicaire, M. l'eveque etant à Paris deputé des etats. Le commissaire principal ne s'y est point rendu.

Le 9 may, MM. les consuls assemblés dans l'hotel de ville, a eté proposé que MM. les officiers de la compagnie des Penitens Blancs souhaitoint de s'assembler avec MM. les consuls pour tacher de terminer la contestation qui s'etoit elevée l'année dernière lors de leur procession de * la Fete Dieu à laquelle MM. les consuls ne furent point porter le day; qu'il fut determiné de prier MM. Catrix & Fortier de s'assembler dans une des salles de l'hotel de ville avec les deputés de cette compagnie & ayant apris que M. le president de Belleval & M. de Massilian de Sanilhac, tresorier de France, avoint eté nommés, ils auroint eté priés de vouloir se rendre à l'hotel de ville le lendemain,

Le 10 du meme mois M. de Belleval & M. de Massilian s'etant rendus à l'hotel de ville, ils auroint eté introduits dans une des salles où etoint MM. Catrix & Fortier, consuls, & après avoir conferé sur l'affaire qui les assembloit il fut convenu que les choses seroint mises dans leur premier etat, en consequence que tant les actes que les ordonnances rendues par M. le juge mage incompetement feroint remises en original par les penitens blancs & dechirés, qu'il en seroit fait de meme du verbal & actes qui furent faites à lad. confrairie, il fut ensuite convenu qu'à l'avenir deux jours avant leur procession de la Fete Dieu MM. les deputés de la confrairie remettroint à

1768. MM. les confuls le tour qu'ils fouhaiteroint faire, que MM. les confuls après l'avoir examiné, s'ils venoint à trouver qu'il fut trop long, ils le feront dire à M. le prieur ou au foufprieur ou à un maître de feremonies & fur ces obfervations le tour fera diminué.

PAGE 359. MM. les deputés s'etant retirés M. le prefident * de Belleval avec M. Cambon, procureur au fenechal, font venus à l'hotel de ville le lendemain & ont remis à M. Fortier, conful, toutes les pieces en original, lefquelles ont eté à l'inftant dechirées, de meme que celles de la ville.

On obferve que par l'arret du parlement de Toulouze du 4 feptembre 1737, pourfuivi à la requete de M. le procureur general, MM. les confuls ne font point tenus ny obligez d'aller porter le day aux proceffions des confrairies, que s'ils y ont eté ou s'ils y vont c'eft pour remplir un acte de religion & qu'ils pourront s'en difpenfer toutes les fois qu'on n'aura pas eu egard aux reprefentations qui feront faites fur la longueur du tour que les confrairies voudront faire, ainfy qu'il en fut ufé l'année 1767.

PAGE 360. * Le premier juin, le corps de ville affemblé, M. de Mafclary a rapellé à MM. les confuls la deliberation qui fut prife le dix huit mars dernier par les confuls anciens & nouveaux, touchant les vifites que les nouveaux doivent faire le jour de leur nomination & le jour de leur inftallation, par laquelle celle dont on etoit dans l'ufage de faire à M. le juge mage fut fuprimée, que le motif qui y donna lieu fut l'arreft du confeil & lettres patentes des 7 & 15 novembre 1766 & la lettre de M. le controlleur general du 25 may 1767, ecritte à M. le premier conful de Sommieres.

M. de Mafclary a dit qu'ayant rendu compte à M. le marquis de Caftries après leur inftallation du ceremonial qu'ils avoint obfervé, M. de Caftries leur avoint ecrit une lettre en reponfe le 18 may dernier qu'il s'empreffe de leur communiquer.

Lecture ayant eté faite de la lettre dud. jour 18 may MM. les confuls ont determiné, pour donner à M. le marquis des preuves de leur refpect & de leur attachement, ils iront demain faire une vifite à M. le juge mage. En effet ce meme jour Charlot, capitaine du guet, fut chés M. le juge mage

PAGE 361. pour luy annoncer * lad. vifitte & comme l'heure avoit eté deja determinée, il luy dit qu'il les attendoit à quatre heures. Led. jour, 2 dud., MM. les confuls & greffier en robe ont eté chés M. le juge mage à quatre heures après midy faire lad. vifite & M. le juge mage les a accompagnés, fuivant l'ufage, jufques au perron de l'efcallier.

PAGE 362. * Le 11 juin M. de la Rochechouard avec le 2ᵉ ban de Dauphin & les ..... de Beaufremont, entrerent dans Avignon à 10 heures du matin & après avoir pris la ville, le vice legat fe retira d'Avignon.

Par le courrier du 30 juin 1768 on a appris que la reine de France etoit morte le 24 dudit.

PAGE 363. * Le 18 juillet MM. les confuls en robe feurent rendre vifite à M. Journet, intendant d'Auch, qui etoit logé chez M. Flaugergues, dans l'appartement occupé par Mgr l'archeveque de Narbonne. M. Journet eft confeiller à la cour des aides de Montpellier.

Le 21 juillet MM. les confuls & greffier, en robe, fe font rendus à St-Pierre, ayant eté invités la veille par deux pretres de la part des Mrs du venerable chapitre de l'eglife cathedralle de St-Pierre de Montpellier d'affifter au fervice qui devoit etre fait à leur eglife, en vertu de l'ordre du roy, pour tres-haute tres-excellente & tres puiffante princeffe Marie, epoufe du roy Louis XV qui eft decedée à Verfailles le 24 du mois de juin dernier, agé de 65 ans. * MM. de la Compagnie y ont affifté, en corps & en robe. La grand meffe a eté dite par M. La Croix de Candillargues, prevôt, M. l'eveque etant à Paris en qualité de deputé des Etats. Enfuitte il a eté fait cinq abfouttes autour du catafalque qui avoit eté fait auprès de la grande porte d'entrée, le tour de l'eglife avoit eté tendu de noir.

1768.

Page 364.

M. le comte de Moncan commendant avoit ecrit à MM. les confuls le 11 de ce mois pour leur faire part des intentions du roy.

Le 23 dudit la paroiffe Notre Dame des Tables a fait un fervice pour le repos de l'ame de la reyne, auquel fervice MM. les confuls & greffier y ont affifté en robe; il y avoit un catafalque dans le cœur & un courdon autour de l'eglife avec les armoiries du roi & de la reyne, en ayant eté invités la veille par M. Caftan, curé de ladite paroiffe.

Le 6 août MM. les confuls, en robe, ont eté à la confrerie des Penitens Blancs au fervice qui a eté fait pour le repos de l'ame de la reyne & en ayant eté priés l'avant veille par deux deputés de ladite confrerie.

* Le 12 feptembre, Meffieurs les confuls, orateur & greffier en robbe, ont eté rendre vifite de felicitation à Monfeigneur D'Aigrefeuille, confeiller du roy en fes confeils, premier prefident en la cour des comptes, aydes & finances de Montpellier, fur ce que le roy avoit accordé à M. D'Aigrefeuille, fon fils, confeiller en lad. cour, la furvivance en la charge de premier prefident; led. feigneur premier prefident ayant eté harangué par M. Farjon, procureur du roy & de la ville & orateur, dans fon appartement, après quoy M. D'Aigrefeuille fils, qui etoit avec M. fon père a eté auffi harangué par le s. Farjon, enfuite M. le premier prefident qui etoit encore convalecent d'une maladie dangereufe qu'il avoit eu qui avoit donné lieu à la cour de demander au roy la furvivance pour fon fils, auroit remercié Mrs les confuls & temoigné le defir qu'il auroit de pouvoir rendre fervice à la communauté. M. D'Aigrefeuille fils, ayant auffi temoigné la fatisfaction qu'il avoit & remercié Mrs les confuls fut accompagner avec M. fon père Mrs les confuls jufques au degré.

Page 365.

Le meme jour M. D'Aigrefeuille fils, fut à l'hotel de ville rendre vifite à Mrs les confuls.

* Le dix neuf feptembre meffieurs les confuls & greffier en robbe ont eté rendre vifite à M. de Cambon, avocat general du parlement de Touloufe, logé chés M. de Joubert, findic general de la province, fon oncle.

Page 366.

Suivant la lettre ecritte le 15 novembre par M. de Joubert, findic general de la province, MM. les maire & confuls font difpenfés d'aller à la porte de la ville recevoir & haranguer M. l'archeveque de Narbonne venant de la court.

1768.	Le 15 octobre M. d'Aigrefeuille, fon epoufe & fon fils, partirent pour Paris parcequ'on lui avoit refufé des provifions de furvivance.

* Le 19 novembre audit an MM. les maire & confuls ont envoyé le capitaine du gué à l'intendance pour demander à M. le vicomte de Saint-Prieft, confeiller d'etat & intendant, fon heure pour les recevoir à l'occafion du mariage de Mlle fa fille avec M. le comte de Viviers de Lanfac: M. l'intendant les a priés de fe difpenfer.

* Le 21 novembre 1768 M. le prince de Beauveau, commandant, etant arrivé dans la nuit MM. les confuls & greffier en robe fe preparoint pour aller à fon hotel avec M. Farjon, orateur, l'haranguer, & lui ayant fait demander fon heure il auroit repondu qu'il les difpanfoit de la vifite.

Le 22 M. l'archevêque de Narbonne arriva & le lendemain MM. les confuls & greffier, en robe, feurent à fon hotel pour le voir. Il fut harangué par M. Farjon, orateur.

Le 23 dudit les armoiries furent pofées fur la porte de l'hôtel de ville & fur celle de deux portes de l'églife Notre Dame des Tables felon l'ufage.

MM. les confuls en robe ont eté voir MM. les commiffaires du roy & des Etats.

MM. les confuls en manteau court ont eté voir Noffeigneurs les eveques & les barons pour leur demander leur protection pour la communauté. Le 24 dudit l'ouverture des Etats a eté faitte par Mgr le prince de Beauveau, commandant en chef de la province de Languedoc, M. l'eveque de * Montpellier a dit la meffe, après quoy la proceffion a eté faite en la forme ordinaire ; il n'y a pas eu cette année de fermon.

Le 29 novembre MM. les commiffaires du roy ont demendé le don gratuit.

Le 23 decembre M. de Monrepaux, procureur general du parlement de Touloufe, arriva ; il feut veu par MM. les confuls en robe & harangué par M. Farjon, avocat, le lendemain.

M. l'archeveque de Narbonne partit pour Paris le 31 decembre.

1769.	Le 3 janvier 1769 les Etats fe feparerent. M. l'archevêque de Touloufe donna la benediction.

Le 14 janvier à l'occafion de la canonifation de Madame de Chantal, fondatrice du couvent de la Vifitation de Sainte Marie, MM. les confuls en robe fe rendirent à la cathedralle, où le clergé & tous les ordres religieux etoint affemblés, à trois heures aprés-midy : de là on partit proceffionnellement pour fe rendre à l'eglife de Sainte Marie, precedés de la banniere de la fainte portée par un ecclefiaftique, des tambours & trompettes ; arrivés on chanta les premieres vepres & la bulle fut lue par M. Lenoir, chanoine ; M. l'eveque donna la benediction, & dans le même ordre on fe rendit à la cathedralle, d'où on fe fepara. On obferve que l'aumônier dudit couvent etoit * venu à l'hotel de ville quelques jours avant, prier de la part defdites religieufes, MM. les confuls d'affifter à cette ceremonie.

Le 15e, dimanche, MM. les confuls & greffier, en robe, fe rendirent audit couvent, à 10 heures du matin, où ils fe placerent fur un banc vis à vis la chaire; un quart d'heure aprés le chapitre cathédral & Mgr l'eveque arriverent proceffionnellement precedés de la banniere de la fainte, des tambours & trompettes, M. l'eveque dit la meffe aprés laquelle M. de Candillargues, prevôt, fe tourna vers le peuple, dit à haute voix que M. l'eveque accordoit l'indulgence de 40 jours à tous ceux qui avoient affifté à fa meffe pontificalle. Enfuite le chapitre fe retira dans le même ordre qu'il etoit venu & MM. les confuls fe rendirent à l'hotel de ville. L'aprés midy du même jour MM. les confuls, greffier & procureur du roy, revettus de leurs robes, fe rendirent à l'eglife Ste-Marie, à deux heures; le chapitre, enfuite, dans le meme ordre que le matin; aprés vepres, qui furent chantées en mufique, M. Loys, chanoine de la cathedralle, precha fur les vertus & la vie de la fainte. Enfuite Mgr l'eveque donna la benediction & on fe retira dans le même ordre que le matin. Cette devotion attira dans cette eglife toute la * ville & dura huit jours, enforte que le 16 le chapitre collegial y fut en proceffion le matin; & le foir le fermon feut fait par M. Banal, chanoine.

Le 17 de la meme maniere la paroiffe de Saint-Pierre M....

Le 18 la paroiffe Notre Dame des Tables M. Caftan, curé, fit un fermon.

Le 19 la paroiffe Ste-Anne, M. Cuxac, curé, fit le fermon. Le 20 la paroiffe St-Denis, M. Manen, curé, precha. Le 21 les trois ordres de Saint-François, qui font les Capucins, Cordeliers & Recolets, un de ce dernier ordre precha. Et le 22 MM. les feminariftes. M. Veiffiere, un des directeurs, precha, ce qui fit la cloture.

Le 5 février MM. les confuls & greffier, en robe, ont affifté au convoi de Mme Marie-Roze Vaffal, epoufe de M. de Cambaceres, confeiller à la cour des aydes & maire de la ville, marchant immediatement aprés le corps. Enfuite venoit le deuil. Elle a eté inhumée aux Carmes dechauffés. La cloche de l'hotel de ville a fonné depuis 7 heures du matin jufque aprés l'inhumation.

Le lendemain 6 MM. les confuls & greffier firent dire une meffe de mort dans leur chapelle par M. Redier, chapellain, où ils affifterent en robe. Cette dame a eté generalement regretée par tout le monde.

* Le 28 fevrier M. le cardinal de Bernis, archeveque d'Alby, a paffé en cette ville fans s'arreter pour aller à Rome à la nomination du pape.

Le 1er mars a eté deliberé par le confeil renforcé & nommé pour remplir le confulat, pour la premiere echelle: M. le chevalier Patris, M. de Saint-Roman fils, M. le chevalier de Ratte; pour la feconde: M. Tinel, bourgeois, M. Gauffen, bourgeois, M. Aftier, bourgeois; 3e echelle: M. Palat, procureur de la cour des aides, M. J. Durant, procureur au bureau des finances & prefidial, M. Peridier, notaire; 4e chaperon: M. Sarran père, maitre chirurgien; 5e chaperon: le fieur Maïftre, fabricant de filozelle; 6e chaperon: le fieur Lafont, maitre tailleur d'habits.

Le même jour MM. les maire & confuls envoyerent la lifte à M. le

1769.

Page 372.

marquis de Caſtries des trois premieres echelles. Par le courrier du 19 on reçut la nomination du marquis de Caſtries qui a choiſi pour la premiere echelle : M. le chevalier Patris, gentilhomme ; pour la ſeconde : M. Tinel, bourgeois ; pour la troiſieme : M. J. Durant, procureur au bureau de finances & preſidial. Les nouveaux ayant eté avertis le lendemain de leur nomination. MM. les conſuls en chaperon & le greffier leur feurent rendre viſite le 20 mars, & les nouveaux conſuls firent le meme jour les viſittes cy apres : M. le commandant de la province, M. l'intendant pere & fils, M. l'eveque de Montpellier, M. le preſident Belleval, en l'abſence de M. D'Aigrefeuille, premier preſident, à M. le maire, à M. le juge mage, à M. Maillane, major, en l'abſence de M. le lieutenant du roy.

Page 373.

Le 21 mars dans l'hotel de ville de Montpellier à 11 heures du matin le corps de ville, revettu de la marque conſulaire, aſſemblé. M. Marcelin de Maſclary, premier conſul, a dit qu'il avoit fait avertir MM. les anciens & nouveaux conſuls de ſe trouver au preſent jour, lieu & heure pour recevoir le ſerment de MM. les nouveaux conſuls ainſi qu'il s'eſt toujours pratiqué & * aprés avoir fait faire lecture par Me Bedos, greffier de la communauté, du reglement fait par noſſeigneurs les commiſſaires du roy & des Etats pour les depenſes ordinaires de la communauté, M. le chevalier Patris, gentilhomme, M. Tinel, bourgeois, M. J. Durant, procureur au bureau des finances & du preſidial, qui ſont les trois ſujets choiſis & nommés par Mgr le marquis de Caſtries, gouverneur de la ville, ſur les neuf ſujets nommés & preſentés par le conſeil de ville ordinaire & renforcé & M. Sarran père, maitre chirurgien, M. Maîſtre fabricant de filozelle, elus & nommez par ledit conſeil ordinaire & renforcé, ont preté ſerment ſuivant l'uſage de tout temps obſervé, la main miſe ſur les ſaints evangilles, entre les mains de M. le premier conſul & plus n'a eté procedé & avons ſigné. Le ſieur Lafont elu 6me conſul n'a point paru quoiqu'il ait eté convoqué en la forme ordinaire, & nous a fait dire que le motif pour lequel il ne venoit point etoit qu'ayant apris qu'il s'etoit ellevé des difficultés ſur ſon ellection, qu'il y a eu une lettre de Monſeigneur le comte de St-Florentin, à ſon ſujet, à laquelle il feut deliberé hier dans le conſeil de ville de repondre ; il ne veut pas par reſpect & par difference pour ce miniſtre faire aucune fonction publique de la place à laquelle il a eté legitemement nommé, avant que le conſeil n'ait eu ſa reponſe aux lettres

Page 374.

& mémoires qui doivent lui etre envoyé & que ſa nomination * n'ait eté approuvée, ainſi qu'il l'eſpere, par la même autorité par laquelle on a voulu l'annuller & avons ſigné : Fortier, conſul, Chabanne, conſul, Couve, conſul.

Ledit 21 mars MM. les anciens conſuls en chaperon à la ſortie du bureau de police auquel MM. les nouveaux conſuls avoint eté admis ont eté ſuivant l'uſage à la halle & au mazel.

Le 24 mars il a eté envoyé un billet ſigné du greffier à M. Faure, juge mage, & à M. Nadal, procureur du roy, pour leur dire que l'inſtallation des nouveaux conſuls doit ſe faire le lendemain ſuivant l'uſage à 8 heures preciſes dans l'égliſe Notre-Dame.

Le 25 dudit MM. les anciens & nouveaux confuls fe font rendus à l'hotel de ville à 7 heures & demy du matin & après avoir pris leurs robes confulaires font entrés dans la chapelle avec le greffier, auffi en robe, & à huit heures precifes font partis de l'hotel de ville precedés de la fanfare & de leur fuitte, en paffant par la droite derriere l'eglife Notre-Dame pour fe rendre fur le perron de ladite eglife, où étant M. Faure, juge mage & M. Nadal, procureur, * precedés des huiffiers du prefidial & fuivis du corps des procureurs font arrivés & entrés dans l'eglife dans la même forme que l'année derniere & etant arrivés fur le degré du cœur de ladite eglife où il avoit eté placé une grande chaife, M. Campan etant à fa droite fur une petite chaife, le greffier de la ville y etant, M. Campan, avocat du roy, a fait un difcours & a requis la preftation du ferment de MM. les nouveaux confuls M. le juge mage apres avoir auffi fait un difcours l'a ordonné. En confequence M. Bedos, greffier confulaire, a fait lecture du ferment porté dans le petit Talamus qui a eté remis enfuite à M. le juge mage, de même que la baguette de viguier par M. Marcellin de Mafclari, laquelle a eté remife à MM. les nouveaux confuls l'un après l'autre, qui ont preté ferment fur le petit Talamus, entre les mains de M. le juge mage ; & après le ferment pretté, M. le juge mage, M. Campan, avocat du roy & les confuls font fortis de l'eglife precedés comme ils y etoint entrés & arrivés fur le perron fe font feparez, après s'etre falués reciproquement ; MM. les anciens & nouveaux, precedés comme a eté dit cy deffus de la fuitte & de la fanfare font revenus à l'hotel de ville en paffant par la place & entrés dans la chapelle les nouveaux confuls ont reçu le ferment des capitaines, des experts jurés & de la fuitte & après ledit ferment lefdits fieurs confuls & greffier, en robe, ont * eté faire les vifittes.

Et revenus à l'hotel de ville MM. les confuls ont pofé leurs robes & fe font retirés ayant figné, etant à obferver que le fieur Lafont, maitre tailleur, eleu au fixieme chaperon n'a point pretté le ferment par le même motif fans doute qu'il ne vint pas à l'hotel de ville pretter le petit ferment.

1769.

PAGE 375.

PAGE 375 *bis*.

PAGE 376.

* Ordonnance concernant la milice, du 28 fevrier 1769.
Marie Jofeph Emmanuel de Guignard de Saint-Prieft, intendant de Languedoc, veu l'ordre du roi du 27 novembre 1765, par lequelle S. M. a declaré que fon intention etoit qu'il fut levé chaque année un quart des hommes neceffaires pour porter les bataillons de milice au complet, celle du 12 novembre dernier qui ordonne la levée du 4e quart, & que les difpofitions contenues dans la precedente feront executées felon leur forme & teneur, veu auffi la repartition par nous arretée du nombre d'hommes qui doivent être levés dans les villes & communautés de cette province.
Article 1er. — Nous enjoignons à tous les garçons, hommes, veufs fans enfants ou jeunes mariés dans le cas de tirer au fort, qui fe trouvant abfens de leurs communautés lors de la publication de la prefente ordonnance n'auront pas acquis de domicile dans une autre communauté par une réfidence fuivie de trois mois au moins, d'y retourner fans aucun delai avec deffences de s'en ecarter jufqu'à ce que le fort ait eté tiré fous les peines portées par les ordonnances du roi.
2º Enjoignons pareillement à tous les garçons, hommes, veufs fans enfans ou jeunes hommes mariés dans le cas de tirer au fort qui n'etant pas natifs des communautés fujetes à la garde cotte fe pretandroint neanmoins foldats gardes cottes & à tous autres qui fe feroint retirés defdites communautés depuis quelque temps que ce puiffe être, de fe rendre dans le délai de trois jours dans les lieux de leur naiffance ou de leur dernier domicile pour y tirer au fort, fous peine d'etre regardés comme fuyards de la milice de terre, à l'effet de quoy les confuls defdites communautés gardes cottes les fommeront d'en fortir & nous en juftifieront, & les peres & meres & parents defdits garçons retirés dans lefdites communautés garde cottes feront tenus à la publication de la prefente ordonnance, & fans autres requifitions de les faire avertir de fe rendre inceffamment dans leurs communautés, avec deffenfes de s'en ecarter jufqu'à ce que le fort ait été tiré, fous

1769.

PAGE 377.

les peines portées par lesdites ordonnances. Permetons cependant auxdits garçons & autres dans le cas de tirer au sort de se faire représenter au tirage, conformément à l'article XXI (?) de la présente ordonnance.

A l'égard de ceux des paroisses gardes cottes qui se seront retirés dans l'interieur des terres depuis plus de six & qui ne seront point classés & incorporés dans les gardes cottes ils seront assujettis à tirer pour la milice de terre dans les paroisses où ils se sont retirés.

3º La levée ne pourra etre faite que par le sort qui sera tiré entre les garçons, hommes veufs sans enfans ou jeunes mariés qui y seront sujets, sans qu'aucun passager ou vagabond puisse y être admis.

4º Deffendons de substituer pour quelque cause, & sous quelque pretexte que ce puisse être, un milicien à la place d'un autre sur lequel le sort sera tombé, sous peine contre le milicien de 6 mois de prison & de 10 années de service dans la milice au dela de 6 années pendant lesquelles il devroit seulement servir ; de trois ans de galere contre l'homme qui aura eté substitué, & de 500 livr. d'amende contre les consuls ou autres qui auront favorisé ou participé ou adhéré à la substitution ou supposition d'un homme pour l'autre, ladite amende applicable moitié au denonciateur dont le nom sera tenu secret, & l'autre moitié à l'hopital le plus prochain, le tout conformément à l'article 16 de la susdite ordonnance du roy du 27 novembre 1765, permettans seulement de recevoir un frere lorsqu'il se presentera pour servir à la place de son frere, pourvu qu'il ait les qualités requises, & à un marié ayant un ou plusieurs enfans auquel le sort seroit échu, de présenter, pour servir à sa place un milicien qui après avoir obtenu son congé seroit encore en etat de servir 6 ans, bien entendu qu'il sera etabli dans la paroisse, autrement il ne pourra etre admis.

5º Défendons aussi tres expressément toute sorte de contribution ou cotisation en faveur de ceux sur lesquels le sort tombera, à quelque titre & sous quelque pretexte que ce soit, à peine de 500 f. d'amende applicable, comme il est dit cy-dessus, contre les consuls qui auront toleré ladite contribution, ou qui n'ayant peu les empecher auront negligé de nous en donner aussitôt avis & à nos subdelegués.

PAGE 378.

6º Les collecteurs de l'année 1768 jouiront de l'exemption pour la milice pendant la presente année 1769, & à l'égard de ceux qui se rendront adjudicataires de la levée des impositions de la presente année ils seront exempts de tirer au sort en 1770 ; faisons deffences aux consuls de recevoir les offres pour la levée de la taille de ceux qui auront eté declarés miliciens par le sort qui va être tiré en consequence de la presente ordonnance, ladite exemption ne devant avoir lieu qu'en faveur des collecteurs qui resideront dans la communauté, ou qui feront par eux mêmes la levée des impositions, & à l'égard de ceux que les collecteurs commettront pour faire ladite levée à leur place ils seront sujets au sort, aussi bien que lesdits collecteurs qui ne resideront point dans ladite communauté.

7º Nous ordonnons que la communauté de Montpellier, au diocese de Montpellier, sera tenue de fournir le nombre de 33|miliciens pour lesquels elle se trouve comprise dans la repartition par nous arretée, à l'effet de quoy les consuls de ladite communauté conseillers politiques & à défaut d'officier ou de conseil politique les principaux habitants seront tenus de dresser immediatement aprés la reception de la presente ordonnance avec le conseil politique qui sera convoqué en la forme ordinaire ou avec six des principaux habitants, s'il n'y a point de conseil politique, un etat exact contenant le nom de tous les jeunes hommes non mariés & hommes veufs sans enfants qui seront dans le cas de tirer au sort, de l'âge de 18 ans & au dessus jusques à 40 accomplis au premier du mois de mars prochain, de la taille de 5 pieds au moins sans chaussure, de force convenable, natifs de la communauté ou y residant depuis trois mois, lequel etat sera certifié & signé desdits consuls, conseillers politiques & principaux habitans & ensuite remis à notre subdelegué au moment de son arrivée dans ladite communauté pour y faire tirer au sort, & s'il ne se trouvoit pas un nombre suffisant de garçons & hommes veufs sans enfans sujets à la milice de l'âge, taille, force & figure convenable pour que le sort puisse être tiré entre trois au moins pour fournir un milicien, les jeunes gens mariés de l'age de 20 ans, & au dessous seront assujetis à tirer au sort, & de preference ceux qui n'auront point d'enfans & seront ceux sur lesquels le sort tombera declarés miliciens & tenus de servir en ladite qualité pendant 6 années.

PAGE 379.

8º L'etat de ceux qui doivent tirer sort sera leu dans une assemblée de la communauté afin que personne ne prétende cause d'ignorance & ensuite affiché à la porte de l'eglise à la diligence des consuls, avant le temps fixé pour tirer au sort, à peine contre lesdits officiers & leurs enfants d'etre declarés miliciens, laquelle lecture & affiche vaudront avertissement pour tous ceux compris audit etat & pour tous ceux qui y seront ajoutés sur des représentations comme ayant eté omis, au moyen de quoi personne ne sera fondé à dire lorsqu'on tirera le sort qu'on n'a pas eté avertis.

9º Ledit etat des garçons, hommes veufs sans enfans ou à leur deffaut des jeunes hommes mariés assujetis à tirer, remis au subdelegué ainsi qu'il a eté dit, il en sera fait lecture à haute & intelligible voix à ceux qui seront assemblés pour tirer, ledit subdelegué les interpellera l'un aprés l'autre de déclarer si cet etat comprend sans distinction tous ceux qui doivent y être compris, & les avertira que s'ils ne declarent autrement le sort tiré les omissions faites, ils ne pourront plus arreter comme fugitifs ceux dont par faveur ou autrement il n'auroit pas eté fait mention dans le sort.

10º S'il arrivoit que lesdits garçons, hommes veufs sans enfants ou jeunes hommes mariés, se plaignissent que les consuls ont omis quelqu'un dans leur etat, le subdelegué interpellera lesdits consuls de declarer à haute voix & devant les interpellés pour quel motif cette omission a eté faite & si ce motif n'est pas jugé suffisant par ledit subdelegué aprés qu'il aura entendu les representations ou celles des parens des particuliers omis, lesdits consuls audit etat ce tireront au lieu & place des absens non compris en l'état, & si le sort tombe sur eux, lesdits consuls ou leurs enfants seront veritablement déclarés miliciens pour servir à la decharge de la communauté pendant 6 ans.

PAGE 380.

11º Dans le cas où il y aura du doute sur la valideté du motif de l'omition faitte dans l'etat ou d'une exemption proposée & que le subdelegué jugera à propos de nous en reserver la decision, on ajoutera au nombre des billets autant de billets qu'il y aura eu de particuliers omis ou exemptés fous condition ; on fera tirer pour eux par un enfant &, fi par l'evenement, le fort tomboit fur un ou plufieurs defdits particuliers il fera procedé à un nouveau fort entre les prefents feulement, autres que ceux declarés miliciens & ne feront tirés qu'autant de billets, qu'il en faudra pour repondre au nombre des particuliers omis ou exemptés fur lefquels le premier fort fera tombé, il fera enfuite par nous décidé qui des trois, des confuls, de celuy pour lequel on aura tiré ou de celuy des autres interefsés fur lequel le fecond fort fera tombé, qui devra etre declaré milicien.

12º. Si quelqu'un des garçons, hommes veufs fans enfans, ou hommes mariés compris dans les états qui auront eté dreffés par les confuls, confeillers politiques ou principaux habitants, pretendent avoir quelques caufes legitimes qui les exemptent de tirer au fort, ils feront tenus de les propofer avant l'opération du fort à notre fubdelegué en prefence defdits confuls, confeillers politiques & habitants, ensemble tous les autres garçons, hommes veufs fans enfans ou hommes mariés interefsés & de toutes les perfonnes qui fe trouveront prefentes; à l'effet d'etre ftatué par notre dit fubdelegué fur lefdites exemptions, conformément à l'article xxiv de l'ordonnance du roy du 27 novembre 1765 & inftructions relatives & il fera fait mention par notre dit fubdelegué dans les procés verbaux du tirage, des caufes pour lefquelles il aura difpenfé de tirer au fort ceux qu'il en déclara exempts, ce qui aura lieu pour toutes les differentes efpèces d'exemption, même pour la * maladie habituelle, infirmité, manque de force, taille & figure.   PAGE 381.

13º Si lors de la publication de l'ordre envoyé pour tirer au fort quelque garçon ou homme veuf fans enfans fe pretendoit engagé dans les troupes, il fera tenu pour eviter les abus des engagements fimulés de raporter, conformément à l'article 17 de la fufdite ordonnance du roy du 27 novembre 1765, un certificat de l'officier qui aura reçu fon engagement aux confuls de la communauté, lefquels le remettront à notre fubdelegué pour nous etre envoyé, afin que nous puiffions l'adreffer au miniftre de la guerre & cependant fera ledit foldat contraint de joindre fans delay fon regiment, & ne pourra reparoitre dans la province, même avec un congé, à moins qu'il nous juftifie, par un certificat du commiffaire des guerres, contenant fon fignalement qu'il aura joint le corps & paffé en revue devant luy ; faute de quoy il fera arrêté & mis en prifon pour fix mois, & condamné à fervir dans la milice pendant 10 ans; il fubira la même peine fi en vertu d'un congé limité qui pourroit etre delivré aprés avoir joint le regiment, il refte plus de fix mois dans la province & qu'il ne retourne pas au corps. Et à l'egard des garçons qui fe pretendront foldats gardes cotes, ils feront pareillement tenus de juftifier à notre fubdelegué, avant que le fort ait eté tiré, & par des certificats en bonne forme, qu'ils font natifs des communautés où la garde cote eft etablie, qu'ils ont fait le fervice & ont eté compris dans la derniere revue ; faute de quoy feront affujetis à tirer au fort ; lefdits certificats feront fignés du major & du capitaine general de la garde cote.

14º Ceux des garçons, hommes veufs * fans enfans ou jeunes hommes mariés qui pretendront être atteints de quelque infirmité qui les rend incapables de fervir feront tenus de la declarer au fubdelegué, avant de tirer au fort, afin qu'il les faffe vifiter fur le champ par un chirurgien expert qui en donnera un certificat detaillé, dont il fera fait lecture en préfance de l'affemblée & les frais de vifite feront payés par la communauté.   PAGE 382.

15º Si aprés l'opération du tirage du fort le milicien à qui il fera echu fe prefente pour demander la decharge, fous pretexte de quelque infirmité, il fera mis en prifon, & payera conformément à l'article 23 de l'ordonnance du roy du 27 novembre 1765, 50 livres d'amende à celui à qui le fort echerra pour le remplacer, & les frais de vifite feront prelevés fur cette amende ; & à l'egard des foldats qui fe trouveront bien & valablement engagés, ils feront punis fuivant la rigueur de l'ordonnance.

16º Les particuliers compris en l'état & qui ne fe prefenteront pas en perfonne lorfqu'on tirera le fort feront declarés fugitifs, & celui fur lequel le fort fera tombé fera en droit de le faire arreter pour fervir à fa place, à moins que l'abfent avant l'opération du fort ne fit prefenter fes excufes valables & que quelqu'un ne confentit à tirer pour lui, & fi le fort echoit à celui pour lequel on aura tiré, celui qui aura tiré pour l'abfent fera tenú de le reprefenter dans la huitaine au plus tard pour en prendre le fignalement ; on n'admettra à tirer par reprefentation que les garçons *, hommes veufs & mariés, en etat de fervir, defquels on prendra egalement le fignalement & ceux-ci feront miliciens au defaut de celui qu'ils auront reprefentés au tirage, de toutes lefquelles promeffes & obligations le procés-verbal du fubdelegué fera mention.   PAGE 383.

17º Nos fubdelegués examineront avec la plus grande attention, de faire tirer au fort, l'age, la force & la figure de tous ceux qui n'ayant aucune caufe d'exemption legitime feront fujets au fort, & cet examen fera fait de telle maniere que rien ne puiffe echapper à leurs yeux, ny de tous ceux en prefence defquels le fort fera tiré.

18º Lefdits garçons, hommes veufs fans enfans ou jeunes hommes mariés, fujets au fort, feront toifés par les fubdelegués en prefence de tous les interefsés avec une toife échantillée au pied de roy & fera la toife placée perpendiculairement & fur un terrain uni & folide.

19º Ceux qui n'auront pas la taille, figure ou force fuffifante, feront exemptés du fort ; le fubdelegué en déclarera à haute voix le motif et en chargera fon procés-verbal.

20º Il fera fait autant de billets qu'il y aura de perfonnes fujettes à tirer, lefquels billets feront tous de meme papier & de meme grandeur ; on prendra fur le nombre defdits billets autant de billets qu'il fera demandé de miliciens pour la communauté. On ecrira fur ces derniers billets le mot milicien, & on le roulera enfuite de maniere qu'il n'i ait aucune difference fenfible avec ceux qui ne feront point ecrits, lefquels feront egalement roulés, & les uns & les autres feront mis et melés dans un chapeau qui fera tenu à la hauteur de la tefte de ceux qui tireront ; alors chaque garçon, hommes veufs fans enfans ou homme marié, fe prefentera fuivant le rang où il fe trouvera infcrit fur l'etat, il etendra la main, prendra un billet dans le chapeau & le donnera au fubdelegué pour être ouvert publiquement & faire connoitre à toute l'af-   PAGE 384.

1769.

PAGE 385.

semblée s'il est blanc ou ecrit ; quand le dernier des billets ecrits, autrement nommés billets noirs, sera tiré, le subdelegué, en presence de tout le monde, ouvrira tous les billets qui resteront dans le chapeau, afin qu'il soit notoire qu'il n'y a point d'autres billets noirs & que le tirage a eté bien fait.

Il sera dressé quatre procés-verbaux du tirage dont deux nons seront adressés avec l'etat original des garçons *, hommes veufs sans enfans, ou jeunes mariés, le troisieme sera remis au subdelegué avec une copie dudit etat, & le quatrieme restera au greffe de la communauté avec une autre copie du meme etat.

21º Celuy ou ceux sur lesquels le sort sera tombé seront declarés miliciens; leur faisons tres expresses defenses de s'absenter de leur communauté sous quelque cause ou pretexte que ce soit, sans en avoir averti les consuls & leur avoir declaré le lieu où ils voudront aller.

22º Lesdits miliciens seront, comme ceux des anciennes levées, exempts pendant les six années de leur service & les trois années suivantes de la capitation, collecte forcée, & de toutes charges personnelles, de laquelle exemption nous enjoignons aux consuls de les faire jouir.

23º Permettons aux consuls, ainsy qu'aux garçons & hommes veufs sans enfans, ou hommes mariés, & à tous les autres de faire arretter ceux qui seront declarés miliciens absents dans la presente levée, auquel effet ils donneront avis aux officiers & cavaliers de marechaussée du lieu de la retraite desdits miliciens absents ; afin qu'il leur soit preté main forte & assistance à la premiere requisition qui en sera faitte, pour la capture desdits miliciens absens, & leur traduction devant nous ou nos subdelegués & aprés qu'il aura eté verifié s'ils ont la taille & les qualites requises, il sera inscrits sur le controlle pour servir à la place de ceux à qui le sort sera echu & seront les frais de capture & conduite payés par les communautés. Enjoignons

PAGE 386.

aux consuls de toutes les communautés de cette province de preter * également main-forte & assistance pour l'arrestation desdits fugitifs.

24º Les soldats miliciens qui s'enrolleront dans une autre troupe avant l'expiration de leur service & avant qu'ils aient obtenu leur congé absolu, seront arrettés & mis en prison pour etre jugés par le conseil de guerre qui sera tenu en la forme ordinaire & condamnés aux galleres perpetuelles, conformement à l'article 37 de l'ordonnance du roi du 27 novembre 1765.

25º Comme il est necessaire que nous soyons informés du décés des nouveaux miliciens qui viendroint à deceder depuis le sort tiré jusques au temps de l'assemblée, nous enjoignons aux consuls d'envoyer à nos subdelegués, dans la huitaine du jour de la mort des miliciens de leurs communautés leur extrait mortuaire pour nous etre adressé, dans lequel il y sera fait mention du nom & surnom du milicien & du nom de la communauté pour laquelle il est tombé au sort, à peine contre les consuls qui auront negligé d'envoyer lesdits extraits mortuaires de 25 livres d'amende au profit des pauvres de la paroisse, lesdits consuls seront tenus d'envoyer aussi à notre subdelegué un etat des miliciens qui depuis le sort tiré, se trouveroint par leur infirmité hors d'etat de se rendre au quartier d'assemblée & de joindre audit etat des certificats des medecins ou chirurgiens qui constatent l'etat desdits miliciens, que le subdelegué visera & nous envera aprés s'etre assuré de l'etat desdits miliciens.

PAGE 387.

26º Conformement aux ordonnances du roy, il sera payé * par les consuls à chaque milicien trois livres lors du depart des bataillons pour se rendre dans les places, & à nos subdelegués pour les indemniser tant des frais de leur transport avec leur greffier que de ceux de leurs procés-verbaux 5 livres seulement pour chaque milicien qui sera fourni soit par une communauté seule, soit par plusieurs reunies pour tirer au sort dans un meme lieu, à l'effet de quoi permettons aux consuls de prendre lesdites sommes sur les fonds destinés aux depenses imprevues, & en cas d'insuffisance, l'avence en sera faitte par un tel nombre des principaux habitants que le conseil de la communauté jugera necessaire & qui seront nommés par une deliberation prise en la forme ordinaire, lesquels en seront remboursés aprés la verifitation & l'imposition ordonnée par MM. les commissaires du roy.

27º Il sera en outre payé sur les memes fonds dix sols au porteur des presentes, par les consuls, auxquels nous faisons tres expresses inhibitions & defenses de faire, à l'occasion de ladite levée, aucune autre depense que celles cy dessus marquées, sous quelque pretexte & denomination que ce puisse etre, à peine de 25 livres d'amende & de la rediation des depenses qui seront faites, lesquelles seront suportées par lesdits consuls en leur propre & privé nom sans aucune repetition sur la communauté.

PAGE 388.

28º Sa Majesté ayant par ses ordonnances des 25 janvier 1729, 12 octobre 1730, 12 novembre 1733, premier janvier & 6 août 1748, notamment par l'article 18 de celle du 27 novembre 1765 fait defenses aux ecclesiastiques, gentilshommes, communautés seculieres ou * regulieres de l'un ou l'autre sexe & generalement à tous les officiers & sujets de donner retraite à aucun garçon sujet à la milice avant que le sort ait eté tiré & à aucun de ceux qui auront eté designés miliciens, à peine de cinq cens livres d'amende pour chaque contravention, lesquelles amandes ne pourront etre remises ni moderées en faveur de qui que ce soit & sous quelque pretexte que ce puisse etre, nous enjoignons à nos subdelegués & aux consuls de nous informer exactement des contraventions qui pourront etre commises à cet egard, & pour prevenir les abus & contraventions au sujet des domestiques, nous ordonnons que les personnes qui pretendront que les leurs sont exempts justifieront qu'ils sont dans l'habitude d'en avoir & en quel nombre, en rapportant au subdelegué la quittance de la capitation qu'ils auront payée pour eux, sauf ensuitte au subdelegué à examiner si la pretention est fondée.

29º Les miliciens qui seront levés en consequence de la presente ordonnance seront tenus de se rendre au premier ordre qu'il leur en sera donné, dans le lieu qui leur sera indiqué, à peine d'etre contraints de servir dans les milices dix années au dela du terme de leur engagement.

30º Enjoignons aux consuls de faire sommer tous les susdits miliciens de se trouver audit quartier à peine d'etre responsables du retardement du service du roi.

31º L'intention du roi etant suivant sa nouvelle ordonnance qu'aucun soldat de milice ne puisse à l'avenir être retenu dans les bataillons de milice au delà du terme de son engagement il sera expedié * chaque année des congés absolus aux miliciens qui auront fini leur service, & des certificats pour les faire jouir desdites exemptions.

32º Sa Majesté ayant fait defense par l'article 20 de son ordonnance du 27 novembre 1765 à tous officiers & autres de troubler l'opération du tirage de la milice en engageant ceux qui seront assujetis à tirer & compris dans l'etat, & son intention étant qu'on ne puisse faire aucun enrollement que le lendemain, nos subdelegués auront grande attention d'y tenir la main & de nous informer des contraventions.

33º Enjoignons à nos subdelegués & aux consuls de tenir la main à l'execution de la presente ordonnance, laquelle sera enregistrée au greffe des hôtels-de-ville ou maisons comunes immediatement après la reception d'icelle, lue & publiée & affichée par tout où besoin sera à ce qu'aucun n'en pretende cause d'ignorance. Fait à Montpellier le 28 février 1769. Signé : de Saint-Priest, & plus bas, par Monseigneur : Daru.

Nous Louis Coulomb, ecuyer, avocat au parlement, subdelegué de l'Intendance du Languedoc au diocese de Montpellier, déclarons aux consuls de la communauté de Montpellier que nous nous transporterons le 18 avril prochain & jour suivant dans ladite communauté, à huit heures avant midi pour faire tirer au sort les garçons, hommes veufs sans enfants & jeunes hommes mariés, en conformité des ordres cy-dessus. En consequence, lesdits consuls auront à faire assembler auxdits jours & heure lesdits garçons & hommes mariés & à nous remettre à notre arrivée l'etat en bonne forme qui leur est ordonné de dresser.

Fait à Montpellier le 25 mars 1769, signé Coulomb. Par Monsieur Viala. Enregistré le 4 avril 1769.

1769.

PAGE 389.

PAGE 390.

Nous maire, lt de maire, consuls viguiers de la ville de Montpellier, seigneurs & barons de Caravettes & Valenne, juges de police des causes sommaires du lanefice & manufactures de ladite ville, certiffions & attestons à tous qu'il appartiendra que cejourd'hui les sieurs Barcellon frères, marchands paumiers, se sont presentés devant nous pour leur accorder la permission d'ouvrir & tenir un jeu de paume, dans la presente ville. Et attendu que lesdits Barcellon sont de bonne vie & mœurs & qu'ils ont une bonne conduite nous leurs avons permis & permettons d'ouvrir & tenir un jeu de paume en cette ville à la charge par eux de ne point donner à jouer à la paume les jours de fettes & dimanches, pendant les offices divins & de se conformer aux autres reglements de police, auquel effet la presente permission sera enregistrée dans les registres de l'hotel de ville pour y avoir recours en cas de besoin. Donné à Montpellier le 19 mai 1760.

* Du 10e avril 1769, heure de trois precises aprés midy, dans l'hotel de ville & MM. les officiers municipaux assemblés.

M. de Cambaceres, maire, a dit qu'il avoit prié MM. les consuls de s'assembler, Mgr l'intendant ayant des ordres du roi à leur faire notifier & qu'il seroit remis par M. Coulomb, subdelegué; lecture faite de la lettre de Mgr l'intendant adressée à MM. les maire & consuls, dattée du dix de ce mois, ensemble de l'ordonnance du roi qui étoit jointe ;

Il a eté deliberé & arrété unanimement par le corps de ville, après avoir signé le certificat de remise de la dite ordonnance, que le greffier consulaire fairoit convoquer le conseil de ville ordinaire, & renforcée pour demain à dix heures pour onse precises avant midi, en la forme prescrite par l'edit de 1766 & ont signé : CAMBACERÈS, maire, etc.

* Mémoires des greffiers de la ville. Vol. IX, p. 1.

* Du 11 avril 1769, à onze heures trois quarts aprés midi, M. le chevalier Patris, premier consul, étant sorti de l'assemblée du conseil renforcé, a mandé un escudier chez le sieur Bouisson, maître marechal, & etant arrivé il lui a fait part de l'ordonnance du roy du 2 de ce mois & de la deliberation qui venoit d'être prise par ledit conseil portant qu'on se

PAGE 2.

1769.

soumet à l'ordonnance du roi qui le nomme pour remplir la place de sixieme conful de la ville, & a d'icellui exigé le petit ferment, aprés quoy ledit fieur Bouiffon eft allé faire les vifittes ordinaires, fuivant l'ufage, & de retour à l'hotel de ville etant alors une heure aprés midi, M. Faure, préfident juge mage, eft entré avec M. Nadal, procureur du roi au prefidial & M. Bedos, greffier de la ville, revettus de leurs robes, dans la chapelle du confulat, où il avoit eté mis deux fauteuils fur le marge de l'autel, fur un duquel M. le juge mage s'eft affis & M. le procureur du roy fur l'autre, enfuite M. le procureur du roy * a requis le ferment dudit fieur Bouiffon & M. le juge mage l'ayant ordonné, il a eté leu par le greffier le ferment qui eft dans le petit talamus qui a eté remis à M. le juge mage & fur lequel ledit fieur Bouiffon a pretté ferment & a promis de bien faire fes fonctions, luy ayant eté remis la baguette de viguier ; & aprés la dite inftallation on s'eft retiré.

PAGE 3.

A deux heures & demi aprés midi MM. les confuls en chaperon & le greffier ont eté faire vifite au fieur Bouiffon.

Et à quatre heures le dit fieur Bouiffon en robe, accompagné de M. Bedos, greffier, auffi en robe, a eté faire les mêmes vifittes qui furent faittes le 25 mars dernier par MM. les confuls.

Et revenu à l'hotel de ville ledit fieur Bouiffon a quitté fa robe & s'eft retiré. J. BOUISSON, conful (figné).

Le 24 avril MM. les confuls en robe ont eté chez Mgr l'eveque de Montpellier, à l'occafion de la tenue de l'affiete pour demander l'heure & la leur ayant donnée ils ont eté de fuite la donner à M. Domergue, commiffaire principal.

PAGE 4.

Le 15 juillet MM. les confuls en robe ont eté * voir M. D'Aigrefeuille, premier préfident en la cour des aides, venant de Paris.

Du 20 juillet, les heritiers de M. Haguenot ayant remis à l'hotel de ville un chargement fait par feu M. Alibert en faveur dudit fieur Haguenot, d'un livre contenant les ftatuts & reglemens du perroquet, MM. les maire & confuls auroient mandé le fieur Charlot, capitaine du guet, chés le fieur Alibert, frere du defunt, qui auroit offert de remetre ledit livre & le guidon qu'il avoit trouvé chés fon frere, auquel il y avoit les armes du roy & de la ville, à condition qu'on lui en feroit une decharge, ce que ledit fieur Charlot ayant rapporté & trouvé la demande dudit fieur Alibert jufte, MM. les maire & confuls auroient fait un pouvoir audit fieur Charlot de retirer ledit livre & le guidon & que moyennant cette remife ledit fieur Alibert feroit bien & valablement defchargé ; en conféquence de ce pouvoir ledit fieur Charlot a retiré le tout & a remis à l'hotel de ville ledit livre enfermé dans un fac de velours cramoify, lequel eft couvert dans un autre fac de toile & le guidon où il y a un cupidon, les armoiries du roy & celles de la ville ; & pour conferver ledit guidon MM. les maire & confuls ont fait faire un fac toile, apres quoi le tout a eté depofé dans les archives de l'hotel de ville.

PAGE 5.

* Le 4 août M. de Montaran, maître des requetes & intendant du com-

merce, ayant envoyé à l'hotel de ville qu'il etoit arrivé en cette ville etant logé chez M. Huart, MM. les confuls en robe ont eté le vifiter, & les a accompagnés jufques à la porte.

Le 9 août MM. les confuls en robe ont eté diftribuer les prix & couronner les enfans du college, ayant eté vus trois jours avant par M. le principal & prefet dudit college pour demander leur jour qu'ils fixerent à aujourdhuy, ayant en confequence fait remettre l'etat defdits livres audit Faure, libraire, les enfants avec trois profeffeurs ayant à leur tete les tambours de la ville, font venus à l'hotel de ville prendre MM. les confuls & apres la diftribution des prix font revenus les y accompagner.

Le 20 octobre M. le vicomte de Saint-Prieft, intendant, etant arrivé venant de Saint-Prieft, MM. les officiers municipaux lui auroint fait demander l'heure pour les recevoir, il leur auroit fait dire qu'il les difpenfoit de la vifitte.

Le 28 novembre M. le prince de Beauveau, commendant en chef de la province, eft arrivé de nuit venant de la cour pour tenir les etats & le lendemain MM. les maire & confuls & orateurs s'etant affemblés pour aller à fon hotel l'aranguer, * il leur a fait dire qu'il les difpanfoit.

Le 29 novembre MM. les confuls, en manteau court, ont eté vifitter Noffeigneurs les eveques & barons à mefure qu'ils arrivoint.

Le dit jour les armoiries qui avoint eté dejà mifes à la maifon de M. Flaugergues, où loge ordinairement Mgr l'archeveque de Narbonne, ayant eté avertis par M. de Montferrier, findic general de la province, que Mgr l'archeveque ne fairoit point l'ouverture des etats, n'ayant peu partir de Paris à caufe d'une maladie, les armoiries furent pofées à la maifon de M. Aurés où logeoit Mgr l'archeveque de Toulouze.

MM. les confuls ont eté chez M. le commendant, intendant & treforiers de France de Toulouze & de Montpellier, commiffaires du roy.

Le 30 l'ouverture des Etats a eté faite par M. le prince de Beauveau.

Le 2 decembre M. l'eveque de Montpellier a dit la grand meffe à Notre Dame, le fermon a eté prononcé par M. Marques de cette ville & apres que la meffe a eté finie la proceffion s'eft faite.

* Le 8 janvier les Etats fe font feparés, monfeigneur l'archeveque de Toulouze ayant donné la benediction.

Le 1er mars le confeil renforcé a procedé à l'election confulaire & a eté nommé pour remplir le confulat : premiere echelle, M. le chevalier de Ratte ; M. de St-Roman ; M. de Claufel. Seconde echelle, M. Gouan, bourgeois ; M. Aftie ; M. Perere. Troifieme echelle, M. Palat, procureur à la cour des aides ; M. Pegat, procureur au bureau des finances & prefidial ; M. Cabanes, procureur à la cour des aides. Quatrieme chaperon, le fieur Martin Didier, me chirurgien. Cinquieme chaperon, le fieur Auzillon, pere. Sixieme chaperon, le fieur Lafon, me tailleur d'habits.

Par le courrier du 19 on reçut la nommination de M. de Caftries qui a choifi pour la premiere echelle M. le chevalier de Ratte. Pour la feconde M. Gouan, bourgeois. Pour la troifieme M. Pegat, procureur au bureau

1769.

PAGE 6.

1770.
PAGE 7.

1770.

PAGE 8.

dès finances & presidial, ainsi qu'on l'a leu dans la nomminațion de M. de Castries & dans sa lettre ecritte à MM. les maire & consuls.

* M. de Cambaceres, maire, a dit que le sieur Frick ayant quitté depuis le quinze fevrier dernier la place d'inspecteur de la foret de Valenne, le sieur Rouveyrolis a eté mis à sa place ayant eté agréé & approuvé par monseigneur le marquis de Castries, en consequence il propose * de le faire mettre en fonction.

PAGE 9.

Et attendu l'agreement de monseigneur le marquis de Castries donné au sieur Rouveyrolis pour remplir la place d'inspecteur de la forest de Valenne, MM. les officiers municipaux ont determiné de le faire mettre en fonction.

PAGE 13.

Le 18 avril l'assiette a eté tenuë à l'hotel de ville, M. Venel, commissaire principal, absent.

PAGE 14.

* Le 10 juin MM. les consuls & greffier en robe ont eté voir Madame la duchesse de Gramond, logée au gouvernement, sœur de M. le duc de Choiseul, a eté haranguée par M. Farjon avocat, venant de Paris, allant à Barege.

Le 21 aout MM. les consuls en robe ont eté rendre visite au general de l'ordre des capucins, logé aux Capucins & a eté harangué par M. Farjon avocat, le lendemain le general avec nombre de capucins est venu à l'hotel de ville rendre visite à MM. les consuls.

Le jubilé fut annoncé par le son de toutes les cloches le dimanche 4 novembre depuis trois heures jusqu'à quatre de l'après midi. Le même jour il y eut une procession generalle où se trouverent tous les ordres seculiers & reguliers qui sont dans l'usage d'aller aux processions generalles, où MM. les consuls & greffiers assisterent en chaperon, venant immediatement après Mgr l'eveque.

PAGE 15.

La procession sortit de Saint-Pierre chantant le *miserere*, passa à la Canourgue au du Palais, à la porte du Peyrou, à la Valfere, devant le petit Saint-Jean, à la * grande rue, au gouvernement, à l'hotel de ville, entra dans la parroisse Notre Dame des Tables, où elle fit une station de demy heure après laquelle elle ressortit en chantant les litanies des saints, passa à l'Aiguillerie, au Campnau, à la Blanquerie, à la rue du St-Sacrement, d'où elle se rendit dans l'eglise St-Pierre, où Mgr l'eveque donna la benediction du très Saint Sacrement. Le jubilé commença le lendemain 5 novembre & a duré 15 jours.

Le 10 novembre MM. les consuls & greffier en robe ont eté rendre visite à M. le vicomte de Saint Priest, intendant, de retour de Paris.

Le ... novembre MM. les consuls, en chaperon, ont eté rendre visite à M. de la Boissiere, lieutenant criminel de la ville de Nimes, logé chez la veuve de Jean-Antoine, en qualité de député du parlement de Toulouse.

Le 26 dudit Mgr l'archeveque de Narbonne est arrivé pour les Etats venant de Paris, il a fait dire à MM. les maire & consuls de ne point se rendre à la porte de la ville.

La nuit du 26 au 27 dudit le prince de Beauveau est arrivé venant de la cour.

* Le 27 novembre MM. les maire, confuls & greffier, en robe, ont été rendre vifitte à Mgr. le prince de Beauveau, commendant en chef de la province, il a efté harangué par M. Farjon, avocat & affeffeur.

Le même jour lefdits fieurs maire, confuls & greffier, en robe, ont eté rendre vifite à Mgr l'archeveque de Narbonne; a eté harangué par M. Farjon, affeffeur.

Le 28 novembre MM. les confuls en manteau court ont eté voir Noffeigneurs les archeveques de Toulouze & les eveques & les barons pour leur demander leur protection pour la communauté.

Le 29 novembre, l'ouverture des Etats a eté faite par Monfeigneur le prince de Beauveau.

Le 4 decembre la demende du don gratuit a eté faite.

Le 7 janvier les Etats fe font feparés.

Nous Jean Antoine de Cambacerés, maire, Jofeph Guitard de Ratte, gentilhomme, Pierre Gouan, bourgeois, Louis Pegat, procureur au bureau des finances & prefidial, Martin Deidier, m^e en chirurgie, Guillaume Auzillion & Guillaume Lafon, m^e tailleur, confuls viguiers de la ville de Montpellier * compofant le corps de ville affemblés dans l'hotel de ville :

M. de Cambacerés, maire, a dit qu'il avoit fait affembler le corps de ville pour lui faire part que le delay de fix années pendant lefquelles M. Antoine Jean Jacques Farjon, avocat, doit faire les fonctions de procureur de roy à la police & à l'hotel de ville alloit expirer, que le corps de ville etant autorifé par les lettres patentes de fevrier 1765, enregiftrées au parlement de Touloufe le 8 may fuivant, de nommer le procureur du roy, difpofition confirmée par l'art. 5 de l'edit du mois de mai 1766, enregiftré au parlement le 25 juin fuivant & par la deliberation du confeil de ville du 17 juillet de la meme année, il croit devoir propofer, ou de continuer led. Me Farjon dans lad. plaffe de procureur du roy, ou de nommer un autre gradué, afin que les lettres patentes & les edits foint executés; qu'il ne peut fe difpenfer de faire obferver que m^e Farjon a rempli ces fonctions de procureur du roy avec une attention & un zele qui lui ont merité des eloges, que M. le marquis de Caftries & Mgr l'archeveque de Narbonne ont fait connoitre qu'il etoit auffi utile que neceffaire qu'il fut continué dans * lad. place, qu'on ne peut auffi diffimuler que les lettres patentes de 1765 portant que le procureur du roy nommé pourra, apres les fix premieres années expirées, etre continué pendant fix autres années, elles annoncent que fa majefté a reconneu qu'il etoit utile que ceux qui ont eté choifis pour remplir ces fonctions, & qui par leur travail ont fuivy les affaires du bureau de police & de l'hotel de ville feuffent continués, furquoy il demende de deliberer.

Lecture faite de la nomination dud. m^e Farjon à la place de procureur du roy à la police & à l'hotel de ville du 8 juillet 1765, des lettres patentes de fevrier de la meme année, de l'edit du roy du mois de mai 1766 & de la deliberation du confeil de ville du 17 juillet 1766, nous avons nommé pour procureur du roy à la police & à l'hotel de ville m^e Antoine

1771.

PAGE 19.

Jean Jacques Farjon, avocat, à l'effet de continuer pendant fix autres années lefd. fonctions de procureur du roy & jouir de lad. place aux honneurs, rangs, fceances, droits & prerogatives y attachés & ce fur le meme ferment qu'il a deja pretté lors de fa premiere nomination, ce fait ayant * fait avertir led. me Farjon, s'eft rendu dans la prefente affemblée & lui ayant donné connoiffance de la prefente nomination il a remercié & a figné avec nous & notre greffier à Montpellier le 3e janvier 1771.

Le 28 fevrier le confeil ordinaire & renforcé a eté affemblé pour nommer les confeillers ordinaires qui doivent etre remplacés.

Le 1er mars à neuf heures precifes avant midy le confeil renforcé a procedé à l'election confulaire & a eté nommé pour remplir le confulat. Premiere echelle, M. le chevalier de Plantade; M. de St-Roman; M. Guilleminet Galargues. Deuxieme echelle, M. Jullien, M. Ricard, M. Gimel, bourgeois. Troifieme echelle, M. Palat, procureur à la cour des aides; M. Grenier, notaire; M. Efpinas, procureur au bureau des finances & prefidial.

PAGE 20.

* Quatrieme echelle, M. Peyre, apoticaire. Cinquieme echelle, M. Cambon, petit bourgeois. Sixieme echelle, M. Teiffon pere, maitre fellier. Led. jour & an MM. les maire & confuls envoyerent la lifte à M. le marquis de Caftries des trois premieres echelles pour en nommer un de chacune.

Le 19 mars 1771 ont eté elus confuls : Pour la 1re echelle ; M. le chevalier de Plantade. Pour la 2e, M. Ricard, bourgeois. Pour la 3e, M. Palat, procureur à la cour des aides, ainfi qu'on l'a leu dans la nomination de M. de Caftries.

PAGE 21.

* Du vingt un mars dans l'hotel de ville à onfe heures du matin le corps de ville affemblé, revettus de la marque confulaire, M. le chevalier de Plantade, gentilhomme, M. Ricard, bourgeois, M. Palat, procureur de

PAGE 22.

la cour des aides, qui font les trois choifis & * nommés par M. le marquis de Caftries, gouverneur de la ville, fur les neuf fujets nommés & prefentés par le confeil de ville ordinaire & renforcé & M. Peyre, me appre, Cambon, petit bourgeois & Taiffon, me fellier, elus & nommés par led. confeil renforcé ont preté ferment fuivant l'ufage.

PAGE 25.

Le 25 mars, à deux heures apres midy, MM. les nouveaux confuls en robe ont eté à l'eveché & de là chés M. le commiffaire principal de l'affiette.

PAGE 26.

* Le 3 avril MM. les confuls & greffier en robbe, ont affifté à l'enterrement de M. le chevalier Patris ayant eté plufieurs fois premier conful & notamment en l'année 1769, en ayant eté priés par M. fon frere.

Le 5 avril le fieur Eftienne Compan de cette ville a eté nommé juge de la banque & lui a eté donné une commiffion ; il a eté auffi nommé expert juré.

PAGE 27.

* Le   avril deux deputés de l'hopital general font venus avertir que dimanche prochain on faifoit la nomination des intendants & recteurs & qu'on viendroit les prendre led. jour dimanche à deux heures apres midy.

MM. les confuls ne fe font point rendus à l'hotel de ville parce qu'ils n'ont pas voulu y aller comme les années precedentes voulant y avoir la plaſſe que les lettres patentes leur accordent & qu'ils avoint au bureau de charité.

* Le 21 may MM. les conſuls en robe ont eté à l'hotel de ville pour la nomination des nouveaux intendants: ils ont eté pris à l'hotel de ville par M. de Perdrix, ſindic.

* Le 10 août MM. les conſuls & greffier, en robe, ont eté voir M. le duc de Rohan Chabau, logé au gouvernement avec Madame ſon epouze; ilz ont eté harangués tous les deux par M. Farjon, orateur.

Le 17 août à la ſortie du conſeil de ville MM. les conſuls & greffier, en robe, ont eté chez M. de Cambaceres, pour lui temoigner la ſatisfaction de le voir proroger dans la plaſſe de maire pendant ſix années.

Le 30 août M. D'Aigrefeuille, premier preſident, deceda à 3 heures du matin. L'aprés midy le premier huiſſier de la cour des aydes vint à l'hotel de ville dire de la part de la cour que M. le premier preſident étoit mort.

Deux heures aprés MM. les conſuls en chaperon furent avec le greffier faire leur compliment de condoleance à Madame D'Aigrefeuille, ſon epouſe, & à * M. ſon fils, conſeiller en ladite cour, qui vint à la porte de la chambre les recevoir; & aprés que M. le premier conſul eut temoigné la part que la ville prenoit à la perte qu'elle venoit de faire, M. D'Aigrefeuille les accompagna juſques à la porte de ladite chambre.

Le lendemain ſamedy à dix heures avent midy MM. les maire & conſuls & greffier, en robe, ont eté au palais donner d'eau benite au premier preſident qui avoit eté expoſé ſur un lit entouré de flambaux, dans la piece qui eſt en entrant dans la ſalle à main gauche.

Le lundy 2ᵉ novembre l'enterement ſe fit à neuf heures du matin. Aprés le corps marcha la cour, aprés eux MM. les conſuls & greffier, en robe, enſuitte MM. les procureurs en ladite cour auſſi en robe. Il fut porté à l'egliſe des Auguſtins qui avoit eté toute tapiſſée en noir. Mgr l'eveque dit la meſſe & M. Veiſſiere, chanoine, qui avoit fait l'enlevement du corps fit l'inhumation. Aprés qu'on eut fait cinq abſoutes la cour ſe plaça ſur la droite MM. les conſuls, vis à vis, ſur la gauche, les procureurs à la ſuitte & le deuil qui etoit mené par MM. les avocats, au ſentre.

Le 4 octobre ayant eté informé que M. la Boiſſiére, lieutenant criminel de la ville de Nimes, avoit reçu ſes proviſions pour remplir la place de premier preſident au conſeil ſouverain etabli à ladite ville de Nimes & qu'il avoit preté * ſerment entre les mains de M. le vicomte de St-Prieſt, intendant de la province de Languedoc, MM. les conſuls envoyerent chez la veuve de Jean Antoine où M. de la Boiſſiere etoit logé, le capitaine du gué pour lui demander l'heure qu'il pourroit les recevoir. M. de la Boiſſiere repondit qu'il etoit ſenſible à la politeſſe que MM. les conſuls vouloint lui faire; mais comme il alloit partir il les prioit de ne point prendre cette peine.

Enſuitte le capitaine du gué fut chez M. de Boſquat de Ferriere, treſorier de France de Montpellier, qui avoit reçu ſes proviſions d'avocat

1771.

general au meme conseil superieur de Nismes, pour luy demander l'heure à laquelle MM. les consuls pouvoint le voir, il temoigna toute la satisfaction qu'il avoit & donna l'heure à 4 heures.

Et cette heure etant arrivée MM. les consuls & greffier, en robe, furent chés M. de Bosquat, qui fut complimenté par M. Ricard, second consul, qui lui demanda pour la ville sa protection, à quoi il répondit qu'il seroit toujours bien flatté de pouvoir lui en temoigner toute sa reconnoissance, en les assurant que dans toutes les occasions la communauté eprouveroit qu'il connoit la bonne administration qui y reigne. Deux heures après M. de la Boissiere & M. de Bosquat sont venus à l'hotel de ville rendre la visitte.

PAGE 32. * Du neuf octobre messieurs les officiers municipaux assemblés dans l'hotel de ville, M. le maire a dit que le sieur Rouveyrolles, que Mgr le marquis de Castries avoit nommé pour remplir la place d'inspecteur de la forêt de Valene ayant demandé à se retirer il lui en avoit fait part, qu'il a nommé pour le remplacer le sieur Martial, natif de cette ville, bas officier dans les Invalides, duquel il lui a eté rendu un tres bon temoignage, qu'il a fait convoquer cette assemblée pour leur faire part du choïx de Mgr le marquis de Castries a fin de le mettre en possession de ladite place. A eté deliberé unanimement que ledit sieur Martial sera mis en place, auquel effet que les gardes lui obeiront en ladite qualité d'inspecteur, pour jouir à commencer de ce jour des emoluments y attachés.

CAMBACERES, maire; RICARD, PALAT, CAMBON, TEISSON, PEYRE.

PAGE 33. Le 17 octobre MM. les maire & * consuls ayant recu une lettre de Paris de M. le comte de Perigord, nommé par Sa Majesté pour commander en chef dans cette province à la place de M. le prince de Beauvau, qui marquoit qu'il arriveroit à Nismes le 21 & à Montpellier le 22 de ce mois, il fut arreté que M. le chevalier de Plantade, gentilhomme, M. Ricard, bourgeois, M. Pallat, procureur en la cour des comptes, aides & finances, & M. Peyre, maitre appoticaire, 1e, 2e, 3e & 4e consuls, & M. Bedos, greffier, se rendroint à Nimes; en consequence lesdits sieurs deputés partirent de cette ville le 20 pour se rendre en celle de Nismes, ayant pris à leur suitte le sieur Charlot, capitaine du gué & deux valets de ville; ils furent loger chez Troupenas, hote du petit Luxembourg. Le meme jour MM. les consuls de Nismes, en robe, le greffier & plusieurs deputés du conseil de ville, vinrent rendre visite auxdits deputés & après leur avoir fait compliment sur la satisfaction qu'ils avoint de les posseder dans ladite ville, ils les prierent à souper le meme jour à l'hotel de ville, ce qu'ils accepterent, & apres les avoir remerciés de leurs politesses, il les accompagnerent jusques à la porte de la rue. Une demi-heure après lesdits deputés furent à l'hotel de ville rendre en corps la visite, où ils trouverent MM. les consuls, en chaperon, qui les reçurent, ensuitte lesdits deputés furent rendre visitte à

PAGE 34. Mgr l'eveque de Nismes * & à M. de....., commendant. Le même jour ils furent rendre visitte à M. de la Boissiere, premier president du conseil superieur etabli à Nimes par edit de..... 1771, qui les accompagna jusques au 1e perron du degré & les pria à diner pour le lendemain; ensuitte ils furent rendre vifitte à M. de Chafelles & à M. Reinaud, 2ᵉ & 3ᵉ prefidents, à M. Planchut, procureur general, qui les accompagna jufqu'à la porte de la rue & à M....., doyen, aprés quoy lefdits fieurs deputés fe rendirent à leur cabaret pour fe repofer jufqu'à l'heure du fouper où ils fe rendirent à l'hotel de ville & s'etant levés de table à onze heures lefdits fieurs confuls & deputés du confeil de ville de Nifmes accompagnerent les deputés de Montpellier à leur cabaret, precedés de leur fuitte, portant des flambeaux; y etant arrivés, ils trouverent des billets de MM., chez lefquelz ilz avoint eté rendre vifite. Le lendemain à neuf heures du matin MM. les confuls envoyerent deux valets de ville de garde pour nous accompagner par tout où nous devions aller; & de fuite lefdits fieurs deputés feurent rendre vifitte à MM. les confuls & deputés du confeil de ville, aprés quoi ils fe retirerent à leur cabaret à une heure. Lefdits fieurs deputés fe rendirent chez M. de la Boiffiere où ils dinerent; M. l'eveque de Nifmes y avoit eté prié & autres perfonnes de diftinction. Sur les quatre heures de l'aprés midi lefdits deputés feurent à leur cabaret attendre l'arrivée de M. le comte de Perigord ; fur les 4 heures * & demi Mᵐᵉ la comteffe, venant d'Avignon, arriva, defcendit dans une maifon hors la ville où elle attendit M. le comte qui venoit de Paris & etant arrivé à cinq heures & s'etant joints ils entrerent enfemble dans la ville de Nifmes & furent loger à l'eveché.

Lefdits deputés fi etant rendus furent prefentés par Mgr l'eveque; M. le chevalier de Plantade, premier conful, portant la parolle pour la ville de Montpellier fit un tres beau compliment à M. le comte de Perigord, auquel il repondit d'une façon tres obligeante pour la ville & pour lefdits deputés & aprés leur avoir dit qu'il arriveroit à Montpellier le lendemain mardy 22 à 7 heures du foir, il les accompagna jufques à l'endroit où il les avoit pris. Enfuitte lefdits deputés furent prefentés à Mᵐᵉ la comteffe par M. le comte à laquelle M. le chevalier de Plantade fit un tres-beau difcours auquel Mᵐᵉ la comteffe, repondit fort poliment. Pendant tout le temps que M. le chevalier de Plantade parla Mᵐᵉ la comteffe fe tint debout, aprés quoi lefdits fieurs deputés fe retirerent à leur cabaret; à 10 heures du foir fe mirent dans leurs voitures pour fe rendre à Montpellier le 22, où ils arriverent à 8 heures avant midy.

Ledit jour à 6 heures de l'aprés-midy MM. les maire, confuls, greffier & M. Farjon, procureur du roy & affeffeur de la ville, en robe, fe rendirent precedés de la fuitte & du chevalet hors la * porte du pile St-Gily où ils attendirent M. le comte de Perigord dans le faubourg auprés de l'ecorchoir public. La bourgeofie etoit fous les armes dans ce faubourg. Le chevalet avoit eté au-devant de ce feigneur, qui arriva fur les 7 heures, dans un carroffe, precedé de la marechauffée ; lorfque M. le comte fut arrivé au lieu où MM. les maire, confuls & greffier l'attendoit, il fit arreter fon carroffe d'où il deffendit tout de fuitte. Il fut harangué par M. Farjon, enfuite il harengua Mᵐᵉ la comteffe, qui etoit debout dans le carroffe, qui repondit avec beaucoup d'affabilité. Enfuitte M. de Cambaceres, maire, prefenta le daix à M. le comte de Perigord qu'il refufa, & ayant defiré d'aller à pied

1771.

PAGE 35.

PAGE 36.

1771.

PAGE 37.

jufqu'à fon hotel, M. le maire fe mit à fa gauche & MM. les confuls & greffier le fuivirent. Quand ledit feigneur fut arrivé à la porte de la ville du Pila St-Gely il y trouva M. Dolimpie, lieutenant du roy, MM. les major & aide major de la ville & citadelle, qui lui firent leur compliment; mais ils ne lui prefenterent point les clefs des portes de la ville parce qu'elles ne devoint l'etre qu'au roy. M. Dolimpie s'etant mis à la droite de M. le comte de Perigord il continua fa marche en prenant le chemin de l'Efplanade, fur laquelle prefque tous les habitants de la ville s'étant rendus il n'y avoit point des foldats parce qu'il n'y a aucun regiment en garnifon en cette ville * & comme M. le comte s'aprochoit de fon hotel, la ville fit tirer quantité de boittes & de fuzées & etant entrés dans la porte du jardin du Gouvernement il y trouva M. le comte de Moncan & M. de St-Prieft pere & fils, quantité de nobleffe, qui les recut avec des grands temoignages d'affection & entra dans fon hotel d'où MM. les maire, confuls & greffier fe rendirent à l'hotel de ville.

Le 23 MM. les confuls & greffier en robbe ont eté rendre vifitte à MM. de Saint-Prieft pere, de retour de Paris. A eté harangué par M. Farjon, MM. les officiers n'ayant peu y aller le 20, jour de fon arrivée, parce qu'ils etoint partis pour Nifmes.

PAGE 38.

* Le meme jour il fut fait des illuminations dans toute la ville les mar^{ts} firent illuminer avec des flambeaux les 2 façades de la maifon de la bourfe confulaire.

Le 23 M. le comte de Perigord a eté vifitté & complimenté par toutes les compagnies de juftice, par le chapitre & par touts les corps & communautés religieufes de la ville.

PAGE 39.

* Le 24 octobre, ouverture des Etats.

Le meme jour après midy MM. les confuls & greffier en robe ont eté rendre vifite à M. le prefident Belleval, à caufe du decés de M. Daigrefeuile, p^r p^t.

Le 2 decembre les Etats fe font feparés.

1772.
PAGE 40.

* Le 4 janvier M. J. Farjon, avocat, pere de M. Farjon, procureur de roy de la ville, etant mort, meffieurs les confuls en chaperon ont eté faire vifite au fieur procureur du roy & comme les fieurs confuls fe preparoint d'aller à l'enterrement en robe MM. les avocats pretendirent que comme le deffunt etoit leur confrere ils devoint preceder MM. les confuls, lefquels ont repondu que leur place etant entre le corps & le deuil ils ne pouvoint confentir à leur demande & declarerent qu'ils n'iroient pas à l'enterement.

Le 29 fevrier le confeil de ville renforcé s'eft affemblé pour elire le confeil ordinaire.

Le 1er mars, à 8 heures precifes du matin, le confeil renforcé s'eft affemblé & a eté eleu pour remplir le premier chaperon: M. Guilleminet Galargues, M. Combet, M. de Fourgues, gentilhommes. Deuxieme chaperon: M. Julien, M. Gimel, M. Aftié, bourgeois. Troifieme chaperon: M. Martel, procureur au bureau des finances & prefidial. Quatrieme: le fieur Couftou, peintre. Cinquieme: le sieur Viala, m̃e perruquier. Sixieme: le sieur Laurens André, m̃e tailleurs d'habits.

* Led. jour 1er mars MM. les maire & consuls ont envoyé la liste à M. le marquis de Castries des trois premieres echelles pour en nommer un de chacune.

Par le courrier du 21 mars on reçut la nommination faite par M. le marquis de Castries, qui a choisy pour la premiere echelle. M. de Guilleminet Galargues. Pour la seconde M. Julien, bourgeois & pour la troisieme M. Martel, procureur au bureau des finances & presidial.

* Le 25 dud. avril deux des MM. recteurs de l'hopital general sont venus à l'hôtel de ville pour prier MM. les consuls de venir demain à la nomination de MM. les nouveaux intendants & recteurs & ont remis une liste de 24 personnes sur lesquels il en doit être nommé douze, ajoutant qu'ils viendroint le lendemain pour les prendre.

Le 26 deux de MM. les recteurs se rendirent à l'hôtel de ville à 3 heures precises de l'après midy & n'y ayant trouvé aucun de MM. les consuls se sont retirés.

Il est à observer que depuis plusieurs années MM. les consuls ne vont plus à l'hôpital général parcequ'ils attendent qu'on ait repondeu aux protestations qu'ils ont fait pendant plusieurs années, à l'occasion de la place qu'ils doivent occuper dans cet hopital en qualité d'administrateurs nés de lad. maison, conformement à l'arret du conseil du 16 may 1664.

* Un de MM. les sindics de l'hotel Dieu est venu à l'hotel de ville pour prevenir MM. les officiers municipaux, que la nomination de MM. les intendants se fairoit le lendemain & qu'il viendroit les prendre suivant l'usage.

Le lendemain M. Gouan, sindic, se rendit à l'hotel de ville à trois heures apres midy MM. les consuls mirent leurs robes & se rendirent à l'Hotel Dieu; la nomination etant faite & le bureau fini MM. les consuls se retirerent.

* Du 6 juillet 1772 MM. les officiers du corps de ville assemblé, M. Farjon, procureur du roy de la ville, a dit: MM., on nous a remis une lettre que Mgr le duc de la Vrilliere vous a ecrit le 28 du mois de juin dernier; les ordres du roy, qu'elle contient, vous assurent & à cette ville, que M. de Cambaceres restera maire jusques à ce que Sa Majesté ait reconneu s'il est à propos ou non qu'il y ait à Montpellier un maire en titre d'office.

Cette faveur distinguée ajoute de nouveaux traits aux éloges continuellement merités par l'attention la plus suivie, la prudence eclairée, les lumieres superieures, le zele infatigable à addoucir le pesant fardeau de nos impositions qui caracterisent M. de Cambaceres & fait cesser les craintes qui vous affligeoient & nos habitans depuis la nouvelle creation des offices municipaux portée par la declaration du roy du 11 may dernier.

Si le ministere public que nous remplissons à jamais deu faire eclater de joye, c'est dans cette occasion où un ministre cheri, qui fait le bonheur du

1772.

PAGE 50.

peuple, veille au bien & à l'avantage particulier de cette ville en recompenſant le merite de celui qui vous eſt cher à tant de titres.

* Nous requerons que la lettre de Mgr le duc de la Vrilliere ſoit transcrite dans les regiſtres de l'hotel de ville & qu'il ſoit rendu compte au miniſtre de l'execution de l'ordre du roy.

Nous officiers du corps de ville ordonnons que la lettre de Mgr le duc de la Vrilliere, du 28 du mois de juin dernier, contenant l'ordre du roy, fera tranſcrite de ſuitte dans le regiſtre de l'hotel de ville & executé ſelon ſa forme & teneur; ce qui a eté fait comme ſuit :

MM. Quoique le roy ait ordonné par ſa declaration du 11 mai dernier l'execution en Languedoc de ſon edit du mois de novembre 1771. Néanmoins l'intention de Sa Majeſté eſt que ſon ordonnance de l'année derniere portant continuation de M. de Cambaceres dans la place de maire de Montpellier, ſorte ſon plein & entier effet juſqu'a ce qu'elle ait reconnu s'il eſt à propos ou non qu'il y ait un maire en titre d'office.

PAGE 51.

Vous ne manquerez donc pas de vous conformer exactement à la volonté du roy & de m'accuſer la reception de la preſente que vous ferez tranſcrire * ſur les regiſtres de votre hotel de ville. Je ſuis, MM. &c.

MM. les marchands faiſant faire des reparations à la loge, MM. les prieurs conſuls ont eté prier MM. les maire & conſuls de leur permettre de tenir leur audience dans une ſalle de l'hotel de ville & pour donner des preuves à ce corps de la ſatisfaction qu'ils ont de pouvoir leur être utille ils y ont conſenti & la premiere audience a eté tenue dans la ſalle où ſe tient le bureau de police, le jeudi ſix aout.

Le 2 octobre M. Renaud, preſident au conſeil ſuperieur, etant arrivé en cette ville & MM. les maire & conſuls en ayant eté avertis ils y envoyerent le capitaine du gué pour lui demander l'heure qu'il ſouhatoit etre viſité. De retour ledit Charlot dit que M. Renaud les remercioit.

PAGE 52.

Le 18 du même mois M. le comte de Perigord, commendant, venant de la cour, arriva dans la nuit & diſpenſa MM. les maire & conſuls * de lui rendre les honneurs accoutumés.

Le 20 octobre, jour de la delivrance de la ville, MM. les conſuls en robe ſe ſont rendus à Saint-Pierre & ont porté le dai à la proceſſion.

Le 27 octobre MM. les conſuls & greffier, revettus de leurs robes, ont eté rendre viſite de felicitations à monſeigneur de Claris, pourveu par le roy de la charge de premier preſident en la cour des comptes aides & finances de Montpellier, etant dans ſa maiſon rue de St-Guilhem, ayant eté reçu par la cour à dix heures du matin, il a eté harangué par M. Fargeon, procureur du roy de la ville, faiſant les fonctions d'aſſeſſeur, enſuite madame ſon epouſe a eté haranguée, M. le premier preſident etant venu prendre MM. les conſuls à la porte du degré & les a accompagnés juſques au degré, après les avoir remerciés de leur viſite avec beaucoup de temoignages de protection dans toutes les occaſions pour le general & particulier de la communauté & de conſideration pour les conſuls.

Le 30 dudit M. le comte de Perigord, commendent en chef de la province, eſt arrivé venant de viſitter les cottes & a eté harangué chez lui, par M. Farjon, procureur du roy, MM. les maire, conſuls y etant en robe.

* Du 2 novembre MM. les maire & confuls affemblés dans l'hotel de ville, M. de Cambaceres, maire, a dit qu'il recut par le courier arrivé hier une lettre de M. le duc de la Vrilliere, adreffée au corps de ville, qu'il s'empreffe d'en faire part. Par cette lettre ce miniftre annonce que le roy etant fatisfait du zele avec lequel M. Farjon a rempli jufques à prefent les fonctions de fon procureur dans l'hôtel de ville on sintention eft qu'il foit continué dans cette place & qu'il nous en donne avis pour que nous nous y conformions. M. de Cambaceres a ajouté qu'il eft perfuadé que cet ordre remplira de joye le corps de ville & fatisfera tous les habitans puifque M. Farjon a remply cette place avec une * diftinction que les lumieres, les talents & le zele peuvent feuls meriter, qu'il propofe d'entendre la lecture de cet ordre, d'ordonner qu'il fera enregiftré & que le corps de ville repondra à M. le duc de la Vrilliere pour lui temoigner fa fatisfaction & celle du public.

Lecture faitte de la lettre de M. le duc de la Vrilliere il a eté unanimement délibéré qu'elle fera enregiftrée pour etre executée & ledit fieur Farjou jouir du contenu en icelle, dont la teneur s'enfuit, & qu'il fera ecrit une lettre à M. de la Vrilliere pour lui rendre compte de l'execution de fon ordre :

MM. Le roy etant fatisfait du zele avec lequel le fieur Farjon a rempli jufqu'à prefent les fonctions de fon procureur dans l'hotel de ville de Montpellier fon intention eft que vous le continuiés dans l'exerciffe de cette place. Je vous en * donne avis afin que vous puiffiés vous y conformer. Je fuis MM., votre tres affectionné ferviteur; figné: Le duc de la VRILLIÈRE. A Fontainebleau, le 25 octobre 1772.

* Le 5 novembre l'ouverture des Etats a eté faite par M. le comte de Perigord, commendant en chef de la province.

Le 13 dud. l'ouverture des audiances de la cour des aides a eté faite par M. de Claris, premier prefident, y affiftant M. le comte de Perigord, commandant en chef de la province qui etoit affis fur le tribunal au millieu, ayant à fa droite M. l'eveque de Montpellier en cammal & rochet; enfuite venoit M. Fargeon, doyen, à fa gauche M. le premier prefident. M. de Périgord apres les requifitions de M. l'avocat general & le difcours de M. le premier prefident a reçu le ferment de MM. les avocats & des procureurs. Lefdits fieurs confuls & greffier en robe y feurent, ayant eté invités la veille par le premier huiffier.

Le foir du meme jour MM. les confuls & greffier ont eté au palais rendre vifite à M. le premier prefident.

* Le   decembre les Etats fe font feparés.

Le 1er fevrier MM. les confuls en robe ont eté à l'audience de la cour des aides pour l'enregiftrement des lettres de M. de Bieley, lt general de la province, ayant eté invités la veille par le premier huiffier de la cour.

Le 1er mars il n'a pas eté procedé à l'election confulaire en etant empeché par l'edit de novembre 1771 qui crée les offices municipaux.

Du vingt fix mars mil fept cens foixante treize MM. les officiers municipaux affemblés dans l'hotel de ville. M. de Cambaceres, maire, a dit qu'il

1773.
PAGE 58.

les avoit priés de s'aſſembler pour, ſuivant l'uzage & le droit qu'ils en *
avoient, nommer à la place de directeur & inſpecteur des ouvrages de la
ville, vacante par la mort du ſieur Jean Nogaret, à laquelle il avoit été
nommé de la meme maniere, le 17 novembre 1767, l'ayant exercée pendant ce court eſpace de temps avec l'attention & l'aplication qui lui avoit
aſſeuré la confiance de MM. les adminiſtrateurs & merité à juſte titre leurs
regrets, & de tous les habitants qui avoient été à portée de connoitre ſa
droiture, ſa probité, ſon deſintereſſement & ſon aſſiduité dans l'exerciſſe
de cette place;

Qu'il propoſe pour le remplacer le ſieur Jacques Donat, eleve du ſieur
Giral, que M. le marquis de Caſtries a honoré de ſon conſentement, la
ville, en le nommant pour directeur de ſes ouvrages s'aſſeure decidement
la continuation des ſervices du ſieur Giral, architecte, dont les talents, le
gout & les connoiſſances ſont reconnus, qui dans toutes les occaſions s'eſt
toujours pretté aux deſirs de MM. les adminiſtrateurs, & a merité que dans
la circonſtance preſente ils ayent eu egard à l'intereſt qu'il prend que cette

PAGE 59.

place ſoit donnée à ſon eleve; MM. les adminiſtrateurs actuels pouvant *
eſperer que le ſieur Donat flatté du choix qui a été fait de ſa perſonne pour
la remplir, l'exercera avec autant d'aſſiduité que d'aplication, afin de s'aſ-
ſeurer comme ſon predeceſſeur la confiance de MM. les adminiſtrateurs de
la communauté & la protection de monſeigneur l'intendant, qui a bien
voulu approuver le choix qui en a été fait.

MM. les officiers municipaux, aſſemblés dans l'hotel de ville apres avoir
entendu la propoſition de M. le maire, ont unanimement deliberé, pour
remplacer feu le ſieur Nogaret de nommer le ſieur Donat pour directeur &
inſpecteur de tous les ouvrages de la ville, de même que pour veiller à la
conſervation de la conduite de la fontaine, ainſy & de la même manière
que ſon predeceſſeur, cette place luy etant donnée avec l'attache & l'agrément de M. le marquis de Caſtries.

M. le maire a été auſſi prié par le corps de ville de faire deliberer au
premier conſeil de la communauté ſon honnoraire pour ces deux objets,

PAGE 60.

ſans que le ſieur Donat puiſſe demander * aucun payement de tous les
plans & devis qu'il ſera obligé de faire tant qu'il remplira la place de directeur pour les differents ouvrages de la ville, à moins qu'il n'y en aye
d'extraordinaires & conſiderables & qu'il n'aye été deliberé auparavant par
le conſeil de ville de les luy payer.

Le premier avril l'aſſiette a eté tenue: M. Alizon, conſeiller au conſeil
ſuperieur & maire de Nimes, commiſſaire principal, n'eſt pas venu. MM. les
conſuls en robe furent la veille chez Mgr l'eveque de Montpellier pour prendre l'heure & ce jourdhui ils ont eté en robe, à l'exception de M. de Guilleminet Galargues, premier conſul qui eſt entré comme ex premier conſul.

Le 7 avril M. de Chaſel, preſidant au conſeil ſuperieur de Nimes, eſt
arrivé en cette ville: le ſieur Charlot, capitaine du gué, y a eté pour ſcavoir
s'il vouloit etre vu par MM. les conſuls il a remercié.

Le 24 mai le ſieur Jean Seranne, me vitrier, a eté inſtallé par M. de

Cambaceres, maire, en l'office de cinquieme conful de la ville de Montpellier, fuivant fes provifions ecrites cy apres & apres etre inftallé il a eté en manteau court & chaperon precedé de l'efcudier en robe & fuivi d'un valet de ville voir les puiffances comme le jour de l'inftallation de MM. les confuls du 25 mars.

1773.

 Louis, par la grace de Dieu, roy de France & de Navarre, à tous ceux qui ces prefentes verront, falut. Nous avons, par notre edit du mois de novembre 1771, veriffié ou befoin a eté, créé & etabli en titre d'offices formés dans les villes & communautés de notre royaume où il y a corps municipal, un maire, un lieutenant de maire & autres officiers municipaux, & etant neceffaire de pourvoir aux d. offices des perfonnes capables de les remplir avec le zele, l'exactitude & la probité que demandent les devoirs & les fonctions qui y font * attachés, fcavoir faifons que pour la plaine & entiere confiance que nous avons en la perfonne de notre bien amé le fieur Jean Seranne & en fes fens, fuffifante probité, capacité & experience, fidelité & affection à notre fervice, pour ces caufes & autres nous lui avons donné & octroyé, donnons & octroyons par ces prefentes l'office de notre confeiller cinquieme conful en la ville & communauté de Montpellier, créé par notre edit, auquel office n'a point encore eté pourvu & dont la finance nous a eté payée par led. fieur Seranne, fuivant la quittance du fieur Bertin, treforier de nos revenus cazuels ci attachée fous le contre fcel de notre chancellerie, pour led. office, avoir, tenir & dorenavant exercer & jouir & ufer par led. fieur Seranne aux memes fonctions, rang, fceance, droits & prerogatives dont avoint droit de jouir les titulaires de pareils offices avant leur fuppreffion, de la maniere & ainfi qu'il eft plus amplement expliqué par les edits & declarations des mois de juillet 1690, aouft 1692, may 1702, janvier 1704, octobre 1706, mars 1709 & novembre 1771, * & nottament de l'exemption de logement de gens de guerre, tutelle, curatelle, nomination à icelles, collecte, guet & garde, &c......; tant pour lui que pour fes enfants & de toutes autres charges de ville & de police & en outre des droits & emolumens dont jouiffoint ceux qui rempliffoint les fonctions dud. office avant la création dicelluy, & en outre de trois cens livres de gages fur le pied du denier vingt de lad. finance, à prendre par preferance fur les revenus patrimoniaux & octrois de lad. ville & communauté de Montpellier, defquels gages il fera payé de fix en fix mois fur fes fimples quittances par les receveurs des deniers patrimoniaux & d'octroy, ou autres ayant le maniement des revenus de lad. ville & communauté, dans le compte defquels la depenfe en fera paffée & allouée fans difficulté &, à deffaut de fonds fuffifants, fur ceux qui feront par nous ordonnés, le tout ainfy qu'il eft plus au long porté par led. edit & autres edits declarations, arrets & reglements y relatés, pourveu toutesfois que led. fieur Seranne ait atteint l'age de vingt cinq ans acomplis, requis par nos ordonnances fuivant fon extrait baptiftaire du vingt un aouft mil fept cens douze * duement legalifé & icy attaché, apeine de perte dud. office, nullité des prefentes &c. Si donnons en mandement à notre maire en la ville & communauté de Montpellier ou fon lieutenant, lui etant aparu de bonnes vie & mœurs, age fufd. de vingt cinq ans acomplis, converfation & religion catholique apoftolique & romaine dud. fieur Seranne, & de lui prefent reçu le ferment requis & accoutumé, ils le reçoivent, mettent & inftituent de par nous en poceffion dud. office, l'en faifant jouir & ufer pleinement & paifiblement, lui faifant obeir & entendre de tous ceux & ainfy qu'il appartiendra ez chofes concernant led. office, mandons en outre à nos amés & feaux confeillers les prefidents treforiers de France & generaux de nos finances à Montpellier, que par les treforiers, receveurs, payeurs & autres comptables qu'il appartiendra, & des fonds à ce deftinés ils faffent payer & delivrer comptant aud. fieur Seranne fes gages & droits aud. office appartenant, aux termes & en la maniere accoutumée, à commancer du jour & datte de la reception, de laquelle ainfy que des prefentes, raportant par lui * copie collationnée une fois feulement, avec quittances de lui fur ce fuffifantes, nous voulons lefdits gages & droits etre paffés & alloués en la depenfe des comptes de ceux qui auront fait le payement, par nos amés & feaux confeillers les gens de nos comptes aides & finances à Montpellier, auxquels mandons ainfy le faire fans difficulté, car tel eft notre plaifir. En temoin de quoy nous avons fait metre notre fcel à ces dittes prefentes. Donné à Paris le douzieme jour de may l'an de grace mil fept cens foixante treize & de notre reigne le cinquante huitieme. Signé : par le roy, Huart.

Page 62.

Page 63.

Page 64.

Page 65.

 J'ai reçu du fieur Jean Seranne la fomme de fix mille livres pour la finance de l'office de confeiller du roy, cinquieme conful de la ville & communauté de Montpellier, créé par edit du mois de novembre 1771, veriffié où befoin a eté, pour par led. Seranne jouir des memes fonctions, rangs, fceances, droits & prerogatives dont avoint droit de jouir les titulaires de pareils offices avant leur fuppreffion, & ainfy qu'il eft plus amplement expliqué par les edits & declarations de juillet 1690, aouft 1692, may 1702, janvier 1704, decembre 1706 * mars 1709 & novembre 1771, comme auffi de toutes exemptions de logement de gens de guerre, collecte, tutelle, curatelle & nomination à icelles, guet & garde, milice, tant pour lui que pour fes enfans & de toutes autres charges de ville & de police & en outre des droits & emolumens dont jouiffoient ceux qui rempliffoint les fonctions dud. office avant la creation d'icelluy de trois cens livres de gages fur le pied du denier vingt de lad. finance à prendre par preferance fur les revenus patrimoniaux, des comptables ou autres ayant le maniement des revenus de lad. ville & communauté de Montpellier dans le compte defquels la depenfe en fera paffée & allouée fans difficulté & à defaut de fonds fuffifans fur ceux qui feront ordonnés par fa majefté, le tout ainfi qu'il eft plus au long expliqué dans lefd. edits & declarations y relatés, laquelle fomme à moy payée le premier mars prefant mois. Fait à Paris, le dix huitieme jour du mois de mars * mil fept cens foixante treize. Bertin, figné. Enregiftré au controlle

Page 66.

Page 67.

1773.

général des finances par nous chévalier, conseiller du roy en ses conseils, garde des régistres du conseil general des finances, faisant pour M. l'abbé Terray, conseiller ordinaire au conseil royal, controlleur general des finances. A Paris, le dixieme jour d'avril 1773. Signé PARROTIN.

Page 68.

Mgr de Barral, eveque de Castres, est decedé en cette ville dans l'hôtel de M. de Saint-Priest, conseiller d'etat, intendant * en la province de Languedoc, son beau-frère, le 16 juillet 1773 à 7 heures du soir. Le lendemain 17 il fut inhumé dans l'eglise Saint-Pierre à 7 heures de l'après midy, dans le tombeau du chapitre.

MM. les consuls, le procureur du roy & le greffier en robe, en se conformant au ceremonial, se rendirent à l'hotel de l'intendance à 4 heures après-midy; ils feurent donner l'eau benite au deffunt; ensuite ils feurent introduits dans une salle du rez de chauffée ou etoit M. l'abbé de Barral, grand vicaire à Castres & frere du deffunt, & M. le vicomte de Saint-Priest fils, maitre des requêtes & intendant, M. de Saint-Priest frere etoit à Grenoble. Après avoir fait à l'un & à l'autre le compliment de condoléance ils se retirerent dans une salle attenant en attendant l'heure du convoy. A six heures le chapitre arriva; Mgr l'eveque de Montpellier officiant & fit l'enlevement du corps, qui fut porté par des ecclesiastiques & la marche fut comme suit:

Page 69.

Les pauvres de l'hôpital general, après eux MM. les intendants, recteurs & sindics, les vallets de ville avec leurs pertuisanes, * au bout desquelles il y avoit un crêps; le trompette etant à leur tete; la confrerie des Penitens Blancs; tous les ordres religieux; les quatres paroisses; le chapitre de la collegiale; le chapitre cathédral etant precedé des ecclesiastiques du seminaire, Mgr l'eveque de Montpellier officiant; ensuite venoit le corps & les domestiques, tant du deffunt que de Mgr l'intendant & les officiers de la maison; les escudiers avec leurs masses, au bout desquelles il y avoit un crepe; lesdits sieurs consuls, procureur du roy & le greffier, en robe; les intendants & sindics de l'hopital Saint-Éloy; les sœurs grises; le premier deuil etoit M. l'abbé de Barral, le second M. le vicomte de Saint-Priest, le troisieme M. le président de Bocaud & M. le marquis d'Axat, tous les officiers du regiment de Bourbonnois en garnison, & quantité d'officiers de la cour des aides, des tresoriers de France, du * presidial & de la noblesse.

Page 70.

Sortant de l'Intendance on passa à la plasse des Cevenols, au coing du Salut, le long de la rue St-Firmin, sur la Canourgue, au puits des Esquilles, d'ou l'on fut à St-Pierre. L'inhumation fut faite après cinq absoutes.

Du vingt un septembre mil sept cens soixante treize, le corps de ville assemblé, M. de Guilleminet, premier consul, a dit que depuis qu'il a l'honneur d'être consul il a été avec le corps à l'Hotel-Dieu pour proceder avec MM. les intendans & sindics à la nomination d'un chirurgien, y ayant été invités par billets de se rendre pour etre presents à la dispute des pretendans à cette place, qu'ils y ont eté pour voir faire les operations & donner leur suffrage à celuy qui la merité. M. le premier consul a ajouté qu'il ne connoit point les motifs que ces predecesseurs ont eu de cesser d'aller assister à tous les bureaux de cet hopital tant ordinaires qu'extraordinaires, tandis que les lettres patentes de l'année 1678 accordent aux consuls le meme rang & sceance & voix deliberative qu'ils avoint * au bureau de la charité, que MM. les intendans & sindics de cet hopital leur ont temoigné le defir qu'ils avoint de les voir venir reprendre des fonctions utiles aux pauvres & à l'administration, d'assister aux bureaux ordinaires & extraordinaires & autres seremonies, & de faire leur semaine à leur tour, & comme les six consuls sont administrateurs nés & qu'ils peuvent y aller, neantmoins il pense qu'il suffiroit d'en nommer un nombre parmi eux qui vouleussent bien donner leur temps pour cette œuvre, d'assister à tous les bureaux ordinaires qui se tiennent tous les samedis de l'année, même pour les extraordinaires & seremonies qui sont convoqués par billet; mais à l'egard de la nomination des nouveaux administrateurs & des sindics le corps de ville doit y etre invité suivant l'usage la veille par un de MM. les sindics, lequel doit aussi les venir prendre à l'hotel de ville & les accompagner jusques à l'Hotel Dieu & apres que le bureau est finy tous les corps de l'administration doivent ensuite les raccompagner jusqu'à la porte de la rue, qu'alors ils doivent etre en robe rouge; au lieu que les consuls * qui feront nommés pour assister aux bureaux ordinaires, extraordinaires & aux ceremonies ne porteront que leur chaperon. M. le premier consul a observé qu'il convient comme administrateurs nés de prendre les fonctions, & de remplir cette obligation envers un hopital qui jusques icy par son administration a merité les eloges & la confiance du public, que d'ailleurs cette fonction est honorable puisqu'il s'agit du service des pauvres, qu'il propose de nommer ceux qui par leur etat doivent donner leur temps.

Le corps de ville assemblé a unanimement deliberé conformement à l'exposé fait par le premier consul & en consequence a prié MM. les premier, second & troisieme consuls de vouloir bien assister tous ensemble ou les uns en l'absence des autres aux bureaux ordinaires, extraordinaires & ceremonies en chaperon seulement, & à l'egard de la nomination de MM. les intendants & sindics où le corps de ville doit y etre en robe rouge, il en sera uzé comme par le passé, en observant d'avoir dans tous les bureaux, la meme place & voix deliberative que MM. les consuls en qualité d'administrateurs nés ont droit d'occuper & d'avoir dans ce bureau & ont signé: Guilleminet Galargues, 1er consul; Jullien, consul; Mariel, 3e consul; Coustou, consul (signés).

* Le 25 octobre M. le comte de Perigord est arrivé en cette ville venant de Paris, passant par Perpignan. MM. les maire & consuls n'ayant point eté prevenus de son arrivée ne furent point à la porte de la ville. Le lendemain ils furent à son hotel, en robe, où il fut harangué par M. Fargeon, procureur du roy de la ville.

Le 27 dudit Mme la comtesse de Perigord etant arrivée, MM. les maire & consuls & greffier, en robe, se sont rendus à son hotel où elle a eté haranguée par M. Fargeon.

Le même jour à l'occasion de l'arrivée de MM. de Saint-Priest pere & fils, intendants, MM. les maire & consuls ayant envoyé à leur hotel pour

1773.
PAGE 74.

* leur demander l'heure à laquelle ils pourroint venir pour rendre leur vifite, M. l'intendant les a remerciés.

Le 4 novembre ouverture des Etats.

PAGE 75.

Le 7 dudit la proffeffion des Etats ne s'eft point faitte à caufe de la pluye ; il n'i a pas eu des fermons.

Le 9 dud. la demande du don gratuit a eté faitte par M. le comte de Perigord.

Le 23 novembre il fut fait des illuminations dans la ville, le chevalet monta, à l'occafion du mariage de monfeigneur le comte d'Artois avec une princeffe de Savoye.

Le 28 dud. M. Planchut, procureur general au confeil fuperieur à Nimes, etant arrivé en cette ville, logé chés Mme Marmier, MM. les confuls y envoyerent le capitaine du gué pour fçavoir l'heure qu'ils pourroint le voir ; il a remercié MM. les confuls.

Le 13 decembre les Etats fe feparerent. Il eft à obferver que les Etats ont deliberé d'acheter les offices municipaux vendus & invendus, fçavoir deux millions & demy pour ceux invendus & un million & demy pour rembourfer ceux qui avoint acquis. On a deliberé de donner au roy annuellement cent cinquante mil livres pour fervir à payer les gages des officiers du parlement de Touloufe & du confeil fuperieur à Nimes, ou

PAGE 76.

pour le rembourcement * des anciens officiers du parlement fupérieur. Cette fomme de 150.000 liv. doit etre prife fur celle à rembourcer ceux qui ont pretté & dont la province avoit pretté fon credit en forte que le rembourcement ne fera à l'avenir que de 650.000 liv. On a deliberé encore de lever, à commencer de 1774, un droit de vingt fols fur chaque muid de vin, lequel droit doit fervir à payer les 4 fols pour livre que le roy a demandé en augmentation fur les impofitions.

Le 16 decembre MM. les confuls & greffier en robe ayant appris que M. de la Boiffiere, premier prefident du confeil fuperieur de Nimes, etoit en cette ville ils y feurent le vifitter.

L'apres midy M. de la Boiffiere vint à l'hotel de ville & n'ayant trouvé perfonne laiffa un billet.

Le 26 decembre en confequence de la deliberation du confeil de ville du 22 de ce mois MM. les maire & confuls, fe font rendus à l'hopital general à trois heures precifes, pour affifter au bureau, MM. les confuls, portant

PAGE 77.

leur chaperon & fuivis de la fuitte, font entrés dans le bureau * & plaffés à la droite du prefident. M. le maire a fait un tres beau difcours, après quoy ont eté faites les proteftations fuivantes :

M. de Cambaceres, maire, a dit, parlant au nom & pour tout le corps de ville, que s'eft pour fe conformer aux intentions du roy enoncées dans la feconde difpofition de l'arreft du confeil, rendu le 27 feptembre, & en confequence de la deliberation prife par le confeil de ville, le 22 de ce mois, qu'ils viennent occuper dans ce bureau d'adminiftration la place que les droits de la ville leur donne dans cette maifon de charité, comme reprefentant le corps general des habitants, qu'ils auroint defiré que les motifs qui les avoint empeché de la reprandre, dés qu'ils avoint eu connoiſſance dudit arreſt du conſeil, conneu des MM. qui compoſent cette adminiſtration, & qui n'avoint d'autre objet que la conſervation de leurs droits dans une maiſon de charité fondée par la ville, euſſent peu par les moyens de conciliation qui ſeurent propoſés dans la commiſſion mixte tenue le 16 de ce mois dans le palais epiſcopal, en preſence de Mgr l'eveque, terminer deffinitivement toutes les conteſtations qui les en avoint eloignés depuis le commencement de ce ſiecle, concernant le rang, ſceance, & preſeance qu'ils doivent y avoir, que les propoſitions qu'ils ont faites à ce ſujet n'ayant peu etre acceptées * dans la commiſſion de la part de MM. les deputés du bureau, attendu le deffaut du pouvoir qu'ils en avoint & qui par conſequent auroit rendu inutile une diſcution des titres, MM. les maire & conſuls, d'ailleurs, n'auroint jamais peu abandonner des droits qui appartiennent à la ville dont ils ne ſont que les conſervateurs comme repreſentant le corps general des habitans.

Sur le compte qu'ils ont rendu au conſeil de ville aſſemblé le 22 de ce mois de tout ce qui s'etoit paſſé à la commiſſion mixte tenue le 16, ayant eté deliberé qu'il n'y avoit que le roy qui en enterpretant l'article 2 des lettres pattentes de 1678, peut decider ſur les droits reſpectifs de toutes les parties, il fut auſſi determiné qu'en attendant que S. M. fit connaitre ſes intentions ſur leurs differentes pretentions, MM. les maire & conſuls pour s'y conformer aſſiſteroint à l'avenir à tous les bureaux d'adminiſtration ſeulement & y prendroint proviſoirement la place à la droite du preſident ainſi qu'ils avoint toujours occupé anciennement, ſans tirer à conſequence & neanmoins que pour la conſervation des droits de la ville, & du corps municipal ils feroint toutes les proteſtations telles que de droit, afin que cette demarche ne peut jamais leur etre oppoſée de la part de MM. les adminiſtrateurs electifs, comme une renontiation à la * reclamation de leurs droits, ou une ſpece d'acquieſſement à ne plus les demander, ſe reſervant d'y faire pourvoir. En conſequence MM. les maire & conſuls requierent le bureau de faire coucher tout au long dans leurs regiſtres les preſantes proteſtations, de leur en donner acte & de leur en faire expedier un extrait en forme, de meme que la deliberation priſe par le conſeil de ville, pour être l'un & l'autre depoſées aux archives de la communauté, laquelle proteſtation a eté ſignée de tous MM. les maire & conſuls.

Du 24 fevrier 1774, dans l'hotel de ville de Montpellier, le corps de ville aſſemblé, M. de Cambaceres, maire, a dit qu'il avoit prié MM. les conſuls de s'aſſembler pour les informer que le ſieur Didier, maitre chirurgien de cette ville & lieutenant de M. le premier chirurgien du roy au college de cette ville, etant mort hier 23 du courant, conformement aux diſpoſitions de l'article 2 des ſtatuts autoriſés par des lettres patentes du 9 novembre 1770, MM. les maire & conſuls avoint * le droit de deſigner à M. le premier chirurgien du roy trois ſujets, afin qu'il choiſit dans ce nombre celui qu'il eſtimeroit le plus digne de meriter ſa confiance pour remplir cette place, qui joignit à des talents ſuperieurs & à une reputation bien

1774. établie l'esprit encore de douceur, pour maintenir & conserver l'union, le bon ordre & la discipline dans ce college, un des plus considérables du royaume; qu'il ne doit point laisser ignorer à MM. les consuls que pour remplir exactement des pareilles vues, lors de la dernière maladie qu'eut le sieur Didier qui devoit faire craindre pour sa vie, il avoit ecrit à M. de la Martiniere, premier chirurgien du roy, pour se concilier avec luy sur les trois sujets qu'il desireroit qui lui feussent presentés en cas de mort de son lieutenant, qui luy avoit fait l'honneur de lui repondre le 14 juin 1772 par une lettre dont il propose d'entendre la lecture dans laquelle il paroit desirer que le choix de la ville fut plutot decidé en faveur de MM. les professeurs que des agregés; qu'en se conformant à ses vues qui n'ont d'autre objet que le bien public & l'avantage de cette ecole, après avoir pris toutes les informations les plus exactes il pensoit ne pouvoir mieux se * conformer à l'esprit de la lettre de M. de la Martiniere, qu'en lui proposant conformement au droit de MM. les maire & consuls pour remplir cette place à son choix, M. Bourquenod, professeur, M. Alquier, agregé, & M. Mejean, professeur, trois sujets qui en reunissant par la voix publique toutes les qualités que desire M. le premier chirurgien du roy, jouissent d'une reputation qui leur a assuré l'estime & la confiance publique.

MM. les consuls, après avoir entendu l'exposé fait par M. de Cambaceres, maire, & leu l'article 2 des statuts qui leur donne le droit de designer à M. le premier chirurgien du roy, trois sujets pour remplir la place de son lieutenant au college de chirurgie de cette ville ont unanimement deliberé de lui presenter M. Bourquenod, professeur au college de chirurgie de Montpellier, M. Alquier, agrégé & maitre chirurgien, M. Mejean professeur, aussi audit college, & ont signé ladite nomination & prié M. le maire de l'envoyer à M. de la Martiniere par le premier courrier.

* S'ensuit la teneur de la lettre ecrite à M. le maire par M. de la Martiniere, premier chirurgien du roy, le 14 juin 1772:

Monsieur, on ne peut être plus sensible que je le suis aux marques que vous voulés bien me donner de vos attentions pour le bien du college de chirurgie de Montpellier & aux egards particuliers que vous me temoignés dans l'honneteté de la proposition que vous me faites sur le choix de mon lieutenant en cas de vacance de la place. Je ne connois point assés intimement le merite personnel des differents membres dont ce corps est composé pour oser en affecter un par preference à l'autre; tout ce que je puis assurer est d'etre dans la ferme resolution de fixer mon choix sur celui qui joindra à la plus grande estime publique, le talent singulierement necessaire dans ce corps de porter les esprits à la conciliation & à les entretenir dans l'union & la bonne intelligence que je desire d'y voir regner. Toutes choses egales d'ailleurs, j'aimerois mieux en trouver un de cette espece dans le nombre des professeurs; mais si dans la classe des simples maitres il s'y en rencontroit un qui reunit plus eminement ces qualités je lui donnerois sans balancer la preference sur tout autre * concurrent, s'il m'est connu; vous etes M. plus à portée que personne de me le designer en me faisant l'honneur de m'adresser la presentation de l'hotel de ville, je m'y raporterai avec d'autant plus de confiance à votre suffrage que la demarche que vous faites m'est un sur garant de la pureté de vos sentimens. Ne doutés pas, je vous prie, du tres parfait & respectueux devouement avec le quel je suis, votre tres humble & tres obeissant serviteur, LA MARTINIÈRE.
Le 21 mars 1774.

M. de Cambaceres, maire, ayant eté informé que le corps des maitres chirurgiens s'etoint assemblés le 25 fevrier à St-Cosme, ils avoint deliberé de nommer trois sujets pour etre presentés à M. de la Martiniere, premier chirurgien du roy, afin de faire le choix d'un de ces trois, conformement aux lettres patentes du 9 novembre 1770, pour remplir la place de son lieutenant à l'ecole de chirurgie de cette ville, que malgré les representations qui leur furent faites par quelques uns qui compofoint cette affemblée que leur pretention etoit contraire aux difpofitions de l'article 2 des nouveaux ftatuts, ce droit etant accordé à MM. les maire & confuls & non à eux, ils avoint perfifté dans ladite pretention, pretendant que MM. les confuls n'avoint aucune infpection fur eux ny aucun droit de fe meller d'aucunes affaires de leur corps. En confequence ils avoint nommé les fieurs Courrege, Poutingon & Efpinas ; M. le maire a ajouté qu'ayant eté affuré de la deliberation qu'ils avoint pris, en avoit ecrit le 26 à M. le duc de la Vrilliere pour fe plaindre de l'entreprife du corps de chirurgie & à M. de la Martiniere, premier chirurgien du roy, pour l'en informer & lui demender que la ditte deliberation fut battonnée de leur regiftre, que M. de la Martiniere lui a écrit de Verfailles, une lettre, le 13 mars 1774, dont la teneur s'enfuit :

1774.

* PAGE 84.

Monfieur, J'ai reçu les deux lettres que vous m'avés fait l'honneur de m'ecrire à l'occafion de la vacance de ma lieutenance au college des maitres en chirurgie de Montpellier, le miniftre m'a auffi communiqué celle que vous lui avez adreffé fur le même objet, il a eté decidé, M., que je n'aurois aucun egard à la pretendue prefentation qui s'eft ingeré de faire le corps chirurgiens, & que celle de l'hotel de ville dont vous avés bien voulu m'adreffer le procés verbal fera la feule à laquelle je me tiendrai pour le choix de mon lieutenant, que j'ai deja fixé fur le fieur Mejean, qui joint au fuffrage de MM. les officiers municipaux, celui de la plus faine partie de fes confreres. Je vous fuis vraiement obligé, M., de l'attention que vous avés bien voulu apporter à entrer dans mes vues en me propofant les fujets que vous avés cru les plus capables d'entretenir l'union & la bonne intelligence dans cette compagnie. * Je vois que vous avés eté induit en erreur fur le compte du fieur Alquier; mais comme il fe trouvoit en concurrence avec deux confreres à l'un defquels je ne pouvois refufer la preference, fa prefentation devoit etre fans confequence, je prefume qu'independamment du peu d'egard que j'aurai pour la deliberation des chirurgiens le miniftre vous donnera toute la fatisfaction que vous reclamés contre leur entreprife ; c'eft au moins mon avis, afin d'arreter à l'avenir les fuittes de femblables pretentions ; j'ofe vous recommander, M., & à MM. les officiers de l'hotel de ville les interets & privileges du college des chirurgiens de Montpellier. Leur profeffion eft fi intereffante pour le bien public, dont vous etes occupé, que je ne doute point qu'ils ne vous trouvent difpofés à les foutenir dans toutes les chofes juftes & raifonnables qu'ils auront à defferer à votre tribunal. Je fuis avec autant de devouement que de refpect, Monfieur, votre trés humble & trés obeïffant ferviteur. LAMARTINIÈRE (figné).
A Verfailles, le 13 mars 1774.

PAGE 85.

Le 12 avril l'affiette du diocefe s'affembla à l'hotel de ville, M. de Paliere reprefentoit M. l'eveque & M. Bellonet etoit le commiffaire principal.

* Autre lettre de M. le duc de la Vrilliere à MM. les maire & confuls, le 18 mars 1774.

PAGE 86.

MM. J'ay reçu le memoire que vous m'avés adreffé pour m'expofer les caufes qui ont occafionné la decadence du college royal de Montpellier & les moyens de lui rendre fon ancien luftre. Je ne peux affurement qu'approuver les motifs qui vous portent à vous occuper d'une affaire auffi intereffante dont je ne manquerai pas de rendre compte au roy. Je vous informerai enfuite de fon intention à cet egard. Je fuis, MM., votre tres affectionné ferviteur. Le duc de la Vrillière (figné).

Lettre de M. le duc de la Vrilliere à M. le maire, le 19 mars 1774.

J'ai reçu, M., la lettre que vous m'avés ecrite pour vous plaindre d'une deliberation des chirurgiens, du 26 du mois dernier, par laquelle ils ont prefenté trois fujets à M. de la Martiniere pour la place de fon lieutenant qui vient de vacquer. Quoique le corps de ville lui en eut deja prefenté trois autres, fur le compte que j'ai rendu au roi de cette deliberation, Sa Majefté l'a regardée * comme une entreprife fur les

PAGE 87.

1774.

droits du corps de ville, & m'a donné des ordres pour la faire rayer, j'adresse ces ordres à M. de St-Priest que Sa Majesté charge de les faire executer. Je suis, Monsieur, votre tres humble serviteur, (signé) Le duc DE LA VRILLIÈRE.

 Le 25 avril Avignon a eté rendue au pape. M. le marquis de la Rochechuard a fait de la part du roy cette remise à l'archeveque d'Avignon qui eut mission du pape.
 Le 2 mai M. le vicomte de St-Priest est parti pour Paris.
 Ceremonial de ce qui a eté fait à l'occasion de la mort du roy Louis XV:
 La nouvelle que le roy avoit la petite verole etant arrivée en cette ville, le 10 may 1774, MM. les grands vicaires, en l'absence de M. l'eveque qui etoit à Paris à cause de sa nommination à l'archeveché de Besançon, ordonnerent l'oraison de 40 heures dans les quatre paroisses & le landemain dans toutes les eglises de la ville, lesquelles furent continuées jusques au 17 de ce mois qu'on aprit la mort.
 MM. les officiers municipaux, pendant la maladie du roy, firent dire dans leur chapelle le 10, 11 & 12 du meme mois, par M. Redier, leur chapellain, une messe pour la conservation du roy, où ils assisterent en chaperon, & le soir aussi en chaperon à Notre Dame des Tables à l'oraison de 40 heures.

PAGE 88.

 La triste nouvelle de la mort du roy fut portée en cette ville le 17. On apprit que Louis le Bien-Aimé etoit mort le 10 à 3 heures * & un quart de l'après-midy.

FIN DE LA PREMIÈRE PARTIE.

HISTOIRE
DE LA VILLE
DE MONTPELLIER
Par D'AIGREFEUILLE

CONTINUATION, ADDITIONS ET CORRECTIONS

LIVRE PREMIER

Documents pour fervir à la continuation de l'hiftoire de Montpellier fous l'ancien régime.

SECONDE PARTIE.

Depuis l'avénement de Louis XVI jufqu'à la fin de fon règne.

E 18 may 1774 M. de Cambaceres, maire, pria MM. les confuls de s'affembler à l'hotel de ville pour leur faire part de la lettre du roy qui lui avoit eté adreffée par M. le duc de la Vrilliere, miniftre & fecretaire d'etat, datée du 10 de ce mois, qu'il ne s'agit que d'en faire la lecture pour entendre les volontés du roy.

1774.

Mémoires des greffiers de la ville. Vol. IX, p. 88, (suite).

Lecture de la lettre du roy Louis XVI a eté faite par m{e} Bedos, greffier, dont la teneur s'enfuit:

De par le roy. Chers & bien amés, Dieu ayant appellé à foy le feu roy notre tres honoré feigneur & ayeul, nous vous ecrivons cette lettre pour vous donner avis de cette perte que la France a faite avec nous;

1774.

elle eut eu besoin que sa vie eut eté aussi longue qu'elle a eté remplie de gloire & de moderation, & qu'elle nous eut donné le tems d'acquerir l'experience necessaire pour lui succeder ; mais sa divine bonté en a autrement disposé & a voulu lui donner un repos perpetuel après tant de travaux durant son regne pour maintenir la monarchie dans le haut point de gloire & de puissance où il l'avoit trouvée à son avenement à la couronne & la faire jouir autant qu'il a eté en lui des douceurs de la paix : il a fini sa vie avec la pieté & la resignation qu'on devoit attendre d'un prince vraiment chretien nous pouvons esperer de la même bonté divine qu'elle conservera cette paix à notre royaume : elle est le fruit des travaux qui ont signalé * son regne; nous le devons attendre aussi de la fidelité de nos sujets & comme nous nous promettons de la votre en particulier & de votre affection au bien de cet etat, que vous serés toujours soigneux de contenir nos peuples dans le devoir & l'obeissance qu'ils nous doivent; nous vous assurons aussi que nous nous souviendrons dans les occassions des services que vous nous rendrés. Donné à Versailles, le 10 may 1774. Signé : LOUIS, & plus bas signé : PHELIPEAUX.

PAGE 89.

Et au dos est ecrit : A nos chers & bien amés les officiers municipaux de Montpellier.

A midy du même jour toutes les cloches de la ville ont sonné pendant demy-heure. MM. les maire, consuls & corps de ville ecrivirent une lettre à Mgr le duc de la Vrilliere & à Mgr le comte d'Eu.

Le 21 may à 11 heures avant midi MM. les consuls & greffier, en habit noir & pleureuses, ont eté chez M. le comte de Moncan, commandant en second dans la province de Languedoc en l'absence de Mgr le comte de Perigord, commandant en chef, pour lui temoigner au nom de tous les habitans leur douleur sur la mort du roy; ensuite ils ont eté aux mêmes fins chez M. de St-Priest, intendant; le grand deuil á commencé ledit jour 21 may & a duré jusques au 15 juin & le petit deuil a fini le 31 decembre 1774.

Le 30 may il a eté fait un service dans l'eglise de Notre Dame des Tables, MM. les maire, consuls & greffier, en robe, y ont assisté, ayant eté invités la veille par M. Castan, curé de Notre Dame.

PAGE 90.

* Le 1er juin MM. les officiers municipaux pourvus du roy & greffier, en robe, ont fait faire le service pour le repos de l'ame du feu roy Louis XV dans leur chapelle, auquel ont eté invités MM. les conseillers politiques & policiens, qui y ont assisté en habit noir. La chapelle etoit tapissée en noir, de même que la voute; autour etoint les armoiries de France; l'autel etoit aussi tapissé en noir, de même que la voute & garni de douze grands cierges; un catafalque au-dessus d'une estrade etoit au millieu de la chappelle, entouré de cierges, le catafalque couvert d'un drap de velours, y ayant par dessus la couronne & le sceptre royal. L'avant piece de la chapelle etoit tapissée en noir, de même que la cour & l'entrée de l'hotel de ville, ayant eté mis sur la porte un drap noir avec les armoiries de France. Le service fut fait tres solennellement par M. Redier, chapellain, avec diacre, & sous diacre & un pretre assistant en chape, deux turiferaires & deux enfans de cœur, que MM. les marguilliers de Notre Dame avoint fait venir.

Après la messe qui fut chantée en plain chant par MM. les choristes des Penitens Blancs, qui en avoint eté priés; il fut fait cinq absoutes. MM. les officiers municipaux prierent ensuite M. Redier, leur chapellain, de dire dans leur chapelle une neuvaine pour le repos de l'ame du feu roy Louis XV.

Coppie de la lettre ecrite le 31 mai 1774 de Sceaux par Mgr le comte de Bourbon, gouverneur de la province de Languedoc, à MM. les maire & consuls.

MM. les maire & confuls de la ville de Montpellier, je fuis tres reconnoiffant des temoignages que vous me donnés de vôtre attachement à l'occafion du funefte evenement qui met toute la France en deuil, & qui en particulier * m'a bien juftement affligé, recevés mes remerciments de votre attention & foyés perfuadés que je profiterai toujours des occafions qui fe prefenteront de donner à la ville de Montpellier & à chacun de vous en particulier des marques de mon affection. Je fuis, MM. les maire & confuls de la ville de Montpellier. Votre tres affectionné, le comte de Bourbon, figné.

Il eft à obferver que toutes les paroiffes, tous les couvents des religieux & religieufes, les confreries des Penitens Blancs & Bleus, la cour des aides, les treforiers de France, le prefidial, les officiers de la monnoye, les profeffeurs en droit, MM. de l'academie des fciences, ont fait faire fucceffivement un fervice pour le corps de l'ame du feu roy Louis XV.

Le 27 juillet le fervice pour le feu roi Louis XV a eté fait à Paris.

Le 16 feptembre famedy à 9 heures du matin, MM. les confuls en robe ont eté à Saint-Pierre pour affifter au fervice qui a eté fait pour le repos de l'ame du feu roy Louis XV. M. de Gafton, chanoine de * la cathedralle, a prononcé l'oraifon funebre avec beaucoup de dignité & l'églife & le cœur etoint bien ornés en noir à deux rangs de litres; la reprefentation etoit au fond de l'eglife. MM. les confuls avoint eté invités deux jours auparavant par deux pretres de la part du chapitre. Le banc de MM. les confuls avoit eté deplacé à caufe du catafalque. MM. les confuls feurent placés au millieu de l'eglife, vis à vis la chaire. On obferve qu'il n'afifta au fervice que MM. les treforiers de France & MM. les officiers du prefidial; il n'y eut point d'offrandes.

Clement XVI, apellé Cangarrely, pape, eft mort le 22 feptembre d'une retantion d'urine.

Le 28 octobre M. de Claris, premier prefident de la cour des aides, arriva hier de Paris; MM. les confuls & greffier en robe ont eté le vifiter & les a accompagnés jufques à la porte de la falle.

Le 10 novembre M. Malide, eveque de Montpellier, qui a fuccedé à M. Durfort qui a eté fait archeveque de Befançon eft arrivé le jourd'hier, MM. les maire & confuls, greffier & orateur, en robe, ont eté lui * rendre vifitte il a eté harangué par M. Farjon, avocat & procureur du roi de la ville.

M. le comte de Perigord eft arrivé avec Madame, le dimanche 20 novembre, à 4 heures après midy, venant de Paris; il difpenfa MM. les officiers municipaux d'aller le recevoir hors la porte de la ville. Le 21, à onze heures du matin, MM. les maire & confuls & greffier, en robe, ont eté à fon hotel & il a eté harangué par M. Farjon. Enfuitte ils ont vifitté Madame.

Le 24 novembre l'eau a coulé pour la premiere fois aux fontaines de la Canourgue, de l'intendance, de la poiffonnerie & de l'hotel de ville: il eft à obferver que ce jour etoit la fete du lieu de St-Clement où eft la fource.

Le 30 novembre Mgr l'archeveque de Narbonne eft arrivé, venant de Paris pour les Etats, il a fait dire à MM. les maire & confuls de ne point fe rendre de la ville.

Le 1er decembre MM. les maire, confuls & greffier, en robe, ont eté chez * Mgr l'archeveque de Narbonne: il a eté harangué par M. Farjon, avocat & procureur du roi de la ville.

1774.

Le 1er octobre l'ouverture des Etats a eté faitte par M. le comte de Perigord : MM. les confuls en robe ont eté prendre monfeigneur l'archeveque de Narbonne ; MM. les commiffaires du roy font M. de St-Prieft, intendant, pere & fils, M. le treforier de France de Montpellier. M. l'intendant fils a parlé après M. le comte de Perigord ; enfuite M. l'archeveque de Narbonne ; après quoy ils ont eté à Notre Dame entendre la meffe.

Page 96.

MM. les confuls fe font placés dans la tribune .* de M. le marquis de Caftries, parceque leur tribune leur auroit eté demandée par M. de Joubert, findic general de la province, pour y placer cette année la mufique des Etats à caufe du catafalque que la province faifoit faire dans lad. eglife pour le fervice que les Etats feroint pour le roy Louis XV.

Les Etats à caufe des ouvriers qui travailloint dans Notre Dame firent tapiffer la piece où font les archives de la province, y firent dreffer un autel entre les deux fenetres qui donnent fur la place ; la meffe s'y dit le lendemain deux decembre & continua de l'etre jufqu'au 16 dud. mois où les Etats feurent à Notre Dame.

Le clergé etoit à gauche en entrant & la nobleffe à droite, le tiers etat au millieu, MM. les confuls enfuite & derriere la mufique.

Le dimanche 4 decembre les Etats fe rendirent à l'hotel de ville le matin ; après la diftribution des cierges chacun fe rendit dans l'eglife du college, de meme que noffeigneurs les commiffaires du roy ; la meffe fut dite par M. de Malide, eveque de Montpellier, & le difcours fut prononcé par M..... de l'Oratoire. La proceffion ne fe fit point à caufe de la pluye.

Le 5 decembre le don gratuit fut demandé & le lendemain accordé.

Page 97.

* Le 13 les Etats fe font affemblés à l'hotel de ville, ont eté à Notre Dame pour le fervice du feu roy Louis XV. La meffe a eté dite par M. l'archeveque de Narbonne ; l'oraifon funebre a eté prononcée par M. l'eveque de Lodeve ; les abfoutes furent faites par meffeigneurs les eveques d'Uzés, de Nimes, d'Alaix & de Montauban.

1775.

Le pape qui a eté eleu dans le mois de fevrier s'appelle Pie VI.

Page 98.

* Le 24 fevrier 1775 MM. les maire & confuls affemblés dans l'hotel de ville ; M. de Cambaceres, maire, a dit que le fieur Charlot, capitaine du gué, ayant perdu la vue & ne pouvant plus remplir cette place, il en avoit fait part à M. le marquis de Caftries, gouverneur, qui avoit nommé pour remplacer ledit fieur Charlot le fieur Jean-Baptifte Boudon, natif de cette ville, & par les informations qui ont eté prifes & le bon temoignage qu'on a rendu dudit fieur Boudon, il l'avoit fait avertir à l'effet de le recevoir, lequel icy prefent a pretté ferment & a promis de remplir fes fonctions en homme de bien & d'honneur ; à quoi M. le maire l'a exorté, enfuite M. le maire a ordonné à la fuitte de lui obeir & entendre en tout ce qui regardera le fervice & avons figné avec ledit fieur Boudon. Cambaceres, maire ; Guilleminet Galargues, premier conful ; Couftou, conful ; André, conful ; J. B. Boudon, &c.

Page 99.

* Je fouffigné pour me conformer à la deliberation prife par le confeil de ville le dix huit de ce mois courent que fur mes gages impofés annuel-

lement en faveur du capitaine du guet, il foit pris cent livres pour le fieur Charlot, auquel je fuccede, & ce pendant fa vie. A Montpellier, le 24 fevrier 1775. J. B. Boudon.

Depuis le 2 mars le confeil fuperieur de Nimes a eu ordre de fupandre fes fonctions par une lettre de M. de la Vrilliere.

Le 12 mars M. de Perigord & M. de St-Prieft pere etant à Toulouze, ont envoyé les lettres de cachet aux anciens officiers du parlement de fe rendre chés eux led. jour 12 mars pour recevoir de nouveaux ordres.

Le 13 mars le parlement fut reintegré.

Le verbal de MM. les commiffaires de la ville qui ont eté deputés à Touloufe auprés du parlement eft du 24 mars 1775 & a eté infcrit dans le grand Talamus.

Du premier mai 1775, dans l'hotel de ville de Montpellier, a comparu le nommé Martin Lafont, natif de Cunies, diocéfe de Mirepoix, qui nous a dit qu'il etoit venu en cette ville pour fi etablir & faire le mettier de cabaretier, que pour conftater qu'il eft de bonne vie & mœurs : il nous a remis plufieurs certificats un de M. de la Boiffiere, premier prefident du confeil fuperieur du 11 août 1773, un autre de M. Ferron du 12, un troifieme du fieur Gautier, chez qui il a logé à Nimes, du 11 dudit ; un autre de M. le marquis de Valfons, lieutenant colonel du regiment d'Alby, du même jour ; & celui de M. Maffip, de Nimes, du 10 avril dernier ; enfemble un paffeport qui lui a eté delivré par MM. les officiers municipaux de la dite ville de Nimes, du 22 ; & nous a fupplié de vouloir bien lui permettre de s'etablir en cette ville & de faire le metier de cabaretier. Nous maire & confuls fufd. veus les * certificats enoncés cy deffus, avons permis & permettons audit Lafont de s'établir en cette ville, d'y faire le mettier de cabaretier, à la charge par lui de payer toutes les impofitions auxquelles les habitans font fujets & de fe conformer aux ordonnances du bureau de police dont il lui a eté donné connoiffance par des extraits qui lui ont eté remis, & avons figné avec ledit Lafont.

Le 3 avril on aprit que M. le duc de Biron avoit eté nommé gouverneur de la province.

Le 5 avril M. Granier, greffier du parlement de Toulouze, eft arrivé en cette ville, a eté loger au Cheval blanc. Dés être arrivé il fut à onfe heures du matin chez M. de Claris, premier prefident à la cour des aides ; le furlendemain il fut reçu, les chambres affemblées ; après avoir fait un difcours au nom du parlement, M. le premier prefident parla, enfuitte M. le procureur general.

Ce jour 7ᵐᵉ m. le premier prefident lui donna à manger avec plufieurs membres de la cour : le 10 dud. led. fieur Granier partit pour Toulouze.

* M. le comte de Perigord, commandant en chef de la province de Languedoc & M. de St-Prieft, confeiller d'etat & intendant de lad. province, fe font rendus à Touloufe etant porteurs de l'edit qui concernoit le parlement, & de celuy qui reintegra M....., confeiller au parlement dans fes fonctions.

1775.

Le 8 may l'affiette a eté tenue, M. Defpalieres, vicaire general, prefident à cette affemblée en l'abfence de M. l'eveque, qui eft à Paris, ayant eté deputé par les etats pour porter le cayer; le commiffaire principal eft M. Dampmartin, commendant d'Uzès.

La veille MM. les confuls en robe avoint eté chés M. Defpalieres prendre fon heure, qu'ils avoint donnée à M. Dampmartin, qui les difpanfa de venir le prendre pour le conduire à l'eveché.

Le 9 l'affiette a eté continuée & finie.

PAGE 102.
* Le 11 mai à 10 heures du matin les fix filles que MM. les marchants de la bource dottent à l'occafion de la rentrée du parlement de Touloufe ont epoufé à l'eglife de Notre Dame des tables; M. Caftan, curé, a chanté la grand meffe; la mufique de St-Pierre etoit dans la tribune de la ville, ayant eté demandée la veille par deux depputés de la bourfe à MM. les maire & confuls. Pendant la meffe la mufique a executé un motet en grande fimphonie; après la meffe le Te Deum a eté chanté en grande mufique. MM. les officiers de la juridiction en robe y ont affifté. Lorfque les maris font partis de la Loge pour aller à Notre Dame il a eté tiré quantité de bombes, de meme qu'à l'elevation; & en fortant font allés à la Loge où les contrats de mariage ont eté paffés & chacun des maris fe font retirés chés eux.

PAGE 103.
J'ai reçu de M. Eftienne Bedes, dit Bedos, la fomme de vingt mille livres, pour la finance de l'office de confeiller du roi, fecretaire greffier, garde des archives de la ville & communauté de Montpellier, crée par edit du mois de novembre 1771, verifié où befoin a eté, pour par ledit fieur Bedos jouir des mêmes fonctions, rangs, fceances, droits & prerogatives, dont avoint droit de jouir les titulaires de pareils offices avent leur fuppreffion, de la maniere * & ainfy qu'il eft plus amplement expliqué par les edits & declarations de juillet 1690, aout 1692, mai 1702, janvier 1704, decembre 1706, mars 1709 & novembre 1771, comme auffi de toutes les exemptions de logement de gens de guerre, collecte, tutelle, curatelle & nomination à icelle, guet & garde, milice, tant pour lui que pour fes enfans & de toutes autres charges de ville & de police & en outré des droits & emolumens dont jouiffoint ceux qui rempliffoint les fonctions dudit office avant la creation d'icellui, de mille livres de gages fur le pied du denier vingt de ladite finance, à prendre par preference fur les revenus patrimoniaux & d'octrois de ladite ville & communauté de Montpellier, defquels gages il fera payé de fix en fix mois fur fimple quittance par les receveurs defdits deniers patrimoniaux & d'octrois, ou autres ayant le maniement des revenus de ladite ville & communauté de Montpellier, dans le compte defquels ladite dépenfe en fera paffée & allouée fans difficultés, & à deffaut de fonds fuffifans, fur ceux qui feront ordonnez par Sa Majefté, le tout ainfi qu'il eft plus au long expliqué par ledit edit, edits & declarations y relatifs; laqnelle fomme ainfi payée le 5 juin dernier. Fait à Paris, le 19 jour de feptembre * 1772. Bertin, figné.

PAGE 104.

Le 3 juin à caufe des ouvrages qu'on fait à St-Pierre, cette parroiffe fut transferée aux Dominiquains.

Le 11 juin Louis XVI a eté facré à Rheims.

Le 11 juillet M. de Gevaudan, major de la ville, ecrivit au corps municipal & joignit une copie des ordres du roy qu'il avoit reçu en l'abfence de M. Dolimpie, lieutenant du roy, à qui il etoit adreffé, pour les inviter au *Te Deum* qui feroit chanté à la cathedralle & de faire les rejouiffances que dans pareille occafion la ville fait.

Le 14 dudit le maitre & fous maitre de ceremonies de la cathedralle en manteau long font venus inviter MM. les maire & confuls pour affifter au *Te Deum* qui devoit fe chanter le dimanche 16. Ils furent accompagnés par M. le maire jufques à la porte du veftibule du greffe.

Le 15 un de MM. les confuls en chaperon fut chez M. le major pour lui demander s'il defireroit affifter au feu de joye que la ville devoit faire & qu'on le vint chercher, il repondit qu'avec plaifir il y affifteroit & qu'il fe rendroit chez M. Rollan derriere Notre Dame, pour être plus à portée, & qu'il attendroit qu'on le vint chercher ; on le pria encore de vouloir bien faire monter la bourgeofie ; * il repondit qu'il alloit donner fes ordres en confequence à M. Redier, capitaine aide major de bourgeofie.

1775.

PAGE 105.

Le dimanche 16 à 4 heures MM. les confuls & greffier, en robe, fe rendirent aux Jefuites où MM. les chanoines font les offices à caufe des reparations qu'ils font à leur eglife, pour affifter au *Te Deum*. MM. de la cour des aydes, MM. les treforiers de France, MM. du prefidial, & M. le major, accompagnés des officiers de la garnifon y affifterent les troupes etoint fur les armes tout le long de la maifon des jefuites. Le *Te Deum* fut entonné par M. Loys, chanoine & archidiacre de ladite cathedralle, & fut chanté en grande mufique par les muficiens de la cathedralle. A fept heures les deux bataillons de Royal Savoye, qui font en garnifon en cette ville, fe rendirent à l'efplanade & en fui un bataillon en haye à chaque banquette de chaque bout de l'efplanade. Ceux qui font en garnifon dans la citadelle furent rengés dans le même ordre fur les remparts du cotté de l'efplanade, il fut fait trois falves de canon de la citadelle, à chacun defquels il y fut repondu par les foldats par une decharge de moufqueterie, après quoy les troupes fe retirerent. A huit heures M. le major ayant envoyé le fieur Redier, capitaine aide major de bourgeoifie [dire] à MM. les officiers municipaux * qu'une indifpofition l'empechoit de fe rendre à l'invitation qui lui avoit eté faite, alors MM. les confuls & greffier, en robe, precedés de la fanfare, partirent de l'hotel de ville pour aller mettre feu au bucher dreffé devant l'hotel de ville, en firent trois fois le tour, pendant lequel il fut tiré quantité de fufées, après quoy il fut mis feu par M. Jullien, 2me conful, en l'abfence de M. le maire & de M. le premier conful ; il fut fait pleufieurs decharges de moufqueteries par la bourgeofie, & la ville fut illuminée toute la foirée.

PAGE 106.

On a appris à Montpellier que M. le comte d'Eu, gouverneur de la province etoit mort le 13 juillet. Il a eté generallement regretté de tout le monde.

Le 25 juillet madame de Merenville eft morte icy.

Le 3 aout 1775 on a appris à Montpellier que M. le duc de Biron avoit eté nommé par le roy gouverneur de la province de Languedoc.

Le 7me jour du mois d'aout avant midi, dans l'hotel de ville de Montpellier, MM. les officiers municipaux affemblés, M. de Cambaceres, maire, a dit qu'il les avoit fait convoquer pour leur faire part d'un * paquet adreffé au corps de ville par Mgr le marquis de Caftries, gouverneur de la ville, qui contient la lifte des habitans qui feurent eleus par MM. les electeurs le vingt du mois de juillet dernier, ainfy qu'il refulte du proces verbal qui en fut dreffé le dit jour, qui les charge d'envoyer ladite lifte au dit feigneur marquis de Caftries pour, conformement au droit qu'il en a fuivant l'ar-

PAGE 107.

ticle 12 de l'arrêt du conseil du 27 octobre dernier, choisir & nommer six desdits habitans pour remplir le chaperon de chaque echelle sur le nombre de 18 qui ont eté eleus par lesdits electeurs, & qui lui ont eté presentés par le corps de ville. Qu'il résulte du choix qui en a été fait par Mgr le marquis de Castries que le premier chaperon doit etre rempli par M. le chevalier de Ratte. Le second par M. Pierre-Alexandre Fabre la Calmette, bourgeois; le troisiesme par M. Philipe Cabannes, procureur à la cour des aides; le quatrieme par M. François Teissier, droguiste; * le cinqueme par le sieur Guillaume Auzillion, petit bourgeois; le sixieme par le sieur Pierre Gauterel, maitre menuisier, & pour greffier M. Etienne Bedos.

Le 10 aout à neuf heures avant midi MM. les anciens & nouveaux consuls s'etant rendus à l'hotel de ville, de meme que M. de Cambaceres, maire, precedé de la suitte consulaire & tambours qui avoint eté chés lui pour le prendre, se sont revettus de leurs robes & entrés avec le greffier revettu de sa * robe dans la chapelle du consulat où ils ont entendu la messe. Ensuite les nouveaux consuls ont eté à l'eglise St-Pierre faire station; mais à cause des ouvrages qu'on fait à lad. eglise St-Pierre & dans laquelle le service divin a eté suspandu, on s'est retiré.

Le 11 aout à 5 heures du soir le prince Carinian est arrivé en cette ville pour se faire recevoir colonel dans le regiment de Savoye.

* Teneur de la lettre ecrite à M. le duc de Biron à l'occasion de sa nomination au gouvernement du Languedoc du 7 aout 1775.

Monseigneur, nous avons appris avec la plus vive satisfaction, le choix que S. M. a fait, pour le gouvernement de cette province. Ce choix est aussi glorieux au Roy qu'à vous; il est le prix de vos vertus & de vos services. Cette ville s'en rejouit par la protection dont elle espere que vous l'honorerez. Son zele & son obeissance vous font garants des efforts qu'elle faira pour s'en rendre digne. Il nous reste à souhaiter, Monseigneur, qu'un guerrier si illustre & si digne de la faveur * de notre bon roy, vive longtemps pour le bonheur de cette province. Nous sommes, etc.

Reponse de M. de Biron à MM. les officiers municipaux :

A Paris, le 14 aout 1775.

Je reçois, MM., la lettre que vous avez pris la peine de m'écrire le 7 de ce mois, & je suis on ne peut pas plus sensible aux choses obligeantes que vous voulés bien me dire à l'occasion du gouvernement de Languedoc qu'il a plu au roy de me donner. Je suis d'autant plus satisfait de cette grace, qu'elle me mettra sans doute à même de faire des choses qui vous soint agreables & de vous temoigner autant que je le desire que je suis MM. votre tres-humble & tres-obeissant serviteur.

Le marechal duc de Biron, signé.

Le 20 septembre M. Fabre Lacalmette, second consul, a dit que le corps municipal avoit reçu un imprimé de l'arrest du parlement de Toulouse du 2 de ce mois concernant plusieurs deffences & precautions au sujet de la maladie epizootique des bestiaux, qu'il en a accusé de suitte la reception.

A eté arretté de mander le sieur Thorel, chargé par le bureau de police de veiller que le fermier de la boucherie ne fasse tuer ny debitter que de viande seine. Lequel ayant comparu il lui a eté enjoint ainsy qu'il le lui avoit eté ordonné dans le mois de novembre dernier de continuer, avec la meme exactitude qu'il avoit fait par le passé, de veiller à ce qu'on ne tue ny ne debitte que de viande feine & dans le cas contraire d'en avertir tout de fuitte MM. les maire & confuls :

1775.

Louis Antoine de Gontaut, duc de Biron, pair & marechal de France, chevalier des ordres du roi, colonel general des gardes françaifes, gouverneur & lieutenant general pour S. M. dans la province du haut & bas Languedoc, à tous ceux qui ces prefentes verront, falut. Sçavoir faifons que fur le rapport qui Nous * a eté fait de la perfonne du fieur Antoine Bertrand Benié, treforier provincial de la marechauffée du Languedoc, demeurant à Montpellier, de fa probité, capacité & experience au fait des armes, nous, defirant traiter favorablement ledit fieur Bertrand Benié, l'avons nommé & etabli, le nommons & establiffons le premier brigadier de la compagnie de nos gardes du gouvernement general de la province du haut & bas Languedoc, pour y fervir en cette qualité & jouir dudit etat aux honneurs, privileges, prerogatives & droits y attachés & ce tant qu'il nous plaira, mandons & ordonnons aux maires & echevins des villes & lieux dependant de notre gouvernement & à tous autres qu'il apartiendra qu'après qu'il leur fera aparu des prefentes, qui feront regiftrées où befoin eft, il ayent à faire jouir, en vertu d'icelles, ledit fieur Bertrand Benié des privileges, exemptions & droits accoutumés tels & femblables qu'en ont jouy ou dû jouir les cy devant pourvus de pareils employs; en foy de quoy nous avons fait expedier les prefentes fignées de notre main, fcellées du fceau de nos armes & icelles fait contre-figner par le fecretaire de nos commendemens. Donné en notre hotel à Paris le 15 aout 1775. Signé : le marechal duc de Biron & plus bas par Mgr. Signé : Daguet.

PAGE 115.

* **Brevet de premier exempt de M. le gouverneur.**

PAGE 116.

Aujourd'hui quinzieme jour du mois d'aout 1775, Mgr le marechal duc de Biron défirant favorablement traiter le fieur Martel & luy donner des marques de l'eftime qu'il a fait de fa perfonne, mon dit feigneur lui a donné & accordé la charge de premier exempt de la compagnie de fes gardes pour d'orefnavant l'exercer & en jouir aux honneurs, privileges, prérogatives & droits y apartenants. Et pour témoigner de fa volonté, mondit feigneur m'a commandé de luy expedier le préfent brevet qu'il a voulu figner de fa main & être contrefigné par moy fecrétaire de fes commendements, & fcellé du fceau de fes armes. Signé le marechal de Biron; & plus bas par monfeigneur figné Daguet, ledit brevet fcellé du fceau & armes dudit feigneur gouverneur.

Commiffion de garde du gouverneur de la province.

Louis-Antoine de Gontaur duc de Biron, pair & maréchal de France, chevalier des ordres du roy, colonel général des gardes françoifes, gouverneur & lieutenant général pour fa majefté dans la province du haut & bas Languedoc.
A tous ceux qui ces prefentes verront, falut. Savoir faifons que fur le favorable raport qui nous a eté fait de la perfonne de Jean Vialla, demeurant à Montpellier, * de fa probité, capacité & expérience au fait des armes, nous l'avons nommé & établi, nommons & établiffons l'un de nos gardes au gouvernement général de la province du haut & bas Languedoc pour fervir dans la compagnie de nos gardes en cette qualité, & jouir de cette qualité aux privileges, fruits, profit & exemptions & droits y apartenans; mandons & ordonnons aux maires & echevins des villes & lieux dépendant de notre gouvernement & à tous autres qu'il appartiendra qu'après qu'il leur fera apparu des préfentes qui feront regiftrées partout où befoin eft ils aient à faire jouir en vertu d'icelles ledit Vialla des privileges, exemptions & droits accoutumés, tels & femblables qu'en ont joui ou dû jouir les cy-devant pourvus de pareils emplois. En foi de quoy nous avons fait expédier les préfentes de notre main, fcellé du fceau de nos armes, & icelles fait contre-figner par le fecrétaire de nos commandements.
Donné en notre hotel à Paris, le 21 aout 1775. Signé le marechal duc de Biron. Plus bas par monfeigneur. Signé Daguet.

PAGE 117.

* Pareilles commiffions ont eté expediées en faveur des fieurs Jofeph Plantier, Antoine Lagarde, Pierre Bonnard, Pierre Carenet, Barthelemy Fautrier. Autre commiffion du fieur Gilles Paulet pour garde du gouverneur de la province de Languedoc. Autre commiffion de garde du gouverneur pour le fieur Jean Baille de Montpellier. Autre commiffion du fieur Fulcrand Almeras pour garde. Autre commiffion de Gabriel Fontanne pour garde. Autre pour le fieur Jofeph Nicolas Guerin pour garde. Autre du fieur Jean Teiffon, garde.

PAGE 102.

* Le 11 janvier 1776, M. de Perdrix, confeiller à la cour des aydes & fyndic de l'hopital St-Eloi, eft venu inviter MM. les confuls pour fe rendre

1776.
PAGE 119.

1776.

le 13 du même mois à 10 heures du matin au bureau d'adminiftration de ladite maifon pour proceder à la nomination d'un fyndic, cette place étant vacante par la mort de M. Haguenot.

Le 13, MM. les confuls en robe fe font rendus à l'Hôtel-Dieu accompagnés de M. de Perdrix qui les etoit venus chercher à l'hôtel de ville; & après avoir procedé, MM. les confuls fe font retirés, & le bureau les a accompagnés à la porte; & a eté nommé pour fyndic à la place de M. Haguenot, M. Nouguier pére, négociant.

Le 22 janvier 1776, MM. les maire & confuls en robe ont eté chercher M. le comte de Perigord, commandant, qui eft arrivé ce matin, venant de Touloufe, & à l'occafion de la maladie épizootique des bœufs, d'où il s'etoit rendu venant de la cour, il a eté harangué par M. Farjon, procureur du roi de la ville & affeffeur.

Le 23 dudit, à 4 heures après midi, MM. le maire, confuls & greffier en robe fe font rendus hors la porte du Pile St-Gilles attendre M. l'archevêque de Narbonne, venant de Paris aux etats. Il fut harangué par M. le maire. Le chevalet avoit eté prendre ce feigneur en delà du clos du fieur * Périmond, négociant, danfant au-devant du carroffe, & ont eté l'accompagner jufques au devant de la porte de M. le commandant, où il eft entré. Enfuite étant forti, eft entré dans la chaife à porteurs, & il eft entré dans fon hôtel, dans la maifon de M. Flaugergues; le chevalet entra dans la cour, & après avoir danfé un certain temps, ils fe retirérent. La ville fit tirer un nombre de boetes, enfuite des fuzées.

On obferve qu'on avoit apris que M. l'archeveque de Narbonne ne devoit arriver que le 24; on n'auroit fait publier que pour ce jour; ainfy l'illumination ne fe fera que demain & il en fera parlé.

Ledit jour 23 Meffieurs les confuls & greffier en robe, ont eté voir M. l'eveque de Montpellier venant de Paris en qualité de député des Etats. Il a eté harangué par M. Farjon.

Le 24 dud. MM. les confuls, en manteau court & chaperon, ont eté voir MM. les commiffaires du roy.

Les armoiries ont eté pofées fuivant l'ufage. Le meme jour la ville a fait illuminer avec des pots à feu la façade de l'hôtel de ville & celle d'fpectacle. Tous les habitans ont illuminé leurs façades; * mais M. le marquis de Montferrier, findic general de la province, a fait une illumination fi belle que touts les habitans ont eté la voir; il y avoit un tonneau de vin qui couloit fur la place Brandille & haut-voix pour divertir le public.

Le meme jour 24 M. l'eveque de Montpellier eft venu à l'hotel de ville pour rendre vifitte à MM. les maire & confuls.

Le 25 janvier l'ouverture des etats a eté faite par M. de Perigord, commandant en chef de la province, M. le vicomte de St-Prieft fils, intendant, a fait un difcours, enfuite M. l'archeveque de Narbonne a parlé & le difcours qu'il a fait a eté trouvé fi beau, fi eloquent & fi attendriffant que tous ceux qui etoint à cette affemblée ont frapé des mains pour temoigner leur fenfibilité.

Le 30 le don gratuit fut demendé à l'ordinaire. Le 1er fevrier le don gratuit fut accordé.

19 février, MM. le maire & confuls affemblés, M. de Cambaceres, maire a dit que M. le chevalier de Ratte, nommé pour remplir le premier chaperon de cette ville, par le choix qu'en avoit fait Mgr le marquis de Caftries, gouverneur de la ville, * fur les trois nommés le mois de juillet dernier, ainfi qu'il réfulte du procés verbal qui en avoit eté tenu le dit jour.; que M. de Ratte n'avoit peu pretter le ferment requis le 10 aout fuivant, parce qu'il etoit alors à Paris en qualité de deputé des états pour préfenter à Sa Majefté le cayer de doleances; qu'etant arrivé ce jourd'huy, il s'eft rendeu à l'hotel de ville; & fur les requifitions de M. le procureur du roi de la ville, il a pretté ferment la main mife fur les faints evangilles, & le fieur de Ratte a promis de bien & deuement remplir fes fonctions, moyennant quoy nous l'avons inftallé en ladite charge de premier conful de ladite ville de Montpellier, pour en jouir aux memes emolumens, honneurs, rangs, féanfes & prerogatives qu'en ont joui fes predeceffeurs. Et avons figné, etc.

M. Barthelemy Feautrier a eté nommé fous-brigadier des gardes de M. le gouverneur de la province de Languedoc, fuivant la commiffion du 3 avril enregiftrée le 24 avril 1776.

Le fieur Bourely a eté nommé trompette de M. le duc de Biron.

Le 7 dud. MM. les confuls en robe fe font rendus à l'eveché pour prendre monfeigneur l'eveque de Montpellier & venir à l'hotel de ville pour l'affemblée de l'affiette.

*Le 18 avril 1776, à 7 heures du foir, Mgr le duc de Chartres & Mme la ducheffe arrivèrent en cette ville venant du coté de Bordeaux, allant s'embarquer à Toulon. Arrivés à la pofte, on changea de chevaux & partit de fuitte fans s'arreter. MM. les maire & confuls ne s'etoient pas rendus hors la ville, n'ayant reçu aucun ordre.

Le 1er may M. le comte de Périgord partit pour fe rendre à Touloufe, de meme que M. le vicomte de St-Prieft.

Le 6 may MM. les confuls ont eté chez Mgr l'eveque de Montpellier pour prendre l'heure de l'affiette, & de là ils ont eté vifiter le commiffaire principal.

Le 4 juin MM. les deputés des Penitens Blancs ayant porté à l'hotel de ville * le tour de la proceffion qu'ils avoint determiné de fuivre pour le dimanche dans l'octave du S. Sacrement, MM. les confuls l'ayant examiné ont trouvé qu'il etoit extremement long & en confequence en ayant fait donner avis à MM. les officiers de lad. compagnie, ces MM. affemblés en direction en ont envoyé un autre moins long; MM. les confuls l'ayant examiné l'on trouvé bon & ont deliberé d'affifter à lad. proceffion, qui fe fera demain dimanche.

Le 10 juin MM. les confuls de la ville de Montpellier affemblés, M. le chevalier de Ratte, premier conful, a dit que l'objet de cette affemblée eft de faire part à MM. les confuls d'une lettre que Mgr l'intendant a ecrite

1776.

PAGE 125.

le 9 juin courant, afin que MM. les confuls actuels & leurs fucceffeurs puiffent remplir les ordres du miniftre & remplir les vues de M. l'intendant il propofe de faire regiftre * de lad. lettre afin que MM. les confuls puiffent, autant qu'il fera en eux, feconder les vues dont s'agit.

Il a eté déliberé conformément à l'expofé de M. de Ratte, premier conful, & de fuite il a eté procédé à la tranfcription de la lettre écrite par M. l'intendant :

Montpellier, le 9 juin 1776.

Il y a environ un an, Meffieurs, que des vagabonds & gens fans aveu, tant françois qu'étrangers, des pretres & religieux italiens & polonois ou foi-difant tels & des marchands forains de differentes nations fe répandent dans les provinces & villes du royaume, quêtant & mendiant à la faveur de faux certificats & établiffant des loteries publiques de marchandifes fur des ordres ou paffeports dont ils avoient eu le fecret d'enlever la première ecriture pour y fubftituer de fauffes permiffions ; quelques uns de ces fauffaires feurent decouverts & arrettés & leurs marchandifes faifies ; d'autres echaperent aux pourfuites & fortirent du royaume. Le miniftere s'étoit flatté que les recherches qui en furent ordonnées dans le temps, les punitions infligées à plufieurs, la fuite des autres & la vigilance des marechauffées auroient délivré le public de ce genre d'excroqueries. Mais il a eté informé que des nouveaux importeurs d'aucuns ordres circulent actuellement dans les provinces, qu'ils y renouvellent fourdement leurs manœuvres & trompent

PAGE 126.

la religion des magiftrats & la foy publique par des certificats ou paffeports frauduleux. C'eft pour y remédier autant que poffible que le miniftère m'a chargé de vous inftruire des règles invariablement obfervées dans la police des paffeports qui emanent du miniftère des affaires etrangères, afin de vous prévenir contre les furprifes de ces filous.

« Les paffeports qui font accordés n'ont d'autre fin & motif que de permettre la libre fortie du royaume à ceux qui les obtiennent, & jamais celui de favorifer la mendicité, d'autorifer des quêtes, ou des établiffements de loteries de marchandifes.

« D'après ces principes, on peut avec certitude regarder comme faux tous paffeports, certificats ou autres pièces fignées du miniftre des affaires etrangeres qui annonceroient des permiffions de mendier & de quêter, ou de vendre & débiter des marchandifes par voie de loteries fous quelque forme qu'on puiffe les préfenter.

« Il eft au furplus etabli que les paffeports pour fortir du royaume ne doivent être expédiés pour les fujets étrangers que fur les demandes ou certificats des ambaffadeurs ou miniftres des puiffances auxquelles ils appartiennent ; & pour les fujets françois qu'aux citoyens & habitans des villes de Paris ou de Verfailles, & aux perfonnes de la fuite & du fervice de la cour, ou à celles qui, ayant leur réfidence en province, ont fait quelque fejour dans ces deux villes & y ont juftifié de leur état. Dans tous les cas, les paffeports ne font expediés que fur la demande de la police de Paris & de Verfailles, & fur les certificats délivrés après information préalable.

PAGE 127.

« A l'égard des habitants des provinces du * royaume qui veulent aller en pays étranger, ils ne font tenus à leur fortie de juftifier de leur qualité & état que par les atteftations, certificats ou paffeports de MM. les gouverneurs, commandants ou intendans des provinces, ou même des magiftrats des villes & officiers de police des lieux de leur refidence ordinaire, fuivant l'uzage obfervé dans tous les temps.

« Je vous prie, Meffieurs, de vous conformer aux intentions du miniftre pour les préfentations des paffeports ou ordres qui pourroient vous être faites, de manière que les fauffaires ne puiffent trouver aucune facilité de votre part pour continuer leurs mauvaifes manœuvres, & que même en votre qualité de juges de police, ils fubiffent les peines qu'ils auront encourues.

« Les maréchauffées ont, de leur cotté, les mêmes inftructions pour les arretter & pour les faire punir ; vous voudrez bien auffi m'accufer la reception de cette lettre.

« Je fuis, Meffieurs, votre très-humble & très-obeiffant ferviteur. De St-Prieft, figné. »

PAGE 128.

* Le 10 juin M. le 4e conful en chaperon a eté chés M. le major en l'abfence de M. le lieutenant du roy pour le prier de faire monter la bourgeofie.

Le 21 dud. MM. les 4e & 5e confuls en chaperon fuivis d'un capitaine & de fes deux hallebardiers & de fes deux efcudiers ont eté chés M. le comte de Moncan le prier de faire battre un ban pour qu'il foit deffendu à toute perfonne de faire des feux devant les portes, de meme que de tirer des fuzées, petards, &c.

Le 23 juin MM. les confuls & greffier en robe ont mis feu au buché à l'occafion de la fete St-Jean.

Le 28 dud. veille de la fete St-Pierre, MM. les confuls n'ont point eté à St-Pierre n'ayant point eté priés par le maitre des ceremonies du chapitre fuivant l'ufage.

Le 10 juillet M. de Taleyran, un des trois marechaux de camp nommé fous les * ordres de M. de Mailly, lieutenant general, pour commender la divifion des troupes en garnifon dans le Languedoc & dans le Rouffilion eft arrivé en cette ville: MM. les confuls en chaperon ont eté luy faire vifite ou gouvernement où il logoit & les accompagna jufques à la porte de la falle à manger.

<small>Louis Antoine de Gontaud, duc de Biron, pair & marechal de France & gouverneur de la province de Languedoc. A tous ceux qui ces prefentes verront, falut. Savoir faifons que, fur le raport qui nous a eté fait du fieur Jean Baptifte Dalmas, par le garde general & triennal des gabeiles du Languedoc demurant à Montpellier, de fa probité, capacité & experience au fait des armes, nous, defirant traiter favorablement led. fieur Delmas, l'avons nommé & etabli, le nommons & etabliffons le fecond brigadier de la compagnie de nos gardes du gouvernement general de la province du haut & bas Languedoc, pour y fervir en cette qualité & jouir dud. etat aux honneurs, privileges, prerogatives & droits y attachés autant qu'il nous plaira; mandons aux maires, echevins des villes & lieux dependant de notre gouvernement, & à tous autres qu'il apartiendra qu'après qu'il leur fera aparu des prefentes, qui feront regiftrées où befoin eft, ils ayent à faire jouir en vertu d'icelles led. fieur Delmas des privileges, exemptions & droits accoutumés, tels & femblables qu'en ont joui ou deu jouir le cy devant pourveu de pareil emploi. En foi de quoi, etc. Fait à Paris le 15 aout. Signé de M. le duc de Biron. Par Monfeigneur: Daguet.</small>

* Le 30 juillet M. de Mailly, lieutenant general des armées du roi, nommé par Sa Majefté pour commander les troupes du Languedoc & du Rouffillon, eft arrivé. MM. les confuls y ont de fuitte envoyé leur capitaine pour fçavoir l'heure à laquelle il voudroit les recevoir. Il les a remerciés & les a difpenfés de la vifite. MM. les confuls s'etoient difpofés de faire la vifite en chaperon, ainfi qu'il s'eft pratiqué le 4 janvier 1705 pour M. le marquis de Lalande, lieutenant general des armées du roy fervant dans cette province.

Le 7 aout le roy ayant jugé à propos de fuprimer les comendants en fecond des provinces de fon royaume, n'a cependant rien changé pour celle du Languedoc & l'a exceptée de la règle générale. MM. les confuls en chaperon ont eté vifiter M. de Moncan, commendant en fecond, de cette nouvelle & de fa confervation. M. le comte a accompagné MM. les confuls jufques à la porte du palier.

Le 8 aout MM. les confuls en robe ont eté au college diftribuer les prix, ayant donné le jour. Le principal, profeffeurs & fes enfants de cinquieme & de quatrieme vinrent chercher MM. les confuls. Le fieur Fraiffinet, ecolier de quatrieme, harangua MM. les confuls, après quoy ils fe rendirent tous enfemble au colege; M. le principal entre M. le premier conful & le fecond & ainfi des autres profeffeurs; & MM. les confuls furent après la feremonie reconduits dans * le meme ordre jufques à l'hotel de ville où ils furent remerciés.

Le 31 aout à l'occafion du jubilé univerfel qui doit commencer demain dimanche 1er feptembre, toutes les cloches de la ville fonnèrent depuis fept heures du foir jufqu'à huit.

Le lendemain 1er feptembre, à 10 heures du matin, MM. les confuls en

1776. chaperon furent à l'églife des jéfuites où fe fait actuellement le fervice de la paroiffe St-Pierre, à caufe des réparations qu'on fait à la cathedralle, entendre la meffe du St-Efprit qui fut dite par M . . . , ce qui annonça l'ouverture du jubilé. MM. les confuls avoient eté priés & invités la veille par M. l'abbé Pagafin, maître de ceremonie.

L'aprés-midy, MM. les confuls en chaperon & le greffier furent à ladite eglife entendre vêpres. Le fermon fut prononcé par M. Beau, curé de Maffilliargues. Aprés complies, la proceffion generalle fortit, y affiftant les chanoines de la collegialle, toutes les paroiffes, tous les ordres, la confrérie des Penitens Blancs, celle de la vraye croix, celle de tous les faints.

Mgr l'evêque officia, & la proceffion fortit de ladite eglife, paffa dans la rue de l'Aiguillerie, * tourna au coin de M. Campan, devant la maifon de M. le prefident Bonnier, au bout de la rue de la Blanquerie, tourna dans la rue de la Vieille-Intendance, fur la Canourgue, devant la maifon de M. le prefident Gros jufques à la porte du Peyrou, defcendit à la rue de la Valfére jufques à St-Guilhem, monta jufques à la maifon de M. de Claris, premier prefident, d'où elle tourna dans la rue du Petit-St-Jean à la Grand'Rue, monta à la pointe devant la maifon de M. Farjon, confeiller à la cour des aides, devant le gouvernement, aux Penitens Blancs, fous l'arc de Ramond, devant la monnoye, & de là dans ladite eglife, où la benediction du St-Sacrement fut donnée.

On obferve qu'on n'avoit jamais vu tant du monde à la fuitte d'une proceffion.

Le 1er feptembre le concert a fufpandu pendant la premiere quinzaine fes exercices.

Le 24 feptembre, MM. les maire & confuls ayant eté informés que M. d'Aigrefeuille avoit eté reçu procureur general en la cour des comptes, aydes & finances de Montpellier, ils avoient fait chercher fur le regiftre ceremonial ce qui avoit eté fait à M. Duché en femblable occafion. N'ayant rien trouvé de couché & etant affeurés que c'etoit par oubli, attendu qu'on avoit vifité M. Duché, en confequence MM. les confuls en chaperon & le greffier ont eté rendre vifitte à M. d'Aigrefeuille, logé dans la maifon de M. Rolland, confeiller, derriere Notre-Dame, pour lui temoigner la * fatisfaction qu'ils avoient de le voir dans cette place, & lui demander fa protection pour la ville; à quoy il a repondu avec l'eloquence & la bonté qu'il a herité de fes peres.

M. d'Aigrefeuille etoit venu prendre MM. les confuls & greffier ou perron du degré, & les a accompagnés jufqu'au bas du degré. M. d'Aigrefeuille fut le meme jour à l'hotel de ville rendre vifitte à MM. les maire & confuls.

* Le 8 novembre la ftatue fculptée par M. Journet a eté portée de fon atelier, qui etoit fous le Peyrou, dans la maifon du fieur Fabre, à la place de l'Intendance, où elle devoit etre placée fur fon piédeftal.

Le lendemain 9, la ftatue fut montée fur fon piédeftal par des marins de Cette, & elle a eté montée & placée dans 42 minutes.

L'ouverture du préſidial a eté faite le 12 novembre 1776. L'avant veille 1776.
M. Durand, greffier en chef, eſt venu à l'hotel de ville prier de la part de
la cour MM. les maire & conſuls d'aſſiſter à lad. ouverture, ce jourd'hui à
10 heures avant midi. M. le chevalier de Ratte avoit fait la veille ſes viſites
ſans chaperon chés tous les membres du préſidial.
 MM. les conſuls & greffier en robe ſont montés au palais; à la porte
d'entrée de la ſalle d'audience le greffier a ſalué le corps municipal & a
prié M. le premier conſul de le ſuivre dans la chambre du conſeil où etoit
la compagnie aſſemblée; MM. les conſuls & greffier ont eté s'aſſoir dans
le parquet ſur un banc fleurdeliſé.
 M. le premier conſul arrivé dans la chambre du conſeil a preté ſerment
pour la charge de viguier entre les mains de M. Faure, juge mage, à
genoux, la main miſe ſur les ſaints evangilles; enſuite M. le juge mage
l'a pris par la main, luy a donné place à ſa droitte, qui eſt la place * que PAGE 135.
le viguier a accoutumé de prendre en conſequence de l'arret du conſeil &
lettres patentes données ſur l'union de la juridiction royale & ordinaire de
la ville au corps du préſidial; & après, etant montés à l'audience, M. le
chevalier de Ratte a pris ſa place comme en la chambre du conſeil, du
cotté de la main droitte de M. Faure, precedant le doyen.
 Enſuite M. Nadal procureur du roi a fait un beau diſcours ſur les devoirs
d'un magiſtrat & a requis le ſerment de MM. les avocats & des procureurs.
Après quoy M. Faure, juge mage, a fait auſſi un tres beau diſcours ſur les
devoirs du magiſtrat & après avoir eté aux opinions a ordonné que les
avocats & le procureur pretteroint ſerment dans la chambre du conſeil,
d'où M. le premier conſul eſt ſorti pour y joindre MM. les conſuls & greffier, qui etoint dans la ſalle d'audience & ſe ſont retirés à l'hotel de ville.
 Le 13 novembre M. le vicomte de St-Prieſt arriva d'Allivet. Le lendemain 14, le capitaine ſut pour prendre l'heure que M. l'intendant vouloit
recevoir MM. les conſuls; il les a remerciés & les a diſpenſés de la viſite.
 Le 15 novembre, ouverture de la cour des aides.
 * Le 17 novembre M. de St-Prieſt pére, intendant en Languedoc arrivé PAGE 136.
de Paris, MM. les conſuls & greffier en robe ont eté lui rendre viſite, & a
eté harangué par M. Farjon.
 Le 18 novembre, MM. les conſuls & greffier en robe ont eté au Gouvernement voir M. le comte de Perigord, & a eté harangué par M. Farjon.
 Le 27 novembre, veille de l'ouverture des etats, MM. les conſuls en
chaperon & manteau court ont eté faire viſite à MM. les commiſſaires du
roy & ont commencé par M. le comte de Perigord, enſuite à MM. l'intendant pere & fils, leſquels ont eté accompagnés par M. le comte de Perigord
juſques à la porte de ſon cabinet & par MM. l'intendant pere & fils
juſques à la porte du ſalon de la livrée; après quoy ils ſe ſont rendus chez
M. Figuier, treſorier de France de Toulouze, qui les accompagna juſques
au bas des eſcalliers, & chés M. Reboul, treſorier de France de la ville qui
ne les a conduits que juſques au paſier de ſes dégrés. M. le premier conſul
luy a repreſenté que le ceremonial portoit qu'ils devoint etre acompagnés

1776.

PAGE 137.

jufques au bas des degrés, M. Reboul luy a repondu que leur ceremonial ne portoit rien au dela de ce qu'il fefoit; MM. les confuls fe font de fuitte retirés.

MM. Viguier & Reboul ont eté le même jour à midi chés M. le premier conful & M. Reboul luy a temoigné les regrets qu'il avoit de l'erreur où l'avoit jetté un mauvais ceremonial, qu'il le prioit de faire agreer fes excufes * au corps municipal & de l'affurer qu'il feroit corriger dans le ceremonial cette erreur, & qu'il feroit dit qu'il avoit conduit cette année MM. les confuls jufques au bas des efcaliers.

* Le 28 novembre, ouverture des Etats, faite par M. le comte de Périgord commandant en chef de la province.

Le 14 décembre MM. les confuls & affeffeurs en robe ont eté faire vifite à M. le chevalier de St-Prieft, ambaffadeur à la Porte. M. Farjon l'a harangué. Après quoy MM. les confuls fe font retirés, & M. de St-Prieft les a accompagnés jufques au feuil de la porte de la falle de la livrée. MM. les confuls ont eté faire cette vifite en chaife à porteurs, à raifon de la pluye qui tomboit.

1777.
PAGE 138.

* Le 4 janvier, feparation des Etats.

Le 1er mars l'election confulaire a eté faite & a eté dreffé le verbal dont la teneur s'en fuit :

Du premier mars dans l'hotel de ville de Montpellier à dix heures avant midy, M. de Cambaceres, maire, a dit que fuivant l'ufage conftament pratiqué l'election confulaire doit etre faite ce jourd'hui, qu'il a en confequence convoqué MM. les confuls & le procureur du roy de la ville pour etre procedé à l'election de trois habitans de chacune echelle, cinquiefme & fixieme, le troifieme & quatrieme chaperon devant etre continués pour une année feulement, afin de pouvoir fe conformer à l'avenir à l'arreft du confeil du 27 octobre 1774 qui veut à l'art. 13 que le premier conful qui aura la qualité de maire refte en place quatre années, le fecond de lieutenant de maire trois années, & à l'egard des autres confuls la moitié en doit etre renouvellée chaque année, de maniere que chaque moitié doit refter en place alternativement deux années, que conformement à la derniere difpofition de cet article il paroit qu'on ne peut & ne doit proceder qu'a l'election de deux confuls ainfy que M. de Joubert, findic general de la province l'a decidé * par la lettre qu'il lui a fait l'honneur de lui ecrire le 16 du mois de janvier dernier.

PAGE 139.

L'art. 12 du fufd. arret veut que lefd. confuls jouiffent de tous les droits, honneurs, pouvoirs, autorités, rangs & fceances, Sa Majefté voulant que le gouverneur actuel de la ville de Montpellier continue de choifir les fujets pour le confulat de lad. ville fur des liftes qui lui feront prefentées à chaque election, ainfy qu'il en etoit ufé avant l'edit du mois de mai 1766. En confequence de la derniere difpofition de cet arret il propofe de nommer quinfe habitans pour fur ce nombre en etre eleu trois pour chacune des deux dernieres echelles, pour faire le choix des fix habitans qui doivent etre prefentés à monfeigneur le marquis de Caftries, gouverneur de la ville, pour fur ce nombre en choifir & nommer deux, un pour chaque echelle, pour exercer, conformément à l'art. 13 du fufd. arret du confeil, la charge de conful.

Laquelle lifte de quinfe habitans ayant eté dreffée & remife au greffier il en a fait lecture, après laquelle il a eté eleu pour electeurs le fieur Abraham Hector Bonnefoi, m^e peruquier, Martin Efpinas, m^e cordonnier & Philipe Bongues, m^e ferrurier. Lefquels, ayant eté mandés par un efcudier, fe font rendus à l'hotel de ville & après leur avoir fait entendre le fujet de leur election & avoir pretté ferment fe font retirés dans une falle de l'hotel de ville, où ils ont dreffé la lifte de fix habitans dont trois de chaque echelle pour fur ce nombre en etre choifi & nommé un de chaque echelle par Mgr le marquis de Caftries, gouverneur de la ville, pour exercer & remplir les deux dernieres places de confuls. Lefd. fieurs electeurs etant revenus dans la grande falle ont remis la lifte de fix habitans, de laquelle il en a eté fait lecture par le greffier dont la teneur fuit: cinquieme echelle: M. Jean Cambon, petit bourgeois, M. Alexandre Paradis, m^e peruquier, M. Jaques Mayftre, fabriquant de filozelles. Sixieme echelle: M. Fulcrand Fabre, m^e potier de terre; M. Jean Rieutord, m^e menuifier; M. Thomas, marchand tailleur d'habits.

Après laquelle lecture il a eté arrêté par MM. les maire & confuls que lad. lifte fera envoyée à monfeigneur le marquis de Caftries, gouverneur de la ville de Montpellier, pour faire le choix dans chaque echelle d'un habitant pour etre conful conformément à l'art. 12 de l'arrêt du confeil du 27 octobre 1774. Plus par nous, n'a eté procédé & avons figné avec m^e Bedos, greffier & MM. les electeurs. Signé: le ch^{er} de Ratte, p. cl., Fabre Lacalmette, 2e cl., Cabannes, cl., Teiffier, cl., Auzillion, cl., Gautarel, conful, Bonnefoy, Efpinas, Bongues, Farjon, procureur du roy de la ville. Le fieur Bedos, après avoir pretté le ferment ordinaire & requis ; ainfi procédé pardevant * nous Cambaceres, maire. Bedos greffier. Controllé à Montpellier le 3 mars 1777. Reçu quarante fols. BAGET, figné.

Le 2 mars la proceffion generale pour la cloture du jubilé a eté faite, ayant eté annoncée la veille par la cloche de la ville pendant une heure. La proceffion eft partie des jefuites où MM. du chapitre font leurs offices à caufe des réparations qu'ils font à leur eglife. MM. les confuls y ont affifté en chaperon avec leur fuite.

A l'occafion du jubilé, il a eté placé deux croix, l'une au bout du cours, & l'autre à l'extremité du faubourg Boutonnet.

On doit obferver que lorfque le chapitre cathedral eut fait fa premiere proceffion pour la ftation du jubilé, Mgr l'eveque de Montpellier dit à M. le chevalier de Ratte, qu'il avoit eté furpris de ne pas voir le corps municipal à la fuite du chapitre, attendu qu'il etoit d'ufage que MM. les confuls affiftaffent à toutes les proceffions que faifoit le chapitre, & que fi le corps municipal luy avoit demandé la permiffion de gagner le jubilé en faifant l'eftation avec le chapitre, il leur auroit accordé cette demande très volontiers, luy paraiffant très-jufte.

1777.
PAGE 142.

Le 25 mars MM. les confuls en chaperon ont eté vifiter M. le comte de Graves, marechal de camp des armées du roy & employé dans la province, ayant le commandement & l'infpection des troupes dans le bas Languedoc. Conformement à la nouvelle ordonnance militaire, M. le comte de Graves a reçu MM. les confuls à la porte d'entrée du falon de compagnie de fon appartement bás, où MM. les confuls etant entrés, après cette vifite ils ont eté reconduits jufques au perron de la porte d'entrée de la cour.

L'an 1777 & le 21 mars avant midy, dans l'hôtel de ville de Montpellier, MM. les officiers municipaux affemblés, M. de Cambacerés, maire, a dit qu'il les avoit fait convoquer pour leur faire part d'un paquet adreffé au corps de ville par Mgr le marquis de Caftries, gouverneur de la ville, qui contient la lifte des habitants qui feurent eleus par MM. les electeurs le 1er du mois de mars dernier, ainfi qu'il refulte du proces verbal qui en fut dreffé ledit jour qui le charge d'envoyer ladite lifte audit feigneur marquis de Caftries, pour, conformément au droit qu'il en a fuivant l'art. 12 de l'arrêt du confeil du 27 octobre, de choifir & nommer deux defdits habitants pour remplir le cinquieme & fixieme chaperon fur le nombre de fix qui ont eté elus pour remplir ces deux echelles par MM. les electeurs, &

PAGE 143.

qui luy ont eté prefentés par le corps de ville. * Qu'il refulte du choix qui a eté fait par Mgr le marquis de Caftries que le cinquieme chaperon doit être rempli par le fieur Cambon petit bourgeois, & le fixieme par le fieur Thomas viel, maître tailleur d'habits, &c.

PAGE 146.
PAGE 147.

* Le 22 avril l'affiette a eté tenue l'apres midy à 3 heures; MM. les confuls en robe avoint eté la veille chez M. l'eveque de * Montpellier pour prendre l'heure, enfuite chés M. Lagarde, avocat & premier conful de Nimes, lieutenant principal, logé chés Jean Antoine, & le 22 lefd. fieurs confuls en robe feurent à l'eveché prendre M. l'eveque où tous ceux qui devoint compofer l'affiette etoint; & à la tête font venus à l'hotel de ville & etant fortis à fix heures MM. les confuls en chaperon & les membres de l'affiette ont eté chés M. le comte de Moncan, chés M. de St-Prieft, intendant & chés M. l'eveque.

Le 23 à 10 heures la meffe a eté ditte dans la chapelle du confulat, enfuite font montés à la grande falle pour continuer les operations, & l'affiette finie fe font retirés.

Le 29 mai MM. les confuls en robe ont eté à la cathedralle à la meffe.

PAGE 148.

La proceffion * ne put fortirà caufe de la pluye & fe fit autour de l'eglife.

L'aprés midy MM. les confuls ont eté à la parroiffe St-Denis pour y porter le day à la proceffion, qui ne fe fit point à caufe de la pluye.

Le 1er juin dimanche MM. les confuls en robe furent le matin à l'eglife des Dominiquains où le fervice de la parroiffe St-Pierre fe fait jufques à ce que les reparations qu'on fait à la cathedralle foint finies, pour porter le day à la proceffion & le foir à la confrerie des Penitens Blancs pour y porter auffi le day à la proceffion & à caufe de la pluye lefd. proceffions ne fe font point faites.

Il est à remarquer que le 24 juin il a fait un froid si considerable qu'on a repris les habits d'hiver. On a dit qu'il avoit tombé ce même jour de neige à Murvieil, deux lieux de cette ville.

* Ceremonial observé le 28 juin 1777 au passage de Monsieur frere du roy à Montpellier:

* Le 6 du mois de juin 1777, M. le vicomte de St-Priest, intendant de cette province, ecrivit à MM. le maire & consuls une lettre pour les prévenir du passage de Monsieur à Montpellier, à laquelle il avoit joint une copie de celle que lui avoit ecrit M. Amelot, secretaire d'etat, pour l'en prevenir & lui faire connoître les intentions du roy au sujet de la depense que les villes devoient faire au sujet du passage de Monsieur, transcritte cy apres tout au long.

Copie de la lettre ecrite à la ville par M. le vicomte de St-Priest le 6 juin 1777:

Monsieur se propose, Messieurs, de partir le 10 de ce mois pour visitter les provinces méridionalles du royaume. Ce prince arrivera à Cette le 27 & en partira le 28 pour venir diner à Montpellier & en partir le soir pour Nimes. M. Amelot, secretaire d'etat de la province, m'a fait l'honneur de me mander que Monsieur désire qu'il ne soit fait aucuns préparatifs qui puissent retarder sa marche ni occasionner de la depense dans les villes & bourgs de son passage, non plus que dans les villes où il séjournera. Je suis chargé de deffendre expressement, * & autorisé à permettre aux corps de ville où le prince passera ou séjournera de luy presenter leurs respects. Pour vous mettre parfaitement au fait de ce que m'est prescrit à l'occasion du passage du prince en Languedoc, je vous envoye un extrait de la lettre de M. Amelot, & je vous charge de vous y conformer exactement; vous profiterez aussi de la permission que veut bien donner le prince aux corps de ville de lui presenter vos hommages & vos respects.

Je suis tres parfaitement, Messieurs, votre tres humble & très obeissant serviteur.

De St-Priest, signé.

Copie de la lettre de M. Amelot, secrétaire d'état de la province, à M. de St-Priest, intendant de Languedoc, le 20 mai 1777.

Monsieur desire qu'il ne soit fait aucuns préparatifs qui puissent retarder sa marche ni occasionner de la depense dans les villes & bourgs de son passage, non plus que dans les villes où il séjournera. Je vous prie de le defendre expressement. Vous pourrez cependant permettre aux corps de ville où le prince passera où séjournera de lui présenter leurs respects. Supposé, comme il y a tout lieu de le croire, que les * milices bourgeoises prennent les armes & bordent la haye dans les villes du passage ou séjour du prince, il faudra sur toutes choses defendre de tirer, & meme faire visiter les armes à feu, qu'il n'y en ait aucune de chargée & d'eviter les accidens.

Le 20, jour de l'arrivée à Toulouse; le 21, séjour; le 22 à St-Papoul; le 23 St-Feréol & retour à St-Papoul; le 24 à Carcassonne, le 25 à Vintenac, le 26 à Beziers, le 27 à Cette, le 28 à Montpellier pour aller coucher ledit jour à Nismes; le 29 séjour à Nimes, le 30 en Provence.

Le 11 juin, le conseil politique ordinaire fut convoqué par M. de Cambaceres, conseiller honoraire à la cour des comptes, aides & finances alors maire, afin de donner connoissance à l'administration de ces deux

1777.

lettres. Il fut en conséquence deliberé, en fe conformant aux ordres du roy, de ne faire d'autre depenfe que celle de faire monter le chevalet, fuivant ce qui s'eft toujours pratiqué en pareille occafion. Le 25 du meme mois, le bureau de police étant affemblé & occupé des arrangements qu'il convenoit de prendre pour affurer la defcence, la propreté & la liberté des rues; fur les requifitions & conclufions de M. Farjon, procureur du roy de la ville, il fut rendu une ordonnance qui, en enjoignant à tous les habitants de tapiffer le devant de leurs maifons dans les rues par où devoit paffer M. le prince, portoit fur d'autres différents objets concernant la police. Pour en affurer l'execution, il fut nommé des commiffaires qui furent priés de veiller avec la plus grande attention & qui en conféquence ne perdirent point de vue * l'objet qui leur avoit été confié, de maniere que ce fut à leurs foins & à leur vigilance que, malgré l'afluence de monde qu'il y avoit dans la ville, les rues etoient libres. Il n'arriva aucun efpèce d'accident ni aucun vol, quoiqu'il y eut beaucoup de monde partout. Malgré l'attention qu'avoient eu MM. les maire & confuls, de reparer toutes les rues par où devoit paffer Monfieur, pour lui eviter la dureté du pavé par fon inegalité, les rues furent fablées le 27.

PAGE 152.

Le 28, jour de l'arrivée de Monfieur, MM. les maire, confuls & greffier en robe s'affemblerent à l'hotel de ville vers les dix heures du matin. Les jeunes gens choifis des différents quartiers qui devoient danfer le chevalet avec un meme nombre de jeunes filles habillées en bergéres, les uns & les autres vétus très proprement & avec beaucoup de gout, s'étoient affemblés dans la cour.

Lorfque le corps de ville fut affemblé, que MM. les maire, confuls & greffier eurent pris leurs robes confulaires, tous ces gens & ces jeunes filles fortirent de l'hotel de ville, & après s'etre rangés dans la place lorfque MM. les maire, confuls & greffier fortirent de l'hotel de ville précédés de la fuite confulaire pour fe rendre au jardin de M. Bazille, hors la porte du Peyrou & fur l'avenue par où le prince devoit arriver afin de l'attendre, cette troupe de jeunes gens & de jeunes filles les precedoient en danfant au fon de plufieurs haut bois qu'ils avoient eu foin de fe procurer. Les jeunes filles s'arreterent au devant de la grille de fer qui ferme l'entrée de la place royale du Peyrou; les jeunes gens avec le chevalet allerent en avant du faubourg du Courreau * & fur le chemin de Laverune attendre le prince jufque prefque à la boucherie du roc de Pezenas.

PAGE 153.

MM. les négotians avoient voulu auffi témoigner à leur tour la joye que le corps du commerce reffentoit de jouir de la préfence de Monfieur frere du roy. S'étant raffemblés à la bourfe, determinerent de faire deux efcadrons de cavalerie; ils en formerent deux au nombre de 120; choifirent pour leur uniforme celuy des gardes de ce prince: il étoit rouge, galonné en argent, parement collet & doublure bleus, une vefte & culotte de nanquin, bottes à l'anglaife à genouillère, manchettes de bottes, chapeau noir, bordé de velours noir, une cocarde à panache blanche, fréfes d'une feule boucle & épée d'affier, epolette d'argent liferé de foye & contre-épolette d'un trenon d'argent, fur le retroucé de l'habit une fleur de lis efcarlatte, bordée en argent, les eperons d'argent; leurs chevaux étoient couverts d'une trouffe à pied ecarlatte, galonnée d'un galon argent de 3 pouces de large; celuy de l'habit étoit d'un pouce.

1777.

Cette troupe d'élite ainfi vetue, monté fur de tres beaux chevaux que ces cavaliers avoient eu foin de chercher, & tres bien arachés, precedés de plufieurs trompettes & timballes en habit ecarlatte, parement collet et doublure bleus galonné fur toutes les coutures d'un galon de deux pouces, le refte de leur uniforme femblable à celui de ces cavaliers, ayant à leur tete M. Plagnol, prieur de la bourfe, colonel en premier, M. Vialar colonel en fecond 1er conful, & M. Caftillian capitaine commandant, fe rendirent au manege où étoit le quartier d'affemblée, & partirent de là avec le fecond efcadron commandé par M. Dupin, fecond conful, lieutenant colonel, pour fe rendre fur le chemin de Laverune, à Châteaubon. A chacun de ces deux efcadrons il y avoit un guidon. Le premier étoit * par le fieur Brun fils, &c.

PAGE 154.

Il s'étoit encore une troupe de dragons d'environ quatre-vingts jeunes gens d'élite choifis, qui avoient pris l'uniforme du regiment de Monfieur; il étoit vert, revers, parement & collet abattu rouge, celuy à jéfuitte fouci, vefte, culotte & guetres blanches, chapeau noir bordé de velours noir, cocarde & panache blanche. Ils étoient armés des armes que les dragons du regiment de Septimanie ont laiffé dans cette ville lors de leur réforme; M. le comte de Moncan, commandant dans cette province, les leur avoit fait donner de l'arfenal de la citadelle. Cette feconde troupe étoit fous les armes, rangée en haie depuis la porte de fer du Peyrou jufques au jardin du fieur Bazille où étoient MM. les maire, confuls & greffier. Le regiment de la Fere en garnifon étoit fous les armes dans les rues par où devoit paffer le prince. L'avenue du Courreau, de meme que la rue qui longe les murs de ville, étoit remplie de monde jufques à la premiere porte du Peyrou, & malgré l'affluence qu'il y avoit, il regna le plus grand ordre.

Monfieur, après avoir traverfé le faubourg du Courreau, arriva fur le boulevart ou chemin neuf qui conduit de la porte St-Guilhem au Peyrou, precedé du chevallet, du premier efcadron de négocians ayant à leur tête M. Plagnol, colonel, qui, dés qu'il avoit rencontré le carroffe de Monfieur, avoit eu la permiffion du prince de prendre la portiere de fon caroffe, l'épée nue à la main, de meme que toute fa troupe; * après le carroffe venoit la marechauffée, enfuitte le fecond efcadron de la troupe des majeftés & un nombre des caroffes de la fuitte du prince. Dès que le caroffe de Monfieur eut eté aperçu & que MM. les maires & confuls furent avertis de fon arrivée ils fortirent du jardin de M. Bazille, precedés de leur fuitte, allerent fe placer au deffous de la rampe qui conduit a la premiere porte d'entrée de la place, où ils avoient eu foin de faire porter le day de la ville, qu'il eft d'ufage d'offrir à ces princes; alors un des officiers du prince, qui faifoit les fonctions de maitre de ceremonie, vint le prendre. Le corps de ville le plaça immediatement fous les drapeaux du regiment de dragons.

PAGE 155.

1777.

Monfieur etant arrivé à cet emplacement & ayant donné ordre que fon carroffe arrêtat, M. de Cambaceres maire s'avança de la portière et eut l'honneur de le complimenter au nom de la ville. Le prince refta dans fon carroffe affis & lui fit l'honneur de lui repondre, avec autant de bonté que d'honneteté, qu'il recevoit avec plaifir les homages de la ville de Montpellier, qu'elle pourroit compter fur fa protection.

M. le maire eut l'honneur de lui prefenter le day & s'il vouloit qu'il le precedat; il repondit qu'il ne le vouloit point accepter.

Dans le carroffe de Monfieur il y avoit M. de Laval, premier gentilhomme de fa chambre, M. de Levy, capitaine de fes gardes, & M. de St-Maurice, capitaine des fuiffes. Apres la harangue de M. le maire, le caroffe du prince, precedé de 4 hallebardiers de la fuite confulaire, continua de marcher, paffa au milieu de la compagnie des dragons à pied, * rangée fur deux lignes. Dès que le prince fut arrivé vis-à-vis de la grande entrée du Peyrou, le prince defcendit. MM. l'intendant pere & fils s'y etant trouvés avec Mgr l'eveque & un très grand nombre de gentilshommes, il l'ont toujours accompagné partout & le corps municipal à fuite.

Le prince etant au moment de monter le dernier efcalier pour entrer dans la place, les filles habillées en bergères eurent l'honneur de fe prefenter à lui, deux d'entre elles nommées Delmaffe & Bonniere, en lui prefentant dans un grand baffin d'argent un magnifique bouquet de fleurs naturelles les plus recherchées de la faifon qu'il voulut bien prendre; il en temoigna même fa fatisfaction, elles y reciterent les quatre vers patois faits par...

    Lou bonheur q'aven de vous veyre
    Remplis noftra felicitat.
    Vous aven tant de fes defirat
    Que vous vefén aben pena à ou creire.

La demoifelle Reboul, autre jeune fille d'environ 8 à 9 ans, qui etoit placée au milieu des deux premières, en lui chantant à fon tour une chanfon patoife faite par le fieur Faure, fculpteur en platre, dont la teneur fuit, lui prefenta une rofe qu'il accepta auffi :

    Pode pas garda lou filence
    Per lou beu comte de Provence.
    Me foui hazardat en patois
    De ne fa brilla fous exploits.

    Sé n'aviei l'efprit de Voltaire
  * Traffariei mille qualitas;
    Lou papié de toute la terre
    Sas vertus ne contiendriè pas.

    De Louis feize ne lou frera
    Es renoumat per touta la terra
    Sé Alexandre yoy beġnié
    Lou pas fegu le cederié.

Remplit d'efprit & de courage
Sé ara la guerra n'avian
Ah! verrias un cruel carnage
Das ennemis trioupharian.

Nous fazes comme fay la roza
Qu'attenden que fiegue ecloza
Per ne joui de fas coulous,
De fas beoutas & fas fentous.

Ne difpares, & vous de mema
Sans una nioch dourmi aicy ;
Nous mettés d'un chagrin extrema
Ne partiffés avan mouri.

Le prince entra enfuite dans la place & monta fur le trottoir à droite, precedé des filles & de la troupe de la jeuneffe du chevalet qui danfoit devant lui à un certain éloignement, & enfuite dans la place, * le prince ayant toujours à fes cotés M. de St-Prieft, intendant de la province & à fa fuite MM. les maire & confuls, procureur du roy & greffier, tous revetus de leurs robes, & un grand nombre de nobleffe & d'officiers. Après avoir fait le tour du grand baffin, il monta fur le plateau du château d'eau, fe prefenta du coté de la place qu'il trouva fort belle, MM. de St-Prieft lui firent voir la beauté de cet ouvrage & en meme temps apercevoir l'étendue & la beauté de la vue, apercevoir les Alpes d'un coté & les Pyrénées de l'autre & la mer qui forme au bout de l'orifon un baffin qui fait un point de vue tres-agreable & unique. Le peuple qu'il y avoit dans cette place etoit fi nombreux qu'à peine pouvoit-il y contenir. Dés qu'il apercut le prince il batit des mains & ne cefferent de crier : Vive le roy! Vive Monfieur! qui alors leva fon chapeau & le falua avec cet air de bonté naturel à la famille royale & qui lui a toujours confervé l'amitié d'un peuple qui n'eft jamais occupé que de plaire aux princes de la maifon royale & à meriter leurs bontés & leur protection.

Après que Monfieur eut examiné la beauté de cette place & l'ouvrage de la fontaine, il defcendit à la promenade baffe du coté du midy, & après en avoir vu la diftribution, il remonta par le meme efcalier * & continua de faire le tour fur le trottoir à gauche, Dés qu'il fut arrivé à la porte du Pérou, toutes les cloches fonnerent jufques à ce qu'il feut entré dans l'hotel de l'intendance, où M. l'intendant devoit lui donner a dinner de meme qu'à toute fa fuitte. Les fenetres des rues, qui étoient tapiffées & fablées, etoient remplies de monde. Comme il n'y avoit prefque perfonne dans les rues afin de les laiffer libres, que le paffage ne feut point gené, chaque particulier qui occupoit des boutiques avoit formé dans l'intérieur des arceaux des amphithéatres qui etoient remplis de monde. Le prince eut la bonté de les honnorer de fa protection en faluant d'un cotté & de l'autre tout le peuple qui ne ceffoit de battre des mains & de crier : Vive le roy! Vive Monfieur!

1777.

PAGE 160.

PAGE 161.

Sur la place de l'Intendance il y avoit une garde de 150 foldats commandée par M. de Lhermet, lieutenant colonel du regiment de la Fére en garnifon. Le prince etant arrivé à l'hotel de l'Intendance, trouva dans la cour & dans le premier veftibule la compagnie de dragons bourgeoife fous les armes, rangée fur deux lignes. Dans la premiere piece après ce veftibule, une garde* de 15 cavaliers ayant chacun la bandouliére du prince & un moufqueton. Elle etoit commandée par le fieur Vialars, premier conful de la juridiction confulaire & colonel en fecond, qui falua avec fon epée nue le prince, qui s'en etant aperçu, s'approcha de lui & lui fit l'honneur de lui dire qu'il etoit fenfible à tout ce que le corps du commerce avoit fait pour lui.

A la porte de la falle à manger où devoit diner le prince, de meme qu'à celle de la piece de compagnie, il y avoit à chacune deux cavaliers en faction, portant la bandouliére & faifant la fonction de garde du corps du prince. La porte de la piece où étoit Monfieur etoit gardée par deux cadets gentilshommes de la compagnie du regiment de la Fére.

M. le comte de Moncan, lieutenant general des armées du roy, grand cordon de l'ordre militaire de St-Louis, commandant de la province de Languedoc en l'abfence de M. le comte de Perigord, commandant en chef, eut l'honneur de faluer le prince dans la premiére piece, où il l'avoit attendu. Demi-heure après que le prince fe fut repofé, etant forti de la chambre où il etoit entré pour entrer dans la piece de compagnie, M. le maire eut l'honneur de le faluer & de lui demander fes ordres. Il eut la bonté de luy dire qu'il etoit fenfible à fon attention, qu'il partiroit l'apres-midy fur les quatre heures, & les maire, confuls, procureur du roy & greffier, precedés de la fuite, fe retirerent, & de retour à l'hotel de ville, ils quitterent leurs robes Monfieur reçut alors dans la troifieme piece de l'hotel de l'intendance avant diner, fur fon fauteuil, la harangue de MM. de la cour des comptes, aides & finances de Montpellier, dont* la députation etoit compofée de 40 officiers, qui fut prononcée par M. de Claris, premier prefident de cette cour. Le prince repondit : Je reçois avec plaifir l'hommage de la chambre des comptes; elle peut etre affurée de mes bontés, de mon eftime & de ma reconnoiffance.

M. de Solas, doyen & prefident du bureau des finances, eut l'honneur enfuite de le haranguer pour cette compagnie; M. Faure, juge-mage, pour le prefident; M. Plagnol, prieur de la bourfe, pour la juridiction confulaire & pour les autres corps, ceux qui en étoient chargés, le prince fit l'honneur à chaque corps de leur répondre d'une maniere qui faifoit connoître combien il etoit fatisfait.

Le diné fervi dans la grande falle à manger qui donne fur le jardin des Capucins, le prince s'y rendit avec M. le comte de Moncan, M. le comte de Grave, M. de Gevaudan, major de la place, & en l'abfence de M. le lieutenant de roy, eut l'honneur de diner avec le prince, de meme que les deux colonels de la garnifon & autres perfonnes. MM. de St-Prieft pére & fils eurent l'honneur de fervir le prince, qui avoit à fes cotés M. de Laval,

M. de Levy, M. de St-Maurice & M. de Modéne. Il y avoit encore plufieurs autres tables dans differentes falles, ou dinerent plufieurs perfonnes de la fuite du prince.

La table du prince fut fervie en gras & en maigre, de meme que toutes les autres, avec profufion des viandes les plus recherchées & les plus délicates.

Avant que l'on fervit le deffert, le prince demanda le capitaine de fes gardes qu'il s'etoit aperçu n'avoir pas vu pendant fon diner *. L'on fit d'abord apeller M. Viallars, colonel en fecond, qui commandoit le detachement des gardes, etant arrivé derrière le fauteuil du prince, M. de Levy, capitaine des gardes de Monfieur en fervice, luy dit que le prince etoit fatisfait de fon corps, qu'il leur accordoit fa protection & que s'il avoit à faire quelque demande il feroit flatté d'en etre l'organe; ce que le prince ayant entendu, l'affura que c'étoient fes volontés; à quoy M. Vialars répondit au prince qu'il le fuplioit de vouloir bien accorder fa protection au corps du commerce.

Après le diner le prince rentra dans la meme piece où il avoit reçu les harangues des differents corps.

A trois heures & demy, MM. les maires, confuls, procureur du roy & greffier en robe, précédés de leur fuite, fe rendirent à l'hotel de l'intendance & attendirent dans la piéce de compagnie, où il y avoit un grand concours de nobleffe, le moment du depart du prince pour l'accompagner. Ce fut alors que M. le duc de Laval fit apeller M. le maire & luy remit trente louis de la part du prince pour diftribuer aux jeunes gens & aux filles qui avoient danfé le chevalet; laquelle repartition fut exactement faite, le lendemain du départ du prince, par M. Cabannes, 3ᵉ conful, & M. Bedos greffier, qui avoient eté chargés de l'arrangement de ces deux troupes.

Après l'heure de 4, le prince etant forti de fon apartement pour partir, la troupe du chevalet & des bergeres ayant defilé, environnée & precedée de la compagnie des gardes, rempliffant les fonctions des gardes du corps du prince, M. de St-Prieft pere, confeiller d'état, étant à fon cotté, l'accompagna *, M. de St-Prieft fils etant parti pour fe rendre à Nimes avant le prince, où il devoit coucher, MM. les maire & confuls fuivoient le prince. Il paffa devant la maifon de M. Corbin & entra dans la rue de la Barralerie, fuivit par la place de la Poiffonnerie, celle de l'hôtel de ville & la rue du Gouvernement, où il arriva à la falle de fpectacle pour la voir, quoiqu'elle fût preparée, & partit precedé du chevalet & d'un efcadron de cavalerie, du regiment à pied, & fuivi du fecond efcadron de cavalerie. La troupe à pied fut renvoyée à la porte de la ville, & la cavalerie fut remerciée à la juftice. Il fut fallué à fon arrivée & à fon départ de trois falves de canon de 12 chacun. Jamais le peuple n'a temoigné tant de joye.

Le 29 juin les officiers de la cavalerie donnerent au jeu de paume un magnifique diner à leur troupe, & le 1ᵉʳ juillet la troupe donna à fon tour & au même endroit un magnifique diner qui fut fuivi du grand bal paré à

1777.

PAGE 164.

PAGE 165.

PAGE 168.

PAGE 169.
1778.

la salle de spectacle. Ce bal fut ouvert par Mme la comtesse de Moncan & M. Plagnol. Jamais on n'avoit vu une aussi belle assemblée & la sale mieux décorée. Les rafraichissements furent distribués par ces messieurs, tout le temps du bal, avec la plus grande abondance & de toute sorte.

Le 21 novembre M. le comte de Perigord, commandant en chef de la province de Languedoc, est arrivé sur le soir, ce qui a eté cause que MM. les maire & consuls n'ont point eté hors la ville pour l'haranguer.

Le lendemain 22, MM. les consuls & greffier en robe ont eté à onze heures du matin à l'hotel de M. de Perigord, qui a eté harangué par M. Fargeon.

Le 26 novembre MM. les maire, consuls & greffier en robe ont eté à l'hôtel de M. le marquis de Castries, comte d'Alais, gouverneur de la ville * & citadelle de la ville de Montpellier & fort de Sette, logé chez Mlle Lacroix de Candillargues, sa cousine, à la Grand'Rue, pour haranguer M. de Castries, lui temoigner la satisfaction que tous les habitants avoient de le voir dans cette ville, & lui demander sa protection pour la communauté.

L'harangue fut faite par M. Farjon, avocat & procureur du roy de la ville.

M. le marquis de Castries est venu pour se faire recevoir à la baronie d'Alais, qui est la premiere des Etats.

Il etoit arrivé la veille venant d'Alais. Il avoit prié M. le maire de ne faire aucune depense à son occasion.

* Le 27 novembre, ouverture des Etats.

Le 29 dud. M. le marquis de Castries a eté reçu par les Etats à la baronnie de la vicomté d'Alaix & s'est mis ce jour la à la tete de MM. les barons.

M. de Castries fils est entré aux etats en qualité d'envoyé de Castries.

Le 25 décembre M. de Castries est parti pour Paris.

* Le 3 janvier M. l'archevêque de Narbonne est parti pour Paris.

Le 5 dud. les etats se sont separés & la benediction a eté donnée par M. l'evêque de Lodeve comme le plus doyen.

Par le courrier arrivé à Montpellier le 1er fevrier 1778 on apprit que madame d'Artois avoit accouché d'un prince qui sera appellé duc de Berry. L'épouse du sieur Delzeuze, droguiste de cette ville, en est la nourrice.

Le 3 fevrier M. de Perigord est parti pour Paris.

Le 4 fevrier M. de Malide, eveque, qui doit partir pour Paris la semaine prochaine, a beni l'eglise St-Pierre.

Le 8 fevrier M. de Malide, eveque, est parti pour Paris.

Le 14 fevrier 1778, MM. les consuls & greffier en robe sont montés à l'audience de la cour des aides, à l'occasion de l'enregistrement des provisions de M. le duc de Biron, gouverneur de la province, en ayant eté invités la veille par le premier huissier de la cour. M. Bezaucelle, avocat, a demandé & requis le registre.

Le 1er mars 1778, à neuf heures avant midi, dans l'hotel de ville, MM. les maire & consuls assemblés, M. de Cambaceres a dit que suivant l'usage constament pratiqué, l'election consulaire doit etre faite ajourdhuy, qu'il a en confequence convoqué MM. les confuls & M. le procureur du roy de la ville pour etre procedé à l'election de trois habitans de chacune des echelles du fecond, troifieme & quatrieme chaperon; que conformement à l'art. 13 de l'arreft du confeil du 27 octobre 1774, le premier conful doit refter en place quatre années, le fecond trois années & les autres quatre deux * années; l'article 12 du fufd. arret, que les confuls jouiffent de tous les droits, honneurs, pouvoirs, authorités, rangs & fceances, S. M. voulant que M. le gouverneur actuel de la ville de Montpellier continue de choifir les fujets pour le confulat de lad. ville fur des liftes qui lui feront préfentées avant chaque election, ainfy qu'il en etoit ufé avant l'edit du mois de mai 1766; en confequence de la derniere difpofition de cet arret il propofe de nommer quinfe habitans pour, fur ce nombre, en etre eleu trois pour chacune des trois echelles pour faire le choix de neuf habitans qui doivent etre préfentés à Mgr le marquis de Caftries, gouverneur de la ville, pour fur ce nombre en choifir & nommer trois, un pour chacune des echelles, qui doivent etre remplaffés cette année pour exercer, conformément aux difpofitions de l'art. 13 du fufd. arret du confeil, la charge de conful.

Laquelle lifte de quinfe habitans ayant eté dreffée & remife au greffier il en a fait lecture, aprés laquelle il a eté eleu pour electeurs : le fieur Pralon, bourgeois, me Dupré, procureur à la cour des aides, & le fieur Peyre, me appoticaire, lefquels ayant eté mandés par un efcudier fe font rendus à l'hotel de ville & aprés leur avoir fait entendre le fujet de leur election & avoir pretté ferment * fe font retirés dans une falle de l'hotel de ville où ils ont dreffé la lifte de neuf habitans dont trois de chaque echelle; pour, fur ce nombre, en etre choify & nommé un de chaque echelle par monfeigneur le marquis de Caftries, gouverneur de la ville, pour exercer & remplir la feconde, troifieme & quatrieme place de conful.

Lefd. electeurs de retour dans la grande falle ont remis la lifte de neuf habitans de laquelle il en a fait lecture par le greffier, dont la teneur s'enfuit :

— Deuxiéme echelle : M. Ricard, bourgeois; M. Villaret, bourgeois; M. Gauffen, bourgeois. — Troifiéme echelle : M. Pegat, procureur au bureau de finances & prefidial. — Quatrième echelle : M. Joyeufe, me appoticaire; Jean Bardon, me orphevre; M. Giraud, me chirurgien.

Aprés laquelle il a eté dreffé par MM. les maires & confuls que la lifte fera envoyée à monfeigneur le marquis de Caftries, gouverneur de la ville, pour faire le choix dans chaque echelle d'un habitant pour être conful conformément à l'article 12 de l'arreft du confeil du 27 octobre 1774, & plus par nous n'a eté procedé & avons figné avec M. Bedos, greffier, & MM. les electeurs : Cambaceres, maire, le chevalier de Ratte, premier conful, Fabre Lacalmette, deuxieme conful, Cabanes, conful, Teiffier conful, Cambon, conful, Viel, conful, Farjon, procureur du roy de la ville, Pralon, electeur, Dupré, electeur, Peyre, electeur, Bedos, greffier. Ainfy procedé pardevant nous, Cambaceres, maire, figné.

1778.
PAGE 172.

* Le 23 mars 1778, la lifte eft arrivée de Paris, de laquelle il refulte que mgr le marquis de Caftries a nommé pour confuls MM. Ricard, bourgeois, Pégat, procureur au bureau des finances & préfidial, & Jean Bardon, marchant orfèvre.

PAGE 176.

* 29 avril. Tenue de l'affiette.

12 may. Sur les reprefentations des experts jurés, MM. les confuls en chaperon ont eté demander des prieres publiques pour la pluie.

Le 13 avril l'efcadre de M. D'Eftaing eft fortie du port de Toulon.

Le 16 avril la fontaine coula à la porte St-Guilhem.

Le 23 avril la croupe (le groupe) des Graces a eté porté à l'hotel de ville.

Le 29 avril MM. les confuls en robe fe font rendus a l'evêché prendre M. Defpalieres, grand vicaire, en l'abfence de M. l'evêque, pour la tenue de l'affiete.

Le 23 may la fontaine des cazernes coula.

Le 28 may MM. les confuls en chaperon ont affifté à la meffe en actions de grace pour la pluye, que Dieu avoit accordé aux prieres des habitans.

PAGE 177.

* Par lettres-patentes du mois de ..... 1678, l'hopital general fut etabli à Montpellier, auquel fut reuni l'hopital de la Charité, qui etoit où eft actuellement l'ecorchoir public, hors la porte du Pile-St-Gily.

Comme depuis cette epoque il s'eft écoulé cent ans, MM. les adminiftrateurs de cet hopital ont fait une proceffion en la maniére qui fuit :

Le 11 juin 1778, MM. les adminiftrateurs, tant nouveaux que tous les anciens, fe rendirent le matin audit hôpital. Ils entendirent la grande meffe qui fut cellebrée par M. Barillié, chanoine. Le chapitre cathedral y etoit, s'y etant rendu de l'eglife du college où ils font encore leurs offices, de meme que leur mufique. Enfuite MM. les adminiftrateurs firent diner tous les pauvres qu'ils fervirent, auxquels s'étoient joints plufieurs dames de la ville.

PAGE 178.

L'après-midy, MM. du chapitre cathedral s'y rendirent ; on dit vepres ; le fermon fut prononcé par M. l'abbé Beau, curé du lieu de Maffiliargues. Enfuite la proceffion fortit & entra dans la ville par la porte des Carmes en cet ordre :

Les pauvres, c'eft-à-dire les hommes & les garçons, etoient à la tête fous la croix, les femmes & les filles fous une banniere ; la confrerie de la vraye croix, celle des penitents blancs, tous les ordres religieux, les quatre paroiffes, les chapitres collegiaux & le chapitre cathedral ; venoit enfuite les intendants en place ; du corps prefidial en robe ; apres venoit MM. les anciens intendants, les anciens recteurs & fyndics ; enfuite les recteurs en place & les fyndics terminoient. La proceffion en cet ordre monta fur la Canourgue, paffa dans la rue St-Firmin, au coing du falut, devant la place Verte, devant Notre-Dame-des-Tables, à l'Eguillerie, tourna au coing de l'hotel de l'Academie royale des fciences, paffa devant l'hôtel de Gironne, devant la maifon de M. Imbert, defcendit dans la rue de la Blanquerie, fortit par cette porte le long des dougnes & dans ledit hopital où on entra dans l'eglife & donna la benediction.

Aprés quoy le clergé, ordres religieux & confreries s'etant retirés, les pauvres fe rendirent à leur refectoire, où MM. les intendants *, recteurs & fyndics nouveaux & anciens, de meme qu'une grande quantité de dames de la ville fervirent à fouper lefdits pauvres. On obferve qu'il y avoit une femme dans cet hopital qui avoit veu & avoit affifté à la proceffion qui fut faite en 1678. Elle affifta aux deux repas que MM. les intendants, recteurs & fyndics actuels donnèrent ce jour la à toute la maifon à leurs depens. Elle eft dans tout fes bons fens & n'a peu, quoiqu'elle le defirat, fuivre la proceffion, le tour etant trop long pour elle.

Le 11 juin la reception de la fontaine St-Guilhem a été faite.

Le 17 juin on a dit que l'efcadre [de M. d'Eftaing] avoit paffé le détroit.

M. le chevalier de Ratte, premier lieutenant de maire, a dit que deux de MM. du chapitre cathédral font venus le jour d'hier chez lui pour lui dire qu'on commencera aujourd'hui à faire les offices à l'eglife St-Pierre, qu'ils cefferont de les faire au college & les a priés de le communiquer à l'hotel de ville.

* Le 22 juin M. Barthés, juge-mage, des etre arrivé de Touloufe où il avoit eté receu juge-mage de cette ville, envoya à l'hotel de ville fon fecretaire pour avertir de fon arrivée MM. les confuls.

Le meme jour MM. les confuls, maire & greffier en robe ont eté chez lui pour lui rendre vifitte. Il a eté complimenté par M. Farjon, procureur du roy de la ville, & les a accompagnés jufques à la porte de la rue.

Le 27 dud. MM. les confuls & maire ayant eté priés par le greffier en chef du prefidial de monter à l'audiance du prefidial & fenechal, qui etoit la premiere depuis l'inftallation * de M. Barthés, juge-mage; ils y font montés avec le greffier revettus de leurs robes, le greffier du prefidial en robe eft venu à la porte de l'auditoire prendre M. le chevalier de Ratte, premier conful, maire & viguier, & l'a conduit dans la chambre du confeil & a pris fa place à fa droite, qui eft celle que le viguier a droit de prendre fuivant l'arret du confeil & lettres patentes données fur l'union de la juridiction royale & ordinaire de lad. ville au corps du prefidial & MM. les confuls & greffier ont eté s'affeoir fur fon banc, auquel on avoit fait mettre un tapis, vis à vis M. le juge-mage, n'ayant perfonne devant eux, & le corps du prefidial eft monté à l'audiance. M. de Ratte a pris fa place, comme en la chambre du confeil, du coté de la main droite de M. de Barthés, precedent le doyen. A laquelle audiance M. Bezaucelle, avocat, en l'abfence de M. Farjon, a plaidé pour MM. les confuls, & a requis la confervation des ftatuts & privileges des habitans. Et pendant le temps qu'il a plaidé MM. les confuls & greffier qui etoient placés dans leur banc, comme eft dit cy deffus, fe font tenus * debout, couverts, & aprés fe font affis pendant que M. Nadal, procureur du roy, a parlé & pendant les opinions. Et les opinions finies MM. les officiers fe font affis, & alors MM. les confuls fe font levés & decouverts & ont refté de cette maniere tout le temps que M. Barthés a prononcé le jugement qui maintient la ville dans fes privileges. L'audiance etant finie MM. les officiers fe font rendus dans la chambre du

1778.   conseil où M. le chevalier de Ratte a pris sa place, & etant sorti & venu à l'hotel de ville, ensuite se sont rendus chez M. Barthés où il a eté complimenté par M. Fargeon ; M. Barthés les a accompagnés jusques à la porte de la rue.

Ledit jour Me Jean-Joseph Durand, avocat, a eté installé en la place de greffier en chef de l'hotel de ville & de la police, en vertu de l'arrêt du conseil du 11 juillet 1778, suivant la délibération du conseil de ville du 27 juillet 1778.

PAGE 181 ter.   Le 7e aoust MM. les consuls en robe ont eté au college distribuer les prix, ayant donné * le jour.

Le 18 aout, M. le chevalier de Ratte, premier consul, maire, ayant assemblé le corps municipal en la forme ordinaire, a fait part à MM. les consuls d'une lettre qu'il avoit reçue de la part de M. l'intendant touchant les changements qui devoient etre faits par ordre du roy à la salle d'espectacle, leur a montré un plan figuratif du changement projetté signé Amelot, avec un memoire explicatif, leur annonçant que la liberalité de Sa Majesté & sa bonté naturelle l'avoit porté à faire ce changement aux depens de Sa Majesté afin que la ville ne fut point constituée en de nouveaux fraix, ayant fait la lecture de la lettre dont la teneur suit :

A Montpellier, le 17e aout 1778.

PAGE 182.   Sur le compte, Monsieur, qui a eté rendu au roy par M. le comte de Perigord de l'etat actuel de la salle de spectacle * de Montpellier, ainsi que des querelles qui s'elèvent journellement entre les personnes qui se placent sur les bancs qui sont sur ce theatre & celles qui se trouvent au parterre, Sa Majesté a jugé, pour le bon ordre des spectacles, ainsi que pour la decence qui doit y regner, qu'à l'instar de ce qui a eté pratiqué dans la plus grande partie des salles de comedie, & notamment dans celles de Paris, il etoit convenable d'oter les bancs & balcons du theatre & de les remplacer par un parquet qui sera pratiqué derriere l'orchestre au moyen d'une coupure qui sera faite à l'avant-scène que tout le monde convient être trop grande dans l'etat actuel, commandons que pour remplacer le vuide qu'opereroit sur ce theatre l'enlevement des bancs & balcons, il soit construit à leur place, sur l'alignement des premières loges & au dessous des deux loges grillées qui existent dejà dans l'alignement des secondes deux nouvelles petites loges dont celle de la droite sera affectée à la place de commandant en chef, & celle de l'autre cotté & vis-à-vis à la place d'intendant de la province. Et comme Sa Majesté a eté instruite des dépenses considerables que la salle de spectacle a dejà occasionnées, elle a crue, par une suite de sa bienfaisance naturelle, devoir prendre sur son compte celles qu'exigent les changements qu'elle prescrit ; & en me chargeant d'y faire travailler, elle m'a indiqué les fonds que je pourrois y employer.

PAGE 183.   Quoiqu'il n'en doive dès lors rien couter à la ville & que les changements dont il s'agit amélioreront * la salle plutot qu'ils ne luy nuiront, je n'ai point cependant voulu qu'il fut rien fait à un immeuble dont la ville est proprietaire, sans en avoir prealablement prevenu le corps municipal, auquel je vous prie, Monsieur, de vouloir bien communiquer ma lettre, de meme que le plan aprouvé & paraphé par M. Amelot, en execution des ordres du roy, & un petit memoire explicatif dudit plan que je joins à la presente, & que je vous prie de me renvoyer quand vous en aurez fait usage.

J'ai l'honneur d'etre très parfaitement, Monsieur, votre très humble & très obeissant serviteur,

DE ST-PRIEST.

Après la lecture de cette lettre, il a eté unanimement déliberé de nommer deux de messieurs du corps municipal, qui se sont transportés chez Mgr l'intendant pour le remercier des bontés de Sa Majesté & de la liberalité qu'il avoit exercé à l'égard de la ville.

PAGE 185.   * Le 24 octobre Mgr le comte de Perigord etant arrivé, le corps municipal s'etant assemblé, comme il etoit arrivé de nuit, on renvoya la visitte au lendemain. Le 25, le corps municipal s'etant de nouveau assemblé, se rendit en robe, precedé de la fuite, au gouvernement, où etant arrivés, ils fe firent annoncer; M. le procureur du roy portant la parole, felicita Mgr le comte de Perigord fur fon arrivée, après quoy, ils fe retirerent à l'hotel de ville.

1778.

Le 29 octobre tenue des Etats.

* Le 1er novembre la proceffion des Etats a eté faite & le difcours a eté prononcé par M. de Grainville, vicaire general.

Page 186.

* Le 24 novembre M. le baron de Faugéres, directeur de l'Académie des fciences de cette ville, & M. de Ratte, confeiller à la cour des aydes, fecretaire perpetuel de ladite Académie, s'etant rendu à l'hotel de ville, en s'adreffant au greffier, prierent MM. les confuls de vouloir bien leur faire l'honneur d'affifter à leur affemblée publique; qu'ils avoient eu foin de leur choifir une place diftinguée dans le parquet de leur falle.

Le lendemain 25, MM. les confuls ayant eté convoqués, fe rendirent à l'hotel de ville fur les 4 heures. Ils en fortirent en manteau court, revetus de leur chaperon, fuivis de la fuite. S'etant rendus à la nouvelle falle où les académiciens tiennent leurs feances, fituée dans la rue de l'Aiguillerie, dans la maifon qui apartenoit jadis à M. de Guilleminet, ayant eté annoncés à fon de trompe, M. le directeur & M. le fecrétaire perpetuel fe rendirent au bas de l'efcalier pour y recevoir MM. les confuls. Ils les prierent de nouveau & les conduifirent dans la falle, où etant arrivés, ils fe placerent du cotté du fecrettaire & du directeur fur un banc diftingué, couvert d'un tapis bleu. Après avoir entendu avec le plus grand plaifir les differents difcours & les divers memoires qui furent lus par les académiciens, ils fe retirerent de nouveau, accompagnés par le directeur & par le fecretaire *, après quoy ils fe rendirent à l'hôtel de ville.

Page 187.

Le 4 décembre MM. les confuls firent chanter une meffe pour l'heureux accouchement de la reyne, à laquelle ils inviterent le corps politique, laquelle meffe continua à être dite neuf jours de fuite.

Le 28 dudit, MM. les confuls reçurent une lettre de cachet de Sa Majefté qui annonce la naiffance d'une fille; enfemble une lettre de M. Amelot, toutes deux datées du 19 décembre, dont la teneur fuit :

A Verfailles, le 19 décembre 1778.

Je vous envoye, Meffieurs, la lettre que le roy vous écrit à l'occafion du Te Deum que Sa Majefté defire être chanté au fujet de l'heureux accouchement de la reyne & de la naiffance d'une princeffe. Je fuis véritablement, Meffieurs, votre très-humble & très-obéiffant ferviteur. Signé : AMELOT.

A MM. les officiers municipaux de Montpellier. De par le roy. Chers & bien aimés. Nous écrivons aux archeveques & eveques de notre royaume de faire chanter le Te Deum dans toutes les eglifes de leurs diocefes en actions de graces de la naiffance d'une fille, dont la reyne, notre très-chère époufe & compagne, vient d'etre heureufement delivrée, & nous vous faifons cette lettre pour vous mander & ordonner de vous rendre à celuy qui fera chanté dans l'eglife principale de notre ville de Montpellier, & de faire faire des feux de joye, ainfy qu'il eft accoutumé, pour marques de rejouiffances publiques; fy n'y faites faute, car tel eft notre plaifir. Donné à Verfailles, le 19 décembre 1778. Signé : LOUIS. AMELOT.

Le 3 janvier 1779, jour indiqué pour les réjouiffances publiques à l'occafion de la naiffance d'une princeffe, MM. les confuls fe rendirent en corps, accompagnés du greffier & du procureur du roy tous en robe, pre-

Page 188.

1779.

cedés de la suite consulaire, à l'eglise cathedralle St-Pierre de cette ville, où l'on chanta le *Te Deum* en actions de graces, lors duquel Mgr l'evêque officia pontificalement. Lorsqu'on sortit de l'eglise pour se rendre à l'hôtel de ville, MM. les consuls furent precedés par la jeunesse de tous les quartiers de la ville, vetus de blanc, figurant la danse appellée du chevalet, au bruit des tambours, des hautbois & des trompettes. M. le comte de Moncan, commandant en second de la province, etant malade, ayant fait dire qu'il ne pouvoit pas se rendre pour mettre le feu au bucher, personne ne pouvant commander à sa place, MM. les consuls se proposoient d'aller chercher en corps M. le chevalier de Ratte, premier consul, maire, lorsque ce dernier les dispensa de cette ceremonie.

Page 189.

Vers les six heures du soir, MM. les consuls sortirent de l'hotel de ville precedés du chevalet, des hautbois, des tambours & des trompettes ; la suite consulaire portoit des torches ardentes, MM. les consuls, greffier & procureur du roy *, des flambeaux. Parvenus au milieu de la place de l'hôtel de ville, ils firent trois fois le tour du bûcher qu'on y avoit placé ; après quoy M. le premier consul ayant mis le premier le feu, tous les autres consuls suivirent son exemple

A ce signal toute la ville fut illuminée ; devant l'hotel de ville on fournit le vin necessaire au peuple ; on tira des fuzées. L'affluence du public fut la marque la plus sincère de la joye qui regnoit dans tous les cœurs.

Le 23 janvier 1779, sur les 10 heures du matin, MM. les consuls, procureur du roy & greffier en robe ont assisté au convoi & enterement de M. Jean-Baptiste de Marin, comte de Moncan, lieutenant general des armées du roy, grand-croix de l'ordre royal & militaire de St-Louis, gouverneur & senechal du pays de Rouergue & du comté de Rodés, commandant en la province de Languedoc en l'absence de Mgr le comte de Périgord, commandant en chef de ladite province, decedé le jeudy 21 de ce mois, à 2 heures un quart après midy, dans la maison de M. de St-Félix, située derriere la rue de St-Firmin.

Préalablement, cette mort avoit eté annoncée à MM. les consuls en la personne de M. le chevalier de Ratte, premier consul maire, par M. de Baralier, chevalier de St-Louis, capitaine ayde major des portes.

Le convoy & enterrement a eté fait suivant l'ordre cy après jusques dans l'église de l'hôpital general, où le corps a eté inhumé dans le cemetiere de laditte maizon, & tout auprès la croix qui y est plantée au milieu.

Page 190.

La marechaussée à cheval ayant à sa tête M. Coste, prevot general, & tous les autres officiers de ce corps. Ensuite le regiment d'Hainaut en garnison en cette ville, marchant par colonne renversée, ayant à sa tete M. Baralier, chevalier de St-Louis *, capitaine major des postes. A la tête des grenadiers M. Bergé, ayde-major de place. Après les grenadiers, le corps des tambours ayant leurs caisses enveloppées d'un drap noir. Venoit ensuite M. de Gevaudan, chevalier de St-Louis, major de la place, portant l'epée nue à la main, garnie d'une crepe & une crepe au bras. Tous les officiers portoient une crepe au bras & à leur epée, & les fergents une crepe à leur fabre & de gants blancs aux mains.

Les pauvres de l'hopital general à la fuite defquels marchoient MM. les adminiftrateurs de cette maifon.

La compagnie des penitens blancs, tous les ordres religieux, fçavoir : Les RR. Peres Recolets, les RR. Peres Capucins, les RR. Peres Mercenaires, les RR. Peres Auguftins, les RR. Peres Grands-Carmes, la paroiffe St-Denis, la paroiffe Ste-Anne, la paroiffe N.-D. des Tables, la paroiffe St-Pierre, le chapitre collegial, le chapitre de St-Pierre.

Le drap d'honneur porté par MM. le marquis de Cambis, le comte de Grave, maréchaux de camp, de St-Michel, colonel du génie, & de St-Victor, colonel.

Un détachement dudit régiment commandé par un capitaine.

Le corps eté porté par huit fergents fourriers environnés de 45 flambeaux, portés par des pauvres de l'hopital general.

Immédiatement après le corps, marchoient les domeftiques & officiers de mondit fieur le comte de Moncan.

Enfuite venoient MM. les confuls, procureur du roy & greffier, precedés de toute leur fuite. Le trompette à la tete ayant la trompette garnie d'une grande banderolle de crepe & une autre crepe à fon epée, fonnant la trompette à la fourdine ; les vallets de ville portant leurs pertuifanes renverfées & une crepe traînante. Les efcudiers portoient leurs maffes à chacune defquelles il y avoit une crepe flotante ; les compagnons du guet ayant une crepe à leur plaque ; les capitaines du guet & de fanté à la tete de MM. les confuls, portant des gands blancs à leurs mains & une crepe à leur epée.

Enfuite venoient les adminiftrateurs de l'hotel de St-Éloy, & après eux les Sœurs de la Miféricorde.

* M. le marquis de Faugere, beau-frere de feu M. le comte de Moncan, faifoit le premier deuil, mené par Mgr le vicomte de St-Prieft, intendant de cette province, & par M. de Boucaud, chevalier de Malthe, ancien préfident à la cour des aydes.

Enfuite venoient tous les officiers de la garnifon, plufieurs gentilshommes & autres perfonnes de diftinction.

En cet ordre le convoy a paffé dans la rue de St-Firmin jufques au coin du Sallut, devant la Poiffonnerie, tourné dans la rue de l'Herberie, devant la loge des marchands, fur la place de l'Hotel de Ville, dans la rue du Gouvernement, à la Grand'Rue, tourné dans l'ille du plan de Remiffe, devant l'eglife du Petit-St-Jean jufques à celle de St-Guilhem, monté devant le bureau des fermes, devant l'eglife du chapitre collegial, au Petit-Scel, devant la maifon de Maurès, prefident, & dans l'eglife paroiffiale Ste-Anne, actuellement dans celle des Grands Carmes ; on a fait l'abfoute. Enfuite au fortir de ladite paroiffe, a paffé fur le plan du Palais, à la maifon de M. Sarret où eft la cañquille, fur la place de la Canourgue jufques au puids des Efquilles, la defcente de St-Pierre (Et le corps etant arrivé auprès de l'eglife cathedralle, les canons du fort de la citadelle ont fait une decharge de cinq

1779.

coups), le long de la rue des Carmes & dans l'eglife de l'hopital general où etant arrivés il a eté fait une autre decharge dudit fort de la citadelle de cinq autres coups de canon.

Enfuite la grand'meffe en mufique a eté celebrée par M. de Mireman, chanoine de la cathedrale. MM. les confuls, procureur du roy & greffier ont eté les premiers à l'offrande. La meffe finie, l'abfoute a eté faite, pendant laquelle a eté fait deux decharges par le regiment d'Hainaut. Enfuite le corps a eté porté dans une foffe preparée dans le cemetiere dudit hopital & tout auprès la croix. Et dans le moment qu'on la combloit de terre, a eté fait une 3e decharge de cinq coups de canon du fort de la citadelle, après que le regiment d'Hainaut en defilant l'un apres l'autre fur la foffe ont tiré chacun un coup de fuzil dedans. Ce fait, tout le monde s'eft retiré confterné * de la perte d'un fi digne commandant generalement regretté. MM. les confuls, procureur du roy & greffier fe font retirés à l'hotel de ville pour y quitter leurs robes.

PAGE 192.

Le 15 février 1779, M. de Lemps, commandant en fecond de la province, eft arrivé en cette ville pour remplacer M. le comte de Moncan. MM. les confuls ayant envoyé chez lui pour lui demander s'il vouloit recevoir leur vifite, il a indiqué onze heures du lendemain.

Le 16 fevrier MM. les confuls fe tranfportent à l'hotel du gouvernement, où etoit defcendu M. de Lemps, en chaperon, & le complimenterent; après quoy ils vinrent à l'hôtel de ville, où ils poferent leur chaperon.

Le 1er mars 1779, dans l'hotel de ville de Montpellier, MM. les confuls de ladite ville affemblés à neuf heures du matin, M. le chevalier de Ratte, premier conful, maire, a dit que fuivant l'ufage obfervé de tout temps dans la prefente ville, l'election confulaire doit etre faite cejourd'huy, qu'en confequence il a convoqué MM. les confuls & M. le procureur du roy de la ville pour etre procedé à la nomination des electeurs qui doivent dreffer la lifte des trois habitants de chacune des echelles du premier, cinquieme & fixieme chaperon, conformément à l'article 13 de l'arret du confeil du 27 octobre 1774, le premier conful doit refter en place quatre * années & les cinquième & fixième deux années feulement; l'art. 12 du fufdit arret veut que les confuls jouiffent de tous les droits, honneurs, pouvoirs, autorités, rang & fceance portés par ledit arret, Sa Majefté voulant que M. le gouverneur actuel de cette ville continue de choifir les fujets pour le confulat de ladite ville fur les liftes qui luy feront prefentées à chaque election ainfy qu'il en etoit ufé avant l'edit de may 1766; qu'en confequence de la derniere difpofition de cet arret il propofe de nommer dix-huit habitans pour, fur le nombre, en etre elu trois, lefquels drefferont la lifte des fujets qui doivent remplir les trois echelles en nombre de neuf, pour etre prefenté à Mgr le marquis de Caftries, gouverneur de la ville, à l'effet par eux de choifir & nommer fur le nombre un fujet de chaque echelle pour remplacer ceux qui doivent fortir la prefente année, pour par lefdits fujets qui feront elus exercer les fonctions du confulat, conformément aux difpofitions de l'art. 13 du fufdit arret du confeil.

PAGE 193.

Laquelle liste de dix huit habitants ayant eté dressée & remise au greffier il en a eté par luy fait lecture apres laquelle il a eté nommé unaniment pour electeurs : M. le chevalier de Muret, chevalier de l'ordre royal & militaire de St-Louis, le sieur Vialla, mᵉ peruquier & le sieur Veyron, mᵉ passementier, tous habitants de cette ville, lesquels, ayant eté mandés de suite par un escudier, se sont rendus à l'hotel de ville & après leur avoir fait entendre le sujet de leur election & avoir exigé d'eux le serment en tel cas requis se sont retirés dans une salle de l'hotel * de ville où ils ont dressé la liste de neuf habitants dont trois de chaque echelle pour sur le nombre en etre choisy & nommé trois par Mgr le marquis de Castries, gouverneur de la ville, pour remplir la premiere, cinquieme & sixieme place de consul.

Et lesdits electeurs de retour dans la grande salle ont remis un paquet cachetté, lequel ayant été ouvert on y a trouvé renfermé la liste dressée par lesdits electeurs de neuf habitants par eux elus pour lesdites places de premier, cinquieme & sixieme consul, & laquelle liste il a eté fait lecture par le greffier & dont la teneur suit :

Liste des neuf sujets qui ont eté nommés par les electeurs pour les places & echelles de premier, cinquieme & sixieme consul de la ville de Montpellier, savoir, le premier pour quatre années, & le cinquieme & sixieme pour deux années. Première echelle : M. le chevalier de Girard, M. le chevalier de Tremolet, M. de Flaugergues ayné. Cinquieme echelle : M. Bonnard, pere, ancien perruquier, le sieur Maystrel, fabriquant de filozelle, le sieur Coronat, mᵉ perruquier. Sixieme echelle : le sieur Destouches, mᵉ tailleur, le sieur Espinas, mᵉ cordonnier, le sieur Couve, mᵉ tailleur.

Fait & arrété dans l'hotel de ville de Montpellier, le premier jour de mars 1779, Maret, chevallier de St-Louis, Viala & Veyron, cadet, signés *. Après laquelle lecture il a eté arrété unaniment que la liste cy-dessus transcritte sera envoyée à Mgr le marquis de Castries.

Le 20 mars avant midy, dans l'hotel de ville de Montpellier, MM. les officiers municipaux assemblés ;

M. le chevalier de Ratte, premier consul, maire, a dit qu'il avoit fait convoquer le corps municipal pour leur faire part d'un paquet adressé au corps de ville par Mgr le marquis de Castries, gouverneur de la ville, qui contient la liste des habitants qui furent elus par les electeurs le premier de ce mois, ainsi qu'il resulte du procès verbal qui en fut dressé ledit jour.

* Le premier chaperon doit etre rempli par M. le chevalier de Girard, chevalier de l'ordre royal & militaire de St-Louis ; le cinquième par M. Pierre Bonnard, ancien mᵉ perruquier ; le sixieme par le sieur Antoine Destouches, marchand tailleur.

* Le 23 avril le groupe des graces a eté transporté dans l'hotel de ville par les soins du sieur Dantoine, sculpteur.

L'an 1779 & le 27 avril, à 10 heures du matin, le corps municipal de la ville de Montpellier assemblé dans une des salles de l'hotel de ville.

M. le chevalier de Girard, premier consul maire, a dit que l'assemblée de

1779.

l'affiette du dioceze etant fixée à demain 28 du prefent mois, il avoit fait prier MM. les confuls de s'affembler pour faire le choix d'un notable pour affifter à ladite affemblée de l'affiette, à la repartition des differentes impofitions & à la difcuffion des affaires qui feront portées au bureau du dioceze jufques à l'affiette qui fera affemblée aprés les Etats prochains.

Sur quoy le corps municipal a unanimement nommé M. le chevalier de Tremoulet pour affifter à l'affiette qui doit fe tenir demain.

Led. jour vingt-fept avril MM. les confuls fe font rendus en chaperon à l'hopital St-Eloy pour affifter en qualité d'adminiftrateurs de ladite maifon à la difpute de la place de premier garçon chirurgien dud. hopital gagnant maitrife, ayant eté invités * la veille par un billet d'invitation de la part de MM. les adminiftrateurs dud. hopital.

* Le 20 may 1779, le corps municipal affemblé dans l'hotel de ville, fur l'heure de dix du matin, M. le chevalier de Girard, premier conful maire, a dit que le fieur Boufquet, procureur à la cour des aydes, qui depuis longtemps etoit procureur de la communauté dans les affaires qui font de nature à etre portées devant cette cour, ayant refigné fon office en faveur du fieur Marre fils, qui a eté dejà pourvu & reçu, il a fait affembler le corps municipal pour leur propofer de nommer le fieur Marre au lieu & place dudit Boufquet, etc.

Sur quoy le corps municipal * a unanimement deliberé & nommé pour procureur de la communauté à la cour des aydes le fieur Marre fils au lieu & place du fieur Boufquet, avec pouvoir d'occuper au nom de la communauté dans toutes les affaires qui feront de nature à être portées devant cette cour.

*. Le 24 feptembre, fur les dix heures du matin, MM. les confuls, procureur du roy & greffier en robe ont affifté au convoy & enterrement de M. le marquis de Lemps, commandant en la province de Languedoc, decedé le 22 dudit à 8 heures du matin, dans la maifon de M. des Plans, dite du Gouvernement, la mort ayant eté prealablement annoncée à MM. les confuls par M. Berger, chevalier de St-Louis, capitaine ayde major des poftes.

* Le convoy & enterrement a eté fait fuivant l'ordre cy aprés jufques dans l'églife de l'hopital general, où le corps a eté inhumé dans le cimetiere de ladite maifon & tout auprés la croix qui y eft plantée au milieu, fcavoir:

La marechauffée à cheval ayant à fa tete M. Cofte, prevot general, & tous les autres officiers de ce corps; enfuite le regiment d'Haynault en garnifon en cette ville marchant par colonnes renverfées, ayant à fa tete M. Berger, chevalier de St-Louis, capitaine ayde major des poftes; à la tête des grenadiers, M.....; aprés les grenadiers le corps des tambours ayant leurs caiffes envelopées d'un drap noir; venoit enfuite M. de Gevaudan, chevalier de Saint-Louis, major de la place, portant l'épée nue à la main garnie d'une crepe & une crepe au bras; tous les officiers portoient une crepe au bras & à leur epée & les fergents une crepe à leur fabre & des gands blancs aux mains.

Les pauvres de l'hopital general, à la fuite defquels marchoit MM. les adminiftrateurs de cette maifon, la compagnie des Penitents Blancs ; touts les corps religieux, toutes les parroiffes, le chapitre collegial de St-Pierre. Le drap d'honneur porté par 4 officiers. Un detachement dudit regiment commandé par un capitaine. * Le corps a eté porté par huit fergents fourriers, environné de quarante cinq flambeaux portés par des pauvres de l'hopital general. Immediatement après le corps marchoint les domeftiques & officiers de mond. fieur de Lemps. Enfuite venoint MM. les confuls, procureur du roy & greffier precedés de toute leur fuite, le trompette à la tete, ayant la trompette garnie d'une grande banderolle de crepe & une autre crepe à fon epée fonnant de la trompette à la fourdine ; les valets de ville portant leurs pertuifanes revêtues d'une crepe trainante ; les efcudiers portoient leurs maffes, à chacune defquelles il y avoit une crepe flottante ; les compagnies ayant à leur plaque une crepe ; les capitaines du guet & de fanté à la tete de MM. les confuls portant des gands blancs à leurs mains & une crepe à leur epée.

Enfuite venoient les adminiftrateurs de l'Hotel Dieu St-Eloy & après eux les Sœurs de la Mifericorde. M. Auzillion, fecretaire de feu M. le marquis de Lemps, faifoit le premier deuil ; enfuite venoient tous les officiers de la garnifon, plufieurs gentilshommes & autres gens de diftinction.

En cet ordre le convoy s'eft rendu à l'hopital general où le corps a eté inhumé, comme eft dit cy deffus ; le regiment d'Haynault ayant fait plufieurs decharges de moufquetterie.

Après quoy MM. les confuls, procureur du roy & greffier fe font retirés à l'hotel de ville pour y quitter leurs robes.

Le dix octobre, M. le vicomte de Cambis, marechal des camps des armées du roy, chevalier de l'ordre royal de St-Louis, gouverneur de......, ayant eté nommé par Sa Majefté au commandement de la province de Languedoc vacant par ce deces de M. le marquis de Lemps, MM. les confuls luy ayant mandé pour favoir s'il vouloit les recevoir, ayant reçu une reponfe favorable ils s'y font tranfportés pour le feliciter.

* Le 20 octobre on a chanté le *Te Deum* dans l'eglife cathedralle St-Pierre de cette ville au bruit du canon & des decharges de la moufquetterie du regiment d'Hainaut, pour la double victoire remportée par le comte d'Eftaing & les autres fuccès des armes de Sa Majefté en Afrique & en Amérique. MM. les confuls & greffier, precedés de la fuite confulaire, fe font rendus à St-Pierre où ils fe font placés dans leur banc, ayant été la veille invités par M. de Gevaudan, major de la place. MM. les confuls ayant fait avertir M. de Gevaudan de venir mettre le feu au bucher, il les pria de l'en difpenfer. Sur les cinq heures du foir MM. les confuls fe preparant d'aler prendre chez luy M. de Girard, 1er conful * maire, ce dernier les en ayant difpenfés, ils fortirent de l'hotel de ville precedés des fanfares. Ils firent trois fois le tour du bucher auquel ils mirent feu avec des torches ardentes, ce qui fut le fignal des illuminations qu'on vit paroître dans touttes les rues. Le peuple enivré de joie danfa au fon des hautbois, après quoy

1779.

MM. les confuls & greffier fe retirerent dans le même ordre à l'hotel de ville.

Le 11 novembre audit an, le premier huiffier de la cour des aydes, etant venu prier MM. les confuls de vouloir bien affifter à l'ouverture de ladite cour; le 12ᵉ vers les dix heures du matin, MM. les confuls & greffier fe font rendus au palais. Ils ont eu le plaifir d'entendre M. Claris, premier prefident, qui a fait un difcours fur le devoir des magiftrats, & M. d'Aigrefeuille un autre difcours dans lequel il a parlé de la fenfibilité neceffaire au magiftrat. L'après midy MM. les confuls ont eté rendre vifite felon l'ufage à M. le premier prefident.

PAGE 207.
PAGE 208.

* Le 16 novembre, M. le comte de Perigord, commandant en chef de la province, * etant arrivé, MM. les confuls ont eté luy rendre vifite & le complimenter, M. Farjon, avocat du roy, portant la parolle. Satisfaits de la bonté avec laquelle le digne commandant les a reçus, ils fe font tranfportés à l'hotel de ville où ils ont quittés leurs robes.

Le 18 novembre 1779, M. de Claris fils, qui a eté nommé premier préfident de la cour des aydes en furvivance, MM. les confuls ont eté pour le complimenter.

Le 25 novembre ouverture des Etats.

1780.
PAGE 209.

Le 1ᵉʳ mars 1780, M. le chevalier de Girard, premier conful maire, a dit que fuivant l'ufage conftament obfervé l'election confulaire doit etre faite cejourd'hui, qu'en confequence il a convoqué MM. les confuls & M. le procureur du roy de la ville, pour etre procedé à la nomination des electeurs qui doivent dreffer la lifte de deux habitans de chacune des echelles de troifieme & quatrieme chaperon, que conformement à l'article 13 de l'arret du confeil du 27 octobre 1774 le 3ᵉ & 4ᵉ conful doivent refter en place deux années, que l'article 12ᵉ du fufdit arret veut que les confuls jouiffent de tous les droits, honneurs, pouvoirs, authorité, rang & fceances portées par ledit arret, Sa Majefté voulant que M. le gouverneur actuel de cette ville continue de choifir les fujets pour le confulat de ladite ville fur les liftes qui feront prefentées à chaque election, ainfy qu'il en etoit ufe avant l'edit * de may 1766, qu'en confequence de la derniere difpofition de ce decret il propofe de nommer douze habitans pour fur le nombre etre elu ceux qui doivent dreffer la lifte des fujets qui doivent remplir les deux echelles en nombre de fix, pour etre prefentée à M. le marquis de Caftries, gouverneur de la ville, à l'effet par lui de choifir & nommer fur ce nombre un fujet de chaque echelle pour remplacer ceux qui doivent fortir de la prefente année, pour par lefdits fujets qui feront elus exercer les fonctions du confulat conformement aux difpofitions de l'article 13 dudit arret.

PAGE 210.

Laquelle lifte de douze habitans ayant eté dreffée & remife au greffier confulaire il en a eté par lui fait lecture, lefquels ayant eté mandés de fuite par un efcudier fe font rendus à l'hotel de ville & apres leur avoir fait connoitre le fujet de leur election & avoir exigé d'eux le ferment en tel cas requis fe font retirés dans une falle de l'hotel de ville où ils ont dreffé la lifte des fix habitans dont trois de chaque echelle pour fur le nombre en etre choify & nommé deux par M. le marquis de Caftries, gouverneur de la ville, pour remplir la 3ᵉ & 4ᵉ place de conful & lefdits electeurs de retour dans la grande falle ont remis un paquet cachetté lequel ayant eté ouvert on y a trouvé la lifte dreffée par lefdits electeurs de fix habitants par eux elus pour lefdites * places de troifieme & quatrieme conful, de laquelle lifte il a eté fait lecture par le greffier.

L'an mil fept cents quatre vingts & le vingtieme jour du mois de mars avant midy, dans l'hotel de ville de Montpellier, MM. les * officiers municipaux affemblés en la forme ordinaire, M. le chevalier de Girard, premier conful maire, a dit qu'il avoit fait convoquer le confeil municipal pour lui faire part d'un paquet addreffé au corps de ville qui contient la lifte des habitants qui furent elus par les electeurs le premier de ce mois ainfy qu'il réfulte du procès verbal qui en fut dreffé ledit jour, qui le charge d'envoyer ladite lifte audit feigneur marquis de Caftries pour, conformément au droit qu'il en a par l'article 12 de l'arret du confeil du 27 octobre 1774, choifir & nommer deux des habitants pour remplir le 3ᵉ & 4ᵉ chaperon fur le nombre de fix qui avoient été elus pour remplir les deux echelles par MM. les electeurs qui lui ont eté prefentés par le corps de ville, qu'il refulte du droit qui en a eté fait par Mgr le marquis de Caftries que le 3ᵉ chaperon doit etre remply par mᵉ Dupré, procureur à la cour des aydes, & le 4ᵉ par mᵉ Viela, feodifte, tous habitants de cette ville.

Et aprés avoir eté fait lecture par mᵉ Durand, avocat & greffier, de la nomination faite par M. le marquis de Caftries, il a eté arretté fur les requifitions de M. le procureur du roy que les nouveaux confuls feront avertis par les efcudiers de fe rendre demain à dix heures avant midy pour pretter conformément à l'ufage le petit ferment & famedy prochain à neuf heures avant midy vingt cinq du courant fe rendre à l'hotel de ville à l'effet d'etre inftallés dans les fonctions de conful & pretter ferment fuivant l'ufage ; & plus par nous n'a eté procedé & avons figné avec le procureur du roy & le greffier. Deftouches, conful ; Ricard, conful ; Bonnard, conful ; Pegat, conful.

Le 18 avril le corps municipal de la ville de Montpellier affemblé en la forme ordinaire dans une des falles de l'hotel de ville, M. le chevalier de Girard, premier conful maire, a dit que l'affemblée de l'affiette du dioceze etant fixée au 26 du prefent mois, il avoit fait prier MM. les confuls de s'affembler pour faire le choix d'un notable pour affifter à ladite affemblée de l'affiette, à la repartition des differentes impofitions & à la difcuffion des affaires qui feront portées au bureau du diocéfe jufques à l'affiette qui fera affemblée apres les Etats prochains.

Sur quoy le corps municipal a unanimement nommé M. le chevalier de Tremoulet pour affifter à l'affiette qui doit fe tenir le 26 de ce mois, & aux affemblées du dioceze avec pouvoir d'y deliberer & traiter avec MM. les autres commiffaires, tant fur l'objet des impofitions que fur les autres affaires qui feront portées à ladite affemblée, etc.

* Le 13 octobre deux academiciens font venus prier MM. les confuls de

1780.

vouloir bien les honorer de leur préfence à l'affemblée où l'on donneroit les premiers prix d'encouragement.

Le lendemain 14 octobre, MM. les confuls fe rendirent en robe dans une falle du college preparée pour cet objet. On leur donna une place diftinguée fur un banc fur lequel on avoit mis un tapis bleu. Le premier prix de la ronde-boffe fut adjugé à M. Charles Durand ; le premier prix de l'architecture fut adjugé au nommé Louis Aftruc, & d'autres prix à differents eleves.

La diftribution etant faite, MM. les confuls fe retirerent à l'hotel de ville où ils poferent leurs robes.

PAGE 218.

* Le 24 octobre, le confeil politique, informé de la nouvelle dignité que Sa Majefté venoit d'accorder à Mgr le marquis de Caftries, gouverneur de cette ville, ayant appris qu'il venoit d'être nommé miniftre au departemenr de la marine, pour donner des marques non fufpectes de la joye qu'on avoit reffentye dans cette occafion, il fut deliberé de faire des rejouiffances publiques.

Le lendemain 25 octobre, MM. les confuls s'etant affemblés, ils examinerent plufieurs plans d'arcs-de-triomphe qui leur furent prefentés par diferents artiftes. Ils s'arretterent principalement à celui du fieur Donnat, architecte de la ville, parce qu'il leur parut prefenter des idées plus patriotiques. Ils ordonnerent au fieur Couftou, peintre de la ville, de l'executer, & au fieur Vialla, décorateur, de le decorer.

Le dimanche 29 dudit, à huit heures precifes du matin, le fignal de la fette fut donné par la jeuneffe de tous les fixains de la ville qui s'etant rendus au fon du hautbois, fortit avec le chevalet.

Le public raffemblé manifefta la joye & le contentement par les cris redoublés de : Vive le Roy ! Vive notre Gouverneur !

A fix heures précife les cloches ayant fonné, l'illumination fut generale dans la ville. On remarqua une chofe qui ne doit pas être paffée fous filence ; c'eft que tous les citoyens à l'envy les uns des autres avaient cherché à dé-

PAGE 219.

corer la * façade de leur maifon, les uns par des tableaux, les autres par les armes de M. de Caftries, & d'autres par ces mots ; Vive le nouveau miniftre de la marine ! Le pauvre, comme riche, avoit illuminé fes fenêtres.

A fix heures & demye M. le chevalier de Girard, 1er conful maire, ayant donné le fignal de la fête, on entendit une fymphonie qui en annonçoit l'ouverture ; 4 cors de chaffe, 6 clarinettes, 4 baffons, renfermés dans l'enceinte de l'arc-de-triomphe, donnoient des fanfares que le public repetoit. Six douzaines de fuzées ayant percé les airs, redoublèrent encore la joye. L'illumination ayant été ordonnée, elle offrit aux yeux des fpectateurs étonnés le rivage de la mer bordé par des rochers fur lefquels la mer venoit fe brifer. On voyoit plufieurs vaiffeaux amarrés. Sur ces rochers s'elevoit un temple dont la façade préfentoit huit colonnes taillées fur le roc ; dans l'entablement on avoit diftribué des faifceaux d'armes, les attributs de la guerre & de la marine ; fur le haut paroiffoit la renommée, traverfant les airs fur un nuage, annonçant à l'Europe entière la nomination du miniftre fage, prudent & éclairé. Au milieu de l'arc de triomphe, un groupe de figures peintes avec art arretoit la vue; l'allégorie etoit fenfible: la France perfonnifiée prefentoit au genie de M. de Caftries un gouvernail; un gefte fignificatif qu'elle faifoit, fembloit lui indiquer qu'il devoit avoir déformais l'empire des mers, qu'il pouvoit à fon gré conduire les vaiffeaux & les diriger vers les ennemis de * l'etat; des emblemes entourés de laurier rapelloient aux citoyens les batailles diftinguées par les actions eclatantes de notre gouverneur.

1780.

PAGE 220.

Un nouveau fignal donné fit ceffer les fanfares. Cinq hautbois par leur ton aigu annoncerent la fete qu'on avoit preparée. Pour le pauvre on leur verfa du vin de premiere qualité avec la plus grande abondance, ce qui caufa des cris redoublés de joye.

Six douzaines de fufées qui percerent les airs annoncerent à la populace qu'elle pouvoit fe livrer à tous les mouvements que la joye lui infpireroit. Le chevalet qui furvint fit les évolutions que l'ufage antique aconfacré. Les drapeaux, les étendards, furent déployés; une jeuneffe vigoureufe dans cet age où l'on fe livre avec plaifir à une joie tumultueufe, feconda par des fauts redoublés les balancements, les trépignements & le trot imitatif du chevalet; les poiffardes, qui fe reunirent à la jeuneffe, danferent bien avant dans la nuit au fon du hautbois.

L'exemple qu'avoit donné la ville de Montpellier en faifant des rejouiffances publiques, a influé de la maniere la plus fenfible fur tous les citoyens. On a vu paroître de tous cottés des arcs de triomphe, des illuminations dirigées avec gout, qui portoient tous l'empreinte de l'amour patriotique. Parmi fes concitoyens, on a diftingué les perfonnes * attachées par etat à la communauté de Montpellier.

PAGE 221.

S'étant affemblés, dès le 1er de novembre 1780, dans une des falles de l'hotel de ville, ils refolurent unanimement qu'il falloit donner des marques publiques de rejouiffances, ayant verifié le plan qui leur fut préfenté par le fieur Charles Durand, jeune artifte, élève du fieur Donnat, architecte de la ville.

Le dix dudit mois l'ouverture de cette nouvelle fête fut annoncée par l'affluance du public, qui fe rendit en foule fur la place de N.-Dame. On vit paroître aux fenetres de l'hotel de ville M. le vicomte de Cambis, les demoifelles de Candillargues & plufieurs autres citoyens diftingués. Le fignal de l'illumination ayant eté donné, une grande quantité de fufées perça les airs; après une decharge d'artillerie on vit paroître aux yeux des fpectateurs étonnés un rivage efcarpé par les rochers les plus affreux fur lefquels la mer venoit fe brifer avec fracas. Sur ces rochers s'elevoit un arc de triomphe dont la decoration prefentoit plufieurs colonnes figurées par des canons du plus grand calibre; la bafe de ces colonnes etoit d'un marbre blanc orné de guirlandes; l'entablement faifoit paroître les attributs de la guerre & de la marine, attributs qui ont toujours eté infeparables dans tous les monuments qu'on a elevés dans cette occafion. Sur le haut de l'arc de triomphe on avoit placé les armes du nouveau miniftre de la marine fuportées par un

1780.
PAGE 222.

groupe de genies dans differentes attitudes, se reposant sur un bouclier. Le fond de l'arc de triomphe * paroissoit une vaste nue au fond de laquelle on voyoit en perspective le monument erigé en marbre par la ville de Montpellier à son digne gouverneur. L'entablement sur lequel ce monument repose rapeloit aux citoyens la bataille de Clostercamp. Un dieu marin, occupé à garder des licornes, sembloit annoncer aux tritons & aux nayades un evenement imprévu; les dieux marins sortant des eaux étoient dans cette attitude où l'on est lorsqu'une nouvelle heureuse vient flatter nos sens. C'est en vain qu'ils invitoient Neptune à monter sur son char; un geste significatif sembloit leur dire : Je dois renoncer à l'empire des mers, Louis XVI le bienfaisant vient de nommer un nouveau roy dans mes etats.

Le public eclairé a admiré l'idée heureuse & la noble simplicité avec laquelle le jeune artiste avoit cherché à embellir un monument elevé à la gloire de notre gouverneur par le patriotisme.

Le sieur Donnat a voulu que dans cette occasion celui de ses eleves qui lui est attaché le plus par la reconnoissance reçut des compliments publics.

PAGE 223.

Possedant les qualités de cœur qui sont toujours inseparables du genie createur, il n'a point eté animé par cette basse jalousie qui ronge le * cœur des artistes sans talent; la modestie qui le caracterise doit obliger tout citoyen honnete à lui rendre la justice qui lui est due.

Le 31 novembre. Ouverture des Etats.

Le 1er mars 1781 M. le chevalier de Girard, premier consul maire, a dit que suivant l'usage constament pratiqué l'election consulaire doit etre faite ce jour d'hui, qu'il a en consequence convoqué MM. les consuls & M. le procueur du roy de la ville pour etre procedé à l'élection de trois habitants

PAGE 224.

de chacune des echelles du second, cinquième & sixieme chaperon*; en consequence il propose de nommer quinze habitants pour sur le nombre en etre elu trois pour la charge de consul.

Laquelle liste de quinze habitants ayant eté dressée & remise au greffier il en a fait lecture après laquelle il a eté elu pour électeurs le sr François Pralon, bourgeois, Jean François Lefebvre, marchant commissionnaire, le

PAGE 225.

sr Pierre Serres, Me tailleur, lesquels ayant eté mandés,* ont remis la liste de neuf habitants, de laquelle il a eté fait lecture par le greffier, dont la teneur suit: Seconde echelle : M. Villaret, bourgeois; M. Bousquet, bourgeois; M. Couronne, bourgeois. Cinquieme echelle : M. Maystre, fabricant de filozelle; M. Auzillion pere; M. Redier, ayde major. Sixieme echelle : M. Vialla, me tailleur; M. Couve, Me tailleur, M. Carriere, Me tailleur.

1781.
PAGE 227.

L'an mil sept cens quatre vingts un & le sixieme jour du mois d'avril avant midy, dans l'hotel de ville de Montpellier, MM. les officiers municipaux assemblés, M. Ricard, second consul lieutenant de maire, a dit qu'il avoit fait convoquer le corps municipal pour leur faire part du résultat du choix qui a été fait par Mgr le marquis de Castries : que le second chaperon doit etre rempli par M. Bousquet, bourgeois, le cinquieme par M. Redier & le sixieme par le sieur Couve, Me tailleur, après quoi Messieurs les consuls

PAGE 228.

ont eté en chaperon, * precedés de la suitte consulaire chez MM. Bousquet,

Redier & Couve, & revenus à l'hotel de ville, lefd. fieurs Boufquet, Redier & Couve s'y font rendus de fuitte & fur les réquifitions de M. le procureur du roy de la ville ont pretté ferment entre les mains de M. Ricard, fecond conful, lieutenant de maire, & leur a eté fait lecture, fuivant l'ufage, du reglement d'impofitions de nofleigneurs les commiffaires du roy & des etats du 4 décembre 1748.

Et comme fuivant la lettre de Mgr le marquis de Caftries du 28 mars dernier, il eft effentiel de remplir les places de confuls vacantes, les nouveaux confuls n'ont peu faire fuivant l'ufage les vifites.

Enfuitte les anciens & nouveaux confuls ont pris leurs robes & entrés dans la chapelle du confulat, M. le fecond conful lieutenant de maire s'eft affis fur un fauteuil placé au pied de l'autel, les anciens confuls du coté droit & les nouveaux du coté gauche ; M. Farjon, procureur du roy de la ville, à cotté du fecond conful, de meme que M. Bedos, greffier, & led. M. Farjon a requis la preftation du ferment des trois nouveaux confuls, & M. le fecond conful l'ayant ordonné, le greffier a fait lecture * du ferment. Et lecture ayant eté faite, M. le fecond conful, lieutenant de maire a fait pretter ferment aux nouveaux confuls, & par la tradition de la baguette de viguier moyennant quoy ils ont eté reçus & inftallés en la charge des confuls viguiers.

*Le 22 avril M. le ch^{er} de Girard, premier couful maire, a dit que l'affemblée de l'affiette du diocèze etant fixée au trente de ce mois il auroit fait prier MM. les confuls de s'affembler pour faire le choix d'un notable pour affifter à l'affemblée de l'affiette ; furquoi le corps municipal a unanimement nommé M. Jacques Antoine de Gevaudan, chevalier, feigneur de Roque rouge & d'Ortes, pour affifter à l'affiette.

Le 21 avril MM. les confuls en chaperon ayant apris que M. le vicomte de Cambis, commandant en fecond en Languedoc, etoit parti pour Paris, & que M. de Montchenu, commandant en Vivarais etoit arrivé en cette ville pour commander en l'abfence de M. de Cambis, auroient eté chez M. de Montchenu logé dans la maifon de M. le préfident.

* Le 23 avril 1781. MM. les maire & confuls ont envoyé le capitaine du guet à M. le vicomte de St-Prieft, intendant de cette province pour fcavoir l'heure à laquelle il voudroit les recevoir pour luy faire leur compliment à l'occafion du mariage de mademoifelle de St-Prieft, fa fille aînée ; avec M. de Jauri, de Béziers, capitaine de cavalerie, M. de St-Prieft a remercié MM. les confuls & les a priés de fe difpenfer de cette vifite.

Du 25 du meme mois MM. les maire & confuls en chaperon fe font rendus chés M. le préfident de Liron, precedés de leur fuitte, y ayant eté invités par billet pour la concertation qui a lieu annuellement pour la nomination des recteurs de l'Hôpital, & s'eftant aperçus que ces places ne feroint occupées que par des fujets prefentés par des négocians MM. les confuls, maire, ont réclamé l'exécution des reglements faits pour cette adminiftration, ce qu'a difpofé cette adminiftration d'y nommer des procureurs, ce qui a eu lieu.

1781. Le 30 avril le fieur Rouet a eté nommé pour remplir la plaffe du premier commis au bureau des logements des etrangers.

PAGE 234. * Le 30 may le sʳ Antoine Alexis, fuzillier, a eté nommé infpecteur des pompes de la ville, auquel effet les clefs de la porte où elles font renfermées lui feront remifes, de même que tous les effets qui font compris dans un invantaire & fe conformera aux inftructions, qui lui ont eté données & fes gages lui feront payés fur le pied qui a eté reglé par le paffé.

Du 17 juin, dans l'hotel de ville de Montpellier, nous confuls, maire, viguiers, de la ville de Montpellier en confequence de l'artᵉ... du bail de la boucherie paffé au sʳ Gauffel le 12 de ce mois & convaincus de la nécefité qu'il y a de placer un infpecteur à l'écorchoir public pour infpecter toute la viande qui fera portée au mazel & fur les eteaux difperfés dans la ville & affurés de l'intelligence du sʳ Fromigat dans cette partie qui eft tres effentielle pour le bien public, nous l'avons commis & nommé pour remplir lad. infpection & l'ayant mandé nous luy avons fait part du choix que nous avons fait de fa perfonne pour cela, ce qu'il a accepté & de fuitte il a preté ferment & a promis de commencer au 24 de ce mois, auquel effet il jouira des emolumens de 400 liv. attachés à cette infpection que le fermier de la boucherie eft obligé par fon bail.

PAGE 235. * L'an mil fept cens quatre vingt un & le deuxieme feptembre à cinq heures aprés midy, le corps municipal de la ville de Montpellier affemblé dans une des falles de l'hotel de ville : M. le chᵉʳ de Girard, premier conful maire, a dit que la chambre occupée au troifieme etage de l'hotel de ville par le nommé Gelly, valet de la fuitte confulaire, qui y habite avec fa famille etant neceffaire pour y placer les valets qui font de garde de nuit, il propofe de la faire rendre libre & de la deftiner à l'ufage de ce corps de garde. Surquoy le corps municipal a deliberé conformément à la propofition de M. le premier conful maire & en confequence d'enjoindre à Gelly de rendre libre ladite chambre dans quinzaine & de la faire fervir à l'ufage du corps de garde des valets confulaires qui feront de tour pour lad. garde pendant la nuit.

Le 8 feptembre MM. les confuls en chaperon ont eté à la chapelle des Penitens Bleus, en ayant eté priés la veille, affifter à la meffe qui a eté celebrée dans leur chapelle pour l'heureux accouchement de la reyne.

Le 9 dud. ils ont eté à la chapelle des Penitens Bleus à la meffe qu'ils ont fait dire pour le meme fujet, en ayant eté invités la veille.

Le lundi 10 dud. MM. les confuls maire en chaperon, le procureur du roy & le greffier ont entendu la meffe qui a eté dite dans leur chapelle par leur chapellain pour l'heureux accouchement de la reyne, à laquelle ont affifté MM. du confeil de ville & du bureau de police que MM. les confuls avoint fait prier la veille.

PAGE 237. * Le 28 octobre MM. les maire & confuls reçurent un paquet dans lequel il y avoit une lettre du roy en date du 22. Cette lettre etoit accompagnée d'une de M. Amelot, miniftre & fecretaire d'état.

La lettre du roy & celle de M. Amelot ont été infcrites ci-aprés :

De par le Roy.
Chers & bien amés. Nous ecrivons aux archeveques & eveques de noftre royaume de faire chanter le Te Deum dans toutes les eglifes de leur diocefe en actions de graces de la naiffance d'un fils dont la reine, notre très chere epoufe & compagne, vient d'etre heureufement delivrée, & nous vous faifons cette lettre pour vous mander & ordonner de vous rendre à celui qui fera chanté dans l'eglife principale de notre ville de Montpellier, & de faire faire des feux de joie, ainfi qu'il eft accoutumé, pour marques de rejouiffance publique, fi n'y faites faute, car tel eft notre plaifir. Donné à Verfailles, le 22 octobre 1781.
Louis figné ;

*Verfailles, le 22 octobre, 1781. & plus bas, Amelot.
Je vous envoye, Meffieurs, la lettre que le roy vous écrit à l'occaffion du Te Deum que le roy défire etre chanté au fujet de l'heureux accouchement de la reine & de la naiffance d'un dauphin.
Je fuis veritablement, Meffieurs, votre très obéiffant ferviteur. Signé Amelot.

Le meme jour M. le premier conful fut voir M. de Montchenu, commandant en l'abfence de M. le comte de Perigord, commandant en chef de la province, pour leur communiquer la lettre du roy.

Le 30, le confeil de ville fut affemblé pour leur faire part de la lettre du roy.

Le confeil de ville delibera de faire pendant trois jours des illuminations, des feux de joye, de marier 8 filles & de faire diftribuer du pain aux pauvres honteux des 4 paroiffes.

Le 3 novembre MM. les confuls, maire, en chaperon ont eté rendre vifite à M. de Cambis, commandant en fecond en l'abfence de M. de Perigord, commandant en chef de la province de Languedoc, venant de Paris.

Le dit jour, M. Paganis, maître de ceremonies, vint à l'hotel de ville inviter MM. les confuls d'affifter au Te Deum qui devoit fe chanter à la cathedrale le lendemain dimanche.

Le 4 dudit, MM. les confuls & greffier en robe fe rendirent à 4 heures après midi à St-Pierre pour affifter au Te Deum. Il n'y eut qu'une députation de la cour des aydes, des treforiers de France & du prefidial, qui fe mirent au cœur fur les eftalles.

Le meme jour MM. de l'etat major firent chanter le Te Deum à la citadelle. Ils y avoient invité les officiers du regiment des grenadiers royaux qui font en garnifon en cette ville & MM. les officiers du genie & les commiffaires des guerres. On tira le canon de la citadelle.

*Le 6, le confeil de ville fut affemblé, qui delibera de diftribuer aux pauvres 36 quintaux de pain, au lieu de 12 deliberés le 30 octobre.

Le 9, le premier huiffier de la cour des aydes eft venu à l'hotel de ville prier MM. les officiers municipaux de la part de la cour d'affifter au Te Deum qui doit etre chanté dans la falle d'audiénce du palais.

Le 11, dimanche, MM. les confuls en chaperon ont eté dans la chapelle des pénitens blancs affifter au Te Deum, en ayant eté priés la veille par des deputés de cette confrérie qui a fait une diftribution de pain aux pauvres; ils doivent, cette après-midy faire une proceffion devant aller à la citadelle.

Ledit jour 11, à 4 heures après midy, MM. les confuls & greffier en robe ont eté au palais. Entrés dans la falle d'audience, y ayant eté introduits par les MM. commiffaires de la cour, ils fe font placés dans le meme banc qu'ils font d'ufage d'occuper le jour de l'ouverture des audiences.

Le 13, MM. les confuls en chaperon ont eté à l'hopital general entendre

1781. la meſſe à l'occaſion de la naiſſance de Mgr le Dauphin. Ils n'y ont pas eté l'après-midy à la proceſſion qui s'eſt faite, attendu la queſtion de la preſeance qui n'eſt point encore decidée, que MM. les conſuls pretendent avoir ſur MM. les intendants, ſuivant l'arret du conſeil de 1664.

PAGE 240. *Le 18 dudit MM. les conſuls en robe ont eté aux penitens bleus, en ayant eté priés de la veille par une deputation de cette compagnie, entendre la meſſe. L'après midy à trois heures ils y ont eté; le Te Deum a eté chanté, & à cauſe du mauvais tems la proceſſion n'a pas eté faite & a eté renvoyée au dimanche d'après.

Le meme jour les illuminations dans toute la ville commencerent. La façade de la ſalle de ſpectacle fut illuminée, de meme que la façade de l'hotel de ville où il y avoit eté placé une décoration reprefentant...

Le ſieur Donnat, directeur des ouvrages de la ville, en avoit donné le plan & l'avoit fait executer,

Le chevalet fut monté par le ſieur Cauſſe & danſé par 40 jeunes gens pris de tous les quartiers de la ville, de Celleneuve, de Boutonnet, & deux du corps des jardiniers. Ils vinrent prendre le chevalet à l'hotel de ville le matin, allerent dans toute la ville avec quatre hautbois pendant le jour & ſur les 4 heures de l'après midy ils vinrent danſer ſur la place de l'hotel de ville; & à l'entrée de la nuit ils ſe mirent à la tete de MM. les conſuls qui furent

PAGE 241. prendre *M. de Cambis, commandant en l'abſence de M. de Perigord, pour mettre le feu au bucher qui avoit eté mis au devant de la ſalle de ſpectacle.

M. de Cambis eſt logé chez M. Granier, marchant à la Valfere. Il s'étoit fait porter à l'hotel de M. de Perigord, & ce fut là que MM. les conſuls, le procureur du roy de la ville & le greffier en robe furent le prendre. Après le chevalet venoient les ſept tambours de la ville, 4 hautbois, 2 trompettes & un timballier.

Arrivés à l'hotel de M. de Perigord, M. de Cambis marcha ayant à ſa gauche M. le chevalier de Girard, 1er conſul maire, MM. les conſuls, procureur du roi & greffier à ſuitte. En cet ordre firent trois tours de bucher, ayant toujours à leur tete la fanfare. Enſuite ils mirent le feu au bucher & ſe retirerent dans le meme ordre.

Dans le tems qu'on faiſoit le tour du bucher, les canons de la citadelle firent trois decharges, de meme que les ſoldats du régiment du Maine qui etoient autour du bucher; on tira quantité de fuzées & de boette.

Arrivés à l'hotel de ville, on tira quantité de fuzées & de boettes; on fit couler au public deux tonneaux de vin qu'on avoit placés à chaque cotté des decorations; les hautbois jouerent juſqu'à dix heures & demy du ſoir

PAGE 242. pour faire danſer le public qui s'etoit rendu ſur * la place de l'hotel de ville.

Le 19, les illuminations furent les memes tant à la ſalle de ſpectacle qu'à l'hotel de ville; le chevalet danſa toute la journée & les hautbois jouerent juſques à la meme heure.

Le 20, qui eſt le troiſieme jour, à dix heures du matin les filles que MM. les conſuls avoient nommé pour remplir les mariages que la ville

avoit deliberé de donner, fe rendirènt avec leurs peres & meresà l'hotel de
ville & fe prefenterent avec les maris qu'elles & leurs parents avoient choify, & fe nomment, fçavoir : Jeanne Pafcal, fille de Jean Jacques Bijonnet
tailleur d'habits, & le mary François Ligounet, M^e cordonnier ; — Marie,
fille de Pierre Caftanier boucher, & de Therèze Faucon, le mary Bernard
Duplan garçon faéturier en filozelle ; — Marie fille de Francois Palme, &
de Marie Guinard, le mary Pierre Lazuttes travailleur de terre ; — Eliza-
beth fille de Pierre Campeftre, travailleur de terre & d'Anne Triol, le mary
Antoine Sauvaire, travailleur de terre ; — Antoinette fille de feu Jean Val-
debouze, dit Malzac & de Marthè Bonnafoux, le mary Jean Cairoche, facturier en cotton ; — * Marie Elifabeth fille de feu Robert Saulier travailleur
de terre & de Marie Pagés, le mary André Jullien, travailleur de terre ; —
Antoinette Magdeleine, fille de Louis Signourel, travailleur de terre & de
Marguerite Avignon, le mari Henri Sanfon, travailleur de terre ; — la hui-
tiéme, appelée Suzanne Blanc, fille de feu André Blanc, cardeur & d'Antoinette Beffière, n'a peu f'y rendre, parce que le fieur Gaillard fon futur
tomba malade & la celebration de fon mariage a eté renvoyée.

Enfuite on fit monter les mariés dans une des falles de l'hotel de ville,
où MM. les confuls, procureur du roy, greffier, en robe, monterent auffy,
& après leur avoir fait remettre à chacune le chapellet & l'offrande qu'ils
devoient faire, defcendirent & après eux lefdits fieurs confuls pour fe rendre
dans la chapelle du confulat qui avoit eté tapiffée & décorée des ornemens
que la province avoit preté & fait illuminer tout le tour avec des bougies ;
où l'on trouva MM. Caftan, curé de Notre-Dame ; Cuffac, curé de Ste-Anne ;
Manen, curé de St-Denis, & le vicaire de St-Pierre. Celui-ci n'ayant put
venir, M. Caftan dit la meffe & fit un très beau difcours aux mariés pour
leur faire connoitre les engagemens qu'ils alloient prendre. La meffe finie,
on a chanté le Te Deum, & après l'oraifon on a chanté le pfeaume Salvum
fac regem.

Il y avoit dans la chapelle plufieurs MM. du confeil de ville & de la police qui y avoient eté * invités la ville par MM. les officiers municipaux.

Il eft à obferver que MM. les curés remirent aux mariés l'argent qu'ils
avoient offert.

MM. les curés fe rendirent avec les nouveaux mariés dans le greffe ou
chacun coucha dans leur regiftre l'aéte de mariage des filles qui étoient
fous leur paroiffe. Cet aéte fut figné par M. le chevalier de Girard gentilhomme, Boufquet bourgeois, Dupré procureur à la cour des aydes, Viala
feudifte, Redier capitaine ayde major de bourgeoifie, Couve maître tailleur
d'habits, Antoine-Jean-Jacques Farjon, procureur du roy de la ville, & M^e
Bedos, greffier confulaire.

Après quoy les mariés, accompagnés de leurs péres & meres & d'une
meneufe, font montés à la falle des etats où l'on avoit dreffé une table à fer
à cheval. Il y eut en tout 46 perfonnes, & des qu'elles feurent placées,
l'on commença à fervir. MM. les confuls, procureur du roy & greffier
etoient auprès d'eux pour les fervir. Pendant le repas on but à la fanté du

1781.

roy, de la reine & de Mgr le Dauphin ; l'on tira quantités de boëtes ; les hautbois, les tambours, les trompettes jouoient alternativement. Il fe trouva quantité des gens de tout etat dans ladite falle & feurent témoins de la décence & du bon ordre qui regna pendant tout ce temps.

Après le diner, on les fit paffer dans une autre falle pour les faire danfer, & à fix heures du * foir les mariés fe retirérent chacun chez eux.

Le chevalet s'eft retiré à 9 heures du foir & les hautbois à onze heures.

Le 22 dudit, les adminiftrateurs de l'hôtel-Dieu ont fait chanter dans leur chapelle un Te Deum. MM. les confuls en chaperon y ont été, en ayant eté priés la veille par un de MM. les fyndics.

Le 24 du meme mois, les illuminations des marchands fur les deux façades de la loge commencerent & continuerent pendant trois jours.

La decoration reprefentoit...

Les boutiques des marchands furent fermées à 5 heures de l'aprés midi, & 300 marchands, tous en habit noir, partirent de la loge, ayant à leur tête M. Beleze, prieur, les deux confuls, & tous. les anciens prieurs en robe & furent dans l'eglife N.-Dame des Tables, où l'on chanta un Te Deum en mufique. Pendant ce tems, on tira quantité de boëtes, & à fept heures du foir beaucoup des fuzées & de boëtes.

Le 26 MM. les confuls en robe ont eté rendre vifite à M. le comte de Perigord, commandant en chef de la province, venant aux etats, il fut harangué par M. Farjon, procureur du roy.

Le 29 novembre ouverture des Etats.

* Le mercredy 12 décembre, MM. les confuls & greffier en robe fe rendirent à l'eveché où tous les etats s'etoient rendus pour affifter au Te Deum qui fut chanté à une heure après midy dans l'églife St-Pierre à l'ocaffion de la victoire remportée en Amérique fur les Anglois. La cour des aydes fe rendit en deputation à St-Pierre & fe plaça fur les eftalles, de meme que ceux du bureau des finances & du prefidial. Les etats arriverent enfuite & fe placerent, fçavoir : les archeveques & evefques fur des eftalles qui avoient eté placées en entrant dans le fanctuaire à main gauche, & MM. les barons dans celles qu'on avoit placé à main droite, & le tiers etat fur le milieu ; les confuls & greffier dans leur banc ; enfuite MM. les commiffaires du roy arriverent & fe placerent.

Et à caufe de la pluye, M. de Perigord renvoya le feu de joye & les rejouïffances au dimanche d'aprés 16 décembre.

Ledit jour 16 décembre, MM. les confuls, procureur du roy & greffier en robe font partis de l'hotel de ville precedés de la fuitte, des tambours de la ville & de fes hautbois pour aller à l'hotel de M. le comte de Perigord, commandant en chef de la province du Languedoc. Y etant arrivés font entrés dans * la grande falle & de là dans fa chambre ; & après l'avoir falué, on eft defcendu par la petite porte fur la place de la falle de fpectacle où le bucher avoit eté mis, autour duquel il y avoit un piquet des grenadiers du regiment du Maine. Et M. le commandant ayant fait trois tours, ayant à fa gauche M. le chevalier de Girard, 1er conful maire, MM. les confuls, procureur du roy & greffier, les foldats firent trois décharges, la fimphonie du regiment jouoit des inftruments, de meme que les tambours, hautbois & trompettes; le canon de la citadelle fit trois décharges & l'on tira quantité de fuzées & de boettes. Et après avoir mis le feu au bucher, on fe retira dans le meme ordre pour arriver dans l'hotel de M. le comte de Perigord, où etant MM. les confuls fe retirerent & fe rendirent à l'hotel de ville dans le meme ordre qu'ils en étoient partis.

1781.

Le 15 decembre M. l'intendant pere etant arrivé venant de Paris, MM. les confuls lui envoyerent le capitaine du guet pour lui demander l'heure à laquelle ils pouvoient le faluer. Ce feigneur voulut bien les difpenfer de la vifite.

Le premier mars mil fept cens quatre vingt deux MM. les confuls affemblés en la forme ordinaire à dix heures avant midy, M. le chevalier de Girard, premier conful maire, a dit que fuivant l'ufage conftamment obfervé l'élection confulaire doit etre faite cejourd'hni qu'en confequence il a convoqués MM. les confuls & M. le procureur du roy de la ville pour eftre procedé à la nomination des electeurs, qu'en confequence il propofe de nommer quinze habitants. Laquelle lifte de quinze habitans ayant eté dreffée & remife au greffier, il en a fait lecture après laquelle il a eté élu pour electeurs Me Palat, procureur à la cour des aides, Me Vaquier, bourgeois & Me Collot md droguifte, lefquels ayant eté mandés,* ont remis la lifte de fix habitants, de laquelle il en a fait lecture par le greffier, dont la teneur s'en fuit : Troifieme echelle : M. Marre pere, procureur à la cour des aides ; M. B. Durant, procureur à la cour des aides ; M. Auteract, notaire. Quatrième echelle : M. Boiffiere, bourgeois ; M. Maurin, M^e en chirugie ; M. Dubois, ancien M^e perruquier.

1782.
PAGE 248.

PAGE 249.

PAGE 250.

Après laquelle lecture il a eté arrêté par MM. les confuls maire, que la lifte fera envoyée à Mgr le marquis de Caftries, gouverneur de la ville, pour faire le choix dans chaque echelle d'un habitant pour etre conful.

L'an mil fept cens quatre-vingt-deux & le dix huitieme jour du mois de mars avant midy dans l'hotel de ville de Montpellier MM. les officiers municipaux affemblés, M. Boufquet, 2e conful maire, a dit qu'il avoit fait convoquer le corps municipal pour leur faire part qu'il refulte du choix qui en a eté fait par monfeigneur le marquis de Caftries que le troifieme chaperon doit etre remply par M. Marre pere, procureur à la cour des aydes & le quatrieme par M. André Boiffiere, bourgeois ; après quoy MM. les confuls ont eté en chaperon, precedés de la fuitte, rendre vifite à MM. Marre pere & Boiffiere, de même que le procureur du roy & le greffier.

*Le 29 avril.— Tenue de l'affiette du diocefe : M. Jacques-Ant. de Gevaudan avait été nommé pour repréfenter la ville.

PAGE 255.

*Le 20 août. — La nommée Suzon Blanc, âgée de 20 ans, fille de feu Blanc cardeur de laine, & d'Antoinette Beffière, a reçu la benediction nuptiale dans la paroiffe St-Denis, heure de huit (l'un des huit mariages que la ville avoit donnés le 28 avril dernier), avec Martin Gaillard. Ce mariage n'avoit eté retardé que par la maladie dudit Gaillard, ou parce qu'il etoit

PAGE 256.

1782. engagé; & s'etant retabli & ayant eu fon congé, ils fe font mariés. MM. les confuls ont eté à St-Denis prefents à leur benediction nuptiale.
Le 21 novembre, ouverture des etats.

1783.
Page 257.
* L'an mil fept cens quatre-vingt-trois & le premier jour du mois de mars dans l'hotel de ville de Montpellier à neuf heures avant midy, M. le chevalier de Girard, premier conful maire, a dit que fuivant l'ufage conftament pratiqué l'election confulaire doit etre faite ce jourd'huy, qu'il a en confequence convoqué MM. les confuls & M. le procureur du roy de la ville

Page 258.
pour etre procédé à l'election * il propofe de nommer quinze habitans pour fur ce nombre en etre eleu trois. Laquelle lifte de quinze habitans ayant été dreffée, il en a eté fait lecture, après laquelle il a eté eleu pour electeurs M. le chevalier de Flaugergues, fieurs Andrau, architecte & Serre, m^e tailleur d'habits, lefquels ayant eté mandés, ils ont dreffé la lifte de neuf habitans dont trois de chaque echelle.

Ont été choifis par Mgr de Caftries pour etre confuls le chevalier Daydé pour le 1er chaperon, Mayftre pour le 5e, & Viala pour le 6e.

Le 29 avril, tenue de l'affiette à laquelle a eté deputé le chevalier de Girard.

Page 265.
* Le 13 may 1783, dans l'hotel de ville, le corps de ville affemblé, M. le chevalier Deydé, 1er conful maire, a dit qu'il avoit prié MM. les confuls de l'affembler pour les informer que le fieur Mejean profeffeur en chirurgie & lieutenant de M. le premier chirurgien du roy au college de cette ville, etoit mort famedi dernier dixieme du courant; que, conformement aux difpofitions de l'art. 2 des ftatuts autorifés par des lettres-patentes du 9 nov. 1770, MM. les maires & confuls avoient le droit de défigner à M. le 1er chirurgien du roy trois fujets afin qu'il choifit dans ce nombre celuy qu'il eftimeroit le plus digne de meriter fa confiance pour remplir cette place, qui joignît à des talents fuperieurs & à une réputation bien etablie l'efprit pour maintenir & conferver l'union, le bon ordre & la difcipline dans ce college, un des plus confidérables du royaume.

Qu'en fe conformant aux vues de M. de la Martiniére, 1er chirurgien du roy, qui n'ont d'autre but que le bien & l'avantage de cette école, après avoir pris toutes les informations les plus exactes, il leur propofoit, conformement au droit de MM. le maire & confuls, pour remplir cette place : M. Alquié, m^e chirurgien; M. Poutingon & M. Laborie pére, profeffeur en chirurgie, trois fujets qui en réuniffant par la voix publique toutes les qualités que défire M. le premier chirurgien du roy, jouiffent d'une réputation qui leur a affuré l'eftime & la confiance publique.

MM. les confuls, après avoir entendu l'expofé fait par M. Deydé, premier conful maire, & fur l'article 2 des ftatuts qui leur donne le droit de défigner à M. le premier chirurgien du roy trois fujets pour remplir la place

Page 266.
de fon lieutenant * au college de chirurgie de cette ville, ont unanimement deliberé de lui préfenter M. Alquié, m^e en chirurgie, M. Poutingon & M. Laborie pere, profeffeurs en chirurgie, & ont figné ladite nomination & prié le chevalier Deydé, 1er conful maire, de l'envoyer à M. de la Martiniére.

Livre premier. — Seconde partie.

* Le 4 novembre M. de St-Prieſt, conſeiller d'etat, intendant, eſt arrivé en cette ville ; il a diſpenſé MM. les conſuls de la viſitte.

* Le 9 novembre M. le comte de Perigord eſt arrivé. MM. les conſuls en robe y ont eté faire leur viſitte ; il a eté harangué par M. Farjon.

Le 13 novembre, ouverture des etats.

* Le 17 décembre 1783, la publication de la paix a eté faite comme ſuit :

Cerémonial : M. le comte de Perigord, commandant en chef pour le roy en la province de Languedoc, ayant reçu les ordres du roy pour faire publier la paix faite entre très haut, très excellent & très-puiſſant prince Louis, par la grâce de Dieu roy de France & de Navarre, notre ſouverain ſeigneur & très-haut, très-excellent & très-puiſſant prince George, roy de la Grande Bretagne, électeur de Hanovre, a ecrit une lettre à MM. les conſuls maire le 12 décembre 1783 à laquelle etoit jointe l'ordonnance du roy pour leur en donner connoiſſance & pour aſſiſter au *Te Deum* & ajouter à cette pieuſe ceremonie des feux de joye & toutes les rejouiſſances publiques uſitées en pareille occaſion.

Le ſamedi 13 décembre, M. * le chevalier Deydé, premier conſul maire, fit convoquer un conſeil de ville pour leur donner connoiſſance de la ſuſdite lettre & l'ordonnance du roy. Il fut deliberé de les renvoyer à MM. les conſuls maire avec pouvoir de regler tant le ceremonial que la dépenſe qui doit etre faite à cette occaſion.

En conſéquence MM. les conſuls maire s'eſtant aſſemblés, ont pris connoiſſance, & ſur les procès-verbaux de ce qui s'etoit pratiqué en pareille occaſion le 17 juin 1763, dreſſerent le tour qu'on devoit faire dans la ville pour cette publication ; & le jour de la publication fut fixé au mercredi 17 du meme mois à neuf heures du matin.

Le 16 du même mois, M. le chevalier Deydé, 1er conſul maire, confera avec M. Barthès, juge mage, & le tour fut determiné comme il avoit eté dejà reglé par MM. les maire & conſuls.

MM. les maire & conſuls ayant reglé tout ce qui étoit neceſſaire pour la publication, ſe rendirent à l'hotel de ville à 9 heures avec toute la fanfare, monterent à cheval & revetus de leurs robes furent precedés de la fanfare prendre M. le chevalier Deydé, 1er conſul maire, qui les attendoit chez lui. Et arrivés, M le chevalier Deydé revêtu de ſa robe monta à cheval, ayant un plumet blanc à ſon chapeau, ſe mit à la tête de MM. les conſuls, & precedés de la fanfare ſe rendirent à l'hotel de ville, où arrivés, M. * Bouſquet ſecond conſul, lieutenant de maire, & M. Viala, 6e conſul, deſcendirent de cheval, quitterent leurs robes & en chaperon furent chez M. le juge-mage, logé dans la maiſon de M. Granier, notaire, à la Canourgue, lui dire que MM. les maire & conſuls etoient à l'hotel de ville prets à partir, qu'il eût la bonté de s'y rendre à l'effet de faire la publication de la paix. A quoy M. Barthès repondit qu'il alloit ſe rendre à l'hotel de ville tout de ſuitte avec les officiers de ſa compagnie. Leſdits ſieurs conſuls ayant pris congé, ledit ſieur Barthès les accompagna juſque à la porte de la rue, & de retour à

1783.
Page 268.
Page 269.

Page 270.

Page 271.

Page 272.

1783. l'hotel de ville, reprirent leurs robes, monterent à cheval, prirent leurs places au milieu de la place de l'hotel de ville, où MM. les confuls maire & tout le cortège etoient rangés. Un moment après, M. Barthès en robe, accompagné de MM. Benezech, Caftan & Galyé, confeiller, de M. Nadal, procureur du roy & de M. Vidal greffier, tous en robe de ceremonie & bonnet quarré, fe rendirent dans la place de l'hotel de ville, precedés de fix cavaliers de la maréchauffée, des huiffiers, de la fymphonie du regiment du Maine qui eft en garnifon dans cette ville, tous à cheval. Ledit fieur Barthez s'etant approché de M. le premier conful lui fit des proteftations * pour ne point acquieffer en rien ni préjudicier aux droits de la ville en ce qu'il devoit marcher cotte à cotte avec lui conformement aux edits & declarations du roy de 1712 & de 1706. Et ledit fieur Barthez s'étant retiré auprés de fa compagnie, le fignal pour la première publication fut donné de part & d'autre. En même temps les trompettes fonnerent pendant trois fois & la publication fut faite par le greffier du préfidial devant l'hotel de ville, & par M. Bedos greffier confulaire devant la maifon de la veuve de M. Vialars negotiant, lefquels greffiers firent lecture de l'ordonnance du roy dont la teneur s'enfuit :

PAGE 273.

(De par le roy,
On fait favoir à tous qu'une bonne, ferme, ftable & folide paix avec une reconciliation entiere & fincere a eté faite & accordée entre très haut, très excellent & tres puiffant prince Louis par la grace de Dieu roy de France & de Navarre, notre fouverain feigneur, & très haut, très excellent & très puiffant prince George roy de la Grande-Bretagne, electeur d'Hanovre, & leurs vaffaux, fujets & ferviteurs & tous leurs royaumes, pays, terres & feigneuries de leur obeiffance ; que ladite paix eft generale entre eux & leurs vaffaux & fujets ; & qu'au moyen d'icelle il leur eft permis d'aller, venir, retourner & fejourner en tous les lieux defdits royaumes, etats & pays, negotier & faire commerce de marchandifes, entretenir correfpondance * & avoir communication les uns avec les autres, & ce en toute liberté, franchife & fureté tant par terre que par mer & fur les rivieres & autres eaux, & tout ainfi qu'il a eté fait & du etre fait en temps de bonne, fincere & amiable paix, telle que celle qu'il a pleu à la divine bonté de donner audit feigneur roy Louis & audit feigneur roy de la Grande Bretagne, electeur d'Hanovre, & à leurs peuples & fujets. Et pour les y maintenir il eft expreffement defendu à toutes perfonnes, de quelque qualité & condition qu'elles foient, d'entreprendre, attenter ou innover aucune chofe au contraire ni prejudice d'icelle, fous peine d'etre pun.s feverement comme infracteurs de la paix & pertubateurs du repos public. Et afin que perfonne ne puiffe en pretendre caufe d'ignorance, la prefente fera lue, publiée & affichée où befoin fera. A Fontainebleau, le 3 décembre 1783, figné Louis ; & plus bas Gravier de Vergenne, & fcellé du petit fcel fecret.
Gabriel Marie de Taleyrand Perigord, comte de Perigord & de Grignols, prince de Chalais, grand d'Efpagne de la premiere claffe, chevalier des ordres du roy & lieutenant general de fes armées, gouverneur & lieutenant general de la province de Picardie & pays reconquis, commandant en chef * dans celle de Languedoc. Vue l'ordonnance du roy cy-deffus, nous ordonnons qu'elle fera lue, publiée & affichée dans toutes les villes & lieux de notre commandement à ce que perfonne n'en puiffe pretendre caufe d'ignorance. Fait à Montpellier le 5 décembre 1783, figné le comte de Perigord, & plus bas par monfeigneur : de Bonnemain.

PAGE 274.

PAGE 275.

Le maître des officiers du préfidial.
Six cavaliers de la marechauffée conduits par un... à cheval, la fymphonie du regiment du Maine, les huiffiers en robe & bonnet quarré à cheval, une trompette à cheval, M. Barthès juge-mage en robe & bonnet quarré à cheval, de meme que MM. Benezech, Caftan, Galye, confeillers, & M. Vidal greffier.
Marche du corps de ville à une diftance de celui du prefidial d'environ dix toifes.
Les fix pertuifaniers avec leurs pertuifanes ornées de rubans flotans

ayant une cocarde à leurs chapeaux, à pied ; la compagnie du guet auſſi à pied, ayant une cocarde à leurs chapeaux & des rubans à leurs écuſſons ; es ſept tambours de la ville ayant des cocardes à leurs chapeaux, tous à pied ; les quatre hautbois ayant des cocardes, à pied ; les eſcudiers, à cheval ; les deux trompettes & un timballier ayant des cocardes à leurs chapeaux & des rubans à leurs trompettes, à cheval ; * la ſymphonie de Balys, ecuyer françois, qui etoit compoſée de 12 perſonnes ; les capitaines du guet & de ſanté ayant des cocardes à leurs chapeaux à cheval ; le ſieur Aſtruc, guidon ayant une cocarde à ſon chapeau, à cheval ; M. Etienne Bedos, greffier, en robe & en bonnet quarré, à cheval, ayant à ſes cottés les ſieurs Jean André Bedos & Coutin ſes commis, à cheval, habillés de noir & avec l'epée ; M. le chevalier Deydé & Bouſquet, premier & ſecond conſul, à cheval ; MM. Marre & Beſſiere troiſième & quatrieme conſuls ; MM. Mayſtre & Viala, cinquième & ſixieme conſuls, tous à cheval ; M. Farjon, procureur du roy de la ville, à cheval ; leſdits ſieurs conſuls, greffier, procureur du roy & commis, portant chacun un abreſſac de taffetas bleu doublé de blanc, ornés de cocardes & d'une ceinture de ruban couleur de feu, dans leſquels abreſſacs il y avoit quantité de dragées & des confitures pour donner au peuple ; les chevaux deſdits conſuls, greffier, procureur du roy & commis portant des cocardes de rubans à la tête & à la queue.

En cet ordre ils ont defilé le long de la rue de l'hotel de ville & devant l'hotel de M. le comte de Perigord, commandant en chef de la province, où il a eté fait la ſeconde publication par le greffier du préſidial devant la porte dudit hotel, & par le * greffier conſulaire devant la maiſon du ſieur Roch.

Enſuite on a eté à la place de la ſalle de ſpectacle d'où l'on eſt entré dans la promenade de l'Eſplanade à la Citadelle, où la troiſieme publication a eté faite par le greffier du preſidial devant la maiſon de M. le lieutenant du roy & par le greffier de la ville au milieu de la place d'armes. Et ſortis on a paſſé dans la rue de M. de Sanilhac, on a tourné à la rue de la Monnoye, devant les pénitens blancs & dans la grande rue, d'où l'on eſt entré dans celle du petit St-Jean juſques à la rue de St-Guilhem, montant devant la maiſon de Mme la préſidente de Crouzet, d'où dans la rue qui va à l'égliſe des collegiaux de Ste-Anne, à la place du Petit-Scel, où la quatrième publication a eté faite par le greffier du preſidial à la place du Petit-Scel, & par le greffier conſulaire devant la porte de l'egliſe deſdits collegiaux ; on a paſſé devant la maiſon de Mons. le préſident D..., juſques à celle qui eſt entre les carmes du palais & M. Polier, avocat, d'où ils ont eté hors la porte du Peyrou, où après le pont la cinquieme publication a eté faite par le greffier de préſidial, & s'etant retirés le greffier conſulaire l'a faite au meme endroit.

Etant obſervé que ſi on n'eſt point monté ſur la promenade & fait ladite publication, comme par le paſſé, autour de la figure equeſtre, c'eſt que Mgr l'archevêque de Narbonne avoit fait dire de ne point y aller, parce qu'ayant plu & le terrain etant humide les chevaux & la foule du peuple gâteroient la promenade.

1783.
PAGE 278.

* Rentrés dans la ville par la porte du Peyrou dans la grande rue du Palais où la fixième publication a eté faite, par le greffier du prefidial à la porte du palais & par le greffier confulaire au coin de la maifon de M. le préfident Gros. De là on eft allé fur la place de la Canourgue où la feptième publication a eté faite par le greffier du prefidial devant la maifon de M. de Belleval, & par le greffier confulaire devant la porte de M. Barthès juge-mage, d'où on eft entré dans la rue Baffe pour fe rendre à l'eglife St-Pierre où a eté faite, la huitième publication par le greffier du prefidial devant la porte de ladite eglife & par le greffier confulaire devant la porte de l'eglife St-Ruf, d'où on eft entré dans la rue du St-Sacrement aux Fleurs de Lis et defcendu dans la rue de la Blanquerie devant l'hotel-Dieu où a eté faite la neuvieme publication par le greffier du prefidial devant ledit hotel-Dieu, & par le greffier confulaire au coin des Fleurs-de-Lis. On a paffé dans la rue de Ste-Urfule à la Capella Nova où s'eft faite la dixieme publication par le greffier du prefidial devant la maifon de la veuve Périer, & par le greffier confulaire devant le college de droit. On a monté au Cannau à la maifon de M. le chevalier Deydé, premier conful maire, où la onzieme publication a eté faite par le greffier du préfidial devant la maifon de M. le chevalier Deydé, & par le greffier confulaire au coin de la maifon de Mme de Maffilian. On a paffé devant la

PAGE 279.

maifon de Mme d'Arènes, d'où à la place du Grand-Temple * où a eté faite la douzième & dernière publication, par le greffier du prefidial devant l'hotel de l'intendance, & par le greffier confulaire au coin de la maifon du fieur Brun, d'où on a paffé au plan d'Encivade, devant la halle au poiffon, d'où à la place de l'hotel de ville, où etant arrivé dans le meme ordre que l'on en etoit parti, fe font rangé, fcavoir : M. Barthès devant la maifon dudit fieur Vialars, MM. les confuls maire devant l'hotel de ville ; & après s'etre falués reciproquement, M. Barthès & fa troupe fe font retirés, & MM. les confuls maire, greffier & procureur du roy & fa fuite font rentrés dans l'hotel de ville où après s'etre repofés ont diné. Dans toutes les rues où on a paffé, on a jetté quantité de paquets de confitures & de dragées au peuple.

Le lendemain jeudi 18 du meme mois, à une heure après midy, MM. les confuls & greffier en robe fe font rendus à l'eveché pour joindre noffeigneurs des etats qui devoient s'y affembler pour aller en corps à l'eglife St-Pierre affifter au Te Deum à une heure & demy. MM. les commiffaires du roy font arrivés à l'eveché. M. l'archeveque de Narbonne, M. l'eveque de Montpellier & M. de Montferrier fils, findic general de la province, font defcendus à la porte de la rue pour les recevoir, où ils ont eté introduits dans une falle baffe. M. l'archeveque & l'eveque font remontés; un moment après eft arrivé à St-Pierre MM. de la cour des aydes au nombre de vingt-

PAGE 280.

quatre, y compris* trois auditeurs ou correcteurs & les trois gens du roy, & fe font mis dans les douze eftalles dans le cœur, à fuite les deputés des treforiers de France & du prefidal. Peu de temps après les etats font partis de l'eveché pour aller à St-Pierre, & fe font placés du coté de l'evangille

MM. les archeveques & grands vicaires, & au coté oppofé MM. les com- —1783.
miffaires du roy, MM. les barons, les envoyés de la nobleffe & le tiers etat
fur des bancs adoffés à la fainte table des deux cotés.

En entrant dans l'eglife les orgues ont joué, & après que les etats &
MM. les commiffaires du roy ont eté placés, M. l'eveque de Montpellier en
chape, mitre & croffe eft venu à l'autel. S'étant mis à fa place, a entonné
le Te Deum qui a eté chanté en mufique; & après que M. l'eveque a eu
donné la benediction, on s'eft retiré en la manière qui fuit : MM. les commiffaires du roy, les archeveques, eveques & barons, les envoyés & le
tiers etat. Et l'officier de garde a ordonné à la troupe qui bordoit la haye de
chaque coté depuis la porte d'entrée de l'eglife jufques au cœur de fe retirer.
Enfuite la cour des aydes eft fortie, & pendant tout le temps que les etats
& la cour des aydes fortoient, les orgues ont joué, de même que lorfque
la députation des treforiers de France & du prefidial qui etoient dans le
cœur.

Le foir du meme jour, MM. les confuls, maire, procureur du roy &
greffier en robe ont eté mettre le feu au bucher qu'on avoit mis à la place
de la falle de fpectacle, M. le chevalier Deydé ayant difpenfé la fanfare de
venir le prendre chez lui. S'etant rendu * à l'hotel de ville & precedés de la   PAGE 281.
fuite & de la meme fanfare qu'on avoit eu le jour de la publication de la paix,
les valets & les efcudiers portant des flambeaux allumés ont paffé dans la
rue de l'Argenterie, ont tourné à la pointe de la Grand'Rue & fe font rendus
dans l'hotel de M. le comte de Perigord qui a défiré mettre le feu avec
nous au bucher, & fortis par la porte du coté de la porte de Lattes, M. le
chevalier Deydé premier conful maire, MM. les confuls, procureur du roy
& greffier precedés des valets de ville, des domeftiques de M. le comte de
Perigord, des efcudiers ayant tous des flambeaux allumés. En cet ordre ils
ont fait pendant trois fois le tour dudit bucher, & pendant ce temps les
troupes ont tiré deux fois ; il a eté tiré quantité de boëttes & des fuzées ;
le mur de face de la falle de fpectacle etoit très bien illuminé de 400 pots
à feu. Enfuite on s'eft retiré, & entrés par la meme porte d'où l'on etoit
forty dans ledit hotel, MM. les confuls, greffier & procureur du roy ont
falué M. le comte de Perigord qui a temoigné bien de contentement ; &
s'etant retiré de la piece où il etoit, le lieutenant de fes gardes a accompagné MM. les confuls jufques dans la cour où l'on a trouvé les gardes en
haye lors de notre paffage. Sortis dudit hotel, on s'eft rendu à l'hotel de
ville qui etoit bien illuminé, de meme que la fontaine & la terraffe, avec
des pots à feu.

* Il y avoit aux cotés de la falle de fpectacle deux tonneaux de vin. Les   PAGE 282.
hautbois ont refté là pour faire danfer le peuple pendant la nuit.

M. de Farges, envoyé de la nobleffe du Vivarois, mourut le 19 ; il a eté
inhumé le 20 décembre, aux penitents blancs. Ont affifté à fon enterrement
qui a eté fait à huit heures du matin tous les envoyés de la nobleffe & le
tiers etat & MM. les confuls en robe ont mené le deuil ; la grande meffe a
eté dite aux penitens par le grand vicaire d'Alby.

1784.

Le 2 janvier 1784 MM. les confuls & greffier en robe ont eté faire vifite à M. le préfident Gros qui eté fait confeiller d'etat; a eté harangué par M. Farjon, procureur du roy de la ville & affeffeurs. A quoy M. Gros a repondu trés gracieufement en témoignant qu'il en etoit trés reconnoiffan:; a accompagné MM. les confuls jufqu'à la porte de la rue. Et une heure après M. Gros a eté chés M. Boufquet, fecond conful lieutenant de maire, le chevalier Deydé etant * abfent, remercier le corps en fa perfonne de leur vifitte.

PAGE 283.

Le 20 janvier MM. les confuls maire ayant appris que M. le vicomte de Cambis avoit eu le grade de lieutenant general des armées du roy, fe font rendus chés luy, en chaperon avec le procureur du roy & le greffier pour luy faire vifite.

Le 8 fevrier MM. les confuls, maire & greffier en robe ayant eté informés que MM. de la commiffion du parlement de Touloufe, qui avoient eté dans le Vivarois dans le mois de feptembre dernier, etoient arrivés le jour d'hier & qu'ils etoient logés à l'eveché, ils s'y rendirent à dix heures pour leur rendre vifitte, & furent harangués par M. Farjan procureur du roy de la ville & affeffeur. Ces meffieurs leur en temoignerent beaucoup de fatisfaction, enfuite fe retirerent & les accompagnerent jufques à la porte de la piece où ils furent reçus. Ces meffieurs font partis pour Touloufe le 9 dudit mois de février. On les nomme MM. le préfident Dagnien, Rey, de St-Félix & d'Albis, confeillers au parlement.

Le 1er mars. Election confulaire. Lifte des habitants defignés par les électeurs:

2e échelle: Belefe, ancien prieur de la bource; Peridier, ancien notaire; Courent, bourgeois.

3e échelle: MM. Baron, procureur au préfidial & fenechal ; C. Durand, procureur à la cour des aydes; Caizergues, procureur au prefidial & fenechal.

4e échelle: Viala, feodifte, Delbui dit Dubois, petit bourgeois; Dartis, marchant orphévre.

Ont eté choifis confuls par Mgr de Caftries: Peridier 2e, Durand 3e, Viala, 4e.

Mémoires des greffiers de la ville,
Vol. x, p. 1.

Le 10 may à trois heures après midy MM. les confeils en robe ont été à l'eveché demander à Mgr l'eyêque l'heure de l'affiete; ce feigneur l'a fixée à demain mardy à trois heures après midy.

PAGE 2.

* Led. jour 10, à cinq heures de l'après midy, ayant été informé que M. Belgary de la ville du Saint Efprit étoit nommé commiffaire du roy on luy a envoyé le capitaine du gué pour lui demander l'heure qu'ils pouvoient avoir l'honneur de le voir pour lui donner l'heure de l'affiette; mais il a repondu qu'il les difpentoit de venir & qu'il fe rendroit demain à trois heures à l'évêché.

PAGE 4.

* Du quatrième aout après midy MM. les officiers municipaux affemblez dans l'hôtel de ville :

M. le cher Deydé, premier conful maire, a dit qu'il lui avoit été remis un placet par fix particuliers de cette ville, dont la teneur s'en fuit ; qu'il les a priés de s'assembler pour leur en donner connoissance & examiner si l'etablissement qu'ils proposent peut être accueilly. —1784.

A MM. les maires & consuls de la ville de Montpellier.
Supplient humblement les sieurs Vianès, Durand, Bon Durand, Bourriés & Gibert, natifs & habitans de Montpellier, exerçant depuis longtemps la profession de musicien, disant qu'ils desireroient former sous vos auspices & protection un corps de musiciens harmoniques attachés au corps de cette ville s'il vous plaisoit, Messieurs, leur accorder votre agreement à cet égard & sous les conditions suivantes :

1º Que sans oter à tous autres particuliers le droit d'être musicien public ils soint cependant seuls autorisés à s'honnorer du titre de musiciens harmoniques du corps de ville, comme le font ceux des villes d'Avignon, Orange, Tarascon, Arles & autres. PAGE 5.

2º Qu'il leur sera permis d'établir quelques statuts entre eux pour le bon ordre & après que ces statuts vous auront eté presentés & par vous agréés.

3º Qu'il leur soit permis de faire faire & porter uniforme, habit de drap bleu, parement revers & collet ecarlate, doublure, veste & culotte blanche, l'habit orné de deux trefles en argent en place d'epauletes, un gallon en argent sur les parements, revers, collet & poches accompagné de deux fleurs de lis en argent sur les retroussis de l'habit, avec un bouton blanc à l'écusson ou armes de la ville, & écrit au tour : *Harmonie de Montpellier*. Le tout à leurs frais & dépens.

4º Qu'il leur soit permis de porter l'epée lorsqu'ils seront en uniforme.

5º Que dans toutes les occasions où le zele & les services des supplians auront merité la protection de la ville, elle leur sera accordée selon le besoin.

6º Les suppliants s'obligent en reconnoissance d'accompagner sans aucune retribution messieurs du corps de ville le 25 mars jour de la promenade consulaire, ainsy que le 24 juin pour le feu de * la St-Jean & ils ne cesseront d'adresser des vœux au ciel pour la prospérité & conservation de MM. signé Durand, Leonard, Gibert, Vianes cadet, Bon Durand & Bourié. PAGE 6.

Et après avoir entendu la lecture du placet cy-dessus MM. les officiers municipaux ayant reconnu que dans cet établissement il n'y avoit rien que d'honnete, nous l'avons agréé pour etre attaché au corps de ville, aux conditions qu'ils ne pourront y admettre un plus grand nombre ny en remplacer aucun d'eux sans notre agréement comm'aussy qu'il n'y aura qu'eux qui pourront proposer des sujets. Cette precaution n'est prise que pour être assuré qu'il n'y aura (qui pourront profiter de cet avantage) que des gens de bonne vie & mœurs comme le font ceux nommés dans la supplique cy-dessus & avons signé.

* Le 7 août MM. les consuls & greffier en chaperon ont été à la citadelle faire visite à M. Antoine Nicolas Coffin, comte de la Marliere, qui fut reçu hier lieutenant de roy de la ville & citadelle & ayant été prevenus le même jour par M. Redier ayde major de bourgeoisie qui a dit venir de l'ordre de M. le comte de la Marliere, qui est venu nous accompagner jusqu'à la porte de la rue. PAGE 7.

* Le premier mars 1785 à onze heures du matin MM. les consuls maire se sont assemblés dans l'hôtel de ville pour procéder suivant l'usage constament observé à l'election des sujets qui doivent être presentés à monseigneur le marechal de Castries * de nommer en sa qualité de gouverneur un de chaque echelle pour remplir le cinquieme & sixieme chaperon conformement à l'article 12 de l'arret du conseil du 27 octobre 1774. 1785. PAGE 8. PAGE 9.

Et a eté nommé pour électeur M. Lavaissière dit Toulouse mᵉ tapissier, Goutarel mᵉ menuisier & Espinas mᵉ cordonnier, lesquels ayant été mandés par un escudier & arrivés ont eté introduits dans la grande salle, & après leur avoir fait entendre le motif de leur nomination & après avoir pretté serment la main mise sur les saints évangilles se sont retirés dans une autre

1785.

salle où il a eté par eux procedé à la nomination de six sujets dont trois de chaque echelle, & etant revenus ils ont remis la liste qu'ils ont dressé à M. le premier consul maire, de laquelle il en a eté fait lecture par le greffier dont la teneur s'en suit :

Cinquieme echelle. M. Redier, capitaine de bourgeoisie, M. Bonnefoy pere, m^e perruquier, M. Donnat, m^e tapissier.

Sixieme echelle. M. Lafoux, m^e menuisier, M. Jean Francisque Sentenard, m^e tailleur d'habits, M. Carrieré, m^e tailleur d'habits.

Après laquelle lecture il a été arreté par MM. les consuls maire que la liste sera envoyée à Monseigneur le marechal de Castries, ministre & secretaire d'état au département de la marine, gouverneur de la ville, pour faire le choix dans chaque echelle d'un habitant pour être consul conformement à l'art. 12 de l'arrêt du 27 octobre 1774.

PAGE 10.

* Le dix septieme jour du mois de mars apres midy dans l'hotel de ville de Montpellier MM. les officiers municipaux assemblés. M. le chevalier Deydé, premier consul maire, a dit qu'il venoit de recevoir un paquet addressé au corps de ville par Monseigneur le marechal de Castries, gouverneur de la ville, qui contient la liste des habitans qui furent eleus par MM. les electeurs le premier de ce mois, ainsy qu'il résulte du procès verbal qui en fut dressé led. jour, qui les charge d'envoyer la liste aud. seigneur marechal de Castries pour, conformement au droit qu'il en a par l'art. 12 de l'arrêt du conseil du 27 octobre 1774, choisir & nommer deux desd. habitans pour remplir le cinquieme & sixieme chaperon, sur le nombre de six qui avoient eté elus pour remplir les deux echelles, & l'ayant presenté, il résulte du choix qui en a eté fait par monseigneur le marechal de Castries que le cinquieme chaperon doit être remply par M. Bonnefoy pere, m^e peruquier, & le sixieme par M. Lafoux, m^e menuisier ; après quoy MM. les consuls ont renvoyé à samedy pour aller rendre visite en chaperon avec M. le procureur du roy & le greffier precedés de la suitte à M. Bonnefoy & Lafoux & le meme jour à dix heures du matin lesd. sieurs Bonnefoy & Lafoux pretteront le petit serment, auquel effet qu'ils seront avertis par les escudiers de se rendre à lad. heure pour, suivant l'usage, pretter led. petit serment & le vingt cinq à dix heures avant midy à l'hotel de ville à l'effet d'être installés dans les fonctions de consuls &

PAGE 12.

pretter aussy serment suivant l'usage & plus par nous n'a été procédé * & avons signé.

Le 19 mars, nous, attendu que le vingt cinq de ce mois se trouve le vendredy saint, nous avons arreté que les nouveaux consuls seront installés led. jour & avons renvoyé à faire les visites aux puissances le samedy vingt six après que les cloches auront sonné.

PAGE 13.

* Du dimanche 17 avril MM les consuls maire, le procureur du roy & le greffier, se rendirent à St-Pierre à quatre heures après midy assister au *Te Deum* qui a eté chanté à l'occasion de la naissance de Mgr le duc de Normandie, en ayant eté invité la veille par les m^{es} de ceremonie & MM. les chanoines.

Le foir du meme jour à fix heures. MM. les maire, confuls, procureur du roy & le greffier fe rendirent à l'hotel de ville, les hautbois commencerent à jouer & dès lors MM. les maire & confuls jetterent au peuple par les fenetres quantité de dragées; * à fept heures ils prirent leurs robes & furent mettre le feu au bucher qui avoit été mis à la place dud. hotel de ville precedés des tambours de la ville, des hautbois, des valets de ville, & des efcudiers portant chacun un flambeau & apres avoir fait trois fois le tour dud. buché, MM. les maire, confuls, procureur du roy & greffier prirent chacun un flambeau & mirent feu au bucher. Pendant ce temps, de la platte forme qui eft au deffus de l'Orgerie on tira quantité de fuzées & de boettes; on avoit allumé lès pots à feu à la façade de l'hôtel de ville, à celle de l'Orgerie, à la fontaine, au clocher de Notre-Dame & à la façade de la falle de fpectacle.

MM. les confuls maire de retour à l'hôtel de ville continuerent de jetter au peuple des dragées; les hautbois jouerent jufques à dix heures pour faire danfer le peuple qui etoit en grand nombre.

Il eft à obferver que M. de la Marliere, lieutenant de roy, ayant pretendu que M. le vicomte de Cambis etant malade il devoit mettre le feu au bucher, ce qui obligea MM. les maire & confuls de faire lire à M. de Cambis le ceremonial de l'année 1749 où on lit f° 11 que quoique M. le Brun (Il étoit commandant en fecond), eut affifté au *Te Deum*, il n'affifta point au feu & ce en confequence de l'ordre porté par la lettre de M. de St-Florentin du 30 juin 1730, inferée dans le livre ceremonial de 1724 à 1737 f° 224, qui fait la diftinction des feux militaires à ceux qu'on appelle pafcifiques.

Dès que M. le vicomte de Cambis a eu pris lecture de cette defcifion, il a dit que M. le lieutenant de roy n'avoit aucun droit d'affifter au feu, pas meme M. le commandant en chef de la province.

* L'an mil fept cens quatre vingt cinq & le quatrieme jour du mois de may à cinq heures après midy, le corps municipal de la ville de Montpellier affemblé dans une des falles de l'hôtel de ville. M. le chevalier Deydé, premier conful maire, a dit que l'affemblée de l'affiette du dioceze etant fixée au neuf de ce mois, il avoit fait prier MM les confuls de s'affembler pour faire le choix d'un notable pour affifter à lad. affemblée de l'affiette, à la repartition de differentes impofitions & à la difcution des affaires qui feront portées au bureau du dioceze jufques à l'affiette qui fera affemblée après les états prochains.

Sur quoy le corps municipal a unanimement nommé M. le chevalier de Girard, pour affifter à l'affemblée qui doit fe tenir le neuf de ce mois.

* Le 9 juin l'examen des garçons chirurgiens qui s'etoient prefentés pour la premiere plaffe de garçon dans l'hotel Dieu finit hier & aujourd'hui à cinq heures on nommera cellui qui aura été trouvé le plus capable par les trois medecins & les chirurgiens majors & MM. les adminiftrateurs, M. le chevalier Deydé, premier conful maire, qui a été prefent aux examens & aux panfemens, de retour a dit qu'on avoit nommé pour premier

1785.

PAGE 19.

PAGE 20.

garçon le sieur Estor de cette ville & pour second C. N... de Toulouze.

* Le 24 aout les consuls ayant été informés par la lettre de M. Favier, subdelegué de l'intendance & du gouverneur, du 22 de ce mois, qu'il devoit passer icy un nombre d'esclaves François dont le roy a consenty de faire negotier le rachat à Alger, d'environ 300, & qu'il falloit leur preparer des logements sufisants, suivant les ordres qu'il avoit reçus de M. le vicomte de Cambis, commandant en l'absence de M. le comte de Perigord, & d'après cet avis MM. les consuls firent preparer aux cazernes le logement pour cent quinze de ces esclaves.

Le lendemain 25 ces esclaves étant arrivés, deux religieux, dont l'un de l'ordre de la Trinité & l'autre de la Mercy, vinrent prier MM. les consuls de leur faire l'honneur d'assister à la procession qu'on devoit faire le samedy 27 à trois heures apres midy.

Led. jour 27 MM. les consuls s'etant assemblés à l'hotel de ville, les deux religieux desd. ordres s'y rendirent & menerent lesd. sieurs consuls revetus de leurs chaperons à l'eglise des R. P. Trinitaires où la compagnie de MM. les pénitens blancs, la confrairie de St-Paul & les esclaves devoint se rendre pour en partir processionnellement.

Ces differents corps rendus à lad. église & avant d'en sortir on donna la benediction du tres St-Sacrement, un moment après, la procession sortit & marcha de la maniere qui suit :

Six cavalliers de marechaussée étoint à la tête, en suitte étoint les valets de ville avec leur pertuisanes & les escudiers en robe portant leurs masses, après eux venoient deux trompettes : celuy de la ville, & celuy de la marechaussée, qui, dans le cours de la procession, sonnerent de leurs trompettes ; venoit ensuite la confrairie de St-Paul marchant sous leur croix, chantant le pseaume *in exitu Israel de Egypto* ; après eux venoint la compagnie de MM. les Penitens blancs, au nombre d'environ 600, marchant sous leur croix & chantant le même pseaume ; douze des MM. penitens chacun avec leur bassin demandoint aux citoyens les aumônes pour le rachat des captifs ; il y avoit d'autres penitens qui portoint des grandes corbeilles où les autres freres versoint les aumones qu'ils avoint reçues.

* Après cette compagnie venoint les esclaves au nombre de cent quinze marchant deux à deux au milieu des rues : à droitte & à gauche de ces esclaves étoint une compagnie des grenadiers du regiment de Vermandois qui bordoint la haye, parmy lesquels esclaves il y en avoit un qui portoit un étendart aux armes du roy, des trinitaires & de ceux de la Mercy ; & les deux religieux qui avoint été à la redemption portoint chacun à leurs mains une palme ; ensuite, etoit la simphonie dud. regiment qui dans cette marche ne discontinuoient pas leurs concerts.

Ensuite étoint les religieux Trinitaires & ceux de la Mercy marchant sous leurs croix, les Trinitaires avoint la droitte & ceux de la Mercy avoint le gauche & chantoint le pseaume *In exitu Israel de Egypto*, les deux superieurs en chape portoint chacun une petite croix, & après eux venoint MM. les confuls revetus de leur chaperon, qui avoint à leur fuitte quelques grenadiers fermant la marche de la proceffion.

Cette proceffion fortant en cet ordre de l'eglife des R. P. Trinitaires & paffant dans les principalles rues elle paffa devant l'eglife cathedralle de St-Pierre où fut faite la premiere ftation, fortant de là & continuant fa marche toujours dans les principalles rues elle paffa devant l'eglife paroiffialle de Notre-Dame des Tables fans fy arreter à caufe de l'heure tarde & de là, à la rue du gouvernement, à la grande rue, hors la porte de la Sonnerie, long des ramparts au faux bourg du Courrau à l'eglife de la Mercy où l'on donna la Benediction du très St-Sacrement. MM. les confuls s'étant retirés furent accompagnés & remerciés à la porte par deux religieux.

Il eft à obferver que ces efclaves etant arrivés le jeudy 25 fur les neuf heures du matin; les R. P. Trinitaires & ceux de la Mercy furent les prendre à la porte du Pila St-Gely & les menerent aux Cazernes, où MM. les confuls avoint fait preparer leur logement; après quelque temps de repos on fervit à ces efclaves un dîner qu'avoit fait preparer MM. les Penitens blancs, où plufieurs des confrères fy trouverent pour les fervir; le zele de cette compagnie & leur pitié à exercer des bonnes œuvres, ainfy qu'elle en a ufé dans toutes les occafions, l'a porté à nourrir ces efclaves aux cazernes pendant les trois jours qu'ils ont refté icy & qu'à chaque repas ils étoint fervis par des freres de cette compagnie elevés en dignité.

* Le vendredy 21 octobre MM. les confuls maire & greffier en robe ont affifté à l'enterrement de M. Jean Emmanuel de Guignard, vicomte de St-Prieft, confeiller d'état, intendant de juftice, police & finances de la province de Languedoc, decedé le 18 dud. mois d'octobre à trois heures après midy après une maladie de trois mois, ayant été priés par M. Daru, premier fecretaire, & par M. Favier, fubdelegué; Mad^e de St-Prieft & M. le vicomte de St-Prieft étant partis le meme jour du deceds pour leur chateau, l'enterrement a été fait à dix heures du matin, le corps a été inhumé au cimetiere de l'hopital général; le convoy marcha fuivant l'ordre cy-après: les pauvres de l'hôpital général, les intendant & recteurs dud. hopital, la confrerie des penitens blancs, les couvents des capucins, des recolets, des obfervantins, des carmes du palaix & le couvent de la Mercy, les quatre paroiffes & le chapitre cathedral, le drap d'honneur qui étoit porté par quatre officiers, le corps qui étoit porté fur les épaules par fix portefaix, y ayant devant & derriere le corps vingt un pauvres de l'hopital portant des torches y ayant d'attaché à chacune les armoiries du défunt, enfuite venoit tous les domeftiques en manteau, enfuite les officiers de la maifon ayant à leurs manches des pleureufes, MM. les officiers du prefidial ayant à leur tête leurs huiffiers, MM. les confuls maire & greffier ayant à leur tête leur fuite, à laquelle on avoit fourny des crepes & gands, enfuite venoit MM. les intendant & findics de l'hôtel Dieu, les fœurs de l'œuvre de la Mifericorde, MM. de l'académie des beaux arts; faifoit le deuil

1785.

PAGE 22.

M. l'abbé de Mezieres ayant à fes côtés deux officiers du prefidial, enfuite venoit M. Daru, premier fecretaire du défunt & M. Favier, fubdelegué, tous les fecretaires & commis de l'intendance & un grand nombre de * MM. de la cour des aydes, des Treforiers de France & de nobleffe qui avoint été priés par billets.

En cet ordre en paffant par la place des Sevenols, devant la halle aux poiffons on a été à Notre Dame où, après l'abfoute, on a paffé à l'Eguillerie, aux 4 coins du Cannau jufques à la maifon de M. de Ratte, l'on eft defcendu à la Blanquerie, on a tourné dans la rue du St-Sacrement jufques à St-Pierre, d'où l'on eft allé à l'hôpital général. La grande meffe a été ditte par M. de Mireman, chanoine & après l'abfoute MM. du chapitre font allés en chantant au cimetiere où le corps a été inhumé & chacun s'eft retiré.

Le même jour MM. les confuls en robe ont été à l'evêché pour vifiter M. de Malide, evêque, venant de Paris y ayant été en qualité de député à l'affemblée du clergé & a été harangué par M. Fargeon, avocat.

La nuit du 17 au 18 décembre il y eut une incendie à la falle de fpectacle.

1786.

PAGE 23.

* Le 13 janvier 1786. L'ouverture des états a été faite par M. le comte de Perigord, commandant en chef de la province.

Le 18 février les états fe font féparés après avoir reçu la benediction de M. l'archevêque de Narbonne.

Le 15 dud. le fieur Dardene fils a été reçu capitaine de fanté au lieu & place de feu fon pere.

Le   dud. MM. de l'académie royale des fciences a tenue fon affemblée publique dans la falle des etats à caufe qu'à l'hotel de l'académie les degrés etoint étançonnés, ayant été invités la veille par M. le fecrétaire.

PAGE 24.

* Le 16 février MM. les confuls maire ont été à l'ancien college des jéfuites à la diftribution des prix qui a été faite par Monfeigneur l'Évêque de Montpellier aux jeunes élèves de l'accadémie des beaux-arts, en ayant été invités la veille par un de MM. les fondateurs de cette école.

Le premier mars mil fept cent quatre vingt fix à dix heures du matin MM. les confuls maire fe font affemblés dans l'hotel de ville pour proceder fuivant l'ufage conftamment obfervé à l'election des fujets qui doivent préfenter à Monfeigneur le marechal de Caftries, miniftre & fecretaire d'état au département, pour nommer en fa qualité de gouverneur un de chaque échelle pour remplir le troifieme & quatrieme chaperon, conformement à l'article 12 de l'arret du confeil du 27 octobre 1774.

A été nommé pour électeurs M Verniere procureur au bureau des finances & du prefidial, M. Peyre, me appoticaire & M. Maiftre, fabricand de filozelle, lefquels ayant été mandés par un efcudier & arrivés ils ont été introduits dans la grande falle, & apres leur avoir fait entendre le motif de leur nomination, & apres avoir pretté ferment la main mife fur les faints évangilles fe font retirés dans une autre falle où il a eté par eux procedé à la nomination de fix fujets dont trois de chaque échelle, & etant revenus ils ont remis la lifte qu'ils ont dreffée à M. le premier conful maire, de laquélle il en a été fait lecture par le greffier dont la teneur s'en fuit :

Troifieme echelle. M. Pegat, procureur des finances & du prefidial, M. L. Baron, procureur au bureau des finances & du prefidial, M. Rabinel, procureur au bureau des finances & du prefidial.

Quatrieme echélle. M. Alexandre Rouffel, ancien greffier des encans, M. Maurin, m^e en chirurgie, M. Dorte, m^e en chirurgie.

Après laquelle lecture il a eté arreté par MM. les confuls maire que la lifte fera envoyée à Monfeigneur le marechal de Caftries, miniftre & fecretaire d'état au département de la marine, gouverneur de la ville, pour faire le choix dans chaque echellé d'un habitant pour être conful conformement à l'article 12 de l'arrêt du confeil du 27 octobre 1774.

Le 19 février MM. les confuls, maire & greffier en robe ont eté voir M. le comte de Perigord, commandant en chef de la province, à l'occafion de l'accouchement de madame fa belle fille d'une fille. A été harangué par M. Farjon avocat.

L'an mil fept cens quatre vingt fix & le vingt quatre mars avant midi dans l'hotel de ville de Montpellier MM. les officiers municipaux affemblés. M. le chevalier Deydé, premier conful maire, a dit : qu'il avoit reçu un paquet adreffé au corps de ville par Monfeigneur le marechal de Caftries, gouverneur de la ville, qui contient la lifte des habitans eleus par MM. les electeurs le premier de ce mois, ainfy qu'il refulte du procès verbal qui en fut dreffé led. jour, qui les charge d'envoyer la lifte aud. feigneur marechal de Caftries, pour, conformement au droit qu'il en a par l'article 12 de l'arrêt du confeil du 27 octobre 1774, choifir & nommer deux des habitans pour remplir le troifieme & quatrieme chaperon fur le nombre de fix qui avoint été eleus pour * remplir les deux echelles, & l'ayant prefenté & decacheté, il refulte du choix qui en a été fait par Monfeigneur le marechal de Caftries que le troifieme chaperon doit etre rempli par M. Pegat, procureur au bureau des finances & le quatrieme par le fieur Dorte, m^e en chirurgie.

PAGE 26.

Le 6 avril on a reçu la nouvelle que M. Bernard de Malanvillié *(fic)*, m^e des requetes, avoit eté nommé à l'intendance du Languedoc.

Copie de la lettre écrite le 12 avril 1786 à M. de Ballainviliers, m^e de requettes, nommé par le roy à l'intendance de la * province de Languedoc à la plaffe de M. le vicomte de St-Prieft :

PAGE 29.

Monfeigneur, Nous venons d'apprendre que le roy vous avoit nommé à l'intendance du Languedoc, nous nous empreffons de vous en temoigner notre fatisfaction, de vous rendre nos hommages & de vous demander pour notre ville votre protection. Nous fommes avec refpect &c.

Reponfe à la lettre fy deffus :

Du 18 avril 1786.

C'eft avec bien de reconnoiffance, Meffieurs, que je reçois le compliment de felicitation que vous voulés bien me faire; tout ce qui peut intéreffer la ville de Montpellier me fera toujours infiniment precieux, luy eftre utile doit etre mon premier foin.

Je fuis avec le plus fincere & le plus refpectueux attachement, Meffieurs, votre tres-humble & tres obeiffant ferviteur. Signé : Ballainviliers.

1786.

Le 18 avril M. le vicomte de Saint-Prieſt eſt party à ſix heures & demy du matin.

Lettre qui a eté ecrite à M. de Ballainvilliers, intendant.

Du 1ᵉʳ may 1786

PAGE 30.

La lettre dont vous venés de nous honnorer nous flatte infiniment & nous aſſure votre proteétion. Nous * la réclamons en vous ſuppliant de vous intereſſer au ſuccès du memoire que nous avons eu l'honneur de preſenter à Mgr le controlleur general & dont nous prenons la liberté de vous envoyer coppie ; nous ne devons pas vous laiſſer ignorer que nous avons auſſi reclamé pour la meme affaire la proteétion de Mgr le marechal de Caſtries notre gouverneur & de Mgr le comte de Perigord. Nous vous prions de joindre vos bons offices à ceux de ces ſeigneurs & notre reconnoiſſance ſera ſans bornes. Nous ſommes avec reſpeét &c.

PAGE 31.

* Le 22 may, veille de la tenue de l'aſſiette, MM. les conſuls en robe ont eté rendre viſite à M. Deſpalieres, grand vicaire, & lui demander l'heure pour le lendemain pour la donner à M. le commiſſaire principal.

PAGE 32.

* Le mercredy 14 juin Monſeigneur Bernard de Ballainvilliers, baron de Ballainvilliers, ſeigneur du comté de Clery, Maurepas, ancien avocat du roy au chatelet de Paris, maître des requetes, intendant en la province de Languedoc, nommé intendant de cette province eſt arrivé en cette ville le quatorze juin ſur les ſept heures du ſoir avec madame ſon epouze.

Le lendemain quinze, la fête Dieu, MM. les conſuls & maire qui avoient dejà envoyé les capitaines du guet auprès de l'intendant pour lui demander l'heure à laquelle ils pourroint avoir l'honneur de lui rendre ſes hommages, ſur les repréſentations qui lui furent faites que MM. les conſuls etoint obligés de porter le day à la proceſſion generalle le matin & l'apres midy

PAGE 33.

à St-Denis, ce ſeigneur renvoya au * vendredy 6 à l'heure de midy. En effet MM. les conſuls & greffier ſe rendirent à cette heure au palais epiſcopal où il eſt allé loger en attendant que les reparations qu'on fait à ſon hotel ſoint finies. Leſd. ſieurs conſuls & greffier en robe lui ont rendeu viſitte ; il a été harangué par M. Farjon, procureur du roy & aſſeſſeur & l'après midy à cinq heures MM. les conſuls & greffier en robe ont eté à l'eveché rendre viſite à Madame l'intendante; a été haranguée par M. Farjon avocat & procureur du roy.

Le 18 juin MM. les conſuls en robe ont eté porter le day à la proceſſion de la paroiſſe St-Pierre, en ayant eté priés la veille par MM. les officiers de la confrairie ; MM. les conſuls ayant approuvé le tour qu'ils leur ont preſenté.

L'après midy MM. les conſuls en robe ont eté porter le day à la proceſ-ſion de la confrerie des penitens blancs, en ayant approuvé le tour qu'ils leur ont preſenté. On obſerve que la proceſſion étant ſortie la pluye

PAGE 34.

tombant & ne pouvant la continuer on *entra le St Sacrement dans l'egliſe des Auguſtins où le pretre donna la benediétion & les freres retournerent à la chapelle.

Le 30 dudit MM. les conſuls en robe ont été chés M. l'eveque de Montpellier de retour de Paris, qui avoit été deputé à l'aſſemblée du clergé;

PAGE 36.

M. Farjon, avocat l'harangua * ; on obſerve que mal à propos l'année

LYON. — IMP. MOUGIN-RUSAND

HISTOIRE
DE
MONTPELLIER

Par D'AIGREFEUILLE

2ᵉ édition

TOME IV. — DEUXIÈME FASCICULE

A MONTPELLIER
Chez C. COULET, Libraire-Éditeur
de la Société des Bibliophiles Languedociens
Grand'rue, 5

M DCCC LXXXIII

dernière MM. les consuls furent complimenter M. l'evêque parce que cette visite ne luy étoit due qu'après la fin de l'assemblée. 1786.

Le 1er décembre MM. les consuls & greffier en robe ont été chés M. le comte de Perigord, commendant en chef de la province venant aux états, étant arrivé dans la nuit; il a été harangué par M. Farjon.

Le 4 dud. les armoiries ont été posées.

Led. jour MM. les consuls & greffier en robe ont été chés M. l'archevêque de Narbonne venant aux états, il a été harangué par M. Farjon.

MM. Les consuls en manteau court & chaperon ont été rendre visite à nosseigneurs les archevêques de Damas coadjuteur d'Alby, les eveques & barons à mesure qu'ils arrivoint.

Le 5 dud. MM. les consuls ont été voir nosseigneurs les commissaires des états.

Le 6 dud. l'ouverture des etats a été faite à l'hotel de ville par Mgr le comte de Perigord.

Le 10 dud. la procession a été faite.

Le 11 dud. La demande du don gratuit a été faite par nosseigneurs les commissaires.

Le 25 dud. fête de la Noel MM. les consuls n'ont pas été à Saint-Pierre à cause du mauvais temps.

Le 1er janvier 1787, MM. les consuls en manteau court & le greffier ont été chés les puissances à l'occasion du 1er de l'année. 1787.

Le 7 dud. l'assemblée de l'académie des beaux arts s'est tenue. MM. les consuls en robe y ont été, M. l'evêque de Montpellier a distribué les prix, ayant été priés la veille par *deux messieurs de l'académie.

Le 10 dud. MM. les consuls dn robe ont assisté à l'assemblée de l'académie royale des sciences qui a été tenue à l'hôtel de ville, ayant été priés la veille par deux MM. de l'academie. PAGE 37.

Le jeudy 11 janvier M. le cher Deydé, premier consul maire, est parti pour Paris, pour se rendre à l'assemblée nationale que le roy a convoqué à Versailles le 29 dud. mois de janvier. La lettre de S. M. est addressée à M. le premier consul maire de la ville de Montpellier & porte que c'est pour le soulagement de ses peuples, pour ses finances & pour remedier à plusieurs abus.

La lettre du roy est du 19 décembre 1786 elle est suivie d'une lettre de M. le baron de Breteuil.

Le 13 dud. après midy M. l'archevêque de Narbonne est party pour Paris à neuf heures avant midy.

Le 21 may l'assiette s'est tenue en presence de Monseigneur l'Eveque à l'hotel de ville. PAGE 38.

M. le cher Deydé, premier consul maire, en cette qualité appelé à Paris pour assister à l'assemblée des notables est arrivé le 17 juin 1787.

* Le 12 juin MM. les consuls ne furent point à la procession de la compagnie des penitens bleus quoique invités par les officiers de lad. compagnie. PAGE 41.

1787.   MM. les confuls n'ont eté porter le day à la proceffion de la paroiffe St Denis qui fe fait le meme jour de la fete Dieu, ayant trouvé le tour trop grand.

Le 14 juin MM. les confuls en robe ont eté porter le day à la proceffion de Notre Dame, ayant eté invités la veille par MM. les officiers de la confrerie, ayant approuvé le tour.

Le   M. de Ballainvilliers, intendant, de retour de Paris, MM. les confuls en robe ont eté luy rendre vifite dans fon hotel.

Le 24 octobre M. M... eft venu commander.

PAGE 43.   * Le 13 décembre à dix heures du matin les états fe font affemblés, MM. les commiffaires du roy f'y font rendus & l'ouverture en a eté faite par M. le comte de Perigord, commandant en chef de la province par un très beau difcours, enfuite M. de Ballainvilliers a fait un difcours de meme que M. l'archevêque de Narbonne.

Le 19 dud. les états fe font feparés.

1788.   Le 16 janvier 1788 le confeil renforcé affemblé en execution de l'arret du confeil du 22 décembre 1787, a nommé pour remplir les places de premier, fecond, cinquieme & fixieme confuls & la place de fyndic de la ville, pour fur le nombre de trois de chaque place etre par Mgr le marechal de Caftries, gouverneur de la ville, fait le choix d'un de chaque place & ont eté nommés :

Premiere echelle. — M. de Maffilian, M. de St Victor, M. de Gevaudan.

PAGE 44.   * Seconde echelle. — M. Palat, M. Marre, M. Bouiffet.

Cinquieme echelle. — M. Villaret m^e perruquier, M. Chabaud m^e perruquier, M. Redier.

Sixieme echelle. — M. Jean Pierre Bongue m^e ferrurier, M. Deffalle, m^e platrier, M. Clauzel, m^e menuifier.

Pour findic. — M. Boufquet, avocat, M. Rouch, avocat, M. Martel, avocat.

Cette lifte fut envoyée par MM. les confuls à monfeigneur le marechal de Caftries, gouverneur de la ville le 18 janvier 1788.

L'an mil fept cent quatre vingt huit & le dix neuf^e jour du mois de fevrier à onze heures avant midy dans l'hotel de ville de Montpellier, MM. les officiers municipaux affemblés. M. le ch^{er} Deydé, premier conful maire, a dit : qu'il reçut le jourd'hier un paquet addreffé au corps de ville par monfeigneur le marechal de Caftries, gouverneur de la ville, qui contient la lifte des habitans qui furent elus par le confeil de ville & renforcé le feize janvier dernier, ainfy qu'il réfulte du procès verbal qui en fut dreffé led. jour, qui les charge d'envoyer la lifte aud. feigneur marechal de Caftries pour conformement au droit qu'il en a par l'art. 12 de l'arrêt du confeil du 27 octobre 1774 confirmé par arret du confeil du 22 décembre 1787, choifir & nommer quatre defdits habitans & un avocat pour remplir le premier, fecond, cinquieme & fixieme chaperon & findic,

PAGE 45.   fur le nombre * de quinze qui avoint été elus pour remplir lefd. places & l'ayant prefenté, il réfulte du choix qui en a été fait par Monfeigneur le marechal de Caftries que le premier chaperon doit être remply par M. de Maffilian fils, le fecond par M. Palat, le cinquieme par M. Redier & le fixieme par M. Bongue, m^e ferrurier, & pour la place de findic M. Boufquet, avocat. 1788.

* Du cinq may mil fept cent quatre vingt huit par devant MM. les confuls maire viguiers, affemblés dans l'hotel de ville de Montpellier a comparu le fieur Jean Baptifte François Mouffier, enfeignant les ecoles, qui nous a dit qu'après avoir exercé fa profeffion pendant dix années dans la ville d'Uzès il s'étoit rendu en cette ville pour s'y établir & faire l'enfeignement, qui pour conftater qu'il eft de bonne vie & mœurs, il nous a remis plufieurs certificats: un de monfeigneur l'évêque d'Uzès du 26 fevrier dernier, un autre des confuls de la meme ville du fix mars fuivant & un troifieme de M. le commandant pour le roy en la ville & département d'Uzès du 13 du meme mois de mars & nous a fuplié de vouloir bien luy permettre de s'etablir en cette ville & d'exercer fon etat. Nous confuls maire fufdits, vu les trois certificats cy deffus enoncés, avons permis & permettons aud. fieur Mouffier de s'etablir en cette ville & d'y faire l'enfeignement qu'il demande à la charge par luy d'en obtenir préalablement la permiffion de Mgr l'évêque de Montpellier, comm'auffy de payer toutes les impofitions auxquelles les habitans font fujets & de fe conformer aux ordonnances du bureau de police dont il luy a été donné connoiffance par la lecture qu'il en a fait & par des extraits qui luy ont eté remis & avons figné avec led. fieur Mouffier. PAGE 49.

Lettre que MM, les confuls maire ont écrit à M. le marechal de Caftries pour luy temoigner le regret qu'ils ont de ne plus l'avoir pour gouverneur de la ville.

Du 9 may 1788.

Mgr

Monfeigneur, vous avés toujours temoigné trop d'attachement * aux interets de la ville de Montpellier pour ne pas vous faire part de tous les regrets que nous caufe la perte que nous éprouvons par votre nomination au gouvernement general de la Flandre & du Hainaut. Il n'eft pas un feul de nos citoyens à qui votre elevation ne devienne un fujet de joie & d'amertume. Veuillés bien, Mgr, continuer votre protection à la ville de Montpellier, qui fe rappelera toujours, avec l'attendriffement le plus refpectueux, des bontés dont vous l'avés comblée. PAGE 50.

Nous fommes avec refpect &c.

Réponfe de M. le M^{al} de Caftries dc 19 may 1788.

Meffieurs, c'eft avec une peine extreme que je me fuis privé des relations que le gouvernement de Montpellier me donnoit avec des compatriotes que j'honnore & dont les interets me feront toujours chers. Vous ajoutés à mes regrets, Meffieurs, par la maniere obligeante avec laquelle vous voulés bien exprimer la vôtre & je vous prie de croire que j'en fuis infiniment reconnoiffant; je voudrois que le titre que je prends ne me privat pas perfonnellement de votre confiance, j'ai le droit d'y pretendre par mon attachement pour tout ce qui concerne la ville de Montpellier & pour tout ce qui vous regarde perfonnellement; fy vous voulés me donner la preference pour les affaires que vous aurés dans ce pays cy vous aurés en moy l'agent le plus zelé & qui defirera le plus de vous convaincre des fentiments avec lefquels j'ay l'honneur d'être & ferai toute ma vie en général & en particulier, meffieurs, votre &c.

* 27 may 1788. MM. les confuls en robe ont eté porter le day à la proceffion des penitens bleus, en ayant été priés la veille par MM. les officiers de cette confrerie. N^a. On obferve que le tour de leur proceffion avoit eté fixé par Monfeigneur l'évêque ainfy qu'il en avoit eté prié. PAGE 52.

Du 29 MM. les confuls en robe ont eté porter le day à la proceffion de

1788. la paroiſſe Notre Dame & l'après midy à celle de la paroiſſe Ste Anne, en ayant eté priés l'avant veille par MM. les officiers de la confrerie du St Sacrement. Il eſt à obſerver que Monſeigneur l'eveque avoit également fixé le tour.

Le 10 juillet les proviſions de M. de Timbrune, nommé gouverneur de la ville & citadelle ont été enregiſtrées dans le grand Talamus.

Le 15 aout MM. les conſuls en robe ont été à St Pierre à la proceſſion qui eſt faite l'après midy à l'occaſion du vœu du roy, il n'y eut que le preſidial qui y aſſiſta.

Le 31 dud. MM. les conſuls en robe ont preſenté le pain beny à Notre Dame des Tables.

PAGE 54. L'an mil ſept cent quatre vingt huit & le neufe jour du mois de ſeptembre à neuf heures du matin dans la ſalle de l'hôtel ce ville, nous conſuls maire de la ville de Montpellier etant aſſemblés en execution de l'arrêt du parlement du 30 avril 1749 confirmé * par celuy du 5 juillet 1786 avons nommé Jean Moreau & le ſieur Eſteve, mes menuiſiers, habitans de cette ville, pour proceder conjointement avec le ſieur Brunon, juge à la banque, à la verification des cercles, tonneaux, cornues & amarines que les mes baraliers & tonneliers de cette ville employent aux ouvrages qu'ils fabriquent ainſy que les tonneaux, cornues, cercles & amarines qu'on apporte en cette ville pour y être expoſés en vente, leſquels dits ſieurs Moreau & Eſtève ayant été mandés & leur ayant fait part de leur nomination ont pretté ſerment en nos mains de bien & fidelement executer leſd. arrets de parlement, à quoi nous les avons exhortés.

Le 17 octobre MM. les conſuls en robe ſont montés au palaix & entrés dans une ſalle du palais de la cour des aides, où lad. cour etoit aſſemblée, pour la complimenter, à l'occaſion de la reintegration de la cour, par M. Bouſquet, avocat & ſindic.

Enſuitte revenus à l'hotel de ville, ont poſé leurs robes, & en chaperon, MM. les conſuls ont eté aux treſoriers de France, où la compagnie etoit aſſemblée pour lui temoigner la ſatisfaction qu'ils avoient de la revoir en place, ayant été ſuprimés par l'edit de may 1788.

1789.
PAGE 55.
Le 1er de l'an 1789 MM. les conſuls & greffier ont eté rendre viſitte aux puiſſances ſuivant l'uſage ; ils ont à cauſe du mauvais temps pris de chaiſes à porteur.

Le 5 janvier M. de Maſſilian de Sanilhac, premier conſul maire eſt arrivé de Paris venant de l'aſſemblée des notables.

Le 11e dud. M. le comte de Perigord, commendant eſt arrivé venant aux états ; a été harangué le lendemain par M. Farjon, procureur du roy.

Le 15 dud. l'ouverture des états eſt faite par Mgr le comte de Perigord.

PAGE 56. * Ledit jour 15, le conſeil de ville tenant, M. Palat, 2e conſul, ſe trouva mal & un moment après il perdit la parole, la vue & toute connoiſſance ; on lui fit un lit dans lad. ſalle où ſe tenoit le conſeil de ville, les medecins & des chirurgiens furent appelés & dès qu'ils virent led. ſieur Pallat ils dirent de faire appeler le curé de la paroiſſe, un vicaire de Notre Dame étant arrivé & voyant son etat il luy adminiſtra l'extremontion & luy donna la benediction, de manière qu'à ſix heures après midy il ſe trouva mal après avoir opiné dans l'affaire propoſée, il mourut à ſept heures & demy, après quoy on le porta à ſa maiſon où pluſieurs vallets de ville paſſerent la nuit, le lendemain ſeize on fit ſonner la cloche de l'hotel de ville & celle du grand horloge depuis huit heures du matin juſqu'à ſix heures du ſoir & le 17 juſques après l'enterrement qui fut fait à quatre heures de l'après midy à l'hopital general, MM. les conſuls en chaperon furent le 16 faire leur compliment de condoléance à la veuve & le 17 MM. les conſuls, procureur du roy & le ſindic en robe (le greffier étant malade), ſeurent à l'enterrement venant immediatement près le corps.

Le 19 dud. mois MM. les conſuls & greffier en robe aſſiſterent à la meſſe de mort qui fut dite par M. Coſte, chapelain, dans leur chapelle de l'hotel de ville ; les parens y furent invités de même que MM. du conſeil de ville & de la police ; la chapelle fut, de meme que les bancs tapiſſés en noir & le tableau de l'hotel couvert d'un drap noir.

Le 21 février les états ſe ſont ſéparés & MM. les commiſſaires des états ont été chés M. le comte.* de Perigord où étoint MM. les autres commiſſaires du roy y porter les octrois.

Le 1er mars à quatre heures après midy dans la grande ſalle de l'hotel de ville, le conſeil ordinaire & renforcé aſſemblé en execution de l'arrêt du conſeil du 22 décembre 1787 & en conſequence de la deliberation du conſeil ordinaire du 26 fevrier dernier pour proceder à la nomination des conſuls qui doivent être remplacés cette année, ſavoir : celle du ſecond chaperon à cauſe du decès de M. Palat, celle du troiſieme & celle du quatrieme chaperon.

M. le premier conſul a propoſé pour remplir le ſecond chaperon pendant deux années, M. Clément, bourgeois, M. Bouiſſet, bourgeois, M. Bruguieres, bourgeois.

M. Pegat 3e conſul a propoſé pour le remplacer, M. L. Baron, procureur au bureau des finances & preſidial, M. Catrix procureur à la cour des aides, M. Auteract, notaire.

M. Dorte, 4e conſul, a propoſé pour le remplacer, M. Maurin, me chirurgien, M. Boiſſiere, me chirurgien, M. Montaud, petit bourgeois.

Et avant de proceder à la nomination le conſeil renforcé a deliberé de ne point envoyer les liſtes à M. de Timbrune, gouverneur de la ville, & de nommer les conſuls, par les motifs enoncés dans lad. deliberation.

Et par la voye de ſcrutin a été nommé pour remplir la ſeconde echelle M. Clement, bourgeois, pour la troiſieme echelle M. L. Baron, procureur au bureau des finances & preſidial, pour la quatrieme echelle M. Maurin, me chirurgien.

Et le conſeil renforcé à renvoyé les elus au vingt cinq de ce mois pour ſuivant d'uſage prêter le ſerment & être inſtallés.

Le 11 avril MM. les conſuls en chaperon ont eté à l'ecorchoir public pour voir la viande.

1789.   Le 12 avril MM. les confuls ayant appris que l'epouze de M. de Claris, premier prefident en la cour des comptes aydes & finances, etoit morte le jour precedent, ils verifierent le ceremonial pour favoir ce qu'on avoit fait en pareille occafion, ils trouverent que dans le livre ceremonial de l'année 1712 au f° 313, à la mort de l'epouze de M. de Bon, prefident, MM. les confuls avoient été en chaperon faire une vifite de condoleance à M. le premier prefident & qu'ils avoient été en robe à l'enterrement en ayant été priés par M. le premier prefident, en confequence MM. les confuls fe font difpofés pour aller en chaperon faire vifite à M. le premier prefident, lorfque ce magiftrat envoya un de fes gens chez M. le premier conful pour le prier de ne point venir chez luy, ne pouvant les recevoir à caufe de fa maladie.

Le 14 dud. M. le 1er prefident a envoyé un billet à l'hotel de ville pour prier MM. les confuls d'affifter à l'enterrement de made fon epouze, enfuitte le 1er huiffier eft venu à l'hotel de ville inviter de la part de la cour des aydes MM. les confuls d'affifter à cet enterrement qui devoit fe faire le lendemain 15 à six heures avant midi.

PAGE 62.   * Le 15 MM. les confuls en robe fe font rendus au palais. Ils ont été reçus par un officier de la cour qui les a conduits dans la falle d'audience où ils ont refté jufqu'à ce que l'enterrement a eu lieu, les valets de ville & efcudiers marchoint à la tête de l'enterrement, après eux il y avoit tous les hopitaux, les confreries, les religieux, les quatre paroiffes, les chanoines de Ste Anne & ceux de la cathedralle, enfuite le corps après lequel etoit la cour, immediatement après MM. les confuls en robe précedés de leurs capitaines, après MM. les confuls MM. les procureurs de la cour des aides en robe, enfin le deuil qui etoit mené par l'ordre des avocats & qui terminoit la marche. On fit dans la ville un grand tour; l'on avoit fait fermer les portes des maifons où le convoi devoit paffer. On fut dans l'églife des R. P. Carmes du palais où après la meffe le corps fut inhumé.

Le 22 dud. mois d'avril MM. Lajard & Galibert, négocians, nommés ouvriers de la paroiffe Notre Dame des Tables, fuivant l'acte reçu Me Alicot, Nre le 18 de ce mois, ont pretté ferment entre les mains de M. de Maffilian de Sanilhac, premier conful maire, moyenant lequel ils ont promis de bien adminiftrer l'œuvre.

PAGE 63.   *Le 10 juin, dimanche, il y eut une proceffion generalle à laquelle meffieurs les confuls maire ont affifté en chaperon, en ayant eté priés par M. Heriffey, vicaire general; toutes les confreries, les religieux, les paroiffes, le chapitre collegial & le cathedral; on chantoit pendant la proceffion le *veni creator*. Elle s'arreta dans la paroiffe Notre Dame des Tables où la proceffion fit ftation à la Ste Vierge, en fortant de la dite paroiffe on chanta l'*Ave Maria Stella* jufques à St Pierre où la proceffion finit & où l'on fe retira.

S'en fuit la teneur du mandement fait par Mgr. l'eveque qui ordonne des prieres publiques dans tout fon diocefe pour les états generaux du royaume.

Joseph François de Malide, par la grâce de Dieu & du St Siege &c., au clergé seculier & regulier & à tous les fidelles de notre diocese salut & benediction.

Nous touchons, nos très chers freres, au moment désiré depuis si longtems & par la nation & par notre auguste & vertueux monarque ; il va rassembler autour de lui les représentants de toutes les provinces de ce vaste empire & s'occuper avec elles des moyens les plus propres à assurer la félicité d'un peuple innombrable. Quel spectacle plus interessant aux yeux de la politique ; mais aux yeux de la foy, dans quelle circonstance fut il plus necessaire de recourir à celui qui tient dans ses mains & le cœur des rois & les destinées des peuples. Hâtons nous donc N. T. C. F., par la ferveur de nos prieres, d'interesser la divine providence au succès des grandes entreprises qui doivent être le résultat de cette auguste assemblée ; il ne s'agit de rien moins que de la regeneration de toutes les parties de cette grande monarchie, que la durée des siècles a respecté & qui depuis Clovis jusqu'à notre auguste monarchie a trouvé son principal appui dans l'amour des François pour leur souverain. Vous ne permettrés pas N. T. C. F. qu'il s'affoiblisse dans vos cœurs & loin de vous preter aux illusions dangereuses qu'une fausse philosophie cherche à semer parmi nous, vous ranimerés plutôt au dedans de vous ce feu sacré, qui a toujours fait la gloire de vos peres & la vôtre, l'esprit patriotique, inseparable de l'amour du souverain, se reveillera dans toutes les ames & rendra à cette antique monarchie son ancienne splendeur, pour la félicité des peuples & le bonheur du monarque ; mais en vain, N. T. C. freres, s'occuperoit ton dans l'assemblée nationale de tout ce qui peut tendre à la perfection du corps politique, si nous ne portions tous nos soins de rétablir parmi nous* le regne de la foi, les bonnes mœurs & le respect pour la religion ; c'est, n'en doutons pas, l'abandon & le mépris de tous les principes religieux & moraux qui a fait naître parmi nous cette effervescence dangereuse, qui semble n'avoir d'autre but que de detruire tout ce que nos peres ont respecté & qui faisoit leur bonheur. Meritons, nos très chers freres, par un retour serieux sur nous memes que le Dieu qui veille à la prospérité de cet empire daigne exaucer les prieres que nous ne cesserons de lui adresser pour le succès de l'auguste assemblée qui se prepare, offrons lui nos vœux & nos supplications pour tous nos concitoyens, pour notre souverain, pour tous ceux qui sont élevés en dignités & particulierement pour ceux qui sont en ce moment chargés des grans interets de la patrie, afin que selon les paroles de l'apotre, nous menions icy bas une vie tranquille & paisible, mais une vie sanctifiée par la pieté & l'innocence.

A ces causes nous ordonnons ce qui suit : 1º Dans la ville de Montpellier le dimanche dixieme may à l'issue de vepres de notre eglise cathedrale il sera fait une procession generale à laquelle seront tenus d'assister tout le clergé seculier ou regulier, les confreries & communautés de la ville, qui sont dans l'usage d'y assister ; on chantera l'hymne *veni creator* jusqu'à l'eglise Notre Dame des Tables, où il sera fait station pendant laquelle on chantera l'antienne *Sub tuum presidium*, le *domine salvum fac regem*, le verset & oraison de lad. très sainte Vierge, le verset *memor esto congregationis tuæ*, &c, le verset & oraison pour le roy. Au sortir de lad. eglise on chantera l'hymne *ave Maria stella* jusqu'au retour dans notre église cathedrale où l'on chantera le pseaume *exaudiat*, &c.

Le lundy 11 may & les deux jours suivans on *fera dans notre eglise cathedrale & dans toutes celles de la ville & fauxbourgs les prieres de quarante heures avec exposition du tres saint sacrement dans l'ordre suivant.

Le premier jour on celebrera une messe solennelle du saint Esprit, le second jour une du tres saint Sacrement & le troisieme une messe à la tres sainte vierge.

Le soir de chacun de ces jours, il sera celebré un salut du tres saint sacrement. On y chantera &c. & on donnera la benediction.

3º Dans toutes les paroisses hors la ville de Montpellier, le dimanche qui suivra immediatement la reception de notre mandement, il sera fait une procession generale où le meme ordre des prieres sera observé qu'à celle qui sera faite dans la ville de Montpellier ; après lad. procession il sera fait un salut solemnel avec exposition du tres saint sacrement avec les memes prieres designées cy-dessus.

4º Tous les dimanches & fêtes dans toutes les eglises de notre diocese tant de la ville que de la campagne, à l'issue de vepres le meme salut *sera continué avec le meme ordre des prieres jusques à la cloture des etats generaux.

5º Pendant ce même temps tous les pretres seculiers & reguliers exempts ou non exempts qui celebreront la sainte messe y diront &c.

Sera notre present mandement lu & publié au prone des messes de paroisse & affiché partout où besoin sera.

Donné à Paris, où nous sommes depûté pour les etats generaux, sous notre seing & contre seing de notre secretaire le 27 avril mil sept cens quatre vingt neuf signé : Joseph-François, évêque de Montpellier. Par Monseigneur : Verdier secretaire.

* Le 12 juin l'assiette s'est tenue étant en robe & sortis MM. les consuls ont quitté leurs robes, ont pris leur chaperon & ont été avec MM. les commissaires du diocese chez M. le comte de Perigord, commendant en chef.

On a appris à Montpellier le 4 juin que M. le Dauphin de France etoit mort à une heure du matin.

Le 23 juin, veille de la fête de St Jean, le sieur de Montaigu, capitaine

1789. commandant la troupe du commerce eſt venu offrir à MM. les conſuls de ſe rendre avec ſa troupe ſur la place de l'hotel de ville & ſe mettre autour du buché qui étoit au milieu de la place, ce qu'ayant accepté avec beaucoup de ſatisfaction, en effet à l'heure de huit & demy du ſoir MM. les maire, conſuls & greffier en robe ſont ſortis de l'hotel de ville ayant à leur tete les valets de ville avec leur pertuiſannes, les valets du gué portant une torche allumée, les haut boix, les tambours de ville, les eſcudiers avec leurs maſſes portant les flambaux allumés de MM. les conſuls & greffier & les deux capitaines de la ville, la trompette ſonnant de meme que le hautboix jouant & les tambours. En cet ordre MM. les conſuls & greffier ſe ſont rendus ſur la place de l'hotel de ville où étoit le bucher & la troupe du commerce ſous les armes tour à tour, et * pendant les trois tours dont on eſt dans l'uſage de faire avant d'y mettre le feu la ſimphonie de cette troupe a toujours jouée & après avoir mis le feu au bucher MM. les maire & conſuls ont été remercier les capitaines de cette troupe, enſuite ſe ſont retirés à l'hotel de ville au ſon des hautboix, tambours & trompette où ils ont poſé leurs robes & ſe ſont retirés de meme que la troupe dans ſon corps de garde etably dans la loge des marchands. On obſerve que pendant les trois tours que MM. les conſuls ont fait on a tiré à l'Orgerie pluſieurs douzaines de fuzées volantes pour témoigner à cette troupe combien ils etoint ſatisfaits.

Le 3 juillet a comparu devers le greffe de l'hotel de ville le nommé Jean Jacques Renaud, me bijoutier & Louiſe Sauzenau ſa femme, natifs de la ville d'Orleans, lequel nous a dit renoncer à ſon dernier domicile & qu'il veut s'établir en cette ville & payer toutes les impoſitions & n'a ſeu ſigner, laquelle declaration a été faite en preſence de M. Redier, cinquieme conſul qui a ſigné.

La nuit du 3 au 4 juillet madame... Gros, épouſe de M. de Maſſilian, premier conſul maire, étant decedée, MM. les conſuls en chaperon ſe rendirent led. jour 4 de l'après midy chez M. le premier conſul pour lui témoigner la part qu'ils prenoient à la perte qu'il venoit de faire, le compliment de condoleance lui ayant eté fait par M. Clément, ſecond conſul & lieutenant de maire. Comme on voulut la faire ouvrir, l'enterrement ne fut fait que le dimanche au matin : MM. les conſuls, greffier, procureur du roy & le ſindic en robe ſe rendirent chez M. le premier conſul, qui ne fut pas en etat d'aller au convoy; le deuil fut un fils de M. le preſident Gros, ſon beau père ; après le corps marchoit immediatement MM. les conſuls, greffier, procureur du roy & ſindic, ayant à leur tette la ſuitte conſulaire compoſée des eſcudiers, valets, trompettes & des deux capitaines de ville, les eſcudiers avoient des crepes à leurs maſſes, les valets aux pertuiſannes, le trompette avoit un crepe qui entrelaſſoit ſa trompette en forme de banderolle & les deux capitaines à la monture de leurs épées. * La cloche de l'hotel de ville & celle du tocſin ont ſonné depuis le 4 à huit heures du matin & pendant l'enterrement juſques après l'inhumation qui fut faite à la paroiſſe de Notre Dame des Tables.

Le 10 du même mois MM. les confuls firent dire une meffe de mort dans leur chapelle par M. Cofte, chapellain, pour le repos de l'ame de l'epoufe de M. de Maffilian, premier conful, où ils affifterent en robbe, de meme que le greffier, procureur du roy & le findic & nombre de MM. les confeillers politiques & de la police qui y avoient été invités par MM. les confuls; la chapelle etoit tapiffée de noir.

1789.

Le lundy 6 juillet à 8 heures du foir M. de Claris, premier prefident deceda; fon déces ne fut annoncé à MM. les confuls que le 8 à 7 heures de l'aprés midy par le premier huiffier de la cour des aides à l'hotel de ville de la part de la cour.

Le lendemain 9 MM. les confuls en chaperon furent avec le greffier au palais pour faire leur compliment de condoleance à M. de Claris fils qui a la furvivance de premier prefident & s'étant fait annoncer, M. de Claris leur fit dire qu'il étoit fenfible à leur vifite, mais que dans le moment prefent il ne pouvoit point les voir etant dans fon lit malade, etant à obferver que l'apres midy du mème jour M. le premier prefident envoya à l'hotel de ville un de fes gens pour dire à MM. les confuls qu'il le mandoit pour leur temoigner qu'il étoit faché que la fuitte leur eut donné la peine de monter au premier étage tandis qu'il luy avoit été ordonné de ne laiffer monter perfonne.

Le 10 dud. mois de juillet MM. les confuls & greffier en robe ont eté au palais, font entrés dans une falle baffe où l'on avoit expofé dans un lit de parade M. le premier prefident; en entrant un pretre leur a prefenté d'eau benite, enfuite fe font mis à genoux, ont fait leur priere & fe font retirés à l'hotel de ville.

Le 11 dud. mois le premier huiffier de la cour des aydes eft venu à l'hotel de ville, a remis un billet de la part de la cour à MM. les confuls d'affifter à l'enterement de M. le *premier prefident qui devoit fe faire le lendemain, dans lequel billet on fefoit mention du tour qui fe feroit dans la ville.

PAGE 71.

Le meme jour, MM. les confuls ont remis le tour au trompette & lui ont ordonné d'aller dans toutes les rues publier de ballier le devant de leurs maifons.

Le lendemain dimanche 12 juillet, la cour a fait remettre aux deux capitaines de ville, aux efcudiers, aux valets de ville, une paire de gans & les crepes de meme qu'au trompette auquel on a remis une banderolle de drap noir.

À dix heures du matin MM. les confuls en robe font partis de l'hotel de ville pour fe rendre au palais precedés des capitaines & de la fuitte; l'enterrement eft forty du palais pour fe rendre à St-Pierre fuivant l'ordre cy-après; les vallets de ville, les adminiftrateurs & les pauvres des deux exes de l'hopital general, toutes les confreries, tous les ordres religieux, es quatre paroiffes, les chanoines de la cathedrale; l'enlevement du corps ut fait par M..., chanoine; après le corps qui étoit porté par quatre porteurs, e deuil; venoient apres les domeftiques du defunt, les huiffiers de la cour,

1789.   les confuls ayant à leur tete les fix efcudiers avec leurs maffes & les deux capitaines; venoint enfuite les procureurs de la cour des aides en robe. L'enterement fut terminé par les adminiftrateurs & fœurs de l'hotel Dieu, en cet ordre : du palais font paffés devant M. le prefident Gros, devant les maifons de M. de Bon & de M. le prefident Aurez, devant la collegialle, à la ferme du petit St-Jean, à la grande rue, au gouvernement, à la rue du Cardinal, à la place de l'hotel de ville, devant la Halle, dans la rue de la Barralerie, devant la maifon de la dame de Luffac, fur la Canou'rgue, au puids des efquilles, d'où à St-Pierre en paffant devant la maifon de

PAGE 72.   M. Ugla. On mit le corps fur un catafalque * qu'on avoit preparé; on a dit la meffe; apres l'evangille, M. de Miraman, chanoine, a prononcé un difcours & fait le panagerique du deffunt; la meffe finie on a fait cinq abfoutes, après lefquelles on a porté le corps fur le chariot qui·etoit à la porte de l'eglife & on la porté à l'hôpital general, d'où à 9 heures du foir on l'a porté à fa terre de St-Felix. On obferve que 4 commiffaires de la cour ont accompagné le corps jufques à l'hopital, que le chariot fuivit le corps immediatement après l'hotel Dieu; il étoit couvert de noir attelé de fix chevaux; il y avoit devant & derriere le corps 80 enfants de l'hopital portant chacun un flambeau.

Le ... dud. mois de juillet MM. les confuls ayant été informés que la cour inftalloit M. de Claris, premier préfident, ils ont envoyé le capitaine du gué auprès de M. de Claris pour lui demander l'heure à laquelle il fouhaitoit recevoir MM. les confuls & l'ayant donnée à 4 heures de l'après midy, MM. les confuls en robe ayant à leur tete toute la fuitte fe font rendus au palais, & montés à l'appartement de M. le premier prefident, il a été complimenté par M. Clément, fecond conful lieut' de maire, auquel M. le premier prefident a repondeu qu'il etoit bien fenfible à tout ce qu'on luy avoit dit de flateur & qu'il faifiroit toutes les occafions pour prouver à la ville combien il fouhaitoit luy être utile & à tous MM. les confuls en particulier.

Le 22 juillet un courrier extraordinaire arrivé ce matin a porté à M. Cambon, bourgeois, une lettre (racontant la journée du 14 juillet à Paris).

PAGE 73.   * Un evenement fi heureux pour la France a determiné le fieur Cambon de porter cette lettre à M. le comte de Perigord, commd^t en chef de la province, qui en ayant pris connoiffance a penfé qu'il falloit la rendre publique pour tranquilifer le peuple tant fur la perfonne du roy que fur celle des reprefentans aux etats generaux.

Cette lettre annonçant entre autres chofes le prochain retour de M. de Necker que les ennemis de l'etat etoient parvenus depuis peu de temps à faire quitter, cette nouvelle a été reçue avec tranfport par tous les habitans qui dans ce moment de joye fe font portés à la cathedralle pour aller rendre grâce à Dieu de cet heureux évènement. La fouveraine cour des aydes s'y eft rendue en robe rouge, MM. les confuls & greffier s'y font rendus auffi en robe; à peine ont ils paru à la porte de l'eglife que le peuple immenfe contenu dans l'eglife les a reçus avec la plus grande joye, avec des applaudiffements reiterés & s'ecriant: Vive MM. les confuls. La cour des aides s'eft placée dans le chœur, dans les ftalles hautes, & MM. les confuls s'y font plaffés du cotté oppofé.& dans les ftalles baffes; M. le comte de Perigord s'y etant rendu auffi, ainfy que M. le comte de Cambis, le premier s'eft plaffé à la tete de la cour des aides & le fecond de l'autre cotté dans les ftalles hautes; les differentes compagnies des troupes bourgeoifes compofées de plus de quatre cens hommes avec leurs uniformes ayant chacune fes officiers en tête fe font auffi rendus à la cathedralle & ont bordé la haye de l'un & de l'autre coté de l'eglife, les cris de Vive le roy! Vive Necker! Vive la nation! ont eté repetés plufieurs fois, le portrait du roy & celui de M. Necker etoint portés en triomphe par la troupe bourgeoife, il a eté enfuite chanté en mufique un *Te Deum* qui a eté fuivy du pfaume *exaudiat*, apres lequel M. Loys, chanoine & grand archidiacre, qui officioit, a recité les oraifons, apres quoy M. le comte de Perigord s'eft retiré fuivy des officiers de la cour des aides & de MM. les confuls, la troupe bourgeoife s'eft auffi retiré ayant à fa tête le f^r Cambon avec l'épée à la main; après lui * venoit la compagnie des grenadiers, fuivie de celle de la colonele, & enfin celle des chaffeurs. Ces differentes compagnies ont fait le tour de la ville dans le meme ordre, portant en triomphe l'effigie du roy & celle de M. Necker; arrivés fur la promenade de l'efplanade, où fe trouvoit M. le comte de Perigord, ce feigneur a bien voulu parcourir les rangs, après quoy les tambours ayant battu l'appel general & les caporaux s'étant rangés autour de luy, il a levé le chapeau, donné le mot d'ordre à M. Barralier, ayde major de la place qui etoit dans le cercle avec lui & qui l'a donné de fuitte aux caporaux en la forme ordinaire; après quoy les troupes fe font retirées dans le meme ordre.

Le meme jour MM. les confuls ont ordonné pour le foir une illumination generalle.

Le lendemain 23 juillet MM. les confuls ont ordonné auffi une illumination generalle. Les tambours des troupes bourgeoifes ayant été annoncer que le meme jour les habitans s'affembleroint en corps dans l'eglife du college à trois heures apres midy precifes MM. les confuls s'y font rendus en chaperon avec le procureur du roy & le greffier; en entrant ils ont été applaudis; cette affemblée etoit compofée de perfonnes de toute condition & de tous les etats confondus & fans diftinction d'ordre & de place. M. Albert fils ainé, un des commiffaires nommés dans l'affemblée qui s'étoit tenue le 20 de ce mois dans une des falles de l'hotel de ville pour rediger le projet de deliberation de prendre par tour les ordres des citoyens, eft monté en chaire, a lu led. projet reglé par les commiffaires; lecture faite l'affemblée a unanimement adopté lad. deliberation & a juré l'execution.

M. Fefquet, un commiffaire, étant auffi monté en chaire a lu une lettre écrite par M. de St-Maurice, un des députés de la nobleffe de cette fenechauffée aux etats generaux, dans laquelle il dit que M. le comte de

1789.

Page 75.

St-Prieft s'etoit montré pour la nation, & le refus genereux qu'il avoit fait d'accepter la place de miniftre. L'affemblée pénétrée de reconnoiffance pour M. le comte de St-Prieft, a deliberéde fe tranfporter de fuite en corps, en priant MM. les confuls de fe mettre * à la tête, chés Made la vicomteffe de St-Prieft pour lui témoigner les fentimens d'amour, de refpect & de reconnoiffance dont elle fe fentoit penetrée pour la conduite noble & genereufe de M. le comte de St-Prieft fon fils. L'affemblée eft partie de fuite, ayant à fa tête MM. les confuls en chaperon & MM. les commiffaires & s'etant rendus à l'hotel de madame la vicomteffe de St-Prieft, M. l'abbé de Lautrec, chanoine, lui a exprimé les vœux des citoyens, après quoy MM. les confuls luy ont fait leur compliment, par l'organe de M. Clément, fecond conful, lieutenant de maire, qui fe trouvoit à la tête de la municipalité par l'abfence de M. de Maffilian, premier conful maire. Madame la vicomteffe de St-Prieft, leur ayant repondû les chofes les plus flateufes, MM. les confuls, commiffaires & citoyens, fe font rendus de nouveau à l'églife des Jéfuites, où à peine arrivés M. le chevalier de St-Prieft, commandeur de l'ordre de Malthe, s'eft prefenté & étant monté en chaire il a remercié l'affemblée, tant en fon nom qu'en celui de madame fa mere & lui a temoigné avec la plus vive expreffion, les fentimens de reconnoiffance dont ils etoient l'un & l'autre penetrés pour la demarche honnorable qu'elle venoit de faire en leur faveur.

M. le commandeur de St-Prieft étant defcendu de chaire MM. les confuls ont demandé par l'organe de M. Clément, fecond conful, lieutt de maire, que la deliberation dont on avoit fait lecture à l'affemblée ainfy que le procés verbal de tout ce qui venoit de fe paffer feuffent imprimés aux fraix & dépens de la ville; cette propofition a été accueilie avec tranfport & MM. les confuls ont eté remerciés de fuite des preuves du zèle & de l'attachement qu'ils donnoient à l'affemblée.

M. de Gevaudan neveu ayant demandé à parler, a dit que l'affemblée connoiffoit tout le zele & le patriotifme de M. Cambon, que ce citoyen vraiment patriote n'avoit jufqu'icy epargné ni peine, ni depenfe, pour parvenir à recevoir bien pluftot qu'on n'auroit peu le faire les nouvelles qui pouvoint intereffer la nation, qu'il penfoit qu'elle ne pouvoit lui offrir un plus jufte tribut de reconnoiffance qu'en faifant faire le portrait dud.

Page 76.

fr Cambon, qu'il demandoit * en confequence que ce portrait fut fait aux fraix & depens de la ville & placé dans l'hotel de ville, ce qui a eté deliberé de fuitte. Aprés quoi l'affemblée s'eft feparée & MM. les commiffaires ont reconduit MM. les confuls jufques dans l'hotel de ville.

Le meme jour à huit heures du foir l'illumination ordonnée par MM. les confuls eut lieu & plufieurs particuliers, ainfy que la loge des marchants, ont laiffé couler devant leur porte des tonnaux de vin.

Le 24 MM. les officiers de la confrerie du St-Sacrement de la paroiffe St-Denis font venus à l'hotel de ville prier MM. les confuls d'affifter au *Te Deum* qu'ils devoint faire chanter dans lad. parroiffe le meme jour à fix heures & allumer un feu de joye qu'ils avoient fait dreffer fur le cours.

En conſequence les troupes bourgeoiſes s'étant rendues à l'hotel de ville à cinq heures & demi, ont commencé à defiler & preceder MM. les conſuls qui ont été eſcortés par un detachement & s'étant rendus dans cet ordre à la paroiſſe St-Denis, ils ont eté placés dans le chœur à droite, le *Te Deum* ainſy que *l'exaudiat* ayant eſté chanté MM. les officiers de la confrerie ont prié MM. les conſuls de vouloir bien accepter une legere collation dans le jardin de M. le curé, après quoy les troupes bourgeoiſes ont deffilé, MM. les conſuls ont continué d'etre eſcortés, ayant mis M. le curé entre M. le ſecond & troiſieme conſul & les autres officiers de la confrairie entre MM. les autres conſuls, & dans cet etat on s'eſt tranſporté aux deux feux de joye qui avoint été dreſſés, l'un devant M. Vabre, prieur de la confrerie & l'autre devant la maiſon de M. Durand, MM. les conſuls ainſy que le curé & prieur de la paroiſſe ont mis feu à celui qui avoit été dreſſé devant M. Vabre & MM. les officiers des troupes bourgeoiſes ont allumé celui qui étoit devant M. Durand on s'eſt enſuitte retiré dans le meme ordre à l'hotel de ville, où MM. les conſuls ont remercié MM. les officiers.

Le 25 MM. les conſuls en robbe ont aſſiſté au *Te Deum* qui a été chanté dans la chapelle de MM. les treforiers de France à onze heures du matin; ils y avoient été priés la veille par MM. Lazard & de La Combe, membres & députés du bureau des finances.

Le meme jour à ſix heures du ſoir MM. les conſuls ont pareillement aſſiſté au *Te Deum* qui s'eſt chanté dans l'égliſe de MM. les Penitens bleus, ſur la priere qui leur en avoit été faite la veille par une deputation de cette compagnie; la trouppe bourgeoiſe eſt venue prendre MM. les conſuls & les a ramenés à l'hotel de ville.

Le meme jour 25 à huit heures du ſoir les citoyens ayant appris l'heureuſe nouvelle que M. le comte de St-Prieſt venoit d'être nommé par le roy miniſtre au departement de Paris en ont temoigné la plus vive ſatisfaction; MM. les conſuls ont repris leurs robbes & à la tête d'une trouppe nombreuſe de citoyens ils ſe ſont tranſporté à l'hotel de mad^e la vicomteſſe de St-Prieſt & l'ont complimenté ſur l'heureux rappel de M. ſon fils; M. Clement, 2e conſul, lieutenant maire, ayant porté la parole, madame de St-Prieſt a repondu au compliment de la manière la plus honnete & la plus ſatisfaiſante; après quoy MM. les conſuls ſe ſont retirés à l'hotel de ville.

Le 26 MM. les conſuls ont aſſiſté au *Te Deum* qui a été chanté à onze heures du matin dans la paroiſſe de Notre Dame des Tables, en ayant eté priés la veille par M. Caſtan, curé & Bouché, marguillier de lad^e paroiſſe.

Le meme jour à cinq heures de l'après-midy, la trouppe bourgeoiſe s'étant preſentée à l'hotel de ville, MM. les conſuls en robbe ont été conduits, eſcortés par elle, dans la chapelle de MM. les penitens blancs, ayant été priés la veille par une deputation de cette compagnie d'aſſiſter à la proceſſion qu'elle devoit faire & au *Te Deum* qu'elle feroit chanter dans l'egliſe de la Mercy; la proceſſion ayant defilé MM. les conſuls ont marché

1789.

après le pretre; ils étoient precedés & efcortés par la troupe bourgeoife; la compᵉ des chaffeurs qui les precedoient portoient l'effigie en pied du roy appuyant la main droitte fur l'epaule de M. Necker, ce qui a excité de la part du peuple les plus vifs applaudiffements. Rendus dans cet ordre à la Merci, le *Te Deum* y a été chanté *, après lequel la proceffion s'eft retirée aux Penitens en paffant par le Courreau, la Triperie & la grand rue; MM. les confuls rendus aux penitens ont été remerciés & reconduits à l'hotel de ville par la trouppe bourgeoife.

Le 3ᵉ aouft, la nouvelle étant arrivée que M. Necker étoit revenu à Paris, MM. les confuls ont fait une illumination generale pour le meme jour; cette illumination a été executée avec les plus grandes demonftrations de joye; chaque citoyen s'eft piqué d'illuminer de la maniere la plus galante & plufieurs particuliers ont laiffé couler des tonnaux de vin devant leur porte.

Le meme jour MM. les confuls ont affifté en chaperon à la difpute qui a eu lieu à l'hopital St-Eloy pour la place de 1ᵉʳ garçon dud. hopital, à laquelle ils avoient été invités deux jours auparavant par un billet de convocation. Après un examen de plufieurs jours auquel MM. les confuls ont continué d'affifter en chaperon le fʳ Fages l'a emporté fur fix concurens & a été nommé à lad. place de premier garçon, gagnant maitrife de chirurgie apres fix ans de fervice dans led. hopital.

Le 7 août MM. les confuls ayant affigné ce jour là pour la diftribution des prix au college royal, s'y font rendus en robbe, M. le principal & deux proffeffeurs avec plufieurs enfants, ayant à leur tete la compᵉ des milices bourgeoifes du fauxbourg de la Sonnerie avec la fimphonie des tambours, font venus prendre MM. les confuls à l'hotel de ville; un écolier de 4ᵉ a fait le compliment, aprés lequel fortis MM. les confuls font fortis de l'hotel de ville precedés des valets de ville, des tambours, de la fimphonie, des efcudiers. M. le principal & MM. les profeffeurs marchoient au milieu de MM. les confuls qui etoient efcortés & fuivis de la troupe bourgeoife; ils fe font rendus dans cet ordre au college, & après l'exercice des ecoliers de rhétorique & la diftribution des prix, MM. les confuls fe font rendus à l'hotel de ville dans * le meme ordre, precedés de tous les ecoliers qui avoient obtenu des prix & toujours accompagnés de M. le principal & de deux proffeffeurs; rendus à l'hotel de ville un écolier de 5ᵉ leur a fait un remerciment & MM. les confuls ont remercié eux mêmes MM. les officiers qui étoient à la tête de la trouppe bourgeoife.

Le 13 novembre MM. les confuls en robe ont affifté à l'ouverture des audiences de la cour des aides, ayant été invités la veille par le premier huiffier.

1790.

* L'an mil fept cent quatre vingt dix & le vingt quatrieme jour du mois de janvier, M. le comte de Perigord, commandant en chef de la province de Languedoc a écrit à MM. les confuls la lettre dont la teneur fuit:

A Montpellier, le 24 janvier 1790.
Je vous prie, Meffieurs, de vouloir bien vous trouver en corps ce foir à cinq neures devant les cazernes, pour un ferment à pretter en votre prefence en vertu de l'ordonnance du roy cy-joint.
Je fuis, Meffieurs, votre très humble & tres obeiffant ferviteur. Signé le comte DE PERIGORD.

A cette lettre étoit jointe l'ordonnance du roy dont la teneur fuit:

1790.

Ordonnance du roy concernant le ferment à pretter par le commandant & les officiers fupérieurs de fes troupes,
Du 19 decembre 1789.
De par le roy.
L'affemblée nationale a decreté, & fa majefté a ordonné & ordonne que tous les officiers généraux qui commandent fes troupes & tous les officiers fupérieurs d'icelle qui ne fe feroient point encore conformés à celles des difpofitions du décret de cette affemblée du 10 août dernier, qui concernent le ferment à prêter par lefd. troupes & à l'ordonnance rendue en confequence le 14 du meme mois, ayent à y obéir en prononçant textuellement la formule du ferment y inferée. Mande & ordonne fa majefté au fecrétaire d'état ayant le département de la guerre, de tenir la main à l'execution de la prefente ordonnance. Fait à Paris, le dix neuf décembre mil fept cens quatre vingt neuf.

Signé Louis & plus bas: La-Tour-du-Pin.

En confequence le meme jour MM. les confuls revetus de leur robe & precedés de la fuitte confulaire & des capitaines du guet fe font rendus au quartier vers les cinq heures après midy où les bataillons du regiment de Breffe étoint deja fous les armes, coftumés comme ils doivent l'être lors des grandes ceremonies. MM. les confuls ont été receus avec les honneurs militaires & à la tete dud. regiment par M. de Vermont, lieutenant colonel. Ce militaire les a accompagnés jufques au centre où s'eft trouvé M. le comte de Perigord & M. le marquis de Bouzols, infpecteur * divifionnaire. MM. les confuls s'etant rangés fur une meme ligne, Mgr le comte de Perigord a ordonné de faire battre un ban, après quoi ayant levé la main droitte il a prononcé à haute & intelligible voix. « Nous jurons de refter fidelles à la nation, au roi & à la loi & de ne jamais employer ceux qui feront fous nos ordres contre les citoyens, fi ce n'eft fur la requifition des officiers civils & municipaux. » M. le marquis de Bouzols ayant pareillement levé la main droitte & mis l'epée à la main gauche a prononcé à haute voix: je le jure.

PAGE 81.

Cette ceremonie finie MM. les confuls font revenus à l'hotel de ville dans le même ordre, y ont fait dreffer le préfent procès-verbal qu'ils ont arreté de faire tranfcrire dans le livre du ceremonial, ainfy que dans le grand Talamus...

Registres des délibérations du corps municipal. 1790.
PAGE 1.

* Du dimanche vingt huit fevrier mil fept cens quatre vingt dix, onze du matin, les citoyens elus pour compofer la nouvelle municipalité ayant été convoqués par MM. les officiers municipaux en exercice pour la preftation de ferment & l'inftallation fe font rendus à l'heure indiquée; M. le maire etoit accompagné d'un detachement de trente hommes commandé par deux officiers que la compagnie des volontaires nationaux placés à l'hotel de ville avoit envoyé chés lui pour lui fervir de cortege. La cloche de l'hotel de ville fonnoit.

La commune étant raffemblée, MM. les maires & officiers municipaux, MM. les notables & MM. les officiers généraux de la milice nationale qui avoient été invités de fe trouver à la féance font entrés & ont pris place, favoir : M. le maire, dans un fauteuil en face de l'affemblée, MM. les officiers municipaux à la droite de M. le maire, MM. les notables

1790. à fa gauche & MM. les officiers generaux immediatement après le corps municipal.

M. le maire a fait un difcours relatif aux circonftances; il a preté le ferment en prononçant l'éntiere formule; MM. les officiers municipaux, le procureur de la commune & fon fubftitut ont preté individuellement le meme ferment; la féance ayant été levée, le corps municipal s'eft rendu dans l'églife cathédrale pour faire une priere à Dieu & revenu à l'hotel de ville; il etoit efcorté de la compagnie des volontaires nationaux de fervice.

PAGE 2.   * Du lundi 1er mars, dix heures du matin, M. le maire a propofé pour première deliberation une addreffe à l'affemblée nationale; cette démarche a été unanimement agréée, ainfi que le projet qu'il a prefenté.

Le fcrutin ayant été propofé pour la formation du bureau, un des membres a penfé que le corps municipal avoit le choix ou de former un bureau d'exécution ou de divifer l'exécution en differentes feétions, à chacune defquelles on attribueroit l'adminiftration & la regle des objets formant fon département; il a ajouté que l'avantage de la ville paroiffoit devoir faire preferer ce dernier parti.

Cette motion fondée fur les plus grandes convenances n'a pas parue à la majorité affés conforme à la lettre du decret & pour tout concilier il a été arreté de nommer le bureau, mais provifoirement & fauf la reponfe du comité de conftitution qui feroit confulté fur le champ.

Le fcrutin ayant été fait & depouillé MM. Clément, Sicard, Aurès & Bongue ayant obtenu la pluralité ont été proclamés.

Après quoi le corps municipal s'eft occupé des faits & jugements relatifs à la police.

PAGE 3.   * Du même jour trois heures & demi de relevée.

M. le maire a fait leéture d'une lettre de M. l'intendant & mis en difcuffion les deux objets que prefentoit cette lettre.

Ces deux queftions ont été ajournées jufqu'à la reponfe du comité de conftitution & M. le maire a été prié de donner connoiffance de cette deliberation à M. l'intendant.

Un des membres ayant fait part d'obfervations très importantes fur la fituation ou fe trouvoit la fociété patriotique des bleds, l'affemblée a pris en confidération les fervices effentiels de cette fociété & defirant concourir à fes operations & les faciliter de tout fon pouvoir a chargé un des membres d'inviter les commiffaires de fe rendre à une de fes premières fceances.

Sur l'obfervation faite par un des membres, qu'il etoit urgent de s'occuper de la police du fpeétacle, l'affemblée a deliberé de nommer une commiffion pour lui prefenter le plus-tot poffible un projet de reglement à cet égard.

M. le maire ayant propofé pour commiffaires MM. Blouquier, Albiffon & Allut, ils ont été unanimement agréés & M. le procureur de la commune prié de fe joindre à eux.

PAGE 4.   * Du mardi 2 mars à dix heures du matin.

Un des messieurs ayant mis sur le bureau le decret portant prestation de serment par les gardes nationales entre les mains des nouvelles municipalités, le corps municipal a fixé le jour à dimanche sept du courant à trois heures après midy & prié M. le maire d'en donner connoissance à MM. les officiers généraux & sur differentes observations relatives à l'autorité du corps municipal sur les forces militaires il a été deliberé de nommer une commission chargée de presenter les renseignements necessaires à une determination.

M. le maire a proposé MM. Montels, Gigot & Massillian pour commissaires, qui ont été unaniment agréés.

M. le maire a proposé de nommer une commission chargée de presenter un tableau & un projet de division des differends objets interessant l'ordre public confiés aux municipalités pour servir à la formation des sections.

Cette proposition ayant été agréée MM. Clément, Albisson & Massilian ont été nommés commissaires & le procureur de la commune prié de se joindre à eux.

M. le maire a dit qu'il etoit urgent de convoquer le conseil général de la commune pour la nomination du secretaire greffier.

Cette convocation a été deliberée pour demain mercredy trois du courant à dix heures avec indication du motif.

* Du même jour trois heures de relevée.

Il a été fait lecture d'une lettre de M. Albisson, député de la commune à Paris; la demande qu'il fait de son congé & le compte qu'il rend d'affaires tres importantes pour la ville, a déterminé le renvoi de cette lettre au conseil general de la commune déjà convoqué pour le lendemain.

M. Bouchet, officier municipal, a representé, au nom de l'hotel Dieu St-Eloi dont il est un des administrateurs, qu'une operation importante qui devoit s'y faire pouvoit devenir l'occasion de quelque trouble par l'affluence inconsiderée de tous les etudians en chirurgie qui menaçoient d'y venir tous, tandis que l'usage & le lieu n'en permettoient l'entrée qu'à une quarantaine, & en consequence il a prié le corps municipal d'y pourvoir en requerant main forte.

Le conseil a pensé qu'une deliberation ecrite de l'administration de cette maison étoit necessaire & a prié M. Bouchet de la demander, en assurant MM. ses collegues que le corps municipal se feroit un devoir de concourir toujours à leurs vues pour l'ordre & le bien public.

* Du mercredi 3 mars onze heures du matin.

Le conseil général de la commune assemblé dans la grande salle de l'hotel de ville, après une convocation faite la veille, par MM. les maires & officiers municipaux.

M. le maire a ouvert la séance en exprimant à MM. les notables les sentiments du corps municipal & son hommage particulier.

Il a demandé ensuite si MM. les notables devoient preter serment.

Le procureur de la commune ouï & voix courues, M. Guichard, premier notable, en opinant a dit:

1790.

Meffieurs, le ferment que vous me propofez eft gravé dans mon cœur, j'ai manifefté mes fentiments dans les affemblées de la cité; je m'empressserois d'en reïterer le temoignage en ce moment fi la loi qui eft la regle de ma conduite m'en feloit un devoir. La loi ne s'applique qu'aux membres de la municipalité & le ferment n'eft exigé d'eux qu'à raifon des fonctions qui leur font confiées.

Surquoi le confeil a deliberé qu'il n'y avoit pas lieu de demander un nouveau ferment à MM. les notables.

Un officier municipal a demandé fi tous MM. les notables avoient preté le ferment civique dans leur arrondiffement. Ces meffieurs fe font empreffés de dire qu'ils l'avoient preté.

M. le maire a propofé la nomination d'un fecretaire greffier; & d'abord la forme en laquelle on devoit y proceder.

Il a été deliberé d'y proceder par la voie du fcrutin individuel, à la majorité abfolue des fuffrages & par trois tours du fcrutin fi les deux premiers ne donnoient point cette majorité.

PAGE 7. * Le premier fcrutin fait & recenfé, M. Bedos pere, ancien greffier, ayant obtenu quarante fuffrages fur quarante cinq votans, il a été élu & proclamé fecretaire greffier de la commune & ayant été introduit il a pretté ferment entre les mains de M. le maire de bien & duement remplir les fonctions qui lui étoient confiées; il a enfuite pris fa place & a remercié l'affemblée.

M. le maire a propofé au confeil de deliberer auffi fur le traitement à faire au fecretaire greffier & aux adjoints qui lui font neceffaires.

Toute decifion à cet egard a été renvoyée jufqu'à ce que le tableau des affaires de la ville & des fonctions du greffe foit connû du confeil.

Lecture faite enfuite de la lettre de M. Albiffon deputé de la commune à Paris & la difcuffion ouverte fur les objets qu'elle prefentoit.

Il a été unanimement deliberé de remercier M. Albiffon de fes fervices & de lui laiffer la liberté qu'il demande de revenir dans fa famille.

Pendant la difcuffion M. Cambon, cy devant deputé de la commune pour les memes objets, a rendu compte de fa miffion & declaré que fe trouvant à Paris pour fes propres affaires lorfqu'il en avoit été chargé, il renonçoit à tout remburfement de fraix ou d'avances.

Le confeil a voté des remercimens à ce bon citoyen.

MM. Gautier & Craffous, avocats & notables, ont obfervé qu'ayant été nommés par l'ancienne adminiftration arbitres d'un procès de la ville contre les fermiers des octrois, ils avoient befoin d'un nouveau pouvoir.

PAGE 8. Cette obfervation a * donné lieu à plufieurs membres du confeil de penfer que les deputés de la commune à Paris étoient dans le même cas.

La difcuffion de ces deux objets a été adjournée au premier confeil général de la commune.

PAGE 9. * Du jeudi 4 mars dix heures du matin.

M. Aurès, officier municipal a demandé que les membres du bureau dont il fait partie foient autorifés à mettre en liberté les citoyens arretés lorfqu'une meprife ou une faute legere auroit occafionné cette arreftation & après avoir ouï le procureur de la commune, ou en fon abfence, s'être

concerté avec un autre officier municipal, fauf le raport au premier confeil. 1790.
Cette propofition a été unanimement accueillie.

Il a été deliberé en outre de faire reparer quelqu'une des falles de la maifon commune, pour recevoir les citoyens arretés jufqu'au moment où ils feroient jugés, & que le bureau s'occuperoit inceffament de la propreté & falubrité des prifons.

* Du vendredi 5 mars dix heures du matin. PAGE 10.

Le confeil chargé de prefenter le tableau des fonctions du corps municipal & un projet de leur divifion en differentes fections a fait fon raport.

Le projet qu'il a prefenté ayant été adopté, le corps municipal s'eft divifé en trois fections, la première chargée des impofitions, revenus, dettes, depenfes & procès, la 2ᵉ des travaux & etabliffements publics, des fubfiftances & atteliers de charité & la 3ᵉ de la fureté, tranquilité, propreté des rues, falubrité & généralement de tout ce qui tient à la police.

La premiere fection ditte des impofitions & revenus, des dettes & dépenfes etc. a été compofée de MM. le maire, Montels, Albiffon, Cambon, Maffilian & Allut.

La 2ᵉ ditte des travaux & etabliffements publics, des fubfiftances & atteliers de charité a été compofée de MM. le maire, Blouquier, l'abbé Gigot, Colombiers, Bouchet & Sabatier.

La 3ᵉ de la police, propreté, fureté & tranquilité a été confiée aux membres du bureau precedemment nommés.

Sur la motion d'un des officiers municipaux, il a été arreté que toutes les fections tiendront leurs fcéances dans la maifon commune.

* Du même jour trois heures de relevée. PAGE 11.

M. le maire a expofé au confeil, que fon premier devoir etoit d'affurer le bon ordre & la tranquilité; que les lieux publics & furtout le fpectacle, exigeoient une furveillance particuliere, & qu'il étoit urgent de prendre ces objets en confideration.

Le confeil a deliberé 1º qu'en exécution du decret de l'affemblée nationale qui confie aux municipalités le maintien de l'ordre & de la tranquillité dans les lieux publics, le corps municipal exerceroit déformais la police du fpectacle. 2º Qu'il feroit fait en conféquence un règlement de police & que MM. Blouquier, Albiffon, Cambon & Allut en prefenteroient inceffament le projet. 3º Que la garde néceffaire au fpectacle, feroit jufqu'à nouvel ordre à la réquifition du corps municipal, lequel pour exercer plus utilement fes fonctions, fe trouver à portée de ceux des citoyens qui auroient à recourir à lui & avoir un lieu propre à tenir confeil, occuperoit dorefnavant la loge ditte du roi, le fallon qui la precede, & la loge fur le theatre qui y eft attenante.

Du famedy fix mars trois heures apres midy.

Le comité chargé de préfenter un projet de reglement pour la police du fpectacle a fait fon rapport, plufieurs articles ont été difcutés & arretés & les articles reftans ainfi que la rédaction du tout a été renvoyée à la prochaine féance.

1790.
PAGE 12.

Les mêmes commissaires ont été chargés de s'occuper * de la permission à donner au directeur, du nouveau bail à passer avec lui pour le loyer de la salle, des propriétés de la commune qui y sont renfermées & des précautions à prendre pour la conservation de cet édifice.

Du dimanche 7 mars trois heures de relevée.

Le corps municipal s'étant assemblé dans la maison commune pour aller recevoir le serment des gardes nationales suivant la réquisition qu'il en a faite le deux de ce mois en exécution du decret de l'assemblée nationale du 7 janvier dernier.

Une compagnie de volontaires est venue offrir au corps municipal de lui servir de cortege; rendu sur l'esplanade où toutes les gardes nationales etoient sous les armes, le serment requis a été individuellement preté entre les mains du corps municipal, d'abord par MM. les officiers supérieurs, ensuite par les officiers de chaque compagnie & après eux par leurs volontaires en corps de compagnie.

PAGE 13.

Cette ceremonie finie, les troupes ont defilé devant * le corps municipal, & la compagnie qui l'avoit conduit l'a ramené à la maison commune où M. le maire l'a remerciée.

Du lundi huit mars dix heures de relevée.

Le reglement de la police du spectacle a été repris, discuté & arreté, ainsi qu'il suit de teneur :

Reglement pour la police du spectacle dans la ville de Montpellier. Nous maire & officiers municipaux considerant que notre premier devoir est d'assurer le bon ordre & la tranquilité, que les lieux publics exigent une surveillance particuliere & que la liberté se maintient par les loix mêmes qu'elle s'impose.

Ouï le substitut du procureur de la commune.

Avons ordonné & ordonnons ce qui suit :

Article 1er. Tout droit d'entrer gratis au spectacle fondé sur des priviléges, usages & permissions, qui pourroient avoir eu lieu precedemment est supprimé.

Article 2. Le prix des places demeurera fixé, savoir pour le parquet, baigneuses, premieres loges & galerie à trois livres, pour les secondes loges à quarante sols *, pour les troisiemes loges à vingt sols & pour le parterre, quatriemes loges ou paradis à quinze sols, lesquels prix ne pourront être changés qu'après que le directeur en aura obtenu notre permission. Il lui sera libre néanmoins de faire le tiercement des prix cy dessus lorsqu'il faira venir les premiers acteurs des grands theatres de Paris ; maintenons néanmoins la faculté accordée aux bas officiers & soldats des troupes reglées, d'entrer au spectacle pour le prix de six sols en y occupant les places qu'ils sont dans l'usage d'occuper.

PAGE 14.

Article 3. On prendra des billets aux bureaux placés dans le vestibule de la salle des spectacles. Il est fait deffenses au portier de laisser entrer personne sans billets ou de prendre de l'argent à la porte, sous peine de vingt-quatre livres d'amende pour la première infraction & d'etre destitué en cas de recidive.

Article 4. Si quelqu'un veut sortir du spectacle lorsque la toille sera levée on lui délivrera une contre marque qui ne vaudra que pour le jour.

Article 5. On etablira dans l'interieur de la salle un bureau pour les billets de suplement. Ceux qui auront pris des billets parterre ne pourront aller aux premières, secondes, troisièmes, loges, parquet ou baigneuses avant ou pendant les représentations qu'en prenant un billet de suplement de la place qu'ils voudront occuper, ceux qui des secondes loges voudront aller au chauffoir qui communique avec les premieres loges seront * aussi tenus de prendre un billet de suplement sous peine de dix livres d'amende en cas d'infraction dans l'un ou l'autre cas.

PAGE 15.

Article 6. Avant que la toille soit levée, ceux qui voudront se retirer pourront reclamer le prix de leurs billets, le directeur sera tenu de leur rendre l'argent.

Article 7. Tous priviléges de loges, bancs & places au spectacle sont supprimés. Il est permis au directeur de louer à l'année les loges qui lui sont indiquées par la municipalité.

Article 8. Il est deffendu de troubler l'ordre, de rien jetter sur le theatre, d'addresser la parole aux acteurs & à ceux-ci de repondre aux demandes qui pourroient leur être faites, sous peine de cinq livres d'amende ou d'interdiction du spectacle pour un temps limité & de plus grande peine en cas de recidive.

Article 9. Il est deffendu au moment où la toille sera levée d'avoir le chapeau sur la tête, de tourner le dos au théatre, de se tenir debout au parquet & sur le devant des loges.

Article 10. Deffendons de fufpendre au devant des loges des manteaux, mantelets de femme & autres objets, d'interompre la préfentation de quelle maniere que ce foit, fous peine, après avoir été avertis par les fentinelles d'être défignés & cités devant la municipalité, & en cas de recidive d'être condamnés à une amende de vingt livres & à plus forte peine fi le cas y echeoit.

Article 11. Permettons à quiconque aura des plaintes à porter ou des reclamations à faire de s'addreffer aux officiers municipaux qui exerceront la police au fpectacle. Lorfqu'on defirera d'exprimer des vœux en faveur des acteurs, lorfqu'on aura à * demander une pièce nouvelle, lorfqu'on jugera enfin à propos de faire quelque petition l'on pourra deputer des citoyens jufques au nombre de trois qui fe faifant accompagner par le fergent de garde s'addrefferont aux officiers municipaux qui auront tel égard que de raifon aux plaintes, aux reclamations & aux demandes.

Article 12. L'ufage d'annoncer les pièces eft fupprimé, on y fupleera par une affiche faite à la main qu'on placera fur les bureaux interieurs dans un lieu apparent, laquelle indiquera la pièce qu'on doit jouer le lendemain.

Article 13. Si des circonftances particulières s'oppofent à ce qu'une pièce annoncée par l'affiche foit jouée, le directeur fera tenu d'en prevenir la municipalité ; s'il n'a pas le temps de faire imprimer de nouvelles affiches il en faira faire à la main qu'il aura foin de placer au deffus des bureaux exterieurs & interieurs de la falle afin que le public foit prevenu d'avance du changement de la repréfentation.

Article 14. Lorfque le directeur du theatre voudra faire jouer une pièce qui n'aura pas été donnée fur le théâtre de cette ville, il ne pourra le faire fans l'agrément du corps municipal, auquel il communiquera la pièce manufcrite ou imprimée.

Article 15. Le directeur faira tels abonnements qu'il jugera à propos.

Article 16. Deffendons fous peine de l'amende de dix livres, d'introduire fous quelque prétexte que ce foit de chaifes à porteur dans le veftibule de la falle ; elles feront rangées en dehors de maniere à ne pas gêner l'entrée.

Article 17. La garde ordinaire fera employée pour la police interieure * & exterieure du fpectacle, les fentinelles qui feront placées au parterre feront addoffées aux colonnes, de maniere à ne pas intercepter la vûe du theatre.

Article 18. La place d'ufage fera réfervée à l'officier de garde.

Il eft requis de tenir la main à l'execution du prefent reglement qui fera à cet effet imprimé, lu, publié & affiché dans tous les endroits publics & principalement aux portes du fpectacle, afin que tout le monde s'y conforme & que perfonne n'en prétende caufe d'ignorance.

Du lundi 8 mars trois heures de relevée.

M. le maire a expofé au confeil qu'il ne pouvoit voir fans effroi tant de gens fans aveu infefter la ville & de maifons fufpectes leur fervoir de retraite & de point de ralliement, que l'activité & le zele des officiers municipaux pourroient être utilement foutenus en recourant aux commiffaires de quartier, qu'en confequence il y avoit lieu de renouveller le mandat qui leur avoit été precedemment confié & de les prier de concourir & de correfpondre avec tous & chacuns des officiers municipaux pour tout ce qui intereffe le bon ordre & la tranquilité publique *. Cette propofition ayant été agréée, le corps municipal a arreté que MM. les commiffaires de quartier feroient priés de fe rendre à la féance de demain, & en remplacement des commiffaires abfens ou legitimement empechés, MM. Lebrun fils, Jacques Teiffier, Fefquet & Verdier ont été nommés.

Du mardi neuf mars trois heures de relevée.

Le corps municipal affemblé & affifté de MM. les commiffaires de quartier invités par billets de fe rendre à fa féance.

M. le maire a dit à MM. les commiffaires de quartier que le corps municipal defiroit recevoir leurs fecours, & concourir avec eux fur tout ce qui intereffe le bon ordre & la police de la ville, qu'en confequence il avoit deliberé de les inviter à fa féance pour en preparer enfemble les moyens.

Un de MM. les commiffaires de quartier a obfervé que leur carractere ayant pris fin avec le confeil de la commune qui les avoit créés, il y avoit lieu de les retablir, de leur attribuer de nouveau leurs fonctions avec les

1790.
PAGE 20.

modifications qu'exigent les * circonstances & de leur demander un nouveau ferment.

Cette observation ayant été unanimement reconnue juste, le corps municipal s'est refervé d'y statuer, & cependant la concertation s'est continuée fur les differends changements que les circonstances rendoient necessaires dans les fonctions des commissaires de quartier, & le vœu de l'assemblée étant connu fur tous les points, la féance a été levée & renvoyée à un autre jour.

MM. les commissaires de quartier retirés.

M. de Massilian a dit, que M. le ch^{er} Deydé, ancien premier consul, etant decedé, il étoit conforme à l'usage que le corps municipal affistoit à fes obfeques.

Le conseil a penfé qu'aucune distinction ne pouvant etre faite entre les officiers municipaux, cet honneur devenu commun à tous feroit une distraction trop frequente, & qu'il convenoit de le referver pour les officiers municipaux morts en exercice.

Une deliberation de l'hopital St-Eloy du 6 fevrier dernier ayant eté mife fur le bureau, la main forte qu'elle reclamait a été accordée, M. le maire chargé de la requerir & M. Bouchet, officier municipal, deputé à cette maifon pour les requifitions necessaires au maintien du bon ordre.

Du jeudy onziéme mars heure de trois après midi.

PAGE 22.

M. le procureur de la commune a fait le rapport d'une * demande du nommé Cuny, escudier; ledit Cuny demandoit que le corps municipal luy renouvellat la commission d'huiffier près les juridictions feigneuriales de la ville dont les precedents administrateurs l'avoient pourvu.

Le conseil a jugé, attendu les decrets de l'assemblée nationale du 4 aoust concernant les justices feigneuriales, qu'il n'y avoit lieu a deliberer.

Un des membres a observé que le costume adopté par les officiers municipaux l'avoit été d'un commun accord, mais fans déliberation; qu'il y avoit donc lieu d'en prendre une pour arreter le costume adopté.

Sur cette proposition il a été délibéré que le costume du maire & des officiers municipaux feroit l'habit noir complet, le petit manteau, les cheveux etalés, la cravate, le chapeau des ecclefiastiques & le ruban national à la boutonière.

Le bureau ayant fait part d'un projet d'ordonnance relatif à differents objets de police, le corps municipal a deliberé de faire une ordonnance particuliere fur chaque objet & a renvoyé au bureau pour cette divifion.

PAGE 23.

* Du famedy treizieme mars trois heures de relevée.

Le bureau fection de la police a prefenté un projet d'ordonnance pour la propreté & liberté des rues.

Du lundy quinzieme mars, heure de dix du matin, le corps municipal de la ville de Montpellier affemblé.

M. le maire a fait part de plufieurs lettres; M. Coulomb & M. Estor, deputés de la commune, annoncent leur depart & leur arrivée très prochaine; M. le prefident Serres, colonel des gardes nationales, instruit la municipalité du deffein où font fes troupes de prendre les armes demain pour honorer l'entrée de M. Eftor, leur colonel general.

M. Clement, officier municipal en exercice hier au fpectacle, fait le raport du trouble qu'y a caufé le f^r Julien, grenadier national.

Lecture faite du procés verbal de M. Clement, l'affaire a été renvoyée au bureau de police de demain mardy.

Le corps municipal ayant reconnu que la grande loge dite du roi, luy fuffifoit, a retracté quant à ce fa deliberation du cinq du courant & arrêté qu'elle n'occuperoit deformais que cette loge.

Le trouble furvenu hier à la comedie a donné lieu de mettre en deliberation de quelle maniere & a qui feroient faites les requifitions qu'exigeraient au fpectacle le maintien du bon ordre. Cette queftion a été ajournée.

*Du mecredi dix fept mars, heure de trois de relevée, le corps municipal de la ville de Montpellier affemblé.

M. le maire dit qu'il a pris les eclairciffements dont on l'a chargé relativement au pouvoir militaire & à l'exercice de la police au fpectacle, qu'il a rempli ce mandat avec le zele & l'interêt dû aux ordres du confeil, qu'une reflexion furtout lui a toujours été prefente, c'eft que le corps municipal étant deftiné à remplir fes fonctions fous la furveillance & l'infpection des diftricts & des departements, aujourd'hui que ces autorités ne font pas encore etablies & laiffent ainfi les municipalités fans fuperieurs & fans juges, il y a lieu d'y apporter la plus grande circonfpection & de bien affurer fes demarches; qu'en confequence il a tenu proces verbal & qu'un raport ecrit, qu'il prefentera demain, fera foi de la conduite qu'il a tenüe & des demandes qu'il a faites & des reponfes qu'il a reçues.

Le raport de M. le maire a été ajourné à demain. M. Clement a fait part d'un placet prefenté par les cultivateurs * tendant à demander des prieres pour la pluye; le confeil a chargé MM. Clement & l'abbé Gigot de fe retirer devers MM. les vicaires generaux à l'effet de leur demander les dittes prieres.

*M. Cambon a dit:

PAGE 27.

PAGE 28.

PAGE 29.

Meffieurs, vous avez été temoins du zele patriotique de nos concitoyens, qui par une foufcription ou par un dépôt d'argent ont fourni les moyens à nos predeceffeurs d'ouvrir pendant cet hyver un attelier de charité pour y employer nos freres qui etoient denués de reffources & de pain; vous avez même contribué à cet acte de bienfaifance & à cette occafion je dois un hommage particulier à M. le maire qui s'eft chargé à fes fraix d'une partie confequente de cette dépenfe.

Le fonds de ces aumones fut depofé ez mains des reprefentants de la commune qui nommerent des commiffaires & un treforier; ils determinerent plufieurs atteliers, entr'autres le comblement defiré depuis longtems du foffé de la porte de Lattes jufqu'à celle de la Saunerie; cette entreprife a été dirigée avec zele & le corps municipal doit des remercimens aux commiffaires qui l'ont furveillé.

Cette reparation vraiment indifpenfable eft fur le point d'être terminée, il refte cependant quelques imperfections qu'il eft urgent de reparer, puifqu'elles pourroient occafionner des dommages confiderables, notamment la partie du terrein qui eft vis à vis l'enclos de M. Serres, où il manque à porter de la terre pour la mettre de niveau avec la muraille nouvellement batie qui court rifque d'être entrainée par les eaux pluviales qui fe porteront & fejourneront neceffairement dans cette partie qui eft la plus baffe & fe trouve confequemment fans aucun ecouloir.

Les travaux ont ceffé depuis lundi dernier, nous ne pouvons qu'applaudir à cette interruption qui rend des bras à l'agriculture dans un temps neceffaire & qui referve des fonds pour occuper des malheureux dans un temps où ils feroient privés de travail, peut être même que les fonds de l'œuvre de charité font totalement employés.

1790.
PAGE 30.

Mais il m'a paru prudent d'éviter une depenfe confiderable * qu'un plus long retard pourroit occafionner, en conféquence j'ai penfé qu'il etoit de mon devoir de vous propofer de faire perfectionner le pluftot poffible au comblement du foffé de Lattes les parties qui pourroient entrainer des dommages par un plus long retard & pour fournir les fonds neceffaires de faire rendre compte aux commiffaires de l'attelier de charité, fuivant la deliberation prife par la commune le 24 janvier dernier & fi le fonds eft infufifant d'y pourvoir foit par celui deftiné aux dépenfes imprevües, foit en affemblant le confeil general de la commune pour qu'il ftatüe dans fa fageffe fur les moyens à prendre pour terminer de fuite les reparations indifpenfables qui peuvent monter tout au plus deux à trois cens livres, objet tres inftant puifque le moindre retard peut entrainer des domages confiderables qu'il eft de nôtre devoir de prévenir.

Surquoi voix courues, il a été deliberé de renvoyer l'objet de cette motion à la fection des travaux publics pour mettre des ouvriers demain ou après demain au plus tard afin de terminer les reparations urgentes & indifpenfables au comblement du foffé de Lattes, les fonds de l'œuvre patriotique n'étant pas achevés.

Du jeudy dix huit mars trois heures de relevée, le corps municipal de la ville de Montpellier affemblé.

M. le maire rendant compte des eclairciffements qu'on l'avoit chargé de prendre a dit :

Meffieurs, En vertu du decret qui confie au municipalités le maintien du bon ordre dans les lieux & édifices publics, vous vous êtes chargés de la police du fpectacle.
Pour l'examen de cette police vous avés fait un reglement. Pour l'exécution de ce reglement vous avés decreté de requerir les troupes reglées. Reftoit à fixer de quelle maniere & à qui vos requifitions feroient faites. J'ai l'honneur de vous prefenter un projet, qui m'a parû remplir vos vues & le vœu de la loi.
Ce projet a été adopté comme fuit :
Nous maire & officiers municipaux de la ville de Montpellier, requerons M. de Gevaudan, major commandant les troupes reglées, de fournir tous les jours de fpectacle un detachement de vingt cinq hommes commandé par l'officier & bas officiers neceffaires, comm¹ auffi en vertû de la prefente requifition, de donner ordre aux dits officiers, bas officiers & foldats de detachement de nous prefter main forte, au dit fpectacle, pour le maintien du bon ordre & de la füreté publique, toutes les fois que l'officier commandant la garde en fera requis par ecrit & par aucun de nous ; fait à Montpellier au confeil & en double original, dont l'un fera remis par le greffier au dit fieur de Gevaudan & dont ledit greffier prendra un certificat de remife. A Montpellier ce 18 mars 1790.

Du vendredi dix-neuf mars trois heures de relevée.
Le confeil general de la commune affemblé dans la grande falle de l'hotel de ville apres une convocation faite la veille par MM. les maire & officiers municipaux.

PAGE 33.

* MM. Albiffon, Coulomb & Eftord, députés de la commune à Paris ont fait demander l'entrée, ayant eté introduits, ils ont pris place à la droite de M. le maire.

M. Albiffon portant la parole, ils ont rendu compte de leur miffion, & prefenté au confeil l'hommage de leurs fentimens. Ce compte a été vivement applaudi & M. le maire a exprimé à MM. les députés la fatisfaction de l'affemblée.

M. Coulomb & M. Eftord ont ajouté, qu'étant revetus du caractere de commiffaires du roi pour la formation des departements, ils fe faifoient un devoir d'offrir eux-mêmes au confeil leurs lettres de commiffion, demandant qu'elles fuffent enregiftrées.

Il a été deliberé 1º de configner dans le procès verbal un temoignage folemnel de reconnoiffance, pour les fervices que MM. les deputés ont rendû à la cité & de fatisfaction pour la manière diftinguée avec laquelle ils ont rempli leur mandat. 2º De prier M. Albiffon de remetre fur le bureau*.le compte qu'il a rendu afin qu'il foit tranfcrit à la fuite du procès verbal. 3º Que les lettres patentes portant commiffion en faveur de MM. Coulómb & Eftord, feroient enregiftrées dans les regiftres de la commune.

Meffieurs les députés retirés, M. le maire a propofé l'établiffement des gardes terres; etabliffement vivement follicité par les cultivateurs & deliberé par les reprefentans de la commune. M. l'abbé Gigot, officier municipal, a fait le rapport de cette affaire, a expofé les avantages de cet etabliffement, toutes les demarches que la commune avoit fait pour le former & a préfenté un projet de traité avec dix gardes terres qui avoient fait leurs foumiffions à la commune.

La difcuffion ouverte & fermée & le procureur de la commune ouï. M. le maire a propofé quatre objets d'opinions, fçavoir: 1º L'etabliffement des gardes terre. 2º Leur nombre. 3º Leur falaire. 4º Leurs fonctions. Sur la premiere queftion, l'etabliffement des gardes terres a été unanimement deliberé. Sur la feconde, la foumiffion faite à la commune par dix particuliers a été acceptée & en conféquence le nombre des gardes terres a été fixé à dix. Sur la troifieme queftion, le falaire de trois mille livres porté par la même foumiffion a été accordé. Et fur la quatrieme queftion, l'affemblée a adopté le projet de traité préfenté par M. l'abbé Gigot, & a autorifé le corps municipal à paffer avec les gardes terre led. traité dont teneur fuit:

* TRAITÉ AVEC LES GARDES FRUITS.

Article 1er. Les gardes fruits veilleront à la confervation des poffeffions, des fruits & arbres de toute efpece du taillable de la ville; ils feront dix au moins & ne pourront avoir entre tous que trois mille livres de gages.

Article 2. Les dits gardes feront revetus d'une bandouillère aux armes de la ville; ils font autorifés à avoir à leurs frais un fufil, ou toute autre arme neceffaire à leur deffenfe; ils pretteront ferment devant qui il appartiendra avant de fe mettre en fonctions.

Article 3. Le taillable de la ville fera diftribué en quatre diftricts. Le premier fera depuis le chemin de Nifmes jufqu'au chemin de Ganges, le fecond depuis le chemin de Touloufe jufques à celui du pont Juvenal & S. Marcel & le quatrieme depuis le chemin du pont Juvenal & S. Marcel jufqu'à celui de Nifmes.

Article 4. Les gardes fe difpoferont eux même & à leur gré dans les quatre diftricts défignés & neanmoins ils veilleront tous fur tout le taillable & fe reuniront en tel nombre qu'ils croiront neceffaire fuivant l'exigence des cas.

Article 5. Les dits gardes après s'être divifés fairont part au corps municipal, ainfi qu'à MM. les commiffaires infpecteurs qui feront nommés de la ditte divifion, & cette divifion ne fera valable qu'autant qu'elle aura été approuvée, fans néanmoins deroger à la réunion cy-deffus enoncée.

Article 6. Les dits gardes feront tenus à deffaut d'avoir fait les denonces dans les vingt quatre heures de repondre fur leurs gages folidairement l'un pour l'autre & un feul pour tous * avec renonciation à l'ordre de divifion ou difcuffion d'action en capital, interets & depens de toutes les degradations, enlevement de fruits & domages qui fe fairont tant la nuit que le jour.

Article 7. Il eft tres expreffement défendu aux dits gardes de fe louer en aucun temps de l'année à la journée ny à prix fait, pas même pour furveiller les travaux d'autruy, ils ne pourront s'arreter dans les pieces dont ils jouiront dans le canton foit en propriété, foit en afferme, ny chaffer, etant engagés pour veiller conftamment dans leurs quartiers & partout où befoin fera.

Article 8. Pour prevenir toutes preferences, il eft auffi tres expreffement deffendu aux dits gardes de recevoir de la part des maitres des beftiaux ny même des proprietaires des fonds aucun prefent ny argent ny de quelque maniere que ce foit fous peine d'être deftitués.

Article 9. Il fera payé à chaque mois à terme échu à la fociété des gardes, la fomme de deux cens

1790.

cinquante livres pour leurs gages & led. payement ne fera fait que fur l'ordonnance de MM. les maire & officiers municipaux, qui fera mife au bas du certificat du fervice donné par MM. les commiffaires infpecteurs nommés cy après, fur laquelle fomme il fera retenu à lad. fociété des gardes cinquante livres par mois, pendant les douze premiers mois laquelle reftera en dépôt entre les mains du treforier clavaire pour fervir de cautionnement envers les propriétaires & dans le cas ou fut obligé de diminuer cette retenüe à raifon de lad. refponfabilité on s'en retiendra une pareille aux quartiers fuivants pour qu'il y aye toujours une fomme de fix cents livres entre les mains du clavaire.

PAGE 37.

* Il a été en outre deliberé de faire imprimer & afficher le fufd^t traité en y ajoutant les noms des gardes terres, leur affignation aux différends diftricts & leur domicile en ville.

Et en exécution d'un des articles du traité le confeil a nommé quatre commiffaires infpecteurs des dits gardes terres favoir MM. Battut, Fabre, Verdier & Breton, menagers.

PAGE 41.

* Compte rendu par Meffieurs Albiffon, Coulomb & Eftord, deputés de la commune à Paris. M. Albiffon portant la parole a dit :

Meffieurs, C'eft un fpectacle bien doux & bien intereffant pour des citoyens qui aiment leur patrie & qui après dix fiècles d'oubli ou de violation ouverte de tous les droits de cité, avoient eu le bonheur d'y faire entendre des premiers la voix confolante de la liberté & de l'égalité civiles, c'eft pour eux un fpectacle bien doux qu'une affemblée civique formée au nom de la loi par le concours des fuffrages libres & eclairés de tous ceux dont les interets leur font confiés ; c'eft pour eux une tache bien fatisfaifante que d'avoir à y rendre compte d'une miffion qu'ils n'ont acceptée, malgré leur jufte defiance de leurs talens & de leurs moyens, que par amour pour leurs concitoyens, par refpect pour leurs ordres, par reconnoiffance pour un temoignage fi honnorable de leur confiance & de leur affection.

Vous connoiffés, meffieurs, le motif & le but de notre deputation à Paris. Une lettre allarmante fur le danger preffant de perdre les avantages de l'etabliffement d'une des nouvelles cours fuperieures & de voir paffer ces avantages à quelqu'une des villes nos voifines, bien moins en droit que nous d'efperer cette forte de dedomagement, decida le 20 novembre dernier l'affemblée de la commune à nous deputer à Paris pour y faire valoir les droits & les juftes efperances de notre ville & elle joignit à cette miffion les pouvoirs les plus amples pour tous les objets qui pouvoient l'intereffer.

Nous fumes rendus à Paris le 27 du meme mois & notre premier foin fut, après nous être joints à M. Cambon que la commune nous avoit affocié & que nous avons eu le plaifir de retrouver parmi vous honnoré d'une nouvelle marque de l'eftime de nos concitoyens, de nous prefenter avec lui à MM. les deputés de la fenechauffée, pour leur faire part de l'objet de notre miffion & leur demander confeil, affiftance & fecours.

Nous ne devons pas vous diffimuler que nous les trouvâmes prevenus. Des lettres parties le 22 & arrivées le 26, leur avoient prefenté nôtre deputation fous un afpect peu flateur pour leur jufte delicateffe. Il nous fut aifé d'effacer ces fauffes impreffions, la juftice qu'ils fe doivent à eux mêmes, celle qu'ils doivent à l'affemblée de la commune, & nous ofons le dire, leur connoiffance particuliere de nos caracteres perfonnels, eurent bientot diffipé ces ombrages, & nous leur devons le temoignage public de notre gratitude pour la confiance qu'ils nous ont montrée dans tout ce qui pouvoit avoir un rapport avec la ville de Montpellier, & pour tous les foins qu'ils fe font donnés avec nous pour detruire quelques opinions facheufes pour elle, que des motifs particuliers avoient déja fourdement femés & accredités.

Mais ni leurs foins ni les nôtres n'ont pû accelerer le moment d'une decifion fubordonnée à la marche des operations de l'affemblée nationale.

L'organifation du pouvoir judiciaire que l'on avoit crû fi prochaine n'etoit pas même, lors de notre arrivée, en état d'être portée en deliberation.

Le premier projet redigé par M. Bergaffe étoit foumis à un nouvel examen. La premiere partie du fecond projet ne parut que dans le mois de decembre, elle n'a été fuivie de la feconde partie que plus d'un mois après, & toutes deux n'ont occupé l'affemblée que pendant le temps necefffaire pour en faire la lecture.

La divifion du royaume etoit pour lors & devoit être l'objet le plus preffant de fes travaux. Ce n'etoit qu'à force de confiance & d'affiduité qu'elle pouvoit confolider cette premiere bafe de la régénération etonnante qui a été fi longtemps l'objet & le defefpoir de nos vœux ; organifer dans toutes fes parties le nouveau fyftème de diftribution du pouvoir adminiftratif, realifer la conception fublime de transformer en une vafte cité, foumife à un même regime & gouvernée par les mêmes principes, un affemblage bifarre

PAGE 43.

de grandes & de petites * provinces, toutes divifées d'interets, de loix, de mœurs & d'habitudes ; faire en un mot de tous les François un peuple de frères & former une immenfe famille.

Dans le cours de cette grande & importante operation, nous avons demandé à nos committans plufieurs ecclairciffemens relatifs à la formation des diftricts & des cantons de notre département : la neceffité des circonftances & divers interets à menager, dans un moment ou Montpellier avoit à cultiver les bonnes difpofitions de quelques villes du département relativement à l'emplacement de la cour fupérieure, n'ont pas permis à MM. les députés de la fénéchauffée de fe refufer au defir d'alterner pour le fiege du departement; mais nous avons obtenu par leur affiftance une réduction à quatre diftricts & celui de Montpellier qui reunit les villes de Cette, de Lunel, de Maffillargues & de Ganges, fera affurement un des plus confiderables du royaume.

Nous nous fommes occupés en même tems de divers objets intereffans pour notre ville. Nous avons obtenu d'abord de M. le controlleur general la promeffe d'une prompte expédition au fuget de l'appel pendant au confeil depuis dix huit mois d'une ordonnance de M. l'intendant rendue dans le cours de la procedure de verification ordonnée dans le proces entre la ville & l'entrepreneur de l'ancienne falle des fpectacles.

Inftruits enfuite que le miniftre avoit demandé l'aport de l'entiere procédure au confeil & craignant que des vues fpecieufes d'équité ne determinaffent à entrer en conoiffance du fonds de la caufe, en mettant à l'écart la queftion incidente elevée par l'appel de la ville, c'eft-à-dire, avant de connoitre parfaitement fi la ville n'avoit pas été grevée par le refus de faire remettre au tiers expert des pièces qu'elle a regardées comme effentielles pour la deffenfe, nous avons vû le premier commis chargé du doffier de ce procès & apres une conference tres etendue fur l'etat & la nature de l'affaire, nous en avons receu l'affurance qu'avant d'entrer dans l'examen des refultats de la verification, & furtout du raport du tiers expert, il s'occuperoit * fpecialement du merite de l'incident qui a donné lieu à l'appel & du jugement de cet appel.

Inftruits du vœu de la ville pour la libre difpofition de fes murs & des chemins de ronde appelés les douze pans, nous avons remis à M. Verny, membre du comité des domaines, un memoire tendant à établir la juftice de ce vœu & nous y avons joint une trentaine de pieces qui étoient depuis long tems en mon pouvoir & que je me fuis fait envoyer & qui établiffent avec evidence la nullité des pretentions du domaine fur nos murs & douze pans, dont la propriété ne fauroit nous etre contestée & a été expreffement reconnuë par plufieurs de nos rois. Nous remettrons à M. le procureur fyndic une copie de ce memoire & de l'état des pièces qui l'accompagnent.

Il eft un autre objet très important pour la ville dont nous avons preparé la pourfuite, fi vous jugés devoir y donner vos foins. La ville avoit acquis du roi en 1694 les menus cens & les droits de lods appartenant au domaine dans fon enceinte & fes faux bourgs: elle les avoit acquis au prix de 220,000 liv. pour fecourir l'etat dans un moment de befoin preffant, quoiqu'ils n'euffent été evalués par M. l'intendant qu'à 53,000 liv.

Le contract paffé à ce fujet & l'arrêt du confeil qui l'avoit homologué, portoient expreffement que la ville ne pourroit être depoffedée qu'en rembourfant aux habitans de Montpellier la fomme de 220,000 liv. en un feul & effectif payement.

En 1771, le roi fit entrer dans fa main tous les droits de lods engagés ou aliénés à titre de rachat, & les fermiers du domaine fe mirent par voye de fait en poffeffion de ceux de la ville & la depouillerent en même temps des menus cens que le roi n'avoit pas compris parmi les droits dans lefquels il vouloit rentrer. La ville demanda fon rembourfement de la valeur des lods * & la reintegration dans les menus cens. Elle en fut deboutée par un arrêt du 5 7bre 1773. Elle fe pourvut contre cet arrêt; un fecond arrêt la debouta encore, fans qu'on puiffe penétrer une jufte caufe de cette infraction évidente du traité de 1693 & ce qui pourroit paroitre etonnant, fi nous connoiffions moins la marche arbitraire des decifions minifterielles, apres avoir vifé en toutes lettres la claufe du contract portant que la ville ne pourroit être depoffedée qu'apres un rembourfement actuel & effectif.

Cette injuftice eft affurement revoltante, elle eft inconcevable à l'egard des mêmes cens qui n'étoient pas compris dans le retrait, on ne fauroit douter qu'elle ne paroiffe telle dans un moment où la raifon peut faire entendre fa voix & la juftice reclamer des atteintes qu'elle a été forcée de fouffrir. Dans l'etat où la ville fe trouve une fomme de 220,000 liv. procureroit un grand foulagement; mais nous ne pouvons aujourd'hui que vous denoncer cet abus du pouvoir minifteriel. M. Cochu nous ayant affuré qu'il avoit renvoyé l'entier doffier de cette affaire, il ne nous a pas été poffible de vous en prefenter un developpement plus complet & ce que nous venons de vous en prefenter n'eft que le refultat des notes que nous à procurées une exacte recherche faite dans le cabinet de M. Cochu.

Quant à l'objet principal de notre miffion, vous connoiffés, meffieurs, comme nous, la marche annoncée des travaux de l'affemblée nationale. Vous fçavés que la difcuffion de l'organifation du pouvoir judiciaire n'y a pas encore été entamée, & tout ce que nous avons pu recueillir de plus certain à cet egard, eft qu'il n'eft gueres poffible qu'avant trois mois il y foit queftion de l'emplacement des tribunaux qui fera vraiffemblablement le dernier article dont on s'occupera.

Dans cet etat, & apres avoir expofé la jufte reclamation de la ville dans un memoire qui vous eft connu & dans lequel nous avons furtout obfervé de concilier la defenfe des intérêts * dont nous etions chargés avec la moderation dont notre caractere feul nous eut fait un devoir & les juftes egards que nous devions aux villes nos emeules, MM. Coulomb & Eftord étant obligés de fe rendre à Montpellier pour y remplir l'honnorable commiffion dont le roi les a chargés, moi ne voyant dans ce moment dans une prolongation de fejour à Paris qu'un eloignement de ma patrie, fans intérêt pour elle & qui commençoit à pefer à mon cœur; nous avons tous penfé & vous avez approuvé cette penfée, qu'il ne nous reftoit plus qu'à venir vous rendre compte de ce que les circonftances nous ont permis de faire & vous prefenter nos regrets de n'avoir pû faire plus ou mieux pendant un fejour qui a été beaucoup plus long que nous ne l'avions prevû lorfque nous avons obei à l'ordre de nos concitoyens & deféré à leur empreffement.

Dans mon impatience de partager avec eux le titre de citoyen actif, j'avois defiré qu'une preftation de

1790.

PAGE 44.

PAGE 45.

PAGE 46.

1790.

ferment civique figné de moi & qu'il m'etoit impoffible de faire en perfonne fut confignée dans les premiers regiftres ouverts pour la reception de ce ferment.

La féance memorable du roi dans l'affemblée nationale le 4 fevrier dernier, nous a fourni l'occafion de fatisfaire en corps de deputation à cet empreffement, & le procès verbal de l'affemblée fous cette date eft chargé de la preftation du ferment civique à laquelle nous avons été admis tant en nos noms qu'au nom de tous nos concitoyens.

Dans ce moment, meffieurs, nous mettons entre vos mains les pouvoirs que la commune nous avoit confiés, heureux fi après nous être efforcés de meriter fes fuffrages nous pouvons obtenir les vôtres.

Un nouvel ordre d'adminiftration vous a rendus depofitaires des interets dont elle avoit chargé fes premiers veritables reprefentans.

PAGE 47.

* C'eft par la voye d'une election libre que vous avés été placés au timon de fes affaires, dont les premiers n'étoient chargés que de preparer le regime.

Perméttés nous de joindre nôtre fuffrage à ceux de nos concitoyens & de nous applaudir avec eux d'un choix qui honore egalement & ceux qui l'ont fait & ceux fur qui il eft tombé.

Nous nous interdirons toute autre louange, la feverité des principes actuels contrafteroit trop fortement avec cet intrument de la flaterie, trop longtems & trop lachement employé fous la verge du defpotifme, vous êtes tous egalement dignes de la confiance publique, puifque la confiance publique peut feule vous avoir proclamés & la jeuneffe de votre chef n'eft qu'une preuve de plus de cette confiance, puifqu'il ne doit, comme vous, fon elevation, qu'à la volonté libre & eclairée de fes concitoyens. Le defir du bien, les talens propres à difcerner, la conftance & l'activité neceffaire pour l'executer, fe trouvent eminemment reunis & dans le corps municipal, principalement deftiné à l'action & dans celui des notables que la loi appelle aux grandes deliberations de l'affemblée municipale, pour y apporter le tribut de leurs lumières & les fruits de leur experience.

Recevés, meffieurs, nôtre hommage & nos vœux pour la gloire & la profperité de votre adminiftration. Recevés au nom des citoyens que vous reprefentés, nos vives actions de grâces pour les bontés dont ils nous ont comblés dans les premiers momens du reveil de la liberté civique; nous allons reprendre parmi eux une place bien chere à nos cœurs & bien precieufe à des amis de l'égalité; nous allons partager leur interet à vos travaux, & leur zèle pour les progrès de l'efprit public & l'amelioration de la chofe commune.

PAGE 48.

* Du mardi vingt trois mars heure de trois de relevée, le corps municipal de la ville de Montpellier affemblé.

M. le maire a dit que deux membres de la compagnie des penitens bleus de cette ville font venus chés lui pour demander fi le corps municipal etoit dans le deffein d'affifter fuivant l'ufage, à la proceffion du 25 mars courant afin que cette compagnie pût faire les demarches d'honnefteté convenables, fi le corps municipal vouloit y affifter.

Il a été deliberé de n'affifter dorefnavant en corps ni par deputation à aucune proceffion particuliere à differends corps ou compagnies.

Un officier municipal a demandé qu'en conformité du decret de l'affemblée nationale du 12 janvier dernier le corps municipal s'affurat fi les commandans fuperieurs des maifons & tous autres, chargés dans la ville de la garde des prifonniers detenus par lettre de cachet, ou par ordre du pouvoir executif, avoient envoyé à l'affemblée nationale l'etat certifié que ce decret exige d'eux. Le confeil a chargé la fection des etabliffemens publics de veiller à la parfaite execution dudit decret, & d'en rendre compte au corps municipal.

La fection chargée des depenfes de la commune, a fait le raport de plufieurs objets. Le premier concernoit les declarations des biens ecclefiaftiques.

Sur ce premier objet, il a été déliberé. 1° Qu'il fera inceffament procedé à l'enregiftrement des declarations dejà faites, & que les originaux en feront de fuite addreffés à l'affemblée nationale. 2° Que ces declarations feront affichées conformement au decret. 3° Que la fection des depenfes demeure autorisée à envoyer des avertissemens particuliers à ceux qui n'ont pas encore declaré, & un avertissement général à la chambre ecclesiastique.

1790.

Le second objet de ce rapport concernoit les declarations des possesseurs des biens cy devant privilegiés ; & il a été deliberé sur ce second objet : 1° de faire proceder aussi de suite à l'enregistrement de ces declarations... 2° d'en faire dresser un etat qui sera envoyé le pluftôt possible à l'assemblée nationale... 3° d'autoriser la même section à pourvoir à l'arpentement & cottisation des biens appartenans aux cy devant privilegiés qui n'auront pas été declarés.

Sur un autre objet rapporté, il a été deliberé d'expedier un mandement de vingt quatre livres, pour la livrée de l'executeur de la haute justice, imposée pour l'année 1789 ; * mais que cette dépense sera doresnavant supprimée & abolie ainsi que celle de trente six livres pour le netoyement des fontaines imposée en faveur du même, dont la suppression a été déjà decretée par les représentans de la commune.

Page 50.

* Du mercredi 24 mars heure de trois de relevée.

Page 51.

Le corps municipal de la ville de Montpellier assemblé ; presents MM. Durand, maire, &c. M. le maire a fait part d'une petition qui lui a été presentée par les directeurs de l'academie de musique qui ont offert au corps municipal le droit d'entrer gratis au concert & demandent que le directeur du spectacle soit privé de jouer la comédie les lundis & vendredy.

Surquoi, voix courues, il a été unanimement deliberé de prier M. le maire de remercier MM. les directeurs de l'academie, de la politesse qu'ils ont eue d'offrir aux officiers municipaux l'entrée gratis du concert, mais que les occupations actuelles du corps municipal ne leur permettoit pas de pouvoir l'accepter, ce qui les obligeoit à ne pas jouir du droit qu'on vouloit bien leur donner.

Et quant à la demande d'empecher le directeur du spectacle de jouer les lundis & vendredis, cette question a été renvoyée lors de la discussion des conditions à imposer au sr de Neuville pour la locatairie de la salle.

M. Cambon fils aîné a dit : Qu'il était chargé par la * section des dépenses & impositions de faire un rapport du traité à passer au sieur de Neuville pour le loyer de la salle de spectacle qui avoit été redigé par MM. Montels & Albisson & approuvé par lad. section, duquel lecture a été faite comme suit :

Page 52.

Messieurs, vous nous avez envoyé une petition du sr de Neuville portant que la permission à lui accordée par l'ancienne municipalité de faire representer sa troupe dans la salle de spectacle de cette ville, ainsi que le bail à loyer qui lui en avoit été consenti étant à la veille d'expirer il demande à la nouvelle municipalité qu'il lui soit accordé une autre permission d'y faire jouer sa troupe pendant plusieurs années & une nouvelle location de lad. salle pour le même temps, sous l'offre de payer la somme de six mille livres de loyer pour chacun an, & sous telles autres conditions qui lui seront imposées.

La section des impositions après un mur examen, a pensé qu'il y a lieu d'accorder aud. sieur de Neuville la permission de continuer ses représentations dans lad. salle pendant l'espace de deux années theatrales qui commencent le lundi de quasimodo & finissent le samedi veille des rameaux, & ce aux conditions suivantes.

1° Qu'il payera annuellement à la ville, la somme de six mille six cens livres, & que pour la sureté du payement dud. prix il delivrera à chaque representation & avant le rideau levé, au preposé de la ville, la somme de trente six livres, jusques & à concurrence de celle de six mille six cens livres qui fait le prix annuel de son bail.

1790.

PAGE 53.

2° Que dans la susditte permission & location accordées aud. sr Neuville, la loge ditte du roy demeure reservée aux officiers municipaux à l'exclusion de tous autres, pour continuer d'y exercer la police du spectacle; sans entendre néanmoins établir aucune exception en leur faveur dans la suppression des entrées gratis portée par le reglement de la municipalité pour lad. police.

* 3° Que led. sr Neuville ne pourra louer à l'armée, ni pour aucun terme aucune des premieres loges, tant de celles donnant sur le parterre & parquet que celles donnant sur le theatre, les unes & les autres etant destinées au public.

4° Qu'à l'égard des secondes loges il pourra seulement louer celle du fonds & huit demi loges, savoir quatre à chaque côté de la loge du fonds.

Il lui sera egalement reservé la liberté de louer les quatre baigneuses, les deux crachoirs, les secondes, troisiemes & quatriemes du théatre & les quatre situées aux angles du plafond.

5° La ville se réserve le grand caffé & ses dependances, la salle du concert, celle de direction & dependances, le caffé intérieur vouté & l'un des deux petits cabinets attenants au chauffoir du public, lequel sera affecté à l'usage du caffé intérieur. Plus le logement du concierge & les caves autres que celle dont il a joui en vertu du precedent bail.

6° Le sr Neuville n'aura que les clefs de l'intérieur de la salle & ne pourra y entrer par les principales issues qu'en s'addressant au concierge qui sera tenû de les lui ouvrir à sa première requisition.

7° Le sr de Neuville sera tenû de toutes les reparations locatives des parties de la salle comprises dans son bail, ainsi que toutes les degradations majeures survenues par sa faute ou negligence, auquel effet il consignera lors de chacune des representations une somme de six livres entre les mains du preposé de la ville, à condition de regler à la fin de chaque mois le montant de ces reparations avec led. preposé qui sera tenû de lui rendre la somme en ce qui se trouvera exceder le montant de la dépense, led. sr Neuville s'obligeant de rendre à la fin de son bail la salle en bon etat & sans aucune degradation provenant du defaut d'entretien.

PAGE 54.

8° Dans le cas ou le sieur de Neuville accepteroit les conditions cy dessus ou telles autres que le corps municipal trouveroit à propos de lui imposer, il faudroit donner pouvoir à quatre commissaires * nommés à cet effet par la presente deliberation pour traiter definitivement avec lui en conformité des clauses & conditions que le corps municipal aura determinées.

Ce projet ayant été mis à la discussion article par article, il a été proposé d'imposer au sr Neuville la condition de ne jamais jouer aucune representation les vendredis, pour les reserver aux concerts de l'academie de musique.

Cette proposition dictée a été adoptée.

Il a été fait un amandement au second article consistant à annuller du projet les mots: Sans entendre néanmoins etablir aucune exception en leur faveur dans la suppression des entrées gratis portée par le reglement de la municipalité pour lad. police & d'y substituer que MM. les officiers municipaux auront le droit d'entrer gratis au spectacle, attendu qu'ils y exercent la police. Cet amendement ayant été discuté, il a été adopté à la pluralité des suffrages.

La suitte de la discution du projet a été ajourné à demain & la séance a été levée.

Du jeudi vingt cinq mars, heure de cinq de relevée, le corps municipal de la ville de Montpellier assemblé.

PAGE 55.

* L'ordre du jour ramene le projet de bail de locatairie de la salle de spectacle à passer au sr Neuville.

Le troisieme article du projet a été adopté.

Sur le quatrieme article M. Bongue a fait une motion tendante à ce que le sr Neuville ne puisse louer dorésnavant aucune des loges à l'année.

Cette motion a été rejettée & l'article n'a été adopté qu'avec l'amendement qu'au lieu de huit demi loges des secondes il sera permis au sr Neuville de louer à l'année la loge du fonds & les douze demi loges dont six de chaque côté de lad. loge du fonds.

Les articles 6 & 7 ont été adoptés avec cet amendement fur le 7ᵐᵉ article que la fomme de fix livres que le dit directeur doit configner lors de chacune des repreſentations pour faire face aux reparations locatives & degradations dont il demeure chargé reſtera entre les mains du prepoſé de la ville juſques à la fin de l'année théatrale auquel temps on verifiera l'etat de ces reparations avec led. prepoſé qui fera tenu de lui rendre ce qui fe trouvera en exceder le montant.

L'article 8 a été adopté.

* Du 27 mars trois heures de relevée.

Le conſeil general de la commune aſſemblé.

M. le maire a dit,

Meſſieurs, Il eſt contraire à vos principes, & par conſéquent penible pour moi de propoſer un changement qui ne fait point partie d'un plan général & n'eſt point fondé ſur la connoiſſance certaine, ſur le tableau precis des affaires de la ville, cette connoiſſance, ce tableau devoient tout précéder; c'eſt la baſe qui ſeule doit porter l'edifice des ameliorations, ſans elle nous ferons reduit à des operations morcelées, à des vues particulières, à des détails incohérents peu dignes de vous occuper, capables même de vous faire illuſion, mais, meſſieurs, cette connoiſſance, ce tableau, demandent du tems & le beſoin preſſe, le peuple ſouffre, le bien de la commune eſt compromis & la conviction du principe cede au ſentiment d'une calamité urgente.

* Motion ſur le prix des comeſtibles.

Meſſieurs, impatiens d'ameliorer le fort du peuple, vous prevenez par vos defirs l'objet de deliberation que j'ai à vous propoſer. Le prix des comeſtibles s'offre d'avance à votre ſollicitude, comme l'objet le plus digne de l'occuper.

Le prix des comeſtibles!.. c'eſt la cauſe du peuple, ſon premier, ſon unique intérêt; le peuple ne vit preſque que pour gagner ſa vie„ & il atteint, après plus ou moins d'efforts, le but de fes travaux, ſuivant que les comeſtibles ſont plus ou moins chers.

En deliberant ſur cet objet nous allons donc agiter la plus grande queſtion de l'ordre ſocial; nous allons donner au peuple une exiſtence plus ou moins penible; par nous elle deviendra plus ou moins peſante cette pierre que tant de ſyſiphes roulent chaque jour en haut du rocher & retrouvent au bas le lendemain.

Déja par les ſoins généreux d'une aſſociation patriotique, le prix du pain ſe conſerve à un taux modéré pour les circonſtances. Vous n'avez rien à craindre pour la difette; tous les beſoins ſont prévus, tous les momens ſont comptés, & chaque jour de nouvelles reſſources ajoutent de nouveaux motifs à votre ſécurité, comme à votre reconnoiſſance.

Il ſuffit donc en ce moment, de chercher à perpetuer, à augmenter même s'il eſt poſſible, les facilités que le patriotiſme vous procure.

Sur les moyens d'y parvenir, ſavoir: 1º de retablir le marché de l'orgerie 2º de regler le prix du pain ſur ce marché plutôt que ſur des fourleaux étrangers 3º de concilier l'approviſionnement de ce marché avec l'etabliſſement d'un grenier d'abondance, il ſuffira de renvoyer à la ſection des ſubſiſtances, en la chargeant de conferer avec les commiſſaires de la ſociété patriotique, en lui remettant, comme inſtruction le memoire qui fut preſenté & applaudi à la commune ſur cet objet.

Ce ſont là, Meſſieurs, des precautions utiles; mais il en eſt d'indiſpenſables qu'exigent de vous le beſoin du moment * & je me hâte de les ſoumetre à votre ſageſſe; en me les propoſant, je m'unis aux bons citoyens; M. Craſſous, M. Bongue ont dejà dit à la commune ce que j'aurai l'honneur de vous dire: ce ſont leurs idées, ce ſont vos reflexions, Meſſieurs, que je rappelle: puiſſiez vous les reconnoitre & les avouer.

Des droits accumulés ſur la viande en rencheriſſent le prix d'une maniere exceſſive. Ces droits ont pu être ſupportés tant que l'abondance des beſtiaux & la modicité de leurs prix, en ont compenſé la rigueur & favoriſé la perception; mais aujourd'hui que les beſtiaux, devenus ſi rares par l'exportation à l'étranger, par les maladies epizootiques, & une longue fechereſſe, ſont devenus ſi chers, il n'eſt plus poſſible d'en rehauſſer encore le prix par des droits exorbitants.

Voyons donc, Meſſieurs, s'il ne convient pas de ſupprimer & de remplacer ces droits.

Cette ſuppreſſion eſt juſte; ce remplacement eſt facile: Tels ſont les deux objets qu'il faut developper.

Cette ſuppreſſion eſt juſte.

Comment n'en être point frappé, ſi l'on conſidere tous les maux attachés à la perception de ces droits? Fraix enormes, ſcandales honteux, répartition inegale, danger dans les fourniſtures, devaſtation des campagnes. Tout s'unit, pour proſcrire le plus funeſte, le plus immoral des impots.

Fraix enormes !.. Ils s'elevent à plus de 20 pour cent.

Scandales honteux !.. Jettons les yeux autour de nous; nous verrons deux partis armés l'un contre l'autre, guerre civile, qui autoriſée par la loi, mais deſavouée par l'opinion, n'a jamais eu aucun ſuccès & n'offre pour reſultat que des inimitiés, des deſordres, tous les maux qui naiſſent du combat de la loi impuiſſante & de la cupidité armée.

1790.

Répartition inégale !.. L'impot étant perçu pour les besoins de la cité devroit être reparti sur chaque citoyen suivant la part qu'il a aux avantages qu'elle procure : & cependant il est de même pour le riche & pour l'indigent: le plus ou moins de consommation est entre eux la seule difference ; mais quelle difference, auprès de celles des fortunes. Frapper sur le superflu du riche ou sur le necessaire du pauvre est ce une même chose ?.... Est il indifférent de diminuer les jouissaur de l'un, ou d'accroître les privations de l'autre ?

Danger dans les fournitures !.... La ville ne trouve aujourd'hui ni fermier ni fournisseur volontaire qui soient surs & bien cautionnés ; la raison en est simple : obligés qu'ils seroient de payer les droits, comment pourroient-ils soutenir le concours avec cette nombreuse classe de fournisseurs qui savent s'y soustraire ? De là resulte qu'une surveillance exacte est impossible ; que le debit est toujours incertain, souvent pernicieux, que le peuple trompé par une apparence d'économie, se nourrit pour eux, & le citoyen ne rachette aujourd'hui par aucun avantage la surcharge qu'il éprouve, le fleau insupportable qui desole ses biens fonds.

Devastation des campagnes !.. Les contrebandiers en sont le fleau, ils ne cessent de les ravager en y laissant'errer leurs troupeaux &, faut-il en être surpris? Sans egard pour la loi, comment en auroient-ils pour leurs concitoyens ? Accoutumés à se jouer de la fortune publique, respecteroient ils les fortunes particulieres : ils sont sans propriétés, & la vie licentieuse qu'ils menent ne les forme qu'à attenter aux propriétés d'autrui. Cette consideration devient plus affligeante encore si l'on se rappelle que le droit d'octroi a eu essentiellement pour motif, le soulagement des biens fonds. Ah! le moins imposé qu'il procure est pour un foible avantage puisqu'il est si cherement acheté.

La suppression des droits sur la viande est donc juste ?.. Que dis-je ?.. Elle est necessaire, inevitable. La ville ne reçoit plus rien ; son fermier lui declare que toute perception est impossible, & loin de verser le montant de son bail, il en demande le resiliement avec indemnité. Ce n'est donc plus qu'en faveur des

PAGE 62.

contrebandiers que l'impot subsiste : il est devenû un privilege pour eux, & le citoyen ne rachette aujourd'hui par aucun avantage la surcharge qu'il éprouve, le fleau insupportable qui desole ses biens fonds.

Ah! combien un nouvel ordre de choses est donc necessaire ? Pour le faire naitre il faut choisir, il faut effectuer un remplacement, & d'abord pour le choisir, les principes de l'assemblée nationale viennent nous guider.

Trois sortes d'impôts, sur les propriétés foncieres, sur l'argent, sur les consomations.

Ces impots sont distingués, & cependant ont des rapports entre eux ; c'est dans la connoissance dans le maintien de ces rapports que consiste leur juste repartition.

Par exemple : Un père de famille pauvre & chargé d'enfants, un artisan qui nourrit beaucoup d'ouvriers, consomment bien plus, surtout en viandes grossières qu'un particulier riche & garçon : doit on les imposer de même ? Il est donc evident ; c'est donc un principe que la raison & l'humanité proclament, que dans la repartition de pareils impots, la consommation n'est pas la seule mesure ; il faut la combiner avec la fortune, avec l'état du consommateur. Je dis l'état & c'est uniquement par egard pour ceux qui assujetis à un entretien d'ouvriers ou garçons donnent lieu à une consomation plus forte & meritent une taxe plus moderée.

Mais comment faire ce rapprochement, cette combinaison?

On peut l'attendre, on doit l'exiger d'administrateurs nombreux choisis & honorés par le peuple. Eh ! pourquoi l'assemblée nationale auroit elle confié aux municipalités l'entiere repartition des impots ? Pourquoi, rassemblant les fils epars des charges publiques, & n'en formant qu'un seul lien, l'auroit elle placé aux mains des municipalités? Pourquoi, les faisant nommer par la confiance, a t'elle voulu en

PAGE 63.

inspirer tant pour les operations ?.... Ah !.... Messieurs, connoissons les * desseins de l'assemblée nationale & remplissons ses vues.

L'assemblée nationale a pensé que tous les impôts seroient soumis aux mêmes principes ; que ces principes saisiroient l'ensemble, suivraient les détails, éclaireroient toutes les parties & qu'au lieu de tant de regles incoherentes qui, nées successivement & à mesure des nouveaux impôts se sont prêtés à tant de variations, se sont courbées à tant de formes, un même systême embrasseroit les diverses perceptions, une seule mesure determineroit les rapports qui existent entre les besoins de l'état & les fortunes particulieres.

Dans le choix d'un remplacement, nous devons donc, suivre ce principe ; que tout impôt sur les denrées de premiere necessité doit se repartir en raison combinée de la consomation, de la fortune, & de l'état de chaque contribuable.

Telle est nôtre tache, le principe avoué, nous devons le suivre.

Connoitre ce que chaque maison consomme, quelle est à peu près son aisance ; quelle est sa profession & fixer sur ces mesures ce que chacun doit fournir de la somme à remplacer, telle sera notre operation. Offrir aux familles riches une économie ; aux familles peu aisées une reduction considerable, & exempter les pauvres.entierement, tel en sera le resultat.

O bienfait des principes! fruit heureux de la verité! une economie, des reductions, une entiere franchise & aucune perte pour la cité ! sans rien perdre de sa richesse, elle verra s'accroître leur aisance, leur bonheur ! mais je me hâte d'en montrer la preuve.

Les droits reunis sur la viande produisent année commune de 120 à 130.000 liv.

Pour effectuer ce produit on perçoit deux sols par livre. Le prix naturel de la denrée s'eleve d'un sol, au milieu des entraves, des incertitudes & des dangers qu'éprouve son commerce.

PAGE 64.

* D'où resulte un rencherissement de trois sols savoir, deux sols de droits & un sol de la hausse dans le prix naturel.

Ce double rencherissement, prouvé d'abord comme consequence necessaire d'un mauvais regime est

Livre premier. — Seconde partie.

encore prouvé par le fait puifque la livre de viande coute aujourd'hui neuf fols & qu'elle n'en coutera que fix.

Cependant la fomme à remplacer pourra n'être que de foixante mille francs, attendu 1º l'economie des frais de perception. 2º La fuppreffion du droit de triperie. 3º L'impofition confiderable des biens ci-devant privilegiés, impofition qu'il fera jufte de faire profiter en partie à l'octroi, comme l'octroi profitoit à la taille. 4º L'application à cet objet d'une partie des economies que la commune a déjà faites & de celles qu'elle va faire encore fur des loyers & des ameublemens importans.

Or la confommation annuelle s'eleve à vingt quatre mille quintaux.

Donc fix deniers par livre fuffiront au remplacement.

Il eft donc vrai qu'au lieu d'un rencheriffement de trois fols nous en aurons un de fix deniers.

Mais nous avons dit, Meffieurs, 1º Que tous les citoyens ne devoient pas contribuer. 2º Que parmi les contribuables il falloit diftinguer & faire la répartition en raifon combinée de la confommation, de la fortune & de l'etat.

Pour fatisfaire au premier principe je propoferois d'exempter toute la claffe fouffrante du peuple, toute celle qui attend de nous des foulagemens & qui, certes, les merite fi bien?

Pour fatisfaire au fecond principe je propoferois de former huit claffes d'abonnés; de charger les commiffaires & illiers d'aller chez chaque citoyen lui dire quelles vues de juftice & de bienfaifance ont animé le confeil & le prier de s'infcrire lui même tant pour fa confommation annuelle que pour la claffe où il doit être rangé.

* Sans doute ces declarations partielles & volontaires ne donneront pas un refultat de confommation auffi fort que celui fur lequel nous avons compté.

Mais quel mal y aura t'il que les premières claffes payent un peu plus que les autres fi elles payent toujours moins qu'aujourd'hui, eh ! ne fera ce pas pour elles une compenfation fuffifante, une compenfation profitable, de penfer que les pauvres font foulagés, que les campagnes fe cultivent en paix, que de nombreux vagabonds n'expofent plus la fureté publique, que des hommes trompés jufqu'à ce jour par les gains hafardeux d'une proffeffion déplorable font rendus à la vertû & aux occupations utiles de la fociété.

Ah ! Il n'eft point de citoyen qui ne fe prête volontiers à une opération auffi utile aux particuliers ; il n'en eft point qui ne la regarde comme une fource de bien & pour fes freres & pour lui même ; loin d'en refufer les avantages il n'en eft point qui ne l'achetat par des facrifices.....

Je conclus à la formation d'un comité pour la fuppreffion & le remplacement des droits fur la viande.

Le confeil en applaudiffant à la motion faite par M. le maire a deliberé de renvoyer à une commiffion à l'effet de s'occuper de l'objet intereffant que cette motion renferme & de fuitte meffieurs Aurès, l'abbé Gigot, Cambon, Allut, officiers municipaux, Poitevin, Craffous, Gautier, Cambacerès, Chivaud, Leblanc, Fabre, Farel & David Barrau, notables, ont été nommés commiffaires & priés de s'occuper le plutôt poffible des moyens propofés par M. le maire & d'en prefenter tels autres qu'ils pourroient juger plus convenables.

* Du mardi trente mars. Le corps municipal de la ville de Montpellier affemblé, heure de cinq de relevée, prefents MM. Durand, maire, Montels, Albiffon, Sicard, Aurès, Bongue, Gigot, Bouchet, Cambon, Allut, Sabatier, officiers municipaux, Fargeon procureur de la commune.

M. le maire a dit: que les municipalités des villes de Touloufe, Aix, Montauban & Grenoble s'etoient empreffés de répondre aux queftions que le corps lui avoit propofé relativement aux ceremonies publiques & il a remis fur le bureau les differentes lettres de ces municipalités.

Lecture faite des dittes lettres, M. le maire a ajouté de que depuis les papiers publics annonçoient un decret de l'affemblée nationale qui en confirmant la preféance accordée aux municipalités fur tous les autres corps civils & militaires fuprime tous les anciens droits honorifiques dans les eglifes, que cette fuppreffion parroit annoncer que tous privileges de bancs demeurent fuprimés & que les differentes places qu'occupent ceux qui exiftent ne fçauroient établir entre les citoyens aucune preféance.

1790.

Surquoi il a été deliberé de confulter le comité de conftitution à l'affemblée nationale & le bureau a été chargé d'ecrire à ce fujet.

PAGE 68. * Du vendredi deux avril, heure de trois de relevée. Le corps municipal de la ville de Montpellier affemblé, préfents MM. Durand, maire, Blouquier, Montels, Sicard, Aurès, Bongue, Colombiés, Cambon, Allut, officiers mnnicipaux, Fargeon procureur de la commune.

M. le maire a fait lecture d'une lettre des deputés de la fénéchauffée à l'affemblée nationale & d'une autre lettre de la municipalité de la ville de Rennes.

Le bureau a été chargé de repondre à ces deux lettres & prie de communiquer celle de Rennes à M. Eftorc, colonel general des gardes nationales.

PAGE 69. * Du lundi 5 avril heure de 5 de relevée.

Le corps municipal de la ville de Montpellier affemblé, préfents MM. Durand, maire; Montels, Albiffon, Sicard, Aurès, Gigot, Colombiers, Bouchet, Cambon, de Maffillian & Allut officiers municipaux & Durand, fubftitut du procureur de la commune.

M. le maire a dit: Que l'objet de la convocation etoit la demande de MM. Coulomb & Eftorc, commiffaires du roy pour la formation du departement, lui en avoient fait pour prêter entre les mains de la municipalité le ferment civique & en execution d'un decret qui ne leur eft connu que par la voix publique mais dont ils s'empreffent de prevenir l'envoi.

MM. Coulomb & Eftorc ayant été introduits ils ont prononcé individuellement le ferment civique decreté par l'affemblée nationale & en ont demandé acte qui leur a été octroyé.

Un de meffieurs a propofé d'ecrire à l'affemblée nationale au nom de la municipalité pour le feliciter du choix que le pouvoir executif a fait de MM. les commiffaires du roi pour l'organifation des diftricts & departement de l'Hérault dont elle fait partie.

PAGE 70. * La féance a commencé par la lecture d'une lettre de MM. les députés de la fenechauffée à l'affemblée nationale dans laquelle ils font part, que l'organifation du pouvoir judiciaire qui paroiffoit devoir etre eloignée vient d'être mis à l'ordre du jour, & ils temoignent leurs regrets fur le depart des deputés de la commune dans cette circonftance.

M. le maire, a fait part enfuite des lettres de MM. Mourgues, Dumas & Bezard, citoyens actuellement à Paris, chargés par le confeil d'y fuivre le procès de la ville contre les entrepreneurs de l'ancienne falle des fpectacles, & dans lefquelles ils acceptent cette commiffion avec zele & reconnoiffance.

Ces differentes lettres ont donné lieu à M. le maire de propofer un mandat général & la qualité de députés en faveur de citoyens qui s'offrent de fi bon cœur & dont les fervices ne peuvent qu'être fort utiles dans un moment où l'objet le plus cher des defirs de la * commune, l'établiffement des tribunaux, va être decreté.

PAGE 71.

Le confeil confiderant que les deputés de la fenechauffée appartiennent à la nation, qu'ils ne peuvent entrer dans des détails, ni fuivre lès interets particuliers d'une commune, a deliberé de donner la qualité de deputés, & un mandat general à MM. Mourgues, Dumas & Bezard, le bureau municipal demeurant chargé d'ecrire à ces messieurs pour leur faire part de la presente deliberation, & correspondre avec eux sur toutes les affaires qui interressent la commune & particulierement sur l'etablissement des tribunaux.

1790.

M. le maire a observé que le conseil avoit reçu & approuvé le compte rendu par MM. Albisson, Coulomb & Estorc, cy devant deputés à Paris, mais que ce n'etoit point assés pour le conseil d'avoir consigné dans ses registres l'expression de sa reconnoissance, qu'un autre devoir restoit à remplir, celui de rembourser ces messieurs de leurs fraix. Il propose de nommer deux membres du conseil pour prevenir les deputés de l'intention de l'assemblée & leur demander la note des fraix & avances par eux faites.

M. Crassous à été prié de voir M. Albisson, & M. de Cambaceres M. Coulomb.

* Une deputation de la garde nationale ayant été annoncée elle a été introduite & a dit: Qu'elle venoit au nom du conseil d'administration de leur corps nous denoncer le coupable ecart du redacteur des *Annales politiques & litteraires*, qui s'etoit permis de le calomnier de la maniere la plus injurieuse & nous prier d'appuyer auprès de l'assemblée nationale les justes reclamations qu'il avoit deliberé de lui adresser.

PAGE 72.

M. le maire a repondu à ces deputés que le conseil alloit prendre en consideration un objet aussi important & dont l'interet lui étoit commun, qu'il auroit l'honneur de leur communiquer la deliberation qui seroit prise.

Eux retirés, lecture faite de l'article denoncé (n° 177 des *annales*) dont teneur suit:

Ajoutons à cela cette affectation de l'adresse de la garde nationale de Montpellier au roi, pour jurer serment de fidelité particuliere au roi, comme si tout espece de serment civique ne devoit pas comprendre ensemble 1° La nation, 2° La loi, 3° Le roi, & comme si tous les citoyens tant soit peu consequens & eclairés peuvent s'égarer ainsi dans des distinctions aussi serviles, & aussi allarmantes; ajoutons à cela les 50.400 liv. en ecus envoyés à Paris, on ne sçait pourquoi, par le fourgon de Montpellier (ainsi que nous l'avons expliqué dans notre feuille du 23 de ce mois).

Le conseil a deliberé de denoncer en son nom à * l'assemblée nationale l'injure faite à la cité en la personne de ses dignes deffenseurs, & de lui demander une reparation proportionnée à la gravité de l'offense & au caractère du corps offensé.

PAGE 73.

M. Cambon, officier municipal, MM. Poitevin & Gautier, notables, ont été chargés de la redaction.

M. le maire a observé que le corps municipal se trouvant dans le cas de faire des poursuites judiciaires & de presenter requête à M. l'Intendant pour demander l'autorisation des deliberations prises par le conseil general de la commune, il etoit necessaire de proceder au choix des procureurs pour la communauté. Il a observé en même temps que m° Pegat, procu-

1790.
reur au presidial, & m^e Marre, procureur à la cour des aides, exerçoient depuis longtems ces emplois, le premier devant le siege presidial & à l'intendance, & l'autre devant la cour des comptes, aides & finances.

M. Marc Antoine Bazille a demandé lecture d'un memoire qu'il a dit avoir été remis par M. Marre, qui pourroit eclairer l'assemblée sur le choix qu'elle a à faire.

M. Gautier a observé que si on lisoit le memoire du f^r Marre, il faudroit entendre les raisons que la partie adverse pourroit lui opposer.

M. Poitevin de Mezouls a repliqué que s'agissant d'une election à faire & non d'un jugement à porter, il falloit y proceder par la voie du scrutin.

M. Cambon fils ainé a proposé de ne point se servir d'aucun ministere des procureurs pour les requêtes à présenter à l'intendant, qu'il falloit en charger M. le procureur de la commune, qui le feroit sans frais, en observant que la dignité du corps municipal actuel & le caractere d'un peuple libre, devoit proscrire les mots serviles de « suplient humblement » & « Monseigneur » employés sous l'ancien regime & de charger M. le procureur de la commune de dresser un nouveau formule de requête convenable à la nouvelle constitution.

PAGE 74.

Cette question a été ajournée au premier conseil général de la commune, ainsi que l'election des procureurs.

Du vendredi neuf avril heure de dix du matin. Le corps municipal de la ville de Montpellier assemblé.

PAGE 76.
* M. Cambon fils ainé a fait la motion dont la teneur suit:

Messieurs, Il est interessant pour le maintien de la constitution dont les municipalités sont les premières bazes qu'on ne porte aucune atteinte à l'etendue des droits qui leur sont devolus par les decrets de l'assemblée nationale, c'est ce qui me determine à vous entretenir d'une lettre que j'ai lue sur le bureau, signée Nadal, qui vous a été envoyée sous l'adresse de messieurs les maire & officiers municipaux à Montpellier, par laquelle led. Nadal annonce qu'il a reçu parmi bien d'autres decrets sanctionnés par le roi & registrés en parlement, celui du 29 fevrier concernant la sureté des personnes, les proprietés & la perception des impots, en observant qu'il a l'honneur de vous envoyer un exemplaire de ce decret qui vous indique à l'art. 3 le moyen de le mettre à execution & même s'il y a lieu de faire publier la loi martiale. Il ajoute pour la seconde fois & avec une affectation dont il est aisé de sentir l'objet que ce decret a été enregistré en parlement le 17 du mois dernier & que lui Nadal l'a fait enregistrer au senechal, d'où il conclut que la loi a receu son complement pour sa publicité.

PAGE 77.

Il est de mon devoir, messieurs, de me disculper du retard que j'ai mis à vous parler de cette lettre, vous ne devez l'attribuer qu'à l'interruption des assemblées du corps municipal occasionnées par les fêtes de Pâques, cette excuse est necessaire, car j'avoue, messieurs, qu'en m'arrettant à ce* premier article de la lettre, je ne crois pas qu'il me soit permis de dissimuler un outrage aussi evident fait au principe de nôtre constitution, moins encore qu'il vous soit permis de garder le silence sur une assertion qui tend à perpetuer une aristocratie judiciaire, en faisant dependre le complement pour la publicité d'une loi de sa transcription sur les registres des tribunaux de justice, led. Nadal qui dit avoir fait proceder à la transcription des decrets de l'assemblée nationale dans son siège, peut-il ignorer que cette transcription n'est qu'un ouvrage de simple formalité & un depôt de la loi pour servir à l'instruction des juges. Il ne doit pas ignorer que les decrets de l'assemblée nationale sont adressés directement aux corps administratifs & aux municipalités qui sont chargées de les faire transcrire sur leurs registres, les faire lire, publier & afficher dans leurs departements respectifs & que pour lors ils doivent être executés comme loi du royaume. Si le s. Nadal avoit pû ignorer cette partie de l'ordre publique il l'auroit trouvée dans la disposition même des lettres patentes du 26 fevrier 1790 qu'il vous a envoyé: il n'ignoroit pas que vous l'aviez exécutée pour cette meme loi puisque vous l'avez faite publier & afficher le 20 mars dernier & que ces mêmes lettres patentes ont été lues au prône le 21 mars dernier. Il etoit donc inutile, il etoit contraire aux principes de la constitution que tout citoyen est obligé de respecter dans ses moindres details, il etoit, dis-je, superflu, que led. Nadal vous fit passer un exemplaire de cette loi & de la transcription qui en a été faite au parlement de Toulouse.

Quelles seroient donc les vues secretes d'une pareille demarche? Ne voudroit-on pas faire croire que la transcription des loix sur vôtre registre, la publication & affiche que vous en faites faire ne sont point suffisantes & qu'elles ne doivent point être executées si les tribunaux par caprice ou autre motif ne les faisoient point transcrire ? Ou bien voudroit-on maintenir encore quelques débris de l'ancienne suprématie* que les tribunaux exerçoient despotiquement fur les corps administratifs. Led. Nadal semble vouloir se faire un titre de vôtre acquiescement pour cette suprematie en vous demandant de lui accuser reception de l'envoi qu'il vous a fait, comme si c'etoit de sa main que vous deviés recevoir les loix adressées aux municipalités par le pouvoir executif. J'ai cru, Messieurs, devoir à la place que j'occupe parmi vous, au ferment solennel que j'ai preté, de maintenir avec courage & fidelité les principes de la constitution, de vous entretenir de cette lettre bien capable d'en alterer la pureté, si vous pouviez en tolerer les consequences dangereuses & reprehensibles.

Led. Nadal donne pour pretexte à cette demarche inconsiderée, qu'il se passa dimanche dernier à l'Esplanade quelque pretendue fait dans lequel il dit que M. le juge mage fut insulté & menacé atrocement par un troupe de gens armés qu'il ne nomme point & qu'il ne designe pas même d'une maniere vague, alleguant seulement que le s^r juge mage fut menacé tant pour sa personne que pour ses possessions & cela pour l'obliger à finir une affaire qui merite punition, dont il avoit bien voulu être le mediateur, à quoi, continue-t-il, on ajoute sans egard pour sa place & avec les termes les plus durs & les plus arrogants, que si dans le court intervalle de la semaine cette affaire n'étoit point finie, il s'en repentiroit & on le puniroit cruellement.

Est ce là, messieurs, une denonce qu'on vous fait? Dans ce cas elle est irreguliere, puisqu'elle ne designe pas les coupables & n'administre point les temoins, Eh ! comment led. Nadal revetu du ministère public & chargé specialement de poursuivre les delits qui troublent la sureté publique oublie-t-il ses propres fonctions pour vous les attribuer? Voudroit-il faire croire que cette justice est sans force & sans vigueur dans nôtre cité, tandis qu'elle n'a jamais cessé d'y être respectée ? Voudroit-il faire croire que notre ville* est infectée de gens armés qui portent la terreur dans tout le païs, tandis que nous avons le bonheur de jouir de la tranquilité la plus parfaite? Est-ce un piege qu'on veut vous tendre pour vous jetter au dela des bornes de vôtre pouvoir & en tirer avantage, ou bien est ce un oubli absolu de toutes les formes judiciaires qu'on affecte de manifester ? Je ne penetre point le fonds de tous ces motifs que les ennemis du bien de l'état ne cessent de publier & d'employer dans tout le royaume pour s'opposer à la régéneration actuelle; je m'arrete seulement au fait que je trouve insolite & je le deffere à l'examen de la municipalité, comptable envers le peuple du depôt qu'il lui a confié.

En effet je trouve dans la lettre en question que led. Nadal veut vous donner une connoissance particuliere de la loi, comme si vous pouviez l'ignorer huit jours après la publication & affiche que vous en avez fait faire ; il veut faire croire que vous n'avez pas voulu la faire exécuter en suposant, contre la verité, que vous avez été instruits des faits seditieux qu'il dit s'être passés dimanche dernier dans cette ville, sans que vous ayez daigné vous en occuper; il s'avise de vous rappeller à vôtre devoir en vous exhortant dans le cas de quelque mouvement à l'arreter par la publication de la loi martiale.

Loin de vous, messieurs, toute suggestion etrangere à l'empire de la loi, ce n'est qu'à elle seule que vous etes tenus d'obéir & jamais à la voix de l'homme. Vous savez & les decrets de l'assemblée nationale vous ont marqué en termes non equivoques quels sont les cas dans lesquels la loi martiale doit être publiée ; rien ne prouve qu'il ait existé aucune sedition populaire dans cette ville, aucune circonstance desastreuse qui ait exigé la publication de cette loi de rigueur ; elle ne souffre aucune extension, aucune modification arbitraire; sans doute lorsque les circonstances le requerront nous n'attendrons point d'être excités pour nous acquiter de cette penible obligation: le cri de la patrie* allarmée suffira pour nous emouvoir & nous faire marcher avec une fermeté inebranlable après avoir rempli les sages precautions dictées par cette même loi ; mais en l'etat vous ne voyez rien qui vous offre la plus legere apparence d'emeute; l'heureuse tranquilité que vos concitoyens ont conservé dans les temps les plus orageux & leur respect pour tout ce qui emane des pouvoirs legislatifs & executifs, sont pour vous des garants assurés contre les craintes, illusions qu'on voudroit semer dans les esprits : la seule qui doive vous occuper dans ce moment, c'est que votre constitution naissante n'est pas violée & que les agents du pouvoir judiciaire ne puissent porter aucune atteinte aux droits du peuple, en vous soumettant à une dependance capable de perpetuer les anciens abuts ; c'est pour en prevenir les suites que je vous entretiens de la lettre dud. Nadal qui est sur le bureau & contre laquelle il est reservé à vôtre sagesse de prendre les moyens convenables pour en arreter les progrès.

Si vous pouviez ignorer un pareil attentat dans un moment où des journalistes dont les ecrits portent l'empreinte des nouveaux principes designent notre ville à l'Europe entiere comme infectée du vice d'aristocratie, ne craindriez-vous point de donner de confiance à des calomnies que vous avez decidé de denoncer à l'assemblée nationale pour en obtenir satisfaction ?

Vous ne devez pas craindre que les ennemis du bien public attaquent jamais à force armée l'heureuse constitution qui regenere toutes les parties de l'empire: ils sont à cet egard dans une heureuse impuissance ; mais les usurpations clandestines, les menées sourdes, les insinuations dangereuses sont les armes dont ils se serviront tour à tour pour arrêter les progrès de la liberté naissante. Il est donc de votre sagesse, c'est de votre devoir, messieurs, de denoncer la lettre dud. Nadal à l'assemblée nationale, comme attentatoire au principe de la constitution, comme* tendante à vouloir persuader que l'anarchie regne dans notre ville, que nous sommes infectés de gens armés pour troubler l'ordre public, que les loix sont sans force & sans vigueur & que le corps municipal a negligé d'arreter des mouvemens seditieux; tout silence à cet egard seroit criminel & justifieroit, j'ose le dire, ce que des ecrivains ont publié contre nôtre cité.

Lecture aussi faite de la lettre de M. Nadal dont teneur suit:

1790.

Messieurs, je receus hier, parmi bien d'autres decrets sanctionnés par le roi & regiftrés au parlement celui du 23 fevrier concernant la fureté des perfonnes, des propriétés, & la perception des impôts, ce decret, dont j'ai l'honneur de vous envoyer un exemplaire vous indique à l'article 3, les moyens de le metre à execution & même s'il y a lieu de faire publier la loi martiale. Il a été enregiftré au parlement le 17 du mois dernier & je le fis enregiftrer hier au fénéchal. Voila donc que la loi a receu fon complement pour fa publicité.

Vous n'ignorez point, Messieurs, ce qui fe paffa dimanche dernier à l'Efplanade & combien M. le juge mage fut infulté atrocement & menacé par une troupe de gens armés, tant pour fa perfonne que pour fes poffeffions, & cela pour l'obliger à finir une affaire qui merite punition, dont il avoit bien voulu être le mediateur, à quoi on ajouta, fans egard pour fa place & avec les termes les plus durs & les plus arrogants, que fi dans le court intervale de la femaine cette affaire n'etoit point finie il s'en repentiroit & on le puniroit cruellement.

J'ai crû, Messieurs, dans ces circonftances, devoir vous donner une connoiffance particuliere de la loi, du regiftre qui en a été fait & de vous prier de veiller avec votre prudence ordinaire à ce que des menaces auffi graves & dont les fuites ne pourroient être que très dangereufes, foient mifes à exécution & que dans le cas de quelque mouvement, vous puiffiez l'arreter par la publication de la loi martiale, ainfi qu'il eft porté par le decret: * je vous prie de m'accufer la reception de cet envoy.

PAGE 82.

Je fuis avec des fentimens pleins d'eftime & de confideration, Votre très-humble & très-obeiffant ferviteur Montpellier, 3 avril 1790.

Le corps municipal applaudiffant aux principes confignés dans la motion de M. Cambon & improuvant ceux contenus dans la lettre de M. Nadal a remercié M. Cambon de fon zele & convaincu que c'eft par erreur & non par mauvaife intention que led. fr Nadal a ecrit cette lettre a deliberé de la regarder comme non avenue & de n'y faire aucune reponfe.

Du famedi dix avril dix heures du matin.

PAGE 84.

* M. le maire a fait part d'une lettre que M. Thierriat lui a adreffé & qui contient des requifitions au fujet de la gabelle. Lecture faitte de la ditte lettre, elle a été tranfcrite de teneur.

Montpellier le 9 avril 1790.

Messieurs, Ayant receu de MM. les fermiers generaux l'ordre de reduire provifoirement le prix du fel dans le grenier de cette ville à deux fols la livre ou dix livres le quintal poids de marc & ce en attendant que la concurrence du commerce ait fait connoitre s'il conviendra de maintenir ou de baiffer ce prix; je viens vous prier, messieurs, de vouloir bien en conformité du decret de l'affemblée nationale du 21 mars dernier vous tranfporter dans ledit grenier, où deputer pour vous fuppleer telle perfonne qui vous plaira, à l'effet d'arreter les regiftres du receveur & conftater par cette operation la quantité de fel dont il fe trouve chargé & dont il devra compte aux termes du fufdit decret.

Je fuis avec refpect, Messieurs, votre très humble & tres obeiffant ferviteur. — Signé Thierriat.

Surquoi M. le maire obferve que la difcuffion prefente deux objets 1° l'inventaire 2° la fixation du prix.

Que l'inventaire eft indifpenfable puifque le decret le porte.

Que la fixation du prix femble abandonnée par le decret au cours du commerce & à la balance qui s'establira d'elle meme; mais qu'en ce moment il paroit devoir être fixé provifoirement, attendû 1° que le commerce n'a pû encore faire d'approvifionnemens, 2° que les approvifionnemens dejà faits par l'ancienne contrebande fourniffent aux citoyens un fel mal fain & capable d'alterer la fanté, 3° qu'il eft de l'intérêt de la nation de faire diftribuer à bas prix les fels qu'elle a dans fes greniers, ce moyen pouvant feul en effectuer la vente.

PAGE 85.

* D'après ces obfervations, le confeil a deliberé 1° de nommer deux commiffaires à l'effet de fe tranfporter dans les greniers de la gabelle pour y conftater la quantité des fels qui y font actuellement renfermés, verifier & cloturer les regiftres du receveur. 2° Que le prix du fel vendu au grenier

sera provisoirement fixé à cinq livres le quintal poids de marc ce qui revient à dix deniers la livre poids de table usité à Montpellier. Et pour l'execution du deliberé M. Blouquier & M. l'abbé Gigot ont été nommés commissaires.

Du lundi 12 avril quatre heures de relevée.

Le conseil general de la commune assemblé dans la grande salle de l'hotel de ville aprés une convocation faite la veille par MM. les officiers municipaux, presents MM. Durand, maire, Clement, Blouquier, Montels, Albisson, Sicard, Aurés, Gigot, Colombiés, Bouchet, Cambon, Massilian, Allut & Sabatier, officiers municipaux, Guichard, Poitevin de Mezouls, Serres, Crassoux, Lafosse, Flandi de la Combe, Marc Ant^e Bazille, de Cambacerés, d'Alco, Leblanc, Montlaur, Perdrix, Fabre, St Victor, Granier, Dumas, Vezian, Benech, Chivaud, Fesquet, F. Farel, le president Aurés, Batut, David Barrau, Dezeuzes, Durand, substitut de la commune.

* Une deputation de la garde nationale a fait demander l'entrée & ayant été introduits, monsieur Sadde, lieutenant colonel, a fait lecture d'une petition de son corps renfermant trois objets : 1º l'etablissement d'un depôt de munition suffisant pour assurer le service, 2º le complement d'armes & d'equipements des volontaires nationaux, & enfin la demande de quelques pièces de campagne.

Cette petition ayant été mise sur le bureau, M. le maire a repondu à la deputation, que le conseil prendroit ses demandes en grande consideration & au nom de l'assemblée l'a invitée d'assister à sa seance, ce qu'elle a accepté.

L'ordre du jour ayant été repris, M. le maire a dit que les commissaires nommés pour rediger une adresse à l'assemblée nationale à l'effet d'appuyer les justes reclamations de la garde nationale de cette ville se sont acquités de leur mandat & se sont concertés avec MM. les commissaires de lad. garde nationale pour la redaction de leurs addresses respectives, qui ayant reuni les suffrages des deux commissions ont été adressées collectivement & par une lettre commune aux deputés de la senechaussée. L'assemblée ayant desiré entendre lecture de l'adresse de ses commissaires elle a été faite par un des membres & accueillie avec acclamation.

M. le maire en a proposé l'impression pour rendre public le temoignage que le conseil s'est empressé de rendre au zele & au patriotisme de la garde nationale, ce qui a été unanimement deliberé.

L'assemblée s'est ensuite interrompue de l'ordre du jour & la discussion s'est ouverte en presence de la deputation de la garde nationale sur les objets très importans de sa petition.

Sur le premier objet, il a été deliberé de former sans delai un depôt à l'hotel de ville de douze mille * cartouches, du nombre desquelles il en sera delivré douze cens à M. le commandant general pour le service journalier. Un des membres a observé qu'un depôt de douze mille cartouches à l'hotel de ville exigeoit une surveillance exacte & continue & exprimé la demande d'une sentinelle pour le depôt pendant la nuit. MM. de la garde nationale ayant été consultés ont reconnu la necessité de cette surveillance & adheré à cette proposition qui est devenue le vœu general de l'assemblée.

Sur l'armement complet & la fourniture des pièces de campagne, il a été arreté de nommer des commissaires qui, se conciliant avec les officiers generaux rapporteront à l'assemblée samedi prochain en quoi consistent les fournitures à faire & les moyens de les effectuer, soit par les ressources des arsenaux, soit en les achetant & dans ce cas à quoi la depense pourroit s'elever & comment on pourroit y pourvoir; MM. Colombiés & de Massilian officiers municipaux, Poitevin, le président d'Alco, Crassous & de Perdrix, notables, ont été nommés.

PAGE 88. * Du mardi 13 avril quatre heures de relevée.

PAGE 89. * Le conseil envoye le capitaine du guet chez M. Chretien, notable, pour savoir de ses nouvelles & temoigner à sa famille l'interêt que l'assemblée prend à sa maladie.

M. Aurés, officier municipal, fait au nom du comité qui en avoit été chargé, le raport de la motion de M. le maire sur le prix des comestibles. Suit la teneur de ce raport:

Messieurs. La motion de M. le maire sur le prix des comestibles, vous est sans doute presente, vous ressentés encore l'impression que sit sur vos cœurs un sujet si interessant, si etroitement lié au bonheur du peuple & au succès de vos travaux. Dispensé de rappeler cette motion, votre comité se borne à vous detailler ses operations.

PAGE 90. * Apres avoir étudié la question que vous lui avez envoyé sur tous les rapports trois points ont fixé l'attention du comité. Maux attachés à la perception des droits sur la viande de boucherie; Necessité d'en redimer le peuple; Moyen de remplacer ces droits.

Sur le premier point nous ne pourrions rien vous dire que vous ne sentiés mieux que nous; depuis longtems l'opinion publique & votre humanité ont tout dit; vous ne sçavés que trop que ces droits pesent aujourd'hui sans aucun avantage sur la cité qui n'en retire presque rien & au seul benefice de quelques brigands qui se sont faits une habitude de devaster les propriétés, en même tems qu'ils profitent des entiers droits.

Sur le second point votre comité avant de parler de suppression à voulu analyser tous les droits. L'octroi perçoit sept deniers, les hopitaux deux, l'equivalent six & le droit de triperie est évalué à sept.

L'octroi appartient à la ville; pour le supprimer il lui suffit de le vouloir, c'est une contribution volontaire que les citoyens se sont eux mêmes imposés pour l'avantage commun; cet avantage n'existe plus; il est surpassé par des maux mille fois plus grands; il y a donc lieu d'y revenir & si les ressources qu'il offroit sont necessaires le conseil peut y pourvoir.

Le droit d'octroi appartenant aux hôpitaux vient d'être maintenu par l'assemblée nationale & ce decret doit être d'accord avec nos desirs, puisqu'il favorise nos pauvres. Il faut donc indemniser les hôpitaux; mais cette indemnité sera peu considerable, parce que ces maisons gagneront beaucoup sur leur consommation. Nous n'avons qu'à leur demander ce que leur droit rapportoit, ce qu'elles pourront gagner sur leur consommation & toute compensation faite, ce que la ville leur devra, elle le donnera; à cet effet des commissaires ont été nommés, les etats ont été * demandés & sans les avoir sous les yeux, il est aisé

PAGE 91. d'entrevoir que l'hopital St Eloi gagneroit plutôt que de perdre au nouvel ordre des choses & que l'hopital general n'auroit à recevoir qu'une indemnité peu confiderable.

L'equivalent a donné lieu à des objections bien serieuses & bien justes. Ce droit n'est pas propre à la ville; mais à la province, ce n'est pas l'habitant qui le doit, mais le consommateur, s'il n'est point perçu, la ville n'y est pas interessée, c'est l'affaire du fermier de ce droit; il n'y a donc pas lieu de le racheter, mais il faudroit l'abonner, car s'il subsiste sans contrebande, la perception fera plus que doubler, parce qu'il se consommera d'avantage & qu'on percevra plus facilement. Il est donc necessaire d'abonner ce droit, sauf à rejetter le prix de l'abonnement sur le fermier de la boucherie & daignés considerer qu'une augmentation de deux ou trois deniers sur le livre de viande suffiroit pour son remboursement puisque ces deniers ne porteroient sur l'entiere consommation & seroient perçus sans fraix; ils produiroient donc autant que les six deniers ont jamais produit à l'equivalent.

Enfin le droit de triperie a occupé le comité & la rigueur de son ministere l'a forcé de reconnoitre que ce d.oit feodal dans son origine, denaturé par des abus, est compris dans les suppressions decretées par l'assemblée nationale.

Les moyens de remplacement ont été le troisieme objet de notre travail. Ces remplacemens ne consistent plus que dans le montant de l'octroi & dans l'indemnité qui pourra être due aux hôpitaux; & à cet egard votre comité avoit d'abord pensé à des remplacemens partiels, que le travail d'un des commissaires avoient

Livre premier. — Seconde partie.

rendu infiniment favorables. Il a fini pourtant par fe determiner à fe referver ces moyens pour les remplacements confidérables que les fupreffions de la gabelle & autres droits de regie exigeront du confeil & l'avis qu'il a deliberé de vous porter eft de trouver fur la capitation le remplacement aujourd'hui néceffaire.

* L'enfemble des opinions de votre comité s'eft donc reuni en trois queftions fur lefquelles il vous porte un avis.

Première queftion. — La viande de boucherie fera t'elle redimée de tous les droits, même de ceux de l'equivalent & des hopitaux, fauf abonnement préalable avec le fermier de l'equivalent & indemnité en faveur des hopitaux s'il y a lieu. Le comité a penfé que oui.

Seconde queftion. — Les remplacemens auroient-ils lieu, partie fur des impots indirects & partie fur la capitation, ou porteroient-ils en entier fur la capitation? Le comité a penfé que le remplacement devoit porter en entier fur la capitation.

Troifieme queftion. — Enfin le droit de triperie doit-il être perçu? Le comité a penfé que ce droit étoit purement feodal & que les decrets de l'affemblée nationale en avoient prononcé la fuppreffion.

Si vous adoptés cette manière de penfer, il vous refteroit à decreter la fuppreffion des droits d'octroi, l'abonnement de celui d'equivalent, & l'indemnité envers les hopitaux.

Quant au remplacement, il faudroit folliciter de l'affemblée nationale un decret qu'il fera facile d'obtenir, d'après les motifs qui vous auroient determiné & l'exemple des autres villes qui ont deja operé de pareilles furcharges de capitation.

Enfin, meffieurs, l'interet général que cette affaire préfente pour la cité, fon importance & l'appui que l'opinion publique vous promet femblent exiger que vous ordonniés l'impreffion de la motion de M. le maire & de votre deliberation.

* Le confeil ayant arreté de fuivre dans la difcuffion l'ordre des queftions etabli dans le raport, la premiere a été mife en deliberation en ces termes.

La viande de boucherie, c'eft-à-dire, le mouton, le bœuf, la vache & le veau, fera-t-elle redimée de tous les droits, même de ceux de l'equivalent & des hopitaux, fauf abonnement préalable avec le fermier de l'equivalent & indemnité envers les hôpitaux s'il y a lieu. L'affemblée s'eft unanimement determinée pour l'affirmative.

Seconde queftion. — Les remplacemens auront ils lieu partie fur des impots indirects & partie fur la capitation ou porteront ils en entier fur la capitation? Le confeil a arreté que les remplacemens feroient effectués par une taxe perfonnelle mife en marge du rôle de la capitation caufée pour rachat des droits fur la viande, de laquelle la claffe indigente des citoyens fera exceptée & dans la fixation de laquelle les commiffaires taxateurs choifis dans le confeil auront egard aux facultés & à la confommation du contribuable.

Troifieme queftion. — Le droit de triperie eft il dû? Le confeil a declaré qu'il n'y a pas lieu de s'en occuper, attendu que ce droit contefté par la commune, & quant au fonds & quant à la maniere abufive dont il étoit perçu a été fuprimé par les decrets de l'affemblée nationale.

* La motion fur les biens eclefiaftiques & domaniaux a été lue; fuit fa teneur:

Meffieurs, la ville de Montpellier fe glorifie à jufte titre d'avoir adhéré avec la plus prompte & la plus parfaite foumiffion à tous les decrets de l'affemblée nationale. Elle en a donné des preuves reelles dans toutes les circonftances: une armée de citoyens formée dans un clin d'œil pour la defenfe de la patrie, fes fervices infatigables pour le maintien du bon ordre & l'execution des decrets nationaux, les tranfports d'allegreffe que tous les habitans ont fait eclater à la premiere nouvelle des journées du 14 juillet & 4 août d^{er}, leur empreffement à pourvoir à la * fubfiftance du peuple par des greniers d'abondance, à fournir à la nation un don patriotique volontaire, à fecourir les malheureux par des atteliers de charité, à pretter & renouveller le ferment civique, à s'executer pour l'impofition du quart des revenus, fans confulter la mefure de leur force, tant de temoignages de patriotifme reiterés, atteftent combien ils font attachés à la nouvelle conftitution & combien ils font jaloux d'en affermir les bafes.

1790.

PAGE 92.

PAGE 93.

PAGE 97.

PAGE 98.

46

1790.

Un seul obstacle pourroit deformais être opposé par les ennemis du bien public à la liberté naissante, c'est la penurie des finances, qui fait aujourd'hui leur espoir & leur derniere ressource, comme elle fait aussi l'objet de toutes les sollicitudes de l'assemblée nationale. Les sages moyens qu'elle a pris pour ranimer la circulation & la confiance publique consistent dans la vente d'une partie des biens du clergé & du domaine pour la valeur de 400 millions; nos concitoyens ont applaudi à la superiorité des vues & les ont regardées comme le seul expedient propre à ranimer l'industrie & à assurer le payement des gages & des rentes qui sont arriérées.

La capitale qui a constamment donné l'exemple aux provinces dans cette memorable régénération, penetrée de l'importance de ce decret a offert pour en faciliter l'exécution de se charger de la vente de 200 millions de ces biens & pour en realiser dans le moment l'effet, elle s'est engagée à fournir pour 150 millions d'assignats hipotequaires payables en quinze termes partiels d'année en année, lesquels assignats disponibles à la volonté de la nation la metront à portée de faire face aux dettes les plus urgentes de l'état : elle s'est aussi engagée d'en payer les interets chaque année, de rendre compte de clerc à maitre du produit de la vente des dits biens & sur le produit en sus des 150 millions, fraix & interets ajoutés, elle s'est reservée le quart en dedomagement de l'emploi de son credit pour etre employés en objets d'utilité publique.

* La municipalité de Paris a crû que ces 200 millions devoient être pris sur les biens du clergé & du domaine les moins productifs dans ce moment & en consequence elle a designé plusieurs maisons des ordres religieux qui sont peu occupés & qu'on peut reunir.

L'assemblée nationale en apprenant ce projet vraiment patriotique a decreté le 17 mars dernier, que les 400 millions des biens du clergé & du domaine seroient incessament vendus & aliénés à la municipalité de Paris & aux municipalités du royaume.

Elle a nommé douze commissaires pris dans l'assemblée pour aviser contradictoirement avec les membres elus par la municipalité de Paris au choix & extimation desdits biens jusqu'à la concurence des 200 millions, que l'alienation definitive en sera faite aux clauses & conditions qui seront definitivement arretées & en outre à la charge par la municipalité de Paris de transporter au prix de l'estimation telle portion des dits biens qui pourroient convenir aux autres municipalités aux mêmes clauses & conditions accordées à la capitale.

Cet exemple a été suivi par les villes d'Angers, Bordeaux & Nantes, serons nous les derniers, messieurs, à imiter cet acte patriotique ? Serons nous les derniers, à profiter des avantages d'une pareille speculation ? Nous sommes environés de biens ecclesiastiques & domaniaux, nous avons dans nôtre cité plusieurs maisons religieuses presqu'inhabitées & que la faveur accordée aux sectateurs de la vie cénobitique peut rendre absolument desertes, nous avons une etenduë considerable de terrein appartenant à l'ordre de Malthe, qui est presque en non valeur; nous avons des vastes locaux occupés par des fortifications deformais inutiles, puisqu'elles doivent tomber avec le despotisme dont elles etoient les instrumens ; ne pensés vous pas, messieurs, que tous ces objets ramenés dans les objets d'utilité, le commerce pourroient y offrir facilement de nouvelles sources de richesses, augmenter le nombre des agriculteurs & favoriser par là les progrès de l'agriculture ? Ne pensés vous pas, messieurs, qu'en étendant ainsi sur une * plus grande surface l'assiette des impositions on procureroit un soulagement sensible aux contribuables déjà surchargés d'un fardeau qu'ils ne peuvent plus soutenir ? Ne pensés vous pas que l'acquisition de ces biens donneroient lieu à des ameliorations & des changemens utiles qui en embellissant nôtre cité fourniroient une nouvelle masse de travail aux artistes & aux journaliers ?

J'observerai comme une consideration tres importante que les assignats qui seroient par nous fournis, pourroient servir à payer les remboursemens, rentes & gages qui sont dus à plusieurs de nos concitoyens & calmeroient leurs sollicitudes.

J'observe enfin que les pertes momentanées & inevitables que nôtre cité ressent du nouvel ordre des choses ne peuvent être adoucies & reparées qu'en fournissant des nouveaux alimens à l'industrieuse activité de ses habitans ; or il me paroit sous ce point de vue qu'il seroit digne de votre sagesse de consacrer l'emploi du benefice qui resulteroit de la portion des biens que vous jugeriés à propos d'acquerir & qui doit être employé d'après l'offre de la ville de Paris en objets d'utilité, à faire construire un canal de commerce & de navigation qui viendroit porter jusqu'au pied de vos murs toutes les productions & marchandises qui nous viennent par la Mediterranée, par le Rhosne & par le canal royal du Languedoc; cet ouvrage entrepris & conduit avec sagesse & economie remplaceroit pendant plusieurs hyvers les ateliers de charité, accroitroit nôtre consistance & nôtre population & combleroit en un mot les vœux les plus ardents & les plus chers de nos concitoyens.

Ce canal nous offriroit pour l'avenir une ressource pour les finances de la ville, en nous procurant le moyen d'etablir un octroi facile & à l'abry de la contrebande en favorisant les transports des marchandises & denrées offriroit un moins imposé considerable pour tous les contribuables.

En consequence je propose 1º de deliberer de faire de suite offre à l'assemblée nationale de prendre au même titre que la ville de Paris & aux mêmes conditions pour la somme de * dix millions de biens ecclesiastiques & domaniaux à notre convenance.

2º De nommer des commissaires à l'effet de designer les biens ecclesiastiques & domaniaux qui peuvent être le plus promptement & le plus avantageusement realisés.

3º Et pour marquer à tous nos concitoyens combien nous nous occupons du bien d'ameliorer leur situation actuelle, ordonner que le plan & devis d'un canal de navigation pour porter nos marchandises jusqu'au pied de nos murs, sera levé sans fraix par l'architecte de la ville, pour pouvoir commencer l'hiver prochain à l'effet d'occuper nos habitans qui seroient sans travail toutes fois que le benefice sur l'achat des biens ecclesiastiques proposé sera en partie realisé.

PAGE 99.

PAGE 100.

PAGE 101.

On demande la queftion prealable. Elle eft rejettée. 1790.

M. l'abbé Gigot lit un difcours fur l'operation propofée, il en reconnoit la convenance, la neceffité, rappelle plufieurs exemples qui l'appuient; mais pour le choix des maifons à vendre ou à conferver, il propofe de fe concerter avec les chefs de la religion (1).

Le confeil, après avoir manifefté une difpofition certaine à faire des offres, defirant avoir des données pour la fomme & les moyens d'execution, charge un comité d'examiner la motion fous tous fes points de vue, comme auffi de s'enquerir des biens domaniaux & ecclefiaftiques qui font à la portée de la cité & d'en prefenter une evaluation approximée, & auffitôt Meffieurs Albiffon, Sicard, Cambon, Allut, Poitevin, Craffoux, Bazille, le prefident d'Alco, Leblanc, Montlaur, Baftide, Bonhomme, Fefquet & le procureur * de la commune ont été nommés. PAGE 102.

Du vendredi 16 avril heure de dix du matin.

Le procureur de la commune donne fon avis fur le raport du comité des impofitions qui lui fut hier communiqué.

Le confeil après avoir entendu le dit raport & les conclufions du procureur de la commune, a deliberé en ce qui concerne les biens ci devant privilegiés, compris dans les declarations qui ont été remifes devers le greffe par les poffeffeurs & detempteurs defdits biens, qu'il fera procedé fous la furveillance de la fection des impofitions * par tel nombre d'experts PAGE 103. extimateurs qu'elle croira neceffaire de nommer pour accelerer les operations, à la fixation de l'allivrement des biens compris dans lefd. declarations, conformement à l'art. 4 de la proclamation du roi du 27 x^{bre} dernier, comm'auffi qu'il fera fait des recherches par les memes extimateurs & calculateurs ou par telles autres perfonnes que lad. fection trouvera à propos de nommer des poffeffeurs & detempteurs des biens ci-devant privilegiés qui n'ont pas fait & remis leurs declarations, & à cet effet il a été donné pouvoir à lad. fection de traiter de gré à gré avec les perfonnes qu'elle nommera pour les fufdits objets à tel prix, pactes & conditions qu'elle extimera devoir être faits, & à raifon de tout ce deffus, circonftances & dependances, faire tout ce qu'elle jugera être utile & neceffaire & à l'egard des autres biens ci-devant privilegiés dont les poffeffeurs & detempteurs n'ont pas fait & remis des declarations, de faire proceder à fur & à mefure des decouvertes qui en feront faites à l'allivrement & compefiement defdits biens par arpenteurs, extimateurs & indicateurs qui feront nommés par lad. fection tant pour les maifons & biens fonds, que pour les fiefs, cens, rentes, champards, dimes feigneuriales ou ecclefias-

---

(1) A la lecture de la déliberation M. Gigot a declamé contre ce qu'on lui fait dire & a couché lui-même l'analife de fon difcours :

M. Gigot a fait quelques reflexions fur la motion de M. C., il a rappellé le fouvenir des facrifices volontaires que les corps ecclefiaftiques ont fait en differens temps au profit de l'état par la vente de plufieurs de leurs domaines, notamment lorfque les rois Jean & François I furent faits prifonniers, alors après avoir rendu hommage à la faincteté des inftitutions religieufes, aux vertus & à la charité de fon evêque & de fes confreres il a ajouté : « comment pourrois-je concourir à les dépouiller & à tarir la fource où les pauvres puifent continuellement &c. &c. &c. Ecrit de ma propre main Gigot C^{ue}, off. m^{al}. (figné).

1790. tiques, & autres droits dependants defd. biens, conformement au decret de l'assemblée nationale du 26 7bre dernier & à l'arreté de la commission permanente du 12 décembre suivant, en observant neanmoins que les arpenteurs & extimateurs qui seront nommés pour le compesiement & allivrement des biens dont les possesseurs & detempteurs n'ont pas fait & remis des declarations, ne soient point de la ville, & à cet effet il a été encore donné pouvoir à lad. section de faire avec lesd. arpenteurs, indicateurs & extimateurs tous traités de gré à gré & à tel prix, pactes & condition qu'ils trouveront à propos & à raison de tout ce dessus, circonstances & dependances, de faire aussi tout ce qu'elle jugera necessaire pour le bien & l'avantage de la commune.

Ensuite M. le procureur de la commune a dit :

PAGE 104.
Messieurs, l'usage ancien qu'on suit actuellement de n'ouvrir les greniers pour la distribution du sel que depuis onze heures jusqu'à midy * presente plusieurs inconveniens qui excitent de la part du public des vives reclamations.

1º La distribution des sels etant plus abondante depuis que la denrée a diminué de prix, l'intervalle de onze heures à midy ne peut pas suffire pour la fourniture.

2º Les paysans qui arrivent le matin & qui desirent repartir le plus-tot possible profitent de la facilité qu'ils ont de pouvoir achetter à toute heure le sel qui se vend en contrebande & dès lors il se distribue beaucoup moins de sel au grenier.

Par ces considerations j'ai l'honneur de vous proposer & de requerir qu'il soit ordonné au receveur du grenier à sel de tenir son bureau de distribution ouvert depuis neuf heures du matin jusqu'à midy & le soir depuis trois heures jusqu'à six, & que ce receveur soit tenu de faire placer à coté des greniers de distribution du sel, une affiche pour en avertir le public.

Le conseil prenant en consideration l'avantage des citoyens & l'interet des revenus de la nation a arrêté que le directeur des fermes seroit requis de donner ses ordres pour que le grenier à sel soit ouvert, chaque jour depuis neuf heures du matin jusqu'a midy & depuis trois heures de l'après midi jusqu'a six heures, comm'aussi que le public seroit instruit de ce changement par affiche au dessus des portes du bureau de distribution.

Du samedi 17 avril quatre heures de relevée.

Le conseil general de la commune assemblé.

PAGE 105.
* M. le maire a dit, qu'il etoit chargé par la garde nationale d'inviter le conseil général à assister au *Te Deum* qu'elle fera chanter demain dans l'église de la Mercy en commemoration de sa prise d'armes.

Quelques membres ont pensé que le corps municipal etoit seul appellé aux ceremonies publiques & s'appuyant des decrets de l'assemblée nationale du 20 mars, ont douté que MM. les notables pussent y avoir rang, & de son côté, le procureur de la commune a observé que faisant partie du corps municipal & ne pouvant en être separé, il devoit marcher immediatement apres lui.

PAGE 106.
* Sur ces observations, il a été pris l'arreté suivant :

Le conseil general de la commune, sans entendre reclamer l'assistance aux ceremonies publiques, voulant deferer neanmoins à l'invitation qui lui est faite par la garde nationale a deliberé d'assister au *Te Deum* qui sera chanté demain & de suivre pour sa marche l'ordre provisoirement adopté dans ses séances, celle-ci demeurant prorogée à demain trois heures &

Livre premier. — Seconde partie.

cependant des commissaires seront nommés pour consulter le comité de constitution sur les doutes & difficultés qui se sont élevés.

La demande de la garde nationale tendante à faire terminer par une illumination générale sa fête commemorative a été soumise à l'assemblée & il a été deliberé d'inviter les citoyens à illuminer leurs maisons.

Enfin M. le maire a fait part au conseil que la garde nationale manifestoit le plus grand desir que les canons de la citadelle tirassent d'heure en heure pendant la journée de demain & fissent une decharge generale au moment où l'on chanteroit le *Te Deum*.

Cette derniere demande faisoit partie de sa precedente petition.

Les commissaires ont dit qu'ils en avoient conferé avec M. le marquis de Bouzols, & que ce commendant leur avoit observé que les ordonnances militaires determinant exclusivement les occasions où le canon des citadelles doit tirer, cette demande mettroit ses devoirs en opposition avec le desir qu'il a d'être agréable à la commune, & à l'instant M. le maire a mis sur le bureau une lettre que M. le marquis de Bouzols écrit au conseil. Suit la teneur de cette lettre :

> Messieurs, n'ayant individuellement aucun droit de commander aux troupes reglées, ce ne sont que nos grades qui nous y authorisent; mais toutes nos regles sont prescrites.
> Ma grande exactitude à suivre ce principe strictement ne m'est d'autant plus cher, qu'elle doit être & sera toujours la base de l'extime que j'espere meriter & obtenir de vous, messieurs, & de tous les citoyens de cette province. Elle est pour vous & eux la caution de ma fidelité à mes sermens.
> D'après cela, Messieurs, s'il existe quelque loi qui prescrive de faire tirer du canon, à telle ou telle occasion, je la ferai suivre ponctuellement. Je ne ferai en cella que mon devoir, car l'obéissance est le premier, je pourrois meme dire le seul devoir d'un soldat. En l'absence de M. le comte de Perigord, j'ai l'honneur d'être le premier soldat de cette province; sa tranquilité & mon honneur m'empecheront également d'oublier un instant les devoirs que ce titre que je cheris m'impose. J'espere que vous n'en doutés pas, messieurs, & que vous voudrez bien être les interprettes de mes sentimens auprés des citoyens de cette ville, qui vous ont donné une marque distinguée de leur confiance en vous nommant aux places que vous occupés ; vous eprouvés combien elle est flatteuse cette confiance ; jugés, Messieurs, jusqu'à quel point je desire de la partager. Je suis avec respect, Messieurs, Votre très humble & très obeissant serviteur. Bouzols (signé).
> A Montpellier ce 17 avril 1790.

Le conseil deliberant tant sur la petition de la garde nationale que sur la lettre de M. le marquis de Bouzols, a reconnu dans la lettre de ce commandant son attachement à la loi & à la cité; mais voulant satisfaire de desir empressé que temoigne la garde nationale de celebrer avec la plus grande solemnité l'anniversaire de sa prise d'armes, a arreté que M. de Bouzols seroit requis d'ordonner que les canons de la citadelle tireroient demain un coup d'heure en heure & une decharge generale pendant le *Te Deum*.....

M. de Massilian a fait ensuite la motion ci-après :

> Messieurs, Je ne me permettrai point de combattre la motion qui vous est presentée dont je respecte les motifs, mais au moment ou vous allez discuter les vues qu'elle presente il n'est point hors de place de vous observer que cette motion tend à provoquer une résolution contraire à l'esprit qui paroit animer les citoyens des villes voisines. Vous connoissez tous, messieurs, l'adresse faite à l'assemblée nationale par la commune d'Alais pour demander la conservation de son eveché, de son chapitre cathedral & même des maisons religieuses : pareille démarche a été faite par la commune d'Usez ; on m'assure que la ville de Nismes etoit disposée à suivre cet exemple. Dans ces circonstances, messieurs, devons nous adopter les principes opposés à ceux de nos voisins ? Devons nous regarder avec indifference la destruction du siege episcopal & du chapitre ? Je n'entreprendrai point d'exposer tous les avantages que l'existence de ces deux

etabliſſemens procure à la ville de Montpellier; les pertes qui feroient la fuite de leur anéantiſſement; mais je dirai avec confiance que ſi nous avions quelque ſentiment à manifeſter, il devroit avoir pour objet de conſigner dans nos faſtes les temoignages de reconnoiſſance que nous devons au prelat qui regit ce dioceze & dont la bienfaiſance & la charité feront eternellement gravées dans le ſouvenir de tous les amis de l'humanité. Je ſoumets, Meſſieurs, ces obſervations à votre ſagacité & à vos lumières.

Cette motion a été renvoyée au comité preçedemment nommé pour les biens domaniaux & ecclefiaſtiques.

M. le maire a dit: Que les enfants de M. Chretien, notable, lui avoient ecrit pour lui communiquer la perte qu'ils viennent d'eprouver & le prier d'en faire part au conſeil. Après un juſte eloge de ce bon citoyen *, il a propoſé de deliberer ſur les marques d'interet que le conſeil trouveroit à propos de donner à ſa famille & ſur les honneurs à lui rendre.

Le conſeil a arrêté qu'une deputation de ſix de ſes membres ira complimenter la famille & qu'il aſſiſtera en corps aux funerailles: MM. Sicard & Aurès, officiers municipaux; Serres, De la Combe, de Perdrix & Batut, notables, & le procureur de la commune ont été nommés.

Du dimanche 18 avril.

Séance du conſeil general prorogée. En execution de ſon arreté de la veille, le conſeil general s'eſt reuni vers les trois heures dans la maiſon commune.

Une compagnie de la garde nationale s'y étant rendue, le capitaine eſt venu offrir au conſeil de lui ſervir d'eſcorte.

Le conſeil s'eſt mis en marche à quatre heures pour ſe rendre en corps à l'égliſe de la Mercy.

M. le Maire précédé de la ſuite conſulaire, ayant à ſes côtés les deux capitaines de la compagnie, ouvroit la marche; les membres du conſeil ſuivoient deux à deux, eſcortés par la garde nationale. Un peuple immenſe rempliſſoit les rues.

Depuis la porte du Peyrou juſques au fauxbourg St Guilhem * la garde nationale etoit rangée en bataille. Les officiers ont ſalué le conſeil à ſon paſſage, & les drapeaux ont été inclinés :

A ſon arrivée dans l'égliſe de la Mercy, le conſeil a été reçu à la porte par MM. les officiers ſuperieurs de la garde nationale; etant entré au bruit du canon, des tambours & d'une muſique militaire, il a été placé dans le ſanctuaire du côté droit. Le côté gauche etoit occupé par les chefs des differends corps militaires & MM. les officiers du regiment de Breſſe en garniſon.

Le Pere commandeur de la Mercy eſt venû propoſer à M. le maire de faire commencer la ceremonie. Le *Te Deum* a été chanté avec ſolemnité & ſuivi de l'antienne & de l'oraiſon pour le roi.

La ceremonie terminée, le conſeil s'eſt remis en marche; il a reçu de la garde nationale les mêmes honneurs qu'à ſon arrivée & la compagnie qui lui avoit ſervi d'eſcorte l'ayant reconduit à la maiſon commune, M. le maire l'a remerciée au nom du conſeil.

Du lundi 19 avril quatre heures de relevée. Le corps municipal de la ville de Montpellier aſſemblé :

Livre premier. — Seconde partie.

Un des membres a propofé qu'il y eut chaque femaine deux jours fixés pour le confeil; cette motion ayant parû à la majorité contraire à la liberté des convocations & au decret portant etabliffement des municipalités qui ne fixe qu'un confeil au moins par mois n'a pas été accueillie.

1790.

* M. Aurés a denoncé le *Moniteur* (n° 103) qui cite une lettre de Montpellier dont la fauffeté ou la mauvaife intention peut compromettre la cité; il propofe d'ecrire à la municipalité de Paris pour dementir l'affertion contenüe dans cette lettre & en connoitre l'auteur. Cette propofition a été accueillie avec empreffement. M. le maire prefente un projet de lettre à la municipalité de Paris ce projet eft adopté.

Page 111.

Le procureur de la commune ajoute:

Meffieurs, Le confeil général de la commune a fupprimé les droits d'octroi fur la viande qu'elle veut remplacer par une impofition perfonnelle. A la verité cette fuppreffion ne doit être effectuée qu'après que le rôle de cette taxe aura été arrêté & jufques la les droits d'octroi font exigibles & doivent être acquités.

Par le fait l'octroi ne s'acquitte qu'imparfaitement, le droit de triperie eft fupprimé par le decret de l'affemblée nationale & cependant la livre de la viande eft vendue huit fols & demi quoiqu'à nos portes je veux dire dans toutes les villes & lieux les plus voifins le prix en foit infiniment inferieur, le public murmure & fes plaintes font fondées.

Je crois que l'octroi & les autres droits auxquels la viande etoit affujetie fe portoient à deux fols pour livre, jugés d'aprés cela du benefice que les fourniffeurs & les contrebandiers font fur la vente de cette denrée. Je vous prie, Meffieurs, de prendre ces objets en confideration, de pezer dans vôtre fageffe les raifons qui exigent que vous metiés un frein à la cupidité des fourniffeurs.

J'ai l'honneur de vous propofer, meffieurs, & mon miniftere me fait un devoir d'ajouter que je requiers auffi que le corps municipal s'occupe fans delai de diminuer le prix de la viande & de le reduire au taux qui fera jugé convenable.

* Le comité des fubfiftances a été chargé de prendre tous les renfeignements propres à eclairer le confeil & à fervir de baze à une reduction provifoire du prix de la viande de boucherie.

Page 112.

Du mercredi 21 avril quatre heures de relevée.

M. le maire propofe de prendre des mefures pour affurer la perception des droits fur le tabac & reprimer une contrebande auffi dangereufe. Le projet de proclamation qu'il préfente à cet effet eft adopté en ces termes:

Le corps municipal confidérant que l'affemblée nationale en même temps qu'elle a fupprimé les droits fur le fel, comme nuifibles à l'agriculture & à charge au peuple, a maintenu les droits fur le tabac, comme n'ayant pas les mêmes inconveniens & étant abfolument neceffaires aux befoins de l'état.

Qu'il importe à tous les bons citoyens, & principalement aux proprietaires, de maintenir un revenu dont la nation ne pourroit être privée, fans être obligée à des nouveaux remplacemens fur les impofitions foncieres & perfonnelles deja fuffifamment accrués.

Que s'il eft de fon devoir de faire éxécuter les decrets il n'eft pas moins digne de fa follicitude de les expliquer clairement au peuple, afin de prevenir l'erreur où l'on pourroit * l'induire & les tranfgreffions involontaires où cette erreur pourroit l'entrainer.

Page 113.

Que la force publique en protegeant de tout fon pouvoir le recouvrement des impôts, obeit à la nation qui les a decretés, à la loi qui ordonne qu'ils feront perçus, & au roi qui en fanctionnant les decrets, commande leur execution.

Oui & ce requerant le procureur de la commune.

Le corps municipal declare que l'impot fur le fel eft parfaitement diftinct des droits fur le tabac; que la gabelle eft fupprimée, mais que les droits fur le tabac font maintenus.

Met fous la fauve garde du patriotifme des citoyens & de la garde nationale, un commerce qui appartient excluivement à la nation.

Et en confequence fait defences à toute perfonne d'introduire ou de recevoir, de vendre ou d'acheter des tabacs de contrebande aux peines portées par les ordonnances.

Enjoint aux prepofés des fermes de redoubler de vigilance & d'activité pour s'oppofer à ces introductions et ventes frauduleufes.

1790.

Requiert enfin les commandants de la garde nationale & autres troupes de leur prêter main forte toutes les fois qu'ils le réclameront.

Et fera la préfente proclamation imprimée, publiée, affichée & envoyée tant aux curés qu'aux municipalités voifines.

M. le Maire fait enfuite la motion fuivante :

PAGE 114.

Meffieurs, du moment ou vous eutes commencé vos fonctions vous en fentites le poids, l'exercice de la police vous parut furtout exiger une furveillance fi active, fi divifée, qu'il vous feroit difficile d'y fuffire pour en fuivre tous les détails fans nuire aux travaux plus importants qui vous font confiés, vous defirates des fecours, & le retabliffement * des commiffaires de quartier rempliffant parfaitement vos vues à cet egard vous votates ce retabliffement.

Raffemblés avec les anciens commiffaires vous leur expofates ce que vous attendiés de leur zele & reçutes de leur bouche même l'adhefion la plus formele à vos defirs; mais les fonctions à leur attribuer ayant été mifes en deliberation de grandes difficultés s'éleverent.

On vous objecta, meffieurs, que vous ne pouviez tranfmetre aucune portion de votre autorité, qu'elle etoit indivifible entre vos mains & qu'étant les délégués de la cité, vous ne pouviez deleguer vous même ; d'un autre côté il etoit contraire à vos vûës & à la bienféance de transformer vos concitoyens en agens de police, ce defaut de caractere n'etoit pas digne d'eux & s'oppofoit à leur utilité.

Pour concilier ce que vous deviez à votre miniftère & ce que vous aimiez à rendre à vos concitoyens vous confignates dans vos regiftres leurs offres fraternelles & différates d'en faire ufage.

J'ai ecrit à M. de St Maurice, un de nos deputés à l'affemblée nationale, pour le prier de confulter le comité de conftitution. M. de St Maurice me tranfmet l'opinion de ce comité, j'ai l'honneur de mettre fa lettre fur le bureau & d'en demander la lecture ainfi que la transcription dans vos regiftres :

« Je repons, mon cher frere, à vôtre lettre confultative du 29 mars après avoir eu une conference relative à cet objet avec l'un des membres les plus influens & les plus eclairés du comité de conftitution, M. Thouret; aucune efpèce de doute que vous ne puiffiés etablir des commiffaires de quartier pour veiller à la police, cette faculté vous eft devolüe par cela feul que la police eft dans vos mains, car il vous feroit impoffible de l'exercer fi les moyens d'y parvenir n'etoient pas en vôtre pouvoir; par une fuite du même principe vous pouvés accorder à ces * commiffaires de quartier telles fonctions que vous voudrez leur attribuer, bien entendu cependant que quand elles feront d'une certaine importance & affecteroient trop fenfiblement dans leur exercice la fecurité des citoyens, bien entendu, dis-je, qu'en pareil cas leurs fonctions ne feront que provifoires & fubordonnées à la volonté municipale, ainfi par exemple les commiffaires de quartier que vous aurez inftitués pourront ainfi que vous le defirez être appellés & fuppléer l'officier municipal jufqu'à fon arrivée, requerir la garde & faire arreter les perturbateurs du repos public ou autres dans le cas d'être arretés, toujours fous la condition expreffe de la fanction prochaine de l'officier municipal; vous concevez aifement par là combien il eft important de ne confier ces places de commiffaires qu'à des hommes probres & moderés; avec de pareils choix la liberté publique n'a rien à craindre & elle feroit bien cruellement compromife fi les officiers municipaux n'avoient pas tous les moyens de police qu'une grande ville doit exiger, & principalement la faculté d'attribuer provifoirement certaines fonctions de police aux commiffaires de quartier.

PAGE 115.

La maxime que l'on met en avant que vous n'etant que des delegués vous ne pouvez rien deleguer eft inapplicable à l'objet dont il s'agit, puifque avec des confequences forcées d'un pareil principe la moindre difpofition de police qui appelleroit une intervention etrangere, qui feroit exercée par un autre que par vous, vous feroit interdite, & fi les moyens confervateurs de l'ordre public ne font pas en vôtre pouvoir, dites moi, je vous prie, que deviendroit la fociété, que deviendroit ce principe non moins evident que de premier principe confacré par la conftitution qui vous a créés & qui enonce trés pofitivement que la police fera entre les mains des officiers municipaux ? Et c'eft faux d'ailleurs que par l'inftitution des commiffaires de quartier vous delegüiés les pouvoirs qui vous ont été confiés; vous les exercés au contraire, car fans cette delegation momentanée, vous feriez le plus fouvent dans l'impoffibilité de les exercer. Je ne crois pas devoir m'etendre plus long * temps fur la refutation d'un pareil fophifme, je viens de vous faire part de l'efprit de ma converfation avec M. Thouret & des idées de ce commiffaire, & je me flate que vos doutes font refolus : »

PAGE 116.

Il refulte, meffieurs, des principes du comité de conftitution :

1° Que tous les moyens d'exercer la police font en votre pouvoir;

2° Que le retabliffement des commiffaires de quartier étant le plus utile de ces moyens, celui dont l'expérience à le plus demontré l'efficacité, il vous eft libre d'y avoir recours;

3° Que les fonctions que vous defirez attribuer à ces commiffaires & le caractère legal dont ils feront par vous inveftis, n'ont rien qui depaffe vos pouvoirs ni qui bleffe la conftitution;

Enfin que les difficultés qui vous arretoient n'exiftent plus.

J'ai en confequence, Meffieurs, l'honneur de vous propofer le projet de decret fuivant : 1° Les commiffaires de quartier feront retablis fous le titre de commiffaires de police; 2° ils feront au nombre de trois dans chaque arrondiffement; 3° dans les cas preffans où la tranquilité publique feroit compromife, ils fuppléeront l'officier municipal; & jufqu'à fon arrivée pourront donner tels ordres & faire telles requifitions que les circonftances exigeront; 4° pour les foins ordinaires de la police, ce qui comprend la fureté des rues, l'entretien des pavés, l'illumination des reverbères, le coulage des fontaines, l'ordre des marchés, la surveillance des poids & mesures, des gens suspects & des maisons publiques ; les commissaires dresseront procès verbal & sur le raport qu'ils en feront au conseil, dans lequel il leur sera donné séance à cet effet, le corps municipal statuera ainsi qu'il appartiendra. 5º Il sera communiqué aux officiers superieurs de la garde * nationale & affiché dans chaque corps de garde une liste des commissaires de police avec leur logement, afin que les commandans des postes puissent déférer à leurs requisitions & les appeller eux-mêmes à défaut d'officier municipal.

1790.

PAGE 117.

Le conseil a ordonné que cette motion seroit communiquée aux differentes sections pour, après leur examen, y être statué ainsi qu'il appartiendra.

Du lundi 26 avril 4 heures de relevée.

Un de messieurs dénonce sur un bruit public une mortalité extraordinaire dans une maison de la ville. Le conseil nomme sur le champ deux commissaires chargés de se transporter dans cette maison suspecte & de s'enquérir avec le procureur de la commune des causes de cette mortalité ; leur retour dissipe les inquietudes du conseil auquel ils annoncent qu'ils se sont pleinement convaincus que c'étoit un faux bruit.

Il a été ensuite remis sur le bureau par l'un des membres une lettre d'un soldat du regiment de Bresse ; la lecture * en a été faite ; mais cette lettre n'etant relative qu'à des objets soumis à la discipline militaire il a été declaré qu'il n'y avoit lieu à deliberer.

PAGE 118.

M. le maire a rappellé au conseil le decret sur les religieux & mis en deliberation les moyens de l'exécuter. Le conseil pour presser cet ouvrage sans retarder ceux dont il est occupé a arrêté de diviser entre ses membres les differentes maisons religieuses. Ce qui a été fait sur le champ.

Unde messieurs ayant demandé si les couvents de filles étoient compris dans le susdit decret on a chargé un comité de l'examen de cette question.

Le comité des impositions fait le rapport d'un plan de M. de Lagarde, relativement à la formation d'un cadastre ; sur l'avis de ce comité le conseil ordonne qu'il soit fait dans le procès verbal une mention honorable des vues & du travail de M. de Lagarde & arrete qu'il sera invité à communiquer son plan à l'administration du département.

Du mercredi 28 avril 4 heures de relevée, le conseil général de la commune assemblé, M. le maire a dit :

<small>Messieurs, deux deputés de l'académie des sciences m'ont fait l'honneur de passer chés moi pour inviter le conseil général à assister demain à sa séance publique.</small>

Cette invitation a été acceptée par acclamation & M. le maire autorisé à requerir M. le commandant general de la garde nationale pour l'escorte que cette milice citoyenne est dans l'usage d'offrir au conseil dans les marches publiques.

* Du vendredi 30 avril 3 heures de relevée.

PAGE 121.

M. le maire a fait lecture d'un memoire & d'une lettre de M. le marquis de Bouzols. Suit la teneur de cette lettre & de ce memoire.

<small>Montpellier le 30 avril 1790.
Messieurs, étant employé comme officier general dans cette province, * mon devoir est de veiller à tout ce qui peut concourir à la sureté contre les ennemis extérieurs, d'après l'art. 11 de la proclamation du roi</small>

PAGE 130.

47

1790.   sur un decret de l'assemblée nationale concernant l'armée du 21 mars 1790, c'est pour le remplir, messieurs, que j'ai demandé au ministre qu'il soit donné des ordres pour que la citadelle de Montpellier, fut conservée dans le nouvel etat qui va etre fait des places du royaume & qu'elle soit entretenue avec soin, jugeant d'après mes connoissances cette place necessaire pour la protection de cette ville & de tout le païs entre le Rhône & l'Hérault.

Je me fais un devoir de communiquer mes idées à mes compatriotes, pour leur donner une preuve de mon attachement à tout ce qui peut les interesser & je saisis cette occasion pour leur faire part de ma façon de penser sur quelques propos tenus par des gens que d'autres occupations ont eloigné toute leur vie des speculations militaires. Ces idées seront vues & rectifiées par le ministre; & comme dans la proclamation susdite cet objet est compris dans le premier des articles sur lesquels il appartient à chaque legislature de statuer, l'assemblée nationale decidera par une loi.

Le désir que j'ai, Messieurs, de concourir au bien m'engage à vous prier de faire part de ce memoire à la commune de cette ville; s'il s'y trouve quelques objets qui ne soient pas expliqués assés clairement, je mettrai le meme empressement à donner toutes les explications qui me seront demandées.

J'ai l'honneur d'être avec le plus respectueux attachement, Messieurs, Votre tres-humble & tres-obeissant serviteur. Signé Bouzols.

Memoire sur la necessité d'entretenir la citadelle de Montpellier.

PAGE 131.   Le Languedoc comme province frontiere maritime peut * être exposé à des incursions des ennemis lorsque la France n'est pas en paix avec les puissances d'outre mer.

Cette raison aussi politique que militaire a fait construire des forts sur la cote & quelques places dans l'interieur. La citadelle de Montpellier doit être regardée comme la plus essentielle étant en premiere ligne & susceptible de contenir les approvisionnemens necessaires à sa deffense suposé que l'ennemi voulut l'attaquer; elle est d'ailleurs assez bonne pour être un point d'appui respectable.

C'est donc pour l'utilité & la deffense de toute la province & de ses habitans, que cette place est necessaire à conserver intacte, & qu'elle doit être gardée par les troupes les plus aguerries qui soient dans la province, sa protection n'appartient pas seulement à la ville de Montpellier, mais à tout le bas Languedoc.

Une place forte ne peut être regardée que comme une arme deffensive, si j'ose me servir de cette expression: elle n'est utile qu'en protegeant.

Les troupes placées dans l'interieur d'une province surtout maritime, ne pouvant de même être regardées que comme armes deffensives.

Ces deux armes ne peuvent pas être soumises à deux autorités differentes, celui qui est chargé de deffendre une province doit avoir à ses ordres, tous les moyens de deffense par consequent les troupes & les places.

Voilà ma maniere de repondre aux terreurs imaginaires qu'ont des gens qui craignent l'accroissement du pouvoir d'un commendant militaire.

Si l'officier chargé de la deffense de la province n'en a pas la confiance, je crois qu'il suffiroit qu'elle le lui fit connoitre. Ce sentiment alors ne porteroit que sur son defaut de talens si c'est un honnete homme; il demanderoit lui-même à se retirer, parceque dès ce moment il ne pourroit pas y faire le bien.

Mais si le defaut de confiance portoit sur la crainte qu'il fut capable d'employer la force contre la loi, ce seroit le croire un traitre, & par consequent capable de tous les crimes; il ny auroit pas à balancer à demander son rapport.

Si au contraire cet officier ne jouissoit de la confiance de la province il seroit anti-politique autant qu'anti-militaire de gener les moyens dont il peut se servir pour lui être utile en la protegeant, & la deffendant en brave & loyal militaire françois.

Voila clairement ma façon de penser. Confiance me fairoit toujours faire les plus grands efforts pour m'en montrer digne, mais mefiance ou defaut de confiance determineroit ma retraite & le plus promptement possible (signé Bouzols).

J'ai dit que la citadelle de Montpellier protegeoit cette ville, & tout le bas Languedoc. Il faut que je m'explique: je vais chercher ce qu'il seroit possible que fissent des ennemis quelconques. Si par exemple une de leurs flotes entroit dans la Mediterannée avec des troupes de débarquement, elle pourroit être tentée de faire contribuer Montpellier, si elle sçait que c'est la ville de France la plus riche en proportion de sa population. Le devoir de l'officier qui commanderoit les troupes du bas Languedoc, seroit alors de s'opposer à ses projets. Il pourroit même parvenir à deffendre l'approche de la ville en se servant de cette citadelle comme d'un point d'appui où il ne peut pas être forcé & d'où il peut prendre des avantages sur tout ce qui se presenteroit pour l'attaquer la crainte que l'ennemi auroit de laisser cette place sur les derrieres, l'empecheroit de meme de s'avancer dans l'interieur de la province, c'est en cela qu'elle est necessaire à cette province pour la couvrir.

PAGE 133.   Si cette citadelle n'existoit pas, ce commandant des troupes seroit forcé de manœuvrer differemment; par exemple il * se retireroit peut être dans quelque bon poste qu'il choisiroit dans les montagnes, & lorsque l'ennemi voudroit evacuer la plaine pour se rembarquer, il sortiroit de ce poste, l'inquieteroit dans sa retraite, & l'attaquant dans le moment de son rembarquement il essayeroit de battre. Cette manœuvre si elle reussissoit pourroit faire honneur au commandant & aux troupes, mais le bas Languedoc, & la ville de Montpellier la premiere, en seroient pas moins mis à contribution, & peut être pillés en eprouvant toutes les horreurs de la guerre.

Quelques personnes remarquent l'avantage de la position de la citadelle sur la ville; cet avantage doit exister pour pouvoir la proteger, car on ne peut proteger qu'avec une superiorité, & quels sont les hommes chargés de cette protection? Ne sont ce pas des François que l'honneur guide. Cette verité est bien reconnue

Livre premier. — Seconde partie. 363

puifqu'on reçoit leurs fermens (ils ne lient que les gens d'honneur). Leur profeſſion n'eſt elle pas d'expofer & de verfer leur fang pour la patrie? Eſt il un exemple où ils ayent manqué à ce devoir? D'ailleurs ne font ce pas des hommes fubordonnés à un chef? Si la province n'eſt pas fure de ce chef, lifés cy deſſus ma reponfe fignée : Bouzols.

1790.

Cette lecture faite, un des membres du confeil a fait la motion contraire, tendant à prouver que la citadelle étoit inutille, dangereufe, & que l'alienation ou conceſſion qui pourroient en être faites à la cité lui feroient avantageufes fous tous les raports.

Le confeil a nommé un comité chargé d'approfondir cette importante queſtion & d'en faire inceſſamment le rapport pour fur ce rapport être fait par le confeil une addreſſe à l'aſſemblée nationale portant le vœu de la commune fur l'utilité ou le danger de la citadelle.

M. le maire a levé la féance & l'a ajournée à lundi prochain, en prevenant l'aſſemblée qu'il y feroit * queſtion de nommer les membres de la commiſſion qui aux termes du decret du 26 mars doit repréſenter l'aſſiete diocefaine pour cette année.

PAGE 134.

L'an mil fept cens quatre vingt dix & le deux may à neuf heures du matin, le corps municipal de la ville de Montpellier extraordinairement aſſemblé M. le Maire a dit :

Meſſieurs, Vous vous rappellez qu'à la dernière féance du confeil * général, il fut mis fur le bureau une lettre & un memoire de M. de Bouzols ayant pour objet l'utilité de la citadelle & l'importance de fa conſervation.

PAGE 135.

Vous vous rappellez, Meſſieurs, que la motion contraire fut faite dans le fein du confeil & qu'il y fut nommé un comité chargé d'approfondir cette queſtion d'ordre public, pour fur le raport du comité être fait par le confeil une adreſſe à l'aſſemblée nationale portant le vœu de la commune fur l'utilité ou le danger de la citadelle.

En réponfe à M. de Bouzols j'ai eu l'honneur de lui faire part, au nom du confeil, du deliberé qui avoit été pris & du comité qui avoit été nommé ; j'ai ajouté au nom de la loi, que quelque fut le fentiment de la commune elle ne porteroit aucune atteinte à fa furveillance & ne changeroit rien à l'état des chofes, jufqu'à une decifion du corps legiſlatif, auquel feul il appartenoit de prononcer fur les forces de la nation & de fes moyens de deffenfe.

M. de Bouzols, dans fa lettre adreſſée hier matin au corps municipal a rendu hommage à la decifion du confeil général & reconnaiſſant l'autorité fuprême de l'aſſemblée nationale fur la queſtion agitée, a déclaré attendre avec foumiſſion & refpect la loi qui feroit prononcée.

Le comité nommé par le confeil général, fe difpofoit à remplir fon mandat & à faire fon raport à la féance ajournée à demain lorfque la même queſtion a été agitée dans le confeil d'adminiſtration de la garde nationale & dans une aſſemblée nombreufe de citoyens actifs & y a donné lieu à differentes petitions qui m'ont été portées. Une deputation de la garde m'a fait l'honneur de paſſer chés moi vers les cinq heures du foir & m'a remis la petition dont il va être fait lecture.

« Petition de la garde nationale de Montpellier à la municipalité de cette ville :

PAGE 81.

« Meſſieurs, la garde nationale de cette ville toujours empreſſée de donner à la patrie de nouvelles marques de fon zele, & defirant avoir un champ de mars où elle puiſſe s'exercer aux evolutions militaires, a jetté les yeux fur la partie de l'efplanade qui fe trouve fituée au devant de la citadelle & comme ce terrein ne peut être employé à cet ufage fans être aplani, nous attendons du civifme qui anime la municipalité, qu'elle voudra bien autorifer la garde nationale à faire les ouvrages convenables pour remplir un objet auſſi intereſſant pour l'inſtruction & les progrès du fervice volontaire que cette milice citoyenne s'eſt impofée. Signés Berard, vice prefident du comité de correfpondance, Verdier fils, fecretaire. »

Connoiſſant le patriotifme de la garde nationale, fon refpect pour la loi & fa déférence pour la municipalité, j'eus l'honneur de lui répondre que le confeil s'étoit deja occupé de la queſtion, qu'il avoit chargé un comité d'examiner fi elle étoit utile ou non, & que fur le raport, qui devoit avoir lieu demain, les repreſentants de la cité exprimeroient fon vœu aux repreſentants de la nation ; que j'aurois l'honneur de faire part au confeil de la petition de la garde nationale ; mais que fans prevenir fa decifion je croyois devoir inſtruire meſſieurs les deputés de l'etat des chofes & leur annoncer qu'il feroit fans doute dans l'ordre des decrets du confeil de renvoyer la petition au comité & de la joindre au fond de la queſtion dont ce comité étoit deja chargé.

* MM. les deputés me parurent fatisfaits & par confequent je le fus beaucoup.

PAGE 137.

A peine rentré je receus une nouvelle deputation. Elle étoit compofée de dix citoyens qui me dirent,

M. J. Albisson portant la parolle, être les députés de la societé des amis de l'egalité & de la constitution chargés par elle de représenter au corps municipal les allarmes toujours renaissants que la citadelle causoit dans la ville & la necessité urgente pour les faire cesser, d'en confier la garde à nos milices citoyennes.

Je répondis à ces députés que l'assemblée des citoyens actifs qui les envoyoit ignoroit sans doute que le conseil de la cité avoit déjà pris ses craintes en considération & qu'incessamment il porteroit à l'assemblée nationale son vœu à l'égard de la citadelle.

Les citoyens deputés m'assurerent que leur societé avoit eu connoissance de la decision du conseil, mais que leur petition étoit independante du sort definitif de la citadelle & n'avoit pour objet que sa garde provisoire.

J'observai alors que la garde nationale s'étoit dejà imposée un service très divisé & très penible, que le conseil général n'avoit point remarqué sans inquietude beaucoup de volontaires sacrifier à la patrie des journées qui pouvoient être necessaires à leur famille & qu'il ne se decideroit point sans peine à multiplier encore leur service; que cependant j'assemblerois le conseil général aussitot que j'aurois conferé sur cet objet avec les officiers superieurs de la garde nationale.

PAGE 138.

Les dangers du moindre retard me furent alors vivement représentés; je l'avoue, messieurs, je n'entendis point sans douleur insister sur une pareille considération; j'observai aux deputés que si les magistrats, choisis par la cité * avoient perdu sa confiance; si l'autorité qu'ils en avoit reçeu devenoit inutile & ne pouvoit entre leurs mains assurer le maintien de la loi & des formes consacrées par la constitution, ils étoient prets à la resigner, mais que jusqu'alors ils devoient donner l'exemple de la fidelité au serment civique & ne regler leur demarche que sur la loi; que par conséquent je ne prendrois pas sur moi aucune requisition sans en avoir auparavant deliberé avec les representants de la cité & conferé avec les officiers superieurs de la garde nationale.

MM. les deputés se chargerent donc de repondre pour moi à l'assemblée qu'ils representoient que j'assemblerois aujourd'hui le conseil général.

Les craintes qui m'avoient été manifestées n'etoient que trop fondées, l'évenement les a bientot justifiées.

Cette nuit, il étoit deux heures, eveillé à grand bruit je suis descendu & ai fait ouvrir ma porte; plusieurs citoyens m'ont fait part, qu'ils venoient de prendre la citadelle & qu'ils m'en donnoient avis, priant la municipalité de les faire relever dans la journée.

Assuré qu'aucun malheur n'avoit accompagné cette entreprise, que les depots importants renfermés dans cette citadelle ne couroient aucun danger entre les mains de citoyens qui avoient pu s'egarer un instant sans meriter la moindre defiance, voyant enfin que contre un fait la loi étoit impuissante, j'ai attendu le jour pour vous convoquer; voyés, Messieurs, ce que vous pensés devoir faire; vous avez à considerer & l'entreprise qui a eu lieu & ce que l'avenir exige de vous.

Sur ces deux objets je vous propose de deliberer.

PAGE 139.

Sur l'observation d'un de messieurs, que la citadelle étoit gardée par des volontaires nationaux; le corps municipal a arreté d'ecrire de suite a MM. les officiers * generaux de la garde nationale pour les prier de se rendre à la séance ce qui a été à l'instant fait.

Une députation ayant alors demandé l'entrée, elle a été introduite, & se sont presentés MM. Aigoin dit Rey, Edouard Delon, Marc Villaret & Goguet, etudiant en médecine, qui se sont dit deputés par les citoyens qui cette nuit s'étoient emparés de la citadelle, pour offrir à la municipalité le procés verbal de leurs demarches, qu'ils ont deposé sur le bureau.

Ils ont ajouté à cette remise une nouvelle priere de les faire relever du poste qu'ils occupoient à la citadelle.

Suit la teneur du procés verbal par eux remis:

L'an mil sept cens quatre vingt dix & le deuxieme jour du mois de may à deux heures & demi du matin, un corps de citoyens, composé des soussignés, enflamés du desir que l'université des citoyens de la ville de Montpellier avoit manifesté la veille, de voir retirer des mains des troupes de ligne la garde d'une citadelle inutile, suspecte, dangereuse & située de maniere à causer la destruction de notre cité, si des commandants malveillants osoient tenter de l'asservir & pour mettre enfin un terme aux allarmes toujours renaissantes du public, se disposoient à en faire l'escalade du côté de la porte de frise au moyen des echelles qu'ils avoient faites preparer; lorsque par une deliberation presqu'unanime de ce corps, il se decida à tenter l'entrée par la porte en face de l'Esplanade, comptant que le patriotisme du regiment de Bresse n'oposeroit point une resistance invincible celui qu'il étoit decidé à developper pour s'en emparer; en consequence ce corps de citoyens s'y est rendu, & ayant trouvé la porte ouverte il a reclamé la possession des postes & n'ayant eprouvé aucune resistance il s'est emparé de suite de tous ceux qui lui ont été cedés par le detachement de Bresse, au milieu des cris de Vive la nation & Vive le roi. Le detachement du regiment dé Breffe lui a remis les clefs* qui etoient en fon pouvoir & au même inftant ce corps de citoyens a envoyé des commiffaires à M. le maire pour lui faire part du tout, & mettre lad. forterefſe fous la protection de la municipalité, mere commune de nos braves concitoyens...

Et à l'inftant meffieurs les officiers fuperieurs de la garde nationale ayant demandé l'entrée, ont été introduits : M. Eftorc, colonel general, M. de Serres, colonel, M. Sadde, lieutenant colonel & M. Luchaire, major général ; ils ont été placés à la droite de M. le maire.

Il leur a été fait lecture du préfent procès-verbal ; après quoi ces meffieurs ont été requis de declarer s'ils avoient donné aucun ordre relatif à l'évenement de cette nuit ; M. Eftorc a declaré au nom de tous qu'il n'en avoit donné aucun, ni eu la moindre connoiffance de ce qui s'étoit paffé ; il a au contraire affuré que dans fa vifite au pofte de la Loge, il avoit ordonné de ne fe pretter à aucun mouvement fans ordre de fa part & fans une requifition du maire ou d'aucun des officiers municipaux, fachant que fes ordres avoient été fuivis.

Ces chefs ont été encore requis d'inftruire le confeil fi la garde nationale pourroit ajouter à ses fervices la garde de la citadelle.

M. Eftorc à repondu que fi le corps municipal lui en faifoit la requifition, il y defereroit, mais que * fi c'etoit un avis qu'on lui demandoit, il avoit befoin de confulter fon corps.

Meffieurs Eftorc, Serres, Sadde & Luchaire s'étant enfuite retirés,

M. le maire a mis l'affaire en délibération, elle a été difcutée & le refultat des opinions a été de porter une affaire auffi importante au confeil general de la commune qui a été de fuite convoqué à deux heures pour trois.

Du dimanche 2 mai deux heures de relevée, le confeil général de la commune affemblé dans la grande falle de l'hotel de ville, M. le Maire a fait faire lecture du procès-verbal tenu le matin par le corps municipal & d'une lettre de M. le marquis de Bouzols. Suit la teneur de cette lettre :

A Montpellier, le 2 mai 1790.

Meffieurs, ayant appris, que des citoyens armés qui ont répondu *Gardes de la nation* s'étoient portés aujourd'hui à trois heures du matin à la citadelle & avoient dit qu'ils venoient pour fe charger de fa garde, que le commandant de la garde du regiment de Breffe à qui ils avoient parlé s'étoit retiré avec fa troupe d'après les ordres que je lui avois donnés, il eft indifpenfable que vous nommiés, Meffieurs, des commiffaires qui conjointement avec les commiffaires des guerres feront un inventaire des effets que cette place contient, afin que la municipalité connoiffe ce dont elle eft & demeure chargée.

J'ai l'honneur de vous prevenir, Meffieurs, que ces effets font d'une grande conféquence & que furtout la garde du magazin à poudre doit être faite avec foin cet avis de ma part ne peut être regardé que comme une nouvelle preuve de l'interêt que je prends à la ville de Montpellier ; je faifirai toujours toutes les occafions de lui prouver mon entier devouement.

J'ai l'honneur d'être avec le plus refpectueux attachement, Votre très humble & très obeiffant ferviteur.
Signé Bouzols.

Cette lecture faite, on a annoncé une deputation de citoyens ; ayant été introduits, fe font préfentés MM. Aigoin dit Rey, Edouard Delon, Goguet, etudiant en médecine & Marc Villaret ; lefquels fe font dits députés par les citoyens qui cette nuit, fe font emparés de la citadelle ; ils ont obfervé

1790.

que ce que leur conduite avoit d'irregulier aux yeux de la loi pouvoit trouver grace auprés du confeil par * les fentimens patriotiques qui les avoient animés; qu'ils avoient effectué d'une maniere paifible & tranquille, une entreprife que l'effervefcence publique leur fembloit rendre inevitable, & dont ils avoient voulû prevenir le danger, en fe chargeant eux mêmes de fon execution; ils ont crû enfuite de leur devoir de denoncer au confeil l'infalubrité des prifons de la citadelle & de recommander à fon humanité fept prifonniers qu'ils y avoient trouvé détenus.

Eux retirés, M. le maire a mis en déliberation & l'entreprife qui avoit eu lieu & les moyens de pourvoir à l'avenir à la garde de la citadelle.

Pendant la difcuffion des deputés citoyens ont été annoncés.

Introduits, ces citoyens fe font dits deputés de la société des amis de la conftitution & de l'egalité, chargés par elle d'une petition qu'ils depofoient fur le bureau.

Eux retirés, un des membres a demandé fi l'affemblée deliberante avoit rempli les formes preliminaires ordonnées par les decrets de l'affemblée nationale aux citoyens qui defirent préfenter des petitions.

Le confeil affuré que la loi n'avoit pas été exécutée a déclaré que les citoyens deputés feroient tenus de revetir leur petition des formes conftitutionnelles.

La difcuffion reprife & fermée, le procureur de la commune entendu, il a été pris l'arreté fuivant:

Le confeil général de la commune, deliberant fur le recit de M. le maire, enfemble fur le procès verbal tenû ce jourd'hui par le corps municipal & fur la lettre de M. le marquis de Bouzols a temoigné de la maniere la plus eclatante fa jufte improbation d'une voye de fait auffi contraire à la loi qu'aux principes de tous les citoyens qui en font vivement indignés, & la gravité du delit ne lui permettant pas d'y prononcer a arreté que le procès verbal du tout feroit adreffé à l'affemblée nationale.

* A arreté en outre qu'il feroit nommé des commiffaires chargés de l'inventaire ou appofition des fcellés neceffaires à la feureté des effets renfermés dans la citadelle comm'auffi que M. le maire faira part du prefent arreté à M. le marquis de Bouzols.

Du lundi trois may trois heures de relevée, le confeil général de la commune affemblé, M. le maire a fait part d'une petition de la garde nationale qui ne croyant pas devoir relever un pofte illegalement occupé defiroit recevoir des mains mêmes de la municipalité la garde de la citadelle après un inventaire ou appofition de fcellés préalablement faite. Surquoi a été pris l'arreté fuivant.

Le confeil général ayant égard à la petition de la legion & à la requifition du procureur de la commune, a arreté que des commiffaires affiftés dudit procureur fe tranfporteront fans delai à la citadelle, enjoindront au nom de la municipalité à ceux qui l'occupent de leur remettre les clefs & les delivreront au detachement de la legion à laquelle la garde de ce fort eft provifoirement confiée; a arreté en outre que par les mêmes commiffaires il fera procédé en prefence des gardes magazins & cazerniers à l'appofition des fcellés ou confection d'inventaires qui feront jugés neceffaires.

L'ordre du jour amenant la nomination des commiſſaires pour l'aſſiette 1790, diocezaine, M. le maire a dit :

Meſſieurs, Les états de la province & l'aſſiette des diocezes etoient ſupprimées; les départemens & les diſtricts n'etoient point en activité; toutes les communautés ſe trouvoient ainſi placées entre l'ancienne adminiſtration qui n'exiſtoit plus & la nouvelle qui n'exiſtoit pas encore : l'impoſitionne pouvoit donc être repartie; les créanciers ne pouvoient donc être payés.

* Voulant y pourvoir l'aſſemblée nationale a decreté le 26 mars qu'il ſeroit formé proviſoirement une commiſſion principale repreſentative des etats & une commiſſion ſecondaire repreſentative des aſſiettes diocéſaines. La première compoſée de huit perſonnes choiſies par le roi une dans chacun des huit départemens, la ſeconde compoſée du maire, de deux officiers municipaux & de deux notables de la ville diocezaine nommés par le conſeil general de lad. ville. **PAGE 146.**

L'aſſemblée & le travail de ces commiſſaires eſt preſſant ; toute la province eſt dans une inaction forcée relativement à la levée de ſes contributions. Elle en voit approcher le terme ainſi que les recoltes (qui par bonheur en promettent cette année un facile payement) ſans en connoitre la meſure, ſans ſavoir quels adminiſtrateurs doivent la fixer.

Il eſt inſtant, meſſieurs, que vous formiés la commiſſion ſecondaire dont l'aſſemblée nationale vous a confié le choix; elle ne ſauroit tarder beaucoup à recevoir des etats proviſoires l'objet de ſon travail & le tems qu'elle aura au devant d'elle lui ſervira à preparer les baſes, à recueillir les élémens & à s'entourer de tous les appuis neceſſaires à ſon inexperience; permettez moi de dire, meſſieurs, que tous ces appuis le plus ſur eſt celui que lui offrent vos lumieres; choiſie dans votre ſein, nommée par vous, elle ſera toute accoutumée à vous prendre pour guide, & la capitation ſurtout ne ſera plus pour elle un ſujet d'inquietude, elle n'y trouvera plus autant de peines que d'articles ſi vous lui permettez de placer au milieu de vous ce tribunal redoutable qui juge en un moment tant de cauſes & decide ſans les entendre ſur la fortune de tous les citoyens. J'ai donc l'honneur de vous propoſer de proceder à la nomination des deux officiers municipaux & des deux notables qui doivent m'être adjoins pour cette commiſſion.

Il a eté deliberé de procéder à cette nomination par ſcrutin de liſte ſimple & à la majorité relative.

Le ſcrutin fait & recenſé, MM. Clement & Montels officiers municipaux & MM. de Cambacerés & de Perdrix, notables, ont eu la majorité & M. le maire les a proclamés.

Du mardi 4 mai trois heures de relevée le corps municipal de la ville de Montpellier aſſemblé, M. le maire a fait part d'une lettre de la communauté de Laſſalle qui propoſe une conference générale à l'effet d'appuier par des voïes de mediation, les troubles qui * affligent la ville de Niſmes. **PAGE 148.**
Surquoi l'aſſemblée a arreté de repondre à la communauté de Laſſalle pour lui exprimer l'adhéſion la plus empreſſée à ſon vœu patriotique & fraternel & de lui demander le jour & le lieu convenus pour la conférence propoſée afin que le conſeil n'ait plus qu'a nommer les commiſſaires qui devront s'y rendre.

Par une autre lettre dont M. le maire a également fait part à l'aſſemblée, M. Coulomb, commiſſaire du roi, preſſe le recenſement & la formation du rôle des citoyens actifs. Sur cette demande un des membres a fait les queſtions ſuivantes:

1º Le maitre ou l'artiſan doivent ils profiter, quant aux droits de citoyen actif, de la capitation de leurs ouvriers ou domeſtiques ? Declaré que la capitation eſt perſonnelle & ne doit être comptée qu'à celui ſur la tête duquel elle eſt aſſumée & portée ſur le rôle.

2º Le militaire de la ville abſent pour ſon ſervice doit être compris dans le recenſement? Deliberé que oui ſans difficulté.

3º En eſt-il de même des cavaliers de marechauſſée ? L'aſſemblée a jugé

1790. que non. Ces cavaliers étant censés en garnison dans les lieux où ils exercent leurs fonctions.

Du samedy 8 may trois heures de relevée, le corps municipal de la ville de Montpellier assemblé.

Les commissaires nommés pour proposer au conseil les corps compris dans la loi concernant les religieux & maisons ecclesiastiques font leur rapport. Ils proposent de déclarer 1° Que les religieuses & maisons de filles sont comprises dans les termes du decret. Le conseil arrête que les dispositions du décret seront suivies pour lesd. maisons.

2° Que la maison de l'oratoire de Montpellier ne doit pas être considérée comme maison d'éducation, ce qui est aussi deliberé.

3° Que les sœurs grises & les sœurs noires sont seules à cet egard, dans le cas de l'exception ; le conseil prononce en conformité.

Un de MM. propose un amendement, de comprendre les Ursulines dans l'exception : cet amendement n'est point accueilli. Aussitot deux commissaires ont été designés pour chacune des maisons dans le cas du decret.

La suite du rapport du comité concernant la collegiale, le chapitre & l'évêché a été ajournée.

M. le maire propose de suspendre l'opération jusqu'à ce que le tableau & recensement des citoyens actifs aient été finis & remis aux commissaires du roi ; il ajoute que la formation des départements est infiniment instante & pour le bien des peuples & comme un hommage à l'assemblée nationale qui les désire avec beaucoup d'ardeur. Cette motion est accueillie & une commission proposée pour presser & rassembler les différends travaux.

MM. Aurès, Cambon & Allut ont été nommés.

PAGE 150. * Du lundy 10 may 3 heures de relevée, le conseil général de la com-
PAGE 151. mune assemblé, * M. le maire a fait au nom du comité de la citadelle le rapport suivant :

Rapport de M. le maire au nom du comité de la citadelle :
Messieurs, Vous avez chargé vos commissaires d'approfondir l'importante question de l'utilité de la citadelle. Ils se sont occupés de ce mandat avec la défiance de soi-même qu'inspire un sujet nouveau à la plus part de ceux qui le traitent, mais aussi avec cette confiance que donne la manifestation de l'opinion publique.

En quoi consiste l'utilité d'une citadelle ?

La loi répond : A deffendre le royaume contre les ennemis du dehors. C'est le seul emploi constitutionnel qu'on puisse lui assigner ; & la liberté même n'admet pas de milieu. Si elle ne protège elle menace ; une citadelle inutile est par cela seul dangereuse ; il faut donc juger sous ce rapport la citadelle de Montpellier.

Si elle est utile ce ne peut être que comme défense & comme point d'appui. Comme defense elle peut proteger ou la Province ou la ville. Comme point d'appui elle doit offrir une retraite, un retranchement sûr au besoin.

PAGE 152. Quant à la défense de la Province, deux seules * occasions pourroient la rendre necessaire ; ou un débarquement sur nos côtes, ou une armée victorieuse qui ayant pénétré dans le royaume de quelque autre coté se repandroit en Languedoc.

Le premier cas est presque impossible ; deux siecles en fournissent à peine un exemple & le sort de cette tentative & les dangers du golfe de Lyon & les etangs qui nous entourent en repousse à jamais l'idée.

Dans le second cas de quelle défense pourroit être notre citadelle ? Du côté opposé à la ville elle ne présente qu'un mur isolé ; point de terrassement, point d'ouvrage extérieur, rien qui promette une résistance sérieuse. — De deux choses l'une, ou l'ennemi seroit foible & alors quel besoin de citadelle pour le repousser ? Ou l'ennemi seroit fort & dans ce cas, comment notre citadelle pourroit il l'empêcher de ravager notre pays ou de le mettre à contribution.

Apperçu général....... dans son etat actuel la citadelle n'est bonne à rien ! Pour la rendre foiblement utile, il faudroit y dépenser beaucoup & l'utilité jamais ne seroit proportionnée à la dépense ; il paroit donc certain que, ni dans l'ordre des événemens, ni dans le fait la citadelle de Montpellier n'est ni necessaire ni propre à la défense de la Province.

Quant à la défense de la ville, elle ne pourroit avoir lieu qu'autant que ce fort se lieroit à d'autres fortifications qui entoureroient notre enceinte ; sans cela l'ennemi, loin de passer sous le canon de la citadelle abordera du côté du Pérou & pour l'en déloger il faudra nous détruire. Donc pour lier la citadelle à notre défense particulière, il faudroit faire de Montpellier une ville de guerre & cette idée ne s'accorde ni avec le système d'économie adopté avec tant de raison par l'assemblée nationale ni avec les principes de la constitution qui très-sobre dans la fixation des places fortes, en réserve l'honneur dangereux aux frontieres susceptibles d'être attaquées.

Sera-ce comme point d'appui que nôtre citadelle pourroit-être utile ?... Mais sous ce rapport, qu'elle foible ressource ! Trois cens hommes peuvent à peine s'y loger ; point de casemates pour les mettre à couvert.

Les magazins d'armes & de munitions fourniroient à peine à une résistance de quelques jours ; ces magasins eux mêmes sont sans défense contre la bombe ; enfin ce qu'il ne faut jamais perdre de vue, il n'y a de citadelle que du côté de la ville : du côté de la campagne il n'existe que des magazins & un mur d'enceinte, on peut le conserver, c'est l'objet d'un amendement que le comité va avoir l'honneur de vous proposer.

Nous avons une garde nationale ; des armes & des munitions sont nécessaires à son service ; pour ces armes pour ces munitions, il faut un depot.

Le comité, conciliant le besoin propre de la cité avec l'inutilité générale de la citadelle estime qu'il y a lieu de demander au corps législatif l'aliénation de ce fort pour ce qui concerne les ouvrages exterieurs & le bastion qui commandent la ville ; & sa conservation quant aux magazins établis du côté opposé dont la cloture même seroit perfectionnée.

Le conseil général ouï le rapport de son comité & l'avis du procureur de la commune :

Considérant que la construction de la citadelle sous Louis XIII eut pour prétexte le logement des gens de guerre & pour motif le commendement de la cité, que de vastes cazernes remplissent aujourd'hui le premier objet & que le second, menaçant la liberté, attaque la constitution même ; que la citadelle forte seulement du côté de la ville & sans défense partout ailleurs renferme des magazins & dépôts d'armes utiles à conserver.

Arrete de demander à l'assemblée nationale l'aliénation de ce fort pour ce qui concerne les ouvrages extérieurs & le bastion qui commande la ville & sa conservation quant aux magazins situés du côté opposé dont la cloture seroit perfectionnée.

Les commissaires envoyés à la citadelle pour en recevoir les clefs, les remettre à la garde nationale* & y faire inventaire ou apposition des scellés, font lecture de leur procès-verbal ; le conseil remercie MM. les commissaires & ordonne le dépôt de leur procès verbal au greffe de la commune.

* Du lundi 17 may trois heures de relevée, le conseil général de la commune de Montpellier assemblé, M. le maire a exposé la necessité d'observer rigoureusement le decret de l'assemblée nationale du 11 février dernier qui porte que toutes les deliberations seront rédigées & signées séance tenante.

Surquoi ouy le procureur de la commune il a été arrêté que pour remplir le vœu de la loi, à chaque séance le registre des deliberations ne seroit chargé que des resultats des deliberations même que les originaux des motions, raports & mémoires seroient depofés au greffe & outre cela transcrits dans un regiftre particulier.

M. le maire a presenté un projet d'adresse à l'assemblée nationale relativement à la citadelle & d'envoi de l'arreté pris à cet égard dans la dernière séance du conseil général.

Surquoi ouy le procureur de la commune, il a été arrêté d'approuver le dit projet & que l'envoi en seroit fait aux deux comités de la guerre & des domaines à l'assemblée nationale.

* Du mercredy 19 may quatre heures de relevée.

1790.   Une deputation de la garde nationale eft venue préfenter à la municipalité une petition avec prière d'y deliberer de fuitte.

Une lettre de MM. les deputés de la fénéchauffée portée à l'inftant du courrier a fait la matiere d'une autre difcuffion.

Cette lettre relative à l'introduction de quelques citoyens dans la citadelle, portant que cette affaire n'aura aucune fuite & que par une diftinction bien jufte d'avec les entreprifes qui ont eu lieu fur differends forts, le roi en oublie entièrement l'irregularité.

Le confeil a deliberé par acclamation d'envoyer des deputés au confeil militaire de la garde nationale pour lui communiquer cette lettre.

MM. Allut, Bazille & d'Alco ont été nommés deputés & font fortis pour le fait de leur miffion.

Les deputés rentrés ont dit que le confeil militaire de la garde nationale remercioit l'affemblée, alloit deliberer & feroit part du refultat de fa nouvelle deliberation.

La difcuffion ayant été reprife fur la petition de la garde nationale, il a été arreté que les deux objets qu'elle prefentoit n'exiftant plus depuis les nouvelles qu'on venoit de recevoir, il n'y avoit plus lieu à deliberer quant à prefent.

PAGE 158.   Et la difcuffion ayant été ouverte fur l'ordre du roi * & les moyens de l'executer, elle a donné lieu a differentes motions & projets d'arretés qui ayant employé un temps confiderable ont mis dans le cas de proroger la féance à demain.

Du jeudi 20 may 3 heures de relevée.

PAGE 159.   * La difcuffion commencée hier, ayant été continuée, il a été pris l'arreté fuivant :

Le confeil général de la commune, lecture faite de l'ordre du roi en datte du dix mai, contrefigné de Saint Prieft, demeurant informé des difpofitions du décret de l'affemblée nationale du douze du même mois, ouy le procureur de la commune.

A unanimement deliberé & arrêté de fe conformer au contenu au dit ordre & en confequence a nommé MM. Blouquier & Aurès officiers municipaux, d'Alco, de St Victor, Granier pere & Rouch, notables, auxquels il a confié l'exécution du prefent arreté en les invitant à fe concerter avec le commandant général de la garde nationale.

Et neanmoins perfiftant de plus fort dans fa deliberation du 17 du courant, relative à l'alienation de la citadelle, a chargé les mêmes commiffaires d'écrire de nouveau aux deputés de la fénéchauffée à l'affemblée nationale pour leur expofer l'interet que la cité met à cette affaire & les prier d'en preffer la decifion.

A arrêté en outre qu'il fera fait une adreffe à l'affemblée nationale pour lui rendre compte de la conduite mefurée de la municipalité & des actes de patriotifme que les citoyens fe font empreffés de donner dans toutes l s circonftances.

Les mêmes commiffaires ont été autorifés à donner connoiffance du prefent arreté à M. le marquis de Bouzols.

PAGE 160.   * Lecture faite dud. projet, il a été approuvé & fon exécution a été renvoyée à la fection des fubfiftances ; cette fection demeurant chargée de faire un nouveau raport fur l'objet particulier de la fourniture aux troupes, la queftion demeurant ajournée au premier confeil.

Du famedy 22 may trois heures de relevée, M. le maire a fait part d'une lettre de M. de Bouzols, par laquelle ce commendant donne connoiffance à la municipalité des ordres qu'il a reçus du roy portant règlement provisoire pour la marche des troupes à la procession de la fête Dieu en 1790. accordant le pas à la garde nationale sur les troupes de ligne.

Lecture faite de cette lettre, ensemble de la copie des ordres du roi qu'elle renfermoit,

Le corps municipal a prié M. le maire de vouloir bien repondre à M. de Bouzols en le remerciant de son honneteté.

Alors M. le maire a proposé de requerir d'hors & deja la garde nationale de prendre les armes pour lad. procession & de detacher une compagnie pour former la ligne à droite qui doit marcher en avant du dais.

* Surquoi il a été deliberé de requerir M. le commandant en chef de cette garde, de faire prendre les armes à l'entier corps des troupes nationales le jour de la fête Dieu à huit heures du matin, de lui donner connoissance du pas que ces troupes doivent avoir sur celles de la garnison & de la nécessité de détacher une compagnie pour marcher en ligne en avant du dais sur la droite, une compagnie des troupes reglées devant marcher dans le même ordre sur la gauche.

M. le maire a été chargé de faire cette requisition.

Un des membres du bureau a rendu compte, de tout ce qui s'étoit fait pour préparer la formation des dix assemblées primaires convoquées pour la nomination des électeurs, & a proposé plusieurs objets nécessaires à remplir encore.

Le corps municipal a approuvé tout ce qui avoit été déja fait & a chargé le bureau de tous les soins & détails propres à procurer la décence & la commodité dans ces assemblées.

Du lundi 24 may trois heures de relevée, le conseil général de la commune assemblé, * M. le maire propose d'entendre le raport du comité chargé par le conseil deffectuer l'imposition des biens ci-devant privilegiés pour les six derniers mois de 1789 & l'année 1790.

M. Albisson, officier municipal, a fait ce raport au nom du comité.

Oui ledit rapport, le conseil général a autorisé led. comité à traiter de gré à gré avec tels experts, feodistes ou autres qu'il jugera les plus capables de remplir l'objet dont il s'agit & aux conditions qu'il jugera les moins onereuses pour la commune, relativement aux operations à faire par lesdits experts pour parvenir le plustot possible à l'allivrement de tous les biens fonds cy-devant privilegiés ou immunes, ainsi que des fiefs situés dans le taillable de Montpellier, comm'aussi a autorisé ledit comité à choisir dans le nombre des commissaires qui le composent deux d'entre eux pour accompagner les experts dans le cours de leurs operations & généralement à faire tout ce qu'ils jugeront nécessaires pour parvenir à laditte imposition des biens cy-devant privilegiés tant pour les derniers mois de 1789 que pour l'année 1790.

Un des membres a rappellé la deliberation du conseil général du 14 avril sur les biens nationaux & il a fait la motion d'effectuer de suitte l'offre à la nation prejugée dans lad. deliberation.

1790.

PAGE 163.

Surquoi le conseil a délibéré de faire de suitte une offre à la nation de se charger pour quatre millions des biens nationaux à sa portée & à sa convenance & à chargé les commissaires qu'il avoit nommé le 14 avril dernier, de manifester son offre * par une adresse à l'assemblée nationale, dans laquelle ils exposeront que les quatre millions des biens nationaux que le conseil offre d'acquérir, sont à peu près le montant de ceux de nos environs & à notre portée & qu'il est pret à se charger pour une plus forte somme desdits biens s'il s'en trouve.

Le conseil a chargé en outre ses commissaires de lui fournir le plûtot possible les moyens d'indiquer & extimer les biens à sa convenance.

PAGE 164.

Du jeudi 27 may * trois heures de relevée le corps municipal de la ville de Montpellier assemblé, M. Allut, officier municipal a dit que des commisaires reunis de différentes sections de l'assemblée primaire, l'avoient chargé de temoigner au corps municipal le vœu de ces sections pour que la marehaussée fut requise de pretter à la municipalité le serment civique decreté pour toutes les troupes du royaume.

Il a été deliberé que la marechaussée seroit requise de preter ce serment.

PAGE 165.

-* M. le procureur de la commune a fait lecture d'un memoire des religieuses ursulines de cette ville tendant à solliciter l'exemption de l'inventaire de leur maison, comme fondée & instituée pour servir à l'éducation publique.

Le corps municipal a pensé que leur institution pour cet objet n'etoit pas determiné d'une maniere à placer ce monastere dans la classe de ceux que la loy a voulu en excepter.

PAGE 166.

Du vendredi 28 may dix heures du matin. Le corps municipal de la ville de Montpellier assemblé, M. le maire a dit : que l'assemblée électorale alloit attirer dans la ville un grand nombre d'etrangers, ce qui lui paroissoit faire un devoir au corps municipal de prendre des precautions pour éviter * un trop fort rencherissement des logemens & des vivres & de maintenir dans la ville le bon ordre & la sureté publique.

Surquoi le corps municipal en applaudissant à la proposition de M. le maire, a délibéré de faire une proclamation pour enjoindre aux citoyens qui louent des appartemens ou chambres garnies de venir déclarer à la maison commune en quoi consistent les appartemens ou chambres qu'ils ont à louer, leur emplacement & le prix qu'ils veulent y mettre, & à cet effet le bureau a été chargé de presenter un projet de cette proclamation. Il a été encore deliberé de surveiller avec la plus grande attention & continuité l'approvisionnement des marchés, les cabarets & autres lieux publics & de suivre tous les objets d'une bonne police pour la sureté, l'ordre & la tranquilité publique.

PAGE 167.

PAGE 168.

* Du samedi 29 may trois heures de relevée, le conseil général de la commune assemblé dans la grande salle de l'hotel de ville après une convotcation faite la veille par MM. les officiers municipaux. * M. le maire a fai part qu'une deputation de la garde nationale lui avoit fait l'honneur

de paſſer chés lui pour inviter le conſeil à aſſiſter au pacte federatif d'union qu'il doit faire demain & auquel le regiment de Breſſe doit ſe mêler avec le patriotiſme qui le diſtingue.

M. le maire a propoſé, en acceptant l'invitation de la garde nationale de voter pour elle les plus vifs témoignages de ſatisfaction & de reconnoiſſance pour les ſentiments qui ont inſpiré ce pacte & les avantages qui en réſulteront pour la cité.

La propoſition de M. le maire a été répondue d'une acclamation unanime.

* Du mardi 1er juin dix heures du matin, le corps municipal de la ville de Montpellier aſſemblé, il a été fait lecture d'une lettre de MM. les commiſſaires du roi relative à la ſéance de l'aſſemblée électorale du * département dans l'égliſe de la Mercy.

M. Aurès, officier municipal, chargé de concerter avec leſd. ſieurs commiſſaires les moyens de procurer à cette aſſemblée la decence & la comodité neceſſaires, a rendu compte de ce dont ils étoient convenus. Il a dit qu'après avoir pris toutes ſortes de meſures pour pouvoir placer cinq à ſix cens perſonnes qui doivent compoſer cette aſſemblée, ils avoient reconnu que le ſeul moyen d'y parvenir etoit d'établir aux deux extremités de l'égliſe un amphitheatre qui avec les chaiſes volantes qu'on placera dans la nef fourniront les places ſuffiſantes ; il a ajouté qu'il leur avoit encore paru indiſpenſable d'établir ſur une des faces latérales une eſtrade pour la ſéance du préſident & des autres officiers de l'aſſemblée & ſur l'autre face latérale une ſeconde eſtrade avec une tribune pour ceux des membres qui auront à parler dans cette aſſemblée ; que toutes ces meſures avoient été priſes avec le ſr Donnat, architecte de la ville, qui avoit fixé en détail les proportions de tous ces établiſſemens.

Le corps municipal a remercié M. Aurès de ſes ſoins, a approuvé toutes les meſures par lui priſes, & l'a chargé de vouloir bien continuer ſa ſurveillance pour la parfaite execution deſdittes meſures. Il a été auſſi deliberé de requerir M. le commendant général de la garde nationale, d'envoyer vendredi prochain quatre du courant à 7 heures du matin, un piquet de ſept volontaires à la Mercy, afin d'aſſurer à MM. les electeurs ſeuls l'entrée de laditte egliſe & y reſter juſqu'à la formation de l'aſſemblée.

* Du jeudy trois juin neuf heures du matin, le corps municipal de la ville de Montpellier extraordinairement aſſemblé ſur la convocation faite à la hâte par M. le maire & pour affaires très urgentes, M. le maire a fait lecture d'une lettre adreſſée à la municipalité de cette ville par MM. les maire & officiers municipaux de la ville de Gignac, dont ſuit la teneur :

« Meſſieurs & chers confrères, Nous éprouvons dans ce moment les horreurs de la guerre civile ; le citoyen eſt armé contre le citoyen ; nous vous ſupplions de nous envoyer du ſecours ſans perdre du temps pour arreter le carnage & ramener le calme & la paix ; c'eſt le ſeul & unique moyen qui puiſſe operer un ſuccès heureux. Notre ſituation penible ne nous permet pas de vous en dire d'avantage ; ayés pitié de nous, nous vous en conjurons.

1790.

Nous avons l'honneur d'être avec le plus refpectueux attachement, Meffieurs & chers confrères, Vos très-humbles & très obeiffants ferviteurs. »

Surquoi, ouï le procureur de la commune :

Le corps municipal, vivement affligé des malheurs qui menacent la ville de Gignac & empreffé de lui donner tous les fecours qui font en fon pouvoir a unanimement deliberé & arreté de requerir M. le commandant general de la garde nationale de donner fes ordres pour qu'un detachement de cette garde, fuffifant pour ramener la paix & le bon ordre, fe rende de fuite à la ville de Gignac fous le commandement d'un de meffieurs les officiers généraux.

Page 174.

Et à l'inftant M. Sadde, lieutenant colonel, s'étant rendu au confeil fur l'invitation qui lui en a été faite, M. le maire lui a fait lecture de la lettre de la municipalité de Gignac & de la délibération que le confeil venoit de prendre; M. Sadde, déferant à la requifition du corps municipal, a declaré qu'il alloit donner les ordres neceffaires * pour fon execution. Le corps municipal l'en a remercié & lui a temoigné la confiance qu'il avoit dans le patriotifme & la prudence de la garde nationale.

Page 180.

* Le 30 may. Le confeil général de la commune affemblé. L'heure étant arrivée où le pacte de la federation de la garde nationale & du régiment de Breffe devoit être formé, le confeil attendoit avec impatience d'être appellé à cette augufte cérémonie.

Deux officiers de la garde nationale demandent l'entrée : c'est le détachement envoyé pour accompagner le confeil, qui lui annonce que toutes les troupes font reunies & n'attendent que fa préfence.

Auffitôt le confeil s'eft mis en marche; arrivé à l'Efplanade il a été introduit dans le bataillon quarré que la garde nationale & le regiment de Breffe y formoient.

Page 181.

* Les officiers généraux font venus à fa rencontre, & le confeil parcourant avec eux cette enceinte importante a admiré l'ordre, la contenance & la tenuë des troupes. La préfence inattenduë de la garde nationale de Caftelnau a encore ajouté à fa fatisfaction.

A fon paffage devant chaque compagnie le roulement des tambours, le fon des trompettes guerrieres & les differentes fimphonies l'ont falué & les drapeaux ont été inclinés.

Le confeil s'étant reporté au milieu de l'enceinte, on a battu un ban après lequel tous les officiers de la legion & du regiment fe font rangés en cercle autour de lui. Le roulement général des tambours de l'infanterie & le fon des trompettes de la cavalerie ont annoncé le moment prochain de la federation. Les canons de la citadelle ont répondu à ce bruit militaire & les acclamations du peuple qui fe preffoit autour de la phalange citoyenne ont achevé de donner à cet inftant toute la majefté & l'air de fête qui convenoient au triomphe du patriotifme.

M. le Maire s'étant avancé au milieu du cercle a dit :

Généraux, citoyens, chers & honnorés compatriotes. Quel beau jour luit pour la patrie? Elle voit fes enfants s'empreffer autour d'elle, unir pour fa défenfe leurs armes & leurs vœux, leurs drapeaux & leurs fentiments!..... Nous vous remercions en fon nom...... Mais la patrie s'exprime elle même; entendes tout un peuple fe répandre en acclamations; voyés comme il fe preffe fur vos pas; comme fon affection vous entoure; fur tous les fronts eft le plaifir; dans tous les cœurs la reconnoiffance; dans tous les yeux des larmes d'attendriffement; ah! citoyens quel digne prix de vos travaux.

Une fédération folennelle va les rendre encore plus utiles; il va retentir dans les airs comm'au fonds de nos cœurs cet augufte ferment qui vous unira pour jamais à la patrie & à vos freres, au maintien de la conftitution & au bonheur de vos concitoyens.

1790.

La nation, la loi & le roi, tels font les grands objets qu'il offre à votre amour, à votre obeïffance & ces trois objets n'en font qu'un; le ferment de leur être fidelle ne forme qu'un engagement; fi la nation parle, c'eft une loi qu'elle proclame; * obeïr à la loi, c'eft obeïr à la nation dont elle exprime la volonté; être fidèle au roi, c'eft être fidèle à la nation qui l'a conftitué & à la loi dont il eft l'organe.

PAGE 182.

Le fouvenir des ordres arbitraires ne fe mêlera plus à des ordres conftitutionels; la loi, volonté d'un feul, n'affoiblira plus notre refpect pour la loi, convention de tous & les formes de la fervitude n'effaroucheront plus la liberté.

Ainfi pour le bonheur de la cité, pour l'exemple des cités voifines, fe maintiendront parmi nous une paix conftante, une bienveillance mutuelle & la foumiffion aux loix.

Et nos mœurs, fi connus par la pureté de l'air qu'on y refpire & la douceur des mœurs de ceux qui les habitent, le feront encore plus par les charmes de la liberté qu'on y goute, par la haine de la licence qu'on y profcrit.

Mais pardonnés fi je differe l'engagement fraternel & facré qu'il vous tarde de contracter; l'impatience du regiment de Breffe & le patriotifme qui l'excite doivent être fatisfaits & vos concitoyens & vos repréfentants veulent s'écrier avec moi: Vive Breffe! Vive Montpellier! Vive la nation! Vive la loi! Vive le roi!

Ces derniers mots ont été repetés avec enthoufiafme, les officiers de Breffe criaient: Vive Montpellier! ceux de la légion: Vive Breffe! & tous enfemble avec le confeil: Vive la nation! Vive la loi! Vive le roi!

M. le procureur de la commune prenant enfuite la parole a dit:

Citoyens & foldats qui vous êtes reunis pour former une fédération qui fera le plus ferme appui de notre liberté; c'eft un moment bien doux pour les reprefentants de la cité que de jouir du fpectacle impofant qui frape leurs yeux.

Ces drapeaux reunis devant lefquels vous allés de nouveau jurer d'obeir à la nation, à la loi & au roi, font l'image des fentiments qui doivent rapprocher vos bras & vos cœurs armés pour la même volonté. Que tout defir & toute opinion particuliere difparoiffe & fe taife devant l'interêt général. Vous êtes tous amis & freres; vous avez le même devoir à remplir; il ne faut donc qu'une même volonté, celle d'obéir à la loi; dans cet engagement folemnel que vous allés contracter en préfence de vos concitoyens eft compris tout ce que la conftitution exige de vous. La cité vous doit la paix & la tranquilité dont elle jouit, fon repos eft votre ouvrage; continués à la fervir avec le meme zele & recevez par ma voix les temoignages de fa gratitude. Regardez ces guerriers avec lefquels vous êtes reunis comme vos compagnons; ils font armés auffi pour maintenir la conftitution. Et vous braves foldats du regiment de Breffe voyez en eux vos amis & vos freres. Le même fentiment vous anime les uns & les autres, c'eft l'honneur & le patriotifme.

PAGE 183.

De vifs applaudiffements ont repondu à ce difcours.

Enfin, au nom de la légion, un foldat a lu le pacte fédératif, terminé par la formule du ferment qui alloit lier tous les confédérés aux mêmes devoirs, aux mêmes fentiments, au même intérêt.

Une acclamation générale a devancé l'adhéfion que tous les chefs étoient impatiens d'y donner. Les officiers du régiment de Breffe ont manifefté leur adhéfion avec cette éloquence de fentiment qui permet à peine de s'exprimer.

M. de Boufquet que la cité s'applaudit de trouver parmi fes enfants, portant la parole au nom du corps royal du génie, s'eft affocié au patriotifme du régiment de Breffe, a témoigné le même dévouement, demandé pour fon corps amitié & fraternité & M. le maire & M. le commandant général ont fait à ce bon citoyen, à ce brave militaire, les plus juftes remercimens.

M. le chevalier de Monjabert, commandant de l'artillerie, s'eft uni aux mêmes vœux & a été l'objet des mêmes témoignages.

1790.

Aussitôt M. Estorc, commandant général, a prononcé à haute voix la formule du serment. Tous les officiers la main droite elevée vers le ciel, comme pour le prendre à témoin, ont répondu par ces mots : Je le jure! & les acclamations : Vive Bresse! Vive Montpellier! ont été répétées avec un nouveau transport.

M. le commandant général a donné ordre aux officiers de retourner à leurs postes pour faire prêter individuellement le même serment à leurs volontaires.

Page 184.

MM. les officiers de Bresse ont été aussi invités à faire * prêter serment à leurs soldats.

En un instant cette cérémonie a été achevée : aussitôt les volontaires nationaux & les soldats de Bresse ont mis leurs armes en faisceaux & se mêlant à leurs officiers, aux membres du conseil, aux dames que cette ceremonie avoit attirées, à tout le peuple enfin dont la gaieté étoit à son comble, ils ont formé des chaines de danse qui serpentant dans les allées & à travers les arbres, retraçoient à l'œil attendri l'heureuse simplicité de ces peuples anciens qui ne connoissoient d'autre sentiment que l'amour de la patrie, d'autre joie que la joie publique, & chez qui des communications si douces entretenoient à la fois des mœurs pures & une sainte ardeur pour la liberté.

Un ban ayant rappellé les troupes, la danse cesse, l'ordre revient, chaque soldat rejoint son drapeau, reprend son poste; en un instant les confédérés sont ralliés & sous les armes.

Le conseil prend congé de MM. les officiers generaux, reçoit les mêmes honneurs qu'à son arrivée & retourne à la maison commune accompagné du même détachement.

Rentré dans la salle de deliberation M. le maire propose de consacrer dans le procès-verbal du jour cette fete patriotique, ce qui est unanimement deliberé ; après quoi M. le maire sépare l'assemblée.

Du mercredy 9 juin trois heures de relevée. M. le maire a fait lecture de la deliberation du sept de ce mois qui ajourne à cette séance l'organisation

Page 185.

deffinitive du corps * municipal en conseil & bureau. Un de Messieurs propose de confirmer & rendre deffinitive l'election provisoire des membres du bureau qui fut faite le premier mars. Le conseil applaudit à cette proposition, remercie les membres provisoires du bureau & déclare unanimement leur election deffinitive. Alors M. Bongue, l'un d'eux, s'excuse sur sa santé & son âge & prie le conseil de vouloir bien le remplacer. Le corps municipal a agréé les motifs de M. Bongue & M. Bouchet a été élu pour le remplacer au bureau, de sorte que le bureau se trouve composé de M. le maire, MM. Clément, Sicard, Aurès & Bouchet, officiers municipaux.

Sur la motion d'un de messieurs, il a été unanimement declaré & convenu que les fonctions du bureau ayant été jusqu'à ce jour exercées concurremment par tous les officiers municipaux, la responsabilité ne pouvoit être que solidaire, & à cet effet le corps municipal a approuvé & s'est chargé solidairement de tout ce qui s'étoit fait jusqu'à ce moment, la responsabilité particuliere du bureau ne pouvant datter que d'aujourd'hui.

Le corps municipal s'est ensuite occupé de la division du conseil en differentes sections, il en a formé deux; l'une composée de MM. Montels, Albisson, Cambon, Massillian & Allut a été chargée de tout ce qui sera relatif aux impositions, depences, procès, travaux publics & atteliers de charité & l'autre composée de MM. Blouquier, Bongue, l'abbé Gigot, Colombiés & Sabatier, a été chargée de tout ce qui seroit relatif à la police, aux subsistances & aux établissements publics.

* Du 18 juin quatre heures de relevée. Le corps municipal de la ville de Montpellier assemblé. M. le maire a dit qu'il avoit convoqué le corps municipal pour lui proposer de voter aux pacificateurs de Gignac & de * Nismes le tribut de satisfaction & de reconnoissance qu'ils avoient si bien merité de la cité; que M. Allut desiroit d'en faire la motion & qu'il proposoit de l'entendre. M. Allut alors a dit :

Messieurs, La garde nationale de cette ville, en apprenant les troubles affreux qui désoloient la ville de Nismes, ne nous a pas laissé le temps de desirer qu'il y fut porté des secours, ces braves citoyens vous ont offert eux mêmes de voler à la défense d'une cité dont les habitans sont alliés à nos frères & sans calculer les nouvelles fatigues auxquelles cet acte de patriotisme & d'humanité les exposoit, ni celles qu'ils venoient d'éprouver à Gignac, ni le service penible & journalier que la garde de la citadelle & de la ville exige, en un mot ne consultant que leur zele infatigable, ils se sont mis en marche ; les applaudissemens avoient marqué leur départ d'ici, les benedictions & les cris de joie qui se sont fait entendre de toutes parts, ont annoncé leur arrivée à Nismes & vous venés de recevoir pour eux le plus beau temoignage que puissent desirer des citoyens soldats. Le département du Gard vous a transmis avec l'expression de sa reconnoissance, l'assurance des sentimens dont les habitans de la ville de Nismes restent pénétrés pour votre garde nationale. Vous voila donc chargés, messieurs, de manifester le vœu d'un grand département avec celui de nos cités considérables, vous ne pouvés le faire qu'en étant les premiers à offrir à cette genereuse milice la couronne civique qu'elle mérite. Eh ! pourquoi, en nous raprochant des anciennes institutions des peuples libres, n'adopterions nous pas le genre d'encouragement & de recompenses qu'ils accordoient à ceux qui se devouoient à la patrie. J'ai donc l'honneur de vous proposer d'aller, revetus des decorations que la loi vous donne, à la rencontre du detachement à l'heure de son arrivée à Montpellier, d'inviter tous les bons citoyens de se joindre à vous pour temoigner à la legion, avec toute l'énergie & la solennité possible, la satisfaction générale de sa bonne conduite en lui remettant copie collationnée de la lettre du département du Gard & de la deliberation que vous allés prendre.

* Surquoi le corps municipal applaudissant à la motion de M. Allut, l'a unanimement adoptée ; en consequence il a deliberé de se rendre en corps à la porte de la ville au moment de l'arrivée du détachement, a prié M. le maire d'exprimer à la légion les sentimens de la cité, & a arrêté que le conseil général seroit convoqué à l'effet de lui proposer de participer à ce temoignage de la reconnoissance commune.

Du 20 juin, onze heures & demi du matin, le corps municipal de la ville de Montpellier assemblé au retour de la messe de St Pierre à laquelle il avoit assisté pour rendre grace à Dieu du retour du beau temps, si nécessaire aux récoltes, M. le maire met sur le bureau l'adresse de la municipalité de Paris & les décrets de l'assemblée nationale relatifs à la confederation nationale & propose de deliberer.

Le corps municipal, vû que le district n'est pas encore formé, & qu'à son défaut, l'execution des decrets cy-dessus est confié à la municipalité, charge le bureau de ne pas perdre un instant pour la ditte execution & fixe à dimanche prochain 27 du courant, l'assemblée générale des députés des gardes nationales du district.

1790.

M. le Maire fait part aussi de la délibération de la légion relativement à la fœderation civile & militaire proposée par la ville de Touloufe & communiquée à la ditte garde par le corps municipal.

PAGE 194.
Le conseil, plein de reconnoissance & de fraternité pour la ville de Touloufe, a témoigné le plus grand desir de se rendre à une invitation aussi conforme à ses vœux; mais les circonstances * delicates où il se trouve, le besoin qu'il a de tous ses membres pour le maintien du bon ordre. & la fuite des affaires, le forçant à resister à un empressement si legitime, il a arreté d'envoyer à ses freres de Touloufe l'adhesion la plus formelle & l'assurance de ses regrets; privé de l'honneur d'être representé à la fœderation qui aura lieu à Touloufe, il s'y associera par ses vœux & son amour; son patriotisme franchissant les distances le rendra toujours heureux & présent au milieu de ses frères.

PAGE 195.
Du 21 juin 4 heures de relevée, le conseil général de la commune assemblé dans la grande salle de l'hotel de ville, après une convocation faite par MM. les officiers municipaux, M. le maire propose un objet de procès verbal de ce qui s'étoit passé le 19 du courant lorsque le *-conseil fut au devant de la garde nationale à son arrivée de Nismes. Ce projet a été unanimement adopté & son impression votée.

On a annoncé une deputation de citoyens actifs. Ayant été introduite, M. Bazille l'ainé a dit en son nom qu'ils venoient remercier la municipalité de ses soins paternels pour le bien du peuple, essentiellement dans ses procédés pour la diminution du prix des comestibles & qu'il la prioit de faire lire au prône l'adresse aux citoyens que le conseil venoit de repondre à ce sujet. M. le maire a témoigné à la deputation la sensibilité du conseil à une démarche aussi flateuse. La publication au prone a été deliberée.

PAGE 196.
Du 23 juin, onze heures avant midi, le corps municipal de la ville de Montpellier assemblé, M. le maire a mis sur le bureau une lettre du * corps aministratif du département du Gard, contenant envoi de sa proclamation pour le retour de la tranquilité publique & des certificats y annexés avec priere de la faire publier & afficher; surquoi le corps municipal ayant égard à l'utilité de ces pièces & à l'invitation de MM. les administrateurs du département du Gard, voulant dissiper les faux bruits qui se sont répandus sur la cause des troubles de Nismes, ouï & ce requerant le procureur de la commune, a deliberé de faire imprimer publier & afficher la présente deliberation, ayant à sa suite la proclamation & certificat envoyés par MM. les administrateurs du département du Gard.

PAGE 197.
Du vingt cinq juin quatre heures de relevée, le corps municipal de la ville de Montpellier assemblé, M. le maire a dit : Que le corps municipal avoit reconnu par sa deliberation du 20 de ce mois que l'execution du decret de l'assemblée nationale relatif à la confederation indiquée à Paris le 14 juillet concernant la municipalité par le deffaut de formation du directoire du district, * qu'en consequence, dés avoir receue ce decret parveneu le même jour, le bureau s'étoit empressé d'écrire à tous les chefs lieux de canton du district, leur indiquant & les priant de communiquer aux municipalités de leur ressort les moyens qu'il falloit prendre pour rassembler dans cette ville, dimanche prochain huit heures du matin, les electeurs des gardes nationales qui doivent choisir les deputés à lad. confederation ;

Livre premier. — Seconde partie.

Qu'avant la tenue de l'assemblée des électeurs, il lui paroissoit convenable de se fixer sur les moyens, & principalement sur le nombre d'hommes qui doit servir de base à celui des deputés & sur la taxe à allouer à chacun d'eux ;

1790.

Surquoi, ouï le procureur de la commune, vu le decret de l'assemblée nationale du 8 juin courant qui entr'autres dispositions, laisse aux districts éloignés de Paris de plus de cent lieues la liberté de n'envoyer qu'un député par quatre cens & veut que la dépense des deputés soit fixée de la manière la plus économique ;

Le corps municipal a arreté que conformement à l'esprit du decret, les gardes nationales n'enverront qu'un député par quatre cens hommes, auquel il sera alloué par le district trois cens soixante livres pour les frais de voyage & du retour, & neuf livres pour chaque journée de séjour dans la capitale jugée necessaire par la commune de Paris, à compter du douze juillet jusques au jour du départ & néanmoins le corps municipal desirant prevenir le vœu des gardes nationales qui pourroient preferer une deputation plus nombreuse, declare que lesd. gardes nationales auront la liberté de deputer un homme par deux cens, à la charge que les fraix de ce doublement ne seront point supportés par le district, lequel n'allouera d'autre dépense que celle relative au nombre d'un deputé pour quatre cens hommes & suivant la taxe cy dessus fixée.

Un des membres a proposé d'aviser aux moyens de * procurer les avances qui pourroient être necessaires aux deputés des gardes nationales.

PAGE 198.

Surquoi il a été deliberé d'autoriser les membres du bureau, d'après les demandes des deputés, à tirer sur M. de Joubert, tresorier général des impositions de la présente année, des mandats de deux cens quarante livres en faveur de chacun desd. deputés avant leur départ de cette ville & de charger encore led. sr de Joubert de faire payer auxdits deputés à Paris cent vingt livres avant leur départ de cette capitale, ces deux sommes formant ensemble la taxe du voyage & retour, celle des journées de séjour ne devant être payée qu'après le retour des députés.

M. Fargeon, procureur de la commune, a dit :

Messieurs, j'ai l'honneur de remettre sur le bureau plusieurs exemplaires d'un imprimé ayant pour titre : Declaration & petition des catholiques de Nismes en datte du 1er juin courant suivie d'une adresse au roi & à l'assemblée nationale.

Vous jugerés, messieurs, à la lecture de cet écrit, par la doctrine dangereuse qui y est repandue, par les maximes inconstitutionnels que les auteurs ont substitué aux vrais principes, par l'abus qu'ils ont fait des mots de religion, d'ordre & de paix & de ce que la politique & la morale ont de plus sacré & de plus respectable, combien ces erreurs pourroient devenir funestes pour la tranquilité de notre cité, une malheureuse experience nous ayant appris jusqu'à quel point elles ont troublé la paix & allumé le feu de la guerre civile dans le lieu où elles avoient pris naissance.

Déjà prevenu que l'assemblée nationale nantie de cette affaire a exprimé combien étoit réprehensible la conduite des soidisants catholiques de Nismes, je me serois abstenu de vous dénoncer cet écrit incendiaire ; mais j'ai appris qu'une coupable affectation l'a fait repandre dans notre cité & qu'il en a été envoyé des exemplaires aux sindics & consuls de differents corps ou corporations, comme il conste par la remise qui m'en a été faite par plusieurs d'entr'eux avec un empressement qui prouve le zèle & leur amour pour le bien public.

PAGE 199.

Cette demarche de la part des soidisants catholiques de Nismes ne doit elle pas nous faire craindre que les ennemis du bien public s'agittent toujours pour troubler la paix & indisposer le peuple contre nos augustes legislateurs ; ces craintes ne doivent elles pas nous faire redoubler d'efforts pour maintenir la paix

1790.

de nos foyers qui n'a jamais été troublée & qui ne sauroit l'être à moins qu'on n'égare ce peuple facile mais généreux, qu'on ne precipite dans l'erreur qu'en empruntant le masque des vertus qu'il idolatre.

Au moment où l'assemblée nationale vient de manifester sa juste indignation contre cet écrit & ses auteurs il seroit superflu de provoquer auprès de vous, Messieurs, aucune deliberation ou adresse pour combattre les sophismes & la doctrine dangereuse qu'il renferme; mais je pense qu'il est de votre sagesse d'exprimer vos principes & vos sentimens contre cet écrit & à cet effet je requiers qu'il plaise au corps municipal de denoncer au comité des recherches de l'assemblée nationale l'envoi qui a été fait aux sindics des corps & corporations de cette ville de lad. adresse & petition & d'y joindre les exemplaires qui ont été remis au greffe de la maison commune avec les envelopes qui les accompagnoient, de proscrire lad. declaration & petition, d'enjoindre à tous ceux qui pourroient en avoir des exemplaires de les remetre dans trois jours au greffe, d'en deffendre l'impression, vente & distribution, à peine contre les imprimeurs, libraires & colporteurs, d'être dénoncés devant qui de droit & punis suivant la rigueur des ordonnances.

PAGE 200.

Et afin de prevenir les pernicieux effets de cet écrit distribué aux sindics des corps & corporations, je requiers aussi qu'extrait de la deliberation qui interviendra leur soit adressé pour qu'ils ayent à la communiquer à leurs corps assemblés & à la faire transcrire sur leur registre comme * un monument de notre adhesion & soumission aux principes & decrets de l'assemblée nationale, monument qui doit servir à les éclairer & à les garantir de toutes les sugestions & insinuations perfides des ennemis de la nation & à les faire jouir de cette paix désirable sans laquelle seroit fletri le germe de la felicité publique.

Lecture faite de la déclaration & petition des soidisant catholiques de Nismes.

Le corps municipal professant les principes & partageant les sentimens exprimés dans le requisitoire du procureur de la commune & disant droit à ses requisitions a unanimement deliberé de denoncer au comité des recherches de l'assemblée nationale l'envoi qui a été fait aux sindics des corps & corporations de cette ville de lad. adresse & petition, d'y joindre les exemplaires qui ont été remis au greffe; fait tres-expresses inhibitions & deffenses aux imprimeurs, libraires & colporteurs de l'imprimer, vendre & distribuer à peine d'être dénoncés devant qui de droit & punis suivant la rigueur des ordonnances, ordonne qu'extrait de la presente sera adressée aux sindics des corps & corporations pour qu'ils a la communiquer à leurs corps assemblés & qu'ils la fassent transcrire sur leurs registres & qu'elle sera aussi imprimée, lue, publiée & affichée partout où besoin sera.

M. Fargeon, procureur de la commune, a dit :

Messieurs, nous touchons au moment d'une récolte abondante qui fait l'objet de nos esperances & la consolation du cultivateur & de la portion indigente de nos concitoyens; mais plus d'une fois ce bienfait du ciel a demeuré sans effet par la cupidité de ceux qui transforment un commerce honnête & necessaire sur les grains en un trafic & un monopole qui en rendant rare cette denrée précieuse livrent l'indigent au desespoir.

Un des moyens d'y remedier qui m'a été inspiré par de bons citoyens eclairés, c'est de deffendre à tous ceux qui font le commerce des grains autres que les marchands qui ont magazin & boutique ouverts de faire ou faire faire avant le 1er octobre prochain aucuns achats dans les villages, fermes & campagnes.

PAGE 201.

* Le principal motif, c'est de donner à l'habitant les moyens de faire sa provision avant que ceux qui cherchent à speculer sur cette denrée de premiere necessité puissent la faire rencherir ou la rendre rare par des accaparements ou emmagazinements.

Plus d'une fois l'administration municipale a fait des reglements sur cette matière & les registres du greffe dont j'ai pris des extraits contiennent un grand nombre d'ordonnances contre les accapareurs.

Je ne me dissimule pas tout ce qui touche à l'approvisionnement & au commerce des grains est très délicat & mérite d'être traité avec autant de prudence que de circonspection, aussi je me borne en l'etat à vous proposer cet objet de deliberation extremement important sous quelque point de vue que vous le considerés & à vous prier & requerir de nommer un comité qui s'en occupe incessament, auquel je remetrai les instructions que j'ai sur cette matière.

Le corps municipal a applaudi cette motion & l'a renvoyée à la section des subsistances pour s'en occuper sans délai.

PAGE 203.

* L'an mil sept cens quatre vingt dix & le 27 juin, neuf heures du matin, Nous, maire & officiers municipaux de la ville de Montpellier, chef lieu du district du même nom representant en vertu du décret de l'assemblée nationale du 8 de ce mois le directoire du district qui n'est pas encore formé, procédant à l'exécution dud. decret, nous sommes rendus à l'église de la

Mercy, lieu indiqué pour l'assemblée des électeurs des gardes nationales du district choisis pour deputer à la confederation générale qui aùra lieu à Paris le 14 juillet prochain.

Ou étant, se sont assemblés en notre présence les electeurs presumés des divers cantons du district.

M. le maire a ouvert la séance par le discours suivant :

> François, vos frères vous appellent, la liberté se prépare, allés embellir son triomphe. Qui mieux que vous l'a mérité ? Citoyens vigilans vous avez maintenu dans vos murs le bon ordre & la paix ; voisins généreux votre exemple a prévenu des troubles ou votre présence les a dissipés ; par tout votre sagesse ou votre courage ont opposé aux ennemis de la nation une barrière insurmontable.
>
> Quel prix de vos travaux vous allez recevoir ? Le patriotisme des soldats citoyens du district de Montpellier va se montrer dans tout son jour. Auprès des vainqueurs de la Bastille se rangeront les pacificateurs de Nismes. Ils montreront des ruines, vous montrerés des hommes ; ils ont détruit la servitude, vous avez sauvé vos concitoyens ; ils conquirent la liberté & vous avez conquis la paix.
>
> Mais il vous tarde de faire votre choix : nous y applaudissons d'avance & vous avez cet avantage que vos choix ne portant que sur des gardes nationaux ils ne peuvent tomber que sur de bons citoyens.

Ayant procédé ensuite à l'appel nominal des cantons leurs electeurs se sont successivement presentés & ont remis leurs pouvoirs qui ont été verifiés, tous ont été reconnus valables, à l'exception de ceux de la ville de Poussan, qui ayant fait deux deputations a donné lieu à quelques difficultés dont le rapport a été fait à l'assemblée.

> L'assemblée, ouï le rapport, considérant que les douze deputés nommés par les deux assemblées de la ville de Poussan sont les representans de trois cens trente citoyens & que par consequent leur nombre n'excede pas pour la ville de Poussan la proportion fixée par le decret, voulant entretenir la paix dans cette ville, a unanimement deliberé d'admettre les douze électeurs ici presens, lesquels cedant à un vœu général qui est devenu le leur & penetrés des sentimens de l'assemblée ont demandé a pretter en * ses mains un serment civique & de fraternité qui fût le gage de leur union & de la paix inaltérable qui regneroit toujours parmi eux.

PAGE 205.

L'assemblée a temoigné par des vifs applaudissements combien cette proposition lui étoit agréable & a demandé que M. le maire de Poussan qui étoit à l'entrée de la salle fut introduit, lequel ayant été admis au sein de l'assemblée, les douze électeurs de Poussan & leur maire se sont embrassés au milieu d'une acclamation générale. M. le maire de Montpellier ayant prononcé la formule du serment, les douze électeurs & M. le maire de Poussan l'ont pretté par ces mots : Je le jure.

Tous les pouvoirs verifiés & reconnus valables il en est résulté l'état suivant :

* Canton de Montpellier. Garde nationale de Montpellier composée de 3,200 hommes...

PAGE 208.

* L'assemblée constituée s'est trouvée composée de cinq cens huit électeurs representans neuf mille trois cens trente huit gardes nationales du district de Montpellier.

PAGE 210.

Le corps municipal a fait faire lecture de l'adresse des citoyens de Paris à tous les François, des decrets de l'assemblée nationale des 8 & 9 juin & des pièces y annexées, comm'aussi de la déliberation du corps municipal de cette ville du 25 courant.

M. le maire a annoncé que l'assemblée étant composée de cinq cens huit

1790. deputés, repréfentant neuf mille trois cens trente huit gardes nationales du diftrict, il falloit proceder de fuite, d'après les termes des decrets de l'affemblée nationale & la deliberation du corps municipal, aux choix de vingt quatre deputés pour Paris.

Un membre de l'affemblée a prétendu que ce n'étoit point au corps municipal que la liberté de deputer à raifon de deux cens ou quatre cens étoit refervée, qu'il n'avoit d'autre droit que de fixer la dépenfe de chaque deputé & que le corps électoral feul avoit la liberté [d'envoyer un deputé par deux cens ou un deputé par quatre cens. Il a fait la motion expreffe de deputer à raifon d'un par deux cens qui feroient tous payés par le diftrict.

Page 211.   * Le corps municipal a obfervé que c'étoit à lui, repréfentant le diftrict non formé, que l'option étoit confiée, que la plus grande economie lui étoit ordonnée, que n'étant qu'un repréfentant provifoire il devoit ufer avec la plus grande circonfpection de fon autorité paffagere, que tous les interets du diftrict lui étant confiés il devoit ne pas chercher à augmenter les dépenfes, qu'en conféquence il croyoit de fon devoir de perfifter dans fa precedente deliberation, que les electeurs avoient la liberté d'en choifir un par deux cens & qu'ils pouvoient fe referver de faire autorifer par le diftrict lorfqu'il fera formé l'excedent de depenfe qu'occafionnera cette double deputation.

L'affemblée a demandé qu'on deliberat de fuite fur le nombre des députés à nommer. La propofition mife aux voix fur le nombre de deux cens, par affis & levé il a été deliberé à une très grande majorité qu'on choifiroit un deputé par deux cens.

Un membre a propofé de fe divifer en treize fections qui fe tiendroient dans les diverfes chapelles de l'eglife en prefence d'un de meffieurs les officiers municipaux & procederoient feparement à l'election des deputés en proportion du nombre des gardes nationales que chaque fection reprefenteroit & qu'après l'election finie, l'affemblée fe reuniroit & la proclamation de chaque deputé feroit faite en prefence de tous les electeurs par le corps municipal. Cette propofition ayant été accueillie par acclamation, a été mife aux voix par affis & levé & a été unanimement adoptée.

La féance a été levée vu l'heure tarde; M. le maire la prorogée à deux heures de relevée.

Page 232.   * Du même jour à trois heures après midy, nous maire & officiers municipaux fufdits, en vertu de la prorogation faite ce matin nous fommes rendus dans l'eglife de la Mercy, où fe font trouvés les deputés électeurs des gardes nationales du diftrict de Montpellier. Après la lecture du procès-verbal de la féance du matin l'affemblée s'eft divifée en fections pour proceder au choix des deputés à envoyer à Paris, lefquelles fections fe font rendues dans les diverfes chapelles de l'eglife où en prefence d'un de meffieurs les officiers chaque fection a procédé feparement.

Le choix de chaque fection étant terminé, l'officier municipal qui avoit assisté en a pris le resultat & l'assemblée des electeurs s'étant réunie, M. le maire a proclamé les quarante cinq deputés choisis par les diverses sections qui ont été reconnus y avoir reuni la majorité absolüe des suffrages & il en est resulté que MM. Duffours, Pelissier, F^s Angeau, Ferrier fils, Arjallac, Cazalet ainé & Poujol ont été deputés par la première section. MM. Vacquier, Ant^e Bancal & Cadet Ricome ont été deputés par la seconde section. M. P^re Jean dit Laroque a été deputé par la troisieme section. M. Placide Vernier a été deputé par la quatrieme section. MM. Menard fils & Rouet ont été deputés par la cinquieme section. MM. Tisson fils, Feline & Jean Berger fils ont été deputés par la sixieme section. M. Lacroix a été deputé par la septieme section. MM. Massia & Grenier ont été deputés par la huitieme section. MM. Beleze pere, Vezian pere, Soulier & Boulabert ont été deputés par la neuvieme section. MM. B^my Saint Pierre fils & Jean Cabanis ont été deputés par la dixieme section. MM. Tudès pere & Bernadou ont été deputés par la * onzieme section. MM. Tinel, Gautier, Doumet & Mercier cadet ont été deputés par la douzieme section. MM. Montaigu, Tandon ainé, de Joly, Vidal, Marcenac, Marc Ant^e Bazille, Delon, Brun ainé, Calandre, Nogaret, Cauvas, Panckouké & Davranche par la treizieme section.

Après la proclamation des quarante cinq deputés l'assemblée a manifesté sa satisfaction par des applaudissements reiterés & leur a donné les pouvoirs généraux & suffisants pour représenter le district de Montpellier à la federation de toutes les gardes nationales du royaume & les troupes de ligne qui doit avoir lieu le quatorze juillet prochain à Paris, jurant en leur presence & leur donnant pouvoir de jurer pour les gardes nationales du district de maintenir de tout notre pouvoir la constitution du royaume decretée par l'assemblée nationale & acceptée par le roi, d'être fidèles à la nation, à la loi & au roi & de pretter main forte à tous ceux qui seroient attaqués par les ennemis de la nation.

M. le maire a de suite observé qu'en vertu de la deliberation prise par le corps municipal on ne pouvoit delivrer que vingt quatre mandements de deux cens quarante livres chaque sur M. de Joubert, tresorier général des impositions, habitant de cette ville, pour servir d'avances aux deputés pour leur depart & vingt quatre mandats de cent vingt livres chaque sur M. Castelnau à Paris, pour fournir aux frais du retour, & qu'il étoit par consequent nécessaire que les quarante cinq deputés se conciliassent ensemble pour recevoir lesdits mandements.

L'assemblée a deliberé d'accepter les vingt quatre mandements, se reservant de se pourvoir par devant qui de droit pour faire autoriser les depenses totales que la députation occasionnera, d'apres la fixation faite par MM. les officiers municipaux pour chaque deputé.

Le corps municipal a autorisé MM. Durand maire, Aurès & Cambon fils ainé, officiers municipaux, d'expedier & signer les vingt quatre mandements de deux cens quarante livres chaque sur M. de Joubert & pareil nombre de

1790. cent vingt livres fur M. Caftelnau à Paris, les chargeant d'en tenir notte exacte & de pourvoir à ce que le payement s'en effectue.

PAGE 214. * M. le maire a annoncé que les operations de l'affemblée etoient finies & a levé la féance.

L'an 1790 & le 29 juin, dix heures du matin, Nous, maire & officiers municipaux de la ville de Montpellier, affemblés dans une des falles de la maifon commune, fe font préfentés les électeurs des gardes nationales qui avoient compofé le vingt fept courant les fixieme & neuvieme fection de l'affemblée génerale des électeurs des gardes nationales du diftrict, lefquels nous ont reprefenté qu'en vertu de la deliberation prife par lad. affemblée, ils avoient nommé feparement les deputés à la confederation qui doit avoir lieu le 14 juillet prochain à Paris & que leur choix unanime s'étoit réuni favoir, pour la fixieme fection en faveur de M. Jean Berger fils & pour la neuvieme fection en faveur de M. Vezian pere, mais que des raifons legitimes empechant lefd. deputés nommés d'accepter l'honorable députation qu'on leur avoit confié & le patriotifme leur faifant defirer d'avoir une reprefentation à la federation nationale, ils nous ont prié de vouloir bien les autorifer à proceder à une nouvelle election en notre préfence. Surquoi, ouï le procureur de la commune, le corps municipal a deliberé de donner acte aux electeurs des fixieme & neuvieme fection de leur petition & de fuitte ils ont procedé feparement & en notre prefence au remplacement de leurs deputés, le choix unanime de la fixieme fection s'eft réuni en faveur de M. Jean Baptifte Bez au lieu & place de M. Berger fils, & celui de la neuvieme fection s'eft reuni unanimement en faveur de M. Boudon au lieu & place de M. Vezian père.

PAGE 215. M. le maire a de fuite proclamé les deux fujets elus * & l'affemblée a manifefté fon approbation par des vifs applaudiffements & avons figné.

Cela fait s'eft encore préfenté le corps des electeurs de la treizieme fection qui nous ont dit que le fieur Vidal choifi par les dragons nationaux de cette ville pour leur reprefentant à la deputation à Paris, ne pouvant s'y rendre à caufe d'une indifpofition, ils avoient unanimement choifi le fieur Ignace Donnadieu, brigadier defdits dragons, pour remplacer ledit fieur Vidal, nous requerant de leur donner pareillement acte de ce remplacement & de proclamer led. fr Donnadieu deputé à la confederation génerale à Paris. Ouï le procureur de la commune, le corps municipal a donné acte dud. remplacement & M. le maire l'a proclamé.

L'an 1790 & le 30 juin à dix heures avant midy, Nous, maire & officiers municipaux de la ville de Montpellier affemblés dans une des falles de la maifon commune, fe font préfentés les electeurs de la treizieme fection, qui nous ont dit que M. Delon choifi par eux pour la deputation à Paris ne pouvant s'y rendre par des raifons legitimes ils defirent unanimement pouvoir proceder à une nouvelle election.

PAGE 216. * Surquoi ouï le procureur de la commune,

Le corps municipal a donné acte auxdits électeurs de leur petition & ils ont de fuitte procedé en nôtre prefence au choix d'un nouveau deputé &

l'unanimité des suffrages s'étant reunie en faveur de M. Vernet, M. le maire 1790. la proclamé en place de M. Delon.

Du vendredi deux juillet dix heures du matin. M. le maire a mis sur le bureau une petition de la compagnie de cavalerie n° 1 ; suit la teneur :

A Messieurs les maire & officiers municipaux. Messieurs, La premiere compagnie de cavalerie confiderant que l'augufte ceremonie que prepare l'affemblée nationale dans les murs de la capitale ne fauroit avoir trop de folemnité, confiderant que fon deffein ayant été d'appeller le plus grand nombre poffible de gardes nationales du royaume à y cooperer pourvu toutes fois que cette affluence s'accorde avec les vues d'œconomie dont elle fait profeffion, defirant par une deputation être reprefentée, elle a l'honneur de réclamer auprés de vous, Messieurs, un titre fuffifant pour que M. Henry Bofquat qui n'a été exclus de la deputation que par le fort puiffe fe prefenter & être admis à cette ceremonie parmi les legionnaires du département. La premiere compagnie a l'honneur d'obferver que fon député y va à fes fraix.
Nous avons l'honneur d'être avec refpect, Messieurs, vos tres humbles & tres obeiffants ferviteurs, les volontaires de la premiere compagnie de cavalerie, figné Granier, commandant.

Surquoi le corps municipal a donné acte à lad. compagnie de fa petition, a approuvé la deputation qu'elle fait en fon nom & à fes fraix de M. Henry Bofquat & ne pouvant lui defferer la qualité de député du diftrict a deliberé d'ecrire à M. le maire de Paris pour folliciter fon admiffion.

M. le maire a propofé de s'unir à la confederation nationale par une confédération particuliere faite le même jour & à la même heure & à laquelle feroient appellés la commune, la legion & tous les autres corps militaires. Le confeil a unanimement voté & arreté cette fœderation dont le detail fera rapporté au confeil & l'exécution renvoyée au bureau.

* Un membre a obfervé qu'un decret de l'affemblée nationale qui n'eft PAGE 218. pas encore connu d'une maniere legale, ordonnant que tous les anciens corps de milice bourgeoife, &c. font fupprimés & que les drapeaux feroient depofés aux voutes des eglifes principales comme un monument de paix & d'union, il a demandé qu'on profitat de la folemnité de la fête du 14 Juillet pour exécuter ce decret & que le bureau fit en forte de lier cette exécution avec celle de la federation. Cette propofition a été accueillie.

Du trois juillet quatre heures de relevée, M. Sadde, parlant toujours au nom de fon corps, a fait part des troubles elevés dans la compagnie de St Paul & a demandé l'affiftance du corps municipal pour les faire ceffer, les deputés du confeil d'adminiftration ayant de leur côté tous les pouvoirs néceffaires. Surquoi il a eté deliberé de faire convoquer demain fept heures du matin le corps municipal, les commiffaires du confeil d'adminiftration de la legion & d'appeller le major de la compagnie St Paul, deux officiers, deux bas officiers & deux volontaires de la fection des grenadiers & pareil nombre de la fection des chaffeurs de la même compagnie, pour fur les dires refpectifs être ftatué ce qu'il appartiendra.

M. le fubftitut du procureur de la commune a lu un requifitoire fur la fœderation arretée pour le 14 juillet.

Du quatre juillet fept heures du matin. * S'eft prefenté M. F. Blouquier, PAGE 221. officier de la fection ditte des chaffeurs de la compagnie de St Paul, il a rendu compte des troubles furvenus dans cette compagnie & des caufes qui les ont occafionnés, il a demandé au nom de tous les officiers de la fection des chaffeurs que leur demiffion, deja offerte, fut acceptée.

50

1790. M. Blouquier retiré, M. Allut le père, major de la compagnie, a rendu compte de son côté des sujets de division qui existoient dans sa troupe. On a ensuitte appellé les deputés des deux sections de la compagnie de St Paul, convoquée en exécution de la deliberation de hier. Se sont presentés quatre officiers, quatre bas officiers & quatre volontaires, qui joints à M. Allut major ont exposé, en presence du conseil & du comité, leurs griefs & leurs demandes. Les parties ouïes, la matiere mise en deliberation & discutée en leur présence, le procureur de la commune entendu :

Le corps municipal & les commissaires du conseil d'administration considerant que les troubles de la compagnie St Paul ne proviennent que de sa mauvaise organisation & de sa division en sections appellées de chasseurs & de grenadiers & des discussions elevées entre les officiers respectifs de ces sections ;

Que cette organisation vicieuse exige des modifications qui doivent être faites, au desir du decret de l'assemblée nationale par les municipalités & gardes nationales réunies.

A arrêté 1° Que la compagnie St Paul ne sera plus divisée en sections, qu'il n'y aura entre les citoyens qui la composent aucune difference de qualification ni d'uniforme ; qu'il n'y aura point d'état major ; que les mêmes officiers commanderont toute la compagnie & que ces officiers seront nommés au scrutin à la majorité absolue & d'après les regles établies par l'assemblée nationale, par le scrutin individuel ou de liste en presence d'un officier municipal ou d'un commissaire de la garde nationale. Et pour l'execution de ce dessus, il a été arrêté : que tous * les volontaires de la compagnie St Paul porteront au retroussis de leur habit une grenade d'un côté & un cor de l'autre ; que les volontaires ne porteront aucune epaulette, excepté celles necessaires pour distinguer leur grade, que le pouf de tous les volontaires sera blanc & leur sera offert par la commune. Et sur la proposition unanime de MM. les deputés des deux sections, pour éviter aussi toute pretention & esprit de parti dans cette compagnie, il a été arrêté que tous les officiers & bas officiers de la compagnie St Paul ne seroient reputés que volontaires & qu'en consequence pour laisser une liberté entiere à ceux qui servent dans cette compagnie d'adopter le nouveau régime, il sera ouvert de suite un registre où iront s'inscrire tous les volontaires de lad. compagnie ou autres citoyens actifs, laquelle inscription sera continuée jusqu'à dimanche prochain, auquel jour tous les citoyens inscrits seront convoqués pour faire l'élection de leurs officiers & bas officiers ainsi qu'il a été cy dessus determiné & dans le nombre qui sera fixé par la ditte assemblée.

Le corps municipal & le conseil d'administration a arrêté en outre que la compagnie St Paul conservera le rang & le n° qu'elle occupe dans la legion ; que son drapeau lui sera aussi conservé & deposé jusqu'à dimanche, à la maison commune, pour être remis après l'election aux officiers qui seront nommés.

M. le maire ayant prononcé l'arreté cy dessus aux deputés des deux sections, M. Allut, major, & tous les officiers présents se sont empressés d'y adherer en deposant leurs epaulettes sur le bureau & divers deputés de cette compagnie ont été se faire inscrire.

M. Sadde a ensuite proposé de pourvoir aux difficultés qui pourroient naitre à l'occasion de la garde qui devoit être faite ce soir dans la compagnie de St Paul.

Surquoi, le corps municipal & les commissaires, ouï le procureur de la commune :

Ne voulant pas priver de braves volontaires d'un service qu'ils desirent & qu'ils ont merité, * a arrêté que la garde de ce soir sera faite par les officiers, bas officiers & volontaires de tour, qui serviront tous en qualité de volontaires, & seront commandés par deux officiers de l'etat major que M. le maire a été chargé de prevenir.

Du cinq juillet quatre heures de relevée. Il a été fait lecture d'une lettre de M. Montagu adressée ce jourd'hui à MM. les maire & officiers municipaux au sujet de la requisition qui lui avoit été par eux faite de faire delivrer à la garde nationale de cette ville mille mousquetons. Surquoi le corps municipal considerant que les motifs de cette requisition restent en leur entier, que les armes demandées deviennent de jour en jour plus néces-

faires à caufe du nombre des citoyens qui fe font incorporés dans les diffe- 1790.
rentes compagnies, que le complement de l'armement ne fauroit plus fe
differer à caufe de l'approche de la ceremonie de la federation générale
indiquée au quatorze de ce mois & des demandes preffantes & reïterées de
la garde nationale, qu'il feroit néanmoins retardé fi l'effet de la requifition
étoit renvoyé aprés la reponfe du miniftre, que le depot propofé à l'arfenal
des mille moufquetons jufqu'a cette époque les rend inutiles tant pour la
garde nationale de Montpellier que celles des villes & communautés voifines, a arreté de perfifter de plus fort dans la requifition qu'il a faite à
M. Montagu de faire delivrer les mille moufquetons à la garde nationale de
cette ville en le rendant refponfable * des troubles & des évenemens que   PAGE 224.
le retard pourroit occafionner, en obfervant à M. Montagu que la fatisfaction
qu'il a temoigné de la part du roi à la garde nationale de Montpellier, de
la bonne conduite qu'elle a tenue à Gignac & à Nifmes, devient un nouveau
motif de confiance & de fe rendre à la requifition qui lui eft faite & que
s'il fe croit obligé au depot defdittes armes d'aprés les démarches qu'il
annonce avoir faites vis-a-vis du miniftre, la municipalité fe chargera du
dépôt & offre fur les ordres du roi de reprefenter les moufquetons qui lui
feront delivrés.

Du fix juillet quatre heures de relevée, le confeil général de la commune
affemblé. * Le comité chargé d'examiner la motion faite par M. Allut pour   PAGE 225.
le logement des corps adminiftratifs à l'intendance & le projet de M. Bongue
pour faire une place aux herbes du jardin de cette maifon a fait fon
rapport. Surquoi le confeil, ouï le procurier de la commune, a chargé le
même comité de fe concilier avec le corps adminiftratif pour les logemens
provifoires & definitifs qui leur conviendroient le mieux, de preffer la leyée
des plans & devis extimatifs de la dépenfe que pourroient entrainer le
changement de la maifon commune & l'etabliffement des corps administratifs à l'intendance, pour fur leur raport être enfuite deliberé ce qu'il appartiendra.

M. le maire fait part au confeil, que le corps municipal a arreté de
s'unir le quatorze juillet à la confédération nationale par une féderation
particuliere à laquelle la commune, la garde nationale & autres corps militaires feroient appellés. Il a ajouté que la prefence d'un confeil général
devant completter cette fête & ajouter à fa majefté le corps municipal avoit
deliberé de lui propofer d'y affifter. Des vifs applaudiffemens ont temoigné
combien cette propofition a été agréable au confeil, & elle a été unanimement adoptée.

* Du dix juillet quatre heures de relevée, le corps municipal de la ville   PAGE 227.
de Montpellier affemblé, M. le maire au nom du bureau préfente un plan
pour la federation.

Le confeil ouï le rapport & le procureur de la commune entendu a pris
l'arreté fuivant :

1º Le ferment civique & federatif fera pretté à l'Efplanade. 2º L'heure en fera fixée à midi précis,
moment où le fignal de la federation nationale fera donné à Paris. 3º L'autel de la Patrie fera elevé fur

une ftrade au milieu de la grande allée de l'Efplanade. 4º Les troupes nationales & de ligne feront requifes de s'y rendre en armes pour l'heure indiquée. 5º Le confeil général de la commune fera convoqué pour reprefenter à cette fête tous les habitans de la cité qui y feront néanmoins invités par une proclamation. 6º La veille à fept heures du foir une falve d'artillerie annoncera cette fête folennelle & le lendemain pendant la cérémonie toutes les cloches fonneront & les canons feront de frequentes defcharges. 7º M. le maire prononcera au nom de la commune le ferment fédératif décreté par l'affemblée nationale pour la fédération à Paris & les citoyens foldats & foldats citoyens feront invités à s'y joindre en prononçant ces mots : Je le jure. 8º M. le commandant de la garde nationale prêtera & fera prêter à fes troupes le ferment porté par le decret du 7 janvier 1790 fanctionné par le roi le 16 mars fuivant, en y joignant la claufe de fédération exprimée par le precedent ferment, qui fera en confequence prêté par la garde nationale : « Nous jurons d'être fidèles à la nation, à la loi & au roi, de maintenir de tout notre pouvoir, fur la requifition des corps adminiftratifs & municipaux, la conftitution du royaume & de pretter pareillement, fur les mêmes requifitions, main forte à l'execution des ordonnances de juftice & à celle des decrets de l'affemblée nationale, acceptés & fanctionnés par le roi. Nous jurons de demeurer unis à tous les François par les liens indiffolubles de la fraternité. 9º M. le commandant des troupes de ligne fera requis de prêter & faire prêter à fes troupes le ferment decreté par l'affemblée nationale & accepté par le roi pour le 14 juillet de chaque année & fera invité d'y joindre la claufe de fédération ci deffus exprimée. 10º Après le ferment il fera chanté fur le lieu même & entonné par l'aumonier de la ville un *Te Deum* en action de graces. * La cérémonie achevée les officiers des anciens corps de bourgeoifie qui y feront appellés avec leurs drapeaux, fe rendront accompagnés de la garde nationale à la cathédrale, où lefdits drapeaux feront fufpendus à la voutte comme un monument d'union & de paix.

Enfin il a été arreté que le foir de cette grande journée les citoyens feroient invités à illuminer leurs maifons.

M. Cambon a fait une motion relative aux armoiries que la ville a fait placer en differends temps fur les monuments publics & qui ne doivent plus fubfifter d'après les decrets de l'affemblée nationale.

Le confeil, en execution du decret de l'affemblée nationale du 21 juin dernier fanctionné par le roi, a chargé la fection des travaux publics de faire effacer avant le quatorze juillet les armoiries placées à la Fontaine de l'intendance & à celle de l'hotel de ville, comm'auffi de propofer les infcriptions relatives aux circonftances, qui devront les remplacer. Le confeil a ordonné en outre la tranfcription de la motion fur le regiftre.

Du onze juillet, fept heures du matin, le corps municipal de la ville de Montpellier reuni aux commiffaires de la garde nationale. Tous les citoyens compofant les deux fections de grenadiers & chaffeurs de la compagnie St Paul ont été introduits, on a fait lecture de la deliberation du comité du dimanche quatre du courant. Les fujets de divifion entre ces deux fections & les moyens de les faire ceffer ont été de nouveau expofés & difcutés & fur l'accord & le vœu unanimes des volontaires * de ces fections, ouï le procureur de la commune, il a été deliberé :

1º Que la compagnie St Paul formeroit deux divifions. 2º Que le fort decideroit de celle qui garderoit le rang, le nom & le nº de la compagnie St Paul. 3º Que le drapeau appartiendroit à celle qui perdroit le nom & le rang. 4º Que chaque fection conferveroit fon uniforme & marque diftinctive.

Cet arreté proclamé & unanimement applaudi, les deux fections ont tiré au fort entre les mains de M. le maire & le fort ayant favorifé la fection des chaffeurs elle a été proclamé compagnie St Paul nº 5 dans la legion. La fection des grenadiers invitée à fe donner un nom a pris celui de feconde divifion de la compagnie St Paul, ce qui a été unanimement applaudi. Les deux fections ont enfuite nommé leurs officiers en préfence du comité & les officiers nommés ont été proclamés. Le chirurgien major de l'ancienne compagnie a prié le comité de lui indiquer la fection à laquelle il demeureroit attaché. « A toutes deux, » ont demandé les volontaires ; « A toutes deux, » a repondu le confeil.

Du 12 juillet, onze-heures du matin, le corps municipal de la ville de Montpellier affemblé, M. le maire préfente au confeil un projet de proclamation relative à la fédération du 14 de ce mois ; il eft adopté en ces termes :

> Le corps municipal confidérant qu'au jour de la federation * qui va d'un peuple immenfe ne former qu'une feule famille, tout citoyen doit prendre part à ce contract facré & concourir à la fête de la patrie par fa joie & par fa préfence, que la folemnité du 14 juillet intereffe tous les amis d'une conftitution libre, qui confacre les droits de l'homme & repofe fur des principes inaltérables ; que les fêtes publiques font de l'effence même de la conftitution ; que celle du 14 juillet eft ordonnée par les décrets de nos légiflateurs & qu'il n'y a point de fête publique là où tous les citoyens ne font point appellés, invite tous les habitans de la cité à fe trouver mercredi prochain 14 juillet fur l'Efplanade, à l'heure precife de midy, pour affifter & prendre part au ferment fédératif que les repréfentans de la commune, armés & non armés prêteront en fon nom. Le ferment fera fuivi d'un *Te deum* en actions de graces ; les citoyens font invités à illuminer le foir leurs maifons.

Un des meffieurs fait la motion d'arreter que les ornemens de la fontaine de la Canourgue preparés pour elle & depofés dans les magafins de l'hotel de ville feront inceffament mis en place. Le confeil renvoië cet objet au comité des travaux publics.

M. le maire met fur le bureau une petition des citoyens actifs compofant la Societé des amis de la conftitution & de l'égalité, par laquelle en faifant part au corps municipal d'une foufcription de bienfaifance pour le jour du quatorze juillet, ils demandent que ce même jour la liberté foit accordée aux prifonniers détenus pour fautes legeres. Le confeil partageant les vües de cette Societé ordonne la tranfcription dans fes regiftres de fa petition, le depot au greffe de la foufcription ouverte en confequence, fe fait repréfenter par le procureur de la commune aux regiftres des prifons, arrete que trois prifonniers detenus pour fautes légères feront mis en liberté au moment même de la Fédération nationale & autorife M. le maire à écrire aux amis de la conftitution & de l'egalité pour leur manifefter la fatisfaction de la commune & leur communiquer les refolutions des reprefentans.

* Le 14 juillet, onze heures du matin, le confeil général de la commune affemblé dans la grande falle de la maifon commune après une convocation faite la veille par MM. les officiers municipaux, M. le maire annonce que les corps adminiftratifs ayant accepté l'invitation de la municipalité, la ceremonie de la federation recevra de leur préfence un nouvel éclat. Le confeil remercie le corps municipal de fa jufte prévoyance & manifefte la plus grande fatisfaction.

A l'inftant une compagnie de la garde nationale arrive à la maifon commune. Le commendant introduit offre au confeil de lui fervir d'efcorte. Le confeil en acceptant cette offre, en envoië faire hommage à meffieurs les adminiftrateurs du département & du diftrict.

Les corps adminiftratifs fe mettent en marche ; arrivés à l'efplanade, où toutes les troupes en armes n'attendoient plus que leur préfence, les officiers generaux viennent au devant d'eux, & les introduifent dans le bataillon quarré avec tous les honneurs militaires.

1790. Le cortege s'avance d'un pas grave vers l'autel de la patrie il fixe un œil satisfait fur l'ordre & la tenue de chaque compagnie; les drapeaux s'inclinent à fon paffage, les tambours font un roullement & les foldats lui préfentent les armes. Arrivé à l'autel & placé fur l'eftrade, fon elevation lui permet de jouir du plus touchant fpectacle, celui d'un peuple immenfe, impatient de mêler fes cris d'adhéfion au ferment de fes repréfentants.

M. le procureur de la commune fe préfente, on fait filence; il prononce le difcours fuivant:

PAGE 233.

Chers concitoyens, quelle eft impofante, quelle eft majeftueufe la ceremonie : qui nous raffemble : la cité eft reunie devant l'autel de la patrie, tous les cœurs brulent du feu facré du patriotifme & nous ne formons qu'une même famille.

Que d'idées confolantes nous rappelle cette reunion! Les droits de l'homme rétablis, nos chaines rompues, le defpotifme anéanti & la liberté victorieufe des abus du miniftère.

Au même inftant dans toutes les parties de ce vafte empire les François reparoiffent après un intervalle de plus de douze fiecles les veritables defcendans & heritiers de ces Francs qui fortoient libres des forêts de la Germanie, ou tels qu'ils fe préfentoient aux champs de mars avec les Clovis & les Charlemagne.

Il etoit refervé à nos auguftes légiflateurs, il etoit digne des vertus de Louis XVI, de nous faire jouir de droits imprefcriptibles que la nature & nos premieres inftitutions nous ont accordé. J'effayerois vainement de vous rétracer les avantages de la nouvelle conftitution qui nous y a rétablis. Entendez ce que toute la France repete. Partout ce ne font que temoignages de refpect & d'amour pour nos auguftes repréfentans & d'adhéfion à leurs décrets. C'eft par leurs foins, c'eft par leur courageufe fermeté qu'un nouvel ordre s'eft établi fur le cahos & fur les ruines du defpotifme & nous touchons au moment où le François effacera la gloire des peuples anciens que les hiftoires ont tant célébrés & fixera pour jamais les droits de toutes les nations de la terre.

Elle nous ordonne, cette fage conftitution, d'être fidelles à la nation, à la loi & au roi, mais elle nous invite auffi, elle nous preffe de vivre & de mourir infeparablement unis. Quelle eft la cité qui peut mieux que la notre, chers concitoyens, fe glorifier d'avoir rempli le double precepte de la loi. La reconnoiffance publique eft gravée en caracteres inefaçables dans le cœur de tous fes peres, de tous les enfants, de tous ceux que vous avés protegés ou defendus dans ces villes, nos voifines & nos alliées, & la France entière a applaudi à votre courage & à votre civifme.

C'eft la confécration de votre devouement pour la patrie que vous venez confirmer dans ce jour, dont la majefté eft relevée par la préfence de nos adminiftrateurs. Heureux mon miniftere, puifqu'il me permet de provoquer de vous cette nouvelle marque de votre patriotifme; mais que dis-je; * vos cœurs brullent de fe reunir par ce ferment facré, oui, chers concitoyens, jurons de nous aimer, de demeurer inviolablement unis, de nous défendre & confondons nos volontés & nos fentimens pour le bonheur de la chofe publique.

PAGE 234.

L'inftant du fignal approchoit : une douce & vive emotion rempliffoit tous les cœurs; M. le maire monte à l'autel, y place avec refpect la formule du ferment, la couvre d'une main, & levant l'autre vers le ciel, parcourant des yeux tous les François qui l'environnent il s'écrie :

Français, modérons notre joie; qu'un faint recueillement fufpende nos tranfports; la nation va figner fon contrat focial.

Le moment où les hommes rapprochés par leurs befoins, par le fentiment, par les deffeins de Dieu, s'unirent en fociété, où ils firent des loix pour regler leurs paffions & nommerent un magiftrat pour faire exécuter ces loix, où ils promirent de s'aimer, de fe fecourir, de s'employer à fe rendre heureux les jours qu'ils pafferoient enfemble fur la terre, leur héritage commun, égaux en droits, en efpérances; ce moment où un pacte facré, rendant les hommes citoyens, perfectionna l'ouvrage de la nature & embellit la terre aux yeux de fon auteur; ce moment de gloire & de profperité, François, il luit de nouveau pour nous.

La nation eft affemblée; le champ de mars la renferme toute ou plutôt la France entière eft un vafte champ de mars où fes nombreux habitans, unis par la penfée, raprochés par l'amour, s'entendent, fe répondent & les yeux levés vers le ciel, fixent l'aftre du jour, l'attendent au milieu de fa courfe pour pretter le même ferment.

Précipite tes pas, aftre falutaire, il te convient de donner le fignal : nos cœurs font purs comme la lumière, nos vœux font ardens comme toi & les bienfaits communs à tous, font l'image d'une conftitution qui ne diftingue perfonne. Mais l'heure approche; l'heure arrive, l'airain retentiffant va marquer la moitié du jour.

Français, sur l'autel de la patrie, en préfence de nos légiflateurs & du meilleur des rois, un ferment folemnel va nous lier aux plus faints des devoirs.

Aux plus faints des devoirs! Ils font inféparables de nos droits; nous ne pouvons conferver les uns qu'en rempliffant * les autres.

A la nation, nous devrons d'affermir fon ouvrage, celui de fes reprefentans, d'affurer une révolution qu'elle a defirée, qu'elle a faite & qu'elle bénit.

A la loi, nous devrons de l'honorer, de l'executer, d'abaiffer toute volonté individuelle devant la fainte expreffion de la volonté générale.

Au meilleur des rois, nous devrons refpect, amour, obéïffance, il eft le chef de la nation, le miniftre de fes volontés; fes ordres, néceffaires à la loi, font facrés comme la loi.

A nos freres, nous devrons de les aimer, de les fervir, de ne voir dans la conftitution que la fource du bonheur de tous & dans notre amour pour elle que le moyen d'affurer ce bonheur. Ralliés avec force autour de la loi, favorifant de tout notre pouvoir la propagation des vrais principes, nous excuferons l'erreur, nous plaindrons la foibleffe de ceux dont l'opinion oifive pourroit encore les bleffer.

On fe lie avec confiance au bonheur de fes concitoyens, auprès de ceux dont ce bonheur fera l'ouvrage, la patrie va recevoir nos fermens; mais nos fermens font accomplis, le choix de nos adminiftrateurs a d'avance acquitté nos promeffes.

Recueillons-nous, François, je vais prononcer le ferment.

Midi fonne, toutes les cloches fe font entendre, l'artillerie répond à ce fignal fi defiré; auffi-tot M. le maire prononce le ferment.

Nous jurons de refter à jamais fidèles à la nation, à la loi & au roi. De maintenir de tout notre pouvoir la conftitution decretée par l'affemblée nationale & acceptée par le roi. De proteger, conformément aux loix, la fureté des perfonnes & des propriétés, la libre circulation des grains & fubfiftances dans l'intérieur du royaume & la perception des contributions publiques, fous quelque forme qu'elles exiftent. De demeurer unis à tous les Français par les liens indiffolubles de la fraternité.

Un faint enthoufiafme s'empare de tous les citoyens; toutes les mains s'elevent vers le ciel; on n'entend qu'un feul * cri: Je le jure; le ferment de tous devient un feul ferment & il eft porté jufqu'aux nuës.

MM. les commandans de la garde nationale & des troupes de ligne prononcent refpectivement à la tête de leurs troupes le ferment decreté par elles & l'adhéfion de la légion & celle du régiment de Breffe fe confondent avec les applaudiffemens du peuple & les cris de Vive la nation! vive le roi! vive la légion! vive Breffe!

La ceremonie achevée, l'aumonier de la commune entonne le cantique confacré par l'églife pour les jours d'allegreffe; les citoyens foldats & foldats citoyens s'y uniffent avec tranfport & il eft terminé par les verfets & les oraifons pour la nation & pour le roi.

Les corps adminiftratifs, accompagnés de la garde nationale, fe rendent enfuite à la cathédrale où des drapeaux des anciens corps de bourgeoifie font fufpendus à la voûte en figne d'union & de paix.

Les corps adminiftratifs fe retirent à l'hotel de ville avec leur première efcorte.

Le confeil ayant repris féance, arrete que le procès verbal de cette mémorable journée fera configné dans fes regiftres & imprimé pour être diftribué aux citoyens & de fuite M. le maire fépare l'affemblée.

* Du 15 juillet 4 heures de relevée. M. le maire met fur le bureau une lettre des deputés de la fenechauffée à l'affemblée nationale dans laquelle ils annoncent la perte que la ville vient de faire du fiege de l'eveché dont la preference a été donnée à Béziers & laiffent même entrevoir quelques craintes pour le tribunal d'appel dont le departementde l'Hérault devra reffortir.

1790.

Le conseil après avoir consideré combien il importe à la ville & même au département qu'elle soit conservée dans la possession d'un tribunal superieur & par consequent combien il est urgent & indispensable de prendre des mesures pour éclairer les deliberations du corps legislatif, renvoïe au conseil général qui sera assemblé demain la recherche des moyens de precaution à employer dans cette circonstance.

M. le maire fait part au conseil d'une deliberation de la compagnie de cavalerie n° 2 qui rapporte les 267 liv. reçues par elles pour les frais faits à Nismes; le conseil vote des remercimens pour ces bons citoyens & autorise M. le maire à les leur transmettre & ordonne le depot au greffe de leur deliberation comme un monument de leur patriotisme.

Du 16 juillet neuf heures du matin. Le conseil général de la commune assemblé dans une des salles de la maison commune après une convocation
Page 238. faite la veille par MM. les officiers municipaux. * M. le maire a fait part des lettres écrites par MM. les deputés de la sénéchaussée à l'assemblée nationale, ces MM. expriment leurs regrets, sur le peu de succés des reclamations qu'ils ont faites pour obtenir que le siege episcopal fut dans cette ville; ils ne dissimulent point les craintes que Montpellier doit avoir de ne pas obtenir le siege de la cour suprême; M. le maire a developé toutes les raisons d'intérêt qu'avoit la ville pour solliciter vivement de la justice de l'assemblée nationale qu'elle y fixat la cour suprême & avant de s'occuper des moyens qu'il étoit convenable d'employer, il a été deliberé unanimement de deputer à MM. du département qui se trouvoit assemblé dans le moment & à MM. du directoire du district, à l'effet de leur faire part des justes craintes de la commune de Montpellier & leur faire connoitre de quel interêt il étoit tant au departement qu'au district que le siege de la cour suprême fut etabli dans cette ville, leur demander conseil & secours. Les deputations ayant été nommées, elles sont allées remplir leur mission. Les deputés auprès du département rentrés, M. Montels officier municipal a dit : que la députation s'étant faite annoncer avoit été reçue par plusieurs membres du département qui sont venus les prendre à la porte, qu'étant entrés, il avoit fait connoitre l'objet du deliberé du conseil general. Que M. le president du departement leur avoit temoigné tout l'interêt que les membres du departement prenoient au bien de la ville de Montpellier; il a ajouté qu'il alloit mettre cette affaire sur le bureau, qu'après cette réponse, & au moment où il alloit se retirer avec la deputation, on l'avoit instament invité d'assister à la séance mais qu'après la discussion il avoit cru convenable de s'en aller, qu'il lui avoit paru que les membres du département
Page 239. étoient dans les meilleures * dispositions pour la ville. MM. les deputés devers le district étant rentrés ont fait part qu'ils n'avoient pas trouvé le directoire assemblé; on a chargé trois deputés d'aller chés M. le president pour lui demander la convocation la plus prompte du directoire; ces MM. ont rendu compte de leur mandat; ils ont assuré que le directoire s'assembloit dans le moment & que la deputation pouvoit aller remplir sa commission; on a annoncé les deputés du département & plusieurs

membres de l'affemblée fe font empreffés de les aller recevoir; ces MM. ayant pris place à la droitte de M. le maire ont dit que le département venoit de deliberer une deputation chargée d'adherer au nom de tout le département à tous les décrets de l'affemblée nationale, qu'on avoit donné à cette deputation le mandat exprès de folliciter & de demander le fiege de la cour fuprême dans la ville de Montpellier comm' auffi de faire leurs efforts pour obtenir que le port de Cette eût le libre commerce du Levant. M. le maire a remercié ces MM. au nom du confeil général, plufieurs membres les ont reconduits & l'un des MM. ayant propofé de deputer à MM. de la garde nationale pour les engager de concourir au bien de la cité en joignant leurs follicitations à celles du confeil général, cette propofition a été accueillie unanimement & l'on a nommé la deputation & chargé trois des MM. de fe retirer auprés de M. Eftorc, commendant général, pour lui demander l'affemblée du confeil d'adminiftration des troupes nationales; M. le maire a mis enfuite à l'oppinion s'il étoit de l'interêt de la ville de deputer auprés de l'affemblée nationale, il a été arreté unanimement qu'il étoit indifpenfable au bien de cette cité d'envoyer une deputation, qui developat avec force aux membres de l'affemblée nationale & les pertes & les genereux facrifices que cette ville a fait avec fatisfaction au bien général. On a annoncé les deputés du département, ces MM. ayant été reçus & placés, ont fait part que M. Coulomb préfident du département & M. Caftilhon avoient été nommés pour deputés. Le confeil général a applaudi à cette nomination, ces MM. s'étant retirés ont été reconduits comme la première fois.

Les deputés auprès du directoire du diftrict étant rentrés ont dit qu'ils avoient rempli leur mandat & que le directoire alloit s'occuper de cette affaire. Un des membres de l'affemblée a demandé qu'on fixat le nombre de ceux qui * devoient compofer la deputation. La difcuffion ayant été fermée, il a été arreté qu'on n'éliroit que deux deputés à la majorité abfoluë & que pour s'affurer s'ils accepteroient leurs mandats ils ne feroient pris que parmi les citoyens actuellement dans Montpellier.

Le fcrutin ayant été ouvert, recenfé & depouillé il en a refulté que M. Cambon fils ainé, officier municipal & M. Allut ainé, officier municipal, ont obtenu la majorité abfolue & en confequence ont été deputés. Ces MM. ont remercié & de fuitte on les a chargés d'inviter au nom du confeil général tous les citoyens de Montpellier à préfent à Paris de fe joindre à eux & notament M. J. Albiffon, dont le zele, les lumieres, le patriotifme & l'activité ont été plus d'une fois utiles à cette ville. M. le maire a même été chargé de lui écrire à ce fujet. On a annoncé une deputation du directoire du diftrict, plufieurs membres ont été les recevoir; ces MM. entrés & placés ont fait part qu'ils venoient de deliberer d'envoyer un député à Paris pour folliciter auprés de l'affemblée nationale & tacher d'obtenir qu'elle decretat de placer une cour fuprême dans cette ville; M. le maire les a remerciés au nom du confeil général & plufieurs membres de l'affemblée les ont accompagnés & attendu que la féance avoit été extrêmement pro-

1790.

PAGE 241.

longée & qu'il étoit néceffaire de fe raffembler pour recevoir la reponfe de MM. de la garde nationale on l'a prorogée à ce foir heure de fix.

* Dudit jour 16 juillet 6 heures de relevée. Le confeil général de la commune affemblé en confequence de la prorogation faite ce matin, M. le maire a communiqué au confeil la nomination qui vient d'être faite par le directoire du diftrict de M. Bonnier, prefident dudit directoire pour être deputé à l'affemblée nationale à l'effet de folliciter le fiege de la cour fuprême à Montpellier. L'affemblée en applaudiffant à ce choix a deliberé que les mêmes perfonnes qui ont été deputées ce matin vers le directoire du diftrict fe retireroient devers fon prefident, pour remercier le directoire en fa perfonne de l'intérêt qu'ils ont mis aux circonftances préfentes.

On a annoncé une deputation de la garde nationale. Plufieurs membres ont été pour la recevoir, ces meffieurs ayant pris place ont fait part du deliberé du confeil d'adminiftration qui a nommé pour deputé auprès de l'affemblée nationale M. Brichard, officier de la garde nationale parifienne, à l'effet de folliciter conjointement avec tous les officiers & volontaires de Montpellier deputés pour la fédération & qui fe trouveront à Paris l'emplacement du tribunal de la cour fuprême dans ladite ville de Montpellier & concourir dans les mêmes vues à toutes les démarches de MM. les deputés deja nommés par le département, le diftrict & le confeil général de la commune. M. le maire les a remerciés & ils ont été reconduits par plufieurs membres de l'affemblée.

PAGE 242.

* Du 21 juillet dix heures & demi du matin. M. le maire a fait lecture d'une lettre que M. Sadde, lieutenant colonel de la legion, lui a écrit de Beaucaire, par laquelle il prie la municipalité d'autorifer les volontaires qui fe trouvent à Beaucaire à affifter & prendre part à la federation qui doit avoir lieu en cette ville le trente juillet.

PAGE 243.

* La demande de M. Sadde eft unanimement accueillie & le confeil delibere que les volontaires de la legion qui fe trouveront à Beaucaire le trente juillet pour leurs propres affaires feront autorifés à fe réunir en détachement pour affifter & prendre part au pacte federatif qui y fera fait ; en confequence l'acte d'autorifation eft redigé figné & expedié fur le champ.

PAGE 244.

Du 22 juillet 4 heures de relevée. Le confeil général de la commune affemblé dans une des falles de la maifon commune. * M. le procureur de la commune reprefente que plufieurs deliberations du confeil général qui avoient befoin d'être autorifées ne l'ont pas été parceque M. l'intendant voyant les départemens en activité a cru devoir s'abftenir.

PAGE 245.

* Du 25 juillet quatre heures de relevée, le corps municipal de la ville de Montpellier affemblé, M. le maire fait part que le f^r Martel, imprimeur, eft venu lui demander main forte pour la faifie des preffes & autres inftrumens du f^r Tournel, imprimeur, nouvellement établi dans cette ville, qu'il a demandé à voir l'ordonnance de juftice en exécution de laquelle main forte lui étoit demandée, que cette ordonnance de juftice s'étant trouvé un arrêt du confeil qui même n'ordonnoit pas la faifie, il avoit refufé de donner main forte. Il prie le confeil de decider : 1° S'il avoit eu le droit de fe faire exhiber le titre en vertu duquel on le requeroit & de juger fi ce titre étoit conforme à la requifition. 2° S'il ne s'étoit pas trompé en jugeant que le titre prefenté par le f' Martel, ne legitimoit pas fa requifition de prêter main forte à la faifie qu'il fe propofoit de faire. — Surquoi le corps municipal a approuvé fous les deux rapports la conduite de M. le maire.

* Du deux août cinq heures de relevée. Le confeil général de la commune affemblé, * M. le maire au nom du comité nommé pour examiner fi la ville devoit demeurer chargée du loyer & des meubles du gouvernement de la ci-devant province expofe que la queftion qui intereffe la commune n'eft pas de favoir fi la place de commandant en chef de la province exifte encore & s'il lui eft du un logement, la premiere de ces queftions fera décidée par l'affemblée nationale ; la feconde regarderoit le département; la feule qui touche la commune eft de favoir fi elle doit feule payer le logement dont s'agit, furquoi le comitté à penfé qu'une dépenfe qui s'appliqueroit à une place dont les fonctions embraffent une grande étendue de territoire ne pouvoit affecter une feule ville. Il a penfé encore que les avantages qui fous l'ancien régime dédommageoient en partie cette cité comme la refidence du commendant & la tenue des états n'exifteroit plus ; qu'ainfi rien ne pouvoit fervir de pretexte à une furcharge évidente fans compenfation. Le confeil adoptant ces principes a unanimement decidé que la ville ne pouvoit plus demeurer chargée du loyer & des meubles du gouvernement.

Sur l'epoque & les moyens de ceffer ces payemens, il a été arrêté, conformement à l'avis du comité, quant au loyer que le femeftre commencé le premier juillet feroit payé, mais denoncé au propriétaire comme le dernier, & qu'en confequence il lui feroit fait un acte d'offre & de denonce, & quant aux meubles dont le bail devoit durer encore trente mois, le confeil a nommé des commiffaires pour negocier avec les entrepreneurs le refiliement de leur bail.

Il a été deliberé en outre que le meme comité ecriroit à M. de Talleirand pour lui faire part de la préfente * deliberation & lui exprimer les fentiments dont la commune ne ceffe d'être penetrée pour lui.

Du cinq août neuf heures du matin, M. le maire a dit : qu'hier à fept heures du foir, une deputation de la municipalité de Sette fe rendit à la maifon commune & fut introduite dans le bureau où fe trouvoit affemblé le comité des impofitions qu'il préfidoit. Que MM. les deputés firent part au comité de la deliberation de la ville de Sette qui contenoit leur deputation & d'une lettre de M. Villa, procureur general findic du departement des Pyrenées, qui avoit été l'objet de ces deliberation & deputation. Que l'un defdits deputés lui fit part encore d'une lettre particuliere qui lui avoit été adreffée par l'un de fes correfpondants & qui fe rapportoit en tout à la lettre officielle de M. Villa. Que l'une & l'autre de ces lettres étant très allarmantes par l'avis qu'elles renfermoient d'un armement confidérable à Mahon & fur les côtes d'Efpagne, qui par la nature & la forme des vaiffeaux & barques dont il étoit compofé ne pouvoit avoir d'autre objet qu'une defcente fur les côtes de la Mediterranée, les officiers préfents après avoir pris le vœu des deputés de Sette fe déterminerent de faire propofer à MM. les adminiftrateurs des directoires de département & de diftrict de fe raffembler avec le corps municipal le foir même pour deliberer en commun fur les dangers imminents que prefentoient ces lettres & fur les moyens d'y pourvoir.

Qu'à cet effet deux commiffaires furent priés de porter la propofition refolüe à MM. du diftrict en la perfonne de leur prefident & M. le maire avec les deputés de Sette de la porter au prefident du departement.

Qu'à l'heure indiquée MM. les adminiftrateurs du diftrict fe rendirent à la maifon commune ainfi que les officiers municipaux : que lui maire fit part à l'affemblée qu'il s'étoit rendu avec les deputés de Sette chés le prefident du departement, que ne l'ayant pas trouvé il avoit eu l'honneur de le faire inftruire de l'objet de fa miffion & du vœu du corps municipal pour une affemblée * commune des trois corps adminiftratifs, qu'une heure après M. le préfident du departement etoit venu chés lui avec MM. les deputés de Sette & lui avoit dit qu'il étoit convenu que l'affemblée n'auroit lieu que le lendemain à fept pour huit heures du matin, qu'en confequence il avoit fait répandre des nouveaux billets pour convoquer le corps municipal à huit heures.

Surquoi, le procureur de la commune ouï le corps municipal a deliberé de prendre en grande confideration les nouvelles communiquées par la municipalité de Cette, d'agir efficacement pour prevenir & repouffer les dangers qui menaçoient la patrie & à cet effet de pretter tout fecours & aide tant à la municipalité de Cette, qu'aux autres lieux de la côte. Et vers dix heures & demi, a été introduit un huiffier du département & du diftrict reunis, demandant a deputer tel nombre de commiffaires que le corps municipal jugeroit convenables pour fe joindre à eux à fin de deliberer en commun fur la dénonce de la municipalité de Sette. Le corps municipal empreffé de répondre à cette invitation, a de fuitte député MM. Albiffon & Aurès, officiers municipaux; lefquels avec M. le maire, qui a levé la féance, fe font à l'inftant même rendus auprés des directoires du département & du diftrict reunis.

Dud. jour cinq août quatre heures de relevée, le corps municipal de la ville de Montpellier affemblé. Une députation de la garde nationale ayant demandé l'entrée, introduite, elle fait part d'une lettre de MM. les deputés du diftrict à la federation nationale, dans laquelle ils annoncent leur arrivée dans cette ville le vingt cinq août, avec la bannière donnée par la commune de Paris au département de l'Hérault, ils ont formé le vœu en corps de députation & ils propofent que les frères d'armes du département foient invités à fe rendre par deputés à Montpellier le même jour, à fin de rendre la plus folennelle poffible la dépofition qui doit être faite de la banniere dans le lieu des féances du département.

Le corps municipal prenant ce vœu en confidération, arrete de le porter fur le champ aux corps adminiftratifs, en y joignant au nom de la commune, toutes les offres de fervice & les preuves de fraternité, qui pourroient dépendre d'elle pour l'agrément des deputés.

M. le Maire, MM. Albiffon & Bongue, officiers municipaux, & Durand fubftitut, partent fur le champ pour cette deputation, accompagnés de MM. les officiers de la garde nationale & la féance eft levée.

* Du douze août quatre heures de relevée. M. le maire a dit : qu'en exécution de la délibération du directoire du département du 6 de ce mois, portant qu'en ce qui concerne les apprêts & details de la cérémonie du vingt cinq, le directoire en confie l'execution & la furveillance au corps municipal & au comité nommé par la legion, en fe concertant néanmoins fur le tout, avec M. le procureur fyndic du diftrict. Il a convoqué le corps municipal & le comité militaire & ecrit à M. le procureur findic pour lui propofer une conference avec eux relativement aux objets qui leur font renvoyés, M. le procureur findic lui a repondu qu'il attendroit dans le lieu des féances du diftrict les deputés que le corps municipal & la legion jugeroient à propos d'y envoyer.

Surquoi le corps municipal confidérant qu'une concertation faite en fa prefence auroit au contraire les avantages d'éclairer fa deliberation, de l'approprier au vœu general & de lui procurer les avis & les lumieres de M. le procureur findic, a délibéré d'écrire a ce magiftrat pour le prier de vouloir bien fe rendre à fa féance. Et deux heures s'étant écoulées, fans que M. le procureur findic ait fait aucune reponfe, M. le maire a propofé de deliberer fur une invitation à faire aux citoyens pour donner aux deputés un logement chés eux, & fur les precautions qu'exige le maintien du bon ordre.

Le procureur de la commune ouï, le corps municipal a chargé le bureau de fe concerter fur ces objets avec le commité militaire & M. le procureur findic, pour enfuite fur leur raport être ftatué ainfi qu'il appartiendra.

* Du treize août, neuf heures du matin. Le corps municipal de la ville de Montpellier affemblé. M. le maire a dit :

Meffieurs, dépofitaires des pouvoirs de la commune, chargés par elle conformement à la conftitution de deliberer librement fur ce qui touche fon honneur & fes intérêts, vous étiez hier affemblés pour remplir ce devoir.

Au moment où nos frères d'armes du département vont fe reunir dans nos murs, reprefentants de la cité vous deviez honorer fon patriotifme en lui offrant les moyens de le manifefter & prendre des mefures pour empecher cette manifeftation de devenir tumultueufe ou l'occafion de quelque défordre.

Ces devoirs preffants vous alliez les remplir avec la force active, efficace, entière, que vous tenés du fuffrage immédiat du peuple, que la conftitution vous affure & que l'intérêt de vos commettants & le maintien de leurs droits vous commendent d'entretenir.

Cependant chargés par une délibération du directoire du département, relative à la ceremonie du 25 de ce mois, de vous concerter fur le tout avec le procureur findic du diftrict, vous crutes d'une jufte défférence d'inviter ce magiftrat à fe reunir à vous & à vous aider de fes lumières.

Le procureur findic a dénoncé au directoire du département ce témoignage de votre confiance, & le directoire l'envifageant comme une convocation, l'a déclaré contraire aux decrets de l'affemblée nationale qui fubordonnent dans tous les cas les municipalités aux corps adminiftratifs.

Vous n'examinerés pas, Meffieurs, fi ce principe eft vrai, s'il n'eft pas contraire à l'art. 50 de la loi conftitutive des municipalités, d'après lequel ces corps exercent les fonctions qui leur font propres fous la feule furveillance & infpection des affemblées adminiftratives.

Vous n'examinerés pas non plus, fi lès directoires ont la pleniture de l'autorité que la conftitution confie aux corps * adminiftratifs.

Vous renfermant dans vos fonctions, qui font vos devoirs vous délibererés fur ce qui touche l'honneur

& l'intérêt de notre commune & quant aux aprêts & détails de la cérémonie qui interefferoit l'enfemble du département ou du diftrict, confirmant votre délibération d'hier, vous chargerés les membres du bureau de fe concerter avec le comité militaire & le procureur findic pour fur leur raport être deliberé ainfi qu'il appartiendra.

Surquoi lecture faite de l'arrêté pris le jourd'hier par le directoire du département, enfemble la lettre d'envoi de M. le procureur général findic. Vu la délibération auffi prife le jourd'hier par le corps municipal & le procureur de la commune ouï, le corps municipal reconnoiffant que dans les fonctions qui lui feroient deleguées par l'adminiftration générale, il eft fubordonné aux corps adminiftratifs, mais que quant à celles qui lui font propres ces corps en ont feulement l'infpection & la furveillance, a deliberé de fe conformer à la délibération par lui prife le jourd'hier.

PAGE 260.
Du quatorze août quatre heures de relevée. Le corps municipal de la ville de Montpellier affemblé, * un des membres a fait la motion de placer le plus-tot poffible la maifon commune à la cy-devant intendance, ou font deja reunis les deux autres corps adminiftratifs. Le corps municipal confidérant que le changement à l'intendance eft l'objet d'un comité formé par le confeil général a renvoyé cette motion aud. comité en priant M. le maire de le raffembler demain & de l'engager à porter le plus-tôt poffible fon vœu au confeil général.

M. le maire préfente un projet de proclamation pour inviter les citoyens à fournir des logemens pour la fete du vingt cinq ; ce projet eft adopté comme fuit :

Les députés du département à la fédération nationale, ont annoncé pour le 25 de ce mois leur réunion dans cette ville, & la difpofition folennelle dans le lieu des féances du département de la banniere qui lui a été donnée par la commune de Paris.

Une ceremonie auffi augufte ne pouvoit avoir trop de témoins ; les citoyens foldats du département devoient tous fe ranger fous la banniere qui fera déformais pour tous le fignal du ralliment & le gage de la victoire.

Cette reunion a été ordonnée ; le directoire du département empreffé de ceder à un vœu unanime, a appellé à cette cérémonie les députés de toutes fes gardes nationales.

PAGE 261.
* Nous allons donc raffembler dans nos murs ceux qui, unis avec nous par une même patrie, par une adminiftration commune, nous feront unis encore au milieu des combats.

Dans ces circonftances les reprefentants de la cité doivent honnorer fon patriotifme en lui offrant les moyens de le manifefter ; ils font convaincus que cette fête recevra fon plus grand éclat des témoignages de fraternité que les citoyens s'empreferont de donner à leurs frères.

En conféquence, ils avertiffent qu'un regiftre va être ouvert à la maifon commune, où les citoyens font invités de fe faire infcrire pour le nombre des députés qu'ils pourront recevoir avec la liberté de défigner ceux de leurs parens ou connoiffances qu'ils fauront être de la députation, & à qui ils feront les premiers ils devront hofpitalité.

Le regiftre ne fera ouvert que jufqu'au 20 de ce mois, & les citoyens font inftament priés de prevenir cette époque ; le bon ordre, l'accueil dû à tous nos frères & des difpofitions de prévoyance l'exigent ainfi.

PAGE 262.
PAGE 263.
* Du dix huit août quatre heures de relevée, le confeil général de la commune affemblé. * Le comité chargé d'examiner la motion tendant à placer la maifon commune à la ci-devant intendance préfente ce changement comme avantageux, facile, n'occafionnant aucuns frais & mettant dans le cas de difpofer de l'hôtel commun actuel.

Le confeil fur le raport, ouï le procureur de la commune, delibere que la maison commune sera placée incessament à la ci-devant intendance & renvoie au même comité reuni à la section des travaux publics pour les dispositions & menus frais de ce changement.

M. le maire fait faire lecture des lettres de MM. les députés de la commune auprès de l'assemblée nationale. Le conseil satisfait de voir leur activité embrasser & poursuivre tous les intérêts de la ville arrete de les remercier et de les prier de rester.

* Du vingt août quatre heures de relevée. Le corps municipal de la ville de Montpellier assemblé. Il a été fait lecture d'une lettre de MM. Cambon & Allut, officiers municipaux deputés de la commune à Paris, & de l'adresse qu'ils ont prononcée dans la séance de l'assemblée nationale du 13 juillet, imprimée par ordre de cette assemblée avec la réponse que M. le président leur a faite.

Le corps municipal flatté de voir ses principes & ses sentimens aussi bien exprimés par ses députés, désirant aussi partager l'honneur d'une réponse aussi flatteuse, a ordonné la transcription dans ses régistres de l'adresse & de la réponse, comme aussi a voté des remercîments à MM. Cambon & Allut.

* M. le maire met sur le bureau une pétition de la garde nationale qui observe que le jour de l'arrivée de la banniere tous les citoyens soldats devant prendre les armes il est necessaire que le corps municipal lui délivre tous les mousquetons qui sont en son pouvoir pour être distribués aux volontaires non armés dont le nombre est considérable, les compagnies s'étant de beaucoup augmentées. Le conseil arrête de faire droit à cette demande, se fait remetre par le concierge un état des mousquetons dont il est chargé & lui donne ordre de livrer sur le receu de M. le commendant général les six cens quarante huit mousquetons dont il reste dépositaire.

Le procureur de la commune a remis sur le bureau une lettre qui lui a été écrite par M. le procureur sindic du district à laquelle est joint un mémoire présenté au directoire du département par le n° Vincent Coste & sa femme avec une expédition de l'ordonnance qui renvoye ce mémoire au directoire du district & de l'arrêté préparatoire pris par celui cy dans la séance de ce jour, M. le procureur de la commune a ajouté que se trouvant intéressé dans cette affaire, il s'abstenoit d'en faire le raport & d'être entendu.

Lecture faite de lad. lettre, de l'ordonnance & de l'arrêté un des membres du corps municipal a dit à l'assemblée :

De vouloir bien être mémorative que les vols multipliés qui furent faits à la comedie & autres lieux publics à la fin du mois de juin dernier engagerent le corps municipal à redoubler de precautions & de mesures.

Qu'étant instruit qu'il y avoit en ville un étranger & sa femme nommés Vincent Coste & Marguerite Grossac *, logés chés le sr Escary, dont les relations étoient intimes avec deux prisonniers qui ont été depuis reconnus pour voleurs, M. le procureur de la commune fut chargé par le corps municipal de prendre les mesures convenables, qu'il se transporta chés le sr Escary le quatre juillet & ayant trouvé au pouvoir dud. Vincent Coste & Marguerite Grossac deux males pleines de marchandises après un procès-verbal de mise de scellé qui constate l'impossibilité de leur part de justifier la propriété de ces marchandises par des factures ou des acquits, M. le procureur de la commune les fit traduire dans les prisons de la maison commune.

Le lendemain ayant rendu compte de cette arrestation au corps municipal, le bureau d'exécution fut

1790.

Page 265.

Page 266.

Page 267.

1790.

chargé de leur faire tous les interrogatoires neceffaires, de s'occuper de toutes les recherches convenables, & jufques à ce il fut arreté que les detenus garderoient prifon.

Le fix juillet M. le procureur de la commune ecrivit à MM. les officiers municipaux de Montauban pour avoir des renfeignements fur le compte de ces prifonniers, & le dix fuivant à ceux de St Félix de Caraman où il avoit été fait depuis peu un vol confidérable de marchandifes avec des fauffes clefs. Cette lettre avoit pour objet de prendre des eclairciffements fur le compte de Vincent Cofte & fa femme, qui à cette époque habitoieut dans ce pays, & qui étoient foupçonnés d'avoir fait le vol, où d'y avoir participé.

Le lendemain de leur arrestation ces deux prifonniers furent interogés; leurs interrogatoires ont été fucceffivement continués; il en réfulte des contradictions confidérables fur la manière dont les marchandifes leur font parvenues & par confequent de fortes fufpicions contre ces prifonniers.

PAGE 268.

Afin de découvrir la verité M. Bouchet, officier municipal & M. le procureur de la commune firent appeller trois marchands de cette ville pour examiner s'ils ne reconnoitroient les marchandifes, ils reconnurent plufieurs pièces d'indienne qui portent la marque de MM. Brunet & Lajard, neg^{ts} * de cette ville & led. Cofte & fa femme ayant été interpellés de declarer comment elles leur étoient parvenués, ils ne purent pas nommer le marchand à qui ils les avoient acheté.

Le fr Mourgue, marchand de St Etienne, fe préfenta au greffe & requit deux officiers municipaux de faire l'ouverture des males; il y reconnut la plus grande partie des marchandifes pour lui avoir été volées à fon magafin à Auch & d'après la connoiffance qu'il prit des reponfes de Cofte & de fa femme il requit la municipalité de ne point élargir ces deux particuliers, ni fe deffaifir des marchandifes, jufques à ce qu'il eut etabli par des preuves certaines qu'elles faifoient partie du vol qui lui fut fait à Auch au mois de janvier dernier, conftaté par deux procès verbaux des officiers municipaux de cette ville.

Dans cet intervalle M. le procureur de la commune reçut réponfe de MM. les officiers municipaux de Montauban portant que Vincent Cofte & fa femme ne font point connus.

L'affaire mife fous les yeux du corps municipal d'après les procès-verbaux tenus par les officiers municipaux, les interogatoires & les reponfes de Vincent Cofte & fa femme il fut ordonné le 31 du mois de juillet attendu que le délit n'étoit pas de fa competence que les prifonniers & les marchandifes feroient renvoyés avec un extrait de toutes les pièces à M. le procureur du roi de la fénéchauffée pour être par lui agi ainfi qu'il aviferoit.

Le même jour Vincent Cofte & fa femme firent fignifier un acte aux officiers municipaux & au procureur de la commune pour qu'ils euffent à déclarer à la requête de qui ils étoient detenus, avec requifition d'être mis en liberté s'il n'i avoit point de dénonciateur, ou que les pourfuites fuffent faites contre eux devant qui de droit, le greffier repondit au pied de l'acte que le corps municipal ayant renvoyé par ordonnance

PAGE 269.

du même jour l'affaire devant les * juges qui devoient en connoitre ils y feroient traduits lorfque les extraits des procès-verbaux & autres pièces feroient achevés.

C'eft le moment de vous rappeller que dans le courant du mois dernier nous devons aux foins à l'activité & au zele de M. le procureur de la commune d'avoir découvert le vol de 11.000 liv. fait au fr Pachot, neg^t de Sette, à qui l'on fubftitua des lingots de cuivre à des lingots d'or, un des coupables ayant déclaré dans fes aveux que Vincent Cofte avoit porté à Sette les lingots de cuivre, il lui foutint ce fait à la confrontation, comme il confte du verbal tenu à cet effet le 3 août, qui eft fur le bureau.

Ce nouveau trait augmenta avec juftes raifons les foupçons & les fortes prefomptions que l'on avoit de croire ces gens la coupables.

Le quatre août, ils firent fignifier aux officiers municipaux un fecond acte pour reclamer leur liberté ou pour demander d'être traduits devant les juges competens : il y fut repondu que l'extrait de pièces à raifon de leur nombre & de leur longueur n'étoit pas encore achevé, qu'il feroit achevé par le jour & qu'ils feroient traduits de fuite.

Les pièces furent en effet envoyées le même jour à M. le procureur du roi de la fenechauffée pour qu'il eut à faire retirer les prifonniers; mais ce magiftrat s'y refufa attendu que le delit avoit été commis à Auch & il declara que l'objet n'étoit pas de fa competence.

Le même jour le fr Mourgue fit fignifier un acte au corps municipal pour lui dénoncer qu'il étoit en actuele diligence pour porter plainte devant le juge d'Auch contre Cofte & fa femme pour le vol de marchandifes dont ils ont été trouvés faifis, il fomme & requiert de nouveau la municipalité de ne point les élargir & demande un délai fuffifant pour pourfuivre & obtenir les decrets & ordonnances neceffaires pour les faire traduire.

L'objet mis de nouveau fous les yeux du corps municipal il fut rendu une ordonnance le fept du courant portant que led. Mourgue fera tenu de faire traduire à fes frais led. Vincent Cofte & fa femme avec les marchandifes dans les prifons d'Auch dans le délai de dix jours, paffé lequel ils feroient remis en liberté,

PAGE 270.

fous l'offre de la municipalité de lui * donner main forte à fa première requifition pour faire lad. conduite & afin de doner à toutes les parties une connoiffance legale de cette ordonnance il fut arreté qu'elle feroit fignifiée tant audit Cofte à fa femme qu'au fr Mourgues à la requête du procureur de la commune ce qui fut fait le même jour.

Le dix huit du courant au moment de leur départ pour Auch Vincent Cofte & Margueritte Groffac ayant fait un arrangement avec la partie civile à la requête de qui ils étoient detenus & la partie publique n'ayant formé aucune demande ces prifonniers ont été mis en liberté.

Les pièces qui font fur le bureau establiffent tous les faits dont je viens de faire l'expofé, elles juftifient la fageffe & la neceffité des démarches du corps municipal.

Surquoi le corps municipal convaincu de la verité du rapport qui vient

d'être fait a déclaré & déclare que ledit Vincent Cofte & fa femme n'ont pas été detenus dans les prifons de la maifon commune à la requête de M. le procureur de la commune, mais bien de la feule autorité du corps municipal & par de preffantes confidérations de bien public, que M. le procureur de la commune & MM. les officiers municipaux qui ont procedé dans cette affaire ne l'ont fait que d'après le refultat des deliberations du corps & afin de mettre les faits dans toute leur evidence a arreté que copie en forme de tous les verbaux & autres pièces fera remife au directoire du diftrict, auquel effet a deputé MM. Montels & Aurès, officiers municipaux, pour, conjointement avec M. le procureur de la commune, les lui préfenter, enfemble un extrait de la prefente deliberation & pour fe tranfporter auffi, pour la fuitte de cette affaire qu'il regarde comme très-importante, au directoire du département.

1790.

* **Du vingt quatre août huit heures du matin.** Le corps municipal de la commune & le comité de la legion étoient affemblés pour recevoir leurs freres d'armes qui venoient de toutes les communes du département affifter à la depofition de la banniere dont l'arrivée étoit fixée au lendemain.

PAGE 274.

Une fimphonie militaire fe fait entendre; les grenadiers de la légion, détachés du pofte des portes annoncent l'arrivée de la garde nationale de Pezenas. L'affemblée va à fa rencontre. Son premier fentiment eft d'admirer la fuperbe tenüe de cette troupe citoyenne & la precifion de fes évolutions fous les ordres d'un commendant inftruit à fervir la patrie par une longue experience & cher à fes concitoyens par fes talens & fes vertus.

Un fentiment plus doux encore lui fuccède lorfque M. Jofeph Delort, commendant, préfente à la commune & à la legion de Montpellier un drapeau aux trois couleurs que la commune & la légion de Pezenas lui envoyoit & fur lequel on lit d'un côté ces mots : « Pezenas à Montpellier » & de l'autre, « Fraternité d'armes, le 25 août l'an fecond de la liberté françoife. »

M. le Maire ayant reçeu le drapeau exprime en ces termes la fatisfaction & la reconnoiffance de la cité :

Chers frères & braves amis, de tous les biens que la conftitution nous a faits, le plus grand, le plus cher à nos cœurs, eft celui qui reffere nos nœuds. Nos antiques cités de tous les tems unies le feront déformais davantage; deformais, fur une bafe folide, des rapports veritables formeront entre nous une affociation d'intérets & de fentimens...... heureufe l'occafion qui nous permet de nous rejouir enfemble, de nous feliciter tous d'un bonheur qui nous eft commun ; il fuffifoit de votre préfence pour en embellir le moment, vous y joignez, meffieurs, une grace nouvelle, vous ajoutez un charme au plus beau de nos jours par ce don precieux que votre amitié vient nous faire. Qu'il nous fera cher ! Toujours placé au milieu de nous, toujours préfent à nos yeux, il ne pourra nous rappeller un fouvenir que nos cœurs fuffiroient bien pour conferver ; mais du moins il y prolongera l'émotion fi douce que votre prefence nous fait naître.

Puiffions-nous vous prouver nos fentimens ! puiffent les temoignages en egaler la vivacité ! mais nous ne pouvons nous en flatter... heureufement que l'amitié genereufe eft * encore une amitié facile, heureufement que le charme de donner furpaffe celui de recevoir; nous vous offrons pour plaifir celui que vous nous faites, l'honneur de nous avoir prevenus & ce fpectacle de furprife, de fenfibilité, de reconnoiffance dont vous êtes enfemble & les témoins & la caufe.

PAGE 276.

M. le commandant général exprime à fon tour la reconnoiffance de la légion en difant :

1790.

Nous recevons avec reconnoiffance le gage précieux de votre amitié que vous venez de nous offrir. Votre civifme nous donne un fignal de ralliement ; notre courage faura le garder & le deffendre.

Après quoi l'affemblée diftribüe les logemens, reconduit les volontaires & préfente au peuple le drapeau qui excite dans tous les cœurs la plus vive fatisfaction. Un applaudiffement général la manifefte avec énergie & la legion de Pezenas défile au milieu des cris répétés de vivent nos frères! vive Pezenas! vive la légion du département de l'Hérault.

PAGE 279.

Du vingt cinq août huit heures du matin. Le confeil général de la commune affemblé. * M. le maire expofe que les gardes nationales accourent de toutes les communes du département pour affifter à la dépofition de la banniere qui doit avoir lieu le foir; que leur nombre furpaffe de beaucoup celui des logemens commodes que la municipalité a pû fe procurer & qu'il en refulte pour elle l'inconvenient de ne pas offrir les mêmes agrémens à des frères d'armes qui lui font tous également chers, qu'une fête générale donnée le foir pourroit couvrir cet inconvénient & qu'il propofe de deliberer.

Surquoi, le procureur de la commune ouï, le confeil empreffé de donner à tous fes frères d'armes des preuves de fon attachement & du défir qu'il a de rendre leur fejour à Montpellier auffi agréable qu'il l'eft pour lui même a deliberé de faire ce foir une illumination fur la place du Peyrou avec les rafraichiffemens & les fymphonies qui pourront ajouter à l'agrement & la folemnité de cette fête.

Et pour l'execution MM. Bongue, officier municipal, Flandio, Bonhomme, Rouch, Vezian, Chivaud, notables & Fargeon, procureur de la commune, ont été nommés commiffaires, le confeil les autorifent à en régler eux mêmes la dépenfe, en conciliant ce que la décence & l'economie peuvent exiger.

PAGE 278.

* Du vingt cinq août, trois heures de relevée. Le confeil général de la commune s'étant affemblé dans le lieu ordinaire de fes feances pour affifter à l'arrivée & depofition de la banniere s'eft reuni aux directoires du département & de diftrict pour aller à fa rencontre jufqu'aux portes de la ville.

Il a été le temoin de la joie & des applaudiffements de tous les citoyens, il les a partagés avec l'augufte drapeau & le cri Vive la municipalité! s'eft uni dans les acclamations du peuple à ceux de vive la nation! vive notre banniere!

PAGE 282.
PAGE 283.

* Du trente août quatre heures de relevée. Le confeil général de la commune affemblé. * On fait lecture du procès-verbal de la feance du corps municipal du 24 août. Le confeil, ouï le procureur de la commune, arrete de temoigner à la ville de Pezenas fa jufte reconnoiffance, renvoie à des commiffaires pour lui en propofer les moyens & les charge de fe concerter avec MM. les officiers généraux de la garde nationale, MM. Montels & Albiffon, officiers municipaux, Poitevin, Caftillon, Fefquet & Chivaud, notables, ont été nommés commiffaires.

Du premier feptembre quatre heures de relevée. M. le Maire a rappellé les demiffions faites par le fr Dardenne, capitaine de fanté, & par le fr Fuſilier, geolier de la maiſon commune; il a propoſé de nommer à ces deux places qu'il importoit de ne pas laiſſer vacantes. Cette queſtion accueillie il a été queſtion de decider la forme dans laquelle ces nominations feroient faites. Après une courte difcuſſion, il a été reglé qu'elles feroient faites par la voie du fcrutin & à la majorité abſoluë des fuffrages.

Le fcrutin ouvert pour nommer le capitaine de ſanté, au premier fcrutin le fieur Jean Antoine Nouguier, ancien officier & cy-devant brigadier de marechauſſée, a reuni tous les fuffrages.

L'autre fcrutin ouvert pour la nomination du geolier, au premier tour de fcrutin, le fieur Nadal, huiſſier à la cour des aides, a obtenû la majorité abſoluë des fuffrages. De forte que M. le maire a de fuite proclamé les elections faites dud. fr Nouguier pour capitaine de ſanté & dud. fr Nadal pour geolier de la commune.

* Du quatre ſeptembre quatre heures de relevée. Le conſeil général de la commune aſſemblé. M. Aurès, officier municipal, au nom de la commiſſion chargée d'un raport relatif à la fuite conſulaire a dit :

* Meſſieurs, le conſeil général inſtruit du mauvais état de la fuitte municipale & de la neceſſité d'y operer une reforme, a nommé une commiſſion pour s'occuper de cet objet, cette commiſſion s'eſt aſſemblée & je vais vous rendre compte auſſi ſuccinctement qu'il me fera poſſible de tout ce qu'elle a jugé devoir vous propoſer.

La commiſſion a reconnu, meſſieurs, que la grande partie des gens à la fuite municipale etoit compoſée d'individus infirmes, ineptes ou habitués au vin, que dans le moment ils étoient tenus d'une manière indécence & tous déguenillés.

Elle a penſé qu'une reforme etoit indiſpenſable, qu'elle pourroit même fe faire en économiſant ſur la dépenſe affectée à cette ſuitte, mais elle a trouvé deux obſtacles dans cette economie.

1º Preſque tous ceux qu'il faudroit renvoyer font vieux, infirmes & incapables de gagner leur vie. Trouvez vous juſte de les renvoyer après de longs ſervices ſans leur accorder une penſion ou retraite ? En ce cas l'humanité & la juſtice coutteront neceſſairement a la commune.

2º La commiſſion a penſé que le nombre des gens à la fuite pouvoit être diminué, elle a crû que ce grand nombre les rendoit moins actifs, plus inſoucians & les accoutumoit à ſe renvoyer mutuellement les peines attachées à leurs fonctions ; mais elle a penſé en même temps qu'il conviendroit d'augmenter leur ſalaire parceque la modicité des gages empeche les bons ſujets de ſe preſenter pour remplir ces places ; ſi vous couvrés le deſagrement des fonctions par un ſalaire plus conſiderable, ces places feront plus recherchées & l'on ſe procurera des meilleurs ſujets.

Pour vous mettre à portée, Meſſieurs, de deliberer avec connoiſſance de cauſe, je crois néceſſaire de mettre ſous vos yeux un état detaillé de tous les membres de cette ſuitte, des gages attribués à chacun d'eux & des fonds affectés à leur habillement. J'ai été plus loin dans la commiſſion, j'ai été obligé de lui faire des obſervations ſur la conduite, la capacité & les moyens de chaque individû. Ces obſervations m'ont été penibles* ; elles étoient déſagréables parce qu'elles pouvoient nuire à pluſieurs de ces gens, mais l'on m'en a fait un devoir & j'ai dû ſurmonter ma repugnance pour rendre hommage à la verité. Je remets ſur le bureau cet etat & après que vous en aurés pris connoiſſance, j'aurai l'honneur de vous tranſmettre l'opinion du comité.

Vous avez donc vu, Meſſieurs, que tous les gages attribués à la fuite ſe portoient à cinq mille trois cens cinquante livres & l'habillement à treize cens cinquante livres année commune, ce qui fait en tout ſix mille ſept cens livres.

La commiſſion a crû que la fuitte municipale devoit à l'avenir être compoſée d'abord des deux capitaines actuels & elle vous propoſe de porter leurs appointemens à ſept cens livres de net pour chacun, ce qui feroit cy 1,400

Elle vous propoſe enſuite de réduire cette foule d'eſcudiers, compagnons du guet & valets de ville au nombre de dix en tout & elle croit que ce nombre un peu choiſi ſera ſuffiſant ; elle penſe qu'en aboliſſant leurs differentes qualifications & leurs coſtumes ridicules pour les mettre tous aux mêmes fonctions & habillemens, l'on pourroit aſſurer un traitement plus conſiderable aux quatre plus anciens & fixer leurs gages à quatre cens livres pour ces quatre anciens & trois cens livres pour les ſix autres. La commiſſion a crû ce cette augmentation de gages étoit néceſſaire pour monter convenablement la ſuitte, que la ſurpaye faite aux anciens ſeroit un encouragement utile, un eſpoir d'aiſance qui attacheroit au ſervice. Tous ces gages réunis ſe porteroient à 3,400

Le geolier des priſons n'a eu juſques ici que trente livres de gages ; le revenu de cette place

A reporter 4,800

1790.

| | Report. | 4,800 |

confifte d'ailleurs fur certains droits de geole qui font reduits dans le moment prefque à rien & fur differends droits d'echantillage de poids & mefures. La commiffion a cru devoir vous propofer de porter les gages de ce geolier à cent livres, cy 100

PAGE 292.   * Le trompette eft fans doutte neceffaire. Il faut le conferver & elle vous propofe de fixer fes gages à trois cens livres, cy 300

La commiffion a penfé encore que la convenance actuelle & l'importance de la maifon commune neceffitoit l'etabliffement d'un portier devenu très utile par rapport aux trois corps qui l'occupent. Ce portier auroit encore l'obligation effentielle de veiller à la propreté de l'hotel & de fes ameublemens. D'ailleurs le confeil trouveroit avec cette place le moyen de conferver un homme honnette placé depuis trente ans dans cette maifon, chargé d'une famille très confidérable & l'on pourroit lui attribuer de gages quatre cens livres, cy 400

Enfin d'après un rapport tres intereffant du bureau municipal la commiffion a penfé qu'il convenoit d'impofer une fomme de fix cens livres pour fournir aux dépenfes extraordinaires de la police. Il faut établir dans une grande ville une furveillance couteufe ; des dépenfes faites à propos menent à des découvertes utiles, font connoitre les filoux & les mauvais fujets & procurent les indices de vols & efcroqueries, cy 600

6,200

PAGE 293.   Parmi les gens attachés à la fuitte fe trouvent les nommés Barandon, Laurent & Jourdan, efcudiers, que leur age & leurs infirmités rendent * incapables de fervir, ils font attachés à la ville depuis plus de vingt ans, infirmes & hors d'état de gagner leur vie, la commiffion vous propofe de leur accorder leur retraite & une penfion viagere à chacun de deux cens livres, ce qui feroit 600

Il me refte actuellement, meffieurs, à vous faire part de ce que la commiffion a penfé au fujet de l'habillement de cette fuite confulaire.

Elle a cru devoir vous propofer de fupprimer les robes des efcudiers, leurs maffes & la livrée ordinaire. Elle a penfé qu'il falloit faire deux habits à chacun, l'un écarlate uni avec un fimple bouton de métail, qui feroit confervé pour les jours de cérémonie, fêtes ou dimanches, & l'autre d'un drap gris plus groffier qu'ils porteroient journellement. Elle a crû que le premier habit ne devoit être renouvellé que de quatre en quatre ans, & le fecond tous les deux ans. Elle a penfé que les capitaines porteroient l'epée & une baguette à la main pour marques diftinctives & que les dix gens à fuitte porteroient toujours fur leurs habits une plaque d'argent au medaillon de la ville & qu'ils feroient armés d'une hallebarde aux ceremonies ; qu'avec l'habit journalier on leur fourniroit à chacun un chaperon, en fupprimant à leur égard ce qu'on appelloit la petite monture, &elle a cru jufte de comprendre le trompette & le portier parmi les gens qu'on doit habiller.

La commiffion a encore trouvé jufte de faire aux dix hommes de la fuite un manteau de drap qui leur feroit renouvellé comme cy-devant tous les dix ans. Cette fourniture devoit leur être faite l'année derniere,

PAGE 294.   elle ne l'a pas été, * de forte que la fuite fe trouve dans le moment denuée de toute efpece d'habillement.

Cette dépenfe preffe ; elle eft confidérable ; mais abfolument neceffaire. La commiffion vous propofe, Meffieurs, de la deliberer afin d'en pourfuivre l'autorifation, pour être à même de mettre toutes ces differentes fournitures à la moins ditte.

Surquoi le confeil a approuvé en entier tous les articles propofés par la commiffion & a arrêté qu'ils feroient exécutés conformement à l'expofé, auquel effet il a chargé le bureau municipal d'en pourfuivre l'autorifation du directoire du département par la voie & d'après l'avis de celui du diftrict.

PAGE 295.   Du fept feptembre quatre heures de relevée. * M. Fefquet, notable, a fait part au confeil d'un projet de médaille fait par le fr Bongue, graveur, pour être préfenté à la commune de Pezenas en reconnoiffance du drapeau qu'elle a donné à la commune & aux gardes nationales de cette ville & d'un autre projet d'un étendart préfenté par un artifte ; il a obfervé que la médaille coutteroit environ cinquante louis & l'étendart environ vingt cinq.

PAGE 296.   Le confeil après avoir examiné l'un & l'autre projet * a voté des remercimens pour le fr Bongue, auteur du projet de la médaille, dont l'idée & le deffein font honneur aux talens de l'artifte & a deliberé l'execution du projet de l'étendart, pour être offert à la commune & aux gardes nationales de Pezenas.

PAGE 297.   Du dix feptembre quatre heures de relevée, * M. le maire rapporte que

s'etant rapproché de M. le commendant général pour offrir en fa perfonne
à la garde nationale l'avantage d'apporter à la commune de Pezenas le
drapeau dont celle de Montpellier a decidé de lui faire l'hommage ; ce
commendant accepte pour la legion ce mandat honnorable & fenfible à
cette marque de confiance annonce que l'apport du drapeau à Pezenas fera
fait fans frais par les volontaires de la legion.

Le confeil accepte cette offre & temoigne fa fatisfaction.

* Du treize feptembre onze heures du matin, M. le maire expofe que
l'hiver approche, qu'il ne peut qu'être rigoureux, que la diminution du
travail & des confommations, ainfi que la rareté du numeraire, ne peuvent
que faire fouffrir le peuple ; qu'il eft donc de l'humanité comme d'une jufte
prevoyance de fonger à des atteliers de charité. Le comité des travaux
publics obferve qu'il y a des ouvrages fufpendus dont la continuation
auroit le double avantage de les perfectionner & d'offrir une reffource au
peuple. Le corps municipal charge les deux comités de s'occuper de cet objet.

M. le maire fait part de la conference que quelques * membres & lui ont
eue avec le département fur l'approvifionnement du blé ; les mefures qu'il
propofe comme le refultat de cette conférence font adoptées & le comité
des fubfiftances chargé de les executer.

Au nom du comité chargé de fe confulter avec celui de la garde nationale, M. le maire propofe de deliberer fur la pétition de la légion tendant à
faire concourir tous les citoyens à la garde de la ville. Après une longue
difcuffion fur les moyens d'utilifer l'infcription des citoyens actifs qui ne
font point attachés à des compagnies le confeil ajourne cette queftion à
trois jours.

* Du dix fept feptembre quatre heures de relevée. M. le procureur de la
commune reprefente que la mendicité & le vagabondage s'augmentent, que
les gens fans aveu repouffés des villes fe répandent dans les campagnes & y
commettent des vols, qu'il parroit même que les reftrictions mifes par les
decrets à l'étendue de la police nuifent au bon ordre jufqu'à ce que les
nouveaux tribunaux qui completteront l'ordre judiciaire foient formés & il
propofe de demander au diftrict qu'il veuille bien inviter les municipalités
à faire faire des patrouilles dans les campagnes, lui promettant de la part
du corps municipal la plus grande furveillance dans fon territoire ; comme
auffi de lui demander fi jufqu'à la formation des nouveaux tribunaux la
municipalité ne pourroit pas être autorifée à conferver une plus grande
extenfion dans l'exercice de fa police.

L'avis de M. le procureur de la commune eft adopté & il a été en outre
deliberé de requerir M. le commendant de la garde nationale de donner fes
ordres pour la reprife des rondes de cavalerie pendant la nuit.

* Du vingt-un feptembre quatre heures de relevée. * M. le maire fait
un rapport fur le danger de la ville relativement aux fubfiftances, fur les
fecours qu'offre la fociété patriotique pour les grains, la garantie qu'elle
demande & la juftice de demander au diftrict de concourir à cette garantie
en cas que la ville confente à l'accorder.

1790.

PAGE 307.

Le conseil sur le rapport qui est vivement applaudi, ouï le procureur de la commune, delibere unanimement & par acclamation de remercier l'association patriotique, de lui garantir la perte qu'elle pourroit essuyer & de nommer des commissaires chargés de lui exprimer la juste reconnoissance de la commune & de se concerter avec elle * sur ce qui seroit le plus utile au bien de la cité.

MM. Blouquier & Colombiès, officiers municipaux, Poitevin, Flandio, Fabre & Fesquet, notables, sont nommés commissaires. Le conseil delibere en outre de mettre sous les yeux du district le raport de M. le maire & de réclamer de la justice de ce corps administratif son concours à la garentie demandée par la société patriotique pour les grains.

Du vingt deux septembre onze heures de relevée. M. le maire donne lecture d'une lettre de l'administration du district qui remercie la municipalité de son empressement & de ses soins pour preparer & decorer son logement.

M. le maire fait part que M. Aurès, officier municipal, à l'occasion des troubles qui se sont elevés hier entre Pignan & Cournon Terral a bien voulu s'y transporter sur l'invitation qu'il lui en a été faite à la requisition des deux communautés d'après le vœu de la garde nationale & sur la délégation expresse qui lui a été transmise par M. le président du département.

PAGE 308.

Le conseil remercie M. Aurès de ce que son patriotisme * & son courage lui ont fait accepter de porter à nos voisins des paroles de paix, qui, dans sa bouche & appuyées de son caractère connu, n'ont pû que produire le meilleur effet. M. le maire est chargé de temoigner à M. Aurès la satisfaction du corps municipal.

On fait lecture d'un mémoire de la commune de Pezénas qui prie celle de Montpellier d'appuyer auprès du département la demande qu'elle y a formée que le tribunal de commerce du district de Beziers soit établi à Pezenas.

Le corps municipal empressé de donner à la commune de Pézenas des preuves de fraternité, mais desirant recueillir sur cet objet de plus grandes lumieres, a deliberé de consulter la chambre de commerce.

PAGE 309.

Du vingt trois septembre quatre heures de relevée. M. le maire donne lecture d'une lettre du district * qui, au nom du ministre de la guerre, demande par quels motifs la commune auroit refusé au colonel du regiment de Bresse la somme fixée pour son logement

Le conseil arrête de repondre que ces sortes de dépenses n'étant point payées par les communes en particulier; mais faisant l'objet d'une imposition de cent vingt mille livres sur l'ensemble de la ci-devant province elles étoient acquittées chez le tresorier des guerres avec les fonds qui lui etoient remis à cet effet par le tresorier des états.

PAGE 310.

* Du vingt quatre septembre quatre heures de relevée. M. le Maire fait part des dispositions prises par le bureau reuni au comité militaire relativement à l'arrivée inattendue d'un détachement de la garde nationale de

Nîmes qui fervoit d'efcorte à deux canons envoyés dans le département de l'Aude pour proteger la circulation des grains. — Le confeil remercie le bureau & approuve fes démarches.

1790.

La difcuffion s'ouvre fur le mode à employer pour le fervice général des citoyens en concurrence avec la legion, plufieurs moyens font propofés; celui d'adjoindre chaque jour à la compagnie de fervice un nombre * proportionnel de citoyens infcrits; celui de les faire fervir féparément, foit à des jours, foit à des poftes différens; les avis font fort partagés; tous les moyens paroiffent offrir des inconveniens; on charge le bureau de fe concerter avec le comité militaire.

Page 311.

Du vingt cinq feptembre, quatre heures de relevée. M. le maire donne lecture d'une lettre du diftrict qui communique la nomination des experts adjoints à ceux de la commune pour l'évaluation des biens qu'elle s'eft chargée d'acquérir. Le confeil renvoie cette lettre à fon comité pour l'aliénation des domaines nationaux.

M. Poitevin, notable & membre de la fociété patriotique pour les grains, fait un rapport fur l'état actuel des fubfiftances à Montpellier, fur les meilleurs moyens d'organifer les greniers d'abondance fans nuire au commerce & fur les difpofitions de la fociété pour continuer à la commune fes foins & fes fecours : il préfente en fon nom le projet de foufcription * dont fuit la teneur :

Page 312.

Soufcription patriotique pour l'établiffement d'un grenier auxiliaire dans la ville de Montpellier, à fix cens foixante livres par action, avec la garantie de toute perte fur le capital & la promeffe du rembourfement par tout le mois d'août mil fept cens quatre vingt onze de la part de la municipalité & dont la régie fera confiée à des commiffaires nommés par elle & par les foufcripteurs, & avec la faculté acquife aux foufcripteurs de l'affociation formée en 1790 d'acquiter chaque action de la nouvelle fociété en un mandat de fix cens foixante livres fur M. Ifnel.

Le confeil adopte unanimement ce projet, accepte les conditions auxquelles il foumet la commune & charge fes commiffaires d'en prendre l'engagement auprès de la fociété. Des remercimens font votés à M. Poitevin.

Du vingt fept feptembre dix heures du matin. M. le maire fait part d'un projet de lettre à * l'adminiftration du diftrict à l'effet de retirer la demande en partage de la garentie accordée par la commune à la fociété patriotique pour les grains. Le confeil adopte cette mefure.

Page 313.

On fait lecture d'une lettre du directoire du département & d'une proclamation fur les vagabonds dont il demande la publication avec folemnité, le confeil en trouve une claufe inconftitutionnelle en ce qu'elle femble autorifer les chefs des patrouilles à entrer dans les maifons fans l'affiftance d'un officier municipal. Le confeil en confequence fufpend la publication & charge deux commiffaires d'en conférer avec le préfident du département.

Du vingt neuf feptembre onze heures du matin. * M. le maire fait lecture d'une lettre de M. le procureur général findic du département qui, au nom de l'adminiftration, promet inceffament une feconde proclamation interpretative de la claufe dont le confeil a fait repréfenter hier le danger & demande de nouveau la publication folemnelle de la proclamation fur les

Page 314.

.1790.

vagabonds. Le conseil délibère cette publication & écrit à la garde nationale pour prévenir la fausse interprétation de la clause qui doit être expliquée.

PAGE 317.

Du trente septembre quatre heures de relevée. * M. le maire annonce qu'il a prié MM. les officiers de l'état major de la légion de se rendre au conseil pour y recevoir le drapeau que la commune présente à celle de Pezenas & que la garde nationale s'est chargée de lui offrir.

MM. les officiers de l'état major introduits & ayant pris place M. le maire a dit :

> Messieurs, nous remettons en vos mains ce drapeau, c'est un gage d'amitié que nous envoyons à nos freres ; il vous convient de l'offrir, vous dont la conduite retrace les sentimens qu'il promet ; l'on peut parler au nom de la fraternité lorsque deux fois on s'est exposé pour elle. Le patriotisme a un langage bien touchant lorsque les actions y repondent ! nous vous prions d'être l'organe de nos sentimens, persuadés qu'exprimés par vous ils acquerront un nouveau prix.

PAGE 318.

M. Sadde, lieutenant colonel de la légion, reçoit le * drapeau & le conseil par une acclamation unanime, le prie d'en accompagner la remise des plus vifs temoignages d'affection pour une commune qui la première lui en a donné une marque si touchante.

M. Sadde au nom de la garde nationale temoigne la satisfaction qu'elle a d'en être le depositaire & se charge avec joie d'exprimer à la commune de Pezenas des sentimens qu'il partage.

Le conseil, sur la demande de M. Sadde, nomme des commissaires pour assister demain avant le départ du detachement à la benediction du drapeau & arrête qu'extrait du présent procès-verbal sera remis au commendant du detachement pour être par lui présenté à la municipalité de Pezenas.

PAGE 319.

M. le maire présente le vœu de la garde nationale & de la municipalité sur le mode à employer pour le concours de tous les citoyens * à la garde de la commune. Le conseil, vu l'importance de l'objet, ajourne à sa prochaine assemblée.

Du sept octobre, onze heures avant midi. M. le maire donne lecture d'une lettre du directoire du district qui demande l'état des personnes qui pourroient être detenuës en vertu d'ordres arbitraires, soit à la citadelle, soit dans les maisons religieuses.

M. le procureur de la commune est chargé d'écrire à ces différentes maisons d'envoyer au directoire du district l'état certifié qu'il demande & un double également certifié à la municipalité.

Un des membres fait la motion de transporter devant la maison commune actuelle la croix placée devant l'ancien hôtel de ville.

PAGE 320.

M. Sabatier, officier municipal, est chargé de faire extimer par le directeur architecte de la ville la dépense que ce déplacement * pourroit occasionner.

PAGE 321.

Du huit octobre quatre heures de relevée. * M. Fesquet fait le rapport des dépenses qu'a occasionné le drapeau que la commune a offert à celle de Pézenas. D'après le devis remis sur le bureau par M. le rapporteur, la somme totale a été de cinq cens quatre vingt quatorze livres.

* Du seize octobre neuf heures avant midy. M. le maire donne lecture d'une lettre de M. le procureur sindic du district & d'un arrêté du directoire qu'elle renfermoit. Le directoire du district délègue à la municipalité le soin de procéder à l'inventaire des corps ecléfiastiques qui sont suprimés par les decrets relatifs à la constitution civile du clergé.

Le conseil arrête de nommer des commissaires à l'effet d'exécuter la susditte délégation & que ces commissaires feront nommés au scrutin. Le scrutin fait & recensé M. le maire & M. Aurès sont nommés pour proceder à l'inventaire du ci-devant chapitre cathedral & MM. Clement & Bouchet pour procéder à celui du ci-devant chapitre collegial.

* Du seize octobre quatre heures de relevée. M. Sabatier, officier municipal, chargé de faire extimer par le fr Donnat, la dépense que pourroit occasionner le changement de la croix placée devant l'ancien hotel de ville au devant de la façade de l'orgerie & d'en faire dresser le devis, en fait le rapport. — Lecture faite du devis & de l'extimation dud. fr Donnat se portant à 60 liv., le conseil vu la modicité de la depense a deliberé de faire led. changement par économie après y avoir été autorisé par MM. du directoire du département.

* Du vingt six octobre onze heures avant midy. M. le procureur de la commune donne son avis sur le placet qui lui avoit été renvoyé de M. Augé, curé de Vic & Remezy & Sigaud, jeunes ecclesiastiques, en permission de former un nouveau pensionnat.

Le conseil considérant que les maisons d'éducation étoient déjà assés abondantes à Montpellier, que leur trop grand nombre ne pourroit que nuire à leur bonté; que M. le curé de Vic ne pouvoit point remplir de fonction publique hors de sa paroisse & que les jeunes ecclesiastiques auxquels il servoit de manteau, n'avoient pas l'expérience suffisante, a refusé la permission demandée.

Du vingt sept octobre trois heures de relevée. M.* le maire a rappellé la pétition de la garde nationale tendante à ce que les citoyens inscrits, fussent rappellés à concourir avec eux au service de la ville. Il a fait à cet égard un rapport dont la transcription a été ordonnée.

M. Aurès, officier municipal a dit :

Messieurs, par votre deliberation du 9 août dernier, après avoir pris en consideration le travail extraordinaire des commis aux greffes & notament celui du fr Astruc l'un d'eux, vous avez chargé le comité des impositions de vous présenter un projet de fixation * relatif au travail de ces commis & proportionné à leurs differentes fonctions.

Ce comité s'est assemblé ; il a pris les renseignemens necessaires & il s'est fixé sur le projet de traitement à vous presenter. Je vais être son organe, parce qu'il a bien voulû m'en donner le mandat.

Les differens greffes ou bureaux de la maison commune sont composés des sieurs Jean Bedos, Astruc, Jourdan & Madières, tous les quatre employés au greffe, & des frs Toutin & Lacaze, employés pour le bureau de police & au bureau des étrangers.

Je crois, Messieurs, qu'avant de vous présenter l'avis du comité sur les différens traitemens à faire à ces commis, il est necessaire de vous faire connoitre ce qui leur étoit annuellement attribué, la comparaison que vous ferés de ce qu'ils avoient avec ce que l'on vous propose de leur faire, fixera plus certainement votre decision.

Toutes les impositions directement faites pour les appointemens des commis, consistent seulement en une somme de 800 liv. imposée en faveur des commis au greffe, & une autre de 400 liv. imposée en faveur du fr Coutin. Le surplus de leurs appointemens qui se portoient à environ cent pistoles, étoit pris par plusieurs voyes indirectes, toutes supprimées par le nouveau regime. J'aurai l'honneur de vous les détailler en parlant de chacun des commis en particulier & en vous instruisant du traitement que chacun d'eux avoit.

Je commence par le sr Jean Bedos. Le sr Bedos est à l'hôtel de ville depuis trente quatre ans, sa place penible dans ses fonctions, l'a empêché de suivre l'etat de feudiste auquel il s'etoit destiné & il paroit aujourd'hui n'avoir d'autre ressource que cette place. Son traitement ordinaire consiste en quatre cens livres d'appointemens pris sur les 800 liv. imposés en faveur des commis sur les dépenses de la forêt de Valenne ; on lui attribuoit annuellement cent vingt livres comme greffier dud. Valenne & il lui étoit encore attribué le premier de l'an trente livres à titre d'etrennes de sorte que son traitement fixe alloit à cinq cens cinquante livres, il se trouve reduit l'année courante aux 400 liv. d'appointemens, parce que son traitement comme greffier de Valenne & ses etrennes sont supprimées. Il m'a été même dit qu'il avoit quelques années auparavant un petit casuel que je ne saurois apprecier & qui n'a plus lieu.

Le comité a pensé, Messieurs, devoir vous proposer à son égard un traitement fixe & annuel de 800 liv. à compter du premier janvier prochain & afin de lui remplacer l'année courante ce qu'il a perdu par les suppressions & le faire jouir même jouir de l'avantage de l'augmentation qu'il croit juste, de lui accorder pour cette année un traitement provisoire de 400 liv.

Quant au sr Astruc, je dois vous rappeller, Messieurs, l'intérêt que vous avés déja mis à ce qui le concerne ; vous avés reconnu son intelligence, son exactitude & combien il nous est utile. Il y a onze ans qu'il est employé au greffe ; il paroit juste de lui faire un sort ; ce qu'il a eu jusques ici est trop modique. Son traitement consiste d'abord en cent livres pris sur les 800 liv. imposés en faveur des commis. Il a ensuite 250 liv. qu'on retoit sur les gages d'un valet de ville qu'on n'employe pas. Il avoit de plus une gratification annuelle plus ou moins forte, celle qui lui fut accordée le premier janvier dernier pour l'année 1789 a été de 240 liv. & enfin il avoit chaque premier de l'an une etrenne de trente livres, de sorte que ses appointemens se portoient l'année dernière à six cens vingt livres & l'année courante ils sont réduits à trois cens cinquante livres. Le comité a pensé, messieurs, de vous proposer pour lui un traitement fixe & annuel de neuf cens livres à compter du premier janvier prochain & pour cette année un pareil traitement de cinq cens livres, afin de le faire jouir l'année courante, où il a certainement beaucoup travaillé, de l'avantage de sa nouvelle position.

Le sieur Jourdan, qui est employé au greffe depuis trois ans, a cent cinquante livres d'appointemens pris sur les huit cens livres imposés en faveur des commis, il avoit de plus une gratification annuelle de soixante livres & 9 liv. d'etrennes, qu'il n'a plus cette année, il n'a par consequent que les 150 liv. d'appointemens & à son égard le comité vous propose, messieurs, de lui accorder un traitement fixe de quatre cens cinquante livres à compter du 1er janvier prochain & un pareil traitement de trois cens livres pour l'année courante. Je dois encore vous observer, messieurs, que le sr Jourdan est assidu & très occupé. Il est marié & a plusieurs enfans. Sa situation & sa conduite méritent certainement des considerations de votre part.

Le sr Madieres n'est entré dans la maison commune qu'au mois d'avril dernier ; il y a été attiré par M. Bedos, votre * greffier, & je ne dois pas dissimuler qu'il supplée en grande partie à son travail, mais, messieurs, le sr Madieres est cependant utile à la commune ; c'est un excellent sujet digne de vos regards ; il a perdu une place au greffe des etats qui le faisoit vivre lui & sa famille ; il est ici d'une assiduité extraordinaire. Toutes ces considerations ont engagé le comité à vous proposer d'accorder au sr Madieres un traitement fixe de quatre cens cinquante livres à compter du premier janvier prochain & un pareil traitement de deux cens quarante livres pour cette année. Le comité croit plus, Messieurs, c'est que si le sr Madières n'a pas outre ce traitement, un traitement particulier de M. Bedos, il ne seroit pas payé. Cet homme a très peu de ressources dans sa fortune ; il est d'une famille honnête, interessant par lui même & il paroit juste que son travail le fasse vivre.

Voila tout ce qui compose le greffe ; il vous reste les bureaux de police & des étrangers. Vous savez, Messieurs, que c'est le sr Toutin qui a l'aide d'un commis remplit ces deux objets.

La place du sr Toutin est pénible ; elle demande une continuité de travail qu'on peut dire forcé, puisqu'il commence avec le jour & ne finit regulierement qu'à dix heures du soir ; il se porte même très souvent bien avant dans la nuit, parceque le sr Toutin est absolument utile aux visites nocturnes que les officiers municipaux sont obligés de faire pour la sureté & la tranquilité de la ville. Cette partie concerne les étrangers, le greffe de la police que le sr Toutin remplit aussi, est encore très pénible, il y a beaucoups de détails & le sr Toutin remplit ses devoirs à la satisfaction du corps municipal. Son traitement consiste en quatre cens livres d'appointemens imposés en sa faveur ; en quatre vingt quinze livres qu'il avoit en qualité d'inspecteur des lanternes, laquelle somme étoit prise sur celle de 600 liv. annuellement imposée pour les reparations des reverberes & lanternes & pour les gages des personnes y employées, mais qui a été supprimée pour cette année ; en cent vingt livres qu'il avoit encore tous la qualité de garde marteau de Valenne, cette somme a été aussi supprimée & enfin en dix huit livres d'etrennes qui sont aussi supprimées ; de sorte que ces différends traitemens se *portoient en totalité à six cens trente trois livres, l'année courante. Il y a deux cens trente trois livres de supprimées & il ne lui reste que quatre cens livres.

Le comité vous propose, Messieurs, de porter les appointemens du sr Toutin à neuf cens livres. Il pense que sa place merite ce salaire & en le fixant à compter du premier janvier prochain, il vous propose encore de l'en faire jouir cette année en lui attribuant un pareil traitement de cinq cens livres.

Enfin il reste le sr Lacaze, commis du sr Toutin, dont le traitement est de cent cinquante livres, qu'on prend sur les 800 liv. imposées en faveur des commis. Il avoit encore neuf livres d'etrennes. Le comité vous propose de porter ses appointemens à deux cens livres.

Je crois devoir finir, Messieurs, en vous rapprochant tous les objets, pour vous faire appercevoir que les

Livre premier. — Seconde partie. 411

differens appointemens de commis que le comité vous propofe de fixer fe porteront annuellement à trois mille fept cens livres & que les traitemens provifoires à accorder pour cette année fe portent à dix neuf cens quarante livres.

Il n'y avoit jufques ici que douze cens livres d'impofés directement pour les mêmes objets, mais il y avoit neuf cens trente une livres auffi impofés par des voyes indirectes & que par des fubverfions ridicules on attribuoit aux mêmes objets ce qui faifoit en totalité, deux mille cent trente une livres, il en refulte cependant que les augmentations d'appointemens qu'on vous propofe fe portent à quinze cens foixante neuf livres par an.

Votre deliberation du 9 août ne charge le comité de vous préfenter d'autre projets de traitemens que ceux relatifs aux differens commis, il n'y eft fait aucune mention du fecretaire greffier de la commune & le comité n'a pas dû s'en occuper.

Souffrés cependant, Meffieurs, que je vous rende perfonnellement compte des inftances que fait M. Bedos, greffier, pour une fixation de traitement en ce qui le concerne. Il m'a fait remetre un mémoire fort fuccint que je vais avoir l'honneur de vous lire, dans lequel il ne demande rien, il fe contente d'établir ce qui lui étoit auparavant attribué. Je ne me permettrai * aucune reflexion à fon égard. Je dois laiffer à la difcuffion & à votre fageffe les moyens de fixer à M. Bedos ce qu'il eft jufte d'attribuer à fa place & à fes fervices.

PAGE 336.

Ouï le raport de M. le procureur de la commune, il a été deliberé de prendre en confideration le raport qui vient d'être fait & en confequence le confeil convaincu de toutes les raifons qui ont été mifes fous les yeux de l'affemblée a provifoirement fixé pour l'année courante le traitement des fieurs Jean Bedos, Aftruc, Jourdan, Madières & Toutin en fus des fommes impofées fur tous, favoir: du fr Jean Bedos à quatre cens livres, du fr Aftruc à quatre cens cinquante livres, du fr Jourdan à trois cens livres, du fr Madières à deux cens quarante livres & du fr Toutin à quatre cens livres & à l'effet du payement des fufdittes fommes il a été donné pouvoir au bureau du corps municipal d'expedier fur les fonds libres de la commune un mandement en faveur de chacun d'eux du montant de leur traitement provifoire après en avoir obtenu l'autorifation de meffieurs du directoire du département. Et quant au fr Bedos, fecretaire greffier, la délibération à prendre à fon fujet a été ajournée.

* Du vingt neuf octobre trois heures de relevée. Meffieurs Cambon & Allut ci-devant députés de la commune à Paris fe trouvant réunis au confeil pour la première fois M. le maire a dit :

PAGE 337.

Meffieurs, je m'empreffe de prévenir votre vœu en offrant à MM. Cambon & Allut, vos deputés, les remercimens que vous leur avés voté tant de fois, votre confiance eft un eloge au deffus duquel je ne pourrois m'elever, qu'il me fuffife de dire: votre choix a honnoré ces citoyens, ces citoyens ont honnoré votre choix.

MM. Cambon & Allut, témoignent au confeil & à M. le maire leur vive fenfibilité & M. Cambon portant la parole ils rendent compte de leurs opérations à Paris.

Ce compte fouvent interrompu par des applaudiffemens retrace au confeil des fervices qu'il avoit fucceffivement connû & aprecié. Il eft fuivi des plus vifs témoignages de fatisfaction & de reconnoiffance.

La motion que fait M. Montels, d'en configner le temoignage dans le procès-verbal eft adoptée, ou plutôt prévenue par une acclamation unanime.

* M. le maire au nom du comité chargé d'examiner la queftion du fervice general des citoyens, fait le raport fuivant :

PAGE 338.

1790.

Messieurs, vous avez renvoyé à des commissaires une petition de la garde nationale tendant à ce que les citoyens inscrits fussent appellés à concourir avec eux au service de la ville. Vos commissaires s'en sont occupés avec l'empressement dû à vos ordres, avec l'attention que réclame un objet lié à la constitution, à la sureté de la ville & à l'union parmi les citoyens.

Votre comité persuadé que cette affaire n'avoit donné lieu à des difficultés, à des partages d'opinion, que faute d'avoir été réduite à la simplicité qui lui convient, s'est d'abord formé une série de questions dont la decision successive embrassoit & decidoit toute l'affaire :

PAGE 339.
* 1° Les citoyens sont-ils tenus de s'inscrire. 2° L'inscription doit-elle obliger au service. 3° Les citoyens inscrits & les legionnaires doivent-ils servir ensemble ou séparément ? 4° L'ordre qui sera établi sera t'il suivi d'une peine contre ceux qui y contreviendront ?

Les deux premieres questions, savoir si tous les citoyens devoient s'inscrire & si l'inscription devoit être suivie du service n'ont paru admettre aucune discussion : la loi est formelle ; elle veut qu'on s'inscrive pour le service de la garde nationale ; l'esprit de la constitution rend tous les citoyens soldats ; ces deux qualités sont inseparables ; enfin la justice s'opose à ce que les uns gardent les autres, sans en être gardés à leur tour ; le service est utile à tous, il faut que tous y coopèrent.

La troisieme question a seule paru de la plus grande importance. Les citoyens inscrits & les legionnaires doivent-ils servir ensemble ou séparement ?

Ensemble est conforme à la loi, qui ne veut qu'un corps sous le même drapeau, les mêmes officiers ; à l'union, qui repousse toute espèce de disjonction ; à l'honneur de la ville, qui jouissant d'une reputation de fraternité dont elle ne sauroit être trop jalouse, doit pour la conserver, attacher du prix jusqu'aux aparences ; enfin conforme à la prudence, qui nous dit de craindre tout ce qui pourroit amener des divisions, des esprits de parti, un honneur, un intérêt, qui ne seroit pas l'honneur, l'intérêt de tous.

PAGE 340.
Séparément a paru aussi avoir des avantages, ou plutôt éviter des inconveniens. Les citoyens inscrits qui n'ont point d'uniformes * ne seroient pas melés avec les legionnaires qui en ont, ils ne seroient pas adjoints à des compagnies dont la composition leur est étrangère (si tant est que des citoyens puissent être étrangers les uns pour les autres). Enfin ils ne serviroient pas sous des officiers à l'election desquels ils n'ont pas concouru.

Ces considérations ont paru assés puissantes vues séparement, mais raprochées des motifs qui militent pour la reunion, elles se sont si fort diminuées & leur impression est restée si foible que la presque unanimité des voix a été pour la réunion, c'est-à-dire pour le service des citoyens inscrits avec la garde nationale & comme la garde nationale.

Le comité a bien reconnu que les citoyens inscrits avoient essentiellement comme les volontaires le droit de nommer leurs officiers ; mais il a reconnu en même temps que l'exercice de ce droit étoit suspendu par les décrets jusqu'à organisation & que s'il étoit une ville où les officiers nommés rendissent ce sacrifice peu penible, le reduississent à rien, assurément c'étoit la nôtre.

Le comité a bien reconnu que les citoyens inscrits formeroient une troupe aussi sure aussi patriotique, sur laquelle on pourroit aussi bien compter que sur les compagnies de la legion, mais il a reconnu en même temps que l'unité seule etoit une force que rien ne pouvoit supléer, que les citoyens inscrits devoient former un faisceau & qu'on ne pouvoit le disjoindre sans briser le lien de fraternité qui l'unit.

Enfin le comité a reconnu que l'habit uniforme des uns & l'habit bourgeois des autres étoit un inconvenient ; mais il a pensé que cet inconvenient s'affoiblissoit beaucoup lorsqu'on consideroit que la garde commencera avec la nuit & finira avec le jour & que les citoyens inscrits ne seront appellés à aucune parade, à aucune cérémonie publique, lorsqu'on consideroit encore que l'habit d'uniforme n'étoit nullement indispensable & que la plus part des volontaires qui, par l'exemple, ne peuvent aujourd'hui s'en dispenser & qui le pourront alors, en faisiront volontiers l'occasion & se rendront au poste avec l'habit honorable de leur profession.

La derniere question que a occupé votre comité a été celle, savoir si vous établiriez une peine contre les contrevenans. Je veux dire contre ceux qui étant inscrits & convoqués ne se rendroient, ni ne se fairoient remplacer ; car pour ceux qui ne se feroient pas inscrits la loi les punit en les privant de la qualité precieuse de citoyen actif.

Vos commissaires ont pensé que l'honneur de servir sa patrie étant celui dont un citoyen devoit être le plus jaloux & qu'en cas d'empechement on avoit le moyen facile de se faire remplacer, on ne pouvoit manquer à l'un & à l'autre sans se rendre coupable.

PAGE 341.
Le comité a donc pensé qu'en cas d'absence & de non remplacement il falloit prononcer une peine de trois livres, laquelle somme seroit employée * partie à pourvoir au remplacement & le surplus aux atteliers de charité.

D'après ces considerations, le comité a déliberé de vous proposer le projet de proclamation suivant, relatif à l'adjonction proportionnelle des citoyens inscrits aux citoyens de la legion.....

Le conseil ayant adopté l'ordre des questions proposées par le comité, la discussion a été ouverte sur chacune d'elles, & apres mure délibération, il a été pris les arrêtés suivans :

1° Les citoyens actifs seront invités par une proclamation à s'inscrire pour le service de la garde nationale.

2º Les citoyens infcrits feront tenus de faire le fervice de garde nationale fous le même regime, le même état major, les mêmes officiers & les mêmes drapeaux.

3º Les citoyens infcrits feront requis par les officiers municipaux de s'adjoindre journellement au fervice de garde nationale, en nombre proportionnel & combiné des volontaires de la légion.

4º En cas d'abfence d'un citoyen infcrit & convoqué fans qu'il ait pourvû à fon remplacement, il fera prononcé contre lui une amende de trois livres, laquelle fera employée à pourvoir au remplacement & le furplus aux atteliers de charité.

Et l'exécution de ce deffus a été renvoyée au corps municipal.

Du trente octobre quatre heures de relevée. *M. le maire remet fur le bureau & denonce un libelle à l'affemblée nationale & propofe d'écrire au comité des raports & aux deputés de la fénéchauffée pour les prier de preffer le raport de l'affaire de Nifmes, étant très-urgent que l'opinion publique foit enfin fixée fur la nature & les caufes de cette affaire. Le corps municipal prenant auffi en confideration les libelles qui fe font répandûs dans la ville a chargé le comité des impofitions de rediger une inftruction propre à en prevenir le danger en premuniffant les citoyens contre les erreurs & les pièges que ces libelles prefentent.

Du deux novembre quatre heures de relevée. Des citoyens deputés par tous les habitans de Celleneuve font introduits & demandent que des commiffaires qu'ils ont * nommés, foient autorifés à y faire executer les reglemens de police.

Le bureau obferve que l'eloignement où eft Celleneuve de la ville ne lui permet pas d'y furveiller lui-même l'obfervation de ces reglemens, il appuye la petition des habitans de Celleneuve. Surquoi le corps municipal a ajourné la petition des habitans de Celleneuve, a chargé le bureau de lui prefenter fes vûes à cet égard, comm'auffi de fe tranfporter à Celleneuve pour y faire une police extraordinaire & y prendre les renfeignemens néceffaires.

M. le maire demande de renvoyer au bureau les preparatifs & projet de proclamations relatives aux affemblées primaires pour le renouvellement de la municipalité & confeil général. Le corps municipal renvoye au bureau & le charge d'en rendre compte au prochain confeil général de jeudi.

*Du trois novembre quatre heures de relevée. *Le comité des impofitions obferve que le 13 mars 1764, fur la propofition qui fut faite au confeil de ville par M. Cambacerès, maire, de nommer le fr Bedos pour lors greffier de la ville pour proceder à l'arrangement des archives de la commune, en obfervant que ce travail auffi long que penible, ne fauroit fe faire fans y employer des perfonnes pour écrire fous lui, il fut délibéré unanimement, conformément à l'expofé de M. le maire, & le fr Bedos fut nommé pour l'arrangement des archives ; cette deliberation fut autorifée par M. l'intendant.

Le comité a rappellé les difficultés elevées par les heritiers du fr Verdier

1790.   au sujet de l'arrangement des Archives, il a observé que le sʳ Bedos, greffier, & ses commis ayant été payés annuellement par la commune & ayant même reçu des gratifications extraordinaires, il étoit prudent d'exiger que le sʳ Bedos déclarat qu'il n'a rien à réclamer ny pour lui ny pour ses amis, au sujet de l'arrangement des Archives, afin d'eviter toutes demandes de la part de ses héritiers, qui quoique mal fondées pourroient fournir matière à procès, la commune n'entendant cependant pas par cette déclaration du sʳ Bedos le rendre garant des demandes formées par les héritiers du sʳ Verdier. Surquoi, après avoir entendu le procureur de la commune, il a été déliberé de mander le sʳ Bedos pour obtenir la déclaration demandée par le comité.

Le sʳ Bedos entré, lecture à lui faite de la proposition du comité, il a déclaré que dans l'ancien régime la place de greffier & d'archiviste ne formoient qu'un seul & même emploi, qu'il avoit rempli les deux fonctions, qu'il en avoit été payé & qu'il n'avoit rien à réclamer envers la commune ; n'entendant cependant pas par cette déclaration se rendre garant des demandes formées par les héritiers du sʳ Verdier. Surquoi, après avoir entendu le procureur de la commune, il a été deliberé de transcrire la déclaration faite par le sʳ Bedos & qu'il la signeroit, ce qui a été de suite executé.

Page 346.   * M. Cambon, officier municipal, a observé que le corps municipal ayant procédé à l'inventaire des maisons religieuses de cette ville & ayant reçu les déclarations des religieux & religieuses qui veulent sortir ou rester dans le cloître ; il a proposé de faire transcrire de suite lesdits inventaires & déclarations, afin de les envoyer sans retard au directoire du district conformement aux decrets de l'assemblée nationale.

Surquoi, après avoir entendu le procureur de la commune, le corps municipal a délibéré la transcription desdits inventaires & déclarations & a chargé le bureau de les envoyer le plus tôt possible au directoire du district.

M. Cambon fils ainé, officier municipal, a rappellé que par le décret de l'assemblée nationale du 19 juin 1790, enregistré & publié en ville le 4 août 1790, il est défendu à tout citoyen d'avoir des armoiries, en fixant un délai de trois mois pour l'exécution de cette loi dans les provinces. Il a observé que la plus part de nos concitoyens s'étoient empressés d'exécuter cette disposition de la loi; mais qu'il existoit encore des armoiries sur certains edifices & poteaux jadis seigneuriaux, que le délai fixé par la loi etant expiré, il convenoit d'en provoquer l'exécution. Surquoi, après avoir entendu le procureur de la commune, le bureau a été chargé de faire un projet de proclamation pour rappeller l'execution du decret du 19 juin dernier, pour être rapporté au premier conseil municipal.

M. Cambon fils ainé, officier municipal, a observé qu'à la page 8 format in-8º de l'instruction de l'assemblée nationale pour les corps administratifs, au titre de la correspondance, il y est dit que les actes & lettres des corps municipaux seront terminées par ces mots : *Les officiers de la commune de*, en consequence il a proposé de se conformer exactement à la loi & de supprimer le protocole ancien qu'on employoit dans la correspondance. Il a 1790. appuyé sa proposition en représentant le projet d'instruction qui avoit été proposé par le comité de constitution à l'assemblée nationale où on trouvoit page 8 du format in-8°, chapitre « de la correspondance, » ces mots, après le protocole d'usage : les directoires employeront * « vos serviteurs, » que PAGE 347. ces mots ayant été supprimés par l'assemblée il étoit évident qu'elle avoit ordonné qu'on ne les devoit pas employer. Surquoi, apres avoir entendu le procureur de la commune, le corps municipal a ajourné cette proposition pour avoir le temps de consulter le procès-verbal de l'assemblée nationale.

M. le maire donne lecture d'une lettre de la municipalité de Nantes, relative à la préfence exclusive des municipalités aux ceremonies publiques qui n'interessent que leur commune. Le corps municipal délibère d'apuyer auprès du comité de constitution la petition que la municipalité de Nantes lui a adressée sur cet objet; MM. des comités des impositions sont priés de rédiger cette adresse & vœu d'adhesion.

Du quatre novembre trois heures de relevée. * M. le maire fait un PAGE 349. raport sur les atteliers de secours pour cet hiver. Ce raport présente quatre points de discussion : 1° necessité des atteliers; 2° moyens de pourvoir à la dépense; 3° choix des etablissements; 4° precautions contre les abus.

Sur la necessité, le conseil considerant que l'humanité & une juste prevoyance la rendent indispensable, ouï le procureur de la commune, arrête qu'il sera établi cet hiver des atteliers de secours.

Sur les moyens de pourvoir à la dépense, le conseil considérant que l'assemblée nationale a autorisé les départemens à ouvrir des atteliers de secours dans les lieux où ils le jugeroient necessaire, que la ville de Montpellier est de tout le département celle qui en exige le plus, qu'à tous les motifs de convenance & de necessité qui sollicitent pour elle se joignent les droits qu'elle a acquis à de justes indemnités par ses pertes multipliées & par ses sacrifices à la paix de ses voisins; le conseil plein de confiance dans la justice du département, ouï le procureur de la commune,

A arrêté de se retirer devers le département à l'effet de solliciter de sa justice l'établissement d'un attelier de secours dans le sein de la cité & sur le surplus du raport le conseil a renvoyé à commissaires & nomme MM. Blouquier & Allut, officiers municipaux, Guichard, Poitevin, Bonhomme, Granier & Bastide notables.

A la demande de M. Blouquier, tresorier des atteliers de l'hiver passé, il charge ses commissaires de recevoir & de lui raporter le compte de M. Blouquier.

M. Aurès, officier municipal, a dit :

Messieurs, permettés moi de vous rappeller certaines dispositions du decret de * 1789 sur la constitution PAGE 350. des municipalités. Il est instant de s'en occuper parceque le corps municipal doit agir pour leur execution.
L'art. 8 de cette loi porte que les assemblées primaires des citoyens actifs seront convoquées par le corps municipal huit jours avant celui où elles devront avoir lieu. Et l'art. 45 veut que les assemblées d'élection pour les renouvellemens actuels se tiennent dans tout le royaume le dimanche d'après la St Martin. Vous voyés, Messieurs, la nécessité de faire proclamer dimanche prochain, la tenue des assemblées primaires pour le dimanche suivant.

1790.

Cette meme loi veut à l'art. 42 que le fort determine les officiers municipaux & les notables qui doivent fortir à ce renouvellement ; de forte que vous avés à mettre en ufage cette voie du fort, pour determiner ceux d'entre nous qui doivent être remplacés.

Cet article me préfente quelques difficultés que vous difcuterés avec votre fageffe, pour les fixer ainfi que vous les jugerés.

La loi parle de la faculté de pouvoir réélire les maire, procureur de la commune & fubftitut ; mais elle fe tait fur les officiers municipaux & notables, cependant l'inftruction dit en parlant des fujets eligibles, que ceux des officiers municipaux actuels que leurs concitoyens jugeront dignes de la continuation de leur confiance, pourront être nommés à la prochaine élection.

S'il m'eft permis d'avancer mon opinion fur cet objet je penfe qu'il n'eft aucun doutte que ceux d'entre nous que le fort fera fortir peuvent être réelus & je me fonde en thefe generale fur le principe que tous ceux qui ne font pas nominativement défignés peuvent être élus, & certainement fi la loi avoit entendû prohiber ces nouvelles élections, elle en auroit parlé ; quand elle s'explique fur les maire, procureur de la commune & fubftitut, c'eft plutôt pour donner une exclufion à ces places qu'une faculté. Je veux dire que l'importance de ces places a fait craindre un danger d'y perpetuer les mêmes fujets & la loi a voulû borner la durée de leur exercice, tandis qu'elle n'a pas eu les mêmes fujets de crainte pour les autres membres de la municipalité & du confeil.

PAGE 351.

D'ailleurs je crois voir dans l'article de l'inftruction qui permet de nommer les municipaux actuels à la prochaine élection * la confirmation de ce que j'avance. Il eft vrai que l'on peut dire que l'inftruction entendoit parler des ci-devant confuls ; mais quand cela feroit, il n'y a pas plus de raifon d'exclure à ce renouvellement les municipaux actuels qu'il y en avoit à la derniere élection d'exclure les confuls.

Si vous jugés, Meffieurs, comme je le penfe, que les officiers municipaux & les notables peuvent être réelus, je crois alors qu'il feroit régulier que vous determinaffiés fans délai ceux que le fort doit faire fortir, afin que vos concitoyens en foient inftruits & que leurs fuffrages puiffent fe determiner en faveur de tous les fujets eligibles.

Surquoi, ouï le procureur de la commune, le confeil a deliberé de determiner par la voie du fort dans la féance de famedi prochain, ceux de fes membres qui doivent être renouvellés à l'élection du dimanche quatorze novembre courant.

Du cinq novembre, onze heures du matin. M. Aurès, officier municipal, rend compte, au nom du bureau des préparatifs qu'il a fait pour la tenue des affemblées primaires à l'occafion du renouvellement des officiers municipaux & notables. Il préfente auffi un projet de proclamation relatif à lad. convocation. * Le confeil approuve ces preparatifs & le projet de proclamation.

PAGE 352.

Le même membre au nom du bureau préfente un autre projet de proclamation relatif au concours des citoyens infcrits au fervice journalier de la garde nationale. Ce projet de proclamation eft adopté comme fuit :

Le corps municipal de Montpellier. Vu la pétition à lui faite par la legion, à ce que les citoyens actifs foient tenus de concourir au fervice journalier de la garde nationale. Confidérant qu'il eft jufte que tous les citoyens concourent au maintien de la fureté & de la tranquilité publique ; que les décrets de l'affemblée nationale, font une loi à ces citoyens de fe faire infcrire pour le fervice de la garde nationale ; que la légion exiftante en cette ville eft le feul corps autorifé par les décrets, fes officiers feuls reconnus & les citoyens tenus de fervir fous leur commandement, invite les citoyens qui ne fe font point encore fait infcrire fur les regiftres de la commune à fatisfaire fans délai à la loi.

Arrête qu'inceffamment les citoyens actifs infcrits feront requis de faire le fervice journalier de la ville, conjointement avec la garde nationale & en proportion de leur nombre refpectif ; que les citoyens feront ce fervice fous le même régime, le même état major, les mêmes officiers & les mêmes drapeaux que la legion ; qu'ils feront tenus de fe rendre aux jours, lieu & heure qui leur feront indiqués par un billet du corps municipal, ou à s'y faire remplacer par tout autre citoyen actif & en défaut condamnés en une amende de trois livres, applicable à pourvoir à leur remplacement, & le furplus employé aux atteliers de charité. Et fera la préfente proclamation imprimée, lue, publiée & affichée partout où befoin fera.

PAGE 353.

M. Albiffon, officier municipal, au nom de la fection * des impofitions lit un projet d'adreffe aux citoyens pour les prémunir contre le danger des écrits incendiaires qui fe repandent dans la ville. Le confeil remercie

Livre premier. — Seconde partie.

M. Albiſſon, vote l'impreſſion de cette adreſſe & en ordonne la tranſcription. 1790.
Le conſeil rappelle au corps municipal que la commune de Pezenas lui ayant demandé d'appuyer auprès du département ſa petition tendante à ce que le tribunal de commerce du diſtrict de Beziers fut etabli à Pezenas comme le centre des affaires, le lieu des marchés & le rendez-vous des negotians, le corps municipal avoit deliberé de conſulter ſur cette demande la chambre de commerce.

Qu'en conſequence la chambre de commerce de Montpellier s'eſt aſſemblée & prenant en conſideration ſes relations multipliées avec Pezenas & l'importance pour le commerce que les diſcuſſions que ces relations pourroient occaſionner ſoient jugées ſur le lieu même & ſans déplacement a deliberé d'une maniere conforme à la demande de la commune de Pezenas :

Le corps municipal vu la pétition de la commune a délibéré de ſe joindre à la commune de Pézénas pour obtenir le placement dans cette ville du tribunal de commerce du diſtrict de Béziers.

Du dix novembre trois heures de relevée. *M. le maire dit au conſeil qu'avant de s'occuper du renouvellement tous les membres du conſeil ont à remplir un devoir qui leur eſt commun, celui de demander à MM. Cambon & Allut, ci-devant deputés à Paris, la note de leurs débourſés. PAGE 354.

M. Allut temoigne combien il a été flatté de la confiance du conſeil, qu'il s'eſt efforcé d'y répondre & declare renoncer à tout remburſement. Une acclamation unanime manifeſte la ſatisfaction & la reconnoiſſance du conſeil; il eſt arreté que le temoignage en ſera conſigné dans la délibération.

M. Cambon dit : qu'il deſireroit pouvoir renoncer aux indemnités de ce ſecond voyage, comme il renonça à celles de la premiere députation dont la commune l'avoit honnoré; mais que ſes facultés ne lui permettent pas de faire dans la même année deux ſacrifices de cette nature.

Le conſeil renouvelle à M. Cambon les temoignages de reconnoiſſance & de ſatisfaction qu'il lui a donné tant de fois & vote en ſa faveur le même remburſement qui fut alloué à MM. Coulomb & J. Albiſſon, ci-devant deputés de la commune à Paris, ſe portant à la ſomme de mille écus.

M. le maire donne lecture de la demiſſion faite par M. Craſſous, vice preſident du directoire du département, de ſes fonctions de notable; il ajoute que M. Cambacerés, procureur ſindic du diſtrict, l'a chargé de ſa demiſſion verbale.

Surquoi le conſeil, lecture faite d'un avis du comité de conſtitution, a déclaré que toutes les fonctions d'adminiſtrateur du département & de diſtrict, ainſi que celle de juge dans les tribunaux de diſtrict, ſont incompatibles avec celles de membres du conſeil general; en conſequence il a été décidé que le tirage au ſort pour le renouvellement de MM. les notables ne porteroit que ſur ſept membres, attendu le décès de M. Chrétien, l'un d'eux, la nomination de M. Craſſous à la place d'adminiſtrateur du departement; celles de MM. Bonnier, Barrau, Bazille & Cambacéres à l'adminiſtration de diſtrict & les elections de MM. Perdrix & Feſquet aux fonctions de juge.

1790.
PAGE 355.

Le fort tiré d'abord pour MM. les officiers municipaux * a fait fortir MM. Clément, Blouquier, Aurès, Colombiès, Cambon, Maffilian & Allut. Tiré enfuite pour MM. les notables font fortis MM. Poitevin, Lafoffe, Granier, Gautier, Montlaur, Baftide.

PAGE 356.

Du onze novembre quatre heures de relevée. * M. le maire remet fur le bureau les lettres patentes des juges du diftriȼt que M. Bonnier, préfident du diftriȼt, lui a adreffées & demande que le confeil prenne les mefures & rempliffe les obligations que les décrets lui prefcrivent pour la prompte inftallation des nouveaux juges.

Le confeil, leȼture faite defdittes lettres patentes, ouï le procureur de la commune, en ordonne la tranfcription dans fes regiftres et en execution de l'art. 13 du decret du 12 8bre relatif à l'inftallation des juges, le confeil fixe le jour de l'inftallation à jeudi prochain dix huit du courant & nomme des commiffaires pour faire à toutes les municipalités du diftriȼt la notification dud. jour prefcrite par les décrets, comm'auffi pour faire les préparatifs neceffaires à une cérémonie auffi importante & les fraix qu'elle pourroit occafionner devant être à la charge du diftriȼt, les commiffaires font priés de fe concerter avec lui pour cet objet.

PAGE 358.

* M. Albiffon, officier municipal, elu juge du diftriȼt, a demandé la parolle & a dit :

Meffieurs, la place de juge de diftriȼt à laquelle j'ai été appellé étant incompatible avec l'exercice des fonȼtions municipales, je me vois dans la néceffité de faire l'option ; j'ai crû ne devoir me refoudre à une feparation qui coute cher à mon cœur qu'au moment même où je vais entrer dans ma nouvelle carrière : mon attachement inviolable à mes confrères, l'intime liaifon qui a conftamment cimenté notre amitié & dirigé de concert vers le bien de la chofe publique le concours de tous les membres du corps municipal, comme celui d'un chef recommandable par toutes les qualités de l'efprit & du cœur, les lumières & les fecours habituels que nous avons puifé dans un confeil tout compofé de nos amis & de nos frères ç'ont été fans contredit autant de motifs bien puiffants pour m'inviter à retarder l'inftant de ma demiffion. En vous l'offrant aujourd'hui, Meffieurs, & en optant pour la nouvelle place dont je viens d'être honnoré, je

PAGE 359.

fens mieux que tout autre combien cette feparation feroit penible pour moi, s'il ne m'etoit permis * d'efperer que j'emporte l'eftime & l'amitié de mes très chers confrères & que la diverfité de nos travaux ne produira jamais le moindre changement dans la difpofition de nos cœurs, si d'un autre côté cette feparation du corps auquel je refte toujours attaché par le fentiment ne m'affocioit à un autre corps également refpectable, dont chaque membre devient à mes yeux un veritable ami tout prêt à m'aider des fecours & des lumières dont j'aurai befoin pour pouvoir me rendre digne de cette confiance publique dont chacun d'eux jouit depuis fi long tems.

Enfin, Meffieurs, dans la peine que me fait reffentir ma determination aȼtuelle j'eprouve un nouveau foulagement lorfque je me fens pleinement convaincu que le membre du confeil général qui va occuper ma place y étoit déjà porté à jufte titre par le vœu fortement exprimé du confeil général & par celui du public dont il avoit déjà reuni les fuffrages.

Je vous fupplie, Meffieurs, d'accepter l'affurance & l'hommage refpeȼtueux & fincère de ces veritables fentimens qui demeurent gravés dans le fond de mon cœur.

Une acclamation unanime temoigne les regrets du confeil de perdre M. Albiffon & fa fatisfaȼtion de le voir elu juge du diftriȼt.

M. le procureur de la commune requiert que M. Guichard, premier notable, foit inftallé officier municipal & prête ferment en cette qualité, ce qui eft de fuite exécuté au milieu des applaudiffemens de l'affemblée.

M. Guichard remercie en ces termes :

Meffieurs, je fuis très fenfible à la part que vous prenés tous à mon entrée dans la municipalité ; je defirerois porter dans cette place les talens & les lumieres dont mon predeceffeur eft doué ; mais, meffieurs, à défaut de fes talens qu'il n'eſt pas donné à tout le monde de poſſéder à un degré auſſi eminent, je vous prie d'être bien aſſurés, que vous trouverés en moi un citoyen zelé pour le bien de la choſe publique qui en y cooperant avec vous, faira toujours tous fes efforts pour meriter votre confiance, ainſi que celle de fes concitoyens.

1790.

* M. le procureur de la commune a fait le rapport au conſeil des motifs preſſans qui ont determiné le bureau d'execution à faire reparer tout de fuite les degradations du mur de la porte principale de la paroiſſe Notre-Dame. Le conſeil a remercié le bureau d'avoir donné les ordres convenables pour réparer les degradations furvenues aud. mur l'année dernière par l'effet du tonnere & pour faire toutes les autres réparations qui étoient ſi neceſſaires afin de prevenir les malheurs & les dangers auxquels les paſſants étoient expoſés & a approuvé les dépenſes qui feront faites à cet effet.

Page 360.

* Du treize novembre trois heures de relevée. Les commiſſaires nommés par la dernière deliberation pour regler & faire les preparatifs relatifs à l'inſtallation des juges du diſtrict rendent compte de la notification qu'ils ont faite à toutes les municipalités du jour fixé pour lad. inſtallation & diſent qu'ayant verifié le local de l'auditoire du ci-devant preſidial, il leur a paru convenable à cette ceremonie. Surquoi le conſeil remercie fes commiſſaires & approuvant leurs meſures, arrête que l'inſtallation aura lieu dans l'auditoire du ci-devant preſidial.

Page 361.

M. le maire remet fur le bureau un arreté du département qui autoriſe la dépenſe par économie du tranſport de la croix du ci devant hotel de ville devant l'orgerie, à la charge que des commiſſaires tiendront notte & rendront compte des journées & frais.

Le conſeil, fur la propoſition de M. le maire, prie M. Sabatier, officier municipal & M. Lafoſſe, notable, de fe charger de ce foin.

* M. le maire rappelle que le conſeil dans fa dernière féance a ajourné à aujourd'hui la formation du bureau de paix auprès du tribunal du diſtrict.

Page 362.

Le conſeil arrête d'y proceder fur le champ par ſcrutin de liſte & à la majorité abſolue des ſuffrages.

Les ſcrutins faits & récenſés, MM. Allut père, Fabre fils Rouch, notable, Caſtan l'ainé, Clément, officier municipal & Deſpoux font nommés & une acclamation générale manifeſte la ſatisfaction du conſeil.

* Du feize novembre trois heures de relevée. * Le conſeil ayant fixé à après demain l'inſtallation des juges du diſtrict, le corps municipal délibère de requérir M. le colonel général de la garde nationale de fournir au conſeil la garde d'honneur ordinaire.

Page 363.
Page 364.

Le corps municipal délibérant enfuite fur le ſcellé qu'il doit mettre demain fur tous les auditoires & greffes des tribunaux ſupprimés aux termes de l'art. 13 du titre 10 du decret fur l'inſtallation des juges, ouï le procureur de la commune, arrête qu'il fe rendra à la cour des aides pour y exécuter la loi ou dreſſer procès verbal de l'impoſſibilité ſi ſon union avec la chambre des comptes, maintenue quant à l'exercice, empechoit d'en ſceller les papiers; comm'auſſi de fe rendre au bureau des finances, au preſidial qui comprend le ſénéchal, le petit ſcel, la conſervation des privileges des uni-

.1790. verſités, l'équivalent, les traites & la maitriſe des ports, au greffe des gabelles, à celui de la cour des monnoies, à celui de l'officialité & de la temporalité, à celui de la juridiction prevotale & à celui des juges des ci-devant ſeigneurs.

La diſcuſſion ayant été ouverte ſur la juriſdiction conſulaire, il a été reconnu que les decrets l'avoient exceptée & que les tribunaux de diſtrict ne remplaçant pas cette juriſdiction, les juſticiables ſe trouveroient ſans juges. Surquoi il a été arrêté de ne point ſe rendre à la juriſdiction conſulaire.

Un des membres expoſe que le département doit s'occuper demain du placement des tribunaux de commerce & il donne des craintes non ſur la préférence qui paroit aſſurée à Montpellier pour le tribunal de ſon diſtrict, mais par l'attribution de ce tribunal qu'on pourroit bien circonſcrire en en diſtrayant la ville de Cette.

Le corps municipal prenant en grande conſidération l'avantage du commerce ſi intimement lié au bien général des citoyens, ouï le procureur de la commune.

Arrête de nommer deux commiſſaires qui ſe rendront demain à la ſéance du département pour faire valoir les droits, les convenances & même les termes de la loi qui s'oppoſent à toute diſtraction de reſſort des tribunaux de commerce * de diſtrict, & arrete auſſi d'écrire à la chambre de commerce pour la prier de joindre deux commiſſaires à ceux du corps municipal. MM. Montels & Cambon, officiers municipaux, ſont nommés commiſſaires.

Du dix huit novembre dix heures du matin. Le conſeil s'eſt réuni à l'heure qu'il avoit fixée pour l'inſtallation des juges du diſtrict. Les commiſſaires chargés des préparatifs de cette auguſte cérémonie en ont rendu compte. L'aſſemblée a approuvé leurs meſures & les a remerciés.

L'officier commandant la garde d'honneur s'eſt préſenté ; le conſeil s'eſt rendu au palais. A ſon entrée & à celle des juges dans la ſalle d'audience, le peuple qui la rempliſſoit a manifeſté par de vives acclamations le plaiſir ordinaire qu'il eprouve à revoir ſes repreſentans & les nouvelles eſpérances que lui donne l'inſtitution de ſes juges.

Le conſeil ſiégeoit ſur le tribunal & les juges dans le parquet. M. le procureur de la commune a dit :

Chers concitoyens, vous voyés devant vous vos juges & leur preſence doit produire dans tous les cœurs un ſentiment de reſpect & de confiance : la volonté du peuple les a appellés à ces fonctions importantes, l'extime publique les lui avoit deſignés & leurs vertus avoient acquis des droits aſſurés ſur vos ſuffrages.

* Ainſi vous avés conſacré le premier exercice du plus beau droit que les loix ſociales ont accordé aux hommes, celui de ſe donner pour juges ceux qu'ils croiront être les plus dignes de leur confiance par un acte éclatant de juſtice, en accordant aux vertus, aux talents & à l'experience la récompenſe qu'ils ont droit d'attendre des hommes.

Ne craignés pas, Meſſieurs, que je m'étende plus longtems ſur des eloges que la verité me dicte ; mais que votre modeſtie repouſſe, quelque douce que ſoit pour moi cette tache je ſurmonterai ce ſentiment heureux, ſi le ſacrifice que je fais vous prouve comme je le ſens ma veneration & mon hommage.

Citoyens, de grands intérêts doivent vous occuper dans ce moment, c'eſt la reconnoiſſance qui eſt due à nos auguſtes légiſlateurs d'avoir rendu au peuple une de ſes plus belles prérogatives & d'avoir rétabli dans la ſimplicité de ſa premiere origine la juſtice, la premiere dette d'un ſouverain, le bienfait le plus grand que la providence ait accordé aux hommes.

Je la vois uniforme dans ſa marche, dégagée de ces formes qu'elle avoit reçues dans la barbarie des premiers ſiècles, offrir à l'eſpèce humaine de puiſſants ſecours & de grandes conſolations.

Nous les trouverons dans le rapprochement des juſticiables de leurs juges, dans l'expedition des affaires, qui ſera plus prompte à meſure que les formes ſeront moins compliquées, les pauvres les trouveront dans l'établiſſement des tribunaux de pacification, qui ſeront chargés de la défenſe de leurs intérêts & dont l'inſtitution a auſſi pour objet de terminer dans leur ſource, parmi les concitoyens, des différens que la longueur des procès aigriſſoit, & dont la fin pour l'ordinaire étoit la ruine des familles & d'inutiles regrets.

Nous les trouverons dans ces tribunaux de famille dont le jugement ſage préviendra pour l'honneur des mœurs & le bonheur de la ſociété ces cauſes dont l'iſſue ordinaire étoit de laiſſer entre les époux ou dans la même famille la haine du ſang & des ſouvenirs douloureux.

Enfin nous les trouverons avec les juges de paix dont le nom ſeul indique qu'on ne peut deſirer rien de plus dans l'utilité & dans l'importance de leurs fonctions.

Tels ſont les avantages que le nouvel ordre de choſes nous aſſure, eſperons à meſure que la revolution marchera de recueillir tous les autres fruits qu'elle nous promet, eſperons d'obtenir des ſacrifices de l'intérêt perſonnel, ſi puiſſant dans les ames même les plus genereuſes, de voir ſe diſſiper les vieux prejugés, les opinions anciennes auxquelles il faut excuſer l'homme d'être attaché * lorſqu'il eſt né avec elles, encore quelque tems & ces preventions, ces oppoſitions deja affoiblies céderont en entier au pouvoir de la philoſophie & de la raiſon.

Citoyens, je vous ai préſenté quelques reflexions ſur les avantages de la regeneration. Je pourrai parler des devoirs qu'elle nous preſcrit envers nos juges, mais qui de vous a beſoin que je lui retrace ſes obligations. Je me bornerai à une ſeule reflexion qui me paroît naître de la choſe même : honnorer & reſpecter ceux que notre confiance a élevés, c'eſt nous honnorer dans notre propre ouvrage, c'eſt relever à nos yeux notre obeïſſance, notre autorité & nos pouvoirs.

Dépoſitaires de cette autorité vous allés recevoir, Meſſieurs, le caractère ſacré qui, avec vos nouvelles fonctions va vous lier à tout ce qui intereſſera le bonheur des peuples de ce diſtrict, vous allés contracter l'engagement ſolemnel devant une commune qui remplit avec une ſatisfaction bien douce la délégation de la loi. Si elle ne peut pas montrer dans ſes juges tous ſes enfans, ils lui appartiennent deja par le ſentiment qui eſt inſéparable du reſpect & de la vénération ; elle s'honnore des ſervices qu'ils ont rendu dans leurs foyers & de la gloire qu'ils y ont acquiſe ; le plus grand nombre appartient au conſeil général par l'utilité de leurs ſervices & vous pourriés tous mes concitoyens atteſter avec moi combien leur ſéparation lui a été penible & douloureuſe.

Commencés donc, Meſſieurs, à remplir votre nouvelle carriere dont le ſuccès doit vous être garanti par la confiance & la veneration publique. J'ai l'honneur de preſenter au conſeil général de la commune les lettres patentes du roi, portant commiſſion à MM. de Perdrix, Boſc, Albiſſon, Feſquet & Thoiras, pour remplir pendant ſix années les fonctions de juges dans le tribunal de diſtrict de Montpellier. Je requiers qu'il en ſoit fait lecture & qu'ils ſoient inſtallés dans leurs fonctions apres avoir prêté le ſerment preſcrit par la loi.

M. le maire au nom du conſeil a ordonné la lecture des proviſions ; cette lecture finie, il a prononcé le diſcours ſuivant :

Magiſtrats, Citoyens, un contract mutuel va vous engager, une alliance auguſte va ſe former entre vous juſtice, obeïſſance, telles ſeront vos obligations ; organes de la loi, promettez-vous d'être juſtes, impaſſibles comme elle ; organes du peuple, nous vous promettons d'honnorer votre perſonne, d'executer vos jugemens.

Inſtitutions bienfaiſantes de la France régénérée, adminiſtrations, tribunaux, hâtez-vous ; répandés vos influences ſalutaires ; la patrie * vous invoque ; affligée de voir ſouffrir ſes enfans, elle attend de vous le prix de leurs ſacrifices ; ſa confiance ſe ranime ; elle vous voit, elle ſalue aux vertus que vous ferez eclore, aux mœurs energiques & ſaines que vous nous rendrez, à tous les biens, à tous les plaiſirs qui accompagnent les bonnes mœurs & elle ſe ſent conſolée.

Amis de vos ſemblables, citoyens genereux, qui reſſentez les maux dont vous êtes témoins, à côté de la France inquiete & tourmentée, placés l'image de la France régénérée & floriſſante ; que vos regards, detournés du préſent, ſe portent vers l'avenir & s'il ſe peut que les hommes qui vous entourent n'occupent pas ſeuls toutes vos penſées, ſongés à ceux qui nous ſuivront. La conſtitution leur prepare des biens durables ; elle ne cauſe que des maux paſſagers.

Livrons-nous donc à l'eſperance, & ſes douceurs ne ſeront pas trompeuſes ; la loi nouvelle bleſſe des intérêts particuliers, contrarie des opinions reçues ; mais elle eſt conforme à la nature, à la vérité ; & l'opinion & l'intérêt n'ont qu'un temps, la verité eſt éternelle ; les vrais biens ſont toujours ſon ouvrage ; tôt ou tard ſes heureux effets ſe font ſentir ; & qu'oppoſer à des loix qui élevent l'amé, reveillent les talens, encouragent à la vertu ?

L'homme eſt bien né pour quelque deſtinée, il exiſte donc pour lui des regles fixes propres à l'y conduire qu'il ne peut méconnoître ſans ſe méconnoître lui-même ; il faut donc qu'il les recherche, qu'il les découvre, qu'il les ſaiſiſſe.

Or quelles ſont les deſtinées de l'homme ? Je ne dis pas de tel homme, je dis de tous ſans exception ; nos deſtinées ſont d'être ſages afin d'être heureux ; de tendre au bonheur par la vertu, de nous raprocher par nos efforts de l'être ſuprême qui nous forma, dont notre ame eſt l'image, & quels moyens nous ſont donnés pour y parvenir ? Nos facultés, notre intelligence. Il faut donc que nos facultés conſervent leur énergie, qu'elles puiſſent ſe développer, s'exercer avec aiſance, un gouvernement qui les comprime ſous le

1790.

Page 369.

poids du decouràgement, des prejugés eſt contraire à la nature ; il eſt vicieux ; un gouvernement qui les favoriſe, qui en facilite le jeu, qui leur laiſſe leur élaſticité naturelle eſt analogue à notre eſſence, & tel eſt un bon gouvernement.

Heureux, quoique imparfait ſans doute, l'ordre des choſes qui s'établit. * Les loix ſont l'expreſſion de la volonté générale ; le chef de la nation d'une main puiſſante les fait executer ; les fonctions publiques, departes par la confiance, excitent aux bonnes actions ou recompenſent ; on commande, on adminiſtre, on juge au nom de l'eſtime & de l'amour ; on contribue, on ſe rend par reſpect pour la loi qu'on a faite ; par deference pour l'homme qu'on a choiſi ; un tribunal de conciliation s'élève au milieu de chaque famille &, comme la nation, la ſociété a ſa magiſtrature. Des médiateurs precedent les juges ; en avant du temple de la Juſtice vous voyez celui de la paix ; il faut le traverſer et les charmes qu'il recele et les inſtances qu'on y reçoit, ſuſpendent, arretent vos pas. Des barrieres decourageantes ne ſéparent plus les hommes ; ils ont tous les mêmes droits ; ceux qui jouiſſent de plus d'avantages n'ont pas plus de pouvoir ; ceux que le ſort a moins favoriſés n'ont pas de plus fortes entraves ; ainſi les inegalités naturelles qui ſuivent l'homme dans l'ordre ſocial, n'en orgueil- liſſent ni n'humilient perſonne, tous les états ont leur dignité, une noble aſſurance, une ſérénité douce brille ſur les fronts & le citoyen ſert ſon Dieu & ſon pays, cultive ſa raiſon, défend ſa liberté, fier & paiſible ſous le ſeul empire de la loi.

Rapproché de ſes concitoyens par des relations habituelles, il les aime & s'en fait aimer davantage ; intereſſé à meriter leur eſtime, une ambition vertueuſe ſuit le penchant de ſon cœur pour le porter à bien faire ; environné de l'opinion, il acquiert ſous ſon regard un grand & loyal caractère ; on le voit penſer, parler, agir, comme la conſcience veut qu'on penſe, qu'on s'exprime, qu'on agiſſe : voilà l'homme ; je reconnois le plus noble ouvrage de la nature ; je me reconnois moi-même, car doué comme mes ſemblables des plus nobles facultés, j'en éprouve le ſentiment & je me dois de leur rendre hommage.

Ainſi la conſtitution a pour objet de nous rendre meilleurs ; ainſi pour la ſervir, nous devons l'honnorer. Nos vertus, mieux que nos efforts, en avanceront le ſuccès & le plus bel hommage que nous puiſſions lui rendre, c'eſt de nous montrer dignes d'elle.

De bonnes loix veulent de bonnes mœurs ; en vain la nation ſera reformée, ſi nous ne nous reformons nous-mêmes ; ce que nos legiſlateurs ont fait contre les abus, il faut le faire, nous, contre nos paſſions.

L'aſſemblée nationale a rétabli les droits de l'homme ; qu'ils ſoient gravés dans nos cœurs, comme dans ſa déclaration ſublime.

Page 370.

Elle a détruit l'orgueil des grands corps, des grands noms, ne cherchons à nous faire conſidérer que par notre loyauté, nos * mœurs, nos ſervices.

En faiſant de l'eſtime & de la confiance la ſource de tous les pouvoirs, elle a bien voulu évidemment nous rendre plus aimans, plus vertueux. Répondons par nos ſentimens à cette inſtitution & rempliſſant les vues de l'aſſemblée nationale, faiſons notre propre bonheur.

Enfin elle nous donne l'exemple d'aimer le peuple, de defendre ſes interêts & de pourvoir aux beſoins du pauvre ; ayons moins de luxe & plus d'humanité. Dans ces temps penibles ſurtout, retranchon à nos déſirs pour ajouter à nos dons & lorſque l'indigent ſuporte ſes privations, ne permettons pas que celle du riche retombent encore ſur lui.

Graces immortelles vous ſoient rendues, ſages légiſlateurs & vous prince bienfaiſant qui, de concert, avez préparé notre régénération.

En honnorant les François, Louis s'eſt honnoré lui-même, roi d'un pays, il eſt devenu celui d'une nation ; des bornes marquoient partout la fin de ſon empire, l'âme d'un citoyen n'en connoit point & il regne ſur elle ; échange glorieux qui à la place d'un territoire, lui a acquis des hommes, qui, de proprietaire, l'a fait roi.

Le nouvel ordre judiciaire commence avec vous, Meſſieurs ; il vous devra ſa conſideratinon, ſes ſuccès ; vos travaux les feront aimer : on l'honnorera avec vos vertus. Nouveaux magiſtrats d'un nouveau peuple, le moment de votre inſtitution ajoute à vos devoirs, agrandit votre miniſtère ; vous ne ſerez pas ſeulement juges de vos concitoyens, vous devenez cooperateurs de l'aſſemblée nationale, en affermiſſant ſon ouvrage ; en le faiſant aimer vous partagerez ſa gloire, & ſi ſes mains ont élevé la conſtitution, les votres vont répandre les premiers fruits de ſa ſageſſe.

Nouveaux magiſtrats d'un nouveau peuple, il eſt une grande conſideration que votre civiſme a prevenu & que cependant je dois vous rappeller.

Les loix du nouvel ordre des choſes auquel vous appartenez, pour lequel nous vous inſtituons, n'exiſtent pas encore ; au lieu de la lettre des loix anciennes vous appliquerés l'eſprit des loix qu'on nous prépare & cet eſprit facile à preſſentir ſera celui de la conſtitution ; ſes principes ſeront votre guide, votre lumiere. Toujours préſens à votre penſée, ils feront empreints dans vos jugemens & notre amour & nos benedictions

Page 371.

ſeront le prix de vos * travaux. Heureux le peuple qui diſpoſe ainſi de ſa confiance! Heureux les citoyens qu'honnore la confiance d'un tel peuple !

Auſſitôt le conſeil s'eſt levé, M. le maire a requis le ſerment & l'aſſemblée a obſervé un religieux ſilence.

MM. Perdrix, Boſc, Albiſſon, Feſquet & Thoiras, juges du diſtrict, ont prononcé individuellement le ſerment de maintenir de tout leur pouvoir la conſtitution du royaume, décrétée par l'aſſemblée nationale & acceptée par le roi, d'être fidéles à la nation, à la loi & au roi, & de remplir avec 1790. exactitude & impartialité les fonctions de leurs offices.

Le conseil est descendû dans le parquet & les juges sont montés sur le tribunal.

M. Perdrix, president, dans un discours analogue aux circonstances a rappellé à ses confreres tous les devoirs renfermés dans le serment qu'ils venoient de prêter & en leur nom comme au sien a promis de nouveau à la commune de les remplir avec zele & fidelité.

Le conseil s'est ensuite levé & M. le maire portant la parole a prononcé au nom du peuple l'engagement de porter au tribunal & à ses jugemens le respect & l'obeiffance que tout citoyen doit à la loi & à ses organes.

Toute la commune a continué par de vives acclamations la promesse de ses répréfentans & la cérémonie la plus augufte a acquis en ce moment le caractère de grandeur & de majefté qui tient à la préfence du peuple & que peut feule imprimer l'affentiment de la volonté générale.

Le conseil s'est ensuite retiré avec les mêmes honneurs & la même escorte qu'à son arrivée. Rendû à la maison commune, il a arrêté de dresser
* procès verbal de cette séance mémorable. PAGE 372.

* Du vingt novembre trois heures de relevée. Le comité des dépenses PAGE 372. & impositions fait le raport d'un memoire de M. Dugny, chevalier de St-Louis, aide major de la citadelle, qui demande une gratification pour ses services & pour l'appui qu'il a toujours donné à la garde nationale; ce
* memoire est accompagné d'un temoignage honnorable des officiers PAGE 373. superieurs de la garde nationale. Le comité s'en remet à la sagesse de l'assemblée.

Le conseil considérant que M. Duguy est employé par le pouvoir exécutif & que son zele & sa fidelité à ses devoirs doivent être reconnus & recompensés par ses supérieurs, ouï le procureur de la commune, a déclaré qu'il n'y avait lieu de déliberer.

M. le maire donne lecture d'une lettre de M. Farjon Murat, qui au nom du ci-devant prefidial, réclame certains meubles laiffés au palais de juftice & les met sous la sauve garde de la commune.

Surquoi le conseil, ouï le procureur de la commune, déclare & prie M. le maire de répondre que le conseil général a rempli la délégation de la loi & satisfait à ses devoirs, en mettant les fcellés & inftallant les juges, mais qu'il n'a reçu ni ne peut être chargé d'aucuns meubles.

MM. Clément, officier municipal & Rouch, notable, nommés mediateurs membres du bureau de paix, remercient le conseil & acceptent cette fonction honnorable, M. le maire offre au conseil, au nom de M. Allut le pere, la meme reconnoissance & acceptation; une lettre de M. Fabre le fils exprime les mêmes temoignages.

M. Allut s'est empreffé d'annoncer à l'assemblée qu'il venoit d'être rendu un décret de l'assemblée nationale en date du... sur les domaines & que par l'art. 5 il est reconnu un principe qui fait rentrer la ville dans la proprieté de ses murs & fossés. Il propose de déliberer de faire ce qui est prescrit par

1790.
PAGE 374.

cette loi pour établir par titres cette propriété * & d'écrire pour cela à MM. les deputés de la ci-devant fénéchauffée de Montpellier qui font dans ce moment dépofitaires de ces titres. Surquoi l'affemblée remerciant M. Allut, a ajourné cette propofition au premier confeil, & l'a chargé de porter le décret.

Dud. jour vingt novembre fix heures de relevée. M. Clément; M. Blouquier & M. Colombiés, officiers municipaux fortis par le fort, & M. Durand, fubftitut du procureur de la commune, temoignent au corps municipal leur reconnoiffance, leurs regrets de fe feparer de leurs collegues & leur confiance dans leurs fucceffeurs.

M. le maire & tout le confeil avec lui expriment à ces meffieurs les mêmes fentimens d'eftime, de fraternité & d'union inalterable. Il eft arrêté que ces temoignages mutuels des fentimens qui ont uni conftament tous les membres de l'adminiftration feront confignés dans le procès-verbal.

PAGE 375.

M. Bongue fait la motion & le confeil arrête que MM. * les adminiftrateurs fortis qui font foufcripteurs de la régie patriotique de la boucherie feront priés de continuer leurs foins en cette qualité.

Du vingt un novembre onze heures du matin, préfens, MM. Durand, maire, Montels, Sicard, Bongue, Bouchet, Cambon, Allut & Guichard, officiers municipaux en exercicé & M. Fargeon, procureur de la commune & MM. Lafabrie, Brieugnes, Brunet & Puech cadet, elus officiers municipaux & M. Gas fils ainé, elu fubftitut du procureur de la commune, convoqués pour pretter ferment & être inftallés ; un capitaine du guet, informe le corps municipal que beaucoup de citoyens demandent l'entrée pour être temoins du ferment de leurs reprefentants. Le confeil ordonne l'entrée & les citoyens font introduits.

Un membre propofe de faire au peuple une nouvelle proclamation des officiers municipaux & notables elus. Sur le vœu de l'affemblée, ouï le procureur de la commune, M. le maire proclame meffieurs Cambon, Allut, Lafabrie, Brieugnes, Brunet, Puech cadet & Chretien elus officiers municipaux & Meffieurs Henry Charolois, Grand ainé, Chaptal, F. Farel, Guillaume Sabatier, Pierre Fajon, Bazille, major, Brun, profeffeur, Thibal, chirurgien, Poitevin, Nougaret, architecte, Delon fils ainé, Auguftin Cofte Me boulanger, Pagès, bourgeois, Boufcaren, negt & Demoulin, architecte, elus notables & M. Gas fils ainé, fubftitut. Les citoyens temoignent leur fatisfaction par des vifs applaudiffemens.

MM. Cambon & Allut, officiers municipaux en exercice réélus, ôtent leur écharpe & fe placent auprès des autres citoyens élus, demandant de pretter avec eux le ferment.

M. le maire remércie l'ancienne municipalité au nom de la commune & exprime à la nouvelle les efpérances que tous les citoyens fondent fur leur patriotifme & fur leurs talents.

PAGE 376.

* MM. les officiers municipaux élus & M. le fubftitut du procureur de la commune, fur la requifition du procureur de la commune, prettent individuellement le ferment de maintenir de tout leur pouvoir la conftitution

Livre premier. — Seconde partie.

du royaume, d'être fideles à la nation, à la loi & au roi, & de bien remplir leurs fonctions. 1790.

Du vingt deux novembre, dix heures avant midy. M. le maire propofe de divifer le corps municipal en confeil & en bureau & de divifer le confeil en fections. Il s'élève des douttes fur les diverfes fonctions du confeil, du bureau & des fections. La difcuffion & la lecture de la loi ramene tous les membres à penfer que les fections provoquent les délibérations du confeil & que le bureau les exécute.

M. Allut lit un memoire fur l'organifation du corps municipal & fur l'attribution à donner à chacune des fections; ce memoire & l'objet qu'il traite font renvoyés à commiffaires; MM. Montels, Sicard, Allut & Lafabrie font nommés.

Le corps municipal procede enfuite au fcrutin de lifte fimple & à la majorité abfolue des fuffrages à la formation du bureau.

Le fcrutin fait & récenfé, MM. Bouché, Cambon, Brunet & Puech font déclarés membres du bureau.

Du vingt trois novembre, trois heures de relevée. M. le maire propofe de voter des remercimens aux membres qui font fortis. Il felicite le confeil des nouveaux cooperateurs que la confiance publique lui a donnés. Il met fous fes yeux un tableau général des affaires de la commune & afin de lui donner une parfaite connoiffance de chacune de fes affaires, il propofe d'inviter les comités à rendre compte inceffament chacun en ce qui le concerne. Ces differentes propofitions font fucceffivement adoptées.

* M. le maire donne lecture de deux lettres qu'il a reçues de MM. Gigot & Sabatier par lefquelles ils donnent leur demiffion de leur place d'officiers municipaux. Surquoi le confeil renvoye au corps municipal pour l'inftallation des deux premiers notables qui, fuivant le décret des municipalités, doivent remplacer les officiers municipaux. PAGE 378.

M. le maire donne lecture de deux lettres adreffées au confeil par MM. Caftan & Defpoux contenant leurs remercimens à caufe de leur nomination au bureau de conciliation.

M. le maire dit que MM. Baftide & Granier n'étant plus notables doivent être remplacés dans la commiffion des atteliers de fecours dont ils étoient membres. En confequence MM. Chaptal & Delon, notables, font nommés pour remplacer dans cette commiffion MM. Baftide & Granier.

M. le maire propofe de faire une petition au commiffariat des départemens reprefentatifs de l'ancienne province de Languedoc pour en obtenir une indemnité à raifon de l'ameublement du gouvernement, comm'auffi pour demander payement du logement que ce commiffariat occupe dans l'ancien hotel de ville.

La propofition de M. le maire eft adoptée en entier & MM. * Lafabrie, municipal, Boufcaren & Demoulin, notables, font nommés commiffaires pour cet objet. PAGE 379.

M. Allut, officier municipal, a porté fur le bureau le décret qui vient d'être rendu fur les domaines & après avoir fait lecture de l'art. 5 qui fixe

1790. les formalités que les villes doivent fuivre pour conferver la propriété de leurs murs, il a propofé qu'il foit écrit à MM. les deputés de la ci-devant fénéchauffée de Montpellier à l'affemblée nationale, depofitaires dans ce moment des titres de propriété de la ville fur fes murs, foffés & remparts pour les prier de faire le néceffaire auprès du comité des domaines & de l'affemblée nationale pour faire reconnoitre la propriété de la ville fur lefdits murs, foffés & remparts, afin qu'elle puiffe inceffament en difpofer comme de fa chofe propre. Surquoi il a été unanimement délibéré qu'il fera ecrit conformement à la propofition.

PAGE 380. * Du vingt quatre novembre, dix heures avant midy. M. le procureur de la commune requiert l'inftallation & preftation de ferment de M. Serres, pour la place d'officier municipal au lieu de M. Gigot; en confequence l'inftallation & le ferment ont lieu; M. Serres fait fes remercimens au milieu des temoignages de fatisfaction que lui donnent fes nouveaux confréres.

M. le commendant de la garde nationale eft annoncé & introduit; il remet fur le bureau une petition de la garde nationale tendante à ce que la lifte des citoyens qui fe font fait infcrire pour partager avec cette garde le fervice national foit publié. Il eft délibéré de faire imprimer cette lifte par ordre alphabétique.

M. le maire fait part à M. le commandant de la garde nationale en fa qualité de prefident de la chambre de commerce d'une lettre écrite à la municipalité par les deputés de la ci-devant fénéchauffée relativement à la prétention de la ville de Sette d'un tribunal de commerce & il eft délibéré de renvoyer à fe decider fur cette affaire après la députation annoncée du commiffariat des citoyens actifs de la ville chargé de leur vœu. Cette députation eft introduite, elle remet une pétition fur cette même affaire & M. le maire affure MM. les députés qu'elle fera prife en grande confideration. La députation fe retire.

PAGE 381. * M. le maire donne lecture d'une lettre qu'il vient de recevoir de M. Coulomb, commiffaire du roi près le tribunal du diftrict établi en cette ville, par laquelle ce commiffaire demande la levée du fcellé appofé par la municipalité au greffe du ci-devant fiége de la maréchauffée, à l'effet de faire remettre au greffier actuel du tribunal la procedure faite entre plufieurs accufés de l'emeute furvenue à Beziers les 30 & 31 janvier dernier, qui preffent pour leur jugement, M. le commiffaire obfervant de plus que de pareils befoins pour d'autres procès fe reproduifent chaque jour. Surquoi il eft délibéré d'accéder à cette demande, auquel effet le bureau d'exécution nommera un commiffaire pour avec M. le procureur de la commune faire la levée du fcellé, delivrer au greffier actuel du tribunal de diftrict fur fon chargement la procedure demandée & remettra le fcellé, le tout en préfence de M. le commiffaire du roi & de l'ancien greffier ou duement appellés, comm'auffi le bureau fera remplir les mêmes formalités toutes les fois que le commiffaire du roi en fera la demande.

Sur la réquifition de M. le procureur de la commune d'envoyer à M. le procureur sindic du district l'inventaire des effets de l'églife & du chapitre cathedral St Pierre de cette ville. Cet envoi est délibéré, enfemble celui de la délibération de ce chapitre jointe aud. inventaire, en déclarant que les principes y contenus font contraires aux décrets de l'affemblée nationale.

1790.

Un des membres du bureau a obfervé que par les bazes conftitutionnelles des municipalités, les fonctions du bureau étoient bornées à la fimple exécution & regie, que confequemment il ne leur étoit point permis de figner aucun mandement fans une deliberation préalable du confeil municipal ou du confeil général, qu'il exiftoit cependant des dépenfes urgentes & du moment ce qui avoit engagé l'ancien régime à accorder aux confuls un pouvoir pour les dépenfes qui n'excéderoient pas vingt livres & a prié le confeil de regler fa conduite à cet égard. Surquoi il a été délibéré en attendant la reponfe à la petition qui doit être préfentée * au département pour demander un règlement pour les dépenfes urgentes & ordinaires, que le bureau fera autorifé provifoirement à expedier les mandemens au-deffous de cinquante livres fauf le raport au confeil lorfqu'il rendra fes comptes.

PAGE 382.

Du vingt quatre novembre trois heures de relevée. M. le maire donne lecture de la pétition du commiffariat des citoyens actifs; il est délibéré de faire une pétition à l'affemblée nationale pour repouffer la pretention de la ville de Sette en un tribunal de commerce, dans laquelle on parlera de fa nouvelle pretention fur les cantons de Frontignan & de Pouffan.

M. Allut lit fon raport fur l'organifation du confeil municipal; il a été d'avis au nom du comité chargé de cet objet. 1° Que le corps municipal devoit fe divifer aux termes des décrets en fections, attendu que fi la loi des municipalités dit que l'adminiftration aura la faculté de fe divifer en fections, cela ne fauroit regarder que le corps municipal; 2° que trois fections fuffifent aux diverfes affaires de la municipalité; 3° qu'il en faut une pour les impofitions, dépenfes, dettes & procès, une pour les travaux, établiffemens publics & atteliers de charité; une pour les fubfiftances & projets d'ordonnances de police, & affecter quatre membres du confeil à la premiere & trois aux autres.

Surquoi il est deliberé conformement à l'avis de M. Allut; auquel effet MM. Montels, * Sicard, Allut & Lafabrie font nommés pour la fection des impofitions, dépenfes, dettes & procès; MM. Guichard, Brieugnes & Flandio pour la fection des travaux, etabliffemens & atteliers & MM. Bongue, Chretien & Serres pour la fection des fubfiftances & police.

PAGE 383.

MM. Allut pere & Clement, deputés du bureau de conciliation, ont été annoncés & introduits : ils ont fait une petition tendante à obtenir un local convenable & les fraix de bureau à l'effet de pouvoir exercer les fonctions qui leur ont été confiées.

Surquoi il est délibéré d'envoyer à l'adminiftration de diftrict le procèsverbal de formation de ce bureau & de lui préfenter la réclamation dont s'agit, le diftrict devant fupporter toute la depenfe relative à fon tribunal.

Sur l'obfervation de plufieurs de meffieurs, que le grand age du fecretaire greffier de la municipalité, ne lui permettoit de tenir le regiftre des

1790. délibérations, le corps municipal a prié M. le fubftitut du procureur de la commune de vouloir bien fe charger de la redaction des déliberations & de furveiller la tenue de ce regiftre.

Du vingt fix novembre dix heures avant midi. M. le procureur de la commune requiert la preftation de ferment de M. Chretien elu officier municipal & fon inftallation à cette place. Le ferment eft reçu & l'inftallation eft faite.

PAGE 384. * Vu l'arreté du directoire du département de l'Hérault du 17 novembre courant & celui du directoire du diftrict du 23 de ce mois. Le corps municipal a chargé le bureau de faire faire par économie, les reparations les plus indifpenfables & les plus urgentes à l'églife paroiffiale de Ste Anne, fur l'indication qui lui en fera faite par M. Cuffac, curé de lad. paroiffe. Et fur l'invitation d'envoyer des commiffaires dans la féance du directoire du diftrict de famedi prochain matin pour une concertation relative à la tranflation du fervice paroiffial, confiderant que cette tranflation intereffe effentiellement la commune, qu'il eft important pour elle d'y délibérer en commun & d'adreffer aux corps adminiftratifs l'expreffion de la volonté

PAGE 385. générale, a arrêté * que fi l'adminiftration du diftrict lui demande ce vœu commun, il s'empreffera de le lui faire connoitre apres y avoir délibéré en confeil général de la commune, M. le procureur de la commune demeurant chargé d'adreffer le préfent délibéré à M. le procureur findic.

PAGE 386. * Du vingt fept novembre trois heures de relevée. M. le maire donne lecture d'une lettre de M. Flandio contenant fa non acceptation de la place d'officier municipal en remplacement de M. Sabatier & fa demiffion de

PAGE 387. celle de notable. * Surquoi le confeil examine fi cette non acceptation néceffite la demiffion de notable. Il eft délibéré que cette demiffion eft une confequence néceffaire de la non acceptation & l'on renvoye au corps municipal pour l'inftallation du premier notable à la place vacante de municipal.

Sur la propofition du même que MM. Clément, ex municipal, Guichard, Poitevin & Fefquet, ex-notables, doivent être remplacés dans la commiffion pour la revifion des déclarations faites pour la contribution patriotique, le confeil delibère ce remplacement & en confequence MM. Guichard & Brieugnes, officiers municipaux, Rouch & Grand, notables, font nommés pour remplacer les fufnommés.

Une députation de la fociété des amis de la conftitution & de l'égalité de cette ville eft annoncée & introduite, M. J. Albiffon portant la parole offre au nom de cette fociété le pret d'une fomme de dix huit mille cent foixante

PAGE 388. huit livres à l'effet de pouvoir ouvrir inceffament des atteliers de * charité. Cette offre eft vivement applaudie. Le confeil général délibère l'enregiftrement & l'impreffion de la foufcription faite pour effectuer le pret offert & du difcours de M. J. Albiffon par lui laiffé fur le bureau à la follicitation de tout le confeil. Et MM. de la députation font invités d'affifter à la féance, l'objet des atteliers étant à l'ordre du jour.

M. le maire au nom du comité qui en avoit été chargé fait le rapport de cet objet intereffant. Les moyens de fe procurer des fonds, le choix des atteliers & les précautions contre les abus font fucceffivement difcutés.

Aprés quoi le confeil général en délibération arrête 1° d'emprunter des foufcripteurs de la fociété des amis de la conftitution aprés l'autorifation que le corps municipal eft chargé d'en obtenir la fomme de dix-huit mille cent foixante huit livres pour etre employée à l'entretien des atteliers de charité qui feront ci-après determinés, laquelle fomme leur fera rembourfée fans interêts fur les premiers deniers que donneront les bénéfices de la commune fur l'acquifition & revenus des biens nationaux. 2° Le confeil général prenant en confidération les nombreufes réclamations des citoyens & les evenements malheureux réfultés de l'inondation du fauxbourg de la Saunerie & de la ftagnation des eaux du foffé qui eft entre la porte des Carmes & celle de la Blanquerie délibére qu'il fera inceffament ouvert des atteliers de charité, foit pour le recreufement du ruiffeau des Aiguerelles & la reftitution de fon lit à fa largeur primitive, foit pour le déblai des terres qui élevent la rue de la Muraillette & pour les faire fervir au comblement du foffé fufdit, foit enfin pour la réparation de l'acqueduc du Courreau & celui de la rue des Carmes, ainfi que pour l'entretien du chemin des Carmes à Boutonnet. 3° Pour l'entiere exécution & furveillance de tous ces atteliers & ouvrages, le confeil général délibère une commiffion de vingt-quatre de fes membres en les invitant de prendre en confidération le projet de reglement prefenté par M. Chaptal pour la police des atteliers & les précautions à prendre contre les abus. En confequence MM. les officiers municipaux compofant le bureau & la fection des atteliers & MM. Charolois, Grand, Fabre, Dumas, Bonhomme, Batut, Chaptal, Sabatier, Fajon, Brun, Thibal, * Nougaret, Delon, Cofte, Pagès & Demoulin, notables, font nommés pour former cette commiffion & M. Allut officier municipal eft nommé tréforier à la prefque unanimité des fuffrages.

1790.

PAGE 389.

Du vingt-neuf novembre dix heures avant midi. M. le maire rend compte de la réclamation que fait le principal * du college de la ville à raifon de quelques dégradations furvenues dans les falles occupées par la fociété patriotique des bleds. Surquoi le bureau eft chargé de faire verifier ces degradations en fe concertant avec les membres de cette fociété.

PAGE 390.

Un de meffieurs a remis fur le bureau copie d'un article inféré dans le n° 410 en datte du lundi 22 novembre 1790, du journal intitulé *Annales patriotiques & littéraires* redigées par Mercier & Carra, led. article portant pour titre « Avis à la municipalité de Montpellier » & le n° 28 du mercredi 10 novembre d'un journal fous le titre de *Journal de la generalité de Montpellier*.

Lecture faite de ces deux pièces, il a été délibéré de mander le fr Picot, imprimeur & rédacteur de ce dernier journal, dans lequel fe trouve le profpectus d'un journal incendiaire ayant pour titre *Le défenfeur des opprimés*, par l'auteur de l'ami du clergé & de la nobleffe, de lui reprefenter non feulement le tort qu'il fe fait d'inferer de pareils articles dans fon journal; mais les inductions defavorables que des gens mechans pourroient en tirer contre la municipalité de Montpellier dont il eft l'imprimeur, fi elle gardoit le filence fur une pareille entreprife, que celle-ci jaloufe de conferver l'opinion qu'elle a donnée en toute occafion de fon patriotifme & de fon attachement à la conftitution ne pourroit fe difpenfer de retirer fa confiance au fr Picot s'il continuoit à inferer dans fon journal des articles auffi anti-

1790.   patriotiques & même fi dans fon prochain numero il ne s'empreffoit de fe
retraéter, & de fuitte le fr Picot introduit a temoigné fes regrets, s'eft excufé
fur une abfence qu'il a faite & qui ne lui a pas permis de veiller fur le
n° dont s'agit & a promis de mettre fa rétraétation dans le prochain.

M. le maire donne leéture de la lettre de M. Leblanc, notable, portant
non acceptation de la place d'officier municipal vacante. Surquoi le confeil
arrête d'écrire à M. Fabre, premier notable, pour l'inftruire que la loi
l'appelle à la place d'officier municipal.

Page 391.   * Du trente novembre trois heures de relevée. M. le maire rappelle au
confeil la motion placée à l'ordre du jour fur la publicité des féances & les
raifons qui femblent la rendre defirable & conforme à l'efprit de la conftitution pour l'intérêt des adminiftrés & l'inftruétion de tous les citoyens.
Plufieurs avis en expofent les inconvéniens qui en balancent les avantages,
on obferve d'ailleurs que cette queftion eft foumife & pendante à l'affemblée
nationale qui n'a point encore prononcé & qui même en permettant à tous
les citoyens de prendre communication des aétes & deliberations des corps
adminiftratifs a prejugé peut-être contre la publicité demandée. On propofe
en amendement de confulter le corps legiflatif, l'inovation qu'on propofe
au confeil pouvant lui attirer de juftes reproches s'il en refultoit des effets
contraires à ce qu'on s'en promet & toute innovation devant être eloignée
dans les circonftances préfentes lorfqu'il n'y a pas néceffité abfolue à
l'adopter.

Le confeil vu l'importance de l'objet & défirant en éclaircir encore la
difcuffion ajourne de nouveau.

Page 392.   * Du deux décembre dix heures avant midi. M. le maire donne leéture
de la lettre de M. Fabre, notable, portant non acceptation de la place
d'officier municipal vacante. Surquoi le confeil arrête d'écrire à M. Caftilhon,
premier notable, pour l'inftruire que la loi l'appelle à la place d'officier
municipal.

Page 394.   * Du quatre décembre onze heures avant midi. Une députation de la
fociété des amis de la conftitution & de l'égalité a été annoncée & introduite ; M. Albiffon préfident de cette fociété a remis fur le bureau une
petition tendant à permettre l'éreétion fur la place de l'Efplanade, d'une
colonne dediée à la Liberté. La deputation retirée, leéture faite de la pétition, le corps municipal a accueilli par acclamation une petition fi conforme
à fes vœux ; mais il a jugé qu'une fimple adhéfion ne fuffifoit pas pour
manifefter combien il reffent de joie de voir l'efprit patriotique fe developper dans les murs de la cité ; il a defiré de fe joindre à la fociété des
amis de la conftitution & de l'egalité pour une ceremonie qui recevra de la
préfence de la commune fa plus grande majefté & pour l'inauguration d'un

Page 395.   * monument qui deftiné à maintenir la loi dans la cité appelle les magistrats qui en font les dépofitaires à en pofer les fondemens, charge le
procureur de la commune d'adreffer extrait de cette délibération à la fociété
des amis de la conftitution & de l'égalité.

Page 396.   Du cinq décembre dix heures avant midi. * Leéture faite du procés-verbal

tenu le jourd'hier & ce jourd'huy par le corps municipal, led. verbal con- 1790.
tenant l'avis affiché dans une des falles d'affemblée de la foçiété des amis
de la conftitution de cette ville portant [dénonce d'une converfafion
fedicieufe du fr * abbé Ollivet, dans laquelle il fe difoit inftruit d'une   PAGE 397.
infurection prochaine qui devoit fe manifefter en arborant la cocarde
blanche; 2º les déclarations du fr Bouty & Baille dont le temoignage
etoit indiqué comme préfens à la converfation dont s'agit; 3º la dépofition du fr abbé Ollivet qui a comparû devant le corps municipal &
figné fa déclaration: le corps municipal raffuré par les depofitions des
fieurs Bouty & Baille & par la déclaration du fr Ollivet fur les faits graves
compris dans l'avis affiché dans une des falles de l'affemblée de la foçiété
des amis de la conftitution & de l'egalité a arrêté de configner dans fes
regiftres l'expreffion de fa fécurité afin de detruire les allarmes que la
dénonce peut avoir jettées parmi les bons citoyens.

* Du onze décembre dix heures avant midi. M. le maire donne lecture   PAGE 5.
d'une lettre de M. Caftilhon ci-devant St Victor, portant non acceptation
de la place d'officier municipal. Surquoi le confeil arrête d'écrire à M. Bonhomme, premier notable, pour l'inftruire que la loi l'appelle à la place
d'officier municipal.

* Du douze décembre quatre heures de relevée. Un des membres inftruit   PAGE 7.
l'affemblée qu'il exifte dans le moment un raffemblement de gardes nationales dans le jardin du fr Coulet pres Boutonnet & que cette affemblée
illégale n'eft prefidée par aucun officier. Surquoi le confeil invite le procureur de la commune à fe tranfporter fur le champ auprès des gardes nationales raffemblées illegalement & de diffoudre leur affemblée, comm'auffi
arrête que M. le commandant de la garde nationale fera requis de renforcer
tout de fuitte les poftes & les patrouilles de la ville.

Il eft donné lecture du rapport fuivant :

* Meffieurs, le directoire du diftrict vous a adreffé le 27 du mois dernier un arreté pris par lui le meme   PAGE 11.
jour & un tableau à colonnes, contenant differentes queftions dont le plus grand nombre a été réfolu dans
les diverfes réponfes que vous lui avés adreffées, il n'en refte que deux fur lefquelles le directoire vous
demande votre avis.

La premiere eft de favoir combien chacune des maifons religieufes fupprimées peut loger d'individus.
Le directoire du diftrict en vous propofant cette queftion n'a eu vue de favoir fi chacune de ces maifons religieufes fera fuffifante pour recevoir vingt religieux au moins conformement aux décrets de l'affemblée nationale. Or toutes les maifons religieufes de la ville ont fuffi jufqu'à ce jour pour loger ce nombre
d'individus & un plus grand encore, c'eft un fait connu de tous les habitans. Ainfi cette queftion ne préfente aucune difficulté.

La feconde confifte favoir, quelle feroit la deftination à laquelle on pourroit employer ces mêmes
maifons religieufes, objet de la plus grande importance. Nos commiffaires s'en font occupés avec l'attention
que vous avez lieu d'attendre d'eux Nous allons mettre fous vos yeux le développement de leurs vues &
des queftions que ce fujet a fait naitre.

Nous avons penfé d'abord que l'emploi le plus legitime de ces maifons feroit fans doutte de les confacrer
au culte divin fi l'avantage des habitans le demandoit, la convenance & la religion femblent fe réunir
pour en faire un devoir. Nous nous fommes convaincus enfuite que la divifion des paroiffes tant dans
l'interieur de la ville que dans les fauxbourgs préfente une inégalité qui ne peut que nuire à la facilité du
fervice.

La paroiffe de Notre Dame, la plus étendue & la plus importante de la ville par fa nombreufe population,
eft encore furchargée du fervice d'un fauxbourg confidérable & s'etend jufqu'au pont de Caftelnau, c'eft-à-
dire, à un eloignement hors de portée de tout fecours fpirituel. Celle de St Pierre éprouve le même inconvenient à l'égard de Boutonnet & de toutes les campagnes voifines. La feule paroiffe de Ste Anne dont la
population eft infiniment moins confidérable fe trouve circonfcrite dans l'enceinte des murs de la ville;

1790.
PAGE 12.

celle de St Denis eſt d'une étendue qui dans certaines parties n'a d'autres bornes que celles du taillable, ce qui rend le ſervice preſque impraticable. * Ces obſtacles nous ont paru néceſſiter une nouvelle diviſion des paroiſſes renfermées dans l'enceinte de la ville, en y apportant le plus d'égalité que la ſituation des lieux pourra le permettre.

Nous nous ſommes aſſurés d'abord que le nombre des habitans de l'interieur de la ville ſe porte environ à vingt quatre mille ames. Les vues de l'aſſemblée nationale paroiſſent aſſigner à chaque paroiſſe le nombre de huit mille ames, & il faut convenir que ce nombre eſt ſuffiſant pour exercer la vigilance d'un paſteur. Une population plus conſiderable excèderoit les ſoins qui ſont dus à chacun en particulier; la diviſion de notre cité ſeroit donc faite en trois parties ; pour établir l'égalité que nous cherchons il ſeroit indiſpenſable de retrancher de la paroiſſe Notre Dame l'excedent de la population pour l'attribuer à celle de Ste Anne. Cette diviſion faite il ne ſeroit plus queſtion que de fixer ſur le local que nous pourrions aſſigner à chacune de ces egliſes paroiſſiales. Celle de St Pierre & celle de Notre Dame ſe trouvent placées dans les egliſes les plus grandes & les plus commodes de la ville, par conſequent il n'y a pas lieu de les changer. La ſeule paroiſſe de Ste Anne eſt établie dans une egliſe qui n'eſt pas ſuffiſante pour contenir la dixieme partie de ſes habitans : il en reſulte une impoſſibilité abſolue de la fixer dans un local auſſi reſſerré. La collégiale de Ste Anne où l'on pourroit transferer le ſervice offre le meme inconvenient. Il nous a parû que l'egliſe de St Paul par ſa proximité ſeroit la ſeule propre à l'uſage que nous nous ſommes propoſés. Nous ne nous diſſimulons pas que la collegiale eſt placée dans un point plus central & que ſous ce point de vue ce local ſeroit préférable. C'eſt une obſervation que pluſieurs paroiſſiens nous ont fait ; mais il faudroit pour remplir leurs vues lui donner une plus grande étendue. La dépenſe pourroit être fort conſidérable, ainſi nous avons crû devoir vous propoſer l'egliſe de St Paul; nous ajouterons même à cette première raiſon une autre qui n'eſt pas moins déciſive. Le curé de Ste Anne & ſes vicaires trouveroient dans la maiſon des Trinitaires un logement ſuffiſant, ce qui dechargeroit la commune du loyer de l'egliſe des Carmes & de la maiſon curiale ; ainſi à tous égards cette dernière egliſe ſeroit la ſeule qui pourroit convenir.

Après avoir fixé le ſervice des paroiſſes renfermées dans l'enceinte de la ville, nous nous ſommes occupés des intérêts des habitans établis dans les fauxbourgs ; il leur eſt dû par la commune les mêmes ſecours qu'à ceux de la cité, ils contribuent aux mêmes charges, ils ont droit aux mêmes avantages. Le nombre des habitans * des fauxbourgs ſe porte à neuf ou dix mille ames dont le ſervice eſt infiniment plus pénible à raiſon de l'éloignement de leurs habitations. Il nous a parû convenable de conſerver la paroiſſe de St Denis dans le lieu qu'elle occupe aujourd'huy & en meme tems de diviſer ſon territoire en erigeant une annexe ſa dépendance & nous nous ſommes tous reunis à l'établir à l'egliſe de la Mercy & de lui donner pour limites tout l'eſpace qui eſt renfermée entre le chemin de la Piſcine & celui de Ganges. Il nous a parû indiſpenſable encore d'établir une autre annexe dans l'egliſe des Recolets pour l'utilité du lieu de Boutonnet & des fauxbourgs du Pila St Gely & de la Blanquerie. Cette demande a été formée ſi ſouvent par les habitans du dehors de la ville qu'ils auroient un juſte motif de plainte ſi on laiſſoit échapper une occaſion auſſi favorable de les ſatisfaire. Cette annexe ſeroit dépendante de la paroiſſe St Pierre ; elle s'étendroit depuis le chemin de Ganges juſqu'à la citadelle.

PAGE 13.

Ces changemens exigent des meſures à concerter, nous ſerons obligés pour les effectuer de concilier beaucoup d'intérêts differens. Ainſi nous nous ſommes bornés à vous préſenter un ſimple apperçu. Si ces projets peuvent mériter votre approbation nous travaillerons à les développer & à leur donner l'étendue convenable. Nous devons vous annoncer que MM. les curés ne formeront aucun obſtacle à ces projets. Ces paſteurs ſi dignes de notre confiance nous ont aſſuré que tout ce qui pourroit contribuer à l'avantage de la cité, à l'intérêt de la religion & à l'inſtruction de leurs paroiſſiens ſera pour eux le plus cher de leurs deſirs, ainſi de ce côté vous n'avez aucune difficulté à craindre.

La ſeule conſidération qui pourroit vous arreter ſeroit la dépenſe qu'entraine neceſſairement un changement auſſi conſidérable. Ce motif nous auroit arrêté ſi nous n'avions pas à vous propoſer une compenſation de l'erection de ces annexes dans la ſuppreſſion de quelques paroiſſes champêtres ſituées à vos portes & dont l'utilité eſt preſque nulle puiſque le nombre des habitans eſt aujourd'hui réduit à cinq ou ſix campagnes dont le ſervice peut être transferé ſans inconvenient. Telles ſont les paroiſſes de St Hillaire & Montels.

PAGE 14.

Après cet examen il nous paroit qu'il convient de repondre au directoire du diſtrict qu'à l'exception des maiſons de la Mercy, des Recolets & des Trinitaires, toutes les autres maiſons religieuſes de la ville & des fauxbourgs peuvent être miſes dans le commerce. Nous devons cependant en finiſſant notre rapport vous obſerver que la municipalité a deja fait connoître ſes intentions touchant * la maiſon occupée par les Capucins, elle a décidé qu'elle ſeroit vendue. Ces religieux ont depuis cette époque adreſſé une petition à la municipalité à l'effet d'être conſervés, offrant de ſe conformer aux décrets de l'aſſemblée nationale qui fixent au nombre de vingt individus au moins les membres de chaque communauté religieuſe, leur demande a été prevenue par le vœu des habitans. Ces citoyens auroient mérité par leurs vertus d'être appellés dans notre cité, leurs ſervices doivent les y fixer ; mais leur maiſon devant être employée à un autre uſage, nous avons cru devoir vous propoſer de les transferer dans la maiſon des Jacobins. Ces derniers ſont au nombre de trois ou quatre ſeulement, ils ont fait connoître l'intention où ils ſont d'abbandonner cette ville, le déplacement que nous avons l'honneur de vous propoſer ne préſente aucun inconvenient ni aucune dépenſe.

Nous avons l'honneur, Meſſieurs, de ſoumettre nos vues à la ſageſſe de vos deliberations. Quel que ſoit le ſort de ces projets, nous n'avons eu en vuë que l'utilité publique, l'avantage de la religion, deux motifs qui dirigent nos demarches & nous aſſurent votre approbation.

M. Sicard ayant achevé fon rapport, le conſeil général a adopté dans leur entier le projet & les vues qui lui font préſentées dans ledit rapport, & à cet effet il a été arrêté qu'il feroit tranſmis au directoire du diſtrict.   1790.

* Du quatorze decembre, quatre heures de relevée. M. Cambon propoſe de nommer une commiſſion pour faire les diviſions de la cité néceſſaires à la nomination & aux fonctions des juges de paix qui doivent être inceſſament établis & remet ſur le bureau un projet de diviſion envoyé par un citoyen. Surquoi le conſeil municipal adopte la propoſition & nomme MM. Sicard, Lafabrie & Serres pour faire les diviſions propoſées avec renvoi dudit projet.   Page 15.

* M. Cambon rend compte qu'en execution de l'arrêté du directoire du département qui fixe le nombre & l'habillement de la ſuitte municipale, il y a lieu de deſigner les individus de cette ſuitte qui ne doivent pas y reſter. Surquoi le corps municipal arrête que les nommés Sermet, Baptiſte & Soulier ne ſont plus membres de la ſuitte municipale & cependant voulant leur donner une preuve de la ſatisfaction avec laquelle ils ont ſervi dans la municipalité, charge le bureau d'execution de leur payer leurs gages ordinaires juſques au vingt-cinq mars prochain.   Page 16.

* Du ſeize décembre quatre heures de relevée, le conſeil général aſſemblé. M. le maire a rendu compte de la fermentation qui regne depuis quelques jours entre les citoyens de la ville & qui menacent ſa tranquilité. Il propoſe de prendre des precautions, ſoit pour faire ceſſer cette fermentation, ſoit pour pouvoir repouſſer par la force toute inſurrection qui pourroit ſe manifeſter. Surquoi le conſeil reconnoiſſant la verité de la fermentation dénoncée & combien il eſt important d'y remédier par tous les moyens, arrête de faire faire douze mille cartouches pour le beſoin de la garde nationale à la diſpoſition de M. le commandant, arrete auſſi de demander un renfort de troupes de ligne, & qu'à cet effet il ſera fait une adreſſe à l'aſſemblée nationale, une petition au miniſtre de la guerre & une requiſition au commandant des troupes de ligne ; arrête enfin de faire une inſtruction tendant à prévenir les citoyens des pieges que leur tendent les ennemis du bien, de la faire imprimer & de la repandre dans la ville, M. le maire a été prié de la redaction de cette inſtruction.   Page 17.

* Du dix-huit décembre quatre heures de relevée. * M. le procureur de la commune a dit qu'une députation de MM. les etudians en médecine de cette ville ſe preſenta hier à la commune pendant la ſéance du bureau municipal pour offrir à la municipalité le devouement le plus entier de MM. les etudians pour la ſureté & la tranquilité de la cité en s'armant pour elle à la premiere invitation qui leur en ſeroit faite. M. le procureur de la commune a ajouté, que le bureau après avoir receu avec ſenſibilité cette offre patriotique & prié l'orateur de remettre ſon diſcours, l'avoit chargé d'en faire le rapport & de preſenter l'offre par écrit qui fut laiſſée ſur le bureau par MM. les députés.   Page 18. Page 20.

Lecture faite de la déclaration de MM. les etudians de faire le ſervice militaire conjointement avec la garde nationale, & du diſcours de l'orateur,

1790. le corps municipal a reçu avec reconnoissance & sensibilité l'offre généreuse de MM. les étudians en médecine qu'il aime & se plait à ne point les distinguer du nombre des citoyens dont le zele & le devouement lui sont si utiles, en consequence il arrête de faire inscrire les noms de MM. les etudians sur le rolle des citoyens actifs qui se sont consacrés au service de la garde nationale, & qu'ils seront à cet effet convoqués tous les jours au nombre de trois en suivant l'ordre de leur tableau. Arrête encore que le discours de MM. les deputés sera transcrit à la suitte de la présente délibération comme un monument du patriotisme de MM. les etudians & une marque de la reconnoissance de la municipalité, a chargé M. le procureur de la commune d'adresser un extrait de la présente à MM. les etudians en la personne de MM. Brassac & Talode, leurs commissaires. Suit le discours de MM. les deputés :

> Messieurs, nous sommes députés de notre corps, pour vous en offrir les sentimens ; ils sont ceux de vos amis puisqu'ils sont ceux de la constitution ; ils sont ceux de cette ville puisqu'ils vivent dans son sein, & qu'ils sont témoins de votre zele & de votre patriotisme à écarter les plus légères atteintes du trouble & de la discorde ; s'il est affligeant pour nous d'apprendre que de sourdes menées vous obligent de redoubler d'activité pour en éviter les tristes suittes, il est pourtant flatteur pour nous de pouvoir vous offrir les services de tous les patriotes qui ne different des citoyens actifs de cette ville que parce qu'ils n'en sont point originaires ; si vous croyés que les mesures que vous réclamés aujourd'hui de tout bon citoyen soient insusisantes pour le maintien de la paix, vous ne refuserés pas sans doutte nos services ; notre jeune courage ne demande que les occasions de se developper. Signé Brassac & Talode, commissaires.

PAGE 21. * Du vingt-un décembre dix heures du matin. M. le maire donne lecture d'une lettre de M. Dumas portant non acceptation de la place d'officier municipal. Surquoi le conseil arrête d'écrire à M. Vezian, premier notable, pour l'instruire que la loi l'appelle à la place d'officier municipal.

PAGE 22. * Sur le rapport fait au corps municipal de l'offre verbalement faite le jour d'hier au bureau par vingt-quatre commissaires, parlant au nom de MM. les etudians au college de chirurgie de cette ville de faire conjointement avec la garde nationale & les citoyens actifs le service militaire & de se consacrer à la sureté & à la tranquilité de la cité. Lecture faite du tableau de MM. les etudians en chirurgie & du discours qui fut prononcé par un desd. commissaires, le corps municipal a accepté avec reconnoissance le zele & le devouement de ces genereux patriotes qui offrent de verser la derniere goutte de leur sang pour soutenir la constitution, a arrêté que leurs noms seront inscrits sur le role des citoyens actifs & qu'ils seront convoqués tous les jours, dans le nombre determiné par l'exigence des cas suivant l'ordre du tableau, arrête que le discours de l'orateur sera mis dans ses registres à la suite de la presente deliberation, dont il leur sera adressé un extrait par M. le procureur de la commune. Suit le discours de l'orateur :

> Messieurs, recevez de cœurs françois un hommage sincere ; c'est la verité qui parle, elle a le droit de vous être chere. C'est à vous, Messieurs, que nous devons la tranquilité publique & la sureté de nos foyers, ce simbole s'y maintiendra tant que le corps municipal sera aussi bien composé qu'il l'est aujourd'hui, c'est sous vous que vient se ranger un corps d'élèves en chirurgie entierement dévoué pour la Constitution françoise & qui a juré & qui jure devant vous d'être fidelle aux décrets de l'assemblée nationale & acceptés par le roi, de les maintenir de tout leur courage & de perir s'il faut. Citoyens qu'il est genereux de combattre pour la vertu, la vie ne doit pas être regretée lorsque l'on court à de si vastes désirs & le seul espoir qui nous restera sera de laisser à la posterité un monument de liberté. Qu'il est doux de mourir pour la patrie.

* Du vingt-deux décembre, quatre heures de relevée. Le conseil général de la commune assemblé, * M. le maire donne lecture du projet d'instruction aux citoyens qu'il a fait en consequence de la déliberation du dernier conseil. Le conseil applaudit vivement à cet ouvrage, vote des remercimens à M. le maire & arrête l'impression de la ditte instruction.

M. Cambon donne lecture d'une lettre des deputés de la ci-devant sénéchaussée à l'assemblée nationale, qui annonce que la ville de Sette non contente de demander un tribunal de commerce ose prétendre qu'il soit exclusif dans l'étendue du district, d'où resulteroit la supression de celui de la ville de Montpellier. Surquoi le conseil délibere de faire sur le champ une députation aux administrateurs composant le directoire du département de l'Hérault pour leur faire part de la prétention de la ville de Sette & les prier de se decider entre Sette & Montpellier sur l'établissement du tribunal de commerce dans le district de Montpellier.

Du vingt quatre décembre quatre heures de relevée. M. le maire donne lecture d'une lettre de M. Vezian, portant non acceptation de la place d'officier municipal. Surquoi le conseil arrête d'écrire à M. Bènezech, premier notable, pour l'instruire que la loi l'appelle à la place d'officier municipal.

M. Allut a dit : qu'il est tres urgent de faire faire l'enlevement des glaces appartenant à la commune qui se trouvent dans l'hotel du ci-devant gouvernement, afin de pouvoir faire la remise des clefs de cet hotel avant l'expiration du loyer dont la ville est chargée. Surquoi le conseil autorise MM. Montels & Allut à faire faire tout de suitte l'enlevement des glaces & autres meubles dont s'agit & de faire la remise des clefs à M. Valette, propriétaire du susd. hotel, avant l'expiration du loyer dont la ville est chargée.

* M. le procureur de la commune a dit : qu'en execution de l'ordonnance du bureau de police concernant la mendicité, il a eté fait cent cinquante plaques pour être delivrées aux mandiants, que l'adjudication sommaire de ces plaques ayant été faite au sr Dartis, graveur, au prix de dix sols pièce & la reception ayant eu lieu, il convient de pourvoir à son payement, le conseil approuvant le tout charge le bureau d'expedier le mandement nécessaire au payement de ces plaques.

M. Bongue, propose de faire plusieurs acquisitions de biens nationaux qui paroissent être d'une grande utilité & convenance pour la cité, savoir 1° le couvent des Capucins, 2° le terrein attenant & situé derrière le couvent des Recolets, 3° la petite boutique qui est vis à vis le magazin des frs Durand Thorel & Cie. Surquoi le conseil renvoye cette proposition au conseil général.

M. le maire fait part au conseil de la petition de MM. les officiers de la paroisse Notre Dame des Tables, tendante à leur procurer le payement de la somme de quarante huit livres pour le reposoir de la procession générale le jour de la Fête-Dieu, qu'ils ont fait de son ordre. Surquoi le conseil approuve la dépense dont s'agit & charge le bureau d'expedier le mandement à ce nécessaire.

1790.
Page 28.

* Du trente un décembre dix heures avant midi. M. le maire donne lecture d'une lettre de M. Benezech, portant non acceptation de la place d'officier municipal. Le corps municipal arrête d'écrire à M. Aurès pour l'instruire que la loi l'appelle à la place d'officier municipal.

M. le maire a dit : qu'il seroit interessant de transferer le poste de la Bourse à l'ancien corps de garde militaire situé à coté de la fontaine de la place Notre Dame, comm'aussi de transferer dans la maison commune les trois pièces de canon qui étoient deposées à la Bourse ainsi que les deux petites pièces appartenant à la garde nationale. Le corps municipal a déliberé conformement au proposé de M. le maire, auquel effet il sera fait

Page 29.
au commendant general de la * garde nationale les requisitions à ce necessaire.

Un des membres du bureau a rendu compte que le sr Barnier ayant été requis de monter la garde en sa qualité de citoyen actif inscrit & n'y ayant pas déféré il convient de prendre un parti à son égard, comm'aussi il demande que désormais le bureau soit autorisé à decerner l'amende de trois livres fixée par délibération du conseil général du 29 octobre dernier contre tous les citoyens actifs qui ne defereront pas à pareille réquisition. Le corps municipal a condamné le sr Barnier à l'amende de trois livres pour n'avoir pas déféré à la requisition du bureau & a arrêté qu'à l'avenir le bureau pourra decerner lui même pareille amende contre chaque citoyen qui ne se rendra pas à la réquisition.

Un des membres du bureau a remis un compte des fournitures faites pour le compte de la commune par les frs Durand Thorel & Ce, marchants drapiers de cette ville, dans lequel est notament porté l'habit fourni pendant deux années à l'executeur de la haute justice & a dit que les fournisseurs demandant leur payement il convenoit de délibérer. Le corps municipal a renvoyé l'examen de ce compte à la section des impositions pour lui en rendre compte.

M. Cambon a remis sur le bureau un compte presenté par le sr Anterieu pour la fourniture par lui faite de cent lits aux troupes nationales le jour de l'arrivée de la banniere se montant à trente livres. Le corps municipal autorise le bureau à expedier aud. sr Anterieu le mandement à ce necessaire.

Page 30.
* Un des membres a fait lecture d'un écrit imprimé qui a été adressé à la municipalité sous envelope timbrée de la ville de Mende & attribuée à la municipalité & à la garde nationale de lad. ville & comme son contenu lui paroit dangereux par les principes inconstitutionnels qui y sont developés il propose de prendre un parti. Le corps municipal charge le bureau de denoncer l'ecrit dont s'agit à l'assemblée nationale en l'envoyant au comité des recherches.

Un des membres a dit que soit le commissaire du roi, soit l'accusateur public, soit des justiciables ayant journellement besoin de regitres &

Page 31.
papiers deposés aux divers greffes des tribunaux*, auxquels la municipalité a apposé le scellé & faisant très souvent des requisitions pour la levée desdits scellés il propose d'autoriser le bureau a faire lad. levée par commis-

faires toutes les fois qu'il en sera requis. Le corps municipal a arrêté conformément au proposé ci-dessus.

Du trente un decembre quatre heures de relevée. Lè conseil général assemblé. M. Brunet, officier municipal, au nom des commissaires nommés pour se transporter au fauxbourg de Celleneuve a rendu compte du voyage qu'ils y avoient fait, ainsi que l'examen auquel ils s'étoient livrés des divers besoins de ce fauxbourg, notament pour la réparation de plusieurs rues & de la fontaine; il a ajouté que les habitans de ce fauxbourg faisoient beaucoup de demandes & notament celle des reverberes ; mais qu'il leur a parû que dans ce moment cy le conseil devoit se borner à faire faire les réparations les plus urgentes & les plus indispensables dont le pavé & la fontaine ne peuvent se passer. * Le conseil a arrêté de faire faire les réparations nécessaires pour que le pavé & la fontaine du fauxbourg de Celleneuve soient mis en bon état, auquel effet il en sera dressé un devis extimatif par le directeur des ouvrages, lequel sera rapporté au conseil pour être approuvé s'il y a lieu & quant aux surplus des reclamations des habitans de ce fauxbourg le conseil les a adjournées.

 * M. Bongue, officier municipal a dit :

 Messieurs, en faisant la lecture du cahier qui contient les etats des biens nationaux qu'on a mis en vente, je me suis apperçu qu'il y avoit divers objets qui seroient à la convenance de la commune.
 Le premier seroit l'enclos des Recolets ; vous savés, Messieurs, que la municipalité a porté son vœu pour etablir dans son église une succursalle pour servir de paroisse aux fauxbourgs de Boutonnet, de la Blanquerie, du Pila St Gily & des campagnes de l'arrondissement. Dans cet enclos on pratiqueroit un cimetiere qui serviroit à l'usage de la paroisse; il pourroit vous servir aussi à placer les ossemens qu'on seroit obligé de sortir des églises qui ne pourront plus servir à cet usage. L'extimation en est portée à sept mille livres. Je dois vous observer, Messieurs, que la partie la plus precieuse restéroit dans l'etat, tel que le jardin poutager, le puids à roue & le maisonnage, ce qui vous produira une rente presque de la valeur de la totalité, à moins que vous ne preseriés de le vendre, la partie qui nous seroit utile étant de peu de valeur. Si un particulier achete cet enclos, vous serés obligés de vous priver d'un terrein qui vous est nécessaire pour remplir vos vues, avec ce terrein vous pourriés suprimer dans la suitte le cimetiere prés la porte des Carmes, dont le produit en le vendant seroit tres considérable.
 Le second est le petit enclos qu'on a désigné vigne & partie en champ extimé 562 liv. 2 s. la venite de cet enclos seroit d'un grand préjudice si un particulier en faisoit l'achat. Cet effet longe la façade du corps du batiment qui est sur la meme ligne de la façade de l'eglise, il seroit possible que ce proprietaire fit des constructions pour y ôter le jour en tout ou en partie. Cés reflexions me portent à vous proposer, messieurs, d'en faire l'achat, vous eviterés qu'un petit corps de terrein ne fasse la loi à un beaucoup plus grand.
 Si comme il faut l'esperer on y place une paroisse on pourra convenablement le logement à ceux qui seront proposés pour en faire le service & on pourra mettre en vente le surplus sans être borné par personne.
 Le troisieme qui merite votre attention est la maison qui est à côté de la porte d'entrée de l'eglise extimée à 2.500 liv. La personne qui a fait une offre sur cette maison m'a fait * des observations qui m'ont engagé de me rendre sur les lieux, il resulte des reflexions que j'ai fait là dessus que la municipalité devroit acheter cette maison ou du moins en suspendre la vente jusqu'à ce qu'on sache si ce projet aura lieu. Si ce projet est adopté il en resultera une grande economie. On pourroit faire de cette maison avec une partie du logement qu'occupent les Peres, le logement de M. le curé. Avec ces deux objets on seroit un logement honnette & assés vaste pour se procurer tout ce qu'on peut desirer.
 Le logement de M. le curé fait, on pourroit vendre toute la partie qui est du coté de M. Lois, qui est fort considérable. Cette vente reduiroit de beaucoup cette depence. Si cette proposition, Messieurs, vous paroit de quelque poids, vous pourriés nommer des commissaires qui vous en feront un rapport plus circonstancié.
 Le quatrieme est la maison de la Canourgue qui est si prés de la Fontaine, qu'elle a fait suspendre jusqu'à ce jour de placer une décoration qui est faite depuis long tems. Je sais que le tems ne permet pas de s'occuper d'ouvrages d'agrément ; mais il conviendroit d'acheter cette maison qui n'est extimée que 6.000 liv. eu égard à son état ; si un particulier l'achette il la faira reconstruire, & si jamais on veut exécuter ce projet la dépense se reduiroit à peu de chose ; les voisins contribueroient ; on vendroit les matériaux, en sorte que la ville y seroit pour peu de chose.

1790.

PAGE 32.

PAGE 35.

PAGE 36.

1790.

Le cinquieme est une boutique adossée à Notre Dame, cette boutique est estimée 300 liv. & gêne la voie publique, elle a occasionné souvent des malheurs par les voitures, on pourroit la faire examiner & si l'interêt public l'exige, la faire abbatre après en avoir fait l'achat.

Le sixieme enfin est, d'après une idée que m'a fourni un de nos concitoyens, son projet seroit pour faire valoir la maison de l'eveché & celle de St Ruf, ainsi que le jardin qui est actuellement en vente, d'ouvrir le mur de ville en face de la rüe de l'Evêché qui paroit être placé dans un cul de sac & trouveroit une voïe trés aisée & à portée de la routte, l'execution en seroit facile. Cette maison ainsi que celle de St Ruf en vaudroit beaucoup plus. Si vous trouvés, Messieurs, que cet objet mérite votre attention, vous nommeriés des commissaires pour verifier les faits & sur leur rapport vous jugeriés s'il ne conviendroit pas à la commune de se charger du jardin qui est actuellement en vente.

PAGE 37.

Surquoi le *conseil général en applaudissant aux vues d'utilité & de convenance qui ont dicté le proposé cy-dessus, arrête de faire l'acquisition pour la commune du premier & du cinquieme objet, consistant en l'enclos des Recolets & à la petite boutique adossée à Notre Dame, à cet effet donne charge & pouvoir au procureur de la commune de faire toutes offres & encheres nécessaires à lad. acquisition, comm'aussi arrête de faire connoitre au directoire de district combien il est important que la vente du petit enclos situé au devant du batiment qui est sur la même ligne de la façade de l'eglise des Recolets soit différée afin que les constructions qu'un acquereur pourroit faire sur ce terrein ne puissent pas contrarier l'etablissement que la commune a le projet de faire d'une succursale dans lad. eglise des Recolets.

M. le procureur de la commune a dit que chargé de faire l'acquisition dont il s'agit, il desireroit ne point s'en rapporter à ses seules lumieres & a demandé la nomination de commissaires pour se concerter avec eux sur le prix auxquels ses offres doivent s'arrêter.

Surquoi le conseil general a arrêté que le bureau municipal se concertera à ce sujet avec M. le procureur de la commune, leur donnant toute sa confiance sur les prix qu'il convient de mettre à ces acquisitions.

PAGE 41.

M. le maire a dit : Que la societé des amis de la constitution & de l'egalité de cette ville ayant determiné avec l'approbation du corps municipal l'erection d'une colonne sur la place de l'Esplanade & ayant fait hommage à la municipalité de placer la * première pierre de ce monument, la ceremonie est indiquée pour lundi prochain trois heures après midi : qu'en consequence il propose que le conseil y assiste en corps.

Le conseil en applaudissant aux vues du patriotisme qui ont inspiré à la societé des amis de la constitution & de l'egalité l'errection d'un monument à la liberté, à la paix & à la concorde, a arrêté d'assister en corps lundi prochain à la ceremonie qui doit avoir lieu pour poser la premiere pierre de la construction de la colonne.

M. le maire a dit :

Messieurs, je mets sur le bureau le décret & l'instruction de l'assemblée nationale sur la contribution fonciere ; felicitons nous d'être les premiers appellés à exécuter une loi aussi bienfaisante.

Ce n'etoit point assés pour l'assemblée nationale d'avoir rendu au peuple sa dignité ; elle aspiroit à faire son bonheur : que le peuple fut libre & heureux ; qu'il rentrat dans ses droits & qu'il en jouit dans le sein d'une honnette aisance; tel etoit son vœu, son serment ; elle le remplit aujourd'hui.

Au cahos d'une fiscalité meurtriere au milieu de laquelle le gouvernement & les peuples erraient au hazard; qui frappoit en aveugle le commerce & l'agriculture, succede la clarté d'un sisteme simple & facile, la fortune nationale mesurée sur les besoins de la nation, se composera sans effort de l'offrande du citoyen mesurée sur ses facultés, l'imposition une dans son principe, ne se diversifiera dans son objet que pour atteindre également les diverses propriétés, possessions territoriales, richesses mobilieres. Tous les biens que protege la force publique contribueront à son entretien & des exceptions decourageantes, des privileges odieux, ne rendront plus insupportable le fardeau nécessaire de l'impôt.

Pourquoi l'assemblée nationale n'a-t-elle pû, cette année, rendre ce fardeau plus leger ? L'embarras des finances, fruit de l'ancien gouvernement, de justes indemnités, les pertes inséparables d'une grande révolution, ne lui ont pas permis d'offrir au peuple un grand soulagement : il sera pourtant soulagé ; l'imposition moindre dans son ensemble, sera diminuée encore par l'université de sa répartition & infiniment adoucie par le régime plus doux d'une perception plus humaine. Comme citoyens bénissons cette loi, comme administrateurs hatons nous de l'exécuter.

Diviser le territoire de la commune en sections, denombrer les propriétés enclavées dans chaque section, en former le tableau, recevoir de chaque citoyen la déclaration de la nature & de la contenance de sa propriété, suppléer ou rectifier ces déclarations ; évaluer avec justice le produit net de chaque terre & fixer d'après cette évaluation son revenu imposable, telle est la marche de vos travaux, tels sont vos devoirs.

Ces devoirs importans la loi nous les rend plus faciles ; elle nous associe les membres du conseil général & même ceux des citoyens propriétaires que désignera leur confiance.

J'ai donc l'honneur de vous proposer, conformement à l'art. 2 du decret, la convocation d'un conseil général auquel seront invités par proclamation & affiche les propriétaires domiciliés & forains, à l'effet de nommer des commissaires chargés des differens travaux relatifs à l'imposition fonciere.

Mais vous n'avez pas seulement, Messieurs, à préparer dans votre territoire l'assiete de l'impôt, la commune attend de vous un autre soin, propriétaire de plusieurs domaines, elle vous demande d'éclairer l'evaluation de leurs revenus imposables qui sera faite par des communautés étrangères.

Domaines peu utiles ! pouvons nous y penser, pouvons nous fixer leur non valeur actuelle sans exprimer le desir de leur alienation ?

Nous avons des domaines qui ne nous rapportent rien & leur vente pourroit acquiter nos dettes : ne serons nous pas coupables si nous ne cherchons à effectuer cette vente ?

Je sais le respect qu'avoient nos peres pour les propriétés de la commune ; il étoit tel que quand les consuls entroient en fonctions ils juroient de ne point vendre le bois de Valenne. Mais ce ferment derivoit du principe alors justement consacré qu'il falloit, qu'il étoit important que la ville eut des dettes ; on regardoit les dettes comme une sauvegarde contre l'avidité du fisc qui, sans mesure, ne s'arretoit que par l'impuissance ; on regardoit les propriétés comme un moyen caché de payer ces dettes. Heureusement les tems sont changés ; l'appareil de la détresse n'est plus nécessaire : il n'y a plus de danger à bien administrer & nous pouvons ameliorer nos affaires sans craindre les invasions du fisc. La question de la vente de nos domaines se reduit donc à savoir si cette vente est utile.

Placez sous vos yeux, d'un coté, messieurs, l'etat de vos domaines & du revenu que vous pouvez en attendre ; de l'autre l'état de votre dette & de la diminution qu'elle pourroit recevoir par la vente de ces propriétés : ce rapprochement suffira à votre délibération.

Il en resulte que vos propriétés reunies, distraction faite des frais qu'elles occasionnent, vous produisent à peine un revenu de huit à dix mille livres, & qu'avec les charges nouvelles que ces propriétés la plus part ci-devant nobles vont supporter, elles ne produiront plus rien.

Cependant ces propriétés represéntent par leur valeur un capital immense qui, reuni à la vente des eaux de la fontaine, à celle du terrain des fossés & au benefice sur les domaines nationaux, pourroit acquiter votre dette & par consequent décharger la commune d'une rente annuelle de soixante mille livres.

Pouvons nous sans manquer à la reconnoissance de nos concitoyens négliger de leur procurer un soulagement aussi considérable ? L'exemple de l'administration générale a tant de fois égaré celle des provinces, celle des villes, que l'imitation qui fit nos maux les répare aujourd'hui.

Jettons les yeux sur l'assemblée nationale, observons sa conduite ; elle a trouvé la nation accablée d'une dette immense ; son vœu a été de l'acquiter ; son moyen la vente des domaines nationaux.

Eh ! quel moment plus favorable pour prendre la meme résolution, nous allons asseoir l'imposition nouvelle ; il faut présenter au peuple ce nouveau bienfait avec tous les avantages qui peuvent en augmenter le prix. En vendant nos domaines nous soulageons le peuple & nous l'attachons davantage à la constitution. Tous nos vœux, tous nos devoirs sont remplis ; l'avantage de nos concitoyens & le maintien de la constitution les renferme tous.

D'après ces considerations je propose de former un comité de liquidation chargé d'approfondir la dette & les moyens d'aliéner les propriétés de la commune qui en sont susceptibles comm'aussi de surveiller & diriger l'evaluation de leur revenu imposable qui va être fait par des communautés étrangères ; le comité demeurant chargé de rendre compte dans quinzaine.

Surquoi le conseil général s'est ajourné à huitaine avec publication & affiche pour appeler à sa séance aux termes de la loi les citoyens propriétaires domiciliés ou forains & même les métayers domiciliés qui peuvent y assister & y être élus commissaires.

Le conseil a délibéré en outre quant à la liquidation de la dette qu'il seroit fait un tableau général de la dette de la commune, de ses revenus,

1790.   de fes reffources & des moyens d'améliorer fa fituation foit par l'aliénation de fes domaines, foit autrement: auquel effet, elle a chargé la feƈtion municipale de l'impofition compofée de MM. Charolois, Thibal, Nougaret & Cofte, notables, de tous les travaux provifoires, même de l'evaluation des propriétés de la commune, pour, fur le compte qui en fera rendu au confeil être arrêté ce qu'il appartiendra.

1791.
Page 44.

* Du trois janvier mil fept cens quatre vingt onze, heure de quatre de relevée, le confeil général affemblé, M. le maire a dit que l'objet de l'affemblée eft la ceremonie qui doit avoir lieu dans le moment, au fujet de la premiere pierre à pofer pour la conftruƈtion de la colonne que la fociété des amis de la conftitution & de l'egalité fait eriger avec l'autorifation du corps municipal fur la place de l'Efplanade; ceremonie dont cette fociété a déféré l'honneur à la municipalité en l'y invitant pour pofer la premiere pierre de ce monument patriotique.

A l'inftant les commiffaires nommés par cette fociété pour accompagner les membres du confeil general dans cette ceremonie, ayant été annoncés & introduits & ayant dit que tout étoit pret pour fe rendre fur la place de l'Efplanade le confeil général s'eft mis en marche fuivi des commiffaires & efcorté de la compagnie des volontaires nationaux grenadiers de St Paul qui étoit de tour.

Arrivés fur l'Efplanade & au lieu de la cérémonie où s'eft trouvé raffemblé un nombre infini de citoyens, les membres du confeil general & les commiffaires étant defcendus dans le fond des fondations il y a été prononcé par l'un des commiffaires & par M. le maire des difcours relatifs à la ceremonie, qui ont eu de vifs applaudiffemens.

Enfuite M. le maire ceint d'un tablier de peau blanche, bordé & rattaché de rubans aux trois couleurs, fur lequel étoient peints dans une couronne civique, ces trois mots facrés de la Nation, la Loi & le Roi, a reçû la truelle des mains de M. Demoulin, membre de la fociété & commiffaire, architeƈte, auteur du projet du monument & chargé d'en diriger l'exécution. L'auge à ciment a été préfentée par M. Fraiffe, membre & commiffaire de la fociété, me maçon, chargé de l'exécution de l'ouvrage, M. le maire a mis du ciment dans le lit deftiné à recevoir la pierre; tous les citoyens qui fe font trouvés à portée dans les fondations en ont mis auffi. La couche du ciment étant formée, on a fait defcendre la premiere pierre du monument qui étoit fufpendue au deffus de la place qu'elle devoit occuper, & la pierre a été pofée & mife de niveau.

Page 45.

* A l'inftant les airs ont retenti de mille cris de: Vive la Nation! Vive la Liberté! Les trompettes & les autres inftrumens militaires ont fait entendre les fanfares analogues à ces cris patriotiques.

Dans une cafe taillée à deffein dans la première pierre, M. le maire a dépofé un bocal cilindrique de verre, fcellé du fceau de la municipalité, lequel contenoit une cocarde nationale, une medaille de la federation des François, les empreintes des fceaux des differens corps qui ont affifté à la ceremonie, un exemplaire des reglemens de la fociété, un exemplaire du procès-verbal de fon alliance à la garde nationale, un exemplaire de la déclaration des droits de l'homme & une relation abrégée fur parchemin de la ceremonie; toutes ces pieces roulées dans la derniére : au deffus du bocal M. le maire a dépofé une plaque de plomb recouverte d'une planche emboitée dans la pierre & fcellée avec du ciment.

1791.

Une très groffe pierre deftinée à être la feconde du monument & à fervir de couverture à la pierre fondamentale a été auffi-tôt baiffée & pofée.

Après quoi le confeil général eft retourné dans le même ordre à la maifon commune & les commiffaires de la fociété ayant remercié les membres du confeil general, ils fe font retirés. La féance a été levée.

Du 5 janvier, quatre heures de relevée, M. le maire donne lecture d'une lettre de M. Aurès, portant non * acceptation de la place d'officier municipal. Surquoi le confeil arrête d'écrire à M. Battut, premier notable, pour l'inftruire que la loi l'appelle à la place d'officier municipal.

PAGE 46.

M. le maire a rendu compte d'un projet de cadaftre pour les propriétés foncieres de la commune préfenté par M. Lagarde, lequel paroit offrir des grands avantages & mérite d'être mis à l'examen.

* Du fept janvier, heure de quatre de relevée. Le confeil général affemblé,
* M. le procureur de la commune a dit que le fr Rochet, ménager, habitant de Caftelnau ayant été élû & nommé juge de paix par l'affemblée primaire des citoyens actifs du canton de Montpellier fuivant le procès-verbal tenu les douze & dix-neuf décembre dernier defire pretter ferment devant le confeil en exécution de l'art. 6 du titre 7 du décret fur l'ordre judiciaire. En confequence il requiert que led. fr Rochet foit introduit & que fon ferment foit reçu.

PAGE 48.
PAGE 50.

Le confeil général a arreté conformement au réquifitoire de M. le procureur de la commune l'introduction & la preftation de ferment dud. fr Rochet & à l'inftant led. fr Rochet, ayant été introduit il a juré fa main levée à Dieu de maintenir de tout fon pouvoir la conftitution du royaume decrétée par l'affemblée nationale & acceptée par le roi, d'être fidelle à la nation, à la loi & au roi & de remplir avec exactitude & impartialité les fonctions de fon office, duquel ferment le confeil général lui a concédé acte & il s'eft retiré.

* Du dix janvier, quatre heures de relevée. M. le maire a rendu compte des inftances reïterées que fait M. le commendant du regiment en garnifon en cette ville de reduire à trois poftes la garde que fait ce regiment, attendu qu'il eft impoffible que le petit nombre d'hommes qui compofent la garnifon continue le fervice extraordinaire qu'il fait depuis quelque temps.

PAGE 51.

Le corps municipal pénétré de la juftice de la reclamation de la troupe de ligne, arrête que fous huitaine au plus tard, elle ne fera plus chargée que de la garde de trois portes de ville ; auquel effet renvoye au bureau municipal pour fe concerter avec la garde nationale fur le remplacement de deux portes.

* Lecture faite d'une lettre du commiffaire du roi au tribunal du diftrict

PAGE 57.

1791. de Montpellier qui demande qu'en exécution des decrets fur l'ordre judiciaire la commune nomme & donne l'etat des notables adjoints pour affifter aux actes de la procedure criminelle. Le corps municipal renvoye au confeil général la nomination dont s'agit.

Lecture faite d'une lettre de M. Fontainier, accufateur public, en datte de ce jour portant demande en nomination d'un ou plufieurs commiffaires à l'effet de pourvoir aux operations qui fe trouveront néceffaires pour nantir le greffier du tribunal du diftrict des procedures faites à la requête de l'ancien miniftère public.

Le confeil arrête conformément à fa délibération du 31 décembre dernier & charge le bureau de proceder à la levée & remife des fcellés appofés fur le greffe du tribunal du diftrict à l'effet de remettre à l'accufateur public les pièces originales ou extraits en forme des procedures faites à la requête de l'ancien miniftere public, à la diligence du procureur de la commune & en prefence des commiffaires du roi auprès du tribunal de diftrict, du greffier dud. tribunal & de l'ancien greffier du prefidial ou eux duement appellés, charge le bureau de repondre à la lettre de M. Fontainier conformément à la préfente délibération.

PAGE 53.   *. M. le maire donne lecture d'une lettre de M. Battut, portant non acceptation de la place d'officier municipal.

Le corps municipal arrête d'écrire à M. Chivaud, premier notable, pour l'inftruire que la loi l'appelle à la place d'officier municipal.

Du treize janvier dix heures avant midy. M. le maire donne lecture d'une lettre de M. Chivaud, portant non acceptation de la place d'officier municipal. Le corps municipal arrête d'écrire à M. Dezeuzes, premier notable, pour l'inftruire que la loi l'appelle à la place d'officier municipal.

PAGE 54.   * M. le maire a encore rendu compte de la reclamation que fait l'officier commendant le regiment de Bourgogne en garnifon en cette ville, tendant à faire relever par la garde nationale, la garde de deux portes de ville, fur les cinq qui font confiées aud. régiment, attendu le petit nombre d'hommes qui compofe la garnifon & l'impoffibilité où ils font de continuer un fervice auffi forcé.

Le corps municipal, confiderant que fi le fervice de la troupe de ligne eft extraordinaire dans le moment, celui de la garde nationale ne l'eft pas moins & qu'il eft impoffible d'obtenir de cette legion de plus grands travaux & facrifices, a arrêté que pour pouvoir décharger la troupe de ligne des deux portes qu'il leur eft impoffible de continuer à garder, le nombre des citoyens actifs qui font journellement requis pour la garde de la ville fera porté à vingt, favoir quatorze habitans & fix etudians, lefquels tireront au fort pour en laiffer la moitié faire la garde de jour.

M. le procureur de la commune propofe de faire fubftituer à ces mots place de l'intendance qui fe trouvent fur la place attenant à la maifon commune ceux-ci : place de la maifon commune. Le corps municipal a arrêté le changement des noms propofé & autorife la dépence à ce neceffaire.

PAGE 55.   * Du quinze janvier, dix heures avant midy. M. le maire a dit que

M. Dezeuzes, premier notable, ayant été convoqué en qualité d'officier municipal elû par la loi & ayant refufé d'accepter cette place fuivant fa lettre dattée de hier dont lecture a été faite, M. Charolois devenu premier notable par cette non acceptation a été convoqué comme officier municipal elû par la loi pour affifter à la préfente affemblée & s'y eft rendu.

1791.

Le corps municipal a arrêté que M. Charolois pretteroit ferment & à l'inftant fa main levée à Dieu M. Charolois a juré de maintenir de tout fon pouvoir la conftitution du royaume, d'être fidelle à la nation, à la loi & au roi & de bien remplir fes fonctions & ainfi fon inftallation a été faite.

Un des membres a fait lecture du difcours d'un curé de village fur la conftitution civile du clergé. Cet ouvrage ayant paru très propre dans la circonftance à affurer d'autant plus la paix dans la cité l'impreffion en a été propofée.

Le corps municipal arrête que le difcours dont fagit fera imprimé au nombre de douze cens exemplaires pour être diftribué & repandû dans la commune.

* Du dix fept janvier, quatre heures de relevée. M. Allut au nom de la fection des impofitions rend compte de l'examen qui y a été fait d'un compte dont les frs Durand Thorel & Cie, marchants drapiers, demandent payement & il eft d'avis de leur en faire payer le montant en leur déclarant que deformais la commune n'entend rembourcer aucune efpèce de fourniture ou avance à l'executeur de la haute juftice. Le corps municipal a arrêté conformement à l'avis de la fection des * impofitions, charge en confequence le bureau d'expedier le mandement à ce neceffaire.

Page 58.

Page 59.

M. Allut a rendu compte de l'etat des pieces de canon qui font à la citadelle; il a dit que ces pièces étoient expofées aux malfaiteurs qui pouvoient les mettre hors de fervice en les enclouant & il a propofé de pourvoir à la fûreté de ces armes precieufes. Le corps municipal charge le bureau de fe concerter avec le commendant de la garde nationale, pour pourvoir à la fureté des pièces dont il fagit & prévenir leur enclouëure, autorifant la depence à ce néceffaire.

M. Allut rend compte des plaintes que font plufieurs citoyens foit fur le retard journalier des courriers, foit fur la perte ou enlevement de plufieurs lettres contenant des affignats, il propofe de remedier par quelque voie aux abus qui produifent fans doutte tous ces inconvenients. Le corps municipal charge le bureau de s'informer auprès du directeur des poftes des motifs, tant du retard des courriers, que de la perte des lettres & d'avifer avec lui aux moyens de remédier à tout.

* M. Sicard met fous les yeux du confeil la néceffité urgente qu'il y a de ne plus retarder l'enlevement des decombres qui fe font formés fous la Canourgue par l'eboulement d'un mauvais contre mur. Le corps municipal arrête l'enlevement fubit des decombres dont il s'agit, charge le bureau d'y pourvoir.

Page 60.

Du dix huit janvier quatre heures de relevée. Le confeil général affemblé,
* il a été fait lecture d'une lettre des députés à l'affemblée nationale de la

Page 61.

1791. ci-devant fénéchauffée de Montpellier, qui annonce le fuccès que la commune de Montpellier a eu dans la conteftation élevée entre elle & la commune de Sette fur l'etabliffement du tribunal de commerce dans le diftrict de Montpellier, puifque le décret qui a été rendu à ce fujet fixe ce tribunal dans la ville de Montpellier & n'établit un tribunal à Sette que pour remplacer celui d'amirauté néceffité par fon port de mer & dans la feule étendue du canton de Sette. Il a auffi fait lecture d'une lettre du miniftre de la guerre qui annonce que le roi ayant pris en confidération la demande d'une plus forte garnifon de troupes de ligne faite par la municipalité, il fera envoyé à Montpellier le bataillon des chaffeurs des Vofges pour y arriver le neuf du mois prochain. Le confeil général arrête de faire des reponces de remerciment aux députés & au miniftre & renvoye à cet effet au bureau.

M. le procureur de la commune a dit que fuivant l'art. 2 du décret fur la réformation de la jurifprudence criminelle la nomination des notables adjoints devant être renouvellés tous les ans, il convient de procéder au renouvellement de celle deja faite, attendu l'expiration de l'année, d'autant plus que le commiffaire du roi au tribunal de diftrict de cette ville a deja réclamé cette obfervation de la loi afin que les actes de procedure criminelle ne fuffent pas retardés; en confequence M. le procureur de la commune a requis que la nomination de vingt quatre notables adjoints fut faite tout de fuite.

Le confeil général prenant en confidération la réquifition cy-deffus a procédé de fuite à la nomination de vingt quatre citoyens, pour, en qualité de notables adjoints, remplir les fonctions importantes qui leur font confiées par le décret des 8 & 9 octobre 1789 relatif à la reformation de la jurifprudence criminelle, après toutes fois qu'ils auront pretté ferment à la commune entre les mains des officiers municipaux de remplir fidelement leurs fonctions & furtout de garder un fecret inviolable fur le contenû en la plainte & autres actes de la procedure. Les citoyens nommés ont été MM. Colombiès, neg^t, rue Cannau, Sans, bourgeois, rue St Guilhem, Jn. Pierre Raînaud cadet, bourgeois, rue Univerfité de medecine, Chaftanier, medecin, rue Draperie rouge, Duvidal, bourgeois, rue Aiguillerie, Dupuis, bourgeois, rue Gouvernement, Domergue, bourgeois, rue St Sacrement, Gauffen, bourgeois, rue de la Cure, Montels fils, homme de loi, * rue du Palais, Lebrun fils, homme de loi, rue Arc d'Arenes, Sicard fils, homme de loi, rue St Firmin, Figuieire, bourgeois, rue des Etuves, Reinard cadet, bourgeois, rue St Sacrement, Martin dit Choify, bourgeois, Grande rue, Gas le père, bourgeois, rue Blanquerie, Belmond le père, bourgeois, place Petit Scel, Thorel le pere, bourgeois, Grande rue, Verdier, ancien platrier, rue Ste Urfulle, Fabre, bourgeois, rue Valfère, Crefpin le pere, bourgeois, rue Petit St Jean, Dumas, horloger, Grande rue, Perrere, homme de loi, place du Petit Scel, Roux fils, homme de loi, place Brandille, Pierre Dartis, bourgeois, place Canourgue, charge le bureau municipal de donner connoiffance à chacun de ces vingt quatre citoyens de leur nomination en leur affignant le jour pour la preftation de ferment, charge auffi le procureur de la commune d'envoyer extrait de la prefente deliberation au commiffaire du roi prés le tribunal de diftrict, charge enfin le fecretaire greffier de depofer dans trois jours au greffe de ce tribunal la lifte des noms, qualités & demeures des notables adjoints ci-deffus nommés.

*Du 20 janvier heure de quatre de relevée. Le confeil général affemblé. MM. Bongue & Lafabrie ont rendu compte de leurs operations à fuitte de l'arrêté du département, fur le projet d'acquérir l'enclos des Recolets pour y établir un cimetière attenant à l'églife deftinée à une fuccurfale de paroiffe; ils ont dit qu'outre le grand inconvenient qu'il y avoit de fe livrer à l'acquifition d'un effet très confidérable, dont une très petite partie fuffiroit à la confection du plus grand cimetiere, tandis que le furplus feroit inutile à la commune, ils avoient vérifié que la partie du terrain deftiné par fa fituation à ce cimetiere n'étoit qu'un roc qu'il faudroit donc enlever à grands frais & combler enfuite avec des terres tranfportées, que d'ailleurs la commune avoit un vafte cimetière fur le chemin de la ville aux Recolets, lequel devenant inutile par celui projetté expoferoit à en transferer les offements, & ils ont prié le confeil de prendre en confideration dans fa fage prevoyance un pareil changement dans les circonftances actuelles.

Le confeil général pénétré de l'importance des motifs qui viennent de lui être préfentés, arrête qu'en perfiftant dans fon vœu precedemment emis pour que l'églife des Recolets foit confervée à la commune avec le logement néceffaire aux deffervants de la fuccurfale à laquelle cette églife eft deftinée, il retire fon vœu pour l'acquifition de l'enclos des Recolets, même celui pour le furcis du petit enclos fitué au devant du batiment attenant à l'églife, charge le procureur de la commune d'adreffer extrait du prefent arrêté au directoire de * diftrict afin que le furcis que le département a mis à la vente de ces effets ne fe prolonge pas plus long tems au détriment national.

Du 22 janvier dix heures avant midy. M. le procureur de la commune a dit : que les vingt quatre citoyens nommés par le confeil général de la commune notables adjoints ayant été informés de leur nomination & priés de fe rendre dans la prefente affemblée pour y pretter le ferment requis par le décret fur la procédure criminelle, il requiert la preftation de ferment de ceux de ces MM. qui font ici préfens. Et à l'inftant MM. Colombiès, Sicard fils, Montels fils, Figuieres, Belmond, Sans, Lebrun, Gauffen, Thorel, Martin, Gas pere, Chaftanier, Crefpin, Fabre, Jean Pierre Rainaud, Raynard cadet, Dartis, Domergue, Dumas & Duvidal ayant été introduits, ils ont l'un après l'autre, leurs mains levées à Dieu juré à la commune entre les mains des membres du confeil de remplir * fidèlement leurs fonctions & furtout de garder un fecret inviolable fur le contenu en la plainte & autres actes de la procedure.

Eux retirés ouï de rechef le procureur de la commune, le corps municipal arrête qu'il fera fourni des exemplaires du décret fur la réformation de la procedure criminelle à chacun de MM. les notables adjoints, renvoye

1791.   à cet effet au bureau, comme auffi charge le procureur de la commune de prier MM. du tribunal du diftrict d'avoir foin de faire avertir MM. les notables adjoints en meme tems que les temoins & les parties afin qu'ils puiffent fe rendre aux actes où leur prefence eft neceffaire.

PAGE 67.   * M. le procureur de la commune a remis fur le bureau le décret du 6 octobre 1789 concernant la contribution patriotique, il a requis l'execution de l'art. 11 portant que le tiers de cette contribution doit être payé le 1er avril 1790. Il a obfervé que plufieurs contribuables font en arriere pour ce payement, qu'il feroit cependant bien effentiel de ne pas laiffer accumuler le premier & fecond terme qui echeoit le 1er avril 1791. Lecture faite dud. decret, le corps municipal confiderant qu'un des principaux devoirs que la loi lui impofe eft le recouvrement des impots d'où depend le falut de l'état, invite tous les citoyens qui ne fe font point encore acquités du premier payement de leur contribution patriotique de le faire inceffamment, les prévenant que faute par eux de fe liberer la contrainte fera décernée.

PAGE 68.   * Du vingt quatre janvier, quatre heures de relevée, le confeil général affemblé, une députation des compagnies de la garde nationale du fauxbourg St Guilhem a été introduite : elle a offert de plus fort fes fervices pour le maintien de la conftitution & particulièrement pour la fureté de la perfonne de M. le maire, vers lequel des malveillants avoient dirigé des attroupemens le jourd'hier. Le confeil général pénétré de fatisfaction & de reconnoiffance d'une demarche auffi patriotique, auffi généreufe pour fon chef, a voté les plus vifs remercimens & applaudiffemens aux compagnies

PAGE 69.   * de St Guilhem & a arrêté que le procès-verbal en feroit chargé.

M. le maire a dit qu'il fe croyoit obligé de faire part au confeil général de la commune d'un evenement dont MM. les membres doivent déjà avoir eu connoiffance, qu'il y a eu hier deux attroupemens de femmes affés confidérables pour en faire craindre les fuittes ; que comme tout ce qui intereffe la tranquilité publique exige les plus grandes precautions, il a cru devoir dreffer procès-verbal qu'il a remis fur le bureau & dont la teneur fuit :

Le dimanche vingt trois janvier mil fept cens quatre vingt onze, à l'heure de midy, moi Jean Jacques Louis Durand, maire de la ville, ayant été informé qu'il y avoit quelque fermentation à l'extérieur des églifes paroiffiales, j'ai cru de mon devoir de m'en affurer par moi-même, afin d'en rendre compte à la municipalité & la mettre en etat de pourvoir à la tranquilité publique.

L'eglife Notre Dame que j'ai approché la première m'a parû paifible & n'offrir à l'extérieur aucun fujet d'inquietude.

Tranfporté aux environs de celle de Ste Anne, j'ai apperçu au devant de toutes fes portes des groupes nombreux d'hommes & furtout de femmes qui exprimoient la plus grande agitation.

J'ai rallenti ma marche & réfléchiffois fur la conduite que j'avois à tenir lorfque apperçu tout à coup par ce peuple affemblé, je m'en fuis vu entouré & des cris unanimes m'ont fait connoitre que l'objet de ce raffemblement étoit la retraite annoncée du curé de la paroiffe.

J'ai voulu exhorter ce peuple à fe féparer ; il m'a été impoffible de me faire entendre ; preffé de tous côtés, je ne voyois qu'un mouvement, je n'entendois qu'un cri, foit de la foule qui m'entouroit, foit des fenetres des maifons voifines, & ce cri étoit le défefpoir de perdre les curés & les menaces les plus fortes contre ceux qui voudroient les remplacer.

En vain ai-je voulu furmonter ces clameurs ; mes efforts ont été inutiles & le tumulte & la foule augmentant fans ceffe & les temoignages d'amitié & de confiance que la plufpart vouloient me donner y ajoutant encore, j'ai vû le moment où cette fcene malheureufe alloit prendre un caractère d'infurrection, ce qui m'a determiné à me retirer en exhortant à en faire de même & à concourir à diffiper cet attroupement tous ceux à qui j'ai pu me faire entendre.

Retiré à la maifon commune j'y ai dreffé le préfent procès-verbal pour fervir ce qu'il appartiendra les mois, jour & an que deffus. Signé Durand, maire.

Le même jour, à neuf heures du foir, dans ma maifon d'habitation, moi maire fufdit, j'ai trouvé, en rentrant, ma porte gardée par la compagnie des artiftes dite de Serres ; cet officier qui la commandoit, m'a dit qu'il s'y étoit rendu de fon pur mouvement à l'occafion d'un attroupement de femmes que fa préfence & l'arrivée de plufieurs patrouilles ont diffipées.

J'ai fait à cette compagnie des remercimens de fon zèle pour le bon ordre & de fon attachement pour moi & l'ai priée de vouloir bien fe retirer ; ce que l'officier de garde m'a dit ne pouvoir ayant eu des ordres contraires de la part de fes officiers fupérieurs ; il m'a ajouté que, depuis qu'il occupoit ce pofte, chacune des compagnies de la légion s'étoit prefentée pour m'offrir une garde, mais qu'il avoit confervé fon pofte l'ayant le premier occupé. Je n'ai pas cru devoir infifter & ai dreffé ce procès-verbal pour fuite à celui de ce matin. Signé, Durand, maire.

Le confeil général a arrêté de mander venir & d'entendre plufieurs femmes defignées par la notoriété publique comme ayant plus particulièrement contribué aux attroupements, foit pour les former, foit pour les diriger; en confequence la nommée Martin, femme du fr Viols, me platrier, la nommée Salafc, femme d'Hérand, garçon tailleur & la nommée Maffabiaude ont été mandées & introduites dans le lieu de la féance du confeil.

La nommée Martin, interrogée fur le contenu au procès verbal de M. le maire, a déclaré, qu'il étoit vrai qu'elle avoit été hier du nombre des femmes qui s'étoient attroupées pour s'oppofer à la preftation de ferment de fon curé, qu'elle ne confentiroit jamais à ce qu'il le preftat, que s'il venoit à le * faire fa vie en dépendroit & qu'elle même lui couperoit la tête, qu'au furplus elle n'avoit pas eu en vue d'attaquer perfonnellement M. le maire lorfqu'elle s'étoit adreffée à lui ; mais bien de conferver fon curé dans le cas où il refuferoit le ferment.

PAGE 71.

La nommée Salafc interogée enfuite fur les faits contenus au même procès verbal a également déclaré qu'elle avoit été auffi du nombre des femmes attroupées qui avoient entouré M. le maire près l'eglife paroiffiale de Ste Anne, que fon intention étoit de deffendre M. le curé & la religion qu'on difoit menacée, qu'elle vouloit conferver fon pape, fes eveques, fes curés & ne pas avoir la croix retournée à fon enterrement.

La nommée Maffabiaude interrogée fur l'attroupement qui a eu lieu le foir au devant de la maifon de M. le maire a denié d'y avoir pris aucune part & a protefté de fon obeiffance aux loix & de fon refpect pour le confeil général & particulièrement pour M. le maire.

La nommée Marie Trouffeliere, femme d'Antoine Gay, travailleur de terre, interrogée fur l'attroupement qui a eu lieu au fortir de la meffe paroiffiale Ste Anne, a déclaré qu'il eft vrai qu'elle étoit du nombre des femmes qui plaignoient la retraite de M. le curé dont elle avoit un grand befoin à caufe de fon extrême pauvreté ; mais qu'elle n'avoit aucune mauvaife intention contre perfonne & particulierement contre M. le maire qu'elle ne connoit pas & a protefté au furplus de fa réfignation à ne plus s'expofer à aucun efpece de reproche, ajoutant que ce fut la nommée Marioge qui l'avoit engagée à fe rendre à l'églife.

La nommée Avignon, veuve Marioge, interogée fur les faits contenus au procès verbal de M. le maire, a declaré qu'ayant entendu dire le famedi au foir par des perfonnes qu'elle n'a pas nommé, que le lendemain M. Puech,

1791. officier municipal), devoit se rendre à la paroisse & monter en chaire pour forcer M. le curé à pretter serment, elle avoit été chés plusieurs femmes de la Valsere pour les engager à se rendre le lendemain à la messe en leur disant : « Vous avez mangé le pain beni, venez dire le *Pater* ».; qu'en consequence elle se rendit le lendemain à l'église pour entendre la messe & le prône & qu'au sortir elle fut du nombre des femmes attroupées qui entourerent M. le maire en lui demandant leur curé.

Surquoi le conseil général considerant qu'il est de son devoir de reprimer les attroupemens & de les prevenir a arrêté de denoncer à l'accusateur public les attroupemens qui ont eu lieu le jour d'hier, afin qu'il en fasse punir les auteurs, fauteurs, instigateurs; charge le procureur de la commune de lui

PAGE 72. * envoyer extrait du présent.

PAGE 73. Du vingt sept janvier heure de quatre de relevée. * M. le maire a dit qu'il étoit informé que quelques ecclesiastiques fonctionnaires publics se croyoient forcés par la loi de cesser leur service & qu'il étoit nécessaire d'y pourvoir, le corps municipal, après s'être fait représenter la loi du 27 novembre, considérant qu'il seroit aussi contraire à la loi qu'à la religion que MM. les ecclesiastiques fonctionnaires publics cessassent leur service avant leur remplacement effectif, le corps municipal arrête que les ecclésiastiques fonctionnaires publics doivent continuer leur service jusqu'à leur remplacement effectif, auquel effet M. le procureur de la commune adressera à chacun d'eux extrait en forme du présent arrêté & en retirera decharge.

PAGE 74. * Un nombre de citoyens à la tête desquels étoient les f^{rs} Poutingon, fondeur & Lafoux, orphevre, ayant été annoncés & introduits, ils ont declaré qu'ils étoient dans l'intention de s'assembler dans l'eglise St Paul, a l'effet d'y rediger une petition au corps législatif & qu'ils en prévenoient la municipalité aux termes du décret sur la constitution des municipalités. Le corps municipal a donné acte à ces citoyens de leur déclaration.

Un des membres a fait lecture d'un mémoire que les officiers de l'hotel des monnoyes établi à Montpellier ont dressé pour obtenir de l'assemblée nationale la conservation de cet établissement; il a dit que ces messieurs desiroient que la municipalité appuyat ce memoire de sa recommendation pour qu'il peut avoir le succès qu'ils ont droit d'en attendre. Le corps municipal reconnoissant la justice de cette réclamation & combien il est de l'intérêt de la commune que cet hotel de la monnoie ne soit pas supprimé a émis un vœu pour sa conservation, arrête en consequence de l'appuyer auprés du comité des monnoies de l'assemblée nationale en le lui transmettant par la voïe des corps administratifs qui seront sollicités de donner avis favorable, charge à cet effet le bureau des opérations à ce relatives.

PAGE 76. * M. le maire a fait lecture d'une délibération des trois compagnies du fauxbourg St Guilhem qu'une députation de ces compagnies a portée à la maison commune & que lui maire a eu l'honneur de recevoir. Le corps municipal a reconnu dans cette délibération le patriotisme & l'esprit de

Livre premier. — Seconde partie.

fraternité qui ont toujours animé les trois compagnies de St Guilhem & plein de satisfaction d'une démarche aussi honnorable & qui annonce des dispositions aussi unanimes & aussi fraternelles, le corps municipal a voté par une acclamation unanime les plus vifs remercimens à ces trois compagnies & a arrêté que leur délibération seroit consignée dans le registre de la commune comme un monument de leur courage & de leur fidélité. M. le procureur de la commune a été chargé d'adresser extrait en forme du présent arrêté à M. Clement, major de St Guilhem qui * a été remercié en son particulier par le corps municipal.

Du vingt huit janvier quatre heures de relevée. M. Sicard, officier municipal a dit :

Messieurs, nous avons été chargés de vous présenter une division tant de la ville que du territoire pour fixer les bornes de la jurisdiction de chacun des trois juges de paix que l'assemblée nationale a décrété pour notre cité.

Pour nous fixer sur un objet qui demande des détails aussi précis que la chose peut comporter, nous nous sommes occupés d'abord de diviser la ville en trois portions à peu prés égales, surtout pour la population & à cet égard nous ne pouvons que rendre justice à M. de la Combe. Ce citoyen dont le zele est connu depuis long tems nous a fourni avec empressement toutes les lumières que sa longue expérience lui a données sur la division topographique de notre cité.

Nous avons reconnu d'abord que l'interieur de la ville contenoit environ vingt quatre mille habitans. Ce nombre divisé par trois donne celui de huit mille pour chaque division & nous avons été assés heureux * pour trouver ce nombre à peu prés exact sans être obligés de partager aucune isle ; ce qui nous a donné pour premiere division en sections quarante trois isles dont trente une qui composent l'entier sixain St Paul & douze du sixain Ste Foi, les plus voisins du sixain St Paul, section qu'on peut appeler section St Paul.

La seconde division est composée de l'entier sixain Ste Anne, comprenant vingt huit isles, l'entier sixain St Firmin contenant douze isles, dix huit isles du sixain Ste Croix & deux du sixain St Mathieu, faisant en tout soixante isles toutes correspondantes l'une à l'autre & que nous pouvons appeler la section Ste Anne.

La troisieme division comprend vingt une isles du sixain Ste Croix, dix huit isles du sixain St Mathieu & neuf du sixain Ste Foy, formant en tout quarante neuf isles toutes contiguës, division qu'on peut appeler section Ste Croix.

La première section ditte St Paul, nous a donné huit mille trois habitans, la seconde ditte Ste Anne nous a donné huit mille dix sept & la troisième ditte Ste Croix huit mille soixante un.

Nous mettons sous vos yeux le département & l'enumeration de toutes les isles comprises dans chacune des sections.

Aprés avoir divisé la ville en trois portions les plus égales qu'il nous a été possible, nous nous sommes occupés de diviser le taillable en même nombre de portions correspondantes à celles de l'interieur de la ville & pour y parvenir nous avons crû devoir prendre des points fixes & invariables tels que des grands chemins.

A la première section ditte de St Paul, nous avons fait correspondre la portion du taillable comprise entre le chemin de Lavérune & celui de Lattes, ce qui donne pour cette section la portion du fauxbourg St Guilhem qui commence au couvent Ste Catherine, longe tout le fauxbourg jusques & inclux la maison Becat, longe encore le chemin de Laverune jusques à l'extrémité du taillable, embrasse tout le terrain compris entre led. chemin de Laverune & celui de Lattes, dont le millieu fait la borne de la première division.

A la seconde section ditte de Ste Anne, nous avons fait correspondre la portion du taillable comprise entre le chemin de Laverune & le chemin de Ganges, ce qui comprend la portion Nord du fauxbourg St Guilhen, longe le chemin de Laverune & embrasse le côté Nord de Figairolles, les jardins y attenants, Celleneuve & vient terminer le chemin de Ganges dont le millieu sera la borne de cette division.

A la troisieme section ditte de Ste Croix, nous avons fait correspondre la portion du taillable & des fauxbourgs comprise entre le chemin de Ganges & celui de Lattes, ce qui embrasse * Boutonnet, &c.

Il nous a été impossible de donner plus de précision au travail dont le conseil municipal nous avoit chargé, & nous avons pensé qu'une exactitude mathématique étoit inutile & peut-être même impraticable dans une opération de cette nature.

Le conseil municipal a remercié MM. les commissaires, a adopté leur rapport, a arrêté qu'il seroit transcrit sur les registres ainsi que le tableau de division & de population qu'ils ont dressé, a chargé M. le procureur de la

1791. commune d'adresser la présente délibération au directoire du district en l'envoyant au procureur sindic.

M. le maire a rendu compte de l'enlevement qui avoit eu lieu par des inconnus, dans le parterre de la salle des spectacles, d'une grande partie des pointes de fer posées sur la barriere qui sepere le parterre du parquet. Il a exposé la necessité urgente de faire remetre ces pointes d'une manière plus solide & de veiller à leur conservation, même à la découverte de ceux qui se sont permis de les enlever. Le corps municipal arrête de faire remettre tout de suite les pointes de fer enlevées, renvoye à cet effet au bureau.

M. le procureur de la commune a dit qu'il desireroit connoitre l'intention du conseil, sur l'envoi qu'il a été chargé de faire aux ecclésiastiques fonctionnaires publics de son arrêté relatif à la prestation de serment, savoir si MM. les aumoniers des hopitaux de la ville doivent être regardés comme fonctionnaires publics. Surquoi le corps municipal a arrêté que M. le procureur de la commune ne doit pas envoyer l'arrêté dont il sagit aux aumoniers des hôpitaux.

PAGE 80. * Le trente unieme janvier a quatre heures de relevée. L'un des membres du corps municipal a dit que la nuit derniere plusieurs des troupes volontaires de la seconde compagnie de l'Union qui étoient placés dans differends postes les avoient quittés & s'etoient reunis pour aller dans plusieurs autres où ils avoient tenù aux volontaires qui y étoient de garde les propos les plus incendiaires contre la révolution & le décret qui avoit ordonné le serment des fonctionnaires publics, en ajoutant que ceux qui le pretteroient seroient des j... f..... & que ceux qui le feroient pretter seroient des coquins & se sont repandus contr'eux en des injures les plus graves & les plus atrocess, que plusieurs des volontaires à qui ils tenoient ces propos, leur ayant représenté que ces propos étoient indécents & qu'il falloit maintenir la constitution, ils leur ont reïteré les mêmes propos & sont ensuite retirés;

PAGE 81. que l'on est instruit que dans la nuit l'on a placé au devant * de la porte du club & de celle d'un citoyen de la ville des potences, que de pareils faits étant les marques les plus caracteristiques d'une coalition & d'un projet décidé de faire une insurrection contre le décret de l'assemblée nationale & etant du devoir de la municipalité & de l'interet de la sûreté publique de connoitre les auteurs & coupables & de les faire punir des peines les plus féveres, il requiert de déliberer.

Le corps municipal voulant prévenir les suites funestes qui pourroient arriver de la coalition qui a été faite pour s'opposer à la prestation du serment des fonctionnaires publics a déliberé de faire les recherches les plus exactes pour découvrir les auteurs & coupables de cette coalition & des propos & expositions des potences qui ont été faites cette nuit & à cet effet d'inviter le capitaine des postes, pour nous faire son rapport de tout ce dont il pourra avoir connoissance relativement aux susdits faits; & en consequence sur l'invitation à lui faite, M. Loisel, capitaine du poste s'étant rendù, après lui avoir fait lecture du déliberé ci-dessus a dit & rapporté qu'ayant été instruit sur les huit heures du matin de ce jourd'hui & après qu'il a eu remis à M. le commendant général le rapport de ce qui s'étoit paffé pendant la nuit, qu'il avoit été pofé des potences fur la porte du club & fur celle d'un particulier de cette ville, il s'eft rendu aux differends poftes pour s'informer s'il ne s'étoit formé aucun mouvement pendant la nuit, que parvenu au pofte du Gouvernement accompagné de M. Chauve, volontaire, MM. Bourrely, Moulinier, Bourrillon, Jean Viela & Touche, volontaires, qui compofoient ce pofte lui ont déclaré qu'ils ne s'étoient apperçus pendant la nuit d'aucun mouvement; mais que leur tranquilité avoit été troublée par les vifites qu'ils avoient reçues à minuit & à trois heures du matin par le fr François Viala, volontaire attaché au pofte de la Saunerie & Hebrard caporal & attaché en cette qualité au pofte dit du violon, que ces deux volontaires avoient tenu les propos les plus incendiaires contre le ferment à pretter par MM. les ecclefiaftiques fonctionnaires publics & décrété par l'affemblée nationale, que leur ayant repréfenté que ces procédés & cette conduite étoient également contraires au bien public & à leur ferment, ils les avoient priés de fe retirer à leur pofte, ce qu'ils avoient fait la premiere fois vers une heure du matin, que lefd. Hebrard & Viala font reparus comme on l'a deja dit deux heures après, qu'ils ont tenû les propos de la même indecence & toujours fur le même fujet, ce qui a obligé les volontaires à leur impofer filence & à engager les premiers à fe retirer à trois heures & demi & a figné.

Après quoi, le corps municipal ayant mandé venir lefd. fieurs Bourrely, Moulinier, Touche, Bourrillon & Jean Viela, ils ont dit, après avoir entendu lecture du procès-verbal ci-deffus & du dire de M. Loifel que ce que ce dernier avoit rapporté étoit vrai, & ont ajouté que lefd. Hebrard & Viala leur ont dit qu'ils étoient fachés d'avoir pretté le ferment patriotique & que s'ils étoient à le faire, ils ne le pretteroient point, qu'il n'y avoit que des gens fans religion qui peuffent exiger le ferment des ecclefiaftiques, que leur ayant repréfenté qu'ils étoient auffi bons catholiques qu'eux, & que cependant ils ne l'improuvoient point & que fi la religion étoit en danger ils la deffendroient de toute force; lefd. Viala & Hebrard leur ont répondû qu'ils n'étoient pas des bons catholiques, que fur cela, ils leur ont répliqué qu'ils l'eftoient plus qu'eux, qu'ils fe facrifieroient pour leur religion & qu'il étoit bien facheux qu'ils ne penffaffent pas de même, puifque d'après leurs propos l'on ne pourroit pas compter fur eux pour le foutien de la conftitution, qu'alors lefd. Viala & Hebrard leur ont dit que s'il s'agiffoit de faire pretter le ferment, ils ne la foutiendroient pas ; & fur ce qu'ils lui ont repréfenté qu'il y avoit nombre des prêtres qui avoient pretté le ferment, ils ont répondu que cela étoit faux, que le papier prenoit tout ce qu'on vouloit & que lorfque la municipalité avoit paffé la revue des quatre compagnies de l'Union, on leur avoit diftribué une lettre d'un curé de village mais que le contenu en étoit auffi faux & qu'on les prenoit pour des imbecilles; qu'ils fe font permis de plus beaucoup des propos indecents & incendiaires contre l'affemblée nationale, en difant que fon mandat n'étoit que de regler les finances & non de fe meller de la religion, ajoutant

1791.

1791. encore qu'il étoit de leur connoissance que led. François Viala avoit été chassé du club à cause des mauvais propos qu'il y avoit tenus & des menaces qu'il avoit faites à plusieurs des membres, & qu'il avoit encore été cassé de la compagnie des artistes & ont signé.

D'après les dires qui viennent d'être faits, M. Cambon, l'un des membres du corps municipal a dit qu'il est un des particuliers au devant de la porte duquel on a placé une potence en bois, laquelle potence il nous a requis de l'autoriser à faire transporter dans une des pièces de la maison commune pour être représentée & servir de pièce de conviction contre les auteurs & coupables qui l'ont placé & a signé.

PAGE 83. * Et ce fait, le corps municipal a délibéré & chargé M. le procureur de la commune de dénoncer à l'accusateur public les nommés Viala & Hebrard, & à cet effet de lui adresser le présent procès-verbal & délibération, comm'aussi a autorisé M. Cambon, l'un de MM. les officiers municipaux, à faire transporter la potence qui avoit été placé au devant de la porte de sa maison à la maison commune pour être aussi envoyée avec le susdit présent procès-verbal à l'accusateur public.

Et après lad. délibération M. Loisel s'est fait annoncer & demandé d'entrer au conseil, ayant délibéré de lui donner l'entrée, il s'est présenté à la tête de la division de ses volontaires & a fait part au conseil que sa compagnie venoit de délibérer contre lesd. Viala & Hebrard & qu'on les avoient cassés de sa compagnie & qu'ils avoient même dépouillé le nommé Viala, l'un d'eux, de son fourniment. Surquoi après avoir remercié M. Loisel de ses sentimens patriotiques, les volontaires ont unanimement renouvellé le ferment civique qu'ils ont ci-devant prêté & ce fait, s'étant retirés, le corps municipal a chargé le bureau d'exécution de faire une requisition à M. le commandant général de faire désarmer le nommé Hebrard & faire remettre ses armes & son fourniment au capitaine de sa compagnie.

Du trente un janvier cinq heures de relevée. Le conseil général assemblé.

PAGE 87. * Un des messieurs a dit :

Messieurs, sur la proposition que j'eus l'honneur de faire au conseil au mois de juillet dernier de changer dans cette maison la maison commune, & d'y reunir les corps administratifs, il ne s'y determina que dans l'espoir qui lui fut donné par quelques uns de ses membres de pouvoir raprocher de la municipalité le marché qui exige d'elle une police de tous les momens & une surveillance active, il fut dès lors question d'un projet de place dont M. Bongue donne le premier le plan & qui devoit être sur le terrain occupé par votre jardin & par les Capucins dont on prevoyoit deja la translation. Il est temps, Messieurs, de réaliser ce projet, de raprocher de vous ceux qui chargés de la vente des comestibles, qui doivent être plus specialement surveillés pour le grand intérêt public afin de faire cesser les fraudes & les irregularités de tout genre qui se multiplient tous les jours à la place depuis que vous en êtes eloigné. Il est temps d'executer un plan qui, servant à l'embellissement de la ville, à la décoration de la maison commune, reuniffe le double avantage de la commodité des citoyens & de procurer à la commune une augmentation de revenus. La section des impositions & depences m'a chargé de vous présenter ce plan ; elle a atendu pour vous le proposer la reunion de toutes les convenances ; il falloit que les corps administratifs eussent délibéré que les Capucins seroient changés & que leur couvent seroit vendû, il falloit que toutes les combinaisons de ce plan fussent reflechies, ainsi que les moyens de le rendre plus utile ; il falloit que l'on eut trouvé à établir des issues faciles dans une place qui ne semble environnée que de petites rûes ; il falloit surtout que dans un moment où vous vous occupés du soulagement des contribuables, on fut assuré que l'exécution que ce projet loin d'être une dépence pour la cité seroit un moyen de plus pour la liquidation de sa dette. Il n'est plus permis d'en douter, Messieurs, d'après les evaluations faites par l'architecte de la ville, tant des acquisitions, des constructions & des autres depences à faire, que des loyers ou des rétributions à retirer.

* Surquoi le conseil, considerant que ce projet est l'effet d'un vœu formé par la commune au mois de juillet dernier, & que son exécution lui sera infiniment utile, a applaudi au plan & projet présentés, les a renvoyés à une commission, composée de MM. Allut, Bongue, Brieugne, officiers municipaux, Coste, Nougaret & Dumoulin, notables, pour en rendre compte au conseil, après les avoir examinés sous tous leurs rapports, & s'être assurés des soumissions des particuliers qui doivent avoisiner la place projettée, pour les contributions qu'ils devroient fournir, & cependant a chargé M. le procureur de la commune de poursuivre au nom & en faveur de lad. commune, l'adjudication définitive du local des capucins qui n'étant encore que provisoire pour elle, par les arrangemens dejà pris, lui imposeroit l'obligation de payer une rente de ce local sans qu'elle put en disposer ce qu'il importe d'éviter.

1791.

Page 90.

* Du trois fevrier dix heures avant midi. Le corps municipal, instruit par divers avis que des malveillants ont porté dans la nuit derniere l'epouvante dans presque tous les villages de nos environs. Lecture faite de l'arrêté pris hier par le bureau & du procès verbal de ce jourd'hui contenant le rapport fait par M. Chretien, officier municipal, & les reponses & aveux du sr Ange Joyeuse apothicaire de Sommières. Considérant, combien il importe de prévenir les allarmes * qu'on tente de répandre, en supposant des troubles arrivés dans les lieux circonvoisins & notamment à Sommières.

Page 92.

Page 93.

A arrêté : 1º Qu'extrait en forme de la délibération prise hier par le bureau, ensemble du procès-verbal tenû ce jourd'huy, seront adressés par M. le procureur de la commune au directoire du district pour le mettre à portée d'instruire toutes les municipalités du district de la fausseté des bruits qu'on a cherché de répandre, & d'en faire poursuivre les instigateurs, fauteurs & complices, comme perturbateurs du repos public.

2º Que le sr Ange Joyeuse, apothicaire de Sommieres, sera vivement reprimandé pour avoir repandu dans cette ville des bruits faux & allarmans sur la ville de Sommieres, quoiqu'il n'y ajoutat pas beaucoup de foi & qu'il lui sera enjoint d'être plus circonspect à l'avenir.

A chargé le bureau municipal de faire imprimer, publier & afficher le present arrêté par tout ou besoin sera.

Du quatre fevrier dix heures du matin. M. le maire a dit : qu'il n'auroit pu refuser à la sollicitation du sr Joyeuse de Sommieres & d'autres citoyens s'interessant à lui de convoquer la présente assemblée pour lui proposer de supprimer de son arrêté d'hier, l'impression & publication. Le corps municipal arrête qu'il n'y a lieu à déliberer.

* Du quatre fevrier quatre heures de relevée. M. Allut en qualité de trésorier des atteliers de charité fait un rapport sur les depences deja faites, annonce l'epuisement de sa caisse & offre de faire les avances necessaires pour la continuation des travaux. Le corps municipal renvoye au conseil général avec prière à M. Allut d'y faire le même raport.

Page 94.

* M. Cambon fils aîné, officier municipal a dit :

Page 96.

Histoire de Montpellier. — Continuation.

1791.

Messieurs, le bureau ayant préparé le projet de division en sections du territoire de la commune, suivant votre mandat par votre deliberation du 22 janvier dernier, m'a chargé de vous préfenter les bafes & le réfultat de fon travail.

Il s'eft occupé d'abord à connoitre & déterminer des limites du territoire; il auroit défiré en faire la divifion en fections parfaitement égales, mais ayant crû cette divifion geometrique impoffible, il s'eft borné à la rendre auffi approximative que les localités ont pû le permettre. Il a limité les fections par les confins des communautés voifines, le cours de la riviere du Lez, les chemins principaux & les boulevards.

D'apres ces limites il a formé une divifion en quinze fections, nombre correfpondant à celui des officiers municipaux, ce qui vous permettra d'en nommer un pour correfpondaire dans chaque fection.

La divifion projettée peut fe partager en deux claffes, la premiere compofée de onze fections, comprend les fauxbourgs & la campagne.

La feconde compofée de quatre fections comprend la citadelle, la place du Peirou & les maifons de la ville.

Les fections de la premiere claffe ont une plus grande furface, mais celles de la ville contiennent une plus grande divifion des propriétés.

Les quatre fections de la ville viennent aboutir fur la place de la maifon commune, qu'on peut regarder comme le noyau de la divifion projettée; elle font féparées par les boulevards de celles de fauxbourgs & de la campagne.

La premiere fection du territoire eft fituée aux limites entre le levant & midy de la ville, les autres fuivent fucceffivement en paffant par le nord & fe terminent en faifant le tour par les quatre de la ville qui fe trouvent au centre.

Les onze fections de la campagne font defignées du nom de fauxbourg d'une paroiffe ou d'un établiffement public qui s'y trouve fitué, les quatre de la ville font défignées par le nom de la porte de la ville qui fe trouve au centre d'une limite de chaque fection.

PAGE 97.

Le bureau a penfé que vous deviés déclarer par votre deliberation que les chemins, rues, boulevards & places qui * fervent de limites aux fections appartiendront & feront compris dans les fections qui les avoifinent.

Je remets fur le bureau le plan figuratif du territoire divifé en quinze fections & l'état des limites, confronts & autres defignations des fections.

Lecture faite par le fecrétaire greffier, de l'art. 1er du titre 2 du décret de l'affemblée nationale des 20, 22 & 23 novembre 1790, accepté par le roi le 1er décembre fuivant, lequel article porte : « Auffitot que les municipalités auront reçu le décret & fans attendre le mandement du directoire du diftrict, elles formeront un etat indicatif des différentes divifions de leur territoire, s'il y en a d'exiftantes, ou de celles qu'elles détermineront, s'il n'en exiftoit pas déja, & que ces divifions s'appelleront fections, foit dans la ville, foit dans la campagne. »

Le corps municipal, aprés avoir examiné le plan du territoire de la commune divifé en quinze fections, ainfi que l'etat des limites, confronts & autres defignations des fections préfenté par le bureau, l'a unanimement adopté & a arrêté que le plan préfenté par le bureau fera paraphé par les membres du bureau & depofé au greffe pour fervir au befoin.

A arrêté auffi que conformement aud. plan & fuivant le projet de divifion préfenté par le bureau, le territoire de notre communauté feroit divifé en quinze fections dont la premiere fera connue fous le nom de la fection du Pont Trinquat. La feconde fous celui de la fection de Montauberon. La troifieme fous celui de la fection du Verdanfon. La quatrieme fous celui de la fection de Boutonnet. La cinquieme fous celui de la fection du Jardin des plantes. La fixieme fous celui de la fection de l'aqueduc de la fontaine St Clement. La feptieme fous celui de la fection de Celleneuve. La huitieme fous celui de la fection du Courreau. La neufvieme fous celui de la fection de St Denis. La dixieme fous celui de la fection de Montels. La onzieme fous celui de la fection de la riviere du Lez. La douzieme fous celui de la fection de la citadelle. La treizieme fous celui de la fection de la Blanquerie. La quatorzieme fous celui de la fection du Peirou. La quinzieme fous celui de la fection de la Saunerie.

PAGE 98.

Et pour que cette divifion ne puiffe être expofée à des variations * qui apporteroient de la confufion dans les opérations, dont elle doit être la bafe, nous déclarons :

1º Que les chemins, rues, boulevards & places qui fervent de limites aux fections appartiennent & doivent être partagés entre les fections qui les avoifinent.

2º Que la premiere fection ditte du pont Trinquat eft la portion du territoire de notre communauté qui eft limitée favoir : Au levant par le territoire de Mauguio. Au nord par le chemin de Mauguio allant au Pont Juvenal. Au couchant par la riviere du Lez. Au midy par les terroirs de Lattes & de Mauguio. La fufditte & fection étant circonfcritte favoir :

Depuis le pont Juvenal jufqu'au pont Trinquat par la rive gauche de la riviere du Lez.

Livre premier. — Seconde partie.

1791.

Depuis le pont Trinquat jufqu'au terme fervant de limites aux terroirs de la commune de Lattes & de Mauguio, par le chemin qui conduit du pont Trinquat à la metairie de M. Beyrès.

Depuis le terme fervant de limite aux terroirs de la commune de Lattes & de Mauguio, jufqu'au grand chemin de Mauguio allant au pont Juvenal, par diverfes terres ou fe trouvent placés de diftance en diftance d es termes de limite aux terroirs de la commune & de Lattes coté du chemin qui conduit du pont Trinquat à la metairie de M. Beyrès appartenant aud. M. Beyrès, la derniere qui eft une vigne du côté du chemin de Mauguio appartenant à M. Caffarel.

Depuis la vigne appartenant à M. Caffarel fur le chemin de Mauguio jufqu'au pont Juvenal, par le grand chemin qui conduit de Mauguio au pont Juvenal.

La feconde fection, ditte de Montauberon, eft la portion du territoire de notre communauté qui eft limitée favoir : Au levant par le terroir de Mauguio. Au nord par le terroir de Caftelnau. Au couchant par la riviere du Lez. Au midi par le chemin qui conduit du pont Juvenal à Mauguio. Ladite fection étant circonfcritte favoir : depuis le pont Juvenal jufqu'aux deux termes fervant de limites au territoire de la commune & de Mauguio qui font placés dans la vigne appartenant à M. Bernard fituée fur le chemin de Mauguio, par le grand chemin qui conduit du pont Juvenal à Mauguio.

Depuis les deux termes fervant de limite au territoire de la commune & de Mauguio qui font placés dans la vigne * appartenant à M. Bernard fituée fur le chemin de Mauguio jufqu'au terme fervant de limite aux terroirs de la commune de Mauguio & de Caftelnau, placé prés d'une terre appartenant à M. Jaoul fituée fur le chemin qui conduit de Montpellier à St Aunès par diverfes terres & traverfant divers fentiers ou petits chemins y ayant de diftance en diftance . divers termes] fervant de limite au territoire de la commune & de Mauguio.

PAGE 99.

Depuis le terme fervant de limite aux terroirs de la commune de Mauguio & de Caftelnau placé fur le chemin près d'une terre appartenant à M. Jaoul fituée fur le chemin qui conduit de Montpellier à St Aunès, jufqu'au chemin qui prend vis-a-vis une terre appartenant à M. Clavel entre deux terres appartenant à M. Vialars, par le chemin qui conduit de Montpellier à St Aunès.

Depuis l'embranchement du chemin qui conduit de Montpellier à St Aunès, avec le chemin qui prend vis-à-vis une terre appartenant à M. Clavel entre deux terres appartenant à M. Vialars jufqu'à la fontaine Pompignane, par le chemin qui prend vis-a-vis une terre appartenant à M. Clavel, entre deux terres appartenant à M. Vialars.

Depuis la fontaine Pompignane, jufqu'à la chauffée du moulin de Sauret, par le chemin dit de la fontaine Pompignane.

Depuis la chauffée du moulin de Sauret, jufqu'au Pont-Juvenal par la rive gauche de la riviere du Lez.

La troifieme fection ditte du Verdanfon eft la portion du territoire de notre communauté qui eft limitée, favoir : au levant par le grand chemin qui conduit de Montpellier à Nifmes & par le terroir de Caftelnau, au nord par la riviere du Lez & par le ruiffeau de la Lironde, au couchant par le grand chemin qui conduit de Montpellier à Montferrier, au midy par les boulevards de la porte des Carmes à celle du Pila St Gely.

Ladite fection étant circonfcrite favoir :

Depuis le boulevard de la porte du Pila St Gely jufqu'au fentier qui eft près le pont de Caftelnau, paffant devant la maifon & logis appartenant à M. Bardon, par le grand chemin qui conduit de Montpellier à Nifmes.

Depuis la reunion du fentier qui eft près le pont de Caftelnau paffant devant la maifon & logis appartenant à M. Bardon, avec le grand chemin qui conduit de Montpellier à Nifmes, jufqu'au chemin dit de Ferrard par la draille ou fentier qui conduit du pont de Caftelnau au chemin de Ferrard y arrivant entre deux terres appartenant à M. Vialas.

Depuis la reunion de ladite draille ou fentier, avec le chemin * dit de Ferrard, jufqu'à la chauffée du moulin du Martinet, par le chemin dit de Ferrard, & par un fentier qui traverfe les terres appartenant à M. Farel dependantes du domaine de la Valette, lequel fentier conduit du chemin dit de Ferrard à la chauffée du moulin du Martinet.

PAGE 100.

Depuis la chauffée du moulin du Martinet, jufqu'à l'embouchure du ruiffeau de la Lironde dans la riviere du Lez, par la rive droite de la riviere du Lez.

Depuis l'embouchure du ruiffeau de la Lironde dans la riviere du Lez, jufqu'au pont de la Lironde fur le chemin de Montpellier à Montferrier, par la rive droite du ruiffeau de la Lironde.

Depuis le pont de la Lironde fur le chemin de Montpellier à Montferrier, jufqu'au boulevard vis-à-vis la porte des Carmes par le grand chemin qui conduit de Montpellier à Montferrier.

Depuis l'extremité du chemin de Montpellier à Montferrier fur le boulevard jufqu'à l'extremité du grand chemin de Montpellier à Nifmes fur le boulevard, par les boulevards de la porte des Carmes à la porte du Pila St Gely.

La quatrieme fection ditte de Boutonnet eft la portion du territoire de notre communauté qui eft limitée favoir : au levant par le grand chemin qui conduit de Montpellier à Montferrier. Au nord par la Lironde vis-à-vis le territoire de Montferrier & par la guarigue de Fontfrede dans le territoire de Grabels. Du couchant au midy, par le grand chemin qui conduit de Montpellier à Ganges par le chemin dit de la Trouffe & par une petite portion du boulevard de la porte des Carmes.

La ditte fection étant circonfcrite, favoir :

Depuis le boulevard vis-à-vis de la porte des carmes jufqu'au pont de la Lironde fur le grand chemin de Montpellier à Montferrier, par led. grand chemin.

Depuis le pont de la Lironde fur le grand chemin de Montferrier à Montpellier, jufqu'au terme fervant

1791.

de limite aux territoires de la commune de Montferrier & de Grabels qui eſt placé à l'extremité d'un champ appartenant à M. Baſſie près l'acqueduc de la fontaine de St Clement par la rive droite du ruiſſeau de la Lironde.

Depuis le terme ſervant de limite aux terroirs de la commune de Montferrier & de Grabels, qui eſt placé à l'extremité d'un champ appartenant à M. Baſſie, près l'acqueduc de la fontaine St Clement par diverſes garrigues & terres où ſe trouvent placés de diſtance en diſtance des termes ſervant de limite aux terroirs de la commune & de Grabels, la derniere terre ſur le chemin de Montpellier à Ganges appartenant à M. Jalabert.

PAGE 101.

Depuis la terre appartenant à M. Jalabert formant limite du terroir de la commune ſur le chemin de Montpellier à Ganges juſqu'à la pile ſur led. chemin, par le grand chemin qui conduit de Montpellier à Ganges.

Depuis la pyle, ſur le grand chemin de Montpellier à Ganges, juſqu'au boulevard de la porte des Carmes par le chemin dit de la Trouſſe.

Depuis l'extremité du chemin dit de la Trouſſe ſur le boulevard juſqu'à l'extremité du grand chemin de Montpellier à Montferrier ſur ledit bonlevard, par le boulevard près la porte des Carmes.

La cinquieme ſection ditte du Jardin des Plantes eſt la portion du territoire de notre communauté qui eſt limitée, ſavoir : Au levant par le boulevard du Peyrou à la porte des Carmes, du levant au nord par le chemin dit de la Trouſſe & par le grand chemin qui conduit de Montpellier à Ganges, du nord au couchant par le territoire de Grabels, du couchant au midy par le grand chemin de Montpellier à Grabels & par celui de Montpellier à Ganges.

La ditte ſection étant circonſcrite ſavoir :

Depuis la place vis-à-vis la porte de fer du Peyrou du cotté du Nord juſqu'à l'extremité du chemin dit de la Trouſſe ſur le boulevard, par le boulevard du Peyrou à la porte des Carmes.

Depuis l'extremité du chemin dit de la Trouſſe ſur le boulevard juſqu'à la pyle, ſur le chemin de Montpellier à Ganges, par le chemin dit de la Trouſſe.

Depuis la pyle ſur le chemin de Montpellier à Ganges, juſqu'au terme ſervant de limite aux territoires de la commune & de Grabels placé ſur un champ appartenant à M. Cauzy, tuilier, ſitué ſur le grand chemin de Montpellier à Ganges, juſqu'au foſſé de la fontaine d'Aurelle par les limites du champ appartenant à M. Cauzy.

Depuis la limite du champ appartenant à M. Cauzy du cotté du foſſé de la fontaine d'Aurelle, juſqu'au terme ſervant de limite entre les territoires de la commune & de Grabels placé à l'extremité de la vigne de Polignac, par le cotté droit du foſſé de la fontaine d'Aurelle.

Depuis le terme ſervant de limite aux terroirs de la commune & de Grabels placé à l'extremité de la vigne de Polignac juſqu'à un autre terme ſervant de même limite placé ſur le bord du vieux chemin de Montpellier à Grabels par diverſes terres où ſe trouvent placés de diſtance en diſtance des termes ſervant de même limite, la derniere terre ſur le vieux chemin de Montpellier à Grabels, dependante de la metairie appartenant à M. Martin.

PAGE 102.

Depuis le terme ſervant de limite entre les territoires de la commune & de Grabels placé ſur le bord du vieux chemin de Montpellier à Grabels juſqu'au grand chemin de Montpellier à Grabels par une traverſe qui reunit les deux chemins, la limite du territoire etant après une terre appartenant à M. Lafarelle.

Depuis la traverſe qui reunit le vieux & le nouveau chemin de Montpellier à Grabels à l'extremité d'une terre appartenant à M. Lafarelle juſqu'à la pyle ſur le chemin de Montpellier à Ganges & juſqu'au boulevard vis-à-vis la porte de fer du Peyrou du cotté du nord, par le grand chemin qui conduit de Montpellier à Ganges.

La ſixieme ſection ditte de l'acqueduc de la fontaine St Clément eſt la portion du territoire de notre communauté qui eſt limitée ſavoir : au levant par le boulevard du Peyrou à la porte St Guilhem & par le chemin qui fait le tour de la place du Peyrou. Du levant au nord, par le grand chemin de Montpellier à Ganges, par celui de Montferrier à Grabels & par un vieux chemin. Aun ord par le territoire de Grabels ; au couchant par la rive gauche de la riviere de la Moſſon ; au midy par le grand chemin de Montpellier à Lodève.

Lad. ſection étant circonſcrite ſavoir :

Depuis l'extremité du fauxbourg du Courrau vis-à-vis la porte St Guilhem, juſqu'à la place vis-à-vis la porte de fer du Peyrou du coté du midy, ſur le boulevard du Peyrou à la porte St Guilhem.

Depuis la place vis-à-vis la porte de fer du Peyrou du coté du midy juſqu'à la place vis-à-vis la porte de fer du Peyrou du coté du nord, par le chemin qui fait le tour de la place du Peyrou.

Depuis la place vis-à-vis la porte de fer du Peyrou du coté du nord, juſqu'à la pyle ſur le grand chemin de Montpellier * à Ganges par led. grand chemin.

PAGE 103.

Depuis la pyle ſur le grand chemin de Montpellier à Ganges juſqu'à la reunion du grand & du vieux chemin de Montpellier à Grabels près d'une vigne appartenant à M. Creſpin par le grand chemin de Montpellier à Grabels.

Depuis la reunion du grand & du vieux chemin de Montpellier à Grabels, près d'une vigne appartenant à M. Creſpin, juſqu'à la reunion du même chemin près d'une terre appartenant au ſr Giral par le vieux chemin qui ferme les deux embranchemens.

Depuis la reunion du vieux & du grand chemin de Montpellier à Grabels près d'une terre appartenant à M. Gimel juſqu'à une muraille ruinée ſervant de limite aux territoires de la commune & Grabels, par le grand chemin de Montpellier à Grabels.

Depuis l'origine d'une muraille ruinée ſur le grand chemin de Montpellier à Grabels juſqu'à la riviere de la Moſſon par lad. muraille ruinée ſervant de limite aux territoires de la commune & de Grabels & par un petit vallon qui aboutit de lad. muraille ruinée juſqu'à la reunion de la Moſſon.

Depuis led. petit vallon près la riviere de la Moſſon juſqu'au pont de lad. riviere ſur le chemin de Montpellier à Lodeve, par la rive gauche de la riviere de la Moſſon.

Depuis le pont de la riviere de la Moſſon ſur le chemin de Montpellier à Lodeve juſqu'au boulevard de la porte St Guilhem, par le grand chemin de Montpellier à Lodève & par la grande rue du fauxbourg du Courrau.

La ſeptieme ſection ditte de Celleneuve eſt la portion du territoire de notre communauté qui eſt limitée ſavoir : au levant, par le plan du fauxbourg du Courrau où ſe reuniſſent les chemins de Lodeve & de Laverune. Au nord, par le grand chemin de Montpellier à Lodève. Au couchant, par la rive gauche de la riviere de la Moſſon. Au midy, par le grand chemin de Montpellier à Laverune. La ditte ſection étant circonſcritte ſavoir :

Depuis la place du fauxbourg du Courrau où ſe reuniſſent les chemins de Lodeve & de Laverune juſqu'au pont de la riviere de la Moſſon ſur le grand chemin de Montpellier à Lodeve, par led. grand chemin.

Depuis le pont de la riviere de la Moſſon ſur le chemin de Montpellier à Lodeve juſqu'au pont de la meme riviere ſur le chemin de Montpellier à Laverune, par la rive gauche de la riviere de la Moſſon.

Depuis le pont de la riviere de la Moſſon, ſur le chemin de Montpellier à Lodeve, juſqu'à la place du fauxbourg du Courrau * où ſe reuniſſent les chemins de Lodeve & de Laverune, par le grand chemin de Montpellier à Laverune.

La huitieme ſection ditte de Courrau eſt la portion du territoire de notre communauté qui eſt limitée ſavoir : du levant au nord, par le boulevard de la porte de la Saunerie à celle de St Guilhem. Au nord par la grande rue du fauxbourg du Courrau. Du nord au couchant par le grand chemin de Montpellier à Laverune. Au couchant par la rive gauche du ruiſſeau de Rieucoulon. Du midy au levant par le grand chemin de Montpellier à Pezenas.

Lad. ſection étant circonſcritte ſavoir :

Depuis l'extremité du fauxbourg de la Saunerie, vis-à-vis la porte de la Saunerie juſqu'à l'extremité du fauxbourg du Courrau vis-à-vis la porte St Guilhem, par les boulevards de la porte de la Saunerie à celle de St Guilhen.

Depuis le boulevard vis-à-vis la porte St Guilhen juſqu'à la place du fauxbourg du Courrau où ſe reuniſſent les chemins de Lodeve & de Laverune par la Grande rue du fauxbourg du Courrau.

Depuis la place du fauxbourg du Courrau où ſe reuniſſent les chemins de Lodeve & de Laverune juſqu'au pont du ruiſſeau de Rieucoulon, ſur le chemin de Laverune, par le grand chemin de Montpellier à Laverune.

Depuis le pont du ruiſſeau de Rieucoulon ſur le chemin de Montpellier à Laverune juſqu'au pont du même ruiſſeau ſur le chemin de Montpellier à Pezenas, par la rive gauche du ruiſſeau de Rieucoulon.

Depuis le pont du ruiſſeau de Rieucoulon ſur le chemin de Montpellier à Pezenas juſqu'au boulevard vis-à-vis la porte de la Saunerie, par le grand chemin de Montpellier à Pezenas.

La neuvieme ſection ditte de St Denis eſt la portion du territoire de notre communauté qui eſt limitée ſavoir : au levant par le chemin de Montpellier à Montels, dit l'ancien chemin de Villeneuve. Du nord au couchant, par le grand chemin de Montpellier à Pezenas. Du couchant au midy, par la rive gauche du ruiſſeau de Rieucoulon.

Lad. ſection étant circonſcritte ſavoir :

Depuis la place vis-a-vis l'egliſe de la paroiſſe St Denis où ſe reuniſſent les chemins de Montels & de Pezenas juſqu'au ruiſſeau * de Rieucoulon ſur le grand chemin de Montpellier à Pezénas, par led. grand chemin.

Depuis le pont du ruiſſeau de Rieucoulon ſur le grand chemin de Montpellier à Pezenas juſqu'à la rencontre du chemin de Montels dit l'ancien chemin de Villeneuve, entre un champ de la metairie de Grille & une vigne de la metairie de M. Tandon juſqu'à la place vis-à-vis de l'égliſe de la paroiſſe St Denis, où ſe reuniſſent les chemins de Montels & de Pezenas par le chemin de Montpellier à Montels, dit l'ancien chemin de Villeneuve, entre un champ de la metairie de la Grille & une vigne de la metairie de M. Tandon, par led. chemin de Montpellier à Montels.

Depuis la rencontre du ruiſſeau de Rieucoulon avec le chemin de Montpellier à Montels, dit l'ancien chemin de Villeneuve, entre un champ de la metairie de Grille & une vigne de la metairie de M. Tandon, juſqu'à la rencontre du même ruiſſeau avec un chemin qui eſt entre deux terres dependantes de la metairie de la Caſtelle, vis-à-vis duquel ſe trouve un terme ſervant de limite aux territoires de la commune de St Jean de Vedas & de Lattes, par la rive gauche du ruiſſeau de Rieucoulon.

Depuis le terme ſervant de limite aux terroirs de la commune * de St Jean de Vedas & de Lattes prés le ruiſſeau de Rieucoulon, vis-à-vis le chemin de Montpellier à la Caſtelle juſqu'à la reunion près la metairie de M. Tandon du chemin de Montpellier à la Caſtelle avec deux autres chemins, par le chemin qui conduit du ruiſſeau de Rieucoulon au chemin de la Caſtelle & par le chemin de Montpellier à la Caſtelle.

Depuis la reunion prés la métairie de M. Tandon, du chemin de Montpellier à la Caſtelle, avec deux autres chemins juſqu'à la reunion du chemin qui ſert de limite aux territoires de la commune & de Lattes, avec le grand chemin de Montpellier à Lattes qui y arrive entre un champ de la metairie de Saporta & un champ à M. Argeliès, par le chemin qui ſert de limite aux territoires de la commune & de Lattes.

Depuis la reunion du chemin qui ſert de limite aux territoires de la commune & de Lattes avec le grand chemin de Montpellier à Lattes qui eſt entre une terre de la metairie de Saporta & un champ appartenant à M. Argeliès jusqu'à la place vis-à-vis la porte de Lattes, par le grand chemin de Montpellier à Lattes.

Depuis l'extremité du grand chemin de Montpellier à Lattes vis-à-vis la porte de Lattes jusqu'à l'extremité de la Grande rue du fauxbourg de la Saunerie, vis-à-vis la porte de la Saunerie, par le boulevard de la porte de Lattes à celle de la Saunerie.

La onzieme section ditte de la rivière du Lez est la portion du territoire de notre communauté qui est limitée savoir : au levant par la rive gauche de la rivière du Lez; du nord au couchant par le grand chemin de Montpellier à Nismes; au couchant par les fossés de l'esplanade & de la citadelle ; du couchant au midy, par le grand chemin de Montpellier à Lattes; au midy par le territoire de Lattes.

Ladite section étant circonscritte savoir :

Depuis le boulevard vis-à-vis la porte de Lattes jusqu'au chemin qui sert de limite entre les territoires de la commune & celui de Lattes par le grand chemin de Montpellier à Lattes.

Depuis la reunion du grand chemin de Montpellier à Lattes qui arrive entre une terre de la metairie de Saporta & une terre appartenant à M. Argelliés, avec le chemin qui sert de limite aux territoires de la commune & de Lattes, jusqu'à la rive gauche de la riviere du Lez, au chemin qui est au midy de la metairie du pont Trinquat, par le chemin qui sert de limite aux territoires de la commune & de Lattes, traversant en droitte ligne un champ appartenant à Made de Grave qui envisage led. chemin, le canal de la premiere ecluse, l'isle de la riviere de la premiere ecluse * & la riviere du Lez.

Depuis le chemin qui est au midy de la metairie du pont Trinquat sur la rive gauche de la riviere du Lez, jusqu'à la chauffée du moulin de Sauret, par la rivière du Lez.

Depuis la chauffée du moulin de Sauret jusqu'au pont de Castelnau, par la rive droitte de la riviere du Lez.

Depuis le pont de Castelnau sur la riviere du Lez jusqu'au boulevard, vis-à-vis la porte du Pila St Gely, par le grand chemin de Montpellier à Nismes.

Depuis l'extremité du chemin de Montpellier à Nismes vis-à-vis la porte du Pila St Gely jusqu'à l'extremité du grand chemin de Montpellier à Lattes, vis-à-vis la porte de Lattes, par les fossés du côté du nord, de l'esplanade, par les fossés exterieurs qui font le tour de la citadelle & par les fossés du côté du midy de l'esplanade.

La douzieme section ditte de la citadelle est la portion du territoire de notre communauté qui est limitée savoir : du levant inclinant au nord par les fossés exterieurs de la citadelle, commençant à l'angle saillant du bastion appellé de Montmorency. Du nord inclinant au levant par les fossés de la citadelle, commençant à l'angle saillant du bastion appellé de Montmorency & finissant à l'angle saillant du bastion appellé du roi & par ceux de l'esplanade, commençant à l'angle saillant du bastion appellé du roi à la porte du Pila St Gely. Entre le nord & le couchant par les rues du Pila St Gely, du Bout du monde, de l'Université, de St Mathieu & de Fournarié. Au couchant par les rues de la Blanquerie, du Panier fleury & de la place de la maison commune. Entre le couchant & le midy par la rüe de Canabasserie, les places des Cevenols & de la Poissonnerie, par la rue de la Loge, par les places de la Loge & de Notre Dame, par les rues du Cardinal & du Gouvernement, traverse la place de la Comedie jusqu'à la porte de Lattes. Du midy inclinant au levant en sortant de la porte de Lattes par les fossés de l'esplanade jusques à l'angle saillant du bastion appellé de la reine & par ceux * de la citadelle commençant à l'angle saillant du bastion appellé de la reine & finissant à l'angle saillant du bastion appellé de Ventadour.

Laquelle section renferme toute la citadelle, les fossés & ouvrages de fortification entre la citadelle & l'esplanade, la promenade de l'esplanade, les illes de : Augustins composée de 12 maisons; Arennes, 4; Beraud, 9; Croix blanche, 14; Consulat, 8; Capucins, 27; Casseirol, 4 ; Fonbon, 19; Grande loge, 34 ; Jesuites, 15; Monnoie, 7; Manse, 11; Notre-Dame-des-Tables, 7; Oratoire, 6; Penitens blancs, 12; Poujol, 21; Petite loge, 16; Riviere, 15; Serres, 29; Tour d'Encanet, 10; Tresoriers de France, 25. Total, 305 maisons.

La treizieme section ditte de la Blanquerie est la portion du territoire [de notre communauté qui est limitée savoir : entre le levant & le midy par les rues du Pila St Gely, du Bout du monde, de l'Université, de St Mathieu & de Fournarié. Du levant par les rues de la Blanquerie & du Panier Fleury. Entre le levant & le midy par la place de la maison commune. Au midy par les rues du Palais en commençant aux coins des iles de Luquet & du Four de Geniés jusques à la place de la Canourgue. Au couchant par la place de la Canourgue & la rue Roselli. Du midi au couchant par les rues de St Pierre & des Carmes. * Du nord inclinant au levant en sortant de la porte des Carmes par le boulevard jusqu'à la porte du Pila St Gely.

Laquelle section renferme les isles de : Armand, composée de 14 maisons; Bongue, 12; Chapeau rouge, 12; College de droit, 13; Chapelle neuve, 7; Cayla, 29; College de medecine, 21; Canourgue & la place, 4; Chateau Gaillard, 2; Douze pans de la Blanquerie, 19; Daumezon, 22; Delm, 15 ; Four de Geniés, 10; Fauquier, 13; Fontanon, 7; Lauriol, 17; La Greffe, 13; Legassieu, Burgues & Cabanis reuniés, 27; Laurens, 14; Madier, 30; Madieres, 5; Nouvial, 24; Plan de l'Olivier, 24; Pouget, 7; Puits des Esquilles, 12; Propagande, 6; Palat, 9; Refuge, 24; Restouble, 12; Rosel, 27; Ranc, 12; Sallat, 24; St Mathieu, 9; Saroy, 37; St Ursule, 26; Ste Marie, 10; St Eloi, 12; St Michel, 12; Ste Croix, 1; St Charles, 11; St Sacrement, 15; Villaret, 10; Viguier, 4. Total, 636 maisons.

La quatorzieme section ditte du Peyrou est la portion du territoire de notre communauté qui est limitée savoir : du nord inclinant au levant par les rues des Carmes & St Pierre. Du levant par la rue Roselli & la place de la Canourgue. Du nord par la rue du Palais en commençant à la place de la Canourgue jusques aux coins des isles de Luquet & du Four de Geniés. Entre le nord & le levant par la place de la

Livre premier. — Seconde partie.

maifon commune. Du levant par la rue de Maffilian. Entre le nord & le levant par la rue de la Barralerie en partant du coin de la rue de Maffilian jufques au coin de la rue Cherche Midy. Du nord au levant par a rue Rebuffi en partant du coin de la rue Cherche Midy au plan Duché. * Du levant par le plan Duché. Du nord par la rue Draperie St Firmin en partant du plan Duché jufques au coin du Salut. Du levant par la rue Bras de fer. Du levant au midy par les rues Pas étroit, de Friperie & de St Guilhen. Entre midy & couchant par les boulevards depuis la porte de St Guilhen jufqu'à l'angle de la place du Peyrou. Du levant au midy par le chemin qui entoure la place du Peyrou depuis le boulevard de St Guilhen jufques à l'angle de lad. place. Du couchant au midy par le chemin qui longe la place du Peyrou, depuis l'angle fufdit jufques au boulevard de la porte du Peyrou à la porte des Carmes. Du couchant le boulevard de la porte du Peyrou à celle des Carmes.

Laquelle fection renferme les ifles de : Belleval, compofée de 5 maifons ; Beaulac, 19 ; Bouiffonnade, 10 ; Blaud, 7 ; Cambaceres, 18 ; Caftrix, 4 ; Chalon, 8 ; Carmes, 2 ; Caftelnau, 11 ; Chapelle du Palais, 4 ; Douze pans St Pierre, 39 ; Douze pans de St Guilhen au Peyron, 32 ; Durand, 12 ; Devaux, 26 ; Dardé, 8 ; Deveze, 7 ; Enceinte du Palais, 11 ; Euftache, 11 ; Four Cremat, 12 ; Fayes, 15 ; Guilhen, 8 ; Gouan, 12 ; Jaufferand, 7 ; Luquet, 8 ; Lepine, 7 ; Puits de la Valfere, 14 ; Puits de Douachi, 21 ; Puits d'Efpinas, 16 ; Paul, 5 ; Polier, 7 ; Petit Scel, 6 ; Poitevin, 19 ; Puits du Palais, 5 ; Regnac, 20 ; Ranchin, 28 ; Rey, 12 ; St Ruf, 19 ; St Firmin, 6 ; Sarret, 11 ; St Sepulcre, 13 ; Sarran, 9 ; Ste Anne, 16 ; Tinal, 5 ; Terrail, 19 ; Vivens, 8, & la place du Peyrou. Total, 562 maifons.

* La quinzieme fection ditte de la Saunerie eft la portion du territoire de notre communauté qui eft limitée favoir : du couchant au nord, par les rues St Guilhen, de la Friperie & de Pas Etroit. Du couchant par la rue du Bras de Fer. Du midy par la rue Draperie St Firmin, depuis le coin du Salut jufques au au plan Duché. Du midy au couchant par le plan Duché & la rue Rebuffy jufques au coin de la rue Cherche Midy. Du couchant par la rue Cherche Midy. Entre le midy & couchant par la rue de la Barralerie depuis le coin de la rue Cherche Midy jufques au coin de la rue de Maffilian. Du couchant par la rue de Maffilian. Du nord par la place de la maifon commune & la rue Canabafferie. Entre le nord & le levant par les places des Cenevols & de la Poiffonnerie, par les rues de la Loge, de Notre-Dame, du Cardinal, du Gouvernement, traverfant la place de la Comedie jufqu'à la porte de Lattes. Du levant inclinant au midy, par les boulevards depuis la porte de Lattes jufqu'à l'angle de l'Obfervatoire. Du midy par les boulevards depuis l'angle de l'Obfervatoire jufques à la porte St Guilhen.

Laquelle fection renferme les ifles de : Boulet, compofée de 12 maifons ; Bornier, 17 ; Boucherie, 8 ; Bouffonnel, 7 ; Caftries, 8 ; Cambon, 5 ; Crouzet, 5 ; Campagnan, 26 ; Couve, 19 ; Cofte, 27 ; Coulondres, 10 ; Cigne, 7 ; Cheval blanc, 7 ; Douze pans de St Guilhen à la Saunerie, 40 ; Douze pans de la Saunerie à la porte des Lattes, 70 ; Defpoux, 10 ; Eglife St Paul, 16 ; Fenard, 13 ; Fluagergues, 19 ; Four des Flammes, 27 ; Gallieres, 11 ; Lapouche, 13 ; Labaume, 11 ; Loys, 8 ; Louvre, 15 ; Maffilian, 17 ; Moulin d'Huile, 24 ; Marie, 13 ; Maffane, 20 ; Orgerie, 16 ; Portalès, 15 ; Poiffonnerie, 1 ; Plantade, 27 ; Petit St Jean, 22 ; Petit Temple, 25 ; Puits de Douzils, 14 ; Riban, 27 ; Robin, 11 ; Sabran, 21 ; Salle des Spectacles, 1 ; Tremolet, 16 ; Triperie, 29. Total, 708 maifons.

* Et fera une expedition de la prefente deliberation infcrite fur les regiftres de la municipalité, envoyée fans delai par le procureur de la commune à MM. les adminiftrateurs du directoire du diftrict.

1791.
PAGE 110.

PAGE 111.

PAGE 112.

Le corps municipal a auffi arrêté que la préfente délibération fera imprimée fans delai au nombre de cinquante exemplaires en placard & de mille exemplaires in 4°, charge le procureur de la commune de l'envoyer aux curés des huit paroiffes du territoire afin qu'ils ayent à la lire au prône, de l'envoyer auffi aux municipalités limitrophes, afin de leur donner connoiffance des limites du territoire, charge auffi le bureau de la faire lire publier & afficher dans tout le territoire & diftribuer à ce qu'aucun des proprietaires & habitans de cette communauté ne puiffe en pretendre caufe d'ignorance.

Lecture faite par le fecretaire greffier de l'arte 2 du titre 2 du décret de l'affemblée nationale du 20, 22 & 23 novembre 1790 accepté par le roi le 1er décembre fuivant, lequel article porte : « Le confeil municipal choifira parmi fes membres des commiffaires qui feront affiftés en nombre au moins égal d'autres commiffaires nommés par le confeil général de la commune dans une affemblée qui fera indiquée huit jours à l'avance, & à laquelle les proprietaires domiciliés ou forains pourront affifter & être elus pourvû neanmoins qu'ils foient citoyens actifs ; on pourra elire auffi les fermiers ou metayers domiciliés, pourvû de même qu'ils foient citoyens actifs. Le corps municipal pour fe conformer au fufd. article a procedé à la

1791. nomination de quinze commiffaires parmi fes membres, M. Durand, maire, a été nommé pour la feptieme fection ditte de Celleneuve; M. Montels, officier municipal, pour la cinquieme ditte du Jardin des Plantes; M. Sicard, officier municipal, pour la quinzieme ditte de la Saunerie ; M. Bongue, officier municipal, pour la dixieme ditte de Montels ; M. Bouchet, officier municipal, pour la onzieme ditte du Lez; M. Guichard, officier municipal, pour la huitieme dite du Courrau ; M. Cambon, officier municipal, pour la quatrieme ditte de Boutonnet ; M. Allut, officier municipal, pour la treizieme dite de la Blanquerie ; M. Lafabrie, officier municipal, pour la feconde ditte de Montauberon ; M. Brieugnes, officier municipal, pour la neuvieme ditte de S^t * Denis ; M. Brunet, officier municipal, pour la troifieme ditte du Verdanfon ; M. Puech, officier municipal, pour la premiere ditte du Pont Trinquat ; M. Chretien, officier municipal, pour la fixieme ditte de l'acqueduc de la Fontaine St Clément ; M. Serres, officier municipal, pour la douzieme ditte de la citadelle ; M. Henry Charolois, officier municipal, pour la quatorzieme ditte du Peyrou.

A chargé le bureau de faire publier & afficher un avis aux citoyens pour annoncer huit jours à l'avance la tenue du confeil general de la commune pour la nomination des commiffaires adjoints & a prié M. le maire de la convoquer à l'epoque qui fera fixée par lad. publication.

Du cinq février, quatre heures de relevée. M. François Caftilhon, colonel de la garde nationale de Sette, eft annoncé & introduit. Il remet fur le bureau un vœu écrit de cette garde qui reitere avec autant de zele que de fermeté l'affurance formelle de fe rendre à la premiere requifition partout où fes forces feront trouvées néceffaires & notament dans la ville de Montpellier pour maintenir la conftitution & oppofer fes armes à celles des ennemis du bien public & prenant la parolle il dit :

> Meffieurs, les bons françois, dans les circonftances préfentes, doivent fe réunir, fe ferrer fortement, faire maffe contre les ennemis de la chofe publique pour prévenir les malheurs dont des motifs préfentés d'une maniere fpécieufe & recueillis avec trop peu de reflexion pourroient offrir la perfpective.
>
> Si par une fauffe interpretation des loix, par des fuggeftions criminelles, il exiftoit en cette ville le germe d'une divifion, fentant, Meffieurs, * quelle feroit dans ce cas votre follicitude, le regiment national de Cette volleroit vers vous, pour recevoir vos ordres, fe mettre en rang avec vos citoyens foldats & pour coopérer avec eux au maintien de la paix, à celui de la conftitution. Tel eft le vœu qu'il a emis & dont en fon nom & au mien, je m'empreffe, Meffieurs, de venir vous faire hommage.
>
> Agréés, pour tous les citoyens que vous repréfentés, les fentimens de leurs freres, & pour vous, Meffieurs, l'affurance qu'ils vous entoureroient également & vous prêteroient avec leurs forces, l'obeiffance que vous feriez en droit de requérir.
>
> Veuillez être convaincus & c'eft ici mon hommage particulier, que volontiers je donnerois ma vie pour la défenfe d'une ville où je me glorifie fans doutte d'avoir reçu le jour.

Lecture faite du vœu de la garde nationale de Sette, le corps municipal a exprimé à M. Caftilhon par l'organe de M. le maire les fentimens d'admiration & de reconnoiffance, qu'une demarche auffi genereufe de la garde nationale de la ville de Sette lui infpire, arrête que le procès-verbal en fera chargé, comme un monument de fraternité plus étroite entre les citoyens de Sette & ceux de Montpellier, charge le procureur de la commune d'adreffer

extrait du préfent à la garde nationale de Sette en la perfonne de M. Caſ-
tilhon, colonel.

Du fept fevrier mil fept cens quatre vingt onze, dix heures du matin.
M. le maire a dit que le bataillon des chaſſeurs des Voſges envoyé en garniſon dans cette ville devant arriver apres demain neuf, il convient de
determiner les poſtes qu'il faut leur donner concurement avec le bataillon
du regiment de Bourgogne ; qu'à cet effet il a fait prier MM. de l'état major
de la garde nationale de fe rendre à la préfente aſſemblée pour fe concerter
enfemble fur cet objet, MM. Sadde & Luchaire s'étant rendus en conſequence & étant ici prefens, le corps municipal après s'être concerté avec
MM. de l'état major de la garde nationale arrête qu'il fera fait une requiſition à M. Montagu, commendant les troupes de ligne, pour qu'à compter
de vendredi onze du courant midy, les fept portes de la ville foient gardées
par les troupes de ligne, auquel effet leſd. troupes releveront les gardes
nationales qui occupent quelques unes de ces portes ; comm'auſſi qu'il fera
fait une requiſition au commendant de la garde nationale, pour que cette
garde ne foit chargée que de deux poſtes de l'interieur, l'un à la maiſon
commune, l'autre au poſte dit du violon, charge le bureau de l'execution
de tout ce deſſus.

M. le maire donne lecture d'une lettre à lui adreſſée par M. le procureur
ſindic du diſtrict qui lui accuſe reception de l'envoi que M. le maire lui a
fait de l'etat des ecclefiaſtiques fonctionnaires publics & de l'extrait des
declarations de ceux deſd. fonctionnaires qui ont promis de pretter le ſerment relatif à la conſtitution civile du clergé.

M. le maire donne lecture d'un arrêté du directoire du département de
l'Hérault qui emet fon vœu à l'aſſemblée nationale pour que le tribunal
criminel de département foit placé à Montpellier. M. le maire propoſe
d'écrire aux deputés de la ci-devant fénéchauſſée pour leur recommander
le fuccés de ce vœu. Le corps municipal adopte la propoſition de M. le
maire, charge le bureau de l'executer.

M. le maire fait lecture d'une lettre de la municipalité de Sette qui
envoye un extrait du vœu de fon regiment * national en faveur de la ville
de Montpellier. Le corps municipal renouvelle le temoignage de fes ſentimens au regiment national de Sette, vote des remerciments à la municipalité & charge le bureau de lui répondre en lui envoyant extrait de ſon
arrêté du 5 du courant.

M. le maire donne lecture d'un arrêté du directoire de diſtrict qui invite
la municipalité à lui fournir au pluftot tous les renſeignemens qu'elle a pû
ou pourra fe procurer fur la formation, l'objet & les progrés d'une aſſociation dénommée « le club des femmes, » ainſi que fur le lieu & le tems
des aſſemblées. Le corps municipal, charge le bureau de donner au directoire de diſtrict les renſeignemens demandés.

Du huit fevrier onze heures avant midy. M. Cambon a dit : que deux
citoyens actifs ne s'étant pas rendus à la requiſition que le bureau leur a
faite pour faire le fervice avec la garde nationale & ont été remplacés par

1791.
PAGE 117.
deux autres citoyens actifs non comparans ne peuvent être forcés au * payement de l'amende parcequ'on n'a pu les trouver dans la ville quelque recherche qu'on ait fait, en étant fans doutte fortis depuis leur infcription, qu'il convient cependant de payer ceux qui ont remplacé les abfens, en confequence, il propofe d'autorifer le bureau à expedier le mandement néceffaire pour que lefd. citoyens actifs foient payés des trente fols chacun qui leur font dus. Le corps municipal adopte la propofition de M. Cambon.

Du dix fevrier, onze heures avant midy, le corps municipal de Montpellier affemblé.

PAGE 118.
* M. Cambon, fils ainé, officier municipal, a dit :

Meffieurs, le département fur l'avis du directoire de diftrict ayant adopté la divifion du territoire en trois fections qui vous fut propofée par vos commiffaires, fur le rapport de M. Sicard pour l'election des juges de paix, M. le procureur findic envoya hier à M. le procureur de la commune l'avis du directoire de diftrict, l'arrêté du directoire de département & l'affiche qu'il avoit faite pour la convocation des citoyens actifs qui doivent s'affembler jeudy dix fept fevrier courant neuf heures du matin, fuivant la divifion déterminée pour la formation de la municipalité, pour le recenfement des fcrutins particuliers être fait en commun par des commiffaires de chaque affemblée.

PAGE 119.
M. le fubftitut fe feroit empreffé de requérir du bureau * la publication de cette affiche, mais il obferve que les art.es 5 & 9 du tit. 3 du décret du 16 août dernier fur la conftitution du nouvel ordre judiciaire fembloient indiquer que l'election de chaque juge de paix devoit être faite par les citoyens actifs de chaque fection reûnie en une ou plufieurs affemblées primaires.

Le bureau adoptant les vues de M. le fubftitut nomma des commiffaires pour les communiquer au directoire de département qui appella M. le procureur findic, & après avoir difcuté en commun cet objet, il fut dit que le corps municipal prefenteroit fes vues & fes obfervations à ce fujet & qu'en attendant l'affiche de la convocation feroit fufpendue.

Le bureau m'a chargé, Meffieurs, de vous faire le rapport de cette affaire & de vous propofer d'ajouter au rapport de M. Sicard, que chacune des trois fections formant la divifion du territoire fe fubdivifera en deux affemblées primaires, & que chaque fection nommera fon juge de paix, auquel effet les deux affemblées de chaque fection fe reuniront par commiffaires, pour faire en commun le recenfement de leurs fcrutins particuliers, par cet ordre que la loi indique le territoire de la commune fera divifé en fix affemblées primaires.

Le bureau a penfé devoir vous propofer les moyens d'exécution de ce projet; il a fait en forte que les affemblées primaires ne fuffent pas moindres de quatre cens cinquante citoyens & plus fortes de neuf cens, & calculant d'après les bafes adoptées par l'affemblée nationale que les citoyens actifs ne font que le fixieme de la population effective.

PAGE 121.
* Lecture faite de l'avis du directoire de diftrict, de l'arrêté du directoire de département de l'Hérault & de l'affiche de convocation de M. le procureur findic, enfemble des articles 5 & 9 du tit. 3 du décret du 16 août dernier fur le nouvel ordre judiciaire, le corps municipal adoptant les vues propofées par le bureau a arrêté de les foumettre au directoire de departe-
PAGE 122.
ment, & dans le cas * que cette adminiftration adopte les mêmes vues, le corps municipal lui foumet encore le mode d'exécution propofé par le bureau auquel effet le rapport de M. Cambon & le prefent arrêté feront envoyés par M. le procureur de la commune au directoire de diftrict pour y donner fon avis & le faire paffer au directoire de département.

Du onze fevrier quatre heures de relevée. Le confeil général affemblé. M. Mel, officier municipal & deputé de la ville de Pezenas a été introduit & a mis fur le bureau l'extrait de la délibération prife par le confeil municipal de lad. ville le 9 de ce mois.

Lecture faite de cette délibération le confeil général, après avoir temoigné
PAGE 123.
par les plus vifs * applaudiffemens fa fatisfaction fur les difpofitions frater-

nelles & amicales de la commune de Pezenas, a agréé avec fenfibilité le vœu émis & porté par cette délibération. Il n'a pu voir fans le plus grand interet, que, malgré des prétentions qui paroiffent legitimes, au fujet de l'etabliffement du tribunal criminel du département dans fon fein, à raifon de la centralité de fa pofition, la ville de Pezenas reconnoit que toutes les autres convenances militent pour Montpellier & fe defifte de ses pretentions en fa faveur.

Confidérant combien des fentimens fi loyaux meritent de reconnoiffance, & perfuadé de tout le poids que peut donner auprès de l'affemblée nationale fon intervention.

Le confeil général a voté à la commune de Pezenas, en la perfonne de M. Mel, fes remercimens les plus etendus, l'a prié d'être fon interprète auprès d'elle, & de l'affurer combien la ville de Montpellier s'intereffera toujours à tout ce qui pourra refferer davantage les liens de fraternité qui uniffent les deux cités & qui doivent concourir à leur profperité mutuelle.

*Du onze fevrier, fept heures du foir. M. Brieugne, officier municipal, obferve que d'après les exemples que nous avons eu que les infurrections étoient particulierement vers M. le maire, il avoit été jugé neceffaire de placer une fentinelle à la porte de fa maifon, laquelle ne s'y trouvait plus depuis que les troupes de ligne avoient relevé la garde nationale au pofte de la porte de la Saunerie & il a propofé de requérir le commandant des troupes de ligne de faire fournir dud. pofte une fentinelle à la porte de la maifon de M. le maire & de lui faire donner la configne de veiller à la tranquilité publique.

M. Cambon a obfervé que fur la demande de M. le maire, le bureau avoit requis hier M. le commandant des troupes de ligne de faire veiller par la fentinelle de la porte de la Saunerie fur celle de M. le maire.

Du douze fevrier dix heures avant midi. Un des membres du bureau a dit que M. le procureur findic du diftrict venoit de faire l'envoi de la loi relative à l'inftruction de l'affemblée nationale fur la conftitution civile du clergé; il a ajouté que la publication, affiche & la lecture devant être faite fans retardement au jour de dimanche à l'iffue de la meffe paroiffiale par le curé ou un vicaire ou à leur défaut par M. le maire ou le premier officier municipal, le bureau avoit deja fait faire la publication & affiche de cette loi dans tout le territoire; mais qu'il reftoit à determiner les mefures à prendre pour la lecture qui doit avoir lieu à l'iffue de la meffe. Le corps municipal arrête que la loi dont il s'agit fera de fuite envoyée aux curés des huit paroiffes de la commune à l'éffet par eux de faire ou faire faire par un de leurs vicaires demain dimanche treize fevrier courant à l'iffue de la meffe paroiffiale la lecture de l'inftruction de l'affemblée nationale fur la conftitution civile du clergé. Et vû que la loi ordonne qu'à deffaut des curés ou vicaires, le maire ou le premier officier municipal font tenus de la faire, le corps municipal ne pouvant prevoir s'il y aura quelque empechement de la part des curés ou vicaires de la commune arrête que les curés font tenus de lui affurer par une reponfe écrite & remife par tout aujourd'hui qu'ils fai-

1791.

ront ou fairont faire par leurs vicaires chacun dans leur églife paroiffiale la lecture ordonnée, leur déclarant que leur filence à cet égard fera pris pour refus ou empechement, charge le procureur de la commune d'envoyer la loi concernant l'inftruction ainfi que le préfent arrêté à chacun des huit curés.

Page 129.

Après quoi le corps municipal voulant fixer le jour & les mefures à prendre pour la lecture de lad. inftruction à défaut des curés & vicaires, arrête qu'en ce cas le corps municipal s'affemblera demain * à fix heures du matin dans la maifon commune pour fe rendre fucceffivement aux églifes paroiffiales de Notre Dame, St Pierre, Ste Anne & St Denis pour la lecture être faite aux iffues des meffes paroiffiales par M. le maire, ajournant la fixation du jour & les mefures à prendre pour la lecture aux autres églifes paroiffiales de la commune, charge le bureau de requerir M. le commendant général de la garde nationale de faire commencer le fervice ordinaire des dimanches à fix heures du matin & d'envoyer à la même heure un detachement de fept hommes par compagnie de la garde nationale à la maifon commune pour accompagner le corps municipal, de requerir auffi M. le commendant des troupes de ligne de donner des ordres pour que les troupes qu'il commande fe tiennent dans leurs cazernes, armées & prettes à marcher, depuis fix heures du matin jufqu'à une heure après midy.

Du douze fevrier, fix heures de relevée. Lecture faite de la reponfe de M. Montagu à la réquifition du jour d'hier, à l'effet qu'il fut placé une fentinelle à la porte de M. le maire pour veiller à la tranquilité publique.

Confiderant que dans les circonftances préfentes, des troubles qui ont eu lieu, font toujours au moment de renaitre & d'expofer à des nouveaux dangers M. le maire & d'occafionner une infurrection dans la cité, qu'il eft du devoir des officiers municipaux non feulement de reprimer les infurrections mais de les prevenir ; qu'à ce double effet la loi leur confie la requifition des troupes de ligne & impofe à ces troupes, fous la foi du ferment, l'obligation d'y déférer.

Confiderant que la fentinelle demandée n'a point pour objet un honneur que des magiftrats du peuple ne peuvent trouver que dans la confiance & l'eftime de leurs comettants.

Qu'elle a été requife non pour rétablir la tranquilité publique, mais pour veiller à fon maintien ; que fa configne ne doit pas être d'agir mais d'avertir.

A arrêté de requerir de nouveau le commandant des troupes de ligne de donner fes ordres pour que le pofte de la Saunerie fourniffe une fentinelle devant la porte de M. le maire jufqu'à ce que les circonftances n'exigent plus cette precaution.

Auquel effet le bureau municipal eft chargé de reiterer la requifition, l'autorifant d'envoyer un extrait du préfent arrêté à M. Montagu.

Page 131.

L'an 1791 le treize fevrier heure de fix du matin dans la maifon commune. Le corps municipal de Montpellier affemblé, M. le maire a dit : qu'en confequence de la déliberation prife hier par le corps municipal, MM. les curés des paroiffes de la commune ayant été fommés de déclarer s'ils feroient par * eux ou par leurs vicaires la lecture de l'inftruction fur la conftitution civile du clergé & n'ayant point répondu, il y avoit lieu de fe tranfporter aux eglifes paroiffialles pour y faire cette lecture aux iffues des meffes, qu'à cet effet la garde nationale avoit été requife & etoit prette à efcorter la municipalité dans cette ceremonie.

Le corps municipal confiderant le deffaut de reponce de la part des curés, s'eft tranfporté avec une efcorte de la garde nationale compofée de fept hommes de chaque compagnie aux églifes paroiffiales Notre-Dame des Tables, St Pierre, Ste Anne & St Denis & M. le maire y a fucceffivement fait lecture aux iffues des meffes paroiffiales de l'inftruction de l'affemblée nationale fur la conftitution civile du clergé, approuvée par le roi en datte du 21 janvier dernier; aprés quoi le corps municipal étant retourné à la maifon commune la fceance a été levée.

Du quatorze fevrier, dix heures avant midi. M. le maire a dit : que le bureau avoit arrêté une convocation extraordinaire du confeil & avoit chargé M. Cambon de faire le rapport de l'objet de la convocation. Lecture faite par M. Cambon de la délibération du bureau, ainfi que de l'ouvrage intitulé *Adreffe fraternelle d'un * citoyen garde national de Montpellier à fes amis & freres*, qui y eft dénoncé, lecture auffi faite de l'art^e. 8 de la loi du 26 décembre dernier relative au ferment des fonctionaires ecclefiaftiques, le corps municipal, confidérant qu'il eft de fon devoir de prévenir les troubles & que l'ouvrage denoncé tient evidemment à exciter des oppofitions à l'exécution de la loi, a arrêté que fur le champ il fera fait une vifite chés tous les imprimeurs de la ville à l'effet de s'affurer que l'ouvrage dont s'agit ne s'y trouve point, auquel effet nomme MM. Montels, Cambon, Brunet, affiftés du procureur de la commune, pour vifiter l'imprimerie du fieur Martel; MM. Bongue, Lafabrie & Brieugne, pour vifiter celle du f^r Picot, & MM. Guichard, Puech & Chreftien pour vifiter celle du f^r Tournel, donnant mandat exprés auxdits commiffaires de faifir led. ouvrage & tout ce qui pourroit être relatif à fon impreffion, au cas où ils parviennent à le découvrir.

* Du fept fevrier trois heures de relevée. Le confeil general affemblé, M. le procureur de la commune a dit :

Meffieurs, l'etat actuel de l'adminiftration du college de cette ville merite toute l'attention du confeil general. Les lettres patentes du roi du 19 janvier 1765 en avoient etabli le regime & determiné le nombre des adminiftrateurs *. Voici ce que contient l'art. 8 : « Le college fera regi & adminiftré en la forme & fuivant les regles prefcrites par l'édit du mois de fevrier 1763, par un bureau d'adminiftration qui fera compofé de l'eveque de Montpellier ou telle perfonne qui fera par lui choifie pour y affifter en fon abfence, du juge mage, de notre procureur en notre fénéchauffée de lad. ville, de deux officiers municipaux & de deux notables d'icelle, & du principal du college. »

Le nouvel ordre des chofes a tout changé; depuis la fuppreffion du fiége de la fénéchauffée MM. Barthés & Nadal font fans qualité & fans fonctions; depuis l'organifation des municipalités MM. les officiers municipaux n'ont pas pris part à fon regime; l'etabliffement du fiege epifcopal à Beziers eft un empechement pour que M. Malide puiffe cooperer à cette adminiftration, enforte qu'elle fe trouve concentrée & refide par le fait fur la feule perfonne de M. le principal.

La loi du 5 novembre 1790 fur la défignation des biens nationaux à vendre dès à préfent & fur d'autres objets relatifs aux univerfités & maifons d'inftitution a reglé la forme nouvelle de leur adminiftration fuivant le regime ancien par lequel ils étoient gouvernés.

L'art. 18 porte à l'égard des etabliffemens d'enfeignement public dans l'adminiftration defquels les municipalités ou d'autres citoyens concouroient, qu'elle fera continuée par les municipalités & les autres citoyens qui feront elus ou appelés par le confeil général de la commune fous la furveillance des adminiftrateurs de diftrict & de département & à la charge de rendre compte ainfi qu'il eft ci-devant prefcrit, c'eft-à-dire en préfence du confeil general de la commune ou de ceux de fes membres qu'il voudra elire, pour être vérifié par le directoire de diftrict & arrêté par celui du département. L'art. 18 porte en outre que cela fera obfervé jufqu'à ce qu'il en ait été autrement ordonné.

Vous trouverés fans doute, Meffieurs, dans cet article de la loi une obligation bien preffante de prendre les renes d'une adminiftration qui ne peut être dirigée que par vos foins & par votre autorité. J'ajouterai que les circonftances actuelles fe reuniffent pour exiger que vous vous chargiés de la conduite de cette maifon fans aucun délai. C'eft ainfi que vous remplirés doublement le vœu de la loi & que vous ferés le bien de la chofe publique.

1791.
PAGE 135.

Ces confidérations me portent à requerir le confeil general de nommer des commiffaires pour regir & adminiftrer le college * de cette ville & de les autorifer à fe faire rendre compte de la regie de cette maifon par celui ou par ceux qui l'ont gouvernée & ce depuis le dernier arrêté de compte qui a été cloturé par les membres qui formoient le bureau établi par les lettres patentes du roi du 19 janvier 1765.

Pour vous faire connoitre mon opinion fur la compofition du nouveau bureau d'adminiftration dont je vous propofe l'établiffement, je crois qu'il feroit convenable de le former de M. le maire, de deux officiers municipaux, du procureur de la commune & de huit citoyens pris dans les differentes claffes de la fociété.

L'importance de cette adminiftration, la nature des propriétés qui forment la dotation de cette maifon, les foins qu'exige un établiffement qui embraffe tant de détails, tout me femble exiger que la commiffion foit portée à ce nombre. Je vous prie, Meffieurs, de délibérer fur ma motion & fur mes requifitions.

Surquoi le confeil général a arrêté de fe charger de l'adminiftration entière du college de cette ville fuivant qu'il eft porté par la loi du 5 novembre dernier. Il a arrêté auffi que le bureau de regie de cette adminiftration feroit compofé de douze perfonnes, favoir : du maire, de deux officiers municipaux, du procureur de la commune & de huit citoyens. Et procedant à l'election de deux officiers municipaux, le confeil général a nommé MM. Lafabrie & Brieugne, procedant enfuite à l'election de huit citoyens, il a nommé MM. Brun, profeffeur en medecine, Rouch, homme de loi, Chaptal, profeffeur de chimie, Pierre Fajon, negociant, de Ratte ainé, homme de loi, Batut, menager, J. Albiffon, homme de loi & Flandio, homme de loi. Par le refultat du fcrutin MM. Poitevin du Boufquet & Sicard fils ont été déclarés fuppléants pour remplacer ceux des huit citoyens ci-deffus nommés qui n'accepteroient pas.

En confequence le bureau ci-deffus nommé eft autorifé a regir le college de cette ville & tous les biens en dépendants, à la charge d'en rendre compte au confeil général ; il eft auffi autorifé à fe faire rendre compte de l'adminiftration qui en a été faite depuis le dernier compte arrêté par les ci-devant adminiftrateurs, auquel effet M. le procureur de la commune demeure chargé d'adreffer extrait du prefent délibéré au principal du college.

M. le maire donne communication d'une lettre écrite par M. Barbeirac, l'un des deputés de la ci-devant fénéchauffée à l'affemblée nationale, par laquelle il annonce que l'affemblée nationale a decreté en faveur de la commune de Montpellier l'établiffement du tribunal criminel du département de * l'Hérault. Le confeil général vote des remerciments à M. Barbeirac pour les foins qu'il s'eft donné à ce fujet & charge M. le maire de les lui temoigner par une lettre *ad hoc.*

PAGE 136.

Lecture faite de la loi du 26 decembre dernier & des declarations faites par les eclefiaftiques fonctionnaires publics, relative à la preftation du ferment ordonné, le confeil général a arrêté que la ceremonie de la preftation du ferment ordonné par la loi du 26 decembre dernier, fe fera dimanche prochain vingt du courant à onze heures du matin, à l'iffue de la grand'meffe, dans l'eglife paroiffiale de Notre Dame des Tables ; & comme il peut fe trouver des ecclefiaftiques qui aux termes de la loi font difpenfés de prêter ce ferment, mais qui font jaloux de donner cette preuve de patriotifme, il les invite de fe rendre à la maifon commune au jour & à l'heure indiquée, pour proceder à laditte preftation.

Livre premier. — Seconde partie.

Une deputation de la garde nationale eft annoncée & introduite, M. Pierre Cambon, portant la parole, inftruit le confeil du bruit qui fe repand que le bataillon du regiment de Bourgogne en garnifon dans cette ville eft à la veille de fon depart, que cet evenement inattendû caufe une fermentation parmi les foldats de ce bataillon & les gardes nationales qu'il eft inftant de détruire pour le repos public. Le confeil arrête que M. le maire fe tranfportera de fuite chés M. Montagu, commandant les troupes de ligne, pour s'affurer avec lui de ce qu'il en eft au fujet du bruit qui fe repand, pour fur fa reponce être pris par le confeil telle mefure qu'il appartiendra.

En confequence M. le maire s'eft rendu de fuitte, chés M. * Montagu & étant de retour à l'affemblée il a dit : que M. Montagu lui avoit affuré n'avoir point reçu des ordres pour le depart du bataillon de Bourgogne, qu'il n'en avoit point donné en confequence & qu'au cas, il en reçut dans la fuitte, il ne les executeroit qu'après en avoir prevenu & s'être concerté avec le corps municipal. M. le maire a ajouté qu'au fortir de chés M. Montagu il avoit communiqué fa reponce ci-deffus aux gardes nationales & aux troupes de ligne qui étoient dans le moment raffemblées dans le local de la fociété des amis de la conftitution, ce qui avoit fait ceffer la fermentation qui avoit donné lieu à la deputation, après quoi cette députation s'eft retirée.

Une deputation de plufieurs gardes nationaux ci-devant attachés à la compagnie des grenadiers n° 1 eft annoncée, introduite. M. Berthe portant la parole, il inftruit le confeil de la retraite qu'a faite une grande majorité de cette compagnie & porte le vœu de cette majorité pour que, les armes qui leur ont été confiées dans cette compagnie leur foient provifoirement confervées jufqu'au moment très prochain où cette majorité fe décidera ou à s'incorporer dans une compagnie deja formée ou à en former une autre avec l'agrement de la municipalité. Au nom de la legion, M. Berthe remet fur le bureau un extrait en forme d'une deliberation prife par les ci-devant grenadiers à ce fujet.

Le confeil a permis aux gardes nationaux qui ont figné la délibération dont extrait a été remis de garder provifoirement leurs armes à la charge par eux de ne les employer que fur les requifitions de la municipalité.

* L'an 1791 & le 20 fevrier à onze heures avant midi, le confeil général affemblé, M. le maire a dit qu'en confequence de l'arrêté pris par le confeil le dix fept de ce mois la prefente affemblée avoit été convoquée pour procéder à la ceremonie de la preftation du ferment ordonné par la loi du 26 decembre dernier ; qu'à cet effet plufieurs ecclefiaftiques au nombre de dix s'etoient rendus dans la prefente affemblée pour fe tranfporter avec le confeil dans l'églife paroiffiale de Notre Dame des Tables & y prêter le ferment civique ; que la garde nationale requife pour efcorter le confeil s'etoit rendue & etoit prête à marcher.

Alors les membres du confeil général au milieu defquels etoient MM. les ecclefiaftiques fe font rendus dans l'eglife paroiffiale de Notre Dame des

1791.

Tables, escortés d'un detachement de la garde nationale formé de volontaires de chaque compagnie & etant parvenus dans le sanctuaire de lad. église & sur les marches du grand autel, MM. Ignace-François-Xavier Fevrier, prêtre, ci-devant religieux grand carme, Philipe-Gaspard Bouché, oratorien, Arnaud, pretre oratorien, Jean-Baptiste Bouges, pretre professeur de rhetorique au college de Montpellier, Pierre-Laurent Leger, prêtre & professeur de philosophie au même collège, Antoine-Raymond Monsservin, prêtre instituteur public, Jean-Baptiste Maux, prêtre ci-devant dominiquain, Bernard Iché, ci-devant bénéficier du chapitre St Paul de Narbonne, ancien professeur au colege royal de Soreze, Nicolas-Benoit Remezy, eclésiastique & Pierre Barthés, pretre, ci-devant cordelier, ont successivement, l'un après l'autre & chacun en particulier prêté serment en presence du conseil général de la commune & des fidelles rassemblés dans laditte eglise, de remplir leurs fonctions avec * exactitude, d'être fidelles à la nation, à la loi & au roi & de maintenir de tout leur pouvoir la constitution décrétée par l'assemblée nationale & acceptée par le roi.

PAGE 139.

Après quoi le conseil général s'est rendu avec MM. les ecclesiastiques dans le même ordre & avec la même escorte à la maison commune & la séance a été levée.

Du 20 fevrier à onze heures & demi du matin. Un des membres a rendu compte de l'attroupement & du scandale qui venoit d'avoir lieu dans l'eglise de la paroisse de Ste Anne, lorsque le f^r Fevrier, prêtre ci-devant grand carme, avoit voulu dire sa messe, que plusieurs citoyens s'étant armés à la hate avoient dissipé l'attroupement & protegé ce prêtre dans ses fonctions, que cependant, il feroit très prudent pour achever de rétablir l'ordre & la tranquilité publique que cet événement parroit troubler de faire tout de suitte renforcer les postes & les patrouilles & d'employer pour cela la troupe de ligne. Le corps municipal arrête qu'il sera fait de suitte à M. * Montagu, commandant des troupes de ligne, la requisition écrite d'envoyer sur le champ cinquante hommes des troupes qu'il commande sur la place de la maison commune, comm'aussi que autres cinquante hommes soient en armes aux cazernes pour y attendre les requisitions ultérieures qui pourront être faites.

PAGE 140.

Cette requisition ayant été de suitte faite & adressée à M. Montagu & peu de tems après, le corps municipal ayant été averti que les cinquante hommes demandés etoient sur la place de la maison commune; il a été arrêté de faire tout de suitte au commandant de ce detachement la requisition ecrite de disposer sa troupe de la maniere suivante 1° la moitié du detachement doublera les postes des portes de la ville, 2° l'autre moitié occupera le corps de garde de la place Notre Dame dit du violon, relevant à cet effet la garde nationale qui l'occupe actuellement, 3° ce corps de garde renforcera au besoin les patrouilles nationales.

Laquelle réquisition a été de suitte effectuée & remise à M. le commandant du detachement.

Du vingt deux fevrier heure de trois de relevée. Le conseil général assemblé. * M. le maire a fait lecture d'un arrêté du directoire du département, par lequel le corps municipal a été invité à remplacer par une nouvelle nomination ceux des professeurs du college de cette ville qui en leur qualité d'ecléfiaftiques fonctionnaires publics n'ont pas prêté le serment civique, a arrêté que leur remplacement aura lieu demain dans une assemblée du conseil qui sera tenue à cet effet & convoquée par billet portant l'objet de ce remplacement.

M. le maire a dit : que suivant un décret dont tous les papiers publics ont donné la nouvelle l'assemblée nationale entend que les eclesiaftiques predicateurs soient regardés fonctionnaires publics & comme tels obligés de prêter le * serment civique pour pouvoir exercer leurs fonctions, qu'il seroit possible que les pretres engagés par les curés des paroisses de la commune pour prêcher les stations du careme se refusassent à la prestation de ce serment, vû que ces mêmes curés ne l'ont pas encore prêté; que dans cette circonstance n'étant pas prudent de s'exposer à manquer de predicateurs pendant le careme, M. le maire propose de faire les démarches convenables pour s'assurer des predicateurs tels que la loi le désire; il a ajouté qu'il étoit indispensable de se procurer cinq predicateurs, savoir : un pour chaque paroisse de la ville & un pour l'hospital général. Le conseil adoptant les vues de M. le maire renvoie au bureau municipal pour se procurer cinq predicateurs pour le careme prochain, avec pouvoir de convenir de leur traitement aux meilleures conditions possibles, pourvû toutes fois que l'entière depence n'excede pas la somme de six mille livres.

Du vingt trois février quatre heures de relevée. Le conseil général assemblé, * M. le maire a dit : que la loi du 26 décembre relative au serment à prêter par les eclesiaftiques fonctionnaires publics, voulant que ceux desdits fonctionnaires qui n'auront pas prêté ce serment dans les délais déterminés soient réputés avoir renoncé à leur office & qu'il soit pourvû à leur remplacement, il convient que le conseil procede de suitte au remplacement des ecclesiaftiques qui sont en fonction au college de cette ville & qui n'ont pas prêté leur serment, que de ce nombre sont MM. Theron, principal, Baysse & Bessiere, professeurs de theologie, Laquerbe, professeur de philosophie, Martel, professeur des humanités, Bacalon, regent de troisieme, Felix, regent de quatrieme & Binet, regent de cinquieme. Qu'à l'egard de ce dernier, attendu qu'il a fait dans la huitaine de la publication de la loi sa déclaration de prêter serment, il convient de s'assurer de ses intentions avant de le remplacer, en consequence M. le maire propose une deputation sur le champ à M. Binet.

Le conseil charge MM. Brieugne, officier municipal, Brun & Dumoulin, notables, de se rendre de suitte auprès de M. Binet pour s'assurer de ses dispositions au sujet de la prestation de serment. MM. les commissaires étant de retour, rapportent que M. Binet leur a déclaré que son intention n'étoit point de prêter le serment civique quoiqu'il en eut fait la déclaration. Surquoi M. le maire a proposé de proceder de suitte à l'élection d'un autre principal & d'autres professeurs; il observe, que d'après la loi sur la consti-

1791.

PAGE 145.

tution civile du clergé l'enseignement de théologie, devant être fixé dans la ville où est le siege episcopal, il y a lieu de reunir provisoirement les deux chaires de theologie à la place de principal sur une seule personne. Le conseil adopte l'adjonction provisoire des chaires de * professeur de théologie à la place de principal pour être le tout exercé par une seule & même personne.

Ls conseil a ensuite procédé par la voie du scrutin aux élections suivantes : le pere Arnaud, prêtre de l'oratoire, a été elu & nommé principal du college & professeur de théologie. M. Gourdin a été elu & nommé professeur de philosophie. M. Bernard Iché, ecclesiastique, a été elu & nommé regent de troisieme. M. Nicolas Benoit Remezy, ecclesiastique, a été elu & nommé regent de quatrieme & M. Guillaume a été elu & nommé regent de cinquieme.

PAGE 146.

* M. Allut, officier municipal, a dit :

Messieurs, vous avez organisé, conformement aux décrets de l'assemblée nationale, la nouvelle administration du college, & vous venez de remplacer les professeurs refractaires à la loi, quel fruit ne devons nous pas attendre d'une si heureuse composition ? Mais il est encore une operation essentiele, qui me paroit devoir faire le complement de votre travail sur cet établissement & que je m'empresse de vous proposer.

L'emplacement où il est, fut long tems desiré par une administration ambitieuse, qui avoit projetté d'en faire un hotel fastueux, pour y etablir ses séances & y loger ses chefs, la difficulté de placer convenablement ailleurs le college & les frais immenses qu'aurait occasionné l'exécution d'un pareil projet, oterent à ses auteurs le courage de le poursuivre; le moment est venu, Messieurs, d'utiliser cette idée, vous penserez sans doutte, qu'un emplacement si vaste, sur un terrain precieux & dont le produit pourroit augmenter de beaucoup les revenus du college, ne doit plus lui servir, qu'il importe dans un moment où vous changés l'administration & une grande partie des professeurs, de changer aussi le lieu qu'ils habitent. Souvent nos opinions tiennent aux murs qui nous environnent, & les maladies morales exigent peut-être comme les autres, le changement d'air ; mais des considérations plus puissantes doivent nous determiner. La commune se trouve chargée d'une maison nationale, dont la situation, la grandeur, la distribution ne lui permettent pas d'esperer de se defaire avantageusement, & qui cependant reunit l'etenduë, la comodité, la

PAGE 147.

salubrité & tous les autres avantages qu'on peut * désirer pour un établissement public, je veux parler de la maison jouïe par le ci-devant évêque, ne seroit-ce pas lui donner une bien noble destination que celle de l'enseignement public, en y plaçant le college ? La disposition de cette maison, un vaste jardin, une grande cour, la proximité de l'église & des boulevards, n'offrent-ils point tout ce qui est nécessaire à un pareil établissement ? Il est un autre motif pour operer cette translation, le parti avantageux que vous tirerés de la maison où est dans ce moment le college ; l'étendue du sol, l'immensité des batimens & leur situation sur la promenade, ne permettent pas d'en douter. Je sais, Messieurs, qu'on ne manquera pas d'oposer comme un obstacle à l'execution de ce projet, l'immensité même des bâtimens & de soutenir qu'il nuira à la vente, comme s'il n'étoit pas possible de diviser le local & même les batimens entre plusieurs particuliers, en laissant à chacun la liberté & les facultés dont tout proprietaire doit jouir, ou de ceder la totalité à une compagnie qui ne manqueroit pas d'en tirer parti, l'étendue des cours donnant pour cela une grande facilité.

On me faira peut-être une objection plus serieuse, prise de la necessité de conserver une belle eglise adossée à ce batiment & utile au quartier où elle se trouve ; mais en la conservant la commune pourroit en faire un emploi qui présenteroit d'autres avantages ; elle pourroit la ceder à une société nombreuse & bienfaisante, qui y feroit faire le service comme il se faisoit dans son église, je veux parler des penitens blancs qui cherchent depuis long tems un vaisseau plus vaste que celui qu'ils occupent, & propre à contenir le nombre des freres qui composent leur société; ce seroit une belle occasion pour eux de se loger comme ils le desirent & cet arrangement presenteroit encore à la commune une perspective de profit qu'elle ne doit pas dédaigner, puisqu'en comprenant dans le payement qui lui seroit fait de cette église le local actuel des penitens, ce local donneroit encore une plus grande valeur à une maison qui l'avoisine, & qui va devenir bientot, nationale ; voilà donc, Messieurs, trois effets considerables dont vous tireriés bon parti au moyen de l'operation que je vous propose & dont le resultat seroit bien avantageux à la nation, à la commune & au college, par la vente à son profit de l'effet qu'il occupe aujourd'hui. Je ne pousserai pas plus loin mes reflexions à cet égard ; il me suffit de vous présenter des vues que je crois utiles ; si vous les approuvés, les sages administrateurs que vous avez nommés developeront mieux que moi, les moyens d'exécution & leur aplication à l'utilité générale.

Le conseil général renvoye au bureau d'administration l'examen du plan

Livre premier. — Seconde partie.

présenté par M. Allut pour en rendre compte au conseil quand il en sera tems.

Du vingt quatre fevrier, quatre heures de relevée, * M. Cambon donne lecture d'un projet de lettre circulaire qu'il a redigée à l'effet de se procurer des prédicateurs pour le careme. Il prie le conseil d'y faire telles additions ou modifications qu'il jugera convenables ou bien de l'approuver en son entier afin de pouvoir l'adresser dans les differentes villes des environs.

Le corps municipal adopte & approuve en son entier le projet de lettre redigé par M. Cambon, arrête qu'elle sera de suitte adressée aux municipalités des villes voisines aux fins de se procurer des predicateurs.

* M. le procureur de la commune propose de changer les trois cachets d'argent appartenant à la municipalité portant la representation de ses ci-devant armes, contre quatre de cuivre, portant autour ces mots : « Municipalité de Montpellier », & au milieu : « La nation, la loi & le roi ».

Le corps municipal adopte la proposition faite par M. le procureur de la commune & renvoye au bureau pour vendre les trois cachets d'argent & faire faire les quatre cachets de cuivre.

Lecture faite d'une petition du fr Azema, regent des écoles au fauxbourg de Celleneuve, tendant au payement de trente sept livres dix sols pour le quartier de ses appointemens echus le dernier janvier passé.

Le corps municipal arrête qu'il n'y a lieu de procurer le payement demandé, sauf aud. Azema à se pourvoir à l'administration du district.

* Lecture faite de ce jourd'huy au directoire du département relatif à l'assemblée du corps electoral qui doit avoir lieu dimanche prochain pour l'élection de l'évêque du département de l'Hérault, le corps municipal delegue au bureau l'entiere execution de l'arrêté du directoire du département.

* Du vingt huit février, neuf heures du matin. Le conseil général assemblé, M. le maire a dit : qu'en consequence de la nomination faite par le conseil général des nouveaux professeurs pour le remplacement de ceux qui, ecclésiastiques fonctionnaires publics, ont refusé de prêter le serment civique, toutes les dispositions ont été faites pour l'installation des professeurs elus, lesquels s'étant rendus dans la présente assemblée, il y a lieu de proceder de suitte à leur installation. De suitte le conseil général escorté d'un détachement de * volontaires nationaux pris au poste de la maison commune, s'est rendû avec MM. les professeurs elus à la maison du college & sur les requisitions du procureur de la commune, le père Arnaud, prêtre de l'oratoire, élu principal & professeur de theologie, a été installé par le conseil général en lad. place de principal, dans la grande cour du college & en celle de professeur de theologie dans la salle ordinaire d'enseignement de philosophie ; M. Bernard Iché, ecclesiastique, élu professeur d'humanité a été installé en cette place dans la salle ordinaire d'enseignement d'humanité ; M. Jean Baptiste Maux, prêtre, élu regent de troisieme a été installé en cette place dans la classe de troisieme ; M. Nicolas Benoit Remezy, ecclesiastique, élu regent de quatrieme a été installé en cette place dans la classe

1791.

Page 149.

Page 150.

Page 151.

Page 152.

Page 153.

1791. de quatrieme & M. Guillaume, élu regent de cinquieme a été inſtallé en cette place dans la claſſe de cinquieme ; tous les ſuſnommés ayant prêté ferment de bien & duement s'acquiter de leurs fonctions.

Après quoi le conſeil général s'eſt rendu dans l'égliſe du college où la meſſe a été célébrée par le pére Arnaud, principal. Il eſt revenu à la maiſon commune avec la même eſcorte & la ſéance a été levée.

PAGE 154.   * Du deux mars quatre heures de relevée. Le conſeil général aſſemblé, M. le maire donne lecture d'une lettre adreſſée à la municipalité par M. le commandant de la garde nationale de Lion, qui offre ſes ſecours à la commune de Montpellier pour repouſſer au beſoin les ennemis de la conſtitution. Le conſeil général vote des remercimens à la garde nationale de Lion pour ſon offre genereuſe, charge M. le maire de lui faire une reponce relative, & d'envoyer extrait de lad. lettre à la garde nationale de Montpellier en la perſonne de ſon commandant général.

M. le maire donne lecture d'une lettre que M. Sicard a envoyée au corps municipal pour l'inſtallation du premier notable qui doit le remplacer aux termes de la loi & cependant conſiderant que par le nombre des officiers municipaux qui ſe font dejà demis & des notables qui n'ont pas voulû les remplacer, le conſeil général ſe trouve conſidérablement diminué & reduit à moins de la moitié, arrête qu'il ſera écrit au comité de conſtitution de l'aſſemblée nationale pour le conſulter ſur la queſtion de ſavoir ſi les notables refuſant de remplacer les officiers municipaux peuvent reſter notables, & dans le cas contraire ſi ce n'eſt pas le cas d'aſſembler la commune pour elire des nouveaux notables.

PAGE 155.   M. Montels a dit : qu'en exécution de l'arrêté pris * relativement aux operations de chaque officier municipal pour parvenir à la contribution fonciere, il s'eſt diſpoſé à l'operation qui le concerne avec les citoyens proprietaires qui lui ont été adjoints, que ſuivant cet arrêté ces citoyens devant être payés, il convient de fixer leur traitement avant de les employer, afin de n'avoir pas enſuite des conteſtations avec eux.

Surquoi un des membres a obſervé qu'il étoit vrai que le conſeil avoit délibéré vaguement le payement des citoyens qui concouroient aux operations de la contribution fonciere ; mais qu'il paroit que la premiere de ces operations, ſe bornant au tableau indicatif des propriétés il feroit poſſible d'y parvenir ſans s'expoſer à aucune depence qui autrement deviendroit d'un objet tres majeur.

Le conſeil général declare que lorſqu'il a dans ſon arrêté du 22 fevrier dernier délibéré le payement des citoyens adjoints aux officiers municipaux pour les operations de la contribution fonciere il n'a pas entendu y comprendre celles relatives à la formation du tableau indicatif des propriétés de chaque ſection.

PAGE 156.   * M. le maire a dit que l'établiſſement des atteliers de charité ayant eu lieu à cauſe de la ſaiſon rigoureuſe & du deffaut de travail, il y avoit lieu maintenant de ſuſpendre leſd. atteliers, vû que l'hiver eſt fini & que les travaux de la campagne vont commencer.

Le conseil général arrête la suspension des atteliers de charité & qu'en consequence il sera fait une proclamation par laquelle lès piqueurs & ouvriers seront avertis que samedy prochain cinq du courant les travaux finiront & que le payement qui sera fait dimanche sera la cloture.

1791.

* Du huit mars onze heures avant midi. M. le maire a dit : que M. Sicard, officier municipal, ayant donné sa demission laquelle avoit été acceptée dans une assemblée du conseil général, M. Grand, premier notable, avoit été convoqué en qualité d'officier municipal elu par la loi, à l'effet de son installation à la place d'officier municipal dans la présente assemblée. Le procureur de la commune a requis qu'attendû la presence de M. Grand, il pretat serment en qualité d'officier municipal.

Page 158.

Le corps municipal a arrêté que M. Grand pretteroit de suite le serment requis ; & à l'instant sa main levée à Dieu, il a juré de maintenir de tout son pouvoir la constitution du royaume, d'être fidelle à la nation, à la loi & au roi & de bien remplir ses fonctions, & ainsi son installation a été faite.

Du neuf mars quatre heures de relevée. En execution de la loi du 26 décembre dernier qui soumet les fonctionnaires publics à la prestation du serment civique, le corps municipal arrête d'informer les chefs & * superieurs des confreries, maisons religieuses & les administrateurs des hôpitaux, que les predicateurs sont compris dans la classe desdits fonctionnaires & qu'en consequence ils ne peuvent être admis à precher ou faire des conférences, sans avoir justifié préalablement de leur obéissance à la loi charge le procureur de la commune d'adresser un extrait en forme du présent arrêté aux superieurs & superieures des confreries, communautés, maisons religieuses & aux administrateurs des hopitaux & autres œuvres.

Page 159.

Du douze mars quatre heures de relevée. Le conseil général de la commune assemblé, M. le maire a dit que les assemblées primaires des citoyens actifs de la commune ayant élu pour juges de paix savoir, M. Joseph Durand pour l'arrondissement St Paul, M. Pierre Ignace Bezaucelle pour l'arrondissement Ste Anne & M. Jean Pierre Raynaud pour l'arrondissement Ste Croix, * ces trois elus lui ont demandé de vouloir bien les admettre dans la presente assemblée à l'effet de pretter devant le conseil général de la commune le serment requis pour les juges de paix. Le conseil arrête de recevoir à l'instant le serment de MM. les juges de paix. En consequence MM. Durand, Bezaucelle & Raynaud, elus juges de paix, ayant été introduits, ils ont l'un après l'autre & chacun en particulier la main levée à Dieu juré de maintenir de tout leur pouvoir la constitution du royaume decrétée par l'assemblée nationale & acceptée par le roi, d'être fidelles à la nation, à la loi & au roi & de remplir avec zele & impartialité les fonctions de leur office & le conseil les a invités de rester à la séance.

Page 160.

* M. le maire a dit : que le 21 septembre dernier la commune étant menacée de manquer de bled, le conseil général délibera d'autoriser l'association patriotique à faire promptement les achats necessaires & de la relever & garantir des pertes qui pourroient en résulter ; que cette délibération ayant été présentée à l'autorisation du directoire du département, l'arrêté

Page 161.

61

1791. qui intervint le 25 du même mois ratifia la garantie promise, à la charge que deux commissaires du conseil général de la commune concourroient à tous les marchés & autres actes d'execution & qu'ils se concerteroient même, suivant l'exigeance des cas, avec M. le president & M. le procureur général sindic du departement; que dans l'intervalle du jour de la délibération à celui de l'autorisation, la necessité de prevenir un danger pressant avoit forcé la commune à solliciter MM. les commissaires de la société patriotique de commancer les achats, que d'aprés cette invitation, MM. Vve Sarran & Bazille, commissaires, avoient reellement acheté & fait enfermer dans des magazins à portée de la ville deux mille quatre vingt setiers; que cette provision, la seule qui ait été faite, a formé jusqu'à présent un grenier auxiliaire, qui est demeuré à la disposition de la commune; que les circonstances qui avoient rendû necessaire l'achat & la conservation de ces bleds ayant cessé, il paroit aujourd'huy convenable d'en disposer & de pourvoir au rembourcement des negocians patriotes qui en ont fait l'avance. Surquoi, le conseil remercie la société patriotique & en particulier MM. Vve Sarran & Bazille &, en execution de l'arrêté du directoire du département du 25 septembre d^{er} a nommé MM. Cambon & Coste, commissaires, pour se concilier avec MM. le president & le procureur général sindic du département & * avec MM. Vve Sarran & Bazille à l'effet de disposer des deux mille quatre vingt setiers de bled dont s'agit de la maniere la plus utile & de pourvoir au rembourcement des avances que leur achat a occasionné.

PAGE 162.

PAGE 164. * Du quatorze mars quatre heures de relevée. Lecture faite d'une lettre adressée à la municipalité par les membres du bureau de paix, tendante à leur transferation attendû la vente de la maison nationale où ils sont placés.

PAGE 165. Le corps municipal arrête que led. bureau de paix sera * transferé dans une des salles du palais de la ci-devant cour des aides; charge le bureau de toutes les mesures à ce convenables, notamment d'en donner communication aux corps administratifs en leur reiterant la demande en payement des ouvriers qui ont fourni l'ameublement dud. bureau de paix.

PAGE 166. * M. Cambon a dit que le bureau ayant été instruit par M. Aigues Vives, ci-devant capucin, que M. Marcelin de Ristolas, prêtre actuellement de residence à Servian, étoit en etat de prêcher une station en cette ville, il auroit écrit à ces fins aud. f^r Marcelin; & chargé le n^e Terrieu de lui porter les lettres, lequel de retour demande son payement, qui a été fixé par le bureau à neuf livres. Il prie l'assemblée de délibérer. Le corps municipal arrête le payement dont s'agit & charge le bureau d'expedier le mandement à ce necessaire.

PAGE 170.
PAGE 171. * Du vingt deux mars quatre heures de relevée. * M. le procureur de la commune a dit que pour achever de rendre les prisons de la maison commune aussi suportables que possible aux prisonniers il conviendroit de les laisser promener pendant le jour dans la grande piece desdittes prisons & que pour cela il suffit de faire une porte de la solidité necessaire à cette grande piece en y établissant tout au tour un banc de pierre pour que les prisonniers puissent s'asseoir.

Surquoi le conseil général arrête de faire faire la porte & le banc dont s'agit, charge le bureau d'exécution d'en dresser le devis estimatif pour être ensuite executé sur l'adjudication sommaire qui en sera faite attendû la modicité de l'objet & la selerité qu'il exige. Charge le procureur de la commune d'obtenir au département l'autorisation du présent arrêté.

1791.

M. le maire au nom du bureau de regie du college a rendu compte des demandes formées par le f^r Vernet, m^e de pension, par le f^r Gourdin, professeur de phisique & par * le pere Arnaud, oratorien, principal du college, pour l'établissement d'un pensionnat dans led. college. Il a observé que si le conseil se decide à cet etablissement qui ne peut être que provisoire attendû que l'assemblée nationale ne tardera pas sans doute à décreter le mode général d'education publique il paroit convenable de ne pas prendre des engagemens avec les directeurs du pensionnat afin que le nouvel établissement qui pourra ensuite avoir lieu, n'eprouve aucun embarras. Le conseil général arrête de ceder le local nécessaire dans le college pour l'établissement d'un pensionnat & de n'èxiger aucun loyer jusques à ce qu'il en ait autrement statué afin qu'il puisse disposer en tout tems de l'entier local du college.

Page 172.

* Du vingt quatre mars quatre heures de relevée. Le conseil général de la commune assemblé. * M. le maire a dit que l'objet de la presente assemblée est l'installation du tribunal de commerce du district de Montpellier, qu'à cet effet toutes les mesures ont été nécessaires à ce necessaires ont été prises & qu'il ne reste qu'à se rendre dans la maison où la ci-divant jurisdiction consulaire tenoit ses séances, où les juges elus doivent se trouver.

Page 183.
Page 184.

En consequence l'officier commandant la garde d'honneur s'etant présenté, le conseil général escorté de cette garde s'est rendu à la Bource & parvenu dans l'auditoire il a siegé sur le tribunal & les juges elus se sont assis dans le parquet.

Alors M. le procureur de la commune a requis que MM. Francois Farel, Vidal, Pierre Fajon, Granier fils ainé & Thorel fils, elus juges du tribunal de commerce du district de Montpellier, fussent installés dans leurs fonctions après avoir prêté le serment prescrit par la loi. Cette requisition a été précédée d'un discours relatif à cette installation.

M. le maire a prononcé un discours analogue à la ceremonie, à la fin duquel le conseil s'est levé & l'assemblée observant un religieux silence, MM. François Farel, Vidal, Pierre Fajon, Granier fils ainé & Thorel fils, juges du tribunal de commerce, étant debout, ont prononcé individuellement le serment de maintenir de tout leur pouvoir la constitution du royaume decretée par l'assemblée nationale, acceptée par le roi, d'être fidelles à la nation, à la loi & au roi & de remplir avec exactitude & impartialité les fonctions qui leur sont confiées.

Le conseil est ensuite decendu dans le parquet & les juges sont montés sur le tribunal.

M. François Farel, dans un discours analogue aux circonstances a rappellé à ses confreres tous les devoirs renfermés dans le serment qu'ils

1791. venoient de prêter, à la fin de ce difcours le confeil s'eft levé & M. le maire portant la parolle a prononcé au nom du peuple l'engagement de porter au tribunal & à fes jugemens le refpect & l'obeiffance que tout citoyen doit à la loi & à fes organes.

Aprés quoi le confeil s'eft retiré avec la même efcorte & rendu à la maifon commune il a arrêté de dreffer le prefent procès-verbal.

* Du vingt six mars heure de neuf avant midi. * M. le maire propofe que le bureau municipal qui a été chargé de tous les arrangemens relatifs aux predicateurs dont le confeil général délibera de s'affurer pendant le careme courant, foit prié de rendre compte à la prochaine affemblée du confeil général de tout ce qu'il a fait à ce fujet & d'y propofer un réglement definitif avec les predicateurs.

* L'an mil fept cens quatre vingt onze & le vingt feptieme mars quatre heures de relevée, le confeil général affemblé, M. le maire a dit : que la préfente affemblée avoit été convoquée pour déférer à l'invitation que le directoire de département a faite de fe rendre ce jourd'huy à l'iffue de vêpres dans l'églife paroiffiale St Pierre pour affifter au *Te Deum* qui doit y être chanté en actions de graces du rétabliffement de la fanté du roi, qu'à cet effet & en exécution d'un arrêté du même directoire portant délégation à la municipalité des mefures à prendre pour faire chanter ce *Te Deum* elles avoient été effectivement prifes & qu'il ne reftoit qu'à fe rendre dans l'eglife où cette ceremonie devoit avoir lieu.

Alors M. le commandant général de la garde nationale ayant été introduit, il a annoncé que l'efcorte qui devoit accompagner le confeil général & qui étoit compofée d'un détachement de * chaque compagnie de la legion étoit rendue fur la place de la maifon commune attendant les ordres du confeil.

En confequence le confeil général s'eft mis en marche pour fe rendre à l'eglife paroiffiale St Pierre efcorté du détachement fufdit de la garde nationale & parvenu dans lad. églife il a pris place dans le fanctuaire & du côté droit. Le *Te Deum* a été chanté avec folennité & fuivi de l'antienne & de l'oraifon pour le roi.

La ceremonie terminée, le confeil s'eft remis en marche, pour fe rendre à la maifon commune toujours efcorté du même détachement & rendu dans le lieu ordinaire de fes féances il a remercié la garde nationale en la perfonne de fon commandant & a arrêté la redaction du prefent procès-verbal.

Du trente mars dix heures avant midi. Le corps municipal affemblé, lecture faite d'une lettre de M. le commandant général de la garde nationale en datte du jourd'hier par laquelle il previent le corps municipal que tous les jours des volontaires de la legion quittent leur compagnie pour paffer dans une autre au mépris de l'art. XVII du règlement, & fans rendre compte de leur armement aux capitaines de la compagnie qu'ils quittent, le corps municipal confiderant qu'il importe de maintenir l'execution des reglemens, que l'art. XVII obvie aux abus qui lui font dénoncés, qu'ils produiroient, s'ils étoient plus longtems * tolérés, de la confusion dans le service de la garde nationale & dans le compte que chaque capitaine doit à la commune des armemens qui lui ont été confiés, enfin qu'il est très-à-propos dans ce moment de rappeler l'execution des decrets de l'assemblée nationale concernant la composition des gardes nationales, a arrêté & arrête :

1791.
PAGE 190.

1º Qu'en execution de l'art. XVII du reglement de la garde nationale, aucun volontaire fortant d'une compagnie de la legion, ne pourra être reçu dans une autre s'il n'est muni de l'agrement par ecrit du capitaine de fa compagnie, vifé par l'etat major de la légion, & d'un certificat qui justifie qu'il a remis aud. capitaine l'armement & autres fournitures qui pourroient lui avoir été délivrés ;

2º Que conformement aux décrets de l'assemblée nationale, il ne pourra être reçu dans aucune compagnie de la legion que des citoyens actifs qui auront préalablement justifié de leur qualité, & qui feront domiciliés depuis un an au moins sur le territoire de la commune ;

3º Que tous les capitaines de la légion feront tenus de remetre tous les mois à l'état major de légion un état nominal des changemens qui pourroient avoir lieu dans leurs compagnies foit à raison de démission, de remplacement ou de toute autre caufe, & que copie defd. etats, certifiée par l'état major, fera adreffée chaque mois à la municipalité.

Enfin que le préfent arrêté fera imprimé & affiché dans les corps de garde, & que pluseurs exemplaires feront envoyés à M. le commandant général de la légion en le requérant d'en donner connoiffance à toutes les compagnies.

Lecture faite d'un memoire prefenté & figné par MM. Tournefort & Vergne, ci-devant chanoines réguliers de la Trinité, dans lesquels ils expofent qu'ils font dans l'intention de fe retirer chès eux dans le courant de la femaine prochaine & demandent d'être autorifés à emporter le mobilier que la loi leur accorde & que le corps municipal fe charge des effets contenus dans l'inventaire fait par fes commiffaires ; de deux lettres écrites par led. fr Tournefort pour le même objet & encore pour réclamer le mobilier du fr Lambiés, religieux trinitaire, qu'il dit avoir acheté & payé aud. fr Lambiés ; le corps municipal confidérant que par le départ de ces deux religieux, les feuls qu'il y ait dans la maifon, l'eglife St Paul ne fera plus deffervie & que les effets inventoriés ne feront plus en fûreté, confidérant auffi que les opérations qui font la fuite de l'inventaire des biens des ci-devant religieux, font confies au directoire du district, a commis & commet M. Cambon, officier municipal, pour faire délivrer auxdits frs Tournefort & Vergne le mobilier que la loi * accorde à chacun d'eux, déclare n'y avoir lieu d'ftatuer jufques à l'arrivée du fr Lambiés fur la remife du mobilier le concernant réclamé par led. fr Tournefort, & quant à ce qui concerne le chef du memoire à ce que la municipalité fe charge des effets du couvent inventoriés arrête d'adreffer au directoire du district le mémoire desd. fr Tournefort & Vergnes, & attendû que par leur départ l'églife de St Paul

PAGE 191.

1791. ne feroit plus defservie & qu'il importe infiniment à la tranquilité publique que le fervice divin foit continué les dimanches & fêtes dans cette églife qui eft très-fréquentée & que le vœu de la commune a défigné pour remplacer la paroiffe Ste Anne, charge le bureau municipal de prendre fes mefures afin qu'il y ait les dimanches & les fêtes deux meffes dans lad. églife, arrête enfin que le procureur de la commune adreffera extrait du préfent arrêté avec toutes les pièces au directoire du diftrict en la perfonne du procureur findic.

Vu la petition préfentée par M. Lavignotte commandeur de la Mercy, qui tend à ce que le corps municipal nomme des commiffaires pour verifier les effets dud. couvent mentionnés dans l'inventaire, dans l'intention où il eft de fe retirer inceffament dans fa patrie, le corps municipal confiderant que les operations relatives à l'inventaire des biens des ci-devant religieux & celles qui en font la fuite font confiées au directoire du diftrict a arrêté de lui adreffer la petition de M. Lavignotte & a chargé M. le procureur de la commuue de le lui faire parvenir.

PAGE 192. Du trente mars quatre heures de relevée, * lecture faite d'un arrêté du directoire de diftrict en datte de ce jourd'huy qui invite la municipalité à lui adreffer tous les devis & memoires relatifs aux divers ouvrages qu'elle a entrepris en hyver pour l'utilité publique & le foulagement des pauvres, le corps municipal confiderant que le rapport que vient de lui faire M. Allut, officier municipal, de l'etat des ouvrages en forme d'adreffe au directoire de département remplit l'objet du fufd. arrêté, arrête que cette adreffe qu'il approuve en fon entier fera de fuitte envoyée par le procureur de la commune au directoire de diftrict afin qu'il puiffe après en avoir pris connoiffance la tranfmettre au directoire de departement en l'appuyant de fon avis favorable, arrête de plus que lad. adreffe fera tranfcrite à fuite du prefent arrêté :

La municipalité de Montpellier au directoire du département de l'Hérault.

A l'approche de l'hyver, au moment où les fabriques languiffoient, où la campagne n'offroit aucune reffource de travail aux malheureux, la municipalité de Montpellier preffée par les circonftances, jaloufe de conferver la tranquilité dans fes murs, ouvrit des atteliers de fecours qui ont employé pendant environ quatre mois cinq à fix cens ouvriers par jour, de tout âge & de tout fexe; elle ne confidera ni la fituation critique de fes finances, ni la modicité des fecours qui lui furent deftinés par le département & qui fe bornerent alors à 4,000 liv. La loi imperieufe des befoins ne pouvoit admettre aucun calcul, une fociété patriotique lui offrit une avance de dix huit mille livres ; un treforier nommé par les atteliers fe chargea de continuer les avances jufqu'à la fin du travail. La municipalité a profité de fes bonnes difpofitions & fes avances fe portent à plus de vingt mille livres, en forte qu'il a été employé cette année près de quarante cinq mille livres en fecours & c'eft à ce facrifice peut-être que la ville a dû fa tranquilité. La municipalité efpère de prouver dans les états imprimés qu'elle va rendre publics que les fommes confiderables qu'elle a

PAGE 193. été forcée de deftiner aux atteliers ont été employées à des ouvrages d'une grande importance & qui étoient depuis longtems dans le vœu des citoyens ; en attendant * elle croit de fon devoir de prefenter ici un court apperçu de ce qu'elle a fait cette année & de fes projets pour la prochaine, elle fe flatte qu'il engagera le directoire du département à proportionner aux befoins de la ville la fomme qu'il lui deftinera fur les quatre vingt mille livres qui font à fa difpofition & à réclamer de l'affemblée nationale pour l'année prochaine des fecours qui puiffent fuffire à l'execution des projets formés pour le plus grand avantage de la cité, en obfervant conformément à l'inftruction de fa majefté que ces fecours doivent être dans les grandes villes en raifon de la grande affluence des malheureux qui s'y rendent, de leur population, de leur contribution & de leurs befoins.

Le tableau des atteliers de cette année prefente, comme on l'a dit ci-deffus, l'employ d'un nombre infini d'ouvriers de tout age & de tout fexe, qui, fans ces fecours auroient manqué de travail & de pain & le refultat de ce travail confifte : 1° Dans le redreffement & l'élargiffement du lit du ruiffeau des Aiguerelles dont les eaux bourbeuses & stagnantes donnoient des exhalaisons pestilentielles & qui n'ayant pas leur cours dans le temps des pluyes abondantes inondoient les caves du quartier de la Saunerie.

2° La réfaction de sept à huit chemins impraticables allant à la fontaine de Lattes (qui a été aussi à cette occasion réparée) où à divers domaines auxquels les propriétaires ne pouvoient aller en hyver & d'où ils ne pouvoient faire apporter leurs denrées à la ville.

3° La réfaction & empierrement du chemin de communication de la porte de la Blanquerie au grand chemin de Nismes par les Recolets, que les vicinaux demandoient depuis longtems, & qui, pour le dire en passant, évite au district une dépense considérable.

4° La réfaction de tous les petits chemins qui aboutissent à celui-ci & de ceux de Boutonnet dans lesquels les voitures ne pouvoient passer.

5° La réfaction du chemin de Montels.

6° Enfin, le déblayement des terres qui encombroient le quartier des Carmes dans la partie ditte de la Muraillette, & le comblement du fossé qui l'avoisine, dont les mauvaises exhalaisons étoient infiniment nuisibles aux voisins, ce qui a nécessité aussi la construction de nouveaux glaçoirs derriere la citadelle.

Il seroit aussi dificile de dire tout le bien que ces réparations ou réfactions de chemins ont fait aux contribuables qui payant les charges à la commune, ne pouvoient auparavant tirer parti de leurs propriétés, que de rendre la joie des habitans lorsqu'ils se sont vû preservés de maladies épidemiques & d'inondations par l'écoulement qu'on a donné aux eaux des Aiguerelles & par le comblement du fossé des Carmes. Mais ce comblement n'est pas terminé, il doit être l'hyver prochain, avec celui du fossé de la Blanquerie, le premier objet des atteliers de secours, le chemin de Montels & quelques autres qui ne sont pas finis le seront ; mais surtout on s'occupera des moyens de degorger les caves de la rue des Carmes pleines d'eau, dont le principal est de baisser le lit du Verdanson ; ces travaux joints * à ceux que necessitera le perfectionnement des boulevards entraineront une dépence à peu près pareille à celle de cette année & ne seront pas moins utiles.

1791.

Page 194.

Page 195.

* Lecture faite d'une petition des commissaires du bourg de Celleneuve par eux adressée au directoire de district tendant à ce que le banc placé dans l'église paroissiale dud. Celleneuve & appartenant au ci-devant abbé d'Aniane soit supprimé & enlevé pour être vendu au profit des pauvres, comm'aussi que sur les effets des églises qui seront vendues il seroit distrait en faveur de celle de Celleneuve un tabernacle & quatre gradins en marbre pour assortir l'autel existant ainsi que plusieurs autres effets nécessaires à la décence du service divin & à la majesté du culte. Le corps municipal a arrêté d'appuyer la justice de cette réclamation auprès du directoire du district, auquel effet charge le procureur de la commune de lui adresser la petition des commissaires du bourg de Celleneuve avec extrait du présent.

* Du premier avril heure de quatre après midi. Le conseil général de la commune assemblé, * M. le procureur de la commune a dit :

Page 198.

Page 201.

Messieurs, la section des impositions a été chargée d'examiner une dénonce qui a été faite au corps municipal par les superieurs de la maison du Bon Pasteur & de proposer au conseil général les moyens convenables pour y assurer le maintien du bon ordre & pour arreter & prevenir les entreprises de ceux qui se permettent des voyes de fait contraires à la sureté de cette maison, & la section m'a chargé de vous en faire le rapport.

Pour remplir toute ma tâche je dois, Messieurs, vous prevenir que depuis plus d'un an des jeunes gens qui ont eu sans doute des raports avec les filles detenuës se permettent de les appeller pendant la nuit, de les provoquer à leur repondre en les interrogeant sur la maniere dont on les traite, sur les punitions qu'on leur inflige & qu'ils se sont permis plusieurs fois de les assurer d'une délivrance prochaine ; le corps municipal a souvent remedié à cet abus en requerant le commandant de la garde nationale de faire passer frequemment des patrouilles dans les environs du couvent ; mais ces scenes se sont tellement multipliées & les heures où on s'y rend ont tellement varié qu'il n'a pas été possible malgré le zele de MM. les officiers généraux d'empecher le mal qu'elles procurent.

Depuis quelques jours elles se sont renouvellées avec des circonstances qui exigent un prompt remede ; la semaine derniere & principalement dimanche on jetta pendant une grande partie de la nuit des pierres aux portes & aux fenetres ; enfin les auteurs de ce delit après avoir essayé de se faire ouvrir la porte manifesterent la volonté & donnerent aux filles l'esperance de les délivrer par la force ; le corps municipal a cherché vainement à connoitre les coupables. La nuit & la solitude du quartier les a fait échaper aux recherches.

Dans cet état, la section des impositions reconnoissant la nécessité d'arrêter des semblables excès a cherché les moyens qui pouvoient remedier à ces désordres.

Elle a trouvé que ce qui pouvoit seul y parvenir, c'étoit de * placer à côté de cette maison une portion de la force publique.

Page 202.

1791.

Elle a vû par l'experience du paſſé que cette maiſon contre laquelle on a ſouvent fait des tentatives pareilles n'avoit été ſuffiſament protegée que par un corps de garde & que pendant qu'il y en à eu un dans ce quartier les malveillants n'ont pas entrepris d'en approcher.

Leurs efforts influent conſiderablement ſur la tranquilité de cette maiſon & ſur la docilité des filles repenties & on a remarqué qu'après des ſecours ſemblables les ſuperieurs ont beaucoup plus de peine à les diriger & c'eſt à un evenement pareil qui arriva il y a environ un mois qu'il faut attribuer les deux tentatives qu'elles firent de s'emparer de force des clefs & de ſe porter à des voies de fait contre leurs ſupérieurs & à des menaces contre le détachement de la garde nationale qui étoit venu à leur ſecours.

Elle a reconnû la néceſſité de contenir une maiſon compoſée de dix neuf penitentes ſi difficiles à diriger & à conduire, dont le regime & la force reſide entre les mains de trois ſœurs qui ont déclaré dans leur dénonce qu'elles ne pourroient plus ſe charger de l'adminiſtration de cette œuvre ſi on ne remedioit aux dangers perſonnels qu'elles courrent.

La ſection, prevenant vos vues, s'eſt occupée de chercher un local propre pour ce corps de garde; celui qui étoit deſtiné autre fois à cet uſage n'eſt plus aujourd'hui à ſa diſpoſition parce que cette maiſon qui appartenoit aux religieuſes de Ste Marie a eté vendue & que l'acquereur y loge, & dans tous les environs il n'a rien trouvé qu'il peut employer à cet uſage.

Mais profitant des lumieres d'un membres du conſeil general elle a fait examiner une petite ruelle infeodée qui ſepare les murs du Bon Paſteur de ceux de l'hopital St Eloy, ruelle qui fait partie aujourd'huy du couvent dans laquelle il eſt très facile de placer le corps de garde, le devis en a été dreſſé par l'architecte de la commune. Cette dépenſe & toutes celles qui y ſont acceſſoires ont été appreciées à la ſomme de trois cens trente livres.

*M. Lafabrie a dit :

Meſſieurs, les commiſſaires que vous avez chargés du travail de la circonſcription des paroiſſes ſelon la délégation qui vous en avoit été faite par le directoire du diſtrict, ont cherché dans ce travail à concilier ce qu'exigent la dignité du culte, l'eſprit de religion dont ſont pénétrés les habitans de cette ville, avec la ſimplicité qui convient à de vrais chretiens, & les regles d'economie dont les adminiſtrateurs ne doivent jamais ſe départir.

Tel eſt l'état actuel des paroiſſes de notre territoire. Il en exiſte quatre qui ſervent pour l'interieur de la ville, les fauxbourgs & une partie même éloignée du taillable, quatre autres paroiſſes ſervent pour tout le reſte du taillable.

La circonſcription des paroiſſes de l'interieur de la ville eſt telle qu'il n'y a ni égalité en proportion dans le ſervice qui leur eſt dévolû; la paroiſſe de Notre Dame des Tables renferme à elle ſeule prés de la moitié des habitans de la ville & s'étend hors des murs; tandis que la paroiſſe de Ste Anne ne renferme pas la moitié de cette population : il a paru convenable à vos commiſſaires d'obvier à cet inconvenient, & de mieux diviſer le ſervice des nouveaux paſteurs.

Un ſecond deffaut de la circonſcription actuelle eſt que deux des paroiſſes de la ville s'étendent dans le territoire exterieur, ce qui éloigne infiniment les fideles de leurs curés, & les prive quant ils ſont malades de l'avantage de recevoir promptement les ſecours * ſpirituels.

Tel eſt encore l'inconvenient qui reſulte de cet empietement des paroiſſes de la ville ſur les fauxbourgs, que les habitans de Boutonnet ſont obligés de porter les cadavres à la porte de la ville & d'y attendre l'arrivée du curé qui doit faire ce qu'on appelle l'enlevement du corps, ce qui expoſe les habitans à toutes les intemperies des ſaiſons.

Vos commiſſaires ont encore été frappés de l'inconvenient de voir certaines de nos paroiſſes de campagne s'étendre pour le ſpirituel dans des territoires d'autres communes, & d'autres communes empieter auſſi pour le ſpirituel ſur la notre.

Dès long tems on s'étoit plaint que l'egliſe des ci-devant Carmes ne pouvoit contenir le nombre de ſes paroiſſiens & cet inconvenient ne peut que s'accroitre par une plus égale circonſcription des paroiſſes & par la ſuppreſſion des religieux.

Vos commiſſaires ont penſé qu'on obvieroit à tous ces inconveniens bien majeurs en determinant :

1° Que les paroiſſes de la ville devoient être circonſcrites dans les murs; mais qu'il étoit néceſſaire d'établir autant qu'il ſeroit poſſible une parfaite égalité dans le nombre des paroiſſiens & ils ont crû qu'il falloit laiſſer ſubſiſter les paroiſſes de Notre Dame des Tables, St Pierre & Ste Anne.

2° Que les paroiſſes du dehors devoient s'étendre juſques aux limites du territoire & s'y borner, & qu'en conſequence il étoit néceſſaire de ſtatuer que notre commune céderoit aux communes voiſines la portion de leur territoire actuellement ſoumiſe à la notre pour le ſpirituel qui réciproquement nous recevrions des communes voiſines la portion de notre territoire qui eſt ſoumiſe à leur ſpirituel.

3° De transférer la paroiſſe Ste Anne de l'égliſe des ci-devant Carmes dans celle des ci-devant Trinitaires, comme beaucoup plus vaſte & plus centrale.

4° Qu'en conſervant la paroiſſe St Denis, il étoit néceſſaire d'en établir une nouvelle dans les fauxbourgs, & de choiſir à cet effet l'égliſe des ci-devant Recolets qui ſeroit miſe ſous l'invocation de St François & ſerviroit pour les fauxbourgs de Boutonnet & du Pila St Gely.

5° De conſerver la paroiſſe de Celleneuve, & en appuyant la petition faite par les commiſſaires de ce fauxbourg demander la ſuppreſſion de la municipalité de Juvignac dont partie ſeroit annexée pour le temporel à noſtre commune, une autre partie à la commune de St George & la troiſieme à la commune de

Laverune, & adopter pour le spirituel de la commune de Juvignac, le projet donné par les commissaires de Celleneuve dont le plan est ci-joint, par ce moyen on *supprimeroit la paroisse de Juvignac qui dès lors deviendroit inutile.

6º De supprimer les paroisses de Montels, Montauberon & St Hillaire & d'établir trois oratoires, l'un à Montels, qui seroit desservi par la paroisse St Denis, un second à Montauberon desservi par la paroisse St François & le troisieme qui serviroit pour le fauxbourg du Courrau, & qu'on établiroit dans l'eglise des ci-devant peres de la Merci, desservie par la paroisse St Denis, établissement necessité par l'insusisante capacité de l'église St Denis.

C'est d'aprés ces bases & ces principes que vos commissaires ont dressé un tableau indicatif des six paroisses conservées dans le territoire de la commune de Montpellier & de la population desd. trois paroisses de la ville; ce tableau est ci-joint, & servira à justifier les principes d'aprés lesquels vos commissaires ont procédé dans la circonscription des paroisses.

1791.
PAGE 205.

Surquoi le conseil général de la commune a approuvé le travail des commissaires en y ajoutant de manifester le vœu de faire resider un desservant dans les oratoires de Montels & de Montauberon ; a arrêté que le rapport & le tableau indicatif seroient transcrits sur les registres de la municipalité & a chargé le procureur de la commune d'en envoyer un extrait au directoire du département en l'adressant au directoire de district, en y joignant une copie de la pétition des habitans de Celleneuve avec le plan qui y est annexé.

* Du quatre avril quatre heures de relevée. Le conseil général assemblé, M. Allut rend compte des demarches qu'il a faites auprès de MM. du commissariat représentant la ci-devant province de *Languedoc pour connoitre leur intention positive sur la place du Peyrou dont l'entretien devient indispensable mais à la dépence duquel la commune ne doit se livrer que lorsque le commissariat se sera bien expliqué sur l'abandon entier de toute prétention à cet effet.

PAGE 211.
PAGE 212.

Une députation de ce même commissariat est introduite : elle fait part au conseil des dispositions où est le commissariat de ne faire aucune dépence pour la place du Peyrou, dont la ci-devant province supprimée n'est plus dans le cas de jouir ; elle invite le conseil général à se charger de l'entretien de cette place, observant cependant que le commissariat est dans l'intention de prendre incessament une determination définitive sur les droits qu'il pourroit avoir à cette même place.

La députation retirée le conseil général ajourne la délibération à prendre sur l'entretien de la place du Peyrou aprés que le commissariat aura lui même déliberé sur cet objet & cependant nommé MM. Allut, officier municipal, Rouch & Bouscaren, notables, pour examiner les droits de la commune sur cette place & lui en rendre compte lorsqu'il en sera tems.

* Du sept avril quatre heures de relevée. Le conseil général assemblé. *\Le conseil général voulant réaliser le vœu qu'il a formé depuis long tems de liquider la dette de la commune, considérant combien il importe de ne pas en surcharger la contribution fonciere qui va être établie & de soulager les contribuables sur lesquels les interets de cette dette ont trop long tems pesé ; considérant qu'il n'est pas moins important pour la commune de se défaire des propriétés qui lui rapportent peu pour acquiter des dettes qui la surchargent beaucoup, a arrêté & arrête 1º que la foret de Valenne, le domaine de Caravettes, les terres de Combes & Puech Conil, l'ancienne

PAGE 215.
PAGE 217.

1791. maison commune, les terreins des douze pans & des fossés de ville & tous autres appartenans à la commune, les anciennes glacieres de Castelnau & du chemin de Ganges, le champ dit de la justice près Castelnau, ainsi que toutes les terres abandonnées dans le taillable de la commune, seront rendus incessamment après avoir fait faire l'estimation des objets qui n'auroient pas été estimés, & après avoir fait annoncer le jour de la reception des encheres & celui de l'adjudication par affiche ainsi qu'il a été pratiqué pour la vente des biens nationaux.

PAGE 219.
PAGE 220.
* Du huit avril heure de onze avant midy. * Un des membres a dit : que les ci-devant religieux trinitaires étant sur le point de quitter cette maison & étant interessant que le service divin continue à se faire dans cette eglise, il convient de prendre les mesures nécessaires pour que cette continuation ait lieu.

Le corps municipal charge le bureau de se procurer un prêtre pour dire la messe à l'église des ci-devant trinitaires.

Du neuf avril heure de quatre après midi. Le corps municipal, considérant que la garde de la cité est pour le citoyen un droit & un devoir;

Que la loi qui prive du droit celui qui ne se fait pas inscrire pour cette garde ne le dispense pas pour cela du devoir que la force publique protégeant toutes les proprietés, tous les citoyens doivent concourir à la former; que les principes de justice & d'égalité qui sont la base de la constitution, ne permettent à personne de s'en dispenser. Vu la pétition de la garde nationale & des citoyens inscrits, tendantes à ce que tous les citoyens soient appellés à la garde de la cité, afin de la rendre moins pénible.

1° Invite les citoyens actifs qui ne se sont pas encore fait inscrire sur le regiftre de la commune, à le faire sans délai. 2° Arrête qu'à compter du premier mai prochain, tous les citoyens actifs concourront à leur tour à la garde de la commune, savoir les citoyens inscrits par eux mêmes ou en se faisant remplacer, conformement à la loi & les citoyens non inscrits par une

PAGE 221.
taxe de trente sols, qui sera employée par la * commune à pourvoir à leur service qu'ils n'ont pas le droit de faire eux-mêmes. 3° Déclare qu'en conformité des principes connus de l'assemblée nationale, les citoyens agés de soixante ans & les ecclesiastiques ne seront pas compris dans les présentes dispositions. Et sera le présent arrêté, imprimé, publié & affiché.

Un des membres rend compte du jugement rendu hier par le tribunal de district dans l'affaire de deux femmes dénoncées par la municipalité pour insultes commises contre un prêtre dans l'église des ci-devant carmes: il rend compte aussi du silence que les juges & le commissaire du roi ont gardé lorsque les applaudissemens reïtérés de la part de l'auditoire ont encouragé les sarcasmes que les deux défenseurs des accusées se sont permis contre le corps municipal, il observe que cette conduite tend à faire perdre à la municipalité la confiance qui lui est si nécessaire pour l'exécution des loix, notament pour celle relative à la constitution civile du clergé & au remplacement effectif des curés qui doit avoir lieu incessament. Le corps municipal arrête de faire une adresse à l'assemblée nationale pour lui faire connoitre sa situation, sa peine pour l'exécution de la loi du clergé & les contrarietés qu'il éprouve de la part du tribunal comm'aussi pour lui demander le secours qui peut leur être nécessaire dans cette circonstance, auquel effet charge MM. Cambon, Lafabrie, Brunet & Grand de rédiger le projet de cette adresse & de le présenter le pluftot possible à l'approbation du corps municipal.

* Du dix avril heure de trois de relevée. Lecture faite de l'adresse à l'assemblée nationale redigée par les commissaires nommés hier. Le corps municipal l'a unanimement approuvée & a arrêté qu'elle sera transcrite sur ses regiftres, envoyée à l'assemblée nationale par la voye des corps administratifs, en les priant, vû les circonstances, d'en accélérer l'expédition, de l'appuyer par leur avis, comm'aussi de constater par un procès verbal sommaire la vérité des faits qui y sont contenus, afin de mettre l'assemblée nationale à portée d'y prononcer; charge le procureur de la commune de suivre l'exécution du présent arrêté, de l'envoyer dans le jour au directoire du district avec l'adresse pour l'assemblée nationale, les procès-verbaux & les jugemens du corps municipal & autres pièces qui peuvent juftifier les faits qui font avancés. Suit l'adresse de la municipalité de Montpellier à l'assemblée nationale :

Messieurs, des administrateurs entièrement dévoués aux fonctions penibles & * multipliées que la loi leur a confiées & s'efforçant de faire executer avec prudence & fermeté vos decrets, savoient bien en entrant dans la carriere qui s'ouvroit devant eux qu'ils auroient à braver les efforts des malveillants, à lutter contre les ennemis d'une patrie régénérée, à calmer les inquietudes d'un peuple qui eft fi aifé de tromper dans les mouvemens d'une grande revolution ; mais l'efpoir de concourir à la régeneration d'un grand empire les confoloit d'avance des peines auxquelles ils se devouoient.

Devoient-ils s'attendre qu'ils se verroient un jour insultés dans le sanctuaire même de la justice? Pouvoient-ils penser que des magiftrats faits pour réprimer le crime, tolereroient par leur silence cet attentat public.

Tel eft, Messieurs, l'objet de nos réclamations; lorfque la sureté publique eft peut-être en danger, lorfqu'un facheux concours d'évenemens vient agraver de plus en plus nos charges & que nous suffisons à peine à une adminiftration très compliquée, le tribunal de diftrict au lieu de nous feconder dans le maintien de l'ordre & de la paix, fans egard pour les circonftances, permet que des hommes de loi, devant un auditoire nombreux, jettent fur nous un défaveur qui peut occafionner dans la cité des maux incalculables & trouve le moyen de décharger l'accufation & d'élargir des prifons des prevenus que la municipalité lui avoit dénoncés, qu'il avoit décretés de prife de corps, & dont il avoit même refufé l'elargiffement provifoire.

Un narré fuccint de notre fituation politique mettra dans tout leur jour & le fujet de nos allarmes & la neceffité où nous fommes de reclamer les fecours que votre fageffe & la conftitution pourront nous fournir dans la crife où nous fommes.

De toutes les villes de la ci-devant province de Languedoc, Montpellier eft celle qui retiroit le plus d'avantages de l'ancienne & funefte adminiftration que vous avez profcrite & ce n'étoit pas fans raifon qu'on nous faifoit craindre que l'oppofition des interets particuliers apporteroit parmi nous des obftacles à cette impulfion patriotique qui a fubitement changé la face de l'empire françois : les craintes furent vaines & à cet egard les habitans de Montpellier n'ont rien à envier à ceux des autres villes du royaume ; les difcuffions fe multiplioient autour de nous, diverfes contrées étoient ebranlées ; mais la paix regnoit dans nos murs & notre ville fervoit d'azile à ceux qui étoient forcés d'abandonner leurs foyers.

Peut-être avons nous à nous reprocher cette facile condefcendance & cette hofpitalité qu'il eft fi doux d'exercer envers fes compatriotes; peut-être eft-t-elle la caufe des mouvemens qui nous agitent. Voifins d'une ville dont les malheurs vous font trop connus ainfi que leur caufe, nous avons reçu parmi nous un effain de fugitifs, dans le nombre defquels fe trouvoient fans doute des gens gangrenés de fanatifme, qui femerent parmi nos concitoyens le poifon qui chés eux avoit fait tant de ravage. Une fermentation fourde faifoit tous les jours des progrés facheux & nous voyions avec douleur que le décret fur la conftitution civile du clergé en étoit le pretexte.

* Des foldats citoyens dont le zele infatigable veilloit à la garde de nos foyers & dont il falloit moderer l'impetuofité lorfque des cités voifines imploroient des fecours ou des mediateurs; cette legion que les ennemis du bien public n'euffent point ofé combatre devint l'unique objet de leurs inquiétudes & de leurs intrigues. Que d'efforts ne furent pas tentés pour femer la divifion parmi ces citoyens foldats! D'abord on leur propofa de former entr' eux une fociété particuliere & on chercha à établir un club militaire pour

1791.

Page 222.

Page 223.

Page 224.

1791.

l'oppofer au club des amis de la conftitution & de l'egalité, cette ecole de patriotifme que l'on calomnie ; mais qui n'a fervi qu'à propager l'efprit public ; peut être n'eft il pas inutile d'obferver que cette voie de divifion avoit été tentée en même tems dans plufieurs villes du royaume; ici le projet ennemi eut un effet contraire. Sur une feule invitation à la garde nationale & autres troupes de ligne de la part des amis de la conftitution & de l'egalité les liens fraternels font refferés, une fainte alliance eft jurée & le projet eft conçu d'elever un monument à la liberté qui placé dans un lieu public, en rappellant à nos concitoyens les droits immortels de l'homme les enflamera d'amour pour les legiflateurs français ; la municipalité voit avec plaifir cet élan patriotique & fe félicite de l'honneur qui lui eft déféré de pofer la premiere pierre d'une colonne qui eternifera le fouvenir du bienfait & de la reconnoiffance.

Ce projet avorté, on en a fait eclore un autre ; on infpire à la claffe peu inftruite des citoyens que la religion eft menacée par les nouvelles loix relatives au clergé & l'on ne rougit pas de femer le bruit abfurde que le club des amis de la conftitution & de l'egalité eft l'auteur de ces décrets; les foins de la municipalité renverfent ces calomnies & calment des mouvemens dangereux dirigés contre cette fociété ; la garde nationale fe confacre à un fervice extraordinaire & les malveillants font obligés de cacher plus foigneufement leurs fourdes menées.

Les libelles, les ecrits incendiaires font repandus avec profufion & portent avec la calomnie une atteinte fenfible à la tranquilité publique ; la municipalité furprend l'imprimeur qui multiplioit ainfi les moyens de trouble ; mais jaloufe de fe renfermer dans les pouvoirs que la loi leur attribue, elle le denonce à l'accufateur public, celui-ci porte plainte au tribunal de diftrict qui n'y donne aucune fuitte ; cependant l'ouvrage denoncé étoit l'inftruction du ci-devant evêque de Boulogne remis à l'impreffion par le fecrétaire du ci-devant evêque de Montpellier, ouvrage que divers tribunaux avoient condamné.

Il parût neceffaire d'oppofer ecrits à ecrits & dans ce deffein la municipalité adreffa aux citoyens des inftructions paternelles & fit reimprimer divers ouvrages capables de les eclairer ou de les rafermir dans les principes de la conftitution.

L'approche de l'hyver, la mifere d'une foule de journaliers fans travail fourniffent encore aux malveillants des moyens de feduction ; des atteliers de charité reftent ouverts pendant plus de trois mois & la tranquilité eft maintenue.

PAGE 225.

La loi relative au ferment des ecclefiaftiques fonctionnaires publics eft annoncée ; elle fert de pretexte aux mal intentionnés * pour reveiller les allarmes qu'on avoit jettées dans les ames timides ; les coalitions fe forment, les chaires de verité retentiffent de declamations incendiaires, des femmes font une affociation pour affurer aux prêtres refractaires les moyens de fubfifter ; un maire cheri fe voit entouré dans les rues d'une foule fanatique qui l'obfede par fes cris, & qui oublie le refpect dû à fa qualité d'homme public & à fes vertus privées ; l'audace eft portée à placer pendant la nuit une potence fur la porte d'un officier municipal. Ces deux faits font denoncés à l'accufateur public ; il en rend fa plainte au tribunal qui n'y a pas prononcé.

C'eft à cette epoque que quelques demiffions ayant eu lieu dans le corps municipal reduifent à moitié le nombre des notables par le refus de plufieurs d'entr'eux d'entrer dans la municipalité, ce qui jette l'adminiftration dans des nouveaux embaras.

Peu contents de leurs fuccès dans notre ville les malveillants tentent leurs efforts dans les villages voifins ; ils fement des bruits allarmans ; ils ofent repandre qu'à Sommieres les catholiques font maffacrés par les proteftans, fe flattant fans doutte par ces infinuations calomnieufes d'égarer notre garde nationale & de lui faire imiter de funeftes exemples.

Le corps municipal, aidé par differends arrêtés des directoires de département & de diftrict, parvint encore à calmer les inquietudes qu'on vouloit faire naître, & cependant reprima par des jugemens de police les auteurs ou inftigateurs des faux bruits femés dans la cité.

Bientôt la paix eft encore troublée par le refus des ecclefiaftiques fonctionnaires publics de fe foumetre à la loi du ferment; les ennemis de la conftitution epiant fans ceffe les occafions d'allarmer les confciences des foibles profitent de l'afcendant des curés & fe joignent à eux pour décrier les operations de l'affemblée nationale.

Le refus des curés de faire dans leurs eglifes la lecture de l'inftruction relative au ferment, oblige la municipalité de faire cette lecture ; mais la difpofition connue des efprits ne lui permettoit pas de la faire fans deployer de grandes forces ; elles ne pûrent empecher néanmoins les cris & les menaces que la municipalité fut obligée de réprimer par des jugemens de police.

Le corps municipal inftruit une feconde fois que des ecrits incendiaires font fous les preffes de l'imprimeur qu'il a deja denoncé, le furprend & faifit plufieurs ouvrages dangereux ; appuyé de l'avis des corps adminiftratifs, il le fufpend provifoirement de fes fonctions pour fait de recidive ; il parvint à connoître l'auteur de l'un de ces ouvrages ; il le denonce à l'accufateur public ainfi que l'imprimeur ; mais quelques jours après le tribunal reintegre ce dernier dans fes fonctions, & ne donne pas d'autres fuittes à cette affaire. La garde nationale ne voit pas avec la même indiference la faute d'un de fes membres accufé d'être l'auteur d'un defdits ouvrages faifis, elle le rejette ignominieufement de fon fein & le déclare indigne de fervir la patrie.

La preftation de ferment par deux profeffeurs du college & huit autres ecclefiaftiques non fonctionnaires exigeoit des grandes precautions & tout l'appareil de la force publique ; auffi fut-elle déployée ; mais elle n'empecha des clameurs qu'il fallut reprimer.

PAGE 226.

Ici fe place l'hiftoire du fait qui oblige la municipalité de * recourir au pouvoir fuprême comme feul capable de lui fournir les moyens de remplir avec fuccès la tache que les circonftances rendent de plus en plus difficiles. Le lendemain de la preftation du ferment des eclefiaftiques, un des pretres fidelles à la loi fut affailli dans la facriftie par une foule de femmes, qui fans refpect pour fon caractere, ni pour fon grand age, l'injurierent, le menacerent, le forcerent à renoncer à dire la meffe & à fe depouiller de fes habits facerdotaux, le tumulte fut grand dans l'églife ; on fe porta jufques à eteindre les cierges de l'autel, & ce ne fut qu'à l'arrivée de quelques officiers municipaux, d'un détachement de la garde nationale, que le prêtre put fe rhabiller & dire la meffe : une femme réprimandée la veille par la police eft arretée dans la foule & conduite aux prifons de la maifon commune. Une infurrection d'un auffi dangereux exemple meritoit bien fans doute que le corps municipal employât tous les moyens pour connoitre & pourfuivre les coupables ; fur les informations qu'il prit une autre femme mandée & interrogée fut auffi arrêtée, après cependant qu'il eut confulté le directoire du département. Ces deux femmes furent denoncées à l'accufateur public, qui porta plainte au tribunal du diftrict ; douze jours s'écoulerent & le tribunal lança un decret de prife de corps en vertu duquel ces femmes furent transferées dans fes prifons; on profita de ce retard pour jetter de la défaveur fur la municipalité qu'on accufoit d'avoir excédé fes pouvoirs en gardant trop longtems les prevenuës.

C'eft à cet acte de juftice & aux mefures que prit la municipalité d'après la délégation du corps adminiftratif que le corps electoral dut la tranquilité avec laquelle il procéda à l'election de l'eveque du département & à la proclamation folemnelle & que le corps electoral du diftrict a remplacé quatre vingt treize curés réfractaires ; dans cette intervalle les femmes détenues demanderent au tribunal leur elargiffement provifoire qui leur fut refufé ; mais bientôt ces femmes s'appuyant d'une nullité dans l'information qui provenoit du fait du juge commiffaire en ont demandé la caffation, & il eft intervenu un jugement qui ordonne leur elargiffement des prifons & les décharge de l'accufation par les motifs qui y font énoncés & que nous ne nous permettons pas d'apprecier.

A Dieu ne plaife qu'il entre jamais dans nos vûes de defirer de trouver des coupables, encore moins de fortir des bornes que la conftitution nous affigne ; mais pourrions nous taire l'infulte faite publiquement aux délégués du peuple, dans le plaidoyer de cette affaire ? Une foule immenfe d'auditeurs affiftoient à l'audience ; deux hommes de loi défenfeurs des prévenues fe font permis contre le corps municipal étranger à la caufe & contre lequel ils n'ont ofé conclure, des farcafmes & des inculpations injurieufes, inutiles à la défenfe des parties ; les juges du tribunal & les commiffaires du roi, qui auroient dû reprimer ces déclamations fcandaleufes, ont, par leur filence, autorifé les applaudiffemens reiterés de quelques perfonnes, complices peut-être des délits qu'ils ont laiffés impunis ; ils ont même refufé la parole à l'accufateur public qui demandoit à rétablir la vérité des faits avancés par ces hommes de loi. Enfin ils fe font empreffés de faire executer le jugement avant qu'il fut figné, & on n'a pas craint ainfi de jetter de la défaveur fur une * municipalité qu'on fçait bien être ceffe occupée du maintien de la conftitution & de l'ordre. L'accufateur public n'a pas tardé à interjetter appel de ce jugement ; ainfi nul doutte que la faute ou l'innocence de ces femmes paroîtront bientôt avec évidence.

Mais quant à nous qui ne pouvons être foutenus dans nos fonctions que par l'opinion publique, pouvons nous confentir à conferver le depôt qui nous eft confié, tandis qu'on cherche à nous enlever l'eftime de nos concitoyens, feule mais digne recompenfe de nos penibles travaux ? Nous ne cefferons jamais de la meriter & de refter unis à la loi ; c'eft en fon nom que nous nous croyons obligés de vous denoncer l'attaque faite à la conftitution dans les propres termes qu'elle a créés, en préfence d'un tribunal fait pour la défendre, qui non feulement n'a pas tenté de réprimer ces coupables excès, mais qui les a autorifés en permettant des applaudiffemens indécents.

Nous venons de mettre fous vos yeux les dénonces fucceffives que nous avons faites à l'accufateur public, portées au tribunal & qui y font demeurées fans effet ; cette negligence, que nous ne voulons pas qualifier enhardit les malveillants par l'impunité & nous mettra dans l'impuiffance de faire exécuter la loi lors du remplacement des ecclefiaftiques refractaires, fi votre juftice ne vient pas promptement à notre fecours.

En confequence nous reclamons de votre fageffe :

1º Que les juges du tribunal de diftrict & le commiffaire du roi foient appellés par devant la haute cour nationale pour y être jugés fur les faits que nous denonçons & dont les preuves feront jointes à la préfente adreffe.

2º Que les hommes de loi qui fe font permis des inculpations injurieufes & des farcafmes contre le corps municipal foient renvoyés devant le tribunal du diftrict qu'il vous plaira de defigner pour y être jugés.

3º Et qu'attendu l'urgence des circonftances & l'experience du paffé, nous foyons autorifés à porter en premiere inftance devant l'un des fept tribunaux d'appel, les denonces que nous pourrons avoir à faire contre les perturbateurs du repos public.

Du douze avril dix heures avant midy. * M. Puech, officier municipal, a dit : que vers les fept heures & demi du matin étant devant la porte de fa maifon d'habitation à la place, il a vû venir du côté de la rue de la Barralerie un très grand nombre de femmes & d'enfants qui crioient : « Nous voulons nos curés & fi on nous les enleve nous verrons beau jeu, » lefquelles femmes alloient vers la place Notre Dame, que leur nombre augmentoit dans leur marche & que paffant devant la poiffonnerie une femme leur a dit : « Reftés tranquiles, que diable voulés vous faire, » à quoi plusieurs ont répondu : « qu'avons nous à craindre, nos maris sont aujourd'huy de garde. » Ces femmes ayant continué leur marche M. Puech a ajouté qu'il étoit venu à la maison commune pour y prendre les mesures convenables.

M. Serres, officier municipal, a dit : qu'en vertu de la commission à lui donnée par le corps municipal sur la délégation du directoire de district, il se rendoit à l'église & couvent de la Mercy ayant deja passé le batiment de St Cosme, il a entendu du bruit qu'il a crû être occasionné par des mendians attroupés devant la porte de quelque personne charitable, que s'étant informé de la cause de cette rumeur, on lui dit que c'étoit un grand nombre de femmes & d'enfants qui demandoient leurs curés, ce qui l'a engagé à suivre cette troupe qui s'acheminoit vers la maison de M. le maire, que s'étant transporté devant lad. maison il avoit trouvé devant la porte un très grand nombre de femmes & d'enfans & qu'il a demandé la cause de leur attroupement & de leurs cris, surquoi ils ont répondu qu'ils vouloient parler à M. le maire & lui demander la conservation de leurs curés, ajoutant « qu'est-ce que vous férés » ; & alors il leur a dit qu'il les fairoit mettre en prison s'ils continuoient à faire du bruit & s'ils ne se séparoient pas ; à quoi ils ont repliqué : « eh bien ! qu'est-ce que cela nous fait que cinq ou six jours de prison » ; alors M. le maire a parû & a été entouré de la foule en sorte qu'il n'a pu entendre ce qu'il a été dit par le maire, ny au maire par ces femmes; il a été de suitte au poste de la porte de la Saunerie pour le requerir, lorsqu'il a trouvé en chemin les soldats de Lyonnois qui composoient ce poste & qui venoient sans doute pour en imposer à la populace assemblée; il les a requis de se placer devant la porte de M. le maire & de n'y laisser entrer personne, ce qu'ils se sont empressés d'executer; plusieurs citoyens patriotes étant accourus, l'attroupement s'est dissipé, ce dont il s'est empressé d'informer tout de suitte M. le commandant général.

M. Bongue, officier municipal, a aussi rapporté que vers les sept heures du matin, étant dans sa maison d'habitation rue de la Verrerie où il se faisoit raser, il a entendu un grand bruit dans la rue; il a chargé sa femme d'en savoir la cause, étant lui même entre les mains de son barbier, que sa femme lui a dit, que c'étoit des femmes & des enfants qui demandoient à grands cris leurs curés & qui alloient vers la rue des Carmes, mais qu'il n'avoit vu lui même personne parce que quand il a été libre cet attroupement étoit deja dissipé dans son quartier, qu'il s'est de suitte empressé de se réunir à la maison commune pour aviser à ce qu'il y avoit à faire dans les circonstances.

Surquoi le corps municipal profondément affligé de voir renouveller des scenes de desordre que sa sollicitude & sa vigilance étoient parvenus * à contenir pendant quelque tems, & qui renaissent dans un moment où il importe le plus de réprimer, arrête : 1° Que le bureau municipal sera chargé de prendre par le jour toutes les mesures & de faire toutes les réquisitions nécessaires pour prévenir & dissiper les attroupemens & pour assurer la tranquilité publique. 2° Que le présent procès-verbal sera envoyé de suitte par le substitut du procureur de la commune à l'accusateur public pour lui fervir de denonce contre les auteurs, fauteurs & complices de l'attroupement dont s'agit. 3° Que copie collationnée du préfent procès-verbal fera auffi envoyé par le fubftitut du procureur de la commune au directoire de diftrict pour être ajoutée aux pièces jointes à l'adreffe que la municipalité a faite à l'affemblée nationale.

Une deputation de l'état major de la garde nationale eft introduite; elle exprime fon vœu, pour qu'attendu l'attroupement qui s'eft manifefté ce matin & le tems pluvieux qui regne & qui empeche la lune d'eclairer la ville, d'autant plus impraticable par les boues confidérables, il foit donné les ordres néceffaires pour l'illumination des reverbères afin que la garde nationale puiffe faire avec fûreté & efficacité les patrouilles dont elle eft chargée.

Le corps municipal prenant en confidération les motifs de la pétition qui lui eft faite, charge le bureau de faire faire l'illumination defiré e.

Du quatorze avril heure de onze avant midi. Une deputation de la compagnie nationale des canonniers eft introduite; elle préfente une délibération de cette compagnie, contenant fon vœu pour que tous fes membres foient infcrits dans le regiftre que la municipalité a dû ouvrir en exécution de l'arrêté du directoire de département du quatre de ce mois dont l'objet eft de former un corps de volontaires prets à fe porter dans toutes les parties du royaume où le foutien de la conftitution pourra les appeller. Cette même délibération contient une pétition tendant à ce qu'il leur foit * fourni le local & les munitions néceffaires à l'exercice & à la manœuvre du canon.

M. le maire au nom du corps municipal temoigne à la députation toute fa fatisfaction de fon devouement à tout ce qui peut tendre au maintien de la conftitution & de ce qu'en particulier cette compagnie ait été la premiere à fe prefenter pour fe rendre au defir de l'arrêté du directoire de département; il ajoute que le corps municipal prendra en grande confidération les objets de la délibération de cette compagnie & la deputation s'eft retirée. Le corps municipal ajourne la délibération à prendre relativement à celle de la compagnie des canonniers.

Lecture faite d'une lettre du tribunal du diftrict en datte du jour d'hier, le corps municipal, confidérant qu'il a deja arrêté & exécuté les mefures que lui ont paru exiger le refpect dû à la loi & le maintien des droits du peuple bleffés dans la perfonne de fes adminiftrateurs. Arrête qu'il n'y a pas lieu à délibérer & que le préfent arrêté fera adreffé au tribunal de diftrict par le procureur de la commune.

Lecture faite d'une lettre adreffée par l'accufateur public en reponfe à l'envoy qui lui a été fait de l'arrêté portant denonce de l'attroupement qui a eu lieu le douze du courant & par laquelle il demande d'être eclairé & fixé fur le degré de foi que méritent les procès verbaux de la municipalité, afin qu'il puiffe en faire l'ufage relatif dans la pourfuite des coupables qui y font denoncés. Le corps municipal arrête d'adreffer un memoire à l'affemblée nationale pour que fur fa reponfe il puiffe favoir à quoi s'en tenir fur la foi qui eft duë à ces procès verbaux.

1791.

PAGE 230.

1791.

M. Allut a dit: que quoique les reglemens relatifs à la police du spectacle deffendent aux marchands, colporteurs & aux revendeuses d'oranges & de gatteaux de se placer dans le vestibulle de la salle pour que l'entrée ne soit point embarrassée, cependant il s'est apperçu que soit par la négligence de la suitte municipale, soit parceque la troupe de ligne n'a peut-être pas la consigne nécessaire, le vestibulé est toujours plein de marchands, revendeuses ou de mendians qui, outre le bruit qu'ils font, interceptent le passage. Il propose pour remedier à cet inconvenient de faire une requisition au commandant des troupes de ligne pour qu'il leur soit donné la consigne expresse de faire vuider le vestibulle de la salle de telle, sorte que l'entrée & le passage soient entierement libres. Le corps municipal adopte la proposition de M. Allut, charge le bureau de faire la requisition nécessaire.

PAGE 231.
PAGE 232.

* Du quinze avril heure de quatre de relevée. * M. le procureur de la commune a dit qu'en conformité de l'arrêté du conseil général du sept de ce mois, il en avoit adressé extrait à MM. les administrateurs de l'hopital St Eloy qui s'étoient empressés d'y satisfaire en lui adressant un état detaillé de la situation actuelle de cette maison, de sorte que la necessité urgente de l'emprunt proposé par ses administrateurs ne pouvant pas être revoquée en doute & ayant satisfait au moyen de cet état à la disposition de l'art. 7 du decret du 29 mars dernier il ne sauroit y avoir de difficulté à ce que le conseil donne son assentiment à la demande de cette administration.

Lecture faite dud. état, le conseil arrête qu'il y a lieu d'appuyer auprès des directoires de district & de département la demande des administrateurs de l'hopital de St Eloi en permission d'emprunter une somme de vingt mille livres pour fournir aux besoins pressans de cette maison, charge le procureur de la commune d'adresser au directoire de district le memoire & l'état de situation remis par ces administrateurs.

PAGE 233.

* M. Cambon, au nom du bureau municipal, rend compte des mesures par lui prises pour s'assurer des predicateurs pendant le carême; il observe que quoique ces predicateurs n'ayent pas pû precher les stations parceque MM. les curés des paroisses ont trouvé à propos d'occuper les chaires, il n'est pas cependant possible de se refuser au payement de ces mêmes predicateurs qui se sont rendus en ville sur la foi des lettres à eux ecrites par le corps municipal & qui n'ont pû precher le careme dans d'autres villes; que le bureau a fait de son mieux pour diminuer le payement qui devroit rigoureusement leur être fait & que d'abord sur le nombre de cinq predicateurs on a trouvé moyen de se degager vis-à-vis de deux, que quant aux trois autres il n'est pas possible de les renvoyer sans les indemniser, savoir M. Truchement d'une somme de trois cens livres, M. Ichan, d'une de deux cens quarante & M. Aigues-Vives d'une de cent vingt, en consequence M. Cambon propose en execution de l'arrêté du directoire de département du huit de ce mois de fixer ces indemnités ainsi qu'il vient de le proposer. Le conseil général adopte en entier la proposition du bureau municipal & le charge en consequence de faire payer à M. Truchement, trois cens livres, à M. Ichan, deux cens quarante livres & à M. Aigues-Vives cent vingt livres.

Du seize avril, heure de dix avant midi. Le conseil général assemblé lecture faite du rapport remis par le commandant du poste de la maison commune de la nuit derniere, contenant qu'on a trouvé au devant de la porte de la maison où M. l'évêque du département de l'Hérault a couché, une potence bois & un tableau representant un évêque pendu avec des inscriptions attroces & incendiaires, lad. potence & led. tableau ayant été deposé dans la maison commune par deux particuliers.

Le conseil général charge M. Lafabrie de dresser procés verbal des faits relatifs à cet evenement, même d'entendre les deux particuliers qui ont trouvé la potence & le tableau, ainsi que tous autres qui pourroient fournir des eclaircissemens sur les auteurs, fauteurs & complices de cette attrocité & charge aussi M. le procureur de la commune de les denoncer à l'accusateur public en lui envoyant avec la potence & le tableau extrait du présent arrêté, ainsi que du procés verbal qui sera tenu par M. Lafabrie.

M. le commandant général de la garde nationale est introduit, il fait part au conseil de la decouverte qui vient d'être faite par les volontaires de poste à la citadelle, d'un travail assés considérable qui a été fait secretement dans un souterrain de cette citadelle, il invite le conseil à envoyer une commission sur les lieux pour faire la vérification de ces dégradations & aviser aux moyens de les réparer le plus promptement. Le conseil général charge le bureau municipal de se transporter sur les lieux à l'effet de verifier les dégradations dont s'agit pour sur le compte qu'il en rendra être pourvû à la réparation ainsi qu'il conviendra & cependant lui donne pouvoir de prendre toutes les mesures que la sureté de la citadelle pourra exiger sur le moment.

M. le maire a dit : que la société des amis de la constitution & de l'égalité, ayant invité la municipalité d'assister à une messe que cette société fait celebrer aujourd'huy pour le repos de l'ame d'Honnoré Riquetti Mirabeau dans l'église du college, il propose au conseil de s'y rendre, ayant à cet effet requis la garde d'honneur pour l'accompagner.

Le commandant de la garde d'honneur ayant été introduit & ayant annoncé que cette garde étoit aux ordres du conseil, le conseil * général s'est mis en marche & s'est rendu dans l'église du college; il a assisté à la messe de mort qui y a été célébrée & est revenu à la maison commune toujours escorté de la garde d'honneur à laquelle il a fait ses remercimens & a arrêté de dresser le present procés-verbal.

Du dix neuf avril, heure de quatre de relevée. Le conseil général assemblé. M. le maire rappelle au conseil que M. Brichard, notaire à Paris & capitaine du bataillon des cordelliers, n'a cessé depuis le commancement de la revolution de donner des preuves d'un zele sans bornes à la commune en général, à la garde nationale & à la chambre de commerce en particulier & à tous les citoyens que la fédération ou leurs affaires avoient amenés à Paris ; il a observé que les soins généreux de M. Brichard étoient plus necessaires que jamais dans ce moment où la commune avoit à suivre le procés contre les entrepreneurs de l'ancienne salle des spectacles, la

1791.

PAGE 236.

délibération fur l'etat des dettes de la ville & fa reclamation fur la citadelle, enfin il a obfervé au confeil qu'en donnant à M. Brichard un temoignage public de fa confiance il s'acquiteroit envers ce généreux patriote de la feule * maniere qui put lui être agréable & qu'il obligeroit en fa perfonne tous les citoyens que M. Brichard avoit obligés.

Surquoi le confeil général, prenant en confidération le zele de M. Brichard, le befoin où il eft d'en recueillir encore les fruits & la jufte reconnoiffance qui lui eft due, a unanimement arrêté de le prier d'accepter le titre de fon deputé extraordinaire auprès de l'affemblée nationale, fe concertant à cet effet avec MM. Mourgues & Bezard deja fes deputés & a chargé M. le maire de lui adreffer le prefent arrêté pour lui fervir de titre en lui exprimant les fentimens du confeil.

Sur le rapport du comité des impofitions, concernant la demande de M. de Timbrune, ci-devant gouverneur de la ville & de la citadelle, du payement des deux mille livres qu'il pretend lui être dues pour l'année 1790, tant pour l'indemnité à raifon de la boucherie de la citadelle, que pour fon droit de logement, le confeil général prenant droit de l'art. 2 du décret de l'affemblée nationale du 20 fevrier 1791, & attendu que M. de Timbrune n'a pas réfidé de fait à Montpellier, après avoir entendu M. le procureur de la commune, a deliberé unanimement qu'il n'y a pas lieu à accueillir la demande de M. de Timbrune.

M. Cambon expofe qu'en execution de l'arrêté du confeil général le bureau a fait faire payement aux trois predicateurs, avec lefquels il avoit été pris des engagemens pour faire precher les ftations de ce careme, de la fomme de fix cens foixante livres à titre d'indemnité; mais que cette depence étant une depenfe nationale comme faifant partie des frais du culte divin dont la nation s'eft chargée, il convient d'en demander le rembourcement. Le confeil général arrête de demander le rembourcement de la fomme de fix cens foixante livres dont s'agit comme provenant d'une depence nationale, auquel effet charge le procureur de la commune d'adreffer extrait du prefent arrêté au directoire de diftrict qui le tranfmettra avec fon avis au directoire de département.

PAGE 238.

Du dix neuf avril, fix heures de relevée. * Un des membres expofe qu'il eft important de proteger la fureté de l'echafaudage dreffé pour la conftruction de la colonne que des patriotes elevent fur la place de l'efplanade & que des malveillants menacent. Que d'autre part il s'introduit journellement dans la ville une quantité confiderable de mendians & gens fans aveu dont il eft important de purger la cité furtout dans les circonftances actuelles. Qu'enfin il paroitroit neceffaire de faire renforcer par la troupe de ligne les deux poftes occupés par la garde nationale jeudy prochain pendant la vifite des eglifes & le lendemain vendredy jufqu'à midy. Le corps municipal arrête de requerir M. Montagu, commandant les troupes de ligne, de donner fes ordres afin qu'il foit fourni demain à midy un pofte à l'ancien corps de garde de l'Efplanade, lequel pofte fournira une fentinelle qui veillera fur la colonne, les materiaux, les outils & fur les arbres, de donner auſſi ſes ordres pour que les gardes des portes reçoivent la conſigne d'empecher les mandians d'entrer dans la ville & ce juſqu'à nouvelle requiſition, enfin de donner auſſi ſes ordres, pour que quinze hommes de troupes de ligne renfoncent le poſte de la maiſon commune & celui de la place de Notre Dame jeudy prochain, depuis dix heures du matin juſqu'à midy avec la conſigne d'appuyer au beſoin la garde nationale.

1791.

Un des membres expoſe que les ouvrages qu'on vient de decouvrir avoir été pratiqués dans un ſouterrain de la citadelle dans la vue ſans doutte de s'y introduire & de s'en emparer ont inſpiré de telles allarmes à tous les citoyens amis de la conſtitution qu'il ne ſuffit pas pour les calmer d'avoir tout de ſuitte fait mettre la main à l'œuvre à l'effet de la reparation des ouvertures & dégradations furtivement faites à cette place; qu'il eſt public que ces juſtes allarmes ne ceſſeront que lorſque les pièces de canon dont la citadelle eſt munie ne ſeront plus placées ſur les remparts & dirigées ſur la ville. En conſequence il propoſe de faire inceſſament deſcendre & depoſer dans les magazins de cette citadelle toutes les pièces de canon qui ſe trouvent placées ſur les remparts.

Le corps municipal conſiderant les juſtes craintes inſpirées par la decouverte des œuvres pratiquées à la citadelle & combien il importe à la tranquilité publique de les détruire, arrête de faire inceſſament deſcendre & depoſer dans les magazins de cette place toutes les pièces de canon qui ſont ſur les remparts, charge le bureau de toutes les operations * à ce néceſſaires & le procureur de la commune d'obtenir du departement l'autoriſation du préſent arrêté.

PAGE 239.

Du vingt trois avril heure de quatre de relevée. Le conſeil général aſſemblé. M. le maire donne lecture d'une lettre de M. Guichard, officier municipal, contenant demiſſion de ſa place. Le conſeil général a reçu la demiſſion de M. Guichard, a renvoyé au corps municipal pour l'inſtallation du premier notable qui doit le remplacer aux termes de la loi.

*Du vingt ſix avril heure de onze avant midi. M. le maire a dit que M. Guichard, officier municipal, ayant donné ſa demiſſion, laquelle avoit été acceptée dans une aſſemblée du conſeil général, M. Chaptal, premier notable, avoit été convoqué en qualité d'officier municipal élu par la loi, à l'effet de ſon inſtallation à la place d'officier municipal dans la preſente aſſemblée. Le procureur de la commune a requis qu'attendu la preſence de M. Chaptal, il pretat ferment en qualité d'officier municipal. Le corps municipal a arreté que M. Chaptal pretteroit de ſuitte le ferment requis; & à l'inſtant ſa main levée à Dieu, il a juré de maintenir de tout ſon pouvoir la conſtitution & ainſi ſon inſtallation a été faite.

PAGE 242.

Du vingt huit avril heure de onze avant midi. Sur la petition preſentée par M. Chiris, légalement elu & canoniquement inſtitué curé de St Hillaire, aux fins de ſon inſtallation. Vu l'extrait du procès verbail de ſon election & l'acte de ſon inſtitution canonique.

Le corps municipal a arrêté que l'inſtallation demandé ſera faite dimanche premier may & a nommé MM. Lafabrie & Charolois, officiers municipaux,

1791. commiffaires, pour y proceder, affiftés de M. le procureur de la commune, les chargeant de prendre toutes les mefures à ce néceffaires & arrète qu'extrait du préfent fera envoyé par M. le procureur de la commune au fr Ricome, ci-devant curé de St Hillaire, afin qu'il ait à remettre famedy prochain auxdits commiffaires les clefs & effets de lad. paroiffe.

PAGE 244. * Lecture faite du rapport du commandant du pofte de la maifon commune contenant que les patrouilles de nuit ne fe font qu'avec une difficulté extreme, attendu l'obfcurité & la boue qui regnent depuis quelques jours & dans lequel il invite la municipalité à faire allumer les reverberes, fans quoi les volontaires fe refufent à parcourir les rues ne voulant pas expofer leur vie à moins que les patrouilles ne foient precedées d'un flambeau, lefquelles deviennent alors inutiles, parce que les malveillants qui le voyent venir ont tout le tems de fuir. Le corps municipal prenant en confideration les motifs du raport dont lecture ayant été faite & vû les circonftances autorife le bureau à faire allumer ce foir les reverberes & renvoye au confeil général pour déliberer la continuation de cette precaution & la depence neceffaire.

Lecture faite d'un memoire prefenté à la municipalité par les commiffaires du fauxbourg de Celleneuve, par lequel ils réclament, non feulement le payement du traitement accoutumé pour le regent des ecoles & qui étoit affecté fur le produit d'une prebende du ci-devant chapitre cathedral, mais encore une augmentation de ce traitement ainfi que celui de la regente. Le corps municipal penetré des juftes motifs qui fondent la reclamation des habitans de Celleneuve arrète de prefenter au directoire de diftrict le memoire fus enoncé & de l'appuyer pour obtenir le fuccés qu'il merite, charge à cet effet le procureur de la commune d'adreffer led. memoire avec un extrait du prefent arrêté à M. le procureur findic du diftrict. Sur ce qu'un des membres a obfervé que plufieurs compagnies de la garde nationale demandent de fufils pour completter leur armement & que la municipalité a à fa difpofition dans la maifon commune un petit nombre reftant de fufils, mais qui ont befoin de quelques réparations.

Le corps municipal charge le bureau de faire racomoder & mettre en etat les fufils qui font depofés dans la maifon commune pour être enfuite ftatué par le corps municipal fur la delivrance à en faire à la garde nationale.

PAGE 245. * Du vingt huit avril heure de quatre de relevée, le confeil général affemblé, lecture faite du rapport du commandant du pofte de la maifon commune, contenant que les patrouilles de nuit ne fe font qu'avec une difficulté extreme attendû l'obfcurité & la boue qui regnent depuis quelques jours & dans lequel il invite la municipalité à faire allumer les reverberes, fans quoi les volontaires fe refufent à parcourir les rues, ne voulant pas expofer leur vie, à moins que les patrouilles ne foient précédées d'un flambeau, lefquelles deviennent alors inutiles, parce que les malveillants qui le voyent venir ont tout le temps de fuir.

Lecture faite auffi de l'arrêté pris ce jourd'hui par le corps municipal qui charge le bureau de faire allumer ce jourd'hui les reverberes & renvoye au conseil général pour la continuation & la depence de cette mesure, le conseil général prenant en considération les raisons ramenées dans le rapport du commandant du poste de la maison commune autorise le corps municipal à faire allumer les reverberes, toutes les fois que les circonstances lui paroitront l'exiger, auquel effet arrête que les reverbères ne seront point deplacés à l'epoque annuelle & charge le procureur de la commune de faire autoriser le présent arrêté pour raison de la dépense extraordinaire que son exécution occasionnera.

* Du trois may heure de quatre de relevée, le conseil général assemblé.
* Sur ce qu'un des membres a dit que les habitans du fauxbourg de Celleneuve se plaignent que le banc que M. Nadal a dans l'eglise paroissialle dud. Celleneuve est placé de maniere à incomoder le service de la paroisse & la place que chaque paroissien a le droit d'avoir dans l'église, le conseil général arrête que M. Nadal sera prié de ranger son banc de maniere qu'il ne gene ni le service de l'eglise ni la place des paroissiens.

M. le maire met sur le bureau les lettres patentes de MM. les juges elus pour composer le tribunal de commerce de Montpellier.

Du quatre may, heure de dix avant midy, lecture faite d'une petition du directeur & acteurs du spectacle de cette ville, tendante à ce que la municipalité appuye auprès de l'assemblée nationale leur adresse qui a pour objet la reduction du tarif proposé par les auteurs dramatiques sur la représentation de leurs pièces.

Le corps municipal arrête qu'il sera fait une adresse à l'assemblée nationale pour appuyer la reclamation du directeur & acteurs du spectacle, charge M. Grand de la redaction & M. le procureur de la commune d'envoyer lad. adresse avec * la petition desdits directeur & acteurs au directoire du district pour être transmise au directoire du département qui les faira parvenir à l'assemblée nationale.

Suit l'adresse de la municipalité à l'assemblée nationale.

Le décret que vous avés rendu le 13 janvier 1791, sur les spectacles porte le dernier coup aux privileges que votre sagesse a proscrits; l'art. 3 de ce décret assure aux auteurs dramatiques leur propriété & les délivre pour toujours de l'arbitraire & des entraves qui ont trop souvent decouragé ou etouffé le talent ; mais l'art. 4 qui aplique aux ouvrages deja représentés le droit d'auteur donne lieu à une interpretation forcée ; la cupidité la saisit & batit sur cette disposition une speculation de finance, un système de vexations également contraire à la justice, à l'intérêt public & à l'esprit qui dirige vos decrets.

Plusieurs auteurs dramatiques & les compositeurs de musique les plus celebres se sont ligués; ils ont fait un tarif tortionaire & pour y assujetir les troupes de comediens de tout l'empire ils ont nommé dans les villes principales des agens chargés de faire souscrire leur tarif par les directeurs &, en cas de refus, d'interdire la représentation de leurs pièces ou de confisquer le produit des recettes. Par là, Messieurs, nous nous voyons à la veille d'être privés d'un spectacle devenu un besoin pour nos citoyens & d'autant plus utile dans ces circonstances, qu'il forme une diversion nécessaire & concourt efficacement par là au maintien de la tranquilité publique.

Le sr Duel dit Neuville, directeur du spectacle de Montpellier, nous a présenté une petition que nous avons l'honneur de vous adresser, il y expose les clauses du tarif des auteurs dramatiques, en demontre l'injustice & surtout l'impuissance où il se trouve de soutenir son etablissement, si ramenant votre decret à son vrai sens & aux principes qui l'ont dicté vous ne mettiés des bornes aux exactions dont on voudroit le rendre victime.

Il paroit, messieurs, qu'en assurant aux auteurs leur propriété, vous n'avés pas voulu donner à la loi un effet retroactif & les autoriser à jouir de ce qu'ils avoient cédé, ni à vendre ce qui ne leur appartenoit plus. Comment pourions nous penser que le public & les directeurs de spectacle pussent être privés aujourd'hui des pièces de théâtre dont ils font en possession depuis dix, vingt, trente années ? Depend-il des auteurs d'asseoir un impot fur des ouvrages qu'ils ont ou fait imprimer & vendre eux-mêmes ou cedé à des éditeurs & par consequent au public.

Nous croyons, Messieurs, que toutes les pièces de théâtre non imprimées quoique deja representées font encore une propriété des auteurs & qu'ils peuvent mettre un prix à la liberté qu'ils donneront aux directeurs de la représenter, foit en recevant d'eux une fomme convenue & une fois payée, foit en s'attribuant un droit quelconque fur le produit des recettes. Ce principe s'applique à plus forte raifon aux ouvrages qui n'ont pas encore été reprefentés ; mais il nous paroitroit aufli abfurde que cruel de revenir fur le paffé, de depouiller le public de l'aliment de fes plaifirs & les directeurs de fpectacle des moyens de foutenir leurs establiffemens en leur otant des pieces dont ils ont actuellement la jouiffance & qu'ils ont acquifes & mifes au theâtre fur la foi des anciens règlemens.

Les recettes des differends théatres du royaume ne peuvent pas être calculées fur celles des théatres de Paris ; le benefice qu'elles donnent fe trouve en raifon de la population, de l'opulence des villes, des etabliffemens qu'elles renferment & du plus ou moins d'affluence des *étrangers, Montpellier ville de troifieme claffe ne peut fupporter la même taxe que Paris, Bordeaux ou Rouen ; en accordant aux auteurs un droit fur les pièces de leur compofition, il feroit jufte de graduer le tarif de ce droit d'après les benefices prefumés que le fpectacle peut produire dans telle ou telle ville ; il feroit jufte encore que ce droit fut plus fort lorfque la piece feroit nouvelle & qu'il diminuat à mefure qu'elle feroit plus connue & par confequent moins courue par le public. Il ne fuffit pas de dire que lorfque la recette donne moins l'auteur reçoit moins : les depenfes fixes du directeur n'en ont pas moins leur cours accoutumé & une taxe, un impot quelconque, ne peut frapper que fur les benefices.

Nous attendons de votre juftice, Messieurs, une decifion que l'ordre public réclame ; rien n'eft étranger à votre follicitude paternelle : il feroit douloureux pour nous que les calculs parcimonieux de quelques auteurs puffent rendre plus difficile le maintien de la paix dans notre cité, paix qui fait l'objet de tous nos foins & qui en eft la plus douce récompenfe.

L'an mil fept cens quatre vingt onze & le quatrieme may, heure de quatre de relevée. Le confeil général de la commune s'eft reuni pour l'inftallation des juges de commerce. Il s'eft rendu dans la maifon où la ci-devant jurifdiction confulaire tenoit fes féances. Il a fiegé fur le tribunal & les juges élus dans le parquet. M. le procureur de la commune a requis que MM. François Farel, Vidal, Pierre Fajon, Granier fils ainé & Thorel fils, elus juges du tribunal de commerce de Montpellier, fuffent inftallés dans leurs fonctions après avoir pretté le ferment * prefcrit par la loi. Le confeil s'eft levé & l'affemblée obfervant un religieux filence MM. François Farel, Vidal, Pierre Fajon, Granier fils ainé & Thorel fils ont prononcé le ferment de maintenir de tout leur pouvoir la conftitution du royaume decretée par l'affemblée nationale acceptée par le roi, d'être fidelles à la nation à la loi & au roi & de remplir avec exactitude & impartialité les fonctions qui leur font confiées. Le confeil eft enfuite defcendu dans le parquet & les juges font montés fur le tribunal. M. le maire a prononcé au nom du peuple l'engagement de porter audit tribunal & à fes jugemens le refpect & l'obeiffance que tout citoyen doit à la loi & à fes organes.

Du quatre may heure de cinq de relevée. Lecture faite d'une lettre de M. l'Evêque du département de l'Hérault, par laquelle il annonce que M. J. Bellugou, elu curé de la paroiffe Ste Anne, a été nommé vicaire de l'églife cathedrale du département & qu'il ne peut venir prendre poffeffion de fa cure malgré les inftances deja faites auprès dud. fr évêque dans une lettre à lui ecrite par le corps municipal. Le corps municipal confiderant la néceffité abfolue que M. Bellugou n'abandonne pas dans le moment prefent la cure de Ste Anne & combien il importe de fe hater de le decider à en venir prendre poffeffion, arrête de lui faire une deputation de deux membres qui fe rendront de fuitte à la ville de Beziers * afin de l'engager par tous les moyens à fe rendre inceffament à Montpellier pour y être inftallé curé de Ste Anne & MM. Charolois, officier municipal & Fargeon, procureur de la commune ont été nommés deputés.

Du fix may heure de quatre de relevée. Lecture faite de la petition prefentée par MM. Truchement & Barry, élus curés des paroiffes St Pierre & St Denis, en datte du cinq de ce mois, tendant à ce qu'attendu leur election, proclamation & inftitution canonique pour lefdittes cures, il foit procedé à leur inftallation dimanche prochain huit. Le corps municipal confidérant qu'il importe effentiellement à la tranquilité publique que le remplacement des quatre curés de la ville ait lieu le même jour & attendû que l'inftallation des deux prêtres elus pour les cures Notre Dame & Ste Anne qui ne fe font pas encore prefentés ne peut avoir lieu dimanche prochain, arrête que l'inftallation demandée par MM. Truchement & Barry fera faite le dimanche quinze du courant, en même temps que celle des deux autres élus pour les cures Notre Dame & Ste Anne.

Arrête auffi que le directeur de diftrict fera prié de prendre en confideration lors du payement des honnoraires de M. Truchement le retard de fon inftallation néceffité par les circonftances, de telle forte qu'il lui foit accordé une indemnité pour raifon de fon fejour inutile en cette ville, avec quatre vicaires & hors de la * maifon curiale, depuis fon arrivée jufqu'au jour de fon inftallation effective.

Du fept may heure de dix avant midi. Sur ce qu'un des membres a dit que plufieurs perfonnes fe prefentent pour demander la permiffion de dreffer un caffé fur le champ de mars à côté de la promenade de l'efplanade pendant l'eté & qu'il convient de mettre au concours l'adjudication de cette faculté. Le corps municipal renvoye au bureau pour recevoir les offres & faire l'adjudication à celui qui faira la condition meilleure de la façulté de tenir caffé pendant cet été fur le champ de mars à côté de la promenade de l'Efplanade.

* Du neuf mai heure de onze avant midi. MM. Charolois & Fargeon, commiffaires deputés auprès de M. Bellugou à Beziers, étant de retour, ont rendu compte de leurs operations dont le refultat eft qu'ils font parvenus à le decider à fe rendre à Montpellier pour prendre poffeffion de la cure Ste Anne le dimanche quinze du courant au cas la municipalité ne puiffe pas trouver un procuré pour le remplacer; ils ont ajouté que jufques ici leurs demarches avoient été infructueufes pour fe procurer ce remplacement, ainfi il y avoit lieu d'écrire inceffament à M. Bellugou pour le prier de tenir fa promeffe de telle forte qu'il peut être rendu ici le dimanche quinze à l'effet de fon inftallation.

D'autre part il a été dit que M. Gautier, élu curé de la paroiffe Notre Dame, ne pouvant point encore fe rendre en cette ville à caufe de la refidence eloignée & étant même doutteux qu'il accepte fon election, il y auroit lieu pour faire le remplacement entier des quatre curés de la ville de demander à M. l'évêque du département un procuré pour cette paroiffe en attendant l'arrivée ou le remplacement de M. Gautier. Il a été dit enfin

1791. qu'il convenoit de fixer les mesures à prendre pour l'installation des quatre curés.

Le corps municipal arrête 1° de demander à M. l'evêque du département, un procuré pour la paroisse Notre Dame, 2° de prier M. Belugou de venir prendre possession de la cure Ste Anne; auquel effet MM. Charolois & Fargeon sont chargés de lui écrire 3° que le remplacement entier des quatre curés se faira dimanche prochain quinze du courant à neuf heures du matin, 4° que lad. installation se faira au même moment dans les quatre paroisses par commissaires, 5° Renvoye au bureau pour faire avec l'etat major de la garde nationale les dispositions nécessaires à la sureté & tranquillité de la ville lors de lad. installation.

* Du neuf mai heure de cinq de relevée. Le conseil général assemblé. Lecture faite d'un arrêté du directoire de département en datte du six du courant, portant que l'administration de l'hopital général sera continuée par la municipalité & les autres citoyens qui seront elus ou appelés par le conseil général de la commune sous la surveillance du département en la forme constitutionnelle.

Le conseil général arrête que l'administration de l'hôpital général qui entrera en exercice le dimanche vingt neuf du courant sera composée de M. le maire & de M. le procureur de la commune en leur qualité; de trois officiers municipaux, de trois notables, de dix huit citoyens & d'un tresorier.

En consequence l'election au scrutin a été faite sur le champ de MM. Allut, Charolois & Grand, officiers municipaux, de MM. Brun, Coste & Dumoulin, notables & de MM. Bastide père, negt, Bourdet, bourgeois, Mejean, chirurgien, Flandio, Haguenot, Fabre ex-conseiller, Dupin, negt, Despoux, Claris ainé ex procureur, Doumenq, negt, Puech Bourrely, Granier pere, negt, Nouguier, * banquier, Figuier, bourgeois, François Brun, Tisson fils, Quatrefages & Tesses ainé, tous citoyens de Montpellier.

Et quant à l'election du tresorier elle a été ajournée. Cependant M. le procureur de la commune est chargé de donner connoissance aux corps administratifs du present arrêté en en adressant un extrait à M. le procureur sindic du district, comm'aussi d'en donner connoissance à l'administration actuelle de l'hopital général en lui envoyant pareil extrait.

Du onze may heure de onze avant midi. Sur ce qui a été observé par un des membres que l'état major de la garde nationale a exprimé son vœu, pour que l'ancien jardin de la maison commune soit accessible aux compagnies de cavalerie pour s'y reposer pendant leurs patrouilles & dans toute autre occasion. Le corps municipal arrête qu'il est important de donner à la garde nationale la satisfaction qu'elle désire pour le bien de son service, en consequence charge le bureau de faire agrandir la porte d'entrée de l'ancien jardin & celle de l'orangerie attenante de telle sorte que les compagnies de cavalerie puissent y entrer & s'y reposer.

Le corps municipal en execution de la loi sur la constitution civile du clergé & autres loix subsequentes. Vu l'arrêté du directoire du district du

23 avril dernier. Arrête que l'inftallation des curés fera faite dimanche prochain * quinze du courant, fomme MM. les curés encore en place, au nom de la loi & à peine d'être pourfuivis comme perturbateurs de l'ordre public, d'avoir évacué led. jour avant fix heures du matin les maifons curiales & leurs dépendances chacun pour ce qui les concerne, comm'auffi de laiffer le même jour & à la même heure à la difpofition de la municipalité les ornemens, vafes facrés & autres effets de chaque eglife & facriftie, le procureur de la commune demeurant chargé d'adreffer à MM. Poujol, Caftan, Cuffac & Manen un extrait en forme du préfent arrêté & de juftifier dans les vingt quatre heures de fes diligences.

Du onze may, heure de quatre de relevée. Le confeil général affemblé. Lecture faite d'un arrêté du directoire de département qui nonobftant le vœu contraire de la municipalité décide qu'elle doit faire payement des affuts des petits canons de la garde nationale, le confeil général arrête de faire ce payement, renvoye au bureau municipal pour faire regler & moderer les comptes des ouvriers pour l'expedition des mandements néceffaires à leur payement.

Lecture faite de plufieurs arrêtés du corps municipal contenant les difpofitions déja prifes pour l'inftallation des quatre curés des paroiffes de la ville. Lecture faite auffi de l'arrêté du directoire de diftrict approuvée par celui de département, portant que le ferment de l'inftallation doit être pretté devant le confeil général de la commune. Le confeil général arrête de faire dimanche prochain quinze du courant *, neuf heures du matin l'inftallation des quatre curés des paroiffes St Pierre, Notre Dame, Ste Anne & St Denis, auquel effet nomme MM. le maire, Montels, Lafabrie, Serres, officiers municipaux, Brun & Cofte, notables, pour la paroiffe Notre Dame; MM. Cambon, Puech, Chreftien, officiers municipaux, Thibal, Pagès, notables & Fargeon, procureur de la commune pour la paroiffe St Pierre; MM. Bongue, Chaptal, officiers municipaux, Nougaret, Demoulin, notables & Gas, fubftitut du procureur de la commune pour la paroiffe Ste Anne & MM. Bouchet, Brieugne, Charolois, officiers municipaux, Rouch & Sabatier, notables, pour la paroiffe St Denis, chargeant chacune des quatre commiffions en particulier de toutes les opérations relatives à la retraite des anciens curés & à l'emplacement effectif des nouveaux.

Du treize may heure de onze avant midi. Sur ce qu'il a été obfervé qu'il eft indifpenfable, pour l'inftallation des quatre curés qui doit avoir lieu dimanche prochain, de s'affurer d'un nombre fuffifant de chantres pour la célébration des meffes paroiffiales, comm'auffi que la prudence exige qu'il foit placé des corps de garde pour veiller à la fureté perfonnelle de MM. les nouveaux curés lorfqu'ils auront été inftallés ;

Le corps municipal charge le bureau de requérir les chantres néceffaires pour la célébration des meffes & de faire placer des corps de garde pour veiller à la fureté perfonnelle de MM. les nouveaux curés lorfqu'ils auront été inftallés.

Lecture faite d'une lettre écrite par M. Poujol, curé * de la paroiffe

1791.

St Pierre, en reponce à celle qui lui a été ecrite par M. le procureur de la commune pour lui annoncer fon remplacement.

Le corps municipal certifié de l'impoffibilité où eft le fr Cambis retenu malade dans fon lit de fe prefenter à fa féance nomme MM. Bongue & Allut, officiers municipaux, pour avec le procureur de la commune fe tranfporter dans la maifon du fr Cambis & y recevoir fon ferment civique.

Du quatorze may heure de quatre de relevée. Le confeil général affemblé. M. Rouveyre, curé de la ville de Sumene eft annoncé & *introduit ; il remet fur le bureau l'acte de fa nomination à la procure de Notre Dame en attendant l'inftallation ou le remplacement de M. Gautier, elu curé de cette paroiffe & il requiert d'être mis en poffeffion des fonctions curiales demain dimanche avec les autres trois curés de la ville. Le confeil général donne acte à M. Rouveyre de la remife de fon titre & de fa requifition & arrête que fon inftallation de procuré aura lieu demain avec celles des autres trois curés de la ville.

PAGE 260.

Du quinze mai heure de trois de relevée. Le confeil général affemblé. * Sur la demande de M. Bellugou, curé de la paroiffe Ste Anne, qui a reprefenté, que s'étant rendu précipitamment au vœu de la commune, pour remplir le pofte que le corps electoral lui avoit confié, il n'avoit peu fe procurer les meubles néceffaires à fon logement, nous priant de vouloir bien y pourvoir provifoirement. Surquoi le confeil général vu les arrêtés des directoires de département & de diftrict des 23, 29 & 30 avril dernier a nommé M. Cambon conjointement avec M. le procureur de la commune pour preparer le logement provifoire demandé par le curé de la paroiffe Ste Anne & vu que le couvent des ci-devant grands carmes fe trouve vuide & que les effets jouis per eux appartenant à la nation font fous le fcellé, le confeil a prié MM. les commiffaires de fe retirer devers le directoire du diftrict afin qu'il veuille bien permettre de fe fervir provifoirement de partie defd. effets fur le chargement qui en fera fait par M. Bellugou, curé, charge le procureur de la commune d'envoyer extrait du prefent au directoire de diftrict.

PAGE 261.

Du dix neuf mai heure de cinq de relevée. Un des membres remet fur le bureau la loi du 17 avril dernier relative au ferment à pretter par les profeffeurs & autres perfonnes chargées de l'inftruction publique & par les chapelains deffervant les hôpitaux & prifons. Il obferve que par une fauffe * interpretation des loix des 26 décembre & 22 mars dernier qui prefcrivent le ferment à pretter par les fonctionnaires publics, plufieurs de ces fonctionnaires n'avoient pas cru y être foumis, mais que la loi du 17 avril étant pofitive à l'égard de toutes perfonnes chargées d'une fonction publique dans le département de l'inftruction ainfi que des chapelains deffervant les hopitaux & prifons, il convient de prendre les mefures néceffaires pour que tous ces fonctionnaires rempliffent le vœu de la loi.

PAGE 262.

Le corps municipal arrête que MM. les profeffeurs & agregés en droit, MM. les profeffeurs en médecine & MM. les profeffeurs en chirurgie feront invités d'obeïr chacun pour ce qui les concerne aux loix des 26 décembre

& 22 mars dernier, à peine d'être dechus de leurs fonctions, conformement à l'art. 1er de la loi du 17 avril fuivant, qu'à cet effet ils fe concerteront dans le délai de huitaine avec M. le maire pour arretter le jour où le ferment prefcrit fera par eux pretté dans leurs écoles en préfence du confeil général de la commune. En conféquence charge M. le procureur de la commune d'adreffer à chacun des fufdits fonctionnaires un extrait du préfent arrêté avec un exemplaire de la loi du 17 avril.

Et quant aux autres perfonnes chargées d'une fonction publique dans l'inftruction ainfi qu'aux chapelains des hopitaux & prifons, le corps municipal charge le bureau de lui prefenter inceffament un etat de ces fonctionnaires.

Lecture faite d'un mémoire figné par les ci-devant religieux carmes dechauffés de cette ville, contenant la relation de l'enlevement qui a été fait à leur églife de la pierre facrée de l'autel qui fe trouve dans la chapelle Ste Margueritte & dont ils n'ont pû découvrir les auteurs, contenant auffi que dans la crainte d'autres pareils enlevemens ils crurent néceffaire d'enlever eux mêmes & mettre en fureté les autres pierres facrées de la même églife, & contenant enfin qu'informés que M. Gache, marchand droguifte de cette ville, avoit enlevé la pierre facrée de la chapelle St Michel lui appartenant ils s'étoient tranfportés chés lui & en avoient reçu réponce que fon intention etoit de ne point la remettre, mais que fi la municipalité juge à propos de le mander il lui en expofera les raifons. Le corps municipal arrête que les ci-devant religieux fairont un * chargement de toutes les pierres facrées qu'ils ont deplacées & mis en leur pouvoir, comm'auffi que led. fr Gache fera mandé au prochain bureau de police, pour y repondre fur la denonce contre lui faite par lefdits religieux.

Du vingt may heure de dix avant midy, le corps municipal affligé de la fermentation qui regne dans les efprits, des attroupemens qu'elle occafionne, & des voies de fait qui en ont été la fuitte, confidérant que les reprefentants de la nation ont fait la loi, établi des autorités pour la faire executer & une force publique pour en appuyer l'execution, arrête qu'il fera fait une adreffe aux citoyens pour ramener ceux qui pourroient y manquer, aux principes & aux fentimens qui doivent diriger & animer de bons citoyens, fait defence à toute perfonne : 1° de commettre aucun fcandale dans les églifes, ou d'y troubler le fervice divin, 2° de fe permettre des propos ou cris infultans contre aucun citoyen & notamment contre les fonctionnaires publics, 3° de former des attroupemens ou d'ufer des voies de fait fous quelque pretexte que ce foit ;

Invite les citoyens à inftruire la municipalité de toute atteinte qui feroit portée à la loi & au bon ordre, arrête que les commandans de la garde nationale, troupe de ligne & gendarmerie nationale, feront requis de donner leurs ordres pour que les contrevenans aux precedentes difpofitions foient arrêtés & traduits à la maifon commune.

Suit l'adreffe ci-deffus déliberée.

1791.

La municipalité de Montpellier aux citoyens.

La constitution s'avance ; elle s'affermit de jour en jour ; bientôt elle se conciliera tous les cœurs. Que chaque citoyen puisse jouir en paix des biens qu'elle procure & tous les cœurs seront pour elle. Unissons nous pour assurer à tous la jouissance de ces biens. Nous ne pouvons y parvenir qu'en obeissant à la loi, en remplissant les uns & les autres, les devoirs qu'elle nous impose.

PAGE 264.

Nous dépositaires de vos droits, gardiens de votre liberté, nous veillerons sans relache sur ce depot sacré, & nos demarches appuyées * sur la loi feront toujours avouées par elle ; nous n'employons à sa défense que les armes qu'elle même a mis dans nos mains ; rien ne pourra nous faire manquer à notre devoir & rien ne pourra nous en faire sortir.

Vous citoyens, pleins de confiance dans les magistrats que vous avez choisis, vous les entourerés de vos lumieres, de votre courage, de votre fidelité & vous imiterez leur exemple en ne vous écartant jamais de la loi ; toujours vous aurés presens à l'esprit ces [principes sur lesquels la constitution, la liberté reposent comme sur une base inebranlable.

La loi se suffit à elle même, les magistrats depositaires de sa force, ont reçu d'elle des moyens suffisans pour la maintenir ; le seul appui que les bons citoyens leur doivent c'est celui d'une surveillance paisible, d'une confiance soutenue, d'une soumission eclairée. Si la loi est outragée par ceux qui en meconnoissent les bienfaits ou osent lui desobeïr, elle le feroit aussi par ceux qui trop confians dans la pureté de leurs intentions, employeroient à sa défense des moyens qu'elle désavoue. L'inexécution des loix, quelque en soit le motif, attaque la constitution ; elle est menacée par le désordre autant que par la résistance. La résistance ! eh comment la craindre, si nous demeurons unis, vertueux & fideles ! quelle force, quelle puissance pourroit lutter contre un peuple libre, juste & sage qui se rallie autour de la loi & qui s'y rallie avec cette sérénité, ce courage que donne la conscience d'une bonne cause ; contre un peuple qui deffendant la liberté, l'égalité, les droits de tous, associe à leur défense & à l'intérêt qu'elle inspire, non seulement tous les hommes bons & éclairés, mais tous les peuples, l'univers entier ?

Vous avez craint que les ennemis de la constitution ne se reunissent, qu'ils ne formassent une affiliation ; avez vous oublié celle des citoyens fideles ? Avez vous oublié que la France est federée ?

L'intérêt particulier, les passions & la plus aveugle de toutes, le fanatisme, menacent, dites vous, la constitution. Avez vous oublié que la loi est pour vous, que la raison est pour vous, que la force des choses est pour vous ? laissez, ah ! Laissez la raison souveraine défendre son ouvrage, & lorsque la verité est aux prises avec les prejugés, la nature avec l'opinion, ne doutez pas de la victoire.

Mais rendons la paisible & juste cette victoire des bons principes, que les ennemis même de la constitution soient forcés à l'aimer, que le bonheur nous la ramène, ou du moins s'ils ne partagent nos opinions, qu'ils ne puissent blamer notre conduite.

Jouissons de la liberté en en laissant jouir les autres ! faisons respecter la constitution en la respectant nous même, & n'oublions pas que nul n'est comptable de ses actions qu'aux magistrats organes de la loi, qu'il ne peut en être recherché ni puni que par elle & dans les formes qu'elle a prescrités ; que dès que un citoyen peut en craindre un autre la loi n'est qu'un vain nom & l'anarchie commence.

PAGE 265.

Elle est le seul espoir des ennemis de la constitution ; ils cherchent à l'amener d'un côté en irritant par des provocations & des cris insultants le patriotisme des bons citoyens, afin de les * entrainer au delà du but & de faire calomnier la constitution ; de l'autre en multipliant tellement les embarras que les magistrats du peuple se découragent.

Vains efforts ! manœuvres inutiles ! chaque jour le peuple s'eclaire, il apprend à connoitre ses intérêts, à discerner ses vrais amis ; il n'accusera pas longtems la loi des désordres qu'occasionne le refus de s'y soumettre.

Et nous, fidèles à notre serment, fideles à notre mandat, nous garderons jusques à la fin le poste où vous nous avez placés ; vous serés toujours citoyens & nous demeurerons vos magistrats.

PAGE 266.

Du vingt may heure de quatre de relevée. * Sur la pétition présentée par les habitants de Celleneuve, portant demande d'un procuré pour être installé dimanche prochain ; sur la demission du curé élu ; sur le vœu aussi presenté par lesd. habitans en faveur de M. Duni, curé constitutionnel de Cournon-Terral qui a déjà offert sa demission & acceptation de la procure de Celleneuve, le corps municipal a arrêté d'appuyer auprès de M. l'Evêque du département de l'Hérault la demande & le vœu des habitants de Celleneuve, en lui representant qu'il importe à la tranquilité publique que l'installation en soit faite dimanche prochain, charge le procureur de la commune d'adresser extrait du present au directoire du district & à M. l'évêque du département.

Lecture faite de l'arrêté du directoire de département du 18 courant qui demande l'avis du corps municipal pour savoir s'il convient au maintien de l'ordre public de conferver dans le territoire de la commune une maifon religieufe. Le corps municipal confidérant que le confeil général de la commune a deja compris dans fon achat des biens nationaux le couvent des ci-devant Capucins & qu'il a arrêté d'en pourfuivre l'acquifition définitive pour en faire un marché, établiffement indifpenfable pour la cité.

Confiderant que le confeil général a déja manifefté fon vœu pour l'établiffement d'une paroiffe au couvent des ci-devant Recolets pour la translation de la paroiffe Ste Anne aux ci-devant Trinitaires & pour l'établifement d'un oratoire dans l'églife des ci-devant Mercenaires & que le vœu manifefté par la commune a été adopté par le directoire de diftrict & par l'évêque du département.

* Confiderant que le couvent des ci-devant Mercenaires eft deja vendu, que celui des ci-devant Jacobins eft deja fermé & au moment d'être adjugé, que celui des ci-devant Cordeliers menace ruine & exigeroit des grandes réparations pour être habité, que le couvent des ci-devant Auguftins ne peut loger qu'environ dix à douze religieux, que celui des ci-devant Grands Carmes ne peut en contenir que le même nombre, que ce dernier couvent fert de logement au curé de Ste Anne & que ces deux derniers etabliffemens offrent l'efpoir d'une vente prompte & avantageufe.

Confiderant que d'après les décrets de l'affemblée nationale les maifons de retraite pour les religieux qui veulent mener la vie commune doivent être choifies de preference hors des villes & doivent en contenir au moins vingt.

Confidérant encore que la manifeftation des opinions déja prononcée par plufieurs ci-devant religieux de cette ville pourroit occafionner quelque trouble lorfque les curés iroient exercer leurs fonctions curiales dans les maifons ci-devant religieufes.

Arrête d'indiquer au directoire de département la maifon des ci-devant Carmes dechauffés de cette ville comm'étant la feule convenable au cas où il y ait lieu d'en conferver aucune dans la cité, & comme les fonctions curiales pour le fauxbourg de Boutonnet exige un fervice dans l'églife des ci-devant Recolets ;

Le corps municipal arrête auffi de demander au directoire de département d'autorifer M. le curé de St Pierre à envoyer un vicaire à demeure au couvent des ci-devant Recolets pour y exercer provifoirement les fonctions curiales qui étoient confiées aux ci-devant Recolets jufqu'a ce que l'affemblée nationale aye prononcé fur la circonfcription des paroiffes.

Et attendu que le fervice divin exige qu'il fe célèbre chaque dimanche une meffe aux eglifes des ci-devant Trinitaires & Mercenaires, le corps municipal a arrêté de demander au directoire de département d'autorifer M. le curé de Notre Dame à envoyer un vicaire chaque dimanche à l'églife St Paul pour y dire la meffe & celui de St Denis à envoyer auffi un vicaire chaque dimanche à l'églife de la Mercy pour y dire la meffe jufques à ce que l'affemblée nationale aye prononcé fur la circonfcription des paroiffes,

1791. charge le procureur de la commune d'envoyer un extrait du présent arrêté au directoire de district.

Lecture faite d'une lettre signée « les Recolets de Montpellier », le corps municipal a arrêté que les ci-devant Recolets qui voudront mener la vie privée fairont leur déclaration individuelle devers le greffe de la commune & les renvoye au directoire du district sur la demande en vérification de l'inventaire.

Le corps municipal confidérant que l'inftallation de MM. les curés & le manque des vicaires a neceffité le recours provifoire à des prêtres pour le fervice divin & qu'il eft jufte de les payer, arrête de demander au directoire de département le payement de MM. Biffon & Ferret, faifant les fonctions provifoires de vicaires aux paroiffes de St Pierre & Ste Anne depuis le quinze du courant jour de l'inftallation des curés.

Et attendu que M. Chiris, curé de St Hillaire, exerce aufli * provifoirement depuis le quinze courant les fonctions de vicaire dans l'église de St Denis & que M. Boulet, elu curé de Comballioux, a retardé depuis le huit jufques au vingt deux courant de prendre poffeffion de fa cure pour exercer les fonctions de vicaire en ville & qu'il continue depuis le vingt deux les mêmes fonctions quoiqu'ayant été inftallé curé.

Le corps municipal arrête de demander au directoire de département de leur accorder une indemnité proportionnée au fervice qu'ils ont rendu & rendent à la commune lefquelles indemnités pourront être prifes fur les falaires attribués aux vicaires qui ne font pas encore en fonctions; charge le procureur de la commune d'envoyer un extrait du présent au directoire de district.

Lecture faite d'une lettre écrite à la municipalité par le f^r Avignon, prêtre, par laquelle il demande s'il doit continuer à dire la meffe dans la chapelle du ci-devant hotel de ville, ainfi qu'il l'a fait pendant quatre mois à la prière du f^r Cofte chapelain. Le corps municipal, attendu que le f^r Avignon n'eft point chapelain, déclare qu'il n'y a lieu à deliberer fur fa demande & pour reponfe à fa lettre, charge le procureur de la commune à lui envoyer extrait du préfent arrêté.

* Du vingt cinq may heure de quatre de relevée, le conseil général affemblé, * M. Allut donne lecture d'un projet de petition à adreffer au directoire de département dont la teneur fuit :

<small>Le confeil général de la commune de Montpellier au directoire de département de l'Hérault.
Le confeil général de la commune de Montpellier prit le fept avril dernier une délibération relative à la liquidation de la dette de la commune, l'autorifation que le directoire a donnée fait la matiere de fa réclamation : l'art. 2 de cet arrêté porte : quant à la vente des foffés, terreins des douze pans, et même des murs de ville, dont la propriété paroit inconteftablement acquife par les titres de la commune ; arrête que lefd. maire & officiers municipaux feront tenus avant d'y proceder, de fe retirer devers le roi pour en obtenir la permiffion ; attendu que d'après les decrets de l'affemblée nationale, tout ce qui fert à la défence & fortification des villes du royaume eft foumis à l'autorité & à l'infpection immediate du pouvoir executif, &c. Cette condition impofée à la commune pour la difpofition de fa propriété qui lui eft inconteftablement acquife par titres, doit ceder devant les obfervations fuivantes : par arrèt du confeil du 6 juin 1752 le roi reconnut que les murs, foffés & fortifications des villes de la généralité de Montpellier n'étoient pas néceffaires à la défence de l'état, il les remit à fon domaine corporel, autorifa fes regiffeurs & fermiers de les aliener & à fon bureau des finances de Montpellier d'accorder aux acquereurs les titres convenables, difpofition qui a reçu fon entiere execution puifque les treforiers de France ont inféodé les douze pans inte-</small>

rieurs & chemins des rondes & ont permis suivant les convenances de pratiquer des ouvertures aux murs, disposition que le roi a confirmée encore par un second arrêt du conseil du 27 septembre 1763, par les permissions subsequentes qu'il a accordées de combler les fossés, d'abatre les avant portes, de demolir les fortifications, ensorte * qu'il est hors de doute par ces differents titres, par toutes ces circonstances que sa majesté a permis de disposer des murs, fossés & fortifications de Montpellier, avec cette seule difference que les cens & redevances devoient tourner alors à son profit & qu'elles appartiendront aujourd'hui à la commune, au véritable propriétaire; la condition imposée à la commune par l'arrêté du directoire du département pourroit rendre illusoire cette même propriété, car si les agens du pouvoir executif pouvoient se méprendre sur l'utilité pretendue des murs de ville pour sa defence ou fortification, il en resulteroit que malgré l'alienation de la plus grande partie des fortifications la permission pour la vente ne seroit point accordée, & que la commune resteroit privée du produit d'une propriété considerable, peut être même chargée, comme elle l'a toujours été de son entretien; cette crainte qui semble au premier apperçu sans fondement, prendra quelque consistance, si l'on considère de quelle maniere le pouvoir executif avoit etabli sur lesd. murs de ville son autorité & son inspection; on se persuadera facilement que ce n'etoit point sous le rapport de la defence de la ville en voyant les permissions données par le pouvoir executif de combler les fossés qui entouroient les murs de ville & d'ouvrir deux portes dans led. mur & en lisant les arrêts du conseil ci-joints, rendus pour autoriser les alienations usurpatrices faites sur les douze pans; cet objet etoit donc devenu purement fiscal; il seroit d'ailleurs aussi aisé que superflu de demontrer par le raprochement de la loi sur la legislation domaniale du 22 novembre 1790 & celle qui attribue au pouvoir executif l'autorité & l'inspection sur ce qui sert à la defence & fortification des places fortes, que la premiere laisse une entiere liberté à la commune de disposer de ses murs & que l'autre ne sauroit lui ôter cette liberté ni la rendre conditionnelle; mais quand on y trouveroit quelque disposition conforme à l'arrêté du directoire, il suffit d'avoir prouvé que les murs de ville ne servent ni à sa défence ni à sa fortification pour soutenir avec fondement que cette propriété n'est point soumise à l'autorité & à l'inspection immediate du pouvoir executif; s'il restoit quelque doutte sur cette matiere, l'état actuel des murs, leur peu d'elevation, les breches & ouvertures qu'il y a feroient bien propres à le lever; dans ces circonstances la municipalité de Montpellier espere de la justice & des lumieres du directoire, que, vû les arrets des 6 juin 1752 & 27 septembre 1763, ci-joints, reformant quant à ce son arrêté du dix de ce mois, il s'empressera d'autoriser purement & simplement la vente des fossés, terreins des douze pans & des murs de ville, dont l'alienation est attendue avec empressement par tous les citoyens, puisque non seulement elle doit fournir aux uns des emplacemens utiles & aux autres des moyens de travailler par les constructions qui seront faites sur lesd. terrains; mais encore parce qu'elle doit procurer à la commune des sommes considerables nécessaires à l'acquittement de sa dette.

Le conseil général adopte cette petition & charge M. le procureur de la commune de l'adresser au directoire de département.

* Du vingt sept may heure de quatre de relevée. * Lecture faite d'une petition du sr Moreau, vitrier, tendante au payement de son travail pour avoir numeroté les maisons de la ville, lui étant dû un solde de trois cens livres.

Le corps municipal considerant que l'ouvrage fait par le sr Moreau étoit payable par les particuliers propriétaires & non par la commune ainsi qu'il en convient lui même dans sa petition, rejette lad. petition, sauf aud. Moreau de demander son payement auxdits particuliers proprietaires ainsi qu'il avisera.

Le corps municipal en execution de la loi sur la constitution civile du clergé & autres loix subsequentes, vû l'arrêté du corps municipal du 23 courant & l'institution canonique accordée par M. l'Évêque du département de l'Hérault en faveur de M. Duny pour être procuré de la paroisse de Celleneuve, arrête que l'installation de M. Duny, procuré de Celleneuve, sera faite dimanche cinq du mois de juin en presence de MM. Cambon & Charolois, officiers municipaux & de M. le procureur de la commune; somme M. Caffarel, curé encore en place, au nom de la loi & à peine d'être poursuivi comme perturbateur du repos public, d'avoir évacué led. jour avant quatre heures du matin la maison curiale & ses dependances, comme aussi d'avoir laissé le même jour & à la même heure à la disposition de la municipalité entre les mains des commissaires du corps muni-

1791. cipal du bourg de Celleneuve les ornemens, vases sacrés & autres effets de l'église & sacristie, & sera le present arrêté adressé à M. Caffarel, curé actuel, par M. le procureur de la commune qui justifiera dans deux jours de ses diligences.

PAGE 276. * L'an mil sept cent quatre vingt onze & le vingt neufvieme jour du mois de may heure de onze avant midy. Le conseil général assemblé. M. le maire a dit que la convocation de la presente assemblée avoit été faite pour que le conseil général se rendit de suitte dans le local de l'université de medecine pour y recevoir le serment civique de MM. les professeurs & demonstrateurs de lad. université.

En consequence le conseil général accompagné de la garde d'honneur prise dans la legion nationale s'est rendû à lad. université, & parvenu dans la grande salle des actes publics le procureur de la commune a requis que chacun de MM. les professeurs & demonstrateurs presens à la séance prettassent individuellement l'un après l'autre le serment prescrit à tout fonctionnaire public dans le département de l'instruction.

Ensuite M. le maire a dans un discours donné de justes éloges à cette université célèbre & aux grands talents des membres qui la composent & M. René, un des professeurs, a dans un discours en reponse fait connoitre tout son attachement & celui de ses confreres à la nouvelle constitution.

Après quoi MM. René, Broussonnet, Vigaroux, Brun, Fouquet, Beaumes, professeurs & Laborie, demonstrateur d'anatomie, ont individuellement les uns après-les autres juré de remplir leurs fonctions avec exactitude, d'être fidelles à la nation, à la loi & au roi & de maintenir de tout leur pouvoir la constitution décrétée par l'assemblée nationale & acceptée par le roi.

M. René a declaré que M. Barthés, l'un des professeurs de l'université, se trouvant depuis quelque tems à Narbonne n'avoit pu se rendre en ville à cause de maladie pour pretter son serment avec ses confreres, mais qu'il offroit ou de le pretter devant la municipalité de Narbonne, si le conseil général vouloit la déléguer à cet effet, ou de se rendre en ville dès que sa santé le lui permettra pour pretter le même serment devant le conseil général; il a ajouté que M. Gouan, autre professeur, qui est actuellement retenu dans son lit par une maladie aigüe, offroit de se presenter devant le

PAGE 277. conseil général dès que sa santé le * lui permettroit pour pretter le même serment.

M. le procureur de la commune a dit que M. Joyeuse, professeur de chimie en cette même université, l'avoit fait avertir par M. Granier son gendre que se trouvant depuis quelques jours absent de la ville pour affaires, il s'empresseroit dès son arrivée de se presenter devant le conseil général pour y pretter son serment civique.

Le conseil général a donné acte à M. René & à M. le procureur de la commune de leurs déclarations par eux faites pour MM. Barthés, Gouan & Joyeuse & a renvoyé la délibération sur icelles à la premiere assemblée.

Cela fait le conseil général accompagné de la même garde d'honneur s'est retiré à la maison commune & y a fait dresser le present procès verbal.

Du trente may heure de quatre dé relevée. Le conſeil général aſſemblé. 1791.
Vu la pétition preſentée par les ci-devant religieux carmes déchauſſés.
Le conſeil général conſidérant que les enterremens ſont une * fonction PAGE 278.
publique, qu'il importe à l'ordre public & à l'intérêt des familles que
l'inhumation & miſe en terre ſoit faite en preſence & par celui que la loi
en a chargé & qu'elle reconnoit pour en faire foi & en tenir un regiſtre
autentique. Déclare 1º que l'inhumation & miſe en terre appartient excluſivement au curé de la paroiſſe & à ſes vicaires. 2º que lorſque des particuliers uſent de leur droit de ſepulture dans une egliſe de religieux ſupprimés vivant en commun, ils ſont dans l'obligation d'ouvrir les portes
néceſſaires. Et ſur ce qui concerne l'enlevement de la cire, le conſeil conſiderant que le caſuel eſt ſupprimé & que la cire librement fournie par un
particulier n'appartient qu'à ce particulier & demeure à ſa libre diſpoſition ;
Le conſeil arrête qu'il n'y a lieu à déliberer, & ſera le préſent arrêté
adreſſé par le procureur de la commune à tous les ci-devant religieux qui
habitent encore les maiſons conventuelles de la ville & fauxbourgs afin
qu'ils ayent à s'y conformer.

* Des commiſſaires de citoyens actifs faiſant le commerce qui s'étoient PAGE 279.
aſſemblés après en avoir prevenu le corps municipal ont été introduits &
ont remis une petition pour repreſenter que la direction des douanes nationales devant être fixée dans cette ville d'après les décrets de l'aſſemblée
nationale, des negocians de Sette avoient cependant agi & fait agir leur
municipalité & leur club pour enlever cet établiſſement à la cité, qu'il eſt
ſi important de conſerver.

Lecture faite de lad. petition, le conſeil général a arrêté d'envoyer lad.
pétition à l'aſſemblée nationale en la faiſant paſſer par les corps adminiſtratifs
& penetré de la juſtice des raiſons qui y ſont ramenées, MM. Durand, maire,
Montels, Bongue, Bouchet, Cambon, Allut, Lafabrie, Brieugne, Serres,
Charolois, Grand, officiers municipaux, Thibal, Nougaret, Coſte, Pagès,
notables, Fargeon, procureur de la commune & Gas, ſubſtitut, actuellement
preſens au conſeil, ont adheré en qualité de citoyens actifs à la ditte
petition.

* Du trente un may heure de dix avant midy. Un des membres expoſe PAGE 281.
que de tous les temps l'adminiſtration de la ville s'étoit attachée un huiſſier, qu'avant la ſuppreſſion des juſtices ſeigneuriales le nommé Cuny qui
eſt aujourd'hui dans la ſuitte municipale avoit une commiſſion d'huiſſier
dans les ci-devant juſtices de Carravettes & Valenne dont la commune
étoit proprietaire ; mais cette commiſſion ſe trouvant ſupprimée par le
nouveau regime il ſeroit convenable d'accorder aud. Cuny une autre
commiſſion d'huiſſier devant le bureau de police que la municipalité exerce.
Le corps municipal nomme ledit Cuny pour faire les fonctions d'huiſſier
à ſon tribunal de police & charge le bureau de lui expedier la commiſſion
ou brevet à ce neceſſaire.

* Du premier juin heure de cinq de relevée. M. le maire a dit : PAGE 282.

1791.

Messieurs, le directoire de département a arrêté ce matin qu'il ne seroit conservé à Montpellier aucune maison de retraite pour les ci-devant religieux.

Il nous est permis de penser que le directoire n'auroit pas pris une determination aussi contraire à notre vœu, si ce vœu lui même nous ne l'avions exprimé foiblement & sans l'appuyer des raisons locales sur lesquelles il étoit fondé.

Vous ne le crutes pas alors nécessaire, persuadés que le directoire ayant deja conservé dans les principales villes du département des aziles semblables, à plus forte raison croiroit-il cette mesure convenable à Montpellier qui en est le chef lieu. Cependant le département ayant decidé le contraire, d'après des considérations générales, il vous importe de mettre sous ses yeux les raisons de convenance & de localité qui vous avoient determiné, dans lesquelles vous persistés.

PAGE 283.

Vous aviés pensé que la diffidence des non conformités n'ayant aucun fondement, elle ne pouvoit avoir de durée & qu'ainsi il suffiroit de la livrer à son propre néant pour la voir se détruire elle même. Que la marche des opinions humaines étant de s'irriter par les obstacles, il falloit dans ces circonstances eloigner toute mesure violente & peu nécessaire. Qu'il valoit mieux par une tolerance politique, laisser * aux diffidents un azile éphémère, où les citoyens fidèles à la loi seroient admis & surveillés, où les fonctions des refractaires seroient très circonscrites, où vous conserveriés toute votre influence & surtout le moyen de le supprimer aussitot que par la puissance du temps & de la verité l'opinion contraire se feroit affoiblie, plûtot que de mettre cette diffidence dans la necessité d'obtenir de la loi un azile immuable, qui acquerroit bientôt la stabilité que donne l'esprit de parti, l'attachement à son ouvrage & l'opiniâtreté invincible de l'amour propre qui s'est mis à découvert.

Enfin que quelques moines des longtems sans credit, offroient moins de danger pour la paix publique qu'une secousse trop vive qui briseroit à la fois tous les liens de l'habitude & qui en aigrissant les esprits pourroit éloigner les cœurs.

Le corps municipal arrête unanimement de demander de nouveau au directoire de département la conservation d'une maison de retraite à Montpellier pour les ci-devant religieux, de lui indiquer pour cet usage la maison des ci-devant Carmes Deschaussés comm'ayant la plus belle église; les batiments les plus grands & les mieux conservés & un grand nombre de tombeaux rendront sa conservation infiniment chere à beaucoup de familles, & charge M. le procureur de la commune d'adresser le présent arrêté au directoire de département pour y avoir égard & au district pour l'appuyer d'un avis favorable.

Le corps municipal considérant que l'établissement de la nouvelle constitution, la tranquillité publique & la gloire de la religion exige que la fête de St Pierre patron de la paroisse de ce nom ci-devant cathedrale soit celebrée avec solennité, a arrêté * de prier M. l'evêque du département de l'Hérault, afin qu'il se rende ici le jour de St Pierre pour celebrer l'office divin; charge le procureur de la commune d'écrire à M. l'evêque pour lui en faire la priere en lui envoyant extrait du present.

PAGE 284.

Le deuxieme jour du mois de juin, heure de onze avant midy. Le conseil général assemblée, M. le maire a dit que la convocation de la présente assemblée avoit été faite pour que le conseil général se rendit de suitte dans le local de l'école de chirurgie pour y recevoir le serment civique de MM. les professeurs & demonstrateurs en lad. école. En consequence le conseil général accompagné de la garde d'honneur prise dans la légion nationale s'est rendu à lad. école & parvenu dans la salle où MM. les professeurs & demonstrateurs s'assemblent, le procureur de la commune a requis que chacun de Messieurs les professeurs & demonstrateurs presens à la seance pretassent individuellement l'un après l'autre le serment prescrit à tout fonctionnaire public dans le département de l'instruction; ensuite M. le maire a dans un discours donné de justes éloges à cette école precieuse & aux talents des membres qui la composent & M. Laborie pere, un des profesfeurs a dans un difcours en reponce fait connoitre tout fon attachement & celui de fes confreres à la nouvelle conftitution.

Après quoi MM. Laborie pere, Sarda, Poutingon, Bourquenod, Mejean, Dupin, Laborie fils, Courrege, Senaud, Combe & Eftorc ont individuellement les uns après les * autres juré de remplir leurs fonctions avec exactitude, d'être fidelles à la nation, à la loi & au roi & de maintenir de tout leur pouvoir la conftitution décrétée par l'affemblée nationale & acceptée par le roi, M. Laborie pere a déclaré que M. Verney, profeffeur, qui eft actuellement retenu dans fon lit par une maladie offroit de fe prefenter devant le confeil général dès que fa fanté le lui permettroit pour pretter le même ferment.

Le confeil général a donné acte à M. Laborie de la déclaration par lui faite pour M. Verney & a renvoyé la déliberation fur icelle à la première affemblée.

Cela fait le confeil général accompagné de la même garde d'honneur s'eft retiré à la maifon commune & y a fait dreffer le préfent procès-verbal.

Du trois juin heure de trois de relevée, le corps municipal confiderant les fervices que les regiments de Lyonnois & des Vofges ont rendu à la cité dans les troubles d'hyer par leur zele, leur civifme & leur activité, a unanimement arrêté d'adreffer au nom de la commune à ces deux regiments le temoignage de fa reconnoiffance, auquel effet charge le procureur de la commune d'adreffer * un extrait du prefent arrêté aux regiments de Lyonnois & des Vofges en la perfonne de MM. de Precy & Dubourg leurs commandants.

Du fix juin, heure de quatre de relevée. Lecture faite d'une petition de Margueritte Gros, veuve de Pierre Cahous, le corps municipal après avoir pris connoiffance dans le plus grand détail de la detreffe de lad. Margueritte Gros Ve de Pierre Cahous, tué dans la journée malheureufe du deux courant & de celle de fes enfants & de la fituation deplorable de cette famille a unanimement arrêté d'appuyer cette petition auprès des corps adminiftratifs & de les folliciter de leur accorder les fecours qui leur font neceffaires ; charge M. le procureur de la commune d'adreffer un extrait du prefent arrêté, enfemble la petition de lad. Margueritte Gros au directoire de diftrict en la perfonne de M. le procureur findic.

Du fept juin heure de quatre de relevée. Le corps municipal étant informé que le f^r Muguiés eft élu depuis plus de deux mois à la cure de Montauberou & ayant appris que led. Muguiés a reuni les fuffrages pour plufieurs autres places fans qu'il ait encore pris poffeffion d'aucune, confiderant que la paroiffe de Montauberou eft fans curé, qu'elle eft defservie par un prêtre inconftitutionnel qui n'a aucun mandat légal & qu'il importe à la religion & à la tranquillité publique que cette paroiffe foit promptement gouvernée par le prêtre elu ou par un procuré nommé par M. l'evêque. A arrêté de demander au directoire de diftrict de fommer le f^r Muguiés de venir prendre poffeffion de la cure de Montauberou à laquelle il a été nommé ou d'en donner fa demiffion dans trois jours après la réquifition

1791.

Page 285.

Page 286.

1791. qui lui en fera faite, faute par lui d'y adherer qu'il foit declaré déchû de fon élection afin que M. l'eveque du département puiffe nommer un procuré qui la deffervira jufques à ce que le corps électoral foit affemblé & aye pourvu à fon remplacement, charge le procureur de la commune d'envoyer extrait du préfent au directoire de diftrict.

Lecture faite de l'art. 40 de la loi du 27 mars dernier, portant que les officiers municipaux des lieux où il y avoit des juftices ci-devant feigneuriales, municipales & de mairie, reconnoitront & leveront les fcellés qu'ils ont appofés fur les greffes & feront tranfporter les minutes & regiftres au greffe du tribunal de diftrict, dont le greffier fe chargera au pied du bref état; il en fera de même des ci-devant fiéges royaux, compris dans le territoire du tribunal & à l'égard des ci-devant corps, ci-devant prefidiaux, baillages, fénéchauffées, vigueries, établis dans les lieux où les tribunaux de diftrict feront placés, les minutes & regiftres feront depofés au greffe du diftrict de la ville où fiegeoit la cour fuperieure, le baillage, la fénéchauffée ou la viguerie. Le corps municipal commet M. Gas, fubftitut du procureur de la *commune pour la pleine & entière execution de ce qui, dans la loi ci-deffus rapportée, fe trouve à la charge de la municipalité, auquel effet les anciens greffiers des ci-devant tribunaux, le commiffaire du roi & le greffier du tribunal de diftrict feront invités de fe trouver aux opérations dud. fr fubftitut & commiffaire, avec declaration qu'il procedera tant en leur prefence qu'abfence.

PAGE 288.

Du neuf juin heure de quatre de relevée. Le confeil général affemblé. M. Gouan, profeffeur en l'univerfité de médecine, M. Joyeufe, demonftrateur de chimie en lad. univerfité & M. Verney, profeffeur en chirurgie, font annoncés introduits, ils difent que n'ayant pu fe trouver avec leurs confreres lorfqu'ils ont pretté en corps le ferment civique devant le confeil dans leurs écoles, les uns à caufe de maladie, l'autre à caufe d'abfence, ils offrent de pretter ce même ferment. Le confeil général a donné acte aufdits fieurs Gouan, Joyeufe & Verney de leur offre, a arrêté qu'ils pretteront de fuitte led. ferment & à l'inftant ils ont individuellement l'un après l'autre juré de remplir leurs fonctions avec exactitude, d'être fideles à la nation, à la loi & au roi & de maintenir de tout leur pouvoir la conftitution décrétée par l'affemblée nationale & acceptée par le roi & ils fe font retirés.

PAGE 289.

M. le maire a dit : que M. le procureur findic du diftrict vient d'envoyer la loi relative à la convocation de la premiere *legiflature, il propofe de fe fixer fur ce qu'il y a à faire pour la tenue des affemblées primaires. Le confeil général confiderant que depuis la tenue des affemblées primaires qui ont eu lieu l'an paffé pour la nomination des electeurs du canton de Montpellier, il n'eft intervenu aucun changement, ni dans la taxe des citoyens actifs ni dans tout autre objet relatif auxdittes affemblées, arrête que les difpofitions faites pour l'année paffée ferviront pour la convocation de cette année qui doit avoir lieu inceffament.

PAGE 290.

*Du onze juin heure de onze avant midi. Le fieur Richaud, prêtre, eft annoncé & introduit, il expose qu'ayant été engagé à faire les fonctions provisoires de vicaire dans la paroisse de Notre Dame de cette ville, il desire avant de les faire de se conformer à la loi pour la prestation du serment civique. Le corps municipal arrête de recevoir tout de suitte le serment civique de M. Richaud, en consequence il a en présence du corps municipal juré de remplir avec exactitude les fonctions qui lui seront confiées, d'etre fidele à la nation, à la loi & au roi & de maintenir de tout son pouvoir la constitution décrétée par l'assemblée nationale & acceptée par le roi.

De laquelle prestation de serment le sr Richaud ayant demandé acte il lui a été concedé pour lui servir & valoir ainsi que de raison.

Lecture faite d'un supplement de petition pour l'eglise paroissialle de Celleneuve que les commissaires de ce fauxbourg desirent presenter au directoire de district dont l'objet est d'obtenir les ornemens & autres effets qui manquent au service de la paroisse.

Le corps municipal approuvant ce supplement de petition arrête de l'appuyer auprès du directoire de district; auquel effet charge le procureur de la commune de l'y adresser avec extrait du present.

Du douze juin heure de cinq de relevée. Le conseil général assemblé.

* M. Cambon au nom du bureau municipal expose que ce bureau chargé par un arrêté du corps municipal du 19 may dernier de lui presenter un état des personnes chargées d'une fonction publique dans le département de l'instruction, ainsi que des chapelains des hopitaux & prisons, a été arrêté dans son travail par les douttes qu'il s'est fait sur la question de savoir si les maitres d'ecoles, precepteurs, instituteurs & autres qui n'ayant aucun traitement direct ou indirect de la nation, mais qui faisant un rassemblement public dans leurs maisons sous le salaire particulier qu'ils retirent des citoyens qui leur confient leurs enfants sont sujets à la prestation du serment civique que, sur ce point l'opinion particuliere du bureau a été que la fonction publique à laquelle la loi a attaché la soumission au serment étoit independante de la nature du traitement qui étoit fait au fonctionnaire & qu'il suffisoit qu'il exerçat publiquement pour qu'il dût être assermenté, de maniere qu'un precepteur ou instituteur employé dans la maison d'un citoyen pour l'education seule & particuliere de ses enfants n'est point tenu au serment, mais celui tel que le maitre qui rassemble plusieurs enfants pour les instruire est par là seul soumis à la loi, parce qu'il exerce publiquement. M. Cambon prie le conseil général de vouloir bien fixer les douttes du bureau afin qu'il puisse remplir l'objet de l'arrêté du 19 may.

Le conseil général après avoir discuté sur la proposition de M. Cambon, arrête de soumettre la decision de la question à MM. du directoire de district & de département, auquel effet charge M. le procureur de la commune de leur adresser un extrait du présent arrêté & cependant charge le bureau municipal de dresser l'état de tous les fonctionnaires publics qui étant payés directement ou indirectement par la nation sont sans difficulté soumis à la loi du serment civique & de les prevenir chacun en particulier de leur obligation sous peine de décheance conformement à cette loi.

1791.
PAGE 298.
PAGE 294.

* L'an mil fept cens quatre vingt onze & le treizième jour du mois de juin, heure de onze avant midi, le confeil général affemblé, * M. le maire a dit que fur l'envoi fait par M. le procureur de la commune à MM. Boyer, Serres, Vaiffière, Benezech & Caftan profeffeurs, l'abbé Serres, Agnel, Montels, Rouch, Caizergues & Marguerit, docteurs agregés en la faculté de droit de cette ville, de l'arrêté du corps municipal qui invite & fomme lefdits profeffeurs & agregés de pretter le ferment civique exigé de tout fonctionnaire public dans le département de l'inftruction par les loix des 22 mars & 17 avril dernier & fur la déclaration que certains defdits profeffeurs & agregés lui ont faite de pretter led. ferment, il a fixé de concert avec eux la ceremonie de cette preftation à ce jourd'hui & à l'heure prefente dans le local de lad. faculté & qu'à cet effet la convocation de la prefente affemblée a eu lieu.

En confequence le confeil général accompagné de la garde d'honneur prife dans la legion nationale, s'eft rendû dans led. local & parvenu dans la falle des actes publics, le procureur de la commune a requis que MM. les profeffeurs & docteurs agregés prefens à la féance pretaffent individuellement l'un après l'autre le ferment prefcrit à tout fonctionnaire public dans le département de l'inftruction ; enfuite M. le maire a fait connoitre dans un difcours l'objet du ferment demandé par la loi, & M. Serres, profeffeur, a dans un difcours en reponce temoigné fon patriotifme & fon regret de ce que les profeffeurs & agregés abfens ne partageaffent pas fon opinion fur le ferment exigé.

Après quoi MM. Serres, profeffeur, Montels & Rouch, docteurs agregés, ont individuellement les uns après les autres juré de remplir leurs fonctions avec exactitude, d'être fideles à la nation, à la loi & au roi & de maintenir de tout leur pouvoir la conftitution decretée par l'affemblée nationale & acceptée par le roi.

Cela fait le confeil général accompagné de la même garde d'honneur s'eft retiré à la maifon commune & y a fait dreffer le prefent procès-verbal.

PAGE 295.

* Du feize juin heure de quatre de relevée, le confeil général affemblé, le fr Azema, me d'école du fauxbourg de Celleneuve, eft annoncé & introduit : il demande d'être reçu à pretter le ferment civique exigé de tout fonctionnaire public dans le département de l'inftruction.

Le confeil général arrête de recevoir le ferment du fr Azema & de fuitte led. Azema a juré de remplir avec exactitude les fonctions qui lui font confiées, d'être fidele à la nation, à la loi & au roi & de maintenir de tout fon pouvoir la conftitution décretée par l'affemblée nationale & acceptée par le roi.

De laquelle preftation de ferment led. fr Azema ayant demandé acte il lui a été concedé pour lui fervir & valoir ainfi que de raifon.

M. le procureur de la commune a dit que M. Barthès, profeffeur en l'univerfité de medecine de cette ville, ne pouvant s'y rendre pour la preftation de fon ferment civique en qualité de fonctionnaire public, a propofé au confeil par la voix de M. René, fon confrere, de le pretter devant la municipalité de la ville de Narbonne où il fe trouve retenû pour caufe de maladie ; en confequence M. le procureur de la commune requiert de deliberer fur fa propofition. Le confeil général arrête que M. Barthés prettera devant le confeil général de la ville de Narbonne le ferment civique prefcrit à tout fonctionnaire public dans le département de l'inftruction, auquel effet le confeil général prie celui de la commune de Narbonne de vouloir bien recevoir led. ferment, M. le procureur de la commune demeurant chargé d'adreffer extrait du préfent arrêté à la municipalité dud. Narbonne & à M. Barthés.

1791

* Du vingt cinq juin heure de onze avant midi, le corps municipal arrête qu'il ne fera dit le dimanche 26 du courant qu'une feule meffe dans l'eglife paroiffiale de Montels & ce à l'heure de dix ; arrête en outre que le fr Lenfant, curé actuel de lad. paroiffe, fera tenu de ceffer toutes fonctions curiales, d'avoir vuidé le presbiterre & d'en avoir remis les clefs ainfi que celles de l'eglife & facriftie le vingt huit du courant à fix heures du foir au greffier de la commune, à peine s'il s'immifce dans les fonctions curiales de lad. paroiffe après lad. epoque d'être pourfuivi comme perturbateur de l'ordre public & fera le prefent arrêté adreffé au fr Lenfant curé, par le procureur de la commune, qui juftifiera dans le delai de vingt quatre heures des diligences qu'il aura faites à cet égard.

PAGE 296.

* Du premier juillet, heure de cinq de relevée, le fr Chataignier, marechal de camp, eft annoncé & introduit ; il demande d'être reçu à pretter devant le corps municipal le nouveau ferment décrété par l'affemblée nationale le 22 juin dernier. Le corps municipal arrête de recevoir le ferment offert & de fuitte led. fr Chataigner a juré d'employer les armes remifes en fes mains à la defence de la patrie & à maintenir contre tous fes ennemis du dedans & du dehors la conftitution decretée par l'affemblée nationale de mourir pluftot que de fouffrir l'invafion du territoire françois par des troupes etrangeres & de n'obeir qu'aux ordres qui feront donnés en confequence des decrets de l'affemblée nationale ; de laquelle preftation de ferment le corps municipal en a donné acte aud. fr Chaftaignier qui s'eft retiré.

PAGE 297.

Lecture faite d'une lettre de M. Duvidal, commandant de la garde nationale de Montferrier, qui demande l'aveu du corps municipal pour que la municipalité & la garde nationale de Montferrier fe rendent dimanche prochain dans la ville en écharpes, armes & drapeaux pour recevoir & conduire leur curé conftitutionnel. Le corps municipal tres-fatisfait de voir fur fon territoire fes freres de Montferrier, arrête que le commandant de la garde nationale fera requis de donner fes ordres pour que les differents poftes laiffent paffer & fe rendre à la maifon commune dimanche prochain la municipalité & la garde nationale de Montferrier en écharpes, armes & drapeaux.

Lecture faite d'une lettre ecritte à la municipalité par le fr Tiffon, commandant de la garde nationale de Maffilargues, contenant une demande en prêt d'armes, le corps municipal confiderant qu'il n'a en fon pouvoir

1791.

d'autres armes que celles dont les citoyens de la commune font armés & qu'ils ne le font pas complettement, defirant cependant donner à la garde nationale de Maffillargues une preuve des fentimens qui uniffent à elle la commune de Montpellier, arrête de porter & d'appuyer auprès de MM. du directoire de département la réclamation de la garde nationale de Maffillargues, pour qu'il leur foit accordé une partie des piftolets d'arçon qui font à la difpofition du département, auquel effet nomme MM. Grand & Puech, officiers municipaux, pour fe tranfporter de fuite au directoire du département & y faire connoitre le vœu de la municipalité.

PAGE 1299.

* M. Cambon propofe d'autorifer le bureau d'expedier un mandement en faveur du fr Nouguier de la fomme de trois livres pour pareille qu'il a avancé au ferrurier qui fit de l'ordre des commiffaires de la municipalité bris & effraction des portes du fr Martel, imprimeur, lors de la recherche des ecrits incendiaires.

Le corps municipal a arrêté conformement au propofé.

M. Fargeon remet un etat par lui certifié, montant à la fomme de quatre vingt fix livres dix fols, des avances qu'il a faites 1° pour les frais de fon voyage à Beziers avec M. Charolois, officier municipal, pour engager M. Bellugou, elu curé de la paroiffe Ste Anne à venir prendre poffeffion de fa cure, 2° pour ceux de l'enterrement du né Cahours qui fut tué lors de l'émeute arrivée le 2 juin dernier, 3° pour les ports de lettres qu'il a reçues jufques à ce jourd'huy affairantes à la commune.

Le corps municipal arrête de payer à M. Fargeon la fomme de quatre vingt fix livres dix fols pour les avances qu'il a faites pour le compte de

PAGE 300.

la commune fuivant l'expofé ci-deffus, auquel effet * charge le bureau à lui expedier tout mandement neceffaire.

M. Cambon a dit : que d'après le vœu manifefté par le confeil général de la commune la cure de St Hillaire devoit être reunie à celle de St Denis; que deja ce vœu avoit été adopté par les corps adminiftratifs & par M. l'evêque du département, qu'il ne manquoit pour cette reunion qu'un décret de l'affemblée nationale, que cette paroiffe qui eft deffervie depuis environ deux mois par M. Chiris fe trouve vuide tous les dimanches, que le curé eft obligé d'y dire fa meffe feul, qu'il a couru des rifques en s'y rendant, ayant reçu il y a environ trois femaines un coup de fufil qui par bonheur ne lui fit aucun mal, qu'il feroit plus convenable d'exiger le fervice du curé de St Hillaire dans la paroiffe de St Denis pour faciliter à plufieurs citoyens les moyens d'entendre la meffe. En conféquence il a propofé d'arrêter provifoirement jufqu'à ce que l'affemblée nationale ait

PAGE 301.

prononcé fur la circonfcription des paroiffes de la ville que la cure de * St Hillaire fera transferée à compter de dimanche dix courant dans l'église paroiffiale St Denis & que l'arrêté fera adreffé à M. l'evêque du département afin qu'il y donne fon approbation pour ce qui regarde le fpirituel & à M. Chiris pour l'inviter de s'y conformer en tranfportant tous les effets de lad. paroiffe à celle de St Denis où il faira provifoirement les fonctions curiales auxquelles il s'eft obligé & de charger M. le procureur de la commune de faire afficher fur la porte de l'eglife paroiffiale de St Hillaire l'arrêté qui interviendra, afin d'en donner connoiffance à tous les paroiffiens.

1791.

Surquoi le corps municipal a adopté en entier la propofition-faite par M. Cambon.

Du trois juillet heure de onze avant midi. Les fieurs Gevaudan, major de la place, Duny, fous aide major & François Saporta, ancien major des regimens d'infanterie d'Henault & de Rouergue, font annoncés & introduits, ils demandent d'être reçus à pretter devant le corps municipal le nouveau ferment decreté par l'affemblée nationale le 22 juin dernier.

Le corps municipal arrête de recevoir le ferment offert & de fuitte lefd. f^{rs} Gevaudan, Duny & Saporta ont individuellement l'un après l'autre juré d'employer les armes remifes en fes mains à la défence de la patrie & à maintenir contre tous les ennemis du dedans & du dehors la conftitution décrétée par l'affemblée nationale, de mourir pluftot que de fouffrir l'invafion du territoire françois par des troupes étrangères & de n'obeïr qu'aux ordres qui feront donnés en confequence des decrets de l'affemblée nationale, de laquelle preftation de ferment le corps municipal en a donné acte auxdits fieurs Gevaudan, Duny & Saporta qui fe font retirés.

* Du fix juillet heure de quatre de relevée. Le confeil général affemblé. PAGE 303.
* M. le maire a dit que fur l'envoi fait par M. le procureur de la commune PAGE 304.
de l'arrêté du bureau municipal du 18 juin dernier qui invite & fomme plufieurs fonctionnaires publics dans le departement de l'inftruction denommés dans led. arrêté de pretter le ferment civique prefcrit par la loi du 22 mars dernier à peine de déchéance fuivant celle du 27 avril fuivant, MM. Bayot, Giniés, Alric & Palazin, maitres des écoles dittes royales, ainfi que le f^r Molenard, m^e d'école de l'hopital général, fe prefentent pour pretter led. ferment. Le confeil général arrête de recevoir à l'inftant le ferment des fonctionnaires publics fufnommés & en confequence lefd. f^{rs} Alric, Bayot, Giniés, Palazin & Molenard ayant été introduits ils ont individuellement l'un après l'autre juré de remplir avec exactitude les fonctions qui leur font confiées, &c., de laquelle preftation de ferment le confeil leur a donné acte & ils fe font retirés.

Lecture faite d'une petition prefentée par les fieurs Alric, Geniés, Bayot & Palazin, maitres des écoles dittes royales à prefent nationales, tendante au payement de leurs appointemens de neuf mois à raifon de trois cens livres l'année à compter du 1er novembre 1790. Le confeil général, attendu que lefd. appointemens étoient ordinairement payés fur les revenus de la presbande preceptoriale dont M. Poujol etoit pourvu arrête qu'il y a lieu de prefenter & appuyer au directoire de diftrict lad. petition, charge le procureur de la commune de le faire.

* Lecture faite de l'arrêté du directoire du département en datte du PAGE 305.
1er mars dernier, portant qu'en execution de l'art. 2 du decret du 24 novembre d^{er} il fera pourvu au remplacement de l'aumonier de la citadelle de cette ville faute par lui d'avoir prêtté le ferment prefcrit par led. decret. Lecture faite auffi de l'arrêté du directoire du diftrict en datte du 7 dud.

1791.	mois de mars, portant que celui du directoire de departement sera tranfmis à la municipalité pour le faire executer. Le confeil général a en execution defd. arretés elu & nommé aumonier de la citadelle de Montpellier le fr Garde, prêtre vicaire de la paroiffe Ste Anne, charge le bureau des operations relatives au remplacement effectif de l'aumonier refractaire.

Page 306.	Un des membres expofe qu'à fuitte d'une deputation faite par la municipalité & la garde nationale de Lunel aux corps adminiftratifs, municipalité & garde nationale reunis, dont l'objet étoit de refferer les liens d'union & de fraternité qui doivent animer tous les citoyens, il fut pris un arrêté par lefdits corps * adminiftratifs & municipalité reunis, le 27 juin dernier, portant que la municipalité & la garde nationale de Montpellier feroient à leur tour une députation à celle de Lunel. Que l'execution de cet arrêté a été negligée par l'importance & le nombre d'affaires furvenues, mais la municipalité de Lunel inquiette peut-être fur les fentimens de la commune de Montpellier à l'egard de celle de Lunel vient d'ecrire au directoire du département pour reclamer des calomnies repandues fur fon compte, de forte qu'il paroit neceffaire de ne plus retarder la deputation délibérée. Le confeil général nomme M. Lafabrie, officier municipal & M. Gas, fubftitut du procureur de la commune, pour avec MM. les députes de la garde nationale fe rendre à Lunel & y remplir l'objet de l'arrêté pris par les corps adminiftratifs & municipalité reunis le 27 juin dernier.

Du dix juillet heure de onze avant midy. Le confeil général affemblé. M. le maire a dit que la convocation de la prefente affemblée avoit été faite pour que le confeil général fe rendit de fuitte dans le local de l'ecole des arts pour y recevoir le ferment civique de MM. les profeffeurs en lad. école. En confequence le confeil general accompagné de la garde d'hon-

Page 307.	neur prife dans la legion nationale s'eft rendu à lad. * école & parvenu dans une des falles le procureur de la commune a requis que chacun de MM. les profeffeurs prefens à la féance pretaffent individuellement l'un après l'autre le ferment prefcrit à tout fonctionnaire public dans le département de l'inftruction; enfuite M. le maire a dans un difcours donné de juftes eloges à cette école & aux talents des membres qui la compofent & M. Lejay un des profeffeurs a dans un difcours en reponfe fait connoitre tout fon attachement & celui de fes confreres à la nouvelle conftitution.

Après quoi MM. Lejay, Beftieu, Daumas, Durand & Danizy, profeffeurs, ont individuellement les uns après les autres juré de remplir leurs fonctions avec exactitude, &c. M. Lejay a declaré que M. Ballaguier, un des profeffeurs, abfent de la ville, il n'avoit pû fe rendre à la prefente féance, mais qu'il s'empefferoit de pretter fon ferment dès fon arrivée. Le confeil général a donné acte à M. Lejay de fa declaration & a renvoyé la deliberation fur icelle à la premiere affemblée. Cela fait le confeil général accompagné de la même garde d'honneur s'eft retiré à la maifon commune & y a fait dreffer le prefent procès verbal.

Page 311.	* M. le procureur de la commune expofe que l'approche du quatorze juillet l'oblige à réquerir le confeil de prendre les mefures néceffaires pour la celebration de l'anniverfaire de la liberté & le renouvellement de la federation des François. Le confeil general arrête que la celebration de cette fete aura lieu & charge le bureau de tous les preparatifs & de l'entiere execution de la ceremonie.

M. le maire remet fur le bureau le ferment écrit que MM. Gevaudan, major de la place & Dugny, officier major, lui ont adreffé, quoiqu'ils fuffent venus le pretter verbalement, comme il confte de l'arrêté du trois du courant. Le confeil général arrête la tranfcription defdits ferments dans fes regiftres & qu'extrait en forme du prefent arrêté leur fera remis. Suit la teneur :

1791.

Je jure d'employer les armes remifes en mes mains à la défenfe de la patrie & à maintenir contre tous fes ennemis du dedans & du dehors la conftitution decretée par l'affemblée nationale, de mourir plutot que de * fouffrir l'invafion du territoire françois par des troupes etrangeres & de n'obeïr qu'aux ordres qui feront donnés en confequence des décrets de l'affemblée nationale. Le major de la place commandant les troupes de ligne à Montpellier. Antoine Gevaudan figné.

PAGE 312.

Du douze juillet heure de onze avant midy. M. Ballaguier, m^e en chirurgie & profeffeur à l'académie des arts, eft annoncé & introduit, il dit : que n'ayant pû fe trouver avec fes confreres lorfqu'ils ont pretté en corps le ferment civique devant le confeil général de la commune dans leur école, à caufe d'abfence, il offre de pretter ce meme ferment. Le corps municipal a donné acte aud. f^r Ballaguier de fon offre, a arrêté qu'il prettero it de fuitte led. ferment. Il a juré & il s'eft retiré.

Lecture faite de la petition prefentée par M. Philipe * Nicolas Gautier, prêtre elu à la cure de Notre Dame des Tables tendant à fon inftallation, lecture faite auffi du procès verbal de fon election conftitutionnelle & de fon inftitution canonique, le corps municipal arrête que M. Gautier, elu & inftitué curé de la paroiffe Notre Dame des Tables, fera inftallé en lad. cure dimanche prochain dix fept du courant.

PAGE 313.

M. le maire remet fur le bureau le nouveau ferment décrété par l'affemblée nationale pour les militaires, led. ferment écrit & figné par M. Roquefeuil, chevalier de l'ordre royal & militaire de St Louis, capitaine de dragons. Il obferve que M. Roqueffeuil lui a adreffé ce ferment en preuve de fon patriotifme & de fon attachement à la conftitution ; le corps municipal arrête que led. ferment fera tranfcrit dans les regiftres & depofé devers le greffe.

Suit la teneur.

Je jure d'employer les armes remifes dans mes mains à la défenfe de la patrie & à maintenir contre tous fes ennemis du dedans & du dehors la conftitution décrétée par l'affemblée nationale, de mourir plutôt que de fouffrir l'invafion du territoire françois par des troupes etrangeres & de n'obeïr qu'aux ordres qui feront donnés en confequence des decrets de l'affemblée nationale.

Procès verbal de la celebration de l'anniverfaire de la liberté & le renouvellement de la federation des François :

Du quatorze juillet mil fept cens quatre vingt onze. Depuis quelques jours on fe preparoit à celebrer la fête de la liberté * par des repas patriotiques au devant des portes.

PAGE 314.

1791.

Pour en regler les aprets, chaque quartier avoit nommé des commisfaires des deux sexes, à la tête desquels on avoit mis un president & une presidente.

Ces differentes commissions après une promenade dans la ville au milieu des acclamations générales, s'étoient rendues la veille à la maison commune pour manifester leur devouement à la patrie, offrir le serment civique, & temoigner à leurs magistrats leur confiance & leur satisfaction. M. le maire au nom de la municipalité avoit reçu le serment des deputés ; après leur en avoir developpé l'importance, surtout pour les citoyennes, dont l'influence sur l'opinion & les soins qu'elles prennent de l'enfance peuvent rendre en le propageant, leur patriotisme si utile.

L'heure de la féderation étant arrivée, M. le maire rend compte au conseil que le departement & le district ont accepté l'invitation que la municipalité leur a faite, d'assister avec lui à cette ceremonie.

A l'instant ont été introduits des deputés de la municipalité & de la garde nationale de Pezenas, qui venoient au nom de cette commnne s'unir à la federation de Montpellier.

Le conseil général les a remerciés, a deliberé qu'ils porteroient le drapeau donné par leur ville & qu'ils seroient placés au centre du conseil & de la garde d'honneur, le corps s'étant mis en marche, se sont rendus à l'Esplanade, où toutes les troupes étoient rangées & où étoit dressé l'autel de la patrie. Là messe & le *Te Deum* ont été chantés par un clergé nombreux, au bruit de l'artillerie & au son d'une musique militaire, avec toute la pompe qu'exigeoit la solennité.

Apres quoi M. le procureur de la commune a requis le serment en ces termes :

Citoyens, mes amis & mes freres, nous venons célébrer l'anniversaire de notre liberté, cette journée memorable, la seule qui manquoit à la gloire de la nation françoise, deja superieure à tous les peuples par les avantages qu'elle tient de la nature & des arts ; reunis devant ce monument, la colonne de la liberté, qui n'est l'ouvrage ni de l'orgueil ni de la flatterie, mais qui nous rappellera toujours des souvenirs bien honnorables, quelle ame, quel cœur françois ne seroit pas pénétré de la grandeur & de la dignité de ses droits. Tout ce vaste empire ne formant qu'une même famille ! jamais spectacle ne fut plus imposant, plus attendrissant ; mais aussi jamais les circonstances n'ont rendu cette reunion de sentimens plus necessaires ; quelle gloire pour nous ! quelle honte pour les ennemis de la patrie ! notre vertu, notre courage ont seuls triomphé de leurs efforts, & nous sommes sortis de l'esclavage. Citoyens, si nous benissons la revolution, si nous l'honnorons, cette grande entreprise nous honnore aussi ; nous la devons à nos legislateurs, mais que seroient devenus leurs travaux, leurs efforts, sans notre fermeté ? Ils ont elevé l'edifice, nous l'avons soutenu, il ne nous reste qu'à le * raffermir & à le rendre indestructible. Nous le pouvons, nous le rendrons tel par notre respect pour la loi, qui ne desire, qui ne veut rien de plus puissant qu'elle. N'oublions jamais qu'elle seule a le droit de se faire obeir & que le citoyen que le zele le plus pur dans son objet entraineroit pour en abuser, est aussi coupable à ses yeux que celui qui meconnoitroit sa sainte autorité ; qu'aucun souvenir douloureux ne vienne troubler notre joie ; qu'importe qu'un grand attentat ait été commis, que les ennemis du bonheur du plus florissant empire aient voulu nous immoler à leurs vengeances ; si nos frontieres sont menacées, une garde nationale toujours active veille pour notre sureté, les regimens de Lyonnois & des Vosges, dont le civisme & le devouement sont si connus & nous ont été si utiles, sont parmi nous ; enfin, si nous ne pouvions pas vivre libres, nous saurions mourir.

Etre suprême vous protegerez cet empire contre les malveillants qui voudroient lui nuire ; vous recevrez l'engagement solennel que nous allons tous pretter devant vous, de ne former à jamais qu'une famille d'amis & de freres.

M. le maire a dit ensuite :

Français, en ce jour mémorable où nous conquîmes la liberté, uniſſons, pour la défendre, nos cœurs & nos armes ; la patrie nous y invite, une federation generale nous rallie autour d'elle : que tous les cœurs n'aient qu'un ſentiment, toutes les penſées qu'un objet, toutes les voix qu'un cri : maintenir la conſtitution ou mourir.

1791.

Oh ! combien notre dignité étoit avilie ! combien notre être étoit degradé ! nos fronts attachés à la terre, n'oſoient s'elever vers le ciel. Nous pouvons à preſent te contempler avec orgueil, aſtre immortel temoin de nos deſtinées ; tu eclairas une revolution brillante comme ta lumiere, durable comme ton cours, tu vois un peuple régénéré, où tous les droits ſont retablis avec les devoirs qu'ils impoſent, où les prerogatives ſont détruites avec les haines qu'elles entretiennent, où les titres ont diſparû avec les pretentions qu'ils fuſcitent : un peuple dont les loix, ſon ouvrage, commandent l'obeiſſance & l'éclairent, demande l'amour & l'inſpire ; deux fois ta courſe annuelle s'eſt achevée, & tu retrouves ce peuple livré aux mêmes ſentimens ; ne l'éclaires qu'à ce prix ; qu'il ſoit privé de ta lumiere, s'il doit l'etre de ſa liberté.

C'etoit au feu materiel allumé dans le temple de vertu que les conquerans du monde attachoient leurs deſtinées ; c'eſt au feu inviſible du patriotiſme qui brule dans nos cœurs que les notres ſont attachées. Entretenons avec le même ſoin ce feu ſacré, mourons plutôt que de ſouffrir qu'il s'eteigne ; mais empechons la diſcorde de venir y allumer ſes torches.

C'eſt à préſent que l'ordre doit renaitre. La révolution eſt achevée, le moment eſt venu d'en jouir. Goutons enſemble, goutons paiſiblement les avantages qu'elle procure : la liberté, le premier des biens, une bienveillance mutuelle ſi delicieuſe pour tous, l'egalité ſi honnorable pour tous ; mais ces biens ne peuvent exiſter que par l'obſervation severe des loix ; laiſſons aux loix leur empire, aux magiſtrats leur force, aux citoyens leurs droits & nous ſerons tous heureux.

* Des ennemis, dit-on, nous menacent, qu'avons nous à craindre ? Ne ſerons nous pas toujours unis ? n'avons nous pas les plus vaillans défenſeurs ? L'intérêt fait notre union ; l'union ſera notre force; reſtons conſtamment fideles à la nation & à la loi, à la nation l'objet de notre amour, à la loi le ſujet de notre reconnoiſſance. Que ce double lien nous uniſſe ; la nature & l'amour viennent s'y joindre & le reſſerrer : nos femmes, nos enfants acourent en foule pour partager ces ſentimens qu'ils fortifient. C'eſt en leur préſence, c'eſt au milieu des tranſports qu'excitent de ſi doux objets que nous allons renouveller un ferment toujours preſent à notre eſprit, toujours plus cher à nos cœurs, & nous ecrier enſemble : Je jure de reſter à jamais fidèle à la nation & à la loi ; de maintenir de tout mon pouvoir, la conſtitution décrétée par l'aſſemblée nationale, de proteger conformément aux loix la ſureté des perſonnes & des propriétés la libre circulation des grains & ſubſiſtances dans l'interieur du royaume & la perception des contributions publiques, ſous quelque forme qu'elles exiſtent & de demeurer unis à tous les Français par les liens indiſſolubles de la fraternité.

Page 316.

Auſſi-tôt toutes les mains s'elevent vers le ciel ; toutes les voix ſe font entendre par ce cri : je le jure, & le ferment de tous ne parroit qu'un ſeul ferment.

Les officiers de l'etat major de la garde nationale, de la gendarmerie nationale & des troupes de ligne, ainſi que les citoyens militaires qui s'étoient empreſſés de ſe reunir à eux prettent individuellement le même ferment, & vont le recevoir avec des commiſſaires de la municipalité à leurs corps reſpectifs.

Les corps adminiſtratifs retournent à la maiſon commune après avoir vu defiler toutes les troupes.

* Du dix huit juillet heure de quatre de relevée. Lecture faite de l'arrêté du directoire du diſtrict du treize du courant. Le corps municipal arrête que les ſindics, prevots & conſuls des anciennes corporations ſeront tenus de ſe rendre à la municipalité & d'adreſſer à M. le procureur de la commune dans huitaine pour tout delai leur compte de geſtion pour les verifier & former l'état general des dettes actives & paſſives & biens de chaque communauté ſous les peines de droit contre leſdits ſindics, prevots & conſuls qui n'auroient point fait dans led. delai lad. remiſe, pour led. etat etre envoyé de ſuitte au directoire de diſtrict.

Page 317.

Lecture faite d'une petition préſentée par M. Gautier, curé de la paroiſſe Notre Dame des Tables, tendante à ce qu'il lui ſoit fait les reparations neceſſaires au logement qui lui eſt deſtiné en ladite qualité. Le corps

1791. municipal arrête de presenter & appuyer laditte petition au directoire de district, auquel effet charge le procureur de la commune de le faire.

PAGE 319. * Du vingt sept juillet heure de quatre de relevée. Le conseil general assemblé, aprés avoir ouï le procureur de la commune a arrêté la proclamation suivante, sur l'emission des billets de confiance:

> Au millieu des soins & des sacrifices que vos magistrats & de bons citoyens prodiguent chaque jour pour assurer votre aisance, faciliter votre industrie & adoucir pour vous les inconveniens & les pertes inseparables d'une grande revolution, seroit-il possible que la malveillance parvint à vous inspirer des doutes sur des operations dictées par leur zèle & par leur amour? Nous ne le pensons pas, votre justice & notre conscience nous rassurent ; cependant nous devons à une sage prevoyance & aux citoyens patriotes qui se devouent à votre bien, de vous expliquer leurs intentions & les motifs des demarches que leur attachement pour vous leur a inspirés.
> Le numeraire étoit epuisé; il falloit suppléer à sa disette; le meilleur moyen étoit sans doute de créer un papier qui pût le remplacer, & pour en garantir le succés il suffisoit que ce papier fut émis par une societé de negocians & d'autres citoyens, dont la fortune & la loyauté en assurassent la solidité.
> Ce moyen a été employé; ces precautions ont été prises, une societé nombreuse, irreprochable & sure a été formée, un fond égal à l'emission a été mis en dépôt, & les coupons, qui en sont la monnoïe, ont été revetus de quelques signatures, au nom & sous la responsabilité de tous les associés.
> Comment seroit-il possible, citoyens, de vous inspirer le moindre doutte sur la solidité de ces billets? Les projets des malveillants à cet egard, doivent necessairement echouer.
> Si dans les commancemens, ces billets ont occasionné quelque gêne, cette gêne doit disparoitre par la facilité de leur échange contre de la menue monnoïe, facilité qui va même s'accroître par un moyen plus expeditif que de bons patriotes nous ont fourni pour la fabrication de la monoïe de cuivre : nous esperons avec ce moyen, dont l'épreuve a reussi, satisfaire bien-tot votre impatience & vos besoins; & c'est ainsi

PAGE 320. que * dans toutes les occasions vous trouverés en nous le meme zèle & le meme empressement.
> Repondez-y par votre confiance ; secondez notre zele en acceptant & echangeant ces billets avec une entiere securité. Votre confiance à cet égard vous sera aussi utile qu'elle nous sera honnorable ; nous y ouverons notre recompense & vous citoyens les plus grands avantages.

M. le maire met sur le bureau un nombre d'exemplaires adressés au conseil d'un ouvrage qui a pour titre : « Dupin, chirurgien de Montpellier à ses concitoyens fondateurs de l'attelier de charité, instituteurs des greniers d'abondance, endosseurs des billets de confiance. » Le conseil général vote des remercimens à M. Dupin, arrête que deux des exemplaires de son ouvrage seront deposés dans les Archives de la commune, que les autres seront distribués aux membres du conseil & charge M. le procureur de la commune d'adresser extrait du present à M. Dupin en temoignage des sentimens de reconnoissance pour ses talents voués à la chose publique.

PAGE 322. Du vingt huit juillet heure de trois de relevée. Lecture faite d'un arrêté du directoire du departement, qui * sur la demande faite par plusieurs bas officiers des regimens de Lyonnois & Vosges en garnison, en payement de leur salaire, pour avoir montré l'exercice aux citoyens volontaires inscrits pour aller aux frontieres renvoye au corps municipal pour fixer led. salaire & en faire l'avance. Le corps municipal attendu que les membres du bureau se sont particulierement occupés de cet objet, charge led. bureau de l'examen de cette reclamation & de lui presenter les moyens d'y satisfaire.

Sur la requette presentée par made St Maurice, le conseil arrête qu'elle fera enlever la couronne qui surmonte les ecussons dans lesquels etoient les armoiries qui ont deja été enlevées & qui etoient dans la cour de sa maison.

PAGE 323. Du vingt huit juillet heure de quatre de relevée. * Le conseil general apres avoir ouï le procureur de la commune a deliberé que conformement à la demande qui a été faite depuis long tems par MM. les juges de paix de faire connoitre au public leur arrondiffement tant pour le territoire que pour la ville, l'ouvrage fait à cet effet par M. Flandio feroit imprimé aux frais de la commune & rendu au public.

* Du premier août heure de quatre de relevée. Lecture faite d'une petition prefentée par les ecoliers du college de cette ville, tendante à ce que la diftribution des prix fe faffe comme par le paffé, c'eft-à-dire qu'elle foit compofée de deux prix & de deux acceffits pour chaque compofition. Le corps municipal renvoye cette petition au bureau d'adminiftration du college avec pouvoir d'y prononcer.

Lecture faite d'une lettre ecrite au directoire de departement par le f^r Fraguaire, officier du 27me regiment, le 30 juillet dernier & d'un arrêté pris par ce directoire à fuitte de lad. lettre. Le corps municipal attendu qu'il n'a aucune connoiffance de ce qui a fuivi l'arreftation de cet officier relativement aux difpofitions de l'arrêté pris par les corps adminiftratifs lors de cette arreftation, declare s'en remetre à la fageffe defdits corps fur la petition dud. f^r Fraguaire, charge le * procureur de la commune d'adreffer extrait du prefent au directoire de diftrict en lui envoyant la lettre & l'arrêté fus enoncé.

* Le confeil general de la commune, confiderant que la rareté du numeraire dans la cité le rend tres infufifant pour fes befoins, que cette rareté a neceffité l'emiffion des billets de confiance, dont les heureux effets fe font bientot faits fentir, que les circonftances imperieufes qui faifoient un devoir aux citoyens de favorifer leur circulation, n'ont pas été affés generalement appreciées; que la facilité de les echanger contre des affignats nationaux avec un benefice de deux pour cent, eft encore un avantage qu'on ne peut meconnoitre, enfin, qu'arrivé au moment où la monnoie de cuivre va faciliter les echanges, il importe de prendre une mefure definitive qui faffe ceffer le defordre & l'agiotage. Arrête 1° qu'à compter du jour de la publication du préfent, le cours des coupons de la caiffe patriotique fera forcé dans la ville & le territoire de Montpellier.

2° Que dans tous les cas le debiteur fera obligé de faire l'apoint de ces coupons en monnoïe jufques à ce que les mefures dont l'adminiftration s'occupe avec toute l'activité poffible rendent la monnoie de cuivre plus abondante. * Que le confeil general fe rend garant au nom de la commune de l'emiffion des coupons de la caiffe patriotique.

3° Qu'il fera nommé dans le confeil quatre commiffaires pour furveiller les operations de cette caiffe, arreter les bordereaux & en prefenter au confeil le refultat tous les quinze jours.

4° Enfin que la nomination de MM. Farel & fils & Parlier à la place de treforiers de lad. caiffe, offrant toute la folidité neceffaire ils refteront depofitaires des affignats nationaux, qui font ou feront le gage des emisfions faites ou à faire des coupons de lad. caiffe:

Charge M. le procureur de la commune de demander par le jour aux

1791. corps administratifs leur autorisation au présent arrêté, qui sera imprimé publié & affiché par tout ou besoin sera.

MM. Montels, Lafabrie, officiers municipaux, Rouch & Coste, notables, ont été nommés commissaires pour remplir la commission portée par l'art. 4 du présent arrêté.

PAGE 329. * Du trois août heure de six de relevée. Le corps municipal deliberant sur la petition qui lui a été presentée par les citoyens employés dans les fabriques de la ville. Après avoir entendu toutes les parties arrête que,

PAGE 340. conformément à l'accord proposé par les negocians * & accepté par les ouvriers, le salaire des journées sera payé moitié en argent & moitié en billets de confiance.

Se sont presentés plusieurs citoyens qui ont denoncé qu'il se formoit dans le moment une cohalition dangereuse contre le repos public, que plusieurs personnes & notament le sr Louis Dartis graveur, courroient de porte en porte pour faire signer des listes pour former une association & qu'on avoit deja surpris plusieurs signatures à des citoyens bien intentionnés, parmi lesquels se trouvoit le sr Laval, cordonnier. Surquoi ouï le corps municipal a mandé le sr Louis Dartis & Laval lesquels ayant été introduits, M. le maire leur a fait part de la denonce qui avoit été faite & leur a demandé s'il étoit vrai qu'ils eussent fait signer ou signé des listes.

Surquoi led. sr Dartis a repondu qu'il est vrai qu'il a reçu dans la journée plus de deux cens signatures de la part des particuliers qui sont venus chés lui, que son motif a été de seconder les vues de plusieurs personnes & d'empecher qu'il n'arrivat des malheurs dans la ville & dans le quartier de l'Argenterie qu'il habite; il a avoué avoir presenté des listes à signer & que toutes ces demarches avoient pour objet de demander à la municipalité que lui & les autres citoyens au nom desquels il agissoit pussent faire des patrouilles avec un officier municipal à la tête à l'effet de maintenir le bon ordre & s'opposer aux voies de fait d'une société soi disant patriotique.

Le sr Laval interogé sur le même fait a convenu avoir signé lesd. listes & connoitre l'objet pour lequel on les faisoit courir. Surquoi le procureur de la commune a requis que lesd. srs Dartis & Laval fussent tenus de faire remettre toutes les listes, cette demarche étant contraire aux principes de la constitution & que jusques à lad. remise ils fussent mis en etat d'arrestation, s'agissant d'une association qui cherche à se former pour troubler l'ordre.

Surquoi il a été arrêté que la conduite de ces particuliers étoit contraire à la loi & qu'ils seroient tenus de remettre par le jour toutes lesd. listes avec defense de former aucun rassemblement ni attroupement.

PAGE 341. M. le maire a donné connoissance auxdits srs Dartis * & Laval de l'arrêté ci-dessus avec injonction de s'y conformer, à quoi ils ont déclaré qu'ils obtempereroient, & attendu le peril du moment le corps municipal a cru devoir s'assembler extraordinairement à dix heures du soir.

Du trois août heure de dix du foir. Plufieurs citoyens ont été introduits & ont expofé qu'on continuoit à faire courir des liftes, que les fauteurs de ce delit cherchoient à feduire les citoyens, qu'il y avoit une fermentation confiderable dans les efprits, que les patriotes étoient menacés & qu'il y avoit grand danger pour la chofe publique.

Le corps municipal a arrêté de prohiber tout attroupement, d'annoncer que la force publique feroit deployée pour le diffiper, de defendre tout raffemblement inconftitutionnel, de profcrire toute marque exterieure de raliement, d'enjoindre à tous ceux qui auroient fait figner des liftes & qui en feroient les detempteurs de les rapporter à la municipalité pour y être annullées & inviter tous les bons citoyens à fe ralier autour de la loi & a nommé MM. Cambon, Lafabrie, officiers municipaux & M. le procureur de la commune pour lui prefenter demain à neuf heures du matin la rédaction de cet arrêté, & afin d'affurer * la tranquilité publique plufieurs officiers municipaux ont eté commis pour fe mettre à la tête des patrouilles.

Du quatre août heure de neuf avant midy; MM. les officiers municipaux qui avoient été chargés de faire des patrouilles la nuit derniere, ont rendu compte que tout avoit été tranquile, après quoi les commiffaires ont fait lecture du projet d'arrêté qui a été adopté comme fuit :

<small>Le corps municipal confiderant qu'il s'éleve dans la cité des partis que la loi réprouve ; que les ennemis de la conftitution travaillent fans ceffe pour amener des defordres & que fon devoir eft de les prevenir.
Le corps municipal rappelle aux citoyens que les attroupemens étant prohibés par loi, la force armée feroit deployée pour les diffiper.
Arrête que toutes les affociations inconftitutionnelles étant profcrites, perfonne ne pourra porter des marques extérieures propres à fervir de ralliement & à cet effet les interdit & prohibe. Ordonne à tous ceux qui pourroient avoir fait courir des liftes pour former aucune affociation, de les remettre par le jour au corps municipal, pour être annullées fous peine contre les chefs & les detempteurs defd. liftes d'être pourfuivis & punis fuivant la rigueur des loix. Charge M. le procureur de la commune de requerir la garde nationale, gendarmerie nationale & troupes de ligne, pour l'execution du prefent arrêté.
Invite tous les bons citoyens à fe rallier autour de la loi qui veille pour tous & à fe repofer fur la vigilance des * magiftrats & fur la force armée qui leur eft confiée. Et fera le prefent arrêté imprimé, lû, publié & affiché par tout ou befoin fera.</small>

Enfuite ont comparu le fr Louis Dartis, graveur & Thuery, lefquels ont expofé qu'ils n'avoient pas pu encore fe procurer les liftes qu'ils avoient promis de rapporter, parce qu'on les leur avoit enlevées, les fignataires ayant peur d'être compromis, qu'ils craignoient même ne pouvoir pas fatisfaire à la demande du corps municipal.

Surquoi M. le maire leur a fait lecture de l'arrêté qui vient d'être adopté & leur a enjoint d'y obeïr par le jour pour ce qui les concerne. A quoi ils ont repondu qu'ils affembleroient les perfonnes chargées de faire figner des liftes & qu'ils les rendroient avant fept heures du foir.

Le corps municipal prevenu de l'affemblée qui devoit avoir lieu & qui étoit néceffaire pour remplir l'objet de l'arrêté s'eft ajourné à quatre heures du foir.

Dudit jour quatre août heure de quatre de relevée. Se font prefentés plufieurs citoyens qui ont dit qu'ayant eu connoiffance de l'arrêté pris ce

1791.

matin & qui venoit d'être publié, ils venoient offrir leur devouement à la loi, en annonçant que la societé patriotique se conformeroit entierement à l'arrêt du corps municipal. Le corps municipal leur a repondu qu'il voyoit avec plaisir les citoyens obeïr & se rallier autour de la loi.

Page 344.

Se sont aussi presentés MM. Louis Dartis, Thuery, Vabre, Berger, Devés, avoué, Marre, avoué, Dartis, orphevre, Raujoux ainé & autres citoyens qui se sont dits commissaires de l'assemblée * qui avoit été tenue pour ramasser les listes qui avoient été signées & que conformement à l'arrêté pris ce matin ils venoient les deposer sur le bureau, en ajoutant que leur intention lors de la signature de ces listes n'etoit qu'un devouement pour la chose publique qu'ils croyoient en danger par le rassemblement de l'association ditte patriotique; ils ont assuré le corps municipal que dans toutes les occasions ils se montreroient les deffenseurs des loix & que pour prouver leur attachement, ils promettoient de ne donner aucune suitte à l'association qu'ils avoient formée puisque l'objet qu'ils avoient en vue etoit detruit.

Le corps municipal a brullé de suitte les listes & a repondu qu'il voyoit avec plaisir des citoyens se rallier autour de la loi & qu'il esperoit qu'il n'existeroit plus des attroupemens dans la ville & que si contre son attente il s'en formoit il feroit executer son arrêté.

Ensuite le corps municipal a arrêté que des officiers municipaux se mettroient à la tête des patrouilles pendant la nuit pour veiller à la tranquilité publique & s'est ajourné à demain neuf heures du matin.

Du cinq août heure de neuf avant midy. S'est presenté le s.r Pierre Arnaud, maçon, qui a dit que le s.r Bourret, compagnon maçon, l'a provoqué de mettre sa medaille & l'a insulté sur ce qu'il lui étoit deffendu de la montrer. Mandé & ouï ledit Bourret qui a avoué la provocation; * le

Page 345.

corps municipal considerant qu'après avoir pourvu par son arrêté du jourd'hier à la tranquilité de la cité en détruisant les deux partis qui s'y etoient formés, il est de la plus grande importance de prevenir tout nouveau trouble par une juste severité, condamne led. Bourret à tenir prison pendant deux jours, lui fait defenses de reciviver sous peine d'être poursuivi comme auteur de sedition, ordonne que le present jugement sera imprimé, lû, publié & affiché par tout ou besoin sera.

Se sont presentés les sieurs Louis Dartis, Devés avoué, Berger, Raujoux, Auteract & plusieurs autres citoyens qui se sont dits commissaires & qu'en cette qualité ils venoient denoncer un attentat commis en la personne du s.r Auteract ici present, en annonçant qu'ils s'assembleroient ce soir.

M. le maire leur a repondu que d'après l'arrêté pris le jourd'hier, il ne devoit plus exister d'association ni de commissaires, que tous les attroupemens étoient défendus, qu'en consequence ils ne pouvoient point s'assembler & que le corps municipal ne pouvoit pas recevoir leur plainte en la qualité qu'ils prenoient; mais que si quelque citoyen avoit été vexé, il n'etoit point nécessaires pour demander justice.

Les citoyens pretendus commissaires étant sortis le s.r Auteract a dit:

qu'étant hier au foir dans la rue de l'Argenterie avec les dames Bazille & Barnabé, le fr Raujoux cadet lui avoit dit de le fuivre & que pendant qu'ils parloient enfemble il avoit reçu un coup de baton fur la tête, qu'il penfoit que le fr Raujoux étoit complice de cet attentat qui avoit été commis par des perfonnes qu'il ne connoiffoit pas.

Les dames Bazille & Barnabé & le fr Raujoux mandés ont été introduits & M. le maire ayant demandé auxd. dames Bazille & Barnabé fi elles avoient connoiffance de l'attentat commis hier au foir envers le fr Auteract, elles ont repondu qu'étant hier au foir fur leur porte le fr Auteract s'arrêta avec elles & qu'un inftant après un jeune homme qu'elles ne connoiffent pas avoit lancé un coup de baton au fr Auteract & s'étoit de fuitte enfui, declarant que le fr Raujoux ne peut point avoir vu la perfonne qui a lancé le coup de baton au fr Auteract, s'il n'etoit pas de connivance avec elles & fi lorfqu'il lui propofoit de le fuivre * il n'etoit pas dans l'intention de lui tendre un piege.

Surquoi il a repondu, que lorfqu'il a propofé au fr Auteract de le fuivre, c'étoit dans la vue de le défendre, ayant entendu des perfonnes qu'il ne connoit pas, parler mal de lui, qu'il n'a pas vû la perfonne qui a lancé le coup de baton, puifqu'elle étoit derriere lui & qu'il en a reffenti les effets, déclarant qu'il n'avoit aucune connivance avec elle, & qu'il n'avoit aucune rancune contre le fr Auteract.

Le fr Auteract fatisfait des reponfes du fr Raujoux & ayant convenu qu'il ne pouvoit avoir vu la perfonne qui lui a donné le coup de baton, le corps municipal a renvoyé les parties en les exhortant à la paix.

Du cinq août heure de quatre de relevée. Le corps municipal de Montpellier affemblé. M. Cambon remet fur le bureau le compte des frais du monument pour la proceffion generale de la fete Dieu dans la paroiffe de Notre Dame des Tables fe portant à quarante huit livres & il propofe d'en faire le payement au treforier de la confrerie du St Sacrement de lad. paroiffe ainfi qu'il eft d'ufage toutes les années.

Le corps municipal arrête qu'il y a lieu de faire payement de la fomme de quarante huit livres dont s'agit, charge le bureau d'en expedier le mandement au treforier de lad. confrerie.

* M. Cambon a dit: que M. le maire étant parti pour Lunel pour fes affaires, l'avoit chargé d'expofer au corps municipal qu'il avoit eu avis qu'il devoit y avoir une affemblée au Jardin des Plantes compofée des perfonnes qui avoient foufcrit les liftes & que c'étoit le motif de cette affemblée.

Surquoi le corps municipal a envoyé le fr Nouguier, capitaine de la fuitte, au Jardin des Plantes, pour favoir fi l'affemblée exiftoit.

Le fr Nouguier de retour a dit: qu'il avoit trouvé une foixantaine de perfonnes au Jardin des Plantes & qu'en revenant il avoit trouvé une affluence de citoyens qui s'y rendoient.

Le corps municipal ayant prié M. Philipe de Fezenfac, commandant les troupes de ligne qui fe trouvoit à la maifon commune de fe joindre à lui pour fe concerter fur les mefures à prendre. Il a été arrêté que M. le pro-

1701.

PAGE 346.

PAGE 349.

1791. cureur de la commune requeroit à l'inftant M. Philipe de Fezenfac d'envoyer de fuitte foixante hommes des troupes qu'il commande fur la place de la maifon commune, lad. requifition ayant été faite à fix heures & quart du foir.

Le corps municipal a nommé MM. Montels, Bouchet, Cambon, Charolois & Grand, officiers municipaux & Fargeon, procureur de la commune, commiffaires, pour fe rendre fans force armée au Jardin des Plantes, pour demander aux citoyens affemblés le motif de leur reunion, les fommer au nom de la loi de nommer de fuitte fix commiffaires au cas ils ayent à former quelque reclamation & de fe retirer à l'inftant.

Les commiffaires s'étant rendus au Jardin des Plantes, ils ont trouvé environ trois ou quatre cens perfonnes raffemblées, M. Montels leur a notifié l'arrêté du corps municipal & les a fommés d'y obeir; mais de fuitte MM. Devès & Marre, avoués, fe font prefentés avec des decrets à la main & après avoir lû l'art^e 62 de la loi relative à la conftitution des municipalités ils ont pretendu être en droit de s'affembler; M. Montels leur a rappellé de rechef la loi & l'arrêté pris hier par le corps municipal, mais l'affemblée a continué fous le pretexte de nommer des commiffaires & fous le pretexte qu'il en exiftoit une autre au jardin des Petits Urbains fur le Cours.

MM. les commiffaires s'étant retirés, M. Charolois, officier municipal & Fargeon, procureur de la commune, fe font rendus au jardin indiqué & MM. Montels, Cambon, Bouchet & Grand étant revenus à la maifon commune ont rendu compte du refultat de leur miffion; MM. Charolois & Fargeon de retour du jardin des Petits Urbains ont dit n'avoir trouvé perfonne, MM. les commiffaires invités de nommer les perfonnes qu'ils peuvent avoir reconnu dans cette affemblée, ils ont nommé, fieurs Dartis, orphevre, Dartis, graveur, le beau frere dudit Dartis, graveur, Dartis neveu, orphevre, Coulon, Fulcrand fils, cuifinier, Porte, cuifinier, Atger, perruquier, Bremont, menuifier, Mejean jeune, boulanger, Robert, porteur chés M. Bernard, Devès, avoué, Marre, avoué, Vernière, avoué, le fils de Pafchal, avoué, Verdy, cardeur, Dejean, menuifier, Maurras fils, Fargue fils, Auteract jeune, Dartis, caffetier, Thuery, Raujoux, Claris cadet, avoué, Salfon, avoué, Berger Cavin fils aîné, Anduze, Tardieu fils, Vabre, Maurice, le domeftique de mad^e Benezet, Jouven père & fils, Pafcal Devès, avoué, Vialla, tapiffier, Servel frères, huiffiers, Mazel, neveu de Thomas Fabre, Dumas aîné, coutellier, Laffalle jeune, Brouffe jeune, boulanger, Mazauri, menuifier, Jean Deffalle, platrier, le ci-devant tambour major du plan de l'Ollivier, Chazel, feudifte, Rouveirollis fils, commis marchant, les freres Atger, Vals, vitrier, Sarran pere & fils ancien teinturier & Bonnefoy fils praticien.

Dans le moment font arrivés les foixante hommes de ligne requis.

Le corps municipal deliberant fur les moyens à prendre pour diffiper l'attroupement, le f^r Nouguier étant venu annoncer à fept heures & demi que les perfonnes attroupées venoient de fe retirer, a arrêté que fa féance feroit permanente, que la ville feroit eclairée, que les foixante hommes des troupes de ligne refteroient à la maifon commune, il a requis l'état major de la garde nationale de fe joindre à lui & a arrêté qu'il y auroit continuellement pendant la nuit deux patrouilles de vingt hommes, à la tête defquels feroit un officier municipal & un officier de l'état major de la garde nationale.

Se font prefentés plufieurs citoyens qui font venus offrir de s'armer pour le maintien de la tranquilité publique. Le corps municipal les a remerciés en leur difant que tous les citoyens étant gardes nationaux, ils devoient attendre les requifitions.

S'eft prefenté le fr Chaube qui a dit avoir été temoin, lorfque les perfonnes qui s'étoient attroupées au Jardin des Plantes fe retiroient; qu'il a entendu plufieurs d'entr'elles crier « Vive le Roi ».

S'eft prefenté le fr Rouzaud, qui s'eft plaint d'avoir été infulté par le nt Robert & une autre perfonne qu'il ne connoit pas, lefquels revenoient de l'affemblée du Jardin des Plantes, ayant pour temoin de ce fait Renard la mere, fon fils François, Rieuffet chez Renard & deux etudians logés chez la veuve Agret.

* Le corps municipal a renvoyé à demain fur la plainte portée par le fr Rouzaud.

S'eft prefenté le fr Senaux ainé, étudiant en chirurgie, qui a dit avoir entendu dire d'un jeune homme logé dans la maifon du fr Euzet, que fe trouvant à l'affemblée du Jardin des Plantes fans être connu, plufieurs perfonnes avoient convenu de fe rendre à dix heures precifes à la place de la Canourgue.

S'eft prefenté le fr Villaret, perruquier, logeant près St Paul qui a rapporté avoir entendu dire en prefence de cinq à fix perfonnes par deux particuliers qui étoient à l'affemblée du Jardin des Plantes de porter ce foir fon fufil bien chargé, à quoi il avoit repondû qu'il porteroit une broche pour les enfiler.

S'eft prefenté le fr Marc Draparnaud fils, qui a dit que dans le moment il y avoit environ fix cens perfonnes raffemblées dans la maifon du fr Quet, caffetier près la Coquille & qu'environ dix perfonnes font entrées dans la maifon où logeoit ci-devant M. Malafoffe, à côté de celle où loge M. Montels, officier municipal, ayant chacun un fufil qu'elles ont depofé dans lad. maifon d'où ils font fortis, plufieurs ayant à leur chapeau une cocarde blanche & ont arraché la cocarde nationale à un citoyen qui la portoit à fon chapeau.

S'eft prefenté M. Tiffon fils qui a dit qu'étant actuellement de garde au pofte de la maifon commune M. Cambacerès, fon capitaine, l'avoit envoyé devant le caffé de Quet, pour reconnoitre l'attroupement qu'on difoit s'y être formé, qu'il y avoit vu une affluence de monde affés confiderable & qu'en paffant entre deux grouppes qui étoient affemblés il avoit entendu un d'eux qui difoit aux autres qui l'entouroient: « Nous avons des cartouches » & qu'il eft venu de fuite en rendre compte à M. Cambacerès qui, conjointement avec lui, eft venu en prevenir la municipalité.

D'après tous ces avis, le corps municipal a arrêté de requerir sur le champ M. Philipe de Fezensac d'envoyer de suitte soixante hommes à la maison commune pour renforcer les soixante deja requis, ce qui a été executé à dix heures & quart du soir.

Sont arrivés MM. Montels, officier municipal & Louis Granier, adjudant de la garde nationale, de retour d'une patrouille qui ont dit qu'étant passés devant le caffé de Quet ils avoient vu des personnes rassemblées & que s'étant informés du motif du rassemblement le s' Quet, caffetier, leur avoit répondu que c'étoit des commissaires qui regaloient des eaux glacées, ils ont ajouté qu'ils esperoient que tout le monde se retireroit paisiblement.

S'est presenté le s' Mauguien, chasseur n° 2, qui a dit que passant sur les huit heures du soir sur la place de la maison commune, il a rencontré dans la rue du Panier Fleury, Me Bessiere, adjudant de la colonelle, accompagné de plusieurs hommes * en chemise, à qui il disoit : « Venés demain matin chés moi & je prendrai vos noms, s'y je n'y suis pas ma femme les prendra la même chose ». Le n^t Piron, musicien des chasseurs, leur a dit : « Sy M. n'est pas chés lui, vous pouvés venir chés moi je prendrai vos noms ».

S'est presenté le s' Jallabert, coiffeur, qui nous a dit que s'étant presenté sur les sept heures du soir à la porte du Jardin des Plantes, il n'a pas pu entrer parce qu'un homme qui etoit en faction à la porte l'en a empeché ; il a été surpris de cette consigne, surtout lorsqu'il a vu que cette même sentinelle laissoit entrer des gens tres mal mis, qui portoient les uns des sabres & les autres des batons ; il a demandé à plusieurs personnes ce qu'on faisoit dans ce jardin ; on lui a repondu qu'il y avoit beaucoup de monde & que les trois quarts étoient du plan de l'Ollivier.

S'est presenté sieur Gaillat, m^e parfumeur, qui nous a dit qu'en passant à la rue du Panier Fleuri, il a vu sur la porte du s' Devès quatorze ou quinze personnes qui faisoient la conversation ; il a distingué que le s' Devès, procureur, portoit à son chapeau une cocarde blanche ; interrogé s'il n'a rien entendu de la conversation, il a repondu que comme il est un peu dur d'oreille il n'avoit entendu que le mot de rassemblement ; il a ajouté que mardy dernier étant à Lunel, l'aubergiste du Cheval Blanc l'a chargé de denoncer que le commis du canal avoit reçu une caisse contenant des fusils ; qu'il en étoit bien assuré puisqu'il avoit lû lui-même la lettre de voiture.

Les soixante hommes requis en dernier lieu sont arrivés sur la place de la maison commune.

M. Serres, officier municipal, de retour d'une patrouille a rapporté que la ville étoit parfaitement tranquille. Surquoi le corps municipal a requis M. Philipe de Fezensac, commandant les troupes de ligne, qui avoit passé la nuit à la maison commune de faire retirer au quartier cent hommes qui sont sur la place de la maison commune & de consigner demain samedy cinquante hommes au quartier prets à marcher sur les requisitions qui pourront leur être faites.

Du six août heure de huit avant midy, le s' Jean Icard, garçon teinturier

chés Bedos & Miller eſt annoncé & introduit; a dit qu'étant hier à ſon atte- 1791.
lier & ſur les quatre heures du ſoir, il y vint les nommés Triſſol, Legras
du Legaſſieu, Claparede, ci-devant garde national dans la compagnie du
plan de l'Ollivier, Marmier & un garçon boulanger reſtant à la montée de
St Mathieu, qui lui dirent des propos tres inſultans, lui enleverent un baton
qu'il avoit chés lui avec lequel ils le menacerent, ajoutant qu'il falloit qu'il
quittat ſon attelier & s'adreſſant à ſa bourgeoiſe ils lui dirent qu'elle n'avoit
qu'à renvoyer led. Icard, que ſi elle ne le faiſoit dans les vingt quatre
heures elle ſeroit moleſtée & lui arriveroit malheur & ce matin le n^e Veyres
du plan de l'Ollivier a dit au ſuſd. Icard qu'il étoit chargé de la part de ſes
camarades de le prevenir de quitter l'attelier, d'autant qu'ils devoient s'y
rendre ſur les quatre heures de l'après midi pour ſavoir s'il avoit executé
cet ordre & faute par lui de l'avoir fait, il ſavoit ce qu'ils avoient à faire.

S'eſt auſſi preſenté le nommé Louis Coulon, faƈturier, qui nous a dit
qu'ayant été ce matin chés le nommé Felix, barbier près la porte des
Carmes & lui ayant fait quelques reproches ſur ce qu'il ne s'étoit pas
trouvé dans ſa boutique pour le raſer, celui-ci a repondu que ſon abſence
avoit été occaſionnée par une aſſemblée qui s'étoit tenue au Jardin des
Plantes & à laquelle il avoit aſſiſté, ajoutant qu'il falloit au peril de leur
vie detruire la ſocieté patriotique, qu'elle n'exerçoit ſes aƈtes que lorſqu'elle
étoit commandée, n'ayant pas dit par qui elle l'étoit & que ſuppoſé que
l'on oppoſat la force à l'execution de leur deſſein, ils étoient aſſurés du
ſecours de tous les villages voiſins ainſi que de la ville de Niſmes, à quoi
led. Coulon lui a obſervé, que ce n'étoit pas pour maintenir le bon ordre,
ainſi qu'il le lui avoit dit, puiſque on admettoit dans leur corporation pluſieurs membres du plan de l'Ollivier, à quoi il repondit qu'ils y avoient
admis non ſeulement partie; mais la totalité de la ci-devant compagnie du
plan de l'Ollivier de laquelle ils étoient ſûrs.

S'eſt encore preſenté le n^e Mazimel, habitant du Courrau, qui nous a dit
qu'étant chés lui avant hier quatre du courant mois d'aouſt ſur les ſix
heures du ſoir, il entendit que pluſieurs perſonnes qui venoient du côté
de la Merci diſoient à ſes voiſins « Eh bien ! ne venés vous pas ? » que ces
mêmes perſonnes étant arrivées devant ſa porte lui firent la même inter-
rogation, que leur ayant demandé ce que c'étoit ils lui repondirent qu'il
falloit venir à une aſſemblée qui alloit ſe tenir au jardin du ſ^r Bonnet ſitué
après le pont de l'Hôpital, que lui qui dépoſe leur ayant obſervé qu'on ne
pouvoit former * d'aſſemblées ſans en avoir la permiſſion de la munici- Page 354.
palité, à quoi il lui fut repondu qu'ils l'avoient obtenue, ce qui les determina à s'y rendre avec les nommés Canclau, Coſte, boulanger, Breſſon,
Portalier pere & autres, qu'étant arrivés aud. jardin ils y trouverent quantité de perſonnes raſſemblées & quelque temps après environ demi heure,
le ſ^r Dartis, graveur, monta ſur une chaiſe & fit un diſcours tendant à
inviter tous ceux qui formoient cette aſſemblée à ſigner la liſte qui leur
étoit preſentée ayant pour but de former une aſſociation pour detruire la
ſocieté patriotique, qu'ils pouvoient donner leur ſignature en confiance,

1791. attendu qu'il étoit autorifé par la municipalité à les recevoir & que c'étoit de fon ordre qu'il agiffoit, qu'on devoit être tranquille fur les forces que lad. affociation reuniroit puifque la troupe de ligne étoit pour eux & que, lorfqu'il feroit queftion d'agir, ils auroient toujours un municipal à leur téte, ce qui determina led. Mazimel à figner lad. lifte ainfi que ceux qui étoient venus avec lui; mais que voyant aujourd'hui que fa religion a été trompée, puifque led. fr Dartis n'agiffoit ni de l'ordre, ni du confentement de la municipalité, il déclare fe retracter de la fignature qu'il a donnée, qu'il déclare en outre ne vouloir prendre aucune part à cette affociation directement ni indirectement & que dans toutes les occafions il donnera à la municipalité des preuves du refpect qu'il a pour elle & de fon amour propre pour l'execution des loix, & que pour preuve de ce qu'il dit, il declare auffi qu'il fut convoqué hier au foir pour fe rendre à une affemblée devant fe tenir au Jardin des Plantes; mais qu'il fe donna bien de garde de s'y rendre.

PAGE 355. Du dix août heure de trois de relevée. * Le corps municipal, vu la petition du commerce de Sette au directoire du département de l'Hérault, la copie de la lettre ecrite par les negocians de Sette à M. le prefident du comité d'agriculture & de commerce, le renvoi fait au corps municipal par le directoire du diftrict; eftime qu'il y a lieu d'appuyer la demande du retabliffement du Lazareth du port de Sette qui ne peut que procurer les plus grands avantages au commerce des departemens meridionaux, la ville de Montpellier qui fait par fes maifons de commerce une portion confi- derable des affaires qui fe traitent dans le port de Sette & le plus grand à fa profperité & peut par fes moyens cooperer d'une maniere efficace à fon agrandiffement. Et fera le préfent arrêté adreffé par le procureur de la commune au procureur fìndic.

Le corps municipal a arrêté que fa feance permanente feroit continuée, que les reverberes feroient illuminés ce foir & demain, que M. le com-
PAGE 356. mandant * des troupes de ligne feroit requis de partager le piquet de vingt hommes du pofte extraordinaire de la maifon commune, d'en envoyer dix au pofte du violon & les faire relever demain à cinq heures du matin, que la requifition qui lui fut faite hier de configner cinquante hommes au quartier pour être prets à marcher au befoin feroit continuée pendant toute la journée de demain, que M. le commandant général de la garde' nationale feroit requis faire tenir continuellement une perfonne de l'etat major à la maifon commune, d'ordonner que le fervice ordinaire des dimanches feroit fait demain; que dix hommes de chaque compagnie de la cavalerie nationale feroient de piquet demain chés leurs capitaines; qu'un aide de camp de la garde nationale feroit de piquet avec fon cheval pendant toute la journée de demain à la maifon commune; que M. le commandant de la gendarmerie nationale feroit requis de faire faire des patrouilles de trois hommes matin & foir pendant toute la journée de demain, lefquelles viendront rendre compte à la municipalité de l'etat de la cité, M. le pro- cureur de la commune demeurant chargé de faire lefd. requifitions.

Il a été auſſi arrêté de faire faire des patrouilles exactes pendant le jour & la nuit, avec requiſition de diſſiper les attroupemens, en les traverſant ſans employer aucune force & en cas de reſiſtance d'en venir rendre compte à la maiſon commune.

Du dimanche ſept août à trois heures de relevée, ont été introduits MM. Bruguiere, Portalier & Gairaud, leſquels ont dit qu'en qualité de commiſſaires deputés par une ſocieté de citoyens à laquelle ils avoient à rendre compte, ils demandoient l'aſſemblée générale de lad. ſocieté, pour * le ſoir même à quatre heures, dans un jardin derriere l'égliſe des ci-devant Recolets.

Surquoi les officiers municipaux deliberant attendû l'urgence du cas.

Conſidérant que la qualité de commiſſaire priſe par les deputés annonçoit l'exiſtence d'une ſocieté; que la loi ne permettoit que celles qu'elle avoit autoriſées & que la ſocieté dont s'agiſſoit avoit été encore poſitivement proſcrite par les arrétés de la municipalité.

Arrête que l'aſſemblée générale demandée ne ſera point accordée & qu'il ſera enjoint à MM. les deputés de ne pas la convoquer.

M. le maire ayant fait part aux deputés de cette deciſion ils ſe ſont retirés.

Demi heure après ſe ſont preſentés MM. Vabre, Thuery, Bonnefoi & Tardieu, ſe diſant également deputés de la même ſocieté & chargés par elle d'inſiſter ſur la formation de ſon aſſemblée générale, ſe fondant ſur la loi qui autoriſe les citoyens actifs à ſe raſſembler paiſiblement & ſans armes.

Surquoi les officiers municipaux, conſidérant que la ſocieté qui demandoit ſon raſſemblement étoit illegale & avoit été ſuprimée, que la loi reclamée ne lui étoit point par conſequent applicable & que dans les circonstances tout raſſemblement ſeroit dangereux.

Les officiers municipaux perſiſtent dans leur precedente deciſion & enjoignent de nouveau aux deputés, par l'organe de M. le maire, de ne point avoir d'aſſemblée.

Cependant l'aſſemblée générale avoit été convoquée dès le matin & ſe formoit au moment même. Les officiers municipaux en ayant été avertis s'y ſont rendus ſur le champ en echarpe, M. le maire à leur tête & ſans aucune eſcorte.

Arrivés auprès des ci-devant Recolets, ils ont vû dans toutes les avenues une foule de citoyens allant & venant & un commencement de réunion dans le lieu indiqué.

Revenus à la maiſon commune ils ont trouvé beaucoup de fermentation & une foule immenſe de citoyens & de gardes nationales qui offroient leurs ſecours pour l'execution de la loi & le maintien de la tranquilité publique.

Le corps municipal aſſemblé, après avoir ouï le rapport fait par M. le maire & tout conſidéré, a arrêté de conſigner toutes les compagnies chès leurs capitaines, de renforcer les troupes de ligne, le poſte de la maiſon commune, * de deffendre tout attroupement au delà de ſix perſonnes, d'or-

1791. donner la fermeture des caffés & cabarets & de faire circuler des patrouilles avec un officier municipal à la tête pour faire connoitre l'arrêté, qui feroit aussi proclamé par M. le maire du balcon de la maison commune.

A comparu le fr Honnoré Guinard de la compagnie des chasseurs n° 2, lequel pour rendre hommage à la verité a declaré que cet après midy à deux heures le nommé Blondin, travailleur de terre, étant dans la rue Basse, avoit dit en parlant de ceux qui avoient agi pour la loi qu'il falloit en faire une recolte (en frapant sur sa faux qu'il raccomodoit) & qu'au soleil couchant il commenceroit, ce qu'il a voulu faire en insultant le sr Bertrand, patriote, garde national, que lui deposant a entendu ce qu'il a raporté, ainsi que son frere.

S'est presenté sr Jacques Lafosse, negt de cette ville, qui nous a dit : qu'en dinant ce jourd'hui chés Achard, traiteur, il a vu par la fenetre qui tombe sur le grand chemin un groupe d'hommes qui disoient : « Ce n'est pas le moment, c'est lorsqu'on remplaçoit les curés qu'il falloit leur tomber dessus ».

Il a ajouté que lorsqu'il est sorti il a vu dans un autre groupe le fr Claris, procureur, lequel l'ayant apperçu a dit d'un ton d'ironie : « Il faut concilier les esprits ».

S'est aussi presenté le fr Lionnet fils, negt, qui après avoir pris connoisance de la denonce ci-dessus a dit qu'elle étoit parfaitement conforme à ce qu'il avoit vu & entendu.

S'est aussi presenté le fr Menard, negt de cette ville, qui après avoir pris connoissance de la denonce ci-dessus a declaré qu'elle etoit parfaitement conforme à ce qu'il avoit vu & entendu.

S'est aussi presenté le fr Thomas Spinassou, volontaire de la compagnie des Carmes, accompagné de son frere cadet, de Coudougnan cadet & Fisquet cadet, qui a dit avoir été arrêté à quatre heures & demi du soir près de la fontaine du Pila St Gely par Ramadier, Fesquet & Sauton qui lui ont dit de crier : « Vive le contre pouvoir ! », & sur son refus ils ont sorti leur sabre & l'ont obligé à crier « Vive le contre pouvoir ! »

Du neuf août heure de quatre de relevée, le corps municipal voulant reconnoitre le service rendu à la patrie par une patrouille de la legion qui arreta dimanche dernier des volontaires de Castelnau trouvés de nuit, en armes, dans les fauxbourgs de la ville, le soir d'un jour où la tranquilité publique avoit été troublée & où la plufpart desdits volontaires de Castelnau étoient venus pour prendre part à ces troubles, arrête unanimement d'offrir au nom de la commune un sabre à chacun des volontaires de la legion composant laditte patrouille & que le present arrêté sera adressé au commandant général pour en donner connoissance à la legion.

Du onze aout, heure de quatre de relevée, M. le procureur de la commune donne lecture d'une lettre de M. le procureur sindic du district en datte du neuf courant par laquelle il invite à presenter au corps municipal l'arrêté pris le cinq par le directoire du département concernant la repartition des auxiliaires ; il requiert d'ouvrir un régistre pour y recevoir les foumiffions des perfonnes qui fe préfenteront pour contracter l'engagement d'auxiliaire en conformité des articles 3 & 6 de la loi du 4 février dernier. Le corps municipal renvoye l'execution dud. arrêté au bureau & le charge de faire une inftruction aux citoyens.

* Du douze août heure de quatre de relevée. Le confeil général de la commune affemblé, M. le maire propofe de prendre des precautions relativement au blé & de former comme les années precedentes un grenier de fecours ; il dit que la fituation de la ville à cet égard eft bonne & ne prefente aucun danger, mais que les circonftances rendent indifpenfables de ne pas s'abandonner à une fecurité qui pourroit être trompée & de fe precautionner contre tout evenement ; il ajoute que MM. les negocians ont toujours offert à la commune les plus grandes facilités & qu'avec le fecours de leur experience & de leur civifme, les commiffaires du confeil rempliront aifement fes vues de prudence fans compromettre les interets de la commune. Sur quoi le confeil, confiderant qu'il importe pour fe precautionner contre tout evenement & pour infpirer au peuple une jufte confiance de former un grenier de fecours, a unanimement arrêté de nommer des commiffaires, lefquels fe concerteront avec MM. les negocians & après l'autorifation du directoire du departement fairont acheter, tranfporter dans la falle du college & mettre en farine fuivant l'exigence du cas la quantité de dix mille fetiers de blé ; le confeil leur donnant plein pouvoir à cet égard & s'en rapportant entierement à eux.

Le confeil a nommé MM. Brieugne & Grand, officiers municipaux, Poitevin, Fajon & Cofte, notables, commiffaires, les invitant de s'occuper fans delai de cet objet important.

* Du vingt trois août, heure de quatre apres midi. Le confeil général affemblé, * M. le maire remet fur le bureau plufieurs exemplaires d'un ouvrage dont M. Albiffon eft l'auteur, intitulé : *Parallele de l'ancien code criminel avec le nouveau*, defquels il fait offrande au confeil général. Le confeil général accepte avec reconnoiffance l'offrande de M. Albiffon, arrête que deux des exemplaires de cet ouvrage feront depofés dans les archives de la commune comme un monument du patriotifme de ce citoyen & charge M. le procureur de la commune de lui adreffer extrait du prefent arrêté.

Un des membres expofe que le commiffariat de la ci-devant province, n'ayant pas encore pris un parti fur l'entretien de la place du Peirou, elle fe deteriore chaque jour faute de cet entretien, que d'ailleurs les gardes de cette place demandent de favoir à quoi s'en tenir fur leur renvoi ou leur continuation & reclament le payement de leurs gages, de forte qu'il eft indifpenfable de demander au commiffariat une reponfe pofitive fur cet objet. Le confeil général arrête conformement à la propofition & charge les commiffaires dejà nommés de fe prefenter devant MM. du commiffariat pour les prier de s'expliquer pofitivement & definitivement.

* Du vingt quatre août heure de dix avant midy. Un des membres expofe que les bruits & les allarmes repandues depuis plufieurs jours fur celui de Sᵗ Louis neceffiteroient des precautions de la part du corps municipal. Sur

1791. quoi le corps municipal arrête de requerir le commandant de la garde nationale de faire trouver ce soir à cinq heures deux hommes de chaque compagnie en armes & quatre hommes à cheval de la cavalerie nationale sur la place de la maison commune, & de donner ordre aux compagnies des fauxbourgs de faire le service le jour & la nuit jusqu'à nouvelle requisition.

Arrête aussi de requerir la commandant des troupes de ligne de faire trouver ce soir à cinq heures six hommes à cheval sur la place de la maison commune & de donner ordre aux compagnies des fauxbourgs de faire le service le jour & la nuit jusqu'à nouvelle requisition de soixante hommes d'infanterie & de dix hommes à cheval prets à marcher sur les requisitions qui pourront leur être faites, auquel effet chargé le bureau de faire lesd. requisitions.

PAGE 368. Du vingt cinq août heure de dix du soir. * M. René, capitaine du poste du fauxbourg St Guilhem, a remis son rapport de la conduite que la patrouille qu'il commandoit a faite à la maison commune de vingt sept personnes trouvées en assemblée dans la metairie de Munier, lesquelles sont dans le moment dans une des salles de la maison, sous la garde de la compagnie du fauxbourg St Guilhem. Lecture faite dud. rapport, le corps municipal considerant les bruits & les allarmes repandues depuis plusieurs jours sur celui de St Louis, vu l'etat actuel de fermentation de la cité & l'heure tarde, arrête que M. Philipe de Fezensac, commandant les troupes de ligne, & l'etat major de la garde nationale seront requis de se joindre au corps municipal pour se concilier sur les mesures à prendre pour la tranquilité publique.

M. de Fezensac & l'etat major de la garde nationale introduits, le corps municipal après s'être concerté avec eux & après avoir entendu le procureur de la commune a arrêté que le commandant des troupes de ligne seroit requis d'envoyer de suitte sur la place de la maison commune soixante hommes à pied & vingt hommes à cheval, & que M. le commandant general de la garde nationale sera requis de rassembler l'entière compagnie qui se trouve de garde à la maison commune & de faire rendre de suitte à la maison commune six hommes à cheval, chargeant M. le procureur de la commune de faire lesd. requisitions.

Il a été aussi arrêté de faire allumer les reverberes, le bureau a été chargé du soin de cette execution.

Le corps municipal apres avoir pris les mesures convênables pour la tranquilité publique, & pendant que les troupes requises se rendoient à la place de la maison commune, s'est occupé du sort des detenus, & vu que
PAGE 369. la* fermentation des esprits alloit en augmentant, après avoir entendu le procureur de la commune, a arrêté qu'ils seroient de suitte transferés & mis en etat d'arrestation dans le fort de la citadelle qui sera consideré comme maison d'arrêt, les prisons de la commune étant insufisantes, qu'ils y seroient placés commodement dans des chambres séparées, qu'ils y seront conduits par la compagnie du fauxbourg St Guilhem qui les a amenés & pour plus grande sureté a nommé MM. Durand, maire, Montels, Allut

& Brieugne, officiers municipaux pour les y accompagner chargeant le bureau du foin de procurer des flambeaux pour éclairer la marche, comm' auffi nomme MM. Brieugne & Grand, officiers municipaux, pour dès demain matin fe tranfporter à la citadelle recevoir les déclarations des detenus fur l'affemblée par eux tenue & leur faire tels interrogats à ce relatifs qu'ils jugeront néceffaires.

Les troupes requifes arrivées à la maifon commune, les commiffaires nommés & les detenus font partis avec l'efcorte de la compagnie du fauxbourg St Guilhem pour fe rendre à la citadelle.

Les commiffaires de retour M. le maire a dit qu'ils venoient de s'acquiter de ce dont le corps municipal les avoit chargés ; il a remis fur le bureau une feuille de papier fur laquelle font plufieurs fignatures & divers projets de deliberations, laquelle avoit été trouvée entre les mains du fr Bermond fils, un des detenus, & comme cette piece paroit importante à la decouverte de la verité le corps municipal arrête que lad. pièce fera à l'inftant paraphée par MM. Brieugne & Grand, commiffaires & quelle leur fera remife pour leur fervir dans la commiffion dont ils ont été chargés. Arrête auffi que jufques après l'interrogatoire des detenus ils ne feront vifités par perfonne, charge le bureau de donner les ordres à ce neceffaires avec foin que les alliments leur parviennent.

Le corps municipal deliberant enfuite fur les mefures ulterieures pour la tranquilité publique, après s'être concerté avec le commandant des troupes de ligne & l'etat major de * la garde nationale qui avoient refté à la maifon commune.

Arrête qu'il fera envoyé dix hommes des troupes de ligne à pied au pofte du violon, que le pofte de la maifon commune fera renforcé de dix hommes des troupes de ligne, que toutes les troupes de garnifon feront confignées demain au quartier pour fe tenir prettes à marcher, que le pofte de la citadelle fera renforcé de quarante hommes des gardes nationales, qu'il fera etabli un pofte près la maifon commune de quatre hommes à cheval de gardes nationales & de fix des troupes de ligne, qu'il fera fait de nombreufes patrouilles tant à pied qu'à cheval dans la cité & aux environs, avec ordre de diffiper fans violence les attroupemens où il s'en forme & d'en donner avis au corps municipal, & que les troupes requifes extraordinairement fe retireront, chargeant le bureau du foin de faire lefd. requifitions.

Arrête auffi que deux officiers municipaux feront de garde, & fe fuccederont à la maifon commune.

La féance a été levée à deux heures après minuit.

Du vingt fix août heure de quatre de relevée. A comparu le fr Benjamin Rouffet, travailleur de terre, lequel nous a dit que hier à l'heure de fept & * demi du foir étoit venu une patrouille formée d'environ vingt cinq hommes qui ayant entouré la campagne ditte de Munier entrés dans laditte campagne s'affurerent d'une troupe de gens qui étoient au nombre d'environ trente deux & les ayant rangés en haïe les amenerent vers la ville.

1791.

Interogé s'il avoit été commandé une collation pour ces gens là. A repondu que hier matin fur les fix heures étoient venus deux meffieurs que lui depofant ne connoit pas qui commanderent une collation pour vingt perfonnes & qui avancerent la fomme de douze livres.

Interogé à quelle heure s'étoit rendue cette troupe pour faire collation. A repondu que fur les fix heures du foir la table fut mife au milieu de l'aire & qu'elle fut entourée d'environ vingt perfonnes qui venoient par des chemins divers, ces vingt perfonnes commencerent à manger fans attendre le refte des trente perfonnes qui venoient auffi par divers chemins & que tous fe mirent à table & mangerent.

Interrogé s'il a reconnu quelques uns de cette troupe. A repondu n'avoir connû que les frs Matte, Servel & Aurivel fils.

Interrogé fy en quittant la campagne ils ont payé le fouper. A repondu n'avoir point été payé.

Interrogé s'il a entendu quelque chofe du temps du fouper. A repondu que non.

Requis de figner a dit ne favoir le faire.

PAGE 375.

* M. Cambon, remet fur le bureau une declaration du fr Ifnard, volontaire de la garde nationale, du 27 juin dr de laquelle il refulte qu'en vertu

PAGE 376.

de l'arrêté de la municipalité, il a * requis le ne Mafclau, charetier, pour aller charger fur fa charette neuf piéces de canon à Montferrier, lefquelles ont été depofées à la maifon commune; il propofe de faire payement de la fomme de fix livres aud. fr Mafclau & d'autorifer le bureau à lui expedier tout mandement neceffaire. Le corps municipal a arrêté conformément au propofé.

PAGE 377.

* Du vingt huit août, neuf heures avant midy. MM. Brieugne & Grand, officiers municipaux, commiffaires nommés pour recevoir les déclarations des vingt fept detenus à la citadelle annoncent qu'ils ont fini leur commiffion, en conféquence ils remettent fur le bureau le procès-verbal par eux tenu defdittes déclarations des vingt fix & vingt fept de ce mois ainfi que la lifte ou papier contenant fignatures enoncées aud. procès-verbal & par eux paraphé.

Lecture faite tant dud. procès-verbal que de la depofition du fr Rouffet, travailleur au mas de Munier & du rapport du commandant de la patrouille qui amena les detenus à la maifon commune. Ouï M. le procureur de la commune, qui a declaré s'abftenir dans cette affaire à caufe de fa parenté avec un defdits detenus, & qui s'eft de fuitte retiré.

Le corps municipal arrête qu'il y a lieu de juger cette affaire en tribunal de police & que pour eviter aux detenus leur tranflation de la citadelle à la maifon commune un jour de dimanche, le corps municipal fe transferera ce jourd'hui heure de trois apres midy à la citadelle à l'effet de proceder au jugement.

M. le maire a mis fur le bureau le ferment écrit & figné de MM. Saurel & Trogoff, officiers du régiment de Dauphiné en garnifon à Nifmes, qui aux termes des décrets de l'affemblée nationale autorifant les officiers illegalement eloignés de leur regiment à pretter le ferment devant la municipalité du lieu où ils fe trouvent prefentent le leur au corps municipal. Le ferment de MM. Saurel & Trogoff eft depofé dans les archives & infcrit dans le procès-verbal dont M. le maire eft autorifé de leur en donner copie.

Suit le ferment de MM. Saurel & Trogoff, officiers du regiment de Dauphiné en garnifon à Nifmes :

Je jure d'employer les armes remifes en mes mains à la défence de la patrie & à maintenir contre tous fes ennemis du dedans & du dehors, la conftitution décrétée par l'affemblée nationale, de mourir plutôt que de fouffrir * l'invafion du territoire françois par des troupes étrangeres & de n'obeïr qu'aux ordres qui feront donnés en confequence des décrets de l'affemblée nationale. Fait à Montpellier ce 21 août 1791, figné Saurel, lieutenant au 38e regiment ci-devant Dauphiné. — Signé Trogoff, fous-lieutenant.

Du vingt neuf août heure de cinq de relevée. Un des membres donne lecture d'une deliberation prife par MM. les commiffaires des départemens formés de la ci-devant province de Languedoc le 24 mai 1791, relative à la place du Peirou.

Le corps municipal arrête la tranfcription de lad. deliberation dans fes regiftres & a chargé M. Allut d'en faire le rapport au prochain confeil general de la commune.

Suit la teneur de la deliberation prife par MM. les commiffaires des departemens formés de la ci-devant province de Languedoc.

Du mardy vingt quatre mai mil fept cens quatre vingt onze. Un des membres a dit que par deliberation du 30 octobre dernier, le commiffariat jugea convenable de faire ceffer le traitement des infpecteurs, controlleurs & gardes de la place du Peyrou, ainfi que celui du jardinier, attendu que l'affociation de la province ayant pris fin, ces ouvrages de pur embelliffement & de luxe, qui ne font d'aucune utilité au général de la ci-devant province, ne devoient plus être entretenus à frais communs; que la municipalité de Montpellier, inftruite de lad. deliberation, & voyant avec peine les degradations qu'éprouve la place du Peyrou depuis qu'elle eft dans cet état d'abandon a fait demander verbalement au commiffariat que * l'entretien de lad. place, qui a été conftruite en partie fur un terrein lui appartenant, foit provifoirement confié à fes foins priant fur ce l'affemblée de deliberer.

Surquoi l'affemblée confiderant l'état actuel de la place du Peyrou, le délaiffement abfolu dans lequel l'a mife le défaut de furveillance & la neceffité de pourvoir à fon entretien & à fa confervation, a fans entendre rien prejuger fur la proprieté de lad. place du Peyrou, arrêté de delaiffer & confier provifoirement à la municipalité de Montpellier, l'entretien & la furveillance de la place fufditte. Collationné à l'original, Boufchet, fecretaire greffier, figné.

M. le procureur de la commune a dit :

Meffieurs, la loi du 22 juillet dernier a organifé fous une forme nouvelle, la police qui eft divifée en police municipale & police correctionnelle.

La nature des matieres & des dettes determine la competence de ces deux tribunaux ; mais la liaifon qui exifte entre tous les objets d'ordre & de fûreté publique exige que ces deux juridictions foient organifées dans le même tems afin qu'aucune branche de police & d'adminiftration n'éprouve des retards.

Le tribunal correctionnel eft organifé il a fixé fes audiences au mardi & vendredi de chaque femaine à trois heures de l'après-midy dans la falle de la maifon commune que vous avez indiquée.

Empreffons nous donc, Meffieurs, de former celui de la police municipale & d'organifer cette jurifdiction fi neceffaire pour la fûreté publique & pour le maintien des bonnes mœurs.

Un des moyens les plus eficaces & les plus faciles d'atteindre le but que nous nous propofons eft de nommer des commiffaires de police ; ils faciliteront l'execution des difpofitions fages de la loi, qui ont pour objet de faire connoitre toutes les perfonnes fufpectes & dangereufes & ils coopereront auffi aux fonctions auxquelles la loi les appelle.

Je ne me permettrai pas d'autres reflexions & je me borne à requérir le corps municipal 1º de nommer les trois membres qui doivent compofer le tribunal de police.

2º De déterminer quel fera le nombre des audiences par femaine.

3º D'établir tel nombre de commiffaires de police que vous croirés être néceffaire pour fuffire à l'étendue & à la population de la ville.

1791.

PAGE 381.

Le corps municipal en execution de l'art. 42 de la loi du 22 juillet dernier a choifi & nommé MM. Allut, Briéugne & Charolois, officiers municipaux pour compofer le tribunal * de police. Arrête que led. tribunal tiendra deux audiences par femaine le lundi & le mardi. Arrête auffi que le nombre des commiffaires de police feroit porté à feize fans y comprendre deux commiffaires pour Celleneuve & deux pour Boutonnet attendu leur éloignement de la ville.

Du trente un août fix heures de relevée. M. le maire a dit : que par arrêté du 24 may dernier le prix du pain fut donné aux boulangers à raifon de neuf livres neuf fols le fettier de blé, qu'il refulte des fourleaux que la commune a reçeu de la dernière quinzaine que le blé a eprouvé une augmentation & que le prix devroit en être donné à raifon de neuf livres dix huit fols.

PAGE 382.

Il obferve que d'après les lettres des maire & officiers municipaux * de Pezenas & Beziers, le prix des fourleaux eft reglé d'après le payement en efpeces, qu'il exifte une différence de vingt à quarante fols par fetier lorfque le bled eft payé en affignats, qu'on ne peut point fe diffimuler que d'après l'emiffion & le forcement des coupons dans la cité les boulangers n'en reçoivent, que quoique ce papier offre un benefice de deux pour cent contre des affignats de cinquante livres on ne peut point le comparer à l'argent qui gagne actuellement dix huit à vingt pour cent.

Vû les fourleaux des villes de Beziers & de Pezenas en datte des quatorze, vingt un & vingt huit août courant, de la combinaifon faite fur iceux, de laquelle il refulte que le prix du fetier de blé revient à neuf livres dix huit fols neuf deniers en argent.

Le corps municipal confidérant que les boulangers vendent leur pain partie en efpeces, partie en coupons de ville, confidérant que les coupons de ville leur procurent un benefice de deux pour cent contre des affignats de cinquante livres, que les affignats de cinquante livres gagnent deux ou trois pour cent contre ceux de cinq cens mille livres, que cette différence malheureufe dans le cours des efpeces en établit une dans le prix des denrées, confiderant qu'il eft du devoir des magiftrats de rejetter cette augmentation fur la claffe riche, le journalier étant réduit à fon néceffaire.

Après avoir entendu le fubftitut du procureur de la commune & plufieurs citoyens faifant le commerce du pain.

A arrêté qu'il fera accordé pour cette fois feulement & fans tirer à confequence une augmentation d'un denier par livre fur le pain blanc & rouffet en fus du prix determiné par les fourleaux & que le pain brun plus neceffaire au pauvre, continuera d'être taxé d'après les anciens fourleaux. En confequence arrête que le prix du pain fera donné aux boulangers & marchands de pain de cette ville, fauxbourgs & territoire fur le pied de dix livres cinq fols le fettier du blé & en confequence ils vendront le pain favoir :

Le pain blanc de huit onces long, à corne ou rond, au choix de l'habitant y compris les cinq deniers accordés pour le dechet par l'ordonnance

de police du 13 janvier 1772 & en fuivant les mêmes bafes, confor- 1791.
mement à l'arrêt du corps municipal du 3 mai 1791, un fol dix deniers
cy. . . . . 1 s. 10 d.
Le pain blanc d'une livre long, à corne ou rond au choix
de l'habitant, y compris deux deniers accordés pour le dechet
par lad. ordonnance, trois fols cy. . . . . 3 s.
La livre du pain blanc deux fols dix deniers cy. . . . . 2 s. 10 d.
La livre du pain rouffet deux fols fix deniers. . . . . 2 s. 6 d.
La livre du pain bis deux fols cy. . . . . 2 s.
Ordonne que conformement à fon arrêté du 3 may 1791 * les boulan- PAGE 383.
gers & marchands de pain, vendront toutes les qualités de pain à la livre
& non à la marque, leur enjoint d'avoir des balances placées fur leurs étaux
& de fe conformer aux prix ci-deffus fixés à peine de l'amende, & d'avoir
toujours leurs boutiques fuffifamment garnies de toutes les fufdittes qualités de pain & de mettre chacun devers foi & en vue du public, un exemplaire du prefent tarif, qui lui fera remis par le greffier, auffi à peine de
l'amende.

Du cinq feptembre heure de quatre de relevée, le corps municipal fur
les obfervations faites par M. le commandant des troupes de ligne de
reduire le fervice de fes troupes.

A requis M. Philipe de Fezenfac, commandant lefd. troupes, de fupprimer
jufqu'à nouvelle requifition le pofte qui eft journellement de fervice à la
maifon commune, de maintenir dans le nombre actuel les poftes de l'hôpital de Force & du Bon Pafteur & celui des portes de Lattes, de la Saunerie & du Pila St Gely & de reduire à un planton pendant le jour & la
nuit le pofte des portes de la Blanquerie, des Carmes, du Peyrou & de
St Guilhem.

* M. le procureur de la commune donne lecture de deux arrêtés du direc- PAGE 384.
toire du diftrict en datte des deux & cinq feptembre courant qui deleguent
à la municipalité le foin de faire defcendre les cloches des eglifes de la
commune où le fervice divin a ceffé & indiquent les mefures à fuivre pour
leur execution, comm'auffi que l'entrepreneur choifi par la municipalité
faira tranfporter à fes frais lefd. cloches à l'hotel des monnoïes de cette
ville.

Le corps municipal prie & charge M. Bongue, officier municipal, d'affifter
à l'operation dont s'agit avec pouvoir de traiter avec un artifte intelligent
un marché economique pour la defcente defd. cloches & pour leur tranfport
à l'hotel des monnoïes & faire tout ce qui a rapport aux fufdits arrêtés,
pour du tout en adreffer procès-verbal pour être envoyé au directoire du
diftrict.

* Du dix fept feptembre heure de dix avant midi. Le corps municipal PAGE 385.
après avoir ouï M. le procureur de la commune, arrête de requerir M. le commandant général des gardes nationales de faire faire le fervice ordinaire des
dimanches demain huit du courant; de faire trouver led. jour à huit heures
du matin dix hommes à cheval chés chaque capitaine de la cavalerie natio-

1791.

nale, lesquels y resteront jusques à sept heures du soir, prets à marcher sur les requisitions qui pourront leur être faites, lesquels fourniront quatre hommes qui se rendront à la maison commune à huit heures du matin pour faire des patrouilles conjointement avec la troupe de ligne & de faire trouver led. jour à la maison commune une personne de l'état major & un aide de camp de la garde nationale.

Arrête aussi de requerir M. le commandant des troupes de ligne de faire trouver led. jour à sept heures du matin à la maison commune un piquet de vingt hommes des troupes qu'il commande, pour obeïr aux requisitions qui pourront lui être faites, lesquels y resteront jusques à sept heures du soir. Charge M. le procureur de la commune de faire lesd. requisitions.

PAGE 386.

Du sept septembre heure de quatre de relevée. Le conseil général assemblé. * Lecture faite de l'arrêté du directoire du département, sur la petition de M. le procureur de la commune, qui demande un local convenable pour servir à la détemption des condamnés par la police correctionnelle. Le conseil general estime que la maison du depôt paroit être par sa situation, son étendue & sa distribution interieure, le lieu convenable pour servir de prison de correction; mais en attendant la reforme de son regime qui n'est point celui que la loi exige & qu'il ait été statué sur le sort des prisonniers qui y sont actuellement detenus & dont les motifs de detention ne s'appliquent point aux fautes & delits de la police correctionnelle, il y a lieu de destiner à l'usage des prisons de correction, celles de la ci-devant cour des aides qui sont assés vastes pour la detemption des personnes des deux sexes.

M. Allut a fait lecture d'une déliberation du commissariat des départemens, du 24 may dernier, par laquelle, sans entendre rien prejuger sur la propriété de la place du Peyrou, il arrete de delaisser & confier provisoirement à la municipalité de Montpellier l'entretien & la surveillance de lad. place. Le conseil a déliberé de se charger provisoirement dud. entretien & surveillance, sans entendre préjudicier à ses droits de propriété, charge le comité des impositions de lui presenter un plan d'entretien & néanmoins de faire payer les gardes de lad. place de ce qui leur sera dû jusqu'à la fin du mois courant.

PAGE 398.

* Du huit septembre heure de deux de relevée. M. le maire a dit que les frs Jean Billiet, Jean Boulonzac & Pierre Affre s'étoient presentés chés lui pour prevenir le corps municipal qu'ils devoient s'assembler au Jardin des Plantes pour deliberer sur les coupons de ville, que malgré les inconveniens qu'il leur avoit observé devoir resulter de cette assemblée, & même après leur avoir opposé toute la resistance possible ils ont persisté dans leur intention, ce qui l'avoit obligé de leur faire souscrire le billet qu'il remet pour les rendre responsables de la tranquilité publique.

Surquoi le corps municipal a arrêté d'envoyer MM. le maire, Montels & Bongue au Jardin des Plantes pour surveiller cette assemblée & a chargé le bureau de requerir le commandant des troupes de ligne de consigner cent hommes au quartier.

MM. le maire, Montels & Bongue de retour ont apporté que des travailleurs de terre étoient affemblés au Jardin des Plantes pour deliberer de ne plus accepter en payement de leur travail les billets de confiance & pour nommer des commiffaires qui feroient chargés de faire part au corps municipal de leurs intentions ; dans le moment les frs Fulcrand, Daumas, Jean Billet, * Jean Boulonzac, Pierre Affre & autres commiffaires ont été annoncés & introduits. L'un d'eux a dit que les negocians qui avoient fait les coupons de confiance avoient caché l'argent, qu'ils vouloient le faire fortir & que pour y reuffir, ils ne vouloient plus abfolument des coupons ; que fi dans deux jours il en exiftoit encore on verroit beau jeu ; M. le maire leur reprefenta l'impoffibilité de retirer ces coupons, les malheurs que ce retirement pourroit occafionner, en privant du travail la majeure partie des habitans ; ils perfifterent dans leur opinion, en difant que s'ils n'avoient pas du travail, ils iroient manger où ils trouveroient le couvert mis.

1791.

PAGE 399.

Le corps municipal pour appaifer l'exaltation de ces commiffaires leur promit de s'occuper des moyens de leur procurer de la monnoye de cuivre pour faciliter la circulation des coupons, qui diminueroient à proportion de la quantité de monnoye de cuivre qui fe fairoit.

* Du neuf feptembre mil fept cens quatre vingt onze, heure de dix avant midi. Le corps municipal après avoir ouï M. le procureur de la commune, a arrêté l'adreffe à l'affemblée nationale dont fuit la teneur.

PAGE 1.

Meffieurs, la révolution nous a environnés de dangers, la furveillance la plus active, la fermeté la plus foutenue, nous ont jufqu'ici fait triompher des obftacles ; mais attaqués aujourd'hui jufques dans les moyens que nous avons cru devoir adopter pour affurer le payement des falaires, unique reffource du pauvre, nous ne pouvons fans votre fecours nous tirer de la crife où les malveillans nous ont jettés; fi nous ne recevons promptement une grande quantité d'affignats de 5 l., fi la fabrication de la monnoie d'argent, de cuivre & de billon n'eft pouffée avec la plus grande activité, les defordres de toute efpece vont affliger notre cité & les fuites font incalculables.

En mai 1790 le numeraire étoit deja tres-rare, une fociété de citoyens patriotes créa, pour faciliter les cultivateurs, une caiffe de fecours où les affignats de deux & trois cens livres étoient echangés au pair contre du numeraire. Cet etabliffement falutaire produifit le plus grand bien ; mais bientot l'agiotage, fleau egalement immoral & deftructif, épuifa les moyens de la caiffe & dès le mois d'août fuivant il fallut la fermer.

Ses fondateurs, la plûpart negocians & d'un zele eprouvé, ne fe decouragerent pas : ils créerent des coupons d'affignat de fix, douze & vingt quatre livres, qu'ils echangeoient au pair contre des affignats nationaux, ces coupons eux-mêmes étoient échangés à bureau ouvert contre les ecus ; mais l'agiotage & la fraude pourfuivirent encore la caiffe patriotique fous cette nouvelle forme : les circonftances devenoient plus penibles & le numéraire plus rare. Vers là fin de l'année il fallut encore retirer ces coupons de la circulation & leur en fubftituer d'autres depuis dix fols jufqua fix livres qui ne furent plus réalifés en efpeces ; mais feulement echangés contre des affignats nationaux.

Cette nouvelle forme prêtoit moins à l'agiotage ; elle produifit le plus grand bien ; d'abord les corps adminiftratifs fe bornerent pour favorifer les coupons de confiance à ordonner qu'ils feroient reçus dans les caiffes publiques ; depuis, leur extreme utilité determina le confeil général de la commune après s'être affuré de la folidité de cet etabliffement à fe charger de la refponfabilité de la caiffe & de rendre les coupons forcés dans tout le territoire de Montpellier ; le directoire de département applaudit à cette mefure & l'autorifa ; il mit fous la furveillance des commiffaires de la municipalité la fabrication de la monnoie de cuivre & ordonna que tous les jours à bureau ouvert les coupons de vingt fols & au deffous feroient echangés contre des fols provenant de la nouvelle fabrication.

Les ennemis de la conftitution qui depuis long tems epuifoient tous les * moyens poffibles pour troubler la paix parvinrent à femer le mecontentement chés les ouvriers des differentes fabriques, la municipalité écouta leurs plaintes, les negocians furent invités à une affemblée conciliatoire, ils fe porterent avec le patriotifme le plus louable aux defirs des ouvriers & tout fut calmé à la fatisfaction générale.

PAGE 1 verso.

Cependant une fechereffe exceffive a tari nos rivieres, la fabrication de la monnoie de cuivre a été rallentie, l'agiotage s'eft emparé en grande partie de celle que l'on echangeoit journellement au bureau, les moyens de réalifer les coupons font devenus plus difficiles, les ennemis du bien public fans ceffe terraffés, mais toujours agiffans ont profité de ce moment de detreffe pour decrier les billets de confiance & ils ont ofé même calomnier leur inftitution.

1791.

Ils font parvenus à égarer la claffe nombreufe des manouvriers; des ouvriers de differends arts fe font joints à eux, ils fe font attroupés, la municipalité avertie n'a pas cru devoir d'abord s'oppofer de front à ce torrent, elle a invité les mecontens à lui envoyer des commiffaires; ils ont parû & ont exprimé le vœu le plus imperieux pour l'abolition des coupons & le payement des falaires en argent; quelques uns ont'meme annoncé les moyens les plus violens & les plus coupables fi leurs intentions n'étoient pas promptement remplies; toutes les reprefentations ont été vaines & la fermentation croît à tout inftant.

Dans ces circonftances le confeil général de la commune a cru devoir ceder & declarer que les coupons feront retirés; il a cru devoir cette mefure particulierement à la fureté des citoyens patriotes fignataires de ces coupons qui font menacés de la maniere la plus directe; mais vainement le confeil voudroit retirer les billets de confiance fi vous ne lui en fourniffés les moyens. Le directoire du departement dont le zele pour la chofe publique nous eft connû hatera par toutes les voies poffibles la fabrication de la nouvelle monnoie d'argent & de celle de cuivre, mais vous feuls, meffieurs, pouvés fupléer à la difete abfolue des affignats de 5 l. notre commune n'en a reçu jufqu'ici que pour 5.000 l. & l'agiotage les a deja portés à quatorze pour cent de benefice contre ceux de cinquante à cent livres. En vain defendrons nous les attroupemens, en vain ennoncerons nous que la force publique fera deployée pour les réprimer, il faut un nouveau figne d'échange pour remplacer les coupons que nous avons promis de retirer & nous avons befoin pour y parvenir de deux cens mille livres au moins d'affignats de cinq livres & que la monnoie de billon qui doit être le produit du metail des cloches ajoute une nouvelle facilité à celles que nous procurent les monnoies d'argent & de cuivre.

En confequence, Meffieurs, nous ofons attendre de votre follicitude paternelle, que vous ordonnerés qu'il foit fait le plutot poffible au directoire du département l'envoi d'une fomme de deux cens mille livres en affignats de cinq livres pour être remis dans la caiffe de notre commune en échange des affignats de plus forte fomme, cette mefure de votre part fera un acte de juftice, puifque cet envoi eu égard à la maffe totale des affignats de cinq livres, n'excede pas les proportions de notre reprefentation nationale, Montpellier pouvant être confideré comme la fixieme partie du département dont il eft le chef-lieu.

Nous vous prions d'ordonner encore que les matrices & poinçons qui doivent fervir à la fabrication de la monnoie de billon feront inceffament envoyés au directoire de département, heureux fi la reunion de ces moyens peut s'effectuer affés à tems pour empecher les * défaftres que nous craignons & que tous nos efforts ne pourront empecher.

PAGE 2 r°.

PAGE 6 recto.
PAGE 6 verso.

* Du neuf feptembre heure de quatre de relevée. Le confeil général affemblé. * Le confeil general, confiderant que le fr Bedos, fecrétaire greffier, malgré fon grand age eft encore en état d'exercer les fonctions de fa place, qu'il a une connoiffance très-exacte des titres & affaires de la commune & que s'il ne continuoit fes fonctions la commune qui en feroit privée pourroit en recevoir un grand prejudice, confiderant néanmoins que l'augmentation du travail qui eft furvenu au greffe occafionnée par les circonftances lui donne un furcroit d'occupation confiderable dans fes fonctions & que pour lui aider & foulager dans fes travaux il ne peut avoir befoin que d'un adjoint qui pourra fe former fous fes yeux & fe mettre bientot en etat de regir en feul le greffe & de le remplacer un jour dans fa place de fecretaire greffier.

Confiderant auffi que relativement à l'augmentation de travail furvenu au greffe, les commis font beaucoup furchargés, que leurs appointemens ne font point proportionnés aux peines & aux travaux qu'ils font, qu'il eft de l'intérêt de la commune d'organifer le greffe, de divifer les parties de travail dont chacun des commis doit être chargé & de fixer les appointemens d'un chacun à proportion de leurs emplois & occupations. A deliberé 1° que le fr Bedos fera confervé pendant fa vie dans fa place de fecretaire greffier, aux memes appointemens qu'il a actuellement & qu'il lui fera néanmoins donné un adjoint pour l'aider dans fes fonctions dans tout ce qu'il pourra ni ne pourra point faire, fans que pour cela il puiffe lui être rien diminué de fes appointemens.

2° Que dans le cas de retraite de la part dud. fr Bedos & qu'il voudroit totalement ceffer fes fonctions, il lui fera payé à compter du jour de fa retraite en recompenſe de ſes longs ſervices une penſion annuelle pendant ſa vie de quinze cens livres en repreſentation de ſes gages ſans aucune diminution & à l'effet de la lui aſſurer MM. les officiers municipaux ont eté autoriſés à lui conſentir tous contracts que beſoin ſera pour lui établir & conſtituer lad. penſion, ayant fait part aud. ſʳ Bedos du ſuſd. deliberé, il a remercié le conſeil & lui a fait hommage de ſa reconnoiſſance en l'aſſurant qu'il conſacrera le reſte de ſes jours autant qu'il ſera en lui, à tout ce dont il pourra être utile à la commune.

3º Il a eté deliberé d'adopter l'organiſation du greffe & la diviſion de travail qui doit y être fait, enſemble toutes les baſes qui ont eté propoſées relativement à ce, par le bureau, qu'en conſequence le ſʳ Toutin, greffier de la police municipale, continuera à en remplir les fonctions, qu'il ſera chargé du logement des étrangers, des declarations des hotelleries & des chambres garnies, des paſſeports, des billets de poſte, de la diſtribution des plaques de la mendicité & des portefaix, & enfin de tout ce qui eſt relatif à la ſurveillance de la police, que ſes appointemens demeureront fixés & lui ſeront payés à raiſon de mille livres par an & ceux du ſʳ Lacaze, ſon commis adjoint, à trois cens livres auſſi l'année.

Que le ſʳ Aſtruc, commis principal de l'adminiſtration, ſera chargé de la tenue des regiſtres des déliberations, du ſervice du bureau d'exécution & de tout ce qui a rapport à la comptabilité, du ſervice des commiſſions, de tout ce qui a trait à la taxation du pain, à la garde nationale & au depôt des loix, & que ſes appointemens demeureront fixés & lui ſeront payés à raiſon de mille livres par année, & ceux du ſʳ Madieres, ſon commis adjoint, à ſix cens livres auſſi par année.

Que le ſʳ Charlot, nommé à la partie des impoſitions, ſera chargé de la faction des rolles, de la reception des declarations, du ſoin de ſurveiller & dénoncer au procureur de la commune ceux qui ſeroient en retard & que ſes appointemens* demeureront fixés & lui ſeront payés à raiſon de mille livres l'année & ceux du ſʳ Jourdan, ſon commis adjoint, à ſix cens livres auſſi l'année.

4º Que tous les commis adjoints ſeront ſubordonnés & ſoumis aux commis principaux & ceux-ci au ſecretaire greffier.

5º Que le ſʳ Jean André Bedos qui eſt commis tres ancien dans le greffe continuera à y occuper une place & qu'il ſera chargé du changement des Archives dans le nouveau local qui ſera choiſi & qui lui ſera indiqué à cet effet, qu'en outre il ſera chargé des billets de logement & d'etape des troupes de paſſage, des certificats de vie, de domicile & de reſidence & de ceux de legaliſation, de la redaction des denonces des gardes fruits & du ſoin de ranger & mettre à leur place, ſous les ordres du ſecretaire greffier, les papiers du greffe aux Archives & que ſes appointemens continueront d'être fixés & payés à raiſon de huit cens livres l'année.

6º Que moyenant la fixation & payement des appointemens des greffiers & commis tant principaux qu'adjoints, ils ſeront tenus de payer leurs impoſitions.

1791.   Auquel effet charge le procureur de la commune de pourſuivre l'autoriſation du préſent arrêté auprés du directoire du département.

Du dix ſeptembre heure de cinq de relevée. M. le procureur de la commune a dit :

PAGE 7 verso.   L'aſſemblée nationale, en organiſant la police municipale, a reconnu que les fonctions des officiers municipaux ſont ſi étendues & ſi multipliées, qu'ils pourroient avoir beſoin de cooperateurs dans cette partie & elle les a autoriſés à nommer des citoyens pour les * aider à remplir cette tache importante à laquelle tient, pour me ſervir des propres paroles de la loi, le maintien habituel de l'ordre & de la tranquilité.

Vous avez conſideré, Meſſieurs, que l'etendue de notre territoire & ſa population exigeoient une ſurveillance plus nombreuſe, & afin de procurer à nos concitoyens tous les avantages d'une bonne police, vous avez deliberé par votre arrêté du 29 août dernier de faire choix de pluſieurs citoyens pour vous aider dans les détails penibles de cette adminiſtration.

Conſiderons, Meſſieurs, je vous prie, les objets qui en dépendent, les devoirs qui en ſont inſéparables & les fonctions que vous allez deleguer à vos commiſſaires.

PAGE 8 recto.   * Le corps municipal diſant droit aux requiſitions du procureur de la commune, a nommé par la voïe du ſcrutin MM. Louis Granier, negociant; Chaſtanier, medecin; Droume, marchand de fer ; Quatrefages, neg^t; Gauſſen, bourgeois ; Figuiere, bourgeois; Guillaume Coſte, neg^t; Denis Reboul, bourgeois; Arlaboſſe père, cordonnier; Dupuy fils, jardinier; Bancal, homme de loi; Tudès, menager; Fabre père, potier de terre; François Tandon, bourgeois; Jean Coſte père; Beſtieu, neg^t; Hillaire Clément, membre du bureau de paix, pour remplir les fonctions de commiſſaires de police durant l'eſpace de deux années, à compter de ce jour, leur délegue à cet effet les pouvoirs indiqués par la loi & developés dans le requiſitoire du procureur de la commune, adopte pour l'interieur de la ville la diviſion en quatre ſections & celles des fauxbourgs, qui ont été propoſées l'une & l'autre dans la forme portée par le tableau ci-joint, arrête que quoique les commiſſaires ſoient attachés particuliérement à leur ſection ou aux fauxbourgs, néanmoins ils pourront ſe ſupléer dans les objets preſſans, & qui intereſſeroient l'ordre & la tranquillité publique, à la charge par eux dans tous les cas de dreſſer procés verbal de leurs operations, pour y être ſtatué par le tribunal de police, & dans le cas que dans l'exercice de leurs fonctions il ſurviendroit un officier municipal, leſd. commiſſaires l'aideroient & concourroient avec lui dans toutes ſes operations.

Enjoint à tous les citoyens d'obeïr aux requiſitions des ſieurs commiſſaires & de leur porter le reſpect dû & ce ſous les peines portées par la loi du 17 avril dernier, invite leſd. ſieurs commiſſaires à ſe preſenter à la premiere audience du tribunal de police pour y prêter ſerment, & ſera le preſent arrêté, imprimé, lu, publié & affiché par tout où beſoin ſera.

PAGE 9 recto.   * Du dix neuf ſeptembre, heure de onze avant midy. Un des membres donne lecture du procés verbal tenu par MM. les commiſſaires nommés par le directoire du département de l'Hérault pour proceder à la formation en
PAGE 9 verso: bataillon des gardes nationales * qui ſe ſont preſentés volontairement pour marcher à la défenſe des frontieres. Le corps municipal, pour ſe conformer aux diſpoſitions de l'art. 3 dud. procés verbal, arrête & charge le bureau municipal d'aſſembler tous les citoyens qui ſe ſont faits inſcrire pour mar-

cher à la defenfe des frontieres, dimanche prochain vingt cinq du courant 17
à huit heures du matin, dans le jardin des ci-devant Capucins, pour affifter
au tirage par la voïe du fort de cent quarante deux hommes qui doivent
former deux compagnies du bataillon du département de l'Hérault, &
adjourne à la prochaine affemblée les mefures à prendre pour affurer les
logemens des volontaires.

* Du dix neuf feptembre, heure de quatre de relevée, le confeil général Page 10 recto.
affemblé. * M. Brunet, officier municipal remet fur le bureau un compte Page 12 verfo.
prefenté par le fr Lafoux, menuifier, des ouvrages qu'il a fait pour dreffer
l'autel fur le Champ de Mars de l'Efplanade, pour celebrer le quatorze juillet
dernier, l'anniverfaire de la liberté & le renouvellement de la federation
des François, led. compte moderé par le fr Donnat, directeur des ouvrages,
à la fomme de foixante douze livres, y compris fix livres pour la fourniture
des ornemens faits par le bedeau des penitens blancs. Le confeil général
après avoir examiné led. compte l'a approuvé & en a arrêté le payement,
charge le procureur de la commune d'en pourfuivre l'autorifation auprès
du directoire du département.

* Du vingt feptembre heure de quatre de relevée. M. le maire a dit : Page 13 recto.

Meffieurs, au moment même où l'affemblée nationale & le roi proclamoient l'oubli du paffé, une reconciliation generale & le retour de tous les François aux fentimens d'ordre, de paix & de fraternité qui doivent
fignaler la fin de la révolution & le commencement du règne de la loi, de mauvais citoyens ont ofé fe
livrer à des provocations, à des violences, & manifefter des fentimens de haine & de parti, &c.

La municipalité auffi affligée qu'indignée d'une pareille conduite a arrêté
de pourfuivre devant le tribunal de la police correctionnelle les auteurs des
excès, violences & voïes de fait qui ont été commifes, auquel effet les
plaintes portées par les citoyens offenfés lui feront remifes.

Renouvelle les deffenfes contre tous attroupemens, promenades par
bandes, cris dans les rues, provocations & denominations infultantes,
déclare que la force publique fera fur le champ deployée pour diffiper les
attroupemens ; & à l'égard des voïes de fait & provocations, declare qu'elle
en pourfuivra la punition à la requête du procureur de la commune, fe
rendant denonciatrice elle même * auprès du tribunal de police correction- Page 13 verfo.
nelle, charge le procureur de la commune & requiert la garde nationale, la
gendarmerie nationale, les troupes de ligne de tenir la main à l'execution
du prefent arrêté.

Du vingt un feptembre, heure de quatre de relevée. M. le maire a dit :

Meffieurs, les gardes nationales du département qui fe font offerts pour marcher à la défenfe des frontieres, fe rendront à Montpellier le premier octobre, pour s'y former en bataillons & paffer fous les ordres
du commandant des troupes de ligne. Le departement a arrêté que ces volontaires feroient logés chés l'habitant, à raifon d'un lit par homme & auroient place au feu & à la chandelle.

Les officiers municipaux toujours jaloux d'honorer le patriotifme de leurs
concitoyens, en leur offrant les moyens de le manifefter, arrêtent qu'il fera
ouvert un regiftre chés les commiffaires de police & à la maifon commune,
pour l'infcription des logemens volontaires, invitent les citoyens à aller

1791. s'y infcrire le plutôt poffible, pour le nombre des lits qu'ils pourront donner, les volontaires à loger étant au nombre de quatre cens trente deux, arretent que ces regiftres feront ouverts jufqu'au vingt fix feptembre au foir, paffé lequel délai les officiers municipaux fe concerteront avec lefd. commiffaires de police pour completer les logemens.

PAGE 14 r°. * Du vingt deux feptembre heure de quatre de relevée. * M. Brunet'
PAGE 14 v°. donne lecture de deux procès verbaux dreffés par M. Flandio, defquels il confte que le f᷊ Couderc a retiré de la riviere du Lez le neveu du f᷊ Michel, traiteur, qui fe noyoit & que le f᷊ Chauran a auffi retiré de lad. riviere un homme noyé, que M. Flandio demande, au nom de ces deux particuliers, la recompenfe que la commune accorde en pareil cas. Le corps municipal en execution de la deliberation du ci-devant confeil politique du 29 juillet 1783, autorifé par ordonnance du ci-devant intendant du 4 août fuivant, a autorifé le bureau d'expedier en faveur du f᷊ Couderc un mandement de la fomme de trente livres & en faveur du f᷊ Chauran un autre mandement de quinze livres pour la recompenfe que la commune accorde en pareil cas.

PAGE 15 r°. * Du vingt fix feptembre, heure de quatre de relevée. M. le maire met fur le bureau l'acte conftitutionnel & la loi qui en fixe la proclamation au dimanche après fa reception.

Le corps municipal arrête que la proclamation de l'acte conftitutionnel fera faite le dimanche deux octobre dans les principales places publiques & enfin à l'Efplanade où un autel fera dreffé & où l'on chantera un *Te Deum* folennel, que les corps civils & militaires feront invités à s'y rendre & que la garde d'honneur fera requife, le bureau demeurant chargé des invitations
PAGE 15 v°. & requifitions & * preparatifs, comm'auffi de fe concerter avec le commandant des troupes de ligne, pour que les canons de la citadelle tirent d'heure en heure depuis le matin & faffent une defcharge générale au moment de la ceremonie.

Le corps municipal arrête en outre que les citoyens feront invités à illuminer leurs maifons le foir de cette journée memorable & qu'il fera fait defenfe de tirer dans les rues aucuns fufils, petards ou feux d'artifice.

M. le maire rappelle enfuite que l'affemblée nationale a voté un don au peuple de Paris & chargé fon comité des finances de lui propofer un moyen d'étendre la bienfaifance nationale fur le peuple des départements, fur quoi il propofe de s'affocier aux fentimens de l'affemblée nationale en rachetant les effets engagés au Mont de Piété jufqu'à la fomme de neuf livres, ce qui fairoit une dépenfe de quatorze cens foixante dix livres douze fols en ecus fuivant l'etat qui lui a eté remis par le treforier de cette adminiftration. Le corps municipal approuve le projet d'acte de bienfaifance propofé par M. le maire.

Du vingt fept feptembre heure de quatre de relevée. Lecture faite d'une petition fignée par vingt trois citoyens faifant le commerce du pain, tendante à une augmentation du prix du pain, attendu que la fixation actuelle
PAGE 16 recto. * de ce prix n'eft pas proportionnée à la différence qui exifte entre les

especes & les assignats. Le corps municipal considerant que la fixation actuelle du prix du pain ayant été faite par sa deliberation du 30 août dernier, après une concertation tres étendue & tres reflechie avec le général des boulangers, considerant que depuis lors les circonstances n'ont changé qu'en faveur de ces citoyens, puisque d'un coté la constitution acceptée a produit une baisse par la perte des assignats & que de l'autre l'emission arrêtée des billets de ville a au moins doublé leur benefice sur l'echange des assignats, declare n'y avoir lieu à déliberer sur la petition susditte.

* Du deux octobre, heure de trois de relevée. * La garde d'honneur arrivée, le corps municipal s'est mis en marche precedé d'une musique militaire. Il a proclamé l'acte constitutionnel à la place de la maison commune, à celle du Peyrou & dans la grande rue, les cris de Vive la nation ! Vive le roi ! se sont partout faits entendre & un peuple immense remplissoit les rues.

Le conseil s'est ensuite rendu à l'Esplanade où toutes les troupes étoient sous les armes & où tous les corps s'étoient rendus.

M. le maire s'étant placé sur les marches de l'autel, tenant à la main & presentant au peuple le livre sacré de la constitution a dit :

Frères & amis ! Quel jour solennel ! quelle époque à jamis memorable ! voilà le contract d'alliance entre les François & leur roi ; c'est l'accord de la paix & de la liberté, c'est la reunion des partis & des cœurs.

Graces immortelles te soient rendues, être suprême ! Tu voulus que les hommes fussent égaux & libres ; tes décrets sont remplis, la constitution est achevée.

Elle est achevée ! nous sommes libres ; Louis l'adopte ; il est roi.

Objets inséparables de respect & d'amour, la nation, la loi & le roi ne sont plus qu'un, suivons leur exemple ; que leur union soit le modele de la notre. Citoyens, aimons nous ; c'est aux esclaves à se haïr, à se tourmenter dans leurs fers, à verser les uns sur les autres l'inquietude qui les poursuit. L'homme libre soumis à la loi est aimant parce qu'il est heureux ; son ame satisfaite se plait à s'epancher ; le bien être qu'il éprouve se communique à tout ce qui l'entoure & la plus douce de ces jouissances est de partager les emotions qu'il inspire. Oh ! combien nos destinées seront belles, quelles seront heureuses, si nous voulons y repondre & les meriter !

La nation souveraine est rentrée dans ses droits ; en vain l'orgueil, l'interet & le fanatisme ont cherché à les combattre ; la nation a voulû & tout a disparû devant sa volonté, sur les bases inebranlables de la nature & de la verité, la raison a elevé un édifice aussi durable qu'elle.

La loi plus égale sera plus puissante ; son impartialité, sa justice augmentent son empire en le légitimant.

Le trône a acquis sa veritable grandeur ; soutenû jusqu'à present par les prejugés, il sera desormais fondé sur la loi ; tout ce qui étoit étranger au roi s'évanouit, tout ce qui lui est personnel reste ; s'il pert les jouissances de la vanité, il gagne celles d'un noble orgueil, il commande à des hommes libres.

Mais, citoyens, des bonnes loix veulent de bonnes mœurs ; une régénération morale doit suivre notre régénération politique ; à present c'est à la vertu à seconder l'ouvrage de la raison ; que le triomphe de la raison soit calme comme elle ! quand le regne de * la loi commence, celui des passions doit finir ; abjurons donc tout ressentiment, tout esprit de parti & pénétrons nous de l'esprit de la constitution, esprit de sagesse & d'amour, esprit d'obeïssance à la loi & d'affection pour ses freres ! la loi nouvelle, ainsi que l'évangile rapproche les hommes afin de les unir, la fraternité suit l'égalité ; aimons l'égalité, mais ne la bornons pas aux droits, étendons la aux sentimens ; plaçons la dans les devoirs ; allions à la raison à qui nous devons la constitution, la vertu qui peut seule la vivifier & la maintenir.

Oui, nous la maintiendrons ; c'est sous tes yeux que nous en faisons le ferment, liberté sainte, c'est aux pieds de ta statue que nous venons de proclamer une constitution fondée sur toi. Du haut de cette colonne, tu attires nos cœurs & nos vœux. Ce monument est le premier que notre amis aient elevé à ta gloire. En approchant de nos murs, le voyageur le demande, & ton image est le premier objet qui frape en entrant ses regards, l'esclave à ton aspect fremit & detourne la vue ; l'homme fait pour gouter tes charmes, s'arrete & te contemple avec delices ; tu souris à l'enfance qui, en se jouant, vient à tes pieds balbutier ton nom ; tu rechaufes la vieillesse qui se ranime à ta présence. Preside à nos plaisirs ; preside à nos combats ; vois ces jeunes guerriers qui tes rappellent ; animés du double feu du patriotisme & du courage, ils brulent de vaincre, ils partent & nos vœux les accompagnent & la patrie les attend pour les couronner ; protège-les, favorise-les ; ils vont combattre pour la constitution & pour toi. Confondues l'une & l'autre dans votre objet, vous l'êtes également dans notre culte : nous jurons de vivre & de mourir pour la constitution ! nous jurons de vivre & de mourir pour toi !

1791. Après quoi il a proclamé la conſtitution en ces termes :

Citoyens, la conſtitution Françoiſe commancée le 17 juin 1789 finie le 3 ſeptembre 1791 a été acceptée & ſignée par le roi le 14 du même mois. L'aſſemblée nationale conſtituante en remet le depôt à la fidelité du corps legiſlatif, du roi & des juges, à la vigilance des peres de famille, aux epouſes, aux meres, à l'affection des jeunes citoyens, au courage de tous les François.

Le *Te Deum* enſuite a été chanté par un clergé nombreux accompagné d'une muſique militaire au bruit de l'artillerie & au ſon de toutes les cloches ; il a encore chanté un hymne en françois de la compoſition d'un citoyen.

Toutes les troupes ayant defilé devant le corps municipal, il eſt retourné

PAGE 19 recto. à la maiſon commune accompagné de ſon * eſcorte.

Du ſix octobre, heure de quatre de relevée. Le conſeil général de la

PAGE 20 recto. commune aſſemblé. * Le conſeil general a deliberé d'adopter définitivement le projet de place à faire ſur les terreins du jardin de la maiſon commune & du jardin des ci-devant capucins & autres qui ſeroient néceſſaires, conformement au plan dreſſé par le ſʳ Donnat, architecte de la maiſon commune & pour le mode de ſon execution a renvoyé aux commiſſaires deja nommés le ſoin de s'en occuper & cependant a chargé de nouveau le procureur de la commune de pourſuivre au nom & en faveur de lad. commune, l'adjudication definitive du local des capucins, qui n'étant encore que proviſoire pour elle par les arrangemens deja pris, lui impoſeroit l'obligation de payer une rente de ce local ſans qu'elle pût en diſpoſer, ce qu'il importe d'éviter, charge enfin le procureur de la commune de pourſuivre inceſſament auprès du directoire de departement l'autoriſation de la preſente deliberation.

PAGE 21 recto. * Du neuf octobre, heure de neuf avant midi. Le corps municipal extraordinairement aſſemblé ſur la convocation inceſſament faite par M. le maire.

M. le maire fait part & pluſieurs citoyens confirment qu'il y a un raſſemblement dangereux au devant de la chapelle St Ruf.

Le corps municipal charge M. le maire, M. Montels & M. Fargeon d'aller le diſſiper.

Ces meſſieurs de retour rendent compte que l'attroupement avoit eu lieu à l'occaſion d'une meſſe qu'un prêtre non aſſermenté diſoit & qui étoit entendue de la rue par un grand nombre de femmes, au milieu deſquelles quelques citoyens paſſant & quelques paroles dittes, avoient repandû l'alarme & excité beaucoup d'injures & de menaces.

Sur le champ ont été introduits pluſieurs citoyens attaqués & excedés dans la rue.

Le corps municipal a redoublé la force requiſe & repandû des patrouilles dans la ville.

Un citoyen eſt entré portant dans ſes mains la cravatte & la chemiſe de ſon fils que les auteurs & fauteurs de l'attroupement avoient attaqué & couvert de bleſſures.

Le corps municipal reçoit ces depofitions & prend l'arrêté fuivant qu'il va proclamer dans les rues; fuit la teneur :

1791.

Le corps municipal informé du defordre qui regne dans la ville, voulant l'arreter pour le moment & le prevenir pour l'avenir, invite les citoyens à fe retirer paifiblement chés eux, deffend tout raffemblement dans les rues au delà de fix perfonnes.

Requiert tous les volontaires de la garde nationale de fe rendre chacun chés fon capitaine. Arrête que la force publique fera deployée pour faire executer les difpofitions ci-deffus, & que les auteurs & inftigateurs des defordres & voïes de fait qui ont eu lieu, feront denoncés & pourfuivis fuivant la rigueur des lois.

Rappelle aux citoyens que les principes de tolérance confacrés par la loi & dont l'oubli n'a plus d'excufe aujourd'hui que la conftitution eft achevée; mais auffi dont on ne peut reclamer la garentie qu'en fe conformant à la loi & en rempliffant les conditions qu'elle prefcrit, arrete que la loi & l'arrêté du directoire du département qui affurent la liberté du culte feront de nouveau affichés afin que les citoyens puiffent s'y conformer.

Le corps municipal de retour aprés s'être affuré par lui même que l'ordre général étoit retabli, s'occupe des faits particuliers & y prononçant il prend l'arrêté de renvoi à la police correctionnelle, dont fuit la teneur :

Le corps municipal, ouï le rapport des commiffaires* fur les violences, voïes de fait, excès & autres delits commis dans la journée. PAGE 21 verso.

Confidérant qu'il refulte defd. rapports & declarations qu'il a été commis des voïes de fait & excès graves contre plufieurs citoyens; que l'ordre focial & la tranquillité publique ont été troublés par ces tumultes, attroupemens & violences.

Déclare conformement à l'art. 7 du tit. 2 de la loi fur l'organifation de la police, que la pourfuite & punition de ces delits eft de la competence du tribunal de la police correctionnelle.

Charge le procureur de la commune de denoncer & pourfuivre les auteurs & inftigateurs des attroupemens, violences & délits qui ont eu lieu ce matin, devant le tribunal de la police correctionnelle & attendu l'urgence du cas & le befoin de rétablir la paix par l'exemple d'une prompte juftice, invite le procureur de la commune à requerir le tribunal de s'affembler demain.

Du fix octobre heure de dix avant midy. M. le maire dénonce le danger qu'a couru, pendant la nuit, la tranquillité publique, par l'aggreffion refpective des citoyens qui étoient dans la rue armés fans être requis ni de fervice. Il propofe un arrêté de défenfe qui eft adopté comme fuit :

Le corps municipal pour fe conformer à la loi & maintenir la tranquilité publique déclare qu'il eft defendu à tous citoyens d'être en armes dans les rues, à moins qu'ils ne foient requis & de fervice. Enjoint aux patrouilles d'arretter ou denoncer les citoyens qui feroient en armes dans les rues, fans être requis & de fervice. * Rappelle que l'ufage de porter des armes cachées eft contraire à l'efprit de la conftitution & au maintien de la paix, autant qu'injurieux pour tous les citoyens. PAGE 22 recto.

Un des membres denonce qu'au mepris de l'arrêté rendu par les corps adminiftratifs & la municipalité reunis qui, en detruifant l'exiftence de la compagnie du plan de l'Ollivier, renvoya devant l'etat major de la garde nationale & le corps municipal, l'admiffion des officiers & volontaires innocens qui defireroient entrer dans d'autres compagnies de la legion fans certificat ni permiffion de l'etat major de la garde nationale & du corps municipal, il demande qu'il foit de fuitte pris tel parti que le corps municipal jugera le plus convenable pour la pleine & entiere execution de l'arrêté fus enoncé. Surquoi le corps municipal arrête & prie le bureau de fe concilier avec l'etat major de la légion, de prendre avec lui toutes les informations à ce néceffaires pour, fur le rapport qu'il en faira, être par le confeil arrêté ce qu'il appartiendra.

1791.

Sur le rapport que fait M. le procureur de la commune d'un jugement du tribunal de police correctionnelle qui a déclaré ne vouloir connoitre les troubles arrivés hier. Le corps municipal confiderant qu'il importe à la tranquilité publique que tels excès foient promptement punis, charge le procureur de la commune de denoncer les coupables à l'accufateur public.

Page 23 r°.

Du onze octobre, heure de quatre de relevée. Le confeil général de la commune affemblé. * Sur les craintes données au confeil concernant la tranquilité publique. Le confeil a arrêté de demander un renfort des troupes de ligne & à cet effet MM. Allut, Poitevin & Pagès, ont été de fuitte deputés auprès de M. d'Albignac, commandant général, pour lui demander de placer à Montpellier un bataillon de plus d'infanterie & une autre compagnie de dragons à cheval.

Du treize octobre, heure de quatre de relevée. Le corps municipal, vû fon arrêté du dix du courant qui, tenant la declaration du tribunal de police correctionnelle de ne pas vouloir connoitre des excès, violences & voïes de fait exercées le dimanche neuf contre differends citoyens, charge le procureur de la commune de les denoncer par le jour à l'accufateur public, la declaration du procureur de la commune qu'il a fait le jourd'hier lad. denonce.

Page 23 v°.

Confiderant qu'il n'y a point d'acquieffement en fait de competence, & qu'il eft plus important pour l'objet de l'intérêt général & de la vindicte publique qui l'occupe effentiellement * d'appeller au tribunal de diftrict du jugement rendû par celui de la police correctionnelle le douze courant & d'en pourfuivre la reformation. Le corps municipal charge le procureur de la commune de fe defifter de la denonce qu'il a faite à l'accufateur & d'appeller auprès du tribunal de diftrict du jugement de police correctionnelle dont s'agit à l'effet d'en obtenir la reformation & caffation.

Le corps municipal vu l'arrêté du directoire du diftrict d'hier & la lettre y jointe de M. le commandant de la neufe divifion des troupes de ligne au directoire du departement de l'Hérault. Arrête qu'il n'y a nul inconvenient à dire droit à la demande dud. commandant concernant la remife au departement de la guerre de la citadelle de Montpellier & qu'elle fera faite dès qu'elle aura été ordonnée par le directoire de département à qui la demande en a été faite. Charge le procureur de la commune d'envoyer par le jour extrait du prefent arrêté.

Du quatorze octobre heure de onze avant midy. Un des membres du bureau fait le rapport en fon nom de l'affaire des volontaires de la ci-devant compagnie de l'Ollivier admis illegalement au-deffus du nombre de cinq dans differentes compagnies de la légion; il a dit qu'en vertu de l'arrêté du confeil general du onze du courant, il a fait prier l'etat major de la legion de fe rendre dans fa féance pour, après les informations prifes de MM. les commiffaires de police & des citoyens du quartier de l'Ollivier, donner fon avis, qu'après avoir fait lecture des petitions & certificats prefentés & pris l'avis des commiffaires de police & des citoyens, il en a refulté qu'il n'y en avoit qu'un feul defd. volontaires dont le patriotifme

* eſt connu qui ſoit admiſſible, priant ſur ce le corps municipal de deliberer. Le corps municipal charge M. le procureur de la commune de tranſmettre à l'état major de la legion les petitions & certificats preſentés par les ci-devant volontaires de l'Ollivier enſemble les liſtes données par les capitaines deſd. volontaires reçus & extrait du preſent pour donner ſon avis dans trois jours & icelui rapporté être par le corps municipal arrêté ce qu'il appartiendra.

Du quatorze octobre heure de quatre de relevée. Le conſeil général de la commune aſſemblé. MM. les curés de Notre Dame & Ste Anne ſont annoncés & introduits, ils preſentent MM. Jean François Miramon, Jean Victor Cavalié & Barthelemy Antoine Bernard-Guiraud, pretres, qu'ils ont choiſi pour leurs vicaires & demandent que le conſeil reçoive le ferment individuel de ces meſſieurs. Le conſeil reçoit le ferment de MM. Miramon, Cavalier & Guiraud.

* Sur la petition du fr Collot pour que la commune lui donne un local au college pour y faire un cours gratuit de mathematiques. Le conſeil applaudiſſant au zele de ce citoyen, lui accorde le local demandé & renvoye à l'adminiſtration du college, pour lui indiquer le plus convenable.

Le conſeil général pour l'unité du ſervice de la legion, pour la libre communication & l'egale ſurveillance de la ville & des fauxbourgs.

Vu la petition de la legion ſur un nouveau mode de ſervice par individus pris dans chacune des compagnies, tant de la ville que des fauxbourgs.

Conſidérant que, dans ces circonſtances difficiles, tout ce qui tend à former une union plus intime entre les diverſes parties de la garde nationale, à détruire cet eſprit de corps & de diviſion ſi contraire à la paix & à la fraternité que la conſtitution commande pour le bonheur * de tous, à établir une facilité, une regularité plus grande dans le ſervice & à le rapprocher ainſi des principes d'une organiſation prochaine, eſt un motif puiſſant pour obtenir ſon attache & lui faire adopter une meſure entierement conforme à ſes vues.

Conſidérant que ce nouveau mode de ſervice rend indiſpenſable une communication prompte & libre de la ville aux fauxbourgs & des fauxbourgs à la ville ; que cette communication déſirée depuis long tems par les habitans des fauxbourgs, & fondée ſur le droit qu'ils ont à la même protection que les autres citoyens, à laquelle d'ailleurs ne s'oppoſe plus la perception des droits d'entrée ſupprimés, ne ſauroit preſenter d'inconvenient qu'à ceux pour qui tout eſt un pretexte d'inſpirer des allarmes, ou de repandre des calomnies pour agiter le peuple.

Voulant néanmoins concilier ce qu'il doit au bien du ſervice & à l'intérêt général avec les menagemens que meritent des craintes même chimeriques & ne ſe departant point des principes de juſtice & d'impartialité qui ne l'abandonneront jamais.

Après s'être concerté avec le commandant des troupes de ligne & l'etat major de la garde nationale.

1791.

Arrête : 1° Que dorénavant le service ne se fera plus par compagnies, mais par individus pris dans chacune des compagnies, tant de la ville que des fauxbourgs.

2° Que pour l'execution de ce nouveau mode de service, & afin d'établir la libre communication & l'egale surveillance qu'il exige, la porte de la Saunerie & celle des Carmes demeureront provisoirement ouvertes, & leurs clefs portées à la municipalité.

3° Qu'à chacune de ces deux portes, il sera établi un corps de garde suffisant pour maintenir & assurer le bon ordre.

Et sera le present arrêté, imprimé, publié & affiché & envoyé au commandant général de la legion pour être mis à l'ordre.

Du dix sept octobre, heure de quatre de relevée. Le corps municipal, vu les requisitions adressées au directoire de departement par les marechaux de camp, inspecteurs de l'artillerie & du genie, à l'effet * de faire rentrer sous les ordres de M. le directeur de l'artillerie, les pieces de canon qui sont dans la ville & les arrêtés des directoires de département & de district à l'effet par la municipalité de donner son avis sur la réintegration demandée.

Considerant que les canons dont s'agit ont été confiés à la garde nationale en consideration de son patriotisme & de ses services, qu'elle n'a cessé depuis lors de justifier cette preuve de confiance, que la lui retirer en ce moment où elle vient de remettre la citadelle, où son nombre & son service a diminué, pourroit produire un mauvais effet & l'allarme en lui presentant cette nouvelle privation comme un depouillement successif, arrete que lesd. canons ne seront pas reintegrés.

PAGE 25 v°.

PAGE 26 r°.

* Du vingt octobre, heure de quatre de relevée. M. le procureur de la commune remet sur le bureau la loi du 12 septembre 1791 relative à la nouvelle circonscription des paroisses de la ville. Suit la teneur de lad. loi :

Louis, par la grace de Dieu & par la loi constitutionnelle de l'Etat, roi des François, à tous presens & avenir salut. L'assemblée nationale a décrété & nous voulons & ordonnons ce qui suit :
Décret de l'assemblée nationale du neuf septembre mil sept cens quatre vingt onze. L'assemblée nationale, après avoir entendu le rapport de son comité ecclesiastique décrete ce qui suit : Art. 1er. Il y aura dans la ville, fauxbourgs & territoire de Montpellier, six paroisses. Celles de St Pierre, de St Paul (ci-devant de Ste Anne) laquelle sera transferée dans l'eglise des ci-devant trinitaires, de Notre Dame, de St Denis, de St François, dans l'eglise ci-devant des Recolets & celle de Celleneuve. Art. 3. Les paroisses de St Hilaire, de Montels, de Montauberon & de Juvignac, sont & demeureront supprimées & réunies savoir : les paroisses de St Hillaire & de Montels à celle de St Denis, la paroisse de Montauberon à celle de St François & la paroisse de Juvignac à celle de Celleneuve. Art. 4. Sont néanmoins conservées comme succursales pour être desservies par un vicaire à résidence. les églises de Montels, de Montauberon & de Juvignac. Art. 5. Sont également conservées, mais comme simples oratoires, les églises de Ste Anne & des ci-devant peres de la Mercy, pour le service divin y être célébré les dimanches & fetes par un vicaire de la paroisse.

PAGE 27 verso.
PAGE 28 recto.

* Du vingt cinq octobre heure de quatre de relevée. M. le maire, au nom des commissaires chargés d'examiner * les petitions des marguilliers & du curé de Notre Dame relatives au payement des frais du culte de cette paroisse & que le directoire de district avoit renvoyées à la municipalité pour donner son avis, expose que l'entretien du culte est aujourd'hui à la charge de la nation, que par consequent les moyens de pourvoir au payement de

ces frais doivent tous être entre les mains de la nation ; que jufqu'à préfent 1791. dans la paroiffe de Notre Dame, ces moyens avoient été confiés partiellement au curé, aux marguilliers, à la confrerie du St Sacrement & à la confrerie des morts, que cette diftribution partielle & incoherente ne pouvoit plus exifter, 1° parceque le curé qui n'avoit plus de cazuel ne pouvoit plus rien fournir, 2° parce que les marguilliers étoient privés d'une partie des revenus de cette œuvre fondée fur le privilege des litres, des manteaux de deuil, des draps d'honneur & des chaifes, 3° parce que la confrerie du St Sacrement qui n'avoit d'autre revenû qu'une quette ne fe propofoit pas de la faire à l'avenir.

Surquoi M. le maire a penfé qu'il y avoit lieu de propofer au diftrict : 1° De faire payer provifoirement par les marguilliers, qui de leur aveu avoient des fonds en caiffe les frais du culte faits jufqu'à ce jour, 2° de nommer ou faire nommer dans la paroiffe de Notre Dame une adminiftration unique, à laquelle toutes les anciennes adminiftrations rendroient leurs comptes & verferoient leurs fonds, pour, par lad. adminiftration nouvelle être fait, de concert avec le curé un état de recette & de depenfe ordinaire, & fi la dignité du culte exigeoit de nouveaux fonds, être propofé par elle des moyens d'y pourvoir foit par le payement des chaifes, lequel ne pourroit cependant porter fur les meffes paroiffiales & fur les vêpres & autres moyens quelconques, & pour auffi, par lad. adminiftration, être rendû compte chaque année au directoire du diftrict.

Le corps municipal, confidérant que l'affemblée nationale établira dans chaque paroiffe une adminiftration uniforme, adopte feulement la premiere partie de l'avis de M. le maire, & ce faifant arrête de propofer au diftrict le payement provifoire par les marguilliers des frais de culte faits jufqu'à ce jour.

Le corps municipal charge des commiffaires de verifier les pompes & fceaux pour les incendies, ainfi que les refervoirs de la falle d'fpectacle pour y faire faire les reparations qui y feroient néceffaires.

* Du vingt neuf octobre, heure de quatre de relevée, le confeil général PAGE 30 v°. affemblé. M. le maire a dit : que le confeil avoit été convoqué pour être procédé à la reception du ferment civique du fr Antoine Sauzet-Claris, procureur à la ci-devant cour des aides de cette ville, nommé fecrétaire greffier adjoint de la commune par le confeil général tenu le jourd'hier & à fon inftallation.

Surquoi il a été délibéré que led. fr Claris feroit introduit dans la falle ; lui entré & préfent, M. le maire lui a fait connoitre dans un difcours qu'il a prononcé les obligations qu'il alloit contracter envers la commune & fes concitoyens, après quoi il a preté le ferment civique & à l'inftant il a été inftallé dans fa place.

* Du deux novembre heure de quatre de relevée. M. le maire a préfenté PAGE 31 recto. & fait lecture d'une adreffe aux citoyens fur la liberté des cultes & fur le refpect dû aux loix ; il a propofé de la faire imprimer, lire, publier & afficher aux endroits accoutumés & de la faire tranfcrire fur les regiftres. La pro-

1791.
PAGE 31 v°.

position mise aux * voix, l'adresse a été unanimement adoptée. Suit sa teneur :

Citoyens, la raison, la loi & l'intérêt commun reclamoient la liberté des cultes. La raison ! il est absurde de forcer à croire, il est criminel de forcer à agir contre sa croyance. La loi émanée de la raison pouvoit-elle ne pas sanctionner ce que la raison inspire ? L'intérêt commun : Il est juste d'accorder aux autres la tolerance & la paix dont on a besoin soi même.

La liberté des cultes a donc été proclamée. Jouissons de ce bienfait sans tumulte, sans excès & s'il se peut même sans orgueil. Hélas ! pourrions nous en avoir dans les objets qui nous divisent, dans ces objets qui nous rappellent des malheurs si affreux, des souvenirs si humilians ! que notre joie, que notre orgueil consistent à nous rapprocher. Nous voyons dans notre culte les differences vraies ou supposées, qui nous separent ; voyons y les grands rapports qui nous unissent. Le même hommage rendu au même Dieu ; une morale, nécessairement une, & qui convient à tous les devoirs qui nous sont communs ; une sanction divine qui les consacre.

Parmi tant d'oppositions qui nous divisent, heureux de trouver dans l'evangile un asyle qui nous appelle & qui nous rallie, refugions nous dans ce port assuré, il nous sauvera des orages.

Écoutons les leçons, suivons les exemples que l'evangile nous donne, partout il recommande l'union entre les citoyens, l'obeissance à la loi & l'amour de la paix : l'union, c'est le besoin de tous ; l'obeissance, c'est le devoir de tous ; la paix, c'est le bonheur de tous ; pénétrons nous de ces maximes ; les sacrifices qui plaisent à Dieu sont ceux que nous faisons aux hommes ; sacrifions à la paix, au bien général & ce que nous ferons pour la patrie, amis, soyez en surs, nous l'aurons fait pour la religion.

Persuadés, citoyens, que ces sentimens patriotiques & religieux ne cesseront de vous animer, & qu'ils dirigeront votre conduite, nous goutons d'avance la paix qu'ils assurent ; que notre attente ne soit pas trompée ; mefiez vous de toutes suggestions perfides qui tendroient à troubler la paix, sous le voile d'une religion qui les desavoue, & ne nous forcés point à deployer une severité qui nous repugne ; nommés par tous, pour proteger la loi, contre tous, nous remplirons avec peine, mais avec une fermeté inébranlable les devoirs qu'elle nous prescrit. La moindre provocation, la moindre insulte, de quelque part qu'elle vint & quel qu'en fut le pretexte, seroit sur le champ & rigoureusement punie ; la paix, la tranquilité générale l'exigent & nous sommes faits pour les deffendre contre toute atteinte.

PAGE 32 r°.
PAGE 33 r°.

* Du trois novembre, heure de quatre de relevée, le conseil général assemblé. * M. le procureur de la commune, au nom de MM. les commissaires nommés pour se concerter avec MM. les curés, sur le jour & les moyens d'executer la loi du 12 septembre dernier sur la nouvelle circonscription des paroisses a dit :

Messieurs, l'assemblée nationale constituante a decreté le 9 septembre dernier une nouvelle circonscription des paroisses de la ville, fauxbourgs & territoire. La commune aura dans ses limites six paroisses : savoir, celle de St Pierre, de St Paul, ci-devant Ste Anne, de Notre Dame, de St Denis, de St François & de Celleneuve ; trois succursales à Montels, Montauberon & Juvignac & deux oratoires dans les eglises de Ste Anne & des ci-devant freres de la Mercy.

Par ce nouvel ordre de choses, le service divin de la paroisse St Paul sera transferé dans l'eglise des ci-devant trinitaires, & celui de la nouvelle paroisse de St François sera établi dans l'eglise des ci-devant Recolets. Les paroisses de St Hillaire, de Montels, de Montauberon & de Juvignac sont supprimées & reunies savoir : St Hillaire & Montels à St Denis, Montauberon à St François & Juvignac à Celleneuve.

Les succursales de Montels, Montauberon & Juvignac seront desservies chacune par un vicaire à résidence, & quant aux oratoires de Ste Anne & de la Mercy, le service divin y sera célébré les dimanches & fetes par un vicaire de la paroisse.

PAGE 33 v°.

Par cette circonscription vous avez reparé, Messieurs, les inconveniens de l'ancienne division qui étoit faite sans égalité & sans proportion, d'une division qui avoit attaché à la paroisse de Notre Dame, près de la moitié des habitans de l'interieur, & en outre une partie considerable du territoire, qui étendoit pour le spirituel * certaines de nos paroisses de campagne dans le territoire d'autres communes & faisoit empieter quelques communautés aussi pour le spirituel sur la nôtre, & de là il resulteroit que les fideles étant eloignés de leurs curés, se trouvoient privés souvent, quant ils étoient malades, de l'avantage de recevoir promptement les secours spirituels.

Depuis long tems se plaignoit que l'eglise des ci-devant Grands Carmes ne pouvoit contenir le nombre de paroissiens de Ste Anne, & nous sommes tous temoins des obstacles que cela apportoit à la majesté du culte. Depuis longtems l'inconvenient d'être eloigné de la paroisse & des secours de l'eglise pesoit sur les habitans des fauxbourgs & principalement de Boutonnet & du Pila St Gely.

Vous avez, Messieurs, remedié à tous ces inconveniens par votre arrêté du 1er avril dernier, puisque vous avez separé les paroisses de l'interieur de celles de l'exterieur ; vous avez établi autant qu'il a été possible une grande égalité dans la population de chaque paroisse ; vous avez demandé & obtenu pour celle de

St Paul une église plus vaste & par la cession faite aux communes voisines, de la portion de leur territoire actuellement soumise à la nôtre pour le spirituel, & en recevant d'elles la partie de notre fonds qui dependoit de la leur, vous avez separé de vous ce qui en étoit etranger.

Par ce moyen tout ce qu'exigent la dignité du culte, l'esprit de religion & la simplicité qui convient à de véritables chretiens se trouvent rempli.

Les commissaires que vous avez chargé des mesures à prendre par la nouvelle circonscription, se sont livrés à l'examen de tous les objets qui en dependent, ils pensent que rien ne s'oppose à l'execution d'une operation aussi utile, à la vérité quelques églises & principalement celle des ci-devant trinitaires demandent des réparations essentielles ; mais en attendant quelles soient faites à l'église St Paul, le service divin peut être transferé sans inconvenient dans l'eglise de la ci-devant collegiale, qui est un oratoire de cette paroisse.

En consequence, je requiers l'execution de la loi du 12 septembre, relative à la circonscription des paroisses, qui a autorisé la division faite par le conseil général le premier avril precedent, l'impression du tableau qui y est annexé, afin que les fidelles connoissent à quelle paroisse ils appartiennent, l'indication du jour où ce nouvel ordre recevra son execution dans toute l'etendue de la commune, & que les commissaires deja nommés, fassent dresser le devis des réparations à faire aux paroisses & succursales & aux presbytères ; & jusques à ce que les reparations de l'eglise des Trinitaires soient achevées, que le service divin de la paroisse St Paul soit transferé dans l'oratoire ci-devant la collegiale Ste Anne.

1791.

Le conseil general de la commune disant droit aux requisitions * du procureur de la commune. Arrête 1° que la division des paroisses de la ville, fauxbourgs & territoire, aura lieu conformement à l'état par lui arrêté le premier avril dernier. 2° Que ce nouvel ordre recevra son execution dans tout le territoire le dimanche 13 du courant. 3° Que le tableau de circonscription sera imprimé à la suite du present arrêté. 4° Charge ses commissaires de faire dresser le devis des reparations qu'il y a à faire aux diferentes eglises, & jusques à ce que celles à faire aux ci-devant Trinitaires soient achevées, arrête que le service divin de la paroisse St Paul, sera transferé dans la ci-devant collegiale de Ste Anne. Charge aussi les commissaires de faire pourvoir de suite les paroisses & succursales des objets qui peuvent être nécessaires pour l'administration des sacremens. Et sera le present imprimé, lu au prone, publié & affiché par tout où besoin sera.

PAGE 34 r°.

Du six novembre, heure de quatre de relevée. M. le maire a donné lecture d'un projet d'arrêté relatif au service journalier des volontaires nationaux qui ne se fait point avec exactitude, plusieurs requis manquant de se rendre au poste ; qui a été adopté comme suit :

* Le corps municipal informé par l'etat major de la legion, que le service journalier ne se fait point avec exactitude & que plusieurs des volontaires requis manquent de se rendre au poste.

Considerant que le service & les peines extraordinaires de la legion, semblent excuser cette inexactitude ; mais que la gravité des * circonstances impose aux amis de la patrie, à ceux qui se sont voués à sa defense, le devoir d'oublier leurs fatigues, & de ne pas cesser leurs sacrifices lorsque les dangers n'ont pas cessé.

PAGE 34 v°.

Considerant que le moyen le plus efficace de fixer les bons citoyens à leur poste est de leur rappeler que la patrie les y a placés & que l'honneur seul doit maintenir un service consenti par l'honneur.

Après s'être concerté avec le comité général de la garde nationale. Arrête unanimement 1° que le service sera fait individuellement, c'est-à-dire, par chaque compagnie à raison du nombre des volontaires dont elle est composée ; auquel effet, chaque capitaine sera tenu de remettre incessamment au commandant général, l'état des hommes de sa compagnie, & de lui rendre compte par écrit, chaque dimanche avant midy, des changemens survenus dans la semaine. 2° Que les citoyens actifs concourrent à ce service dans la proportion de leur nombre, comparé à celui des gardes nationaux. 3° Que pour la peine des officiers ou volontaires requis & defaillans, il sera fait à la garde relevante lecture publique de leurs noms, auquel effet chaque capitaine sera tenu d'envoyer à la garde montante les noms des volontaires qu'il aura commandés, se réservant la municipalité de prononcer ulterieurement sur les recidives, tant des officiers que des volontaires. 4° La municipalité voulant ainsi remettre aux compagnies qui manquent de fusils, ceux que quelques compagnies ont de trop, arrête que chaque capitaine remettra sous huitaine, au commandant général l'etat certifié des armes qu'ils ont.

1791. Du sept novembre, heure de quatre de relevée. M. le maire a dit : qu'en execution de la loi constitutive des municipalités, qui fixe les assemblées primaires & élection pour le renouvellement annuel au premier dimanche d'après la St Martin, il a par un avis du trois de ce mois fait connoitre aux citoyens que les assemblées primaires pour le renouvellement du maire, des officiers municipaux, du procureur & du substitut du procureur de la commune & des notables qui ont fini le tems de leur exercice ou donné leur demission * auront lieu dimanche prochain treize du courant :

PAGE 35 r°.

La section de la Saunerie, à St Cosme,
Celle de Lattes, aux ci-devant Augustins,
Celle de Montpellieret, au college,
Celle du pila St Gely, au college de droit,
Celle de la Blanquerie, à l'hotel Dieu St Eloi,
Celle des Carmes, à l'hopital général,
Celle du Peyrou, à la Merci
Et celle de St Guilhem, au petit St Jean.

Proposant d'escrire une lettre aux chefs des maisons où les assemblées primaires doivent se tenir pour les en prevenir, & de nommer un commissaire pour annoncer aux citoyens de chaque assemblée l'objet de leur convocation, auxquels il sera envoyé un tableau des citoyens actifs de chaque section.

Le corps municipal a arrêté conformement à la proposition : 1° Qu'il sera écrit une lettre aux chefs des maisons où les assemblées primaires doivent se tenir pour les en prevenir. 2° Que M. J. Coste père est nommé commissaire pour la section de la Saunerie, M. Flandio pour celle des ci-devant Augustins, M. Colombiés, pour celle de Montpellieret, M. J. Serane, menager, pour celle du Pila St Gely, M. Cambacerés pour celle de la Blanquerie, M. Aubaric, pour celle des Carmes, M. Clement, juge de paix, pour celle du Peyrou & M. Blouquier pere pour celle de St Guilhem, auxquels il sera envoyé un tableau contenant les noms des citoyens actifs de chaque section.

M. Allut a donné lecture d'une petition, ayant pour objet de faire faire le service divin de la nouvelle paroisse St Paul dans l'eglise de la ci-devant collegiale en attendant que l'eglise St Paul soit reparée & de faire transporter les cloches de l'eglise des ci-devant carmes du Palais à la collegiale, afin que le service divin ne soit pas interrompû. Le corps municipal a approuvé la petition & ordonné qu'elle sera remise au directoire du departement pour être autorisée.

PAGE 35 v°.
PAGE 36 r°.

* Du neuf novembre heure de dix avant midy. * M. le procureur de la commune a dit que M. Bestieu, commissaire de police du fauxbourg St Guilhem, en lui remettant les etats de population de son arrondissement, lui a fait part que quoiqu'entierement devoué à la chose publique les affaires de son commerce ne lui permettoient pas de surveiller d'assés près toutes les operations attachées à sa place, priant le corps municipal d'agréer pour commissaire à lui adjoint M. Baptiste Gaussel, marchant,

dont le zele, la probité & le patriotifme pour la chofe publique eft connu. 1791.
Le corps municipal nomme M. Baptifte Gauffel, marchand, pour adjoint
de M. Beftieu, commiffaire de police du fauxbourg St Guilhem, lui delé-
guant à cet effet les pouvoirs indiqués par la loi.

* Du vingt un novembre, dix heures avant midy. Un des membres a PAGE 40 r°.
dit : que le n^é Etienne Valette, chargé d'allumer les reverberes a été bleffé
à la jambe d'un coup de feu lors des troubles qui ont eu lieu au commencement de la femaine derniere, que la bleffure qu'il a reçue n'a pas permis
qu'il fut tranfporté chés lui étant chez fa belle fœur logée dans la maifon
du fr Montaud, rue du Pila St-Gely, qu'étant chargé de l'entretien d'une
femme & de quatre enfans dont le plus agé a fept ans, il implore les
fecours du corps municipal.

Le corps municipal, touché du malheur & de la pofition facheufe dans
laquelle fe trouve led. Valette lui accorde provifoirement une fomme de
foixante douze livres pour fournir à fa dépenfe, renvoye au bureau pour
l'expedition du mandement & charge le procureur de la commune de
pourfuivre du directoire du departement l'autorifation de la prefente deliberation.

Un des membres a fait lecture des papiers qui furent trouvés hier entre
les mains de deux particuliers conduits par un detachement de la garde
nationale ; il a dit enfuite que pour parvenir à convaincre les perfonnes
inculpées par cette correfpondance il convenoit d'un côté de s'affurer des
perfonnes à qui cette correfpondance eft attribuée & celles avec lefquelles
ils ont correfpondu. En confequence il a propofé de faire faire des copies
collationnées defd. pieces & d'envoyer un courrier * extraordinaire pour PAGE 40 v°.
porter les originaux à Paris, d'y joindre une lettre pour MM. Cambon &
Bonnier en les priant de faire arrêter fur le champ les fr Devés & Thuery &
de fe faifir de leurs papiers.

Le corps municipal a délibéré conformement à la propofition & chargé
M. Fargeon, procureur de la commune, de procurer au courrier qui doit
partir pour Paris une fomme de quatre cens huit livres payable en affignats
de cinq livres pour fournir aux frais du courrier extraordinaire.

Le meme a dit qu'il ne fuffifoit pas des precautions qu'on venoit de
prendre, qu'il faut encore deputer auprès du prefident du departement pour
demander l'arreftation & féqueftre des lettres adreffées aux perfonnes fuf-
pectées, conformement à ce qui a été pratiqué à l'égard de M. Vernier,
arrêté à Paris & qu'il foit donné ordre au fr Barrié, maitre de pofte, de ne
donner de chevaux à qui que ce foit jufques à nouvel ordre, autres néanmoins que ceux néceffaires pour la malle.

Le corps municipal a delibéré conformement à la propofition &
MM. Brunet & Fargeon ont été deputés auprès du prefident du departement pour lui faire part du prefent arrêté, de retour ils ont dit que le directoire feroit affemblé ce foir pour deliberer fur cet objet, & le foir M. le
prefident a fait favoir que MM. Cambon, membre du departement, Fabre,
prefident du directoire de diftrict & Fargeon, procureur de la commune,

1791.   avoient été nommés commiffaires pour l'execution de l'arrêté pris par le département.

PAGE 41 recto.   * Du vingt deux novembre, heure de dix du matin. Un des membres a donné lecture de l'arrêté de la legion relativement au defarmement & de celui du directoire du département qui delegue le confeil municipal pour operer ce defarmement, furquoi il obferve que le mot generique employé dans l'arrêté du département de « toutes armes offenfives » eft fufceptible d'interpretation & peut donner lieu à des plaintes & peut être même à de nouveaux troubles qu'il convient de faire expliquer le corps adminiftratif la deffus.

Le confeil arrête qu'il fera demandé aux corps adminiftratifs reunis une explication de la latitude, qu'on peut donner à l'expreffion de « toutes armes offenfives » & fi l'on doit oter d'autres armes que celles qui ont été fournies par la municipalité aux volontaires.

Et cependant arrête de faire rendre les armes aux volontaires qui les ont reçûes de leur capitaine ou de la municipalité, charge MM. Brunet & Puech de l'execution du prefent arrêté, de tenir regiftre de toutes les armes qu'ils recevront & de n'en delivrer aucunes que par deliberation du bureau.

PAGE 41 verso.   * Du vingt trois novembre, heure de dix avant midy. Le corps municipal confiderant que ce furent les troubles qui regnoient dans les affemblées primaires conftatés par les requifitions des prefidents des fections & le peril imminent pour la fureté publique qui le determinerent à demander aux corps adminiftratifs la fufpenfion des affemblées primaires pour l'election des membres du corps municipal, mais que l'ordre eft retabli.

Arrêté de tranfmettre aux corps adminiftratifs toutes les pièces qui font relatives aux troubles qui ont agité les affemblées primaires & à la forme en laquelle il a eté procedé dans les fections, afin qu'ils ftatuent dans leur fageffe fur les operations qui avoient été faites dans les fections, & attendu que l'ordre & la tranquilité publique font retablis, de leur demander que

PAGE 42 recto.   les affemblées primaires * foient remifes en activité, charge le procureur de la commune d'adreffer le prefent arrêté aux corps adminiftratifs.

Du vingt trois novembre, heure de quatre de relevée. Le confeil général affemblé. Une deputation du plan de l'Ollivier eft annoncée & introduite ; M. Reynaud, à la tête de la deputation, a remis fur le bureau une petition fignée d'une très grande quantité de citoyens & d'une lifte de ceux qui n'ont pas fçeu le faire ; il a enfuite dit que la demarche de ceux à la tête defquels il étoit avoit été provoquée par tous les habitans du quartier du plan de l'Ollivier & des environs & par l'accueil favorable qui avoit été fait à la derniere deputation, que là vue de tous etoit de fe foumettre & de maintenir de tout leur pouvoir l'execution des loix & de vivre en paix, chofe fi defirable pour tout bon citoyen.

M. le prefident leur a temoigné la joie que leur demarche caufoit au confeil général qui a arrêté qu'il fera fait mention de la petition des citoyens du plan de l'Ollivier & voté des remercimens en faveur de M. Raynaud.

PAGE 44 rº.   * M. Allut a dit qu'à l'approche de la faifon rigoureufe de l'hiver, il étoit inftant de s'occuper des moyens de foulager tous les citoyens qui auroient des befoins & notament la claffe des travailleurs de terre, artifans & autres ouvriers à la journée & apres avoir detaillé dans une motion tres motivée dont il a fait lecture & qu'il a remife fur le bureau, les precautions qu'il y avoit à prendre, il a conclu à ce qu'on arretât : 1° De s'affurer de tout le blé qui feroit neceffaire pour l'approvifionnement de la cité pendant l'hiver & de prendre les mefures les plus propres & les moins à charge à la commune, pour que les augmentations qui pourroient furvenir fur le prix du pain ne pezat pas fur la claffe indigente. 2° De faire auffi des approvifionnemens en vin pour affurer, à ceux qui ne peuvent pas fe paffer de cette boiffon qui eft pour eux une denrée de premiere neceffité, un prix proportionné à celui des journées. 3° De dedomager ceux des gardes nationaux qui ayant befoin de leur travail pour leur fubfiftance, employent la plûpart de leur tems à la garde de la cité. 4° Enfin, d'ouvrir inceffament des atteliers de fecours, afin de pouvoir fournir du travail aux pauvres valides de la ville, & d'offrir des fecours en pain ou en argent à ceux qui ne peuvent pas travailler.

Le confeil general vote des remercimens en faveur de M. Allut & attendu l'augmentation des journées en faveur des facturiers & autres ouvriers employés aux fabriques & l'efpoir que cet exemple fera fuivi de près par les propriétaires fonciers, ce qui balancera l'augmentation furvenue fur le prix du pain & des autres denrées, ajourne la première, troifieme & quatrieme propofition & vu l'augmentation du prix du vin, fa rareté & la crainte d'une difette, arrête qu'il fera fait pour le compte de la commune & aux meilleures conditions poffibles l'achat de deux mille muids de vin rouge, nomme MM. Brunet & Grand, officiers municipaux, F. Farel & Cofte, notables, pour traiter de l'achat dud. vin & du mode de la vente, qui en fera faicte, les invitant à fe concilier avec ceux des negocians qui font le commerce des vins, charge le procureur de la commune de pourfuivre au directoire du département l'autorifation de la préfente délibération.

* Du vingt fix novembre, heure de quatre de relevée. Le confeil général affemblé, M. le prefident ouvre un paquet renfermant une petition de M. Dugny, chevalier de St Louis, ci-devant aide-major de la ville & citadelle de cette ville, dans laquelle & après un recit des malheurs qu'il a eprouvés, il demande la permiffion de faire cueillir les olives qui reftent encore aux oliviers qui bordent le foffé de la citadelle & qui appartenoient ci-devant à l'état major, ainfi que de faire arracher les arbres morts au nombre de neuf ou dix. Le confeil général prenant en confidération les fervices rendus par M. Dugny, charge MM. Brieugne, officier municipal, & Fargeon, procureur de la commune, de fe concilier avec le directoire de diftrict fur la demande du fr Dugny, pour fur leur rapport être ftatué ce qu'il appartiendra. PAGE 44 verfo.

* Le premier décembre, heure de dix avant midy, le confeil général affemblé. Le confeil s'eft reuni pour l'inftallation de M. Barre, premier fupléant, nommé juge du diftrict par le décès de M. Bofc. PAGE 48 r°.

1791.
L'officier commandant la garde d'honneur s'est presenté, le conseil s'est rendu au palais ; arrivé il a eté introduit dans la salle du conseil où étoient MM. les juges du tribunal de district ; de là il s'est rendu à la salle d'audience & placé sur le siege & M. Barre dans le parquet, M. le procureur de la commune a presenté les provisions de M. Barre ; il a fait un discours & a requis qu'il en soit fait lecture & qu'il soit installé dans ses fonctions, après avoir preté le serment prescrit par la loi. M. le maire au nom du

PAGE 48 verso. conseil a ordonné la lecture * des provisions, cette lecture finie il a prononcé un discours. Aussi-tot le conseil s'est levé, M. le maire a requis le serment & l'assemblée a observé un religieux silence. M. Barre a prononcé le serment, le conseil descendu dans le parquet & les juges montés sur le siège, M. le maire portant la parole a prononcé au nom du peuple l'engagement de porter au tribunal & à ses jugemens le respect & l'obeissance que tout citoyen doit à la loi & à ses organes. Le conseil s'est ensuite retiré avec les mêmes honneurs & la même escorte, & arrivé à la maison commune a arrêté de dresser le present procès verbal.

Du sept decembre, heure de quatre de relevée. M. Puech donne lecture d'une lettre que M. le procureur sindic du district a écrite au procureur de la commune le six de ce mois, dans laquelle il soumet quelques considérations particulières relatives à l'execution de la loi du 14 octobre dernier concernant l'organisation de la garde nationale & à la division de la ville en nouvelles sections telle qu'elle puisse également servir aux assemblées de commune, aux assemblées primaires du canton & aux assemblées de la ville, en prenant pour base la population active.

Le corps municipal prenant en consideration la lettre du procureur sindic, arrête qu'il sera fait une proclamation aux citoyens pour les inviter à se faire inscrire devers le greffe de la commune sur un registre qui sera ouvert à cet effet, fixant pour tout delai jusques au trente un janvier prochain.

PAGE 49 recto. * M. le president a été chargé de la redaction de la proclamation.

Un membre a donné connoissance d'une petition de MM. les professeurs de l'accademie des arts, au sujet de l'inconduite, du peu d'assiduité & de l'incivisme du nommé Therme, servant de modele, qu'ils regardent d'ailleurs comme très suspect. Le corps municipal a renvoyé lad. petition au bureau.

Du huit decembre, heure de quatre de relevée, le bureau assemblé.
PAGE 51 verso. * Un membre a dit : que le sr Claris, secretaire greffier de la commune, determiné à consacrer tout son temps au bien de la cité, demande d'être logé dans la maison commune, non seulement pour être à portée de veiller à la sureté des papiers des archives & du greffe dont le depôt lui est confié, mais encore pour être à portée de repondre de jour & de nuit aux demandes qui pourront lui être faites, ce qu'il ne sçauroit faire, tant qu'il sera logé hors de la maison commune. Il a dit encore que, l'adjudicataire de l'ancien hôtel de ville devant en prendre possession au terme de son contrat au premier janvier prochain, il est instant d'aproprier un local suffisant pour y placer les archives qui se trouvent dans l'ancien

hôtel de ville afin de l'avoir * rendu libre le premier janvier pour que l'adjudicataire puiffe en prendre poffeffion. Le confeil municipal renvoye à commiffaire & nomme M. Brieugne, officier municipal, pou conjointement avec le fr Donnat, architecte de la commune, être verifié & determiné l'emplacement tant du local neceffaire pour les archives que pour le logement du fecretaire greffier, pour fur leur rapport être ftatué ce qu'il appartiendra.

Le corps municipal inftruit qu'il exiftoit dans le moment un raffemblement de citoyens fur la promenade de l'Efplanade, arrête de requérir M. le commandant des troupes de ligne de renforcer chacun des poftes de l'Efplanade & de la citadelle de dix grenadiers ; de configner tant au pofte de la citadelle qu'au quartier, trente hommes, de faire rendre dix dragons fur lad. promenade, avec ordre à ces troupes de faire des patrouilles & de déferer aux requifitions des officiers municipaux & des commiffaires de police.

Du neuf decembre heure de quatre de relevée, le confeil général affemblé. * Un membre a donné connoiffance de la petition de Marie Bazel, veuve d'Etienne Valette, employé par la commune à allumer les reverberes du quartier du Pila St Gely, dans laquelle elle expofe : 1° Que le 14 du mois dernier & dans le tems que fon mary étoit occupé à allumer les reverberes, il fut bleffé d'un coup de feu à la jambe, dont il eft mort, ayant laiffé quatre enfans dont le plus agé a fept ans. 2° Que fon mary ayant eté bleffé dans un moment où il étoit occupé à remplir les fonctions qui lui avoient été confiées, il eft jufte que la commune vienne à fon fecours pour l'aider à nourrir & entretenir fes enfants. 3° Qu'à cet effet elle follicite de la juftice, de l'equité & de l'humanité des adminiftrateurs de la cité un fecours momentané, fe trouvant fans aucune reffource & dans l'impoffibilité de pouvoir nourrir fes enfants & une penfion telle que vous trouverés convenable à la fituation & aux caufes qni l'ont produite. 4° Que le fecours momentané & la penfion qu'elle reclame font fondés fur deux caufes également juftes, la premiere c'eft que fon mary étoit employé depuis huit années à allumer les reverberes & en activité de fervice pour le bien public. 5° Enfin, elle obferve que fon mary ayant été victime des troubles qui ont agité la cité fans qu'il eut aucun reproche à fe faire, vous ne fouffrirés pas, Meffieurs, que la veuve & les enfants d'une victime auffi innocente foient reduits dans la plus affreufe mifére, ce qui ne manqueroit pas de leur arriver s'ils n'étoient raffurés qu'une demande jufte eft toujours accueillie & que la veuve & les enfants d'un homme mort dans l'exercice des fonctions qui lui étoient confiées, ne feront pas rebutés ni abandonnés par ceux au fervice defquels il étoit employé.

Le confeil général prenant en confideration l'expofé de la veuve Valette & la fituation malheureufe dans laquelle elle fe trouve & voulant venir à fon fecours autant qu'il eft en fon pouvoir, lui accorde à titre de dedomagement une fomme de neuf cens livres, laquelle lui fera payée en cinq années, favoir, trois cens livres la premiere année & cent cinquante livres

1791.
PAGE 53 recto.

chacune * des autres, arrête que le procureur de la commune demeure chargé d'envoyer & de solliciter auprès des corps administratifs l'autorisation du present arrêté.

PAGE 54 verso.

* Du treize décembre, heure de quatre de relevée. Le conseil général assemblé. Un des membres dit :

PAGE 55 recto.

Messieurs, nous sommes encore tous affligés des malheurs arrivés dans nôtre cité les 13, 14 & 15 du mois dernier ; mais ce qui nous les rend encore plus insuportables, c'est l'affectation avec laquelle certains * foliculaires calomnient la municipalité & plusieurs citoyens dont le civisme nous est connû, & qui dans toutes les occasions ont merité de notre part les plus grands eloges, le *Courrier d'Avignon*, rédigé par madame Leblanc est du nombre, je vous denonce la feuille du jeudy huit courant n° 288, comme contenant les calomnies les plus atroces sur les faits dont je vous ai deja parlé & je pense que le conseil général ne peut se dispenser de prendre les mesures qu'il pesera dans la sagesse, pour pourfuivre lad. dame Leblanc, & obtenir les reparations que nous sommes en droit d'attendre, sur quoi je vous prie de déliberer.

Le conseil general considerant que le recit des faits contenus dans la lettre inserée dans le *Courrier d'Avignon* n° 288 sont faux & de toute fausseté. Considerant que la d^lle Leblanc, proprietaresse de cette feuille n'auroit pas dû permettre son insertion sans auparavant s'être assurée du nom de l'auteur ou de la verité des faits & que par là elle s'est rendue complice de la calomnie contenue dans cette lettre. Considerant enfin que l'anonime gardé par l'auteur devoit la tenir en garde & l'avertissoit suffisament de leur fausseté. Arrête 1° qu'il sera dressé un precis des faits appuyé de pièces justificatives, lequel sera rendu public par la voïe de l'impression & nomme à cet effet MM. Brieugne, Brunet, Charolois, Grand, officiers municipaux & Fargeon, procureur de la commune pour le rediger. 2° Que led. precis sera adressé à la municipalité d'Avignon, avec prière d'interposer son autorité auprès de la dame Leblanc pour l'inserer dans son prochain numero & pour l'obliger à declarer le nom de l'auteur de la lettre inserée dans sa feuille. 3° Enfin dans le cas d'une reponse negative le procureur de la commune est autorisé à porter plainte contre la dame Leblanc, & tous autres auteurs & compositeurs du *Courrier d'Avignon* pour les obliger à declarer le nom de l'auteur de la lettre inserée dans le n° 288 & pour le faire condamner à défaut des déclarations, comme les auteurs des faits faux & calomnieux inserés dans lad. lettre en dix mille livres de domages & interets applicables en faveur des pauvres de l'hopital général de cette ville, en une reparation authentique & publique envers la municipalité & à ce qu'il lui soit fait défence de reciviver sous plus grande peine.

Du quatorze decembre, heure de quatre de relevée. Le capitaine du guet annonce une deputation des amis de la constitution & de l'egalité ; introduite, l'un d'eux portant la parole a fait lecture d'une adresse contenant le vœu & l'expression des citoyens sur le zèle & le courage avec lequel la municipalité s'est conduite dans toutes les occasions dificiles ; la lecture finie, la petition a été deposée sur le bureau ; M. Montels, président a temoigné à la députation, combien la municipalité étoit flattée de l'hommage que venoient de lui rendre les amis de la constitution & de l'egalité.

La deputation retirée, M. le procureur de la commune a requis que la petition fut transcrite sur les registres des deliberations. Le conseil municipal pénétré de reconnoiffance vote des remercimens en faveur des amis 1791. de la conftitution & de l'égalité & arrête que la petition fera tranfcrite fur les regiftres de deliberations. Suit fa teneur :

A meffieurs les municipaux. Magiftrats, la cité reconnoiffante vient vous faire entendre les accens de fa gratitude. Témoin de votre zele infatigable, elle n'a ceffé de s'applaudir de la preference qu'elle vous donna en vous elevant parmi fes enfans à l'honneur de la fervir.

La tranquilité que vous avés protegée & maintenue, le courage intrepide avec lequel vous avez fupporté les immenfes travaux infeparables de l'epoque d'une grande revolution, les loix de la patrie garenties des coups de nos ennemis, les Catilinas enfin découverts & terraffés, tout vous affure les droits les plus inviolables à l'eftime & à l'amour de vos concitoyens. Sparte & Rome, ces cités idolatres de leur liberté, nous ont laiffé des exemples fans nombre de leur reconnoiffance envers ceux qui avoient bien merité de la patrie; on y elevoit des monumens à la memoire des heros de la republique; c'étoit au marbre ou à l'airain qu'on confioit le fouvenir de leurs fervices. Telles feront, Meffieurs, vos vertus civiques, c'eft un depôt qui nous eft confié; la dent deftructive du temps ne fçauroit l'atteindre. Nos cœurs en conferveront l'inéfaçable empreinte, c'eft le monument qui doit les tranfmettre à nos derniers * neveux & que tout bon PAGE 56 recto. citoyen vous deftine.

Du dix huit décembre mil fept cens quatre vingt onze, heure de dix avant midi. Le confeil général affemblé dans la forme ordinaire, prefens MM. Durand, maire, Montels, Bongue, Allut, Lafabrie, Brieugne, Brunet, Puech, Chreftien, Serres, Charolois, Grand, Brun, Granier pere, Quatrefages, Berthe, Devals, Portalés, Galavieille, Figuiere, officiers municipaux, Fargeon, procureur de la commune, Farel, Pierre Fajon, Thibal, Nougaret, Delon, Pagès, Dumoulin, Aubaric, Parlier, Nouguier, Coulet, Courrege, Deffalle, Beleze, Brouffon, Denis, Reboul, Aigoin, Moulinier, Gros ainé, notables, J. Albiffon, procureur de la commune, Gas, fubftitut.

Un des capitaines du guet a dit qu'un grand nombre de citoyens demandoient à être introduits pour être temoins du ferment des nouveaux repréfentans de la cité. Le confeil a donné que les portes fuffent ouvertes; ce qui ayant été exécuté, il a été fait, fur la requifition de M. le procureur de la commune, une proclamation des nouveaux officiers municipaux & notables; après quoi M. Fargeon, procureur de la commune, a dit :

Chers concitoyens, au moment ou je vais dépofer entre vos mains les pouvoirs que vous m'aviés confiés, qu'il me foit permis de m'acquitter du tribut le plus doux que mon cœur puiffe vous offrir: l'hommage de ma vive reconnoiffance.

En acceptant la place à laquelle vos fuffrages m'élevèrent je ne m'étois pas diffimulé les difficultés de la carriere que je viens de parcourir. Si j'ai rempli la tache honnorable qui m'étoit impofée, j'en dois le merite à vos bontés & à votre confiance, qui m'ont encouragé & foutenu; je le dois au zele infatigable du chef de cette adminiftration, à ce vertueux citoyen dont ma bouche aime tant à vous rappeller le devouement & l'attachement à la chofe publique, dont l'ame fenfible jouit, après des momens d'orage, de cette confolante penfée, que fa reelection qui auroit prevenu nos troubles, a calmé toutes nos peines, à mon avis, qui merite d'être celui de tous les bons citoyens qui aiment & qui veulent le bien. Je le dois enfin aux efforts de ces dignes collegues dont j'ai partagé les dangers & la follicitude * en faifant mon unique etude PAGE 56 verso. de fuivre leurs pas & leurs exemples.

C'eft avec ces fecours que je fuis arrivé au moment où je vais remettre dans de plus dignes mains les marques honnorables que je reçus de vous, où je laiffe à mon fucceffeur une place qui femble devenir la fienne par fes talens comme par votre choix & dans laquelle il fera bientot oublier les fautes involontaires qui ont échapé à l'inexperience de mon zele.

Mais en quittant ce pofte honnorable, vos fuffrages m'ont encore appellé à votre adminiftration & vous me réaffociés à cette élite de magiftrats & de citoyens que vous avés choifis pour travailler à votre bonheur; ainfi vous comblés à mon égard la mefure de vos bontés & de votre confiance.

Pendant mon adminiftration un feul defir m'a preffé, m'a animé, c'etoit celui de faire refpecter la conftitution, à laquelle le bonheur de l'empire eft entierement attaché, & de maintenir l'ordre & la paix, fources de la felicité publique, de porter les citoyens à l'obeiffance des lois, dont l'oubli & le mepris livrent le peuple à des dangers & à des malheurs. Dans ma nouvelle carriere, mêmes efforts, même devouement,

1791. même courage. Heureux s'ils peuvent servir à ma patrie, à mes concitoyens que je cheris & à cette cité à laquelle je chercherai de me rendre utile, tant qu'un soufle de vie m'animera.

Je requiers la prestation de serment, & l'installation des nouveaux officiers municipaux, du procureur de la commune & de son substitut.

Ce discours a eté universellement applaudi, & le conseil ayant ordonné la prestation du serment prescrit par la loi, ce serment a été preté d'abord par M. Durand, maire réélu, & ensuite individuellement par MM. Granier père, Quatrefages, Berthe fils, Devals, Portalés, Galavielle & Figuiere, officiers municipaux; Jean Albisson, procureur de la commune & Gas cadet, substitut, M. Berthe fils, en pretant son serment, a dit :

Citoyens, en m'élevant par vos suffrages à une des dignités dans la magistrature populaire & constitutionnelle, vous avez voulu vous livrer à un sentiment de confiance, qui m'honnore sans doutte, mais qui ne peut qu'ajouter à l'étendüe de mes obligations. Moins je devois m'attendre à une faveur si precieuse, plus je me crois obligé de redoubler d'efforts afin de parvenir à la meriter & de justifier votre choix. Citoyens, si pour remplir tous les devoirs qui me sont imposés, il suffit d'un zele ardent pour le maintien de l'ordre & de la paix, d'une volonté ferme & courageuse toujours dirigée contre les tentatives des ennemis de la liberté & de la constitution, s'il suffit, en un mot, d'un devouement sans bornes, d'une obeissance aveugle à la loi, j'ose le dire hautement, votre attente ne sera point trompée : je mesure, sans m'étonner,

PAGE 57 recto. la carriere qui s'ouvre aujourd'hui * devant moi ; le terme en est l'honneur & l'estime publique. Je ne vois plus que lui ; que votre amitié, que votre indulgence m'accompagnent & me soutiennent dans les circonstances difficiles & tous les obstacles, quels qu'ils soient seront surmontés ; oui j'arriverai à ce but honnorable ou du moins je saurai mourir en citoyen françois, digne d'avoir été compté parmi les magistrats d'un peuple libre.

Puisse le serment que ma bouche va prononcer vous être un sûr garant des veritables sentiments qui m'animent.

Le serment prêtté, MM. les officiers municipaux sortant d'exercice & M. Fargeon, procureur de la commune, ont remis leurs echarpes à leurs successeurs en les embrassant & se sont melés dans la foule des citoyens, & les nouveaux magistrats revetus de leurs echarpes, ayant pris leur place, ainsi que MM. Charolois, Montels, Bongue, Aubaric, Parlier, Nouguier, Fargeon, Coulet, Courreges pere, Dessalle, Beleze, Brousson, Coste, Denis, Reboul, Grand, Reboul, apoticaire, Aigoin, Molinier, Gros ainé & J. Viala, notables, avec un applaudissement général.

M. J. Albisson, nouveau procureur de la commune a dit :

Nouveaux magistrats, nos citoyens nous ont imposé de grands devoirs en nous appellant aux fonctions dont nous allons commencer l'exercice, & nous venions d'imprimer un grand caractere à ces devoirs, en y consacrant tous nos momens & tous nos moyens par la religion du serment.

Fidelité à la nation, à la loi & au roi, devouement entier & sans bornes au maintien de la constitution du royaume : telle est l'obligation de tout Français digne en effet de porter un nom desormais si beau & bientot si honnoré chez toutes les nations de la terre. Remplir avec exactitude les fonctions qui nous sont confiées : telle est l'obligation particuliere que nous venons d'y ajouter en nous revettant du signe honnorable des pouvoirs que la loi y a attachés.

Dans l'ordre des devoirs civiques, l'interet de la nation doit l'emporter sans doutte sur les interets particuliers du lieu qui nous a vû naitre, &, grace à l'heureuse revolution qui vient de donner à la France une constitution qui eut illustré les plus belles epoques de la liberté Grecque & Romaine, cette subordination des devoirs, theorie sublime reléguée jusqu'à nos jours dans les écrits de quelques philosophes est devenue parmi nous une maxime vulgaire à la portée de tous les esprits, & qui s'affermit journellement par les progrès du patriotisme.

Mais dans un etat qui a eu la sagesse de mettre le principe d'unité nationale au premier rang de ses loix constitutionnelles, où l'abolition de tous privileges locaux prévient tout sujet, tout pretexte de collition entre des interets territoriaux & l'interet national ; dans un etat assés heureusement, assés fortement constitué, pour fonder la sureté & le bonheur de tous sur la sureté & le bonheur de chacun ; quel ministere, Messieurs, en ne le considerant même que sous un seul de ses rapports, quel ministere pour un citoyen

Livre premier. — Seconde partie.

sensible, que celui d'entretenir la liberté, l'abondance & la paix parmi ceux au milieu desquels il est né, avec qui il a vecu, auxquels il est attaché par de longues & douces habitudes, par les relations les plus interessantes & les plus intimes, d'éloigner de leurs foyers toute occasion d'alarme & de dissention, de pourvoir à leur subsistance & à leur sûreté, d'écarter loin d'eux tout ce qui pourroit troubler leur repos ou nuire à leur santé : quel prix de cette surveillance, deja si * attachante que d'obtenir leur amour dans l'exercice d'un si touchant ministère, de pouvoir leur dire avec l'espoir d'être écouté avec confiance : Amis, vous m'avez chargé de veiller pour vous, eh bien ! dormez en paix, je veille.

Tel est en effet, Messieurs, le ministère auquel nous sommes appellés, tel est le prix qui nous est proposé & que nous sommes tous également jaloux d'obtenir.

Vous l'avez deja reçu, Monsieur (M. Durand, maire réélu) : l'amour & la confiance de vos concitoyens, justes fruits de vos talens & de l'heureux emploi que vos vertus en ont su faire, vous ont constamment accompagné dans la carriere honnorable que vous avez fournie avec tant de succès & c'est cet amour & cette confiance qui vous en ouvrent une nouvelle, & qui ne pouvoient mieux vous recompenser du bien que vous avez fait à la cité qu'en doublant votre tache & vous imposant la loi de lui en faire encore davantage.

Vous avez été puissamment secondé dans vos travaux, dans vos sollicitudes, dans votre fermeté au sein des orages, dans vos sages mesures pour les dissiper, par ces dignes magistrats qui tous ont également droit à notre gratitude & à notre estime, & que nos suffrages auroient tous retenus si la loi à qui tout doit obéir, n'avoit fait violence à nos vœux.

Cette consolation nous est même refusée à l'égard de celui (M. Fargeon, procureur de la commune sortant d'exercice) qui après avoir partagé les soucis & les succès du corps municipal, partage avec lui notre reconnoissance & dont j'ai tout lieu de craindre que la retraite ne soit trop tôt apperçue, plus severe envers nous que la loi, il se derobe à des fonctions auxquelles le vœu commun l'auroit appellé; & si nous devons respecter ses motifs, nous devons aussi nous affliger de la perte qu'ils nous causent.

Ici, Messieurs, je sens combien le souvenir du magistrat que j'ai l'honneur de remplacer, ajoutera aux obligations que m'impose un ministere dans lequel il sera si difficile de se distinguer après lui : mais si le zele le plus soutenu pour le maintien de la constitution, un respect inalterable pour la loi, l'assiduité la plus constante à des travaux uniquement consacrés à la liberté, à la concorde & au bonheur de mes concitoyens, peuvent suffire pour meriter & obtenir leur indulgence & leur estime, je puis esperer de ne m'en rendre pas indigne.

Après ce discours qui a été souvent interompu par des applaudissemens, M. le maire prenant la parole a dit :

Messieurs & chers concitoyens, vous m'ordonnez de rester à mon poste & de recommencer mon service ; j'obeïs à vos ordres. Il est juste que ma patrie dispose de moi, puisque je lui appartiens ; ses droits s'augmentent par vos bontés ; je cede à la reconnoissance en même temps qu'au devoir.

O ma patrie ! lorsque les dangers t'environnent, lorsque ceux qui te servent y sont les premiers exposés, je refuserois de te servir ? Tes dangers redoublent mon zele ; ils me rendent religieuse l'obligation de me devouer pour toi. Si je consultois mon age & mes forces, je descendrois de ma place ; les circonstances me font un devoir d'y rester ; j'y reste, oui j'y reste pour faire executer la loi, pour l'employer dans toute sa force * à la sûreté ou à la repression de tous, pour en couvrir comme d'un bouclier, tous ceux qui lui seront fideles, pour en fraper comme d'un glaive, tous ceux qui oseroient s'en écarter.

Mais, citoyens, au nom de nos malheurs, qu'il n'existe plus de crainte que celle de la loi ; son inobservation a fait plus de mecontens que ses rigueurs. Deja la raison auroit persuadé les esprits, si la haine n'avoit aliené les cœurs. Eh ! comment concevoir que des hommes en faveur desquels la constitution est faite, qui en reçoivent les plus grands biens, à qui elle rend une existence honorable & libre, qu'elle force, pour ainsi dire, à éclairer leur esprit, à fortifier leur raison, à epurer leurs sentimens & leurs mœurs par la violence heureuse de ces institutions qui honnorent la vertu au lieu de la fortune, qui confient à l'estime & à la reconnoissance de tous les choix que faisoit la faveur d'un seul & appellent chaque citoyen à administrer à son tour la chose commune ; comment concevoir, dis je, que des hommes qui devroient benir la constitution, s'en éloignent ? ..... Faisons aimer la constitution, elle sera respectée ; si elle a pour tous une sauvegarde assurée, elle sera bientôt le point de ralliement de tous.

Pénétrés de ces principes, convaincus que tel est notre devoir & l'interet de la nation, voulant maintenir la paix dans une cité qui si long tems la retablit chés ses voisins, dont elle étoit l'exemple (souvenir honnorable & douloureux !) nous allons travailler sans relache à retablir l'ordre dans toutes ses parties, à poursuivre les violations de la loi, quelqu'en puisse être le pretexte & à assurer son execution pour tous & contre tous. Si l'on venoit nous dire : l'ennemi est aux portes, qui menace la constitution ; avec quelle ardeur n'irions nous pas le repousser ? Eh ! bien : l'ennemi est dans nos murs, c'est nous même ; si nous ne nous penetrons de l'esprit de la constitution ; si la justice, l'humanité, le respect de l'homme pour qu'elle respire, ne dirigent notre conduite ; si nous ne repoussons ces preventions & ces mefiances, qui vont allumer tant de haines, nous n'aurons ni paix, ni force, nous ne serons ni tranquilles au dedans ni redoutables au dehors.

Sans doute que nos invitations, nos efforts & l'exemple des bons citoyens, propageront ces principes ; ils épargneront à nos cœurs les mesures rigoureuses que leur oubli exigeroit de nous.

1791.

Chargés d'abord, Messieurs, de maintenir la constitution & d'executer les décrets de l'assemblée nationale, d'autres devoirs, moins importans, mais non pas moins utiles, nous sont encore imposés.

Administrer les affaires de la commune, en ameliorant ses finances, reprimant les abus, veillant au bon ordre & entretenant une bonne police ; surveiller l'imposition, les subsistances, les travaux publics ; diriger de concert avec les administrateurs nommés par le conseil, les établissemens d'éducation & de charité ; offrir dans la saison rigoureuse du travail aux citoyens qui n'en ont pas & des secours à ceux qui ne peuvent travailler, telles seront nos fonctions.

Pour n'en negliger aucune, pour les remplir toutes avec le même soin il est nécessaire de bien connoitre l'utile repartition que la loi en fait entre nous, de remplir chacun avec fidelité, la tâche qu'elle nous impose & de demeurer circonscrits dans les limites que sa main a posées, union de volontés, partage de travaux, telle est la source d'une bonne administration.

PAGE 58 v°. Le conseil général, la municipalité & le bureau ont des * pouvoirs & des fonctions différentes.

Le conseil général est le représentant de la commune, le tuteur de la municipalité, dépositaire des pouvoirs du peuple, conservateur de ses droits, juge de son intérêt, organe de sa volonté, il décide les affaires générales ; les déliberations importantes lui appartiennent.

Independamment des circonstances où la loi oblige le corps municipal à convoquer le conseil, il l'y invite toutes les fois que l'opinion publique a besoin d'être consultée ou eclairée, toutes les fois qu'un intérêt majeur se présente. La confiance du corps municipal, d'accord avec la loi, le fera user souvent de cette faculté.

La municipalité fait d'abord partie du conseil & délibère avec lui ; elle a ensuite une autorité & des fonctions qui lui sont propres ; elle est le centre de l'administration, l'ame des affaires, elle les dirige, les surveille toutes ; les soins, les contestations, les mesures qui interessent l'ordre, la sureté, la salubrité publique font l'objet continuel de sa vigilance, de sa sollicitude ; elle proclame la loi, veille à son execution, reprime ou denonce les atteintes qui lui seroient portées. Le bureau execute les deliberations & suit les détails. La municipalité porte le fardeau des affaires & le bureau le poids du jour.

Créer, animer, donner le mouvement, telle est l'image de ces differentes fonctions.

De même que la municipalité, pour suivre avec plus de soin & de methode, les diverses parties de l'administration qui ont besoin d'une surveillance & d'une activité continuelle, se divise en plusieurs fonctions qui, elles mêmes, partagent entre leurs membres les differens objets dont elles sont chargées, de même le conseil forme des comités pour diriger les affaires générales qui demandent une attention journalière & un travail non interrompû.

Les comités du conseil qui existent en ce moment, & dont la moitié des membres font à remplacer, sont : 1° Le comité des contributions publiques, chargé de suivre les travaux relatifs à l'imposition & de donner son avis au district sur les demandes en moderation de taxe ou en decharge. 2° Le comité de liquidation & d'aliénation chargé d'effectuer l'une par l'autre & d'echanger des domaines qui rapportent peu, contre d'autres qui coutent beaucoup moins. 3° Le comité de la Fontaine, qui doit, de concert avec les commissaires que l'académie des sciences a nommés à la demande du conseil, connoitre l'excedent des eaux, apreciar la jouissance obtenue ou usurpée par plusieurs citoyens & chercher le meilleur moyen d'utiliser cet excedant. 4° Le comité des bleds, auquel le conseil a confié l'achat, la conservation & l'emploi, de celui dont il a crû, dans ces circonstances difficiles, devoir s'approvisionner, pour subvenir au moment & avoir le tems de se procurer de nouveaux secours. 5° Le comité de la boucherie, qui dirige, avec M. Gaujoux & d'autres citoyens experimentés, cette fourniture importante dont le conseil a voulu se charger lui même pour donner toujours la denrée à son prix naturel & extirper ainsi le monopole de la contrebande, fleaux du pauvre & des cultivateurs ; enfin le comité contentieux qui suit & dirige les anciens procès, de concert avec M. le procureur de la commune.

PAGE 59 r°. * Il est inutile d'observer qu'aucun de ces comités n'agit d'après lui même ; ils preparent les affaires, adoptent un avis, & font le rapport au conseil qui prononce.

Le nouveau conseil général devenant chargé de la suitte de tous ces objets, il est nécessaire, Messieurs, que je vous donne un apperçu de la situation presente de chacun d'eux.

Que dirai-je des contributions publiques ? Ce n'étoit point assés pour l'assemblée nationale d'avoir rendu au peuple sa dignité, elle aspiroit à faire son bonheur, que le peuple fut libre & qu'il fut heureux, qu'il rentrat dans ses droits & qu'il en jouit dans le sein d'une honnete aisance ; tel étoit le vœu, le serment de l'assemblée nationale ; elle les a remplis. Pour s'en convaincre, il suffit de comparer les anciennes impositions avec les contributions nouvelles. Je les compare dans les principes, dans le choix, dans la quantité :

1° Dans les principes : Les impositions étoient établies par un pouvoir arbitraire ; elles le sont par la volonté générale. Elles n'avoient de bornes que l'impuissance du redevable ; elles sont mesurées sur les besoins de l'état. Leur rapport avec les facultés étoit incertain & variable ; ce rapport est fixé au cinquieme du revenu net. Elles étoient si differentes d'une province à l'autre & si inegalement reparties dans toutes, que le plus pauvre en supportoit souvent la plus forte partie ; la sainte loi de l'égalité a fait disparoitre ces differences injustes, ces privilèges odieux, & chaque païs, chaque citoyen, contribuera à raison de ses facultés. Elles étoient perçues avec dureté & mépris ; elles le seront avec humanité & ménagement. Leur emploi étoit inconnû ; le compte en sera mis sous les yeux du peuple. Leur dilapidation étoit frequente & impunie, la responsabilité des administrateurs previendra, ou punira ce delit. L'établissement, la mesure, la réparation, la levée, l'emploi & la sureté des contributions publiques ont donc été soumises à des loix sages, meconnues jusqu'à ce jour.

2° Dans le choix : Les impositions par leur multiplicité, leur incoherence & la complication de leurs loix, formoient un cahos au milieu duquel le gouvernement croit au hazard, frappant en aveugle l'agriculture & le commerce; offrant par tout la loi aux prises avec l'opinion, l'autorité avec le besoin, punissant l'ignorance comme la fraude, la foiblesse comme le crime; livrant la fortune & l'honneur du citoyen à des mercenaires qui portoient jusques dans son asile la servitude & le decouragement. A ce regime absurde & oppresseur succede un systeme simple, juste & facile. Les richesses que protege la force publique, doivent contribuer à son entretien ! Voila le principe. Autant il y a de fortes de richesses, autant il doit y avoir de fortes de contributions. Voila l'application ; les biens fonds, l'argent, l'industrie sont les trois sources de revenu ; elles ont indiqué trois impositions, la foncière, la mobiliaire, & celle des patentes. Chacune de ces impositions a sa mesure différente ; plus le revenu qu'elles frappent est solide, plus cette mesure est forte; elle est plus foible si ce revenu est incertain ou pénible ; les biens fonds impérissables sont plus taxés que le revenu fugitif de l'argent, & celui-ci l'est plus que les fruits laborieux de l'industrie. Non seulement chaque forte de revenu a sa mesure differente, * mais encore chaque quantité de ce même revenu est taxé sur un pied plus ou moins haut, suivant qu'elle présente plus ou moins de superflu. La contribution foncière seule n'a pû admettre ces differentes classes, attendu que le propriétaire d'un petit fonds peut en posseder ailleurs de plus grands tandis que l'industrie & le revenu mobilier pris en masse se prêtent à des subdivisions ; mais la loi a compensé cette difference pour le pauvre en lui passant les mêmes frais de culture &, les mêmes produits qu'au riche, qui paye beaucoup plus de frais, ne cultivant pas lui même & retire beaucoup moins de produits, affermant au lieu de faire valoir. Simplicité, fixité, égalité, justice, tous les avantages accompagnent donc le choix des contributions nouvelles.

PAGE 59 v°.

3° Dans la quantité : si l'on compare le montant des nouvelles contributions à celui des impots de même nature perçu sous l'ancien regime, on trouvera les nouvelles contributions plus fortes; mais on reconnoitra qu'elles le sont bien moins, si on les compare à l'ensemble de tous les impots qu'elles remplacent; si l'on ajoute aux impots supprimés, les pertes, les malheurs de tout genre qu'ils occasionnoient, & si l'on distrait des contributions nouvelles le benefice qu'elles procurent par l'activité du commerce, le meilleur produit des terres, & l'augmentation des travaux & des salaires; on reconnoitra qu'elles sont moins fortes, si l'on considère qu'il existoit, sous l'ancien regime, un déficit énorme qu'il a fallû combler; que les privileges étant détruits & la repartition devenant égale & proportionnelle, le pauvre payera de moins ce que le riche payera de plus; que la revolution a entrainé des remboursemens, des indemnités & des dépenses qui ne se renouvelleront plus; que la repartition entre les départemens & les districts a été faite, cette année, sur les anciennes bases, les nouvelles n'étant pas pretes encore, & qu'ainsi les vices de cette repartition, purement provisoire, doivent être reprochés à l'ancien régime plutot qu'au nouveau systême; on reconnoitra surtout que, dans aucun cas, aucun motif de plainte ne peut exister, puisque personne ne peut payer au delà du cinquieme de son revenu net & que toute taxe plus forte sera nécessairement réduite.

Enfin, loin de se plaindre, on se pénétrera de reconnoissance si l'on fait attention que le nouvel ordre procure, dès aujourd'hui, un soulagement considerable aux habitans des campagnes, à la classe laborieuse des villes, & que ce soulagement va s'accroitre chaque année, par la diminution progressive des rentes viageres, des traitemens surabondans, des depenses d'administration & de celles qu'exige, en ce moment la sureté de l'etat. Si l'on fait attention que le vaisseau périssoit & que le sacrifice d'une partie de la cargaison, pouvant seul le sauver, ce sacrifice étoit juste & d'un interêt commun ; que si l'assemblée nationale a fondé le bonheur du peuple & a commencé à le réaliser, au milieu des orages d'une revolution & de la résistance de tous les intérêts, il n'est rien que l'on ne doive en attendre dans des temps de calme & de prosperité, au milieu du concours de tous les interets, & de l'accord de toutes les volontés ; enfin que les bases sont établies, que le germe du bonheur du peuple est deposé dans le sein d'une constitution sage, & que, sans vouloir prématurer ses fruits, il faut attendre que le tems & l'expérience leur ayent donné leur maturité, & avancer, autant qu'il est en nous, cet heureux moment * par l'union, l'amour de l'ordre & de la paix, & l'observation religieuse des lois.

PAGE 66 r°.

Voici l'etat comparatif des charges que la commune supportoit dans l'ancien regime, & de celles qu'elle supportera dans le nouveau:

Charges de l'ancien régime

Taille	147,348	16 s. 10 d.
Capitation	105,860	5 s.
Vingtièmes des maisons	54,229	12 s. 9 d.
Vingtièmes d'industrie	37,219	12 s.
Dettes des corps & metiers dont la nation se charge, deduction faite des effets qu'ils possedoient, estimés aux deux tiers des vingtièmes	24,815	2 s.
Droit d'octroi affermé 78,200	83,200	
Frais de regie 5,000		
Droit de subvention affermé 40,100	43,100	
Régie 3,000		
Droit d'équivalent 90,000	112,000	
Régie 22,000		
Droit de triperie	35,000	
Droit des hopitaux	13,000	

566   *Histoire de Montpellier. — Continuation.*

1791.

Benefice des fermiers & perceptions de la contrebande	60,000
(La fourniture privilegiée des fermiers n'étoit que de 24,000 moutons, la fourniture libre de la ville s'éleve à 60,000).	
Poids du roi 7,800	
Frais de régie 1,800	9,600
Gabelle (32,000 habitans à 12 l. de fel. Par tête... 4 l.)	128,000
Tabac (un confommateur fur cinq habitans & fix livres de tabac par confommateur), à 3 liv. 10 s	134,400
Droits d'entrée du royaume, peages & traites, droit fur les cuirs, les huiles, les cartes, le papier, l'amidon, les cartons, le fer, l'or & l'argent (60 millions à divifer entre vingt cinq millions de françois); 32,000 hommes à 3 liv	96,000
Frais de milice, 50 hommes à 150 liv	7,500
Frais de juftice refultans des droits de greffe, des epices & des degrés inutiles de juridiction	50,000
Droit de coupe (le 64e de 160,000 fetiers, 2.500 fetiers à 11 liv. Independament de toutes les graines, légumes & fruits qui y reffembloient, jufqu'aux chataignes)	27,500
Droits feigneuriaux abonnés à	3,300
Dixiemes de St Firmin, la Canourgue, Montauberon, Souriech, St Hillaire, Montels, Celleneuve, Caftelnau & Juvignac, y compris les frais de perception, les benefices avoués par les fermiers, & l'évaluation des fruits executés, diftraction faite de la portion de ces difmes perçües hors du territoire	65,900
Cafuel des curés	15,000
Total	1,252,973 8 s. 7 d.

Charges du nouveau régime

Mande de la contribution fonciere	249,289
Mande de la contribution mobiliaire	233,857
Contribution cafuelle des patentes, environ	80,000
* Sous additionnels pour les dépenfes ordinaires & extraordinaires de la commune	75,000
Achat du fel (le tiers de ce qu'il coutoit; 4 liv. 10 s. au lieu de 33 liv.) . .	18,300
Achat du tabac (le tiers de ce qu'il coutoit; 24 fols au lieu de 3 liv. 12 s.) . .	44,466
Douane nationale (evaluation du directeur; le tiers de l'ancienne)	32,000
Droit de timbre (evaluation du receveur); de 30 à 36,000 l	33,000
Total	765,912

Page 60 v°.

Comparaifon des deux totaux :

Charges de l'ancien régime cy	1,252,973 8 s. 7 d.
Charges du nouveau cy	765,912
Difference dans le nouveau regime en faveur des contribuables cy	487,661 8 s. 7 d.

Voici le rapport de la contribution fonciere avec les revenus du territoire.

Dixme des fonds ruraux	65,900	
Revenu brut defdits fonds	659,000	
Revenu net, la moitié	329,500	
Dont le cinquieme eft		65,900
Vingtieme des maifons	54,800	
Le cinquieme ou quatre vingtiemes	219,200	
Diftraction du quart pour les réparations	554,800	
Cinquieme du revenu des maifons		164,400
Total		230,300
Surcharge		18,989
Montant de la contribution fonciere		249,289

Nos travaux pour l'établiffement de la contribution fonciere ont éprouvé bien des difficultés, bien des longueurs; il nous a fallu suppleer à la négligence de trop de citoyens, mais enfin tout eft pret; les proprietés font denombrées & claffées; les propriétaires font infcrits; le plan figuratif de chaque fection a été dreffé, les bafes de l'eftimation & des deductions font pofées, il ne refte qu'a en faire une jufte application. Pour ce travail, le confeil avoit affecté à chacune des quinze fections, qui forment le territoire, un officier municipal, deux notables & deux citoyens propriétaires, il eft urgent de remplacer dans chaque fection les membres qui en font fortis.

Quant à l'imposition mobiliaire, MM. les commissaires de police qui font pour nous un secours, pour la loi un appui si utile, ont fait tous les tableaux & denombremens nécessaires. Grace à leur zele, ces tableaux seront facilement remplis.

L'imposition des patentes, établie depuis longtems, se perçoit avec exactitude, & annonce pour l'année entière, un produit d'environ 80,000 liv.; les deux sols par livre attribués à la commune diminueront ses propres dépenses d'environ 8,000 liv.

Du moment que le comité des contributions publiques sera complette, il s'empressera d'en perfectionner l'assiette, il se concertera avec le comité de liquidation pour tâcher de diminuer cette année le montant trop considérable des dépenses de la commune soit en portant une partie de l'arrieré, soit en y consacrant une portion de nos benefices sur la vente des domaines nationaux, soit en formant un léger emprunt payable du produit de nos * propres domaines. Enfin il suivra auprès de nos concitoyens députés à l'assemblée nationale, la demande en dégrèvement dont le succès, si vraissemblable puisqu'il est juste, soulagera infiniment la commune.

Le comité de liquidation & d'aliénation vous a deja fait connoitre par le rapport imprimé de M. Allut, ce magistrat si en bute & si superieur aux traits du fanatisme, dont les attaques ne sauroient se multiplier autant que ses services, autant par les bienfaits qu'il repand sur ceux meme qui l'outragent, autant que ses amis fidelles qui sont tous ceux de la patrie & de la constitution; M. Allut vous a deja fait connoitre que la dette de la commune s'élevoit à environ 460,000 liv., coutant 56,000 liv. d'interets & que ses domaines, quoique d'un revenu d'à peine 10,000 liv. joints au benefice sur les biens nationaux, suffiroient pour rembourser cette dette.

Les calculs du comité & les esperances du conseil se réalisent chaque jour, les aliénations se font avec facilité & avantage.

Voici le tableau, 1º de ce que les biens vendus ont produit; 2º de ce que les biens à vendre sont estimés; 3º de l'augmentation présumée des biens à vendre d'après l'augmentation positive des biens vendus.

TABLEAU DES ALIÉNATIONS DE LA COMMUNE FAITES OU A FAIRE

Biens de la commune vendus.

Ancien hotel de ville	62,100
Divers effets	7,290
Cinq des trente portions du bois de Valenne	75,199
Partie des fossés de la porte de Lattes à celle des Carmes	189,436
Total	334,025

Biens de la commune à vendre.

Les vingt cinq portions restantes du bois estimées cy	367,000
(Il y a bien une offre sur la totalité du bois, mais le conseil craint de vendre à un seul proprietaire qui seroit maître du prix; la multiplicité des acquereurs fera prosperer le bois & établira dans les ventes une concurrence qui fera baisser le prix).	
Le reste des fossés	68,329
Les cazernes, lits & fournitures estimés	321,000
Les terres abandonnées & effets mobiliers estimés cy	20,000
Total	776,329

Si les biens vendus, qui étoient estimés 164,250 liv. ont produit 334,025 liv. les biens à vendre qui sont estimés 776,329 pourroient produire 1,400,000 liv. lesquelles jointes aux 334,025 liv. des biens vendus, & aux 300,000 liv. du benefice de la commune sur les biens nationaux formeroient un total de 2,000,000 liv. ce qui donne une grande latitude aux réductions possibles.

L'approche du mois de janvier va engager le comité à pourvoir au payement des interets, & meme s'il est possible au rembourcement des creances les moins favorables, le conseil ne perdant jamais de vue que les domaines de la commune sont le gage de ses creanciers, & que leur entier produit doit nécessairement être employé à les rembourser.

Le comité de la Fontaine s'est occupé, 1º de verifier les titres de la commune sur la propriété des eaux; 2º à connoitre & fixer leur excedent; 3º à utiliser cet excedant.

* Sur la propriété de la commune, le comité a justifié au conseil qu'elle étoit entière & incontestable, la commune a acquis le terrein ou la fontaine prend sa source & celui ou passe l'acqueduc, elle a construit cet acqueduc en entier, elle a indemnité, soit en nature, soit en argent, ceux des habitans de St Clement qui avoient l'usage des eaux.

Sur l'excedent des eaux, le conseil a reconnu qu'il étoit d'environ trente cinq pouces d'eau vierge, & toute l'eau versante des fontaines publiques.

Pour augmenter cet excedant, le conseil a d'abord fait fermer toutes les prises qui avoient lieu à la campagne, comme abusives & contraires à l'arrêt du conseil qui, en autorisant le transport à la ville des eaux de St Clement, ordonnoit leur entiere reunion au Peyrou, & jusques là prohiboit toute cession, il a ensuite ordonné differens travaux à l'acqueduc sur l'indication des commissaires de l'accademie & adopté quelques

1791.

autres mesures, comme de graduer les robinets, de les faire mettre à bouton, & de supprimer absolument les issues ou épanchoirs.

Enfin pour utiliser l'excedent, le comité a été chargé d'aprécier chacune des prises interieures relativement à la quantité d'eau & à l'avantage dont elle est pour le possesseur, le moment est venu d'achever les taxations, leur produit devant être employé à diminuer nos dépenses ordinaires.

Le comité des bleds en a deja acheté 22,000 setiers avec des fonds que la société patriotique des assignats lui a pretés, il les fait emmagasiner au college, en sera mettre une partie en farine, & veille avec le plus grand soin sur tous les details relatifs à cette partie si delicate de l'administration.

Vous connoissés, Messieurs, tous les services que le comité de la boucherie a rendus à la cité, il a eu l'honneur de prevenir le décret de l'assemblée nationale en échangeant des droits exhorbitans & désastreux pour les campagnes par l'activité qu'ils donnoient à la contrebande, contre un abonnement modique & qui n'a point porté sur la classe indigente; il a depuis maintenu la denrée à un prix si avantageux, qu'il fait l'étonnement & l'envie des cités voisines.

Le comité des procès vous a proposé jusqu'à present la voie de l'arbitrage ; ce moyen si raisonnable & si humain qu'il appartenoit de consacrer à une assemblée qui a également foulagé & honoré l'humanité, en supprimant les degrés inutiles de juridiction, & en forçant le plaideur à arracher, pour ainsi dire, la justice d'entre les bras de la paix.

Toutes ces affaires vont captiver notre attention & remplir notre vue ; mais le premier de nos soins fera d'entretenir la paix, & notre recompense sera d'y réüssir. Si nos concitoyens sont heureux, si notre administration voit leur tranquilité, leur bonheur, s'accroitre & ne jamais se démentir, si l'ordre & le respect pour les loix qui en est l'unique fondement ne cessent de regner ; enfin si le sentiment nous fait faire ce que la raison nous fait aprouver, & que la vertu couronne le patriotisme nous benirons le ciel ; nos fatigues ne seront rien pour nous. Si de nouveaux malheurs nous étoient reservés ; si la constitution étoit exposée à de nouveaux outrages..... Perissant les premiers ; mourant pour nos concitoyens & pour la loi, nous n'aurions pas à gémir sur leur sort ; mais loin de nous toute crainte ; notre union, notre fermeté, l'exemple & l'appui des bons citoyens, nous permettent-ils d'en conserver ?

PAGE 62 r°.
Je vous prie, Messieurs, de m'accorder votre amitié & vos conseils ; je m'efforcerai de les meriter par mon zele, mon attachement & mon * attention constante à profiter de vos lumieres ; soyons tous étroitement unis ; peres du peuple & freres entre nous, pourrions-nous nous separer ? La nature & la société nous investissent des liens les plus doux & les plus sacrés ; que l'on reconnoisse le nombre à la multiplicité des travaux, à leur maturité, & qu'on l'oublie à l'unité d'esprit, à la conformité des principes.

Cette union si necessaire au succès de nos soins, ne l'est pas moins à mon bonheur ; elle assurera notre force, elle comblera tous mes vœux ; je dois de l'entretenir, d'en être le lien, & à ma conscience qui veut que nos devoirs soient remplis, & à mon cœur qui ne connoit de jouissance que celle d'aimer ses concitoyens, ses confreres, & d'esperer qu'il trouve en eux quelque retour.

J'ai parlé de mes confreres ? Puis-je ne pas vous entretenir de ceux que la municipalité vient de perdre & qui lui laissent tant de regrets ? Des regrets que pouvoit seul adoucir le nouveau gage de confiance que le peuple vient de leur donner, il vous tarde, Messieurs, de donner à ces dignes administrateurs un temoignage public de satisfaction & de reconnoissance & je previens votre vœu, en vous proposant de consigner ce temoignage dans votre procès-verbal.

Je vous propose, en second lieu, d'ajourner votre séance à demain pour le remplacement des membres sortis des divers comités.

Le conseil, deliberant sur la proposition de M. le maire, a unanimement arrêté de remercier au nom de la commune, MM. les administrateurs sortant d'exercice, du civisme & du courage qu'ils n'ont cessé de manifester dans les circonstances les plus dificiles & de consigner ses remercimens dans son procès-verbal.

M. Montels a exprimé avec beaucoup de sensibilité sa reconnoissance & celle de ses collegues & leur confiance dans leurs successeurs.

L'organisation des comités a été renvoyée au lendemain. M. le maire alloit lever la séance, lorsque l'assemblée a demandé avec instance l'impression du procès-verbal. Le conseil l'a ordonné. La séance a été levée.

PAGE 64 r°.
* Du dix neuf decembre, heure de quatre de relevée. M. le procureur de-la commune a donné connoissance d'un arrété du directoire du département, en datte du 6 de ce mois, relatif au serment à pretter par les professeurs, instituteurs & autres chargés de l'éducation publique, portant qu'ils seront tenus de prêter, si fait n'a été, le serment civique devant les municipalités dans le ressort desquels ils exercent les fonctions de leur

emploi, & ce dans le delai de quinzaine après la fommation qui leur en fera faite par leurs municipalités refpectives, faute de quoi ils demeureront déchus de leurs places ; & à l'égard des religieufes qui reçoivent des penfionnaires, qu'elles feront tenues en cas de refus de preter le ferment de renvoyer lefd. penfionnaires au plus tard dans le delai ci-deffus fixé.

Il a dit, que pour fuivre l'execution de l'arrêté du département, il convient d'ouvrir un regiftre, côté & paraphé à chaque page, fur lequel feront infcrits ceux qui prêtteront le ferment, & de nommer des commiffaires pour le recevoir & fe tranfporter au befoin chés les religieufes qui auront declaré vouloir prêter led. ferment :

Il a donné en même temps connoiffance d'une lettre écrite par M. l'abbé Bertholon, par laquelle il offre de prêter le ferment, & demande un délai pour fe rendre. Surquoi, le corps municipal a délibéré :

1° Qu'extrait dud. arrêté fera adreffé par le procureur de la commune, à tous les profeffeurs d'univerfités, principaux, fuperieurs, préfets & regents des colléges, maitres & repetiteurs de la langue latine, maitres & maitreffes de penfion, à tous les fuperieurs & fuperieures des maifons de la ville qui reçoivent des penfionnaires, qui n'ont pas deja prêté le ferment civique, à l'effet par lefd. inftituteurs & inftitutrices, fuperieurs & fuperieures, de faire leur déclaration devers le greffe de la municipalité, qu'ils veulent prêter led. ferment, & led. ferment étant reçu par MM....... que le confeil a nommé à cet effet, lefquels pourront, fi befoin eft, fe tranfporter chez les religieufes qui auront fait declarer devers le greffe leur intention de fe conformer à la loi, & recevoir leur ferment ; & le délai paffé, fans que lefd. profeffeurs d'univerfité, principaux, fuperieurs, préfets & régents des colléges, maitres & repetiteurs de la langue latine, maitres & maitreffes de penfion, à tous les fuperieurs & fuperieures des maifons de la ville, qui reçoivent des penfionnaires, aient fait ou fait faire lad. declaration, le refus être dénoncé au directoire de diftrict. Charge le procureur de la commune de juftifier dans trois jours de fes demarches pour l'execution du préfent arrêté.

2° Qu'il fera ouvert un regiftre pour la preftation du ferment des inftituteurs & autres chargés de l'éducation publique * fur lequel feront infcrits tous ceux qui fe feront préfentés dans le délai de quinzaine, après la fommation qui leur en aura été faite, paffé lequel, ceux qui ne fe feront pas préfentés pour prêter le ferment civique, feront denoncés au directoire du diftrict, lequel regiftre fera côté & paraphé à chaque page par l'un des commiffaires nommés pour recevoir leur ferment.

3° Qu'il eft fait référé au diftrict, fur le délai demandé par M. l'abbé Bertholon pour la prefentation de fon ferment civique.

4° Enfin qu'il fera fait un relevé des inftituteurs, des maitres & maitreffes d'écoles, qui ont deja prêté le ferment.

* Du vingt neuf décembre, heure de dix du matin. M. le maire donne lecture d'un projet d'arrêté pour enjoindre aux citoyens de fermer les portes de leurs maifons à dix heures du foir ; cet arrêté eft adopté comme fuit :

1791.

PAGE 71 r⁰.

Le premier foin de la municipalité a été d'affurer la tranquilité & les propriétés des citoyens. Plufieurs tentatives de vols ayant été faites pendant la nuit, la furveillance des officiers municipaux & des commiffaires de police en a arrêté l'execution & empêché l'effet ; mais s'étant apperçus que des portes des maifons ouvertes favorifoient les malfaiteurs en leur offrant une retraite, & empêchoient ainfi de les arrêter. Ouï & ce requérant le procureur de la commune, le corps municipal enjoint à tout citoyen de fermer la porte de fa maifon à dix heures du foir, fous peine d'une * amende de trente fols, & de plus forte en cas de recidive.

M. le maire donne connoiffance de la reponfe de Mre Albiffon, préfident au tribunal provifoire d'Avignon, au fujet de la d^lle Leblanc, il a dit que l'offre qu'elle faifoit d'envoyer la feuille dans laquelle elle pretend avoir puifé les faits relatifs aux troubles des 13, 14 & 15 novembre dernier & l'infertion qu'elle offroit de faire dans fa feuille du precis hiftorique des faits ne pouvoient point fatisfaire les citoyens juftement indignés & qu'il y avoit lieu à perfifter dans les precedentes délibérations de pourfuivre Mlle Leblanc. Le corps municipal arrête que le procureur de la commune fuivra l'execution de la délibération précedente & charge M. Allut de repondre conformement à M. Albiffon.

Un membre a donné connoiffance d'une petition des habitans de la paroiffe St François, tendante à ce qu'il fut pourvu d'une maniere honnête & décente de tout ce qui eft néceffaire pour le fervice de la paroiffe & à la dignité du culte, il a dit, que pour prevenir de pareilles demandes de la part des habitans des autres paroiffes il convenoit d'inviter les curés à fe reunir pour prefenter un plan uniforme de depenfe. Le corps municipal renvoye au bureau pour fe concilier avec MM. les cinq curés fur le plan uniforme de dépenfe.

PAGE 71 v⁰.

* MM. Cambacerés & Gas font annoncés & introduits ; le premier a remis fur le bureau les lettres patentes portant inftitution de l'office de préfident du tribunal criminel de l'Hérault, auquel il a été nommé par la derniere affemblée électorale ; & le fecond remet l'extrait du procès verbal de la même affemblée, contenant fa nomination à la place d'accufateur public auprès dud. tribunal. Lecture faite defdittes lettres patentes & procès verbal, le confeil général délibère que les lettres patentes & le procès verbal dont s'agit feront tranfcrits fur le regiftre tenu à cet effet & fixe à dimanche premier janvier à dix heures pour onze du matin, l'inftallation & la preftation du ferment civique de M. Cambacerés, en y invitant les juges de paix, leurs affeffeurs & les officiers de la gendarmerie nationale.

PAGE 72 r⁰.
PAGE 72 v⁰.

* Du trente un décembre, heure de quatre de relevée. Le confeil général affemblé. * M. Coulet eft annoncé & introduit, il a dit :

Meffieurs, d'après l'adjudication qui m'a été faite de l'ancien hotel de ville je dois en prendre poffeffion demain, je vous prie de vous occuper des moyens de le rendre libre le plutôt poffible afin que je puiffe y faire faire les reparations dont il a befoin pour être habité.

M. le maire lui a donné connoiffance des mefures qui avoient été prifes pour faire changer dans la maifon commune les archives & pour rendre libre l'ancien hotel de ville. Un des membres a fait la motion que les tableaux & autres effets qui fe trouvent dans l'ancien hotel de ville & qui ne font d'aucune utilité fuffent vendus. Le confeil général délibère que 1791. dans quinzaine l'ancien hotel de ville fera rendu libre, que les clefs feront remifes demain à M. Coulet & renvoye au comité d'alienation, auquel Mre Vialla, notable, eft adjoint, pour faire vendre les armoires & autres effets renfermés dans l'ancien hotel de ville, comm'auffi pour difpofer honnorablement des tableaux des anciens adminiftrateurs.

* Du premier janvier 1792. Le confeil général affemblé. Le confeil en 1792. conformité de l'arrêté du 29 décembre d^er s'eft reuni à l'heure qu'il avoit PAGE 73 r°. fixée pour l'inftallation & preftation du ferment civique de M. Cambacérés, préfident du tribunal criminel du département de l'Hérault. L'officier commandant la garde d'honneur s'eft prefenté; le confeil s'eft rendu au palais de la ci-devant cour des aides; arrivé dans la grande falle il s'eft placé fur le haut fiége & M. Cambacérés dans le parquet. M. Gas, fubftitut du procureur de la commune, a prefenté les lettres patentes de M. Cambacerés & a prononcé un difcours analogue; il a requis la lecture des lettres patentes & que M. Cambacerés foit inftallé dans fes fonctions, après avoir prêté le ferment civique.

M. le maire de l'avis du confeil, a ordonné la lecture des lettres patentes & a prononcé un difcours. Auffitot le confeil s'eft levé; M. le maire a requis le ferment & l'affemblée a obfervé un religieux filence. M. Cambacerés a prêté ferment de maintenir de tout fon * pouvoir la conftitution PAGE 73 v°. décrétée par l'affemblée conftituante.

Le confeil defcendu dans le parquet & M. Cambacerés monté fur le haut fiege; M. le maire portant la parole a pris au nom des communes du département l'engagement de porter au tribunal & à fes jugemens le refpect & l'obeiffance que tout citoyen doit à la loi & à fes organes, après quoi M. Cambacerés a prononcé un difcours auffi fublime qu'éloquent.

M. Gas a dit: qu'ayant été nommé par la derniere affemblée électorale accufateur public auprés du tribunal criminel du département de l'Hérault, que la loi ne lui impofant pas l'obligation de prêter le ferment civique, il offre néanmoins de le pretter comme une marque de fon civifme & a prononcé un difcours à la fuitte duquel il a prêté le ferment.

M. Cambacerés, ayant déclaré que M. J. Albiffon, nommé commiffaire du roi auprés du tribunal, avoit toutes les qualités requifes pour en exercer les fonctions, il demande qu'il foit admis à prêter le ferment civique. M. J. Albiffon, introduit, a prêté le ferment & a prononcé un difcours.

Le confeil s'eft enfuite retiré avec les mêmes honneurs & la même efcorte, & arrivé à la maifon commune a arrêté de dreffer le prefent verbal.

* Du deux janvier onze heures avant midy. M. Clément, commandant PAGE 74 r°. la divifion de la garde nationale du fauxbourg St Guilhem, eft annoncé & introduit, rend compte d'un évenement facheux furvenu entre les volontaires du Courrau & les foldats du regiment de Lyonnais. Il a dit que ce n'étoit pas la premiere fois qu'on avoit cherché à les émuter les uns contre les autres; mais lorfqu'il en avoit été inftruit à tems il étoit parvenu non

1792. seulement à éviter qu'ils se batissent, mais encore à faire faire des excuses à celui des deux qui avoit été offensé, & que cette correction fraternelle avoit toujours été adoptée des deux parties, & que si le conseil vouloit s'en rapporter à ses soins il esperoit de reussir. Le conseil municipal applaudit au zele de M. Clement & l'invite à retablir la paix & l'union qui doit regner entre des citoyens armés pour la même cause.

M. Clement a dit : que le moyen de prevenir les vols qui se font dans la ville & à la campagne c'étoit d'un côté de faire de frequentes visites chés les cabaretiers des fauxbourgs, lieu du rassemblement des gens sans aveu, de sevir rigoureusement contre ceux des delinquans qui seroient trouvés en faute & qui n'auroient pas fermé leurs portes à dix heures du soir & de l'autre de renforcer les gardes terres d'un ou de deux hommes pour les aider à surveiller les maisons de campagne, offrant d'indiquer des citoyens sur la probité & la fermeté desquels on pouvoit compter. Le conseil municipal, renvoye la proposition au comité de surveillance & de sureté à lui adjoint. M. Clement delibere que plusieurs extraits de l'arrêté du corps municipal du 29 décembre d^{er} sera envoyé à M. d'Anselme, commandant des troupes de ligne de la neuvieme division, avec invitation de la transmettre aux officiers des troupes de ligne, pour être lû à la tête de chaque compagnie.

* M. Berthe a dit : qu'il s'étoit apperçu avec peine qu'au * prejudice de la loi qui supprime les confreries, agregations, il s'en étoit établi une dans l'hôpital St Eloi, que lorsqu'il avoit voulû en temoigner sa surprise aux administrateurs, ils lui avoient fait represter que c'etoit du consentement du conseil municipal qu'elle s'y étoit établie, sur quoi il a observé que chargé de veiller à l'execution de la loi, on ne devoit pas permetre qu'elle fut enfreinte & surtout dans une maison nationale, proposant qu'il en soit délibéré. Le conseil municipal, considerant qu'il est inconstitutionnel que dans une maison nationale il y ait une confrerie formant une association qui peut devenir nuisible, que d'ailleurs toutes les corporations sont supprimées par les nouvelles loix, arrête que le bureau d'administration sera invité de faire cesser la confrerie actuellement existante dans l'hopital St Eloi, s'en rapportant à la sagesse & à la prudence du bureau pour les mesures à prendre à ce sujet.

* Du trois janvier heure de dix avant midy. M. le maire a donné connoissance d'une petition présentée au directoire du département par plusieurs citoyens actifs, par laquelle ils demandent en excipant de la loi du..... avril dernier, que les portes des églises non conformistes soient fermées, sauf aux citoyens à se conformer à la loi pour avoir des églises ; surquoi il a observé que quoique la loi sur laquelle les petitionnaires se fondent soit génerale quant à la liberté des cultes, elle est particuliere & propre à la ville de Paris quant à l'inscription à mettre sur les églises des non conformistes ; que le département ayant par son arrêté du 31 octobre d^{er} ordonné l'ouverture des églises il en étoit resulté que les deux parties contraires en opinion avoient été tranquiles, que la fermeture des portes provoquée par les peti-

tionnaires pourroit rallumer la difcorde & occafionner des nouveaux troubles, qu'il étoit de la fageffe du corps municipal de prevenir en faifant connoître au directoire du département que les circonftances ne paroiffent pas favorables, propofant, attendu l'importance de l'objet, d'en referer au confeil general. Le confeil municipal, vû l'importance de la propofition, déterminé par les circonftances, délibère * qu'elle fera foumife à la difcuffion & déliberation du confeil général.

Du trois janvier heure de quatre de relevée. Le confeil général affemblé.
* M. le maire a dit : que plufieurs citoyens ont prefenté au département une petition, tendante à faire fermer les eglifes & chapelles non paroiffiales; que le département a demandé au corps municipal fon avis fur cette petition & que le corps municipal a arrêté vû l'importance de l'objet, d'en délibérer au confeil général de la commune. M. le maire ajoute :

> Le confeil chargé d'affurer l'execution des loix & le maintien de la paix doit confiderer la fermeture des églifes fous fon double rapport avec la conftitution & la tranquilité publique.
> La conftitution affure à tout homme le droit d'adorer Dieu à fa maniere; la liberté religieufe eft folemnellement reconnue & pleinement garentie par l'acte focial;
> Mais, difent les petitionnaires, nous refpectons cette liberté & fans vouloir la troubler nous demandons que conformement à la loi une infcription exterieure indique & faffe furveiller tout culte non national. 1° Aucune loi n'exige l'infcription; ce fût une fimple mefure de police que prit le département de Paris, qu'il ne prit que pour un an & qu'il a depuis abandonnée. 2° Il n'y a point de culte national; la nation n'exifte que pour ce qui eft compris dans le contract focial; ce contract ne peut comprendre que ce qui eft foumis à la volonté générale; la croyance ne peut-être foumife à la volonté générale; elle n'eft donc pas comprife dans le contract focial; il n'y a donc point de nation pour le culte. 3° Loin que la loi exige une infcription, il y a au contraire un arrêté du département qui fait loi pour nous, qui permet purement & fimplement l'ouverture des chapelles exiftantes.
> Mais, difent les petitionnaires, le département qui a fait cet arrêté peut bien le changer; 1° le département eft trop fage pour ne pas avoir une marche conftante & des principes invariables; comment * changeroit il quant la loi n'a pas changé ? Permettre & défendre tour-à-tour annulleroit bientot les permiffions & les défenfes; eh! comment feroient les adminiftrateurs fecondaires fi les rennes de l'adminiftration étoient fans ceffe agitées dans leurs mains en fens contraire? 2° Il feroit très-impolitique de changer l'arrêté dont s'agit & en voici les preuves.
> La diffidence des non conformiftes n'étant fondée fur rien, il fuffit pour la voir fe détruire de la livrer à fon propre néant; la marche des opinions humaines étant de s'irriter par les obftacles, il faut craindre des mefures propres à donner de la confiftance à une opinion qui fans elle n'en aura jamais; l'importance que nous mettrions à détruire cette opinion deviendroit la mefure de celle que le peuple ignorant mettroit à la conferver; il vaut mieux par une tolerance politique, laiffer aux diffidents des aziles divifées, circonfcrites, éphémères, où tout le monde eft admis, où la furveillance eft facile & partagée, où l'ordre eft garenti par l'intérêt & la timidité des penfionnaires qui les habitent, plutot que d'obliger ces mêmes diffidents à obtenir d'une tolerance légale, un azile unique, exclufif, fans caution & immuable par la feule ftabilité que lui donneroit l'efprit de parti, l'attachement fi naturel pour fon propre ouvrage & cette opiniatreté invincible des paffions qui fe font une fois mifes à découvert; d'ailleurs nous fommes tranquilles; la paix regne, pourquoi nous expofer à la perdre? Le peuple s'éclairera, les prejugés fe diffiperont & la reunion s'opereera peu à peu. La raifon s'apuye fur le tems; elle cherche moins à hater fa victoire qu'à la compléter, qu'à la rendre paifible & heureufe, qu'à en faire jouir ceux même contre qui elle a à l'obtenir; un lieu de raffemblement général & public formeroit encore un fpectacle trop affligeant pour les amis de la loi, pour ne pas expofer la tranquilité publique.

L'affaire mife en deliberation & murement difcutée. Le confeil general, confidérant que le directoire de département ne peut confulter la commune fur la loi qui lui eft parfaitement connue; mais feulement fur les convenances locales & du moment; confiderant en outre que ces convenances ont befoin d'être examinées & approfondies; arrête de prier le département d'ajourner la motion dont s'agit, jufqu'à ce que le confeil ait eu le tems de recueillir & tranfmettre les renfeignemens néceffaires.

* Du cinq janvier heure de quatre de relevée. M. le maire a donné connoiſſance d'une denonce qui a été faite & de celle qu'il a fait lui même d'un attroupement qui eut lieu hier au ſoir pour obliger deux citoyens peres de famille à ſortir de la cité & abandonner leurs femmes & leurs enfans ; il a dit que s'étant transporté au lieu du raſſemblement parlant au nom de la loi & en ſa qualité avoit eu toute la peine du monde à le diſſiper, qu'il lui avoit même parû que ceux qui étoient à la tête de cet attroupement s'étoient annoncés de manière à faire entendre qu'ils n'étoient que des mandataires, ce qui annonçoit une aſſociation quelconque qui pourroit compromettre la tranquilité publique, propoſant qu'il en ſoit délibéré. Le conſeil municipal, prenant en conſideration l'expoſé fait par M. le maire & vu que tout attroupement eſt deffendu par la loi renvoye à la police municipale les dénoncés, & délibère qu'il ſera fait des patrouilles frequentes pour prevenir & diſſiper les attroupemens.

M. Chreſtien au nom du comité de ſurveillance & de ſureté a dit que d'après le renvoi qui lui avoit eté fait, il s'étoit concilié avec M. Clement, commandant la diviſion du fauxbourg St * Guilhem, ſur les meſures à prendre pour veiller à la ſureté des campagnes, qu'à cet effet il avoit cru qu'il falloit renforcer les gardes fruits de vingt quatre hommes, à chacun deſquels il ſeroit donné trente ſols qui ſeroient mis en maſſe.

Que les gardes terres & les vingt quatre hommes ſeroient diviſés en deux diviſions dont l'une agiroit tandis que l'autre ſe repoſeroit ; que de chaque diviſion il en ſeroit formé trois patrouilles pour ſe porter au beſoin à l'endroit qui leur ſeroit indiqué, & qu'à la tête de la diviſion, il y auroit un homme de confiance qui correſpondroit avec le comité, que de cette maniere l'on étoit aſſuré de l'utilité du ſervice & de l'argent que la commune emploiroit pour payer les hommes, propoſant qu'il en ſoit délibéré. Le conſeil municipal adopte la propoſition & renvoye au comité de ſurveillance & de ſureté pour ſon exécution.

Un membre a dit : que le nommé Daudé, allumeur du fauxbourg St Guilhen, outre qu'il s'étoit rendu ſuſpect par ſa conduite, ne faiſoit pas ſon devoir, qu'il y avoit des plaintes journalieres contre lui, que le moyen de les faire ceſſer c'étoit de le remplacer par le nommé Gaillard. Le conſeil municipal délibère que le n^e Daudé ſera remplacé par Gaillard & renvoye à la police pour le mettre en place.

Du ſix janvier heure de ſix de relevée. M. Gas, ſubſtitut du procureur de la commune, a fait lecture d'un arrêté du directoire du département du jourd'hier pour la fermeture des egliſes & chapelles non paroiſſiales. En délibération, le conſeil municipal arrête de faire au département les obſervations ſuivantes :

1º Qu'on pourroit inferer du préambule dud. arrêté que c'eſt ſur la délibération du conſeil général qu'il a été rendû, tandis que le conſeil a demandé avant de donner ſon avis, le tems néceſſaire pour prendre des renſeignements propres à le motiver & a conclu * pour l'adjournement.

2º Que pour l'execution d'une mesure aussi importante la municipalité a besoin d'une délégation expresse du département pour mettre à couvert sa responsabilité, une invitation ne pouvant lui suffire.

1792.

Du sept janvier, heure de onze avant midi. Ont été annoncés & introduits MM. Jean Pierre Falconnet, commissaire auditeur des guerres de la neuvieme division, faisant les fonctions de commissaire ordonnateur, François Jean Bonnemain, commissaire des guerres au département de l'Hérault & Etienne de Combes ci-devant porte drapeau du ci-devant bataillon du Piémont habitans de cette ville, lesquels nous ont requis en conformité de l'art^e 11 de la loi du 11 décembre d^{er}, de recevoir leur serment civique. Le corps municipal, faisant droit à lad. réquisition, MM. Falconnet, Bonnemain & de Combes ont individuellement pretté serment.

* Du dix janvier, heure de quatre de relevée, le conseil général assemblé. M. le maire au nom du comité des contributions publiques propose de nommer un tresorier de la commune, il fonde la necessité de cette mesure sur les lenteurs de la perception actuelle.....

PAGE 79 r°.

* Du dix huit janvier heure de quatre de relevée. M. le maire donne lecture des petitions de plusieurs compagnies en remise des armes qui ont été portées à la maison commune. Le corps municipal, considerant d'un côté que la commune étant proprietaire des armes elle doit connoître tous ceux qui en sont depositaires, de l'autre que toutes les compagnies ont le meme droit d'être armées & à la reconnoissance publique, voulant assurer sa responsabilité en se mettant à même de rendre compte des armes qu'il a deja distribuées & rendre justice à *toutes les compagnies en faisant entr'elles une distribution juste & légale des armes qui restent à sa disposition.

PAGE 81 r°.

PAGE 81 v°.

Arrête que dans huitaine le capitaine de chaque compagnie sera tenu de remetre à l'état major & l'état major au corps municipal un tableau exact des volontaires, des armes & des fournimens existants dans chaque compagnie.

Arrête en outre que les compagnies dont le tableau des hommes & des armes n'aura pas été remis dans huitaine, seront privés de toute part à la distribution qui aura lieu.

Arrête enfin, en attendant, que le bureau fera reparer les armes dont la remise a été faite, charge le substitut du procureur de la commune de transmettre par le jour le present arrêté au commandant général de la garde nationale.

* Du vingt janvier heure de quatre de relevée, le conseil général assemblé. A été annoncé & introduit sieur Jacques François Roussel, ingenieur des ponts & chaussées du département de l'Hérault, qui nous a requis en conformité de l'art^e 11 de la loi du 11 décembre d^{er} de recevoir son serment civique. Le conseil general faisant droit à lad. requisition, le s^r Roussel a prêté serment.

PAGE 82 r°.

Du vingt trois janvier heure de quatre de relevée. Ont été annoncés & introduits MM. Estor, Sadde, Clément & Sabatier. M. Clément portant la parole a dit que hier il fut temoin d'une fermentation très considérable pro-

.1792.

PAGE 86 v°.

duite d'un côté par le refus qu'avait fait le f' Fajon, march' de blé, d'en livrer à plufieurs habitans du Courrau qui avoient voulû le lui payer à raifon de feize livres le fetier, que les efprits étoient fi montés qu'il n'etoit queftion parmi eux de rien moins que de le pendre, ce qu'il n'a évité même qu'en faifant delivrer du * pain à ceux qui lui parurent les plus montés, de l'autre de ce que les boulangers n'ont pas leur boutique fuffifamment approvifionnée ou de ce qu'ils refufent de delivrer du pain à quiconque leur en demande.

Que d'autre part il lui a paru entrevoir que la populace murmure de ce que la municipalité ne fait point affés de vifites chés les boulangers pour s'affurer fi la ville eft fuffifamment approvifionnée & de la qualité & du prix du pain, que le moyen de la calmer étoit fuivant lui de faire des frequentes vifites.

M. Fajon, que le corps municipal a fait prier de fe rendre à fa féance, annoncé & introduit, M. le maire lui a fait part des plaintes des habitans du Courrau ; il a denié le fait qu'il ait refufé de donner du blé à raifon de feize livres le fetier & a offert d'en remettre à quiconque fe prefenteroit à raifon de quinze livres le fetier.

M. Fajon retiré, le corps municipal, prenant en confideration l'expofé fait par M. Clément arrête qu'à compter de demain & à tour de rolle il fera fait chaque jour par MM. les officiers municipaux des vifites chés les boulangers afin de s'affurer que la cité foit fuffifament approvifionnée du pain, de fa qualité & du poids.

PAGE 88 r°.

* Du vingt cinq janvier heure de quatre de relevée. M. le maire donne lecture d'un projet d'arrête fur la circulation des grains & les attroupemens qui eft adopté comme fuit :

Le 29 août 1789 l'Affemblée nationale a décrété la libre circulation des grains dans l'interieur du royaume.
Le 18 feptembre même année, l'affemblée nationale a decrété que toute oppofition à la libre circulation des grains dans l'interieur du royaume feroit confiderée comme un attentat contre le bonheur & la fureté du peuple & que ceux qui s'en rendroient coupables feroient pourfuivis extraordinairement comme perturbateurs du repos public.
Le 2 juin 1790, l'affemblée nationale informée que par des excès commis en plufieurs lieux, la liberté fi néceffaire de la vente & circulation des grains dans l'interieur du royaume avoit été attaquée, & que ces excès, s'ils n'etoient réprimés, ameneroient la famine, a déclaré ennemis de la conftitution, de l'affemblée nationale, de la nation & du roi tous ceux qui porteroient le peuple à des violences & à des voies de fait contre la libre vente & circulation des fubfiftances, elle met fous la protection & fauve garde de la loi, de l'affemblée nationale & des municipalités, tous les cultivateurs, fermiers, commerçans & marchands de grains & de fubfiftances. Elle ordonne que les contrevenans foient denoncés par les bons citoyens comme ennemis de la nation, de l'affemblée nationale & du roi.
Enfin l'affemblée nationale a regardé l'obeiffance à fes loix comme fi importante, qu'elle en a fait un article particulier du ferment de la fédération. Nous avons tous juré à cette époque, de maintenir la conftitution, d'être fidèles à la nation, à la loi & au roi, & de proteger la fûreté des perfonnes & des propriétés; ainfi que la libre circulation des grains dans l'interieur du royaume.
Fideles à leurs devoirs & à leurs fermens, les officiers municipaux rappellent tous les citoyens à l'obfervation de ces loix, déclarent que les attroupemens font defendus, que les affemblées mêmes des compagnies ne peuvent avoir lieu fans l'aveu de la municipalité; arrêtent qu'ils emploiront la force publique pour les prevenir ou pour les diffiper.
D'un autre côté, les officiers municipaux fenfibles aux plaintes du peuple, & voulant diffiper fes alarmes & le prémunir contre les mouvemens inconfiderés & dangereux pour lui auxquels des ennemis de la patrie ou des brouillons cherchent à l'entrainer, s'empreffent de l'affurer :
1° Que le blé ne manquera pas ;
2° Que le prix du pain n'augmentera point pour le pauvre ;

3º Que ceux des citoyens, porteurs des cartes de diminution, qui préféreroient de recevoir du blé ou de la farine, en recevront au grenier de prévoyance la quantité nécessaire à leur consommation de la semaine; 4º Que la fabrication, le poids & la quantité du pain seront surveillés avec le plus grand soin par les officiers municipaux & les commissaires de police.

1792.

* Est annoncé & introduit Mre Jean François Haureau, chevalier de St Louis, ci-devant aide major à Cette, actuellement adjudant de la place Montdauphin, qui nous a requis en conformité de l'art. 11 de la loi du 11 décembre d^{er} de recevoir son ferment civique. Le corps municipal faisant droit à la requisition, M. Haureau a prêté ferment.

PAGE 88 r°.

M. Fargeon procureur de la commune a dit : que pour l'exécution de l'arrêté du corps municipal du 19 décembre d^{er} il a envoyé un exemplaire à tous les professeurs d'universités, principaux, supérieurs, prefets & regents des colleges, maitres & repetiteurs de la langue latine, maitres & maitresses de pension, à tous les superieurs & superieures des maisons de la ville qui reçoivent des pensionnaires, en les invitant à faire leur déclaration devers le greffe de la municipalité qu'ils veulent prêter le ferment civique, declaration qu'ils feroient tenus de faire dans le delai de quinzaine, qu'il a été ouvert un registre au greffe sur lequel se sont faits inscrire plusieurs instituteurs & institutrices, qui ont été invités à se trouver ce jourd'hui à l'effet de preter led. ferment & attendu qu'ils se sont rendus à l'invitation, il requiert qu'ils soient admis à prêter led. ferment & qu'il soit ouvert un registre sur lequel les adjoints des instituteurs & institutrices seront tenus de faire leur déclaration qu'ils veulent preter le ferment civique.

Le corps municipal faisant droit aux requisitions du procureur de la commune, les f^{rs} Vernet, Rouqueirol, Sarran, Courtet, prêtre, Gauffinel, Dejean, près l'Arc d'arenes, Veran, Saurel, Planchon, Verdier, Rieuffet, Luche, Foulquier, Debitte, Bastide, Oudin, Pauzié, Duval, Esprit Privat, Montels, Cuminal & Cottenet, & les d^{lles} Blanche & Bazille ont prêté ferment, duquel ferment le corps municipal leur a donné acte & a arrêté qu'il sera ouvert un registre sur lequel seront inscrits les adjoints des instituteurs & institutrices dans le delai de quinzaine, après la sommation qui leur en aura été faite, passé lequel ceux qui ne se feront pas presentés pour preter le ferment civique seront denoncés au directoire de district.

* Du vingt huit janvier heure de quatre de relevée. Le conseil général assemblé. M. Allut au nom du comité des contributions publiques, fait le rapport d'une petition présentée par le f^r Duel dit Neuville, entrepreneur du spectacle & appuyée par un grand nombre de citoyens actifs, dans laquelle, après avoir exposé les pertes que led. f^r Neuville a essuyées & les avantages que procure à la cité la permanence du spectacle, il demande qu'il lui soit accordé pendant un an, ou la jouissance gratuite de la salle des spectacles ou une indemnité proportionnée aux pertes qu'il a essuyées, M. Allut a dit : que le comité en referant au conseil général, avoit cependant pensé, vû l'utilité de la permanence du spectacle & afin d'encourager led. f^r Neuville, de lui diminuer le prix du loyer ou de l'indemniser. La proposition mise à la discussion & après plusieurs observations, M. le maire pose les questions suivantes :

PAGE 90 r°.

74

1792. 1° Y a-t'il lieu d'accorder pour le paſſé une indemnité au ſʳ Neuville ?
2° Le loyer de la ſalle de ſpectacle ſera t'il donné aux encheres ou paſſera-t'on au ſʳ Neuville un nouveau bail dans lequel on auroit égard à ſes pertes & à ſes ſervices ?

Le conſeil general arrête ſur la premiere queſtion, qu'il n'y a pas lieu à indemnité, & renvoye la ſeconde queſtion au comité pour ſur ſon rapport y être ſtatué.

PAGE 92 vº. * Du trente janvier heure de dix avant midi. M. le maire donne connoiſſance d'un arrêté au ſujet des attroupemens & qui blame l'objet de celui qui a eu lieu tous les ſoirs dans la rue de la Triperie, qui a été adopté comme ſuit :

> Le corps municipal informé que dans le quartier de la Triperie, il s'aſſemble chaque ſoir grand nombre de perſonnes avec des flambeaux, faiſant charivari & chantant des chanſons auſſi indecentes qu'injurieuſes pour les citoyens qui en font l'objet.
> Conſiderant que les attroupemens ſont deffendus ; qu'ils ſont encore plus reprehenſibles lorſqu'ils ont pour objet d'inſulter des citoyens...... Enfin que la tranquilité & la decence publique exigent qu'il ſoit pris des meſures efficaces pour faire ceſſer ce deſordre & ce ſcandale. Le corps municipal défend tout attroupement ; blame l'objet de celui qui a eu lieu à la Triperie, & charge le commandant de la garde nationale d'y faire paſſer des patrouilles fréquentes, avec ordre d'arrêter tous ceux qui contreviendroient au préſent arrêté.
> Le corps municipal renouvellant ſes arrêtés des années précédentes ſur les déguiſemens & maſcarades dans les rues & lieux publics, les défend & prohibe expreſſement, & enjoint à la garde nationale d'arrêter & conduire à la maiſon commune toutes perſonnes qui ſeroient deguiſées ou maſquées, dans les rues & lieux publics.
> Et ſera le preſent arrêté imprimé, publié & affiché dans les lieux accoutumés & adreſſé au commandant de la garde nationale pour être mis à l'ordre.

PAGE 96 rº.
PAGE 96 vº. * Du quatre fevrier, heure de cinq de relevée. * M. le maire denonce l'arrivée en ville de beaucoup d'étrangers & gens ſans aveu & invite le comité de ſurveillance à ſe concerter avec les commiſſaires de police pour la recherche générale & la viſite aſſidue des maiſons publiques, cabarets & chambres garnies. Le corps municipal charge de cette recherche le comité, M. le procureur de la commune & les commiſſaires de police. Il arrête auſſi que chaque dimanche au ſoir pluſieurs commiſſaires de police ſeront priés de ſe rendre à la commune pour faire des patrouilles frequentes.

PAGE 97 rº. * Du huit fevrier heure de quatre de relevée. M. le procureur de la commune a dit :

> Meſſieurs, le 30 du mois d'août dernier, je vous préſentai un arrêté du directoire du diſtrict, relatif à la formation des auxiliaires, & ſur mes requiſitions vous invitates par une proclamation tous les citoyens à ſe préſenter au greffe de la municipalité pour ſe faire inſcrire.
> Une lettre que j'ai reçue de M. le procureur ſindic m'annonce que ſur cent quarante auxiliaires que le diſtrict doit fournir, ſept ſeulement ſe ſont fait inſcrire. Il eſt digne du patriotiſme des habitans de ſe conſacrer à la patrie par ce ſervice honnorable, & de lui donner cette nouvelle preuve de civiſme & d'attachement à la conſtitution ; que ceux dont l'ardeur a été ralentie par la crainte de l'inaction de ce corps ſe raſſurent ! dans les circonſtances actuelles les auxiliaires ne reſteront pas oiſifs & ils ne tarderont pas à être incorporés dans les regimens & portés aux frontières.
> Je requiers donc le corps municipal de faire une nouvelle proclamation, dans laquelle ſoient relatées les diſpoſitions relatives au corps des auxiliaires.

Le corps municipal, diſant droit aux requiſitions du procureur de la commune, previent de nouveau tous les citoyens que les engagemens pour
PAGE 98 rº. les troupes auxiliaires ſont prets * & que les citoyens qui voudront ſervir

la nation dans ce corps patriote, peuvent fe prefenter au greffe de la commune, depuis neuf heures du matin jufqu'à midi & depuis trois heures jufqu'à fix heures du foir. Il leur rappelle que ce corps eft deftiné pour renforcer les troupes de ligne. Que l'affemblée nationale a accordé aux citoyens qui ferviront dans ce corps des avantages confiderables, tels que 1° trois fols par jour tant qu'ils ne feront pas en fervice; 2° l'exercice du droit de citoyen actif pendant le temps de leur engagement, quand même ils ne payeroient que la contribution exigée; 3° une retraite après un certain nombre d'années de fervice.

Outre ces avantages, fi la nation adjoint les auxiliaires aux troupes de ligne, il fera fait un fonds extraordinaire de 50 liv. par homme pour leur equipement à leur arrivée au régiment.

L'engagement des auxiliaires ne gêne point celui pour le fervice des troupes de ligne, il fe concilie avec celui de garde national, fa durée eft pour trois ans.

Pour être admis dans ce corps, il faut être domicilié, être agé de dix huit à quarante ans & reunir toutes les qualités requifes par les ordonnances militaires. Les citoyens qui auront fervi dans les troupes de ligne & qui produiront des certificats de bonne conduite feront admis de preference.

Le corps municipal, connoiffant le patriotifme des citoyens de Montpellier, fe borne à leur rappeller que le maintien de la conftitution & le falut de l'etat exigent la plus prompte organifation de ce corps patriote.

Et fera le préfent arrêté, imprimé, lû, publié & affiché & adreffé par le procureur de la commune à MM. les curés pour être lu au prône.

Du onze février heure de quatre de relevée. M. le maire a dit qu'il eft inftruit qu'une compagnie doit demain fous le nom de promenade militaire, aller à Pignan & à Cournon-Terral; qu'il eft à craindre que cella n'occafionne * des provocations & par confequent des malheurs dans des villages malheureufement fanatifés & qu'il importe de tout prevenir en faifant une requifition au commandant général de la légion pour qu'aucune partie de la garde nationale ne forte demain du territoire, en l'invitant toutes les fois qu'il autorifera des promenades militaires à ne pas permettre qu'elles s'étendent au delà du territoire à moins que la municipalité n'ait prevenu & obtenu l'aveu des communes chés lefquelles on pourroit fe rendre. Il a obfervé que c'étoit conforme aux décrets de l'affemblée nationale qui ont circonfcrit & limité les pouvoirs par elle delegués, que c'eft ainfi que le departement de l'Hérault l'a requis vis à vis du departement du Gard en l'invitant par fa proclamation du 6 novembre d^{er} de faire les défences les plus expreffes aux habitans des communes de fon reffort de faire fous aucun pretexte incurfions fur le territoire du département, propofant qu'il en foit délibéré.

Le corps municipal arrête qu'il fera fait fur le champ une requifition au commandant général de la garde nationale pour que demain aucune partie de la legion ne forte du territoire de la commune, l'invitant à l'avenir de ne donner de permiffion pour des promenades militaires qu'en s'affurant qu'elles feront conformes à la loi.

1792.   M. Fargeon, procureur de la commune, dit que le ſr Pierre Louis Arnoux & Henry Thomaſſy neveu, inſtituteurs, demandent de pretter le ſerment civique, il requiert attendu leur preſence qu'ils ſoient admis à le pretter.

PAGE 99 r°.   * Du treize fevrier heure de onze avant midi. Le corps municipal extraordinairement aſſemblé. M. le maire a fait part d'un aſſaſſinat commis hier à Pignan en la perſonne d'un citoyen de cette ville; ce citoyen paſſant à Pignan devant le corps de garde, on lui a crié qui vive & ſur ſa reponſe: « Patriote juſqu'à la mort! » il a été atteint à la tête d'un coup de fuſil qui l'a renverſé par terre, ſon frere qui l'accompagnoit eſt parvenu à le rappeller à la vie & après l'avoir long tems ſoutenu & gardé dans un foſſé, l'a porté ſur ſes épaules juſques au lieu de Laverune, où on lui a donné une monture pour le conduire à la ville.

PAGE 99 v°.   Pour la pourſuite & punition de ce délit M. le maire propoſe * de le denoncer à l'accuſateur public & de requerir de lui l'exercice le plus prompt de ſon miniſtere. Surquoi le corps municipal arrête de denoncer l'aſſaſſinat commis en la perſonne du ſr Azaïs à l'accuſateur public, charge le procureur de la commune de lui envoyer ſur le champ le preſent arrêté pour lui ſervir de denonce en l'invitant de faire part à la municipalité des demarches ſuceſſives qu'il faira en conſéquence.

PAGE 100 r°.   Du quatorze fevrier heure de quatre de relevée. * M. le procureur de la commune a dit :

Meſſieurs, les evenemens qui ont eu lieu dimanche dernier ſont d'une telle importance que je m'empreſſe après avoir recueilli les faits de vous en faire un expoſé precis & vrai.

Dimanche vers les huit heures du matin la ſeconde compagnie de l'union de la garde nationale, malgré la défence faite par la municipalité à la legion de ſortir ce jour la du territoire, ſe mit en marche pour ſe rendre à Cournon-Terral; il ne paroit pas qu'il ſe ſoit paſſé aucun fait important ſur ſa route, hors celui qui eut lieu à Pignan.

Ce village ſe trouve diviſé entre deux parties dont les ſentimens pour la revolution & ſurtout ſur les opinions religieuſes, ſont diametralement oppoſés. Il eſt même reconnu que le parti patriote n'eſt pas le dominant & qu'il ne prevaut pas en nombre; l'arrivée de la compagnie de l'union releva ſon courage, de là des provocations réciproques, des voies de fait; il eſt aſſuré que le ſejour de quelques membres de la compagnie de l'union exaſpera de plus fort les deux partis.

Arrivée à Laverune cette compagnie y trouva quelques volontaires à cheval de la garde nationale que le hazard ou une promenade y avoit entrainés, dans ce moment arrive un jeune homme qui vient y porter la nouvelle qu'il y a à Pignan un grand déſordre & que les deux partis en ſont venus aux mains.

Le chef de l'eſcadron de cavalerie ſe concerte avec un des officiers de la compagnie de l'union pour arrêter & calmer l'efferveſcence de l'infanterie qui vouloit partir de ſuitte pour s'y rendre, tout corps de troupes ne pouvant paſſer dans un territoire etranger ſans en avoir été requis par la municipalité du lieu ou ſur les ordres du diſtrict, il depeche deux hommes d'ordonnance pour aller s'aſſurer de la verité des faits & depute quatre cavaliers au général pour en aviſer le directoire du diſtrict & prendre ſes ordres.

Les cavaliers d'ordonnance de retour annoncent que le calme eſt retabli, un homme avoit été mis en priſon pour avoir manqué à M. le maire; mais à leurs ſollicitations il avoit recouvré ſa liberté & la paix avoit été le fruit de cette grace.

L'ordre du diſtrict portant que le dettachement de cavalerie ſe rendroit à Pignan pour raffermir par ſa preſence le bon ordre & que la compagnie de l'union ſe rendroit à Montpellier, pendant que l'infanterie continuoit ſa route vers la ville, les cavaliers ſe rendirent à Pignan; ils y trouverent les eſprits fort exaſperés contre les patriotes par les avantages que ces derniers avoient eu dans cette journée. On doit des éloges au zele, à la moderation & aux efforts des membres de ce détachement; ils parvinrent à calmer l'efferveſcence qui duroit encore, & en partant à huit heures ils crurent emporter l'aſſurance que les evenemens de la journée n'auroient plus de ſuittes facheuſes.

PAGE 100 v°.   * Voici comment l'evenement cruel qui eſt arrivé, eut lieu; quelques volontaires de l'union avoient quitté la compagnie & ſoupé à Pignan; vers les dix heures deux d'entr'eux partent, ils rencontrent hors du village une patrouille de la garde nationale du lieu qui leur fit le cri ordinaire, un d'eux lui répond: « Patriote juſqu'à la mort! » à ce mot un coup de fuſil tiré par un volontaire de la patrouille bleſſe à la tête celui qui a parlé, il eſt renverſé dans un foſſé, ſon camarade qui ſe trouve en même tems ſon frere, le porte sur ses epaules jusqu'à Laverune d'où il est transporté à Montpellier. Jusqu'à present sa blessure n'a pas été jugée mortele; mais elle est grave & dangereuse.

Tel est le precis des faits que j'ai recueilli avec exactitude, la source d'où ils viennent n'est ni suspecte ni equivoque.

Il en resulte qu'un grand délit a été commis, delit qu'il ne m'appartient pas de classer & dont le zele de l'officier chargé de la vindicte publique poursuivra la punition avec autant d'activité qu'il en a mis à commencer la poursuite.

Je passe à la faute commise par cette compagnie d'être sortie du territoire de Montpellier malgré l'inhibition expresse que le corps municipal lui en avoit faite par une requisition adressée à M. Estorc, colonel de la garde nationale.

C'est la dessus, Messieurs, que je demande que le corps municipal porte toute son attention. Je ne donnerai aucun dévelopement à ce fait particulier & je me bornerai à observer que là où les pouvoirs constitués ne sont point respectés, là où on n'obeit point à l'autorité legitime, là où une portion de la force publique ne défère point aux ordres de la municipalité & desobeït à ses injonctions, là est la licence le mepris de la loi, un delit extrememement grave, un ne merite une reprehension si on ne veut tomber dans le plus cruel de tous les états...... l'anarchie.

Mon devoir, ma conscience, la confiance de mes concitoyens, la votre, Messieurs, enfin tous les sentimens qui ont fait ceder dans mon cœur les raisons les plus legitimes au vœu de la commune, en acceptant de nouveau la place qui m'est confiée, m'obligent de vous dénoncer ce dont s'agit & de demander par un préalable que le commandant de la garde nationale à qui la requisition a été faite, & après lui le capitaine ou l'officier qui commandoit lad. compagnie de l'union dimanche dernier, soient entendus sur le fait de la transgression de la requisition prohibitive de sortir du territoire.

Surquoi le corps municipal a fait appeller à sa séance M. Estorc, commandant général de la garde nationale & M. Galhat, capitaine de la 2ᵉ compagnie de l'union.

M. Estorc a declaré avoir reçu la requisition du corps municipal à l'effet de ne pas sortir du territoire, avec une * lettre motivée qui en exprimoit & detailloit les motifs. Il a declaré en outre avoir tout de suite adressé lad. requisition à M. Galhat qui l'avoit reçue & lui avoit fait repondre qu'il le verroit le lendemain. PAGE 181 r°.

M. Galhat a déclaré avoir reçu la requisition & l'avoir lûe à la tête de sa compagnie, qui n'y avoit pas obtemperé, parce qu'elle pensa que la municipalité avoit été trompée & que d'ailleurs sa bonne conduite à Cournon & à Pignan, justifieroit sa demarche aux yeux de leurs magistrats; M. Galhat a demandé en finissant d'être seul puni & non sa compagnie, surquoi le corps municipal a renvoyé la punition de cette désobeïssance au conseil général de la legion, persuadé que son respect pour l'ordre & pour les autorités constitutionnelles, dicteront le jugement qu'il rendra, auquel effet extrait en forme du present arrêté sera adressé au commandant général par le procureur de la commune.

M. le maire a proposé de nouveau l'organisation de la garde nationale. Plusieurs observations importantes ayant été faites sur cette demande, le corps municipal a arrêté d'en déliberer au conseil général de la commune.

Du dix sept fevrier heure de quatre de relevée. Le conseil général assemblé, * M. Brieugne, propose de donner à la rue projettée sous le nom de Richelieu, le nom de rue Voltaire. PAGE 103 r°.

* M. Parlier au nom du comité des contributions publiques dit : que d'après l'examen qu'il a fait du registre des patentes il s'est apperçu que plusieurs particuliers & notamment les médecins n'avoient point fait des déclarations ni payé les droits, qu'il ne connoit point des loix qui les en dispense, & qu'il importe au bien de la cité qu'ils soient tenus de se con- PAGE 104 r°.

1792. former à la loi, proposant que M. le procureur de la commune leur écrive une lettre pour les y inviter. La proposition mise à la discussion un membre a dit qu'il existoit une decision du comité des finances qui decidoit que les medecins n'étoient point exemts de prendre patente. Le conseil général arrête que le procureur de la commune ecrira une lettre circulaire aux medecins pour les inviter conformement à la loi, de prendre une patente en leur fixant un delai moral, passé lequel il sera statué sur les demarches à faire pour les y contraindre.

* M. Fargeon, procureur de la commune, donne connoissance d'une petition présentée par le sr Gaussinel, instituteur public, contenant dénonce des instituteurs & institutrices qui n'ont pas pretté le serment civique, il conclut à ce que les uns & les autres soient dechus de leur etat, proposant qu'il en soit déliberé. Le conseil général refere au departement & charge le procureur de la commune de lui envoyer la liste des instituteurs & institutrices qui n'ont pas prêté le serment civique.

M. le procureur de la commune expose au conseil général que la commune se trouve privée des secours de l'éducation publique gratuite pour les jeunes personnes des deux sexes par le refus de plusieurs instituteurs & institutrices de prêter le serment prescrit par la loi du 17 avril dernier & de se conformer aux dispositions de l'arrêté du conseil du département du 6 décembre dernier.

Il remet sur le bureau l'état des écoles qui étoient consacrées par leur institution à l'éducation gratuite & dont les maitres n'ont pas voulû prêter le serment. Savoir : pour les garçons, les écoles chrétiennes & la Propagande. Pour les filles, la maison de la Providence, les religieuses de St Ursulle, celles de St Charles, les écoles de la Misericorde & celles dittes chrestiennes ou des sœurs noires.

Il develope avec beaucoup d'énergie les inconvenients qui resultent de la cessation d'un service aussi important, * aussi nécessaire ; le peuple est privé pour ses enfans de toute espèce d'éducation :

L'assemblée nationale a annoncé qu'elle doit pourvoir à cet objet important ; mais en attendant l'organisation promise, il faut s'occuper de ces créatures interessantes qui sont l'espoir & les ressources de la patrie, il faut donc organiser provisoirement une éducation publique.

Les écoles chrétiennes étoient salariées avec le revenu d'un canonicat ou benefice jouï par M. Poujol, cidevant curé de St Pierre ; quatre maitres étoient employés à apprendre à lire & à écrire & l'instruction chrétienne, deux d'entr'eux tenoient leur école à la Triperie, deux autres aux environs du Pila St Gely, les frais de loyer des écoles étoient encore une charge du benefice, chacun des maitres avoit 300 liv. d'appointemens.

La Propagande établie par des lettres patentes du..... est une œuvre destinée à l'éducation des jeunes garçons convertis. Louis XIV rendit cette œuvre apte à recevoir & à garder toutes les liberalités qu'on voudroit lui faire ; plusieurs dons & legs lui ont eté faits ; independamment de dix huit pensionnaires qui y sont nourris & entretenus aux depens de l'œuvre, les maitres enseignoient gratuitement les externes qui s'y presentoient.

Les écoles pour les filles avoient une autre constitution, les religieuses de St Charles, de St Ursule & les sœurs de la Misericorde remplissoient en cela le but de leur institut qui les voue à l'éducation publique, elles avoient chacune une école dans une partie de leur couvent.

Les sœurs noires obtenoient annuellement de la ville 1.320 liv. pour le loyer des ecoles & pour les gages des sœurs.

La Providence est un établissement semblable à la Propagande, on y recevoit on y entretenoit des filles nouvellement converties ; la direction en étoit confiée à des ursulines du couvent de St Charles.

Pour remplacer ces établissemens qui sont devenus nuls pour l'éducation depuis le refus des instituteurs

Livre premier. — Seconde partie.

& institutrices de pretter le serment civique, le bureau municipal s'est occupé : 1º du nombre d'écoles qu'il y aura à établir & du nombre de maitres ou maitresses qu'il faudra y placer.
2º Du salaire à leur accorder.
3º Des mesures à prendre pour faire de bons choix.
Il propose de former trois écoles publiques pour les garçons & autant pour les filles. Ce nombre lui a paru nécessaire mais suffisant pour la population de la ville & fauxbourgs, il croit convenable de les placer à des distances combinées entr'elles de maniere que tous les habitans puissent profiter des avantages de cette sage institution.
Il propose d'établir deux maitres ou maitresses dans chaque école pour subvenir au travail & aux soins que les écoliers exigeront.
Il lui a paru juste attendu la cherté des denrées & les autres inconveniens qui en sont la suite d'accorder aux maitres un traitement annuel de quatre cens cinquante livres pour chacun & de trois cens livres aux femmes ce qui presente une depense annuelle de quatre mille cinq cens livres 4.500
Il a apprécié le loyer annuel des six écoles à trois cens livres chacune, cy. 1.800
En tout six mille trois cens livres, cy 6 300

* Enfin il a senti les avantages qu'il y avoit que les places d'instituteurs & d'institutrices de ces écoles PAGE 105 rº. soient données au concours, que les sujets qui se sont déja presentés & ceux qui se presenteront soient examinés devant des commissaires du corps municipal attendu l'importance de l'éducation publique & l'influence des sentimens, des opinions & des mœurs des maitres sur l'esprit & le cœur de leurs jeunes eleves.
Votre comité a donc pensé qu'il falloit annuellement une somme de six mille trois cens livres pour fournir aux frais de cet etablissement provisoire & que le conseil général doit s'adresser au departement pour lui demander les secours necessaires.
M. le procureur de la commune a presenté au conseil le tableau des revenus annuels de la Propagande & de la Providence suivant les états donnés par les administrateurs, la Propagande ceux de cette maison s'élevent à 7.160
Ceux de la Providence à 2.235
En tout neuf mille trois cens quatre vingt quinze livres 9.395

Ces maisons jouissoient encore de quelques rentes ou pensions sur les economats & sur les fonds accordés aux anciens dioceses pour les etablissemens de pieté, mais depuis 1788 elles ne leur ont point été payées.
Le departement jugera dans sa sagesse s'il est possible de distraire des fonds appartenant à ces maisons la portion qui est nécessaire pour fournir aux frais de l'organisation provisoire proposée.
Il repugne à la constitution qu'il existe des etablissemens expressement & exclusivement destinés pour la conversion à la religion Romaine : il n'y a de vraie conversion à demander à solliciter que celle qui attacheroit les François à l'etat, à la société, à la grande famille, à l'obeissance des loix, c'est-à-dire qu'il est contraire aux principes qu'il y ait un etablissement où l'on oblige quelqu'un à se nourrir, à s'elever dans une religion qui n'est pas celle de son choix, à l'arracher du sein de ses parens, parce qu'ils seront catholiques romains ou reformés, personne ne pouvant plus être contraint à l'avenir dans sa foi & dans sa croyance ; ces etablissemens ne doivent plus exister par la loi & par le fait ils croulent puisque les maitres ont refusé d'obeir aux dispositions qu'elle leur impose.
L'assemblée nationale a maintenu, il est vrai, les anciens etablissemens d'education publique ; elle a voulu qu'il n'y fut rien changé jusqu'à nouvelle organisation ; mais il paroit qu'elle n'a entendu comprendre dans cette disposition que les colleges ou communautés qui existeroient & qui pourroient exercer leurs fonctions ; la Propagande & la Providence n'existent plus dans le sens de l'institution, elles ne peuvent plus en remplir le but, puisque les maitres ont cessé leurs fonctions & qu'on ne peut plus y donner aux écoliers l'education publique de maniere que les fonds de ces œuvres que le departement affecteroit aux * écoles PAGE 106 rº. proposées serviroient à la même fin & tourneroient vers le même objet qui est une éducation gratuite pour les citoyens de Montpellier.
En executant ce projet il seroit cependant juste de pourvoir à la nourriture & entretien des enfans qui sont actuellement à la Propagande, il y en a dix huit à vingt, cette maison étant bien administrée sous la surveillance du departement, quatre mille livres pourroient lui suffire, il resteroit encore à la masse generale des fonds indiqués, six mille sept cens quinze livres.
Les mesures à prendre pour la Propagande ne s'étendent pas à la Providence, il n'y avoit que deux pensionnaires dans cette maison qui s'en sont même, dit-on, retirées ; ce sont des personnes formées dont l'education est achevée & qui peuvent par leur travail fournir à leur nourriture & entretien ; d'ailleurs le gouvernement de la maison étant confié par son institution aux religieuses de St Charles & celles cy ayant refusé d'obtemperer à la loy l'etablissement croule & n'a plus d'existence.
Telles sont, Messieurs, les vues de votre comité ; il vous propose donc : 1º De déliberer qu'il y a lieu d'organiser provisoirement une éducation publique gratuite.
2º Qu'il y aura trois écoles pour les garçons & un pareil nombre pour les filles en suivant les dispositions indiquées dans ce rapport.
3º D'établir deux maitres ou maitresses dans chaque école.
4º D'accorder à chaque maitre un salaire annuel de 450 liv. & à chaque maitresse de 300 liv.
5º Que ces places seront données au concours.
6º De demander au departement qu'il accorde à la commune annuellement une somme de six mille trois cens livres pour les frais de cet établissement ; je conclus & requiers comme le comité.

1792.

1792.

En finiſſant je dois vous faire part, a dit M. le procureur de la commune, que j'ai des denonces contre pluſieurs maitres & maitreſſes d'école qui ont refuſé de preter le ferment & qui cependant continuent d'exercer leurs fonctions. Je demande qu'il ſoit ſtatué contr'eux ce que de droit.

Le conſeil général, après avoir adopté le rapport de M. le procureur de la commune, le projet & les vues du comité, a arrêté de les tranſmettre au département pour qu'il les autoriſe & pourvoye aux depenſes de l'education publique gratuite proviſoire, & diſant auſſi droit au ſecond chef, arrête que tous les inſtituteurs & inſtitutrices qui n'ont pas pretté ferment quoique duement invités, doivent être deſtitués de leurs fonctions par l'autorité du corps municipal & enſuite pourſuivis par devant qui de droit en cas de deſobeïſſance, charge le procureur de la commune d'adreſſer aux corps adminiſtratifs un extrait du rapport & du préſent arrêté.

M. le maire a dit : que le corps municipal a reçu depuis longtems la loi relative à l'organiſation de la garde nationale & qu'il a rempli tous les préalables, mais qu'avant d'executer une loi ſi importante, frappé des inconveniens qu'elle préſentoit dans les circonſtances, inconveniens cependant bien balancés par ceux du regime actuel, il avoit arrêté * d'en délibérer en conſeil général de la commune.

Le conſeil vote unanimement l'execution de la loi & nomme des commiſſaires pour lui preſenter mercredy prochain, le projet & travail de l'organiſation. MM. Thibal, Brouſſon & Belize ſont nommés commiſſaires conjointement avec le bureau municipal.

* Du vingt trois fevrier heure de quatre de relevée.

Le corps municipal vu l'arrêté du département du 6 décembre d^{er} concernant les inſtituteurs, inſtitutrices & autres perſonnes chargées de l'éducation publique, celui du conſeil général de la commune du 17 de ce mois portant que ceux d'entre leſd. perſonnes qui n'ont point pretté le ferment, quoique duement invités à le faire par la deliberation du corps municipal du 19 décembre d^{er}, ſeront déchus de la faculté de l'inſtitution & éducation publique, & en cas *. de contravention de leur part, qu'ils ſeront denoncés & pourſuivis, l'etat remis ſur le bureau duquel il réſulte que le ſ^r Raynard, Baudouin, Dumas, Benoit, Nourrit, Gauſſen, Dejean, Rigaudier, Labadie, Gervais, Deloche, Crès, Clauzet, Ricome, Guiral, Bouſſac, Siffinas, pretre, l'abbé Sayſſet, l'abbé Fabre, l'abbé Binet, l'abbé Leblanc, l'abbé Chaumette, l'abbé Login, l'abbé Martel, l'abbé Guiraud, l'abbé Barral, l'abbé Avignon, l'abbé Roumieu, l'abbé Salſon, l'abbé Ricard, l'abbé Rouger, l'abbé Gros, les adjoints du ſ^r Debitte, l'adjoint de Labaſtide, l'adjoint de l'abbé Boiſſier, Pagès, Leque, Arlery, Rouſſi, Caumel, les d^{lles} Charriere, Gaillat, Pommier, Caizergues, Caizac, Marion, Ginié, Margouton & Roſe tenant la place de la d^{lle} Gaillat, n'ont point prêté ferment ni fait leur déclaration portant ſoumiſſion de le prêter. Le corps municipal declare les inſtituteurs & inſtitutrices ci-deſſus denommés, dechus de la faculté d'exercer l'education publique, leur fait defenſes de s'y immiſcer à peine d'être pourſuivis ſuivant la rigueur des décrets, ordonne que le preſent ſera imprimé, lu, publié & affiché aux endroits accoutumés.

M. Fargeon, procureur de la commune, donne connoiſſance d'une petition preſentée par le ſ^r Guiraud, ci-devant curé de Pignan, detenû dans la maiſon d'arrêt, dans laquelle il conclut, attendu ſa maladie grave d'être transferé à l'hotel Dieu St Eloi pour y recevoir les ſecours néceſſaires au retabliſſement de ſa ſanté; d'un certificat de M. René, medecin, qui conſtate l'etat de la maladie dud. ſ^r Guiraud & la neceſſité qu'il y a qu'il ſoit transféré de ſuite à l'hotel Dieu, enfin d'une lettre écrite par M. Cambaceres, preſident criminel du departement, en reponſe à celle qu'il lui avoit écrite pour lui tranſmettre lad. petition & le certificat contenant que le ſ^r Guiraud ayant demandé d'être jugé par le tribunal criminel du departement du Gard il se trouve sans qualité & sans moyens pour faire prononcer sur lad. petition ; il a dit qu'il n'avoit pas jugé à propos de rien prendre sur lui ; qu'il ne pensoit pas que la loi qui avoit delegué aux municipalités la surveillance des prisons, les eut investies du même droit pour pouvoir faire transferer les prisonniers des prisons de la maison d'arrêt en d'autres lieux, que tout ce qu'on pouvoit faire c'étoit d'écrire au president du tribunal criminel du departement du Gard pour lui faire part de tout ce qui se passe, de la position facheuse dans laquelle se trouve le f^r Guiraud & pour l'interesser en sa faveur, proposant qu'il en soit délibéré :

Le corps municipal arrête en principe qu'il n'y a que les tribunaux qui puissent prononcer sur la translation des prisonniers detenus dans les maisons d'arrêt, en consequence charge M. le procureur de la commune d'envoyer de suite * au president du tribunal criminel du departement du Gard la petition du f^r Guiraud & le certificat du medecin & néanmoins pour constater & prevenir le danger du f^r Guiraud, charge MM. Lafabrie, officier municipal & Fargeon, procureur de la commune de le voir, de faire constater son état & même de le faire transporter provisoirement s'il y a urgence à l'hotel Dieu, en prenant les precautions nécessaires pour la garde de ce prisonnier.

1792.

Page 112 r°.

Du vingt neuf fevrier heure de quatre de relevée. * M. Fargeon, procureur de la commune, comme commissaire des prisons de la maison d'arrêt, a dit que conformement à l'arrêt du corps municipal du 23 de ce mois, il a d'un côté écrit à M. le president du tribunal criminel de Nismes pour lui faire part de son embarras relativement à la petition du f^r Guiraud, ci-devant curé de Pignan & de l'autre qu'il a fait constater par un medecin l'etat de la maladie de ce dernier, qu'il resulte de la lettre qu'il a reçu de M. Vigier, president, que l'état de maladie du f^r Guiraud est suffisament constaté par le certificat du medecin qui lui a été envoyé, mais encore que l'humanité exige qu'il soit transferé à l'hotel Dieu en prenant les precautions nécessaires pour s'assurer de sa personne, s'en rapportant à cet égard à sa vigilence & à ses soins, qu'il resulte aussi des certificats du medecin, du 24 de ce mois, qu'il importe que le f^r Guiraud soit transporté le plûtot possible à l'hotel Dieu pour y recevoir les secours convenables, proposant qu'il en soit délibéré :

Page 113 r°.

Le corps municipal vu la lettre du president du tribunal criminel du departement & du Gard & le certificat du medecin arrête qu'il sera fait une requisition de M. Anselme, commandant, pour qu'il ait à faire renforcer le poste de l'hotel Dieu St Eloi & autorise le procureur de la commune à faire transporter le f^r Guiraud de la maison d'arrêt à l'hotel Dieu en prenant les precautions nécessaires pour s'assurer de sa personne.

* Du sept mars heure de quatre de relevée, le conseil général de la commune de Montpellier assemblé. * M. le procureur de la commune a dit :

Page 115 v°.
Page 117 r°.

Messieurs, sous une constitution libre, dans un gouvernement qui a pour base l'egalité des droits il est necessaire que tous les membres du corps social se consacrent à la défense commune, & que la sureté de la patrie, le maintien des loix, soient l'obj et continuel du zele & de la sollicitude des citoyens.

Ce grand principe a trouvé son application dans l'etablissement des gardes nationales, & son developpement dans la loi qui en a determiné l'organisation & le regime.

586   *Histoire de Montpellier. — Continuation.*

1792.
L'assemblée nationale en rendant honneur à la vieillesse des bons citoyens, leur a permis de se former en compagnies de vétérans, & nous n'avons pas vû sans une tendre émotion combien la présence de quelques uns de ceux qui assisterent à la derniere fete civique en releva l'éclat & la majesté. Je vous annonce avec satisfaction que ce corps respectable grossit chaque jour & qu'un grand avantage nous est promis de l'exemple que donneront nos sages vieillards à notre bouillante jeunesse.

Il est encore permis par la loi relative à l'organisation de la garde nationale, qu'il soit formé une compagnie de jeunes gens au dessous de l'age de dix huit ans. Il étoit nécessaire de donner aux ames neuves une forme nationale, d'inspirer aux enfans l'amour de la patrie, des loix & de la liberté.

Deja la petition vous a été faite (*a*) d'ouvrir un registre à l'effet d'inscrire les jeunes citoyens qui desirent de se vouer de bonne heure à la défense de la cité.

Je viens vous proposer d'accueillir cet honorable empressement & d'annoncer par une proclamation que tous les jeunes citoyens au dessous de l'age de dix huit ans, peuvent se presenter à la maison commune pour s'y faire inscrire.

Puissent nos ennemis du dehors, puissent les François égarés qui cherchent à alterer la paix interieure se convaincre que leurs projets, leurs complots & leurs efforts ne peuvent rien contre la liberté & le vœu de la nation françoise, & que la generation future promet des hommes qui prefereront comme nous la mort à l'esclavage.

Ainsi pendant que l'age viril offrira ses forces pour la defense de la liberté, pour le maintien de la paix interieure, pour le respect dû aux loix & aux autorités constituées, la vieillesse jouira du fruit de son expérience, du prix de ses vertus & de ses services & formera pour la défense de la patrie les jeunes citoyens qui en font l'esperance.

PAGE 4 v°.
PAGE 6 r°.
* Du quatorze mars heure de quatre de relevée. Le conseil general assemblé. * M. le procureur de la commune a dit :

Messieurs, nous sommes arrivés au moment d'executer le projet si utile, si desiré par tous nos concitoyens, celui de la place publique des Capucins, & de commencer la demolition de cette eglise & de ses dependances; avant que l'on mette la main à l'œuvre il est de mon devoir de fixer votre attention sur un objet que vous jugerés comme moi digné d'être pris en consideration & qui demande des mesures de la part de la commune.

Vous savez, Messieurs, qu'il y a des sepultures dans l'eglise & le cloitre des ci-devant capucins; un sentiment religieux, le respect dû à la memoire de nos peres exige que l'on enleve d'un sol qui doit servir à un usage prophane les cendres & les restes de nos concitoyens, de nos parents, de nos amis, qu'ils soient deposés avec les precautions les plus severes dans un lieu sûr & qui ne donne aucun pretexte, aucunes inquietudes aux prejugés & au fanatisme.

Votre comité a été penetré de cette necessité, il a pensé que le cimetiere public devoit être destiné à recevoir ces restes precieux & que les mesures du transport devoient être confiées à la municipalité & faites aux frais de la commune, sans interdire cependant la faculté aux proprietaires des cavots & sepultures d'enlever & de recueillir les cendres qui y sont deposées.

Je vous prie, Messieurs, de deliberer sur ces differentes propositions dont le resumé est d'arrêter 1° qu'avant de commencer la demolition de l'eglise des capucins & ses dependances, la commune fasse enlever à ses frais, les restes & les cendres des fideles qui y ont été ensevelis; 2° que ces restes seront deposés dans le cimetiere public de la porte de la Blanquerie, en prenant toutes les precautions que le respect dû à la memoire des citoyens & la salubrité de l'air exigent.

3°. De laisser la faculté aux anciens proprietaires des cavots & sepultures d'enlever eux mêmes & recueillir les cendres de leurs auteurs.

C'est l'objet de mes requisitions.

Le conseil general penetré des mêmes sentimens & du même respect a délibéré conformement à la proposition & renvoye au corps municipal pour l'entiere execution, s'en rapportant à ses soins pour les precautions à prendre.

PAGE 7 v°.
* Du dix sept mars heure de quatre de relevée. Le corps municipal délibère de faire placer d'une maniere ostensible à la salle d'spectacle dans la

---

(*a*) Les premiers petitionnaires sont Jean François Maurice Grand, agé de 13 ans.
François Reynard, fils de François, agé de 13 ans.
François Castilhon, agé de 15 ans.
Jean Baptiste Ambroise Puech ainé, agé d'environ 14 ans.
Michel Etienne Quatrefages, agé de 14 ans & Jean Jacques Hyacinthe Quatrefages, son frère cadet, agé d'environ 13 ans.
Pierre Deshours, natif de Ganges, agé de 13 ans.

loge de la municipalité un drapeau aux trois couleurs à l'exemple de ce qui a été fait dans tous les spectacles de Paris & des autres villes principales de l'empire, comme un monument de patriotisme & qui rappelle aux François la liberté qu'ils ont reconquise; le corps municipal fait choix du drapeau de nos amis & freres de Pezenas, ce gage d'union & d'amitié qui règne entre les deux villes.

1792.

* Du vingt sept mars. Le corps municipal vu le procès-verbal tenu par M. le procureur de la commune, commissaire des prisons & MM. Portalés & Figuière, officiers municipaux, duquel il resulte que le trois du courant le nommé Lafon, prisonnier,* detenu dans la maison de justice s'est évadé & que le sr Benna, concierge, n'a prevenu de ce fait important le commissaire des prisons que le vingt trois de ce mois; que led. concierge declara qu'il avoit pris la fuite par une breche de la voute qui precede le grand arret, tandis qu'il est établi que lad. ouverture n'a été faite que quelques jours après l'evasion dud. Lafon, & encore plusieurs autres faits & déclarations importants qui sont consignés dans led. procès verbal. Le corps municipal arrête conformement à l'art. 3 du tit. 13 de la loi du 29 septembre 1791 de proposer au département de destituer le nommé Benna des fonctions de concierge de la maison de justice & de lui presenter pour le remplacer le sr Henry Dupy fils ainé, dont la probité & le patriotisme sont généralement reconnus; charge le procureur de la commune d'adresser le present arrêté & extrait du procès verbal au directoire du département.

Page 12 r°.

Page 12 v°.

* Du trente un mars heure de cinq de relevée. Le conseil général assemblé. * M. le maire au nom du bureau d'administration du college propose de nommer à la place de professeur de rhétorique, vacante par la démission de M. Bongue élu curé de Pignan & pour remplir cette place, il recommande au nom du bureau d'administration M. Carney, administrateur du département, connu par ses lumieres & par sa modestie. La proposition mise aux voix, le conseil general arrete de nommer à la place de professeur de rhetorique. Le scrutin fait & recensé, M. Carney, administrateur du département, est élû unanimement; en consequence le conseil arrête que M. Carney sera appellé au conseil pour y pretter serment & que le bureau d'administration l'installera lorsque le departement sur l'avis du district, aura approuvé son choix.

Page 13 v°.

Page 14 r°.

* M. Lafabrie au nom du comité des impositions, donne connoissance d'une petition presentée par les professeurs en chirurgie dans laquelle ils exposent qu'en leur qualité & aux termes de la loi ils sont exemts du droit de patente; surquoi il a observé que lorsque le conseil general chargea M. le procureur de la commune de requerir les chirurgiens & medecins à prendre patente, ce n'étoit pas comme professeur, mais bien comme chirurgien ou medecins exerçants, proposant qu'il en soit déliberé. Le conseil general, vu la loi du 17 mars 1791, passe à l'ordre du jour.

Page 15 r°.

* Du trois avril heure de quatre de relevée. M. Gas, substitut du procureur de la commune, donne connoissance d'un extrait du procès-verbal des séances du directoire du département du seize de ce mois, portant que tous

Page 16 r°.

1792. les biens meubles & immeubles des citoyens françois, que la notoriété publique accuſe d'avoir emigré du royaume, feront proviſoirement ſequeſtrés à la pourſuite des municipalités, les invite à apporter le plus grand ſoin dans l'execution du preſent arrêté, en obſervant de n'en faire l'application qu'aux citoyens notoirement reconnus pour emigrés du royaume, requerant qu'il en ſoit délibéré :

Page 16 v°. La propoſition miſe à la diſcuſſion, lecture faite dud. arrêté. * Le corps municipal charge le comité de ſurveillance de lui preſenter inceſſament la liſte des citoyens que la notorieté publique accuſe d'avoir emigré du royaume, pour ſur le vû d'icelle être pris les meſures les plus promptes pour l'execution de la loi.

Page 21 v°. * Du vingt avril, heure de onze avant midi. * Un des membres du corps
Page 22 r°. municipal remet ſur le bureau le n° 105 de la *Gazette univerſelle*, contenant les calomnies les plus atroces contre la garde nationale de la cité ; ſuit la teneur de l'article :

France, département de la Drome.
Extrait d'une lettre d'Avignon du 4 avril : Les Avignonois étoient à peine raſſurés ſur la terreur que leur donnoit l'arrivée de l'armée Marſeilloiſe, qu'on diſoit dirigée en partie contre cette malheureuſe ville, par les ſuggeſtions perfides des Duprat, Mendez, Raphael & autres chefs des 16 & 17 octobre, qu'ils ſe ſont vus accablés par de nouveaux malheurs.

Les gardes nationales de Montpellier, qu'on croyoit n'être venues que pour aſſurer la tranquilité, ſe ſont livrées à des excès qui ſeront à jamais leur honte. Non contentes de blaſphêmer contre toutes les autorités civiles & religieuſes, ils ont pouſſé leur fanatiſme inſenſé juſqu'à renverſer tout ce qui portoit l'emblême de la religion & de la royauté ; les édifices publics ont été mutilés, des maiſons particulieres ont été devaſtées, des citoyens honnettes & ſans armes ont été aſſaillis à coups de ſabre, les ſieurs Sadde & Cambon, chefs de ces deux bataillons, ont reſté tranquiles ſpectateurs de tous ces déſordres.

Ils ont vu ſans repugnance leurs troupes fraterniſer avec les Jourdan, Mainville, Tournal & tous les aſſaſſins que nos priſons renferment. Leurs gardes ont deja favoriſé la fuite des plus criminels.

Autre lettre d'Avignon du 6 avril : Nous avons fait part des excès commis par les gardes nationales du département du Gard & de l'Hérault, il falloit conſommer cet ouvrage d'inſubordination par un dernier trait. Les volontaires nationaux ont ouvert les priſons aux aſſaſſins des 16 & 17 octobre ; on s'eſt fondé ſur le décret d'amniſtie & les ſcélérats ſont ſortis en plein jour, bravant les honnêtes citoyens qu'ils ont trouvés ſur leur paſſage.

Les ſieurs Sadde, Cambon & autres chefs de bataillon, ne pourront point objecter qu'ils n'étoient pas inſtruits de cette violation. La municipalité les en avoit prévenus d'avance, ainſi que des deſordres qui avoient journellement lieu dans notre ville ; ils avouent eux mêmes, dans une proclamation, avoir reçu des plaintes ſur les atteintes portées au reſpect dû à la loi & aux perſonnes.

Le conſeil (diſent-ils) ſe plait à croire que ces plaintes ont été exagerées ou plutôt que les délits qu'on impute aux volontaires ont été commis par des étrangers ſuſpects qui ſe ſont rendus dans la cité.

Page 22 v°. Nous n'ignorons pas que cette derniere procedure compromettoit des miniſtres & quelques membres de l'aſſemblée conſtituante. Falloit-il * pour cela ſe permetre une voie de fait qui attaque l'autorité légiſlative. Nous verrons ſi cette derniere ſaura venger un acte qui bleſſe ſa dignité, & dont l'impunité peut avoir les ſuites les plus funeſtes.

Le corps municipal arrête de denoncer & de pourſuivre l'auteur de la *Gazette univerſelle* au tribunal de ſon arrondiſſement, auquel effet le procureur de la commune, actuellement à Paris, ſe rendra denonciateur & pourſuivra ledit auteur en retractation & autres peines de droit.

Du vingt deux avril heure de dix du matin. Le corps municipal vu le procès-verbal des commiſſaires des priſons portant que dans leur viſite de la maiſon d'arrêt, ils ont trouvé deux priſonniers les ſieurs Lenclume & Audibert, ſoldat & tambour dans le 70ᵉ regiment detenus ſans mandat d'arrêt, ordonnance de priſe de corps, ni jugement de condamnation;

Vu l'art. 7 du tit. 14 de la loi du 29 feptembre 1791 fur la *police de fureté, juftice criminelle & inftitution des jurés, portant : « Si l'officier municipal, lors de la vifite decouvroit qu'un homme eft détenû fans que la detention foit juftifiée par aucun des actes mentionnés dans les art. 5 & 6 du tit. 12, il en dreffera fur le champ procés verbal, fera conduire le detenu à la municipalité, laquelle après avoir de nouveau conftaté le fait, le mettra définitivement en liberté, & dans ce cas pourfuivra la punition du gardien & du geolier. Le corps municipal ordonne que les detenus feront conduits à la municipalité.

Lefdits Lenclume & Audibert, introduits & entendus, le fait de leur detention fans mandat d'arrêt, ordonnance de prife de corps ou jugement de condamnation, fe trouvant conftaté.

Le corps municipal, en execution de la loi, met lefdits Lenclume & Audibert, definitivement en liberté, & charge le procureur de la commune de donner connoiffance du prefent arrêté au commandant du 70ᵉ regiment.

*Du trente avril heure de cinq de relevée. M. le maire remet fur le bureau vingt affignats de cinq livres, trente livres en efpeces & deux paires de boucles argent, il dit que c'eft l'offrande d'une fociété de jeunes etudians etrangers à la ville qui defirent la faire fervir aux frais de la guerre & qui ont caché leur nom. Le corps municipal applaudit au patriotifme de ces jeunes étrangers, arrête que la fomme & les boucles par eux offertes pour fournir aux frais de la guerre fera depofée entre les mains du receveur du diftrict & qu'extrait du prefent arrêté, ainfi que la quittance du receveur du diftrict feront envoyés aux deputés du département de l'Heraûlt *pour les mettre fous les yeux de l'affemblée nationale.

M. Gas, fubftitut du procureur de la commune, donne connoiffance d'une lettre du procureur findic du diftrict, contenant envoi de la loi portant declaration de guerre contre le roi de Hongrie & de Boheme par laquelle il invite la municipalité en faifant proclamer cette loi d'y mettre tout l'appareil qu'exige un pareil acte.

La propofition mife à la difcuffion, M. le maire a propofé d'inviter cent hommes de la garde nationale, dix de la cavalerie, dix dragons libres, cinquante hommes de Lyonnois, dix dragons du roi & cinq gendarmes de la gendarmerie nationale & de renvoyer à demain à cinq heures du foir pour la proclamation de la loi.

Le corps municipal arrête que la loi portant déclaration de guerre contre le roi de Hongrie & de Bohême fera proclamée demain à fix heures precifes du foir, que le corps municipal y affiftera en echarpe, que cent hommes de la garde nationale, cinquante de Lyonnois, dix de la cavalerie nationale, dix des dragons libres, dix dragons du regiment du roi & cinq gendarmes de la gendarmerie nationale, feroient requis, & à cet effet renvoye au bureau pour faire les requifitions néceffaires.

Du trois mai heure de cinq de relevée. Le confeil general affemblé, *M. le maire a dit : qu'en execution de la loi du 14 octobre dernier la garde nationale du canton a été organifée & compofée de neuf bataillons ; qu'aux

1792.   termes de l'art. 27 section 2, chaque bataillon doit avoir un drapeau aux trois couleurs, portant d'un côté ces mots : *Le peuple françois*, & de l'autre : *La liberté ou la mort*, que chaque compagnie paroit avoir befoin d'un guidon & d'un tambour, que chaque bataillon eft autorifé à avoir deux pieces de canon, furquoi il a obfervé que le plus preffent eft de pourvoir aux drapeaux des bataillons & aux deux pièces d'artillerie, que les drapeaux font à la charge de la commune & quant aux canons que la ville n'en ayant pas à fa difpofition, il convient d'en faire la demande au miniftre de la guerre, propofant qu'il en foit déliberé. Le confeil général arrête la dépence pour chaque bataillon d'un drapeau aux trois couleurs portant d'un coté ces mots : *Le peuple françois* & de l'autre ceux-ci : *La liberté ou la mort;* renvoye au bureau pour faire faire lefdits drapeaux, & vu que la commune n'a que trois pièces d'artillerie à fa difpofition arrête que le corps municipal s'adreffera au miniftre de la guerre pour lui demander la remife de quinze pièces de canon pour completer les dix huit pieces néceffaires aux bataillons du canton, renvoye au bureau pour lui prefenter fes vues fur les dépenfes des guidons, tambours & autres objets y relatifs, charge le procureur de la commune de pourfuivre des corps adminiftratifs l'autorifation du prefent arrêté.

Un membre propofe de voter des remerciments en faveur de la garde nationale & de l'etat major pour fon zele & leurs fervices dans toutes les occafions. Le confeil general applaudit & remercie unanimement la legion

PAGE 26 v°.   & l'etat major & charge * le fubftitut du procureur de la commune d'envoyer extrait du prefent au commandant de la legion.

PAGE 28 r°.   * Du huit mai heure de dix avant midy. Le corps municipal, confiderant que la loi fur les paffeports & les circonftances exigent une furveillance plus active & des precautions plus multipliées; que l'organifation de la garde nationale a eu pour objet d'affurer de plus en plus le bon ordre & qu'elle en fournit les moyens.

Arrête 1° que jufqu'à nouvel ordre le fervice journalier fera compofé de trente volontaires & de dix citoyens actifs, lefquels feront requis de fe rendre le foir à la maifon commune, 2° que le commandant du pofte enverra cinq hommes à la porte de la Saunerie & cinq à la porte de Nifmes, lefquels y demeureront pendant les vingt quatre heures, & trois hommes à chacune des cinq autres portes, lefquels retourneront la nuit à la maifon commune excepté le pofte de la porte des Carmes, où celui de la Blanquerie ira fe replier le foir.

Invite les citoyens actifs à faire eux mêmes le fervice, ou à être très exacts à fe faire remplacer; déclare qu'à défaut, l'officier municipal de tour pourvoira à leur remplacement par un volontaire de la compagnie de fervice, qui recevra en indemnité la taxe fixée par la loi.

PAGE 29 r°.   Arrête que le chef de la legion fera requis de faire faire * des patrouilles à cheval dans la campagne.

Arrête en outre que le prefent arrêté & la loi fur les paffeports feront mis à l'ordre & affichés dans tous les poftes pour y être executés.

Du huit may heure de cinq de relevée. Le conseil général assemblé. M. le maire dit au nom du comité des billets de confiance :

1792.

Le conseil general a décidé de faire au nom de la commune une emission de billets de confiance qui remplacera ceux de la société patriotique; il s'est fondé 1º sur les plus grands avantages attribués par la loi aux coupons émis par les corps administratifs, 2º sur la necessité de détruire les contrefaçons qui se font multipliées, 3º sur le besoin de choisir des coupures plus favorables au commerce & à l'achat journalier des substances.

Chargé des moyens d'execution votre comité vous propose :

Pour le papier ? — Du raisin moyen, que M. Montgolfier offre de fabriquer du poids de 66 à 70 l. la rame, au prix de 60 liv. avec le mot Montpellier, imprimé dans le corps même du papier & repeté à chaque feuille autant de fois que la feuille devra fournir de coupons.

Pour la grandeur ? — Chaque feuille étant trop grande pour une seule forme d'imprimerie, sera partagée en deux, chaque demi * feuille fournira trente deux coupons, quatre de front sur huit de hauteur ; chaque coupon aura deux pouces huit lignes & demi de large sur deux pouces demi ligne de haut, la feuille entière donnant soixante quatre coupons, la main vingt cinq feuilles & la rame vingt mains, il en resulte que chaque rame fournira trente deux mille coupons.

PAGE 29 rº.

Pour la contexture des billets ? — Point de vignette : un cadre formé de deux lignes parallèles ; au haut : Commune de Montpellier ; au dessous : Bon pour tant remboursable en assignats nationaux de 5 liv. & au dessus ; plus bas dans le milieu : Claris, secrétaire greffier ; à droite le chiffre désignant la somme laissé en blanc avec une estampette dont le fonds sera en couleur, de la couleur de l'ancre, à gauche un timbre représentant la liberté tenant d'une main sa lance surmontée du bonnet & de l'autre un rouleau sur lequel on lira : la loi.

Pour les caractères ? — Caractères de M. Didot pris de son fonds avec des majuscules faites exprès & dont les matrices & poinçons seront remis à la municipalité & brisés après la fourniture.

Pour l'ancre ? — Chaque coupure aura une ancre de couleur différente.

Pour les coupures ? — 3 sols, 4 sols & 5 sols ; chacune de ces trois coupures sera distinguée par une couleur d'ancre différente & par une différente forme de l'estampette dans laquelle le chiffre indicatif de la somme sera laissé en blanc ; le coupon de 3 sols sera imprimé en ancre noire, avec une estampette de forme quarrée. Le coupon de 4 sols sera en ancre bleue, avec une estampette de forme allongée, & le coupon de 5 sols sera imprimé en ancre rouge avec l'estampette ovale.

Pour la somme ? — Deux cens mille livres, savoir :

60,000 en coupons de 3 sols formant . . . . 400,000 coupons
60,000 en coupons de 4 sols formant . . . . 300,000 »
80,000 en coupons de 5 sols formant . . . . 320,000 »

Ensemble . . . . 1,020,000 coupons

pour lesquels il faudra trente deux rames de papier, qui à 60 liv. couteront environ 2000 liv.

Quant à la liaison de la nouvelle emission avec l'ancienne, la caisse patriotique fera elle même sa liquidation à ses perils, risques & fortunes, elle aura un bureau à la maison commune, où elle donnera les nouveaux billets en échange des anciens, en bonifiant à la commune de deux pour cent, qu'elle aura à rembourser sur les anciens, les nouveaux billets étant au pair.

Le comité vous propose en outre de l'autoriser à donner les commissions & faire les depenses necessaires, vous priant de lui adjoindre à cet effet M. Gaussen dont le plan ci-dessus presenté est l'ouvrage & qui l'executera avec le zele, l'exactitude * & l'economie qui le caractérisent.

PAGE 30.

Surquoi le conseil general, approuve & arrête en son entier le plan presenté par son comité, l'autorise à donner les commissions & faire les depences necessaires & lui adjoint M. Gaussen, en le remerciant des soins qu'il a deja pris, charge le procureur de la commune de poursuivre des corps administratifs, l'autorisation du present arrêté.

M. le maire donne lecture de l'arrêté pris le 20 avril dernier par le corps municipal. Le conseil general, partageant les sentimens & les principes qui ont determiné l'arrêté du corps municipal du 20 avril dernier, arrête & en tant que de besoin autorise la denonciation faite par le procureur de la commune contre l'auteur de la *Gazette universelle*, ses complices & adhérents en retractation & autres peines de droit charge le substitut du procu-

1792. reur de la commune de pourfuivre des corps adminiftratifs, l'autorifation du prefent arrêté.

Du onze may heure de onze avant midy. M. Gas donne lecture d'une lettre écritte par M. le procureur findic du diftrict contenant envoi de copie de celle écritte au directoire de département par M. le commiffaire général de l'armée du midy, dans laquelle il annonce que le général vient de determiner les trois points principaux pour fe tenir non feulement fur la deffenfive contre le roi de Sardaigne, mais encore pour pouvoir l'attaquer s'il y donne lieu, que ces difpofitions obligent à s'affurer du nombre des voitures attelées de quatre chevaux, des mules & mulets de bat équipés & prets à

PAGE 30 r°. recevoir la charge, que le canton de Montpellier pourroit fournir pour le fervice de l'armée ainfi que des * hommes neceffaires pour les conduire.

La propofition mife à la difcuffion, le corps municipal arrête que M. Gas écrira aux municipalités de Montferrier, Caftelnau, Lattes & Bailbargues pour les inviter à donner l'état des fournitures qu'elles pourront faire ainfi que de leur prix, nomme MM. Quatrefages, Devals & Figuière, officiers municipaux, pour dreffer dans la ville l'état des voitures attelées de quatre chevaux, de mules & mulets équipés & prêts à recevoir la charge, ainfi que des hommes néceffaires pour les conduire & du prix auquel devront être payés les conducteurs, les chevaux, les mules, mulets & charriots, fans y comprendre la nouriture qui fera fournie par la nation, aux conducteurs, chevaux, mules & mulets.

PAGE 34 r°. * Du vingt un mai heure de dix avant midy. M. le maire donne lecture d'un projet d'arrêté qui a été adopté comme fuit :

Le corps municipal informé des defordres qui fe commettent depuis quelque tems, pendant la nuit : maifons forcées, citoyens maltraités, enlevés même & conduits violemment loin de leur afile; defordres qu'on agrave encore, s'il eft poffible, en les commettant au nom de la loi qu'ils outragent & des magiftrats qu'ils affligent; qu'ils decourageroient fi le patriotifme vrai puifqu'il eft jufte, de tous les bons citoyens, ne défavouoit hautement l'inhumanité de quelques individus.

PAGE 35 r° Informé notamment que la nuit dernière la maifon du f⁺ * Baudoin a été forcée & ce citoyen privé prefque de la vie par les excès les plus criminels.

Confidérant que le corps municipal, juftement indigné, a deja fait aux juges plufieurs dénonces. Arrête : 1º Que le procureur de la commune denoncera aux juges de paix les défordres qui fe commettent pendant la nuit & notamment ceux d'hier au foir envers le f⁺ Baudoin. 2º Qu'il écrira à l'accufateur public pour lui faire part de la préfente & des precedentes dénonciations, en le priant de donner connoiffance à la municipalité des mefures judiciaires qui auront été prifes pour qu'elle y faffe concourir les mefures adminiftratives ou qu'elle pourvoie à faire ceffer une impunité défolante pour les amis de la conftitution, & qui compromet l'honneur & la fureté de la ville. 3º Que le commandant de la legion fera requis de multiplier les patrouilles, & qu'un officier municipal & un commiffaire de police veilleront chaque nuit, à la commune jufqu'à nouvel ordre.

Et fera le préfent arrêté lû à l'ordre, envoyé à tous les bataillons & affiché aux lieux accoutumés.

PAGE 40 v°. * Du fix juin heure de cinq de relevée, le confeil général affemblé. Eft annoncé & introduit M. Jean Hubert, prêtre, il a dit :

Meffieurs, rien de plus flatteur pour moi & de plus analogue à mes fentiments que de pretter devant vous le ferment civique prefcrit par la loi à tous les citoyens, & en cette qualité à tous les prêtres français. Dieu veuille que le prix que votre prefence donnera à mon ferment, engage tous mes confreres dans le facerdoce à fuivre l'exemple que je leur donne, avec connoiffance de caufe & avec conviction ! puiffent-ils redevenir prêtres & citoyens ! puiffent-ils redonner la paix à l'état & à l'eglife par leur retour & par leur foumiffion à la loi, afin que nous ne faffions tous qu'un même peuple & qu'une même famille, confequemment je jure, d'être fidèle à la nation, à la loi & au roi & de maintenir de tout mon pouvoir la conftitution decretée par l'assemblée nationale aux années 1789, 1790 & 1791 ; soit parce que je suis citoyen & français dès le berceau, & que je le ferai jusques au tombeau ; soit parce que Jesus-Christ m'ordonne d'être soumis aux loix de Cesar comme à celles de Dieu.

1792.

Quoique je ne sois pas fonctionnaire public & que je ne puisse pas l'être (à mon grand regret) à cause de mes infirmités & de mon grand âge, c'est du pur mouvement de ma conscience & sans en avoir été requis, c'est par devoir comme citoyen & par religion comme prêtre, que je prête, avec d'autant plus de plaisir, le serment civique, que je suis convaincu qu'il est conforme à toutes les lois divines & humaines, & à toutes celles de l'eglise primitive & de l'etat, & qu'aucun ecclesiastique ne peut s'y refuser sans se rendre coupable d'un crime envers Dieu qui le lui ordonne & d'une criminelle revolte contre la puissance souveraine qui le lui commande.

Le conseil general donne acte à M. Hubert de la prestation du serment par lui faite & arrête que son discours sera imprimé au nombre de trois cens exemplaires.

M. Fargeon, procureur de la commune, dit que sur le refus du pere Cabanis, aumonier de la citadelle, de prêter le serment civique décrété par l'assemblée constituante, le directoire de département rendit un arrêté qui chargea le corps municipal de le remplacer, remplacement qui fut fait le premier août dernier par le pere Flayol, ci-devant dominicain, qui depuis cette époque remplit les fonctions d'aumonier ; il observe que comme il ne fut pas tenu de verbal de mise de possession, & que par ce deffaut le pere Flayol est sans qualité pour demander le payement de son traitement, on a constamment refusé de le lui payer.

Le conseil instruit de la verité des faits, déclare que le pere Flayol, en vertu de sa nomination à l'aumonerie de la citadelle faite par le conseil sur l'ordre du département en a rempli les fonctions depuis le premier août 1791 jusques à ce jourd'hui sans discontinuer.

Le même donne lecture d'un arrêté du directoire du département rendu le cinq de ce mois, sur la petition qu'il lui a présentée en qualité de commissaire des prisons, qui indique la maison du Bon Pasteur de cette ville pour la détention des femmes condamnées par le tribunal criminel du département, & la citadelle pour maison de detention des hommes condamnés par le même tribunal, à la charge par la municipalité de prendre les moyens convenables pour la sureté des prisonniers ; à cet effet il propose de nommer des commissaires pour conjointement avec le sr Donnat, architecte de la commune, verifier les lieux & s'assurer des precautions qu'il y a à prendre pour la sureté des prisonniers qui y seront renfermés, convaincu de la necessité de diminuer le nombre des prisonniers detenus au palais de peur de contagion.

Le conseil general nomme pour commissaires MM. Quatrefages, officier municipal, Bongue, notable & Fargeon, procureur de la commune, pour conjointement avec le sr Donnat, architecte de la ville, se transporter à la maison du Bon Pasteur & à la citadelle à l'effet de les verifier & de s'assurer qu'il y a sureté pour les prisonniers & dans le cas contraire de faire connoitre qu'elles sont les reparations qu'il y a à faire.

* Du onze juin heure de cinq de relevée. Le conseil genéral assemblé.
* M. le maire au nom du meme comité dit qu'après avoir pris connoissance de la petition du sr Neuville, directeur des spectacles, en reduction de

PAGE 41 vo.
PAGE 42 ro.

1792. fon loyer & du vœu en fa faveur de grand nombre de citoyens, s'étant convaincu des pertes confiderables qu'il a eprouvé & du peu de recete qu'il fait, cauſées par les émigrations, les affemblées populaires, les occupations publiques & l'augmentation de toutes les denrées, il propofe de reduire le loyer de la falle des fpectacles pour l'année 1792 à trois mille fix cens livres, favoir la falle deux mille livres & les decorations feize cens livres. Le confeil general arrête que le loyer de la falle des fpectacles pour l'année 1792 demeure fixé à deux mille livres & celui des decorations appartenant à la commune à feize cens livres & autorife le treforier de la commune à fe faire payer lad. fomme aux epoques accoutumées.

PAGE 46 v°. * Sur la requifition du procureur de la commune, le corps municipal arrête 1° qu'il fera fait dimanche prochain dix fept du courant au champ de mars de l'Efplanade un fervice funebre pour honnorer la memoire de Simoneau, maire d'Etampes. 2° Que le confeil general de la commune, les corps adminiftratifs & judiciaires & les juges de paix feront invités de s'y rendre. 3° Que la garde nationale fera requife d'y affifter. 4° Que M. l'Eveque du departement & fon clergé feront priés de faire cette ceremonie. Charge M. Berthe, officier municipal, de faire les invitations & du foin de ce qui eft relatif à cette ceremonie.

PAGE 49 v°. * Du dix huit juin heure de cinq de relevée. Le confeil general affemblé. M. le maire dit que par deliberation du confeil du quinze de ce mois il a été renvoyé au premier confeil pour proceder à la nomination des membres qui doivent adminiftrer la penfion placée dans la maifon ditte Propagande. Le confeil general nomme MM. le maire & procureur de la commune en leurs qualités, Devals, officier municipal, Montels & Courrege, notables, Granier, Pontier & Luchaire, adminiftrateurs; nomme de plus M. Luchaire pour treforier.

M. Fargeon, procureur de la commune, donne lecture d'un arrêté du corps municipal du 17 de ce mois portant que les fieurs Ronzet & Brés feront denoncés à l'officier de police & de fureté; il dit que dimanche der-

PAGE 50 r°. nier ces deux particuliers étant * à boire dans un cabaret au fauxbourg Boutonnet avec le f^r Simoneau, le f^r Ronzet dit qu'il n'étoit pas furprenant que le blé fut auffi cher, puifque la municipalité étoit ariftocrate, qu'elle accaparoit les bleds & que M. le maire lui même avoit envoyé des commiffionnaires dans toutes les aires voifines & notament à Sommieres & à Lunel pour acheter le bled à vingt livres le fetier, que fur l'interpellation qui lui fut faite comment il établiroit la verité de cette inculpation, led. Ronzet repondit qu'il tenoit tous ces faits du f^r Brés, garçon chirurgien, lequel l'avoit affuré avoir des preuves auxquelles la municipalité & M. le maire lui même n'auront rien à repliquer.

Que ces deux particuliers conduits devant le juge de paix de leur arrondiffement & interrogés, ont eté mis en liberté quoiqu'ils ayent avoué l'un & l'autre les propos qu'on leur attribue & pour lefquels le corps municipal les avoit denoncés, ce qui annonce que le juge de paix n'attache aucune peine à cette atroce calomnie qui tend non feulement à foulever le peuple contre fes magiftrats mais qui a encore occafionné une efpece de fermentation dans le fauxbourg de Boutonnet, qui fut caufe que le 9ᵐᵉ bataillon ne fe rendit que fort tard & en petit nombre à l'Efplanade pour affifter au fervice funebre qui devoit fe faire pour honnorer la memoire de Simoneau, maire d'Etampes, requerant qu'il en foit délibéré.

Le confeil general, convaincu de la fauffeté & de l'atrocité de la calomnie, confiderant combien il importe au maintien des lois & au refpect dû aux magiftrats qui en font l'organe qu'elle foit punie, arrête que lefd. Ronzet & Brès feront denoncés & pourfuivis par devant qui de droit à la requête du corps municipal pourfuite & diligence du procureur de la commune, lequel fera tenu de rendre compte au confeil de fes pourfuites, de leur reuffite & de pourfuivre du corps adminiftratif l'autorifation du prefent.

* Du vingt juin heure de fept du matin. Le corps municipal de Montpellier affemblé. * M. Gas, fubftitut du procureur de la commune, donne lecture d'un arrêté rendu par le directoire du departement le 19 de ce mois portant entr'autres difpofitions que les f^rs Rebecq, Cambon, Dumas & Cofte, prêtres infermentés, qui avoient fixé leur demeure dans le lieu de Cournonfec feront tenus dans les vingt quatre heures de la fignification qui leur fera faite dud. arrêté de fe retirer dans la prefente ville, d'où ils ne pourront défemparer que par autorifation des corps adminiftratifs, & qu'ils y feront affujetis à un appel qui fera fait tous les jours par un commiffaire de la municipalité, requerant qu'il lui foit donné acte de la remife qu'il fait dud. arrêté, qu'il foit fixé l'heure à laquelle ils devront fe prefenter & nommer un commiffaire pour leur donner acte de leur prefence.

Le corps municipal donne acte au fubftitut du procureur de la commune de la remife par lui faite, arrête que les f^rs Rebecq, Cambon, Dumas & Cofte fe prefenteront tous les jours à la maifon commune à l'heure de midy & nomme pour commiffaire M. Quatrefages, officier municipal.

M. Fargeon remet fur le bureau : 1º une adreffe du directoire de departement de l'Hérault à l'affemblée nationale au fujet du renvoi des trois miniftres amis de la conftitution & du retard du roi à fanctionner le décret du huit de ce mois relatif au corps d'armée compofé de vingt mille hommes pris parmi les gardes nationales de tous les cantons du royaume, 2º un arrêté portant qu'il fera ouvert dans chaque municipalité du reffort un regiftre d'infcription des citoyens qui defireront fervir en qualité de volontaires dans le corps d'armée indiqué ci-deffus & qui regle les conditions que les citoyens doivent avoir pour être admis, requerant qu'il lui foit donné acte de lad. remife.

Le corps municipal donne acte au procureur de la commune de la remife par lui faite de l'adreffe & arrêté dont s'agit, & renvoïe au bureau pour l'execution.

Du vingt deux juin heure de cinq de relevée, le confeil general affemblé.
* Le procureur de la commune dit qu'en fa qualité de commiffaire des prifons, il a reprefenté au departement que les prifonniers trop nombreux

1792. qui s'y entaffoient journellement par le défaut de maifons de gêne & de fers que le département n'avoit pu encore établir, rifquoient de perir de contagion & de la communiquer à la cité, que le département ayant égard à ces obfervations a chargé la commune de tranfporter une partie des prifonniers au Bon Pafteur & à la citadelle, en faifant les reparations & prenant les précautions néceffaires. Surquoi il s'eft tranfporté à la citadelle avec des commiffaires de la municipalité & le fr Donnat, architecte; qu'une verification très-exacte les a convaincus que les prifonniers condamnés aux fers pouvoient être renfermés avec toute fureté dans une des prifons faifant partie de la royale & que ceux condamnés à la détention pouvoient l'être dans les prifons qui fe trouvent fous la galerie couverte du coté du nord, qu'outre la fureté que prefentoient ces prifons elles étoient très faines & bien airées, qu'il refulte du devis qui a eté dreffé par le fr Donnat que les réparations qu'il y a à faire font d'un objet d'environ quinze cens livres, furquoi il obferve qu'elles doivent être à la charge du département ou de la nation, les municipalités n'étant chargées par la loi que d'indiquer le local & qu'il eft urgent que fes réparations foient faites par economie afin de prevenir la contagion.

Le confeil general pénetré des principes d'humanité qui ont determiné la petition du procureur de la commune & l'arrêté du directoire de département du cinq de ce mois, arrête, vu l'urgence & la néceffité, que les réparations dont s'agit, feront faites tout de fuitte & par œconomie, auffi-tôt que les corps adminiftratifs auront affigné le fonds fur lequel le montant defd. reparations fera pris, charge le procureur de la commune de transmettre au département le devis dreffé par le fr Donnat le 22 de ce mois.

PAGE 54 ro. Le même rend compte du jugement du tribunal de la police correctionnelle rendu fur fa denonce contre les fieurs * Ronzet & Brès, il dit que Ronzet a été condamné à trois jours de prifon & Brès à vingt quatre heures feulement, quoiqu'il parut le plus coupable; il obferve qu'il n'eft pas furpris de ce jugement, l'officier de police & de fureté à qui il les avoit denoncés & fait conduire les ayant mis en liberté quoiqu'ils euffent dans leurs interogatoires convenu des faits pour lefquels il les avoit denoncés, que ce jugement eft peu propre à fatisfaire la delicateffe des magiftrats injuftement & atrocement calomniés, qu'il importe au refpect qui leur eft dû & au maintien du bon ordre & de la tranquilité publique d'en appeller au tribunal de diftrict, propofant qu'il en foit délibéré.

Le confeil general convaincu que le jugement rendu par le tribunal de la police correctionnelle ne produit aucun des effets qu'on s'en étoit promis, arrête que le procureur de la commune eft autorifé à en appeller devant le tribunal de diftrict de cette ville, & en outre qu'il pourfuivra des corps adminiftratifs l'autorifation du prefent arrêté.

Le confeil prend enfuite l'arrêté fuivant fur le fr Simoneau impliqué dans cette affaire. Sur le rapport fait par le corps municipal des bruits calomnieux qui s'étoient répandus dimanche dernier à Boutonnet & de la conduite ferme, loyale & civique que M. Simoneau a tenû à cette occafion.

Le conseil general remercie M. Simoneau & declare que par la conduite ferme, loyale & civique qu'il a tenue en cette occasion il a mérité les suffrages des bons citoyens. Ordonne l'impression & affiche du présent arrêté & que M. le maire l'adressera à M. Simoneau.

* Le conseil général nomme pour instituteurs des écoles gratuites les sieurs Balhot, Palazin, Estival, Rouqueirol, Dejean & Bouthelier & pour institutrices les demoiselles Samuel, Astruc, Galzy, Jourdan, la veuve Guiraud & la veuve de Michel Raynard, sauf les renseignements à prendre sur la conduite, bonne vie & mœurs de cette dernière.

* M. Fargeon donne lecture d'une lettre écrite par M. Allut le 15 de ce mois, contenant envoi d'un extrait du procès verbal de depot fait au greffe de la justice de paix de la section de la halle au bled de la ville de Paris le 18 may dernier, de deux lettres écrites d'Avignon au redacteur de la *Gazette universelle*, surquoi il observe que le depot de ces deux lettres ne peut point satisfaire ni reparer l'injurieuse & calomnieuse accusation faite à la garde nationale de la cité par l'auteur de cette feuille dans son n° 105 requiert qu'il en soit délibéré. Le conseil general, considerant que le depot fait par le s' Boyer des deux lettres dont s'agit ne le met pas à l'abry des justes pourfuites auxquelles il s'est exposé, arrête que le procureur de la commune est autorisé à donner suite à la plainte qu'il a portée contre le s' Boyer & ses complices & adherents.

* Du vingt cinq juin heure de cinq de relevée, le conseil général assemblé.

* Le conseil general considerant que la citadelle de Montpellier est comprise dans la troisième classe des places fortes & qu'elle est depourvue de tout, dementellée & ne commandant que la ville, considerant que le terrain qui est entre la promenade de l'Esplanade & la citadelle n'est d'aucune utilité à la nation, considerant enfin * que par sa position il est très-propre à y former un Champ de Mars, ce qui produira le double avantage d'exercer la garde nationale aux évolutions militaires & à l'embellissement de la promenade. Arrête qu'il sera fait demande à l'assemblée nationale de ceder à la commune le terrain qui se trouve entre la citadelle & la promenade de l'Esplanade pour y établir un Champ de Mars, qu'extrait du présent sera remis au directoire du departement avec priere d'appuyer la demande de la commune, qu'autre extrait sera envoyé au ministre de la guerre, & aux deputés du département de l'Hérault à l'assemblée nationale, en les invitant, le ministre à provoquer le décret & les deputés de soutenir la demande de la commune.

* M. le maire rend compte des excès commis hier à St Jean de Védas sur un grenadier de Vermandois, de ceux qu'un premier mouvement ont porté des citoyens à aller commettre dans ce village; il propose ensuite un avis aux citoyens pour les rappeller à l'obeissance aux loix. M. le procureur de la commune a dit :

Messieurs, le corps municipal a appris avec douleur comme tous les bons citoyens les malheurs & les desordres qui ont été commis hier à St Jean de Védas, dont M. le maire a fait le rapport. Dès que ce magistrat en fut informé, il s'empressa de mettre en mouvement les officiers de police que la loi charge de

1792. la sureté publique ; un des juges de paix s'y tranſporta ; l'accuſateur public a commencé ſes pourſuites ; les coupables n'échaperont pas ſans doute à la vengeance des loix ; il nous reſte à prendre une meſure que je regarde très importante & qui nous eſt commandée par notre devoir ; hatons nous de rappeller de plus en plus nos concitoyens à la conſtitution, à l'obeïſſance pour les autorités conſtituées, à n'agir que ſur leurs requiſitions & par leurs ordres ; rappellons leur que la force armée eſt eſſentiellement obeïſſante & que ſon devoir comme celui de tous les bons citoyens eſt de veiller à la conſervation des perſonnes & des proprietés ; deployons enfin une grande, une courageuſe énergie pour rappeller l'ordre & juſtifions par notre activité que nous ſommes des magiſtrats dignes de la confiance de nos mandataires, Je requiers le corps municipal de deliberer ſur ma demande.

Le corps municipal applaudit aux meſures dictées par la prudence & l'humanité qu'a priſes M. le maire, adopte ſon projet d'avis & ordonne qu'il ſera imprimé & affiché aux endroits accoutumés. Suit la teneur de l'avis :

Citoyens, la force armée eſt eſſentiellement obeïſſante, elle ne peut agir que ſur la réquiſition du magiſtrat & le magiſtrat ne peut la requérir qu'en vertu d'une loi ou d'un jugement.

Ces principes qui ſubordonnent la force à la juſtice, maintiennent ſeuls la liberté & la ſureté ; la conſtitution les conſacre.

PAGE 58 v°. * Cependant hier au ſoir au premier bruit de l'aſſaſſinat commis à St Jean de Vedas, des citoyens armés y ont couru ſans chef, ſans ordre, ſans réquiſition.

L'inquietude & l'affection d'un magiſtrat les y a vainement pourſuivi, pour leur annoncer la juſtice, la force légale, les requérir de s'y joindre & leur épargner des regrets.

Le premier mouvement, l'indignation ont prevalû..... un homme a été tué..... et il etoit ſans défenſe..... & il étoit innocent.....

Citoyens, la juſtice fait ſon devoir & vos magiſtrats continueront leurs penibles fonctions.

Du trente juin heure de cinq de relevée. Le conſeil general aſſemblé. M. le procureur a dit :

Meſſieurs, les commiſſaires que vous avez chargés de l'execution de vos arrêtés ſur les inhumations ſe ſont empreſſés de remplir la tache importante que vous leur avez confiée.

PAGE 59 r°. Le premier objet dont ils ſe ſont occupés a été d'examiner * ſi les cimetieres actuels ſont ſuffiſants pour la mortalité de la commune.

Pour avoir les connoiſſances neceſſaires, je me ſuis procuré l'etat certifié par MM. les curés de la mortalité pendant les dix dernieres années, le nombre des morts s'élève à onze mille deux cens vingt trois ce qui donne une année commune de onze cens vingt une perſonnes.

Il eſt generalement convenable qu'il faut qu'une foſſe ait au moins ſix pieds de longueur ſur trois pieds de largeur, c'eſt-à-dire qu'il faut deſtiner à chaque corps un peu plus d'une demi toiſe quarrée, il eſt demontré auſſi par des experiences que la diſſolution des corps n'eſt entierement faite, même lorſque le terrein contient tous les agens neceſſaires pour leur prompte decompoſition, que dans l'eſpace de cinq ou ſix années.

En partant de ces deux points, votre comité va vous mettre à même de juger dans le moment, ſi vos cimetieres actuels ont l'étendue ſuffiſante.

Celle du cimetiere public ſitué entre les portes des Carmes & de la Blanquerie eſt de mille quatre vingt dix ſept toiſes quarrées.

Le cimetière de la paroiſſe St Denis à une ſurface de quatre cens vingt cinq ; en tout quinze cens vingt deux toiſes, ne donnent que trois mille quarante quatre foſſes ; il faut cependant une ſurface de trois mille quarante quatre toiſes pour fournir pendant cinq années aux inhumations.

Il eſt donc demontré qu'il manque une étendue de quatorze cens ſoixante dix huit toiſes pour ſuffire à la mortalité de la commune.

Le comité doit vous obſerver encore qu'il faut retrancher de ce calcul une partie confiderable du cimetiere St Denis, ce terrain preſente dans pluſieurs points des bancs de rocher, d'autres un défaut de profondeur qui ne permettent pas d'utiliſer toute ſa ſurface. Il eſt vrai que cette inſuffiſance eſt remplacée quant à l'etendue par le cimetiere de l'hopital général ; mais quant à l'effet elle ne l'eſt point puiſque les inhumations ne s'y font pas gratuitement & que le taux des ſepultures eſt fixé à quarante huit livres.

L'inconvenient du peu d'étendue de ces deux cimetieres n'étoit point auſſi dangereux ſous l'ancien regime, lorſqu'avec de la fortune & un titre on étoit enſeveli dans les egliſes ou dans un lieu privilegié, la maſſe commune de putridité étoit diviſée entre quatre paroiſſes, quatorze ou quinze egliſes & leurs dependances ; mais aujourd'hui que nous n'avons plus ce grand nombre de ſepultures, il faut neceſſairement une étendue ſuffiſante pour recevoir après leur mort dans la même terre les hommes que la même terre a produits. Les cimetieres actuels n'ont pas l'étendue néceſſaire ; nos commiſſaires ſe ſont donc occupés du choix d'un terrain convenable, ils ont examiné 1° ſon expoſition à raiſon de la ſalubrité de l'air ; 2° ſon étendue pour le proportionner à la population ; 3º la qualité du terrain & fa propriété pour operer la plus prompte diffolution du corps. C'eft dans ces vues qu'ils fe font livrés aux obfervations que je vais foumettre à l'affemblée.

* Il y a peu de villes ou l'emplacement pour les cimetieres exige plus de precautions que Montpellier. Plus l'air eft vif, plus il diffipe les vapeurs & par une raifon contraire à mefure que l'atmofphere eft humide elle fe charge avec plus de facilité de miafmes.

D'autre part, il refulte des obfervations meteorologiques que les vents qui foufflent de l'Eft ou Sud-Oueft par le Sud, font les vents dominants du pays, en forte qu'il ne faut pas placer un cimetiere dans une direction d'où les vents naturellement humides porteroient fur la ville des exhalaifons malfaifantes.

Ce danger qui fairoit tourner à malheur pour les habitans l'agrément du rafraichiffement de l'air a fixé vos commiffaires dans leur refolution de ne point vous propofer de terreins dans la partie du territoire qui s'étend depuis la porte du Pila St Gely à celle du Peyrou, ils ont trop fenti l'inconvenient de l'expofition du cimetiere actuel de St Denis, d'où les vapeurs font dirigées directement fur la ville la plus grande partie de l'année, inconvenient dont le danger merite de plus en plus l'attention d'une adminiftration paternelle depuis la fuppreffion des fepultures dans les églifes & dans les cloitres, foit par le plus grand nombre d'inhumations qui y font faites, foit à raifon de fa proximité du fauxbourg & du grand chemin.

De toutes les expofitions, la partie exterieure de la ville, qui reunit le plus de convenances & qui femble devoir fixer le choix du confeil general, eft celle qui eft fituée entre le Nord & le Nord Eft, c'eft-à-dire, depuis le chemin de Paris jufqu'à celui appellé vulgairement des Recolets ; cette preference eft fondée fur ce que ce terrein correfpond à un vent très fec qui fouffle encore rarement.

Ce vent porte à la verité les vapeurs fur la ville, dans la partie qui va de la porte de la Blanquerie vers le Peyrou ; mais l'incomodité ne fauroit être fenfible, d'une part parce qu'il la fait dans une direction oblique; de l'autre, comme je l'ai dit, parce que le Nord eft le vent le plus fec que nous reffentons & que d'ailleurs ce quartier fur lequel il eft dirigé eft le plus aeré.

Telles font les confidérations qui follicitent que les cimetieres ne foient pas placés dans une direction d'où les vents de mer qui foufflent fi frequemment dans l'année, & les vents brulants du midy ne puiffent pas porter fur la ville des exhalaifons malfaifantes.

J'ai dit plus haut que notre population donne année commune une mortalité d'environ douze cens perfonnes fans à ce comprendre les pauvres des hopitaux ni ceux de nos citoyens qui font de toute autre religion que la catholique romaine, & qu'il faut que nos cimetieres ayent au moins une étendue qui excede trois mille toifes pour fournir pendant cinq ans aux inhumations fans rouvrir la même foffe.

L'enclos des Recolets, foit par fon expofition, foit par fon étendue, a fixé l'attention de la commiffion ; ce terrein & le foffé * qui le fepare avec un jardin ayant ci-devant appartenu aux Auguftins diftraction faite de l'emplacement des fentiers & paffages interieurs, contient trois mille fix cens toifes quarrées ; c'eft-à-dire, fept mille deux cens fepultures, en admettant même de donner à toutes les places une demi toife quarrée; contenance qui peut être un peu reduite puifque dans le nombre des morts on peut compter les enfants & des jeunes perfonnes; enforte qu'en faifant un calcul rigoureux il pourroit recevoir encore un plus grand nombre de cadavres.

Un des grands inconveniens qui ont fait fuprimer l'inhumation dans les églifes a été le danger de l'évaporation des miafmes putrides, la qualité de la terre de l'enclos des Recolets a été examinée, elle eft fpongieufe, legere & très pénétrable à l'air & à l'eau qui font les deux agents de la diffolution des corps, de cette maniere qu'il ne feroit pas rigoureufement néceffaire d'attendre le cours de cinq ans pour obtenir la diffolution des cadavres.

A ces avantages qui femblent meriter à ce terrein une jufte preference, fe reuniffent de nouvelles confidérations d'un grand poids, l'enclos des Recolets fe trouve à une diftance affés raifonnable de la ville & des fauxbourgs, pour garentir les citoyens des inconveniens & des dangers de la pofition de nos cimetieres actuels : il fe trouve au contraire attenant à la paroiffe St François, ce qui en le garentiffant des infultes, raffurera nos concitoyens fur leur crainte pour le fort des cadavres & fur les tentatives qu'on pourroit faire de les enlever pour l'inftruction chirurgicale.

Pour achever le mandat que vous nous avés donné, M. Demoulin, un des commiffaires, dont les connoiffances & le gout ne peuvent être comparés qu'à fon zele & à fon devouement pour le bien public, a fait le toifé des differends terreins ; il a levé le plan de l'enclos des Recolets, dreffé celui du nouveau cimetiere, il a apprecié la dépenfe des murs de cloture & de toutes les autres conftructions ; le devis eftimatif fe porte en total à environ vingt cinq mille livres.

Il a penfé comme tous les commiffaires qu'il falloit donner aux murs d'enceinte une folidité & une elevation telles que le cimetière fut à l'abry de toute infulte, & quant aux objets d'architecture ou de decoration, qu'il falloit adopter une noble fimplicité dans le premier monument élevé dans un lieu où doivent repofer des citoyens qui n'ont eu d'autre diftinction que celles de leurs vertus & de leurs talents.

Dans l'appreciation de vingt cinq mille livres ne fe trouve pas comprife la valeur du fol de l'enclos qui vaut environ cinq mille livres parce que nous avons penfé que les corps adminiftratifs qui font autorifés à donner gratuitement aux communes la portion des proprietés des ci-devant religieux lorfqu'elles font neceffaires au culte en accorderont la proprieté à la commune, un cimetiere étant de toutes les dependances du culte, la plus neceffaire.

S'il pouvoit s'élever quelque doute à cet égard un exemple recent feroit bien propre à raffurer le confeil, les corps * adminiftratifs ont deftiné pour la maifon presbiterale de la nouvelle paroiffe St Paul une portion du couvent des Trinitaires, à combien plus fort accueilleront-ils la demande du confeil, lorfqu'elle eft fondée fur le befoin d'avoir un cimetière, fur l'etat de la population qui exige une grande étendue, fur l'in-

1792.

térêt public qui follicite qu'il foit dans une expofition telle que celle des Recolets & à une diftance de la ville qui fe concilie & avec l'efprit de l'affemblée, les vues annoncées de l'affemblée nationale & avec toutes les convenances locales.

 Avant de terminer ce rapport je dois vous prefenter quelques confidérations qui exigent une prompte decifion du confeil.

 L'enclos des Recolets étoit afferme par les ci-devant religieux, le bail expirera fous peu de mois, le regiffeur des biens domaniaux eft obligé de provoquer une nouvelle ferme, il ne faut pas attendre qu'il ait appofé des affiches ou paffé bail, car vous penfés fans doute que ce feroit un grand obftacle que nous aurions à vaincre.

 J'ajouterai vous devés auffi vous hater de fupprimer les fepultures dans les cimetieres aftuels ; celui de la Porte des Carmes eft prefque plein ; fous l'ancien régime pendant qu'on enterroit dans les eglifes, l'adminiftration municipale a receu différentes pétitions des voifins de ce cimetière qui fe plaignoient des exhalaifons ; le quartier des tanneurs a été fouvent affligé par des maladies graves qui fembloient ne point f'ifoler de cette circonftance. C'eft deja un grand inconvenient pour ces habitans que les vapeurs de la petite riviere du Verdanfon durant la fechereffe de l'eté. Calculons, Meffieurs, l'augmentation du danger lorfqu'on entafferoit dans ces environs une plus grande maffe de corruption dans un climat où la chaleur en develope avec plus d'aftivité les principes & dans un quartier qui avoifine la ville & qui longe une promenade.

 Le comité vous propofe donc, Meffieurs, de délibérer :

 1° Qu'il y a lieu de changer nos cimetières.

 2° De faire choix pour cet objet de l'enclos des Recolets.

 3° D'en demander la conceffion gratuite aux corps adminiftratifs & fi la commune ne pouvoit pas l'obtenir à ce titre d'en pourfuivre l'adjudication.

 4° Si vous adoptés les plans & projets de M. Demoulin, que les ouvrages feront adjugés en la forme portée par les règlemens.

 En tranfportant le cimetiere aux Recolets, il reftera à la commune le fol des cimetieres aftuels precieux par leur fituation, & qu'on pourra mettre dans le commerce, après le delai que la loi a determiné. Celui de la Porte des Carmes a plus de neuf cens toifes de furface évaluées à vingt livres, apréciation qu'on trouvera même très modérée fi on confidere que ce terrein eft placé fur le nouveau boulevard & que la commune vient de vendre quarante livres la toife quarrée du * terrein des foffés qui confronte ledit cimetiere.

PAGE 61 r°.

 Le confeil general remercie M. Demoulin & arrête 1° qu'il y a lieu de changer de cimetière ; 2° qu'il y a lieu de choifir pour emplacement l'enclos des ci-devant Recolets ; 3° que le département fera prié d'en faire à la commune la conceffion gratuite ; 4° que les plans dont la difcuffion eft ajournée feront depofés devers le greffe de la commune afin que tous les membres puiffent en prendre connoiffance.

PAGE 64 v°.

 * Du fix juillet heure de dix avant midy. M. Fargeon, procureur de la commune, donne connoiffance d'une petition prefentée par M. Juftin Baron, citoyen de cette ville, dans laquelle il expofe que fon epoufe s'eft accouchée de deux enfans, qu'après avoir rempli les formalités du culte qu'il profeffe, il s'empreffe de les offrir à la patrie ; en confequence il demande qu'ils foient infcrits par noms & furnoms & datte de leur naiffance fur le regiftre que l'affemblée nationale a décrété devoir être ouvert au greffe de la commune & de lui donner afte de cette infcription.

 Surquoi il obferve que le decret rendu par l'affemblée nationale pour conftater les naiffances, les mariages & les deceds, n'ayant pas été fanftionné & envoyé officiellement, il penfe que le corps municipal ne peut ni ne doit ordonner l'infcription, requerant qu'il foit fait mention honnorable du civifme du fr Baron & que le nom & furnom des enfants dont il fait l'offrande foient infcrits fur le regiftre des déliberations.

 Le corps municipal arrête qu'il fera fait mention honnorable de l'offrande faite par led. Baron à la patrie de Ifaac Marie & Elifabeth Marie fes deux enfants nés le garçon le cinq du courant & la fille le quatre dudit.

PAGE 68 r°.

 * Du fept juillet heure de dix avant midy. Le procureur de la commune

expose que Marie Pailloufe, femme d'Antoine Martin, agée de plus de soixante ans, habitante * du fauxbourg de Boutonnet, vint se plaindre à lui que plusieurs particuliers membres d'une association connue par la denomination du « pouvoir executif » se permirent de se rendre chés elle samedi dernier vers une heure de minuit, qu'ils la forcerent d'ouvrir la porte de sa chambre & se porterent à l'exceder de coups de baton, dont il a vu les meurtrissures, qu'il donna de suitte connoissance de ce délit au juge de paix du domicile de Marie Pailloufe ; qu'il est informé qu'il y a toutes les nuits dans un bouchon situé au quartier du Quarré du roi des rassemblemens où se meditent & se complotent de semblables délits, enfin qu'il est venu à sa connoissance qu'on doit se porter la nuit prochaine au lieu de Grabels.

1792.
PAGE 68 v°.

Surquoi il requiert le corps municipal de prendre les mesures les plus efficaces & de deployer tous les moyens que la loi donne aux autorités constituées pour assurer l'ordre & la sureté dont les citoyens doivent jouir, & de donner connoissance au directoire de district de ce qui interesse le lieu de Grabels pour qu'il y pourvoie.

Le corps municipal rappelle la loi à tous les citoyens, & les invite tous à la faire respecter ; requiert la garde nationale d'arrêter ceux qui oseroient l'enfreindre, & arrête qu'ils seront dénoncés au juge, comme viennent de l'être ceux qui ont commis des voïes de fait à Boutonnet. Arrête en outre que les menaces faites à un village voisin seront denoncées au directoire de district.

Lecture faite de l'arrêté du directoire du district de ce jourd'hui, dont suit la teneur :

Le directoire de district de Montpellier, après avoir entendu le procureur sindic, instruit que le corps municipal de Montpellier pense que le serment federatif qui doit être renouvellé le 14 juillet dans le chef lieu du district, doit être reçu par les officiers municipaux de Montpellier, voulant prevenir toute difficulté longtems avant le jour de la fête, arrête que le maire de Montpellier rassemblera par le jour le corps municipal, à l'effet de faire connoître de suite au directoire les motifs qui appuient son opinion, pour ces motifs être soumis au directoire de departement, afin que le directoire donne ses ordres définitifs sur l'execution de son arrêté du trois juillet.

M. le maire dit :

Une première loi ordonne à tous les François de prêter le serment civique le 14 juillet, dans leur commune, entre les mains de leurs officiers municipaux. Une loi subsequente dit que les gardes nationaux du district se reuniront au chef lieu pour le serment federatif du 14 juillet. Qui du directoire ou de la municipalité doit recevoir le serment civique dans le chef lieu du district ? Telle est la question qui vous est proposée. * Pour la decider, il faut consulter la loi, les principes, l'intérêt public & l'usage.
La loi qui nomme les officiers municipaux est une loi générale, obligatoire pour tous les François, armés ou non armés, de gardes nationaux ou de troupes de ligne sans distinction d'age ni de sexe.
La loi qui indiqueroit le directoire est une loi particuliere qui ne s'applique qu'aux gardes nationaux, qui laisse subsister le serment essentiel des communes, qui semble n'avoir pour objet que de confirmer le principe que les gardes nationales seront organisées par district qui appelle lesd. gardes nationales à se reunir au serment preté au chef lieu.
Les principes sont ceux du serment civique & ceux des fêtes publiques.
Quant au serment, lorsque le peuple le prête & que le peuple le reçoit, c'est en presence & par l'organe des officiers municipaux, ses magistrats directs. Le tribunal criminel du département, le tribunal de district, le tribunal de commerce & le bureau de conciliation qui sont aussi de district pretent ce serment & le demandent aux officiers municipaux du chef lieu, qui representent par une fiction de droit, tous ceux du departement ou du district.

PAGE 69 r°.

1792.

Quant aux fêtes, independament de la police qui exige la prefence & même l'ordonnance des officiers municipaux, il femble que la loi a voulu rallier le peuple autour d'elle & adoucir les travaux de fes organes les plus neceffaires & les plus expofés en cas de trouble, en confiant le foin de ces fêtes aux officiers municipaux.

En general les principes paroiffent être que la loi diftingue les adminiftrateurs & les magiftrats du peuple, les premiers le confeillent, l'adminiftrent, furveillent leurs magiftrats les puniffent ou les fuppleent s'ils manquent à leur devoir; les feconds parlent au peuple, fe confondent avec lui & dirigent tous fes mouvements en les partageant. C'eft dans cette vue que la loi a donné aux uns une marque de diftinction & ne l'a pas donnée aux autres.

Qui eft appellé par l'intérêt public à recevoir le ferment des citoyens? Celui qui eft appellé à le faire executer, & à deployer la force contre fa violation; l'officier municipal, dans un moment de trouble a befoin de dire au citoyen : — ce ferment que vous avez prêté à la loi en ma prefence, où eft le refpect que vous lui devez?

L'ufage eft entierement conforme à l'expofé ci-deffus : deux ferments federatifs ont été prêtés & tous deux ont été reçus par la municipalité.

PAGE 69 v°.
Enfin il ne peut pas y avoir deux fêtes, deux ferments : celui que le diftrict exigeroit de fes deputés n'empecheroit pas * celui que la municipalité eft obligée de recevoir de tous fes citoyens, du corps de fa legion & de fes troupes de ligne. L'unité de la fête s'unit donc aux autres motifs.

Oui & ce requerant le procureur de la commune. Le corps municipal arrête que le dire de M. le maire fera adreffé en réponfe au directoire de diftrict.

PAGE 70 v°.
* Du dix juillet heure de dix du matin. M. le procureur de la commune fait lecture d'une lettre de M. le procureur findic du diftrict & de deux arrêtés qui y étoient joints relativement au ferment federatif du quatorze juillet dont fuit la teneur :

Extrait du procès-verbal des féances du directoire du département de l'Hérault.

PAGE 71 1°.
Du mardi troifieme juillet 1792 l'an 4 de la liberté. M. le fupleant de M. le procureur general findic, fixe * l'attention du directoire fur l'execution des articles 20 & 21, fection 3 de la loi du 14 octobre 1791. Par le premier de ces articles le ferment federatif doit être renouvellé chaque année dans le chef lieu du diftrict le 14 juillet jour anniverfaire de la federation generale : par le fecond il ne doit être fait à l'avence aucune federation particuliere, tout acte de ce genre eft declaré un attentat à l'unité du royaume & à la federation conftitutionnelle de tous les François. Jufqu'à ce jour la fédération avoit eu lieu par cité, & les officiers municipaux avoient reglé & prefidé la fête qu'elle avoit occafionné; mais aujourd'hui l'anniverfaire de la fédération ne doit fe faire que par diftrict & dans chaque chef lieu de diftrict.

Je penfe, Meffieurs, que c'eft aux directoires de diftrict qu'il appartient de regler l'ordre de la fête à laquelle cet anniverfaire donne lieu de convoquer les gardes nationales qui fe trouvent fur leur territoire & je requiers que le directoire de département le déclare ainfi, foit pour éviter qu'en contravention à la loi il y ait encore de federation par cité, foit pour prevenir les altercations auxquelles pourroient donner lieu la croyance où pourroient être encore quelques communes, que c'eft aux municipalités à regler la fête qui accompagne l'anniverfaire de la fédération.

Ledit directoire de département adopte les réquifitions du fuppléant du procureur général findic, arrête en confequence, que les directoires de diftrict, chacun dans leur territoire refpectif, ordonneront & regleront tous les details de la fête pour l'anniverfaire de la fédération qui doit avoir lieu le 14 juillet dans la cité ou lefd. directoires tiennent leur féance, fauf à eux à déléguer aux municipalités les détails & à les prevenir des difpofitions qu'ils auront arrêtées, pour qu'elles puiffent pourvoir à toutes les fubfiftances neceffaires & prendre toutes les mefures de police les plus propres à maintenir l'ordre & la tranquilité publique.

Arrete que le prefent fera de fuitte adreffé par le procureur general findic, aux procureurs findics des diftricts, à l'effet par ceux-ci de le tranfmettre fans délai aux municipalités. Pour expedition. Signés : Caftilhon, vice préfident; Bougette, fecretaire general.

Extrait du procès-verbal des féances du directoire de département de l'Hérault, du mardi 3 juillet 1792 l'an 4 de la liberté.

Le directoire de diftrict de Montpellier, après avoir entendu le procureur findic, voulant executer l'art. 20 de la fect. 3e de la loi du 14 octobre 1791 & l'arrêté du département du 3 juillet; confiderant comme la plus douce recompenfe de fes travaux l'honneur d'être appellé par la loi à préparer la fête du 14 juillet, fête qui par les éternels fouvenirs qu'elle retrace & par les liens précieux qu'elle refferre, ne fauroit paroitre indifférente ni aux amis ni aux ennemis de la liberté, s'empreffe d'arrêter quelques * difpofitions generales ainfi qu'il fuit :

PAGE 71 v°.
ARTICLE PREMIER. — Le procureur findic requerra les commandans des divers bataillons compofant la garde nationale du diftrict de Montpellier d'affembler toutes les compagnies qui compofent leur bataillon refpectif, à l'effet par chacune d'elles de deputer trois citoyens tirés de leur fein par la voie du fort, pour

Livre premier. — Seconde partie.

les representer à la ceremonie de la federation qui aura lieu le quatorze juillet à Montpellier & preter en leur nom le ferment federatif.

II. — Les gardes nationaux ainſi appellés, étant requis en vertu d'une diſpoſition preciſe de la loi, feront logés chés les citoyens, ainſi qu'il eſt d'uſage pour les troupes de l'etat qui paſſent momentanement dans une commune.

III. — La garde nationale de Montpellier ſera requiſe toute entiere dans la perſonne de ſon chef, pour ajouter par ſa preſence à l'éclat de la cérémonie; & néanmoins, les deputés ſortis de ſes diverſes compagnies, ſeront placés avec ceux des autres cantons du diſtrict.

IV. — Les veterans des divers cantons, où de ſemblables compagnies ont eté formées, ſeront invités particulierement à ſe trouver à la fête du 14 juillet, pour y jouir de l'honneur qui leur eſt accordé par la loi, d'être appellés les premiers au renouvellement de la fédération générale.

Le directoire du département de l'Hérault, les adminiſtrateurs du conſeil de ce département reſidant à Montpellier, les adminiſtrateurs du conſeil du diſtrict, le conſeil general de la commune de Montpellier, le tribunal criminel du département de l'Hérault, le tribunal civil du diſtrict de Montpellier, le tribunal de commerce, les juges de paix de Montpellier, le tribunal de conciliation, le commandant des troupes de ligne de reſidence à Montpellier, avec ſes regimens ſous ſes ordres en garniſon dans cette ville & la gendarmerie nationale ſeront ſpécialement invitées à ſe rendre le 14 juillet au champ de la fédération.

V. — Le directoire adreſſe par le preſent arrêté une invitation générale à tous les fonctionnaires publics du diſtrict de ſe rendre à Montpellier, pour le quatorze juillet, à moins que l'intérêt public des lieux où ils ſont fixés, vu l'exercice de leurs fonctions n'exige que leur preſence n'y ſoit point interrompue.

La fête eſt purement civique; mais le directoire voulant rendre un hommage particulier à des eccleſiaſtiques qui ont montré un devouement rare à la conſtitution, qui ſont recommandables par leurs vertus perſonnelles, & qui ont manifeſté hautement leurs ſentimens dans des tems d'orages, a arrêté d'inviter nommement les cinq curés de la ville de Montpellier à la ceremonie de la federation.

* VI. — Tous les citoyens ne pouvant être appellés à la ceremonie qui aura lieu à Montpellier, cheſ-lieu du diſtrict, les gardes nationaux qui ne ſe rendront pas dans cette ville, ſont invités à ſe rendre tous avec leurs officiers au chef-lieu de chaque canton pour s'y former en bataillon & y prêter le ferment de la fédération.

PAGE 72 r°.

VII. — M. Joubert, membre du directoire, & M. Demoulin, membre du conſeil general de la commune de Montpellier, ſont nommés commiſſaires pour preparer les details de la fête, faire toutes les invitations determinées par le preſent arrêté, faire conſtruire & orner l'autel federatif, determiner enfin avec la municipalité & le commandant de la garde nationale de Montpellier, des diſpoſitions telles que l'enſemble de la fête preſente un ordre naturel & facile, ſans aucune apparence de préférence ni d'apprêt.

Le directoire déclare au ſurplus, que pour retracer d'une maniere plus ſenſible l'égalité, baſe eſſentielle de notre conſtitution & la fraternité qui eſt jurée dans le jour de la fédération, qu'à l'exception des veterans qui doivent être placés les premiers près de l'autel de la patrie & hors des diverſes gradations établies par la loi entre les autorités conſtituées, il n'y aura aucun ordre de rang préétabli pour la ceremonie.

VIII. — La municipalité de Montpellier eſt ſpecialement priée de ſe livrer à tous les ſoins de la police de ſureté, & le directoire compte ſur ſon zele pour toutes les meſures qu'elle pourra juger convenables de prendre, ſoit pour les ſubſiſtances, ſoit pour le logement des gardes nationaux étrangers & pour l'illumination de la cité.

IX. — Le commandant militaire ſera requis de faire tirer le canon d'heure en heure le jour de la fédération & de faire ſuivre la preſtation du ferment fédératif d'une decharge générale.

X. — Le directoire eſt convaincu que le plus bel ornement des fêtes d'un peuple libre eſt l'affluence, le concours, l'exploſion de la joie du peuple entier; deux années d'experiences lui donnent droit de compter que les démonſtrations des ſentimens purs qui animent les habitans du diſtrict embelliront une fête qui eſt la fête du peuple; tous ſes amis ſentiront qu'il eſt grand & digne de nous livrer à des rejouiſſances paiſibles & brillantes en l'honneur de la liberté au milieu des attaques de l'Autrichien & des conſpirations intérieures; le peuple reconnaîtra qu'il n'eſt pas de moment où l'ardeur de ſon patriotiſme doive ſe développer davantage que celui où cette ardeur ſi naturele aux ames élevées fournit pature à la calomnie des ennemis de la revolution & de ſes amis hypocrites, qui, ſous le voile du modérantiſme, cachent ou la foibleſſe de leur caractere ou la perverſité de leurs projets.

Le directoire arrête, que le procureur ſindic déjà chargé par le directoire de département d'envoyer aux municipalités ſon arrêté du trois juillet, le fera imprimer ſur le champ avec le preſent arrêté, & les enverra, ſans aucun délai, à toutes les municipalités du reſſort.

* M. le maire fait enſuite deliberer ſur les requiſitions & invitations à faire ſur le logement des fédérés, l'ordre & la pompe de la fête. Il a été arrêté.

PAGE 72 v°.

1° De requerir la légion, les troupes de ligne & la gendarmerie nationale. 2° D'inviter le tribunal criminel, le tribunal du diſtrict, le tribunal du commerce, le bureau de conciliation, les juges de paix & leurs aſſeſſeurs,

1792. les fonctionnaires du canton par commune, les officiers de la garnison, les officiers du genie, les officiers de la gendarmerie nationale & les six curés avec lsurs vicaires. 3° De loger les fédérés chés les citoyens. 4° D'inviter à fermer les boutiques & à illuminer le soir. 5° De faire preparer un autel & une musique militaire. 6° De demander que les canons de la citadelle tireront une salve d'artillerie vendredi prochain à sept heures du soir pour annoncer lad. fête, que le lendemain depuis cinq heures du matin jusques à midi il sera tiré un coup de canon d'heure en heure & à midi heure du ferment une décharge générale.

Le corps municipal fait publier l'avis suivant :

Citoyens, nous celebrons samedi la fête de la liberté & de la federation françoise, leur alliance étoit naturelle; l'amour de nos freres & celui d'une liberté, d'une égalité commune sont le même sentiment : qu'ils éclatent ensemble.! embellissons ce jour par l'amitié, honnorons le par les vertus que la liberté inspire.

Pour célébrer une fête nationale qui appartient à tous, & qui, sous ce rapport autorise l'administration à demander des signes exterieurs de solennité :

Les boutiques seront fermées, sans arrêter néanmoins les travaux de la campagne, ni même ceux de la ville dans l'intérieur.

Le soir les maisons seront illuminées. Les fédérés du district seront logés chés le citoyen; auquel effet on recevra au greffe les offres de logement, l'ordre du tableau supléant s'il y a lieu.

PAGE 73 r°.   * Du onze juillet heure de cinq de relevée. Le conseil général assemblé. M. le maire expose les dangers qui menacent la patrie & les mesures que le corps municipal croit devoir proposer pour les prevenir. — Il est pris l'arrêté suivant :

Le conseil general de la commune, délibérant sur les mesures de force & de surveillance qu'exige le maintien de la liberté & celui de l'ordre public si inséparablement unis ; voulant prevenir les dangers afin de n'être pas obligés de les repousser & considérant que l'action severe de la loi, confiance des bons & effroi des mechans, sera la sauvegarde de tous les citoyens.

Arrête pour mesures générales, que le directoire de departement ayant deja mis toutes les gardes nationales en état de réquisition, il sera invité à établir des postes ou vedetes à toutes les entrées dans le departement & des courriers qui accelerent sa correspondance avec les administrations & points principaux, & à s'assurer de la quantité suffisante & de la sureté des cartouches, balles & boulets dans le magazin national.

Arrête pour mesures locales : 1° que la légion sera assemblée pour augmenter, s'il est possible, son courage & sa fraternité, par les motifs si dignes d'elles, que les circonstances presentent; 2° que la legion formera dans son sein, un bataillon de campagne, toujours prêt à partir, lequel s'organisera & s'exercera de suite & sera pourvu par la commune, sauf remboucement par la nation, des sabres, gibernes, sacs & souliers necessaires à sa marche, auquel effet, chacun des neuf bataillons de la légion formera sur le champ & presentera à la municipalité une compagnie de soixante deux hommes & huit grenadiers qui, par la reunion formeront la compagnie de grenadiers du bataillon ; 3° que tous les citoyens, sans exception, tant aubergistes ou hotes de chambres garnies, que proprietaires ou locataires de maison, declareront au greffe de la maison commune l'arrivée & le depart de tous les étrangers qu'ils ont ou qu'ils auront chez eux, sous peine de cinquante livres d'amende & même de detention municipale s'il y a lieu.

Charge les commissaires de police de prendre connoissance desdittes déclarations & de s'assurer de leur verité.

PAGE 73 v°.   Invite les citoyens à denoncer les contraventions, déclare que la surveillance & l'activité de l'administration sera * permanente & les officiers municipaux & de police seront constamment à la maison commune le jour & la nuit, l'ordre soutiendra leur courage, & tant qu'il regnera, ils ne se sentiront pas de leurs fatigues. Ils conjurent tous les bons citoyens à seconder & recompenser leurs efforts par leur union, leur confiance & leur soumission à la loi.

Et sera le present arrêté, imprimé, lu, publié & affiché par tout ou besoin sera.

PAGE 74 r°.   * Du treize juillet heure de dix avant midy. * M. Estorc, chef de la
PAGE 74 v°.   legion, est introduit & présente une réquisition que le district vient de lui adresser, en execution d'un arrêté du département, sur la demande du

departement de la Lozere, à l'effet de faire partir sur le champ un bataillon de la legion pour Villefort, pour arrêter les complots contrerevolutionnaires & la guerre civile qu'on cherche à commencer dans ce pays là & à Jalés.

1792.

M. le maire met fur le champ aux voix, la formation, l'equipement, la folde & l'indemnité dud. bataillon. Il eſt arrêté ſur la formation que le bataillon ſera formé d'une compagnie de chaque bataillon & aura à ſa tête un officier de l'état major. — Sur l'equipement que le corps municipal n'ayant pas le tems de le completer tout de ſuite, il ſera completé par emprunt mutuel & arrangement amiable entre les volontaires, ſauf reſtitution & remplacement par la commune en cas de perte conſtatée ſur la ſolde, qu'attendu les embarras où le departement de la Lozere pouvoit ſe trouver, le directoire ſera invité * à en faire faire l'avance par le receveur du diſtrict. Et ſur l'indemnité, que le bataillon requis étant dans le cas prevu par la ſouſcription pour la haute paye, ladite haute paye étoit donc due tant aux volontaires qu'à leur famille, & qu'en conſequence le treſorier de lad. ſouſcription remetra mille ecus au chef du bataillon qui en rendra compte à ſon retour.

PAGE 75 r°.

Et attendu l'inconvenient grave & le danger même que la commune n'ait pas en ſon pouvoir l'equipement d'un bataillon de campagne, le bureau eſt autoriſé, en vertu de la deliberation du conſeil general à paſſer tous les marchés & donner tous les ordres & toutes les commiſſions neceſſaires pour ſe procurer le plus promptement poſſible les ſabres, gibernes, facs, ſouliers & guêtres neceſſaires à l'armement & equipement d'un bataillon complet, comm'auſſi deux cens fuſils & cent mille cartouches néceſſaires à la ſureté publique.

Du quatorze juillet heure de onze avant midi. Le conſeil general aſſemblé. * Le procureur de la commune donne lecture d'un arrêté du directoire du département du jour d'hier. Suit la teneur :

PAGE 75 v°.

<small>Vu l'arrêté du directoire de diſtrict de Montpellier pris ſur l'execution de celui du directoire du departement de la nuit derniere, relatif à l'envoi d'un bataillon de gardes nationales à Villefort. Le directoire de département approuve & confirme les ſages diſpoſitions faites à ce ſujet par le directoire du diſtrict de concert avec la municipalité & le chef de la garde nationale de Montpellier. Il conſigne ici toute ſa ſatisfaction du zele & l'activité que ces corps ont mis dans l'execution de ſon arrêté, déclare que c'eſt ſur la confiance qu'ils ſavent ſi bien inſpirer à nos braves gardes nationales & à tous les bons citoyens que le département fonde l'eſpoir qu'il a de maintenir l'ordre dans le ſein de la cité & de porter au dehors des armes victorieuſes de toute rebellion à la loi.</small>

Le conſeil mêle les temoignages de ſa ſatisfaction à ceux exprimés par le directoire & ordonne la tranſcription de l'arrêté dans ſon procès-verbal.

Suit le procès verbal de la federation du diſtrict de Montpellier :

<small>L'heure de la fédération étoit arrivée, les fédérés du diſtrict, la legion & les troupes de ligne de la commune, une foule immenſe de citoyens & de citoyennes étoient aſſemblés au Champ de Mars.

Le conſeil general s'eſt mis en marche, au milieu des corps adminiſtratifs, de la plupart des maires, officiers municipaux & fonctionnaires publics du diſtrict, des corps judiciaires, des officiers civils & militaires & des curés de la commune que le conſeil avoit invités.

MM. les vétérans du diſtrict de la commune reunis, formoient la garde d'honneur.

Arrivés à l'autel de la patrie, qui étoit placé auprès de la colonne de la liberté & au milieu de ſes défenſeurs & de ſes amis.</small>

1792.

PAGE 76.

Le procureur de la commune a requis le ferment en ces termes :

« Citoyens, l'anniverfaire de la conquête de la liberté vous reunit autour de l'autel de la patrie ; mais pourquoi faut-il dans ce jour folennel que des idées affligeantes viennent meler leur amertume à l'allegreffe publique ? L'ariftocratie confpire toujours au dehors ; elle s'agite, elle aiguife fes traits ; la rage de nos ennemis s'accroit & s'envenime. Jaleſs ofe lever une tête hardie & feditieufe ; de laches confpirateurs agitent le departement de la Lozere, la patrie eſt en danger ; que faire dans ces périls ? Citoyens une ame libre * ne craint pas de dire la verité, elle eſt pour un magiſtrat le devoir le plus facré, voulés vous rendre leurs efforts impuiffans, n'ayons qu'une opinion, qu'une volonté, celle de la loi, & nos ennemis fe diffiperont, comme le fable dont les vents fe jouent.

« La liberté, la loi, voila quel doit être notre cri ; du patriotifme chaud, mais bien dirigé ; de l'union entre les françois, voila notre devoir & toutes les puiffances de la terre mordront devant nous la pouffière.

« Periffent mille fois, avant de voir reuffir leurs projets, les laches qui veulent le rétabliffement des ordres, des privileges & des abus de l'ancien régime ; fans l'égalité, il n'eſt point de liberté ; mais ceux la ne feroient pas moins coupables qui voudroient amener l'etat à fa ruine par les diffentions & par l'anarchie. L'anarchie ! elle conduit à l'efclavage.

« Puiffent tous les françois reconnoître ces grandes vérités ! vous les profeffez, vous foldats citoyens, dont le devouement eſt le premier rempart de la liberté ; & tandis que vos freres d'armes accourant au fecours des contrées menacées par nos ennemis du dedans, vont cueillir cette gloire qui a fait donner à jufte titre à la legion de Montpellier, le furnom honnorable d'arbitre de la paix chez fes voifins, vous venez par votre préference & votre courage remplir la confiance de vos magiſtrats, de vos adminiſtrateurs, de toutes les autorités conſtituées de nous tous qui prefererions, comme vous, la mort à l'efclavage. Mais le moment eſt arrivé, l'aſtre du jour eſt au milieu de fa courfe ; citoyens, adreſſons nos vœux à l'être fuprême pour les fuccès de la gloire & des armes du nom françois, pour le maintien de notre liberté & pour le triomphe de la loi : promettons lui refpect pour la conſtitution que nous nous fommes librement donnée, obeiffance pour les autorités conſtituées & renouvellons ce ferment facré qui ne fait de tout l'empire qu'une famille d'amis & de frères. »

Le maire de la commune a prefenté au peuple le livre de la loi, & avant de prononcer, en fon nom, le ferment de lui être fidele, il a dit :

« Frères & amis, célébrons l'anniverfaire de notre liberté. C'eſt un jour de gloire par les fouvenirs qu'il rappelle, un jour de bonheur par les émotions qu'il excite, un jour de vertu par le ferment qu'il reçoit ; en ce jour memorable, fiers de la liberté, fentons en tout le prix heureux de la liberté, goutons en tout les charmes meilleurs par la liberté, pratiquons les vertus qu'elle infpire.

Eh ! quelle vertu n'infpire-t'elle pas ? Le courage ? L'homme libre veille, combat & meurt pour fa patrie. La juſtice ? Plus il fent fes droits, plus il refpecte ceux des autres. L'humanité ? Peut-il ne pas chérir des freres, citoyens comme lui, ou magiſtrats de fon choix fans diſtinction qui l'en fépare, fans vanité qui l'humilie, fans prejugé qui le repouffe. La bienfaifance ? à l'abri des befoins du luxe, il fatisfait ceux de fon cœur, il obeit à la loi ; elle eſt fon ouvrage, elle maintient fa liberté, fa fureté, fon bonheur. Il a des mœurs : elles lui donnent & cette eſtime de foi-même qui eſt la fource du vrai courage, & cette eſtime du public qui en eſt la récompenfe, elles nourriffent dans fon ame cette vigueur, cette independance, qu'exige la défenfe de l'ordre & des loix ; fort de fon integrité morale qui garantit fon integrité politique * il s'éleve fans crainte contre tous les partis, & la tirannie & la licence font également l'objet de fes combats.

PAGE 76 r°.

« O liberté ! Source intariffable des fentimens les plus doux & des vertus les plus fublimes ; toi que nos cœurs adorent & que notre conduite outrage, quand ferons nous dignes d'être tes enfans ? Quand fuivrons-nous les principes que tu nous fais admirer ? Semblable au cultivateur dont les premiers travaux fécondent les ronces dans le champ qu'il vient de défricher, n'a tu pénétré nos ames de chaleur, que pour y faire fermenter les vices que la fervitude y avoit dépofés ? La fervitude eſt détruite & fes mœurs fubfiſtent encore, fes mœurs, plus fortes que fes remparts ont furvécu à leurs ruines, elles affervissent la liberté ; elles commandent à fes loix.

« Libres, nous devrions ne fentir que les affections généreufes & fraternelles ; efclaves, les paffions viles ou haineufes nous dominent. Libres, nous devrions ne ferrer & ne former qu'une maffe contre l'ennemi commun ; efclaves, nous épuifons nos forces les uns contre les autres. Libres, nous devrions couvrir nos repréfentans de nos vœux, de nos efforts, de nos acclamations ; efclaves, tandis que leur eloquence nous défend, nous écoutons la calomnie qui les outrage. Libres nous devrions trouver dans la loi dont ils font l'organe, une regle fure pour nos actions, pour nos fentimens ; efclaves, nous oublions dans d'interminables querelles, ce qu'il faut faire & qu'il faut aimer ; l'ami & l'ennemi, le bien & le mal public ; le peuple & les factions font des myſtères pour nous.

« Oh ! qui eclaircira nos doutes, qui fixera nos incertitudes, qui guidera notre courage ? La loi. Elle eſt notre regle, notre force, notre bonheur ; fans hypocrifie comme fans fureur, avec fermeté, loyauté & juſtice, nous ferons invincibles. Ah ! quand le vaiffeau de l'etat eſt batu par l'orage, rallions autour de la loi, autour de fes organes, nos opinions particulières, comme le pilote pendant la tempête, replie autour du mat les voiles flotantes, de peur que trop agitées par les vents, & entrainant le vaiffeau loin de fa route, elles ne le brifent contre les ecueils.

« Fermes, mais juſtes ; inebranlables, mais fideles, dévouons nous pour la liberté, fans trahir nos fermemens ; dévouons nous pour le peuple, fans difpofer de fa volonté. C'eſt à fes repréfentans que fa volonté fut remife ; qu'ils la proclament, nous la fuivrons ; balancer en la connoiffant feroit un crime, agir en la prevenant, une revolte.

« Les loix politiques ont pu changer ; les loix morales font toujours les mêmes. Elles ne font pas le

fruit d'une convention, la nature les grava dans nos cœurs; la conftitution françoife vient de naitre ; 1792.
l'humanité, la juftice, le refpect des perfonnes & des propriétés font de tous les tems, & ici point d'incertitudes, point d'intrigues cachées; il n'y a pas deux côtés dans la confcience. Les paffions parlent, la confcience décide. Image fans doute de l'unité avec laquelle le vœu national doit fe prononcer au milieu des intérêts qui le combattent.

« Suivons donc tous enfemble & d'un commun penchant les lois civiles & morales. Nos lois politiques y gagneront encore ; plus nous ferons juftes & humains, plus nous ferons libres.

« Citoyens fédérés que la loi de la patrie a appellés dans nos murs, quel bonheur pour vos freres de vous voir dans cette enceinte, avec eux réunis ! De tous les biens que la conftitution nous a faits, le plus cher à nos cœurs fut celui qui reffera nos nœuds. Heureufe l'occafion qui nous permet * de nous rejouir PAGE 77 r°. enfemble, de nous féliciter tous d'un bonheur qui nous eft commun, de cette fociété fentie que des rapports veritables, que des intérêts partagés ont à jamais établie entre nous ! Vive la liberté, l'egalité qui nous raffemblent. Oui nous fommes faits pour la liberté, pour l'égalité, j'en attefte vos cœurs pénétrés, comme le mien de plaifir, de gloire & de fraternité. Sauvons la liberté, l'egalité, fources de tant de biens, fauvons-les des combats qu'on leur livre & des pieges qu'on leur tend. Jurons de nous aimer, de nous défendre toujours ; de vivre & de mourir en freres & en hommes libres. La liberté, l'egalité, voila nos dieux, nos fermens ; nous leur ferons fideles. Au nom de tous, j'en vais prononcer l'engagement.

« Nous jurons d'être à jamais fideles à la nation, à la loi & au roi. De maintenir de tout notre pouvoir
« la conftitution décrétée par l'affemblée nationale & acceptée par le roi. De protéger conformément aux
« lois, la fureté des perfonnes & des propriétés, la circulation des grains & fubfiftances dans l'intérieur
« du royaume. La perception des contributions publiques fous quelques formes qu'elles exiftent ; de
« demeurer unis à tous les françois par les liens indiffolubles de la fraternité. »

Auffi-tôt toutes les mains, toutes les voix, élevées vers le ciel, n'ont préfenté qu'un fpectacle, n'ont fait entendre qu'un cri, celui de l'amour de la liberté & du refpect pour la loi. Le ferment de tous a été un feul ferment.

L'artillerie, la mufique, les acclamations ont donné à ce moment une beauté & un charme que rien ne peut décrire & que les peuples libres peuvent feuls imprimer à leurs fêtes.

On a chanté enfuite une hymne à la liberté, que M. Ligon, organifte d'Alais, a donné à la legion de Montpellier, & le champ de guerre de l'armée Luckner, dont les citoyens & citoyennes qui le favoient par cœur repetoient à l'envi le refrein de cette force & cette douceur dont l'alliance eft fi delicieufe.

L'affemblée eft retournée à la maifon commune & rendue à la falle du confeil general, elle s'eft féparée.

* Du dix fept juillet heure de cinq de relevée. Le confeil général & les PAGE 77 v°. chefs de la legion extraordinairement affemblés. M. le maire dit qu'un courrier extraordinaire vient de porter au département la déclaration de l'affemblée nationale, comme la patrie eft en danger, que la nouvelle qui s'en eft repandue, oblige à prendre des mefures avant même que le décret ait été envoyé officiellement. Auffi-tot le confeil par un mouvement unanime fe leve entier & renouvelle le ferment de vivre libre ou de mourir. Après quoi, le confeil fe rend permanent & invite les chefs de la legion & des bataillons à affifter à fes féances. Il fixe fes féances le matin à onze heures & le foir à cinq heures; il nomme MM. Brunet, Berthe, Devals, officiers municipaux, Thibal, Pagès, Demoulin, Beleze, Brouffon & Molinier, notables, commiffaires à l'effet de recueillir chaque jour avec les commiffaires de police tous les renfeignemens neceffaires à fes délibérations, comm'auffi de preparer & d'executer lefdittes deliberations, & arrête qu'il y aura jour & nuit, des membres du confeil de fervice à la maifon commune.

Un membre ayant enfuite propofé la publicité des féances, il eft reconnu que la publicité préfente en general les plus grands avantages en inftruifant le peuple, en lui montrant le zele de fes magiftrats & en concentrant autour de la loi & de fes organes cette activité inquiete que le peuple ne peut qu'avoir dans le danger de fa liberté. Cependant comme le confeil va être effentiellement furveillant, qu'il aura à s'occuper des perfonnes & à prendre

1792.   des mesures delicates, que la trop grande publicité pourroit faire avorter, le conseil arrête d'atendre l'envoi de la loi sur la publicité.

Page 78 r°.   Le conseil charge le comité de lui presenter à la séance de demain l'inventaire de toutes les armes qui sont chés les marchands & armuriers de la ville & avant de suspendre sa * séance, le conseil arrête de communiquer au district & au département les mesures qu'il vient de prendre, de les assurer de ses sentimens d'union, & de sa fidelité à executer leurs ordres.

Du dix huit juillet heure de onze avant midi. Le conseil permanent & les chefs de la légion assemblés. L'officier municipal de tour dit que la nuit a été très tranquile, que les patrouilles ont été faites avec beaucoup d'exactitude & qu'on ne s'est pas apperçu du moindre mouvement.

M. le procureur de la commune remet sur le bureau le paquet renfermant le décret de l'assemblée nationale du 8 de ce mois qui fixe les mesures à prendre quand la patrie est en danger, il dit qu'il importe de donner à la publication qui doit en être faite toute la solennité possible.

Page 78 v°.   Le conseil general renvoye la publication à ce soir, six heures * arrête qu'il y assistera en corps, que les chefs de la legion & les commissaires de police y seront invités.

M. le maire donne lecture d'une adresse aux citoyens pour les prevenir que le conseil general de la commune, s'est declaré permanent, de ce qu'il a fait & de ce qu'il se propose de faire pour conserver la tranquilité dans la cité & de ce que eux à leur tour doivent faire pour la maintenir.

Le conseil general adopte l'adresse dont suit la teneur :

Citoyens, l'assemblée nationale declare que la patrie est en danger. Cette declaration provoquée par nos ennemis, a pour objet de nous rallier contr'eux.

Ce n'est point un cri d'allarme, c'est celui de la réunion, du deploiement de toutes nos forces, & de ce respect pour la loi, sans lequel nos forces mêmes seroient inutiles, remplissons tous le vœu de l'assemblée nationale, vous, citoyens, en vous armant pour la loi, en vous tenant prets à son premier signal, en maintenant l'ordre & l'union dans la cité. Nous en executant toutes les mesures, & prenant toutes les precautions qu'exige une juste defense contre l'ennemi du dehors, & une surveillance nécessaire contre l'ennemi du dedans.

Le département, le district, le conseil de la commune, les chefs de la légion sont assemblés ; tous patriotes, tous unis, tous forts de leur ferment, de leur volonté, de votre confiance; ils la meritent, citoyens, brulans comme vous de patriotisme, n'aspirant qu'au bonheur de mourir à leur poste en sauvant la liberté, l'égalité; ils ne demandent que votre confiance, & ils n'en useront que pour la justifier.

Pendant que nous déliberons sur la sureté générale & la sureté particulière de notre cité, il sera bien encourageant pour nous de penser que l'execution de nos mesures sera confiée à nos braves frères d'armes. Ils ont porté la paix chéz tous nos voisins, pourroient-ils ne pas la conserver dans nos murs ? Les departemens les plus éloignés se sont crus tranquiles en les appelant un moment. Pourrions nous ne pas l'être, nous qui les possédons toujours ? Ah ! leur gloire, comme leurs plus chers interets garantissent notre tranquilité. Nos femmes, nos enfants, les leurs qui se sont si souvent associés à leur gloire, vont plus que jamais en recueillir les fruits ; en jouissant de leurs succès, ils jouiront de leurs services.

Page 79 r°.   Citoyens, notre cause trouve sa plus grande force dans sa justice. Montrons nous dignes d'elle, & elle triomphera. La raison, le courage, la loi, voila nos armes. Couverts * de ces armes nous serons vainqueurs.

Suit la teneur d'un avis important :

Tous les citoyens sont tenus de porter la cocarde nationale (art. 16 de la loi).

Tous les citoyens sont tenus de déclarer devant leurs municipalités respectives, le nombre & la nature des armes & munitions dont ils seront pourvus. Le refus de déclaration, vu la fausse déclaration dénoncée & prouvée, seront punis par la voie de la police correctionnelle ; savoir dans le premier cas, d'un emprisonnement dont le terme ne pourra être moindre de deux mois, ni exceder une année ; & dans le second cas, d'un emprisonnement dont le terme ne pourra être moindre d'une année, ni exceder deux ans (art. 4).

Cette declaration des armes & des munitions doit être faite d'ici à lundi prochain 23 juillet, pour tout

délai. Ces citoyens gardes nationales la feront chés leur capitaine & les citoyens non gardes nationales chez le commiffaire de police de leur arrondiffement.
Ceux qui laifferoient paffer led. delai fans faire leur déclaration auroient encouru les peines portées par la loi.

1792.

Un membre denonce le fr Breton, coutellier de cette ville, il dit que dimanche dernier fit huit jours fur les fept heures du foir étant au plan d'Agde, ledit Breton avoit crié : « Vive les ariftocrates, au diable les democrates ! », que ce propos avoit été tenû en prefence de temoins, qu'il feroit dangereux de le laiffer impuni, propofant que le fr Breton & les témoins foient mandés.

Le fr Breton & l'un des temoins annoncés & introduits le temoin lui a foutenu en face qu'il avoit tenu les propos & que le fr Eftor qui avoit connu le danger auquel il s'expofoit, l'avoit entrainé dans la maifon du fr Martin.

Le fr Eftor mandé & interrogé fur ce fait en a convenu.

Le confeil general, convaincu de la verité du fait, condamne led. fr Breton à huit jours de prifon, l'exorte à être plus circonfpect à l'avenir, & que fon jugement fera imprimé, lu, publié & affiché aux endroits accoutumés.

Un membre dit que dans les circonftances actuelles, il importe non feulement à la fureté publique, mais encore à la proportion qui doit être obfervée lorfqu'on commande les citoyens actifs, d'en connoitre le nombre, il propofe en confequence d'écrire à ceux des commiffaires de police qui n'ont pas encore remis l'état général & défignatif des citoyens de leur quartier qu'ils veuillent bien s'en occuper de fuite & faire en forte que tous les etats foient remis * famedi matin. Cette propofition eft délibérée.

Du dix neuf juillet, heure de onze avant midi. Le confeil permanent & les chefs de la légion affemblés. M. le maire propofe un projet d'adreffe à l'affemblée nationale pour obtenir la ceffion des chemins couverts & la deftruction des parapets à feu de la citadelle ; il met fur le bureau l'avis motivé & favorable des colonels directeurs du genie & de l'artillerie.

PAGE 79 v°.

Le confeil adopte l'adreffe & en ordonne le plus prompt envoi au diftrict & au département pour la tranfmettre avec leur avis, à l'affemblée nationale. Suit la teneur :

Legiflateurs, vous avez une citadelle. Vous l'avez confervée en troifieme ligne & pour depot ; cependant elle a du coté de la ville feulement des chemins couverts & des parapets à feu. Ces chemins couverts, auffi imparfaits qu'inutiles, occupent le feul terrein où nous puiffions faire un Champ de Mars. Nous demandons qu'ils foient à notre difpofition. Ces parapets à feu, n'exiftent que du côté de la ville & ne menacent qu'elle. Nous demandons qu'ils foient détruits.

En nous cedant les chemins couverts, vous recompenferés notre brave garde nationale, vous affurerés fon inftruction, &, en contribuant à l'ornement de la cité, vous la reftituerés dans un terrein qui n'a pas ceffé de lui appartenir, puifqu'elle n'a pas ceffé d'en payer la taille.

En ordonnant la deftruction des parapets, vous pourvoirés à notre fureté, des traitres pourroient s'en fervir contre nous, à notre tranquilité, ils ont plus d'une fois occafionné du mouvement, & à notre honneur. Une ville auffi devouée à la liberté ne doit plus avoir fous fes yeux des armes infultantes, quand elles protegeoient, dangereufes depuis qu'elles menacent.

En confequence nous vous demandons la difpofition des chemins couverts & la deftruction des parapets à feu dirigés fur la ville. La citadelle deviendra du côté de la ville, ce qu'elle eft de partout, un magazin fortifié.

* Du dix neuf juillet heure de cinq de relevée. Le confeil permanent

PAGE 81 r°.

1792. assemblé avec les chefs de la légion. Le comité de surveillance observe qu'il existe des citoyens dangereux ennemis de la liberté & de la sureté publique, qu'il importe que le département prenne une mesure générale qui puisse ou les intimider, ou même intercepter leurs communications seditieuses. Le conseil general arrête d'inviter le conseil du département à prendre cet objet en considération & de determiner une mesure qui previenne ou reprime les complots des mauvais citoyèns, tant prêtres insermentés que tous autres.

Page 81 v°. * Du vingt juillet heure de sept du matin. Le conseil permanent assemblé.
Page 82 r°. Sur le rapport fait que le comité de surveillance fut * prevenu hier que dans une maison particuliere, le f^r Cuminal, instituteur public, avoit chanté une chanson, dont il se disoit l'auteur, très-incendiaire & capable de troubler la tranquilité publique, qu'un membre de ce comité s'étant rendu chés lui & l'ayant interrogé sur le fait de la dénonce, il s'étoit convaincu par la maniere dont il s'étoit défendû que le fait étoit vrai, que pressé de l'avouer il en avoit convenu, que l'ayant invité de se rendre avec lui à la maison commune il y étoit venu, que interogé de nouveau sur les faits que le comité avoit recueillis il s'étoit non seulement avoué l'auteur de la chanson, mais qu'il s'étoit encore trouvé sur lui deux autres chansons & un ouvrage intitulé *Neuvaine à St Roch*, que les deux chansons étoient très inconstitutionnelles & l'ouvrage ayant pour objet de faire regarder la revolution comme une peste, puisque les neuvaines à St Roch ont pour objet d'en preserver, & comme dans les circonstances actuelles il importe d'en imposer aux ennemis de la chose publique & de faire punir ceux qui se rendront coupables de provocations il propose de denoncer le delit dont le f^r Cuminal s'est rendu coupable au juge de paix de son arrondissement. Le conseil general autorise le procureur de la commune à dénoncer le f^r Cuminal au juge de paix de son arrondissement & à le poursuivre comme auteur, colporteur & distributeur d'écrits & chansons anticonstitutionnelles & capables dans les circonstances actuelles de troubler la tranquilité publique, le charge en outre de poursuivre du corps administratif l'autorisation du présent arrêté.

Sur le rapport du même comité que hier au soir des chasseurs du premier bataillon de Provence étoient venus denoncer M. Martiny, commandant du détachement en garnison à la citadelle, sur ce qu'étant un jour dans l'intérieur de la citadelle il leur avoit dit qu'il étoit si esclave de la subordination, que si ses superieurs lui ordonnoient de braquer les canons sur la ville il le feroit.

Que les temoins mandés à la séance, interogés de nouveau sur le fait de la denonce, avoient en confirmant le propos, ajouté que lorsque M. Martiny l'avoit tenû, c'étoit à la suite d'une conversation qu'il avoit eue avec les chasseurs pour les exhorter à la discipline & à l'obeïssance & que c'étoit moins dans l'intention de faire du mal que pour leur prouver par un exemple frapant sa soumission aux ordres de ses superieurs.

Qu'ayant fait prier M. Martiny de se rendre à la séance, & que s'i étant rendu, M. le préſident lui ayant fait part de l'objet de la dénonce, il étoit convenu du fait; mais qu'il l'avoit tenu dans des bonnes vues, & pour faire ſentir à ſes chaſſeurs combien l'obeiſſance & la diſcipline etoient néceſſaires, & qu'il avoit accompagné le propos de la condition d'une requiſition préalable & par écrit des officiers municipaux, qu'il connoiſſoit les lois relatives à ſon * état, qu'il ne s'en écarteroit jamais.

Le conſeil général, vu que le propos n'a pas été tenu dans l'intention de nuire, mais bien pour prouver que l'obeiſſance eſt un des premiers devoirs du ſoldat, arrête que M. le préſident temoignera à M. Martiny, qu'il eſt ſatisfait de ſa reponſe, perſuadé qu'à l'avenir il evitera toutes celles qui pourroient preſénter un double ſens.

* Du vingt un juillet heure de onze avant midi. Le conſeil permanent & les chefs de la legion aſſemblés. M. Brunet en rendant compte des opérations du comité de ſurveillance dit : qu'il a été ſurpris d'apprendre qu'il n'ait rien été * trouvé chés le ſr Cuminal lors de la deſcente qui a été faite chés lui, pas même la chanſon dont il s'eſt avoué l'auteur & dont la minute étoit, à t'il dit dans l'un de ſes tiroirs, ce qui peut provenir du peu d'attention du juge de paix dans la recherche qu'il a faite des papiers du ſr Cuminal, ou de ce que dans la denonce on a obmis de faire mention des aveux faits par le ſr Cuminal comm'il avoit compoſé lad. chanſon, ſur l'air, « où allés vous M. l'abbé, » qu'il l'avoit chantée le même jour dans la maiſon de la dlle Bruyere en preſence d'un étranger & l'avoit depoſée, écrite & raturée de ſa main dans ſon ſecretaire. Surquoi M. Gas, ſubſtitut, a obſervé qu'il étoit preſent à la deſcente faite par le juge de paix, qu'il s'eſt convaincu de l'exactitude qu'il a miſe dans la recherche des papiers du ſr Cuminal ; mais il convient n'avoir pas inſeré dans ſa denonce que ce prevenu eut avoué être l'auteur d'une chanſon dont la minute etoit dans un de ſes tiroirs, ni qu'il l'eut chantée dans la maiſon de la dlle Bruyere ; oubli qu'il pouvoit facilement reparer en le faiſant interroger ſur ce fait & tranſcrire dans le procès-verbal la chanſon dont ſagit.

Le conſeil général charge le ſubſtitut du procureur de la commune de prendre connoiſſance de l'interrogatoire du ſr Cuminal, de preciſer les faits & aveux, de le faire interoger ſur le tout & d'en rendre compte à la ſéance de ce ſoir.

M. le maire donne connoiſſance d'un arrêté du conſeil du departement du 19 de ce mois, qui délegue la municipalité, pour faire tranſporter à la maiſon commune, les canons qui ſont ſur l'Eſplanade.

Le conſeil general renvoye au bureau pour l'execution de l'arrêté dont s'agit aux fraix du département.

* Du vingt quatre juillet heure de cinq de relevée. Le conſeil permanent & les chefs de la legion aſſemblés.

M. le procureur de la commune donne lecture d'une lettre de M. le procureur ſindic du diſtrict, contenant envoi de l'arrêté du conſeil du departement du 22 de ce mois qui charge la municipalité de ſe rendre au bureau de la poſte aux lettres pour y retenir les exemplaires des feuilles ou jour-

1792.

PAGE 89 r°.

naux inciviques, tels que : *L'Amy du roi*, *l'Indicateur, la Gazette univerfelle, le Mercure de France*, par Malet du Pan, *le Moderateur, le Confolateur, le Pour & le Contre, le Journal general de politique, de commerce,* &c., à Paris, *la Gazette de la cour* & *l'Ami du peuple*, ainfi que toutes les lettres adreffées aux perfonnes defignées dans l'arrêté du département de l'Ardèche du 15 * du courant, propofant qu'il foit nommé des commiffaires pour mettre l'arrêté du département à execution dés ce foir.

Le confeil general nomme MM. Portalés, officier municipal & Beleze, notables, pour l'execution de l'arrêté du département de l'Hérault du vingt deux de ce mois.

PAGE 92 r°.

* Du vingt fix juillet heure de cinq de relevée. Le confeil permanent & les chefs de la légion affemblés.

M. Devals dit : qu'en fa qualité de commiffaire de tour au bureau de la pofte aux lettres, il a fait fequeftrer entre les mains de M. Richard, directeur, une lettre adreffée à la mére des compagnons pour leur être remife & communiquée à tous; que ce qui l'a determiné dans cette demarche, c'eft qu'il a cru voir d'un coté une corporation exiftante contre la loi qui les fuprime toutes & de l'autre une coalition dangereufe dirigée fans doute contre les precautions que la police a prifes en dernier lieu vis-à-vis des compagnons tailleurs.

PAGE 92 v°.

Le confeil général autorife le comité de furveillance à * retirer du courrier la lettre dont s'agit, à la decacheter en prefence de la mere des compagnons & de prendre toutes les autres precautions que fa fageffe lui infpirera.

PAGE 96 r°.
PAGE 97 r°

* Du vingt neuf juillet, heure de cinq de relevée. Le confeil general & les chefs de la legion affemblés. * M. Fargeon, procureur de la commune dit : que les volontaires du pofte de la maifon commune arreterent & conduifirent hier au foir dans les prifons de la conciergerie un hermitte des mœurs les plus corrompues & plufieurs fois banni de la ville par l'ancienne adminiftration, lequel alloit dans les maifons des perfonnes fufpectes diftribuer des petits morceaux de papier, repréfentant, difoit-il, le facré-cœur de Jefus, que l'ayant fouillé, il s'en eft trouvé plufieurs renfermés dans une boëte de fer blanc, & qu'on eft venu lui denoncer qu'il avoit dit que ceux ou celles qui alloient aux paroiffes étoient des f..... voleurs & des putains, requerant qu'il foit renvoyé à la police correctionnelle.

Le confeil général arrête que l'hermite fera traduit devant le juge de paix de fon arrondiffement & charge le procureur de la commune de le denoncer & pourfuivre à raifon du fait & propos dont fagit.

PAGE 97 v°.

* Du trente juillet heure de cinq de relevée. Le confeil general permanent & les chefs de la legion affemblés. M. le procureur de la commune denonce qu'il doit y avoir ce foir fur les neuf heures un raffemblement fur l'Efplanade, qui doit fe porter dans plufieurs endroits pour y faire la recherche du bled. Un membre obferve que ce n'eft là qu'un pretexte, qu'il eft inftruit qu'il doit fe porter ailleurs.

M. le maire donne connoiffance d'une lettre, par laquelle on lui annonce que le rassemblement doit avoir lieu à neuf heures, il propose qu'il soit pris les mesures necessaires pour le prevenir ou dissiper, qu'il soit nommé des commissaires pour surveiller & conduire les patrouilles & de se concerter avec les corps administratifs.

Un autre membre fait la proposition que l'assemblée reste séante toute la nuit.

M. Fargeon monté & decendu du directoire de district informe l'assemblée que M. le procureur sindic lui a dit que la gendarmerie nationale & la garde nationale à cheval, a été requise pour surveiller les attroupemens au dehors, & que les chefs auront l'ordre de deferer aux requisitions des commissaires qui seront nommés par le conseil general.

Le conseil général arrête qu'il restera permanent toute la nuit, que le commandant de la legion sera requis de doubler la garde de la cité *, qu'il sera fait des patrouilles frequentes à la tête desquelles il y aura un officier municipal & un notable, & nomme MM. Lafabrie, Devals, officiers municipaux, Montels, Coulet, Courrege & Coste ainé, notables, pour commissaires, les invitant à prendre toutes les precautions que leur sagesse leur inspirera pour conserver la tranquilité dans la cité.

Du trente un juillet heure de cinq de relevée. Le conseil general permanent & les chefs de la legion assemblés. M. Fargeon, procureur de la commune, a dit :

Messieurs, j'etois hier à dix heures du soir à la maison commune avec les officiers municipaux & membres du conseil general qui devoient veiller pendant la nuit au maintien de l'ordre & de la tranquilité publique & faire prevenir ou faire dissiper les attroupemens que * l'on nous avoit denoncés devoir se former à l'occasion de l'accaparement du blé, un volontaire à cheval de la garde nationale vint me donner l'avis qu'un homme avoit été tué près de l'hotel du Petit-Paris & que son cadavre étoit étendu dans la rue. Accompagné de M. Lafabrie, officier municipal & de M. Durand, juge de paix, officier de police & de sureté de la section de St Paul, je me rendis sur les lieux ou je trouvai effectivement un cadavre noyé dans son sang, ayant appris par le bruit public que c'étoit M. Laroque, capitaine du 70e regiment ci-devant Medoc, après que le juge de paix eut fait constater par des chirurgiens les blessures du cadavre & que je l'eus fait deposer dans l'église voisine des penitens bleus, nous nous transportames à l'hotel du Petit-Paris où M. Laroque étoit logé, ce fut là que nous apprimes que cet officier avoit reçu deux blessures considerables à la poitrine, l'une d'un coup de pointe de sabre qui avoit penetré bien avant dans les poumons, l'autre du tranchant de la lame qui avoit fait une ouverture considerable aux chairs près du mamelon gauche, les chirurgiens declarerent aussi qu'il avoit le crâne écrasé, les arteres & les vaisseaux du col coupés en trois endroits differends à coups de sabre, de maniere que la tête ne tenoit au tronc que par les vertebres, le cadavre avoit le poignet droit presque separé de la main, ce qui leur donna lieu de croire qu'il avoit reçu cette blessure en cherchant à parer un des coups qu'on lui avoit portés, le juge de paix interogea successivement la dame Dijol, aubergiste & le sr St Laurent, officier au même regiment de Medoc, compagnon d'armes du Sr Laroque ; voici le precis de leurs déclarations :

Que vers les neuf heures du soir cinq ou six personnes, que lad. dame Dijol & le sr Laurent ne reconnurent pas, mais parmi lesquels, ils en ont distingué qui portoient des gilets & culottes longues, vinrent demander à la dame Dijol, si M. Laroque étoit rentré & s'annoncerent pour vouloir s'engager dans sa compagnie, elle leur observa que cet officier qui devoit repartir avec sa troupe demain matin à deux heures étoit couché depuis sept & avoit besoin de repos, ils insisterent & demanderent à lui parler, la dame Dijol les conduisit à la chambre du sr Laroque & lorsque la porte fut ouverte l'un d'eux s'approchant du lit où le sr Laroque étoit couché lui exprima le plus grand desir de servir dans sa compagnie en lui temoignant que cette preference étoit dûe à son patriotisme ; le sr Laroque après l'avoir remercié de cette confiance lui observa sa compagnie étant complette, il ne pouvoit plus y admettre personne, l'inconnu insista en disant qu'il venoit par ordre de la municipalité ; le sr Laroque repliqua qu'il n'étoit pas possible que la municipalité exigeat de lui une chose contraire à la loi, quelques personnes qui étoient dans le corridor murmurerent & dirent : il faut qu'il vienne * à la municipalité, le sr Laroque observa que cela lui paroissoit inutile, on repeta de l'exterieur de la chambre : faites le marcher, le sr Laroque descend du lit & commence à s'habiller, on murmure de ce qu'il est si long, il observe que ses culotes de peau sont étroites & que c'est la cause du retard, à peine t'il mis ses bas, il alloit passer une botte, on le saisit par la chemise, sans lui laisser la liberté de prendre son habit, il est entrainé hors de la chambre & conduit près la maison du

1792.

fr Ferriere, marechal, où il a expiré. Au moment où le fr Laroque étoit entrainé hors de la chambre, le fr St Laurent entend une voix qui dit d'un air affecté : mon Dieu on va l'affaffiner & le trouble & la douleur n'ont pas permis au fr St Laurent ni à la dame Dijol de porter du fecours à cette victime infortunée; l'officier de police continue fes pourfuites pour decouvrir & faire punir les coupables d'un delit auffi atroce. Cet evenement malheureux n'altera point la tranquilité publique, la nuit a été paifible, le detachement de Medoc & celui de Vermandois font partis à deux heures & demi du matin, j'ai donné les ordres necesfaires pour l'inhumation du fr Laroque ; tels font, Meffieurs, les faits que j'ai recueilli, les mefures que j'ai prifes & dont je m'empreffe de vous donner connoiffance.

Le confeil general donne acte à M. le procureur de la commune de l'expofé des faits, arrête qu'ils feront tranfmis à M. de Montefquiou, commandant de l'armée du midy.

Un membre denonce les voïes de faits commifes la nuit precédente dans la maifon de M. Mirman; M. Pellier, commiffaire de police, prié d'affifter à l'affemblée dit que la patrouille à la tête de laquelle il fe trouvoit lui affura qu'elle étoit dans l'ufage d'entrer dans la maifon de M. Mirman, qu'il ne favoit pas lui appartenir, qu'il refta à la porte, tandis que la patrouille étoit en dedans, que ce ne fut que long tems après & lorfqu'il entendit du bruit qu'il y entra lui même & qu'il eut toute la peine du monde à la ramener à l'obeiffance, interpellé de declarer s'il a dreffé procès-verbal & fur fa reponfe negative.

Le confeil general renvoye à demain pour ftatuer fur la denonce & arrête que le fr Pelier dreffera procés-verbal de ce qui s'eft paffé.

PAGE 100 r°.

* Du trente un juillet heure de onze. Le confeil general permanent & les chefs de la légion affemblés. M. Berthe dit : qu'il a demandé la convocation extraordinaire du confeil, à raifon d'un raffemblement d'environ trois cens perfonnes qui s'eft formé à Boutonnet, il ajoute que s'étant rendu fur les lieux il a fçu que les motifs de ce raffemblement & la fermentation confiderable qui agite les efprits, avoit pour objet le fr Servel, huiffier

PAGE 100 v°.

à la ci-devant * juridiction confulaire, qu'on ne peut pas fe diffimuler que ce particulier ne foit à bon droit fufpect, qu'il eft de notorieté publique qu'il étoit un des chefs de cette coalition criminelle qui lors de l'affemblée primaire du 14 novembre dernier troubla d'une maniere fi defaftreufe la tranquilité de la cité, que depuis cette époque où il prit la fuite on peut lui reprocher d'avoir mis en ufage tous les moyens qui font en lui pour favorifer & feconder les efforts des malveillants, propofant qu'il en foit délibéré. Le confeil general prenant en confideration l'expofé ci-deffus & vû la fermentation qui agite la cité, arrête que le procureur de la commune eft chargé de denoncer & de pourfuivre le fr Servel devant l'officier de police & de fureté de fon arrondiffement & de demander un mandat d'amener contre lui, le charge en outre de rendre compte de fes pourfuites & de pourfuivre des corps adminiftratifs l'autorifation du préfent arrêté.

PAGE 101 r°.

Du deux août heure de fept du matin. Le confeil general permanent & les chefs de la légion affemblés. * M. le procureur de la commune en rendant compte de l'affaffinat commis hier fur la perfonne de M. Pernet, officier du premier bataillon d'infanterie legere, dit :

Je ne vous retracerai point ce qui a precedé & fuivi cet horrible attentat ; tout ce qu'il importe de favoir, c'eſt qu'il eſt bien conſtant qu'il a été commis par ſes propres ſoldats, c'eſt que je me ſuis tranſporté accompagné de l'officier de police & de ſureté à l'endroit où étoit le cadavre & de là aux cazernes, c'eſt enfin que l'officier de police a dreſſé un procès-verbal, dont il a remis l'extrait aux corps adminiſtratifs qui ont déterminé de faire partir ce ſoir le détachement des chaſſeurs en prenant les meſures néceſſaires pour qu'il arrive à ſa deſtination.

1792.

Le conſeil general partageant les ſollicitudes du procureur de la commune, le remercie des ſoins qu'il s'eſt donné.

* M. le procureur de la commune remet ſur le bureau une lettre de M. le procureur ſindic, contenant envoi de la proclamation du roi ſur les dangers de la patrie, il requiert qu'il lui ſoit donné acte de la remiſe. Le conſeil general donne acte au procureur de la commune de la remiſe par lui faite & renvoye au bureau pour l'execution d'icelle.

VOL. 5.
PAGE 1 r°.

* M. le maire donne lecture d'un projet d'arrêté & d'adreſſe aux citoyens, relatifs aux troubles qui ont agité la cité & aux meſures priſes par le conſeil pour en prevenir, le retour en appellant tous les citoyens à s'incorporer dans la garde nationale, en affectant un bataillon à chaque ſection & en plaçant toutes les nuits un poſte de ſurveillance dans chaque ſection. Cet arrêté eſt adopté comme ſuit :

PAGE 2 r

Chers concitoyens, vous êtes conſternés comme nous des evenemens affreux qui viennent d'enſanglanter notre cité. Comme nous, un ſeul ſentiment peut adoucir l'horreur dont ces crimes vous penetrent ; ce ſont des mains étrangeres qui s'en ſont ſouillées. Non, ſans doute ! nos citoyens n'ont pu à ce point dégrader leur caractère ; ils n'ont pu démentir à ce point cette humanité, cette juſtice qui le diſtingua toujours, qui le diſtingue encore ; des méfiances trop naturelles & les méchans qui en abuſent ont pu les égarer quelque fois ; mais les corrompre, les porter à des forfaits où la baſſeſſe le diſpute à l'atrocité, & la lacheté à la barbarie ? Jamais. Notre commune a été malheureuſement le théatre de ces horreurs ; elle n'en a été ni la cauſe, ni la complice.

Ce n'eſt point aſſez, chers concitoyens, de n'y avoir pris * aucune part ; il faut deployer toutes nos forces pour en empêcher le retour, au nom de la liberté que menace le plus féroce des tirans, le crime, au nom de l'humanité, appanage du vrai patriote, que d'horribles aſſaſſinats ont outragé ſous nos yeux, au nom de la juſtice, qui n'exiſteroit plus ſi le glaive du crime étoit plus puiſſant que le ſien, au nom de la patrie qui ne pourroit que périr, ſi, placée entre deux dangers, la guerre & le brigandage, elle avoit à ſe défendre & du feu de l'ennemi & du feu des ſcelerats ; au nom enfin d'une cité qui nous a vu naître, & dont l'honneur, conſervé ſans tache ſous le deſpotiſme ne peut point périr ſous la liberté, rallions-nous tous autour de la conſtitution & de la loi. Nous vous en donnerons l'exemple ; nous veillerons, nous combattrons ſans ceſſe pour aſſurer leur triomphe : voici les meſures que nous avons priſes ; executez-les, ſecondez-les de tout votre pouvoir.

PAGE 2 v°.

Nous avons affecté un bataillon à chaque ſection, afin que la ville fut également gardée.

Outre le ſervice ordinaire à la commune, chaque ſection aura, toutes les nuits, un poſte de ſurveillance. A chacun de ces poſtes il y aura un officier civil. Les patrouilles de chaque poſte rouleront dans la ſection & n'en ſortiront qu'en cas de requiſition des poſtes voiſins. Tous les citoyens ſont tenus aux termes des loix ſur la garde nationale & ſur le danger de la patrie, de ſe preſenter au bataillon de leur ſection afin d'y être admis, & d'acquérir ainſi le droit & l'honneur de ſervir en perſonne.

Il n'y aura que les citoyens gardes nationales qui ſoient appellés au ſervice.

Les citoyens non gardes nationales payeront cinq livres à la commune pour leur remplacement, chaque fois que leur tour de ſervice reviendra.

Tous les attroupemens ſont défendus, & la nuit depuis dix heures du ſoir on ne pourra être enſemble dans les rues au delà de ſix perſonnes.

Aucun citoyen, garde national ou autre, ne pourra ſortir avec des fuſils pendant la nuit s'il n'eſt de ſervice.

Les commandans de bataillon ſeront requis de faire batre la retraite à huit heures, afin que les volontaires logés au quartier, à la citadelle ou chez le citoyen, ſe retirent & reſtent chez eux la retraite battue.

Conformément aux lois de police, tous les cafés & autres lieux publics ſeront fermés à onze heures.

La garde nationale & la gendarmerie ſeront requiſes de * tenir la main à l'execution du préſent arrêté & de conduire à la maiſon commune tous ceux qui y contreviendront.

PAGE 3 r°.

Le conſeil, conſidérant en outre que la garde de la cité étant l'interêt de tous, doit être l'ouvrage de tous, que de même que les citoyens qui ne font

1792.

pas leur service sont tenus de le payer, de même les volontaires qui font plus que leur service doivent en être indemnisés. Arrête que les volontaires remplaçants, tant au poste de la commune, qu'aux postes des sections, recevront en indemnité & sur le fonds des taxes, savoir cinquante sols pour le service de vingt quatre heures & vingt sols pour le service de la nuit seulement.

PAGE 4 r⁰
* Du quatre août heure de cinq de relevée. Le conseil général-permanent & les chefs de la legion assemblés. M. Fargeon, procureur de la commune, a dit :

Messieurs, hier à onze heures & demi du soir, on vint denoncer à la maison commune un rassemblement considérable qui alloit se porter sur la place, je sortis avec MM. Lafabrie & Brun, officiers municipaux, deux groupes se presenterent en même temps, l'un venant du côté de la rue du' Panier Fleury, l'autre arrivant du côté de la rue où loge le sr Duplatre, reunis ils s'avancent de la fontaine, nous nous presentons, je leur demande le motif du rassemblement, une voix appuyée dans le même moment de plusieurs autres s'écrie : Nous demandons Creve Paillasse ; les officiers municipaux & moi nous leur declarons que ce particulier est sous la main de la justice, que l'officier de police & de sureté est investi de la connoissance du delit dont il est accusé, que la loi seule a le droit de prononcer sur le compte de ce prisonnier ; après quelques murmures l'attroupement se disperse ; en se retirant on entend une voix qui dit : Allons chez le boulanger. Nos allarmes sont dirigées vers le sr Avit, boulanger. M. Portalès, officier municipal, se rend avec une patrouille pour s'assurer s'il ne se forme pas de rassemblement du coté où loge ce particulier ; peu de tems après M. Gasmon substitut vient nous faire part que nos inquietudes ne font que trop fondées, un rassemblement considerable est formé au coin des rues de la Blanquerie, du St Sacrement & du Tricot ; je m'y transporte avec M. Brun, officier municipal, à notre arrivée l'attroupement se separe, nous crions arrête à ceux qui fuyent afin de les connoitre, un homme inconnu vient à nous, il declare qu'il est volontaire du second bataillon de l'Hérault, & qu'il va se rendre à la citadelle où il est logé, dans cet intervalle ceux qui avoient pris le chemin des rues du Tricot & du St Sacrement se reunissent, nous leur enjoignons de nouveau de se retirer ils obeissent, parvenus au milieu de la rue de la Blanquerie trois particuliers descendent d'une des traverses de la Verrerie, croisent en courant lad. rue de la Blanquerie, ils sont arrêtés, l'un d'eux parlant pour tous declare qu'il loge aux Etuves & que ses camarades habitent au quartier des Carmes ; celui qui parloit portoit à sa main un baton de saule environ quatre pans de long, nous declarons que nous ramenerons chés eux ceux qui logent aux Carmes * dans les environs du plan appellé St Roman ; l'un des trois avoit abusé de la bonne foi des volontaires qui nous accompagnoient en declarant qu'il logeoit dans une maison voisine où il avoit feint de se retirer, les deux autres ont declaré alors qu'ils ne logeoient plus aux Carmes, cette declaration faite par celui là même qui avoit dit que sa demeure étoit dans la rue des Carmes a determiné les membres de la municipalité presens à les faire conduire à la commune ; en passant devant la maison du sr Avit, boulanger, nous en trouvames la porte exterieure ouverte, je m'apperçus qu'il n'étoit pas possible de la fermer & qu'elle avoit été forcée ; le juge de paix de la section invité à se rendre sur les lieux, nous reconnoissons avec lui que l'ac boutant de fer qui assujetissoit cette porte a été faussé, que le piton est deplacé; les voisins se presentent, ils declarent qu'un nombre considerable de personnes a attaqué cette porte avec des pierres & des batons, que la dame Avit a été forcée de venir leur parler qu'on l'a menacée, ce qui l'a obligée de fuir sa maison en courant de couvert à couvert, nous montons à l'appartement des sr & dame Avit, la porte de leur chambre étoit ouverte, un enfant seul en bas age étoit couché & dormoit, nous parvenons à découvrir par les secours des braves voisins qui se sont reunis à nous quel étoit l'asile de ses père & mere, Avit & sa femme comparoissent, ils declarent qu'aux coups reiterés lancés contre leur porte, le mari a pris la fuite par les couverts, la femme est ensuite descendue, au moment où elle alloit ouvrir la porte, la porte a été forcée, un inconnu le sabre nud à la main s'est presenté & se servant contr'elle des expressions les plus outrageantes, il lui a dit d'aller chercher de la lumiere, elle est remontée, mais livrée à toute l'horreur du danger qu'elle courroit elle a pris la fuite par les couverts & est allé chercher sureté dans une maison voisine ; le trouble & l'état deplorable du mari, de la femme & des voisins ne peut être rendu que foiblement ; après nous être assuré qu'Avit & sa femme ne courroient plus aucun danger je me suis retiré avec mes collegues à la maison commune. Nous devons les plus grands eloges au détachement qui nous accompagnoit ; j'ai appris ce matin que le mary est à l'hopital & qu'il a passé la nuit dans le plus grand delire.

Je vous denonce ces faits, la justice & l'humanité en demandent vengeance ; depuis quelques jours qui reconnoitroit notre cité ? deux assassinats commis, l'asile d'un citoyen violée, on croiroit que Montpellier est ivré à la rage des ennemis de la liberté & de la constitution, il faut des grandes mesures, des mesures judiciaires pour punir les coupables, des mesures administratives pour ramener l'ordre & assurer la tranquilité. Je vous requiers, Messieurs, d'y pourvoir & de detourner ce fleau politique sous lequel tous les citoyens gemissent.

PAGE 5 r⁰.
* Le conseil general arrête que le procureur de la commune dénoncera

les faits dont s'agit au juge de paix & pour le furplus fe refere à fon arrêté 1792. du deux du courant.

M. le maire donne lecture d'un arrêté du directoire de département de ce jourd'hui relatif aux affaffinats commis ces jours derniers, aux precautions à prendre pour les prevenir & invite le confeil general de la commune à affembler la garde nationale à laquelle il fera lû avec invitation de redoubler de zele & d'activité, comme elle l'a fait dans toutes les occafions perilleufes.

Le confeil general, ouï le procureur de la commune, aplaudit aux mefures que prefente l'arrêté dont s'agit arrête : 1° Qu'il fera publié demain dimanche à quatre heures de l'après midi aux endroits accoutumés. 2° Que les corps adminiftratifs feront invités d'affifter à la publication. 3° Que le commandant de la legion fera requis de faire trouver demain dimanche, heure de trois après midi, les bataillons de la legion fur le Champ de Mars & la garde d'honneur pour la même heure à la maifon commune. 4° Enfin qu'il fera fait lecture de l'arrêté dont s'agit à la tête de chaque bataillon en les prevenant des pieges que les mals intentionnés ne ceffent de leur tendre pour les égarer.

M. Fargeon, procureur de la commune, donne lecture de l'avis de M. Pavée, procureur findic au confeil du directoire de diftrict, où il trace avec énergie les effets & les caufes des malheurs qui ont affligé la cité & les mefures fermes qu'il croit néceffaires pour rétablir l'ordre & la tranquilité, où il manifefte fon opinion particuliere fur les hommes & les chofes ; M. le procureur de la commune requiert qu'il lui foit donné acte de la déclaration qu'il fait, qu'il profeffe les mêmes fentimens que M. le procureur findic & du ferment qu'il fait de vivre libre ou de mourir. Le confeil général donne acte à M. le procureur de la commune de fa déclaration & déclare partager les mêmes fentimens.

* Du fept août heure de cinq de relevée. Le confeil général permanent de la commune de Montpellier & les chefs de la légion affemblés. * M. l'accufateur public donne connoiffance des pourfuites faites par le juge de paix de l'arrondiffement de Ste Croix, contre le fr Robert dit Creve Paillaffe, il dit que ce juge l'a renvoyé devant le juge de paix du canton où le délit a été commis, lequel ne peut proceder fans la prefence du prevenu, la procedure devant être faite contradictoirement ; & quoique l'état du fr Robert ne permette pas de le faire transferer à Laverune lieu du délit, il convient cependant de l'y faire aller en prenant les precautions néceffaires pour qu'il ne lui foit rien fait ; qu'à cet égard il a requis un detachement de garde nationale. La propofition mife à la difcuffion, le confeil general, ouï le procureur de la commune, applaudit aux mefures de M. l'accufateur public, déclare n'y avoir lieu de déliberer.

PAGE 6 r°.
PAGE 6 v°.

Eft annoncée & introduite une députation de la garde nationale des Pyrénées-Orientales : l'un d'eux portant la parole annonce que leur objet eft d'inviter les municipalités des principales villes des départemens de l'Aude & de l'Hérault à fournir une quantité d'hommes equipés, armés

1792. & inſtruits pour former un bataillon tout pret à partir pour l'armée; que le département en approuvant cette invitation a fixé le lieu du raſſemblement à Pezenas, comme plus central & plus prés de l'armée. Le conſeil général applaudit & accepte l'invitation propoſée; arrête que la legion ſera aſſemblée pour être invitée à la remplir & qu'il lui ſera ſur le champ fait une adreſſe pour le prevenir de l'objet.

M. le maire preſente un projet qui eſt accepté & dont ſuit la teneur.

PAGE 7 r°. Pendant que les bataillons ſe forment, s'arment & s'inſtruiſent, les communes, les départemens, ſont invités à ſe réunir pour former des bataillons tous armés, tous équipés, tous inſtruits, & les communes qui auront manifeſté ce zèle ſont déclarées avoir bien merité de la patrie.

* Nos frères des Pyrénées Orientales ſont venus nous dire que leurs compagnies ſe diſpoſoient & que l'adminiſtration leur avoit choiſi pour rendez-vous la ville de Pezenas, comme plus centrale & plus près de l'armée du Midi, où elles brûlent de ſe rendre.

Citoyens, nous vous raſſemblons demain au champ de mars pour vous montrer la loi & vos freres, vous aimerez également à les ſuivre. La patrie vous appelle, la cité vous confie ſon honneur; les recompenſes nationales vous attendent. Vous repondrez à la patrie; vous honnorerez votre cité et vous meriterez le prix que la nation vous deſtine.

Les negocians & les chefs d'atteliers, dont les commis & ouvriers partiront, ſont invités à leur conſerver leur place & même leurs appointemens.

Les citoyens qui ne peuvent partir & les femmes ſont invités à venir ſouſcrire pour les armes, la ſolde & l'argent qu'ils pourront fournir.

Le bureau eſt chargé de faire dreſſer un theatre de recrutement & d'en faire les fraix ainſi que d'une muſique militaire.

M. Fargeon, remet ſur le bureau une proclamation du roi du 25 juillet dernier relative à la ſolemnité de la publication de l'acte du corps legiſlatif qui declare la patrie en danger; il dit que quoique la publication en ait été faite avec ſolemnité, il eſt cependant des precautions qui n'ont pas été priſes, requerant qu'il lui ſoit donné acte de la remiſe qu'il en fait. Le conſeil general donne acte au procureur de la commune de la remiſe par lui faite & renvoye au bureau pour l'entiere execution de la proclamation.

PAGE 7 v°. * Du onze août heure de onze avant midi. Le conſeil general permanent & les chefs de la legion aſſemblés. M. le maire donne lecture d'une pétition preſentée par M. Daudé dit d'Alzon, qui reclame contre une deciſion du comité du bataillon n° 3 dont il étoit membre, qui, dit-il, ſur une fauſſe denonce l'a exclu de ſon ſein ſans qu'il ait pu faire entendre ſes moyens de juſtification; il demande que le conſeil general, en retracte la deciſion dudit comité, ou renvoye ſa réclamation au comité général de la legion, ſon honneur ſe trouvant compromis. Le conſeil general, conſidérant que lorſque la loi a établi un comité dans chaque bataillon, elle a entendu lui en attribuer la police & la diſcipline, que ce ſeroit porter atteinte à un droit attribué juſqu'à ce jour à chaque bataillon & bien néceſſaire dans les circonſtances, de juger ceux qui doivent, ou non, en faire partie, déclare n'y avoir lieu de délibérer, & cependant renvoye au comité de ſurveillance pour délivrer, s'il y a lieu, à M. d'Alzon un certificat d'activité.

M. Parlier, au nom du comité des impoſitions, dit: que le ſʳ Marc, concierge de la ſalle des ſpectacles, chargé de recevoir chaque jour du ſʳ Neuville, une ſomme de..... repreſentative du loyer de la ſalle, eſt debiteur envers la commune de..... dont il elude le payement depuis longtems; il obferve que l'infidelité de ce propofé & fon peu de fortune exigent de prendre des mefures pour le remplacer & pour le pourfuivre. Le confeil general renvoye au comité des impofitions pour prendre les mefures & faire les diligences néceffaires & en rendre compte dans huitaine.

* Du dix huict août heure de cinq de relevée. Le confeil general permanent & les chefs de la legion affemblés. * M. le procureur de la commune donne lecture d'un procés verbal du juge de paix de la fection St Paul de cette ville, officier de police de fureté, des 17 & 18 de ce mois, à la fuitte duquel eft fon ordonnance par laquelle il renvoye à la police municipale la pourfuite d'un attroupement nocturne. Le confeil general, après avoir entendu le procureur de la commune, confidérant qu'il refulte du procés verbal de M. Durand, officier de police & de fureté, que le raffemblement dont s'agit s'eft porté chés differends particuliers, qu'on les a forcé à ouvrir leur porte, qu'on s'y eft introduit, qu'on s'eft permis contr'eux des menaces & autres voïes de fait.

Declare que la connoiffance ne peut pas en appartenir à la municipalité; charge le procureur de la commune d'adreffer un extrait du préfent arrêté au juge de paix de la fection St Paul.

M. le procureur de la commune donne connoiffance d'un arrêté du directoire du département rendu fur la petition du confeil general à l'effet d'obtenir gratuitement la conceffion d'une partie de l'enclos des Recolets pour le cimetière public; les corps adminiftratifs ont applaudi au projet de cette tranflation, ils en ont relevé tous les avantages, mais ils n'ont pas cru devoir conceder gratuitement ce terrein à la commune, ils ont penfé qu'elle ne pouvoit l'obtenir que par la voïe de l'enchere lors de la vente. Le procureur de la commune remet fur le bureau le rapport & l'arrêté du confeil general du 30 juin dernier, portant qu'il y a lieu de choifir pour l'emplacement du nouveau cimetiere l'enclos des ci-devant Recolets & le plan qui determine quelle eft la partie de cet enclos qui eft indiqué pour cet ufage. Le confeil general, après avoir entendu le procureur de la commune, arrête de faire l'acquifition du terrein marqué dans le plan du fr Dumoulin pour le nouveau cimetière, charge & autorife le procureur de la commune à en pourfuivre la vente & adjudication devant le diftrict.

Du vingt deux août heure de onze avant midy. Le confeil general permanent & les chefs de la legion affemblés. M. le maire dit que le confeil ne peut voir qu'avec peine, qu'au moment où la patrie eft en danger & que l'affemblée a décrété que chaque fonctionnaire public refteroit à fon pofte, la plupart des membres ne fe rendent pas quoique le confeil fe foit declaré permanent & qu'il ait fixé l'heure de fes féances; il propofe de faire à chaque féance l'appel nominal, de faire mention dans le procés verbal de ceux qui auront manqué à la féance & d'en faire lecture au commencement de la féance * fuivante. Le confeil general délibère conformement à la propofition & charge le procureur de la commune d'inftruire ceux des membres qui ne font pas à la féance du préfent arrêté.

M. le maire propofe enfuite au confeil de s'unir au vœu de la nation

1792. exprimé par fes repréfentans en prettant le ferment de maintenir la liberté & l'égalité ou de mourir à fon pofte en le défendant. Auffi-tôt le confeil par un mouvement unanime prête led. ferment.

M. le maire propofe encore d'exprimer à l'affemblée nationale l'adhefion du confeil aux mefures fages & néceffaires qu'elle vient de prendre. Le projet d'adreffe eft adopté & figné par tous les membres ainfi qu'il fuit :

> Legiflateurs, nous jurons, comme vous, de defendre la liberté, l'egalité ou de mourir à notre pofte. En obéïffant à votre autorité nous applaudiffons à votre fageffe.

M. le procureur de la commune dit : qu'en fe conformant à la loi du 12 de ce mois & afin de faire connoître aux citoyens les principales difpofitions de cette loi, le lieu de la formation des affemblées primaires, le jour & l'heure à laquelle elles doivent avoir lieu, il a dreffé un projet d'avis dont il donne lecture. Le confeil général applaudit & adopte l'avis & le tableau qui eft à fuitte dont la teneur fuit :

> Citoyens, le peuple françois va exercer un grand acte de fouveraineté ; une Convention nationale va fe former ; les plus grands interets y feront traités, le falut public en eft l'objet.
> Les affemblées primaires doivent fe reunir le 26 de ce mois, à huit heures pour neuf du matin, le canton eft divifé en dix fections.
> Pour y voter, il fuffira d'être françois, agé de vingt ans, domicilié depuis un an, vivant de fon revenu ou du produit de fon travail, & n'être point en état de domefticité.
> Le choix peut porter fur tout citoyen réuniffant les conditions ci-deffus rappellées, & agé de vingt cinq ans, quelles que foient les fonctions publiques qu'il exerce ou qu'il ait ci-devant exercées.
> PAGE 15 r°. *Chaque fection nommera fix électeurs, ce qui en donnera foixante pour le canton.
> Attendu la néceffité d'accélerer les elections, les prefidens, fecretaires & fcrutateurs feront choifis à la pluralité relative.
> La loi du 12 août fe refere pour le mode des elections à celle du 29 mai 1791 ; en conféquence les electeurs feront élus au fcrutin de lifte fimple & en trois tours fi cela eft néceffaire.
> Les electeurs que vous nommerés fe raffembleront à Beziers le deux feptembre prochain, pour procéder à l'élection des députés à la Convention nationale ; ils recevront une indemnité de vingt fols par lieue, & de trois livres par jour de féjour.
> Citoyens, vous prêterez dans les affemblées primaires le ferment de maintenir la liberté & l'égalité ou de mourir en les defendant.
> La loi invite les affemblées primaires à revêtir leurs repréfentans d'une confiance illimitée.
> Que l'amour de la patrie, que le feu facré du patriotifme fe raniment dans tous les cœurs : la tiedeur feroit un crime dans ce moment dificile ; tout citoyen doit être à fon pofte, le vôtre eft dans votre affemblée ; votre devoir eft de vous y rendre & d'en fuivre les opérations avec affiduité & exactitude ; fongez que c'eft du choix que vous allez faire que dépendent la liberté, l'egalité & par conféquent le fort du peuple français. Chaque citoyen doit fe rendre dans la fection dont il eft membre.

PAGE 16 v°. * M. le procureur de la commune dit : que l'execution des lois étant mandée au pouvoir executif dont le chef eft fufpendu, il propofe que les jugemens qui feront rendus par le tribunal de la police correctionnelle & par celui de la police municipale ne foient plus intitulés : Louis, &c. Mandons, &c. & que le confeil veuille bien determiner de quelle maniere feront intitulés les jugements. Le confeil général arrête que les jugements feront rendus & executés au nom de la nation.

PAGE 17 r°. * Un membre donne lecture d'une petition fignée de plufieurs citoyens, qui demandent la fuppreffion de toutes les armoiries quelconques qui fe trouvent fur les portes des edifices publics & partout où il pourra s'en trouver, afin de faire ceffer les murmures. La propofition mife à la discuffion *. Le confeil genéral, vu la loi, renvoïe au bureau pour la faire executer.

Du vingt deux août heure de cinq de relevée. Le confeil general permanent & les chefs de la legion affemblés. * M. Devals fait lecture d'un rapport fur les moyens qu'il croit propres à procurer à la patrie des hommes & de l'argent pour oppofer à fes ennemis. Le confeil général applaudit au plan préfenté par M. Devals, en arrête la tranfcription & l'ajournement à famedi prochain. Suit la teneur :

Meffieurs, la patrie eft en danger, l'affemblée nationale l'a déclaré, & les derniers evenemens qui ont eu lieu dans la capitale font certainement bien propres à convaincre de cette funefte verité ceux qui auroient pû en douter, que faut-il faire pour la fauver? Citoyens! c'eft de concourir par tous nos moyens à ce qu'elle defire de nous. Ces moyens font nos perfonnes & nos fortunes.

Nos perfonnes! des tirans reunis veulent nous affervir, ils trainent après eux une foule d'efclaves pour nous accabler, quelle barriere leur oppoferons nous? Nos corps; que chacun de nous fe propofe donc à marcher contre l'ennemi commun.

Nos fortunes! il eft un axiome certain; l'argent eft le nerf de la guerre, & en effet comment pourroit-on la faire fans les moyens de fubvenir aux depenfes qu'elle entraine. Il faut donc que chacun de nous fe difpofe à fournir felon fes facultés fa cote part des dépenfes inevitables.

Ces deux principes pofés, voyons de quelle maniere nous devons en faire l'application.

Citoyens, foyez en convaincus les defpotes conjurés n'entreprenent de nous attaquer, que parce qu'ils n'imaginent pas que nous foyons affez forts pour refifter à leurs efforts combinés ; que parce qu'ils nous croyent divifés & ennemis les uns des autres ; que parce qu'on leur a perfuadé que les vrais amis de la liberté étoient en petit nombre parmi nous, on compte (j'ofe le dire) fur notre égoïfme, fur notre inconstance, peut-être même fur notre pufillanimité... ; il n'eft qu'un moyen pour diffiper l'illufion de ces preventions, reuniffons nous tous pour la chofe publique & ne formons pour ainfi dire qu'un faifceau, developpons par l'appareil le plus impofant toute l'étendue de nos forces ; & prouvons à nos ennemis, à l'univers, qu'à l'inftar des peuples qui ont fu conquerir leur liberté, les françois ont reçu la conftance & la bravoure en partage.

Je le fais, & c'eft le grand moyen de nos ennemis, qu'ils tenteront plutôt la rufe & la perfidie vis a vis de nous que la force ouverte, l'efclave tremble à la vue de l'homme libre. Auffi font ce des hommes libres qu'il faut oppofer à nos ennemis, quels feront donc ces hommes libres, dont la feule prefence doit terraffer les vils fuppots du defpotifme ? Ce font ceux qui font prets à tout facrifier pour la patrie. Ce font ceux qui lorfquelle les appelle, bien loin de la rejetter, n'attendent pas que la loi du fort les choififfe * pour voler à fon fecours. — Car je ne regarde pas comme des hommes libres, je ne veux pas dire ceux qui font ouvertement efclaves des prejugés des paffions, qui cheriffent les chaines du defpotifme ; ceux qui fe complaifent fous l'empire du fanatifme, ceux qui ont affés de baffeffe pour aller ramper aux pieds des autres hommes : ces êtres font trop vils pour être même mis au rang des hommes ; mais je veux dire ceux qui affectant un dehors de patriotifme, ont encore affés d'égoïfme pour refufer d'aller combattre les ennemis de la patrie, ceux qui toujours le mot de liberté en bouche chancellent fur le moindre facrifice pour elle. Ceux qui armés pour la chofe publique, ne recherchent que des hommes empreffement les occafions de fignaler leur courage pour fa défenfe ; n'en doutés pas citoyens, tout homme qui au mot de danger de la patrie ne fent pas fon fang bouillonner, tout homme qui dès ce même inftant n'eft pas decidé à quitter femme, enfans, père, mere, freres, fœurs, parens, amis, biens, fortune, tranquilité, repos pour voler à fon fecours; cet homme n'eft pas libre, & eft indigne de le devenir.

Eh bien ! citoyens, fera ce de pareils foldats que vous oppoferés à vos ennemis ? Croyés vous que des hommes indecis feront propres à recruter vos armées ? Croyés vous que des egoïftes decidés, des individus affervis par des paffions, amolis par la pareffe, énervés par les voluptés, affoiblis par la debauche, feront en état de réfifter aux fatigues infeparables de la guerre, de foutenir le moindre choc de vos ennemis ? Non citoyens, non, & bien loin de les y forcer, je vous crois trop de prudence pour employer leurs fervices s'ils avoient encore affés de courage pour vous les offrir ; & fi je ne vous ai prefenté que les plus foibles motifs pour les exclure de vos armées, je crois vous en avoir affés dit pour vous faire rejetter bien loin ces opinions infenfées de vouloir exiger de tous les individus un fervice perfonnel, mais fi fous ce point de vue ils ne peuvent point être utiles exigeons du moins de ces êtres paffifs des fervices d'une autre nature.

Nous avons dit que l'argent étoit le nerf de la guerre & fous ce rapport tout citoyen qui a quelque fortune peut être utile à la chofe publique, le fimple néceffaire appartient à l'individu & l'on ne fçauroit fans juftice l'en priver ; mais le fuperflu appartient à la fociété & la patrie a droit d'en difpofer lorfqu'elle en a befoin, forçons donc ces ennemis du bien public, ces egoïftes, ces indiferents, ces patriotes fimulés, à fe rendre utiles malgré eux & que le fuperflu de leur fortune dont fouvent ils font un fi mauvais emploie, foit employé aux dépenfes extraordinaires que les circonftances neceffitent & par cette diftribution des moyens, par cette reunion, d'actions nous * parviendrons à anéantir tous ces defpotes conjurés, tous ces tirans en delire, qui ofent vouloir nous affervir, & les françois victorieux jouiront de cette heureufe liberté qu'ils auront fçu conquerir.

1792.

Je vais en conſequence, Meſſieurs, vous propoſer une meſure extraordinaire qui au premier aſpect pourra paroitre trop forte, mais ſi l'on fait attention que dans la poſition où nous nous trouvons tout ce qui eſt néceſſaire devient juſte ; ſi d'un coté l'on poſe bien toutes les raiſons d'équité & de juſtice, & que de l'autre l'on prette l'oreille à la voix de la patrie en danger qui nous crie : J'ai droit de tout exiger, vous ne balancerés pas j'eſpère à adopter ma propoſition.

Je propoſe donc d'exiger de tous les citoyens une contribution extraordinaire pour laquelle je formerois dix claſſes de citoyens : la 1re ne payeroit rien, la 2e payeroit le 20e de ſon revenu ; la 3e le 15e ; la 4e le 10e ; la 5e le 8e ; la 6e le 6e ; la 7e le 5e ; la 8e le 1/4 ; la 9e le 1/3 et la 10e la moitié, & cela tous les ans tant que la guerre entrepriſe pour la cauſe de la liberté dureroit.

Dans la premiere claſſe ſeroient compris les indigens ou ceux qui n'ont que l'abſolu néceſſaire, on comprendroit dans cette premiere claſſe ceux de la 2e qui ſerviroient dans la garde nationale depuis plus d'un an avant l'époque où l'aſſemblée nationale a déclaré la patrie en danger.

La 2e qui payeroit le 20e comprendroit ceux dont le revenu s'élève depuis 500 fr. juſques à 2,000, on rengeroit auſſi dans cette claſſe tous ceux qui ſerviroient dans la garde nationale depuis plus d'un an avant l'époque de la déclaration de la patrie en danger.

La 3e qui payeroit le quinzieme ſeroit compoſée de ceux dont le revenu ſe porte de 2,000 à 5,000 liv.
La 4e qui payeroit le 10e ſeroit compoſée de ceux dont le revenu ſe porte de 5,000 à 8,000 liv.
Dans la 5e qui payeroit le 8e ſeroient compris ceux dont le revenu eſt de 8,000 liv. à 10,000 liv.
Dans la 6e qui payeroit le ſix l'on rengeroit ceux dont le revenu eſt de 10,000 à 15,000 liv.
Dans la 7e qui payeroit le cinqe ſeroit compoſée de deux dont le revenu eſt depuis 15,000 juſqu'à 20,000.
La 8e qui payeroit le quart comprendroit ceux dont le revenu s'éleveroit depuis 20,000 juſques à 30,000 fr.
La 9e qui payeroit le tiers ſeroit compoſée de ceux dont le revenu ſeroit depuis 30,000 juſques à 40,000 liv.
Et enfin dans la 10e qui payeroit la moitié ſeroient compris ceux qui auroient plus de 40,000 liv. de revenu.

Les filles ou veuves jouiſſant de leurs biens ainſi que les ſexagenaires & les infirmes ſeroient ſoumis à la même contribution, mais ſeroient portés à une claſſe inferieure à celle où leur revenu les placeroit.

Ceux qui ſerviront depuis peu dans la garde nationale ou qui y ſeront admis avant la répartition jouiront du même avantage & ſeront également portés dans une claſſe inferieure à celle où leur revenu les placeroit.

PAGE 19 vo. * Les peres de famille qui auroient un ou pluſieurs enfants à leur charge ſervants dans la garde nationale jouiront du même avantage.

Enfin les mêmes exceptions auroient lieu pour les peres de famille ou les célibataires que celles qui leur ſont communes pour l'impoſition mobiliere, de maniere que les uns ou les autres ſeroient portés dans une claſſe inferieure ou ſuperieure s'ils n'étoient pas dans la garde nationale & dans le cas contraire l'exception favorable ſeroit cumulée.

Comme il eſt juſte que la patrie reconnoiſſante dedommage ceux qui ſe vouent pour elle, ces fonds ſeroient employés : 1o A indemniſer les citoyens qui ſe devoueroient à la défenſe de la patrie, chacun relativement aux ſacrifices auxquels leur amour pour la liberté leur auroit engagés, 2o à ſoulager pendant leur abſence les familles indigentes de ceux qui ſe feroient devoués au ſervice de la patrie, 3o aux dépenſes extraordinaires d'équipement & armement & autres objets de cette nature pour la formation des différends corps de troupes, 4o enfin le reſtant ſeroit mis en moins impoſé ſur les impoſitions generales de la commune.

Tel eſt, Meſſieurs, la meſure que j'ai cru devoir vous propoſer & vous la croyés utile, je ſollicite de votre patriotiſme d'en accelerer l'exécution en la rendant executoire par tous les moyens que la loi peut vous fournir, & enfin s'il le faut d'en ſolliciter l'autoriſation de l'aſſemblée nationale.

PAGE 20 ro. * Du vingt quatre août heure de cinq de relevée. Le conſeil général permanent aſſemblé. M. le procureur de la commune donne connoiſſance d'un arrêté du directoire du département de ce jourd'hui qui entr'autres diſpoſitions charge la municipalité : 1o à s'aſſurer, par voye de police de ſureté, des ſrs Daumas, homme de loi, Jean, ci-devant procureur & Donnat, traiteur, ſoupçonnés d'avoir trempé dans la conſpiration de Saillant ; 2o de faire appoſer le ſcellé ſur les papiers deſd. particuliers & de le faire lever après les avoir verifiés en leur préſence & retirer ceux relatifs à lad. conſpiration s'il s'en trouve, préalablement inventoriés, cotés & paraphés ; 3o qu'après leur arreſtation il ſoit procédé à leur interogatoire.

M. le procureur de la commune dit : qu'en execution de cet arrêté on s'eſt aſſuré de ces trois particuliers & que le ſcellé a été appoſé chés eux.

Que le corps municipal a cru en entrant dans les vues du département devoir mander des perſonnes qui par leur liaiſon avec leſd. ſrs Daumas &

Jean pouvoient être dans le cas de donner des eclairciffemens, en confequence il a fait venir la d^lle Paulet & les f^rs Clavel, peruquier, chés lefquels le fcellé a été auffi appofé ; il conclut à ce que les demarches foient autorifées & à ce qu'il foit nommé des commiffaires pour prendre les interogatoires & proceder à la levée des fcellés & à l'inventaire des papiers.

Le confeil general, vu l'arrêté dont s'agit, approuve les mefures prifes par M. le procureur de la commune, nomme MM. Brunet, Berthe & Devals, officiers municipaux, pour prendre les interogatoires des f^rs Daumas, Jean, Donnat, Clavel & de la d^lle Paulet & MM. Quatrefages, Portalés, officiers municipaux, Delon, Parlier, Brouffon & Cofte ainé, pour lever les fcellés avec pouvoir de faire tout ce que leur fageffe leur infpirera pour le plus grand avantage de leur mandat.

* Du vingt cinq août heure de onze avant midi. Le confeil general permanent & les chefs de la légion affemblés. M. le procureur de la commune donne lecture des interogatoires prettés par le f^r Daumas, Jean, Donnat, Clavel & la d^lle Paulet, il rend compte des opérations faites par les commiffaires chargés de lever les fcellés, il dit : que malgré les recherches qu'ils ont faites ils n'ont rien trouvé chés ce particulier de relatif à l'objet de leur mandat, que le f^r Clavel & la d^lle Paulet ont été mis en liberté, qu'ils en auroient ufé de même à l'égard du f^r Donnat, s'il n'avoit été defigné dans l'arrêté des commiffaires, perfuadés que l'on s'eft fervi de fon nom pour faire parvenir à fon adreffe la lettre écrite par Daumas, propofant qu'il foit nommé des commiffaires pour tranfmettre au département le vœu des commiffaires que le f^r Donnat foit mis en liberté.

Le confeil général charge M. Fargeon de tranfmettre au département les demarches qui ont été faites & le vœu des commiffaires fur le compte du f^r Donnat.

M. Fargeon de retour a dit que le département lui a témoigné fa fatisfaction, a ordonné l'elargiffement du f^r Donnat & a defiré que le confeil general de la commune lui fit bientôt connoitre fes difpofitions à l'égard des f^rs Daumas & Jean, propofant à cet effet qu'il foit nommé des commiffaires.

Le confeil général renvoye aux mêmes commiffaires en les invitant de fe reunir & de porter leur vœu fous brief délai fur le compte des f^rs Damian & Jean.

* M. le maire au nom du comité des contributions publiques dit : que le comité s'eft occupé de la petition du f^r Peytavin, commis adjoint au greffier, qui demande la placé vacante par le deceds du f^r Madieres & fubfidiairement qu'il foit procedé à la fixation de fes appointemens à compter du 1er fevrier dernier jour auquel il a commencé de travailler, furquoi il obferve que le comité a penfé que quoique la place foit vacante, ce n'étoit pas le moment d'en difpofer, qu'il viendroit une époque où les chofes ayant pris leur affiette ordinaire on pourroit fe paffer d'un quatrieme commis; que d'après les renfeignemens pris par le comité fur la bonne

1792. conduite, l'affiduité & l'intelligence du fr Peytavin, il croit que fes appointemens devoient être provifoirement fixés à raifon de huit cens livres l'année, attendu même la perte momentanée des affignats & la cherté des objets de première neceffité. La propofition mife à la difcuffion & après plufieurs obfervations, le confeil général arrête, que provifoirement les appointemens du fr Peytavin lui feront payés à raifon de huit cens livres l'année à compter du premier fevrier dernier & charge le procureur de la commune de pourfuivre des corps adminiftratifs, l'autorifation du préfent arrêté.

Page 24 r°. * Du vingt huit août heure de onze avant midy. Le confeil général
Page 24 v°. permanent affemblé. * M. Devals donne lecture d'une petition fignée de plufieurs citoyens, qui demandent la fuppreffion des armoiries & de tout ce qui peut rappeller les marques de l'ancien regime, il dit que quoique cette petition ait été adreffée à la municipalité, il ne lui appartient pas d'ftatuer en ce qui concerne les édifices qui font à la difpofition de la nation & fous la furveillance des corps adminiftratifs; il propofe de leur tranfmettre la petition pour qu'ils avifent aux moyens de faire ceffer les plaintes des petitionnaires. Le confeil général arrête que la petition fera tranfmife aux corps adminiftratifs pour ce qui les concerne & executée en tout ce qui regarde la commune.

M. le procureur de la commune donne lecture d'une lettre du préfident du département contenant envoi de copie de celle trouvée dans les papiers du fr Salliant figné Salendre & d'un arrêté du département qui renvoye à la municipalité pour prendre l'interogatoire du fr Salendre, arrêté & conduit dans la maifon d'arrêt, requerant qu'il foit nommé des commiffaires. Le confeil général arrête que les commiffaires deja nommés pendront l'interogatoire du fr Salendre.

Page 25 v°. * Du trente août heure de onze avant midy. Le confeil général permanent & les chefs de la legion affemblés. Sont annoncés & introduits,
MM. Charles Mathurin, Auguftin Girard-Chateauvieux, ancien capitaine
Page 26. au corps du genie *, decoré de la croix de St Louis ; Ifaac Etienne Grangent, ancien directeur des travaux publics de la ci-devant province de Languedoc; Jean Langlade, ancien directeur des XXes de la ville de Caën, & dame Jeanne Perine Rollée, fon epouze, qui ont demandé à être admis à prêter le ferment civique porté par la loi du 12 de ce mois. Le confeil général reçoit le ferment defd. frs Girard Chateauvieux, Grangent, Langlade & de la dame Rollée. M. le maire dit que les affemblées primaires s'étant declarées permanentes jufqu'à la Convention nationale, elles demandent des regiftres pour tranfcrire leurs délibérations. Le confeil plein de confiance dans le patriotifme vrai & éclairé de fes concitoyens, perfuadé que la permanence des fections n'a pour objet que de furveiller les ennemis de la patrie, de denoncer aux autorités conftituées tous les faits qui viendroient à leur connoiffance, de leur adreffer toutes les petitions qu'elles croiroient utiles à la Republique, enfin de feconder de tout leur pouvoir les mefures que lefd. autorités ne cefferont de prendre pour le maintien de la liberté,

de l'égalité & du bon ordre qui leur font confiés. Le confeil applaudit au zele des sections & charge le bureau municipal d'adreffer un regiftre à chacune d'elles.

1792.

M. le procureur de la commune dit qu'il reçoit dans le moment une lettre de M. le procureur général findic, contenant envoi d'un arrêté du confeil du département relatif à la confpiration du fr Saillant, il requiert qu'il foit nommé des commiffaires pour fon entiere execution.

Le confeil général renvoye l'execution de l'arrêté dont s'agit aux commiffaires deja nommés.

* M. le procureur de la commune fait lecture d'un arrêté du département qui ordonne l'enlevement de la ftatue equeftre du Peirou & la confervation du piedeftal où il fe propofe de faire placer un monument national, chargeant la municipalité dud. enlevement.. Le confeil renvoye au bureau lad. délégation & confiderant que le plus fur moyen de prevenir toute entreprife contre le piedeftal c'eft d'en oter l'infcription fervile qui s'y trouve, arrête que par le jour le bureau fera enlever lad. infcription.

PAGE 26 v°.

Du trente un août heure de cinq de relevée. Le confeil général permanent & les chefs de la légion affemblés. * Sont annoncés & introduits M. Jofeph Auzillon & dame Marie Cécile Agniel, veuve du fr Dumaine, ancien officier d'infanterie, qui ont demandé d'être admis à prêter le ferment porté par la loi du 12 du mois der. Le confeil général reçoit le ferment.

PAGE 27 r°.

— * Du deux feptembre heure de cinq de relevée. Le confeil général permanent affemblé. Vu l'arrêté du confeil général de département en datte de ce jour portant que la municipalité de Montpellier donnera un avis motivé fur l'enfemble de l'affaire des frs Daumas & Jean & fur la demande formée par ces detenus en élargiffement du moins provifoire. Ouï le rapport qui a eté precedé de la lecture des pièces. Le confeil général a confideré à l'égard du fr Daumas qu'il lui eft impoffible d'émettre un avis relativement au fait matériel, favoir fi la lettre trouvée à Jalès envoyée par le département de l'Ardèche fignée Daumas a été écrite & fignée par le fr Daumas, homme de loi, ou non, il penfe même qu'il n'y a que l'apport de l'original de la lettre, la comparaifon des écritures & fignatures, ou les aveux de la femme Saran, du fr Four ou de fon beaufrere qui pourroient jetter le vrai jour fur cette affaire, mais il a trouvé dans les procès verbaux & dans les pieces des grandes préfomptions en faveur du fr Daumas : 1° Ses papiers ont été vifités & il n'y a été rien trouvé qui puiffe donner le plus léger foubçon contre lui ; 2° chez la dlle Paulet où les recherches ont été auffi faites, on a trouvé au contraire des lettres du fr Daumas qui prouvent du patriotifme & de l'attachement à la revolution ; 3° il a mis beaucoup de franchife dans fes reponfes aux interogatoires ; 4° les officiers de fa compagnie ont rendu des temoignages avantageux de fon civifme ; enfin l'opinion publique fe reunit pour le croire innocent, & ce font autant des prefomptions que la lettre dont s'agit n'eft pas de lui. Le confeil a penfé donc

PAGE 28 v°.

1792.

que s'il étoit juge il lui accorderoit son élargissement provisoire à la charge de donner bonne & suffisante caution.

A l'égard du f^r Jean l'opinion a été la même quant au fait grave dont il est prevenu dans cette lettre; on ne peut savoir si l'inculpation est vraie ou calomnieuse que par la declaration du Daumas ou de la personne qui a écrit la lettre, un ennemi du f^r Jean peut avoir jetté cette phrase dans cette lettre dans l'intention de lui nuire & jusques ici les preuves ou les renseignemens reçus ne peuvent pas faire asservir une opinion. Mais si les presomptions peuvent determiner à prononcer sur la demande en élargissement provisoire, voici celles qui naissent de l'interrogatoire & des pièces. Le f^r Jean paroit être lié avec Four qui est en prevention * d'avoir trempé dans les projets de Jalès. On a à lui reprocher d'avoir donné des preuves d'incivisme en parlant des affaires du temps & des coupons ou billets de confiance; on a à lui reprocher aussi sa conduite lors du tirage des compagnies de cavalerie, qui determina ses camarades à lui donner son congé sur le champ. Dans la circonstance actuelle, comme c'est la reputation du civisme qui a déterminé le conseil à l'égard du f^r Daumas, celle dont jouit le f^r Jean a fixé aussi la sienne, & il a pensé que s'il étoit chargé de juger la demande en élargissement provisoire, il le refuseroit au f^r Jean. D'après cela, le conseil général a arrêté de transmettre au département son opinion consultative. 1° D'élargir provisoirement le f^r Daumas en donnant bonne & suffisante caution. 2° De refuser au f^r Jean l'élargissement qu'il a demandé.

Est annoncé & introduit le f^r Jean François Gros Besplas qui demande d'être admis à prêter le serment civique porté par la loi du 12 août dernier, &c.

* Du trois septembre heure de cinq de relevée. Le conseil général permanent assemblé. * Sont annoncés & introduits MM. Pierre Bertholon, professeur de phisique, Jean Edmond Serres, professeur de droit, François & Claude Fabre père, citoyens de cette ville, lesquels ont demandé d'être admis à prêter le serment civique &c.

* Du quatre septembre heure de cinq de relevée. Le conseil général permanent assemblé. Est annoncé & introduit le f^r François Antoine Tremoulet Montpezat qui demande d'être admis à prêter le serment civique porté par la loi du 12 août dernier. Le conseil général reçoit le serment dud. f^r Tremoulet Montpezat *.

* Du cinq septembre heure de six du matin. Le conseil général permanent assemblé. M. le maire dit qu'il a convoqué extraordinairement le conseil général, pour lui donner connoissance de deux lois des 26 & 28 août d^{er} la première relative aux fusils distribués aux departemens de l'interieur & aux mesures à prendre pour armer les citoyens qui se devoueront à la défence de la patrie; & la seconde portant art^e 1er qu'il sera fait par les officiers municipaux ou par des citoyens par eux commis, des visites domiciliaires dans toutes les communes de l'empire; pour constater la quantité des munitions & le nombre des armes, chevaux, charetes & chariots qui se trouveront chés les citoyens, l'art^e 4 autorisant les municipalités à desar-

mer tous les citoyens fufpects & à diftribuer leurs armes à ceux qui fe deſ- 1792. tineront à la défenſe de la liberté & de l'égalité. Il obſerve que cette double meſure exige des precautions & la plus grande célérité, en conſéquence il propoſe de diviſer la ville en huit ſections, d'y attacher quatre commiſſaires en les laiſſant libres de prendre ceux des citoyens qu'ils croiront les plus propres pour les aider à s'aſſurer des armes & munitions ; qu'il ſoit fait des viſites chés tous les citoyens ſans diſtinction, en obſervant que les citoyens gardes nationaux ne ſeront tenus qu'à remetre les armes excedant celles dont ils ont beſoin, tandis que tous les autres doivent être déſarmés, à l'exception des armuriers, des marchands d'armes & des habitans des metairies qui doivent être tenus à declarer les armes qu'ils ont & abſtraints à ne pouvoir les vendre que ſur un ordre de la municipalité, ou à donner le nom des perſonnes auxquelles elles appartiennent. La propoſition miſe à la diſ- cuſſion & après pluſieurs obſervations, le conſeil general delibére conformement aux propoſitions, & MM. les commiſſaires nommés * ſont ſortis PAGE 33 v°. pour aller procéder à leur miſſion.

Du ſix ſeptembre heure de cinq de relevée. Le conſeil général permanent aſſemblé. MM. Jean Maximin Flayol, vicaire de la paroiſſe Notre Dame, Pierre Nicolas Thierriat, directeur de la régie nationale des douanes, Jerome François Mollaï, capitaine général, Pierre Fraiſſe, citoyen & Joſeph Boué, maçon, ſont annoncés & introduits, ils démandent d'être admis à prêter le ferment civique porté par la loi du 12 août dernier, &c.

* Du ſept ſeptembre heure de cinq de relevée. Le conſeil général perma- PAGE 34 r°. nent aſſemblé. M. Leprince, chirurgien, annoncé & introduit demande d'être admis à prêter le ferment civique porté par la loi du * 12 août d^{er}, &c. PAGE 34 v°.

* M. Parlier au nom des contributions publiques dit : que le ſ^r Marc, PAGE 35 r°. concierge de la ſalle d'ſpectacle, chargé de faire la recette journaliere du prix du loyer de la ſalle a payé le reliçat dont il étoit debiteur, qu'il demande d'être conſervé dans la place de concierge & d'être dechargé de faire la recette. Le conſeil général conſidérant que par ſa poſition le concierge de la ſalle d'ſpectacle eſt ſeul à portée de faire la recette journaliere, arrête que le ſ^r Marc faira la recette & qu'il en verſera tous les jours le produit entre les mains du treſorier de la commune.

Le conſeil general délibérant ſur la néceſſité d'une dépenſe extraordinaire pour la guerre, ſur l'étendue de cette dépenſe & ſur les moyens d'en faire les fonds. Conſidérant que la néceſſité eſt auſſi grande, auſſi inſtante que les dangers de la patrie; que l'étendue de la dépenſe ne peut-être poſitivement determinée parce qu'elle conſiſtera furtout en indemnités relatives au nombre de volontaires, à l'état actuel de leurs familles & à la durée de leurs ſervices, & qu'elle doit être principalement ſupportée par les citoyens qui ne concourent pas perſonnellement à la défenſe de la patrie & par ceux qui, ayant de grandes propriétés ont un grand intérêt à ce que l'ennemi ne vienne pas les devaſter. Ouï le rapport du comité des contributions publiques le conſeil arrête ce qui ſuit : 1° Il ſera fait une répartition extraordinaire pour payer aux volontaires de la commune & à leurs

1792.

familles les prix d'engagement, haute paye & indemnités qui ont été ou qui feroient réglées. 2º Cette charge locale fera payée en quatre parties, le fecond quartier ne pouvant être perçu que lorfque le premier aura été employé & que l'on aura juftifié de l'emploi, ainfi des autres. 3º La taxe de chaque citoyen fera proportionnée à fon revenû, mais dans une proportion plus forte à mefure que le revenu préfentera un plus grand fuperflu & en exemptant entierement ceux qui n'auront pas 500 liv. de revenu. 4º Le

PAGE 35 vº. revenu de chaque citoyen fera évalué d'après fon loyer * ainfi qu'il fera porté au role de la contribution mobiliaire, c'eft-à-dire fans y comprendre les boutiques, atteliers ou magazins & avec les exceptions en faveur des peres de famille, ou à la charge des célibataires & falariés prefcrites par la loi.

PAGE 36 rº. * Du huit feptembre heure de onze de relevée. Le confeil general permanent affemblé. M. le procureur de la commune donne lecture d'une lettre de M. Vernet, mᵉ de penfion, chargé par le principal du college de furveiller la maifon, qui lui annonce que la nuit derniere les volontaires de garde au college ont mis en piéces la chaire du profeffeur de cinquieme, que le plus gros morceau n'eft pas comme le bras d'une chaife, que fur cette denonce il a fait prier le commandant du pofte de la maifon commune de venir lui parler, que lui ayant demandé le nom des volontaires du pofte des Jefuites, il lui a repondu qu'ils s'appelloient Pierre Marché, Joachim Vieille, Jacques Deleuze & Jean Bruguier, que l'ayant requis de les envoyer prendre, ce qu'il a fait, eux introduits & interrogés l'un après l'autre, Bruguier a convenu que comme le plus âgé, le commandant avoit chargé de commander le pofte, mais qu'il n'avoit pas pu empecher que la chaire fut brifée; s'étant retiré, Deleuze a dit qu'il n'y étoit pour rien, Vieille & Marché ont avoué que c'étoit eux qui avoient brifé la chaire dont s'agit, mais que c'étoit à fuite du fouper & dans un moment d'effervefcence que cela avoit été fait.

Vous venés d'entendre, Meffieurs, de la propre bouche des volontaires les faits tels qu'ils fe font paffés, je requiers que le confeil général renvoïe leur punition au comité du bataillon en l'invitant de ne pas perdre de vue la nature du delit, le lieu & par qui il a été commis.

Le confeil general renvoye au comité du bataillon pour prononcer fur le delit des quatre volontaires dont s'agit & faire reparer le domage. Eft annoncée & introduite dame Delphine Fayet, époufe de M. Jean Petit aîné,

PAGE 37 rº. negᵗ de cette ville, qui * demande d'être admife à prêter le ferment civique porté par la loi du douze du mois d'août dernier.

Du huit feptembre heure de cinq de relevée. Le confeil général permanent affemblé. Un membre fait la motion que les citoyens foient invités à conferver à ceux des jeunes gens qui voleront à la defenfe de la patrie leurs traitemens fixes & leurs places, & que le confeil prenne l'engagement de les en faire jouir au cas aucun d'eux y manqueroit. Le confeil général, confidérant que dans les circonftances actuelles & le danger tres imminent de la patrie, les jeunes citoyens qui vont voler à fa defenfe, méritent de fixer toute * fon attention & qu'il eft de toute juftice qu'ils confervent pendant leur abfence, tant pour eux que pour leur famille, les traitemens dont ils jouiffent. Confiderant encore que lefd. volontaires méritent, outre l'eftime de leurs concitoyens, de juftes indemnités à raifon des pertes momentanées que leur état civil peut leur faire éprouver. Confidérant enfin que la cité entière fe regarde lors & deja comme la mere commune defd. volontaires, & qu'elle partage tous les fentimens d'affection qu'ils avoient infpiré aux citoyens dont ils partageoient les fonctions & les travaux. Arrête que tous les volontaires qui partiront pour les frontieres, conferveront les traitemens fixes dont ils jouiffent dans ce moment, & qu'à cet effet tous les citoyens qui les employent feront invités à leur conferver lefdits traitemens pendant leur abfence, & à leur rendre leurs places à leur retour; & que fi, contre le vœu & l'attente du confeil, aucun defd. particuliers fe refufoit à déférer à cette invitation, le confeil le déclare mauvais citoyen & arrête que fon nom fera infcrit dans un tableau affiché dans la falle du confeil, avec mention deshonorante, & qu'au dit cas le confeil général fe charge de payer l'indemnité réfultant de la privation dud. traitement.

* Du neuf feptembre heure de onze avant midi. Le confeil général permanent affemblé. * M. le maire dit que le défarmement qui a eu lieu en exécution de la loi s'eft fait avec trop de precipitation pour qu'il ait été fait avec toute l'exactitude qu'exigeoit une pareille operation; il propofe que MM. les commiffaires chargés de cette opération, veuillent bien en la continuant s'affurer des armes de ceux qui ne les ont pas remifes, les invitant à fe concerter avec le comité de furveillance qui leur communiquera les denonces qui lui auront été faites. Le confeil général délibère conformement à la propofition, invitant MM. les commiffaires à y apporter la plus grande attention.

M. le maire propofe en attendant que le département ait reçû fon contingent des armes que la nation deftine à chacun des departemens, d'offrir à celui de l'Hérault les armes neceffaires pour armer un des bataillons, fauf le rembourfement de ce qu'elles ont couté, ainfi que la reftitution de celles données precedemment. Le confeil general délibère conformement à la propofition & des commiffaires font nommés pour faire part au département du préfent arrêté.

* M. le maire dit: que des citoyens ont formé la demande que l'on s'affurat des citoyens fufpects, il obferve que cette mefure eft de la plus grande confequence & a befoin d'être murie; il propofe de la renvoyer au comité de furveillance pour entendre les denonces, s'affurer de la verité des faits & propofer les moyens & les mefures qu'il y a à prendre. Le confeil general délibère conformement à la propofition.

Du neuf feptembre heure de cinq de relevée. Le confeil général permanent affemblé. MM. Brouffon & Grand ainé annoncent que l'arrêté du confeil général de la commune du 8 de ce mois relatif à la confervation des traitemens fixes & des places des jeunes gens qui fe devoueront à la

1792.

PAGE 39 v°.

defenfe de la patrie a été reçû par acclamation de la part des negociants qui avoient deja pris l'engagement individuel de conferver à leurs commis leurs places & leurs appointemens, engagement qu'ils auroient pris & prefenté en * corps fi les lois relatives aux ci-devant corporations ne s'y étoient oppofées. Le confeil général arrête que mention honnorable fera faite dans le procés verbal du civifme & du patriotifme conftant des negotians de la ville.

PAGE 40 r°.

* Du douze feptembre heure de cinq de relevée. Le confeil général permanent affemblé. Sont annoncés & introduits MM. Jacques Regis Cambacerès, prefident du tribunal criminel du departement de l'Hérault, & Claude Dominique Cofme Fabre, préfident du diftrict adminiftratif de cette ville, lefquels ont dit : qu'avant de partir pour la convention nationale à laquelle le choix du peuple vient de les appeller, ils s'empreffent de renouveller dans le fein du confeil de la commune le ferment qu'ils ont deja prêté avec leurs corps refpectifs, de maintenir la liberté & l'égalité ou de mourir en les deffendant. Le confeil general reçoit le ferment.

M. le procureur de la commune donne lecture d'une lettre du fuppléant du procureur général findic, qui denonce l'abus que font journellement les femmes en achetant les effets des volontaires & l'argent qu'ils reçoivent en payement de leur folde, s'en raportant à la fageffe du confeil general pour les mefures à prendre afin de le faire ceffer. Le confeil général arrête qu'il fera fait une proclamation pour ramener les citoyens à leur devoir & charge le procureur de la commune de la rediger.

PAGE 40 v°.

* Un membre du comité de fubfiftances a dit : qu'affemblés ce foir chés M. le maire, avec la majorité des negocians de la ville, ces citoyens l'ont chargé d'exprimer au confeil la vive fatisfaction que leur a caufé l'arrêté du 8; portant invitation à toute perfonne occupant chés elle un citoyen qui ira aux frontieres, de lui conferver fa place & fes appointemens. C'étoit leur vœu; ils fe feroient empreffés de le porter en corps au confeil de la commune, fi la loi n'avoit pas fupprimé tous les corps; mais individuellement ils y adhèrent, en remerciant le confeil & le priant de recevoir l'engagement qu'ils prennent, en leur nom & au nom de tous leurs confrères, de conferver à leurs commis qui, plus heureux qu'eux, voleront aux frontieres, leurs appointemens & leurs places. Le confeil général arrête de configner dans fes regiftres cette nouvelle preuve de patriotifme des citoyens negociants & de publier le préfent arrêté pour rendre hommage à leur civifme.

PAGE 41 r°.

* Sont annoncés & introduits MM. Gafpard René Perdrix, prefident du tribunal de diftrict de cette ville, Cambaffedes, directeur des domaines nationaux, Loyfel, Martin, Rome, Lefoulon & Bioffe, employés dans les régies nationales, Pierre Rebuffy, citoyen, Jean Honnoré Marre, greffier de la gendarmerie nationale du departement de l'Hérault & Alexandre Panckouke, directeur du depot de mendicité établi dans cette ville, lefquels ont demandé d'être admis à preter le ferment civique porté par la loi du 12 août d^{er}.

PAGE 41 v°.

Du treize feptembre heure de onze avant midi. * Sont annoncés & introduits MM. Bourquenod, chirurgien major, Mercier & Bourguignon, chirurgiens aides majors, Mathieu Baude, infpecteur economique, Paul Baftide, Brunel, cuifinier, Rocazel, portier porte clefs, Paret, concierge & les dames Roucher femme Beftion, maitreffe lingere & infirmiere des femmes & Nogaret femme Guarigue, concierge des femmes & leur maitreffe lingere, tous employés au depot de mendicité établi dans cette ville, lefquels ont demandé d'être admis à preter le ferment civique porté par la loi du 12 août dernier.

*. M. le maire, en execution de la loi des 10 & 12 août dernier, propofe de preter dimanche prochain au Champ de Mars & de faire prêter à tous les citoyens le ferment d'être fideles à la nation, de maintenir la liberté, l'egalité, la fureté des perfonnes & des propriétés ou de mourir en les défendant. La propofition mife à la difcuffion, le confeil general l'adopte, fixe l'heure à quatre heures du foir, charge le procureur de la commune d'inviter tous les corps conftitués, charge le bureau de requerir les corps armés & arrête le projet de proclamation prefenté par M. le maire ainfi qu'il fuit :

L'affemblée nationale a décrété que tous les François feroient ferment de maintenir la liberté, l'egalité, la fureté des perfonnes & des propriétés, ou de mourir en les défendant. La commune fera ce ferment dimanche après diné au Champ de Mars. Citoyens, venés y tous ! c'eft votre devoir, votre intérêt, votre honneur. Le falut de la patrie & fa gloire en dépendent ; fi nous nous rallions autour de la loi, autour de l'affemblée nationale * qui en eft l'organe & des magiftrats qui la font executer, la patrie eft fauvée ; elle perit fi nous nous defuniffons, fi nous ceffons d'être juftes & humains ; fi nos forces s'épuifent dans les vengeances, fe divifent dans les querelles & languiffent abatues à la vue des injuftices. Quand nos troubles feront paffés, quand nous jouirons en paix de la liberté, de l'égalité, que de fouvenirs honnorables puiffent du moins fe mêler à celui de nos malheurs ! Que nous puiffions un jour nous dire les uns aux autres : la liberté, l'égalité ont exigé de nous bien des travaux, bien des facrifices ; mais du moins nous avons combattu pour elles avec juftice, avec humanité ; pour elles nous expofâmes nos biens, notre repos, notre vie, mais jamais notre vertu ; elle feule refta fans atteinte & nous devinmes libres, fans ceffer d'être humains & juftes.

M. le procureur de la commune remet fur le bureau la loi du 16 août dernier relative à l'alienation des maifons occupées par les religieufes & au payement de leurs penfions, il dit que cette loi porte art^e 13, que les municipalités dans la quinzaine de fa publication procederont à la vérification des effets inventoriés en execution des precedens decrets, & qu'elles veilleront à la confervation de ce mobilier national jufques à ce qu'il en ait été difpofé, il conclut à ce qu'il foit nommé des commiffaires pour faire le recenfement & qu'il lui foit donné acte de la remife qu'il fait de cette loi. Le confeil general donne acte au procureur de la commune de la remife par lui faite & le charge de concilier avec les membres du bureau pour fon entiere execution.

*. Du quatorze feptembre heure de cinq de relevée. Le confeil permanent affemblé. Sont annoncés & introduits MM. Aubaret, juge du tribunal de St Pons, faifant les fonctions provifoires de préfident criminel du département de l'Hérault, Thoras, Albiffon, juges du tribunal de diftrict de Montpellier, Defcalle, juge à celui de Lodeve & de tour pour remplir les fonctions de juge au tribunal criminel, Gas, accufateur public, J. Albiffon, commiffaire du pouvoir executif auprès dud. tribunal, Santy, greffier, Flottes & Daubriac, huiffiers dud. tribunal, Boudon, commiffaire du * pouvoir executif auprès du tribunal de diftrict de cette ville, Petit, homme de

1792. loi, Henry Toutin, commis principal à la police, Pierre Auguftin Chazelles & Pierre Beyrès, Jean Ant⁺ Poitevin du Boufquet, citoyens, qui ont demandé d'être admis à prêter le ferment porté par la loi du mois d'août dernier.

PAGE 44 r°. * Du dix fept feptembre heure de cinq de relevée. Le confeil général permanent aſſemblé. M. Berthe, commiſſaire, chargé de verifier le contenû en la petition du ſʳ Darmenon, negᵗ de cette ville, dit : d'après les renfeignemens pofitifs qui lui ont été fournis fur les caufes de l'abfence du ſʳ Darmenon fils, il en refulte qu'il eſt parti de cette ville depuis environ neuf ans, pour fe rendre au fort St Pierre de la Martinique où il s'eſt établi, & que c'eſt mal à propos qu'il a été compris dans le tableau des emigrés. Le confeil général arrête qu'il fera delivré au ſʳ Darmenon un certificat conforme à l'expofé.

PAGE 44 v°. * M. Berthe, commiſſaire, dit : qu'ayant été chargé de payer provifoirement aux femmes des volontaires qui fe font devoués à la défenfe de la patrie, les indemnités qui leur ont été accordées, il n'a pû le faire qu'en prenant partiellement chés le treforier de la commune les fommes necefſaires; qu'il convient pour l'avenir d'adopter un mode fixe & invariable, & ce mode eſt qu'il foit dreſſé toutes les femaines un état des perfonnes qui font dans le cas de recevoir une indemnité, de le faire arreter par les membres du bureau & de l'autorifer à tirer des mandemens individuels en faveur defdits particuliers fur le treforier de la commune, lefquels feront alloués en dépenfe à ce dernier, quoique non quittancés, propofant qu'il en foit délibéré. Le confeil général arrête le remboursement des avances faites par M. Berthe, renvoye au bureau pour l'expedition d'un mandement en fa faveur, & adopte le furplus de la propofition.

Lecture faite de la petition prefentée par le ſʳ Jean au département à l'effet d'obtenir fon élargiſſement avec l'impreſſion & affiche de l'arrêté à intervenir à fes frais & depens en tel nombre que bon lui femblera, l'arrêté du département en datte du 15 de ce mois mis à coté de lad. petition

PAGE 45 r°. portant que la * municipalité donnera fon avis; ouï le rapport & le procureur de la commune entendu. Le confeil perfiſte à croire comme il l'a dit dans fon arrêté du deux feptembre courant, qu'il eſt impoſſible de prendre une refolution definitive dans cette affaire avant d'avoir vû l'original de la lettre fignée Daumas, & entendû led. Daumas fur le fait particulier dont le ſʳ Jean eſt inculpé, auſſi ne penfe t-il pas qu'il y ait lieu de prononcer definitivement l'elargiſſement ni d'accueillir la demande en impreſſion & affiche; mais attendu qu'il n'y a point contre le ſʳ Jean des pourfuites juridiques commancées, que tout homme eſt prefumé innocent, lorfqu'il n'y a pas de jugement contre lui; que le fieur Jean eſt prifonnier depuis trois femaines, qu'on ne peut pas même calculer la durée de la detention; fi l'auteur de la lettre n'eſt pas arrêté, que fi la fûreté publique exige dans certaines circonſtances l'arreſtation d'un citoyen fans l'obfervation des formes judiciaires, la loi laiſſe enfuite à la difpofition des autorités conſtituées la faculté d'exiger de la part des prifonniers une caution, afin que ceux qui pourroient être coupables n'échapent point aux peines qu'ils auroient accourües. Eftime qu'il y a lieu d'accorder au f' Jean fon élargiffement provifoire à la charge par lui de donner bonne & fuffifante caution.

1792.

Sont annoncés & introduits MM. Jofeph Morard Labayette de Galles, colonel directeur d'artillerie; Xavier Chaillet Deverges, capitaine d'artillerie; Jean Amable de Serres, ancien directeur des ci-devant droits reunis; Pierre Lafoffe, Jacques Defeffard, Jean François Regis Garboulaud, Etienne Bedos, fecretaire greffier de la commune; Laurent Aftruc, commis principal, Jean André Bedos, Jean Pierre Maurice Peytavin, commis au greffe; Bernard père, citoyen & André François Sabatier, greffier au tribunal de diftrict, qui ont demandé d'être admis à preter le ferment civique exigé par la loi.

* Du dix neuf feptembre heure de cinq de relevée. Le confeil général permanent affemblé. * Le confeil de la commune, vû que la patrie eft en danger, que la legion eft tenue à un fervice extraordinaire & qu'elle fait en entier celui des troupes de ligne; qu'il eft preffant qu'elle s'exerce aux grandes manœuvres, au cas qu'elle doive ou aller à l'armée ou deffendre fes foyers; vu que la loi autorife à folder des inftructeurs & que fans doutte la legion choifira pour adjudant général un militaire inftruit & actif, propofe à lui donner furtout quant à l'artillerie le degré d'inftruction que les circonftances exigent. Eftime que le diftrict doit fixer à l'adjudant général qui va être nommé, des honnoraires proportionnés à fes facrifices & délibère cette depenfe quant à ce qui concerne la commune.

PAGE 45 vº.
PAGE 46 vº.

Sont annoncés & introduits MM. Barre, juge du tribunal de diftrict de Montpellier; Saporta, ancien major; Fouquet, medecin; Jofeph Belugou, curé de St Paul; Philipe Nicolas Gauthier, curé de Notre Dame; Alexandre Chiris, curé de St François; Jean Victor Cavalié, Barthelemi Antoine Bernard Guiraud, vicaires de la paroiffe St Paul; Jean Bouquet, ci-devant frere capucin; Jean Louis Rochet, Jacques Dutrenge, Bernard Daurat, Guillaume Durand, Felix Noel Favier, veterans; Jean Jacques Eftival, inftituteur & MM. Durand, Raynaud & Clement, juges de paix, qui ont demandé d'etre admis a preter le ferment civique. Le confeil général reçoit le ferment des fus-nommés.

Du 20 feptembre l'an 4 de la liberté & de l'egalité le 1ᵉʳ, heure de onze avant midy.

* Sont annoncés & introduits MM. Rofe, Boirard dit Cupidon, Piron, muficiens; Dejean, inftituteur; Bonhomme, ci-devant religieux; Jean Maffre, Guilleᵉ Leques, ci-devant capucins; Claude Etienne Blanchet & Antoine Dumas, ci-devant auguftins; Jean Bonnieu, invalide; Marin, Raymond Thomas, Bonnard pere & Ravel, muficiens; Brouffonnet, profeffeur en médecine; Etienne Brouffonnet, pretre; Pouget, greffier au tribunal de la police correctionnelle; Pierre Efprit, comte Montmaur, capitaine invalide, décoré de la croix de St Louis; dame Marie Bernardine Lamoni, veuve de M. Fabre, brigadier des armées du roi; Jean Jourdain, veteran, Jean Baptifte Lizert, Pierre Rougé & Jean Rafin, invalides, qui ont demandé d'être admis à prêter le ferment civique.

PAGE 47 rº.

1792.
PAGE 47 v°.

*Eſt annoncée & introduite une députation des citoyens, l'un d'eux portant la parole dit : que la ſalle deſtinée à la lecture des papiers nouvelles louée par les amis de la liberté & de l'egalité étant devenue inſuffiſante, ils demandent la permiſſion de tenir leurs ſéances dans la ſalle du concert & d'y faire faire à leurs frais & dépens les réparations convenables pour la rendre propre à cet uſage; ils obſervent qu'ils auront l'intention de ne pas y aller les jours indiqués par les ſéances du concert.

La propoſition miſe à la diſcuſſion.

Le conſeil général, conſidérant l'utilité de la demande & la convenance des réparations, accorde la permiſſion demandée, & adjoint l'architecte de la commune aux commiſſaires de la ſociété.

PAGE 47 v°.

M. le procureur de la commune dit : que M. Galavieille, officier municipal, chargé de la police des ſpectacles fut hier inſulté par pluſieurs volontaires qu'il cherchoit à ramener dans les bornes preſcrites par la deſcence,* qu'ayant inſiſté auprès d'eux pour les faire rentrer dans leur devoir & demandé force à la loi, il fut pourſuivi par l'un d'eux le ſabre à la main, que ſans le ſecours de MM. Coſte & Pilon il auroit été écharpé ou jetté des loges dans le parterre, il conclut à ce qu'il ſoit nommé un commiſſaire pour informer de ce qui s'eſt paſſé & qu'il ſoit fait mention honnorable dans le proces verbal du civiſme & du patriotiſme de ces deux particuliers.

La propoſition miſe à la diſcuſſion & apres pluſieurs obſervations.

Le conſeil general nomme M. Montels notable pour procéder à l'information des faits énoncés dans l'expoſé, arrête que mention honnorable eſt faite du civiſme & du patriotiſme de MM. Coſte & Pilon.

PAGE 47 v°.

Le même propoſe qu'à l'avenir celui de MM. les officiers municipaux qui ſera chargé de la police des ſpectacles ſoit décoré de ſon écharpe & pour qu'on ne ſoit pas obligé d'en porter une dans la poche,* il conclut à ce qu'il en ſoit acheté une aux dépens de la commune pour être attachée à la loge deſtinée pour MM. les officiers municipaux.

PAGE 48 r°. *Du 20 ſeptembre 1792 l'an IV de la liberté & de l'égalité le 1ᵉʳ, heure de cinq de relevée.

PAGE 48 v°. *Le corps municipal chargé de la ſurveillance des maiſons & effets nationaux, autoriſe les dames ci-devant religieuſes à faire ſortir leurs effets perſonnels non compris dans l'inventaire, la doyenne d'age demeurant ſequeſtre & reſponſable des effets nationaux inventoriés, juſqu'à l'evacuation de la maiſon, auquel cas, & avant de ſortir, un officier municipal feroit appellé pour recevoir les clefs & les effets.

PAGE 48 v° *Du 22 ſeptembre 1792 l'an IV de la liberté & de l'égalité le 1ᵉʳ, heure de onze avant midi.

M. Fargeon procureur de la commune a dit :

PAGE 49 r°. *Meſſieurs, le conſeil général partage avec les membres du corps municipal les vives inquiétudes que nous avons depuis quelque tems ſur le ſort des priſonniers détenus dans la maiſon de juſtice & d'arrêt.

Les bruits qui courent à cet égard font l'effet des menées fourdes de quelques agitateurs qui fe retournent dans tous les fens pour troubler l'ordre & pour égarer nos concitoyens.

* On difoit publiquement hier dans les cours du palais & au prétoire criminel que les foldats du 1er bataillon des troupes legeres ci-devant chaffeurs de Provence feront enlevés & qu'on ne fouffriroit pas qu'ils fuffent jugés ou punis; j'ai cherché inutillement à connoitre les auteurs de ce projet, ou plutôt ceux qui cherchoient à fe faire des coupables profelites.

Enfin ce matin le préfident du tribunal criminel a reçu une lettre anonime menaçante pour caffer la procedure.

* Voila, Meffieurs, comment on cherche à égarer le peuple & maitrifer la confcience des tribunaux.

Cependant fi l'homme jufte & fenfible defire de trouver un innocent dans celui qui eft prevenu d'être coupable, les vrais amis de l'ordre & de la liberté doivent demander la vengeance des crimes parce que la punition d'un couppable eft une juftice éclatante de la loi pour l'efpece humaine.

Quel que foit le fort qui attent les prifonniers qui font prévenus de l'attentat commis fur la perfonne de l'officier de leur corps, fi cruellement affaffiné, en attendant que la juftice ait prononcé * que tout homme apprenne que les prevenus font fous la main de la loi, innocents pour être blanchis, coupables pour être punis, & que le public doit attendre avec l'impaffibilité la plus rigoureufe le jugement qui fera rendu.

Pour maintenir l'ordre & raffurer nos concitoyens fur les inquiétudes répandües dans le public.

Je propofe au confeil general de placer dimanche 23 du courant & jours fuivans s'il y a lieu dans la cour du palais de juftice un nombre fuffifant de force armée pour être à la difpofition de l'officier municipal qui fera ce jour là de fervice & même des officiers du tribunal criminel.

* C'eft l'objet de ma requifition.

La propofition mife aux voix.

Le confeil plein de confiance dans le patriotifme & les lumières des citoyens, perfuadé qu'ils ne font pas coupables de violer la loi, mais voulant oter aux malveillants & aux agitateurs tout moyen de calomnier l'adminiftration ou d'exciter les troubles.

Arrête que le chef de la légion fera requis de doubler tous les poftes.

* Du 24 feptembre 1792 l'an IV de la liberté & de l'égalité le 1er, heure de cinq de relevée.

* M. le maire dit que la compagnie des grenadiers organifée à la réquifition du général Montefquieu & prette à marcher à fon premier fignal, ne pouvant plus attendre ni vaincre l'impatience où elle eft de voler aux frontières, demande à partir & à s'adjoindre aux trois compagnies de Perpignan, de Narbonne & de Sette qui font à la veille de leur départ, il en refultera de nouveaux facrifices pour la commune, mais elle les faira avec plaifir pour une fi belle caufe & de fi bons citoyens.

* Le confeil ouï & ce requérant le procureur de la commune, applaudit

1792. au civifme de fa compagnie de grenadiers, adopte fa demande & charge MM. Berthe & Quatrefages de l'appuyer aupres du departement & de concerter fon adjonction aux trois compagnies de Perpignan, Narbonne & Sette déclarant que fes arretés fur les indemnités feront exécutés à l'égard defdits volontaires & qu'il fera fait part de leur civifme à l'affemblée nationale.

Sont annoncés & introduits MM. Jean Pierre Allibert, ci-devant commis
PAGE 52 v°. au greffe du roi de la commiffion de 1734,* Ant^e Maillet, Jean Pierre Lacaze & Jacques Malefoffe, ci-devant commis à la fubvention, Fulcrand Prunier, vétéran, Jofeph Avignon, invalide, Jean Alexandre Carney profeffeur de rhetorique, Jean Baptifte Ferrier, conducteur des travaux publics du département, Pierre Bailhot, Pierre Giniés, Jean Baptifte Palazin & Louis Boutellier, inftituteur, Jacques Aymard, ci-devant frère recolet, Jean Coftabelle, ci-devant frère cordellier, Antoine Billoin, ingénieur en chef des ponts & chauffées du département de l'Hérault, Jean François Rouffel, ingénieur des ponts & chauffées du même departement, Etienne Mirmand capitaine
PAGE 52 v°. décoré de la croix de St Louis, Rouby,* Arlaboffe, Peyre, Bardou & Arlaboffe cadet muficiens qui ont demandé d'être admis à prêter le ferment civique.
PAGE 53 r°. * Du 26 feptembre 1792, l'an IV de la liberté & de l'égalité le 1er, heure de cinq de relevée.

Les citoyens Jean Baptifte Barry, curé de la paroiffe St Denis, Jean Gros, prêtre, François Chalier, Jacques Brulé, Etienne Gailhan, Pierre Bonnaventure, Cottené, timbreur, Vincent Oullier, tournefeuille, Pierre Barriere, Pujolas, muficien, Barthelemy Sablier, Pierre Maffet, François Jofeph Sau-
PAGE 53 r°. clieres, * Jean Laligan, invalide, prefens à la féance ont demandé de preter le ferment civique.

M. Fargeon dit :

Meffieurs, l'article 9 de la loi du 18 août dernier a fait naitre quelques douttes dans le fein du confeil general, plufieurs ont penfé & je partage leur opinion que l'article qui abolit & prohibe les coftumes religieux & des congregations feculieres pour l'un & l'autre fexe s'applique aux curés & aux vicaires hors de leurs fonctions ; d'autres, qu'il y a une exception en leur faveur fondée fur l'article qui eft la fuitte de l'article qui dit : cependant les miniftres de tous les cultes pourront conferver le leur (leur coftume) pendant l'exercice de leurs fonctions dans l'arrondiffement où
PAGE 53 r°. ils l'exercent, & ils concluent de là * que les miniftres du culte catholique
PAGE 53 v°. pouvant être conftamment en fonctions ils doivent * garder le coftume qu'ils ont toujours porté jufques à préfent dans le monde.

Pour éclairer l'affemblée, qu'elle me permette de lui rappeller fans commentaire ni reflexions, le preambule de la loi dont s'agit qui en fait connoitre l'efprit, un état libre ne doit fouffrir dans fon fein aucune corporation.
PAGE 53 v°. Le moment où le corps légiflatif acheve d'anéantir les corporations * eft auffi celui où il doit faire difparoitre à jamais tous les coftumes qui leur etoient propres & dont l'effet néceffaire feroit d'en rappeller le fouvenir, d'en retracer l'image, ou de faire penfer qu'elles fubfiftent encore.

Je penfe que tous les miniftres des cultes ne peuvent & ne doivent conferver le coftume de leur état que dans l'exercice public de leurs fonctions & que hors de leurs fonctions, ils ne doivent pas être diftingués des autres citoyens; je conclus donc que le confeil général paffe à l'ordre du jour ainfi motivé.

Le confeil général paffe à l'ordre du jour, motivé fur ce que la loi ne laiffe aux miniftres de tous les cultes la faculté d'ufer dn coftume que pendant l'exercice de leurs fonctions dans l'arrondiffement où ils les exercent, ce qui ne s'applique & ne peut s'entendre que des fonctions publiques.

Du 27 feptembre 1792 l'an IV de la liberté & de l'égalité le 1er, heure de onze avant midy.

M. Fargeon dit : que perfonne ne doutte des heureux effets qu'à produit l'établiffement du bureau de paix & * de conciliation établi près le tribunal de diftrict de cette ville, il propofe en confequence qu'il foit procedé à la nomination des deux places vacantes, l'une par le choix de M. Fabre à la Convention nationale & l'autre par l'abfence de M. Lebrun.

* Le confeil général adopte la propofition. MM. Montels fils, homme de loi & Anterrieu ainé, citoyen, ont été nommés membres du bureau de paix & de conciliation établi * près le tribunal de diftrict de cette ville & M. Fargeon a été chargé de leur annoncer leur nomination, en les invitant à venir prêter ferment entre les mains du confeil général.

Les citoyens Jean Baptifte Alexis Truchement, curé de la paroiffe St Pierre; Jean François Commeyras, vicaire de ladite paroiffe; Richard, directeur de la pofte aux lettres, Legendre, Pafchal Portal, muficien & Thomas Mejean, médecin, prefens à la féance ont demandé de prêter le ferment civique.

* Du 29 feptembre 1792 l'an IV de la liberté & de l'égalité le 1er, heure de onze avant midi.

M. le procureur de la commune en rendant compte des difpofitions que le corps municipal a faites pour la proclamation de la loi qui abolit la royauté dit : *que le commandant de la légion a été requis de faire trouver demain heure de trois de l'apres midi tres precifes la légion fur l'efplanade, que les corps adminiftratifs & judiciaires ont été invités d'affifter à la cérémonie & de fe rendre à la maifon commune pour la même heure, que la marche a été ainfi réglée. Le cortège fortant de la commune proclamera la loi, de là il fe rendra à l'efplanade où il fera fait pareille proclamation, de là le cortège & la garde nationale fe rendront à la place du Peyrou en paffant par la Grande rüe, la Triperie & la Valfère où il fera fait pareille proclamation; & afin qu'il ne refte aucune marque extérieure qui rappelle à l'homme devenu libre fon ancienne fervitude & le defpotifme, il dit que d'apres les précautions qui ont été prifes, le cheval de bronze & la ftatue de Louis XIV doivent etre decendus, & que ces difpofitions qui ne font que provifoires deviendront deffinitives fi le confeil général les adopte.

Le confeil général délibère conformément aux propofitions.

DOCUMENTS POUR SERVIR DE PREUVES

A LA CONTINUATION

DE

L'HISTOIRE DE MONTPELLIER

Depuis 1789 jusqu'à la fin du règne de Louis XVI

1789

CAHIERS DES DOLÉANCES DES HABITANTS DE MONTPELLIER AYANT SERVI A LA RÉDACTION DU CAHIER DES DOLÉANCES GÉNÉRALES DU TIERS-ETAT DE LA MÊME VILLE AUX ETATS GÉNÉRAUX DE 1789.

TIERS-ETAT EN GÉNÉRAL

Cahier des demandes & doléances que le tiers-etat non corporé du fixain St Paul en la ville de Montpellier, affemblé d'après le reglement du roi, charge fes députés à l'affemblée du tiers-etat de la communauté de Montpellier d'y préfenter pour y etre redigé.

Du 11e mars 1789.

Nous habitants non corporés du fixain St Paul en la ville de Montpellier, ayant été convoqués par meffieurs les officiers municipaux de ladite ville pour procéder à la nomination de nos députés à l'affemblée du tiers-etat de cette ville, qui doit avoir lieu le 12 du courant pour y nommer des députés à l'affemblée du feize; lefquels concourront à la nomination de deux députés aux tiers etats généraux pour la fénéchauffée de Montpellier; nous avons à la pluralité des fuffrages nommé pour nos repréfentants Mrs Jean François Cofte, agent de change & Pierre Boufchier, bourgeois.

Etant autorifés de plus, & par une fuite néceffaire, à y porter nos demandes & doléances, nous avons délibéré de demander & réclamer fur les objets fuivants & nous avons donné mandat exprès à nos députés de les préfenter en notre nom à l'affemblée du tiers etat, convoquée pour le douze du courant.

1. Nous demandons d'abord que l'impofition générale & proportionnelle des fubfides n'ayant pas été encore confentie par les etats generaux, on ne depute à l'affemblée du feize, ni celle ci à celle de la fenechauffée, aucun privilegié ou adhérants ou dépendants d'eux afin qu'ils n'influent pas fur la nomination de nos deputés aux etats généraux. C'eft un moyen de s'affurer que ces derniers ne font pas tirés de cette claffe & de fe délivrer de la crainte qu'ils ne vinfent à préférer leur intérêt particulier à l'intérêt general.

2. Nos députés aux etats généraux demanderont avant tout, que l'impofition generalle & proportionnelle foit confentie par le clergé & la nobleffe & ait force de loi conftitutive.

3. Qu'il ne foit en rien dérogé au droit conftitutionel acquis au peuple de confentir les loix.

4. Si les etats generaux delibèrent de voter par ordre, le tiers-etat doit demander que les deux ordres du clergé & de la nobleffe n'en faffent qu'un.

5. Il n'y en avoit qu'un originairement, celui de la nobleffe. Le clergé intervint enfuite dans les affaires politiques comme fuperieur à la nobleffe par fes charges, par fa naiffance & par fes propriétés; il s'en fépara à caufe de fes privilèges & de fes intérêts particuliers; mais le tiers etat avoit le droit de confentir ou de refufer; ainfi la divifion en 3 ordres ne paraiffoit pas tirer à conféquence.

6. Quand il n'y auroit pas eu tant de verfatilité dans ces diftinctions, celle en 3 ordres eft trop injufte & trop dangereufe pour qu'elle doive etre maintenue. Si l'on vote par ordre c'eft bien affez que la claffe privilegiée ait une egalité de confentement avec celle qui conftitue la nation. On fait que cette egalité peut aifément devenir une préponderance par la multitude de moyens que l'on a de gagner des membres du tiers. Celui-ci ne doit pas expofer un auffi precieux intérêt que celui d'un grand peuple au danger d'etre facrifié à la corruption d'un petit nombre de fes membres. Les privileges font une claffe diftinctive & féparée de la nation; ils font diftingués entr'eux par le mot, non par la chofe; ils font effentiellement une claffe d'hommes qui ont un intérêt oppofé à l'intérêt général; rigoureufement ils n'auroient droit ni aux avantages des loix qu'autant qu'ils contribueroient aux moyens de les mettre en vigueur; encore moins pouvent ils avoir celui de les établir par une fupériorité de fuffrages. Nous n'avons point encore de conftitution furtout fur cet objet; aujourd'hui qu'elle veut s'en donner une, la nation a bien le droit de fixer la meilleure forme. Le parti de voter par têtes préfentant evidemment le redoutable inconvenient de faire dépendre le falut du peuple de la corruption d'un très petit nombre de fes repréfentants, celui de ne créer que deux ordres dans l'etat qui voteroient féparément, fera-t-il le feul moyen de le fauver?

Si les deux premiers ordres font féparés, le troifieme, s'eft à dire le peuple, l'ordre qui reprefente la nation doit fe conferver le vote qu'il a toujours eu, meme dans ces circonftances femblables. (Voyez l'ordonnance du roi Jean 28 décembre 1355, celle d'Orleans de 1560, art. 138 & le droit conftant & imprefcriptible qu'a toujours eu le peuple de confentir les loix).

Si les députés aux etats generaux ont un mandat reſtreint ſur ce qui concerne les loix conſtitutionnelles de la monarchie, qu'il ne ſoit point limité ſur les autres objets.

7. Qu'il y ait un retour periodique des etats generaux où l'on pourra réclamer ſur le paſſé & pourvoir à l'avenir.

8. Si les etats généraux ſont fixés à des epoques dès l'origine & ſi l'on croit néceſſaire qu'ils ſoyent repréſentés par une commiſſion qu'ils auroient nommée & chargée de leurs pouvoirs, que cette commiſſion ne puiſſe avoir aucun autre mandat.

9. Qu'à l'epoque où les etats généraux ſuivans auroient été fixés, cette commiſſion reſte ſans pouvoirs quand meme les etats generaux ne s'aſſembleroient pas.

10. Qu'aux etats generaux qui ſuivront ceux qui l'auront etablie, cette commiſſion rende compte de l'uſage qu'elle aura fait de ſes pouvoirs & que ceux de ſes membres qui ſeront trouvés avoir abuſé ſoyent pourſuivis comme traitres à la nation.

11. Que cette commiſſion ſoit changée à chaque aſſemblée nationale au moins de la moitié de ſes membres & qu'aucun ne puiſſe etre elu ni conſervé pendant trois etats généraux conſecutifs.

12. Que les députés aux etats généraux puiſſent pendant leur tenue etre rapelés par ceux qui les auroient envoyés, s'ils le jugent néceſſaire.

13. Une conſtitution libre & repreſentative des etats provinciaux de Languedoc combinée avec celle du royaume & les circonſtances locales de la province.

14. La réformation de la juſtice civile & criminelle.

15. Si elle devait etre retardée, que la liberté individuelle ſoit miſe à l'abri des atteintes de l'autorité & de celles des loix.

16. Que les etats généraux pourvoyent à ce que meſſieurs les curés ayent de douze à quinze cents livres par an.

17. Que la ville de Montpellier jouiſſe à l'avenir du droit qu'elle a de nommer ſes conſuls & officiers municipaux.

Il eſt permis de reclamer la jouiſſance d'un droit legitimement acquis, longtems poſſédé, commun à pluſieurs municipalités. Si l'on fait cette demande ce n'eſt pas que l'on veuille annoncer aucun regret ſur le paſſé ; mais il faut pourvoir à l'avenir.

18. Qu'il ſoit permis aux communautés & aux particuliers de racheter les redevances & bannalités ſeigneuriales légitimement acquiſes & que celles qui feroient illegitimes ſoyent eteintes.

19. La ſupreſſion des péages, leudes & autres droits ſeigneuriaux s'ils ſont une uſurpation ; & que leur rembourſement ou extinction ſoyent autoriſés s'ils ſont légitimement acquis.

20. Que les droits de controle ſoyent partout les mêmes & fixés & enoncés d'une manière claire & préciſe.

21. L'on a dû établir le controlle lorſqu'il a contribué à aſſurer les droits & les proprietés. Que dans des momens de beſoin l'etat ait accumulé ſucceſſivement des droits ſur les memes objets ; qu'il les ait etendus ſur d'autres qui ne ſe comportoient pas, c'eſt de dont on peut gémir en les payant ; mais que ces mêmes droits à raiſon de leur multiplicité ne ſoyent jamais bien connus, meme de ceux qui les perçoivent, qu'ils prêtent à l'arbitraire & à la vexation, qu'on puiſſe à peine prouver & réclamer contr'elle, c'eſt ce dont tout bon citoyen deſirera & demandera l'abolition, un tarif clair, ſimple, connu de tous & qui préſente les mêmes produits n'eſt que l'ouvrage du calcul & ne pourroit devoir etre refuſé ſous aucun rapport.

21. Pluſieurs des reglements de la milice nous paroiſſent devoir etre réformés. Elle enleve à l'agriculture, à des vieillards, à des orphelins les bras qui leur ſont neceſſaires ; l'aproche du tirage eſt redouté des campagnes ; nombre de ceux qui y ſont ſujets fuyent, les exemptions ſont ſouvent l'ouvrage de la faveur plutot que celui de l'humanité ou d'une juſtice réfléchie. Peut etre obvieroit on à cet inconvenient en chargeant les communautés de fournir le nombre d'hommes qui leur eſt impoſé, elles trouveroient avec de l'argent des hommes prêts à s'engager, qu'elles auroient intérêt à bien choiſir parce qu'elles auroient à en repondre & les bras neceſſaires aux campagnes & aux malheureux ſeroient conſervés.

22. Que les matelots qui ſerviront ſur les vaiſſeaux du roi reçoivent la meme paye que ceux qui ſervent ſur les vaiſſeaux marchands. Ni eux ni leurs familles n'auront plus alors pour ce ſervice la répugnance qu'ils manifeſtent & la marine royale n'en manqueroit pas au beſoin. L'on ſait aſſez combien il eſt important qu'elle ſoit redoutable & que les matelots y ſont de première néceſſité.

23. Empêcher la ſortie des bêtes à laine & en perfectionner l'eſpèce.

Pour cet effet : 1º defendre leur ſortie hors du royaume. 2º En favoriſer l'education par des recompenſes accordées à ceux qui s'y ſeront diſtingués. 3º Faire venir de bonnes races de l'etranger. 4º Ne pas permettre qu'il ſoit vendu ni tué aucun animal avant les Paques ; par ce moyen les premières portées qui ſont les meilleures ſeront conſervées à l'eſpèce. 5º Interdire le defrichement des pâturages qui ſeront trouvés neceſſaires.

24. Que le prix du ſel ſoit le meme dans toutes les provinces de France.

Il ſeroit tres difficile de juſtifier le prix ſouvent exhorbitant, rarement raiſonnable, auquel eſt porté le ſel ; cette production que la nature a rendue autour de nous preſqu'auſſi abondante parcequ'elle l'avait rendue preſqu'auſſi néceſſaire que l'air & l'eau ; mais il ſeroit tres facile de prouver que cette différence eſt conſequente & ruineuſe. Le prix le plus exhorbitant du ſel eſt ſouvent payé par ceux dont il baigne les portes & qui en voyent autour d'eux de hautes montagnes. On le paye à des prix tres diſproportionnés, toujours trop cher, & l'agriculteur, cet homme ſi neceſſaire à l'etat, qu'il devrait laiſſer ſans gêne à ſa pénible induſtrie & ſur lequel il fait cependant peſer preſque toutes les parties des impots ; l'agriculteur qui a le plus abſolu beſoin du ſel pour la ſanté de ſes beſtiaux, eſt forcé de leur donner avec une parcimonie qui ſeroit ridicule ſi elle n'etoit cruelle & ſi elle n'etoit l'ouvrage d'une adminiſtration que l'on doit reſpecter meme dans ſes erreurs.

Si nous ne pouvons arriver encore à ce point de juſtice & de ſageſſe qui etabliroit le ſel & tant d'autres objets de confommation libres & fans entraves fifcales ; du moins eft-il à penfer que nous pourrons vaincre les obftacles pécuniaires qui empêchent que le fel n'ait partout un prix egal & raifonnable.

25. Que les douanes de l'intérieur du royaume foyent fuprimées & qu'il n'y en ait que fur les frontières. Rien n'eft plus onéreux pour le commerce ou pour les particuliers, rien n'eft plus commode pour furprendre la bonne foi & enrichir le fifc par des confifcations fouvent odieufes que cette multitude de droits & de prohibitions, ignorées pour la plupart, qui ont lieu de province à province & qui femblent en faire des pays ennemis, etrangers les uns aux autres & foumis à autant de fouverains differents.

Impofer fur nos denrées des droits multipliés c'eft conduire l'agriculture & le fpéculateur à l'inaction. Elles ne peuvent etre confommées dans le pays à caufe de leur abondance, ni au loin à caufe de leur cherté. Pourquoi l'agriculteur forceroit-il peniblement la terre à lui donner des productions qu'il feroit obligé de laiffer fur le fol qui les auroit fournies & comment le fpéculateur envoyeroit-il des denrées qu'on ne lui demande pas ?

On fentira davantage le danger de ces droits lorfqu'on fe fouviendra que la plupart des marchandifes etrangeres ne payent qu'une feule fois des droits d'entrée pour tout le royaume, tandis que les notres payent des droits multipliés. Par quelle fatalité arrive-t-il que les etrangers foyent plus favorifés que les nationaux ? Si l'on vouloit detruire notre commerce & favorifer le leur on ne pouroit y employer un moyen plus fûr. On en connoit le fuccès & il eft notoire à tous que nos manufactures font dans un etat de langueur & de dépériffement qui, s'il n'y eft pourvu, amenera bientot leur ruine totale. Et fi l'on attend qu'elle foit operée combien ne faudra-t-il pas de tems & d'efforts infructueux pour les rétablir ? L'induftrie n'avance que lentement ; il lui faut des fuccès répétés ; les premiers progrès font très penibles & lutter contre les rivaux etablis eft l'ouvrage d'une longue génération.

26. La ville de Montpellier doit demander pour elle & pour la province un commerce libre avec les echelles du Levant. L'on a accordé un privilège excluſif à Marfeille pour cet objet, mais ce privilège eft plein d'illufion dans fon motif.

Les memes précautions que l'on prend à Marfeille pour eviter la communication de la pefte pouroient etre prifes à Cette. Elles le feroient même avec plus de fureté parcequc la nature a ifolé cette prefqu'ile, & l'a féparée du continent par une très petite langue de terre, une montagne & un etang mettent hors de communication & meme hors d'afpect les retraites où l'on fequeftreroit les vaiffeaux & les equipages.

Ce privilège eft de plus ruineux pour le Languedoc & cela fous deux points de vue.

1. Par le haut prix auquel il paye les marchandifes qui lui viennent du Levant par la voye de Marfeille & qui font neceffaires à la confommation des habitants & à l'aliment de toutes les fabriques.

2. Parcequ'on ne peut pas envoyer en retour les productions de la province, ce qui crée deux maux ; l'un, que ces productions reftent invendues ; l'autre, que l'argent par lequel on paye les marchandifes qui viennent de Marfeille fort de la province. L'on frappe ainfi de ftérilité tout à la fois, l'agriculture & le commerce.

Ajoutez à cette abfurdité en adminiftration que par une fuite du privilege, les etoffes qui fe fabriquent en Languedoc, au lieu d'etre expédiées au Levant par Cette font obligées d'aller jufqu'à Marfeille pour y etre embarquées.

Comment le Languedoc aurait il mérité cette défaveur du gouvernement & n'eft il pas auffi un enfant de la patrie ?

Si l'on calculait le préjudice immenfe que ce privilege aporte au Languedoc, cette vafte & riche province dont il tarit une partie des richeffes & des reffources, l'on feroit étonné des réfultats & une fage adminiftration n'héfiteroit pas à l'abolir.

27. Qu'au lieu des plombs inutiles que l'on place aux bouts des pieces d'etoffes les fabriquans foyent tenus d'y mettre leurs noms en tête & queue.

Le meilleur moyen de faire profperer nos fabriques c'eft de maintenir la bonté. On ne peut mieux arriver à ce but qu'en obligeant les fabriquants à mettre leurs noms aux pieces qu'ils debitent ; fi elles font mauvaifes ils auront figné eux mêmes leur imperitie, fi inégales, leur fraude.

28º Que tous les corps & corporations foyent tenus d'acquitter leurs dettes en payant annuellement les interêts & une partie du capital qui les forme. Qu'ils le foyent outre cela de payer annuellement encore les dettes qu'ils auroient faites dans la fuite fans nuire à l'extinction annuelle & progreffive des dettes deja formées & que s'il le faut, leurs biens en répondent.

Il feroit inconféquent que tandis que l'on cherche à liquider la grande dette de l'Etat, afin de rendre la nation à fes reffources, il fut permis à quels corps que ce foit de s'endetter au point de venir infolvables & de mettre ainfi le defordre dans leurs fortunes & dans celles des particuliers. Si un individu ne peut emprunter fans etre obligé de payer, on ne voit pas comment plufieurs en feroient difpenfés parce qu'ils fe feroient reunis à un corps.

Cette extinction de la dette des corps pourra amener leur abolition dont la néceffité a été fentie.

29º Que l'on remedie aux inconveniens qui réfultent des affociations & partis que les garçons compagnons de differents métiers ont faites & qui font connues fous les noms auffi barbares qu'eux de gavots & devorants ou devoirans.

Il eft abfurde que dans un etat policé il exifte des hommes toujours prêts à en venir aux mains, portés par efprit de corps à fe courre fus lorfqu'ils fe rencontrent, & forcés à le faire par la crainte d'etre punis par les leurs fi par impuiffance, par lâcheté ou comifération ils ne le font pas voir. On trouve dans nos rues parmi des citoyens paifibles des forcenés armés de pierres, de marteaux, de bâtons, armes d'autant plus redoutables qu'elles font maniées par des bras nerveux & dirigées par des cœurs fans pitié, qui fe pourfuivent, s'atteignent, s'affoment fans que perfonne s'en informe & ces affaffinats demeurent fans vindicte publique, comme si ce n'etoit pas le sang des hommes qui eut coulé : ce spectacle accuse necessairement ou la foiblesse ou l'insouciance de l'autorité & il est difficile d'imaginer que les pays que nous apelons barbares en presentent un aussi féroce.

La vie des citoyens est elle meme en danger : on en pourroit citer plusieurs exemples & il semble qu'elle vaut la peine qu'on la conserve. L'on prend des précautions pour se défendre dans les routes ; mais on ne croit pas avoir besoin de se precautionner dans les rues des villes & les enfants ne le peuvent meme pas & si il faut que l'on sorte des maisons on dit que la loi y a pourvu. Qui le soupçonneroit & qu'est ce qu'une loi sans vigueur ? Il semble qu'il y a au moins de l'imprudence à laisser croire au citoyen qu'il puisse etre mechant avec impunité.

Cette insubordination feroce tend à décourager l'industrie. Des pères & des mères retirent auprès d'eux leurs enfants de peur qu'ils ne soyent exposés à perir dans quelqu'une de ces attaques imprévues & forcées & ils sont ainsi privés des lumières & de l'experience qu'ils auroient acquises dans les pays qu'ils auroient parcourus.

Les habitans non corporés du sizain St Paul temoins de ces tristes effets de l'esprit de corps & qui voyent presque tous les jours sous leurs yeux ces scênes sanglantes parceque la plupart de ces compagnons artisants y tiennent leurs assises se croyent obligés de demander que cette insubordination soit reprimée.

Enfin nous nous reunissons avec transport à tous les bons citoyens pour offrir à notre patrie & à notre monarque l'homage de nos contributions, de nos vœux, de notre reconnoissance, de nos travaux & de nos vies pour le maintien de leur prosperité & de leur gloire.

ARCHITECTES.

Vœux des architectes de la ville de Montpellier.

1º Qu'il soit elevé dans toutes les villes capitales de l'empire une obelisque à la gloire du roy pour immortaliser la bienveillance de notre auguste monarque, quoique profondément gravée dans le cœur des Français, avec des allegories à la gloire de son ministre des finances.

2º Sa majesté est très humblement & respectueusement supliée d'acorder sa protection & des encouragemens à l'agriculture & au commerce en faisant disparoitre ces barrieres qui rendent comme etrangeres une province à l'autre, vû que les vins qui se vendent dans les provinces meridionales à un tres bas prix se soutiennent toujours à Lyon, frontieres du bas Languedoc à très haut prix, par les entraves de ces memes barrieres : il en est de meme d'une infinité d'autres denrées de premiere necessité & autres marchandises.

3º La reunion de tous les corps religieux mandians, lesquels en particulier occupent de vastes pocessions, precieuses par leur situation dans l'enceinte des villes, tant en jardins qu'en batimens ; ces effets qui rentreroient dans le commerce produiroient de grands benefices à l'etat par leurs mutations.

4º La vente de la citadelle de Montpellier & des terreins adjacens dependens, dont leur produit seroit considerable, independant des mutations qui en resulteroit.

5º La demolition des murs d'enceinte de la ville au benefice de la communauté, ainsi que les terreins adjacens, avantage precieux qui procureroit la salubrité de l'air & des agréemens infinis aux maisons de la ville qui se trouveroient avoir des communications faciles avec le dehors, par les prolongemens des rues, plusieurs uniquement obstruées par le seul mur d'enceinte.

6º Qu'il soit etabli des ateliers dans toutes les villes principales du royaume pour occuper les mandians de tout sexe, specialement pour faire disparoitre & aneantir la mandicité.

Trouver les moyens de pourvoir à ce que les hôpitaux & maisons de charité soient en mesure de recevoir indistinctement & sans retribution les enfans trouvés & folliciter une loy qui fit disparoitre l'oprobre de leur malheureuse naissance.

7º La liberté de construire des canaux de navigation utiles, en faisant disparoitre tous privileges.

8º Abolir toutes les associations des ouvriers & compagnons de divers etats & metiers, connus en Languedoc sous la denomination du devoir, lesquelles causent des sanglantes disputes & exposent les habitans des villes dans les plus grands dangers, lors de leurs frequentes rixes.

L'abolition de tous les privileges quelconques & de la gabelle, impôt ruineux pour tous les individus & particulierement l'agriculteur, par l'impossibilité de fournir le sel necessaire à la conservation de ses troupeaux, qui en outre joins à d'autres moyens sans depense mettroint la qualité de leurs laines à meme de soutenir avec avantage la concurence que se sont arogés nos rivaux (demandé par le cahier du corps des marchands).

10º Encourager les artistes des provinces qui auront bien merité de leurs concitoyens par leurs talens & leur conduite, en leur accordant des distinctions purement honnorifiques.

BLETTEURS.

Memoire pour les bletteurs de Montpellier.

Les bletteurs de la ville de Montpellier ont l'honneur d'observer que depuis quelques années seulement ils sont compris dans les impositions de la ville & participent aux frais de milice pour des sommes considerables & bien au dessus de celles qu'ils devroient supporter eu egard au travail qu'ils font. En consequence ils demandent de n'etre plus compris dans la repartition des impositions de la ville ni de participer au payement des fraix de milice, & en tout evenement que le nombre des bletteurs qui se trouve de cinq soit & demeure fixé pour toujours à cinq & que ce nombre ne puisse jamais etre augmenté afin que chaqu'un d'eux puisse gagner sa vie en travaillant, & supporter la taxe qui sera jettée sur eux annuellement, laquelle ne pourra etre si considerable que celles qu'ils supportent parce qu'elle est excessive & n'est pas proportionnée au travail qu'ils font. Marcelon, Baroun, François Christol (*signé*).

BOUCHONNIERS.

Cayer des doléances que les fabriquands bouchonniers de la ville de Montpellier ont déliberées pour etre jointes au cayer général de la sénéchaussée.

Pour favoriser les fabriques de France le liege venant de Catalogne ne devroit point payer de droits d'entrée en France ainsi que de sortie pour l'etranger; le gouvernement doit considerer que les droits quoique petits qui se perçoivent sur cette marchandise sont cause que les trois quarts & demi des bouchons qui se consomment en France sont fabriqués chés l'etranger, ce qui occasionne un prejudice notable à l'industrie nationnale puisque cette fabrique seroit dans le cas d'occuper cinq cents individus de plus qui seroient assurés d'une subsistance honneste ; quant aux droits que paye cette ditte marchandise qui est d'une tres mediocre valeur celle qui seroit fabriquée en France devroit jouir du privilege d'etre exempte de droits dans la circulation qu'elle feroit dans le cas de faire dans le royaume & l'étranger & celle venant de l'etranger seroit assujetie aux droits ordinaires. Nous croyons qu'il y a assés de partialité dans la presente demande pour qu'on y ait egard puisqu'elle ne tend qu'à la prosperité de l'etat en elevant son industrie au detriment de nos voisins.

BOULANGERS.

Doleances du corps des maitres boulangers & fourniers de la ville de Montpellier en Languedoc pour y statuer en l'assemblée des etats généraux qui doit se tenir à Versailles le 27 avril 1789.

Les doleances & reclamations dudit corps des maitres boulangers & fourniers portent sur trois objets seulement, auxquels il est très aisé d'aporter remède.

Premierement ce corps composé d'environ cent membres se trouve compris au rolle du vingtieme pour une somme d'environ quinze cens livres. Cet impot exhorbitant par sa nature se trouve l'estre encore plus pour ce corps, attendu qu'il est plus considérable qu'il ne convient de l'etre dans cette ville, puisque 50 boulangers suffiroient bien pour trente cinq mille ames que cette ville contient, de maniere que l'industrie de ce grand nombre d'artisans est tellement divisée qu'on ne peut vivre dans cette profession ; combien de personnes n'a t'on pas vu l'abandonner après même s'y etre ruinés ou mal fait leurs affaires ? Il conviendroit de moderer cet impot vis à vis de ce corps afin que chaque individu soit moins pressé par cette charge.

Secondement il s'agit d'un droit de farine qu'on paye à chaque porte de ville indistinctement sur tous les sacs de farine qui y entrent; ce droit est un droit de ville & remis à un fermier qui en fait la perception pour une compagnie qui ne parait jamais ; ce droit fut suprimé il y a quelques années, mais il fut bientot remis par la faveur que le fermier eut auprès des grands de la province qui la gouvernent, qui au moyen d'un arrêt du conseil en fit renaitre la perception; cet impot est de 4 sols six deniers sur chaque sac de farine de poids de 150 liv. poids de marc.

Il s'agit egalement d'un second droit qu'on perçoit sur tous les bleds, autres grains de toutes especes, legumes, farines, chataignes, &c. Ce second droit est appellé droit de coupe qui consiste au soixante quatrieme de la chose, ce droit est un droit de seigneur etabli par une concession de 1139, soutenue par differents arrets du parlement de Grenoble de 1663 & 1668 en faveur de monsieur le president de Solas.

Lors de son origine ce droit ne se percevoit qu'à l'orgerie ou halle de cette ville ; c'étoit un droit de néant estimé six cens cinquante livres, affermé par divers beaux publics soixante livres ; aujourdhuy & par abus la perception de ce droit se fait aux portes de la ville ; il n'y a que les grains du crû qui en soient exempts ; le crû n'en fournit que peu, tout au plus pour subsistanter laditte ville deux mois de l'année ; le sol y est fort aride & par consequent peu fertile ; etant donc obligés, pour pourvoir à la subsistance de Montpellier pour les dix mois restants de l'année, il faut avoir recours dans le haut Languedoc & autres endroits ; le commerce pourvoit à cette subsistance par des bleds etrangers; on peut donc imaginer jusqu'où porte ce soixante quatrieme de la chose ; ce droit reuni donc à celui perçu sur la farine etablit le prix du bled fort haut & en consequence le prix du pain est chargé d'autant de tous ces fraix de manutention ; ce n'est donc point ici une charge pour les boulangers, mais neanmoins il convient à ce corps de faire connoitre : que ces deux droits operent une augmentation ou rencherissement sur le prix du pain, en tout tems, d'un denier par livre de 16 onces petit poids; que cette ville n'etant pas abondante en grains paye plus cher cette denrée transportée, par ses fraix propres de port, par les benefices de commerce ; que dans des circonstances le peuple dans cette ville s'y souleve plus qu'ailleurs, non seulement dans le cas de disette, mais encore dans celui de la cherté du pain, à moins que le corps des boulangers ne souscrivent à faire des sacrifices demandés, ou forcés par les grands qui sont les premiers à craindre le soulevement du peuple ; qu'à raison de ce danger les boulangers dont la profession est la plus utile sont continuellement obligés à poursuivre des condamnations en dommage contre leurs propres juges, interessés dans la chose des deux cottés, condamnation toujours trop tardive, & dans laquelle on ne recouvre jamais la proportion du dommage ; que d'autre part & dans le tems de la cherté du pain, le peuple soulevé ne menage point le boulanger dans sa propre demeure, en consequence il seroit de toute convenance de suprimer les deux droits qui portent sur l'article de premiere nécessité.

Celui etabli sur la farine à 4 s. 6 d. par sac au proffit de la ville de Montpellier peut sans aucune difficulté etre suprimé, & si cette ville a des besoins particuliers elle peut se refaire d'ailleurs.

Celui de coupe qui enleve le 64e de tous les grains, farines, legumes, &c., est d'abord un droit de surcharge, qui auroit dû etre aneanti il y a longtems (qu'on le considere); on l'a assés combattu, mais la dame de Grave, actuellement proprietaire & soutenue par toutes sortes de voyes a trouvé le moyen de conserver ce droit ; il en existe un aussi de l'aneantir, c'est de payer à cette dame son titre de proprieté, de le surpayer s'il le faut pour souftraire une ville entiere à un droit vraiment de furcharge; la ville de Montpellier peut fans aucune difficulté faire un tel remboursement; alors ces deux droits fuprimés procureront fur le prix du pain une modération constante; dans le tems de cherté le peuple fera plus secouru, le calme peut regner dans des circonstances où il ne regne pas; ces objets meritent donc la plus grande attention pour une ville qui jouit deja dans la France d'une reputation favorable.

Troisiemement enfin, le corps des boulangers & fourniers de cette ville trop confiderable il y a longtems, croit devoir reprefenter que mal à propos il a été distribué à Paris des lettres de maitrise à certaines perfonnes qui ont ouvert boutique fans l'agrement du corps, fans lui payer le tribut porté par les ordonnances; que tout ce qui est corps chargé de dettes, impofitions & autres charges, ayant fait payer à chaque individu qui le compofent ce qu'il convient pour foutenir les charges générales il resulte que chaque corps ne doit en aucune maniere etre forcé de recevoir aucun fujet dans fon fein qu'autant qu'il donne preuve d'aprentiffage, preuve de bonne vie & mœurs, preuve de connoiffance d'art & faire enfin chef d'œuvre aprouvé par le corps où il aspire d'entrer; qu'il est meme revoltant quant on est au della d'un nombre suffisant dans une ville pour faire telle fourniture quelconque, de voir indistinctement toute perfonne ouvrir boutique au moyen des lettres patentes livrées ou vendues par des perfonnes en place à Paris; de pareilles lettres font autant des prejudices pour le corps à leurs droits & privileges; d'ailleurs il est affés qu'il y ait des reglemens qui obligent les boulangers à recevoir dans leur fein tout fujet qui a fervi en qualité de garçon boulanger aux hopitaux generaux l'efpace de fix années, fans exiger le moindre tribut, ainfi que cella fe pratique dans ladite ville de Montpellier; le corps donc des maitres boulangers & fourniers efpere que nofseigneurs des etats généraux les maintiendront dans tous leurs privileges quelconques, qu'on ne pourra lever boutique de cette profession dans cette ville où l'on fait corps, qu'autant que les afpirans y fubiront les examens & regles portées par les ordonnances & payeront le tribut convenable, & qui y est conforme.

CAFETIERS-LIMONADIERS.

Doléances à joindre ou à confentir dans le cahier de l'affemblée generale de la fenechauffée de Montpellier par le député de la corporation des cafetiers limonadiers de cette ville.

Maintenir le roy dans tous les droits, pouvoirs & prerogatives de la couronne, droits que nous regardons comme facrés, imprefcriptibles & inalienables, pour le maintien defquels nous fommes prets à facrifier nos biens & nos vies.

Repartition generale de tous les impots fuportés egalement par tous les ordres en raifon de ce qu'ils procedent.

Supreffion de la taille à laquelle on fupleera par l'impot territorial en nature comme plus jufte, plus raifonable, n'affujetiffant que celuy qui recolte & en raison de ce qu'il perçoit, ce que ne fait point la taille qui pefe egalement & fur celuy qui recueille & fur celuy qui ne recueille rien, parce que fon champ eft en friche ou que la grelle ou l'intamperie des fefons ont detruit fes efperances.

Supreffion de la gabelle, comme impot injufte par fon inegalité, puifque partout le prix de cette danrée n'eft pas le meme & comme pefant beaucoup plus fur le peuple & principalement fur les abitans des campagnes, relativement à leurs troupeaux, fens lefquels faute d'angrais ils n'obtiendroit point de recoltes & pour lefquels le fel qu'ils font obligés de leur donner au moins une fois chaque mois fait plus que doubler leurs tailles au prix actuel de cette danrée & fi faute de moyens ils s'abftienent de leur en donner la cantité abfolument neffefaire, la perte devient bien plus funefte pour eux puifque la mortalité devafte leurs troupaux & trompe leur efperance & toute leurs reffources.

Suprimer toutes les banalités des fours & des moulins à blé & à huille.

Suprimer les milices pour n'etre plus recrées; le roy ne manquera jamais de foldats qu'il fe procurera à prix d'argent. Il faut luy donner les moyens d'avoir tous ceux qui luy feront neffefaires, l'impot fera payé par tous & ne fera plus ruineux pour les campagnes qu'elles depeuplent ni pour les artifents qu'elles ruinent.

Suprimer tout ce qui tient à l'ancienne feodalité; rompre les chaines de la glebe & des mains mortables; que tout homme foit libre ainfi que l'air qui l'environne.

Suprimer & abroger pour toujours par des moyens juftes tous les droits etablis aux antrées des villes connus fous la denomination de droits de coupe, de minage & autres droits qui ne portent que fur les claffes indigentes & principalement fur les pauvres cultivateurs de la campagne qui etant forcés pour payer leurs impofitions de venir vendre leur blé dès l'avoir recolté payent le droit en entrant dans la ville & deux mois apres font obligés de venir acheter ou du pain ou du plus mauvais blé que celuy qu'ils ont eté forcés de vendre pour fournir à leur fubfiftance & à celle de leur famille, payent encore fur le prix qu'on leur vand une feconde fois ce droit de coupe qu'ils n'auroient point payé du tout s'ils avoient eu affés de facultés pour garder de fa recolte ce qu'il faloit pour la fubfiftance de fa fammille.

Supreffion de toutes les maitrifes, comme contraires aux progrets de l'induftrie, puifque le plus habille des ouvriers fera exclu de pouvoir exercer fa profession pour fon compte s'il na une fomme qu'on rend tous les jours plus confiderable par les acceffoires qu'on y ajoute afaim déloigner un plus grand nombre d'individus qui auroit fait l'honneur des arts & metiers où ils fe feroient incorporés.

Que tous les corps foient obligés de ce liquider en rembourçant ce qu'ils doivent dans un temps plus ou moins eloigné; mais fixe & de rigeur & qu'il ne leur foit plus permis d'emprunter fous aucun pretexte. On evitera par ce moyen une foule de proces injuftes qui les devorent & les ruinent & qu'ils n'auroient point fait s'il avoit faleu fortir de fa poche de quoy fournir aux frais.

Le roy par fes lettres patentes du 5 janvier enregiftrées au parlement le 16 ayant nommé un nombre de magiſtrats à l'effet de s'occuper des moyens d'abreger les longueurs & de diminuer les fraix des procedures civiles & criminelles, il ſera tres humblement & tres reſpectueuſement ſuplié de ne point permettre que l'atante de ſes peuples ſoit fruſtrée à cet egard.

Supreſſion de la diſme ſur les agneaux & ſur la toiſon des moutons, etant injuſte qu'on la perçoive ſur les objets ſans leſquels le cultivateur n'obtiendroit aucune recolte. Le decimateur y perdra moins qu'il ne panſe, puiſque celuy la entretenant de plus nombreux troupeaux qui fourniſſant une plus grande abondance d'amendements aux champs leur procurera de plus abondantes recoltes qui le dedomagera avec abondance des ſacrifices qu'on les aura forcés de faire. Il en ſera de meme de la diſme ſur les fourages qui ſervent à la nouriture des beſtiaux qui cultivent nos champs n'eſt il pas de la plus grande injuſtice de la percevoir?

Le roy ſera tres humblement & tres reſpectueuſement ſuplié de corriger les abus qui peuvent s'etre introduits dans l'adminiſtration de ſa province du Languedoc, d'en changer meme tout le regime s'il eſt neſſeſſaire, ſens alterer aucun de nos droits ni privileges & de rendre ſurtout la repreſentation des trois ordres libre : que chaque ordre y ſoit repreſenté plainement ; que la repreſentation du tiers etat ſoit elue librement ; qu'elle y ſoit au moins en nombre egal à celuy des deux autres ordres reuniſ; qu'il ni ait point de voix caduques parmi le tiers etat ; que l'aſſamblée des etats n'ait lieu que tous les trois aſaim de diminuer les fraix qui doivent etre neſſeſſairement augmentés par un plus grand nombre d'individus qu'il convient qu'il y ait dans chaque ordre à cette aſſamblée, aſaim que les campagnes, ſoit par leurs curés, ſoit par leurs conſeuls, y ſoit mieux repreſentées qu'elles ne l'ont eté juſqu'a preſent

Ampliation de pouvoir aux maires &' conſeuls des principales villes pour juger ſans apel juſques à la ſomne de 50 liv.

Ampliation de pouvoir à toutes les juridictions conſulaires de la bource de juger au ſouverain & ſens apel juſques à la ſomme de 2,500 liv.

CARTES ET CARTONS (fabricants de).

Doléances pour le corps des fabricants de cartes & cartons de la ville de Montpellier.

Demander la ſupreſſion de dix ſols pour livre ſur le droit exorbitant des cartes à jouer par la grande diminution qu'il a produit.

Supprimer les droits ſur les papiers & cartons comme onereux, deſtructifs pour les fabriques & incompatibles avec leurs operations.

Supprimer les viſites domiciliaires de cette foule d'emploiés dont l'eſprit de vexation & de tirannie n'a point de frein & expoſe tous les jours les citoyens les plus honnettes à des procès ruineux.

Demander que les fabriques des cartons en provinces ſoient au niveau de celles de la capitale, comme ſujets du meme ſouverain & payant les memes charges, ſans que le regiſſeur puiſſe lui en faire un crime pour y pretendre ; qu'il ſoit rendu bonne & prompte juſtice à cet egard à nombre de fabricans des provinces en inſtance actuellement au conſeil du roi.

CHAPELIERS.

Plaintes & doléances du corps des chapelliers de la ville de Montpellier.

Invittés par le meilleur des roix à porter auz pieds du trone nos vœux & nos ſupplications, nous nous empreſſons de ſatisfaire à cette invitation bienfaiſante.

Le corps des chapelliers gemit depuis longtems ſous le poid d'un fardeau immenſe.

Les charges qu'il eſt obligé de payer annuellement s'elevent à plus de 760 liv. & pour ſupporter un faix ſi conſiderable a peine ſont ils quatre ou cinq maitres.

Ce corps uni jadis aux bonnetiers & boutonniers, ſe trouve reduit aujourd'huy aux ſeuls chapelliers, ceſ autres artiſans ce ſont ſeparés d'eux & ils exercent leur induſtrie ſans contribuer aux charges du corps auquel ils etoient originairement joints.

Cette diviſion a concentré les depenſes & les charges & leur repartition bornée à un très petit nombre de membres eſt devenue preſque inſupportable.

D'autre part une foule d'ouvriers vont s'etablir hors la ville & là franchis de toutte contribution, ayant la faculté meme de travailler ſans lettres de maitriſe, ils portent ainſi un double prejudice au corps.

Enfin & dans des tems deja eloignés le corps des chapeliers fut obligé de ſoutenir divers procès ſoit au parlement, ſoit au conſeil, contre les fabricants d'alors qui cherchoient à s'afranchir des charges du corps, procès qui occaſionnerent des depenſes & des dettes pour leſquelles on eſt encore obligé de payer de gros intérêts.

Dans ces circonſtances le corps des chapelliers malgré ſon induſtrioſité activité & les ſoins extremes qu'il ſe donne, ne pourroit ſubvenir à payer les charges dont il eſt grevé ſi l'on ne le maintient dans touts ſes privileges, s'il n'a ſurtout la faculté de travailler excluſivement & de s'oppoſer à ce que les particuliers aillent s'etablir aux portes de la ville, ce qui lui porte un prejudice inapreciable.

Les chapelliers eſperent avec confiance que dans ces moments de zele & de patriotiſme où tout s'exite à l'envi à retablir l'ordre primitif & à extirper les abus, on accueillera la reclamation d'un corps qui inviolablement attaché au ſouverain & à la nation, n'a d'autres ſentimens que l'amour de la patrie, la gloire du meilleur des rois & la felicité publique.

Afin que les reclamations du corps puiſſent recevoir la ſanction de l'aſſemblée des etats generaux il prie MM. les deputés de la ville de les porter à l'aſſemblée de la ſenechauſſée & d'avoir ſoin de les faire inſerer dans le cahier qui doit y etre fait pour eſtre porté aux etats generaux en y joignant les boutonniers & bonnetiers dont ils faiſoient membre y devant en ne faiſant qu'un ſeul corps.

CHAUDRONNIERS.

Mémoire ſommaire pour les maitres chauderonniers de la ville de Montpellier.

Le corps des maitres chauderonniers eſt autoriſé par des ſtatuts à travailler de l'art de ſon metier, il paye des interets, le vingtieme, l'induſtrie & autres charges ; cependant il voit des particuliers qui courent de ville en ville qui font presque tout l'ouvrage au prejudice du corps des maitres chauderonniers ; le public est lezé par les mauvais chauderons qu'ils fabriquent : ils trompent tous ceux qui ont pour eux quelque confiance & principalement les paysans qui habitent les campagnes situées aux environs de la ville auxquels ils vendent très souvent du fer pour du cuivre, ils ne suivent aucune regle lorsqu'ils etament les uftancilles de cuisine, ces etameures sont toujours mauvaises parce qu'ils les font avec du mauvais plomb, tandis qu'elles devroient etre faittes avec de l'etain de la premiere qualité.

Ces chauderonniers ambulans ne payent aucune charge ils n'arrentent point de boutique : ce sont de simples individus qui n'ont point de famille, qui ne forment aucun etablissement. Lorsqu'on procede à des saizies les fraix que le corps est obligé de faire pour parvenir à la confiscation absorbent au dela de la valeur des objets saizis ; lorsqu'on intente contr'eux une action ils abandonnent la ville de Montpellier & sçavent se soustraire par ce moyen aux peines qu'ils ont encouru.

Ce n'est pas le seul inconvenient qu'on eprouve. Comme il y a aux environs de la ville de Montpellier des lieux privilegiés tels que Boutonnet, & les fauxbourgs appellés de la part antique, ils vont y faire leurs residences ; c'est là que sans aucune gêne ils fabriquent une grande quantité d'uftancilles qu'ils vendent non seulement dans la ville mais dans tous les villages circonvoisins, de sorte qu'ils portent le plus grand prejudice au corps des chauderonniers à qui ils enlevent tout leur travail ; les mauvaises etameures qu'ils font portent prejudice au public parce que le plomb dont ils se servent & les ingrediens dont ils font usage developant le vert de gris du cuivre & le faisant sortir avec plus de facilité il arrive souvent que de familles entieres sont empoisonnées & cet empoisonnement ne provient que du mauvais etamage.

Le corps des chauderonniers etabli dans la ville de Montpellier reclame de la bonté de Sa Majesté de vouloir bien faire deffenses à tous etrangers qui ne feront point de leur corps de vendre & de fabriquer des chauderons & autres uftancilles relatives à leur mettier dans le terroir & taillable de la ville de Montpellier, qu'il soit fait deffenses aux chauderonniers ambulans de travailler dans les endroits privilegiés tels que Boutonnet, la part antique, & autres lieux ; de leur permettre d'y faire les saizies qu'ils ont droit de faire dans la ville.

En faisant cette reclamation le corps des maitres chauderonniers n'a en vue que le bien & lavantage du public parceque faute d'avoir des connoissances de leur art ils achetent des uftancilles de cuisine mal fabriquées & surtout mal etamées dont ils ne decouvrent souvent le vice que lorsqu'ils se font empoisonnés.

Le meme corps desireroit encore quon fît cesser la corporation & la confrerie des garçons chauderonniers connus sous la denomination du devoir, les maitres sont non seulement sous leur dependance ; mais ils font encore la loi à tous ceux qui veulent arreter leurs entreprises : ils s'égorgent entr'eux en plein jour ; les habitans de Montpellier sont la victime de leurs rixes.

Pour faire cesser ces confreries & associations il faudroit leur deffendre de s'assembler entr'eux, davoir un pere & une mere qui leur fournit du vin où ils vont se rendre pour faire leurs complots.

On reclameroit que sa majesté voulut bien lorsqu'ils ont fait quelque assassinat de faire juger en dernier ressort par le presidial ou par la prevoté afin qu'on en fît une prompte justice & que l'exemple de ceux qu'on puniroit intimidat à l'avenir ceux qui voudroient les imiter.

Ce second objet concerne tous les arts & mettiers en general ; ils doivent se joindre pour faire les memes reclamations ; comme le bien public y est interessé le corps des chauderonniers espere que sa majesté voudra bien le prendre en consideration.

Chirurgiens.

Observations du college de chirurgie de Montpellier.

Personne n'ignore que les chirurgiens de Montpellier se sont occupés dans tous les temps à enseigner la chirurgie & à former des eleves qui ont porté les secours de cet art dans toutes les parties du monde.

Les avantages de l'etablissement d'un amphitheatre public, ne se bornent point à former des chirurgiens, la ville participe à cet avantage par le grand nombre d'etudiants qui viennent y etudier les principes.

C'est donc pour soulager l'humanité souffrante & pour repondre aux vues du createur de St Cosme de Montpellier, que les membres du college ont contribué jusques icy à des depenses excessives pour l'entretien & la reparation urgente de l'edifice de St Cosmes, depenses auxquelles ils se virent forcés de renoncer attendu qu'elles deviennent de plus en plus considerables, puisque cet edifice qui auroit dû durer à perpetuité se trouve sur le point de s'ecrouler par une suitte de la mauvaise construction, en sorte qu'on est obligé d'interrompre le cours des leçons dans le temps de pluies ou des grands froids ne pouvant parvenir à se mettre à l'abri des intemperies de la saison.

Le college des chirurgiens reclame de la justice du roy & de l'attention de M^{rs} les deputés aux etats generaux qu'on sollicite les reparations necessaires pour le college & le remboursement des sommes que les chirurgiens ont employées pour cet etablissement dont ils peuvent fournir la preuve.

Cordonniers et Savetiers.

Memoire pour les deputés du corps des maitres cordonniers & savetiers de Montpellier.

Depuis l'edit du mois d'août 1759 qui etablit un droit de marque sur les cuirs & peaux tannés cette marchandise de premiere necessité a augmenté de plus du double de valeur, ce qui est un prejudice tres considerable pour le public.

Cette augmentation provient principalement de la grande quantité qu'on en exporte hors du royaume ; à la sortie le roy rembourse les deux tiers du droit de marque, les negotians se contentent de ce remboursement pour leur benefice, en sorte que les cuirs & peaux se vendent au meme prix dans le païs etranger qu'en France.

De là il s'en suit qu'on en fait sortir une grande

quantité, que le prix en augmente à proportion de l'exportation, & il y a meme à craindre qu'il ne manque pour le fervice du public.

Il ne faut pas donc etre furpris fi le prix des fouliers & des autres objets où on employe les cuirs & peaux augmente, puifque cette marchandife devient de jour en jour plus rare.

Il paroit donc qu'il conviendroit de fupplier Sa Majefté de deffendre le rembourfement de la portion du droit de marque des cuirs ou peaux tannés à la fortie du royaume afin qu'il y eut une egalité parfaite entre les cuirs & peaux, qui s'employent en France & ceux qu'on tranfporte dans le pays etranger ou qu'on en deffendit la fortie jufqu'à ce que cette marchandife fut à un prix raifonnable & qu'elle fut fufifante pour le fervice du public.

Couteliers.

Cahier des doleances du corps des maitres coutteliers de Montpellier.

Un gouvernement fage & eclairé a banni le regne de l'illufion & des preftiges. Le roi veut en ce jour faire eclater les droits de l'eternelle vérité; il invite tous les ordres des citoyens à porter aux pieds de fon throne le fujet de leur doleance provoquée dans l'amertume des douleurs par le pere des peuples.

Il ne veut plus de ces doleances qu'une province riche dans l'ordre ecclefiaftique & de la nobleffe offre annuellement à Sa Majefté tandis que l'artifte gémit dans fa mauvaife boutique avec le refte du tiers etat qui languit dans fa chaumiere. Il invoque les malheureux qu'il veut rendre heureux, & c'eft en ce jour où plus jaloux du bonheur de fes peuples que de fa gloire, il a banni des environs de fon throne cette foule d'adulateurs pour s'affocier des miniftres vertueux qui l'entretiennent continuellement du malheur de fes peuples.

C'eft donc autant pour les rendre heureux que pour leur faire juftice qu'il demande à chacun de fes fujets les motifs de leur reclamation, & c'eft pour y parvenir que le corps des maitres couttelliers de cette ville expofe à l'affemblée les juftes motifs qui le neceffitent à lui offrir fes doleances pour les faire metre fous les yeux du roi.

Article premier. — Le corps des maitres coutteliers paye annuellement une fomme de 189 liv. d'interets pour differents emprunts faits pour le compte de Sa Majefté. Ces emprunts n'ont été faits que fous la promeffe facrée du fouverain que le corps jouiroit à jamais de l'execution du privilege conftitutif de leur ftatut; cependant par un abus intolerable il s'eft elevé dans cette ville une foule de remouleurs forains qui en roullant la ville portent un prejudice notable au corps en lui enlevant la majeure partie de fon travail.

Article deux. — A la fuite du premier article de doleance s'en prefente un fecond non moins fenfible. Les bijoutiers & colporteurs tiennent dans leurs boutiques des ouvrages de coutellerie de toute efpece, & portent par là un tres grand prejudice puifqu'ils fe procurent des marchandifes qui achetées à vil prix parcequ'elles font fabriquées par des artiftes alleges des contributions que les corps payent, n'etant attachés à aucun, neceffitent par la les maitres à perdre tandis que les bijoutiers & colporteurs gagnent ; que cette doleance fera d'autant plus fenfible que ces vendeurs attachés à un fimple corps de commerce ne contribuent que pour une foible taxe d'induftrie, tandis que les maitres fuportent de groffes charges & de gros interets.

Article troifieme. — Que ce n'eft pas le tout, qu'outre ces demandes auffi juftes que fondées fur la loy de la raifon, il eft un chef de reclamation qui ne doit point etre meconnu de Sa Majefté; il confifte à demander de plus fort l'execution des loix conftitutionnelles de ce corps, que fi le roi n'a jamais accordé des graces au prejudice d'un tiers il devroit auffi ordonner que les remouleurs qui habitent la ville & qui profeffent en diminutif les mêmes ouvrages, fuffent tenus à leur tour de contribuer à toutes les charges, parcequ'il paroitroit hors de propos de foutenir que celui qui utilife fon talent par une profeffion fit tous les proffits tandis qu'en portant un prejudice réel à fon concitoyen celui ci payat en feul les charges communes.

Telles font les doleances du corps des maitres coutteliers de cette ville : ils ne fe feront point un merite de rapeller les emprunts qu'ils ont faits dans tous les tems pour le bien de l'etat. Sujets fideles ils font confifter leur gloire & leur bonheur à fe montrer bons citoyens, ils demandent l'execution ou l'acte de leur ftatut, & un foulagement dans la repartition des impofitions; c'eft dans ce moment pretieux où la nation affemblée jugera de la proprieté & du droit des gens que corps reclame par la fanction publique en faveur de fes doleances.

Couvertures (fabricants de).

Les fouffignés députés du corps des fabriquants de couvertures de Montpellier, pour obeir aux ordres du roy & feconder autant qu'il eft en eux fes bienfaifantes vues, penfent que le premier objet dont la nation s'occupera doit etre de confacrer & de tranfmettre à la pofterité par un monument durable l'amour du prince envers fon peuple, & l'amour du peuple envers fon roy.

L'on elevera pour cet effet à Paris fur le Pont Neuf en face de la ftatue d'Henry quatre, celle de Louis feize; l'on placera en pied, à coté de Henry, celle de Sully, & à coté de celle de Louis la ftatue de M. Necker.

Celle de Louis, au lieu de fnations enchainées, fera entourée de Français qui auront à leurs pieds mille fiers brifés & epars, leurs vifages riants & tournés tous vers leur roy, ils montreront aux paffants, de leur main droite, l'infcription fuivante : ILLE DEUS NOBIS HÆC OTIA FECIT.

Après avoir obtenu de Sa Majefté la permiffion de réalifer le plutôt poffible cette idée ou toute autre à peu près femblable ou meilleure, aux fraix feuls de ceux qui favent aimer la patrie & leur roy, l'on propofera les objets fuivants :

Que l'impot fur le fel foit, non pas modifié, non pas diminué, mais aboli, anathématifé, profcrit à perpetuité comme l'affaffin de l'agriculture dans fon germe, dans les principes de vie ; le produit de cet impot fera remplacé par un impot fur les domeftiques males, fur les chevaux & les caroffes de maitre, &c., &c., &c., en un mot fur les grands objets de luxe.

L'impot fur les cuirs (fi l'on penfe qu'il doive être continué) ne fera plus perçu de la maniere horrible d'aujourd'huy.

Le traité de commerce avec l'Angleterre, tout onereux qu'il eft, doit être continué jufques à fa fin; les promeffes des roys doivent être facrées; mais le domage que ce traité nous caufe fera confiderablement diminué fi l'on fupplie Sa Majefté d'ordonner que tout ce qui fera employé dans fa maifon & celle de la reyne foit national, & qu'elle regarde d'un moins bon œuil tous ceux qui fe conduiroient par d'autres principes. Chacun connoît le pouvoir de l'exemple.

Tout le monde fçait le bien que fait dans la capitale la caiffe d'efcompte, l'on penfe qu'il ferait tres utile de former dans les principales villes de commerce de pareils etabliffements dont l'effet inévitable ferait une diminution confiderable pour l'interet de l'argent; & alors la nation qui fans doute fe chargera de la dette actuelle de l'Etat, trouveroit, à un taux plus bas, de quoi rembourfer les emprunts les plus onéreux.

L'on demandera la liberté pleniere pour le commerce du Levant & pour tout autre fans aucune exception.

L'on doit auffi demander la diminution des fraix & droits de l'amirauté. Lors des nauffrages des batiments il arrive toujours qu'elle abforbe le produit des marchandifes fauvées.

A l'inftar de la Hollande l'on etablira dans toutes les communautés du royaume des juges de paix, choifis par les habitants; leur falaire fera la gloire d'être utile.

Les procès entre negociants font toujours mieux jugés par leurs pairs. L'on doit demander que la fouveraineté des juridictions confulaires reçoive une augmentation proportionnelle à celle qu'on a accordé aux prefidiaux.

Toutes les douanes du royaume à l'exception de celle de la capitale feront renvoyées aux frontieres afin que les marchandifes puiffent circuler librement fans fubir aucun droit ni vifite.

A l'exception des quatre grandes feftivités & des dimanches, tous les autres jours de l'année feront ou pourront être confacrés au travail.

La liberté eft l'ame du commerce; il parcourt l'univers fuyant les lieux de l'oppreffion; d'après ce principe on doit demander la fupreffion de tous les infpecteurs des manufactures & des plombs inutiles, les confommateurs font les meilleurs infpecteurs. Pontier, Granier.

Draps (tondeurs de).

Le corps des maitres tondeurs & appretteurs de draps de la ville de Montpellier demandent aux Etats generaux du royaume affemblés l'abolition du droit fur les cartons fervant à leur ufage par la raifon que les matieres qui fervent à leur fabrication l'ont deja payé foit en papier, foit en cartes, & ils ne reclament point fur les deux derniers objets attendu qu'il eft jufte.

2° Demandent l'abolition de toute efpece d'affociations denommée Devoir.

3° Protection du commerce.

Quatrefages, P. Reynes, Reynes, Fulliad, Viffeq, Noel Aubaric, findic, Dur.

Ebenistes.

Meffieurs, les fabriquants de meubles furnommés ebéniftres ont l'honneur de prefenter à vos yeux que depuis plufieurs années ils fe font apperçus que plufieurs marchands bijoutiers diftribuant & vendant dans leur boutique quantité de meubles de ebenifterie, lefquels marchands font faire chez eux par nos ouvriers, ce qui nous porte un tort confiderable, vu que la grande quantité de meubles qu'ils font faire & qu'ils débittent nous ôte toute efpoir, fubchargé du faix penible des impots, auquel nous fommes accablés, & que l'on nomme induftrie, ces mêmes marchands par le grand débit qu'ils font des meubles en ebenifterie, & par l'opulence de leur bien, leur donne toute facilité à nous enlever & nous ravir nos meilleurs ouvriers, par le prix fuperieur qu'ils leur donnent, & que fi nous voulons avoir des ouvriers, il nous faut donner un pris tel que les marchands, ce qui nous met tout à fait hors d'etat de gagner la moindre chofe fur nos ouvrages & par conféquent nous empeche à payer les droits accoutumés, le debit que les marchands font des marchandifes de bijouterie, quincaillerie, leurs empeche de s'appercevoir de la perte qu'ils peuvent faire fur l'ebenifterie & fur le tort qu'ils font aux ebeniftres, c'eft fur cette article où il faut jetter les yeux & porter une oreille attentive. Nous tous ebeniftres de cette ville avons remis le prefent cayer entre les mains du député de notre part, afin qu'il vous foit remis & nous efperons qu'il fera defliberée en notre faveur.

Fait à notre affemblée chez le fr Duprée, ebeniftre, le 9me jour du mois de mars de l'année 1789.

Ferblantiers-Plombiers.

Plaintes & doléances du corps des plombiers & ferblantiers de la ville de Montpellier.

Invités par le meilleur des rois à faire connoitre les maux qui nous accablent & à propofer à l'affemblée de la nation les moyens d'y remedier, pleins de refpect & de reconnoiffance, nous nous empreffons de repondre à cette bienfaifante invitation.

Le corps des ferblantiers & plombiers eft peut etre le moins nombreux & cependant il n'y en a pas qui fupporte plus de charges que lui.

Il fut taxé dans les derniers tems pour les befoins de l'Etat; tantot pour le joyeux evenement à la couronne; tantot pour des offices d'infpecteur & de controleur qui devoient les exempter de la milice, de la tutelle, curatelle & autres charges.

Cependant le corps y a toujours refté foumis, il a été même dans la néceffité de faire des emprunts & de contracter des dettes confiderables, foit pour fournir aux taxes royalles, foit pour exempter fes ouvriers de la milice.

D'autre part les vingtiemes & les autres charges perfonnelles fe font fucceffivement fi augmentées & font devenues fi pefantes, que certains membres du corps dans l'impuiffance d'y fatisfaire, ont été dans la dure néceffité de quitter leur patrie & de porter ailleurs leur induftrie & leur talent.

Suivant les privileges du corps, il eft defendu à toutes perfonnes de vendre publiquement ou fecretement aucune efpece d'ouvrage relatif au metier des ferblantiers & plombiers.

Cependant cette partie effentielle de leurs droits eft conftamment violée, les colporteurs, bijoutiers, marchands & autres perfonnes, vendent journellement leur marchandife & les gens qui travaillent dans les endroits privilegiés font prefque tout l'ouvrage du dehors.

De maniere que les maitres du corps qui feuls payent les charges font prefque uniquement employés à planter des goutieres, travail perilleux & infufifant d'ailleurs pour fubvenir aux befoins de leurs familles & à l'acquit des charges.

Enfin les ferblantiers ont la douleur de voir taxer leurs ouvrages & leur travail par des etrangers, tandis que leurs reglements, autorifés par des arrêts du confeil, donnent aux feuls confuls du corps, le droit de faire cette fixation, ce qui eft d'ailleurs d'une juftice évidente.

Ils demandent donc que leurs privileges foient maintenus dans toute leur etendue & toute leur integritté & qu'ils ayent feuls la faculté de fabriquer, vendre & debiter les ouvrages relatifs à leur art & metier.

Ils demandent encore qu'en conformité des reglements & des arrets du confeil leurs confuls ayent feuls la faculté & le droit de regler & taxer les ouvrages du corps à l'exclufion de tous autres.

Quel moment plus favorable à leur reclamation, que celui où le fouverain manifefte les vues les plus bienfaifantes & permet à tous les citoyens de depofer au pied du trône leurs vœux & leurs fuplications.

Le corps des ferblantiers & plombiers plein de patriotifme & de zele partage les fentiments qui animent tous les François & ne refpire que l'amour de la patrie, la gloire du meilleur des roix & la felicité publique.

Afin que leurs réclamations puiffent recevoir la fanction de l'affemblée des états généraux, ils prient MM. les deputés de la ville à l'affemblée de la fénéchauffée, & d'avoir foin de les faire inferer dans le cahier qui doit y être fait pour être porté aux états généraux.

FONDEURS.

Memoire fommaire pour les maitres fondeurs de la ville de Montpellier.

Le corps des maitres fondeurs eft autorifé par des ftatuts à travailler de l'art de la fonderie dans la ville de Montpellier, il paye des interets confiderables pour des emprunts que fes predeceffeurs ont fait; il paye encore le vingtieme, l'induftrie & autres charges; cependant il ne peut pas jouir paifiblement du droit qu'il a de travailler de fon mettier. Des particuliers qui courent de ville en ville & qui forment autant de fondeurs ambulants viennent momentanément s'etablir dans la ville de Montpellier, y font prefque tout l'ouvrage au prejudice des maitres fondeurs, le public eft lezé par la mauvaife befogne qu'ils fabriquent; ils trompent tous ceux qui ont pour eux quelque confiance; lorfqu'on leur donne des uftancilles à fouder ils ne fuivent aucune regle & les foudures font toujours mauvaifes parcequ'ils les font avec du plomb & qui ne s'allie point au metail; ils enlevent en raclant les uftancilles la moitié de la matiere qu'ils s'approprient fous le pretexte qu'il faut s'en prendre de cette maniere pour fixer la foudure; le bon marché fait qu'on a recours à eux de preference & qu'on abandonne les boutiques des maitres fondeurs.

Ces garçons ambulants ne payent aucune charge, ils n'arrentent point de boutique; ils n'ont point de famille; n'ayant aucun etabliffement; lorfqu'on procede à des faizies les fraix qu'on fait pour parvenir à la confifcation abforbent au dela de la valeur des objets faizis; ils difparoiffent toujours ou bien etant logez à l'ordonnance ce feroit en vain qu'on les feroit condamner à l'amende.

Ce n'eft pas encore le feul inconvenient qu'on eprouve; comme il y a aux environs de la ville de Montpellier des lieux privilegiés ils vont s'y confiner; ils forment plufieurs bandes d'où ils inondent toute la ville de Montpellier d'uftancilles de menage mal fabriqués; ils vont de village en village tromper les paifans; toutes leurs manœuvres portent le plus grand prejudice au public.

Le corps des fondeurs etabli dans la ville de Montpellier reclame de la bonté de Sa Majefté de vouloir bien faire deffenfes à tous etrangers qui ne feront point de leurs corps de fabriquer & de vendre des uftancilles relatives à la fonderie dans le terroir & taillable de la ville de Montpellier, fans pouvoir travailler dans les endroits privilégiés, & leur permettre d'y faire les faizies qu'ils ont droit de faire dans la ville.

En faifant cette reclamation le corps des maitres fondeurs n'a en vue que le bien & l'avantage des habitans parceque faute d'avoir des connoiffances de leur art ils achetent les marchandifes mal fabriquées dont ils ne decouvrent le vice que lorfqu'on les fait fervir aux ufages pour lefquelles elles paroiffent deftinées.

FRIPIERS-CHAUSSETIERS.

Doléances & réclamations du corps des marchands frippiers & chauffetiers de Montpellier.

Nous etions enfevelis dans un océan de maux, lorfque le plus jufte & le plus bienfaifant des rois nous a invités à les faire connoitre à l'augufte affemblée des etats generaux & à lui offrir les moyens qui pouvoient être neceffaires pour les extirper.

En confequence de cette invitation qui ne ceffera d'être gravée dans nôtre efprit, nous expoferons en premier lieu que des ftatuts homologués par le parlement nous ont tranfmis, dépuis nôtre creation, le droit inconteftable de travailler de toute efpèce d'étoffes, fans prendre de mefure & d'en livrer la vente au hazard.

Ce commerce utile à la claffe la plus indigente & la plus precieufe à l'etat, a été traverfé depuis trop long tems par une foule d'hommes qui fous la protection de quelques magiftrats inferieurs, & moyenant une modique fomme dont ils profitent, travaille & vend journellement la plus grande partie des marchandifes.

Il eft fans doute aifé de preffentir tout le prejudice que cette foule d'hommes porte en enfreignant les loix du fouverain; elle ne nous ravit point feulement les moyens que nous devrions néceffairement puifer dans notre etat, pour fournir à nôtre fubfiftance, ainfi que celle de nos femmes

& de nos enfans : il eſt encore certain qu'elle ne craint point de prendre des marchandiſes ſouvent défectueuſes, & de tromper ainſi preſque toujours la trop grande credulité des artiſans & des malheureux habitans des campagnes.

Nous jouirons ſans doute bientôt des droits excluſifs qui nous ſont dûs, s'il plait au légiſlateur de prohiber à tous magiſtrats de permettre à qui que ce ſoit, de travailler de nôtre mettier, s'il ne s'eſt conformé ponctuellement à toutes les diſpoſitions de nos ſtatuts.

En ſecond lieu, nous expoſerons qu'il y a environ ſeize années que le roi créa huit lettres de maîtriſe dans tous les corps des arts & métiers & que dans nôtre corps ces lettres furent achetées par des juifs, par une fatalité inconcevable M. le juge mage a reçu maitres ſans la participation du corps & de ſon autorité privée deux enfants ſoi diſant de ces mêmes juifs.

Il ſeroit ſouverainement injuſte que cette confuſion ſubſiſtât plus longtems : l'être ſuprême dans la creation de la nature, voulut expreſſément que cette race fut renfermée dans un certain territoire & lui deffendit deſe communiquer en aucune maniere avec les autres nations.

Il n'eſt perſonne qui ne porte dans ſon cœur la conviction du mal que le peuple juif fait dans tout l'univers ; nous avons la douleur d'en voir tous les jours parmi nous ruiner des malheureux payſans.

Ils ne ſont pas les ſeules victimes de leur cupidité ; le commerce de tous les membres du corps a diminué à un ſi grand point, depuis l'étrange introduction des juifs qu'ils ſe verroient bientot contraints de l'abandonner pour jamais, ſi on ne leur tendoit une main ſecourable & ſi on ne ſecondoit leurs vœux.

Par un abus criant, les enfants de ces juifs, ont après leur trepas, les mêmes privileges & les mêmes droits que nous, & ſans doute il pourroit arriver un jour que ces membres infectaſſent tout le corps de leur religion, bien oppoſée à celle qui domine dans l'etat quoiqu'un evenement auſſi ſiniſtre ne ſoit point encore ſurvenu.

Par toutes ces conſiderations également puiſſantes nous demandons avec la derniere inſtance d'être ſéparés entierement des juifs, ſous l'offre que nous faiſons de leur rembourſer ſans aucun délai le montant de leur finance.

Toutes nos doléances, toutes nos reclamations portent manifeſtement ſur leur front le dernier ſceau de la juſtice.

Afin qu'elles puiſſent recevoir la ſanction de l'auguſte aſſemblée des etats generaux, nous ſupplions meſſieurs les députés de la ville de les porter à l'aſſemblée de la ſénéchauſſée, & d'avoir ſoin de les faire inſerer dans le cayer qui doit y être fait, pour être préſenté aux etats generaux.

Bonhomme, F. Gimon, Edmond Gayraud, doyen; B. Sarran, Mathieu Gairal, Laurant Berraud (ſignés).

Comme député du corps des maitres fripiers à l'aſſamblée de doleance & ayant ouy lecture de toutes les remontrances faites par le tiers etat & ayant etudié dans tous les cahiers de doléance une marque eſſentielle que tous les membres qui la compoſent remontrant par leurs intereſt propres des objections qui ne tendent qua l'aventage d'un chacun ayant obmis le ſoulagement le plus eſſentiel que c'eſt celuy de procurer à leſtat lutilité des recompenſes qui doivent eſtre admis & aux valeureux combatans qui etant dans la vivacité d'un ſang pur & fougueux vont pour deffendre ſa patrie & en ſupportent tout le poids, leur valeur ſy extreme les porte juſques au point de leur caducité, infirmité ou bleſſure (sic).

GANTIERS-PARFUMEURS.

Situation, plaintes & doléances du corps des marchands & maitres gantiers-parfumeurs de Montpellier en Languedoc.

Par des abus & des anticipations ſur les droits & ſur les ſtatuts dudit corps regiſtrés au parlement de Touloufe, les maitres qui jadis etoint au nombre de huit à dix ſe trouvent aujourdhui réduits à deux ſeulement qui en forment l'entiere incorporation, l'un nommé Jean Baptiſte Lajeune, l'autre Pierre Trouchet ; le premier a été reçu en 1762, le ſecond en 1777.

Ils ſont tenus de payer annuellement 91 liv. 6 s. 3 d. d'interet à 4 pour cent pour un capital à rente conſtituée emprunté par leurs predeceſſeurs ſavoir :

En 1720 des ſieurs Chaubel & Garel au nom du corps. 2,100
En 1741, autre emprunt fait ſous le nom dud. corps par les ſieurs Filhon & Galabert. 850
Total 2,950

Ces 91 liv. 6 s. 3 d. ſont reparties les trois quarts ſur le ſr Lajeune ſindic & le quart reſtant ſur le ſr Trouchet, ainſi convenu amiablement entr'eux parce que ce dernier n'a pas le moyen de tenir des ouvriers ny boutique ouverte & que le travail de ſes mains ſuffit à ſa conſommation journaliere.

Les liqueuriſtes de Montpellier au nombre de trente perſonnes tenant magaſin comme le font les dts Lajeune & Trouchet s'arrogent le titre de parfumeurs ſans etre reçus maitres ; ils vendent toutes ſortes de gans de peau & fabriquent les parfums ſans payer aucun interet ny participer à aucune charge ou contribution envers le corps des maitres gantiers dont ils découragent l'emulation, arrachent le benefice par leur contravention aux ſtatuts & reglemens des arts & métiers qui circonſcrivent chaque individu dans ſon talent & dans les bornes de ſon etat.

Et par une multiplicité d'abus & de deſordres, les bijoutiers, modiſtes & autres marchands détailleurs de la même ville font venir de Grenoble & d'ailleurs & revendent au public toutes ſortes de gans de peau, ce qui arrache à l'induſtrie, à l'aliment & au travail des expoſans, les reſſources qui leur etoient reſervées par leurs ſtatuts & par les loix qui leur étoient ſi pretieuſes.

A ces cauſes, il plaira à noſſeigneurs des etats generaux de vouloir bien intereſſer la bonté paternelle & la juſtice ſupreme de notre auguſte monarque afin qu'il ſoit dit & ordonné par un reglement que tous les liqueuriſtes occupés à Montpellier à la preparation & compoſition des parfums, contribueront en proportion aux interets & autres charges du corps des maîtres gantiers parfumeurs de la même ville. Et faire très expresses inhibitions & deffenses à toutes personnes, nottamment aux marchands detailleurs en tout genre de s'immiscer au commerce, vente & distribution d'aucuns gans de peau à peine de cinq cens livres d'amende & de confiscation des d^ts gans & ferés justice.

P^re Trouchet, J. B^te Lajeune ainé, sindic.

HUISSIERS.

Cayer des doleances pour le corps & communauté des huissiers au bureau des finances & domaines du roy en la generalité de Montpellier.

D'autant que la grande facilité qu'on a trouvé aux parties casuelles du roy de lever des offices d'huissiers au dela du nombre qu'exige la dignité & le service des cours & sieges, surtout pour des juridictions privilegiées comme les consulats, amirautés, chatelainies, eaux & forets, hôtel des monnoyes, traites, gabelles & bureaux de police comm'aussi des archers, gardes en la connetablie la faculté qu'ont les grands maitres des eaux & forets de commetre par commission aux fonctions d'huissiers & gardes bois, huissiers collecteurs des amendes près les maitrises particulieres, tous lesquels officiers & commissionnaires ne trouveroient point le moyen de vivre dans leur etat s'ils etoient adstraints à n'exploiter que les actes relatifs aux juridictions auxquelles ils sont immatriculés, enfin la tollerence des cours & sieges que les huissiers bannerets exploitent certains actes etrangers à leurs juridictions & hors de leurs etendues contre les deffences portées par des arrets de reglement de 1648 & 1651 & enfin le nombre d'exploitans s'est multiplié à tel point qu'ils ne peuvent plus vivre dans leur etat, ce qui en expose plusieurs à la tentation de commettre des infidelités & des extortions qui ruinent en grand nombre des parties & decrient généralement cet état.

C'est pourquoy il conviendroit de suplier le roy de reduire & fixer invariablement le nombre des huissiers près les cours souveraines, bureaux des finances, bailliages & senechausées, amirautés, chatelainies, sieges des eaux & forets, juridictions consulaires, relativement à la dignité de ces cours & sieges & au besoin du service.

Qu'advenant vacance d'aucun desdits offices, soit par mort, demission ou autrement, tous les offices surnumeraires seront & demeureront suprimés sans qu'ils puissent etre retablis, ni recréés, auquel effet qu'il ne sera pourvu à aucun desdits offices que sur les certificats des gens de S. M. portant que la reduction a eté operée.

De suprimer aussi par mort, demission, ou autrement, les offices d'huissiers aux hotels des monnoyes, traites, gabelles, bureaux de police & généralement tous les offices d'huissiers non pourvus par Sa Majesté, à la charge par les huissiers des cours souveraines, bureaux des finances & senechaux de faire exclusivement le service aupres des juridictions qui ressortissant devant elles & par ceux des senechaussées de le faire aupres des hôtels des monnoyes & bureaux de police, le tout dans le lieu de la sceance.

De suprimer pareillement par mort, demission ou autrement les offices d'huissiers & archers gardes en la conetablie, sauf à faire faire le service aupres des lieutenants des marechaux de France par les bas-officiers de la marechaussée.

Et pour faire fonds au remboursement des offices suprimés il plaira au roy ordonner qu'il sera reservé aux bureaux des controlles dans la provinces sur les emolumens des huissiers royaux un sol pour chaque exploit qu'ils auront delivré pour des parties civiles sans qu'ils puissent le faire suporter auxdites parties.

Faire deffences aux porteurs des commissions du grand maitre des eaux & forets d'exercer les fonctions des gardes huissiers collecteurs des amendes & de faire d'autres exploits que ceux relatifs au fait de leur commission, à peine de nullité, cassation & de repondre des domages & interets des parties.

Faire deffences à tous seigneurs justiciers de tenir dans leurs juridictions au dela d'un baile pour faire les exploits qui emanent de leur juridiction & dans leur arrondissement.

Comm'aussi à tous huissiers bannerets d'exploiter actes etrangers à leurs juridictions & hors l'etendue dicelles ainsi porté par arret du parlement de Toulouse de 1651.

Faire deffences à tous huissiers de faire aucun acte ni exploit hors de l'etendue de leurs senechaussées & dans leur ressort ainsi porté par l'arret du conseil de 1648 à peine de nullité & cassation.

Plaira à S. M. faire deffence à tous huissiers royaux de faire remetre ni porter aucunes copies tant à la ville qu'à la campagne par aucunes personnes qui n'auroint ni titre ni pouvoir à peine de nullité & d'etre poursuivis par le siege à qui sera attribué la connoissance.

Enjoindre aux cours & juges de prononcer d'office sur lesdites nullités & sur la requisition faite par les parties avec deffence de statuer sur les exploits inducement faits par les commissionnaires des eaux & forets & tous autres huissiers bannerets.

Et enfin pour que le service du public se fasse à moins de frais possibles il plaira à S. M. former des arrondissements dans lesquels il seroit etabli tel nombre d'huissiers royaux qu'il seroit jugé convenable avec injonction di resider sans en desemparer, à peine d'amende, même d'interdiction.

Permetre aux huissiers des cours & sieges excedant le nombre determiné de si etablir à la charge par eux de faire leurs declarations & soumissions au greffe desdites cours & sieges où ils feront immatriculés.

Fait par nous soussignés dans la salle d'audience dudit bureau des finances & domaines du roy, ce 11e mars 1789.

Doleances & reclamations des huissiers au seneschal & siege presidial de Montpellier, petit scel royal y reuny.

Il est des hommes nés pour epuiser l'acharnement du malheur, nous en faisions la triste experience, lorsque nous avons eté invités par un roy aussi juste que bien faisant à faire connoître à l'auguste assemblée des etats generaux, souhaitée depuis longtems avec la plus vive ardeur, les abus qui pouvoient nous grever & à luy offrir les moyens neceffaires à leur reformation.

Pour remplir le vœu de cette invitation à laquelle nous ne cefferons de payer le plus grand tribut de reconnoiffance, nous expoferons d'abord qu'au mépris des loix les plus facrées, il a été créé dans le reffort de la fenefchauffée de Montpellier, une des moins confiderables du royaume, une quantité confiderable d'huiffiers bannerets appellés anciennement bailles, tous illiterés & fachant à peine figner leur nom.

Quoiqu'ils ne payent point comme nous un office des provifions de centieme denier, quoiqu'ils ne faffent point, comme nous, le fervice pénible du tribunal, nous avons la douleur de leur voir faire tous les jours la plus grande partie des actes qui en emanent, ne craignant ni de nous reduire à un etat de mifere, ni de payer & garantir aucune violation, puifque toute leur proprieté confifte dans des lettres qui font toutes arrachées aux feigneurs par l'importunité.

Nous expoferons en fecond lieu, que les huiffiers bannerets ne font point les feuls qui nous portent une atteinte confiderable, en franchiffant les bornes du territoire de leur juridiction.

On voit tous les jours fe meler dans l'exploitation des actes qui emanent de notre fenefchauffée fans diminuer le poids de notre fervice, non plus que les interets des capitaux, que nos precedeceffeurs ont eté forcés d'emprunter pour l'acquit des impofitions royales, dix huiffiers de la cour des aydes, cinq des treforiers de France, quatre de la bource, trois de la maitrife des eaux & forets, qui n'ont ny provifions ni lettres du grand fceau, trois archers gardes de la connetablie, un de la monnoye, un des traites, un foidifant huiffier du chatelet refidant à Lunel, un de Sommieres, où la cour royalle a été fupriméé.

C'eft une verité dont le temoignage eft gravé dans tous les cœurs que chaque citoyen doit puifer dans fon etat les moyens de fubvenir à fa necefité & à celle de fa famille, hé? combien il doit être aifé, d'après le narré fincere qui vient d'être fait, de juger qu'il eft abfolument impoffible qu'il refte aux huiffiers du fenefchal, qui font au nombre de treize dans leur petit reffort, une quantité fuffifante d'actes pour gagner leur vie, ainfi que celle de leur femme & de leurs enfans.

Tous les abus enormes feront bientot anneantis, bientot nous jouirons de toutte l'exploitation du fenefchal, fur lefquels nos provifions nous donnent un droit exclufif, s'il plait au legiflateur de prohiber aux controlleurs & à leurs commis, de controller aucun exploit qui ne fera point figné par un huiffier du fenechal & prefidial dans les affaires emanant de ce fiege, aux juges royaux de prononcer d'appointemens & aux greffiers de les expedier, à peine d'interdiction, de prife à partie & de tous depens, domages & interets.

En troifieme lieu, nous expoferons, qu'il eft fi neceffaire & fi inftant, que tous les huiffiers fe renferment dans les bornes de leur juridiction, que malgré que le reffort du fenefchal foit infiniment refferré, on a trop depuis longtems attribué les caufes d'environ une vingtaine de villes qui en dependent evidamment aux fenechaux de Nifmes & de Beziers.

Toutes les reclamations, toutes les doléances des huiffiers du fenefchal & prefidial de Montpellier, petit fcel royal y reuny portent fur leur front le fceau de la juftice.

Afin qu'elles puiffent recevoir la fanction de l'augufte affemblée des etats generaux, ils prient avec inftance meffieurs les deputés de la ville de les porter à l'affemblée de la fenechauffée & d'avoir foin de les faire inferer, dans le cahier, qui doit y etre fait, pour etre prefenté aux etats generaux.

Maçons.

Le corps des maitres maçons de Montpellier defire que le cahier des doleances de la ville foit chargé des articles ci-après :

1° Que tous les citoyens indiftinctement contribuent à toutes les charges foit royales ou locales & que la repartition en foit faitte eu egard aux facultés de chacun ;

2° Ce corps eft formé de jurande depuis plufieurs fiecles ; nul ne peut etre reçû maitre fans avoir fait preuve de fon aptitude ; l'interet particulier des citoyens & la feureté publique exigent que le maitre maçon foit inftruit des connoiffances de fon art.

Nul autre que le roy ne peut faire des maitres, cependant Mad⁺ de Grave, Mad⁺ Dalco & M. de Boutonnet qui ont leur jurridiction aux portes de la ville & qui embraffent quatre fauxbourgs fe font arrogés le privilege de faire travailler dans leur jurridiction des artifans qui ne font membres d'aucun corps & par ce moyen les maitres font privés d'un travail que nul autre qu'eux ne devroit faire, auffi la plupart d'entr'eux font ils reduits à l'indigence.

Dans les befoins de l'etat le gouvernement a exigé certaines fommes de differentes corporations de cette ville : il a falu emprunter & les feuls maitres contribuent au payement des interets ainfi qu'aux charges des villes tandis que leur travail eft fuit par des ouvriers qui ne contribuent à aucunes charges.

Tous les privileges font oppreffifs ; celui ci l'eft pour le corps des maçons comme citoyens & formant une corporation legale. Ils ont droit d'attendre que le cahier fera chargé de leur reclamation pour y etre ftatué à l'affemblée des etats generaux & qu'à cet effet MM. les deputés de la ville infifteront pour que cet article foit porté fur le cahier de doleances de la fenechauffée.

Mangonniers.

Cahier de doleances, remontrances & inftructions que le corps des mangoniers de la ville de Montpellier a chargé fes députés de porter à l'affemblée du tiers etat de laditte ville.

Le corps des mangoniers affemblé en confequance de la lettre ecritte au prevot dudit corps le deuxieme mars 1789 de la part de meffieurs les officiers municipaux de laditte ville declare que pour la formation du cahier general des doleances adreffées par la communauté il s'en remet au zelle & aux lumieres de meffieurs les deputés des differantes corporations qui compoferont l'affemblée generalle du tiers etat de laditte communauté quant à ce qui concerne les objets generaux à remontrer aux etats de la nation.

Que fi l'affemblée de la communauté trouve bon de s'occuper de quelques objets particuliers, le corps des mangoniers penfe & charge fpecialement fes deputés de reprefenter à ladite affemblée qu'elle doit inferer dans le cahier de fes doleances que les deputés de la fenechauffée doivent faire touts leurs efforts pour qu'il foit determiné que toute entrave qui gene le comerce, en arrete l'activité & en retarde les progrets foit totalement aneantie.

Ainfy que toute levée de droits royaux, feigneuriaux, ou tout autre fous quelque nom que la levée en foit faitte fur les objets de comerce tels par exemple que la coupe qui fe leve à Montpellier fur touts les grains, graines, farine, legumes, les droits de fubvention qui fe perfoivent fur les fucres, caffés, favons & le droit ou legaffieu qui fe leve fur les graiffes que les mangoniers, fabriquants de chandelles de fuif font forcés de porter à la maifon du Legaffieu pour y etre fondues ; ces droits font d'autant plus onereux à la comunauté qu'ils obftruent une grande partie du comerce de cette ville.

L'uniffornité du poids & des mefures dans tout le royaume paroit devoir etre une demande qu'on ne doit point negliger d'incerer dans le cahier des doleances, comme auffy l'anneantiffement de ces compagnons foi difant du devoir, ou gavots, qui par leur animofité entre eux expofent les citoyens à recevoir dans les rues, dans leurs maifons même, des coups de mort, l'exemple de leurs excès intolerables eft trop frequent dans cette ville & dans la fenechauffée même, pour ne pas s'empreffer de prendre tout moyen propre à detruire un pareil abus.

Médecins.

Les medecins de Montpellier, toujours attentifs & occupés des vûes du bien public & en même tems pour foutenir la reputation que leur ecole s'eft acquife, prient meffieurs les deputés de charger les cayers des doleances de la demande de la formation d'un college d'agregation (dont jouiffent non feulement toutes les grandes villes du royaume, mais encore plufieurs d'un ordre bien inferieur à celle de Montpellier) qui peut leur donner une confiftance plus reelle & maintenir cette gloire que la pratique de la medecine de cette ville s'eft acquife depuis tant de fiecles. Cette affociation feroit le moyen le plus efficace & le plus propre à perfectionner l'exercice de la medecine par les reglemens qui feroient dreffés pour l'obfervation d'une difcipline exacte propre à prevoir & corriger les abus qui pourroient fe gliffer dans une profeffion où une legere faute peut coutter la vie à des citoyens : les preuves de pratique qu'on exigeroit des jeunes medecins raffureroit le public fur les craintes des premieres tentatives fouvent dangereufes dans l'art de guerir.

L'honeteté, la juftice, la charité dicteroient les reglemens à propofer & à obferver, foutiendroient en même tems l'union & la concorde dans une profeffion où ces qualités font fi neceffaires, furtout dans la confultation.

Nous demandons encore unanimement que toutes les chaires vacquantes par le deces ou demiffion de quelque profeffeur en medecine foient toujours mifes au concours & données à remplir par ceux qui dans la difpute auroient donné les plus grandes preuves de cette capacité neceffaire pour inftruire des eleves.

Les medecins de Montpellier ofent attendre de la bienfaifance du monarque dont les vûes paternelles luy font chercher fous les moyens poffibles de rendre fes fujets heureux qu'il voudra bien fe pretter à tout ce qui peut contribuer à leur confervation & maintenir ceux qui font chargés par etat de l'exercice d'une profeffion auffi utile & auffi honnorable que la medecine dans la jouiffance des prerogatives des droits & des privileges que les roys de France leur ont conftamment accordé depuis qu'ils font parvenus à la fouveraineté de Montpellier.

Menuisiers.

Memoire pour les deputés du corps des m^{es} menuifiers & charpentiers de Montpellier.

Perfonne n'ignore les differentes difputes qui s'elevent journellement entre les differentes affociations des compagnons des metiers, les meurtres & les excès qui en refultent, ce qui porte un prejudice très confiderable aux maitres, aux chefs des familles, à leurs enfants & au public, il conviendroit de fupplier fa majefté de faire ceffer fes affociations dans tout le royaume fous quelque denomination qu'elles fuffent afin que la paix & la concorde reignant entre les compagnons, qu'ils n'euffent d'autre occupation que leur travail, que les fils de maitre puffent voyager en fureté & fe perfectionner dans les arts & metiers qu'ils ont embraffés fans expofer leur vie.

Il feroit encore très avantageux pour les arts & metiers, même pour l'agriculture de fupprimer le tirage demandé des milices par fort ; il vaudroit mieux qu'elles fuffent converties en un payement en argent, auquel feroient foumis ceux qui font fujets à la milice.

La population eft affés confiderable dans ce royaume pour qu'on trouve le nombre des foldats neceffaire pour le fervice du roy pourvû qu'on eut de quoi payer les engagements au moyen des fommes qu'on retireroit de ceux qui font fujets à la milice le roy n'auroit que des hommes de bonne volonté, & les jeunes gens qui s'adonnent aux arts & metiers & les agriculteurs ne feroient point obligés de fervir malgré eux & s'addonneroient encore mieux à leur profeffion.

Orfevrerie.

ART. 1er. — D'autant que l'exercice de l'orfevrerie peut egalement prejudicier au roi & à la chofe publique lorfqu'il eft étendu fur un nombre exceffif des perfonnes, ainfi que s'en expliquait Henri II à l'art. 3 d'un edit du mois de mars 1554 ; qu'en confequence l'art. 1er des ftatuts de la communauté des maitres orfevres de Montpellier de l'année 1739 en fixe le nombre à douze, non compris les atteliers des veuves, la ville n'en comportant pas davantage ; que cependant on accorde facilement au confeil des arrets portant etabliffement des maitrifes furnumeraires, ce qui prejudicie notablement aux maitres, jufques là qu'il y en a eu plusieurs, tant de fixes, que des surnumeraires, qui ont été réduits, fermer leurs atteliers & à quitter la ville, même le royaume.

La communauté des orfevres propose de supplier le roi d'ordonner qu'à l'avenir il ne sera plus accordé en son conseil aucun arret portant etablissement de maitrises surnumeraires à Montpellier, même avec la spectative de remplir les premieres places vacantes, & si aucuns en etoient accordés par surprise, importunité ou faveur, que la cour & juges gardes en l'hotel des monnoyes, ne pourront y avoir aucun egard, admettre les porteurs desdits arrets au serment, ni leur donner aucuns poinçons de maitrise.

ART. 2. — Et comme n'he declaration du roi du 26 octobre 1782 il est permis aux maitres orfevres de changer leur domicile & d'exercer leur art hors des lieux pour lesquels ils ont été reçus avec la permission de S. M., ce qui produit les memes inconveniens. Il seroit consequent de supplier S. M. de revoquer ladite declaration, & en consequence de faire deffenses aux maitres orfevres d'exercer leur art & ouvrir des atteliers hors les villes & lieux pour lesquels ils ont été reçus; sauf à eux à y travailler comme compagnons, & impetrer les places qui viendroient à vacquer, dans d'autres communautés, s'ils y ont droit d'après leurs statuts & reglemens.

ART. 3. — Attendu que par l'article 9 du reglement general il est fait deffenses à tous marchands artisans de quelque etat ou condition qu'ils soient ou autres que les maitres orfevres & leurs veuves, de faire aucun commerce de marchandises d'orfevrerie du poinçon de Paris, à peine de confiscation & de 1,000 liv. d'amende; que l'article suivant n'excepte que les marchands merciers, pour les ouvrages venant d'Allemagne & autres pais etrangers, à la charge par eux de les declarer des leur arrivée à la jurande des maitres orfevres & de les faire revetir d'un poinçon particulier, que ces deffenses sont renouvellées par l'art. 17 des statuts des maitres orfevres de Montpellier; cependant les marchands merciers & bijoutiers de ladite ville font venir de gros ouvrages au poinçon de Paris & autres villes du royaume qui leur sont prohibés, les vendent ainsi que ceux venus des pays etrangers, les seuls qui leur soient permis, sans avoir declaré ceux-ci à la jurande des maitres orfevres & les avoir faits revetir du poinçon particulier; ils achettent & revendent des vieux ouvrages concurremment avec les colporteurs, revendeurs & révendereſſes, avec les juifs surtout, qui font souvent sortir les matieres du royaume, ce qui cause un prejudice notable aux maitres orfevres, compromet la sureté publique, à raison des choses volées que les orfevres sont dans l'obligation & dans l'usage de retenir, soit qu'elles leur ayent été recommandées, soit qu'elles portent avec elles le plus leger caractere de suspicion, soit enfin qu'elles soient presentées par des personnes suspectes.

Pour obvier à tous ces abus il conviendroit de supplier le roi de renouveller les dispositions des reglemens & statuts à raison de ce, & en consequence de faire deffenses à toutes personnes, autres que les maitres orfevres & leurs veuves, de faire commerce des ouvrages d'orfevrerie; sauf aux marchands merciers, ayant publiquement boutique ouverte, à vendre des ouvrages venus d'Allemagne & autres pays etrangers seulement, à la charge par eux de les declarer à la jurande des maitres orfevres, & de les faire revetir d'un poinçon particulier à peine de confiscation & de l'amende.

ART. 4. — Et d'autant que l'exercice de l'orfevrerie est fort traversée par la regie du droit de marque sur les ouvrages d'or & d'argent, que les ouvriers sont souvent distraits de leurs occupations par les frequentes visites des comis, & les maitres molestés à raison de contraventions specieuses, comme retard dans l'enregistrement des vieux ouvrages qui leur sont donnés à reparer ou pour modeles, imperfections de ces enregistremens, oubli ou retard dans leur cancelation, surprise de vieux ouvrages à etre fondus au moment meme de l'achat & avant qu'ils n'aient pu les difformer, sans qu'on ait jamais surpris en fraude les maitres orfevres de Montpellier ni qu'on les ait suspectés d'avoir des faux poinçons; qu'un abbonnement de ces droits, ainsi qu'il avoit lieu avant l'etablissement de la regie, en meme tems qu'il assureroit la tranquilité d'une classe de citoyens qui n'ont pas demerité, procureroit au roi une economie dans les fraix de recouvrement & rendroit une infinité d'individus à l'agriculture, aux arts & aux armes.

Il conviendroit de supplier Sa Majesté d'abonner le droit de marque sur les ouvrages d'or & d'argent de fabrique nationale, dans tout le royaume, sur le pied d'une année commune resultante des produits de la regie.

PEINTRES-VITRIERS.

Cahier des doleances & remonstrances du corps des maitres vitriers & peintres, de la ville de Montpellier.

Le bonheur du peuple & la prosperité de l'etat faisant l'unique objet de l'occupation des sujets de Sa Majesté aux prochains etats generaux, le corps des maitres vitriers & peintres de la ville de Montpellier, se felicite de pouvoir en cette occasion elever ses vœux, & ses desirs jusques au pied du throne.

Il le fait avec d'autant plus de securité, que Sa Majesté toujours insaciable de son amour pour son peuple & penetré de la consternation où le plonge les malheurs de l'etat, ne cherche qu'à le secourir en voulant tout à la fois proscrire l'ambition des uns & la foiblesse des autres.

Rien ne paroit donc plus propre pour parvenir à ce but salutaire.

1° Que la suppression des etats actuels de cette province comme vicieux dans leur constitution & abusif dans leur administration.

Mais en même temps la reconstituer sous une forme representative & elective des trois ordres de cette province.

Car Sa Majesté en faisant demander à sa province de Languedoc des redevances & autres prestations annuelles prouve incontestablement que la concession en est du moins une formalité necessaire.

Or cette concession etant à la charge des sujets

de la province, elle ne peut, & ne doit etre accordée que par eux ou par leurs mandataires exprès & directs.

Sans cela que deviendroit la loy du contract; qu'un titre vain & illusoire, si d'un côté Sa Majesté en demandant l'impôt, constituoit de l'autre ceux qui doivent le conceder.

Mêmes motifs, & mêmes objets à reformer & à etablir, dans les administrations diocezaines ;

2° Qu'une melioration dans lordre de la justice sur tout dans les fraix du procès, droit de controlle, de greffe, ces derniers droits sont à un point que 3 liv. de pieces coutent 3 liv. 8 s. de droit; c'est un exemple vray & qui ammene aux autres.

L'institution presidialle est sans contredit une institution salutaire, elle raproche les justiciables, surtout si leurs pouvoirs etoient ampliés, mais aussy rien n'est plus inutile dans cette branche d'administration que la formalité des jugements de competence ; elle amene tout à la fois & des longueurs & des plus grands frais, car on a peine à croire, quoy que vray, que pour un jugement presidial par defaut, il faut quatre fois au moins faire exploiter l'assigné en sa personne ou domicile.

Il faudroit donc, en attendant qu'un code general eut simplifié la procedure & fait ressortir de nouveau l'avantage de l'institution presidialle, qu'une declaration legistative n'en determinât la competence en dernier ressort que par la nature de la demande ou le taux en principal de la somme demandée & supprimât par là les jugements de competence ;

3° Que l'abolition de toutes ces especes de confederations & assemblées illicites, sous le titre vulgaire des compagnons du devoir, Gavots, Devorants, &c.

La ville de Montpellier est une de celles ou ces assemblées sont le plus de tumulte & occasionnent le plus de troubles, au point le plus souvent que les citoyens ne sont pas en sureté.

Il faudroit donc, ce semble, que Sa Majesté voulut bien declarer commun à touts ces compagnons sa declaration du mois de mars 1780 & autres analogues aux attroupements & assemblées, & en outre qu'elle accordat à la cour présidialle de Montpellier la competence de les juger dans tout son ressort, souverainement & en dernier ressort.

Il ne paroit pas de moyens plus propres à maintenir la tranquilité & la sureté publique ;

4° Que la supression des droits qui se perçoivent sur les drogues, sur les verres, qui rendent non seulement la circulation dificile mais en augmentent la valeur d'une maniere excessive.

Le sel devroit aussy être mis en consideration. L'exportation des grains & autres denrées, & s'il falloit qu'ils payassent des droits, ce ne devroit être que pour l'entrée du royaume ; car il est inouï que les droits & douanes se perçoivent dans l'interieur.

Le deputé de notre corps doit donc representer à l'assemblée diocezaine ce qui vient d'etre cy dessus énoncé ; mais encore donner plein pouvoir aux deputés de la sénéchaussée aux etats generaux de metre au pied du throne les reclamations que la bonté du roy voudra bien leur permettre sur tout ce qui peut concerner le besoin de l'etat, la reforme des abus, l'etablissement d'un ordre fixe & durable de toutes les parties de l'administration, & offrir nos biens & nos vies pour l'honneur de la nation & la gloire de notre bon roy.

PERRUQUIERS.

Demande & doleances de la communauté des maitres perruquiers de la ville de Montpellier.

ART. 1er. — Reformer les abus dans les administrations municipales ; que toutes les classes de citoyens soient apelées par députés pour concourir à l'assiette de l'impot, & que les comptes soient rendus publics chaque année ;

2° Repartition egale de l'impot sur tous les ordres de l'etat sans distinction des biens ni des personnes, privileges ou immunités ;

3° Nouvelle constitution des etats de la province de Languedoc sous la forme demandée par les trois ordres des dioceses ;

4° Suplier S. M. d'assurer le retour periodique des etats generaux ;

5° Que les senechaux jugent en dernier ressort toutes les affaires de police des corps des arts & mettiers ;

6° Que la sortie des bestiaux hors du royaume soit defendue ;

7° Reduction dans la gabelle ;

8° S. M. est supliée de ne point créer de nouvelles charges de perruquier, la communauté etant deja trop nombreuse pour la ville & la majeure partie des Mes etant sans ressource ;

9° La conservation de toutes les maitrises contre le sisteme de M. Turgot.

PLATRIERS.

Le corps des maitres platriers de Montpellier desire que le cahier de doleances de la ville soit chargé des articles ci-apres.

1° Que tous les citoyens indistinctement contribuent aux charges soit royales soit locales & que la repartition en soit faitte eu egard aux facultés de chacun.

2° Ce corps formé en jurande depuis plusieurs siecles suporte des charges considerables à raison des emprunts qui ont eté faits pour les besoins de l'Etat.

Nul autre que le roi ne peut faire des maitres, cependant Made de Grave, Made Dalco & Mr de Boutonnet, qui ont leur jurridiction aux portes de la ville & qui embrassent quatre fauxbourgs se sont arrogés le privilege de faire travailler dans leur jurridiction des artisans qui ne sont membres d'aucun corps & par ce moyen les maitres sont privés d'un travail que nul autre qu'eux ne devroit faire ; aussi la plupart d'entr'eux sont ils reduits à l'indigence.

Dans les besoins de l'Etat le gouvernement a exigé certaines sommes de differentes corporations de cette ville : il a falu emprunter & les seuls maitres contribuent au payement des interets ainsi qu'aux charges des villes, tandis que leur travail est fait par des ouvriers qui ne contribuent à aucunes charges.

Tous les privileges sont oppressifs ; celui-ci l'est

pour le corps des platriers. Comme citoyens & formant une corporation légale ils ont droit d'attendre que le cahier sera chargé de leur réclamation pour y etre ftatué à l'affemblée des Etats generaux & qu'à cet effet MM. les députés de la ville infifteront pour que cet article foit porté fur le cahier des doleances de la fenechauffée.

ROULIERS.

Cayer des doléances que les commiffionnaires rouliers de la ville de Montpellier ont délibérées pour être jointes au cayer général de la fenechauffée.

Le commerce dans le royaume eft un objet des plus intereffans puifque par lui tout fleurit ; il merite donc la protection du fouverain & c'eft precifement dans la revolution prefente que tout doit fe reunir pour le foutient du commerce.

Dans le commerce il exifte une branche connue fous le nom de commiffionnaires rouliers & cette branche s'etend généralement fur tout ce qui eft voiturier ; elle eft abfolument effentielle car le roulage fournit tout le tranfport de toutes les marchandifes quelconques, foit dans l'interieur du royaume, foit dans tous les royaumes etrangers & l'on ofe dire que fi le commerce en tout genre s'eft accru en tout points, ce n'eft qu'à la faveur du roulage ; il eft donc affuré que cette branche de commerce doit être favorifée fi regulierement, vu le bien qu'elle procure, & elle ne peut l'etre qu'en la debarraffant des entraves auxquelles elle eft fujette & en lui accordant une pleine & entiere liberté.

Les circonftances prefentes font tres propres pour faire obtenir aux commiffionnaires rouliers de la ville de Montpellier & de la province de Languedoc l'accueil des réclamations qu'ils vont faire à Sa Majefté puifqu'elles n'ont en vue que le bien public, le bien général.

Ces reclamations confiftent : 1° à demander au roi qu'il lui plaife abolir les meffageries de la province de Languedoc, ou pour mieux dire maintenir la province dans fes privileges & arrets rendus par le confeil de Sa Majefté au fujet des meffageries.

Pour établir la juftice de cette reclamation on obferve qu'en l'année 1662, le comte d'Armagnac obtint de feu Louis XIV d'heureufe mémoire le privilege exclufif des meffageries, Les Etats de la province reconnoiffant le préjudice d'un pareil établiffement envers le peuple, forma oppofition à l'enregiftrement de l'edit, & cette oppofition fut accueillie par arret du confeil du 10 février 1687, par lequel les Etats de la province furent fubrogés au privilege du comte d'Armagnac moyennant un capital de 18,000 liv.

En execution de cet arret le comte d'Armagnac reçut lad. fomme & par l'acte qui fut paffé la province fut fubrogée au privilege & faculté dud. comte d'Armagnac, & les Etats furent maintenus dans cette faculté & privilege par lettres patentes du mois de juillet 1687.

Ce privilege cedé à la province moyenant finance n'a été revoqué par aucune loi, & il eft confirmé par l'autorité du fouverain. En 1691 les intereffés à la meffagerie de Paris à Toulouse & les fermiers du comte d'Armagnac voulurent

empecher quelques habitans de cette province de continuer leur route & tranfport de marchandifes jufques à Paris & autres lieux du royaume, il s'eleva à ce fujet une conteftation & elle fut portée devant M. de Bafville lors intendant du Languedoc. Sur cette conteftation il intervint une ordonnance en forme de reglement le 7 decembre de lad. année 1691, qui fit deffenfes aux meffagers & à tous autres ayant droit du comte d'Armagnac de troubler les particuliers dans la liberté d'aller avec leurs voitures foit à Paris ou ailleurs. Les meffagers interjetterent appel de cette ordonnance dans laquelle les Etats de la province etoient intervenus & fur l'appel, arrêt du confeil du 31 août 1695, qui fans s'arrêter à l'intervention du comte d'Armagnac deboute fon fermier avec dépens & en conféquence ordonne l'execution de l'ordonnance de M. de Bafville.

Meme revolution en 1718, autre en 1740 & toujours les meffagers ont été deboutés en préfence des Etats de la province de Languedoc qui a pris le fait & caufe des particuliers notament par arret du confeil de 1741.

On voit donc d'après ce recit que la meffagerie n'eft nullement autorifée par le fouverain & que c'eft par un abus intollerable qu'elle a eu recours, puifqu'il n'y auroit que la province de Languedoc qui pourroit la faire regir en vertu des pouvoirs & privileges à elle accordés par le comte d'Armagnac confirmés & autorifés par le roi.

Mais ces meffageries font elles utiles au public ? Au contraire elles font prejudiciables, elles mettent tout le monde à contribution de cela feul qu'un chacun n'a pas la liberté de recourir ailleurs.

En effet d'après les privileges que les meffageries font valoir en empruntant l'autorité fouveraine, quoiqu'elle ne leur foit point accordée, tout commiffionnaire, roulier, voiturier, &c., ne peuvent fe charger du tranfport d'aucune balle ou ballot au deffous de 50 l. poids de marc, fans être expofés à fe voir faifir non feulement la marchandife mais meme leurs equipages & en outre une amende de 600 liv.

Cette rigueur comme on voit eft des plus violentes & en même tems des plus injuftes parceque pour un modique profit que retirent les voituriers du tranfport d'un ballot ils ne peuvent être foumis à une peine auffi forte ; il fuit donc des evenemens facheux que les voituriers courent, qu'ils font obligés de refufer le tranfport des marchandifes au detriment du bien public, & d'autre part que les particuliers font adftraints ou à ne rien faire voiturer ou à foufcrire aux conditions onnereufes qui leur font impofées par les fermiers des meffageries.

Pour donner un modique apperçu de l'oppreffion qu'occafionnent les meffageries on fe contentera d'obferver qu'un ballot ne pezant que 59 l. petit poids eft tenu de paffer par la meffagerie. Ce ballot qui ne payeroit de Montpellier à Toulouse que 2 liv. de voiture s'il etoit remis à un voiturier ordinaire, paye néanmoins à la meffagerie 8 liv. 17 s. Voila donc une difference fur cette voiture de 6 l. 17 s. On peut juger par conféquent fur ce tableau, ce qu'il doit en couter pour les differentes deftinations. Un ballot deftiné pour Paris ne pezant que 59 l. coute par les rouliers 8 liv. &

par la messagerie 26 liv. 11 s.; l'enormité d'excedent qu'il y a dans une pareille voiture est plus que suffisante pour demontrer l'oppression que le public ressent par les messageries.

Enfin les messageries n'ont aucune utilité pour le public car on n'exporte les marchandises qu'on force de remettre que par des carrosses qui ne sont que 7 à 8 lieues par jour. Or les rouliers mettent plus de vitesse & de celerité dans le transport des marchandises qui leur sont confiées & le particulier y a un double avantage puisque la voiture leur coute une moitié moins.

Il est à désirer pour le bien général que le transport des marchandises soit libre & il doit etre permis à chaque particulier de remettre ses marchandises à qni bon lui semble. Cette faculté qui n'existe pas, met des obstacles au transport des marchandises & dès lors on peut dire avec vérité que les messageries sont au detriment de tout le général & qu'elles sont une veritable inquisition, sur tout si l'on considere que les directeurs ne sont tenus à rien envers le particulier qui leur remet des marchandises, pas même de l'avarie qu'ils peuvent faire ni au tiers de la voiture lorsqu'ils sont du retard, tandis que le pauvre voiturier qui reçoit un prix moindre est encore tenu de l'avarie & du tiers de la voiture lorsqu'il fait seulement par force majeure un seul jour de retard.

Tout concours donc à obtenir l'abolition des messageries que les commissionnaires rouliers reclament d'accord avec tout le commerce, & cette abolition devient plus interessante si l'on fait attention que dans la province il se tient un nombre considerable de foires qui occasionnent un transport immense de toutes sortes de marchandise; mais que les particuliers ne peuvent faire voiturer parce qu'un grand nombre se trouve au dessous du poids de 50 l. & etant pour lors obligés de les remettre aux messageries il payent une voiture tres forte, sans certitude d'etre assurés de recevoir leurs marchandises, attendu qu'il n'y a que deux ou quatre carrosses qui ne partent que deux fois la semaine en sorte que si le particulier manque ce jour, sa marchandise ne part pas & sa vente en est manquée. D'un autre coté on ne doit pas perdre de vue que les messageries n'ont été établies que pour les villes où il n'y a aucuns voituriers. Ors dans la province de Languedoc on n'a pas à craindre cet inconvenient puisqu'il y a un nombre suffisant de voituriers & voiturins qui le plus souvent sont sans travail par la crainte des peines que les directeurs leur font coûrir.

On doit du reste toute protection aux voituriers de cela seul que dans un tems de guerre ils sont exposés à fournir leurs equipages, tandis que les messageries sont exemptes de cet evenement. Pourquoi donc accorder toute faveur aux messageries & toute la peine aux voituriers.

Le second point de reclamation des commissionnaires rouliers consiste à demander au roi la suppression des droits de leudes, peages, fiefs & coupes auxquels presque toutes les marchandises qui se transportent dans l'interieur du royaume sont assujeties.

Cette reclamation est de la plus grande justice; car on ne peut disconvenir que tous ces droits qui sont perçus à plusieurs reprises dans la même route necessitent une augmentation, soit sur la voiture, soit sur les marchandises, ce qui ne retombe uniquement que sur l'acheteur. D'ailleurs si l'on veut remonter à l'etablissement de tous ces droits, on verra par les titres primordiaux, que tel a obtenu le droit de peage sur les marchandises qui passent sur telle route, sous la condition de l'entretien du chemin, cependant les conditions ne sont jamais remplies, parceque depuis un tems immemorial l'entretien des chemins, ponts & chauffées, est à la charge de la province, de maniere que le droit qui est perçu l'est gratuitement & au detriment du particulier; il est donc de l'intérêt général que tous les droits soient abolis, de cela seul qu'ils ne profitent qu'à celui qui les perçoit & qu'il n'en resulte aucun avantage pour le roi.

D'autre part de pareils droits sont veritablement onereux aux voituriers & sont des obstacles au transport des marchandises; onereux aux voituriers parceque dans la plupart des péages ou en perçoit les droits sans fournir de quittances, en sorte que les voituriers pour la plupart du tems ne peuvent s'en faire rembourser. Obstacles ao transport des marchandises parceque les droits se multiplient à un point qu'on prefere les garder. Tous ces inconveniens sont nuisibles au commerce & il est juste de les abolir.

Le 3e point consiste à la suppression des douanes dans l'intérieur du royaume. On ne doit pas croire que cette demande n'interesse que les commissionnaires rouliers & autres voituriers, mais elle interesse en général tout le commerce. La preuve la plus sensible se trouve dans le cayer de doleances de la chambre de commerce, dans lequel ou prouve la justice de cette reclamation à laquelle les commissionnaires se referent pour la justification de leur reclamation.

Le 4e point consiste au renvoi des fermes du roi aux frontieres du royaume; ce point est le vœu général de tous les habitans du royaume & il est juste que le roi y fasse droit, puisqu'il doit en resulter un bien dans tout le commerce; il est en effet onereux qu'une marchandise qui en sortant d'une province & qui a deja payé un droit immense, ne puisse entrer dans une autre sans payer de nouveaux droits qui ne sont cependant qu'une repetition des premiers. Par exemple si une marchandise traverse six provinces, elle paye six droits; or c'est onereux au dela de tout ce qu'il est possible d'imaginer & on sent que tant de droits perçus sans necessité forcent l'augmentation des marchandises & bien souvent on est privé de l'exportation par la raison que les droits sont quelques fois plus considerables que la valeur de la marchandise. La bonté du roi ne peut souffrir plus longtems une pareille perception & tout le commerce qui gemit attend avec confiance l'accueil de cette reclamation.

Le 5e & dernier point consiste à supplier Sa Majesté de donner une uniformité au roulage dans toutes les provinces. C'est à dire de permettre aux voituriers de passer dans les provinces nottament dans celle de Provence avec leurs charrettes attellées à quatre mules. Il est des cas où les quatres mules sont indispensables pour trainer un fardeau ou pour sortir une charrette d'un mauvais pas, cependant dans la Provence, quelque cas qui fe prefente, le voiturier ne peut rouler qu'avec trois mules ; s'il en met quatre il eft à l'amende & court la confifcation de fon equipage, tandis que le voiturier de la Provence vient hardiment dans le Languedoc avec quatre mules & ne court aucun événement.

Ce privilege eft onereux aux voituriers du Languedoc & il paroit que le Languedoc mérite les mêmes avantages & privileges que la Provence ; d'ailleurs c'eft pour le bien général & c'en eft affés pour que Sa Majefté dife droit à ce 5ème point.

Il l'eft encore que Sa Majefté protege les haras & les etalons. Le roulage qui eft effentiel ne peut fe faire fans mules ou chevaux : cependant ce betail eft d'une cherté immenfe par fa rareté, ce qui ne provient que du peu de protection qu'ont les provinces où il y a des haras & des etalons, ou par la fortie qu'on fait du royaume, dans l'Efpagne ou ailleurs, des mules. Ce betail à caufe de fa cherté rend le roulage très difficile & bien fouvent il eft la ruine du pauvre voiturier, car la mort d'un de ces animaux reduit à la mifere le voiturier.

On ne peut donc parer à cet inconvénient qu'en protegeant les haras & les etalons & en deffendant la fortie hors du royaume de ces animaux, parce que plus le nombre fera confiderable plus le prix en diminura & tous les voituriers & rouliers en retireront un avantage réel.

Fait double à Montpellier le douze mars mille fept cents quatre vingt neuf. J. David & pour Mattet, mon gendre, Hugounenc, Bimar, J. Ballard, Cofte jeune, Hugounenc fils ainé, J. Cofte.

Sculpteurs.

Reprefentations à Meffieurs de l'affemblée des Eftats generaux, par l'fculpteurs de la ville de Montpellier.

Meffieurs, on efpere que dans vôtre augufte affemblée on remediera par des nouveaux reglemens aux enormes abus qui jufques à prefent ont tant opprimé & ruiné tout le pleuple.

Premierement, Meffieurs, après que vous aurés rangé les affaires de l'Eftat & pourveu à fon entretien, il faudroit qu'on accordat à chaque diocefe fur les revenus des provinces une fomme pour y former dans chaque un grenier d'abondance.

C'eft les intentions de notre genereux Balinvilié que fans luy dans ce malheureux temps où nous fommes, bien des miferables feroient trouvés manquant de tout.

Secondement que le prix du bled & du pain feuffent egaux dans tout le royaume, de meme que la loy, les poids & les mefures.

Troifiémement que les impots de toute efpece qui font mis fur les vivres feuffent entierement abolis, fans auqune exception & furtout fur les grains & farines. Ce font les vœux de tous les malheureux du tiers eftat, attandû furtout qu'ils ne tendent qu'à un bien general & faire retentir dans tout le royaume le beau nom de Louis feize notre bon roy.

Selliers.

Memoire pour le deputé des maitres felliers & caroffiers de Montpellier.

Depuis l'etabliffement de la marque fur les peaux & cuirs cette marchandife a augmenté du plus du double de valeur & eft venue plus rare dans le royaume, ce qui porte un prejudice confiderable non feulement pour les arts & metiers qui employent cette marchandife dans leurs ouvrages, mais encore pour le public.

L'augmentation du prix & de la rareté proviennent principalement de la grande quantité qu'on en exporte hors du royaume & du remourfement qu'on fait aux frontieres des deux tiers du droit de marque.

Il paroit que ce feroit le cas de fupplier Sa Majefté de fupprimer ledit droit dont la perception eft très onereufe & qui met des entraves journalieres aux tanneries, au commerce de cette marchandife & à l'employ qu'en font differents corps de metier.

Si cependant les befoins de l'Etat empecheroient la fupreffion de ce droit il conviendroit du moins de fupplier Sa Majefté de ne point rembourfer la portion dudit droit de marque ou de deffendre la fortie pour l'etranger jufques à ce que cette marchandife fut revenue à un prix raifonnable.

L'affociation des compagnons de differents arts & métiers eft encore un objet effentiel qui intereffe le public & les maitres des differents corps des arts & mettiers ; on voit journellement les inconvenients qui refultent de ces affociations ; les meurtres, les excès qui en font une fuitte & qu'on ne peut empecher forment une fource de defordres parmi les citoyens ; les maitres meme qui compofent les differents corps n'ofent plus faire voyager leurs enfants pour fe perfectionner dans leurs arts & mettiers crainte que leur vie ne foit en danger ; il conviendroit donc de fupplier Sa Majefté de fupprimer ces differentes affociations & de rendre quelque ordonnance ou reglement pour les empecher afin que les differents compagnons des arts & mettiers puffent voyager en fureté, & que le public ne fut point expofé à raifon des difputes qui ne proviennent que de ces affociations.

Soie (fabricants de).

Cahier de doléances, remontrances & inftructions que le corps des maitres fabricants en foye, tant taffetatiers, paffementiers, teinturiers & moliniers de la ville de Montpellier, a chargé fes députés de porter à l'affemblée du tiers état de ladite ville où fe doivent nommer les deputés qui doivent fe rendre à l'affemblée des états généraux convoquez à Verfailles pour le 27 avril prochain fuivant le reglement du roy du 24 janvier dernier.

Les fufdits corps affemblés en vertu des lettres à eux ecrittes par meffieurs les officiers municipaux de ladite ville, ont deliberé que pour la formation du cahier general de doleances, à dreffer pour la communauté, ils s'en remettent au zelle & lumières de meffieurs les deputés des differentes corporations, & notament à celles du comerfe & des negocians entrepreneurs des fabriques & manufactures des toiles & mouchoirs

84

de coton, fe joignant de plus fort à ces derniers pour demander la prohibition des marchandifes de l'Inde, dezignées dans leur mémoire, afin de faciliter & d'encourager les fabriques nationnalles.

Le fufdit corps joindra ici fes reprezantations pour demander la prohibition de toute efpece de rubans & autres articles fabriqués en foye ou filozelle, venant de Suiffe ou d'Allemagne, les fabriques nationnales etant plus que fuffizantes pour fournir tout ce qui peut eftre neceffaire pour la confomation du royaume.

Ils joindront encore ici leurs reprefentations pour demander, qu'il foit de plus fort deffendû à tout individû de faire fabriquer, ny teindre dans la ville & faubourgs de Montpellier fous quelque proteCtion quelconque, à moins qu'il ne foit reçû maitre par ledit corps, & c'eft pour prevenir toute malverfation, abus & fraude, & fur tout les vols des matieres où nos fabriques font expofées par cette contrevention. Deliberé à Montpellier le 9e mars 1789.

TAILLEURS.

Les maitres tailleurs d'habits de Montpellier formant une corporation de pres de 100 citoyens defirent que le cayer des doleances de la ville foit chargé des articles ci apres :

1º Que tous les citoyens des trois ordres privilegiés ou non privilegiés contribuent à touttes les charges foit reelles, foit perfonnelles, en raifon de leurs facultés.

2º Que la gabelle foit fuprimée ; cet impot remplacé par une augmentation fur la capitation & dans le cas où les circonftances ne permettroient pas de fupprimer cet impot, que le roy foit fuplié de faire remettre aux agriculteurs la quantité de fel neceffaire pour conferver leur troupeau, & ce relativement à la quantité de moutons & brebis dont lefd. troupeaux font compofés.

3º Que la contrainte perfonnelle ne puiffe avoir lieu que pour des creances excedant 100 liv.

4º Que l'attribution accordée aux confuls de la ville pour juger au fouverain jufques à 5 liv. foit portée à 50 liv. dans la ville & à 30 liv. aux villages.

5º Que dans chaque village il foit nommé annuellement des prudhommes qui feront affermentés entre les mains du premier conful, lefquels auront exclufivement à tous autres le droit de verifier & eftimer les domages caufés aux poffefions des particuliers, fans lad. eftimation il en fera donné connoiffance par l'un des prudhommes à celui qui aura caufé le domage ; & dans le cas où il refuferoit d'en payer le montant il fera permis à celui qui l'aura souffert de fe pourvoir en juftice ; mais il ne pourra le faire que trois jours apres le domage caufé. Il ne fera ordonné d'autre verification en juftice. Le rapport des prudhommes vaudra comme s'il eut eté fait juridiquement.

Dans le cas où celui à qui le domage auroit eté caufé ne voudroit pas recevoir le montant de l'eftimation faitte par les prudhommes il fuffira que celui qui doit la payer lui faffe une offre verbale en prefence de temoins fans miniftere d'huiffier pour etre redimé de toute conteftation juridique.

Les domages caufés aux terres, les recoltes pendantes ou pendant la nuit, pourront etre pourfuivis par la voye extraordinaire.

6º Attendu les excès auxquels fe portent journellement les compagnons foidifant gavaux ou devorans demander : 1º que dans un mois chaque compagnon foit tenu de fe faire envoyer fon extrait baptiftaire duement legalifé & qu'il leur foit fait deffenfes de porter d'autre nom que leur ftom de famille ; 2º que dans chaque corps il foit etabli un bureau à l'inftar de celui des perruquiers où chaque compagnon fera tenu d'exhiber fon extrait baptiftaire au bas duquel le buralifte mettra le fignalement du compagnon & du tout il fera fait mention fur le regiftre du corps ; 3º que les compagnons qui ne feront pas nantis de leur extrait baptiftaire & fignallement feront arretés comme perturbateurs du repos public ; 4º qu'il foit fait deffenfes à tous compagnons de former des affociations ou confreries, de fe reunir ou s'affembler dans aucun cas, meme pour affifter au fervice divin ; 5º enfin que la connoiffance des delits qui feront commis par lefd. compagnons foit attribuée à la cour prefidialle de Montpellier pour les juger en dernier reffort.

7º Que les marchandifes des fabriques nationalles puiffent etre exportées d'une province à l'autre, meme dans l'étranger, fans etre fujettes au payement d'aucun droit ; que les peages & douanes foient fuprimées.

8º La fupreffion de tous droits fur les bleds, farines & legumes par qui qu'ils foient perçus & dans le cas où quelque proprietaire d'aucun defd. droits juftifieroit par des titres en bonne forme en avoir fait l'acquifition à titre onereux, il fera pourvû à fon remboursement.

9º Qu'il foit mis une taxe fur les porteurs, laquais & generalement fur tous les domeftiques males, fur les chaifes à porteur & les voitures : cette taxe fera augmentée toujours en doublant eu egard au nombre de domeftiques ; fi cette taxe decidoit quelque perfonne à renvoyer partie de fes domeftiques, ce feroit autant de bras que le luxe rendroit à l'agriculture.

10º Le meme motif doit determiner la fupreffion de la milice ; l'etabliffement de nos fabriques & le luxe ont deja beaucoup diminué le nombre des travailleurs, l'agriculture eft negligée & des trefors inapreciables reftent enfouis dans le fein de la terre faute de bras pour la cultiver.

11º Les maitres tailleurs ont dans tous les temps contribué aux charges de l'etat : ils ont eté forcés de faire des emprunts qui les affujetiffent à deux taxes tres onereufes : eux feuls payent les interets des fommes verfées dans les coffres du roy, cependant Mme de Grave, M. de Boutonnet & Mme d'Alco qui ont dans leurs feigneuries quatre fauxbourgs de Montpellier, fe font arogés le droit de faire des maitres ou du moins de leur donner le meme droit que ceux des maitres tailleurs, puifque les perfonnes qui logent dans leur feigneurie travaillent de ce mettier fans etre fujets à aucune contribution, de la l'extreme mifere de plufieurs maitres, qui faute de travail font reduits à la derniere indigence.

Les privilèges font toujours abufifs: celui dont les maitres tailleurs reclament la fuppreffion greve touttes les jurandes de Montpellier ; on a reconnu dans tous les temps la neceffité des jurandes, foit pour la perfection des arts & metiers, foit parce qu'en politique il eſt neceſſaire qu'il exiſte des corporations qui puiſſent dans des cas urgents contribuer d'une maniere prompte & facile aux beſoins de l'etat.

Le privilege que fe font arrogés les feigneurs ne profite qu'à eux, les ouvriers qui vont travailler dans leur juridiction payent de gros loyers, la valeur des maiſons augmente & conſequament les droits de mutation.

Il faut donc demander la fupreſſion de ces privileges ainſi que tous les autres parce qu'il eſt de l'eſſence de tout privilege d'etre opreſſif.

TANNEURS.

Inſtruction pour MM. les deputés du corps des marchands taneurs de la ville de Montpellier.

Independant du pouvoir qui leur eſt accordé, par la deliberation de la generalité de la corporation aſſemblée, de conſentir à la confection du cahier des doleances & d'y repreſenter tout ce qui peut etre utile au public & intereſſer le bien de l'etat & de fes membres; ils demanderont que le cahier foit chargé de la demande particuliere concernant l'avantage du commerce des cuirs & peaux & pour cet effet de fupplier Sa Majeſté de fupprimer la regie etablie pour la perception des droits fur cette marchandife.

En ce qu'elle detruit l'induſtrie par ce que les tancurs & corroyeurs font entravés.

En ce qu'elle provoque la vexation de ce commerce & des individus qui s'y addonnent en les mettant eux & leurs proprietés fous la dependance des prepoſés à la levée du droit, au point de ne pouvoir difpofer de leurs marchandiſes, quoiqu'elles foient la portion la plus facrée de leurs biens.

En ce qu'elle eſt la fource d'une multitude de procès intentés dans l'intention ou de degouter le taneur ou de lui arracher des compoſitions pecuniaires.

En ce qu'elle les met fous la dependance des commis avides & intereſſés qui multiplient leurs viſites fans neceſſité, tendent des pieges à la franchiſe des manufacturiers & deviennent les maitres de fuſpendre leur commerce & leur travail, en faiſant des proces verbaux qui operent leur ruine.

En ce que les facrifices que les taneurs font obligés de faire pour arretter ces vexations excedent l'impot lui meme, fans que les fommes qu'ils produiſent tournent à l'avantage du roy & de l'etat.

En ce que toute la richeſſe des taneurs & corroyeurs confiſtant dans le credit, il peut etre inopinement fufpendu ou detruit par la malice ou l'indiſcretion des prepoſés.

En ce que la deſtruction des attelliers frappe évidemment fur l'agriculture, dont la proſperité croitroit neceſſairement avec lui, en augmentant le nombre des beſtiaux deſtinés au labour, à l'engrais des terres & à la nourriture des hommes.

En ce que la diminution de ce commerce prive une immenſe quantité d'ouvriers d'un travail neceſſaire à l'entretien & à l'aliment de leurs familles & laiſſe un nombre infini d'artiſans journâliers & debitans fans reſſources, ce qui reſtraint la population de l'etat.

En ce que les nations etrangeres profitent de ce deſordre, car l'emploi des cuirs & peaux etant de premiere neceſſité, les negociants conſomateurs fe voyent conſtraints d'aller fe pourvoir dans l'etranger & le royaume fe trouve privé des benefices de l'induſtrie de fes habitans & de ceux que la vente ou revente procureroient & de la circulation & du numéraire.

En ce que le Languedoc fouffre plus que toute autre province de l'exercice de ce fyſteme reglementaire, puiſqu'il n'a que le commerce & l'induſtrie pour toute proprieté dans plus de la moitié de fa vaſte etendue, & que l'autre ne ſe foutient que par l'agriculture, qui ne doit point etre expoſée à voir diminuer le nombre des betes deſtinées à fon accroiſſement.

En ce que le cri general ellevé depuis tant d'années contre ce fyſteme ruineux & deſtructeur eſt le cri de la raiſon, que la feine politique doit l'ecouter, & qu'il remontre l'urgente neceſſité de le fupprimer; devant paroitre demontré que fi le commerce des cuirs & peaux avoit proſperé fous la regie ainſy que le gouvernement paroiſſoit l'eſperer, le nombre des taneries auroit progreſſivement augmenté; au lieu que ces atteliers diminuent & s'eteignent tous les jours.

• En ce qu'elle degrade l'etat & la profeſſion des citoyens utiles, en les préfentant toujours aux tribunaux & les y traduifant comme des vils contrebandiers & des fauſſaires aſſujetis à des peines capitales & infamantes.

En ce que l'impot produiroit beaucoup plus au fifc foux un autre regime & reſtitueroit à la terre, aux arts & aux mettiers, une multitude d'employés mal payés par les regiſſeurs & forcés pour vivre de tendre des pieges aux malheureux commerçants qui s'adonnent au commerce de la tanerie & à la fabrication des cuirs & peaux.

En ce qu'il eſt contre le droit naturel que les regiſſeurs d'un impot foient mis à portée de calculer par leurs inventaires les forces entieres d'un commerce auſſi conſiderable, la conſiſtance ou le volume des fortunes de ceux qui l'exercent & le plus ou le moins de confiance qu'ils meritent.

En ce que la forme de la perception du droit etabli fur cette marchandife, croit viſiblement les interets de divers commerces & des arts dont elle eſt l'aliment & qui ont avec elle des rapports intimes.

En ce que fi les befoins de l'etat ont neceſſité l'impot, la perception la plus douce doit etre preferée comme la plus avantageufe, la moins fenſible & la moins onereufe.

Conſequement Sa Majeſté daignera peſer dans fa fageſſe, fi les befoins de l'etat peuvent etre remplis fans aſſujettir une marchandife auſſi precieufe à des droits qui en augmentent le prix & par là rendent le debit & la conſomation moins faciles.

Enfin & dans le cas contraire elle voudra bien recevoir fes fujets fidelles exerçant la profeſſion de taneurs, corroyeurs, &c., à la converſion du droit fur leurs marchandiſes en une preſtation en argent ou à l'abbonement du droit, en formant une année commune fur le produit de dix années, ou d'après le calcul de la totalité de fa perception depuis fon établiſſement.

Cet expedient asseure à l'etat la totalité de l'impot, il est versé dans les coffres du roy sans fraix ni depense, & il etablit naturellement l'egalité dans la concurance des achapts, la balance dans les interets des manufacturiers, dans le prix, dans la main d'œuvre & dans la facilité des consommations.

Enfin il procure les facilités qui peuvent se concilier avec la seureté du droit au desir de la volonté du prince exprimée dans le preambule des lettres patentes de 1766.

TISSERANDS.

Doléances du corps des maitres tisserands des draps & couvertes de Montpellier.

Le corps des tisserands des draps & couvertes de Montpellier est un de ceux qui souffre le plus de la misere des temps.

Ce corps est surchargé de dettes qui ont été contractées anciennement & dans des temps malheureux ; dettes qui grevent ce corps par le payement qu'il est obligé de faire des interets des sommes empruntées de maniere que les charges du corps & les impositions royales absorbent presque la majeure partie du produit de leur travail.

Ce corps souffre encore du derrangement général du commerce des laines, & par une suitte necessaire ils eprouvent une grande diminution dans leur travail & dans le prix de fabrication.

Il seroit donc à desirer qu'on avisat aux moyens necessaires pour donner au commerce des laines toutes les facilités & l'etendue dont il est susceptible & dont il jouissoit autresfois, & que les impositions qui sont reparties sur les differents corps fussent amoindries & relatives à leurs facultés.

Il seroit encore à desirer qu'on empechat les seigneurs des fauxbourgs de Montpellier d'autoriser les particuliers qui ne sont pas reçus maitres à travailler ; cette permission porte un prejudice notable à tous les corps, & nottament à celui des tisserands des draps & couvertes, en ce que ces particuliers ne contribuent point au payement des charges des corps, quoiqu'ils jouissent de tous les avantages des maitres.

TOILES (négocians en).

Cahier des doleances des negocians entrepreneurs des manufactures en toiles & mouchoirs de coton & teintures de coton en rouge de la ville de Montpellier.

Occupant vingt mille ames dans la ville de Montpellier ou ses environs, & dans les montagnes de Gevaudan & Vivarais, nous reclamons la protection du gouvernement pour la main d'œuvre nationale & qu'elle obtienne une faveur sur la main d'œuvre etrangere.

Il conviendroit donc de prendre pour base fixe & invariable : 1º de prohiber les marchandises etrangeres que nos fabriques nationnales peuvent fournir en quantité suffisante pour les besoins du royaume.

2º D'imposer des droits pour mettre de niveau la main d'œuvre etrangere à la nationalle sur les marchandises que nos fabriques ne peuvent pas fournir en quantité suffisante & que nous sommes obligés de recevoir de l'etranger, en concurrence avec celles que nous fabriquons.

3º D'affranchir les fabriques nationnalles des plombs & marques qui ne servant d'aucune sureté au consommateur pezent sur le fabriquant, sans produire aucun revenu au fisc & entretiennent des inspecteurs & commis qui ne sont d'aucune utilité.

4º D'ordonner que chaque fabricant mettra son nom & domicile en tête & queüe de sa marchandise, afin que le marchand puisse avoir son recours contre lui en cas de deffectuosités ou de fraude.

Et comme les articles venant des Indes nuisent plus particulierement aux fabriques en toiles & mouchoirs de coton, nous reclamons :

1º La prohibition des toilles & mouchoirs de coton teints venant des Indes, que nous fabriquons en quantité suffisante pour les besoins du royaume.

2º L'imposition d'un droit de quinze pour cent sur les toilles blanches ou ecrues venant des Indes, qui sera perçu à l'entrée du royaume & remboursé aux etrangers qui viendront les chercher.

Nous adherons pour tous les autres articles au cahier de doleances des corps de communautés de cette ville.

TONNELIERS.

Tres humbles & tres respectueuses remontrances de la députation du corps des maitres tonnelliers & barraliers de la ville de Montpellier.

En conséquence des bienfaits de nôtre auguste monarque & son amour extrême pour son peuple, aimant encore plus la justice, a entendu de tous cotés l'interest de reclamer de vieux abus, qu'on vouloit donner pour des loix immuables, il a senti que les abus, quoique anciens, sont mortels, parce qu'ils viennent des hommes ; que la raison seule est imperissable parcequ'elle est fille du ciel.

Il a senti que lorsque la nation seroit appellée à discuter ses droits, il est de l'équité que le peuple qui est l'etat put autant que deux ordres qui en sont deux exceptions ; il a senti de combien de prejugés il faut charger encore un plateau de la balance pour que dans cette pondération mémorable un million d'hommes influe autant que vingt trois millions ; pour que la voix qui demande du pain fut balancée par celle qui demande des vanités.

C'est avec ces heureux auspices que le corps demande à vôter pour la réforme des abus suivans :

1ment Supression du droit des seigneurs qui autaurisent & permetent à des apprentifs ou compagnons de travajller pour leur compte jusques aux portes de la ville & dont la plupart n'ont point fini leur temps convenû de leur apprentissage, ainsi que des privilèges que se font appropriés les maires consuls de cette ville, de donner permission chaque année à qui que ce soit, dont la plupart qui jouissent de cette permission sont gens sans aveu & sans vacassions & travaillent impudemment pour leur compte dans la ville, fauxbourgs & taillable d'icelle, sans aucune charge & jouissent des mêmes droits & privilèges, qui n'ont été accordées de la part de Sa Majesté qu'aux maitres jurés de la ville; sans que ces contrevenans encourissent aucune peine ; soit pour être rebelles aux ordres du roy, non plus qu'à leur mauvaife fabrication ; chofe inouïe, de voir ces étrangers briguant les meilleures maifons, occupant force d'ouvriers, ont prefque tout le travail & il eft à déplorer la plupart de nos maitres refter fans rien faire faute d'ouvrage; chaque jour on les voit parcourir les maifons, corrompant l'efprit du peuple, leur faifant connoitre qu'ils travaillent à meilleur compte, ne payant aucune charge ni impofition, ainfi le public feroit trompé & nos maitres font fruftrés de leurs droits.

2ᵐᵉ Supreffion du droit de vifite que font toutes les années les maitres menuifiers dans nos atteliers, affiftés d'un journaillier travailleur de terre, ayant pour titre refpectif (juge de la banque) quel abus qu'un corps etranger par la nature de fes ouvrages ayent un privilege fur notre corps, dont ils ne connaiffent nullement les facultés ni le talent de nos travaux & pour fe rendre plus redoutables fe font accompagner de fept à huit janniffaires, choifis parmi les valets de cette ville, qui viennent inconfiderement juger par leur ignorance, les marchandifes que nous travaillons dans le courant de l'année, ne connoiffant l'ufage & moins encore la propriété à quoy lefdittes font deftinées, & ces vifites qu'ils appelent privileges ils devroient l'apeller tirannie & attentats à la nature humaine parceque cette manie d'agir leur procure deux fols par chaque charge, & que ce n'eft que l'appas d'un gain fordide & honteux qu'ils perçoivent de nos maitres environ cent livres tous les ans, & qu'ils fe font payer de fuitte fans aucun examen, & ce qui revolte encore plus l'humanité fitôt qu'ils ont retiré cet argent ils en vont faire bonne chere aux cabarets, en infultant nos maitres tonneliers ; ainfi avec cette humiliation fe peut-il une abfurdité auffi indigne que des aveugles foient admis à juger des couleurs ; ce font ces concuffions qui ont fouvent obligé les confuls du corps à prendre la defence par des procés ruineux par fa longueur qui nous a rendus fi miferables & ils n'ont pû encore les faire parvenir aux pieds du trône, à caufe de leur pauvreté, n'ayant d'autre reffource que ce qui leur eft payé par l'etat provenant des letres d'offices & même on nous retranche toutes les années quelque portion de fes interets & ne font encore payés que de l'année mille fept cens quatre vingt trois, les fix années arriérées nous font dûes, cependant plufieurs corps font payés chaque année.

3ᵐᵉ Supreffion de l'inhumanité de la part des confuls de cette ville fur l'autorité qu'ils ont pris de taxer les travaux & fournitures; la plupart des confuls ont des maitries abondantes en vignobles & font la taxe à leur faculté, même leur defendre de payer nos maitres jufques au onze novembre fous quelque pretexte que ce puiffe être, fans épargner les befoins ou neceffités dans nos maitres ; enjoignant aux particuliers & tonneliers à fe conformer à leurs ordonnances qui font des plus injuftes; nous ofons & reclamons juftice à grands cris ; la ville de Montpellier eft elle feule en France où il y ait maitrife de tonneliers ; mais nous favons qu'elle eft repandue par tout le royaume & generalement les maitres jouiffent tranquilement de leurs maitrifes & de leurs droits, fans aucune concuffion arbitraire ni officielle; il n'i a que les maitres de cette ville qui foient efclaves : nous demandons la liberté dont jouiffent les autres corps & l'entiere reforme de ces indignes abus; nous dont les magiftrats de cette ville ont englouti la maitrife des tonneliers en entier comme fi elle n'exiftoit pas, & nous ne fommes maitres que pour payer touts impofts quelconques. Remplis de cette confiance nous proteftons de faire les volontés du roy.

Très humbles & tres refpectueufes remontrances du corps des maitres tonneliers & barraliers de cette ville.

Que les feigneurs de la part antique, de Grave, d'Alco & Boutonnet & tous autres officiers municipaux, ne fe melent fous aucun pretexte de donner permiffion à qui que ce foit de travailler du metier de tonnelier & barralier ni de troubler les maitres dans l'exercice de leur metier & de fe conformer à nos ftatuts, crées & homologués & ratifiés à Paris le onze janvier de l'année mille fis cents dix, à peine de cent livres d'amende en fon propre au profit du roy.

1ᵐᵉⁿᵗ Que pour le bien de l'etat tous les territoires fans exemption de nobleffe in general, fleuves, rivières, canaux, payent la taille au roy.

2ᵉⁿᵗ Que le clergé ne perçoive à l'avenir que le quinzième du produit des recoltes, du vin, bled & huille fans autre.

3ᵉⁿᵗ Que le tiers du produit dudit quinzième ainfi que le tiers du revenû des abaïes, archevechés & évechés, foit verfé dans le trefor royal jufques à ce que le déficit foit entièrement remply.

4ᵉⁿᵗ Supreffion des gabelles & abolition de l'equivalant de la province du Languedoc.

TOURNEURS.

Copie des doleances pour les maitres tourneurs de Montpellier.

Jufques au moment heureux où les vertus feules repandent leur eclat d'un bout de royaume à l'autre, le citoyen infortuné n'avoit trouvé d'azille que dans le fein du monarque venerable qui nous gouverne, mais comme on ne luy avoit infpiré jufques en ce jour que le regne aimable des richeffes & que le citoyen malheureux ne pouvoit pouffer jufques a fes oreilles les foupirs de fon indigence par labord inacceffible que luy oppofoit une foule d'adulateurs qui ne cherchoient que leur propre gloire & leurs interets; ce jours de douleurs a fuccedé le jour fortuné où le credit eft bany, où le monarque fupreme inftruit des gemiffements de la nation entiere invoque les doléances de fes peuples & veut faire confifter fes plus chers delices à les rendre heureux.

Ce ne font plus les doleances d'une province entiere qui luy font offertes par des perfonnages qui ne confultent que leur feule penfée & qui riches eftiment que l'homme femblable à l'homme ne peut etre reduit dans une eftreme & languifante detreffe ; un miniftre vertueux veut que Sa Majefté connoiffe les abus, il veut qu'il entande la voix de fon fidele fujet, il veut le rendre heureux en affemblant fa nation, c'eft fur ces motifs qu'il a dit que chaque corps remit le fujet de fes plaintes & que remifes en un feul cayer elles luy fuffent remifes pour juger de leur merite.

Cet acte de juftice a invité le corps des mᵉˢ tourneurs de Montpellier à obferver à l'affamblée en la priant de mettre fous les yeux du roy :

1º Que le corps des mes tourneurs font confifter leur art à fabriquer des chaifes & autres ouvrages incérés dans leur ftatut qui a reçu la fanction de la loy, que dans le temps de la redaction de leur ftatut, qui remonte au commencement du fiecle precedant, l'on ne connoiffoit de fabrication des chaifes que celles qui étoient faittes au tour & qu'un gout nouveau s'etant elevé fur les débris d'un gout antique, l'on fabrique aujourdhuy des chaifes à plan, ce qui prejudicie au corps des mes tourneurs d'une maniere fenfible : 1º Parce qu'il s'eft elevé dans la ville un grand nombre d'artiftes fuperieur au nombre des maitres, qui en foutenant que l'eftatut du corps ne portant que fur la fabrication des chaifes au tour ils fembloient etre exclus d'en fabriquer d'autres, & que du moins l'enontiation de leur eftatut ne pouvoit exclure lefdits artiftes de fabrique à plan puifque leur ftatut eft muet fur cette forte de fabrication. 2º Parce qu'il n'eft pas jufte qu'aujourdhuy qu'il ne fe fabrique plus des chaifes au tour les maitres femblent inhibés à fabriquer à plan & qu'ils le font dans le fait puifque grevés par les interets d'un corps ils ne peuvent deliverer au public les chaifes au même prix que ceux qui ne payent aucunes charges, les maitres feuls etant grevés.

2º Que leur maitrife paroit une veritable chimere toutes les fois qu'il eft des artiftes qui impunement fabriquent des chaifes qui font pour ainfy dire la partie la plus conçequante de leur art, ce qui neceffita ledit corps à deliberer le 19 feptembre 1785 d'avoir recours aux protecteurs de la loy pour forcer les infracteurs à s'y foumetre.

3º Que ce ne font pas les feules caufes de leurs reclamations; qu'il s'eft elevé dans les bas lieux de la ville une quantité plus confiderable d'artiftes, qui s'etant mis fous la protection des feigneurs jufticiers fabriquent toutes fortes de marchandifes, reduifent prefque à rien ce corps : 1º En ce qu'ils livrent à meilleurs prix les marchandifes qu'ils introduifent furtivement au detriment du corps. 2º En ce que n'etant grevés d'aucune impofition ils falarient mieux leurs compagnons que ne peuvent faire les maitres & par là fe trouvent tous dans le cas de rendre leur boutique deferte.

4º Que les marchands bijoutiers, & autres, vendent publiquement dans leur boutique d'ouvrages enoncés dans leur ftatut, tels que des fluttes, hauboix & autres de cet efpece, ce qui porte encore au corps un prejudice bien grand.

5º Que ce corps toujours fidele, par une obeisfance foumife aux decrets du monarque, a dans tous les temps donné des preuves de fon amour, en contribuant comme les autres corps, aux emprunts neceffaires, pour la profperité de l'Etat & la confervation de Sa Majefté, que depuis pres de quinfe ans, ce meme corps ne jouit plus des interets d'un capital, reclamé & donné avec juftice; quoique-les autres differents corps qui ont ufé de la meme liberalité, retirerent annuellement les interets de leur creance.

Que c'eft fur fes motifs fondés fur fa juftice que le corps des maitres tourneurs reclame de la bonté de Sa Majefté, de faire inibitions & deffances à touttes perfonnes, foit dans la ville, foit dans les fauxbourgs, de s'ingerer directement ou indirectement dans la fabriquation des chofes enoncées dans l'eftatut du corps, & d'y ajouter en tant que de befoin feroit, les reclamations portées par la deliberation du 19 feptembre 1785, qui fera annexée au prefent cayer, ce faifant faire inhibitions & deffances, à touttes perfonnes de fabriquer des chaifes à plan, à peine de faifie & de l'amande, de faire les deffances à touttes perfonnes de vendre des marchandifes, dont la fabriquation appartient au corps, enfin de faire egard au corps les interets d'une fomme empruntée pour la profperité de l'Etat, & dont ledit corps eft privé, etant d'autre part forcé de payer les interets au porteur.

Le corps des maitres tourneurs efpere que leurs juftes doleances feront remifes fous les yeux de Sa Majefté furtout lorfqu'elles luy feront offertes par les députés d'une citté qui aime leurs citoyens.

Leurs reclamations feront accueillies avec bonté parce que le roy & fes miniftres font juftes, & que la nation affemblée, couronnera un ouvrage commencé pour la confervation des droits des perfonnes & des proprietés.

TRAVAILLEURS DE TERRE.

Doléances & remontrances pour etre prefentées par Mº Bongue, doyen du corps, en l'affemblée qui doit fe tenir le 12 mars courant en l'Hotel de Ville.

1º Les defordres des compagnons de tous les mettiers font fi multipliés que dans leurs difputes les habitans font expofés à toute leur fureur; on pourroit citer plufieurs exemples des habitants qui ont été leur victime.

Differentes cours du royaume ont rendu des arrêts, ou ordonnances dans leur diftric, pour obvier à fes defordres; mais cela n'a jamais pû remedier au mal, par la raifon que les compagnons pour fe fouftraire à ces arrets ou ordonnances en étoient quittes en evitant de travailler dans les villes où on les mettoit en execution, la difette des compagnons mettoit les maitres de ces lieux hors d'etat de fatisfaire le public & les maitres fe voyoient dans la neceffité de folliciter la tolérance de ces loix fi neceffaires à la tranquilité publique.

Le moyen qui nous a parû le plus propre pour remedier à ce mal feroit d'obtenir une loi qui fut générale dans tout le royaume, qui abolit toutes les affociations des compagnons etablies fous differentes nominations & par cette meme loi etablir des bureaux dans les villes à l'inftar de ceux de la capitale où chaque ouvrier feroit tenu de fe faire inferire à fon bureau deftiné à cet effet.

Défendre en meme tems à toutes fes auberges defignées parmi eux fous le nom de mere de laiffer raffembler ces differentes fectes chés eux où pour l'ordinaire elles s'attroupent, fe concertent pour attaquer avec plus de force, ou pour mieux fe defendre. Nous efperons que Meffieurs nos députés aux etats généraux ne perdront pas de vûe notre fuplique, developeront avec clarté notre demande à la nation, qui follicitera le roy à l'accorder.

2º La milice fait un prejudice aux artifans & eft peu profitable pour l'objet en lui même attendu que les ouvriers font dans l'heureux ufage de parcourir le royaume pour fe perfectionner dans leurs etats, en forte que ceux qui tombent au fort font

Livre premier. — Seconde partie.

rarement dans leur pays & en changeant de ville trouvent le moyen de fe difpenfer de ce fervice, ce fardeau fe trouve toujours fuporté par la claffe des travailleurs de terre ; nous efperons de même que Meffieurs nos deputés aux etats généraux s'occuperont de cet objet, qu'ils contribueront à détruire ce refte d'efclavage qui ne retombe que fur la claffe la plus utile ; dans plufieurs provinces on a fuprimé les travaux de corvées pour les faire par contribution, doit on être moins humain en faveur de ceux qui tombent au fort pour ne pas s'occuper de faire le remplacement de la milice à prix d'argent ?

Collationné feur l'original. Ph. Bongue, p. conful.

VOITURIERS.

Cayer des doleances que le corps des voituriers de la ville de Montpellier ont deliberées pour etre jointes au cayer general de la fénéchauffée.

Les circonftances prefentes font très propices pour faire obtenir aux voituriers de la ville de Montpellier & de la province de Languedoc l'accueil des reclamations qu'ils vont faire à Sa Majefté, puifqu'elles n'ont en vue que le bien public, le bien general.

Mais avant de les faire connoitre, il eft jufte d'obferver que rien n'eft plus utile dans les villes & dans la province de Languedoc comme partout ailleurs, que l'etabliffement des voituriers puifque, par leurs fecours, le public a la faculté de fe faire transporter avec agrement & à peu de frais d'une ville à l'autre, puifque le commerce en general y trouve une facillité tres avantageufe pour le transport & la fureté de leurs marchandifes, en forte que c'eft avec raifon qu'on foutient que le gouvernement doit accorder une entiere protection aux voiturins, non feulement pour oter toutes les entraves qu'on fe plait à mettre pour intercepter leur travail, mais encore pour dedommager les voiturins du penible & malheureux etat qu'ils exercent car il en eft peu qui foient plus penibles & moins lucratifs.

Les reclamations des expofants confiftent : 1º à demander au roi qu'il lui plaife accorder la fuppreffion dans la province de Languedoc & dans tout le royaume de toutes les meffageries ou pour mieux dire, de maintenir la province dans fes privileges & arrêts rendus par le confeil de Sa Majefté au fujet des meffageries.

Pour etablir la juftice de cette reclamation on obferve que de tous les tems les etats de Languedoc ont eu une attention particuliere à conferver aux habitans la faculté du commerce & furtout la facilité du tranfport, foit de leurs marchandifes, foit de leurs perfonnes.

Ce fut dans cette vue qu'en l'année 1662 le comte Darmagnac ayant obtenu de feu Louis XIV d'heureufe mémoire le privilege exclufif des meffageries, les etats de la province reconnoiffant le prejudice d'un pareil privilege envers le peuple formerent oppofition à l'enregiftrement de l'edit & cette oppofition fut accueillie par arret du confeil du 10 fevrier 1687, d'apres lequel les etats de la province furent fubrogés au privilege du comte Darmagnac moyennant un capital de 18,000 liv.

En execution de cet arret le comte Darmagnac reçut lad. fomme & par l'acte qui fut paffé, la province fut fubrogée au privilege & faculté dud. comte & les etats furent maintenus dans cette faculté & privilege par lettres patentes du mois de juillet 1687.

Ce privilege cedé à la province moyenant finances n'a été revoqué par aucune loi, & il eft confirmé par l'autorité du fouverain. En 1691, les intereffés à la meffagerie de Paris à Touloufe & les fermiers du comte Darmagnac voulurent empecher quelques habitans de cette province de continuer leur route & tranfport de marchandifes jufques à Paris & autres lieux du royaume ; il f'eleva à ce fujet une conteftation & elle fut portée devant M. de Bafville, intendant du Languedoc.

Sur cette conteftation il intervint une ordonnance en forme de reglement le 7 decembre de lad. année 1691, qui fit deffenfes aux meffagers & à tous autres ayant droit du comte Darmagnac de troubler les particuliers dans la liberté d'aller avec une voiture de voiturin foit à Paris ou ailleurs. Les meffagers interjetterent appel de cette ordonnance, dans laquelle les etats de la province étoient intervenus & fur l'appel arrêt du confeil du 31 août 1695, qui fans s'arreter aud. appel, ni à l'intervention du comte Darmagnac deboute fon fermier avec depens & en confequence ordonne l'execution de l'ordonnance de M. de Baville.

Malgré un titre auffi antique & auffi precis, les voiturins ont été depuis expofés par intervalles à des pourfuites de la part des meffagers, qui fous divers pretextes leur ont fufcité une foule de conteftations & les ont troublés dans l'exercice de la faculté que la province leur avoit acquis.

En 1718 ces tentatives donnerent lieu à des reprefentations de la part des etats, fur lefquelles Sa Majefté faifant droit ainfi que fur les nouvelles inftances intentées par les fermiers des meffageries ceux ci furent deboutés, notamment par un arrêt du confeil de 1741 & la province maintenue dans fes droits & privileges qu'elle conferve ; car dans tous les tems elle a pris le fait & caufe des voituriers attaqués par les meffageries & la province a toujours affifté dans les inftances introduites à ce fujet.

D'après le rapport qu'on vient de faire il eft aifé de s'appercevoir que les meffageries ne font nullement autorifées par le fouverain.

Cependant les meffageries s'exercent dans tout le royaume fous l'etendart le plus defpotique & il n'eft pas de vexations que les fermiers & directeurs ne faffent éprouver journellement aux pauvres voiturins & même aux voyageurs ; ils veulent tout foumettre indiftinctement à la rigueur de leurs privileges imaginaires & fur ce fondement, ils ne ceffent de faire faifir les voitures louées aux particuliers ainfi que les hardes & marchandifes dont elles font le tranfport, ce qui porte autant & plus de prejudice aux commerçans & autres voyageurs qu'aux proprietaires des voitures mifes en fequeftre.

En dernier lieu, l'un des intereffés à la meffagerie de Perpignan fit arreter fur le chemin de Perpignan à Narbonne vingt une voitures avec leurs conducteurs & 46 commerçans efpagnols qui portoient des fommes immenfes à la foire de Beaucaire, & ce fous pretexte que ces negocians ne s'etoient point fervis de deux voitures dont eft compofée cette meffagerie, qui dans le vrai ne peuvent contenir que deux perfonnes & tout au plus quatre & qui ne partent qu'une fois la semaine.

Quel est le vœu des fermiers de messageries en faisant de pareilles vexations? celui de rançonner les voituriers & surtout les voyageurs, parcequ'ils savent que les voyageurs ne voudront pas rester en route, en sorte qu'ils leur font racheter à grand frais la liberté de continuer leur chemin. Il en est de même à l'egard du pauvre voiturin qui est obligé dans ce moment de crise de souscrire à toutes les peines qu'exigent les fermiers, d'où il suit que ce pauvre voiturin pert dans un instant le fruit de plusieurs jours de travail & on le reduit bien souvent à la misere.

Il est tems sans doute que tant d'abus soient proscrits & ils ne peuvent l'etre qu'en accordant dans tout le royaume la suppression des messageries : c'est de l'intérêt public & par conséquent c'est le plus pressant pour déterminer le gouvernement à accorder aux exposans l'accueil de leur reclamation, surtout si l'on considère que les principaux motifs de cette reclamation n'ont pour base que la liberté & la facilité du commerce.

D'ailleurs à bien examiner la chose les messageries ne sont d'aucune utilité, ni pour les habitans, ni pour le commerce, si ce n'est qu'à mettre à contribution tout le monde & à vouloir forcer l'univers de ne se servir que des carrosses des messageries. On sent combien ce privilege & cette pretention est funeste au commerce, car si tous les commerçans sont obligés de recourir aux messageries, le travail devient immense & dès lors il n'y a ni possibilité de le faire avec le peu de voitures que les fermiers tiennent, ni sureté pour les marchandises qui leur sont confiées.

Le commerce doit être libre & la sureté de la marchandise est un point essentiel ; cependant tous les obstacles qu'occasionnent les messageries genent singulierement le cours des voyageurs & principalement l'exportation des marchandises.

Enfin les fermiers des messageries perçoivent un droit excessif sur les marchandises qu'ils voiturent ; ils ne sont ni responsables des avaries, ni sujets à la perte du tiers de la voiture lorsqu'ils font du retard, tandis que le voiturin est soumis à tous ces inconveniens, qu'il reçoit un prix moindre pour le transport quoiqu'il soigne mieux la marchandise & la rende plus promptement à sa destination que la messagerie ; aussi la messagerie n'ayant aucun evenement à courir, tous les jours il y a du retard dans la voiture, & y a d'avarie aux marchandises, les ventes sont manquées par la faute des fermiers & quelle est leur punition? Aucune. On voit donc que tout est à l'avantage des fermiers & que la peine & les malheurs ne sont que pour les voituriers quoiqu'ils remplissent l'etat le plus penible.

Il est encore une chose à laquelle on doit avoir egard ; les messageries dans aucun tems n'ont secouru l'Estat, au lieu que les voiturins lors des guerres de feu don Carlos en Italie, leverent deux equipages à leurs frais & dépens pour aller à la fuite de l'armée. La ration des etapes etoit si modique que les conducteurs de ces equipages demandererent aux voituriers un secours pour supplement qui leur fut envoyé pour qu'ils peussent subvenir à leurs besoins; bien plus dans cette guerre cet equipage fut enlevé par l'ennemi & jamais les voiturins n'en ont été remboursés. Autre secours fourni par les voiturins lors des guerres de don Philippe par une somme d'argent qu'ils remirent, laquelle ne lui a jamais été rendue.

Le 2e point de reclamation des exposans consiste à demander au roi la suppression des droits de leude, peages, fiefs & coupes, auxquels presque toutes les marchandises ou se transportent dans l'interieur du royaume sont assujeties.

Cet impot ou perception etoit dans son principe de peu de conséquence ; mais par des abus il s'est accru à un point qu'il est on ne peut plus onéreux aux voiturins & gene evidemment le transport des marchandises.

On ne doit pas perdre de vue l'etablissement de tous ces droits; ils n'ont été accordés aux uns que sous la condition de l'entretien d'une route, aux autres que sous celle d'une finance, cependant aucune de ces conditions n'est remplie aujourd'huy notament celle de l'entretien des chemins, ponts & chaussées, puisque depuis un tems immemorial cet entretien est à la charge des administrations provinciales.

Si donc la condition accordée pour la perception de l'impot n'a plus lieu, pourquoi cet impot se perçoit-il ? Pourquoi le seigneur qui dans le principe ne percevoit qu'un sol en exige-t-il aujourd'huy quatre ? C'est donc un abus qui mérite abolition, avec d'autant plus de raison qu'il ne profite qu'à une seule personne au detriment de tout le peuple en général.

Le troisieme point consiste à sa suppression des douanes dans l'interieur du royaume. Cette reclamation interesse tout le commerce en général & il n'est personne qui ne se reunisse pour en demander l'abolition. On trouve la verité de ce fait dans le cahier des doleances de la chambre de commerce auxquelles les exposans se joignent pour obtenir la suppression des douanes, observant qu'elle est de la derniere justice par les entraves qu'elles occasionnent aux voituriers soit pour la perception des droits, soit par le retard qu'ils éprouvent par la visite qu'ils sont obligés d'essuyer.

Il arrive souvent qu'un voiturier ayant perdu ses lettres de voitures il ne peut sortir d'une province pour entrer dans une autre sans avoir des acquits de payement & il est forcé de revenir au bureau où il a été expedié pour demander une note de son expédition.

Le même receveur ne peut pas lui donner les ampliations des acquits de payement & acquits à caution, sans la permission expresse des fermiers generaux ; quel retardement n'eprouve-t-il pas le pauvre voiturin qui a le malheur de tomber dans ce cas ? Et quelles pertes ne se suivent elles pas de ce retardement ? Cependant ce sont des faits qui malheureusement n'arrivent que trop souvent.

Il est d'autres cas où un receveur faisant la visite des marchandises, il lui plait de leur donner toute autre denomination que celle portée par la lettre de voiture, quoique ce soit la même marchandise & sur ce miserable pretexte il se permet de la faire arrêter, saisir, dresser procès-verbal & exiger une amende quoique le voiturier n'ait aucun tort. Il resulte encore de ce procedé qui bien souvent n'est produit que par caprices que le voiturier est privé de ſes marchandiſes pendant longtems, qu'il ſe ruine en dépenſe & ſous tous les rapports il eſt toujours la dupe, parce qu'il n'obtient dans aucun cas aucun dedomagement.

Le quatrieme point conſiſte au renvoy des fermes du roi aux frontieres du royaume. Ce point eſt le vœu general de tous les habitans du royaume & il eſt juſte que le roi y faſſe droit, puiſqu'il doit en reſulter un bien pour tout le commerce, il eſt en effet onereux qu'une marchandiſe ſortant d'une province & qui a deja payé un droit immenſe ne puiſſe entrer dans un autre ſans payer de nouveaux droits qui ne ſont cependant que la repetition des premiers.

Par exemple ſi une marchandiſe traverſe ſix provinces elle paye ſix droits, or c'eſt onereux au delà de tout ce qu'il eſt poſſible d'imaginer & on ſent que tant des droits perçus ſans neceſſité forcent l'augmentation des marchandiſes & bien ſouvent l'on eſt privé de l'exportation par la raiſon que les droits en abſorbent la valeur.

La bonté du roi ne peut ſouffrir plus longtems une pareille perception, & tout le commerce qui gemit attend avec confiance l'accueil de cette reclamation.

Le 5ᵐᵉ & dernier point conſiſte à demander au gouvernement ſa protection pour la conſervation des haras & etalons, afin de procurer dans le royaume une quantité abondante de mules & chevaux. Ce n'eſt qu'avec le ſecours de ces animaux que les voiturins peuvent ſervir le commerce & le public, mais malheureuſement les mules & chevaux ſont devenus ſi rares & les voiturins ne peuvent s'en procurer qu'à un prix exceſſif, ce qui cauſe ſouvent leur ruine car la mort d'un de ces animaux ſuffit pour les detruire entierement.

Il paroit donc juſte pour que le royaume demeure pourvu d'une quantité ſuffiſante de ces animaux que non ſeulement les provinces ou ſont les haras & etalons ſoient protegées mais encore que la ſortie du royaume en ſoit deffendue. Il eſt reconnu depuis quelque tems que l'Eſpagne tire une grande quantité de mules qui font un vuide conſiderable qui prive non ſeulement les voituriers mais l'agriculture des provinces meridionales où les chaleurs ne permettent gueres l'uſage des chevaux.

D'après ce qu'on vient d'obſerver, les expoſans attendent avec la plus grande confiance l'accueil de leurs reclamations. Et comment pourroit il leur etre refuſé puiſqu'elles ne tendent qu'au bien & à la facilité du commerce.

Le commerce merite toute protection du roi puiſque c'eſt un objet des plus intereſſans, puiſque par lui tout fleurit. C'eſt préciſément dans les revolutions preſentes que le ſouverain doit lui donner entierement ſon autorité pour lui procurer toutes les facilités & les libertés qu'une pareille profeſſion exige.

LETTRES ÉCRITES A LA MUNICIPALITÉ DE MONT-PELLIER PAR LES DÉPUTÉS AUX ETATS GÉNÉRAUX ET A L'ASSEMBLÉE LÉGISLATIVE.

I.

Meſſieurs, nous avons reçu les deux adreſſes dont vous nous avés honorés; nous avons vu avec douleur votre embarras ſur les moyens de ſubſiſtance & les difficultés qui s'oppoſent à l'approviſionement de la ville & de ſes environs.

Des lettres qui nous ſont en meme temps parvenues des communautés voiſines & ſurtout de la partie des Cevenes, ont augmenté notre inquietude ſur la rareté des grains, bien étonnante dans une année qu'on peut regarder comme abondante.

Nous nous ſommes empreſſés de convoquer une aſſemblée des deputés de la province pour nous aviſer ſur les moyens à prendre & pour concerter nos demarches...

Les divers comités, chacun dans leur partie, preſſent avec ardeur leurs operations. Celui des finances travaille à un plan d'impoſition qui en ſoulageant le peuple, augmentera conſiderablement les revenus de la nation & au projet d'une banque nationale. Celui des adminiſtrations municipales & provinciales a deja remis ſon travail, qui ſouffrira des difficultés ſurtout de la part des provinces, pays d'etats. Celui de judicature a remis le projet d'un reglement provisoire pour la procedure criminelle, que Paris avoit demandé avec inſtance & qui eſt deja à la diſcuſſion. L'aſſemblée vient de nommer un comité militaire & un comité de la marine pour regler les economies a faire dans ces deux departemens, ces comités travailleront avec les miniſtres qui les ont demandés.

Ceux qui ſe plaignent de notre lenteur ne meſurent pas ce que nous avons fait & ne connoiſſent pas les obſtacles rudes & penibles que nous avons trouvé & que nous trouvons à chaque pas dans ce qui nous reſte à faire : il faut eſperer que notre zele & notre patiance parviendront à les ſurmonter.

Nous ſommes avec reſpect, meſſieurs, vos tres humbles & tres obeïſſans ſerviteurs. Verny; Jac.; † Joſ. ev. de Montpellier (ſignés). M. le marquis de Saint Maurice abſent.

A Verſailles, ce 4 octobre 1789.

II.

Meſſieurs, vous avés ſans doute reçu la nouvelle de ce qui s'eſt paſſé ſous nos yeux les 5 & 6 de ce mois; nous croyons qu'il eſt inutile de retracer ici les details de cet evenement. C'eſt une ſuite des traits etonnans qui diſtingueront dans l'hiſtoire de ce ſiecle celle de notre penible ſeſſion : il ſuffira de vous dire que le roy, la reine & la famille royale ont quitté Verſailles, conduits par l'armée pariſienne, commandée par M. le marquis de La Fayete; que leurs majeſtés ont eté reçues avec la demonſtration de la joye par le peuple de la capitale; qu'il paroit que leur intention eſt d'y faire un long ſejour; qu'ils ont temoigné le deſir que l'aſſemblée nationale y fut transferée; nous ignorons encore le temps precis ou cette tranſlation ſera effectuée.

Le depart precipité des miniſtres pour Paris & le deſordre de leurs bureaux ne nous ont pas permis d'obtenir les ordres que M. le comte de Saint Prieſt nous avoit fait eſperer & dont nous vous avons parlé dans notre derniere lettre; nous ſaiſirons le premier moment favorable pour en preſſer l'expedition. Nous faiſons des vœux bien ſinceres afin que l'abondance & la paix ſe retabliſſent dans notre province. C'eſt ce qui peut nous confoler des troubles affligeans, dont nous fommes ici les temoins.

Nous fommes avec respect, Messieurs, vos tres humbles & tres obeiffans ferviteurs. Le mis de Saint Maurice, Verny (1), Jac (fignés).

A Verfailles ce 8 octobre 1789.

Monfieur l'évêque de Montpellier eft allé paffer quelques jours à caufe de fanté dans la maifon de campagne de M. fon frère.

III.

Meffieurs, la tranflation de l'affemblée nationale dans la ville de Paris ayant été decretée, conformement au defir du roy, nos feances ont pris fin à Verfailles hier matin & doivent recommencer à Paris lundy matin; nous avons l'honneur de vous en donner avis, afin que vous fachiés où nous faire vos adreffes, Il paroit qu'aujourd'huy la paix regne dans cette capitale & que les precautions font prifes afin que la tranquilité & la fureté des reprefentans de la nation y foient affeurées. M. l'eveque de Montpellier, M. le marquis de Saint Maurice, M. Jac y font dans ce moment pour faire les preparatifs de ce nouveau féjour; ils ont authorifé le fouffigné à vous ecrire en leur nom.

Nous joignons à cette lettre..... la feconde partie du rapport du comité de conftitution fur la formation des affemblées municipales & provinciales.

Nous defirerions, meffieurs, que vous priffiés ce dernier article en grande confideration, vous verrés que dans ce projet la province de Languedoc fera divifée en plufieurs departemens, dont chacun doit avoir une adminiftration provinciale, que par confequent l'unité de l'ancienne forme d'adminiftration eft aneantie.

Nous avons fait au comité des obfervations tres preffantes fur ce point; nous lui avons meme remis des memoires & des plans relatifs à nos anciens ufages; mais il eft poffible que, par un motif d'uniformité dans tout le royaume, l'affemblée n'y ait pas egard; il eft poffible encore qu'une partie de notre province confente à cette divifion.

Veuilliés bien, meffieurs, nous faire paffer vos obfervations fur un objet auffi majeur. La chofe eft inftante; car ce point de la conftitution a été ajourné aux premieres feances qui feront tenues à Paris; & comme la difcuffion en fera longue nous aurons le temps de recevoir votre reponfe avant la decifion.

Nous fommes avec refpect, meffieurs, vos tres humbles & tres obeiffans ferviteurs. Verny, pour le refte de la deputation (Signé).

Verfailles, ce 11 octobre 1789.

IV.

Meffieurs, nous nous fommes empreffés de nous conformer à vos defirs en remettant à l'affemblée nationale l'adreffe que vous avés voulu luy faire paffer par nos mains; il ne tiendra pas à nos foins qu'elle s'en occupe auffitot que vous paroiffés le defirer; nous ne faurions pourtant vous diffimuler, meffieurs, que les circonftances font peu favorables à une prompte expedition à caufe de l'immenfité d'affaires urgentes dont elle eft furchargée; à cette

(1) La lettre eft de fa main.

premiere obfervation nous en joindrons une feconde: il nous a paru que d'après ces principes votre demande eft de nature à etre regardée par l'affemblée comme etant du reffort du pouvoir executif auquel appartient effentiellement l'inftitution, la direction & l'ordination de la force publique; d'après cette idée nous avons penfé que pour accelerer le fuccès de cette demande, il feroit plus court & plus fimple de tenter cette feconde voye fans prejudice de la premiere; nous nous propofons en confequence de nous addreffer demain au miniftre du departement de la province pour en obtenir un ordre qui autorife les fournitures d'armes & les munitions neceffaires à votre milice nationale, nous aurons l'honneur de vous communiquer la reponfe que nous en aurons reçeu.

Veuillez bien, meffieurs, ne pas oublier que nous vous avons prié de prendre dans la plus grande confideration le plan d'adminiftrations municipales & provinciales, dont nous vous avons envoyé un exemplaire. Ce point effentiel eft aujourd'huy foumis à la difcuffion de l'affemblée, & il nous importe infiniment d'avoir votre opinion avant qu'on en vienne à la decifion; ne devons nous pas infifter fur l'unité d'adminiftration dans notre province? Ou trouvés vous plus conforme à l'interet general la divifion en fix adminiftrations provinciales? Nous croyons devoir vous obferver que dans la carte de ce projet la ville de Montpellier eft chef lieu d'un des fix departemens; perfonne ne peut mieux que vous apprecier les avantages & les inconveniens de ce nouveau fifthême, & guider la conduite que nous avons à tenir en qualité de vos reprefentans. Nous fommes avec refpect, meffieurs, vos tres humbles & tres obeiffans ferviteurs. Verny ; † Jof. Fr., ev. de Montpellier; le mis de St Maurice; Jac. (Signés).

P. S. — Lorfque vous nous fairés l'honneur de nous ecrire veuillés bien nous adreffer vos lettres rue Richelieu, petit hotel de Vauban.

Paris, ce 24 octobre 1789.

V.

Meffieurs, nous avons reçu en leur tems vos diverfes adreffes à l'affemblée nationale que vous avez voulu faire paffer par nos mains. Ces adreffes vous etant parvenues fucceffivement & à epoques raprochées, nous avons cru devoir attendre, pour avoir l'honneur de vous repondre que nous euffions rempli les differentes commiffions dont vous nous avez chargés.

En exécution de la premiere, qui avoit pour objet d'obtenir d'armes & de munitions pour votre milice nationale, nous nous adreffames au prefident de l'affemblée qui nous répondit comme nous avions prevu, que cette demande etoit de la competence du pouvoir exécutif, auquel appartient la direction de la force militaire. Nous recourumes à M. le comte de St Prieft, il nous parut inftruit que le premier objet, concernant la fourniture d'armes, étoit rempli; il nous dit, quant au fecond, concernant la fourniture de munitions que l'intention du roy eft qu'on ne fourniffe de munitions aux troupes nationales qu'autant que le fervice du moment en rendra la neceffité preffante.

On nous a affuré prefque en même tems que fur

ce dernier article votre milice nationale a eu la satisfaction qu'elle defiroit.

Nous avons remis au prefident la feconde adreffe fur la preftation du ferment de cette milice & fur l'adhefion de la communauté aux decrets de l'affemblée; elle a applaudi aux fentimens d'union & de déference, fi neceffaires au fuccès de fes opérations.

Nous n'avons pas perdu de vue, un feul inftant, l'objet des fubfiftances de notre ville & les moyens d'obtenir les ordres neceffaires pour empêcher les verfemens frauduleux des grains dans l'etranger.

A notre follicitation M. le comte de St Prieft a fait part au miniftre de la marine de la demande que nous avions faite de quelques corvettes pour convoyer les vaiffeaux chargés de cette denrée.

La chofe a été prife en confidération par le confeil de la marine : on a penfé que le convoyement, indépendamment qu'il feroit difpendieux, feroit inutile par la facilité que les navires ont de s'ecarter du vaiffeau convoyant; que cette methode feroit d'ailleurs trop genante pour le commerce qui feroit obligé d'attendre le départ du convoy pour faire des expéditions fouvent tres preffantes.

Mais à la place de cette précaution, M. le miniftre de la marine a donné les ordres les plus precis pour que la formalité de l'acquit à caution fut exigée & executée à la derniere rigueur dans les ports de la Mediteranée, il a auffi ordonné qu'il feroit pris un état exact de la quantité des grains embarqués & debarqués dans les mêmes ports, afin qu'on put connoitre, par la comparaifon, s'il y avoit eu des verfemens frauduleux dans l'etranger.

Il a repondu en confequence à M. le comte de St Prieft, qui a eu l'attention de nous envoyer copie de la lettre.

En nous conformant à vos defirs nous nous fommes adreffés à M. le premier miniftre des finances pour lui expofer l'extreme rareté du numeraire fur la place de Montpellier.

Il nous a paru qu'il avoit eu deja des reprefentations fur cet article : il nous a repondu que dans ce moment le mal etoit general & qu'il l'eprouvoit par lui meme; qu'à peine trouvoit il des fonds pour les employés les plus urgens; que la confervation de la marine, fi effentielle au royaume, avoit exigé qu'il y employat l'argent de la caiffe de la province, mais qu'il avoit ouvert un traité avec l'Efpagne pour en tirer des piaftres fortes & que s'il pouvoit y reuffir, il en deftineroit le produit à la fourniture de la marine de Toulon.

Nous allames chez M. Joubert, treforier de notre province, qui nous certifia qu'il n'exiftoit aucun arrangement entre lui & le receveur de la marine de Toulon; mais qu'il faifoit ce verfement de caiffe en vertu des ordres de la cour qu'il nous exhiba.

Nous avons auffi remis à MM. les treforiers de la caiffe patriotique les lettres de change fe portant à la fomme de 44,754 liv. 18 s. pour don fait par la ville de Montpellier & qui nous furent adreffées par M. Blouquier, votre ex-prefident, ainfi qu'une petite boëte cachetée; les circonftances n'ont pas permis d'annoncer encore à l'affemblée cet acte de générofité. Nous fommes preparés à le faire valoir nous mêmes, lorfque le temps le permetera.

Ne foyés pas étonnés s'il n'eft pas fait mention de vos adreffes dans les exemplaires des premiers procès verbaux qui vous parviendront. Le nombre des adreffes eft journellement fi confidérable qu'il faut en differer l'anonce & la faire marcher par ordre de datte : les votres viendront à leur tour.

Vous êtes inftruits fans doute, meffieurs, du decret rendu pour la divifion territoriale du royaume; nous avons defiré bien fincèrement & nous n'avons ceffé de vous demander votre opinion fur un point auffi effentiel à notre province & fur lequel les avis de fes reprefentants ont été partagés. Mais enfin voila cette grande queftion decidée, & l'ancienne union fociale du Languedoc entierement diffoute; il ne s'agit plus que d'obtenir une divifion avantageufe à notre département & à notre patrie.

Il paroit jufqu'ici que ce département fera compofé, du coté du nord eft, de toute la partie en deça de la riviere du Vidourle, à prendre un peu au deffus de la fource jufques à fon embouchure ; du nord, de tout le diocefe de Lodeve & meme au deffus en prenant fur le Larzat ; de tout le diocefe de Saint Pons, de celui de Beziers & de la partie de celui de Narbonne, qui eft en deça de la riviere d'Aude, pres de Courfan ; de tout le diocefe d'Agde; ce qui nous donne les deux ports fur la Mediterrannée. Vous voyez, meffieurs, que nous ne fommes pas fi maltraités dans ce partage.

Cette divifion n a pas été fans quelque conteftation, furtout de la part de la ville de Beziers, qui vouloit être chef lieu d'un autre département, & fubfidiairement contefter cette qualité à notre ville de Montpellier.

Dans les diverfes conferences que nous avons eu avec fes députés, ils avoient paru fe reduire à ce que les affemblées provinciales & d'election fuffent alternées & fe tinfent tantôt à Montpellier, tantôt à Beziers, demande qui étoit très conteftée de notre part.

Mais la queftion qui nous divifoit fut hier decidée, pour tout le royaume, à la demande de plufieurs députés des autres provinces, du moins pour les affemblées d'election aux etats generaux, il fut decreté que ces affemblées fe tiendroient alternativement dans les principales villes du departement; ce qui paroit former un préjugé pour les affemblées provinciales.

On travaille auffi à divifer les departements en diftricts; les députés des provinces s'affemblent journellement pour cela. On a le choix de les divifer en trois ou fix ou neuf diftricts. Nous penfons que vue la grande population de notre département, il conviendra de prendre le nombre le plus fort.

Montpellier aura fon diftrict comme les autres villes principales du departement. Il feroit à propos, meffieurs, que vous priffiez la peine de determiner votre aroudiffement de diftrict, afin que nous puffions partir de là pour nous arranger fur la formation des autres. Peut être même feroit-il utile de faire tracer fur les lieux une divifion générale de tout le departement en diftricts, nous nous raifonnerons enfuite avec les deputés des fénéchauffées voifines.

Pour eviter les jaloufies dans cette divifion, vous paroitroit-il convenable de donner aux quatre diocefes de Montpellier, de Beziers, de Lodeve & d'Agde deux diftricts à chacun en prenant l'un fur l'autre par convenance & pour egalité. Le diocefe de Saint Pons, à raifon de fa mediocre etendue, ne feroit qu'un feul diftrict.

Cette operation eft preffante, nous efperons que le plan des affemblées municipales & provinciales fera decreté dans toute la femaine prochaine; s'il eft poffible de nous accorder fur la divifion des localités, il fera poffible ainfi que dans tout le mois de decembre ces doubles affemblées foient organifées & mifes en activité; vous en fentés, Meffieurs, tous les avantages.

De notre coté nous connoiffons combien il feroit intereffant de conferver pour notre ville de Montpellier le fiége d'une cour fouveraine. Il n'y en aura vrayfemblablement que deux pour tous les fix ou fept departements du Languedoc.

Mais ce point effentiel nous fera infailliblement contefté par la ville de Nimes, qui afpire à cet avantage & qui travaillera de toutes fes forces pour l'obtenir.

Nous vous fuplions, meffieurs, de ne pas perdre un moment pour nous faire paffer toutes les obfervations que vous croirés propres à faire valoir notre pretention fur cet article & à vous concerter, s'il le faut, avec meffieurs de la cour des aydes. Notre intention eft de faire les plus grands efforts pour obtenir dans Montpellier l'etabliffement de cette cour de juftice & de dreffer pour cela un memoire inftructif que nous ferons imprimer & diftribuer. Peut-être feroit-il mieux que cet ouvrage fut fait fous vos yeux & par vos foins; mais il eft effentiel qu'il nous parvienne avec celerité. Car on va s'ocuper du pouvoir judiciaire, & il importe de ne pas laiffer prendre de fauffes preventions.

Veuillés bien, Meffieurs, être affurés que nous ferons de tout notre pouvoir ce qui fera pour l'avantage de notre patrie; mais daignés auffi reflechir combien il eft difficile de foutenir des interets individuels contre la force & l'exécution des principes généraux & combien peu dans cette pofition la volonté particuliere peut refifter au torrent de la volonté générale.

Nous avons fuivi vos juftes plaintes contre l'arreftation faite par la ville de Narbonne des grains achetés par la ville de Montpellier.

Nous nous fommes pour cela adreffés au prefident, qui eft chargé par l'affemblée de fe retirer journellement devers le roy pour premouvoir l'execution de fon decret concernant les fubfiftances.

Nous avons agi en même tems auprès du miniftre pour en obtenir les ordres neceffaires à la liberté de l'expedition de ces grains.

Enfin nous avons engagé & fommé le deputé de la ville de Narbonne d'ecrire à fes commettens pour qu'ils fe départent de cette voye de fait.

Votre nouvelle adreffe, arretée par deliberation de la municipalité du 11 novembre, vient de nous etre remife & elle fera prefentée ce matin à M. le prefident.

Nous avions eu l'attention de prevenir l'affemblée que la ville de Montpellier n'etoit aucunement participente aux tentatives que certaines perfonnes de la nobleffe & du clergé avoient fait du coté de Touloufe contre l'execution de fes decrets. Elle verra neanmoins avec plaifir la déclaration de vos fentimens à cet égard, comme votre foumiffion à la divifion de la province, fuite neceffaire du fifteme général, auquel il eut eté inutile de vouloir nous oppofer.

Cette adhefion ne peut que nous rendre favorables auprès de l'affemblée pour en obtenir les avantages que nous devons chercher dans cette divifion. C'eft le motif qui nous a principalement decidés à voter pour cette opération.

Il n'eft pas étonnant, Meffieurs, que vous n'euffiez pas encore reçu lors du depart de votre derniere adreffe, les divers décrets du 29 mars de l'affemblée, l'expedition n'en étoit faite qu'aux cours de parlement, qui croyoient ne pas devoir fe preffer de les faire publier dans leur reffort.

Cela donna lieu à de vives réclamations de la part de plufieurs municipalités du royaume. L'affemblée manda venir M. le garde des fceaux & il lui fut enjoint d'envoyer les decrets non feulement aux cours fouveraines & inferieures, mais même à toutes les municipalités; il eft en meme tems enjoint aux officiers des municipalités à peine de prevarication, de certifier à l'affemblée nationale de la reception des decrets. On a nommé quatre commiffaires pour veiller à l'execution de ces fages difpofitions.

Ainfi il y a toute apparence que vous avés déja reçu ou que vous recevrez bientot tous ces decrets dont M. le garde des fceaux fait faire une collection imprimée pour la comodité des municipalités.

Depuis hier nos difcutions avec la ville de Beziers paroiffant determinées, ce diocefe, ainfi que celui de St Pons, confent à faire partie de notre département.

Mais celui de Nimes nous contefte la ville du Vigan & les villages qui l'avoifinent, quoique la convenance teritoriale femble les placer de notre coté. Il nous a paru que cette pretention etoit particuliere à quelcun des députés de Nimes, nous ne doutons pas que la communauté du Vigan, fi elle etoit confultée, ne nous donnat la préférence. Voyez, Meffieurs, s'il ne feroit pas convenable que vous fiffiez quelque demarche auprès de cette communauté.

Comment avez vous pu penfer, Meffieurs, que l'affemblée nationale eut des prejugés contre votre municipalité? La maniere diftinguée dont elle s'eft conduite, doit vous mettre à l'abry de cette crainte; l'affemblée & le public lui ont au contraire rendu ce temoignage qu'elle ne s'eft jamais écartée & qu'elle n'a pas varié dans fes principes d'union, de zele & de patriotifme, nous vous le repetons d'autant plus volontiers que nous fommes glorieux de le partager avec vous, par une conduite irreprochable, qui nous a merité le même éloge.

Verny, le mis de St Maurice, Jac. (Signés).

Paris, 24 novembre 1789.

VI.

Meffieurs, ce n'eft que hier au foir que nous avons pu reunir MM. les deputés de la fenechauffée que nous avions deja vû feparement dès les premiers jours de notre arrivée & dont le tems eft entierement abforbé par les affemblées generales & particulieres.

Sur l'expofition que nous leur avons faitte des

motifs & des objets de votre miſſion, ils nous ont mis parfaittement au fait de l'etat actuel des choſes & des ſoins qu'ils ſe ſont donnés pour nos interets & nous leur devons cette juſtice qu'ils y ont mis tout le zele & toutte la ſuite que nous pouvions deſirer.

Vous connoiſſés les decrets de l'aſſemblée nationalle ſur la diviſion du royaume. Les provinces ont été aſſemblées pour l'executer dans l'etendue de leurs limites & les deputés du Languedoc ſeroient entierement d'accord pour une diviſion en ſix departemens, s'ils avoient pû determiner le Velay & le Gevaudan à une aſſociation à laquelle l'un & l'autre repugnent egalement & dont le ſuccès influera neceſſairement ſur l'etendue des départemens de Nimes & de Montpellier : MM. les deputés qui ont ſenty avec nous l'importance de l'aſſociation de ces deux pays pour la conſervation du territoire qui nous a été preſque definitivement aſſigné, ſe propoſent de faire les plus grands efforts pour vaincre la reſiſtance qui s'y oppoſe & d'y employer s'il le faut l'autorité de l'aſſemblée nationale, dont ils eſperent d'obtenir l'interpoſition par leur coalition avec les autres deputés de la province & avec ceux du Rouergue, de l'Auvergne & du Foretz, qui y ont auſſy leurs interets.

En l'etat notre département eſt borné à l'eſt par le Vidourle, ce qui nous donne Lunel & Marſillargues ; au nord-eſt par le grand chemin de Ganges, & à cet egard il y a encore un peu de la difficulté, au moins pour le Vigan, car quand à Ganges, ils eſperent de l'obtenir ; au nord, par le Rouergue ; au nord oueſt, par une legere diviſion du dioceſe de Caſtres, & à l'oueſt par une ligne tres raprochée de la ville de Narbonne.

Le chef lieu du departement n'eſt encore determiné nulle part, & à cet egard les pretentions de Beziers euſſent été faciles à vaincre avec l'aſſiſtance des autres villes, qui auroient plus que probablement preferé Montpellier, mais la fixation de ce chef-lieu ayant eprouvé quelques difficultés dans le departement de Nimes, & la ville de Nimes ayant conſenty à alterner avec Alais & Uzès, l'alternative a été egalement conſentie dans le departement de Carcaſſonne ; reclamée dans les autres departemens, & revendiquée par St Pons, Lodeve & Pezenas, de ſorte que ſy ce ſiſteme devient en effet general il ſera meme impoſſible de s'y ſouſtraire, & qu'il ſera peut-être convenable de ne pas y oppoſer une reſiſtance trop vive pour l'obtenir, avec plus de facilité, relativement à l'etabliſſement du tribunal ſuperieur, qui ſera d'une toutte autre importance, le ſiege de l'aſſemblée adminiſtrative ne preſentant guere d'autre avantage poſitif que de 36 perſonnes pendant un mois tout au plus. Nous ſommes donc convenus de n'oppoſer à la pretention de l'alternative que des conſiderations de convenance, propoſés amicalement & avec moderation, dans l'eſperance qui nous a parû bien fondée, que ſy Montpellier a, comme nous l'eſperons, le premier rang dans le departement, les convenances ſeules determineront les autres villes à negliger leur droit d'alterner, ce qui dependra abſolument d'elles.

Nous allons donc nous attacher principalement à obtenir le ſiège du tribunal ſuperieur, & nous diſons ſuperieur, car on ignore encore s'il y en aura deux, trois ou quatre dans la province, ou ſy chaque departement aura le ſien. Quel que ſoit le ſyſteme qui ſera adopté à cet egard, le ſiège du tribunal ſuperieur entrenera celui de la juridiction conſulaire & de l'eveché. Telle eſt au moins l'opinion qui nous a parû generalle. C'eſt donc à ce but que nos principaux efforts vont ſe diriger aujourd'huy ou demain ; les departemens ſeront fixés & quelle que ſoit l'iſſue du projet de reunir le Velay & le Gevaudan, nous aurons conſtament le plus beau departement de la province.

On s'occupera d'abord après de la fixation des diſtricts & comme chacune de nos villes épiſcopales en veut avoir un, il ſera indiſpenſable d'en former ſix, attendû les decrets qui conſacrent le nombre.

Ces ſix diſtricts pourront être St Pons, Beziers, Lodeve, Ganges & Montpellier. Nos deputés s'en ſont remis à nous pour la formation du notre & ils nous ont aſſurés que nous aurions le tems de recevoir vos lumieres & vos vûes à ce ſujet. Nous avons pôſé comme premieres baſes la reunion de Lunel & Marſillargues au levant & de Sette au couchant dans le diſtrict de Montpellier, il ne s'agit plus que de tirer une ligne de circonſcription partant du point du Vidourle que vous croirés devoir etablir juſques à un point quelconque de l'Herau pour aboutir de là à Sette. Vous voudrés bien obſerver que notre diſtrict doit etre à peu près la ſixieme partie du departement & nôs deputés nous font eſperer qu'un peu d'exedent, pourvû qu'il ne ſoit pas trop marquant, n'en empecheroit pas l'admiſſion ; mais nous nous prions de ne pas perdre un moment pour les eclairciſſemeuts que nous vous demandons ; la marche des bureaux eſt rapide comme celle de l'aſſemblée ; en attendant nous nous occuperons conſtament des demarches & des ſollicitations actives que nos deputés nous indiqueront pour le ſuccès auquel nous aſpirons. Il ne nous ſera permis d'en faire aucune aupres de l'aſſemblée, parce qu'elle ne donne aucune audiance pour les interets particuliers & locaux ; mais nous tacherons à nous faire admettre à preſenter un hommage qui pourra nous procurer quelque faveur ſy la lutte des pretentions n'expire pas dans les bureaux. Nous proffiterons auſſy de notre ſejour pour provoquer un decret general ſur la proprieté des murs de ville conſtruits aux depends des communautés, & dont nous puiſſions nous faire l'aplication. Nos deputés ont bien voulû nous promettre une motion à ce ſujet, d'apres un memoire que nous allons rediger & qui pourra être remis lorſque M. Albiſſon aura reçu un doſſier qu'il a demandé à Montpellier dès le lendemain de notre arrivée.

Nous ſommes avec reſpect, Meſſieurs, vos tres humbles & tres obeïſſants ſerviteurs.

Signés : J. Albiſſon, Coulomb, Cambon fils ainé, Eſtorc (1).

Paris, 3 décembre 1789.

VII.

Meſſieurs, nous voudrions qu'il nous fut poſſible de vous tenir touts les jours au courant, non des

---

(1) Députés ſpècialement par la ville de Montpellier.

refultats de l'affemblée nationale que les papiers publics vous tranfmettent avec fidelité, mais des demarches que nous faifons pour le fuccès de vos vues & des motifs de crainte & d'efpérance qui fe fuccedent avec une rapidité & une variation difficiles à peindre. Nous vous fupplions d'etre bien convaincus du zele, de l'affiduite & de la mefure avec laquelle nous fuivons la miffion dont vous nous avés honnorés. Nous avons examiné avec Mrs les deputés de la fenechauffée l'addreffe, le mémoire & les autres pieces que vous nous avés addreffées, nous nous fommes fixés nous memes fur plufieurs autres points de vue à faire valoir, meme fur des moyens à employer à mefure que la marche des évenements les apropriera aux circonftances ; mais nous avons penfé avec Mrs les deputés de la fenechauffée qu'il falloit fufpendre encore toute demarche faillante, qu'il falloit attendre que l'affemblée nationale eut decreté les bafes, les principes generaux, fur lefquels l'organifation du pouvoir judiciaire doit etre établie. Cette circonfpection nous a paru neceffaire afin d'éviter de nous compromettre & de nous rendre défavorables, en hazardant des points de vue qui contrarieroient un fifteme general qu'en aucun cas on ne peut fe flatter de faire ceder à l'interet d'une localité...

Ce fera, Meffieurs, lorfque le mode general de divifion aura été decreté que nous fairons valoir ouvertement & avec force l'interet de notre localité, en l'etayant des convenances generales qui militent en notre faveur, & nous avons cru devoir vous developper la fituation actuelle des chofes, pour qu'en la calculant vous puiffiés juger de quelle importance il eft d'avoir, fous ces deux points de vue, l'adhefion des principales villes de la province, mais nous vous fupplions de ne pas oublier que les memes raifons qui nous affujetiffent icy à une grande circonfpection n'en exigent pas moins de votre part ; il faut fans doute faire des demarches ; mais ces demarches doivent etre couvertes d'un voile épais ; nous vous devons de vous dire que celles que votre zele vous a infpirées depuis notre depart ont produit un effet facheux par la folemnité dont elles ont été accompagnées.

Vous aurés feu, Meffieurs, par les papiers publics que le roy a accepté les articles de la conftitution relatifs à l'organifation des municipalités ; il eft vrayfemblable que le nouveau regime fera inceffament établi.

Nous fommes avec refpect, Meffieurs, vos tres humbles & tres obeiffants ferviteurs. Coulomb, J. Albiffon, Eftorc, Cambon fils ainé (*Signé*) (1).

Nous croyons devoir vous obferver que la divifion des diftricts en cantons n'eft relative qu'à l'organifation du pouvoir judiciaire.

Paris, ce 21e decembre 1789.

VIII.

Meffieurs, nous avons reçu les differentes lettres que vous nous avés fait l'honneur de nous adreffer & les memoires qui y etoient joints ; nous ne pouvons que vous remercier de cet envoi, puifque nous offrant une nouvelle preuve de votre con-

(1) Députés de la ville.

fiance, il peut fervir à donner des developpemens à nottre zele. Vous avés tres fort raifon de penfer que ce zele eft fans bornes pour tout ce qui a rapport à notre commune ; c'eft un fentiment que nous n'avons jamais ceffé d'éprouver, & dont nous vous renouvellons l'expreffion avec une fatisfaction toujours nouvelle.

Rien de nouveau ou pluftot rien de définitivement arretté fur les objets que vous nous avés plus fpecialement recommandé. Nos combinaifons particulieres font neceffairement fubordonnées aux difpofitions générales ; & il nous eft encore impoffible de prévoir aucun refultat ; vous pouvés etre bien convaincus que notre vigilance eft toujours la meme ; fi nous fommes quelquefois privés du plaifir d'entrer avec vous dans des détails, c'eft qu'ils tiennent à la mobilité infinie des circonftances, & qu'ils fe trouvent infeparablement liés à un enfemble qu'il ne nous appartient pas de determiner.

Vottre lettre du 13 de ce mois nous a fait le plus fenfible plaifir ; la feule peine qu'elle eut pû vous faire éprouver, c'eft la crainte qu'elle laiffe entrevoir de votre part que nous ayions pû douter un feul inftant de vos fentimens pour nous.

Nous fommes avec refpect, Meffieurs, vos tres humbles & tres obeiffans ferviteurs. Verny ; † Jos. Fr., ev. de Montpellier ; le mis de St Maurice ; Jac.

Paris, 22 décembre 1789.

IX.

Meffieurs, ayant été honoré de votre confiance par le mandat dont vous m'avés chargé pour reprefenter les interets de noftre cité auprès de nos deputés de la fenechauffée & auprès de l'affemblée nationale, je m'empreffai de l'accepter & depuis lors je n'ai ceffé de m'en occuper ; à la verité jufqu'à prefent mes demarches n'ont pas été fort utiles, l'affemblée ne s'occupant encore que de l'organifation des pouvoirs judiciaires, ne peut rien ftatuer encore fur la refidence des cours fouveraines jufqu'à ce qu'elle aye décidé quelle fera leur nombre pour tout le royaume.

On nous avoit annoncé, il y a environ 10 jours, que la ville de Nifmes envoyoit 4 deputés pour folliciter l'etabliffement dans fon fein de la cour fouveraine ; cette nouvelle avoit été contredite par une autre qui annonçoit que la deputation avoit été jugée inutile & qu'elle n'auroit pas lieu, cependant je fuis affuré que MM. Fajon & Rouftan ont été deputés & font arrivés ou à la veille d'arriver pour furveiller les demarches de notre deputation, ce qui la rendra peut-etre plus neceffaire, quoique le zele des deputés de notre fenechauffée ne laiffe rien en arriere, nous ne negligerons rien & nous conccilierons avec eux toutes les demarches neceffaires pour obtenir ce que vous nous avés chargé de folliciter.

Cependant les longueurs indifpenfables d'une affemblée nombreufe fans ceffe arrettée par des affaires urgentes me faifant craindre que cette deliberation ne traine encore en longueur pendant 1, 2 & peut etre 3 mois, & des affaires particulieres m'obligeant de me rendre auprès de ma famille, je fuis forcé de folliciter auprès de vous mon rappel, etant perfuadé que vous me rendrés la juftice que les interets de mon pays me font plus chers que mes affaires particulieres & que je les facrifierai volontiers pour executer vos ordres, étant toujours difposé à me pretter à ce que les circonftances exigeront, vous priant etre perfuadés que fi ma prefence etoit utile je refterais pour les interets de ma cité.

J'ai l'honneur d'etre avec un profond refpect, Meffieurs, votre tres humble, tres obeiffant ferviteur. *Signé*: Cambon fils ainé (1).

Paris, le 4e janvier 1790.

X.

Meffieurs, vous etes inftruits que M. Coulon & M. Eftor, chargés par la commune de fes interets particuliers auprès de l'affemblée nationale, font defignés par le miniftre & Sa Majefté pour remplir la fonction de commiffaires du roi pour l'organifation des affemblées adminiftratives de departement.

En toute autre circonftance, nous ferions félicités d'un choix qui honore notre patrie par la preference fi juftement donnée à trois de fes citoyens fur tout le refte d'un vafte departement; mais le fecours que nous attendions, dans des circonftances difficiles, de leur zele auffi actif qu'eclairé, la fatisfaction que nous avions de les avoir comme temoins de nos travaux, ne nous ont laiffé entrevoir qu'avec peine leur feparation dans un moment où leur prefence paroiffoit defirable.

Nous n'avons pu neanmoins, meffieurs, nous refufer à une confideration qui furmontera toujours nos affections perfonnelles, c'eft celle de l'interet de votre municipalité. Nous avons reflechi que trois commiffaires pris dans fon fein & chargés de parcourir tous les lieux du departement pour y remplir une fonction importante pouvoient difpofer en fa faveur les efprits & les vœux de fes habitans pour les preferences du fiege de la cour fuperieure, qui eft l'objet effentiel de leur miffion.

Nous avons calculé que les deux objets ne font pas inconciliables & qu'il eft poffible que la commiffion pour laquelle ils reviendront en province, foit remplie au temps où il fera neceffaire qu'ils fe trouvent ici pour agir de fon point conjointement avec nous.

Confians en la promeffe qu'ils nous ont faite de revenir au premier avis de notre part, nous avons cru, meffieurs, devoir nous en remettre entierement à la fageffe de votre décifion, eclairée par les obfervations qu'ils n'auront pas manqué de vous faire.

Nous attendons avec empreffement les nouvelles de l'election des nouveaux officiers municipaux afin de pouvoir joindre nos applaudiffemens à un choix auquel notre abfence ne nous a pas permis d'unir nos fuffrages. Nous fommes avec refpect, meffieurs, vos tres humbles & tres obeiffans ferviteurs. Verny; Jac; † Jof. ev. de Montpellier; le mis de Saint Maurice (*fignés*).

A Paris, ce 2 fevrier 1790.

XI.

Meffieurs, nous croyons qu'il eft neceffaire de vous informer que hier le roi denonça à l'affemblée nationale l'entreprife fur les forts de Marfeille & les mefures prifes par Sa Majefté pour la reftitution de ces forts à la garde de fes troupes & pour la recherche des coupables; que dans la meme denonce, il fut queftion de l'entreprife fur la citadelle de Montpellier, que l'affemblée applaudit aux mefures prifes par le roy & vota une adreffe de remerciment.

Il eft vrayfemblable, meffieurs, que vous recevrés par le meme courier des ordres conformes aux vues du roi & à celles de l'affemblée, vous fentirés l'importance de vous y conformer, nous vous y exhortons avec les plus vives inftances.

Verny, Jac, le mis de Saint Maurice, Jos. Fr. ev. de Montpellier.

Paris, le 13 may 1790.

XII.

Meffieurs, une lettre de M. Eftor & la rumeur publique nous apprirent dans le meme inftant le fait concernant la citadelle de votre ville. La nouvelle de cet evenement, jointe à celle de l'entreprife fur les forts de Marfeille fit l'impreffion la plus forte & la plus facheufe à la cour, dans l'affemblée nationale & dans le public de cette capitale; il eft inutile de vous dire combien nous en fumes, en notre particulier, douloureufement affectés, foit par raport aux circonftances, foit à caufe des confequences.

Notre premier empreffement fut de difculper la municipalité & le corps de la garde nationale : il nous fut aifé d'y reuffir; nous fumes aidés fur ce point par les relations fans nombre venues de Montpellier, qui ne laifferent pas ignorer la plus petite circonftance : il n'y eut plus à fe meprendre fur les objets du blame. La conduite de la municipalité & de la garde nationale fut connue & reçut les eloges qu'elle meritoit.

Votre procés verbal, qui nous parvint bientot après, en mettant la verité dans fa plus grande evidence, ne fit que confirmer une juftification qui etoit alors pleine & entiere.

Le lendemain de la reception de vos depeches, le roi denonça à l'affemblée nationale l'entreprife faite fur les forts de Marfeille, l'intruifit des mefures par lui prifes pour leur reftitution à fes troupes & pour la recherche des coupables. La demarche faite fur la citadelle de Montpellier par quelques citoyens, fut auffi incidemment denoncée dans la lettre de Sa Majefté.

L'indignation fut generale, les efprits exaltés, la difcuffion vive & les avis tres rigoureux fur ces actes multipliés d'infubordination. L'affemblée vota une adreffe de remercimens à Sa Majefté & applaudit aux mefures par elle prifes.

Ce moment d'exaltation n'etoit pas celui où la fageffe nous dictoit de faire ufage de votre procés verbal. Cette communication très inutile pour votre juftification & pour celle de la garde nationale, qui etoit pleine & entiere, eut été funefte à cette partie de nos concitoyens que le procés-verbal inculpoit & qu'il s'agiffoit de fauver des fuites de leur imprudence. Nous crumes, meffieurs, entrer dans vos vues fages & paternelles en prenant des moyens mieux appropriés aux circonftances.

(1) L'un des députés de la ville.

Nous nous decidames à demander une audiance au miniftre : elle nous fut accordée hier matin, nous le trouvames inftruit de toutes les particularités & de tous les antecedans de cet evenement : il fe loua de vos procedés & de ceux de la garde nationale, mais il trouva à redire que la municipalité n'eut pas fait de fuite la reftitution du fort aux troupes du roi & ne lui eut pas envoyé une copie de fon procès verbal, dès qu'elle ne pouvoit méconnoitre qu'elle etoit fous la dependance immediate du pouvoir executif fupreme.

Nous repondimes au premier reproche que connoiffant l'efprit de fageffe des officiers municipaux nous ne pouvions attribuer qu'à des motifs de prudence ou à des raifons de neceffité le parti qu'ils avoient pris de laiffer la garde du fort à la milice nationale; à l'egard du fecond reproche nous lui obfervames que la municipalité ayant fur les lieux des reprefentans elle avoit cru plus convenable de lui faire prefenter par eux l'extrait de fon procès verbal & que nous le prions de le recevoir de nos mains.

Le miniftre parut fatisfait & il ajouta qu'il n'avoit jamais douté des fentimens de la municipalité & de ceux de la garde nationale; qu'il s'en etoit rendu caution auprès du roi : mais qu'aux yeux de Sa Majefté, la conduite des particuliers, qui avoient attenté fur la citadelle, etoit inexcufable; que le bon ordre & la tranquilité publique demandoient qu'il en fut fait une juftice exemplaire; que Sa Majefté, fe conformant en cela aux principes de l'affemblée nationale, avoit donné des ordres à fon garde des fceaux pour qu'il en fut fait les pourfuites les plus feveres.

Vous imaginerés aifément, Meffieurs, tout ce que notre zele, effrayé des fuites de cette accufation, nous infpire, finon pour juftifier, du moins pour attenuer les torts de cette partie de nos concitoyens & pour porter le miniftre à flechir la refolution du roi & à engager Sa Majefté à arreter ou à retracter les ordres dont l'expedition nous etoit anoncée; combien nous fimes valoir les divers actes de patriotifme donnés par la ville de Montpellier, patriotifme dont l'exces etoit la feule caufe de cet egarement. Nous nous rendimes garants de la reftitution du fort aux troupes du roy & nous nous offrimes pour otages de l'efprit de paix & de fubordination pour l'avenir.

Le miniftre nous dit qu'il alloit faire part au roi de nos affurances & de notre demarche & mettre fous les yeux de Sa Majefté le procès verbal de la municipalité.

Au fortir de chés le miniftre, preffés par le moment du depart du courrier, nous ne pumes vous ecrire que quatre mots pour vous prevenir des ordres donnés pour la reftitution de la citadelle & pour vous exhorter à en favorifer la prompte execution.

Bientot après, M. l'eveque de Montpellier reçut du miniftre la lettre dont nous joignons ici la copie :

« D'après le defir que vous m'avés temoigné ce matin, Monfeigneur, avec la deputation de Montpellier, qu'il ne fe fit pas dans cette ville d'informations juridiques, le roi a bien voulu l'agréer; je me hate de vous apprendre cette bonne nouvelle. J'ai l'honneur d'etre avec un refpectueux attachement, Monfeigneur, votre tres humble & tres obeiffant ferviteur. De Saint Prieft. »

Nous nous hatons à notre tour, Meffieurs, de vous donner cette meme nouvelle que nous croyons que vous recevrés avec le meme plaifir qu'elle nous a infpiré.

Peut etre trouverés vous convenable d'ecrire au miniftre pour le prier de prefenter au roi, au nom de la municipalité, fes fentimens d'amour & de reconnoiffance de cet acte de bonté & d'indulgence envers des membres qui s'etoient mis dans le cas de l'implorer & pour remercier M. le comte de Saint Prieft qui, apres avoir parlé en miniftre, a agi en bon concitoyen.

Dans cet heureux etat de chofes, il nous paroit qu'il eft inutile de donner aucune autre fuite au procès verbal que vous nous avés envoyé; qu'il feroit meme dangereux d'en faire la remife à l'affemblée. Ce feroit une denonce que vous lui feriés contre des concitoyens, envers lefquels Sa Majefté a bien voulu être indulgente. Le renvoi en feroit fait au comité des rapports qui feroit neceffité d'en referer à l'affemblée, & il n'eft pas poffible de calculer quel en feroit le refultat; il vaut mieux laiffer tomber peu à peu ce facheux evenement dans le neant d'un oubli defirable du refte. Nous nous conformerons à vos refolutions ulterieures à cet egard.

Signé : Verny, Jac. le m^{is} de St Maurice, Jos. Fr., ev. de Montpellier.

Paris, le 14 may 1790.

XIII.

Meffieurs, nous avons différé jufqu'à ce jour de vous accufer la reception de vos differentes lettres ou adreffes dans l'efperance du fuccès prochain de nos demarches, relativement aux commiffions dont vous nous aviés chargé; nous avons prefenté à l'affemblée nationale votre adreffe fur notre citadelle, & infifté très fortement fur la demande de fon alienation ; elle a été renvoyée aux comités chargés fpecialement de ces fortes d'objets, nous n'avions pas attendu ce moment pour faire les démarches les plus inftantes auprès de ces differens comités; vottre mémoire deftiné au comité des domaines lui avoit été remis, & nous l'avions appuyé fortement auprès de fes membres. Nous avons fait de même auprès du comité militaire, auquel nous avons demandé une audiance particuliere pour faire entendre nos reclamations fur cet objet. Nous avons vu avec plaifir que le comité ne nous laiffoit pas fans efperance; il paroit certain qu'il préfentera au premier jour à l'affemblée nationale un projet de décret qui divifera les places fortes en plufieurs claffes; que celles dont l'utilité & la confervation font moins importantes feront dans une claffe particuliere; & qu'en attendant que l'affemblée nationale ait deffinitivement prononcé fur la deftination abfolue de ces dernieres, leur garde fera confiée aux milices nationales. Nous travaillons depuis quelques jours à faire comprendre la citadelle de Montpellier dans cette derniere claffe, & nous avons tout lieu de l'efperer. Vous ne devés pas douter de notre empreffement & des efforts de nottre zèle dans tout ce qui pourra être agreable ou utile à nos concitoyens, & nous croirions les offenfer que d'infifter fur l'expreffion de nos fentimens dont il ne doit pas nous être permis mutuellement de douter.

Nous nous propofons à la prochaine féance de faire hommage à l'affemblée nationale de la derniere adreffe que vous venés de nous envoyer concernant la foumiffion d'achat des biens du clergé, nous ne doutons pas qu'elle ne foit reçue avec fatisfaction & applaudiffement comme toutes les adreffes que vous nous avés chargé jufqu'à ce jour de lui prefenter.

Nous vous renouvellons, Meffieurs, avec un plaifir toujours nouveau l'affurance de nos fentimens.

Le m^{is} de St Maurice, Verny, Jac. (*fignés*).

Paris, 6 juin 1790.

XIV.

Meffieurs, nous avons l'honneur de vous prevenir que dans la féance de ce matin, fur la motion de M^r le baron Menou, membre du comité militaire, l'affemblée nationale a rendu un decret concernant la citadelle de Montpellier, dont voici à peu près la teneur : L'affemblée nationale decrete que fon comité militaire fera chargé de lui préfenter inceffament un etat des fortereffes, chateaux, baftions & places frontieres du royaume, avec fon opinion motivée fur l'utilité ou l'inutilité de ces places, afin que de concert avec le roy l'affemblée puiffe determiner celles qu'il fera neceffaire de reparer, augmenter, etc... & prononcer fur la demolition & la vente de celles qui feront jugées inutiles, decrete en outre qu'elle regarde comme coupables ceux qui tenteroient la démolition en tout ou en partie de la citadelle de Montpellier & des autres places, ordonne que fon prefident fe retirera par devers le roy pour le fupplier de donner des ordres, afin que les gardes nationales continuent de faire le fervice dans la citadelle de Montpellier fous les ordres des officiers nommés par Sa Majefté. Le m^{is} de St Maurice, Verny, Jac. (*Signés*).

Paris, juin 1790.

XV.

Meffieurs, nous avons l'honneur de vous annoncer une nouvelle qui ne peut que vous affliger, l'affemblée nationale vient de decreter l'etabliffement des fieges des nouveaux évéchés ; elle a donné la preference à Beziers fur Montpellier. Nous pouvons avoir l'honneur de vous affurer que nous n'avons négligé aucun moyen de faire valoir les confiderations qui pouvoient determiner en faveur de nottre ville ; nous étions parvenus à décider le vœu du comité. Ce premier fuccès n'a fervi qu'à accroitre l'activité & les demarches des députés reunis de Lodeve, Saint Pons, Agde & Beziers. La reunion de ces députés qui ont tous voté & réclamé contre Montpellier, & particulierement celui de Saint Pons, qui a beaucoup infifté fur l'éloignement de fa pofition, a fait une grande impreffion fur l'affemblée, & il n'eft pas douteux que ce ne foit une des principales caufes qui ont déterminé fa decifion. Ils ont beaucoup fait valoir en faveur de Beziers une convenance de centralité.

Cette prétendue convenance avoit frappé l'affemblée : tous nos efforts ont été inutiles pour detruire l'effet de cette premiere impreffion qui eft analogue aux principes que l'affemblée a adoptés dans cette matiere.

Au fond, fous le rapport de l'intérêt politique le fiege d'un évéché ne feroit pas une perte bien confiderable à regretter, fi, d'après les principes de l'affemblée, elle peut fervir, comme il eft permis de l'efperer, à nous faire obtenir la preference pour l'etabliffement d'une cour fuperieure.

Verny, Barbeyrac, St Maurice, Jac (*fignés*).

Paris, 8 juillet [1790].

XVI.

Meffieurs,..... nous fommes parvenus à faire regler le nombre des juges de paix de notre ville. Le comité n'en a voulu accorder que quatre, y compris celui de extra muros, c'eft la faute du directoire fi cette affaire n'a pas eté plutôt expediée, il nous a laiffé ignorer longtemps fa petition à l'affemblée..... Signé : Verny.

A Paris, ce 22 decembre 1790.

XVII.

Meffieurs, nous venons de recevoir la lettre que vous nous avés fait l'honneur de nous ecrire, dans laquelle vous nous anoncés votre demande à l'affemblée en furfis de l'envoi du dernier decret concernant le regime civil du clergé, nous concourrons de toutes nos forces au fuccès de la fageffe de vos vues ; nous allons agir pour cela auprès des comités que cette petition concerne ainfi qu'auprès de M. le garde des fceaux.

Nous folliciterons en meme temps du miniftre de la guerre les ordres neceffaires pour renforcer fuivant vos defirs la garnifon des troupes de ligne à Montpellier...

Ce n'eft pas fans une grande douleur, meffieurs, que nous voyons fans ceffe notre malheureufe ville fur la ligne des changemens ordonnés par la conftitution ; mais il eft impoffible de parer à la confequence des principes generaux...

Verny, Ch. Barbeyrac, St Maurice, Jac (*fignés*).

Nous fommes allés de fuite chés M. de Portal pour infifter fur le renfort de la garnifon. Il nous a temoigné fes regrets d'avoir à fa difpofition actuelle un bien petit nombre de troupes, mais fur nos inftances reiterées, il nous a promis que s'il ne peut vous envoyer de l'infanterie, il envoiroit de la cavalerie. Au furplus comme cette mefure & la demande que nous avons faite au garde des fceaux, ont toutes deux pour objet le maintien de la tranquilité de votre ville, les deux miniftres ont promis de fe concerter ce foir meme fur cet objet. Nous repafferons chés eux au premier jour pour connoitre plus pofitivement leurs intentions.

A Paris, ce 30 décembre 1790.

XVIII.

Meffieurs, nous avons eu l'honneur de vous inftruire par notre derniere lettre que la ville de Cette avoit reftreint fa pretention à un tribunal de commerce dont le reffort comprendroit fon canton & ceux de Frontignan & de Pouffan. Aidés de la derniere deliberation du directoire du departement, nous revinmes devant les comités de constitution, de marine & du commerce pour combatre cette feconde demande. Nous parvinmes à faire condemner l'extenfion fur les deux cantons. Mais les trois comités perfifterent dans leur opinion qu'un tribunal de commerce etoit neceffaire dans un port de mer pour remplacer le juge d'amirauté.

Cette difcuffion donna lieu à un projet de decret general, portant qu'il feroit etabli un tribunal de commerce dans toutes les villes où il y avoit cidevant un juge d'amirauté, il fut porté le lendemain à l'affemblée & il fut par elle adopté.

Il avoit eté arreté en meme temps par les trois comités que Montpellier auroit le tribunal de commerce du diftrict & que fon reffort s'etendroit fur tous les cantons qui le compofent à l'exception de celui de Cette.

Cet arreté a eté porté ce matin à l'affemblée & a eté adopté fans contradiction. Nous nous empreffons, Meffieurs, de vous donner cette nouvelle, afin de calmer la follicitude dans laquelle vous êtes fur ce point.

Le meme decret, en accordant un tribunal de commerce à Cette, furfeoit à la nomination de fes membres, jufques à ce que fur le rapport des trois comités, il ait eté ftatué fur la forme & les fonctions particulieres que doivent avoir ces tribunaux créés en remplacement des juges d'amirauté.

Cette confidération locale a determiné la diminution du reffort du tribunal de commerce de Montpellier; l'affemblée a jugé neanmoins qu'il pouvoit y avoir plufieurs tribunaux de commerce dans un meme diftrict, puifque dans le diftrict de Beziers, elle en a accordé trois, un pour Pefenas, l'autre pour Beziers & l'autre pour Agde, avec la meme modification de Cette, a l'egard de ce dernier.

Lorfque le decret aura eté fanctioné par le roi, nous aurons l'attention d'en folliciter l'expedition, afin qu'on puiffe proceder à la nouvelle formation du tribunal de commerce.....

Ch. Barbeyrac St Maurice, Verny, Jac (*signés*).

Paris, 6 janvier 1791.

XIX.

Meffieurs, nous vous inftruifimes hier à la hate du decret qui venoit d'etre rendu par l'affemblée nationale relativement aux tribunaux criminels; nous avions donné touts nos foins à ce qu'il fut decidé qu'il n'en feroit placé qu'un feul par département, & nous nous félicitames lorfque nous vimes l'affemblée couronner notre vœu par un decret; dès cette epoque nous ne negligeames rien auprès du comité pour avoir fon avis & l'intereffer en faveur de Montpellier; les deputés de Beziers dont vous connoiffés l'ambition commencerent à fuivre les memes voyes qu'ils avoint prifes lors de la decifion de l'emplacement des evechés, & foutenus par leurs deputés extraordinaires, ils fe flattoient d'avoir un pareil fuccès; inftruits de toutes leurs demarches, nous les rendimes nulles par la plus conftante activité & dans nos conferences particulieres ou communes avec nos antagoniftes devant le comité, nous avions

eû la fatisfaction de voir triompher la caufe de Montpellier; nos foins auprès des membres de l'affemblée nationale qui pouvoint dejouer les follicitations de Beziers & nous obtenir juftice, n'avoint pas été moins actifs; nous avions tout prevu, paré à tout & nous ne doutions plus d'un heureux fuccès; cependant nos conferences avec le comité, les rivalités de l'etabliffement des tribunaux alloit renouveller, les difcuffions multipliées qu'il alloit faire naitre donnerent lieu au projet de decret general qui fut prefenté hier; nous etions informés de la marche du comité, nous l'avions appuyée, follicitée & nous la foutimmes de toutes nos forces; l'affemblée nationale accueillit prefque à l'unanimité le projet de decret qui luy fut prefenté; les deputés de Beziers & cinq à fix autres membres furent les feuls d'un avis contraire; nous joignons icy une copie de l'article du decret qui fixe le tribunal criminel dans vos murs; l'envoy officiel ne tardera point à vous etre fait, l'obtention de ce tribunal pour Montpellier nous a paru de la plus haute importance; elle influera fur plufieurs acceffoires qui contribueront à la profperité de notre cité; il eft bien fatisfaifant pour nous, après toutes les pertes que nous n'avons pu luy eviter & qui n'ont ceffé de nous affliger, de pouvoir luy annoncer ce dedommagement; nous nous eftimons heureux d'avoir contribué à le luy procurer; l'empire des circonftances & des principes generaux a contrarié nos vœux pour elle, mais il n'a pu diminuer notre zele pour fes interets.

Nous apprenons avec douleur les embarras que vous eprouvés au fujet de la preftation du ferment des fonctionnaires publics. Vous etes fages, meffieurs, & votre prudence vous infpirera les mefures propres à maintenir la tranquillité publique; il n'a point paru de lifte des ecclefiaftiques qui ont preté le ferment civique; les annonces à cet egard font fi morcelées qu'il n'eft pas facile d'en faire une reunion complette; cependant nous raffemblerons tout ce que nous trouverons dans les bureaux à ce fujet & nous vous le ferons paffer. Nous fommes avec refpect, meffieurs, &c. Jac, Verny, Ch. Barbeyrac Saint Maurice (*signés.*)

Paris, ce 12 fevrier 1791.

XX.

Meffieurs, nos precedentes lettres relativement à l'affaire de notre municipalité contre le fieur Chalier, auroint dû vous tranquilifer : nous ne pouvons empêcher les demarches de ce plaideur, mais il nous fuffit de les rendre inutiles; nous n'avons pas ceffé de les furveiller, & vous devez être bien perfuadés que nos foins pour les intérêts de Montpellier feront toujours les mêmes; le comité de conftitution eft prêt à faire fon rapport : nous ne pouvons que vous réiterer de vouloir bien être tranquiles & vous repofer fur notre zele : nous avons eu l'honneur de voir M. Duport Dutertre & nous voyons frequemment M. le controleur général, & nous efperons pouvoir remplir vos vœux : c'eft tout ce que nous pouvons vous dire dans ce moment; s'il furvenoit quelque changement que nous ne prévoyons pas, nous aurions l'honneur de vous en inftruire; M. Cochu a pu peut-être vous allarmer par ſes lettres ; mais nous n'avons pas les mêmes vues, & nous ne pouvons lui découvrir toutes nos démarches ; nous venons de recevoir, avec votre derniere lettre, le jugement interlocutoire rendu par votre tribunal du diſtrict. Il nous ſervira pour faire accélérer le rapport du comité de conſtitution ; ne craignez aucune ſurpriſe de la part du ſr Chalier. Nous ſommes inſtruits de toutes ſes démarches, & comptez toujours ſur notre vigilance, de même que ſur la juſtice des miniſtres qui connoiſſent de cette affaire.

Les troubles qui ont agité les departemens du Gard & de l'Ardeche nous ont vivement affectés ; nous étions dans des alarmes continuelles ſur la tranquillité de celui de l'Hérault ; la ſageſſe de vos meſures & l'active prévoyance de MM. vos adminiſtrateurs ont eloigné de vos murs les déſordres qui ont affligé les contrées voiſines ; nous avons ſaiſi avec empreſſement toutes les occaſions qui ſe ſont préſentées pour rendre hommage au zele qui vous anime pour la choſe publique ; nous nous ferons toujours, meſſieurs, un devoir de vous ſeconder ; nous avons eu l'honneur de voir M. Duportail relativement à la lettre dont vous nous avez envoyé copie : ce miniſtre connoit trop l'influence de Montpellier dans nos contrées pour vous priver des troupes que vous croirez néceſſaires à la tranquilité publique. Nous continuerons nos ſoins auprès de lui, & nous reclamerons l'execution de ſes promeſſes ; nous avons appris avec douleur que votre vigilance etoit contrariée par le commandant des troupes de ligne ; nous avons fait les démarches néceſſaires pour faire ceſſer de pareils obſtacles & nous aurons l'honneur de vous inſtruire ſous peu de jours de leur réſultat ; nous vous félicitons & nous nous rejouiſſons avec vous, meſſieurs, du bon ordre & de la tranquillité qui ont accompagné l'élection de notre évêque ; nous ne doutons pas que celle des curés ne ſe faſſe avec le même ſuccès ; vos fonctions ſont penibles dans ces tems d'orage, mais votre conduite auſſi eclairée que courageuſe vous a acquis des droits éternels à la reconnoiſſance publique.

M. Verny a dû vous inſtruire de ſon départ ; il s'eſt rendu à Aubenas chez M. ſon frère pour y rétablir ſa ſanté ; ſon eloignement nous prive de ſes lumieres, mais daignez être perſuadés que nous redoublerons de zele pour les intérêts qui nous ſont confiés, & que ceux de Montpellier en particulier, en excitant toujours notre ſollicitude, ne ſouffriront point de ſon abſence. Nous avons l'honneur, etc. Jac. Ch. Barbeyrac Sᵗ Maurice.

Paris, 23 mars 1791.

Annexe a la lettre XX.

A M. Enjubault de la Roche. Monſieur & cher collegue, permettez moi de remettre ſous vos yeux les titres qui etabliſſent la propriété de la ville de Montpellier ſur ſes remparts & fortifications ; ſa poſſeſſion eſt établi par les actes les plus authentiques &, depuis le onzieme ſiècle, elle n'a pas été interrompue. Vous fûtes convaincu, même de cette verité lors de votre rapport fait au nom du comité des domaines à l'aſſemblée nationale ſur la legiſlation domaniale ; vous voulutes bien y inférer qu'aucune ville dans le royaume ne paroiſſoit plus fondée à revendiquer la propriété de ſes fortifications que celle de Montpellier ; le décret qui fut rendu aſſure les droits de cette cité ; l'article 5 confirme en ſa faveur une propriété qui eſt etayée ſur une foule de titres.

Cependant les citoyens de la ville de Montpellier reclament un décret particulier, &, par reſpect pour l'aſſemblée nationale, ils n'ont pas voulu diſpoſer de leur propriété ſans l'autoriſation expreſſe du corps legiſlatif ; vous aviez jugé vous même cette formalité néceſſaire, je viens donc intereſſer votre juſtice & celle du comité des domaines en faveur de mes concitoyens ; les pertes qu'ils eprouvent par la revolution, les ſacrifices qu'ils n'ont ceſſé de faire à la choſe publique, & les preuves non interrompues de leur patriotiſme ſollicitent une prompte déciſion & doivent leur aſſurer la faveur de l'aſſemblée nationale ; daignez être auprès d'elle l'interprete de leurs droits, votre qualité de rapporteur, la connoiſſance que vous avez de leur propriété, l'examen que vous avez fait de leurs titres les autoriſe à vous faire cette priere ; je me joindrai à vous pour leur obtenir la juſtice qu'ils ont lieu d'attendre de la ſageſſe & de l'equité de l'aſſemblée nationale. Si vous penſiez qu'une déciſion du comité des domaines fut ſuffiſante pour remplir les vues de mes concitoyens, veuillez bien l'obtenir ; ils ſe repoſent à cet egard ſur votre prudence & ſur vos lumieres ; mais je vous prie inſtamment de ſuſpendre pendant quelques momens vos occupations pour faire accueillir leur demande ; la tranquillité d'une ville intereſſante en dépend, & vous êtes trop juſte pour vous refuſer à la faire maintenir dans une propriété qui fait aujourd'hui ſa principale reſſource.

J'ai l'honneur d'être avec les plus ſinceres ſentimens d'attachement & de fraternité, Monſieur & cher collègue, votre très humble & très obeïſſant ſerviteur.

Jac, député de la cy-devant ſenechauſſée de Montpellier, rue Richelieu, hotel de la Paix, n° 153 (Signé).

Paris, 23 mars 1791.

Autre annexe a la lettre XX.

Monſieur & cher collegue, lorſque je m'occupois de la redaction de mon rapport ſur la legiſlation domaniale, MM. les députés extraordinaires de la ville de Montpellier me communiquerent des copies, la plus part en forme probante, des titres dont vous avez joint l'extrait à votre lettre ; je les examinai avec attention, ils me preſenterent une ſerie non interrompue d'actes autentiques qui en partant du douſieme ſiecle vient ſe rejoindre au notre & prouve de la maniere la plus poſitive que les murs de Montpellier ont été conſtruits, entretenus & reparés par ſes habitans : que rien n'a troublé leur poſſeſſion ni altéré leur propriété, c'eſt à cette verité que je voulus rendre hommage dans la note qui ſe trouve au bas d'une des pages de mon rapport, & ſi je ne m'y ſuis pas exprimé en termes affirmatifs, c'eſt moins que j'y ville aucun doute, que parce que le principe n'étant pas encore decreté je ne pouvois preſenter qu'une ſimple opinion, ſubordonnée au vœu éventuel de l'aſſemblée nationale : il eſt prononcé ce vœu & les droits de

Montpellier fur fes murs & leurs acceffoires font hors d'atteinte. Dans cet etat des chofes, je ne crois pas qu'il foit befoin d'un decret particulier; je ne penfe pas meme qu'il fut regulier de prendre cette voye. La loi eft faite, l'application qui doit s'en faire au cas particulier devient un objet contentieux & feroit du reffort des tribunaux en cas de trouble & de conteftation.

J'ai l'honneur d'etre avec les fentimens les plus finceres d'attachement & de fraternité, Monfieur & cher collegue, votre très humble & très obeiffant ferviteur. Enjubault de la Roche (*Signé*).

Paris, 29 mars 1791.

XXI.

Meffieurs, nous avons preffé le comité des domaines relativement à l'objet des murs & foffés de votre ville; nous vous envoyons la reponfe de M. Enjubault de la Roche, rapporteur de cette affaire, & la lettre que M. Jac lui avoit ecrite; vous verrez qu'il n'eleve aucun doute fur votre propriété & qu'il ne croit pas qu'il foit néceffaire d'un décret particulier; vous pouvez donc difpofer de vos murs & de leurs acceffoires. La loi eft faite; fon application d'après vos titres ne peut eprouver aucune difficulté. Nous vous enverrons les titres que nous avons en main par la première commodité qui fe préfentera.

Nous avons l'honneur d'être &c.
Signés : Jac, Ch. Barbeyrac St Maurice.
Paris, 30 mars 1791.

XXII.

Meffieurs, le roy & fa famille font partis pendant la nuit derniere; le bruit s'en eft repandu à huit heures du matin & l'affemblée nationale a ouvert fa fceance à neuf; le proces verbal que je joindray à cette lettre vous inftruira des decrets qui ont eté rendus & des mefures que la fageffe & l'urgence des circonftances exigeoint pour la tranquillité publique; les ennemys de la conftitution avoint cru que le depart du roy feroit dans la capitale le fignal du carnage; leurs vues font trompées; il a eté au contraire l'eveil du patriotifme; les corps adminiftratifs, la garde nationale & touts les citoyens ont manifefté leur civifme & le zele le plus ardent pour la conftitution; l'affemblée nationale ne defempare pas, & le bon ordre & le calme regnent dans la capitale; le departement & la municipalité ont publié des proclamations; ils y annoncent que le falut de l'empire n'a jamais exigé plus d'ordre & de tranquillité; votre patriotifme me garantit que vous fuivrés cet exemple & qu'en infpirant à touts les citoyens de notre ville le courage & la fermeté des habitans de la capitale vous maintiendrés le meme refpeét pour les perfonnes & les propriétés; l'affemblée nationale conferve dans cette circonftance la dignité & la fuperiorité de courage qu'elle a manifeftées dans toutes les occafions perilleufes; touts les bons citoyens doivent fe reunir à elle; c'eft le plus fur moyen de rendre inutiles les projets des ennemys de la conftitution.

J'ay l'honneur d'etre, avec les plus finceres fentimens d'attachement & de fraternité, Meffieurs, votre tres humble & tres obeiffant ferviteur. Jac (*figné*).

Paris, le 21 juin 1791.

P. S. Le proces verbal de l'affemblée nationale n'a pu encore etre imprimé; je vous envoye le Journal des debats.

XXIII.

Paris, ce 22 juin à dix heures & demie du foir.
Le roy a eté arreté à Varenne par les gardes nationales & conduit à Chalons; la famille royale a eté pareillement arretée; le courrier part, je vous ecriray demain.

Jac (*figné*.)

Reponfe de la ville de Montpellier, aux lettres de M. Jac, des 21 juin & 2 juillet 1791.

M., nous avions appris avant la reception de vos deux lettres le depart & l'arreftation de Louis XVI & de fa famille; cette nouvelle avoit mis en mouvement tous les citoyens; ils etoient difpofés ainfi que nous a facrifier leur vie pour le maintien de la conftitution & l'obeiffance aux decrets de l'affemblée nationale. Les troupes de ligne avoient pris les armes fur nos requifitions & la tranquilité n'a du tout point été troublée. L'efferveffence du moment avoit porté nos citoyens à s'affurer de plufieurs perfonnes qui leur paroiffoient fufpeétes, nous les avons mifes en liberté apres les avoir gardées pour leur fureté pendant trois jours dans la citadelle; il y a eu quelque efferveffence dans les regimens en garnifon en notre ville; mais tout paroit calmé par les foins des corps adm. & de la municipalité reunis qui reçurent hier des officiers le dernier ferment decreté pour les militaires. Nos gardes nation. s'empreffent de fe faire inferire pour fe porter fur les frontieres & il nous eft impoffible de pouvoir fatisfaire tout le monde qui fe prefente. Les pretres refraétaires font honnis & chaffés de partout; plufieurs d'entr'eux pour avoir un azille fe font decidés à aller dire la meffe dans les paroiffes, ce qui fatisfait le peuple. Les proceffions du *corpus Chrifti* ont été nombreufes & decentes; l'eveque du departement qui s'etoit rendu en ville pour celebrer la fête de St Pierre a affifté à plufieurs; il fit une entrée brillante : toute la ville, hommes, femmes. & enfants ayant eté à fa rencontre; il s'eft attiré tous les cœurs. Nous efperons pouvoir conferver la paix dans notre cité, mais nos concitoyens paroiffent defirer la punition de l'enlevement du roi. Nous vous remercions de votre attention à nous ecrire : nous nous ferons toujours un devoir de feconder les efforts que vous faites pour la chofe publique. Les membres compofant le bureau municipal.

Montpellier, le 2 juillet 1791.

XXIV.

Meffieurs, les corps adminiftratifs & la municipalité de Paris prennent les mefures neceffaires pour affurer la rentrée du roy dans la capitale; le bon ordre & la tranquilité ne ceffent d'y regner, le refpeét de fes habitans pour les loix, le ferment que 40 mille citoyens preterent hier dans le fein de l'affemblée nationale pendant la féance du foir ne permettent pas de douter que l'arrivée du roy ne fera troublée par aucun evenement facheux. Je vous envoye la proclamation aux François decretée par l'affemblée nationale; je joins à cet envoy deux autres journaux qui vous inftruiront de la fuite de fes travaux. J'ay l'honneur d'etre avec les plus finceres fentiments d'attachement & de fraternité, meffieurs, votre tres humble & tres obeiffant ferviteur. Jac (*figné*.)

P. S. Le roy a couché la nuit derniere a Epernay; je vous adreffe le memoire qu'il avoit fait donner à M. de Laporte en fortant des Tuileries.

Paris, ce 24 juin 1791.

XXV.

Meffieurs, M. Bazile nous a remis vos dernieres depeches. Vos foins pour la tranquillité publique nous font connus, & nous ne doutons pas de votre zele à la maintenir parmy nos concitoyens; nous avons fait toutes les démarches relatives à l'envoy de la petition que vous fuppofés avoir eté adreffée à l'affemblée nationale; nous nous empreffons de vous annoncer que nous n'avons rien decouvert & qu'aucune reclamation n'a eté formée contre la fociété des patriotes dont vous nous parlés. Nous verifierons journellement dans les bureaux pour connoitre les envoys qui pourront etre faits; nous vous inftruirons du refultat de nos demarches & de ce qui fe paffera; dans touts les cas vous devés vous repofer fur notre zelé; nous ne cefferons de nous intereffer à votre gloire & notre attachement vous eft garant de nos foins à diffiper toute inculpation contre une municipalité qui par fes lumieres & fon patriotifme a mérité la confiance publique.

Les députés de la cy devant fenechauffée de Montpellier à l'affemblée nationale: Jac, Verhy, Ch. Barbeyrac St Maurice (*Signés*.)

Paris, le 29 août 1791.

Documents relatifs a la formation du département de l'Hérault et du district de Montpellier.

6 mars 1790. — Ordonnance du roi qui nomme Eftorc pour, conjointement avec le comte de St Juery & Coulomb, divifer le département de l'Hérault en diftricts.

Louis, par la grace de Dieu & par la loi conftitutionnelle de l'Etat, roi des François : A notre amé le fieur Eftorc, falut.

Voulant pourvoir à ce que les départements & diftricts du royaume, ainfi que les municipalités, foient inceffamment formés & établis de la maniere la plus conforme aux décrets de l'affemblée nationale, dont nous avons ordonné l'execution, nous croyons devoir nommer des commiffaires qui méritent toute notre confiance & celle des provinces, pour veiller fur ces opérations importantes, les diriger & les accélérer. A ces caufes, connoiffant votre capacité, votre zele & votre fageffe, nous vous avons nommé, commis & député, vous nommons, commettons & députons, pour, avec les fieurs comte de St Juery & Coulomb, que nous nommons, commettons & députons pareillement, prendre fans délai, toutes les mefures, & faire toutes les difpofitions néceffaires, pour la formation & l'etabliffement du département de l'Hérault & des diftricts dépendans dudit département, faire convoquer les affemblées pour les élections, faire remplir toutes les conditions & formalités prefcrites par les décrets de l'affemblée nationale; veiller fur toutes les opérations; décider provifoirement toutes les difficultés qui pourront s'élever fur lefdites formation & établiffement, & généralement faire ce que nous ferions nous-même pour l'exécution defdits décrets; comme auffi, décider provifoirement toutes les difficultés qui vous feront déférées relativement à l'organifation & établiffement de nouvelles municipalités, agir & prononcer fur le tout conjointement & avec lefdits fieurs comte de St Juery & Coulomb, à la pluralité des voix, ou chacun féparément, fuivant que vous en ferez convenus avec eux, & que les circonftances fe trouveront l'exiger; & dans le cas où n'étant que deux commiffaires, vos fuffrages fe trouveroient partagés, prendre celui du troifieme, foit par écrit foit à votre premiere réunion; le tout en vous conformant à l'inftruction arrêtée par l'affemblée nationale, & de nous approuvée, & à la charge de nous rendre compte de l'execution des préfentes, notamment des objets fur lefquels vous jugerez de prendre nos ordres. A l'effet de quoi nous vous donnons tout pouvoir & autorité néceffaires, fans que la préfente commiffion puiffe vous priver des droits & facultés d'éligibilité dont vous pouvez être fufceptible. Mandons à tous les tribunaux, corps adminiftratifs, municipalités & officiers civils, qu'en tout ce qui concernera & dépendra de la préfente commiffion, ils aient à vous reconnoitre, & à vous départir toute affiftance; en foi de quoi nous avons figné & fait contrefigner ces préfentes, auxquelles nous avons fait appofer le fceau de l'Etat.

A Paris le fixieme jour de mars, l'an de grace 1790, & de notre regne le feizieme. Signé Louis & plus bas, par le roi, de Saint-Prieft.

Proclamation des commiffaires du roi nommés pour l'etabliffement du département de l'Hérault & des diftricts qui en dépendent, qui ordonne de dreffer le tableau des citoyens actifs de tout le département.

Du 13 avril 1790.

Nous commiffaires nommés par Sa Majefté pour diriger & accéllérer l'etabliffement & la formation du département de l'Hérault & des diftricts qui en dépendent.

Vu les lettres patentes de Sa Majefté, fur un decret de l'affemblée nationale, pour la conftitution des affemblées primaires & des affemblées adminiftratives, en date du mois de janvier dernier, l'inftruction de l'affemblée nationale pour la formation defdites affemblées, en date du 8 du même mois, ladite inftruction approuvée par Sa Majefté & annexée auxdites lettres patentes; le procès verbal des limites du département de l'Hérault, enfemble une inftruction de Sa Majefté en date du 14 mars dernier à nous adreffée pour la plus prompte organifation defdites affemblées primaires & administratives, avons proclamé & proclamons ce qui suit :

ARTICLE PREMIER. — Le maire & officiers municipaux des municipalités dépendantes du département de l'Hérault, dresseront avec exactitude & dans le plus court délai, le tableau des citoyens actifs des villes, bourgs, villages, paroisses, hameaux & maisons isolées dépendant de leur municipalité ; ils designeront dans ledit tableau ceux des citoyens actifs qui sont éligibles, en se conformant pour ladite designation au decret de l'assemblée nationale qui fixe les conditions de l'eligibilité.

ART. II. — Ledit tableau des citoyens actifs contiendra les noms & surnoms desd. citoyens, avec l'indication de leur demeure, pour le cas y écheant pouvoir empêcher qu'aucuns desdits citoyens actifs ne votent ou ne se fassent représenter dans deux assemblées primaires.

ART. III. — Les maire & officiers municipaux, en procédant à la rédaction dudit tableau des citoyens actifs, dresseront une liste ou un rôle particulier de ceux desd. citoyens actifs qui resident dans des paroisses, maisons isolées, hameaux dépendans du taillable ou territoire, ou hameaux qui quoiqu'ayant un rôle d'impositions séparé, n'ont concouru à la formation d'aucune municipalité.

ART. IV. — Les maire & officiers municipaux des villes qui, suivant les dispositions de l'article 14 de la section première des lettres patentes du mois de janvier dernier, sont dans le cas d'avoir plusieurs assemblées primaires, diviseront lesd. villes en autant de quartiers ou d'arrondissemens que la population pourra fournir d'assemblées primaires, & en conséquence, ils dresseront un tableau séparé des citoyens actifs, qui composent chacun desdits quartiers ou arrondissemens, pour que chacune des assemblées primaires puisse, apres sa convocation, procéder à la nomination des electeurs, dont le nombre sera proportionnellement fixé d'apres celui des citoyens actifs qui se trouveront dépendre de chacun desdits quartiers ou arrondissemens.

ART. V. — Les maire ou officiers municipaux certifieront l'exactitude desdits tableaux des citoyens actifs, & ils nous les feront parvenir avant le 20 courant à l'effet par nous, conformément aux intentions de l'assemblée nationale & aux ordres de Sa Majesté, d'être incessamment pourvu à la convocation & formation des assemblées de département & district.

Fait à Montpellier le treize avril 1790.
St. Juery, Coulomb, Estorc (*signés*).
Sabatier, secrétaire-greffier (*signé*.)

Observations generales sur la division du departement de Montpellier en districts.

Sur l'avis donné à la comune de Montpellier que l'assemblée nationale, avoit decreté la division du Languedoc en départements, & la subdivion des departemens en districts, qu'elle avoit formé à peu près le departement de Montpellier sans rien determiner sur la subdivision, sinon qu'elle se feroit en nombre ternaire, la comune fit lever une carte de ce département sur celles des diocezes qui entrent en tout ou en partie dans sa composition combinée avec celle de la Province.

D'apres cette nouvelle carte, la comune jugea qu'une subdivision en trois districts les rendroit trop considerables & qu'ils le seroient trop peu en nombre de neuf, elle crut devoir prendre le terme moyen de six & se raprocher par là des vues de l'assemblée nationale.

En consequence elle fit tracer sur la nouvelle carte des lignes de demarcation, & dresser des tableaux de population & de contribution des six districts.

Mais sur un nouvel avis portant que l'assemblée nationale s'etoit relachée de la rigueur du nombre ternaire & qu'elle avoit admis d'autres proportions que les circonstances locales pourroient determiner, la comune fit tracer sur la carte qu'elle avoit fait lever une division de son département en quatre districts, elle fit marquer les limites de ces districts par des doubles lignes de demarcation parfaittement distinctes de celles de six districts, & elle fit faire des nouveaux tableaux de population & de contribution, relativement à la nouvelle division.

Ce qui determina plus particulierement cette reduction fut que les avis donnés à la comune, lui annonçoient la distraction du departement de la ville du Vigan & des lieux circonvoisins.

Elle a eu l'avantage de diminuer la section des diocezes qui entrent dans la composition des districts.

Les rivieres qui forment des limites immuables & la proximité des lieux, des villes susceptibles d'être chefs-lieux de districts, ont determiné la plus grande de ces sections, telles que celles d'Aiguesmortes & de Marsillargues du diocèze de Nimes, situées en deçà du Vidourle en faveur du district de Montpellier, la ville de Sette & le lieu de Bouzigues au diocèze d'Agde qui ne sont qu'à cinq lieues de Montpellier, beaucoup plus éloignés de celle de Béziers.

Il n'a pas été possible d'accorder la population & la contribution avec l'étendue du territoire ; ce qui paroit donner quelque avantage au district de Montpellier dans les deux premiers objets, c'est la population & la contribution de la ville principale & des gros bourgs qui l'environnent, car l'étendue de ce district est plutôt inférieure que superieure à celui des autres districts.

On verra sur la carte combinée avec les quatre derniers tableaux, que le district de Montpellier ne prend sur les diocezes circonvoisins que peu des villes & des bourgs considérables.

La ville qui peut meriter quelque consideration est celle de Sette, qu'on peut regarder comme une colonie de Montpellier, attendu que la plupart des negocians de cette derniere ville y ont des maisons en propriété & beaucoup plus de magasins en activité de commerce, ce qui multiplie les raports d'une ville avec l'autre.

Du reste la comune de Montpellier soumet aveuglement son projet à la sagesse de l'assemblée nationale, persuadée que les deputés de la province conviendront de ses convenances, & que l'assemblée ne tient pas plus à l'égalité algebrique des populations & des contributions qu'à l'égalité géométrique des districts.

HISTOIRE
DE LA VILLE
DE MONTPELLIER
Par D'AIGREFEUILLE

CONTINUATION, ADDITIONS ET CORRECTIONS

LIVRE SECOND
Additions & Corrections

DOCUMENTS
Et notes historiques classés chronologiquement

ES principaux documents pouvant servir de preuves à l'*Histoire de Montpellier*, par d'Aigrefeuille, ont été publiés de nos jours, principalement par le savant membre de l'Institut, M. A. Germain, doyen honoraire de la faculté des lettres de Montpellier. C'est dans les écrits si connus & si appréciés de cet érudit: l'*Histoire de la Commune* & l'*Histoire du Commerce de Montpellier* que se trouve la transcription des titres les plus anciens, relatifs aux origines de cette ville. Le même écrivain a donné depuis un très grand

nombre d'autres pièces, qui forment le complément de fes premières recherches, dans une quantité d'intéreffantes monographies inférées foit dans les *Publications de la Société archéologique de Montpellier*, foit dans les *Mémoires de l'Académie des fciences & lettres* de la même ville. Nous renvoyons à ces divers travaux, comme auffi à la collection des *Chroniques de Languedoc*, recueil publié à Montpellier de 1874 à 1880, où ont paru plufieurs documents inédits précieux pour l'étude des annales montpelliéraines.

Il ne pouvait nous convenir de rééditer ici tant de chartes & de pièces fugitives entrées dans le domaine de la publicité. Nous nous fommes borné à extraire des archives des documents pouvant fervir de commentaires à certains paffages du texte de d'Aigrefeuille dans fa partie moderne & de complément aux ouvrages des autres hiftoriens de Montpellier.

Lettre du duc de Chaftillon aux confuls de Montpellier pour les engager à armer la ville.

(29 mars 1621).

Meffieurs, occafion de monf' de Falguerolles fe prefentant, je vous ay vouleu prier daffurer tousjours meffieurs les catholiques de mon affection & de contribuer auffi de plus en plus vos foins pour le repos commun de Montpellier; & par ce que les affaires font encores dans lincertitude fouvenes vous je vous prie de fayre la plus grande provifion de falpeftres & autres chofes neceffaires pour une jufte deffence, non que je croye tout prefentement aucun mal, mais nous nen ferons pas en pire eftat eftants bien munis. Croyés fur tout que toutes mes penfées n'ont pour but que le bien de noftre feureté, foubz lobeiffance que nous devons au roy & que je fuis, Meffieurs, voftre tres affectionné a vous faire fervice. Chaftillon.

Alès, ce 29ᵉ mars 1621.

Au dos eft écrit : A meffieurs, meffieurs les confuls de Montpellier.

Arrêt du parlement de Touloufe contenant les noms des féditieux accufés du pillage des églifes de Montpellier en décembre 1621.

(20 juin 1622).

Louis, par la grâce de Dieu roy de France & de Navarre, au premier notre huiffier ou fergent fur ce requis, falut. En fuivant l'arreft ce jourd'huy donné par noftre cour du parlement de Tholoze ; veu les informations faittes à la requefte de noftre procureur general, le cinquiefme jour du mois de febvrier, pour raifon des ravages, pilleries, facrileges, demolitions d'eglizes & monafteres & autres crimes & exces commis en noftre ville de Montpellier, nous te mandons & commandons par ces prefentes, à la requifition de noftre dit procureur general, prandre & faifir au corps un nommé capitaine Pailhaffon, deux fils & Guerin, concierge des prifons de noftre dite cour des aydes, trois nommés Bouiffons freres, l'un d'iceux appellé M. Muret, l'autre appoticaire, & le troizieme marchand chauffetier, Adrian Milhet, Grandette bouchere, Charlotte, Longuette poulalieres, les deux fils de Sigilloty marchands, autres nommés Roffiat pere & fils, Margueritte Bryeiffe, deux freres nommés Prevofts, Sefan Avene cordonnier & les ferviteurs de la boutique, autre nommé Figaret cardeur, autre dit le Fegnap, les deux fils du fergent Lefan, hofte des Trois-Merciers, Guilhaume Texeire dit Couquilhet, les deux fils de Pierre Paul Corporal, Durant, Jehan Beaumès dit Nougailhac, Velas portefaix, Tholoze huiffier, Daniel & Pondrier dit Pierrotte de Bonnier, le fils de Malecair procureur, Jehan Garimond archer du prevoft, les deux Cauffes freres cardeurs, le Degoulhat, Marinieiffe cardeur, qui demeure au petit St-Jehan, Salamon marchand expicier, Simon Saporte marchand, Eveyffen canabaffier, Charanton apoticaire, Mathieu Guipue, Jehan Lafay patiffier, l'hofte du Pin, Change apoticaire, Gigord enfeigne, Calquet apoticaire, Jehan Feyne procureur, le Picard fellier, Jean & Jacques Lapare, Gibert procureur, le cappitaine Martin, Boneteres cordonnier, l'hofte des Trois-Lions, Cofte procureur & cappitaine & commandeur, Chochet vigneron, plus le Mager pareur de draps, Petit-Jean de St-Roman, les deux Minots freres, Caunar procureur capitaine, Martin le fils de Dumas, dernier conful, Lefpine cardeur, Pierre Faulx, beaux-fils de Barbery, le fils de Barbery boucher, le fergent de Tailhevin, le fils de Cartelly argantier, Loys, Jeanne hofte, Jean Nigoulès, Cauffe cardeur, Fabre procureur, Pierre dit Carpignan, Maurin fils d'un fuftier, un nommé Eftienne, autrement le capelan Renet, Jaques Parain, Pourtalier, capitaine Michel, Guilhaume Jouannac cotellier, Daniel Roux bolanger, Valette cordonnier, Gedeon cotellier, Jean Leftan menuizier, Dauphiné cotellier, François Gralhet, Pierre Frapeffort travailleur, Éftienne Maffre travailleur, Ifaac Pofayre, autrement cardeur, Pierre Ribon fuftannier, Jean Biella cordonnier, Antoine Perilhous teifferand, Pierre Manyer, Graffe d'Affas, filhe de Jaques d'Affas, Terrail fuftanier, Jean & Adrien Melottes freres, Jean Lafon patiffier, Feynes procureur, Feynetes batard, le fils de Pierre Blaud cordonnier, La Cloche du Convant, Ducros cordonnier, Flotte, Chauchon *five* Doulhon, Chauchon appoticaire & trois de fes enfans, la veuve d'Hippolite & fa fille, & Guilhaume Suau, comprins & nommés auditet informations, en quelque lieu qu'ils foient trouvés dans noftre royaume, & iceux prins amener & conduire foubs bonne & feure garde en prifon de la conciergerie de noftre palaix audit Tholoze pour illeq efter a droit, & où aprehender ne pourront efter les crier & adjourner à comparoir en noftre dite cour à trois brefs jours à fin de ban fayfifant & mettant tous & chacuns leurs biens en & foubz noftre main, & d'icelle noftre dite cour, jufques à ce que autrement foit ordonné, & au régime & gouvernement defdits biens eftablir & commettre fequeftres fuffifans & capables pour en donner & rendre bon & loyal compte quand & à quy appartiendra; certiffiant duement noftre dite cour de ce qui fait au cas fur ce par les proces verbaux & exploits, mandons en outre & commandons à tous nos jufticiers, officiers & fubftituts ce faifant obeiffant, donner fecours, ayde, main-forte & aciftance, & prifons fi befoin eft, & requis en tout, à peine de dix mille livres, & de rebellion & defobeiffance. Donné à Tholoze en noftre dit parlement, le vingtiefme jour du mois de juin, l'an de grace mil fix cens vingt deux, & de noftre regne le treiziefme. Par la cour, Calvet; pour le roy Dalancier, de Mafnau raporteur, & fcellé.

Ordonnance de la députation des cinq provinces enjoignant qu'il foit procédé à la démolition des églifes.

(15 décembre 1621).

Les deputés tenans l'affemblée des cinq provinces en la ville de Montpellier à tous ceux que ces prezantes verront, Salut. Confiderant que la perfecution ouverte defpuis quelque temps contre les efglizes reformées de ce royaume augmente tous les jours, que noz ennemis fe monftrent plus animés que jamais à notre ruine & que, pour notre jufte & neceffaire deffence & pour repoufer leurs effortz, il eft befoing, en fortifiians les villes & places que nous tenons & quy fervent d'azile & de retraite à ceux de la religion pour la confervation de leur vie, d'ofter tout ce quy peult en quelque façon prejudicier à la feurté defdites places & fervir de forterefe en faveur de nos ennemis; l'affemblée dezirant pourvoir par tous moyens poffibles à la feurté & deffance des places par nous tenues & empefcher l'effect des mauvais deffaingz de noz ennemis, a ordonné & ordonne qu'il fera procédé promptement à la defmolition de toutes efglizes, couventz, clochers & autres baftimens, tant des efclefiaftiques que autres, foict dans les villes où à la campagne, quy peuvent fervir de fortereffes en faveur des ennemis & prejudicier à la feurté des villes & places fervant à la deffance de ceux de la religion, mandant à tous gouverneurs & confulz des villes & communautées d'y fere proceder promptement & par bon ordre. Donné à Montpellier ce quinziefme decembre 1621. Meyfieres, prezidant; Olivier, adjoint; Richard, fecretaire

(*fignés*). Collationné fur ledit acte par moy commis au greffe de la cour des aydes de Montpellier eftant entre les papiers treuvés cachés & faifis à Me Jean Fefquet par les frs commiffaires depputés par ladite cour remis devers ledit greffe. Darenes (*figné*.)

Préparatifs pour défendre la ville menacée de fiège.

(23 janvier 1622).

Les deputtés en l'affemblée du cercle, fur les avis certains qui nous ont efté donnés des mauvais deffeins de nos ennemis mefmes contre la ville de Montpellier qu'ils menaffent de fiege; confiderant l'importance de ladite ville, & qu'il y a aux fauxbourgs d'icelle des maifons qui peuvent fervir de retraite & de tranchées aux ennemis, & dominent les baftions & fortifications qui ont efté faites; Nous defirans fubvenir aux inconveniens qui pourront venir de tels deffauts; Avons ordonné & ordonnons que toutes autres ordonnances par cy devant obtenues demeureront nulles toutes, & chacunes les maifons affifes aux fauxbourgs de ladite ville, & nottamment l'endroict du logis du Cheval-Vert, feront defmolies entierement, fauf pour certaines confiderations, celle du fieur de Farges, à la demolition de laquelle il fera furcis jufques à ce que meffieurs les confuls & d'Argencourt foint ouïs avec le meilleur ordre que faire fe pourra, & les proprietaires des maifons affiftans pour retirer les chofes qui ne pourront fervir aux fortifications. Mandons & enjoignons à tous colonels, gentilshommes, cappitaines, confuls & autres, de prefter toute ayde, faveur & affiftance en l'execution des prefentes. Donné à Montpellier le vingt troifieme janvier mil fix cens vingt deux. De Sallevard, Richard, adjoint. Daniel, fecretaire (*figné*). Collationné fur ledit acte par moy commis au greffe de la cour des aydes de Montpellier; remis devers icelluy avec les autres papiers cachés par me Jean Fefquet, treuvés par les fieurs commiffaires depputés par ladite cour. Darenes (*figné*.) Par mondit fr Ramond. Collationné l'extrait dudit acte à nous exhibé & relevé par me Sartret, par devant nous ce dix-neuvieme juin 1680. Roffelhet, confeiller & commiffaire.

Diftribution des premières gazettes en province.

(Janvier 1636) (1).

A Meffieurs, Meffieurs les treforiers generaux, grands voyers, intendans des gabelles de Languedoc, chevaliers, confeillers du roi.

Supplie humblement Jean Banfilhon, commis diftributeur au bureau de la pofte de Montpellier, que durant trois années il vous auroit fourni les gazettes nouvelles & extraordinaires, & autres pieces curieufes quy ont efté imprimées pendant

(1) Le document inféré fous ce titre prouve qu'à l'origine des publications périodiques l'envoi des journaux n'était pas fait directement par l'adminiftration de ceux-ci ; mais que les commis des poftes étaient autorifés à faire le commerce de cette branche de la librairie à leurs rifques & périls. Ces commis fe trouvaient à peu près dans la fituation qui exifte aujourd'hui pour certains correfpondants de journaux qui fervent d'intermédiaires entre les éditeurs & le public.

ledit temps, lesquelles il a acheptées en la ville de Lion & fait venir à ses despens, sans que par vous ayt esté encore pourveu à son remboursement.

A ces causes, Messeigneurs, affin que le suppliant aye moyen de continuer à fournir lesdites gazettes à celluy qui les viendra demander de votre part, il vous plaira luy ordonner taxe raisonnable, & ferez bien. Bansilhon.

Enquête relative aux sévices exercés sur les membres du chapitre de Montpellier, par l'évêque Fenouillet, pendant la lutte survenue entre celui-ci & ses chanoines.

(3 mai 1651.)

Maistre Estienne Trial, prestre & chanoine en l'eglise cathedrale Sainct Pierre de la ville de Montpellier, âgé comme a dit de trente six ans ou enuiron, tesmoing ouy moyennant serment par luy presté, la main mise sur la poitrine, & juré dire verité.

Dit & depose qu'il auoit esté fait syndic dudit chapitre de Montpellier, par délibération du quatrième mars dernier, en cette qualité il seroit allé le vingt & troisiesme de mars dernier dans le lieu de Villeneusue, distant de Montpellier vne lieue, pour faire l'aumosne, comme c'est la coustume dudit chapitre de faire des charitez aux paures vne fois l'année, aux endroits d'ou ledit chapitre est prieur, & s'en retournant ledit jour 23 mars dans la ville de Montpellier, comme il fut vis à vis de la metayrie de Chaulet appartenant à Mme de Paschal, il auroit treuué cinq hommes en embuscade, sçauoir trois en vn chemin qui va du costé de Montels & les deux autres à vne trauerse qui va à ladite metayrie de Chaulet, qui s'appellent Guerin, parent de messire Pierre de Fenouillet, euesque de Montpellier, vn autre nommé Dunant, prestre & prieur de Valeauques, le nommé Crassous, valet d'vn neveu dudit sieur Euesque, nommé Valat, autre dict, J. Romans, & les autres deux restans le deposant ne sçait pas leur nom, mais sçait bien que l'un appartient au sr vicomte de Rouët, qui a espousé vne niepce du sieur euesque, fille de Valat, gouverneur de Montferran, & l'autre, valet du sieur de Guabriac, frere du sieur vicomte de Rouët, lesquels auroient mis le deposant au milieu d'eux, & ledit Guerin, vn d'iceux, s'estant mis au costé droit, ledit Crassous derrier, & ledit Dunant qui estoit à son costé gauche avec les autres deux, luy auroient dit que ledit sieur evesque de Montpellier luy vouloit parler, au lieu du Terral qui est à demy lieue de là; mais le deposant luy ayant respondu qu'il ne croyoit point que ledit sieur evesque eut rien affaire avec luy, veu mesme qu'il n'estoit pas audit lieu de Terral, estant au contraire revenu depuis peu au lieu de Roquet le Neuf, ledit Dunant auroit respondu qu'il falloit qu'il suivit, & à suite ledit Guerin, neveu dudit sieur evesque, auroit prins les resnes de la mule dudit deposant, & Crassous qui estoit derrier, luy auroit baillé une poussade, & reniant le sainct nom de Dieu luy auroit dit qu'il falloit suiure, à quoy le deposant se voyant pressé, il auroit esté obligé de ceder à leur tyrannie, & ayant rompu les chemins, ils auroient mené le deposant à travers des champs pour n'estre pas rencontrez de personne, & estant proche dudit lieu du Terral, le deposant auroit demandé à parler au sieur evesque, & s'estant dressé audit Guerin, comme le plus honneste homme de tous, il luy auroit dit qu'il n'y estoit pas, ce qui auroit fort surpris le deposant, voyant le contraire de ce qu'on luy auoit promis, ce qui l'auroit obligé à dire audit Guerin qu'il n'estoit pas homme de parole, puis qu'il ne luy tenoit pas ce qu'il luy avoit promis, ledit Guerin luy auroit dit qu'il falloit aller al Roquet, & qu'il luy sairoit parler audit sieur evesque, & ayant prins le chemin del Roquet, & dans vne trauerse, le deposant auroit rencontré un homme auquel il auroit baillé une lettre adressante à M. de Pynel, advocat de Montpellier & luy auroit dit d'aller treuuer le sieur Trial, son frere, pour luy dire que cinq hommes armez d'espées, pistolets & fuzils le menoient parler au sieur euesque de Montpellier, & trois ou quatre cens pas après, le deposant auroit rencontré vn certain nommé Dessours & l'auroit prié d'aller à Montpellier, dire à son fraire que le sieur evesque de Montpellier l'auroit fait enlever par cinq hommes armez, sans sçavoir pourquoy, & qui le conduisoient al Roquet, & au lieu de le conduire audit lieu, ou ledit sieur evesque estoit, ils auroient tout au contraire conduit le deposant au lieu del Roquet vieux, ou il ne seroit arrivé qu'entre sept à huict heures du soir, ou estant le deposant auroit de rechef requis ledit Guerin de luy faire parler audit sieur evesque; il auroit veu que les gardes redoubloient; sur ce temps, vn homme inconnu seroit venu parler audit Guerin & luy dire que le sieur evesque luy enuoyoit de s'en venir, & qu'il vouloit parler à luy. Ce qui auroit obligé le deposant à prier ledit Guérin à tenir sa parole, & sur les onze heures du soir seroit venu ledit Dunant qui auroit dit au deposant qu'il estoit là de la part dudit Guerin, pour luy dire qu'il estoit marry de ce qu'il ne pouuoit luy faire parler audit sr evesque, parcequ'il estoit couché, mais qu'il falloit aller à S. Jean de Cucullies, lieu éloigné d'vne lieue & demy, & treuuant le deposant ce procedé bien injuste, luy auroit demandé le sujet pourquoy on le menoit audit lieu, que n'ayant ledit sieur aucune procedure ny decret contre luy, on l'enlevoit sans aucun sujet de crime, ledit Dunant auroit dit qu'il estoit vray que ledit sieur evesque n'auoit point de decret contre luy, & que ce qu'il en faisoit n'estoit qu'vn commandement qu'il auoit receu; de là en dehors, il l'auroit conduit par divers sentiers & lieux incogneus, à la metairie de Saint-Aunez, & l'ayant descendu de sur sa mule, ils luy auroient osté son laquay, par crainte de le luy laisser pour estre tesmoin de leurs oppressions & de là ils l'auroient conduit dans le chasteau de Montferrand a vne heure apres minuict, apres luy avoir fait faire divers tours pour aller à la nuict pour empescher que le deposant ne vit point ou il alloit, ou estant on l'auroit mis dans vne chambre remplie d'immondices & extremement puante, couché sur des ais, dans laquelle il auroit demeuré l'espace de vingt neuf jours, sans point sortir, ny avoir la conuersation de personne, ny la liberté d'escrire, ny recevoir aucunes nouuelles de ses parens, dans laquelle chambre, il n'y auoit pas deux jours qu'on en auoit sorti trois bergers du lieu de Gigean, l'vn demeurant auec Pierre Ioube, l'autre auec de Granges dit Pondres & l'autre auec Poujol, tous habitans de Gigean, lesquels pour auoir leur liberté furent obligez de bailler pour leur rançon la somme de trois cens liures, apres lesquels on auoit mis dans ladite chambre vn nommé Richome, habitant du lieu de Fontanez, où il fut detenu pendant trois semaines & ses enfans l'ayant voulu venir voir vn les retint, ayant pour plus grande cruauté forty le pere de ladite chambre, pour le mettre dans vn croton soubs terre, fort affreux & profond qu'ils appellent la marquise, avec un de ses fils ; & l'autre, on l'auroit mis dans vn autre croton qui n'est pas moins affreux que le premier, appellé la comtesse, de plus il sçait que pendant deux mois on auroit détenu dans ladite chambre vn homme, qui est le prestre & secondaire du lieu de Saincte Croix, ayant demeuré deux mois. Pendant le temps que le deposant a esté enfermé dans le chasteau, sept ou huict personnes ont esté enfermez la dedans pour les faire patir. Dit de plus que le samedy, veille des Rameaux, vn des gardes luy auroit dit que le sieur euesque ne vouloit point qu'il mangeast rien de toute la semaine saincte, & qu'il ne receut que du pain & du vin à son repas, & le mecredy suiuant, ayant demandé le chirurgien pour remedier à son mal, cela luy fut denié : dit de plus que le quinziesme auril dernier ledit sieur euesque arriua au petit Monferran, & lui envoya Capmal, capitaine dudit chasteau pour luy dire que le sieur euesque luy vouloit parler le lundy ensuiuant, ce qu'il fit, & l'ayant enuoyé querir il luy auroit dit en presence de Fermaud, greffier en sa temporalité, s'il estoit veritable qu'il eust assisté Mᵉ Thomas de Rousset, iuge ordinaire de Montpellier, lorsqu'on luy fit brusler le liure qu'il auoit fait imprimer contre les aucuns des chanoines du Chapitre par la main du bourreau en conséquence de l'arrest du Parlement de Tolose. Ce que le deposant ayant denié, il l'auroit apres laissé sortir de sa chambre, & donné la liberté de se promener par le chasteau, & le 25 avril, il l'auroit fait descendre du chasteau & l'auroit conduit deuant le sieur euesque, où estant on luy auroit confronté deux tesmoins appellés Iean Delord & Claude Brenard, habitans de Montpellier, tesmoins apostez par ledit sieur euesque, & ledit deposant ayant soustenu la verité & fait voir son innocence, ledit sieur euesque auroit dit au deposant qu'il pouuoit sortir s'il vouloit, à cause de quoy il auroit enuoyé querir des cheuaux, & estant sur le point de sortir on luy auroit presenté vne requeste en élargissement, laquelle on luy auroit fait signer, ce qu'ayant fait il l'auroit appointée luy mesme, & ordonné qu'il seroit elargi, a la charge de se representer, en vertu de quoy il seroit sorty, auec ce regret d'auoir laissé dans ledit chasteau de Montferran, M. Bascou, prestre seruant audit chapitre, lequel on auoit emprisonné le dernier mars dernier, qu'on auroit mis dans vne autre chambre, couché sur des ais avec d'extremes rigueurs, sans vouloir souffrir les visites de son père & plus n'a dit sçavoir, mais ce dessus contenir verité, recolé, perseueré & s'est signé, Trial.

Dudit iour.

Simon Fabre de la Limiere, valet dudit Trial, âgé de 18 à 20 ans, ouy moyennant serment par luy presté sur les saincts éuangiles de Nostre Seigneur a promis dire verité.

Dit que le ieudy 23 mars, ayant accompagné le sieur Trial son maistre au lieu de Ville-Neufve, distant de Montpellier vne lieue pour faire des charitez aux pauvres, & s'en retournant, comme ils furent vis a vis la metairie de Chaulet, appartenant à Mᵐᵉ de Pascal, il auroit veu vn nommé Guérin, Dunant prieur, Crassous & autres fusnommez en nombre de cinq qui auroient arresté ledit sieur Trial son maistre, & apres l'avoir conduit en diuers lieux par des chemins rompus iusques à la metairie de Sainct-Aunez, lesdits susnommez, Guerin, Dunant, Crassous & autres, auroient dit au deposant de s'en retourner qu'autrement on le maltraicteroit ; ce que le ledit deposant auroit fait, ayant du depuis ouy dire qu'on l'auroit mené par l'ordre du sieur euesque de Montpellier dans le chasteau de Montferrand, où il a demeuré trente neuf iours, ayant mené les cheuaux audit sieur Trial, pour s'en reuenir à Montpellier, & plus n'a dit sçavoir, recolé & perseueré & ne sçait signer ny escrire.

Dudit iour.

André Oliuier, de Montpellier, âgé de quarantedeux ans ou enuiron, ouy moyennant serment par luy presté sur les saincts éuangiles de Nostre Seigneur, a promis dire verité.

Dit que le 11 auril dernier le deposant auroit esté employé pour accompagner & montrer le chemin du chasteau de Montferrand, à nous huissier soubsigné pour la signification d'vn arrest de la cour du parlement de Tolose, portant que Mᵉ Trial, prestre & chanoine de l'eglise cathedrale de montpellier, seroit remué des prisons de Montferrand en celles de Nismes, & estant partis ledit iour auec nous huissier soubsigné estant à la suite de Monsieur Mᵉ Christophle Meynard de Lestang, conseiller & commissaire executeur dudit arrest, & Iacques Aubert, & tous ensemble seroient allez droict à Roquet distant dudit Montpellier de deux lieues & demy, où estant il auroit veu que nousdit huissier, aurions fait ciuilité audit sieur euesque, & signifié ledit arrest, auquel n'ayant pas voulu déférer, nous aurions prins le chemin de Montferrand, & ayant esté proche dudit chasteau, & tenant les cheuaux, il auroit veu que nousdit huissier nous estant auancé pour signifier ledit arrest, vingt ou trente hommes armez d'espees & de pistolets, halebardes, mousquets, fusils & autres armes à feu auroient paru sur le pont dudit chasteau, & à mesme temps seroient descendus & nous auroient enleuez auec ledit Aubert, ce qu'ayant veu & nous estant approcher de la porte & quitté les chevaux, il auroit entendu la cloche sonner, & a mesme temps seroit venu vn nommé Camail prieur de Sainct-Vincens, & capitaine dudit chasteau, auec plusieurs autres qui auroient prins le deposant & l'auroient enfermé dans ledit chasteau, où estant ils auroient mis le deposant dans vn croton fort obscur, qu'ils appellent la marquise, ou ils auroient demeuré pendant sept iours, ne sortant du lieu que pour prendre le repas, pendant lequel temps, ils auroient veu faire diuerses captures, & traiter fort mal tous ceux qu'on y mettoit, & plus n'a dit, mais ce deſſus contenir verité, recolé, a perſeveré, requis de ſigner a dit ne ſçavoir.

Dudit iour.

Iacques Aubert habitant de la ville de Montpellier, âgé de trente cinq ans ou enuiron, ouy moyennant ſerment par luy preſté ſur les ſainéts euangiles de Noſtre Seigneur, a promis dire verité.

Dit que le 11 avril dernier, le depoſant auroit eſté prié de nous aller accompagner, & ayant prins le chemin de Roquet, il auroit veu que nous aurions ſignifié un arreſt de la cour de parlement de Toloſe audit ſieur eueſque de Montpellier, dit de plus qu'eſtant allé audit chaſteau de Montferrand auec nouſdit huiſſier & Olliuier, il auroit eſté arreſté auec nous & ledit Olivier, & en meſme temps, on l'auroit mis dans vn croton fort obſcur & ſi humide, que le premier ſoir qu'il y fut, il ſouffrit tant du froid qu'il en a eſté malade, ſi bien que le ſixieme iour ledit ſieur Eueſque voyant que ſon mal augmentoit le laiſſa ſortir, mais non pas ſans ſouffrir beaucoup d'incommoditez de cette priſon. Dit de plus que pendant ſa priſon, il a veu faire diuers priſonniers où on les traiétoit avec grande inhumanité, & plus n'a dit, recolé a perſeveré, & ne ſçait ſigner. La preſente inquiſition, contenant la depoſition de quatre temoins, a eſté faite par nous huiſſier en Parlement. I. GARIPVI ainſi ſigné.

Lettres patentes ordonnant la démolition d'une des tours des remparts.

(4 avril 1660).

Aujourd'huy quatrieme du mois d'avril mil ſix cens ſoixante, le roy eſtant à Montpellier, ayant eſté informé que la tour dite du Coulombier, attachée à la muraille de la ville de Montpellier, à cauſe de ſa haulteur par deſſus ladite muraille, incommode grandement le baſtiment qui ſe faiét au palais de ladiéte ville pour le ſeance de la Cour des comptes, aydes & finances, eſtablie en ycelle ; & que ladiéte tour eſtant inutille à la garde de ladiéte ville, la deſmolition s'en faiſant, ledit baſtiment en ſera d'autant plus decoré, outre que les materiaux qui en proviendront peuvent ſervir à la deſcharge de Sa Majeſté aux ouvrages qui reſtent à faire audit palais. Voulant pour ces conſiderations favorablement traiéter ſes officiers de ladiéte Cour des comptes, aydes & finances, elle leur a permis & permet, ſur l'inſtance & ſupplication qu'ilz en ont faiéte, de faire deſmolir ladite tour ditte du Coulombier en ce qu'elle a de haulteur par deſſus ladite muraille, à la charge que les materiaux en provenant ſeront employez aux ouvrages reſtant à faire audit palais pour le ſeance de ladite Cour & non ailleurs. Enjoinét Sa Majeſté au gouverneur de ladite ville & citadelle de Montpellier de tenir la main à l'execution du preſent brevet, lequel elle a voulu ſigner de ſa main & faiét contreſigner par moy ſon conſeiller, ſecretaire d'eſtat & de ſes commandemens. Louis. *Et plus bas,* Philypeaux.

Procès pour la démolition du grand temple de Montpellier (1).

La ville de Montpellier avait deux temples pour ſa population proteſtante qui était de dix mille âmes en 1682. L'un de ces temples, le petit, conſtruit en 1604, au lieu où ſe trouve aétuellement la place St Côme, fut démoli en 1670, par ſuite d'un arrêt du conſeil d'Etat, en date du 8 novembre 1670, ſur la demande du ſyndic du clergé du diocèſe de Montpellier. Les motifs allégués étaient : 1º que ce temple avait été bâti ſans permiſſion de Sa Majeſté; 2º qu'une partie de ſon emplacement aurait appartenu à la dame Claudine de Toyras, abbeſſe du monaſtère de Vignogoul. Les proteſtants établirent par preuves mentionnées dans l'arrêt: 1º que l'emplacement avait été acheté au moyen d'une ſouſcription faite entre eux pour cet objet, & que cette ſouſcription avait obtenu l'autoriſation royale. Le temple n'avait donc pas été conſtruit ſans permiſſion. Il fut également établi que les prétentions de l'abbeſſe de Vignogoul n'étaient point fondées. Le temple n'en fut pas moins démoli. Voici les termes de l'arrêt : « Le roy étant en ſon conſeil, faiſant droit ſur ledit partage (les conſeillers avaient été partagés) & voulant icelui, ſans s'arrêter à ladite demande de ladite abbeſſe de Vignogoul, a ordonné & ordonne que le ſecond & petit temple bâti dans ladite ville de Montpellier, ſera abattu & démoli aux frais & dépens de ceux de la R. P. R. dans deux mois après la ſignification qui leur ſera faite du preſent arrêt. » Il eſt vrai que, dans le même arrêt, Sa Majeſté permettait d'agrandir l'autre temple qui ſe trouvait dans la ville, au lieu correſpondant à la place aétuelle de la préfeéture, afin qu'il put ſuffire aux beſoins de la population proteſtante.

Le tour de l'autre temple, conſtruit le premier, mais qui ſurvécut 12 ans à ſon cadet, devait auſſi arriver. La procédure devant laquelle il ſucomba eſt d'un intérêt dramatique : toutes les paſſions religieuſes du temps s'y montrent à découvert. C'eſt de ce ſujet que nous allons nous occuper.

En 1565, la maiſon de la Cour du Bayle fut achetée par les proteſtants &, après des agrandiſſements ſucceſſifs, devint cet édifice, remarquable à pluſieurs égards (2), qui fut appelé le grand temple. L'époque de cette fondation doit être rappelée. Quelques années auparavant les proteſtants s'étaient trouvés maîtres de la ville & ils avaient célébré leur culte dans les égliſes catholiques de Notre-Dame-des-Tables, St-Paul, St-Firmin & St-Mathieu que le chapitre de l'égliſe cathedrale St-Pierre leur avait cédées par aéte du 22 novembre 1561 (3). Après la convention d'Amboiſe (19 mars 1563), les proteſtants de Montpellier durent reſtituer les égliſes dont ils étaient déten-

---

(1) Étude inédite communiquée à l'éditeur, par M. le paſteur Corbière, auteur d'une excellente hiſtoire du proteſtantiſme à Montpellier.
(2) On remarquait ſes belles tribunes & un arceau d'une grande portée à la clef duquel ſe trouvait un phénix avec cette inſcription : *Ex cinere vires colligo.*
(3) Cette circonſtance rapportée dans un manuſcrit de Serres, dont nous avons parlé à la page 48 de notre *Hiſtoire de l'égliſe réformée de Montpellier*, eſt auſſi relatée dans l'arrêté du 8 novembre 1670, relatif à la démolition du petit temple de Montpellier.

teurs, &, se livrant à un emportement qu'il est facile de comprendre, mais qu'il faut énergiquement blâmer, ils aimèrent mieux les brûler que les rendre. L'évêque, Guillaume Péllissier, venait de rentrer dans la ville sur les pas de Henri de Montmorency, seigneur de Dampville, qui prenait possession de son gouvernement, après la mission pacifique de Caylus; le culte catholique était rétabli. Ce fut dans ces circonstances que les protestants qui avaient, pendant quelque temps, célébré leur culte à l'Ecole-Mage, aujourd'hui hôpital St Eloi, voulurent se donner un lieu de culte qui fut leur propriété & achetèrent la maison de la Cour du Bayle dont ils firent le grand temple. Cet édifice subsistait encore en 1682, époque où plusieurs du même genre avaient déjà disparu & où il était visible qu'on se proposait de frapper tous les autres. Comment, en effet, aurait-on pu vouloir conserver des lieux de culte à une religion qu'on allait mettre hors la loi quelques années plus tard ? L'abolition du temple était la conséquence nécessaire du projet déjà arrêté de révoquer l'Edit de Nantes. Comme on n'osait encore avouer ouvertement ce but, on y marchait par des chemins détournés. Ici, un temple était démoli pour le motif qu'il était trop près d'une église; ailleurs, la cause de sa ruine tenait à ce qu'il était situé dans une ville épiscopale; plus souvent, le sol sur lequel il reposait avait été sanctifié par la construction d'une chapelle ou avait appartenu à quelque monastère. Il y avait des arrêts & des déclarations pour tous ces cas (1) & l'on ne pouvait pas permettre qu'une terre sainte fut souillée par l'exercice d'un culte si différent. Il existait aussi des arrêts, il faut le dire à la décharge du clergé, qui imposait aux évêques l'obligation de dénoncer les infractions & de diriger les poursuites (2). S'il nous est permis d'exprimer ici une opinion, nous dirons que souvent les ecclésiastiques prirent ce rôle trop au sérieux. Mieux eût valu laisser agir les procureurs que de les devancer.

La première plainte qui s'éleva contre le grand temple de Montpellier partit d'une congrégation religieuse fondée, dans cette ville, en vertu d'une lettre patente du mois de septembre 1679, par monseigneur l'évêque Charles de Pradel, avec le concours de tout ce qu'il y avait de plus élevé dans la magistrature & dans le clergé (3). Cette asso-

(1) Edits du 1er février 1669, 21 février 1683, 17 septembre 1683
(2) Déclaration du 10 octobre 1679.
(3) Voici comment André Delort raconte cette fondation. *Mémoires*, tom. II, p. 11 :
« La congrégation de l'Exaltation Sainte Croix, pour la propagation de la Foy, composée des personnes ecclésiastiques & laïques de divers estats & conditions en nombre de trente quatre, à l'honneur de pareil nombre d'années que Nostre-Seigneur Jesus-Christ a converssé sur la terre, pour dissiper les ténèbres de l'infidélité par la lumière de son Evangile, a commencé d'estre érigée à Montpellier au mois de janvier 1679, sous le mesme Consulat ; & par le zèle de nostre prélat, ceste congrégation faict un si grand fruit que tous les jours nous voyons des conversions. Il est à souhaiter que Dieu leur fournisse de quoy faire subsister les deux maisons qu'ils louent pour unir & entretenir les pauvres nécessiteux nouvellement convertis, l'une pour les hommes & l'autre pour les femmes, dans lesquelles ils tiennent des personnes pour les instruire & les élever à la vertu, & ce qui est encore de plus louable, c'est qu'ils ont soin de faire apprendre aux jeunes enfans un mestier tel pour lequel ils les jugent propres ; & s'ils en reconnoissent quelqu'un qui ait de l'aptitude particulière pour les lettres, ils lui fournissent tout ce qui est nécessaire pour le faire estudier ».

ciation portait le nom de *Congrégation de la Sainte-Croix pour la propagation de la foi*. Elle tenait ses séances tous les quinze jours & plus souvent, quand le besoin s'en faisait sentir, sous la présidence de l'évêque ou de l'un de ses grands vicaires. Le registre de ses délibérations, qui se trouve aux archives de la préfecture de l'Hérault, offre le plus vif intérêt (1). La séance du 22 mars 1680 peut être considérée comme le prélude de ce qui devait se passer plus tard. Il y est dit que les protestants ont coutume de se rendre au temple à 2 heures après minuit *aux quatre saisons qu'ils font la Cène* & Monseigneur de Montpellier est prié de parler à l'intendant pour qu'il s'oppose à cette pratique.

C'est dans la séance du 28 mai 1680, présidée par M. de Ranchin, vicaire général, que nous voyons poindre l'affaire devenue si célèbre d'Isabeau Paulet. Après avoir fait abjuration du protestantisme dans un couvent, cette jeune fille lorsqu'elle en sortit aurait de nouveau professé le protestantisme & se serait ainsi rendue coupable du crime de relapse. L'abbé de la Vergne affirme & excite l'assemblée à demander qu'il soit fait application, à elle, au ministre qui lui a donné la communion & au temple dans lequel la cérémonie s'est accomplie, des peines portées dans la Déclaration royale du 10 octobre 1679. L'assemblée alla même plus loin, car, dans un mémoire adressé à *Nosseigneurs de l'assemblée générale du clergé de France*, se trouvent ces paroles : « On espère, avec beaucoup de fondement, du zèle de cette assemblée composée d'un si grand nombre d'archevêques & évêques qu'elle fera des instances efficaces pour la suppression des temples dans les villes épiscopales; d'autant plus qu'on est bien persuadé qu'ils sont pleinement instruits de toutes les raisons & moyens qui peuvent appuyer une si juste & si utile demande ».

Dans la séance du mardi 11 décembre 1680, M. de Saint-Michel, vicaire-général, qui présidait, informa l'assemblée que monseigneur l'évêque de Pradel allait partir pour Paris & qu'il serait à souhaiter qu'il y eut des affaires de la religion en état d'être jugées pendant le séjour qu'il y ferait ; & l'on convint qu'on se livrerait à des recherches au sujet des actes qui pouvaient amener la démolition du temple de ceux de la R. P. R. qui est en cette ville. Il fut reconnu qu'en ce moment les moyens qu'on avait étaient les suivants :

« 1° Que ledit temple est bâti dans la cour où le bailli exerçait sa juridiction, où se rendait la justice & où était une chapelle dans laquelle se faisait le service divin; qu'on a droit de répéter : un lieu sacré ne devant pas être profané par le culte d'une religion si opposée.

« 2° Dans ledit temple, on y a enfermé une maison appartenant aux Pères Carmes & au chapelain de la chapelle de St Hilaire de St Firmin, comme il appert par acte du 20 décembre 1484, produit par lesdits Pères Carmes & M. Beros, pourvu de cette chapelle, dans l'instance qui est pendante devant M. le juge de l'ordinaire, M. Casseirol. »

Voilà donc trois accusations portées contre le

(1) De nombreux fragments de ce registre ont été publiés dans le *Bulletin du protestantisme français*, année 1877, pages 113 & 159, année 1878, p. 113.

temple : 1° Il a été bâti sur une terre sainte; 2° il est dans une ville épiscopale ; 3° une relaps y a reçu la communion.

Les deux premières accusations ne nous arrêteront pas longtemps.

En ce qui touche l'emplacement, il nous suffira de dire que M. Planque, chargé par la Congrégation de la Propagation de la foi, de vérifier l'ancien compois de la ville, ne put rien trouver ni au compois, ni à la Cour des aides, ni dans les registres des anciens notaires, qui justifiât les indications fournies par un ouvrage de Gariel. Cette indication était fausse ou impossible à justifier ; & le temple échappa ainsi à un danger devant lequel il aurait succombé si la preuve avait été faite.

Quant à la circonstance que Montpellier était une ville épiscopale, cela ne pouvait pas être contesté, mais il y avait une exception en faveur des villes où le culte protestant existait en 1577, époque de l'édit de Poitiers. Le consistoire mis en demeure de fournir cette preuve, put encore détourner le coup. Cette mise en demeure lui avait été adressée le 12 septembre 1682. Voici en quels termes elle était conçue : « Le roy étant en son conseil, conformément à la réponse faite sur ledit article premier dudit cahier de Languedoc, a ordonné & ordonne que ceux de la R. P. R. seront tenus dans trois mois, du jour de la signification du présent arrêt, de prouver par titres en forme probante & authentique, par devant les sieurs commissaires exécuteurs de l'Édit de Nantes, en la province de Languedoc, que l'exercice de la R. P. R. s'est fait en 1577 dans la ville de Montpellier. »

C'est devant la troisième accusation que le temple devait disparaître.

Isabeau Paulet était fille du pasteur Guillaume Paulet, originaire d'Anduze. Il avait successivement rempli les fonctions du ministère évangélique dans les églises d'Uzès, des Vans, Lussan, Montpellier ; mais vers 1664, à la suite de quelques difficultés avec ces églises & lorsqu'il était poursuivi devant le synode du Bas-Languedoc, il fit abjuration du protestantisme & reçut en échange un office de conseiller au présidial de Montpellier. Quatre de ses enfants suivirent son exemple &, comme lui, devinrent catholiques; mais sa femme, Madelaine Daniel d'Uzès ; André, Charles, Henry & Madelaine & sa plus jeune fille, Isabeau, restèrent fidèles à la foi protestante. Il ne paraît pas qu'elles aient été tracassées jusqu'au 20 avril 1674. Dans le courant de cette année, la jeune fille fut violemment enlevée à sa mère à la campagne qu'elle possédait à Valérargues, près d'Uzès, & six archers & trois fusiliers la conduisirent au couvent de Teirargue, où elle fut si étroitement gardée qu'aucun de ses parents n'eut permission de la visiter. Il lui fut même interdit de se rendre auprès de son père gravement malade, bien qu'il la demandât à grands cris. Après une année passée dans ce monastère, on la rendit à sa sœur qui était déjà catholique romaine & qui avait promis au vicaire général de l'évêque d'Uzès de faire tous ses efforts pour la porter à changer de religion. Peu de temps après avoir quitté le couvent, Isabeau revint à Montpellier & c'est là qu'elle fut mise à l'école chez la demoiselle Poussel pour achever d'apprendre à lire & commencer d'apprendre à écrire.

Elle dit elle-même que c'est la seule école qu'elle eût jamais fréquentée. Elle fut ensuite conduite à St-Hippolyte, chez une de ses tantes, où elle fit sa première communion. De là, elle se rendit à Blauzac, près d'Uzès, dans la maison de son père &, pendant l'année qu'elle y passa, elle suivit assidûment le culte protestant & communia tantôt à Blauzac, tantôt à Uzès. Elle suivit ensuite son père à Montpellier, où il s'était rendu avec sa famille & y professa ouvertement la religion protestante sans aucun trouble & sans aucun empêchement, pendant deux ans. Au mois de janvier 1680, M. l'intendant d'Aguesseau, poussé par quelques membres des États & surtout par l'évêque de Montpellier, qui était lui-même poussé par la *Société de la Propagation de la foi*, dit au père Paulet qu'il avait une fille *religionnaire* & qu'il aurait sans doute dépendu de lui de la faire changer de religion s'il l'avait voulu. C'est alors que fut ouverte l'idée de placer cette jeune personne pendant six mois dans le couvent de St-Charles, de Montpellier ; & Isabeau avoue qu'elle s'y rendit volontairement, dans la pensée de désabuser ceux qui espéraient pouvoir parvenir à la séduire. Elle y fut assaillie par une infinité de personnes tant laïques qu'ecclésiastiques ; & quand on vit qu'il était impossible d'en rien obtenir, on lui rendit la liberté. Après la sortie du couvent, Isabeau reprit ses habitudes, fréquenta les assemblées des réformés & communia comme par le passé ; mais au mois d'août de la même année 1680, l'évêque de Montpellier fit appeler le père Paulet & lui présenta une abjuration dont celui-ci reconnut immédiatement la fausseté. Il dit que ce n'était point la signature de sa fille & qu'à l'époque d'où elle était datée, Isabeau ne savait pas écrire & n'avait pas l'âge voulu pour avoir le droit d'abjurer (1).

Ebranlé par ces déclarations, l'évêque envoya l'archidiacre Gervais, pour prier Isabeau de faire sa signature ordinaire. Elle se prêta de bonne grâce à cette demande & l'archidiacre lui déclara que si cette signature était la sienne, celle qu'il avait vue ne l'était pas. Conduite le lendemain devant l'évêque, Isabeau fit neuf ou dix signatures en sa présence ; elles étaient parfaitement ressemblantes entre elles & différentes de celles des actes d'abjuration. Il est bien vrai qu'au mois de septembre suivant, on fit signifier à M. le pasteur Dubourdieu, cette prétendue abjuration, mais jusqu'à l'arrêté que le Parlement de Toulouse rendit, deux ans plus tard, Isabeau Paulet ne fut nullement inquiétée pour sa religion, bien qu'elle en fit publiquement profession.

Ces détails sont extraits du livre que M. Gaultier de St Blancard publia en 1688 à Amsterdam. Il les avait extraits lui-même d'une relation écrite & signée par Isabeau Paulet, portant la date du 20 octobre 1682, pendant qu'elle jouissait encore de la liberté (2). A la date de la publication de son livre, M. Gaultier de St Blancard offrait de com-

(1) Pendant tout le procès, le père & les trois frères d'Isabeau Paulet ne cessèrent d'affirmer que les signatures des actes d'abjuration étaient fausses.
(2) Voici le titre exact de cette pièce : *Relation de tout ce qui m'est arrivé à l'occasion du changement de religion de mon père*. Cet écrit a été connu d'Elie Benoit, qui en parle longuement dans son *Histoire de l'Édit de Nantes*, tom. IV, p. 534.

muniquer cet écrit à ceux qui voudraient l'examiner.

Les détails qui précèdent nous fourniront de vraies lumières pour débrouiller le procès que nous allons examiner. De nos jours, en temps de liberté, l'affaire dont il s'agit serait bien simple. Une protestante se ferait catholique & reviendrait ensuite au protestantisme, cette versatilité pourrait nuire à sa considération, mais ne l'exposerait à aucune peine judiciaire. Il n'en était pas ainsi au XVIIe siècle. Quand une fois on avait dit volontairement ou par contrainte : Je suis catholique, on ne pouvait pas revenir au protestantisme sans s'exposer à subir les petites peines que voici : Faire amende honorable devant l'église cathédrale du lieu, être banni du royaume à perpétuité & voir ses biens confisqués. Si un pasteur avait rouvert son temple à la brebis qui voulait y rentrer après en être sortie, ce pasteur devait être interdit de ses fonctions pour toujours & le culte disparaissait de la localité. Quant au temple, il fallait qu'il fût démoli.

Nous avons vu que l'orage qui menaçait le grand temple de Montpellier commençait à se former dès l'année 1680, au sein d'une assemblée de la *Propagation de la foi*. Comme celui que le prophète Élie montrait à Achab, il était à peine de la grandeur de la main, mais qu'il devint terrible & redoutable en deux ans, & que les suites en furent funestes ! Isabeau Paulet avait communié le jour de Pentecôte ; le pasteur qui avait donné la Sainte Cène était M. Sartre, c'est M. Dubourdieu qui fut frappé. Qu'importe ?

Le juge prétendait qu'à tort ou à travers,
On ne pouvait errer condamnant un pervers.

L'église de Montpellier vit le danger & prit peur. Elle délégua immédiatement deux députés à Toulouse, Mrs de Témelac & Peirol. On espérait qu'ils pourraient conjurer l'orage. Ils prirent la poste & arrivèrent à temps pour faire signifier, par huissier, un acte d'opposition. Dans cet acte fortement motivé, il était dit qu'on aurait accepté des juges, mais qu'on récusait d'être jugé par des adversaires. Pour comprendre le langage des représentants du Consistoire, quelques explications sont ici nécessaires. D'après l'Edit de Nantes, toutes les questions concernant les protestants & leurs démêlés avec les catholiques devaient être portées devant les chambres mi-parties. Ces chambres avaient été supprimées par un Edit royal du mois de juillet 1679, sous l'étrange prétexte que voici : « Considérant qu'il y a cinquante années qu'il n'est point survenu de nouveaux troubles causés par ladite religion, & que par ce longtems les animosités qui pouvaient être entre nos sujets de l'une & de l'autre religion sont éteintes, nous avons cru ne pouvoir rien faire de mieux que de supprimer lesdites chambres ». A la bonne heure ! s'il n'y a plus de questions litigieuses entre catholiques & protestants, il n'y aura pas d'inconvénient à supprimer les tribunaux qui doivent en connaître ! Était-ce bien le cas ? Mais que fera-t-on des juges protestants ? Bientôt on les mettra dans la nécessité d'abjurer ou de perdre leurs places (1), mais la question n'en est pas encore arrivée jusque là. En atten-

(1) Arrêt du 12 février 1682.

dant, on les répartira entre les diverses chambres du parlement, toutefois la répartition sera faite de telle sorte qu'il ne s'en trouvera jamais aucun dans la chambre à laquelle seront soumises les affaires des protestants. En effet, aucun conseiller de ce culte ne pourra arriver à cette chambre. C'est pour ce motif que le Consistoire de Montpellier dit qu'il sera jugé par des adversaires & des ennemis. Dans cette chambre, en effet, non seulement il ne se trouvait que des catholiques, mais il y avait aussi des évêques. Ceux qui avaient mission de poursuivre étaient aussi chargés de juger.

L'acte d'opposition de l'église de Montpellier fut remis à M. le procureur général le 16 novembre 1682, à 7 heures du matin. Ce magistrat le passa sous silence & fit juger l'affaire dans la journée.... Isabeau Paulet, le ministre Dubourdieu & le temple furent condamnés par défaut. Le jugement dont il s'agit est fort intéressant à lire. On y chercherait vainement un mot à la décharge des protestants. Au moins dans l'arrêt qui avait frappé le petit temple, douze ans auparavant, M. de Peyremalès commissaire protestant délégué pour l'Edit de Nantes, avait pu faire insérer les moyens de défense qui avaient été allégués ; ici rien de pareil ne peut être remarqué ; les protestants n'ont rien dit, n'auraient-ils eu rien à dire ? La parole ne leur fut pas accordée.

Les Etats de Languedoc étaient réunis à Montpellier lorsque le Parlement de Toulouse rendit son arrêt, & monseigneur l'évêque qui avait été informé le premier d'une nouvelle qu'on savait lui devoir être fort agréable, se fit un plaisir de la communiquer à l'illustre assemblée dans la séance du 19, & le procès-verbal de la séance nous apprend que ce corps prit part au remerciement qui en était dû à Sa Majesté & à MM. du Parlement. Sur quoi les Etats prièrent M. le cardinal de Bonzi, président, d'écrire au roy, au nom de l'assemblée, pour remercier S. M. des avantages qu'il procure tous les jours à la religion & de ceux que la ville de Montpellier doit recevoir par la cessation de l'exercice de ceux de la R. P. R. (1).

Nos lecteurs ne pourront pas être privés de la réponse que S. M. fit, le 7 décembre suivant, à M. le président des Etats.

« Mon cousin, je puis vous dire, en réponse à vôtre lettre, qu'encore que je n'attende que du ciel la récompense de mon zèle pour le bien de la religion, je n'ai pas laissé d'être touché d'y voir l'applaudissement qu'il a eu dans nos Etats en cette dernière occasion du temple de Montpellier. »

Quel temps que celui où la couronne, le clergé, la représentation nationale & la magistrature pouvaient s'unir en un si touchant accord pour provoquer, ordonner, accomplir & applaudir de telles atrocités !

M. de Noailles reçut à Montpellier, le 20, à 7 heures du matin, le jugement qui avait été

(1) Ce ne fut pas le dernier acte d'intolérance que cette illustre assemblée accomplit. Son secrétaire & greffier, Mariotte, qui se plaît à raconter tous les services que les Etats de Languedoc ont rendus à la province dit, après avoir rappelé la part honorable qu'ils prirent à la création du canal des deux mers : « Ils furent moins heureusement inspirés lorsqu'ils ont, par leurs cahiers de 1684, sollicité des persécutions religieuses & occasionné les dragonades. *Mémoires de Mariotte*, publiés dans les *Chroniques de Languedoc*, t. III, p. 180.

rendu le 16. Les pasteurs & les anciens du consistoire, appelés le même jour, furent exhortés à subir la peine qui leur était infligée. Ces messieurs firent observer au gouvernement que l'arrêt était injuste soit pour la forme, soit dans le fond, qu'il était rendu par des juges récusés & sans que l'église intéressée eût été appelée à présenter ses moyens de défense ; qu'en réalité le jugement qui interdisait le culte protestant à Montpellier condamnait dix mille personnes pour la faute d'un seul pasteur, en supposant qu'il y eut faute. Ils ajoutèrent qu'ils espéraient de la justice de S. M. & qu'ils enverraient une députation à la Cour, afin de fléchir le cœur du roi. M. de Noailles répondit qu'il fallait obéir tout d'abord & suspendre l'exercice du culte. Il leur promit néanmoins que le délai de 15 jours porté par l'arrêt ne commencerait à courir qu'à partir du moment où Sa Majesté aurait fait connaître sa volonté.

L'arrêt fut ensuite signifié par huissier à M. Gaultier de Saint-Blancard, qui fit consigner par écrit les réclamations du consistoire.

Cette opposition déplut sans doute à M. de Noailles, car il fit rappeler les pasteurs, afin de les avoir sous la main. Ils se rendirent tous à l'appel, sauf M. Dubourdieu, père, qui avait pris la fuite devant le jugement qui le condamnait, & M. Bertheau, père, qui était retenu par un service public. Les pasteurs qui s'étaient rendus chez M. de Noailles étaient : MM. Gaultier de Saint-Blancard, Dubourdieu, fils, Sartre & Bertheau, fils. Ils étaient accompagnés de deux gentilshommes de l'église, MM. du Cayla & Caussé.

En les voyant, M. de Noailles leur adressa ainsi la parole : Voulez-vous vous soumettre à l'arrêt du Parlement & suspendre l'exercice du culte jusqu'à la réponse de Sa Majesté ? A cette question, M. Gaultier de Saint-Blancard répondit au nom de tous : Nous désirerions faire ce que vous nous demandez, mais notre conscience & l'honneur de notre ministère nous l'interdisent, & nous vous supplions très humblement de nous laisser la liberté de servir notre église, en attendant que Sa Majesté ait répondu à notre réclamation. M. de Noailles de répliquer à son tour : Le roi veut que les arrêts soient exécutés. Le roi est maître de nos biens & de nos vies, repartit le ministre, mais pour notre conscience, sachez bien, monseigneur, qu'elle ne peut reconnaître d'autre empire que celui de Dieu. C'est lui qui nous a commis de prendre soin de notre troupeau & c'est à lui que nous devrons rendre compte de notre charge. Plutôt la mort que de manquer au devoir. On ne vous fera pas mourir, reprit le gouverneur, mais on vous empêchera de prêcher à Montpellier. Et là-dessus, il alla dîner. Plus tard, il rentra chez l'intendant, M. d'Aguesseau, qu'il avait fait appeler. Les ministres n'avaient ni bougé de leur place, ni changé de résolution. On les conduisit à la citadelle. Le soir, M. Bertheau, père, fut aussi arrêté & ils se trouvèrent tous réunis.

Privée de ses ministres & de son culte, l'église de Montpellier voyait son temple au moment d'être démoli. Elle fit partir M. Plauchut pour Paris. Il devait se jeter aux pieds du roi & le supplier de casser l'arrêt du Parlement de Toulouse. M. Plauchut fut arrêté un samedi, jour de son arrivée & conduit à la Bastille. On lui prit toutes ses lettres & M. de la Reinie l'interrogea le lendemain, dimanche. (Correspondance Guntzer, Bulletin nº 1, p. 24). Il paraît que sa captivité dura dix jours. Un courrier de M. Noailles l'avait devancé & des ordres pour la démolition du temple étaient déjà expédiés en réponse.

Pendant que le député du consistoire allait solliciter à Paris, les membres laïques, privés de leurs pasteurs, se demandaient à Montpellier comment ils pourraient conjurer le coup qui les menaçait. Ils conseillèrent à Isabeau Paulet de se constituer prisonnière, afin de purger sa contumace. C'est ce qu'elle fit, en effet, le 28 novembre, douze jours après sa condamnation. On espérait prolonger ainsi l'affaire & peut-être sauver le temple. Il est de règle, en effet, que si une personne condamnée par défaut se remet volontairement entre les mains de la justice, tous les jugements qui avaient été rendus sont frappés de nullité ; la procédure recommence & l'inculpé est admis à produire ses moyens de défense. D'après une pratique invariable, il aurait donc fallu un nouvel arrêt pour faire démolir le temple de Montpellier. On ne l'attendit pas & les ordres arrivés de Paris furent mis à exécution le 1er décembre 1682. La démolition dura trois jours. Il est bon de faire remarquer cette date. M. de Noailles avait promis au consistoire que les 15 jours de délai, portés par l'arrêt, courraient du moment où il signifierait lui-même les ordres qu'il recevrait de Paris, & ces ordres furent exécutés sans aucun retard dès que la décision fut connue. Les choses ne pouvaient se passer autrement, Sa Majesté voulait que le temple fut démoli dans les 24 heures, & elle ajoutait : « Vous me ferez plaisir de faire en sorte que ce soit dans 12, s'il est possible. » M. de Noailles mit donc le temps à profit, &, après avoir donné des ordres aux troupes afin de pourvoir à toutes les éventualités, & s'être assuré que les protestants demandaient à être dispensés de faire eux-mêmes cette démolition, il manda les consuls & leur ordonna d'aller prendre 50 ou 60 maçons & de marcher droit au temple ; puis il partit lui-même suivi de ses gardes & de toute sa maison. La chaire fut d'abord abattue, la toiture enlevée & les murailles démolies du haut en bas jusques au fondement.

Que pouvait-on reprocher au consistoire pour justifier de tels procédés ? Il est vrai qu'un avertissement lui avait été donné en 1680 au sujet d'Isabeau Paulet que l'on considérait comme relapse. Elie Benoît dit que cet avertissement n'était pas régulier, puisqu'il avait été fait au nom du clergé qui n'avait pas qualité pour cela, & que les évêques n'étaient chargés que de mettre *en bonne forme* les actes d'abjuration qu'il s'agirait de déposer entre les mains de M. le procureur. Or, l'acte d'Isabeau Paulet était loin d'être *en bonne forme*, comme la suite le montrera suffisamment. Les considérants du jugement qui termina cette triste affaire visent la signification de l'acte du 22 septembre 1680, faite « de la part du syndic du clergé de Montpellier aux ministres & anciens du consistoire de la R. P. R. de Montpellier, à ce qu'ils n'eussent point à recevoir dans leur temple ladite de Paulet, attendu qu'elle avait fait ladite abjuration & »

qu'elle était catholique. » Cette citation montre évidemment que la fignification avait été faite au nom du fyndic du clergé au lieu de l'être au nom de l'autorité judiciaire. La réclamation du confiftoire était donc fondée & il y avait là un défaut de forme inconteftable. Au refte, pour favoir comment fe pafsèrent les chofes, nous n'avons qu'à lire le procès-verbal de la féance tenue par la *Société de la Propagation de la foi*, le 11 feptembre 1680. Nous y voyons que l'évêque Charles de Pradel s'était adreffé à M. de Maniban, avocat général, au fujet d'Ifabeau Paulet qu'il croyait devoir ménager par confidération pour fon père, miniftre converti, & que M. de Maniban lui avait répondu qu'il n'y avait qu'à faire fignifier l'abjuration aux miniftres & au confiftoire de Montpellier, avec proteftation de les pourfuivre s'ils la fouffraient dans leur temple & la recevaient dans leurs affemblées. Sur quoi le procès-verbal ajoute : « Il a été délibéré que le fieur Fernand fera faire ladite fignification en cette manière. » Il eft bien vrai que d'après la lifte des membres de la *Propagation de la foi*, M. Fernand était procureur au préfidial & qu'agiffant en cette qualité, la fignification pouvait être confidérée comme faite judiciairement ; mais il demeure établi, d'après les procès-verbaux, que cet acte émanait de la Congrégation de la Propagation de la foi & le jugement déclare qu'il fut bien réellement accompli au nom du fyndic du clergé. Au refte cette menace n'avait pas été prife au férieux puifque, pendant plus de deux ans, du mois de feptembre 1680 au mois de novembre 1682, il n'en avait été tenu aucun compte, & qu'Ifabeau Paulet avait pu, fans aucun empêchement, fuivre le culte de l'églife réformée.

Faifons remarquer avant d'aller plus loin : 1° que l'arrêt par défaut fut prononcé malgré une oppofition faite en temps utile ; & 2° que le jugement fut exécuté nonobftant appel.

Ifabeau Paulet avait des moyens de défenfe à préfenter au Parlement & ces moyens étaient bien fimples : jamais elle n'avait abjuré fa religion & les actes qu'on lui attribuait étaient faux. Voilà ce qu'elle déclara fans aucune héfitation &, en préfence du juge commiffaire, elle traça ces lignes : « Ce feing n'eft pas écrit de ma main. » Le *ne varietur* eft figné de Burta (1). Si cette déclaration eft fondée, le délit difparaît & le procès tombe. Tout fe réduit donc à une vérification d'écritures. Mais cet examen eft-il poffible & peut-il y être procédé férieufement ? Comment comparer l'écriture d'une enfant de 12 ans avec celle d'une fille de 20 ? Eft-ce que la main eft formée à un âge fi tendre, & la fignature d'un écolier peut-elle être confidérée comme le *fac fimile* de celle d'un homme fait ? Cette voie ne paraiffait pas de nature à produire de grands réfultats ; auffi l'accufation ne parut-elle pas difpofée à la fuivre & le procureur général s'oppofa obftinément à la requête qu'Ifabeau Paulet avait dépofée le 21 décembre pour être admife à s'infcrire en faux contre les prétendus actes d'abjuration. Ifabeau preffait donc le procureur général de déclarer oui ou non s'il perfiftait à s'appuyer fur ces actes, &, dans le cas de

(1) C'eft de lui que Bafville dit, dans fes *Mémoires* : « M. de Burta, doyen de cette Compagnie, y eft très diftingué par une grande capacité. »

l'affirmation, elle infiftait pour que l'incident de faux fût vidé.

Ici commence une procédure affez compliquée qu'il faut fuivre avec quelque foin. Cette procédure fe compofe de faits que nous pourrions appeler principaux & d'autres auxquels nous donnons le nom d'acceffoires.

Voici l'effentiel : Ifabeau Paulet foutenait que le jugement par défaut qui l'avait frappée ainfi que le miniftre Dubourdieu & le temple de Montpellier, repofait fur des pièces fauffes & c'eft pour établir cette fauffeté qu'elle préfenta requête le 15 décembre 1682, afin que les deux verbaux contenant fon abjuration fuppofée lui fuffent fignifiés. Cette fignification eut lieu le 18, &, le jour même, elle fit venir un notaire dans fa prifon & donna procuration au fieur Manon pour débattre de nullité & de fauffeté les deux actes d'abjuration qu'elle affirmait n'avoir ni confentis ni fignés.

Manon remplit alors toutes les formalités exigées par la loi, il fit le dépôt de 100 livres pour être reçu à l'infcription en faux contre les actes attribués à l'inculpée & fomma M. le procureur général de déclarer s'il voulait fe fervir des deux actes & les foutenir véritables. Au cas de refus, il demandait qu'ils fuffent rejetés du procès. D'après la forme adoptée, le défenfeur dut mettre au bas de la requête que l'infcription ferait faite au greffe & M. le procureur général fommé de fe prononcer ; il ne fut fait aucune réponfe à cette infcription, & ce filence obligea de recourir à des fignifications par huiffier. M. le procureur général refufa d'abord de recevoir la fignification & déclara plus tard qu'il prenait les copies fans s'engager à retarder le prononcé du jugement, qu'au refte il foutenait la vérité des actes du 2 janvier & du 10 mars. Ceci fe paffait le 22 décembre 1682.

D'après l'avis de plufieurs jurifconfultes, une requête civile fut introduite & fignifiée le 11 janvier 1683 à M. le procureur général, qui répondit qu'il pourfuivrait l'audience le lendemain matin pour faire démettre de la requête civile, & l'avocat d'Ifabeau Paulet fut fommé de fe tenir prêt, fous peine de fuppreffion de fa charge. Mais M. le procureur général, adoptant ici une marche nouvelle, fit ajourner la plaidoirie. Deux mois fe pafsèrent ainfi & la requête civile ne fut plaidée que le 23 mars 1683. Ifabeau Paulet fut démife & condamnée à une amende de 450 livres qui fut réduite à 300.

Ifabeau fe tourna dès lors d'un autre côté & obtint de la chancellerie, non fans beaucoup de peine, d'être admife à affirmer par ferment que les deux actes d'abjuration qu'on lui attribuait étaient faux. Cette demande lui fut encore refufée par arrêt du 30 mars & l'on décida qu'il ferait inceffamment paffé outre au procès, fauf à être prononcé plus tard, le cas échéant, fur l'infcription en faux. C'était pourtant là, ainfi que nous l'avons fait remarquer, toute l'affaire. Le jugement a été porté ; ce jugement repofe uniquement fur des actes ; ces actes font vrais ou faux ; dans le premier cas le jugement eft maintenu ; dans le fecond, il tombe. Ifabeau Paulet ne niait pas avoir communié dans le temple de Montpellier & l'on aurait pu fe difpenfer de faire figurer au procès les deux témoins qui l'affirmaient. Il s'agiffait tout fimplement de favoir fi l'abjuration était réelle & fi les actes qui l'affirmaient étaient authentiques. Ce n'est que dans ce cas que le crime de relaps était réel.

Inftruire l'affaire d'une autre façon, recourir à une audition de témoins, quand on possède des preuves écrites, c'est par le fait reconnaître que ces dernières n'ont pas une valeur suffifante. Les adverfaires d'Ifabeau Paulet voulurent fe fervir des fecondes fans renoncer aux premières & c'est ici que nous arrivons aux confidérations que nous avons défignées fous le nom d'acceffoires. C'est une procédure toute nouvelle dans laquelle Ifabeau Paulet va fe trouver en préfence de tout autres difficultés.

Avant d'entrer dans le fond des débats qui vont s'ouvrir, il eft indifpenfable de faire remarquer que la partie n'était point égale entre l'accufation & la défenfe. Déjà Ifabeau Paulet avait pu fe faire une idée de la partialité & même de l'injuftice avec laquelle elle était traitée, car bien que la loi accordât à l'accufé le droit de fe faire affifter par un adjoint, M. le procureur général lui refufa cette affiftance & fit prononcer, par arrêt du 7 décembre 1682, qu'il ferait procédé à l'audition de ladite de Paulet par rapporteur du procès, *fans adjoint*. On peut fe faire une idée de la fituation de cette jeune fille de 20 ans, ifolée & fans appui, obligée de fe tenir en garde contre les rufes & les pièges d'un homme exercé & pouvant fi facilement fe laiffer prendre & tomber dans des pièges que fon ignorance ne lui permettait ni de foupçonner ni de prévenir. Mais c'eft furtout quand le moment fut venu de préparer fes moyens de défenfe pour les oppofer aux attaques dont elle était l'objet, que toutes les difficultés de fa pofition durent fe préfenter à fes yeux. Tandis que M. le procureur général avait les plus grandes facilités pour fe procurer les pièces dont il avait befoin & qu'à Uzès même M. Larnac, lieutenant, faifait des extraits de tous les actes dont on voulait fe fervir contre elle, jufqu'à des écritures privées, & qu'en vertu d'une ordonnance de l'intendant, le fieur de Laurens, prieur de Binière, faifait pour M. le procureur général des extraits, fans en prévenir le procureur de l'accufée, ce qui était contraire à tous les ufages; Ifabeau Paulet ne rencontrait que des obftacles quand il s'agiffait de fe tirer des pièges qu'on lui tendait. Les notaires & tous les officiers publics lui refufaient les extraits que pouvait réclamer fa défenfe; & quand à force d'inftances elle avait obtenu qu'une enquête fût faite, le réfultat de cette enquête était arrêté ou fouftrait & des procès devaient être intentés pour en obtenir la reftitution. On peut en citer plufieurs exemples.

Pour établir que l'abjuration était réelle & férieufe, le procureur général avait un grand intérêt à montrer qu'Ifabeau s'était rendue volontairement dans le couvent de Teirargues; & c'est en effet ce qu'on ne craignait pas d'affirmer. L'intérêt était autre, auffi elle follicita & obtint du fénéchal de Nîmes une commiffion qui fut donnée à M. Reboul, avocat, pour faire interroger le fieur Boudet & les archers qui avaient procédé à l'arrestation. L'interrogatoire était commencé & déjà huit témoins avaient fait leur dépofition, lorfqu'un contre-ordre arriva : M. Chabaud, magiftrat préfidial, en était porteur. Ce dernier était envoyé par le fénéchal de Nîmes, le même qui avait commis M. Reboul, & il était accompagné du fieur Rouvière, lieutenant en la Cour royale d'Uzès, & du nommé Phélin, huiffier. Les minutes des dépofitions furent retirées des mains de Reboul, qui ne les remit qu'après des affignations. Tout cela réfulte d'un verbal figné par Reboul, commiffaire, & par Boucaret, greffier.

Pareille chofe fe paffait auffi à Montpellier. Le commiffaire Trinquère avait à peine commencé fon inftruction & reçu la dépofition de quatre témoins qu'il fut empêché de continuer fon opération & fon greffier mis en prifon. Malgré l'abjuration qu'il avait faite de fa religion, le fieur Paulet, père, témoin entendu, fut introduit. Sa dépofition vaut la peine d'être rapportée. Il affirmait & fes trois fils, tous catholiques, faifaient la même déclaration : « Qu'elle (Ifabeau Paulet), fut enlevée de fa maifon de Valrargues, le 20 avril 1674, par le nommé Boudet, exempt du prévoft, fix archers & autres perfonnes armées, accompagnés du fieur Temple, prieur du lieu, & conduite, de l'ordre de feu M. de Grignan, lors évêque d'Uzès, dans le couvent de Saint-Charles, le 10 janvier 1680, & qu'elle y refta un mois par le même ordre, pour voir fi elle ne voudrait pas fe convertir à la foi catholique, & que n'ayant pu en venir à bout, on la lui rendit le 10 février fuivant ».

Indépendamment de leur valeur quant à la violence faite à fa fille, les dépofitions du père Paulet établiffent qu'Ifabeau fut conduite par l'ordre de l'intendant & de l'évêque dans le couvent de Saint-Charles, le 10 janvier 1680, *pour voir fi elle ne voudrait fe convertir à la foi catholique*. Il eft donc bien vrai qu'elle ne s'était pas convertie à Teirargues pendant le féjour qu'elle y avait fait.

Quant aux actes qui dépofent du contraire & contre lefquels Ifabeau s'était infcrite en faux, voici dans quel ordre ils fe feraient produits.

Ifabeau à qui l'on interdifait toute fortie du couvent de Teirargues pendant l'année qu'elle y paffa, fe ferait trouvée, on ne fait comment, au Pont-Saint-Efprit, chez un nommé Malbofc, chirurgien, le 2 janvier 1675, & y aurait déclaré au fieur Bernard, juge du lieu, qu'elle avait 12 ans & qu'elle voulait changer de religion. Ce n'était encore qu'un projet; mais le juge en fit fon verbal & la pièce fut produite plus tard, pour montrer que la jeune fille avait agi de fon plein gré.

C'eft au couvent de Teirargues que l'abjuration aurait eu lieu le 10 mars & que l'acte aurait été paffé & figné.

On produifait auffi un autre acte d'abjuration du 18 avril 1680. Celui-ci aurait été fait & figné après la fortie du couvent de Saint-Charles.

Mais pourquoi un brevet & deux actes pour une feule abjuration ? Voici l'explication fournie par le *Factum* imprimé *pour la défenfe d'Ifabeau Paulet, prifonnière dans l'hôtel de ville de Touloufe* (1). L'acte dreffé le 10 mars n'était point valable à

---

(1) Ce Factum fut imprimé à Touloufe, dans l'enclos du Palais, par A. Colombier, en voici le titre exact : Factum pour demoifelle Ifabeau Paulet, prifonnière dans l'hôtel de ville de Touloufe, contre M. le procureur général.

caufe qu'Ifabeau était captive au couvent lorfqu'il y fut paffé. Il fallait donc établir que l'abjuration était volontaire & qu'elle n'avait pas été produit d'une contrainte ; c'eft dans ce but que le verbal du Pont-Saint-Efprit fut produit. Mais il y avait auffi une autre chofe à laquelle on avait négligé de prendre garde. La déclaration du 1er février 1669 portait que les enfants de la R. P. R. feraient libres de fe convertir au catholicifme, les garçons à 14 ans & les filles à 12. Or, Ifabeau Paulet n'avait pas alors l'âge voulu pour que fon abjuration fût valable. Cette queftion d'âge conftitue une fection fort importante du procès.

Quel était le jour précis de la naiffance & du baptême de cette jeune fille ? L'un & l'autre étaient indiqués d'une façon très précise dans un regiftre tenu par Paulet, père, en fa qualité de pafteur de Luffan. On fait qu'à cette époque les regiftres de l'Etat civil étaient tenus par le clergé & qu'en ce qui concerne les proteftants, les naiffances étaient enregiftrées par les pafteurs. Les chofes ne fe paffèrent pas autrement de 1660 à 1685. C'eft à cette pratique parfaitement légale que nous devons des collections nombreufes de regiftres réformés fur papier timbré, tenus à double & dont un exemplaire était remis, chaque année, à l'autorité, tandis que l'autre reftait aux archives de l'églife. Or, c'eft fur ce regiftre que le pafteur Paulet avait infcrit la naiffance & le baptême de fes cinq enfants, avec ceux de tous les autres enfants de fa paroiffe. On lit dans ce regiftre, folio 64, au verfo : « Ce jourd'hui, 24 avril audit an 1663, Dieu a délivré ma femme d'une fille par moi baptifée, & préfentée au baptême par Jacques Ducros & Ifabeau Bouette, le 8 mai audit an, nommée Ifabeau. » Si la jeune fille, objet de ce procès, était née le 24 avril 1663, elle n'avait pas 12 ans révolus le 10 mars 1675, jour porté par l'acte de fa prétendue abjuration, & dès lors, en vertu de la déclaration qui réglait la matière, l'abjuration eût-elle été vraie, il aurait fallu, par refpect pour la loi, la déclarer nulle. Un tribunal ayant quelque refpect pour la légalité n'aurait eu d'autre parti. Que fit le Parlement pour gagner les 17 jours qui reftaient à courir ? A l'acte authentique qu'il feignait d'ignorer, il oppofa une enquête, & M. Gay, fyndic du clergé d'Uzès, requit M. Jean-Baptifte Temple, prieur de Valerargues. Celui-ci s'adreffa à Ifac Granier, premier conful catholique & à Antoine Bouton. Granier déclara, non fans fe contredire plufieurs fois, qu'Ifabeau Paulet était née en l'année 1662, environ le 25 décembre. Il prétendait que cette date s'était fixée dans fa mémoire par fuite de cette circonftance que fon fils aîné, Guillaume, était du même âge. Bouton fe bornait à dire qu'Ifabeau fut baptifée en 1662, & Caftagne, autre témoin entendu, plaçait la naiffance en 1662. Quant au père nourricier, David Prades, fon témoignage n'avait rien de précis, car il fe bornait à dire que l'accufée fut baillée à fa femme pour la nourrir durant huit jours, en 1663, fans marquer le mois. Nous voyons, dans le jugement, que la dépofition de la marraine Bouette était en parfait accord avec l'acte dreffé par le pafteur Paulet. Quelle force peuvent avoir de pareilles dépofitions contre un acte authentique ? Et, encore, fommes-nous obligés de faire remarquer ici que

Granier & Caftagne, les deux feuls dont les dépofitions fuffent fignificatives, étaient deux repris de juftice que le *Factum* fignifié à M. le procureur général convainquait de crimes énormes. Penfet-on que ces accufations publiques euffent pu être faites & faites impunément s'il avait été poffible de les contefter. Il eft donc hors de doute qu'Ifabeau Paulet n'avait pas 12 ans révolus lors de fa prétendue abjuration &, pour ce motif feulement, fa fignature eût-elle été authentique, fa condamnation ne pouvait avoir lieu fans que la loi fût violée.

Au dire du chanoine d'Aigrefeuille, l'affaire d'Ifabeau Paulet devint une affaire de parti & fit beaucoup de bruit dans le royaume & même en Europe ; en forte que fi les proteftants avaient un grand intérêt à ce que cette jeune fille tînt ferme, les catholiques n'en avaient pas moins à la faire trouver coupable, & ils envoyèrent à Touloufe vingt témoins irréprochables *qui dépoferent l'avoir vue abjurer l'hérefie à Teirargues & profeffer en diverfes occafions la religion romaine*. D'Aigrefeuille ne nous dit pas les noms de ces témoins & ne paraît pas avoir eu une idée bien précife de leurs perfonnes & de leurs dépofitions. Dans fes confidérants, le jugement parle de témoins & ne les nomme pas. Quant au *Factum imprimé* portant la fignature Deburta, rapporteur ; Thoyras-Rappin, avocat ; Manen, procureur ; il contient les noms de 17 témoins & nous permet d'en apprécier les témoignages. Il eft vrai que ce mémoire eft fait dans l'intérêt de la défenfe, mais il porte le nom d'un avocat qui fut fans doute un avocat confultant, & celui d'un confeiller qui était rapporteur dans l'affaire & qui avait dû voir le *Factum* avant qu'il fût livré à l'impreffion. Ce *Factum* eft vifé dans le jugement où il eft dit qu'il fut fignifié à M. le procureur général & fon contenu eft confirmé par les confidérants de l'arrêt : il préfente donc des garanties réelles au moins quant à la réalité des faits allégués.

Le premier témoin entendu fut M. Charles Marfan. C'eft lui qui était cenfé avoir reçu l'abjuration d'Ifabeau Paulet. Il avait été moine recolet, il embraffa publiquement le proteftantifme le 27 novembre 1643 & fe maria au Vigan ; puis il reprit la religion catholique & fut fait, plus tard, directeur & confeffeur des religieufes de Teirargues. Il avait donc été apoftat à fon tour &, à ce titre, les loix, il n'aurait pas dû être admis à dépofer. Comme l'accufée s'était infcrite en faux contre l'acte du 10 mars 1675 qu'il avait figné lui-même, il était partie & fut témoin dans fa propre caufe.

Le fecond témoin, Maître Souchon, était prêtre. Le témoignage qu'il rendit n'eft pas rapporté & l'on fe borne à dire qu'un autre prêtre, qui avait vu l'inculpée appofant fa fignature au bas de l'acte, lui aurait répondu, lorfque celle-ci affirmait que à cette époque elle ne favait pas écrire : « Mademoifelle, ma dépofition ne vous fait pas mal, car vous vous convertirez bientôt. »

Les 3me, 4me & 5me témoins font : un laquais de M. Azéma, confeiller en la Cour des Aydes & deux garçons de boutique. Ils difent avoir vu Ifabeau Paulet communiant dans le temple avec les autres proteftants. Le fait n'était pas contefté.

Jacques d'Autun, 6me témoin, fermier de la

demoiſelle de Portes, fit l'aveu qu'il n'était pas ſûr ſi l'accuſée était celle qui ſigna le verbal dreſſé par M. Bernard.

Le 7ᵐᵉ témoin, le ſieur Pic, procureur au ſénéchal de Nimes, fait une dépoſition aſſez conforme à la précédente; car après avoir dit qu'il était greffier & fermier des terres de la Dˡˡᵉ de Portes, il avoua franchement qu'il ne connaiſſait pas l'accuſée & qu'il ne ſavait pas ſi celle qu'il voyait maintenant était la même qui avait ſigné. Il faut ſe rappeler en effet que le verbal dont il s'agit aurait été ſigné au Pont-Saint-Eſprit pendant l'année qu'Iſabeau paſſa au couvent de Teirargues & que celle-ci déclara nettement n'être jamais ſortie du couvent pendant le cours de cette année & ne pas connaître M. Bernard. De plus, l'affaire ſe ſerait paſſée dans la maiſon Malboſc & ce dernier ne figure point dans l'acte & n'a pas été cité comme témoin.

Pierre Pelatan, huitième témoin, fit la déclaration que voici : Il dit « qu'il ne ſavait point ſi l'accuſée était la même qui ſigna le verbal de M. Bernard, qu'il n'en jurerait non plus de celle qui ſigna ayant le viſage plus plein, mais que les yeux de l'accuſée reſſemblaient aux yeux de celle qui ſigna ». On ſait que la ſœur aînée d'Iſabeau était dans le même couvent & qu'elle ſe fit religieuſe. L'une n'aurait-elle pas été priſe pour l'autre ?

Le neuvième témoin, le ſieur de Vaujois avoua être domeſtique de la demoiſelle de Portes, il avait ſigné l'acte en qualité de témoin, &, comme le premier témoin Marſau, il était partie. La défenſe le récuſait encore comme ayant été condamné à mort.

Le dixième témoin, le chevalier de Camargues, bien qu'il l'eut d'abord nié, fut convaincu d'être au ſervice de la demoiſelle de Portes. On produiſit en effet un acte où il était dit que le ſieur de Camargues & le ſieur Vaujois (précédent témoin), ſont qualifiés « gentilshommes de la demoiſelle de Portes ». La dépoſition de ce témoin n'eut au fond rien d'accablant, car après la lecture de ſa dépoſition où il était couché qu'il avait été préſent aux deux actes impugnés, il déclara « qu'il ne pouvait pas bien affirmer ſi l'accuſée était la même qui ſigna & qu'il ne la reconnaiſſait pas bien ».

Jean Granier & Jeanne Amalrique, ſa femme, ſont comptés comme les onzième & douzième témoins. Le premier eſt le même qui affirma que l'accuſée était née le 25 décembre 1662. Sa réputation était des plus mauvaiſes, car il avait été accuſé d'avoir voulu tuer ſon propre père & il était dans les priſons d'Uzès depuis cinq mois. Il en ſortit, on ne ſait comment, & ſe rendit à Toulouſe avec ſa femme pour faire ſa dépoſition.

Le quinzième témoin, David Prades, *brocatier*, c'eſt-à-dire feſeur d'alumettes, eſt le père nourricier de l'inculpée. Son témoignage ſe borne à ceci qu'Iſabeau Paulet fut miſe en nourrice chez lui en 1663. Il ne préciſe pas le mois.

Marie de Bonhomme & Roſe d'Entraigues, religieuſes du couvent de Teirargues, furent les derniers témoins entendus. Elles diſent l'une & l'autre que quatre mois après ſon entrée au couvent, Iſabeau Paulet s'ouvrit à une religieuſe pour lui faire connaître ſon déſir de changer de religion, qu'un *Te Deum* fut chanté à cette occaſion & que c'eſt alors qu'on envoya quérir Mᵉ Bernard qui reçut ſa déclaration. Mais la date de l'entrée au couvent eſt certaine & ſi l'abjuration avait eu lieu à l'époque indiquée, l'acte devrait être daté du mois d'août & non du 2 janvier de l'année ſuivante. Au reſte, il y a encore une autre contradiction. Le confeſſeur Marſal dépoſe qu'il fut trouvé bon d'envoyer quérir Mᵉ Bernard, parce que l'accuſée n'avait pas l'âge de douze ans & le prétendu verbal dudit Bernard, fait le même jour, porte qu'elle les avait. La dame de Bonhomme, religieuſe, déclare qu'Iſabeau de Paulet, au ſortir du couvent, ſavait paſſablement écrire, mais les ſignatures miſes au bas des actes ſont faites par quelqu'un qui avait une très belle plume. Jamais Iſabeau n'a écrit auſſi bien & il ne faut pas oublier que c'eſt après la ſortie du couvent qu'elle fut miſe à l'école chez Mˡˡᵉ Pouſſel pour commencer d'apprendre à écrire. Les témoins étant preſque tous ſous la dépendance de Mˡˡᵉ de Portes, qui avait le couvent dans ſon château, & leur témoignage, aſſez inſignifiant, n'était pas de nature à éclairer beaucoup la conſcience des juges.

Il faut bien que cette opinion ait été partagée par monſieur le procureur général puiſque les conſidérations ſur leſquelles il ſe fonde, pour prouver que l'accuſée a abjuré ſa religion, ſont les ſuivantes :

1º Son père, ſes trois frères & ſa ſœur ont fait abjuration ;

2º D'après la déclaration de 1669, les enfants des pères catholiques doivent être élevés par leurs parents catholiques ;

3º Après enquête, le ſieur Paulet fut inveſti de la charge de conſeiller au ſénéchal & préſidial de Montpellier, il était donc inconteſtablement catholique.

D'où le procureur général conclut « qu'il eſt impoſſible de ſe perſuader que ladite de Paulet n'ait jamais fait abjuration, comme elle le dit, contre la vérité & la notoriété publique. »

Après cette audition de témoins dont le caractère eſt ſuffiſamment indiqué, il eût été juſte d'entendre ce que nous appellerions aujourd'hui les témoins à décharge. Iſabeau Paulet fait remarquer dans le *Factum* qui fut dépoſé en ſon nom que, tandis qu'on fait venir de divers lieux des témoins tous à la dévotion de Mˡˡᵉ de Portes, *la plus cruelle ennemie que puiſſent avoir ceux de la religion réformée;* on n'a pas trouvé bon d'appeler ce Mᵉ Malboſc, apothicaire du Pont-Saint-Eſprit, dans la maiſon duquel le prétendu verbal aurait été fait. Sa ſignature ne paraît pas ſur cette pièce. Elle indique encore deux autres ſources d'inveſtigations qui n'auraient pas dû être négligées ſi l'on avait réellement voulu arriver à la connaiſſance de la vérité. Qu'y aurait-il eu de plus naturel, par exemple, que de s'adreſſer à cette demoiſelle Pouſſel chez qui Iſabeau Paulet avait été miſe à l'école le 15 juin 1675 & où, diſait-on, *elle acheva d'apprendre à lire & commença à chiffonner* (ſic) *les premières lettres.* Par cette inſtitutrice & par ſes élèves (le *Factum* dit qu'on aurait pu en conſulter plus de 20), il aurait été bien facile de ſe convaincre &, comme on l'affirmait, Iſabeau Paulet ne ſavait pas écrire lorſqu'elle ſortit du couvent. « C'eſt un fait constant, dit le *Factum*, & ce fait détruit à luy seul, par la preuve qu'on offre d'en faire, les deux faux actes d'abjuration & les faussetez qu'on a faites ensuite pour les appuyer. » En présence d'une telle sommation, le Parlement garde le silence, dit toujours le *Factum* mentionné par le jugement & refuse d'entendre des témoins qui auraient si bien pu l'éclairer.

Isabeau Paulet faisait encore une autre offre qui aurait dû plaire à ses juges, puisqu'il s'agissait tout simplement d'entendre des collègues parfaitement en état de leur fournir des lumières précises & qu'il y en avait même de l'une & l'autre religion.

On sait que les Chambres mi-parties ou Chambres de l'Édit étaient chargées de connaître de tous les litiges entre catholiques & protestants, &, que, comme leur nom l'indique, elles étaient composées, en nombre égal, de juges des deux religions. Lorsque ces Chambres furent supprimées, en 1679, celle du Languedoc résidait à Castelnaudary. Or, dans l'année même de cette suppression, le père Paulet, pour une affaire le concernant, avait dû se transporter dans cette ville où il passa neuf mois avec sa fille. Isabeau affirmait qu'elle avait fréquenté assidûment le culte protestant & qu'elle y avait participé à la Sainte Cène. Elle devait, par conséquent, être connue des juges de son culte qui auraient été en mesure de déposer de ce fait, lorsque après la suppression de la Chambre, ils furent fondus dans le Parlement de Toulouse. Les juges catholiques qui, eux aussi, avaient quitté Castelnaudary pour habiter Toulouse, auraient pu fournir des renseignements, car le père Paulet s'était adressé à plusieurs d'entre eux pour les supplier de le seconder dans le désir qu'il avait d'attirer sa fille dans la religion qu'il avait lui-même embrassée. Une correspondance avait même eu lieu à ce sujet. Ceci n'est pas une simple allégation, un fait en l'air, inventé après coup pour les besoins de la cause; on lit dans le *Factum* dont nous avons plusieurs fois parlé : « Cette pauvre malheureuse supplie très humblement messieurs les juges, de qui elle a eu l'honneur d'être connue à Castelnaudary en l'année 1679, de vouloir bien rendre témoignage si, pendant le temps qu'elle y a été, elle y a passé pour catholique, si on l'a vue fréquenter les églises. (Ailleurs, elle déclare n'y être pas entrée même une seule fois par curiosité), & si, au contraire, le sieur Paulet, son père, dont la grande passion a toujours été de l'attirer dans la religion qu'il a embrassée, n'a pas pris la liberté d'écrire à quelques-uns d'entre eux & ne les a pas suppliés de vouloir employer leurs exhortations & leurs soins, pour rendre sa fille catholique. »

Ce sont pourtant là ces témoins qu'on refuse d'entendre quand on prête complaisamment l'oreille à des repris de justice.

On avait interverti la marche naturelle du procès & au lieu d'examiner, pièces en main, si les actes d'abjuration qui servaient de base au premier jugement étaient ou n'étaient pas authentiques, on instruisit l'affaire, on fit prendre des informations & l'on entendit des témoins ; mais quand on vit que cette marche n'avait pas produit l'effet qu'on avait espéré, on reprit la voie qu'on aurait dû suivre tout d'abord & sur laquelle on avait fait une réserve prudente. Après avoir oublié que si les écrits restent les paroles s'envolent, on eut l'air de penser que le nombre des raisons en remplace la force & l'on seignit de voir, contrairement à l'opinion admise, que deux mauvaises preuves peuvent en valoir une bonne. La preuve par témoins n'ayant pas réussi, on revint à la preuve écrite, ou mieux on voulut s'en servir simultanément & deux experts, non deux experts de profession, mais deux membres de la Cour, deux procureurs, furent nommés pour procéder à l'expertise.

Nous l'avons dit, cette expertise ne pouvait être qu'illusoire : l'écriture d'un enfant de 12 ans n'est pas encore formée. Que firent ces procureurs ? Ils ne se bornèrent pas à constater qu'il pouvait y avoir quelques rapports entre certaines lettres & certains traits : en cela ils étaient dans leur rôle, mais évidemment ils en sortirent quand ils crurent pouvoir affirmer que « l'accusée avait voulu contrefaire son seing en l'acte d'abjuration du 10 mars 1675. Si cette volonté, qu'il est bien difficile d'admettre chez un enfant de 12 ans, avait été réelle, il faudrait reconnaître au moins que l'abjuration n'aurait pas été libre & qu'on avait eu recours à la contrainte.

L'arrêt par défaut du Parlement de Toulouse fut confirmé par un nouvel arrêt du 5 mai 1683. Nous y voyons les noms des conseillers qui prirent part à cette décision, au nombre desquels il faut compter M. Cambon, archevêque de Toulouse. Le jugement est précédé d'un dispositif, il faudrait dire d'un inventaire de réclamations & des actes qui furent produits dans l'affaire & quelquefois aussi des décisions qui eurent lieu sur certains incidents. Cette table de matières est précieuse, en ce qu'elle fait connaître au moins en gros les pièces produites sans en dire tout le contenu, & il est heureux alors que ce sommaire puisse être complété au moins quelquefois. La simple nomenclature de ces actes présente un phénomène étrange : il s'en trouve qui prouvent incontestablement que la décision qu'on va prendre est contraire aux faits allégués... n'importe. On ne condamne pas moins. Nous avons déjà vu au sujet de la démolition du petit temple, que tous les motifs invoqués pour obtenir cette démolition manquent de fondement, le jugement le reconnaît, il dit même qu'il ne s'arrête pas aux accusations, qu'il en reconnaît la futilité, mais il condamne absolument comme si les accusations étaient fondées. La remarque qui précède s'applique à bon nombre d'arrêts que l'on peut lire dans les recueils.

Quant à la décision, la voici : La Cour n'a pas égard aux lettres et requêtes d'Isabeau Paulet, pas plus qu'à l'inscription en faux ; & sans s'enquérir de la vérité des reproches, elle déclare Isabeau Paulet atteinte & convaincue du crime de relaps & confirme le premier jugement, sauf en ce qui concerne l'amende honorable. La correspondance Gruntzer dit qu'on ne voulut pas condamner Isabeau à cette peine, qui était pourtant celle que l'on infligeait aux relaps, « de peur que cette fille, qui avait témoigné une fermeté extraordinaire, ne la fît paraître jusqu'au bout & que cela ne fît un mauvais effet en public, dans l'esprit du peuple » (1).

(1) *Bulletin du Protestantisme français*, 1877, p. 72.

Dans cette procédure où tant de choses sont indécises & douteuses, il y a du moins des faits irrévocablement acquis. L'abjuration vraie ou fausse, légale ou illégale d'Isabeau Paulet, remonterait, d'après les actes produits, à l'année 1675. Il est certain aussi que des poursuites sérieuses n'eurent lieu qu'en 1682. Comment expliquer ce long délai entre le délit & le châtiment ? Est-ce pour le motif qu'Isabeau Paulet, après être sortie du couvent, aurait fréquenté au moins quelquefois & pendant quelque temps le culte catholique ? Non. Ceci n'aurait fait que prouver la réalité de l'abjuration. La procédure ne dit rien de semblable & aucun témoin ne se lève pour l'affirmer. Partout & toujours elle avait fréquenté le culte protestant, cela ne saurait être douteux. Pourquoi donc ne fut-elle pas poursuivie plutôt ? On ne dira point que la déclaration relative aux relaps ne parut que le 13 mars 1679, car cela laisserait encore 2 ou 3 ans & il existait déjà deux ordonnances semblables (1). Tranchons le mot, on en voulait au temple de Montpellier comme à tous les autres. La tendance de l'époque était de les effacer du sol français, &, pour un motif ou pour un autre, on les fit tous disparaître en quelques années. Il n'en restait peut-être plus un seul lors de la révocation de l'Edit de Nantes (2). On cherchait donc un prétexte pour abattre celui de Montpellier. On avait essayé de deux moyens d'en avoir raison, nous l'avons vu, & l'on fut obligé de les abandonner l'un après l'autre. Si l'on avait eu ce qu'on appelait alors un crime de relaps bien prouvé, il est probable qu'on n'aurait pas recouru à des raisons douteuses qu'il fallut abandonner. L'affaire d'Isabeau Paulet, qui remontait à 7 ans, n'était donc pas considérée comme bien sûre. Mais quand on vit qu'il n'était pas possible d'arriver au but pour le motif que Montpellier était une ville épiscopale, ou que le temple avait été bâti sur une terre sainte, on chercha d'autres armes & ce mauvais procès fut suscité. Comment serait-il possible de ne pas faire remarquer ici que si la violence mise au service de la passion est un acte déplorable, il en est un plus odieux encore, c'est celui qui consiste à faire des formes judiciaires un auxiliaire de la passion.

Ce procès, commencé par la fraude, poursuivi dans l'injustice, fut terminé par l'hypocrisie. Comme il fallait s'y attendre, le premier jugement fut maintenu. Le protestantisme demeura interdit à Montpellier, le temple fut démoli, le pasteur banni, & Isabeau Paulet dut faire amende honorable devant la cathédrale & prendre pour toujours le chemin de l'exil. Ce jugement n'abattait pas le courage d'Isabeau Paulet. Son exécution eût été pour elle une délivrance, elle aurait été sur la terre étrangère rejoindre tant de coréligionnaires qui avaient pris le chemin de l'exil, & là, elle aurait pratiqué paisiblement ce culte pour lequel elle avait tant souffert, mais la clémence royale ne le permit pas. On craignit tout ce qu'elle n'aurait pas manqué de raconter au sujet du traitement dont elle avait été l'objet. Peut-être espéra-t-on, cela n'est nullement improbable, qu'on triompherait plus facilement de son courage lorsqu'on lui aurait ôté tout espoir de voir un terme à sa captivité. Quoi qu'il en soit, Sa Majesté, usant de ce droit de faire grâce qui adoucit les peines & ne devrait jamais les aggraver, accorda à cette jeune fille de 20 ans une commutation de peine qu'elle n'avait pas demandée, & sa condamnation à l'exil fut changée en une prison perpétuelle (1). Elle fut atterrée de cette commutation. Elle qui avait été inébranlable dans les couvents & dans les prisons, qui avait résisté aux promesses & aux menaces, perdit toute énergie & toute force ; elle écouta les cajoleries d'un jeune avocat bien fait, originaire de Castelnaudary, qu'on introduisait journellement dans sa prison & prêta l'oreille à des propositions de mariage. Le drame émouvant dont nous venons de retracer l'histoire finit comme un roman. Isabeau Paulet reçut une dot (2) & un mari. Son époux, Pierre Bailot, fut, de plus, capitoul en 1685. Gaultier de Saint-Blancard fait à ce sujet cette réflexion : « C'est ainsi qu'elle se perdit elle-même après avoir été cause de la perte de l'église de Montpellier ». Ce jugement nous paraît trop sévère. Il faut tenir un peu plus compte de la faiblesse humaine. Que d'autres auraient succombé sans avoir peut-être résisté si longtemps ! Aussi terminerons-nous cette étude par la citation d'une parole plus indulgente de l'Evangile : Que celui qui est sans péché jette le premier la pierre à cette femme.

Nombre des religionnaires de la ville de Montpellier en juin 1685.

	Hommes.	Femmes.	Enfants.
Sixaine Sainte-Foy. . . .	157	188	533
— Saint-Paul . . .	295	450	1,068
— Saint-Firmin. . .	127	149	500
— Saint-Mathieu . .	95	146	238
— Sainte-Croix. . .	102	158	177
— Sainte-Anne. . .	229	346	476
	1,005	1,437	2,992

Total de tout sexe : 5,434.

Ordonnance pour rendre grâces à Dieu de la conversion des huguenots.

(29 septembre 1685).

Charles &c., ayant plu à Dieu de donner sa bénédiction aux travaux que jusques icy, nous avons employé pour ramener dans le giron de l'église ceux qui depuis plus d'un siècle s'en étoient séparés & voyant avec une extrême consolation l'empressement qu'il atteignoit tous les jours de vouloir s'y reünir, venant à cet effet en foule dans l'église, pour abjurer leur hérésie & embrasser la foy catolique, nous avons jugé qu'il étoit de notre devoir pastoral, & de notre reconnoissance

---

(1) Avril 1663, 20 juin 1665.
(2) On a parlé d'un qui aurait été conservé & consacré à d'autres usages.

(1) La correspondance Gruntzer parle, sous la date du 12 juin 1685, des efforts que faisaient les protestants pour empêcher la commutation ou plutôt l'aggravation de peines qu'on projetait. *Bulletin*, année 1877, p. 6.
(2) 3,000 liv. de pension réduites à 1,000 dès le 10 juillet 1685, d'après la *France protestante*. D'Aigrefeuille dit : 3,000 écus comptant & 1,000 liv. de pension.

d'en rendre actions de grace publiquement à Dieu & de faire des prières pour obtenir de fa bonté qu'il luy playfe continuer & aûmenter fes divines lumieres dans l'efprit de ceux quy fe font devoyés de ladite eglife, afin qu'ils puiffent coignoiftre la verité, & de toucher leur cœur pour l'embraffer & la fuivre, à ces fins nous ordonnons que les fidelles de notre diocefe jeuneront vendredy & famedy prochain, que le Saint-Sacrement de l'autel fera expofé dans toutes les eglifes paroiffiales de cette ville & de notre diocefe pendant 3 jours, & que la benediction s'y donnera à l'heure accoûtumée, exortons tous lefdits fidelles d'affifter aux dittes prieres afin qu'il plaife à Dieu de nous exaufer & d'achever la converfion de nos freres errans quy a commancé & quy continue heureufement. Donné à Montpellier le 29 feptembre 1685.

Ordonnance pour les maiftres & maiftreffes d'ecole.

(3 janvier 1686).

Charles de Pradel, par la grace de Dieu & du fainct fiége apoftolique, evefque de Montpellier, &c. Sur ce qui nous a efté reprefenté par noftre promoteur que diverfes perfonnes de l'un & de l'autre fexe, dout les bonnes mœurs & capacité nous font incognües, s'ingerent de tenir de petites ecoles dans la prefente ville fans en avoir l'approbation de nous, ce qui eft d'une grande confequence, d'autant que lefdites perfonnes pourroient, fous pretexte d'apprendre aux petits enfans à lire & à efcrire, leur enfeigner une doctrine condamnée & heretique, & leur faire lire des livres deffendus, ce qui expoferoit la foy des enfans à un danger evident, & feroit tres prejudiciable aux progrez de la religion catholique s'il n'y etoit pourveu : Nous avons ordonné & ordonnons qu'aucune perfonne de l'un & de l'autre fexe ne pourra tenir les petites ecoles dans la prefente ville & diocèze, qu'il n'en ayt obtenu de nous l'approbation par efcrit. Deffendons à tous ceux qui ont efté jufques icy occupez à cet employ de le continuer qu'aprés avoir efté approuvez par nous ou nos vicaires generaux. Donné à Montpellier, le 3e janvier 1686.

Ordonnance pour l'oraifon des 40 heures, eftablie pour remercier Dieu de la converfion des huguenots.

(23 janvier 1686).

Charles de Pradel, par la grace de Dieu & du fainct fiege apoftolique evefque de Montpellier, &c., à tous les fidelles de noftre diocefe falut. Puifqu'il a pleu à Dieu, par fon infinie miféricorde, de benir noftre epifcopat par le triomphe glorieux de l'eglife, dans le fein de laquelle il a fait revenir ceux qui avoient quitté cette maifon du Seigneur, nous donnant la confolation de voir des oüailles divifées & errantes, unies & affemblées dans le bercail du Souverain Pontife, pafteur de nos ames, ce qui avoit efté toujours la fin de nos vœux & de toutes nos prieres. Mais, comme il a voulu par fa Providence, faire paroiftre fur cette ville & fur noftre diocefe les effets fignalés de fa divine bonté fur la fin du mois de feptembre dernier, il eft jufte d'annoncer fa gloire dans un temps fi heureux, de faire éclater nos recognoiffances & de fanctifier ces jours de falut par des facrifices de loüanges. C'eft pourquoi noftre Sainct Pere le pape Innocent XI, par fon bref donné à Rome le 19 novembre 1683, accordant indulgence pleniere à tous ceux & celles qui vifiteront l'eglife paroiffielle Noftre-Dame-des-Tables de cette ville, & qui y prieront comme il fera dit à la fin de noftre prefente ordonnance pendant l'oraifon de 40 heures qui y fera par nous etablie & folemnifée lorfque nous jugerons à propos : Nous, voulant nous fervir des threfors que Sa Sainteté nous offre, pour exciter dans le cœur des fidelles de noftre diocefe des fentimens de recognoiffance deus à ce pere de mifericorde. Avons ordonné & ordonnons que l'oraifon de 40 heures accordée dans ledit bref commencera, cette année & les fuivantes, le dimanche qui fe trouve le plus proche immediatement avant la fefte de St-Michel, & fera continuée les jours fuivans dans l'eglife Noftre-Dame-des-Tables de cette ville; pendant lequel temps il y aura indulgence pleniere. Le Sainct Sacrement fera expofé ; la predication s'y dira apres vefpres, & enfuite on donnera la benediction. Nous en ferons l'ouverture par la meffe du Sainct Efprit que nous y celebrerons. Nous exhortons les fidelles de noftre diocefe d'employer avec ardeur leur pieté pour attirer les graces & les benedictions du ciel fur les nouveaux convertis, & de s'unir à nous d'efprit & de cœur, afin que tous enfemble nous puiffions faire une offrande digne de cette infinie majefté & rendre nos actions de graces agreables par l'union de nos prieres, & conformement audit bref, de prier pour la paix entre les princes chretiens, l'extirpation des herefies & l'exaltation de l'eglife, & en particulier pour la fanté & la profperité de noftre invincible monarque, de qui Dieu, quoyque tout puiffant, s'eft fervy dans ce grand ouvrage, voulant rendre l'eglife victorieufe par le miniftere de fon fils ayné. Donné à Montpellier, dans notre palais epifcopal, le 23 janvier 1686.

Ordonnance pour le refpect deu aux eglifes.

(19 février 1686).

Charles de Pradel, par la grace de Dieu & du fainct fiege apoftolique, evefque de Montpellier, &c. Sur ce qui nous a efté reprefenté par noftre promoteur que dans diverfes eglifes de la prefente ville, lorfqu'on celebre les faincts offices & particulierement dans le temps qu'on dit la meffe, plufieurs perfonnes laiques y affiftent en des poftures indecentes, tournent fcandaleufement le dos à l'autel, parlent à haute voix & tiennent des difcours profanes & peu fceans à la fainteté du lieu où ils font & à la grandeur des mifteres qu'on y celebre ; ce qui empeche les fideles de prier Dieu, fcandalife les gens de bien, & attireroit fur nos mifteres un mefpris dangereux s'il n'y eftoit pourveu. A ces caufes, nous avons ordonné & ordonnons aux fuperieurs des maifons religieufes de la prefente ville de commettre un de leur religieux pour prendre garde aux fufdits defordres, impofer filence à ceux qui parleront à haute voix & cauferont avec d'autres perfonnes pendant la celebration de la meffe & faincts offices ; d'avertir ceux qui s'y tiendront d'une maniere indecente & peu religieufe, de fe mettre en une pofture qui temoigne le refpect qu'ils doivent pour nos faincts mifteres & la fincerité de la foy qu'ils profeffent ; enjoignant auxdits religieux, au cas où ils trouvent des perfonnes opiniatres & fi peu refpectueufes qui refufent de deferer à leurs admonitions, de nous en donner advis, affin qu'il y foit pourveu par les voyes de droit. Ordonnons à noftre dit promoteur de faire fignifier & publier la prefente ordonnance partout où befoin fera. Donné à Montpellier, ce 19 fevrier 1686.

Eftat des habitans de la R. P. R. & nouveaux convertis qui ont quitté la ville & font fortis du royaume depuis le comancement de la converfion jufques au premier juillet 1687.

Le f^r Bourdieu pere, miniftre.
Le f^r Gautier, miniftre, avec fa femme & enfans.
Buffaniers freres, marchans ; l'aifné avec fa femme & 3 enfens & le cadet, feul, ayant laiffé icy fa femme.
Le f^r Efpeffel, marchand, avec fa femme.
Le f^r Laures, marchant, avec fa mere & fa fœur.
Eftienne Marret jeune, mar^t libraire.
Chalier fils, mar^t droguifte & fa femme.
Pioch, appoticaire, a un enfent & trois filles qui tiennent boutique ouverte en Angleterre.
Le fils du f^r Rieutort, cappitaine.
Claude Cavalier, gantier.
Le frere du f^r Courtilis eft ftably en Hollande.
Le fils de Bonnemayre, travailleur.
Jacques Montaud, mar^t de dantelles, avec fa femme.
Girard, gantier, & fa femme.
Philipe Dumont, bourgeois, retiré en Orange.
La dem^{lle} de Couderc, belle fœur dud. f^r Dumont, auffy retirée en Orange.
La damoifelle de Fifes, mariée avec le f^r Pellet, eftablye en Allemagne.
Un enfent de la dam^{lle} de Galdy.
Vielhe, mar^d droguifte, avec fon frere.
Le f^r Bourdieu fils, avec fa femme.
Le fils aifné de M. de Bornier.
Lacroix, app^{re}, filz.
Ollivier, affortiffeur & deux enfens.
Caftanet, cordonnier, avec fon fils & deux filhes.
Les deux enfens de Bonnet, bourgeois, pres la place du Temple.
M. Bertrand, miniftre & fa femme.
Guichard, mar^t parfumeur, & fa femme.
Brouffon, mar^t parfumeur & fa femme.
Valette, orlogeur & deux de fes fœurs.
Jean Bruguier, tailleur.
Teyffere, dit Cauquilhete, palemardier.
Le filz de Cabanes, mar^t mangonnier.
Firmignac, mar^t favonier.
La dam^{lle} de Durranc, filhe.
Les f^{rs} Sabatiers, mar^{ts}, père & fils & la femme du filz avec une fille de Sabatier.
Charles Deleufe, peigneur.
Maillautier, mar^t & fa femme, & le f^r Daubofc, fon affocié.
Jurand, mar^t, & fa femme & fa fille.

Le f^r Mufard, advocat.
Rigaud, mar^t libraire & fa femme.
M. Peyrol, miniftre.
Mrs Peyrols freres, avocats.
Le nommé Montauban, tailleur.
M. de Beauregard, fa femme & belle mere.
Bouiffonnade, procureur aux aydes.
Bofc, tailleur & chantre.
Cambolive, advocat.
Le f^r Planchut, mar^t.
Le f^r Sartre, miniftre.
Le f^r Sartre, marchant.
Champagne, m^e menuifier, fa femme & fa fille.
Robert, bourgeois de la Grand'rue, a quité la ville.
Masbon, tailleur, fa femme & un enfant.
Les deux damoifelles de Rey, fœurs.
M. Durand, advocat, fa femme & une fille de fervice.
Rouffel, faifeur de bonnets, qui eftoit Suiffe de Milord Montaigue.
Un fils de M. Euftache, advocat, qui eftoit dans le fervice eftranger.
Rouquete, march^t de leynes, fa femme & enfens.
Antoine Hue, mar^d & fa femme.
M. de Temelac.
Devaux, advocat, beaufils de M. de Bornier.
La damoifelle Lalaufe St Series, mariée à un cappitaine de Fuftemberg.
Lajard Captuce, mar^d & fon fils.
Coulondres, chantre.
Doumerc, bourgeois & fa femme.
Le fils & une fille .du f^r Ramond, capitaine.
Artaud, mar^d.
Charles Lafon, mangonier & fa femme.
La veuve de Bofc, tailleur.
Touloufe fils, brodeur.
Roumier, droguifte.
La fœur de l'hoteffe de la Croix d'or.
Fuilhade, chirurgien.
Ollivier, bourgeois.
3 enfans de la veuve de Riche, marchande de vins.
Le fils de Roux, menager.
Marret, aifné, libraire, fa femme & enfens.
François Goufe, m^e cordonnier.
Servan, pelletier, & fa femme.
Paravifol, brodeur.

1687.

Le fils de Jean Sans, menager.
Montelz, marchant, fa femme & fa fille.
Eftienne Beflon, cordonnier.
Euftache, appoticaire.
Coulomb, affortifeur de leynes.
La femme de Gouze & fa fille.
Marquois, patiffier & fa femme, fa fille & fon fils.
Le nommé Aiguin, gipier.
Cafalet, m^e cordonnier, fa femme & 2 enfans.
Jonquet, brodeur.
Camp, paffementier.
La fille de la dame de Peliffier.
Dauteville, mar^t.
La dame de Vedrines & fa fœur.
Le frere & deux fœurs de Cefary, mar^t, & fa mere.
Lancire, cordonnier.
Jouve, cordonnier.

Cementery, fuſtanier, & ſon fils.
Maurin, marᵈ taneur & ſa mere.
Aiguin, marᵗ taneur & ſa ſœur.
Bourlié, cordonnier.
La filhe aiſnée du fʳ Ducros, mᵉ chirurgien.
La femme de Mauran & ſa fille.
Pouſſet, marᵈ & un petit enfent, & ſa femme avec un autre enfant.
La demoiſelle de Vialla.
La femme de Gouſet, marᵈ, & un enfant.
Cementery, fuſtanier, & ſon enfent.
Martin, marᵈ, manque depuis deux mois, ſa femme a dit eſtre à Maieres.
Dumont, bolanger.
Les deux enfans de Limoſin, bolanger.
La fille de Pau, bolangier, ſon compaignon.
Boyer, fugitif, & ſa femme, *ſoubçonnés de ſe vouloir ſauver.*
Gouſe, mart, a tenté pluſieurs fois ; ſa femme s'eſtant ſauvée depuis 15 jours.
Madame de Temelac & ſa fille.
Formy, mart, a quité ſon negoſſe & vend journellement ſes mubles.
La veuve Maurin dont le fils eſt ſorti du royaume vend les meubles de ſa maiſon, les porte chez Ducros, chirurgien, ſon frere, duquel la fille aiſnée eſt ſortie du royaume.
La femme de Pouſſel, marchant, dont le mary eſt ſorty.
Mauran avec ſa femme quy ſont à Grenoble, à la ſollicitation de quelque proces, paroiſſant par la lettre remiſe par le greffier à M. l'intendant le deſſein qu'il a avec les autres y nommés de ſortir du royaume.
Catrix, gipier, vent ſes mubles & la fille manque depuis 5 ou 6 jours.
La nommée Martelle pres le Peyrou.
Valcroſe fils.
Manuelle. — Pioch. — Les ſieurs Charles & Jean Vezian. — Montaud, au Pas-Eſtroit & ſa femme & 2 enfans.
La fille de madame de Peliſſier.
M. Lan, ſa fille & ſon gendre.
La fille du ſieur Chabaudi, marchant.
Vergille, pangouſſier, & ſa femme.
Le filz & la fille de Lacroix, gipier.
Fraiſſinete.
La fille de Seuve.
La fille de Savoinne (?), couratiere.
Giral, marchand de laine.
Arnaud, courdonnier & ſa femme.
Les deux damoiſelles d'Ugla.
Le fils du ſieur Fabre.
Le ſieur Ouri.

Lettres patentes confirmant les privilèges des conſuls de Montpellier.

(Septembre 1688).

Louis, par la grace de Dieu roy de France & de Navarre a tous preſens & a venir, ſalut :
Par notre Edit du mois de decembre 1686 regiſtré vu beſoin a eſté en conſideration des ſommes qui ont eſte payees par les communautez de la province de Languedoc pour les taxes du droit d'amortiſſement en conſequence de l'Edit du mois d'avril 1639 de la ſomme de trois millions de livres a nous accordée par ladite province en l'année 1647 & du ſixieme denier deſdites taxes payées en execution de l'Edit du 29 decembre 1652. Enſemble la ſomme de cent cinquante mil livres ordonnée eſtre payez au garde de notre treſor royal. Par notre Edit du mois de decembre 1686 Nous aurions amorty les biens, droits reels & facultez apartenans aux communautez des villes, bourgs & paroiſſes de ladite province depuis quelque temps qu'ils ayent eſte poſſedez & acquis ſoit avant l'année 1639 ou depuis, ſoit en noſtre fief ou cenſive ou en celle des ſeigneurs particuliers ſans qu'ils puiſſent en eſtre depoſſedez & que pour raiſon de ce ils ſoient tenus ny aux rois nos ſucceſſeurs aucune finance, indemnité ny autres droits & devoirs generallement quelconques, a la charge de prendre en noſtre grande chancellerie des lettres particulieres d'amortiſſement qui leur ſeront expédiées ſur le double du denombrement qui ſera receu par les commiſſaires du domaine avec notre procureur. En execution duquel Edit les conſuls & habitans de la ville de Montpellier nous auroient fait remontrer que pour jouir du benefice d'iceluy ils ont raporté le denombrement des biens, droits & facultez qu'ils poſſedent conſiſtant en la faculté que les conſuls ont l'aſſiſtance d'aucun magiſtrat d'eſlire tous les premier de mars de chaque année publiquement dans ladite ville & en ſon hoſtel pour le balotement qui ſe fait ſur la liſte par eux dreſſée avec les formalitez accoutumées, ſept electeurs & conjointement apres les ſix conſuls de differentes echelles & conditions qui doivent ſucceder, leſquels eſtant nommez conſuls pretent ſerment es mains des anciens conſuls, & apres le vingt cinquieme du meme mois de mars ſont inſtallez en leurs charges apres avoir preſté le grand ſerment avec ſolemnité & publiquement dans l'egliſe de Noſtre Dame des Tables entre les mains du ſieur ſenechal & en ſon abſence de ſon lieutenant & en leur deſſaut des anciens conſuls leurs predeceſſeurs. Declaration deſdits habitans que toutes les affaires concernant la communauté ſont ſous l'adminiſtration deſdits conſuls qui ont droit de porter la robe d'ecarlate & le chaperon pour marque de leurs charges. Plus le droit de patronage de la chapelle du conſulat erigée dans la maiſon conſulaire appartenant auxdits conſuls. Plus les nouveaux conſuls ont droit de nommer leurs officiers, ſçavoir le greffier, ſyndic ou procureur de la communauté, capitaine du guet eſcudiers & ſergens de leur ſuitte, des eſtimeurs jurez & gardes du terroir & d'exiger leur ſerment. Plus le droit que la communauté a de nommer vingt quatre habitans de toutes ſortes de conditions qui compoſent le conſeil de ladite ville qui tient lieu de conſeil general, leſquels ont pouvoir de deliberer des affaires concernant ladite communauté qui ſont propoſées audit conſeil par leſdits conſuls. Lequel le conſeil nomme annuellement quatre auditeurs pour ouïr, clore & arreſter les comptes du clavaire & des autres adminiſtrateurs des deniers de la communauté. Plus le droit de faire le departement des deniers des impoſitions qui ſe font ſur les contribuables de la communauté aſſiſtez des ſix habitans qu'ils nomment a cet effet, leſquels ſix habitans pretent le ſerment devant le ſenechal ou en ſon abſence de ſes lieu-

tenans. Plus les confuls ont le droit de nommer annuellement le premier janvier quatre prudhommes pris du corps des bourgeois & marchands appellez confuls de mer, de recevoir le ferment le jour & fefte des Rozes dans la maifon confulaire, plus le droit de nommer des chirurgiens a caufe de la contagion & leur accorder lettres de maitrife. Plus le droit de nommer un capitaine de fanté pour veiller a faire vuider les ordures de la ville & avertir des maladies contagieufes. Plus le droit de recevoir le ferment des confuls de Lattes lors de leur inftallation. Plus le droit de donner des lettres d'habitanage. Plus le droit d'eftre appellez dans toutes les affemblées publiques qui fe font aux college royal des lettres humaines de ladite ville & d'y affifter & a la paffation des maiftres aux arts & avoir voix deliberative. Plus reçoivent les afpirans a la maitrife de chirurgie dans la maifon confulaire, & exigent leur ferment & leur expédient lettres d'exercer ledit art. Plus reçoivent les afpirans a la maitrife des arts & manufactures de lanefice & exigent leur ferment. Plus le droit de faire affembler devant eux annuellement le corps des marchands de ladite ville & leur faire nommer des gardes jurez & baillez. Plus le droit de nommer de deux en deux ans deux ouvriers pour la fabrique de l'églife Noftre Dame deftables & recevoir le ferment & affifter a la redition des comptes qui font rendus par lefdits marguilliers & les ouvriers. Plus le droit d'empefcher l'entrée dans ladite ville & faubourgs, du vin appartenant a l'etranger recueilli hors du terroir. Plus la charge de viguier pour en jouir conformement aux lettres pattentes du mois de juillet 1653. Plus la juftice fommaire que lefdits confuls adminiftrent dans maifon confulaire fans prendre aucuns emoluments. Plus la juftice pour le fait concernant les manufactures & le lanefice. Plus la police generale & particuliere de ladite ville faubourgs & confulaire pour en jouir conformement aux anciennes conceffions, poffeffions & arrets du confeil des 19 janvier 1642 & 9e janvier 1656 avec le droit de ftatuer & corriger les abus ainfi qu'ils trouvent a propos pour l'utilité publique & celle de la communauté & le droit d'avoir a la maifon confulaire des prifons & un carreau pour y mettre les coupables dignes de telle punition. Plus le droit de nommer un infpecteur appellé Dom pour affifter aux criées & delivrances des marchandifes & effets mobiliairs qui fe vendent a l'encan dans ladite ville aufquelles ils mettent le premier prix & prend garde pour que les fufdites & delivrances fe faffent fans preferance & fans fraude. Plus les habitans ont le droit de jouir de l'exemption du lot des efchanges & du partage des immeubles fauf de la partie & ne font tenus de leurs aquifitions que fur le pied du denier dix. Plus les habitans ont droit dexemption de toutes fortes de coupes, peage, leude & queftes. Plus les confuls ont droit de prendre douze deniers obole fur chaque beuf, brebis, vache ou veau qui fe tuent aux tabliers de la boucherie de la part antique a nous appartenant. Plus le droit de prendre de l'eau de la fontaine & ruiffeau de la Lironde & la conduire a Montpellier. Plus ladite ville a droit de lods & directes fur plufieurs poffeffions fcituées dans ladite ville & fon terroir. Declaration qu'ils font patrons, nominateurs & collateurs de plufieurs chapelleines fondées dans plufieurs eglifes de ladite ville & autres demolies. Plus la proprieté de la maifon confulaire que la ville a toujours jouy noblement dans laquelle les confuls font l'exercice de leurs charges & toutes les affemblées pour les affaires de la ville, fcituée au fixain Sainte Foy aupres de l'eglife Notre Dame de Tables y ayant une chappelle & une cloche les officiers de la cour royale ordinaire y faifant l'adminiftration de la juftice. Plus la proprieté d'une place couverte appellée de l'Orgerie dans laquelle fe fait la vente & mefure des grains apportez à vendre en ladite ville laquelle la ville a toujours jouy noblement franche & quitte de toutes charges. Plus le fol & place qui eft devant la maifon confulaire attenant a icelle & a la place de l'Orgerie. Plus une maifon appellée la grande loge dans laquelle le corps des bourgeois & marchands ont accoutumé de faire leurs affemblées fcituée au fixain Saint-Firmin, au devant de la principale porte de l'eglife Notre Dame des Tables. Plus un tablier a l'herberie. Plus la penfion de vingt cinq livres due par Pierre Guerin pour deux tabliers a l'herberie qui lui ont efté infeodez. Plus l'herberie & rente annuelle de dix livres que font les heritiers d'Euftache Cofte a la communauté pour une maifon noble pres la porte de Lattes infeodée audit Cofte. Plus l'aleu de groffe & menue coupe des bleds, farines, legumes & autres grains; leude de la poiffonnerie & de la boucherie que la communauté jouit par extinction. Plus le droit de leude fur le bois dont ladite ville jouit pareillement par extinction. Plus le droit de courretage que la ville prend fur les denrées & provifions qui y font fujettes. Plus le droit qui s'exige depuis longtemps pour le poids de la farine qui eft raportée du moulin en ladite ville avec les deux bureaux etablis aux portes de Lattes & du pille Saint Gelly ou fexigent lefdits droits. Plus le droit de boucherie & triperie de ladite communauté. Plus les habitans ont le droit de chaffe dans toute leftendue du territoire de ladite ville. Plus le droit de pefcher dans toute leftendue de la riviere du Lez. Plus un bois appelé de Vallene, chateau de Caravettes & tenement en dependans compris au fufdit bois confiftant en maifon, vignes, champs, bois, taillis & paturage, le tout & contigu affis au comté de Montferrand dans le reffort de la fenechauffée de Montpellier mouvant en arriere fief foy & hommage du fieur evefque de ladite ville a caufe de fa comté de Monferrand, lequel domaine ladite communauté de Montpellier poffede de tout temps immemorial noblement & luy appartient avec juftice & directe & autres droits feigneuriaux fçavoir, la proprieté dudit bois dans toute leftendue d'iceluy qui a efté de tout temps & jufqu'a prefent divifé en treize tails ou triage appellez Caravettes, Veiffière, Calade, Gravenous, las Jaftes, Taurier, Montbouras, Bofc, Ufclat, Cambous, Bois rudel, la Leurede & las Champs. Plus dans toute leftenduë duquel bois toute leftendue fuivant fes bornes & limittes outre la proprieté utile il appartient aufdits confuls communement avec le fieur evefque la connoiffance & punition des excez commis dans la fufdite enceinte par & contre les gardes terres etablis par lefdits confuls de Montpellier & leurs domeftiques jufqu'au nombre de cinq inclufivement comme il eft juftifié par la conceffion faite par Guillaume

Daltignac, evesque de Maguelonne ausdits consuls & communauté en l'année 1615 & par transaction de 1304 passée entre Gauffelin, evesque de Maguelonne & les consuls de Montpellier au mois d'octobre retenue par Bertrand & Bastien, notaire. Plus lesdits consuls ont toutes les justices inferieures, moyennes & basses & tout ce qui peut dependre dicelles dans la susdite etendue du bois de Valene avec le droit dy avoir un pilory comme il se justiffie par la reconnoissance de 1669 des calendes de septembre receu devant Durand Mathieu, notaire au comté de Mauguio & par la susdite transaction de 1304 & par l'execution de la sentence donnée par le juge de Caravettes estably par les consuls contre un volleur qui fut condamné destre attaché a un pilory desdits consuls & ensuite souëtté du septieme may 1634. Plus lesdits consuls ont le droit de banc qui est de prendre de chacune beste grosse trouvée de jour dans les susdits bois de Valene douze deniers & de nuit quatre sols, de chaque beste menue comme porc ou brebis trouvé de jour deux deniers & de nuit douze deniers. De chaque chevre trouvée de jour six deniers & de nuit deux sols, & de conduire les delinquants au chasteau de Caravettes sans pouvoir estre eslargis que par authorité du juge de Caravettes comme il resulte de la transaction de 1304. Plus lesdits consuls ont droit dy faire faire les proclamations a son de trompe avec defenses de chasser dans l'estendue dudit bois, prendre du bois, jurer ny porter armes & autres prohibitions contenues en l'acte du 27e may 1364 & par les criées du mois d'aoust 1269. Plus par l'exercice de ladite justice lesdits consuls ont droit dy establir un juge & autres officiers, sçavoir pour administrer toute la justice moyenne, basse & haute pour le susdit garde & forestiers suivant le susdit acte de 1304 et autres. Plus ont lesdits consuls le droit dans toute l'estendue dudit bois de Valene & autres terres cy dessus specifiées de les pouvoir bailler en emphytheose sous la reservation de conseil, lods, prelation, retention & autres concernant la seigneurie directe ainsy que les consuls leurs predecesseurs ont fait, resultant des reconnoissances faites ausdits consuls en divers temps par les emphytheotes, a raison de toutes lesquelles choses & droits cy dessus specifiées lesdits consuls donnent en la qualité qu'ils procedent audit sieur evesque comme comte de Montferrand & haut justicier, savoir pour ledit bois de Valene, l'albergue de dix chevaliers annuellement en estant requis suivant les actes cy dessus raportez en la concession dudit bois faite par ledit Guillaume Altignac evesque de Maguelonne, aux nones du mois de juillet 1215, pour le chateau de Caravettes & mas de Mathelongue, l'albergue de trois chevaliers annuellement & en estant requis & pour le mas de la Veyssiere neuf sols malgoires a chaque feste St Michel & en outre l'hommage & serment de fidelité. Plus la seigneurie de Combes & Puech Conil consistant en la justice haute, moyenne & basse, censives, lods & autres droits seigneuriaux scituée dans le consulat de Montpellier designée & confrontée dans le denombrement particulier cy devant remis par lesdits consuls & actes justicatifs d'iceluy. Plus la seigneurie de Villars scituée dans le terroir de Montpellier & Grabels sur les confins dudit terroir, qui appartient a la communauté avec toute justice haute, moyenne & basse, censes, directes, paturages & autres dependances, confrontant du levant le terroir de la Colombiere, chemin allant de Celleneuve à Montferrier & à la Vallette, entre deux, du couchant le terroir & devois de la Vaussiere, du midy le terroir de Malbosc & de la Paillade, chemin allant de Montpellier a Grabels entre deux de septentrion & de long en long la susdite seigneurie de Combes, laquelle seigneurie du Villar releve en arriere fief foy & hommage dud. sr evesque de Montpellier. Plus la ville jouit & possede pour la commodité de ses habitans sept fontaines publiques appelées Putanelle, des Carmes, Pudille St Gely, de Lattes, St Barthelemy, Pont Converte & la Sonnarie avec leurs aqueducs & reservoirs, bassins & abrevoirs que la ville a fait construire & entretient. Plus la faculté d'exiger deux deniers pour livre de chair de boucherie accordez par nous a ladite communauté de toute anciennetté, confirmez a perpetuité par nos lettres patentes du 18 juillet 1667. Plus la faculté de faire depaistre les bestiaux des habitans & particulierement ceux des bouchers dans les herbages de toute ancienneté dans le terroir de ladite ville. Plus la proprieté du greffe de la viguerie, cour royale & ordinaire de ladite ville & droit de geole qui a appartenu de toute ancienneté a ladite communauté & pour raison de laquelle il y a procez en nostre conseil entre la ville & le fermier de nostre domaine. Plus deux places publiques sur le sol de laquelle desquelles qui est scituée au sixain St Paul où estoit autresfois le petit temple de ceux de la R. P. R. & l'autre au sixain St Matieu sur le sol de laquelle autresfois estoit le grand temple de la R. P. R. Plus une maison scituée au sixain Ste Anne qui servoit autresfois pour l'université des loix qui a esté cedée a la ville par les professeurs de ladite université pour servir comme elle fait a l'exercice de la juridiction du petit scel royal de ladite ville, noble & immune de toutes choses. Plus la proprieté d'une maison servant a present de tuerie & escorchoir public, avec tous les couverts, basse court & enclos scituée hors la porte du Pile Saint Gely & qui a esté cedée a ladite ville par l'hopital général & maison de la charité; lequel denombrement a esté receu par lesdits commissaires suivant leur ordonnance du dixieme mars 1688 & en consequence nous ont tres humblement faict suplier les rendre capables a toujours de la possession des heritages par eux possedez & contenus audit denombrement & de leur en vouloir accorder nos lettres damortissement sur ce necessaires. A ces causes & en consequance des edits des 19 avril 1639 & 29 decembre 1652 rendus sur la levée des taxes desdits amortissemens, & apres avoir fait voir en nostre conseil les Edits des mois d'avril & decembre 1686 & le denombrement des biens, droits & facultez possedez par les consuls & habitans de ladite ville de Montpellier cy attaché soubs le contre scel de notre chancellerie, de notre grace speciale, pleine puissance & authorité royale nous avons permis & permettons ausdits consuls & habitans de Montpellier & a leurs successeurs de tenir & posseder les heritages, droits & facultez cy dessus exprimées & contenues en leur dit denombrement & a cette fin les avons bien & deuement amortis & amortiffons par ces prefentes fignées de notre main fans qu'eux & leurs fucceffeurs puiffent eftre contraints den vuider leurs mains, bailler homme vivant mourant & confifcant, faire foy hommage anons & a nos fucceffeurs rois, payer aucuns droits devoirs feigneuriaux contribuer au ban & arriere ban ny pouvoir eftre compris dans la recherche des nouveaux aquefts que nos fucceffeurs pouroient pretendre leur eftre deubs ny de nous payer a lavenir ny a nos fucceffeurs rois aucuns autres droits pour quelque caufe & fous quelque pretexte que ce foit dont nous les avons affranchis, quittez & exemptez moyennant le paiement de ladite finance fans prejudice toutes fois des droits des feigneurs, fauf de la juftice haute moyenne & baffe du Villar que nous avons remye a noftred omaine faute par lefdits confuls de l'avoir juftifiée par bons & valables titres, & de l'arriere fief fait a Euftache Cofte pour une maifon que nous avons declarée mouvoir immediatement de nous, fauf auxdits confuls de fe faire payer de l'albergue par eux refervée fans droit de feigneurie. Seront lefdits confuls tenus de nous payer le droit de lods de la maifon de la tuerie ou ecorchoir, fuivant la coutume des lieux & la liquidation qui en fera faite par lefdits commiffaires fur le pied du contrat d'aquifition, defchargeons lefdits confuls du furplus des demandes de notre procureur en ladite commiffion fans prejudice de nos autres droits & de lautruy fuivant l'ordonnance des comm^{res} qui a efté rendue fur ledit denombrement. Si donnons en mandement a nos amez & feaux confeillers les gens tenans notre Cour de Parlement a Touloufe & a nos auffy amez & feaux confeillers les gens tenans notre Cour des comptes aydes & finances de Montpellier, que ces prefentes ils faffent enregiftrer & du contenu en icelles jouir & ufer lefdits confuls & habitans de Montpellier pleinement, paifiblement & perpetuellement, ceffant & faifant ceffer tous troubles & empefchemens nonobftant oppofitions & autres chofes a ce contraires, fauf en autres chofes noftre droit & l'autruy en toutes; car tel eft notre plaifir & affin que ce foit chofe ferme & ftable a toujours nous avons fait meitre notre fcel a ces prefentes. Donné a Verfailles au mois de feptembre l'an de grace mil fix cent quatre vingt huit & de notre regne le quarante fixieme. Louis (figné). Par le roy Phelypeaux (figné). Les prefentes ont été regiftrées es regiftres de la Cour des comptes aydes & finances de Montpellier pour jouir par les confuls & habitans de la communauté de Montpellier de l'effet & contenu d'icelles fellon leur forme & teneur ouy le procureur general du roy fuivant larreft du confeil du 28 feptembre 1690 & celluy de la Cour de ce jourd'huy neufvieme fevrier mil fix cens quatre vingt onze.

Les prefentes lettres ont efté regiftrées ez regiftres de la Cour fuivant l'arreft d'icelle du 23 feptembre 1690.

Controollé.

Rachat par la ville de Montpellier des offices de maîtres & gardes jurés & fyndics des marchands & communautés d'arts & métiers créés par les édits de mars & décembre 1691.

(18 janvier 1692).

Veu les edits de Sa Majefté des mois de mars & decembre 1991, portant creation des maîtres & gardes, & des jurez findics des corps des marchands & communautez d'arts & métiers dans toutes les villes & bourgs clos du royaume, fur le pied des droits y attribuez, fuivant la diftinction des claffes dans lefquelles feront rengées les communautez ; l'arreft du confeil du 18 jour dudit mois de decembre, rendu pour les villes de Montpellier, Nifmes, Carcaffonne & Beziers, par lequel Sa Majefté voulant bien accepter les offres qui luy ont efté faites par les corps & communautez defdites villes; fçavoir, pour celle de Montpellier la fomme de trente fix mil quatre cens foixante quinfe livres & les deux fols pour livre, & moyennant ladite fomme entr'autres chofes reûny & incorporé pour toûjours lefdits offices de gardes, jurez & fyndics, créez par lefdits edits audits corps & communautez, leur attribuant les mefmes droits de vifites, reglez par iceux, fuivant la diftinction des claffes qui en feront par nous faites. Ordonne Sa Majefté que ladite fomme de trente fix mil quatre cens foixante quinfe livres & les deux fols pour livre d'icelle, faifant en tout quarante mil cent vingt deux livres dix fols, fera par nous répartie fur tous les corps des marchands & communautez d'arts & métiers de ladite ville de Montpellier, fuivant leur commerce & facultez, pour eftre ladite cotte part de chacun defdits corps & communautez, repartie entre tous ceux qui la compofent, le plus également que faire ce pourra, & proportionnement à leurs biens & facultez, fans avoir égard à aucuns privileges qui pourroient eftre pretendus par aucuns particuliers defdits corps & communautez; voulant que les difficultés foient reglées fommairement & fans frais par les lieutenans generaux, civils, viguiers & autres juges royaux qui exercent la police dans ladite ville, les procureurs de Sa Majefté efdits fieges, oûys ou appellez, &c.

Et procedant à la repartition qui doit eftre par nous faite en execution du fufdit arreft dudit jour 18 du mois decembre dernier, de ce que chacun corps des marchands & communautez d'arts & metiers de ladite ville de Montpellier doit porter de la fomme de trente fix mil quatre cens foixante quinfe livres & les deux fols pour livre d'icelle par eux offerte à Sa Majefté pour l'union & incorporation pour toûjours aufdits corps & communautez des offices de maîtres & gardes jurez & fyndics creés par lefdits edits, Nous ordonnons que de ladite fomme de trente fix mil quatre cens foixante quinfe livres & des deux fols pour livre d'icelle, faifant enfemble celle de quarante mil cent vingt deux livres dix fols il en fera payé... &c.

Origine de l'éclairage public à Montpellier.

(26 octobre 1697).

En juin 1697 un édit du roi ordonna l'établiffement de l'éclairage public dans les principales villes du royaume. Cet édit reçut son application à Montpellier à partir du 26 octobre pour durer jusqu'à la fin de mars. La dépense de l'entretien fut réglée à 3,900 liv. pour 300 lanternes. La ville dut payer au roi la somme de 85,800 liv., moyennant laquelle l'Etat prit à sa charge le paiement annuel des frais nécessités par l'éclairage. A cette occasion & pour faciliter le paiement du capital, la ville fut autorisée à percevoir les droits d'octroi que voici : 3 liv. sur chaque muid de vin étranger, 1 liv. sur chaque muid de vin de propriétaire, 16 sols de surplus sur chaque charge d'huile, 5 sols de surplus sur chaque cent pesant de pourceaux, de chairs salées & de poissons, enfin 20 sols sur chaque veau. L'arrêt du conseil ordonne en outre que tous les vins entreront par trois portes : le Pila-Saint-Gély, le Peyrou & Lattes.

Ordonnance de l'eveque de Montpellier pour la confession annuelle & la communion pascale.

(11 avril 1699).

Charles Joachim, par la permission de Dieu evêque de Montpelier, comte de Mauguio & de Montferrand, marquis de Marquerose, baron de Sauve, conseiller du roy en ses conseils : Au clergé séculier & régulier & au peuple de nôtre diocese salut & benediction. Sur ce qui nous a été representé par nôtre promoteur que le canon *Omnis utriusque sexûs* du concile general de Latran renouvellé par le concile de Trente, touchant la confession annuelle & la communion pascale, n'est pas exactement observé dans ce diocese; & que plusieurs fidelles sont détournés de leur devoir sur ce point par des coûtumes ou interpretations contraires à l'esprit de l'Eglise : ce qui demande de nôtre part un règlement qui puisse être suivy partout avec uniformité. Nous, ayant egard à ladite representation, avons ordonné & ordonnons que tous les fidelles de l'un & de l'autre sexe demeurants en nôtre diocese observeront exactement ledit canon *Omnis utriusque sexûs*, dont la teneur s'ensuit :

« Que tout fidelle de l'un & de l'autre sexe qui a atteint l'âge de discretion, confesse seul tous ses pechez fidellement & exactement à son propre pasteur, au moins une fois l'an, & qu'il fasse son possible pour accomplir selon ses forces la pénitence qui luy aura esté enjointe. Qu'il reçoive aussi avec respect le Saint Sacrement de l'Eucharistie pour le moins à Pasques, si ce n'est que par l'ordre & l'avis de son propre pasteur il fût jugé plus à propos de differer à un autre tems la communion, pour quelque cause juste & raisonnable. Que s'il vient à manquer à ces obligations, il soit interdit de l'entrée de l'eglise pendant sa vie; & s'il meurt en cet état, qu'il soit privé de la sépulture ecclésiastique. C'est pourquoy ce decret salutaire soit souvent publié dans les eglises, afin que personne ne le puisse ignorer & se servir de cette ignorance pour excuse. Que si quelque personne ayant un juste sujet de ne se pas confesser à son propre pasteur, desiroit se confesser à un autre, il doit en demander la permission à son propre pasteur, & l'obtenir, puisque autrement un autre prestre ne pourroit ny le lier, ny le délier validement. »

En consequence & execution de ce canon, nous déclarons qu'eu egard au petit nombre de prêtres qui sont employés au service des parroisses de la ville de Montpellier, nous donnons pouvoir à tous les fidelles de l'un & de l'autre sexe qui habitent dans ladite ville & ses fauxbourgs seulement de faire leur confession annuelle à tel prêtre séculier ou régulier de ladite ville & fauxbourgs qu'ils voudront choisir, pourveu qu'il soit approuvé par nous pour l'administration du sacrement de penitence. Et à l'egard des fidelles qui demeurent hors la ville & fauxbourgs de Montpelier, nous leur défendons de faire leur confession annuelle à d'autres qu'à leur pasteur, s'ils n'ont une permission dudit pasteur ou de nous, d'aller se confesser ailleurs.

Pour ce qui est de la communion pascale, nous enjoignons à tous les fidelles de nôtre diocese, soit de la ville, soit de la campagne, de la faire chacun en sa parroisse & non ailleurs. Et afin qu'ils ne soient pas exposez à contrevenir à la présente ordonnance, nous défendons, sous peine de suspense encouruë par ce seul fait, à tous prêtres séculiers & réguliers de nôtre diocese, de donner la communion pendant la quinzaine de Pasques aux séculiers, hors les eglises parroissiales. N'entendons neanmoins comprendre dans la présente ordonnance les personnes séculieres qui demeurent dans les maisons religieuses de ce diocese. Et afin qu'on ne puisse en prétendre cause d'ignorance, nous ordonnons qu'à la diligence de nôtre promoteur les présentes seront affichées à toutes les portes des églises & chapelles publiques de nôtre diocese; qu'elles seront notifiées partout où besoing sera, & publiées chaque année, à commencer par celle-cy, pendant les trois dimanches de la quinzaine de Pasques, au prône de toutes les églises parroissiales de nôtre dit diocese. Donné à Montpelier dans notre palais episcopal l'onziéme jour du mois d'avril de l'an mil six cens quatre vingt dix-neuf. En foy de quoy nous avons signé, fait contre-signer nôtre secretaire & apposer le sçeau de nos armes. Signé Charles Joachim, evêque de Montpelier. Par Monseigneur, Montreau.

Les clés de la ville. — Ordre de ne les présenter qu'au roi.

(24 septembre 1713).

Le roy aiant sçeu, monsieur, qu'il y a un usage dans cette province, qui est contraire aux regles du royaume & qui ne veulent pas qu'on présente les clefs d'une ville qu'à Sa Majesté seule, son intention est qu'à l'avenir on retranche cette ceremonie pour tout autre que pour sa propre personne; c'est à quoy vous devés vous conformer.

Je suis, messieurs, tout à vous. *Signé :* Delamoignon.

A Montpellier, ce 24 septembre 1713.

Les dépenses des services funèbres en l'honneur des rois n'incombent pas à la ville.

(1715).

Messieurs, repondant à l'honneur de la vôtre

vous dirons qu'en l'année 1683 messieurs du chapitre de cette ville ayant pretandeu que cette communauté estoit obligée de faire les fraix des honneurs funebres de la reyne, ce qui obligea messieurs les consuls de ladite année d'avoir recours à M. Daguesseau & par sa lettre ladite communauté feut dechargée, attandeu que ledit chapitre devoit fournir auxdits fraix, ce qui a esté encore confirmé par monseigneur de Basville, comme vous verrés par les extraits d'icelles icy de teneur.

A Tournon, 12 septembre 1683.

Monsieur, la ville de Beziers ne doit contribuer en rien pour les honneurs funebres de la reyne & c'est à M^{rs} du chapitre à faire la depance ; c'est bien le moins que les eglizes cathedralles puissent faire estant comme elles sont de fondations royalles. Je suis, Monsieur, vostre tres humble & tres affectionné serviteur. Daguesseau (*Signé*.) Et au-dessous est escript : à M. Portalon, advocat, premier consul de Beziers, à Beziers.

J'ay receu, messieurs, vostre lettre du 28 de ce mois : il n'y a qu'à suivre au sujet des fraix qu'il faut faire pour les honneurs funebres du roy ce qui vous a esté mandé par M. Daguesseau dont vous m'envoyés coppie de la lettre, ne paroissant pas que vostre ville soit obligée de faire cette depance puisqu'elle doit regarder les cathedralles. Je suis, Messieurs, tout à vous. Delamoignon (*Signé*.) A Montpellier, ce 31 octobre 1715, & au-dessous est escript à Messieurs, Messieurs les consuls de Beziers à Beziers.

D'ailleurs nous n'avons pas trouvé dans nos registres que la ville est contribué en aucune maniere à la depance des honneurs funebres du feu roi Louis XIII, ainsi nostre communauté ne pretend point entrer dans aucune depance, comme n'y estant point obligée...

Messieurs, vos tres humbles & tres obeissants serviteurs. Les consuls de la ville de Beziers. *Signé* : Boüé, consul.

A Beziers, le 7e novembre 1715.

Copie de la lettre ecrite par M. le duc d'Antin à M. de Baville, le 6 fevrier 1716.

J'ai rendu compte à monseigneur le regent, monsieur, de la demande des consuls de l'hotel de ville de Montpellier, pour n'etre point tenus des fraix du service solennel que le chapitre doit faire pour le feu roy, S. A. R. a ordonné que conformement à vôtre avis, le chapitre seul feroit les fraix dud. service, attendu que les rois etant protecteurs & censés fondateurs des chapitres, c'est bien le moins qu'ils puissent faire qu'un service à leur mort, & d'ailleurs comme vous l'observés les villes n'ont pas besoin de depenses extraordinaires : ayés agreable de signifier à M^{rs} les chanoines l'intention de S. A. R. la dessus & de m'ecrire, Monsieur, &c. *Signé* : le duc d'Antin. J'ay l'original.

Signé : De Lamoignon.

Police du théâtre.

(10 novembre 1715).

De par le roy, le duc de Roquelaure, lieutenant général des armées du roy, commandant en chef dans la province de Languedoc.

Estant necessaire de renouveller l'ordonnance par nous cidevant renduë, pour prevenir les desordres qui pourroient arriver à l'occasion de l'opera qui va être representé en cette ville, suivant la permission que nous en avons accordée au sieur Campra ; Nous avons fait très-expresses défenses à tous laquais & autres gens de livrée de porter aucunes armes ni bâtons, soit de jour ou de nuit : Leur défendons de s'attrouper à la porte du lieu où l'opera sera representé, & d'y faire aucun bruit, violence ni desordre, tant contre les acteurs & domestiques dudit s^r Campra, qu'autres personnes, sous quelque pretexte que ce puisse être ; à peine de punition corporelle. Enjoignons à la garde qui sera à la porte dudit opera d'arrêter tous ceux desdits laquais & gens de livrée, & autres qui feront du desordre, ou qui voudront entrer de force, & de les faire conduire dans les prisons du presidial de cette ville, où ils seront reçus & gardez jusqu'à nouvel ordre de notre part. Faisons pareillement défenses très précises à tous laquais & gens de livrée d'entrer dans le lieu où se representera ledit opera, pour quelque cause & pretexte que ce soit, à peine de punition exemplaire : Et sera nôtre présente ordonnance lûë, publiée & affichée par tout où besoin sera, à ce qu'aucun n'en prétende cause d'ignorance, & executer à la rigueur contre les contrevenans. Fait à Montpellier le dixième jour de novembre mil sept cens quinze. *Signé* : le duc de Roquelaure, & plus bas : par Monseigneur Dlesage (*sic*).

Appropriation du nouvel hôtel de l'Intendance.

(7 octobre 1718).

Extrait des registres du Conseil d'Etat. Sur ce qui a esté representé au roy etant en son conseil par les consuls de la ville de Montpellier, qu'à l'exemple de ce qui se pratique dans la plus grande partie des generalités du royaume, ils ont resolu, par deliberation du premier du mois dernier, de se charger du logement du sieur de Bernage, conseiller d'Etat & intendant de justice en la province de Languedoc ; & par une autre du sixième du meme mois, d'acquerir à cet effet deux maisons scituées dans l'enclos de ladite ville, dependantes de la succession de la feue dame de Ganges, dont le prix est de cinquante mille livres, & les reparer. Mais parce que ladite dame de Ganges, qui n'est decedée que le neuf juin dernier, avoit, par son testament du 31e may precedent, prohibé au sieur de Gevaudan, son heritier universel, de disposer de ces deux maisons pendant l'année de son deces, voulant qu'en cas de contravention à cette clause, la plus grande desdites maisons appartint à l'hospital St-Eloy de ladite ville, les sieurs recteurs & sindics dudit hospital qui ont reconnu que cette clause estoit [aussi] vaine qu'insolite, ont consenty, par leur acte de deliberation du 9 du mois dernier, que ledit fieur de Gevaudan vendit lefdites maifons pour cette deftination, renonçant en tant que de bezoin à l'effet de ladite claufe. Et comme il paroit neceffaire, pour prevenir toute difficulté, que cette deliberation foit autorifée par le confeil, les fuppliants font obligés de recourir à Sa Majefté, & de la fupplier très humblement d'homologuer tant ladite deliberation que celle qu'ils ont prife les premier & fix juillet dernier pour parvenir à cet etabliffement.

Veu lefdits actes de deliberation du premier & fix dudit mois, l'extrait du teftament de ladite dame, du 31 may dernier, l'extrait mortuaire de ladite dame de Ganges du 9e juin, auffy de l'acte de deliberation du 9e du mois paffé des recteurs & findics dudit hofpital St-Eloy ; ouï le raport & tout confideré, le roy etant en fon confeil, de l'avis de M. le duc d'Orleans regent, a autorifé & homologué, autorife & homologue les deliberations prifes par le confeil politique de la ville de Montpelier des premier & fix du mois de juillet dernier, enfemble celles des recteurs & findics de l'hofpital St-Eloy de ladite ville du neuf du meme mois, portant renonciation à la claufe du teftament de ladite dame de Ganges ; et faifant fans avoir egard à ladite claufe & conformement auxdites deliberations, a permis & permet auxdits confuls d'acquerir lefdites deux maifons fur le pied de cinquante mil livres, & d'en payer le prix auffy bien que les reparations qui feront jugées neceffaires, par emprunt ou par impofition fuivant & ainfy qu'il fera reglé par ledit fieur de Bernage. Et pour l'execution dudit arreft, toutes lettres neceffaires feront expediées.

Fait au confeil d'Etat du roy, Sa Majefté y etant, tenu à Paris le 3e jour d'aouft mil fept cent dix huit. Phelippeaux (*figné*). Louis de Bernage, chevalier, feigneur de St-Maurice, Vaux, Chaumont & autres lieux, confeiller d'Etat, intendant de Languedoc.

Veu l'arreft du confeil cy deffus, nous ordonnons que ledit arreft du confeil fera executté felon fa forme & teneur. Fait à Montpelier le 7e octobre 1718, de Bernage (*figné*), par monfeigneur, Jourdan (*figné*).

Tumulte occafionné par certaines revendeufes de Montpellier au fujet de l'application des réglemens fur la vente de la chair de pourceau.

(24 janvier 1730).

« Sur la requête prefentée au roy en fon confeil par les confuls viguiers de la ville de Montpellier, contenant que, bien que la connoiffance des affaires de police, circonftances & dépendances leur appartienne en premiere inftance, & qu'elle leur ait été attribuée par plufieurs arrêts du confeil, & principalement par ceux des 9 juin 1656 & 22 octobre 1697, dont l'un contradictoirement rendu avec les officiers du prefidial de ladite ville & à leur excluſion. Néanmoins il eſt arrivé qu'à l'occafion de l'execution d'une ordonnance rendue le 24 janvier dernier par le bureau de police, au fujet des malverfations & concuffions commifes par les revendeufes de chair de pourceau, en ce qu'au prejudice du taux convenu & arrêté à leur requifition, elles ne laiffent pas de la vendre à un prix exceffif en cachette, fans en etaler la chair fur leurs etablies, ce qui auroit obligé le bureau de police d'ordonner que les pourceaux egorgez feront portez à l'hôtel de ville pour être vendus & diftribuez au public fur le prix convenu & arrêté par le bureau ; pour l'execution de quoy les fuppliants s'etans tranfportez le 25 dudit mois de janvier dernier aux endroits où l'on a accoutumé de tuer les pourceaux, ils en auroient trouvé vingt-neuf égorgez appartenant aux revendeufes, pour le tranfport defquels ayant mandé les valets de ville avec des crocheteurs, les revendeufes fe feroient attroupées en nombre, ayant à leur tête les nommées Surville & Pegouliere, & auroient grievement battu & excedé les valets de ville ; ce qui auroit obligé les fupliants de demander main forte au major de la ville, qui leur avoit accordé par deux fois reiterées fix foldats par le fecours defquels les pourceaux egorgez furent portez à l'hôtel de ville & débitez au public, le lendemain, fur le taux arrêté. Mais, dans le temps que les pourceaux étoient, le foir du même jour 25 janvier, tranfportez à l'hôtel de ville, les memes revendeufes attroupées auroient fuivi les valets & crocheteurs, & feroient entrées en tumulte dans ledit hôtel de ville pour emporter les pourceaux, les fupliants, pour eviter la fureur de ces femmes, furent obligez de commander à leurs valets de les faire retirer. De tout ce que deffus les fupliants ayant informé le fieur marquis de la Fare, commandant en la province, il auroit donné ordre d'arrêter lefdites Surville & Pegouliere ; de quoy les fupliants ayant dreffé leur procès verbal, ils l'auroient remis, en l'abfence du fieur de Bernage, commiffaire départi en ladite province, au fieur Rouffet fon fubdelegué, et lui informer davant lui defdits excès & attroupemens ; lequel auroit, le 29 dudit mois de janvier, decerné decret de prife de corps contre ladite Surville, & d'ajournement perfonnel contre ladite Pegouliere, en haine de quoy ladite Surville, pour fe mettre à couvert de cette procedure, s'eft avifée de porter plainte contre le fieur Romieu, fecond conful, l'un des fupliants, & a fait ouïr plufieurs temoins fur le pretexte qu'elle avoit été battue & excedée dans l'hôtel de ville par le fecond conful, contre lequel elle pourfuit un decret fur cette information. Et comme il n'eft pas jufte que les fupliants foient expofez au caprice de ces revendeufes, & à la fuite d'une procedure incompetente faite contre eux devant le juge criminel, à l'occafion d'un attroupement fait pour empêcher l'exécution des ordonnances de police qui interefſe le public, furtout lorfqu'il s'agit d'un pretendu excès commis dans l'hôtel-de-ville, dans le temps que les fupliants font revêtus de leur chaperon & exercent leurs fonctions. A ces caufes, requeroient les fupliants qu'il plût à Sa Majefté ordonner l'exécution defdits arrêts du confeil ; ce faifant, faire défenfes audit juge criminel & à tous autres juges de connoitre de l'execution defdites ordonnances de police, comme auffi ordonner que, pour le fait dont il s'agit, la procédure commencée devant ledit fieur de Bernage, commiffaire départi en la province, ou fon fubdelegué, fera continuée jufqu'à jugement définitif contre lefdites Surville, Pegouliere & autres coupables.

Veu ladite requête, signée de Largentiere, avocat des supléants, les pieces y jointes, lesdits arrets des 9 juin 1656 & 22 octobre 1697, le premier rendu sur la requête des consuls de Montpellier, par lequel, pour les causes y contenues, Sa Majesté a maintenu lesdits consuls de Montpellier en la faculté qu'ils ont de tout tems de connoître & juger de la police en première instance, sauf l'appel au parlement de Toulouse ; & par le second, Sa Majesté, faisant droit sur les requêtes du lieutenant général & juge mage de la sénéchauffée & siege présidial de Montpellier d'une part, les officiers de ladite sénéchauffée & siege présidial de Montpellier d'autre part, le maire perpetuel de ladite ville de Montpellier aussi d'autre part, & les consuls de la même ville encore d'autre part, a débouté lesdits lieutenant général, juge-mage & les autres officiers de ladite sénéchauffée & siege présidial de toutes leurs demandes, fins & conclusions tendantes à être maintenus, & les autres officiers du sénéchal & présidial, au droit de présider aux assemblées qui se tiennent à l'hôtel d'icelle pour les impositions, départements des deniers, députations, taxes de voyage des députez de ladite communauté & autres affaires d'icelle, le procès-verbal du 26 janvier 1730, le décret rendu par le subdélégué du sieur de Bernage, intendant du Languedoc, du 29 dudit mois de janvier, & l'avis dudit sieur intendant en Languedoc du 10 avril 1730. Ouy le raport du sieur Orry, conseiller ordinaire au conseil royal, contrôleur général des finances : le roy en son conseil, ayant égard à la requête, a ordonné que les arrêts des 9 juin 1656 & 22 octobre 1697 seront executez selon leur forme & teneur ; en consequence fait Sa Majesté défenses au juge criminel de la ville de Montpellier & autres juges autres que les suppliants, de connoître de l'execution des ordonnances de police. Ordonne Sa Majesté que pour le fait dont il s'agit, la procédure commencée devant le sieur de Bernage, intendant en Languedoc, ou son subdélégué, sera continuée & jugée définitivement par ledit sieur intendant. Et à cet effet a évoqué & évoque à soi & à son conseil la procédure faite par-devant ledit juge criminel de Montpellier à la requête de la nommée Surville contre le sieur Romieu, second consul de la même ville ; & l'a renvoyée & renvoye par-devant ledit sieur intendant, pour être par lui jugée suivant & conformément aux ordonnances conjointement avec celle-ci dessus énoncée, ou séparément, si le cas y échoit ; Sa Majesté attribuant, en tant que besoin est ou seroit, toute cour & juridiction audit sieur intendant ; icelle interdisant à toutes ses cours & autres juges. Et sera le present arrêt exécuté, nonobstant toutes oppositions ou autres empêchemens quelconques, pour lesquels ne sera différé. Fait au conseil d'Etat du roy, tenu à Fontainebleau le deux may mil sept cent trente. Collationné. DE VOUGNY, signé.

Le peintre Ranc & les tableaux consulaires.

(25 octobre 1731).

Du jeudy vingt cinq octobre mil sept cens trente un dans la grand salle de l'hotel de ville de Montpellier, sur les trois heures apres midy, pardevant

M⁰ Jean Henry Casseirol, lieutenant general criminel en la senechauffée & siege presidial de Montpellier, le conseil de la ville assemblé.

M. Eustache, premier consul & viguier, a representé que dans l'etat des depenses ordinaires de la communauté, arrêté le 15 juillet 1687, il est fait mention de la somme de trois cens livres pour les grands & petits tableaux quy se font toutes les années pour Mʳˢ les consuls ; qu'en conçequence le sʳ Ranc, peintre, s'est toujours chargé de les faire pour lad. somme de trois cens livres, excepté depuis l'année 1722, où il y a eu plusieurs années qu'on luy accorde cent livres de plus à cause de l'augmentation des drogues & toilles ; que led. sʳ Ranc est absent, étant allé en Espagne & comme il est d'usage que lesd. tableaux se font toutes les années & qu'il ne se trouve aucun peintre dans la ville quy veuille se charger de les faire pour le prix de trois cens livres, led. sʳ premier consul a prié l'assemblée de nommer des commissaires pour regler l'augmentation avec le peintre quy voudra s'en charger.

Surquoy l'assemblée, informée que de tout temps il a été fait un grand & petit tableaux de MM. les consuls, a unanimement deliberé & donné pouvoir à messieurs les consuls de regler eux mêmes avec le peintre qui faira la condition meilleure l'augmantation desd. tableaux pour ensuite supplier M. l'intendant d'autoriser lad. depense. Laquelle deliberation a été autorisée par mond. sʳ le lieutenant general criminel quy a sur icelle interposé son decret d'autorité judiciaire & a signé Casseirol, lieutenant general criminel. Par mond sʳ Cassagne, greffier.

Arrêt relatif aux incendies occasionnés par les tonneliers.

(2 octobre 1734).

Sur la requête presentée au roi par les consuls viguiers de Montpellier, contenant que le sieur marquis de la Farc, commandant en Languedoc, & le sieur de Bernage de St-Maurice, intendant en la même province, ayant vû arriver en la ville de Montpellier, où ils font leur résidence, plusieurs incendies considerables, ils auroient jugé necessaire que le bureau redoublât ses attentions & les precautions convenables pour prevenir ces sortes d'accidens. En conçequence le bureau de police fit un reglement, le 20 janvier 1733, qui fut autorisé, en l'absence dudit sieur intendant, par le sieur de Roffet, son subdelegué à Montpellier, suivant son ordonnance du 24 juin dernier. Et comme on avoit vû que la plupart des incendies arrivez depuis quelque tems en ladite ville avoient été causez par des tonneliers & baralistes, notament celle du 3 juillet 1731 qui consomma plusieurs maisons, où il perit plusieurs personnes, & qu'il étoit à craindre que ce meme malheur ne continuât, parce que ces manouvriers sont obligez de tenir tout à la fois dans leurs boutiques des matieres combustibles & d'avoir du feu pour resserrer leurs ouvrages, par l'art. 9 dudit reglement il est porté que lesdits maîtres tonneliers & barraliers vuideront la ville & iront se loger aux fauxbourgs ; en sorte que les suplians ayant fait signifier ledit reglement aux confuls defdits maitres tonneliers & barraliers, ils ont déclaré être appellans au Parlement de Touloufe, de l'art. 9 d'icelui ; & ils ont obtenu arrêt, avec le fieur procureur general de fa Majefté, le 25 du mois de feptembre 1733 qui caffe, par tranfport de juridiction, l'ordonnance d'autorifation dudit reglement, renduë par le fubdelegué le 24 juin audit an ; ordonne que les parties procederont en ladite cour, fur l'appellation dudit reglement de police, en ce qui concerne l'art 9, avec inhibitions & défenfes de fe retirer ailleurs pour le fait dont eft queftion. Mais, d'autant qu'en fuivant cette route, la communauté fe trouveroit engagée dans des difcuffions longues & difpendieufes, tandis qu'il eft jufte, & même important pour le bien public, que ledit reglement foit promptement exécuté pour prevenir les malheurs qui pourroient arriver, à quoi il ne fçauroit être pourvû avec trop de celerité ; c'eft pourquoi les fuplians ont recours à Sa Majefté, pour leur être fur ce pourvû. A ces caufes, requeroient les fuplians qu'il plût à Sa Majefté, fans s'arrêter aux lettres d'appel defdits maitres barraliers & tonneliers de Montpellier, ni à l'arrêt du Parlement de Touloufe du 25 feptembre 1733, ni à tout ce qui s'en eft fuivi, ordonner que ledit reglement de police du 10 janvier 1733 fera executé fuivant fa forme & teneur ; & où Sa Majefté feroit difficulté de l'ordonner dès à préfent, évoquer à elle & à fon confeil la connoiffance des conteftations des parties, & les renvoyer pardevant le fieur commiffaire départi en ladite province, pour les entendre & donner fon avis, pour être enfuite ordonné par Sa Majefté ce qu'il appartiendra. Veu ladite requete, le reglement de police & l'arrêt du Parlement de Touloufe & autres piéces attachés à ladite requete ; ouy le raport & tout confideré : le roy étant en fon confeil, a évoqué & évoque à foi & à fondit confeil l'appel porté au Parlement de Touloufe par lefdits maîtres tonneliers & barraliers de la ville de Montpellier, de l'ordonnance d'autorifation du reglement de police du 24 juin 1733, & fans s'arrêter à l'arrêt de ladite Cour du 25 feptembre de la même année, ni à tout ce qui s'en eft enfuivi, fait défenfes aux parties d'y proceder, à peine de nullité, caffation de procedures ; & en confequence a renvoyé & renvoye lefdites conteftations pardevant le fieur de Bernage de Saint-Maurice, intendant en Languedoc, pour entendre les parties & donner fon avis, pour icelui vû & raporté à Sa Majefté être par elle ordonné ce qu'il appartiendra. Fait au confeil d'Etat du roi, tenu à Verfailles, le deuxième jour d'octobre mil fept cent trente-quatre. *Signé* PHELYPEAUX. »

Sépulture dans les églifes & chapelles des couvens.

(Vers 1740.)

Très humble remontrance à Monfeigneur de Montpellier par les PP. Recollets fur les enterremens dans leur eglife.

Monfeigneur, le frere Ange Auriol, ancien lecteur de theologie & gardien des Recollets, dans le fentiment de toute fa communauté reprefente très humblement & tout fimplement à votre grandeur avec la plus modefte confiance, qu'ils ont été egalement mortifiés & furpris de l'article de fa derniere ordonnance, n° 14, & qu'ils ne fçauroient concevoir qu'avec tant de bonté qu'il a pour eux, tant de graces dont il les honore avec quelque diftinction, tant de marques de fa pretieufe eftime qu'il leur donna en toute occafion, il ait voulu les priver d'un droit commun, d'un droit dont ils jouiffoient paifiblement du temps de fes predeceffeurs, d'un droit qu'aucun prelat ne leur difpute dans toutes les plus grandes villes, Toulon, Aix, Marfeille, Avignon, Arles, Béziers, où ils font etablis ; d'un droit avec lequel nous avons été reçus pleinement fans reftriction odieufe, noblement & genereufement par l'augufte Chapitre de notre illuftre cathedrale, qui bien loin de nous demander la moindre petite redevance dans notre établiffement, nous a comblé de fes bienfaits & de fes pieufes largeffes, pour la conftruction de notre couvent, de notre eglife, comme nos archives en font l'honorable mention ; d'un droit, enfin, dont ils ne pourroient fe voir dépouiller qu'avec grand chagrin, parce que l'ordonnance feroit à leur égard & prejudiciable & deshonorante.

Je dis premierement prejudiciable. Elle nous priveroit infailliblement de beaucoup d'enterremens, & la depenfe que nous avons fait pour un grand nombre de couvens deviendroit finon tout à fait, du moins à peu près inutile, fi nous ne pouvions affifter au convoi funèbre de ceux qui ont la devotion de s'enterrer & decemment chez nous, fi nous ne donnions cette confolante & honorable fatisfaction aux parens qui la demandent toujours.....

Si nous ne chantions les facrés cantiques pour le repos des defunts avec Meffieurs les curés & les prêtres nous en font foulagés, & qui très affeurement ne doivent pas s'eftimer deshonnorés par une nombreufe & toujours edifiante compagnie, qui les honnore autant qu'elle defire en etre honnorée.

Il eft vrai, Monfeigneur, que nous ne nous fommes jamais crus compris dans les termes de l'ordonnance. Perfonne n'ignore que nous fommes depuis longtemps en poffeffion de cet ufage ; & pour le conftater je n'ai pas befoin de recourir à notre obituaire. Comme je commence à dater de loin, je me contente de dire, fans crainte d'être un témoin odieux ou reproché, que demeurant encor jeune diacre dans ce couvent en 1700, du temps de Monfeigneur de Colbert, j'ai affifté à l'enterrement de Madame de Sarret, époufe de M. le confeiller de ce nom qui vit encor, & dont le caveau eft dans notre eglife.

S'il y a des religieux dans la ville qui n'affiftent pas à la levée du corps du defunt ni à l'enterrement, & qu'ils l'attendent à la porte de leur eglife, c'eft qu'ils n'ont jamais eté & ne font pas dans cet ufage, par des loix fpeciales qu'ils fe font impofées. Sans doute ils ont leurs raifons, comme nous en avons ici, de ne pas affifter aux fimples accompagnemens lorfque le corps ne doit pas être enterré dans notre eglife. Mais lorfque l'inhumation fe fait chez nous, & la coutume, & l'ufage & la loy nous permet, je dis plus, nous commande ce pieux office de religion & de charité. Le faint & falutaire exercice de la priere pour les morts, cet honnête travail (comme il eft dit dans notre regle), pour pouvoir fubfifter dans une ville en etant trop eloignés & peu à meme de rendre de plus grands services au public, la charité refroidie ne diminue que trop où nous n'avons guere de meilleure & de plus solide ressource, & où l'heresie inspire tous les jours plus d'eloignement, de rebut, de mépris & de haine pour les religieux, toujours implacables ennemis de l'erreur, toujours genereux defenseurs de la saine doctrine & de la verité.

J'ai ajouté en deuxième lieu, Monseigneur, que l'ordonnance seroit deshonnorante à notre province, à notre communauté, à moi-meme ; à notre province, qui n'auroit pas le meme droit à Montpellier qu'elle a partout ailleurs, à la communauté qui seroit en moindre consideration & postposée à toutes les autres ; à moy meme sur qui le coup retomberoit plus particulierement. Que ne diroit-on pas de nous dans la ville, que ne penseroit-on pas dans notre province si on venoit à apprendre que Monseigneur de Montpellier, notre grand & illustre prelat, digne de tout eloge par tous les endroits, l'asile des pauvres, la consolation des bons religieux, le fleau des heterodoxes, notre glorieux & favorable protecteur (nom duquel nous nous decorons tous les jours), nous interdit ce que nous permettent tous les autres ? Enfin, quelle honte, quelle confusion, quel chagrin pour moy, après avoir rempli plusieurs gardienats avec quelque honneur, & toujours eu très à cœur d'eviter scrupuleusement la moindre mauvaise affaire, je n'avois sur le declin de mon age accepté comme par force celuy-ci que pour me deshonnorer & fournir un fondement solide à toute la province de juger de ce que je me suis attiré par ma mauvaise conduite le mepris & l'indignation d'un des plus grands prelats que nous ayons le bonheur d'y posseder, & que le Seigneur nous a donné dans les jours de sa plus grande misericorde.

Encore, Monseigneur, si nous etions confondus avec tous les autres corps religieux de cette ville qui de tout temps (dit l'ordonnance) sont destinés à cette fonction, n'en meritant pas plus qu'eux, nous ne sçaurions former aucune plainte ou du moins nous les renfermerions toutes dans notre cœur. Mais permettez moi de le dire, Monseigneur, cette exception des religieux qui très certainement n'ont pas plus de droit que nous &, l'exclusion de notre communauté faute aux yeux de tout le monde, se revolte & leur paroît déshonorant pour nous.

Je ne crois pas meme que tous ces religieux exceptés voulussent s'arroger quelque privilège au-dessus de nous sur cet article ; ils sont trop eclairés. Et sur quoy pourroient-ils se fonder ? Sur notre petit eloignement de la ville ! Les canons exigent un mile. Et sommes-nous dispensés pour cela d'assister à toutes les processions ordinaires & extraordinaires ? S'étaieroient-ils sur leur ancienneté ? Ou il est question de celle de nos Ordres, ou de celle de notre etablissement dans cette ville. Or pour celle-ci, nous ne la portons pas plus haut, il est vrai, qu'à l'année 1622, dans laquelle Louis XIII, d'heureuse memoire, après s'en être rendu maître, eut la bonté de nous y établir en recompense des grands services que 23 Recollets avoient rendus à son armée en qualité d'aumôniers, aumôniers d'une vie la plus edifiante, aumôniers dont il voulut etre accompagné sous leur croix, dans la procession solennelle le jour de son entrée triomphante dans Montpellier ; circonstance trop glorieuse aux Recollets pour n'etre pas oubliée par l'autheur de la légende de l'office composé pour la celebrité du jour de la delivrance. Nous n'avons pas d'époque plus ancienne dans cette ville, j'en conviens ; mais aparement on n'exige pas que nous ayons enterré lorsque nous n'avions ni couvent, ni eglise, ni caveaux.

A l'egard de l'ancienneté de notre Ordre, j'entends des Freres Mineurs. Tous les autres corps religieux (il n'est pas question des solitaires & des moines, nom si respectable autrefois & devenu si odieux de nos jours), tous les autres, dis-je, sont trop bien versés dans l'histoire de notre origine pour ignorer que nous datons du meme millieme que les reverends Peres Precheurs, depuis 536, sous le pontificat d'Innocent III, & peu après d'Honorius III, & que nous sommes plus anciens que tous les autres. Le rang que notre general tient aux pieds du Pape, lorsque Sa Sainteté tient chapelle, parmi les quatre generaux des grands Ordres mendians, en est une preuve si manifeste qu'aucun sçavant ne sçauroit la contester. Peut-être quelqu'un, un peu moins instruit de l'origine, du progrès & des differentes reformes de notre saint Ordre, si etendu dans l'ancien & le nouveau monde jusqu'aux extremités les plus reculées, peut-être, dis-je, quelqu'un pourroit opposer que nous sommes très nouveaux & que nous ne comptons guere de loin. Mais j'apellerois volontiers cette objection de quelques religieux & meme de saint François une risible puerilité, à moins qu'on ne voulut nous degrader, nous priver de notre rang & nous fere dechoir de notre ancienneté en punition de ce que nous tâchons d'approcher de plus près de l'esprit de notre saint patriarche, & que nous faisons profession d'une observance plus austere, plus etroite, plus exacte de la sainte eglise. Qui oseroit le penser ? Les noms de conventuel, de cordelier, d'observantin, de recollet, de capucin, de discarte, de reformé, de picpus, tous ces noms de differentes branches ne n'etablissent ni ne diminuent en rien l'ancienneté de l'Ordre ni des uns ni des autres.

Notre nom propre, le nom que saint François nous a donné & qui nous est conservé dans les conciles, est celui de Freres Mineurs. Nous avons tous meme fondateur, meme regle, meme loi ; nous sommes tous sous le meme general, successeur immediat du premier patriarche auquel Leon X donna les sceaux pour le gouverner dans tout le monde chretien, à la seule exception des conventuels & des capucins.

Au surplus, Monseigneur, après vous avoir prié humblement de donner un moment d'attention à la solidité de nos raisons, de faire droit à notre demande, de nous maintenir dans la possession de nostre long usage sur les enterremens dans notre eglise, n'y ayant aucun inconvenient ; quelque lesion que nous peussions apercevoir dans son ordonnance, si Votre Grandeur se refusoit, pour des raisons sans doute plus plausibles, plus solides que les notres, & que nous ne concevons pas encore assés bien, nous sommes si jaloux de conserver ses bonnes

Livre second. — Première partie.

graces qu'il n'eft ni intereft ni honneur que nous ne foyons en etat de facrifier. Une feule de vos paroles, favorable ou non, terminera ce petit procès & en fera l'entière decifion. Nous nous glorifierons de recevoir fes ordres avec la plus aveugle foumiffion, & nous aurons toujours l'honneur d'être, avec le plus profond refpect, Monfeigneur, de Votre Grandeur les très humbles & très obeisfans ferviteurs. F. Ange Auriol & tous les Recollets de fa communauté.

Société du jeu de l'Arc.

(Vers 1740).

Controlle de tous les chevaliers du noble jeu de l'arc qui exiftent.

Officiers. — M. Jacques Haguenot, capitaine, lieutenant & commandant; M. Laurent Rozier, enfeigne; M. Carquet, major des mariés; M. Pierre Moulton, major de la jeuneffe.

Confeillers. — M. Aribert, bourgeois; M. Lagarde, procureur; M. Beyrès, appoticaire; M. Jean Tinel, marchand de laine; M. Antoine Allut, marchand de laine & treforier de la compagnie; M. Perié fils, marchand.

Chevalliers. — M. de Bernage, intendant; M. le comte de Vaux; M. de Lamoffon, marechal general des logis des armées du roy; M. Bonnier d'Alco; M. de Montferrier, findic en furvivance.

Officiers de la cour des aydes. — M. le premier préfident; M. Antoine Bonnier, préfident; M. de Maffanne, confeiller; M. de Courtillis; M. de Saret; M. Fargeon; M. Viel Lunas; M. Flaugergues; M. Poitevin; M. Fizes; M. Fefquet; M. Rozier; M. Paul; M. Serres, fils du prefident; M. Serres, correcteur; M. Germain; M. Azemar, auditeur.

Treforiers de France. — M. le vicomte d'Aumelas; M. Roux; M. Defchenus.

Secretaires du roy. — M. Limozin; M. Mouton; M. Duffau; M. Aftruc; M. Jourdan, ancien capitoul.

Proffefleurs en medecine ou avocats. — M. Riden; M. Haguenot; M. Aubert, avocat; M. Gautron, medecin; MM. Arnal Gilly; Jacques Gilly; François Perié; Simon Goudard; André Nougaret; Pierre Bernard; Pierre Vialars; Mathieu Vaffal; Pierre Boulet; Fulcrand Caffan; David Jean l'ainé; André Pomier; Marc Antoine Deloche; Daniel Trouffel; David Jean jeune; François Angelliès père; Barthelemy Seimandy; Pierre David; Desmarets pere; Defmarets fils; Jean d'Eftienne; Guillaume Boyer; Jean Reynard; Eftienne Reboul; Antoine Atger; Jean Caïla; Jean Beleze; Pierre Fayet; Charles Bafcou; Jean Vialars fils; David Vialars fils; Pierre Vialars fils; Louis Martin; Claude Farel fils ainé.

Receveurs. — M. Mazade, receveur général des fermes; M. Flaugergues, receveur du diocefe de Montpellier; M. Poitevin, receveur du diocefe de St Pons; M. Freboul, receveur du diocefe de Nifmes; M. Chamel, receveur.

Negocians. — MM. Pierre Privas; Pierre Mourgues; Jean Baptifte Vigan; Jean Vidal; Claude Deloche; Pierre Duguiés; David Auziere; Jean Bechard; Louis Teiffier fils; Jean Hebrard; Jacques Lafaveur; Hugues Fournigat; Aribert, neveu; Pierre Duc; Jacques Bringuier; Antoine Ifnel; Pierre Perier; Izac Fraiffinet; Jacques Allut fils; Pierre Efteve père; Louis Efteve fils; François Durand; François Brun; Dechan; Pierre Blanc fils; Pierre Becat; Delarbre; Jean Bechard fils; Louis Claparede; Simon Gilly; Guillaume Sabatier; Jacques Seguier; Jean Becat; Jean André Vaffal; Louis Coulomb; Eftienne Perier; Jean Combes; Jean Poulaud; Louis Boudet; Fulcrand Roux; Jacques Seranne; Moyfe Finiel; Pierre Efpagne; Bonnafoux; Antoine Mouftardier; Jean Gauffen; Jean Bardon; Pierre Caffarel; Antoine Seimandy; Pierre Hebrard; Gabriel Maurin; Antoine Bardon; Antoine Rech; Pierre Vors; Jacques Poulaud; Jullien fils; Pierre Velay fils; Jean Vaffal fils; Laurens Boulet; André Tinel; Jacques Ollivier; Marc-Antoine Soubirol; Pierre Randon; Pierre Perier; Pierre Joachim Perier; François Couve; François Rieuffet; François Angelliès fils; François Sans; Jean Sallas; Henry Trinquier; Barthelemy Trinquier; André Barthélemy; Pierre Serre; Jean Valladier; Raymond Grenier; Louis Rouffet; Guillaume Beftiou; Antoine & Bernard Philis; Pierre Rouftoulan; Eftienne Efteve; David Seve; Jean Hicard; Jean Jouve; Daniel Larigaudier; Jacques Cofte; François Vielhe; Antoine Levat; Pierre Levat; Gabriel Efteve; Pierre Reftouble; Philipe Ferriere; François Sabatier; Jean Sabatier; Eftienne Laurens; François Cauffe; Jean Pomier; Guillaume Paraire; Pierre Baille; Antoine Mauries; Jean Jean; Simon Aribert; Jean Mouret; Sebaftian Matte; Marc Fraiffinet; Jean Martial; Antoine Sablier; Jean Rozier, Pierre Aftruc; Jean Louis.

Gentilshommes. — MM. de St Roman; Paul fils de M. Paul, confeiller; Camille de Guilleminet; Delatour Duché; Peliffier de Fonfrede; de Rochemaure; de Patris pere; de Fourques; Jean Louis Cofte, grand prevoft; Favre.

Bourgeois. — MM. Dunel; Delpuech; Guerin; François Bertrand; François Dumas; Gimberne pere; François Plantier.

Appoticaires & chirurgiens. — Jacques Durand père, appoticaire; Daniel Haguenot; Durand fils; Jean Combes; Roux; Eftienne Carquet; Pierre Rey; Philipe Raynaud, chirurgien; Jean Baptifte Aftruc; Laborie; Jean Girard.

Procureurs et notaires. — MM. Teffes, procureur; Vaquier; Jean Vezian; Eftienne Biffez, notaire; Jallaguier; Bellonnet.

Autres chevalliers. — Morel, garde du roy; Baron, orphevre; Chabanety; Jean Baptifte Bezombes; Conchonneau, directeur des domaines du roy; Louis de Lobel, infpecteur des domaines du roy; Pierre Leger, receveur ambullant; Cafsagne fils.

Sécurité de la ville. — Lettres échangées entre l'intendant & le commandant militaire.

(Décembre 1743).

A Montpellier, le 10 décembre 1743.
Je fuis informé, Monfieur, que prefque toutes

les nuits il se commet des vols dans cette ville ; on y force les boutiques ; on employe des clefs ou autres instrumens de fer pour y entrer. J'ay pris des mesures avec les officiers de la justice pour arrêter de pareils desordres ; ne pouriés vous pas de votre coté, Monsieur, faire faire des patrouilles & donner les ordres que vous jugerés convenables pour assurer le repos & la tranquillité de cette ville qui est troublée par des brigants qui paroissent avoir fait entre eux une association. J'ay l'honneur d'être avec un respectueux attachement, Monsieur, votre très-humble & très-obeissant serviteur. *Signé :* Le Nain.   M. de La Deveze.

Réponse à la lettre précédente :

(10 decembre 1743).

J'ai été informé tout comme vous, Monsieur, qu'il s'est fait plusieurs vols pendant la nuit dans cette ville. On y fait cependant des patrouilles fort regulierement. Ces sortes de voleurs se cachent ordinairement dans les maisons, ce qui rend leur capture bien difficile. J'en ai fait arreter plusieurs fois que nous remettons tout de suite aux juges, sans qu'il y ait eu encore aucun exemple & nous sommes fort embarassés pour leur faire donner le pain ; on y veille cependant avec beaucoup d'attention & si on reussit à en arreter quelqu'un, il faudra les faire punir comme ils l'auront merité par les juges à qui la connoissance en apartiendra. J'ai envoyé à la justice une autre plainte qui m'est venue ce matin contre des etudians en medecine qui ont attaqué la nuit passée des bourgeois qui se retiroient, qui leur ont meme tiré un coup de pistolet, dont M. de la Rochette est saisi. Je vous assure, Monsieur, que je suis plus porté qu'un autre à faire des exemples & j'espere que par l'attention que vous voudrés bien avoir sur les juges nous parviendrons à arreter le crime qui n'est que trop frequent dans ce païs par l'impunité qui a toujours régné jusqu'à present. La Deveze.

Part de la ville dans les réjouissances publiques.

(1744).

A Montpellier, le 17 juillet 1744.

Comme il y a tout lieu d'esperer, Monsieur, que nous aurons souvent occasion dans cette campagne de rendre à Dieu des actions de graces pour les avantages qu'il voudra bien accorder au roi sur ses ennemis, permettés moy de vous observer que les ordres que vous avés donnés à ce sujet aux communautés de faire des feux de joye sont sujets à quelques inconveniens, en ce que ces communautés, consultant moins leurs facultés que leur zele pour la gloire du roy, se jettent dans des depenses & contractent des dettes qu'elles auront une peine infinie à acquiter. Pour eviter cet inconvenient, ne pourriés vous pas, Monsieur, n'addresser vos ordres à ce sujet qu'aux communautés les plus fortes & les meilleures, en passant sous silence celles qui sont les plus petites & les plus pauvres. J'ay l'honneur d'etre avec un respectueux attachement, Monsieur, votre très humble & très obeissant serviteur. Le Nain.

M. le M. de la Deveze.

Les jansénistes de Montpellier & l'évêque Berger de Charancy (1).

(1745-1746).

Affaire de Masclary de Beauvezet (2).

I.

L'an mil sept cent quarante cinq & le huitieme jour du mois de juin après midy, par moy Pierre Vivarez, huissier au bureau des finances de Montpellier, y résident soussigné ; à la requete de messeigneurs les presidens tresoriers generaux de France de la generalité de Montpellier, intendant des gabelles du Languedoc, a eté exposé à M. Ricard, pretre curé de la paroisse Notre-Dame-des-Tables de cette ville, qu'ils viennent d'etre informés par les heritiers de feu M. de Masclary de Beauvezet, tresorier de France honnoraire, en leur bureau, decedé la nuit derniere, que l'enterrement dudit feu sieur de Beauvezet devoit etre fait demain mercredy, neuvieme du present mois, à sept heures du matin, par les religieux augustins de cette ville, dans l'eglise desquels il doit etre inhumé ; & que le sieur Ricard, curé, ny les vicaires, ne veulent point y assister avec le clergé de sa paroisse, ainsy qu'il est de regle & d'usage ; & comme cette maniere d'enterrer les corps dudit feu sieur de Beauvezet est injurieuse à sa memoire, inouie & sans exemple pour une personne de son etat & de son caractere, & indecente par raport auxdits seigneurs tresoriers de France, qui doivent assister au convoy dudit sieur de Beauvezet leur confrere ; que d'ailleurs il est notoire que des convois de cette espece sont exposés aux huées du public & qu'ils excitent parmy le peuple du tumulte duquel il resulte du scandale, de l'indecence & plusieurs incouveniens : c'est pourquoy lesdits seigneurs tresoriers de France sont obligés par le present acte de requerir & sommer ledit sieur Ricard, curé de ladite paroisse Notre-Dame, tant à luy que par luy ou par ses vicaires, assistés du clergé de sa paroisse, l'enterrement du corps dudit feu sieur de Beauvezet en la forme & maniere ordinaire, à l'effet d'etre inhumé dans l'eglise des RR. PP. Augustins de cette ville, lui protestant que, faute par lui de defferer au present acte, à la signification d'iceluy, & de declarer qu'il faira, ou par lui-meme ou par ses vicaires assistés du clergé de ladite paroisse, l'enterrement dudit corps à l'heure indiquée & en la forme ordinaire, son silence sera pris pour un refus, & que lesdits seigneurs tresoriers de France ne pouvant assister au convoy dudit sieur de Beauvezet qui feroit fait d'une maniere trop indecente pour que leur compagnie peut s'y trouver, ils se pourvoiront où & par devant qui il appartiendra pour obliger ledit sieur Ricard, curé, à faire faire l'enlevement dudit corps suivant les regles & l'usage ordinaires, lui declarant, du consentement desdits sieurs heritiers, que le corps dudit sieur de Beauvezet sera gardé en depot jusqu'à ce qu'il ait eté sur ce statué & ordonné, lui protestant en outre de

---

(1) Les jansénistes, bien puissants à Montpellier sous l'épiscopat de Colbert, furent l'objet des poursuites de son successeur. Les documents suivants font connaître quelques particularités de cette lutte encore peu connue.

(2) De Beauvezet avait été l'un des deux exécuteurs testamentaires de l'évêque Colbert.

tout ce qu'ils peuvent & doivent de droit protefter à raifon de l'injure qu'on pretend faire à la memoire de leur confrere & à l'honneur de leur compagnie, & ce parlant à la perfonne dudit fieur Ricard, curé, trouvé dans fon domicile en cette ville, lequel a repondu qu'ayant eté apellé pour voir ledit feu fieur de Beauvezet pendant fa maladie, à la premiere vifite qu'il luy fit, il luy auroit demandé s'il s'etoit difpofé par la confeffion à recevoir les autres facremens; à quoy le malade repondit qu'il l'avoit fait. Sur quoy luy, curé, lui auroit encore demandé à quel prêtre il s'etoit adreffé pour fa confeffion; à quoy le malade ne voulut jamais repondre autre chofe finon qu'il ne pouvoit pas dire le nom de fon confeffeur. Que ce refus obftiné luy ayant rendu la foy de fon paroiffien tres fufpecte, il avoit creu devoir s'en affurer, & qu'en confequence le lendemain il avoit propofé audit fieur de Beauvezet de fe foumettre à la bulle *Unigenitus* comme un jugement dogmatique & irreformable de l'eglize univerfelle, ce que ledit fieur de Beauvezet luy avoit conftament refuzé, ne voulant jamais reconnoître ladite bulle comme une loy de l'Eglize & de l'Etat, pretendant que les propofitions condamnées n'eftoient pas condamnables, mais que la brigue & la cabale en avoient procuré la condamnation; que lui, curé, ayant fait tous fes efforts pour perfuader audit fieur de Beauvezet qu'il n'eftoit pas poffible que le Souverain Pontife & tous les evêques du monde catholique euffent condamné la verité & n'ayent peu y reuffir, il avoit creu que fa confcience l'obligeoit à luy refufer les facremens, & que confequamment il croit qu'elle ne luy permet pas d'affifter à fon enterrement, que fes vicaires lui ont declaré qu'ils aimoient mieux quitter la paroiffe que s'y trouver audit enterrement, & a figné fa reponfe de ce requis, & luy a baillé copie du prefent acte & de fa reponfe. Ricard, curé de N.-D. (*figné*). Vivares, huiffier (*figné*).

II.

L'an mil fept cens quarante cinq & le huitieme jour du mois de juin apres mydy, par moy, Louis Boutet, huiffier au bureau des finances de Montpellier y refidant fouffigné, à la requifition de meffeigneurs les prefidents, treforiers generaux de France de la generalité de Montpellier, intendants des gabelles de Languedoc, a efté expofé à M. de St Bonnet, vicaire general de monfeigneur l'eveque de Montpellier, qu'ils vienent d'être informés par les heritiers de feu M. de Mafclary de Beauvefet, treforier de France, honoraire en leur bureau, decedé la nuit derniere, que l'enlevement du corps dudit feu fieur de Beauvaifet devoit eftre fait demain mecredy, neufvieme du prefent mois à fept heures du matin par les religieux Auguftins de cette ville, dans l'eglife defquels il doit être inhumé, & que le fieur curé de la paroiffe Noftre-Dame ni fes vicaires ne fouvient point y affifter avec le clergé de la paroiffe ainfi qu'il eft de regle & d'ufage. Et comme cette maniere d'enlever le corps dudit feu fieur de Beauvezet eft injurieufe à fa memoire, inouie & fans exemple pour une perfonne de fon état & de fon caractere, & indecente par rapport auxdits feigneurs treforiers de France qui doivent affifter au convoy dudit fieur de Beauvezet leur confrere; que d'ailleurs il eft notoire que des convois de cette efpece font expofés aux huées du public, & qu'ils excitent parmy le peuple du tumulte, duquel il réfulte du fcandale, de l'indecence & plufieurs inconveniens; c'eft pourquoy lefdits feigneurs treforiers de France font obligés par le prefent acte de requerir & fommer ledit fieur de St-Bonnet, vicaire general, pour qu'il ait à ordonner au fieur Ricard, curé de ladite paroiffe Noftre-Dame, les ordres neceffaires pour qu'il faffe par luy ou par fes vicaires, affifté du clergé de fa paroiffe, l'enlevement du corps dudit feu fieur de Beauvezet en la forme & maniere ordinaire, à l'effet d'être inhumé dans l'eglife des RR. PP. Auguftins de cette ville, luy proteftant que, faute par luy de defferer au prefent acte, à la fignification d'icelluy, & de declarer que lefdits fieurs curé de la paroiffe Noftre-Dame ou fes vicaires affiftés du clergé de ladite parroiffe, l'enlevement dudit corps à l'heure indiquée & en la forme ordinaire, fon filence fera pris pour un refus, & que lefdits fieurs treforiers de France ne pouvant affifter au convoy dudit fieur de Beauvezet qui feroit fait d'une maniere trop indecente pour leur compagnie peut s'y trouver, ils fe pourvoiront où & par devant qui il appartiendra pour obliger ledit fieur vicaire general à faire faire ledit enlevement fuivant les regles & l'ufage ordinaire, luy declarant du confentement des fufdits heritiers que le corps du fieur de Beauvezet fera gardé en depot jufqu'à ce qu'il ait été fur ce ftatué & ordonné, luy proteftant en outre de tout ce qu'ils peuvent & doivent de droit protefter, à raifon de l'injure qu'on pretend faire à la memoire de leur confrere & à l'honneur de leur compagnie, & ce parlant à fa perfonne, trouvé dans fon domicille au palais epifcopal, & baillé copie du prefent exploit. Boutet, *figné*. Controlé à Montpellier, le 8e juin 1745. Receu neuf fols fix deniers. Latapy, *figné*.

III.

L'an mil fept cent quarante cinq & le mercredy neuvieme jour du mois de juin à fix heures du matin, nous François Roux, greffier en chef au bureau des finances de la generalité de Montpellier, nous etant rendus dans la maifon de feu M. de Mafclary de Beauvezet, treforier de France, honoraire au bureau, de l'ordre de meffeigneurs les prefidens treforiers generaux de France de la generalité, intendans des gabelles de Languedoc; lefquelfdits feigneurs ayant eté informés par les heritiers dudit feu fieur de Beauvezet de fon deces arrivé le jour d'hier dans la nuit, & que fon convoy & enterrement, auquel lefdits feigneurs treforiers doivent affifter, ne feroit fait que d'une maniere indecente par un religieux Auguftin de cette ville, fans l'affiftance du curé de la paroiffe ou d'un de fes vicaires, ainfy qu'il eft de regle & d'ufage; firent fignifier le meme jour deux actes, l'un à M. de St-Bonnet, vicaire general de M. l'eveque de Montpellier, & l'autre au fieur Ricard, curé de la paroiffe Notre-Dame des Tables de cette ville, dans laquelle ledit fieur de Beauvezet eft decedé, pour leur expofer que la maniere dont on pretendoit faire la levée du corps dudit fieur de Beauvezet, par un feul religieux, fans l'affiftance du curé ny d'aucun de fes vicaires, &

à une heure indûe pour une compagnie, eſtoit non ſeulement contre les regles & contre l'uſage ordinaire, mais encore injurieuſe à la memoire de leur confrere, indécente pour leur compagnie & ſuſceptible de ſcandale, de tumulte & de huées que le peuple fait ordinairement aux enteremens de cette eſpece, & pour les ſommer en conſequence, ſçavoir : ledit ſieur Ricard, curé, de faire, par luy meme ou par ſes vicaires aſſiſtés du clergé de ſa paroiſſe ſuivant l'uſage, la levée dudit corps d'une maniere deſcente; & ledit ſieur de St-Bonnet, vicaire general de M. l'eveque de Montpellier, de l'ordonner ainſy, avec proteſtation de leur part auxdits ſieurs Ricard & St-Bonnet que leur ſilence à la ſignification deſdits actes ſeroit pris pour un refus; & que leſdits ſeigneurs ne pouvant aſſiſter au convoy & enterement de leur confrere fait avec une pareille indécence, ils ſe pourvoiroint où & par devant qui il apartiendroit, le corps du deffunt reſtant neantmoins, du conſentement deſdits heritiers, gardé en depot juſqu'à ce qu'il eut eté ſur ce ſtatué & ordonné; auſquels deux actes leſdits ſieurs Ricard & St-Bonnet n'ayant point deferé, leſdits ſeigneurs treſoriers de France n'auroient pû s'aſſembler pour aſſiſter audit convoy & enterement, attendû qu'on pretendoit le faire avec indecence & d'une maniere peu convenable au rang, à l'état & au caractere dudit feu ſieur de Beauvezet, & à la dignité de la compagnie dont il eſtoit membre.

Nouſdit greffier en chef, de l'ordre que cy deſſus, etant dans la ſale baſſe dudit feu ſieur de Beauvezet, aurions vû arriver à ſept heures du matin un religieux Auguſtin revetu ſeulement d'une aube avec l'etole, mais ſans chape, precedé d'un frere lay en habit de religieux, portant une croix de bois, baſſe, ſans batton; lequel en cet etat nous auroit dit qu'il venoit pour faire la levée du corps dudit defunt ſieur de Beauvezet. Nouſdit greffier en chef luy aurions demandé quel etoit ſon pouvoir pour faire ladite levée qui, ſuivant les regles & l'uſage, ne pouvoit etre faite que par le curé de la paroiſſe ou par ſes vicaires. A quoy ledit religieux auroit repondû qu'il avoit ordre de M. le vicaire general, & nous auroit dit : *Vous refuſés donc que je faſſe la levée ?* Nouſdit greffier, ſuivant les ordres que nous en avions deſdits ſeigneurs treſoriers de France, & du conſentement de MM. de Maſclary neveu & petit neveu, heritiers dudit feu ſieur de Beauvezet, aurions repondu que nous nous y opoſions par les raiſons deduites dans les deux actes ſignifiés le jour d'hier, & qu'en conſequence le corps dudit defunt reſteroit gardé en depôt juſqu'à ce qu'il eût eté ſur ce ſtatué & ordonné. A laquelle reponſe ledit religieux Auguſtin ſe ſeroit tourné vers une populace & un nombre d'enfans qui le ſuivoient, & auroit dit par pluſieurs fois : « Vous vous ſouviendrés de ce qui ſe paſſe. » A quoy pluſieurs voix ayant repondu ouy, & tous enſemble ſe ſeroient retirés & nouſdit greffier auſſy. En foy de quoy avons ſigné le preſent proces verbal pour ſervir & valoir ainſy qu'il apartiendra. Roux, greffier (*ſigné*).

IV.

George Laſare Berger de Charancy, eveque de Montpellier, &c. Sur les repreſentations à nous faites par M. Ricard, curé de la paroiſſe Notre-Dame de Montpellier, contenant que les parents & heritiers de M. de Beauvezet, ſon paroiſſien, ayant fait demender l'heure pour ſon inhumation, il auroit eté reglé avec eux qu'elle ſeroit faite ce matin à l'heure de ſept, dans l'egliſe des Reverends Peres Auguſtins, par un religieux dudit couvent, & que deux religieux, pour mieux s'aſſurer de l'arrangement qui avoit été pris, étant venu s'en informer ce jour d'hier, à huit heures du ſoir, à M. de St-Bonnet, notre viquaire general, & d'autre part ſes parents & heritiers du deffunt luy ayant envoyé deux domeſtiques pour le meme ſujet, ils auroient eté certifié par ledit ſieur de St-Bonnet de la veritté de l'ordre ponctuel par luy donné au ſujet. En conſequence de quoy les parents auroient envoyé des billets de convocations du convoy à l'heure indiquée; le bureau de l'hopital general auroit fait diſtribuer de ſon cotté des billets pour la meme heure à meſſieurs les adminiſtrateurs; qu'enfin un religieux auguſtin s'étant rendu ce matin à ſept heures preciſes à la porte de la maiſon du deffunt, pour faire la levée du corps, les parents auroient refuſé de le reconnoitre & de luy delivrer le corps, quoy qu'il leur eut declaré qu'il venoit par ſon ordre & pour repreſenter ſa perſonne, & de tout ce deſſus, de quoy ledit religieux auroit dreſſé ſon procès verbal; & comme il importe que ſon verbal donné par M. de St-Bonnet, notre viquaire general, ſoit ponctuellement executé, il s'en remet à nous pour être ordonné ce qu'il appartiendra.

Veu le proces verbal du Pere Claude Vitou, religieux auguſtin, dont la lecture s'enſuit :

L'an mil ſept cent quarante cinq, & le neuvième juin, nous Claude Vitou, prêtre, religieux auguſtin, etant revetu de l'étolle, faiſant porter la croix devant nous, & repreſentant le curré de la paroiſſe Notre-Dame, conformément à l'ordre que nous avons receu de St-Bonnet, viquaire general, nous ſommes tranſportés dans la maiſon de M. de Maſclary de Beauvezet, ancien treſorier de France, decedé le jour d'hier, afin de faire l'enterrement du corps dudit feu ſieur de Beauvezet pour etre inhumé dans notre egliſe, de meme que nous l'avons pratiqué pluſieurs autres fois ſans oppoſition. Mais les heritiers dudit ſieur de Beauvezet nous ayant fait refuſer l'enterrement du corps dudit ſieur de Beauvezet, pour conſtater ce refus avons dreſſé ce preſent proces verbal, l'an & jour que deſſus, preſens : Aubert Deſmazes, Pierre Crouzet, habitant dudit Montpellier, Claude Vitou, religieux auguſtin, A. Deſmazes, Pierre Crouſet (*ſigné*).

Voulant arreter les progres du ſcandaile cauſé par le refus des parents de delivrer le corps audit religieux, conformément aux ordres ci-devant par nous donnés & devant nos religieux auguſtins, qu'aux dits parents, ordonnons de nouveau que l'enterrement dudit ſieur de Beauvezet ſera fait dans l'egliſe des Auguſtins ce jourd'huy, & attendu que le cas requiert ſcelerité, avant midy precis, par un religieux auguſtin portant l'étolle & precedé d'une croix, lequel religieux nous avons comis à cet effet. Donné à Montpellier, dans notre palais epiſcopal, ſousle ſeing d'un de nos viquaires generaux, le neufvieme juin mil ſept cent quarante cinq. De St-Bonnet, viquaire general (*ſigné*).

L'an mil ſept cents quarante cinq & le neufvieme

jour du mois de juin, par nous Jean François Audièrne, huiſſier en la Cour des comptes, aides & finances de Montpellier y reſidant, ſouſſigné. A la requeſte de M. Ricard, curé de Notre-Dame, l'ordonnance dont coppie eſt cy deſſus a eté ſignifiée ſelon la forme & teneur aux parents & heritiers de M. de Beauvezet, afin qu'ils n'en ignorent de preſent, à M. de Maſclary, neveu & heritier de feu ſieur de Beauvezet, trouvé dans le domicile du deffunt, & a baillé la preſente coppie à l'heure de dis & demy du matin, qui a repondu que, ne pouvant qu'etre tres ſenſible à la part & interet que meſſieurs les treſoriers de France veulent bien prendre à l'injure faite à M. ſon oncle par le convoy indecent & non uſité, il a conſenti & conſent à la petition qu'ont fait meſſieurs les treſoriers de France, que la levée du corps fût faite d'une maniere irreguliere, ſans l'aſſiſtance du curré ou vicuaire. Requis de ſigner la reponſe, a dit n'eſtre neceſſaire. *Signé* : Audierne.

V.

A M. Le Nain, intendant, à Montpellier.

A Paris, le 15 juin 1745.

Ce n'eſt ny à vous ny à moy, Monſieur, de regler de quelle maniere l'egliſe doit accorder la ſepulture eccleſiaſtique à ceux qui meurent dans un eſtat equivoque, mais qu'elle ne juge pas abſolument indignes d'eſtre enſevelis en terre ſainte. C'eſtoit donc à M. l'eveſque de Montpellier qu'il falloit s'adreſſer, & non pas à moy ſur le doute qui s'eſt formé par raport à l'enterrement d'un thréſorier de France à qui ſon curé a refuſé les derniers ſacremens, & il y a d'ailleurs bien moins loin de Montpellier à Touloufe que de Montpellier à Paris. Je ne vois donc icy aucune raiſon qui puiſſe m'engager à m'expliquer ſur une queſtion que je me croy pas en droit de decider; & ſi les threſoriers de France m'ecrivent ſur ce ſujet, ma ſeule reponſe ſera de les renvoyer à leur eveſque, à qui le curé en aura ecrit apparemment de ſon coſté. Il eſt tres faſcheux de voir naître les occaſions de pareilles ſcenes, & j'en ſuis toujours d'autant plus affligé que je ne vois pas trop comment on pourroit y remedier juſqu'à ce qu'il ait plu à Dieu de faire ceſſer la malheureuſe diviſion qui y donne lieu. Je ſuis toujours, Monſieur, parfaittement à vous. Dagueſſeau.

A M. le Nain.

VI.

Au même.

Monſieur, deux lettres que je reçus hier en meſme temps du ſieur de St-Bonnet, grand vicaire de M. l'eveſque de Montpellier, me font voir qu'il a prévenu ce que je vous écrivis avant hier, ſur l'enterrement du ſieur de Beauvezet & l'ordonnance que vous avez jointe à voſtre derniere lettre en eſt une preuve. Les tréſoriers de France auroient dû ſe preſter à cet expedient qui avoit eſté approuvé par la famille du ſieur de Beauvezet, & le grand vicaire prétend que ce n'eſt point le corps entier de ces officiers qui agit veritablement en cette occaſion, & qu'il n'y a que quelques teſtes échauffées qui veulent le mettre en mouvement, parce qu'ils penſent, ſur les affaires de l'egliſe, comme faiſoit le ſieur de Beauveſet. Il eſt facheux & de mauvais exemple qu'on veuille ſoulever & ameuter, pour ainſy dire, toutes les compagnies de la ville de Montpellier en cette occaſion ; c'eſt ce que vous ſçauriés empeſcher avec trop de ſoin, en commençant par faire entendre raiſon aux treſoriers de France, par qui l'on veut mettre les autres corps en mouvement. Il eſt vrayſemblable que ce qui les bleſſe principalement dans l'ordonnance du grand vicaire, eſt qu'il ſemble que, ſelon cette ordonnance, il ne doit y avoir qu'un ou deux religieux Auguſtins qui aillent lever le corps du ſieur de Beauvezet, pour le porter dans leur egliſe. Ainſy l'on peut preſumer qu'il ſeroit facile d'appaiſer tout le bruit que cette affaire fait dans la ville de Montpellier, ſi l'on engageoit le grand vicaire de l'eveſque à conſentir qu'il y eut, au moins, 8 ou dix religieux qui allaſſent prendre le corps du deffunt avec leur ſuperieur, & l'on ne voit pas trop pourquoy le grand vicaire refuſeroit d'entrer dans ce temperamment, dés le moment qu'il trouve bon que le ſuperieur aille reveſtu d'une etole, comme repreſentant le curé, lever le corps du deffunt. Qu'eſt-ce qu'un petit nombre de religieux qui l'accompagneroient, ajouteroit à cette circonſtance ; & la difference qu'on veut trouver entre la ſepulture dont il s'agit & celle du commun des fideles ne ſera-t-elle pas toujours aſſez marquée par le refus de recevoir le corps dudit ſieur de Beauvezet à la paroiſſe, ſuivant l'uſage ordinaire & par la ſingularité de le faire enterrer par des religieux, dans une egliſe differente de celle qu'il avoit choiſie pour le lieu de ſa ſepulture. C'eſt donc à vous de travailler ſur cette idée pour tacher de concilier les eſprits. Peut-eſtre même la reponſe que vous aurez reçûe de M. l'eveſque de Montpellier, quand cette lettre vous ſera rendûe, vous aura fait naître de nouvelles vûes pour terminer promptement une affaire ſi deſagreable, & ſur laquelle le ſieur de St-Bonnet m'ecrit que tous les eſprits des eccleſiaſtiques, non ſeulement de la ville, mais du dioceſe de Montpellier, ſont tellement prévenus, qu'il ne s'en trouveroit pas un ſeul dans tout le clergé ſeculier qui voulut aſſiſter aux funerailles du ſieur de Beauvezet, quelque reputation de vertu qu'il ait laiſſée en mourant. Vous avés beſoin de toute voſtre ſageſſe pour faire ceſſer une eſpece de ſcandale dont le bruit commence à ſe répandre en ce pays cy, & ceux meſmes qui penſent le mieux ſur les affaires preſentes de l'egliſe doivent ſouhaiter qu'on trouve le moyen de l'etouffer pour l'intereſt de la bonne cauſe, qui ſouffre toujours lorſque de pareilles ſcenes ſe preſentent aux yeux du public. Je ſuis, Monſieur, votre affectionné ſerviteur. Dagueſſeau.

A Paris, le 17 juin 1745.

VII.

Au même.

Paris, le 20 juin 1745.

J'ay receu, Monſieur, la lettre que vous avez eû agreable de m'adreſſer le 9 de ce mois au ſujet de ce qui vient d'arriver à Montpellier, à l'occasion du decez du sieur de Beauvezet, trezorier de France honnoraire, dont je suis veritablement fâché. Il seroit fort à desirer que M. l'evêque evitât de pareilles scènes. Je ne doute pas que vous ne luy en ayez ecrit ; au reste, c'est une affaire dans laquelle le roy ne juge pas à propos d'entrer. On ne peut, Monsieur, vous honnorer plus parfaitement que je le fais. St-Florentin.

VIII.

Sans rappeller icy tout ce qui s'est passé entre M. l'Evesque de Montpellier & la Cour des aydes de cette ville, au sujet de l'ordonnance rendue par ce prelat, le 1er octobre dernier, il suffit de remarquer que ce qui paroist avoir empesché le succès des voyes de conciliation qu'on avoit prises pour terminer cette affaire, a esté principalement la peine que la Cour des aydes a eue de renoncer à l'appel comme d'abus du procureur general en cette Cour, & de l'autre le refus que M. l'evesque de Montpellier a fait de consentir à l'accommodement proposé, tant que cet appel subsisteroit.

Mais, comme ces difficultés n'ont rien absolument d'insurmontable, & qu'il est important de retablir l'union & la bonne intelligence entre M. l'evesque & une compagnie dont les membres sont la plus noble partie de son troupeau, on croit qu'il ne seroit pas difficile d'y parvenir en prenant les mesures que l'on va expliquer, au lieu de faire d'une pareille difficulté la matiere d'une affaire contentieuse qui seroit portée devant le roy avec un éclat qui seroit egalement desagreable des deux costez.

Voicy donc le plan de ce que l'on pourroit faire dans cet esprit. Tout consisteroit d'abord dans deux lettres qui seroient écrites à M. le chancelier, l'une par M. l'evesque de Montpellier, l'autre par les officiers de la Cour des aydes, & qui seroient concertées entre eux par la mediation de M. Le Nain.

Elles auroient cela de commun que ce prelat d'un costé, & cette compagnie de l'autre, s'y donneroient des assurances l'un & l'autre de la consideration reciproque & d'un desir egal d'eviter avec soin tout ce qui pourroit alterer leur parfaite intelligence.

Mais, en supposant des deux costés ces dispositions favorables, il est aisé d'imaginer ce que chacune de ces deux lettres auroit de propre. M. l'evesque de Montpellier pourroit dire dans la sienne qu'il avoit appris avec deplaisir l'appel comme d'abus que M. le procureur general en la Cour des aydes avoit declaré qu'il interjettoit de son ordonnance, & qu'il en avoit esté mesme d'autant plus surpris que dans cette ordonnance il n'avoit designé, ni directement ny indirectement la chapelle du palais, où la Cour des aydes tient sa séance, n'ayant point voulu & ne voulant pas mesme encore, s'il se peut, entrer dans la discussion des questions que cette chapelle & l'usage qu'on en faisoit pouvoient donner lieu d'agiter.

Qu'il ne paroissoit donc pas que cette compagnie, ny son deffenseur naturel eussent aucun interet à attaquer l'ordonnance dont il s'agissoit, & apporter devant Sa Majesté une contestation à laquelle tous les evesques du royaume pourroient se croire obligés de prendre part.

Qu'au surplus, les mesmes motifs qui l'avoient déjà fait entrer, autant qu'il l'avoit cru possible, dans les voyes de conciliation qui avoient esté proposées, l'engageoient encore à assurer M. le chancelier, que, bien loin de s'opposer aux pieux effets du zele de la Cour des aydes, dans les occasions qui pouvoient interesser la personne sacrée de Sa Majesté ou sa famille royale, il seroit toujours disposé à se joindre aux vœux ou aux actions de graces de cette compagnie, en allant officier luy mesme dans la chapelle du palais de la Cour des aydes lorsqu'il seroit dans son diocese, & qu'en son absence l'un de ses grands vicaires seroit aussy toujours prest à remplir la mesme fonction, sur l'invitation de la Cour des aydes ; moyennant quoy il ne doute pas qu'entrant dans les mesmes sentimens que luy, elle ne pense aussy, de son costé, qu'il ne doit plus estre question de l'appel comme d'abus de M. le procureur general.

A l'egard de la lettre de la Cour des aydes, elle pourroit y marquer d'abord en peu de mots ce qui l'avoit alarmé d'abord par la crainte du sens qu'on pouvoit donner à l'ordonnance dont il s'agit & de l'application qu'on en voudroit peut estre faire à la chapelle du palais. Mais que si M. l'evesque vouloit bien s'expliquer sur ce point d'une maniere qui fit cesser son inquietude (& l'on pourroit reprendre icy en substance ce qui se trouveroit sur ce sujet dans la lettre du prelat), la cour des aydes auroit une veritable satisfaction de voir dissiper par là tous les nuages qui s'estoient elevés entre elle & un eveque dont elle fait profession d'honorer la vertu, & qu'après cela, elle ne peut que se rapporter à la sagesse du roy sur la maniere de retablir les choses dans l'estat qu'elle jugeroit le plus convenable pour la satisfaction commune de ceux qui estoient interessés dans cette affaire.

Ces deux lettres, dont on ne fait que donner icy une idée generale, ayant esté bien concertées par M. Le Nain entre M. l'evesque & la Cour des aydes ; elles seroient envoyées de part & d'autre à M. le chancelier. Il auroit l'honneur d'en rendre compte au roy, & si Sa Majesté approuvoit, comme on le pense, les declarations reciproques qui seroient le fondement de la conciliation, M. le chancelier le feroit sçavoir & à M. l'evesque de Montpellier & à la Cour des aydes afin que, sur les conclusions du procureur general cette Cour rendit un arrest portant que la lettre de M. l'evesque de Montpellier, celle de la Cour des aydes & la reponse de M. le chancelier contenant l'approbation de Sa Majesté demeureroient deposées au greffe ; & par le mesme arrest il seroit donné acte au procureur general de ce qu'en consequence il se desiste de l'appel comme d'abus dont il avoit demandé acte à sa compagnie comme devenu inutile par la maniere dont il a plu au roy de finir cette affaire.

IX.
Monsieur Le Nain, intendant.

Paris, le 23 juin 1745.

Monsieur. Vostre lettre du 14 de ce mois me met pleinement au fait de ce qui s'est passé à la Cour des aydes de Montpellier au sujet des difficultés que le ceremonial de l'enterrement du sieur de Beauvezet, tresorier de France, a fait naistre.

M. le prefident de Fombon & M. Duché, advocat general, m'en ont fait auffy le recit avec un plus grand detail de la part du dernier ; mais il s'accorde parfaitement avec vous dans les circonftances effentielles.

Il eft fort facheux que cette compagnie n'ait pas eu la mefme deference pour la fageffe de vos advis que les officiers du prefidial, qui avoient cependant un plus grand pretexte pour s'emouvoir en cette occafion, parce qu'ils font les juges du territoire & ceux qui ont le droit de veiller à la police & à l'obfervation de l'ordre commun, au lieu que la Cour des aydes n'eft qu'une cour d'attribution, qui doit fe renfermer dans la connoiffance des matieres d'aydes & de finances, dont l'affaire prefente eft bien eloignée. Cette cour a donc pefché egalement & dans le fond & dans la forme ; en forte qu'on peut dire qu'elle n'a pas fait une feule demarche qui ne foit marquée par une irregularité particuliere & reprehenfible. Elle ignore mefme jufqu'aux premiers principes de la diftinction des deux puiffances, lorfqu'elle demande au roy une decifion folemnelle fur une matiere de la nature de celle dont il s'agit.

Je ne fçay encore comment Sa Majefté pourra envifager une conduite fi extraordinaire, fi je fuis obligé de luy en rendre compte, comme il fera bien difficile que je m'en difpenfe, en cas qu'on ne trouve pas le moyen de finir promptement une affaire dont cette compagnie a voulu fe mefler fans aucune raifon.

Je compte de luy ecrire inceffamment pour luy faire fentir tous fes torts ; mais je crois devoir differer de le faire jufqu'à ce que j'aye reçu noftre reponfe à mes dernieres lettres, & que j'aye vu fi vous aurés pu mettre en œuvre avec fuccès le temperament que je vous ay indiqué par ces lettres.

Je viens d'en recevoir une de M. l'evefque de Montpellier, où il paroift infifter fortement à foutenir la conduite & du curé de la paroiffe & de fon grand vicaire. Mais, comme il n'eftoit pas encore informé de l'expedient qui m'eft venu dans l'efprit, & qu'il ne peut l'avoir appris que depuis, par une lettre de M. l'ancien evefque de Mirepoix, qui a penfé fur ce fujet de la meme maniere que moy, j'efpere qu'il ne vous fera pas impoffible de terminer une affaire fi defagreable en accordant à la famille du fieur de Beauvezet & aux threforiers de France un adouciffement qui s'eloigne fort peu des principes & de la conduite de M. l'evefque de Montpellier, comme je vous l'ay marqué par ma derniere lettre.

Je laiffe à voftre prudence de faire part à la Cour des aydes jufqu'au point que vous le jugerés à propos, de ce que je vous ecris aujourd'huy, fi vous croyés qu'il foit bon qu'en attendant que je luy faffe une reponfe directe elle foit inftruite par avance du jugement que je porte fur fa conduite, & de la crainte que j'ay qu'elle ne luy attire des marques de mecontentement de Sa Majefté, fi elle en eft informée. Je fuis, Monfieur, voftre affectionné ferviteur. Dagueffeau.

X.

A Paris, le 26 juin 1745.

Je n'ay point receu la lettre des threforiers de France que vous m'aviez annoncée, Monfieur. C'eft à M. de St-Florentin qu'ils ont ecrit, & il m'a fait voir ce matin leur lettre. Il a fenti, comme moi, qu'il eftoit bien difficile que nous nous chargeaffions icy de refoudre une difficulté qui n'eft pas naturellement de notre reffort & que l'evefque feul peut faire ceffer. Je fuis donc convenu avec luy qu'ils en ecriront à M. l'evefque de Montpellier pour l'exciter à prendre les mefures convenables pour appaifer le mouvement qu'une pareille affaire ne peut manquer de mettre dans des efprits qui prennent feu auffy aifément que ceux de fon dioceſe. Peut-être lui aurés vous déjà écrit fur le même ton ; & puis auffy n'y auroit-il pas un grand inconvenient à prendre le party de fe contenter d'une permiffion que le curé donneroit de faire enlever le corps du deffunt de fa maifon même par les Auguftins, fans le porter à la paroiffe ? Les droits du curé ne feroient point bleffés, puifque ce feroit de fon confentement qu'on n'auroit pas rempli le devoir ordinaire à l'égard de la paroiffe, &, de fon cofté, il fe delivreroit du fcrupule qui l'empefche d'aller chercher le corps avec les ceremonies accoutumées. C'eft un temperament qui me vient dans l'efprit en vous ecrivant. Vous verrés s'il fera poffible d'en faire ufage fans me citer. Vous en imaginerés peut eftre d'autres qui vaudront encore mieux. C'eft rendre fervice à l'eglife que de prévenir des fcènes qu'il convient encore moins de donner dans un pays où il y a tant de religionnaires que dans aucun autre. Je fouhaite fort que vous puiffiez y réuffir, & je vous prie d'eftre toujours perfuadé que je fuis, Monfieur, parfaitement à vous. D'Agueffeau.

M. Le Nain, intendant en Languedoc.

XI.

M. Le Nain, intendant.

Paris, le 10 juillet 1745.

Monfieur, les nouvelles femences de divifion que la mort du fieur de Beauvefet, & ce qui l'a fuivie, ont fait naiftre entre M. l'evefque & la Cour des aydes de Montpellier, m'ont donné lieu de craindre que les dernieres demarches de cette compagnie ne fuffent en partie l'effet des mauvaifes difpofitions où une ordonnance rendue par le mefme prelat à l'occafion d'un *Te Deum* chanté dans la chapelle du palais avoit mis la Cour des aydes à fon egard. C'eft ce qui m'a fait croire que pour travailler utilement à les réunir, il feroit bon de reprendre les propofitions d'accommodement qui avoient efté faites entre l'un & l'autre, & qui avoient paffé par vos mains. Vous m'en avés rendu compte il y a déjà du temps, & vous aviez alors peu d'efperance de parvenir à concilier les efprits. Je n'ay pas cru cependant que cela fût impoffible ; mais, après y avoir fait plufieurs reflexions, je n'ay pas voulu vous envoyer ce qui m'eftoit venu dans l'efprit fur ce fujet fans en avoir conferé avec un prelat auffy fage & auffy amy de la paix que M. l'evefque d'Alais, qui d'ailleurs eftoit fort au fait de tous les mouvements que cette affaire avoit excités dans la ville de Montpellier. Les remarques qu'il m'a mis en eftat de faire ont beaucoup fervi à former le projet d'accommodement que je vous envoye, & dont vous fentirés aifement les raifons & la convenance par la lecture que vous en ferés, fans que je fois obligé d'y adjouter de plus grandes explications.

Mais dans quel temps devés-vous faire ufage de ce projet, c'eft ce que je remets entierement à votre prudence, & le party que vous aurés a prendre à cet egard depend beaucoup de la connoiffance que vous avés de la difpofition actuelle des efprits & du fuccés des mefures que vous avés prifes pour efteindre le feu que le refus de donner la fepulture dans les formes ordinaires au fieur de Beauvezet a allumé dans la ville de Montpellier.

Si ces mefures ne reuffiffoient pas, il feroit prematuré de placer une negotiation au fujet de l'ordonnance de M. l'evefque de Montpellier dont la Cour des aydes s'eft plaint dans un temps où les efprits feroient encore plus efchauffés contre luy par l'affaire qui regarde l'enterrement du fieur de Beauvezet, & il y auroit mefme de l'imprudence à le tenter.

Si, au contraire, vous pouvés parvenir à faire accepter des deux coftés, comme vous me donnés lieu de l'efperer par votre derniere lettre, le temperament par lequel vous vous propofés de finir cette nouvelle affaire, ce fera alors que vous pourrés mettre en œuvre le projet que je vous envoye, pour ne plus laiffer fubfifter aucun fujet de divifion entre M. l'evefque de Montpellier & la Cour des aydes, à moins que vous ne cruffiés qu'il fallût donner encore quelque temps à des efprits vifs pour fe refroidir avant que d'entamer une autre efpece d'accommodement.

Si, en attendant, vous trouviez qu'il y eût quelque chofe à adjouter ou à changer dans le projet de conciliation que je vous envoye, vous pourriés me l'expliquer pour gagner du temps, & c'eft mefme en partie pour cette raifon que je vous l'adreffe dès à prefent.

Je fuis, Monfieur, voftre affectionné ferviteur.
DAGUESSEAU.

XII.

19 juillet 1745.

Monfeigneur le chancelier, les officiers du bureau des finances vous ont porté de nouvelles plaintes contre le vicaire general de M. l'eveque de Montpellier à l'occafion des deffenfes qu'il a faites aux religieux Auguftins & à tous autres de dire aucune meffe pour defunt M. de Beauvezet, & notamment dans la chapelle du bureau des finances. Cette demarche du vicaire general annonce que, bien loing de vouloir fe preter à aucune voie de conciliation pour prevenir pareil embarras dans la fuite, il eft, au contraire, dans le deffein d'ajouter rigueur fur rigueur, puifque jufqu'à prefent il n'a point efté deffendu de dire la meffe pour ceux qui ont efté enterrés d'une maniere finguliere, comme M. de Beauvezet. Les officiers du prefidial, dont les allarmes fe font renouvellées à la veue de cette demarche, n'ont pas voulu, dans la crainte de vous deplaire, affembler le fiege pour deliberer & vous porter leurs plaintes; mais ils m'ont prié, par leurs deputés, de vous reprefenter très humblement de leur part combien il feroit neceffaire de prevenir par un reglement des defordres [auffi dangereux que nuifibles]. Cette independance n'empefche pas que fes miniftres ne foient refponfables au roy de ce qui peut troubler la tranquillité publique dans l'exercice exterieur de leur authorité, ainfi que des abus qu'ils peuvent y commettre; que le roy, comme protecteur des regles de l'eglife, a le droit d'examiner fi les ecclefiaftiques n'y donnent point atteinte au prejudice de la religion ou de l'Etat, foit en n'exigeant pas ce que ces regles prefcrivent, foit en exigeant ce qu'elles ne prefcrivent pas, & de reprimer par fon autorité les contraventions qu'ils avoient commifes; que les princes ne reforment pas le miniftère, mais qu'ils repriment les abus des miniftres; qu'ils ont cru pouvoir prendre la liberté de vous faire ces reprefentations, parce qu'ils font particulierement chargés de veiller au bon ordre & à la tranquillité.

Les officiers du prefidial m'ont ajouté qu'etant intereffés, comme ceux du bureau des finances, à fe maintenir dans la poffeffion où ils font, ainfi que toutes les compagnies, de faire dire la meffe dans leur chapelle pour leurs confreres qui font decedés, ils vous fupplient pareillement, monfeigneur, d'arreter les nouvelles entreprifes du vicaire general, dont les officiers du bureau des finances vous ont porté leurs plaintes. LE NAIN.

XIII.

A M. le chancelier.

Nous prefidents treforiers, grands voyers de France, generaux des finances de la generalité de Montpellier, intendants des gabelles du Languedoc, chevaliers confeillers du roy, etant ce jourd'huy extraordinairement affemblés à neuf heures du matin dans la chapelle de notre bureau, pour affifter à la meffe que nous devions faire dire pour le repos de l'ame de feu M. de Beauvezet notre confrere, ainfi que nous fommes en ufage de le pratiquer pour tous nos confreres decedez, avons eté informés par M. Faure, notre prefident, que les religieux Auguftins de cette ville qui deffervent ladite chapelle etoient venus luy dire ce matin qu'ils ne pouvoient celebrer ladite meffe à caufe des deffenfes expreffes qui leur avoient efté faites de la part du fieur de St-Bonnet, vicaire general de M. l'eveque de Montpellier. Sur quoy nous aurions mandé le fieur Raoux, notre fecretaire, chez lefdits Peres Auguftins pour preffer le prieur d'envoyer un de fes religieux dans la chapelle du bureau pour dire la meffe, ou pour expliquer plus pofitivement nous dire fon refus fi extraordinaire. Ledit Raoux y etant allé, nous auroit rapporté à fon retour que le Pere prieur des Auguftins luy a dit qu'ayant eté fait lundy paffé, douzieme du prefent mois, un fervice dans leur eglife pour ledit feu M. de Beauvezet, où des parents & amis avoient affifté, le fieur de St-Bonnet, vicaire general, luy auroit fait notifier ce matin, à cette occafion par le promoteur, un interdit de la predication & de la confeffion, & en meme temps des deffenses expresses de dire aucune messe pour ledit sieur de Beauvezet, notamment dans la chapelle de notre bureau; que le prieur ne pouvoit point contrevenir à ces deffenses, ny engager aucun de ses religieux à faire, sans s'exposer luymeme ou le religieux qui diroit la messe, à etre saisi au corps & enfermé dans la tour servant de prison aux ecclesiastiques. Sur le rapport dudit Raoux, ayant fait chercher d'autres pretres pour venir celebrer la messe, il ne s'en est trouvé aucun, tous ayant apprehendé d'encourir la disgrace dudit sieur de St-Bonnet, qui, suivant des avis certains qui nous ont eté donnés, a fait notifier dans tous les couvents de la ville défense de dire des messes pour ledit feu sieur de Beauvezet.

Il est visible que dans un procedé si irregulier ledit sieur de St-Bonnet a eû principalement en veüe de satisfaire le ressentiment qu'il a conçu contre nous, puisqu'en des occasions semblables à celle qu'a fait naître l'affaire de M. de Beauvezet, il a eté fait dans plusieurs eglises de cette ville des services solemnels sans que M. l'eveque ni ses grands vicaires temoignassent aucune improbation. Que lundy douzieme juillet, jour auquel le service fust fait dans l'eglise des Augustins pour ledit feu sieur de Beauvezet il n'a eté fait, jusqu'au mercredi quatorze, aucune demarche contre lesdits religieux par ledit sieur de St-Bonnet, & qu'il a affecté de faire notifier lesdits ordres au moment indiqué pour celebrer la messe en nôtre chapelle, sans avoir meme eté arrêté par les prerogatives dont elle doit jouir comme les autres chapelles des compagnies de justice.

Dans ces circonstances, nous croyons devoir dresser le present procez verbal pour estre envoyé à monseigneur le chancelier, le suppliant très-humblement de voüloir bien donner ses ordres pour arrêter le cours de pareilles entreprises qui augmentent journellement par le defaut de decision sur les premieres plaintes que nous avons eû l'honneur de luy faire par raport à la forme singuliere du convoy dudit feu sieur de Beauvezet, reglée par ledit sieur de St-Bonnet.

Fait à Montpellier, le quatorze juillet mil sept cent quarante cinq.

XIV.

M. Le Nain.

A Paris, le 21 juillet 1745.

J'ai receû, Monsieur, la lettre que vous avez eû agreable de m'ecrire le 7 de ce mois, au sujet de l'enterrement du sieur de Beauvezet, que vous me marquez avoir eté fait aux Augustins, du consentement des parties interessées, sans touttesfois que les tresoriers ayent voulû s'y trouver. Je ne puis qu'approuver les mouvemens que vous vous estes donné pour concilier cette affaire, & les precautions que vous avez prises pour empecher le desordre & contenir le peuple. On ne peut vous honorer, Monsieur, plus parfaitement que je le fais. St-Florentin.

XV.

M. Le Nain, intendant à Montpellier.

A Paris, le 24 juillet 1745.

Monsieur. Je vous prie de me faire sçavoir si les faits contenus dans le procès verbal que je vous envoye sont exactement vrais, & quels peuvent estre les motifs de la conduite du sieur de St-Bonnet, grand vicaire de M. l'evesque de Montpellier, qui paroist si peu digne de la confiance de ce prelat. Je suis, Monsieur, vostre affectionné serviteur. Daguesseau.

XVI.

M. le Chancelier.

Le 2 aoust 1745.

J'ay reçu la lettre que vous m'avés fait l'honneur de m'ecrire le 24 du mois dernier, par laquelle vous m'ordonnés de vous marquer si les faits contenus dans le procès verbal qui vous a eté addressé le 16 du meme mois par les officiers du bureau des finances sont exactement vrais, & quels peuvent etre les motifs du sieur de St-Bonnet, grand vicaire de M. l'eveque de Montpellier, dans la conduite qu'il tient & qui paroist si peu digne de la confiance de ce prelat.

Je ne crois pas devoir vous rendre compte des dernieres plaintes que le bureau des finances vous a portées contre le sieur de St-Bonnet le meme jour que les officiers, afin d'avoir le temps de les verifier; mais je les l'ay fait trois jours après par une lettre dattée du 19 juillet, & dans laquelle, après avoir certifié la verité de ces plaintes, je vous observe, Monseigneur, combien toutes les compagnies sont allumées de ce que le sieur de St-Bonnet, bien loin de se pretter à aucune veue de conciliation, ne fait qu'ajouter rigueur sur rigueur.

Vous sentés par là, Monseigneur, qu'il est d'autant plus necessaire de fixer une regle pour calmer ces inquietudes, & de mettre des bornes au zele indiscret de cet ecclesiastique, qu'il n'est pas question d'un evenement unique, sur lequel on peut fermer les yeux comme etant sans consequence, mais que nous retomberons plus d'une fois, & apparemment en peu de temps, dans l'embarras où nous nous trouvons.

Il feroit difficile de penetrer les motifs de la conduite du sieur de St-Bonnet; mais, en supposant qu'il n'agisse par conviction, il y a lieu de penser que les propos qui se sont tenus dans la ville, & qui luy sont revenus, ont pu contribuer à rendre son zele plus amer. Le Nain.

Affaire Jeauffret.

I.

M. Le Nain, intendant à Montpellier.

Monsieur. J'apprends par une lettre du juge mage de Montpellier, qu'il vient d'y arriver une nouvelle scene par rapport à l'enterrement de la demoiselle Jauffret, & il me marque qu'il m'envoyera incessament l'information qu'il fait actuellement sur ce sujet, sans aller plus loin jusqu'à ce qu'il ait receu ma reponfe. Il feroit bon, pour me mettre en état de la luy faire d'une maniere convenable, qne vous priffiez la peine de me faire fçavoir quelle eftoit la conduite de la demoifelle Jeauffret, fi elle eftoit declarée ouvertement pour le party oppofé à la conftitution, fi elle tenoit de mauvais propos fur cette matiere, fi elle affiftoit à des affemblées fufpeétes ; en un mot s'il y a eu quelques raifons au moins apparentes pour diftinguer fa fepulture de celle du commun des fideles. Mais, en general, il ferait fort à fouhaiter que M. l'evefque de Montpellier vouluft bien s'appliquer ferieufement à prendre des mefures convenables pour prevenir de pareilles fcenes qui ne font plaifir qu'aux religionnaires mal convertis, dont le diocefe & la ville de Montpellier ne font que trop remplis. La prudence fert mieux l'Eglife, dans beaucoup d'occafions, qu'un zele fouvent trop vif. Vous me mettrez en etat, par les éclairciffemens que vous me donnerés, de juger fi celuy du curé, dont on fe plaint dans cette occafion, eft de ce caractere, & je vous prie d'eftre toujours perfuadé des fentimens avec lefquels je fuis, Monfieur, voftre affectionné ferviteur. Dagueffeau. A Fontainebleau, le 12 oétobre 1745.

II.

Monfieur Le Nain, le memoire que M. l'evefque de Montpellier m'a envoyé & que je joins à cette lettre s'accorde fi peu, en plufieurs points, avec le compte qui nous a efté rendu de ce qui s'eft paffé pendant la maladie & après la mort de la veuve Jeauffret, que je crois devoir vous en faire part pour vous donner lieu d'approfondir encore plus la verité des faits, & furtout des trois principaux dont il s'agit.

Le premier eft celuy de la confeffion, qu'on prétend avoir efté faite par la deffunte à un Pere Affier capucin, deux jours avant fa mort. Les filles de la veuve Jeauffret affurent ce fait, dont il eft auffy fait mention dans la depofition de quelques témoins entendus par le juge mage, & M. l'evefque de Montpellier attefte que le capucin a déclaré luy mefme qu'il n'avoit jamais confeffé cette veuve. De quel cofté eft le menfonge ? Il eft au moins certain qu'il y en a un, & à en juger par les qualités de ceux qui fe contredifent fur ce fait, la prefomption eft pour le capucin. Ou, fi l'on veut chercher un denoument à cette contrarieté, en fuppofant que le capucin a confeffé la veuve Jeauffret fans la connoiftre, on n'en peut tirer aucune confequence en faveur des fentimens de cette veuve.

Le fecond fait fe reduit à favoir s'il eft vray que la malade avoit affés de connoiffance pour parler à fon chirurgien ou à d'autres dont elle ne craignoit point les queftions, ou fi elle a feulement affeété d'avoir perdu la parolle lorfqu'il s'agiffoit de repondre au curé ou vicaire de fa paroiffe.

Le troifieme eft la part que M. Daidé, dont le caractere n'eft que trop connu, a eüe à la procedure qui a efté commencée devant le juge mage.

D'un cofté l'on affure que toute la famille eftoit contente de ce qui avoit efté reglé par le grand vicaire de l'evefque fur la fepulture de la nommée Jeauffret, & qu'elle n'a efté excitée à fe plaindre que par les confeils de M. Daidé & par l'affurance de fa proteétion.

De l'autre, je vois par voftre lettre que les filles de cette veuve vous ont déclaré que c'eftoit de leur propre mouvement qu'elles avoient eu recours au juge mage, en convenant cependant qu'elles avoient confulté M. Daidé.

Ces faits ne font pas auffy difficiles à concilier que les autres, foit parce que les trois filles eftant déjà engagées par la requefte qu'elles avoient prefentée au juge mage, ne pouvoient plus vous tenir un autre langage que celuy qu'elles vous ont tenu en effet, foit parce que le fait qu'elles avoient commis c'eft à dire de s'eftre conduites par les confeils de M. Daidé, renferme en foy la fubftance de ce qu eft dit fur ce fujet dans le memoire de M. l'evefque de Montpellier.

Mais, en fuppofant mefme que tous les faits dont je viens de parler foient fuffifamment éclaircis, il refteroit toujours de favoir ce que l'on doit penfer fur le fond de l'affaire dont il s'agit.

Elle a deux objets principaux ; l'un eft la conduitte de l'evefque, l'autre eft celle du juge mage.

Le premier objet eft, fans doute, le plus difficile comme le plus important, & ce qui le fait encore mieux fentir, eft que cet objet a deux parties ou qu'il renferme deux queftions fubordonnées.

La premiere eft de favoir quelle eft la regle la plus feure que l'on puiffe fuivre dans la matiere dont il s'agit.

La feconde confifte à examiner à qui il appartient d'eftablir & de fixer cette regle.

Il faudroit faire une longue differtation pour fe determiner fur la premiere queftion, & ce n'eft pas la matiere d'une lettre.

La feconde queftion eft moins difficile à refoudre, parce qu'on ne fçauroit difputer aux evefques le droit de juger des cas dans lefquels le refus des facremens peut eftre legitime, & de regler, dans les mefmes cas, de quelle maniere la fepulture ecclefiaftique fera accordée. La puiffance feculiere n'entre jamais dans ces fortes de matieres que lorfque la conduite des miniftres de l'eglife peut eftre regardée comme la caufe d'un fcandale que la police exterieure doit empefcher pour maintenir la paix & la tranquillité entre les fujets du roy. Mais, meme dans cette fuppofition mefme, il eft toujours queftion de favoir fi c'eft par la faute des ecclefiaftiques que le fcandale eft arrivé, & pour parler des circonftances des cafuiftes, s'il s'agit d'un fcandale donné, ou d'un fcandale pris ou receu, on ne pourroit eftablir des regles fur cette matiere que de concert entre les deux puiffances, & l'eglife pourroit meme pretendre qu'elle doit y avoir la premiere & la principale part. Mais, en attendant que l'on foit convenu de ces regles, la feule que l'on puiffe fuivre, par provifion, & qui a efte indiquée par un grand nombre d'arrefts du confeil, eft que, avant que d'avoir recours au magiftrat dans ces fortes de matieres, il faut commencer par s'adreffer du fuperieur ecclefiaftique, c'eft à dire à l'evefque, à qui il appartient de reformer les curés ou les autres miniftres inferieurs lorfqu'ils ont peché par un excés de zèle, & qu'ils ont excité par là les plaintes des familles.

C'eft ce qui conduit naturellement à examiner

le second objet, c'est-à-dire la conduitte du juge mage de Montpellier.

Il paroiſt difficile de la ſoutenir, & encore plus de juſtifier la conduitte de cet officier.

Son premier tort a eſté de recevoir la requeſte qui luy a eſté preſentée par les filles de la veuve Jeauffret, ou elle ne devoit eſtre regardée que comme une demande perſonnelle formée contre un curé ſur ce qu'il avoit fait en exerçant une fonction ſpirituelle, & en ce cas le juge mage auroit deu reconnoiſtre luy meſme ſon incompetence & renvoyer les parties par devant l'eveſque ou par devant l'official.

Quand meme il auroit voulu regarder l'affaire comme mixte, par le pretexte du ſcandale, & par la maniere dont on pretend que le curé s'eſt expliqué dans la redaction de l'acte de ſepulture qui a eſté inſcrit ſur les regiſtres de la paroiſſe, il devroit au moins conſiderer que la principale partie de cette affaire regardoit l'eveſque ou le juge d'egliſe, & que n'eſtant juge que de l'acceſſoire, l'importance & pour ainſi dire la ſpiritualité de la matiere, dans ſon origine, l'obligeoit à renvoyer toûjours les parties devant ce juge, en y adjoutant, s'il croyoit pouvoir le faire, qu'il ſe joindroit à luy pour le cas privilegié.

Le ſecond tort du juge mage a eſté de prendre la voye de l'information, comme ſi ce curé pouvoit eſtre pourſuivi extraordinairement devant le juge royal, dans un cas de la nature de celuy dont il s'agiſſoit.

Tout ce que le ſieur Maſſilian auroit pu faire, en ſuppoſant meme ſa competence pour connoiſtre de cette affaire ſans le juge d'egliſe, auroit eſté de permettre d'aſſigner le curé par devant luy ; & en cas que des deux coſtés on euſt allegué des faits contraires, en admettre la preuve par voye d'enqueſtes & à fins civiles ſeulement.

Quel uſage pourroit-il faire de ſon information ? Decretera-t-il contre le curé ſur un pareil ſujet ? Ce ſeroit vouloir reparer ce qui luy a paru un ſcandale par un ſcandale d'un autre genre.

Deux conſiderations aggravent encore le tort de cet officier.

L'une qu'il eſtoit notoire dans la ville de Montpellier que le curé n'avoit agi dans cette occaſion, qu'apres avoir pris les ordres du grand vicaire ſon ſuperieur, & les filles de la veuve Jeauffret l'avoient meme expliqué ainſi dans leur requeſte. Le juge mage pouvoit-il donc, en cet eſtat, ordonner & faire non pas une enqueſte, mais une information contre un curé qui ſe trouvoit ſa decharge dans l'autorité de ſon ſuperieur ; ou etoit-ce ſur ce ſuperieur meſme qu'il avoit intention de faire retomber la procedure ? Le terme d'*enquis*, dont il s'eſt ſervi dans ſon ordonnance, ſignifie, dans le ſtile du Languedoc, la meſme choſe que celuy d'*informé* en ce pays ci, & c'eſt le terme dont le Parlement de Toulouſe ſe ſert toûjours pour ordonner qu'il ſera informé des faits les plus graves, outre que toute preuve qui s'ordonne ſur une ſimple requeſte, ſans avoir fait aſſigner ny entendre la partie intereſſée, ne peut jamais ſe faire que par voye d'information ; & le ſieur Maſſilian, dans les lettres qu'il m'a ecrites donne luy meſme le nom de plainte à la requeſte des filles de la veuve Jeauffret.

La ſeconde conſideration eſt que ce n'eſt pas icy la premiere fois que le ſieur Maſſilian a excedé ſon pouvoir en pareille matiere, & manqué encore plus aux regles de la prudence & de la circonſpection qui doivent eſtre inſeparables de la juſtice. J'ay eſté obligé de reprimer dans d'autres occaſions l'excés de ſa vivacité en luy donnant les avis dont il avoit beſoin, & en l'obligeant meſme une fois à écrire une lettre d'excuſe & de ſatisfaction à M. l'eveſque de Montpellier. Il eſt à craindre qu'un officier qui profite ſi mal des leçons qu'on luy donne, & à qui je crois meſme avoir écrit que dans des pareils à celuy dont il s'agit, il devoit commencer par m'ecrire avant que d'agir, ne s'attire à la fin des mortifications plus marquées que celles qu'il a eſſuyées juſqu'à preſent.

Si l'on reproche quelquefois aux eccleſiaſtiques de porter leur zele trop loin dans la matiere preſente, ce n'eſt pas, par un excés oppoſé qu'il faut y remedier. On ne fait au contraire par là qu'aigrir le mal & augmenter encore une vivacité qui eſt quelquefois imprudente par l'improbation qu'on eſt obligé icy de donner à la conduitte des juges ſeculiers qui ne ſavent pas comment il faut ſe conduire dans des occaſions ſi delicates.

Enfin, c'eſt meſme une queſtion fort douteuſe de ſavoir s'il appartient à des officiers d'un ordre inferieur, tel que le juge mage de Montpellier, de connoiſtre de ces ſortes de matieres. Si la police exterieure peut y entrer, ce n'eſt pas le cas de cette police ordinaire, qui eſt confiée aux premiers juges. Il appartient à cette police ſuperieure qui, ne pouvant s'exercer que par des vûes generales qui s'étendent bien au-delà du reſſort d'un bailliage ou d'une ſeneſchauſſée, ſont reſervées aux tribunaux auxquels le roy confie immediatement ſon autorité ſuperieure. Tous les juges eclairés & circonſpects qui ſont du meſme ordre que le ſieur Maſſilian, prennent la precaution de conſulter leurs ſuperieurs immediats avant que de faire aucune demarche dans ces ſortes de matieres, & ces ſuperieurs meſmes ne leur repondent quelques fois qu'après m'avoir conſulté. J'ay cru devoir m'expliquer plus à fond ſur cet article que ſur les autres, parce qu'il arrive ſouvent que ceux qui jugent au premier coup d'œil des affaires de la nature de celle dont il s'agit, ne ſont pas ou aſſés inſtruits, ou aſſés attentifs pour faire toutes les reflexions neceſſaires, ſoit ſur la nature & la delicateſſe de la matiere, ſoit ſur le caractere des juges qui peuvent y pourvoir.

Je differeray cependant de faire reponſe à M. l'eveſque de Montpellier & d'ecrire au juge mage, juſqu'à ce que j'aye receu les nouveaux eclairciſſemens que vous me donnerés ſur les points que j'ay marqués au commencement de cette lettre. Mais en attendant, il n'y a point d'inconvenient que vous faſſiés ſentir au ſieur Maſſilian tous les torts qu'il a eus en cette occaſion. Je ſuis, Monſieur, votre affectionné ſerviteur. Daguesseau. A Fontainebleau, le 13 nov. 1745.

Affaire Lauffel.

I.

Monſeigneur l'intendant, la demoiſelle Claire Lauffel ſe voyant obligée, parce qu'elle doit à la memoire de son frere, de reclamer le secours de l'authorité publique sur la maniere ignominieuse dont il a eté traité apres sa mort par les ordres de Monseigneur l'eveque, a crû qu'il estoit de son devoir de vous adresser ses premieres plaintes, comme à celuy qui est chargé de maintenir le bon ordre & la discipline dans l'etendue de cette province. Elle ne s'arrete point à vous exposer le detail des faits dont vous etes sans doute suffisament instruit par la nothorieté publique. Elle se contente de joindre à ce placet une coppie de la lettre ecrite par Monseigneur l'eveque, qui suffira pour establir la justice de ses plaintes. Elle prend encore la liberté d'y joindre une coppie de la lettre qu'elle a l'honneur d'ecrire à ce sujet à Mgr le chancellier & à Mgr le comte de St-Florentin. La suppliante connoit assez vôtre justice & vôtre bonté pour esperer que vous voudrés bien luy accorder pour elle votre protection dans une affaire aussi interessante pour elle. Elle ne cessera, Monseigneur, de prier Dieu pour la conservation & la prosperité de votre personne & de votre maison. Claire Lauffel.

II.

Copie de la lettre ecrite par Mgr l'eveque de Montpellier au curé de la paroisse de St-Pierre.

A Laverune, ce 14e octobre 1746.

J'aprends, Monsieur, que le sieur Lauffel, prêtre, est mort sans retracter les erreurs dont il est convaincû par ses actes juridiques. Je ne puis point permetre qu'il soit inhumé avec les solemnités ordinaires de l'eglise. Ainsy mon intention est qu'il soit inhumé par un seul prêtre, qu'il ne soit point porté à la paroisse; que sy on recite les prieres, ce soit à voix basse, & qu'il ne soit dit aucune messe ny celebré aucun office pour luy. Je connois assés vôtre zelle & vôtre fidelité pour être assuré que vous vous conformerés à ce que je vous prescris. Il seroit inutile qu'on objectat ce qui a eté fait à l'egard d'autres, parce que je ne l'approuve point.

Je suis, Monsieur, sincerement en J. C. votre parfait serviteur. † eveque de Montpellier, ainsy signé.

III.

Coppie de la lettre ecrite par la demoiselle Lauffel à Mgr le chancellier & à Mgr le comte de St-Florentin.

Je suis obligée de renouveller des plaintes deja plusieurs fois portées à Sa Majesté sur les excés & les injustices qui se pratiquent icy à la mort & à la sepulture des personnes que sous de faux pretextes on traite de rebelles à l'eglise, & que j'ai eu la douleur de voir continüer à l'egard de M. Lauffel mon frere, pretre de ce diocese. Jusques icy M. l'eveque cherchoit à rejetter l'odieux de cette conduicte sur les curés & les autres prêtres des paroisses dont il ne pouvoit, disoit-il, forcer la conscience dans l'exercice de leur ministere. Il est clair aujourd'huy que c'est de sa volonté seule & de ses ordres que viennent des traitemens si injustes si rigoureux. Deux prêtres de ce même diocese, morts depuis peu dans l'espace d'environ six semaines, & très asseurement dans les mêmes sentimens de mon frere, ont eté traités, pendant leur maladie & apres leur mort, comme tout catholique doit l'être. Leurs curés se sont conduits avec toute la sagesse & la charité qu'exigent leur ministere. Vous verrés, Monseigneur, par la coppie de la lettre de M. l'eveque que j'ay l'honneur de vous envoyer, qu'il desapprouve cette conduite moderée, & qu'il en prescrit une bien differante qui a fait reparoitre cette forme bizarre & singuliere d'enterremens dont les simples se scandalizent, dont les heretiques & les libertins se moquent, & dont tous les gens sensés gemissent.

Je ne sçay, Monseigneur, quelles sont ces erreurs dont M. l'evêque pretend que mon frere a eté convaincû par des actes juridiques, ce que je sçay & ce qui seroit icy attesté de tout le monde, c'est que mon frere a passé la plus grande partie de sa vie dans les fonctions du ministere public dans les paroisses de cette ville, & que jamais il n'a eté accusé, encore moins convaincû, ny à l'officialité, ny dans aucun autre tribunal, d'aucune erreur dans la foy, ny de mauvaises mœurs. Dans sa derniere maladie, la mort l'a enlevé si inopinement qu'il n'a pas eté possible à M. l'eveque de luy faire subir ces interrogatoires qui, dans d'autres occasions, ont tenû lieu d'une conviction authentique. Il est donc certain que mon frere est mort jouissant de tous les droits de son etat, & ce n'est qu'apres sa mort qu'il a eté jugé sur sa foy au tribunal de M. l'eveque qui le cite, l'accuse & le condamne luy meme, sans appeller personne qui puisse deffandre sa memoire, sans entendre meme son propre curé, qui paroissoit disposé à luy accorder les honneurs accoutumés de la sepulture.

L'amour de la paix nous a determiné à nous soumettre, pour ce qui regarde l'inhumation, à des ordres sy affligeans & si peû merités. Une autre partie de ces ordres concernant les prieres publiques pour le repos de l'ame de mon frere peut encore etre retractée, & c'est sur quoy tombent les demandes respectüeuses que j'ay l'honneur de vous adresser. Un regard favorable de l'authorité royale dissiperoit tous ces maux & maintiendroit les loix de l'Eglise & de l'Etat, si ouvertement violées. Du moins qu'il me soit permis, Monseigneur, sous vôtre puissante protection, de recourir aux tribunaux ordinaires, auxquels M. l'eveque ne cherche à se soustraire que parce qu'il sait bien que toutes les lois qui sont la regle de ces tribunaux condamnent evidament l'abus qu'il fait de son authorité.

J'ay l'honneur d'etre avec le plus profond respect, Monseigneur, de Votre Grandeur la, tres humble & tres obeissante servante.

A Montpellier, ce 19e octobre 1746.

IV.

Lettre du ministre à l'intendant.

Monsieur. La lettre que vous m'avés ecrite le 21 de ce mois & tout ce que vous y avés joint me font voir combien il est difficile d'allier le zele avec la prudence lorsqu'il s'agit d'un prestre qui a affiché, pour ainsi dire sa revolte, non seulement contre la derniere constitution, mais contre toutes celles qui regardent le jansenisme, ou la signature du formulaire & contre les edits & declarations qui l'ont autorifée. Ainfi, en laiffant à M. l'evefque de Montpellier le foin d'examiner fi fa conduite eft bien propre à ramener les efprits, on ne peut dans de telles circonftances, que laiffer les chofes en l'eftat où elles font.

Je fuis, Monfieur, voftre affectionné ferviteur.
D'Aguesseau.

Verfailles, le 1er decembre 1746.

Privilèges du clergé. — Logement des troupes.

(1747.)

A Thouloufe, ce 24 février 1747.

On vient, Monfieur, de me mander une chofe que j'ay peine à croire, c'eft qu'on a prié les monafteres des Carmes, des Cordeliers & des Recolets pour y loger les troupes efpagnoles. Si cela eft, c'eft fans doute MM. de ville qui l'ont fait fans votre participation : vous favés trop les regles pour ignorer les privileges des ecclefiaftiques.

Je fçai, Monfieur, que dans les villes de guerre quand elles font furchargées de troupes, on les met dans les couvens comme ailleurs, c'eft une neceffité qui n'a pas de loi. Ce n'eft pas icy le cas : il etoit aifé de prendre quelques maifons particulieres des fauxbourgs, & d'obliger les habitans d'en fortir pour y loger les troupes; c'eft ce que j'ay vu faire en beaucoup d'occafions.

Eft-il jufte, Monfieur, que des relligieux foient moins privilegiés que les derniers manans d'une ville, que leur maifon foit expofée ainfi que leur eglife à toute forte de prophanations, que fi on y voit des malheureufes creatures qui y feront fans ceffe troublées, je fuis perfuadé que cela revoltera votre pieté & votre relligion.

D'ailleurs vous favés, Monfieur, que ce font ces maifons ou refident une grande partie des confeffeurs de la ville; comment voulés vous que les filles & les femmes en abordent les eglifes pendant la quinzaine de Paques.

Je vous conjure, Monfieur, au nom de Dieu, de faire ceffer cette entreprife de MM. de ville; elle feroit un vrai fcandale pour les proteftans qui feroient dans la joye de voir ainfi prophaner les monafteres. Je l'efpere de votre relligion. Peut etre avés vous en main un expedient facile qui eft de mettre les troupes du roi à la citadelle & les Efpagnols dans les cazernes. J'attens avec impatience votre decifion fur ce fujet & je fuis avec un inviolable & refpectueux attachement, Monfieur, votre tres humble & tres obeïffant ferviteur.

† George Lazare eveque de Montpellier.
(Entierement autographe).
Au commandant en chef.

Réponfes de la ville de Montpellier à un queftionnaire envoyé par l'intendant.

(1745.)

I. — Revenus de la ville.

Confiftent à la ferme de la claverie, fuivant le bail paffé par Mgr l'intendant à Pierre Claparede, cy . . . . *A reporter :* 46,400 liv.

	liv.	s.	d.
Report :	46,400	»	»
Le droit de fubvention eftablie fur le vin & autres denrées. . . .	30,500	»	»
Cet article eft pour rembourfer les capitaux que la ville doit.			
Deux deniers fur chaque livre viande	12,000	»	»
Rente de plufieurs tabliers de poiffonnerie & herberie	405	»	»
Loyer du magazin à foin des cazernes tenu par l'eftapier . . .	100	»	»
Que le diocèze impofe annuellement en faveur de la ville pour l'entretien des cazernes, & logement de M. le commandant dans la province.	2,000	»	»
Pour la coupe de chaque année du bois de Valene.	1,000	»	»
Pour la rente de l'ecorchoir public & du mazel	1,650	»	»
Que la province impofe annuellement en faveur de la communauté pour les gages du procureur du roy	120	»	»
Qu'il eft fait fonds fur l'Etat du roy pour l'entretien & illumination des lanternes	3,120	»	»
Plus pour les gages de la fupreffion de l'office des lieutenants de maire & affeffeurs	981	11	4
Plus pour l'augmentation des gages attribués à la communauté par edit du mois de decembre 1706.	166	13	4
Plus pour la rente des quittances de finance provenant des confignations des billets de banque	642	»	»
	99,085	4	8
Plus un denier fur chaque livre de viande de boucherie pour l'entretien & rétabliffement des fontaines	6,000 liv.		
Depenfe.			
Depenfes ordinaires que la communauté impofe	66,058	»	
Depenfes imprevues	6,300	»	
Rentes & interets qu'elle paye aux creanciers	17,000	»	
Total de la depenfe . . .	89,358 liv.		

Sur la fomme de 99,085 liv. 4-8 des revenus de la communauté, il faut lever 30,500 liv. de la ferme de la fubvention qui fert pour rembourfer les capitaux que lad. communauté doit, en forte que fes revenus (qui fervent de moins impofé) ne revienent qu'a 68,585 liv. 4-5, & la depenfe 89,358 liv. partant la depenfe excede la recette de 20,773 liv.

II. — Juftice.

Monfieur l'abbé Daigreffeuille dans fon hiftoire

de Montpellier a raporté tout ce qu'il y a de plus interessant sur ce qui fait le sujet de cet article.

Monsieur le maire a eu l'honneur de remettre à Mgr l'intendant un memoire sur le retablissement des tribunaux inferieurs de la province qui le mettra à meme de connoistre de plus pres l'etat du presidial & du petit scel.

III. — Cultes.

Il y a dans Montpellier un chapitre cathedral composé de Monseigneur l'eveque, qui jouit de deux prebandes dont le revenu peust estre fixé, années communes, à 2,800 liv. chacune.

De quatre dignités dont le revenu n'est pas le meme.

Le prevost qui est le chef du chapitre jouit d'environ 8,000 liv. de rente, y compris le revenu de sa prebande.

Le grand archidiacre a de rente, y compris sa prebande, 5,000 liv.

La dignité de l'archidiacre de Valence & sa prebande vont à 3,600 liv. de revenus.

M. l'abbé de Sarret, archidiacre de Castries, jouit au moins de 4,000 liv. de rente.

M. le chantre retire de son personat & de sa prebande au moins de 4,000 liv. de rente.

Les trois autres personnats produisent outre la prebande 800 liv. à chacun.

Il y a seize canonicats ou prebandes, y compris la prebande preceptorialle, qui rapportent, années communes, 2,800 liv. aux chanoines qui sont insacrés, & 1,400 liv. à ceux qui ne sont point sacrés.

Il y a trois chapitres collegiaux dont les chanoines font le service dans la cathedrale.

Le chapitre de la Trinité est composé de six chanoines dont le prieur doit estre un chanoine de la cathedrale; ce prieuré dont est pourveu M. Vincens, chanoine, est un objet d'environ 1,200 liv. de rente; les autres cinq chanoines jouissent de 600 liv. de rente chacun.

Le chapitre St Sauveur estoit composé de douze chanoines. Le nombre a esté reduit depuis peu à six prestres, qui jouiront de l'entier revenu des 12 prebandes; il est deja mort depuis cette reduction quatre chanoines; lorsque le revenu de ce chapitre sera remis sur la tete de six ils jouiront d'environ 500 liv. de rente chacun.

Le chapitre Ste Anne est composé de 4 chanoines : le prieur jouit d'environ 180 liv. de rente & les trois autres de 150 liv.

Il y a l'eglize collegiale de St Ruf, qui fut fondée en 1368 par le cardinal Anglic Grimoard, frere du pape Urbain V. La maison de St Ruf eprouva le sort des autres eglizes de Montpellier; lors des guerres de la religion, les chanoines de St Ruf furent obligés de se retirer, & ce ne fut qu'apres la reduction de la ville qu'ils y revinrent.

Il n'i a aujourdhui que cinq chanoines, quoique le revenu de la maison de Montpellier serve à entretenir dans des seminaires un plus grand nombre de ces chanoines reguliers contre l'intention du fondateur.

Le revenu de cette maison concite dans plusieurs benefices unis à ce college qui jouit d'un domaine considerable à Mauguio, des preries à Lattes, des directes à Castelnau & des pentions establies sur quelques maisons à la rue de la Barralerie, M. l'abbé de Greffeuille, dans son histoire eclesiastique de Montpellier, parle d'un chapitre cathedral & des chapitres collegiaux.

Il y a quatre curés dans la ville qui sont à la congrue, St Pierre, Nostre-Dame, Ste Anne & St Denis hors la ville.

Il y a quatre curés dans le taillable de la ville, aux paroisses de Celleneuve, Montauberon, Montels & St Illaire, qui sont aussi à la congrue.

Il y a un tres grand nombre de petites chapelles dont il est impossible de faire le detail; on ne peut evaluer les revenus que par estimation & on l'estime environ 600 liv.

Le commandant du grand & petit St Jean, Launac & Vacquieres a de rente 9,500 liv.

IV. — Noblesse.

Il y a environ vingt cinq gentilhommes etablis dans la ville.

V & VI. — Denombrement de la population.

En l'année 1743 il y avait. . 24,835 habitans.
En l'année 1684 — . . 22,500 —
En l'année 1700 meme nombre 22,500 —

L'augmentation des habitans depuis 1684 & 1700 jusques en 1743 provient de l'etablissement des gens originaires du Rouergue, d'Auvergne & du Gevaudan qui se sont etablis dans la ville depuis 1700.

VII. — Mouvement de la population.

Paroisse Notre Dame : mariages, 89; naissances, filles, en 1743, 190; garçons, 185; morts, 312.
Paroisse Ste Anne : mariages, 40; naissances, filles, en 1743, 94; garçons, 93; morts, 189.
Paroisse St Pierre : mariages, 57; naissances, filles, en 1743, 161; garçons, 156; morts, 243.
Paroisse St Denis : mariages, 29; naissances, filles, en 1743, 72; garçons, 63; morts, 96.

Totaux : mariages, 215; naissances, filles, 517; garçons, 497; morts, 840.

Mortuaire des protestants en 1743 : 19.

VIII. — Biens fonds.

La communauté de Montpellier a un chateau apellé Caravettes dans le taillable de Murles, dioceze de Montpellier. Les terres consistent à 2,507 arpents d'un bois taillif & 42 arpents en champs & vigne. Total, 2,549 arpents mesure de Paris.

Le quart dud. bois est en reserve & les autres 3/4 le sont pour quatre coupes, chacune desquelles raporte années communes. . . . . 1,000 liv.
Le chateau avec les autres terres . 800 »

Led. revenu de 800 liv. fait partie de la ferme de la claverie.

IX. — Commerce & industrie.

Passementiers, ouvriers en soye, 10. — Serruriers, romaniers, arquebuziers, 20. — Perruquiers,

30. — Taneurs, 12. — Cordonniers, 120. — Tailleurs, 40. — Fripiers, 20. — Lanterniers, 8. — Chaudronniers, 6. — Potiers de terre, 12. — Imprimeurs libraires & relieurs, 6. — Chirurgiens, 20. — Appoticaires, 12. — Orfevres, 12. — Horlogers, 4. — Bolangers & fourniers, 80. — Menuifiers & charpantiers, 40. — Maffons, 30. — Platriers, 30. — Marechaus, 20. — Patiffiers & traiteurs, 15. — Vitriers, 10. — Tapiffiers, 10. — Tondeurs, 6. — Fourbiffeurs, 3. — Tonnelliers, 15. — Tourneurs, 6. — Pallemandiers, 12. — Cordiers, 8. — Pareurs de couvertes, 8. — Tifferans de toilles, 15. — Fuftaniers, 30. - Facturiers de bas, 15. — Seliers bridiers, 8. — Bourreliers, 8. — Coutelliers, 10. — Gantiers, 10.

Tous ces differens arts font en corps de jurande : ils ont d'eftatuts autorifés par des lettres patentes enregiftrées au Parlement & devant M. le fenechal qui eft le juge confervateur de leurs ftatuts ; ceux qui font profeffion defd. arts jouiffent du privilege efclufif de fabriquer des ouvrages de leur mettier & du droit de vifiter les ouvrages expofés en vente qu'ils peuvent faifir lorfqu'ils font faits contre les regles de l'art. Il eft moralement impoffible de pouvoir fixer leur travail & leur gain.

X. — Foires.

Il n'i a que deux foires qui fe tiennent au port du pont Juvenal dans le marquifat de M. de Grave ; elles tiennent trois jours chacune fans aucun privilege ni exemption.

Les marchands juifs s'y rendent & y jouiffent, fuivant un ufage qu'on peut regarder comme abufif, de la faculté de vendre les marchandifes dont ils font commerce.

Il feroit à fouhaitter que le roy voulut bien accorder le privilege d'une foire dans une ville auffi commerçante que Montpellier.

XI & XII. — Canaux & rivières.

Il n'i a point de rivieres navigables que le Lez qui l'eft devenu par le canal & les eclufes qui ont efté faites par les foins de M. le préfident de Solas, auteur de M. de Grave. Toutes fortes de denrées qui viennent par le canal royal, de cellui du Rhone & du port de Cette, arrivent à Montpellier par le pont juvenal.

XIII. — Récoltes.

Le bled qu'on recueillit dans le dioceze de Montpellier ne fuffit point pour la confommation qui fe fait dans lad. ville & dans les autres villes du dioceze ; on a recours au haut Languedoc pour fuppleer à la penurie des grains qui viennent par le canal royal au pont juvenal.

Le vin eft fi abondant dans le dioceze que fans la fabrique de verd de gris & des eaux de vie on ne fçauroit le confommer fur les lieux ; on a encore la refource d'en envoyer une grande quantité dans le pays etranger qu'on en embarque à Cete.

La recolte de l'huille eft affés abondante pour n'avoir pas recours à celle de Provence.

Les divers fruits qu'on mange à Montpellier viennent de Monfrin, de Valabregues & des Sevenes.

Le fromage, beurre & legumes viennent d'Auvergne, du Gevaudan & du Velay.

Le fermier de la boucherie fait venir les moutons & les bœufs qui fe confomment à Montpellier, d'Auvergne, du Quercy & du haut Languedoc.

XIV. — Chemins.

Les chemins font en tres bon eftat & on n'a rien à defirer fur ce fujet.

XV. — Communions religieufes.

La religion catholique, apoftolique & romaine, eft la feule qui ayt un exercice public. On n'admet dans les charges publiques que ceux qui en font profeffion. Dans le corps des marchands il y a un grand nombre de proteftants ; il y en a auffi dans la bourgeoifie & parmi les artifans & on juge qu'il peut y en avoir environ 4,000 fur 25,000 habitans qu'il y a dans la ville.

XVII. — Impofitions.

La ville de Montpellier paye au roy pour la taille en l'année 1745 la fomme de 67,679 liv., fçavoir :

Pour les aydes & crues	4,555 liv.
Taillon	1,426 »
Don gratuit	57,556 »
Morte paye	242 »
Garnifons du pays	1,712 »
Etape	2,188 »
	67,679 liv.

XVIII. — Capitation.

La ville de Montpellier paye au roy 60,000 liv. de capitation, cy . . . . 60,000 liv. s.
Meffieurs les officiers de la Cour des aydes, cy . . . . 20,866 » »
Meffieurs les treforiers de France 5,019 » 16
                                    85,885 » 16

La répartition est faite par MM. les commiffaires du diocefe.

Independant du clergé & de plufieurs receveurs des tailles dans la province qui font establi à Montpellier & qui payent cependant la capitation dans les diocezes où ils font recueurs.

XIX. — Fourrages militaires.

Le fourrage eft payé en corps de province par impofition.

XX. — Dixième.

La ville paye pour le dixieme 30,267 liv. 12 s. 7 d., fçavoir :

	liv.	s.	d.
Abonnement fait avec plufieurs corps des artifans pour le dixieme de leur induftrie	15,676	15	»
Les autres corps non abonnés .	9,530	15	»

	liv.	s.	d.
Biens nobles	1,544	12	3
Rentes & interets	1,551	5	4
Gages & pentions	772	10	»
Gages des officiers municipaux	573	15	»
Poids du roy appartenant à M. de St Sulpice	408	»	»
Proprietaires des greffes	210	»	»
	30,267	12	7

Non compris le 10e qui est sur la taille.

XXI & XXII. — Ustancilles.

La ville de Montpellier ne paye point d'ustancille, mais l'ustancille mobilier est fournie aux soldats qui sont en quartier dans les cazernes. Il y a un entrepreneur auquel la communauté a passé un traité à raison de 13 liv. 5 s. par lit chaque année.

XXIII. — Subvention.

La communauté ne paye aucun droit de subvention, elle exige au contraire ce meme droit qui sert de moins imposé ou d'acquittement de les dettes.

La ville paye par abonnement pour l'équivalent 61,000 liv.

A l'égard des droits du domaine, controlle & francfiefs, le sr Duchassin, directeur desd. droits, est mieux en etat que personne de donner les ecclaircissemens qu'on demande.

XXIV & XXV. — Maréchaussée.

Messieurs les maire & consuls n'ont point jugé necessaire de repondre à cest article en detail ; ils ont creu que le memoire qui leur a esté adressé, leur ayant esté envoyé sous une lettre circulaire, Mgr l'intendant auroit eu moins en vue de connoistre les officiers de la marechaussée qui resident à Montpellier que ceux qui sont repandeus dans divers diocezes de la province ; Mgr l'intendant connoist par lui meme ceux de Montpellier, leurs moeurs, leurs qualités & leurs services ; Messieurs les consuls ne peuvent rendre que de bons temoignages de leur zele & de leur capacité ; si Mgr l'intendant souhaitte de plus grands ecclaircissemens M. le prevost general est à portée de les lui donner.

XXVI. — Poids & mesures.

La livre de Montpellier est composée de 16 onces qui font 14 onces poids de Paris.

Le muid de vin est composé de 576 pots, lesquels reduits à la mesure de Paris, à raison de 288 peintes le muid, font 700 peintes.

XXVII. — Mesures de longueur.

La lieüe de Languedoc est composée de 3,000 toises & celle apellée lieüe commune de France est de 2,500 toises, ensorte que 5 lieües de Languedoc font six lieües communes de France.

XXVIII. — Mesures de superficie.

2 seterées 3/8 de Montpellier font un arpent de Paris qui est composé de 100 perches ; la seterée est divisée en 75 dextres, le dextre en 17 pans 1/2, & le pan en 9 pouces 5 lignes.

Désordres causés par les étudiants.
(1762-1763).

I. — Officiers du corps des étudiants.

Monseigneur, en 1750 l'Université de médecine de Montpellier ayant eu lieu de se plaindre des quatre conseillers des etudiants, qui, bien loing d'entretenir la regle parmy cette jeunesse suivant le deu de leur charge, y fomentoint le desordre & les dissensions, prit une deliberation du 30 aoust de la susdite année pour destituer lesdits conseillers.

Les étudiants, à qui l'on fit part de cette deliberation, firent des assemblées illicites & y nommerent eux mesmes quatre autres conseillers choisis parmy eux, lesquels conseillers nouveaux élus, malgré les avis & les menaces de l'Université, voulurent exercer les fonctions d'une charge dont le titre n'etoit qu'imaginaire puisqu'ils ne le tenoiot que des etudiants.

Nous vous rendimes compte pour lors, Monseigneur, de ce qui se passoit & vostre Grandeur envoya des ordres du roy pour punir les mutins, ce qui fut executé.

Aujourdhuy les mesmes abus paroissent ettre au moment de renaitre dans l'Université par la creation que les etudiants ont faite d'un doyen choisy parmy eux & auquel ils attribuent comme à leur chef les droits & les prerogatives qui appartenoint autresfois aux conseillers des etudiants : ce doyen assamble les etudiants quand bon luy semble sans nostre permission, & il donne lieu à plusieurs autres desordres.

J'ay cru qu'il etoit de mon devoir, Monseigneur, de vous rendre compte de ce qui se passoit à cet égard & de vous demander vos ordres.

Je suis avec le plus profond respect, Monseigneur, de Votre Grandeur, le tres humble & tres obeissant serviteur. Signé : Imbert, chancelier de l'Un. de medecine.

A Montpellier, le 9e juin 1762.

(Lettre écrite à de Saint-Florentin, secrétaire d'Etat).

II. — Attaques répétées des étudiants contre un particulier.

Lettre du duc de Fitzjames à l'intendant.

A Montblanc, le 2 decembre 1763.

M. de Massol, seigneur de Jonquiere, diocese de Lodeve, m'écrivit, Monsieur, il y a quelque tems qu'une quinzaine d'étudians en medecine s'y étoient rendus de Montpellier pour s'y recréer ; que deux d'entre eux nommés Chevillard & Solomiac, avoient eu des differens ensemble, & qu'ils avoient resolu de se battre en duel pour vuider leur querelle; que ces jeunes gens, qui se croyoient tout permis, alloient à la chasse dans les vignes avec des chiens, les fruits pendans; qu'il avoit voulu leur représenter leur tort, mais qu'au lieu de l'écouter ils avoient méprisé ses plaintes; que le sr Chevillard avoit même été chés lui quelques jours après & lui avoit tenu de fort mauvais propos, voulant lui faire entendre qu'il ne seroit pas toujours à Jonquieres, que les etudians se soutenoient & que lui, étant Flamand, on n'iroit pas le chercher dans son pais.

J'ai fait prendre des éclaircissemens sur ces plaintes, elles sont vrayes. Il est prouvé aussi que les srs Chevillard & Solomiac ont chassé, sans en avoir le droit, & sont des tapageurs; comme il convient de les reprimer, je vous prie, Monsieur, de vouloir bien donner vos ordres pour les faire desarmer & payer l'amende s'ils sont encore à Montpellier, & pour les faire arreter & conduire en prison à la citadelle pendant huit jours; & à leur sortie de leur deffendre de porter des armes à l'avenir, d'aller à Jonquieres, de rechercher M. de Massol, directement ny indirectement, au contraire d'eviter sa rencontre, les assurer que s'il lui arrive d'etre insulté ou inquieté par des etudians, que je m'en prendrai à eux; & enfin qu'à la premiere plainte que je recevrai, & à laquelle ils auront donné lieu, je les ferai mettre au cachot & ensuite sortir de la province. Il y a lieu de croire que cela les contiendra, ainsi que les autres. J'ai l'honneur d'etre avec un sincere & parfait attachement, Monsieur, votre très humble & très obeissant serviteur.

Signé : le duc de Fitzjames.

Lettres de Massol de Jonquières à L'Intendant.

A Montpellier, le 4 octobre 1763.

Monseigneur, il y a environ un mois que j'ay porté des plaintes à M. le duc de Fitzjames contre des etudians en medecine qui ont passé leurs vacances à Jonquieres; les injures & les menaces que l'un d'eux vint me faire dans le chateau font un des objets de mes plaintes. M. le duc a depuis ordonné à la marechaussée de faire visite chés leurs hotes où ils avoient laissé de la poudre & du plomb, dans la vûe d'y retourner; ils en ont été instruits, & cet evenement a fait une affaire de corps; depuis vendredi que je suis de retour ici, il en vient tous les soirs, sur les neuf heures trois ou quatre devant ma maison pour epier le moment d'y entrer, & sans doute pour me faire un mauvais parti; ils frapent même à la porte & demandent avec feu à me parler; dans une pareille position, Monseigneur, je pense qu'il est permis à un pere de famille de ne pas se piquer d'honneur à un certain point, & qu'il est plus à propos de prendre la voye de pacification, que de suivre leur punition; en conséquence j'ay eu l'honneur d'ecrire hyer à M. le duc pour le suplier de ne point donner encore d'ordre contre eux, parce qu'ils n'en seroient peut etre que plus animés & plus entreprenans; j'ay suivi en cela le conseil de M. Coulomb qui m'a fait meme esperer de quelques soins pour pacifier cette affaire; je vous suplie, Monseigneur, au cas que M. le duc vous eut écrit avant la reception de ma lettre pour vous prier de punir ou reprimander ces etudians, de vouloir bien suspendre jusqu'à ce que je sçache à quoy m'en tenir definitivement, j'aurois l'honneur d'aller vous meme vous demander cette grace si je n'etois retenu chés moy par une foulure à un pied; d'ailleurs il seroit peut etre imprudent à moy de sortir que tout ne soit apaisé. J'ai l'honneur d'etre avec un profond respect, Monseigneur, votre très humble & très obeissant serviteur. *Signé* : Massol de Jonquieres.

J'oubliois, Monseigneur, de vous dire que la visite de la marechaussée a eté suivie d'une enquête pour constater le fondement de mes plaintes.

A Montpellier, le 7 octobre 1763.

Monseigneur, l'incommodité de mon pied ne me permettant point encore de sortir, je ne peux point avoir l'honneur d'aller vous rendre compte moy meme de ce qui s'est passé depuis la lettre que j'ay pris la liberté de vous ecrire; le sr Chevillard qui est celuy des etudians dont j'avois le plus lieu de me plaindre, se rendit hyer chés moy avec un autre, & dans la conference que nous eumes ensemble je reçus de leur part toute la satisfaction que je pouvois desirer; ainsi, Monseigneur, je vous suplie de vouloir bien ne donner aucun ordre contre eux; de cette grace depend ma tranquilité, car je suis persuadé que n'eussent ils à essuyer qu'une reprimande, je me verrois exposé à de nouvelles insultes, & obligé de me tenir continuellement sur mes gardes. Pour eviter toute surprise, j'ay l'honneur d'ecrire aujourd'huy à M. le duc de Fitzjames pour luy demander la meme grace. J'ay l'honneur d'etre avec un profond respect, Monseigneur, votre très humble & très obeissant serviteur. *Signé* : Massol de Jonquieres.

A Montpellier, le 8 décembre 1763.

Monseigneur, je n'abuseray point des momens precieux de Votre Grandeur en luy faisant le detail de ce qui s'est passé de la part des etudians en medecine depuis mon arrivée à Montpellier; je me borneray à prendre la liberté de luy exposer que si une blessure que je me suis faite à un pied m'avoit permis de sortir, j'aurois eu selon toutes les aparences, à essuyer plus d'une scene tragique, non seulement le jour, car j'ay tout lieu de croire qu'ils n'auroient rien tenté à découvert, mais à la nuit si je n'avois eu la precaution de rentrer de jour chés moy; la visite de la marechaussée chés leurs hôtes à Jonquieres & les informations prises sur le lieu pour constater le fondement de mes plaintes, ont animé contre moy tous les etudians, en sorte que cette affaire pour ainsi dire particuliere est devenue une affaire de corps, & j'ay senti que ce n'etoit pas sans raison que ma femme s'allarmoit sur les suites qu'elle pouvoit avoir. Comme M. Saint a pu m'instruire Votre Grandeur, j'ay consulté M. Coulomb sur ma position, il m'a conseillé de preferer la voye de pacification à celle de la punition & de ne pas me roidir à vouloir soutenir les echecs ausquels je ne manquerois pas d'etre exposé contre un corps comme celuy la; en conséquence j'ay fait sçavoir au sr Chevillard que s'il vouloit se rendre chés moy pour une explication sur nos faits, j'etois disposé à tout oublier; il y vint avant hyer avec le sr François & je reçus de leur part toute la satisfaction que je pouvois defirer du moins avec toutes les apparences de fincerité.

Comme les ordres que j'ay pris la liberté, Monfeigneur, de demander à Votre Grandeur pour reprimer & contenir ces jeunes gens ; même une fimple reprimande feroit capable de rechaufer les efprits, & me faire retomber dans la même pofition, je fuplie tres humblement Votre Grandeur de vouloir bien leur faire grace dans cette occafion, & revoquer les ordres qu'elle peut avoir donné contre eux : dans l'opinion où je fuis que Votre Grandeur aura la bonté d'avoir egard à ma demande, je me flate qu'elle ne defaprouvera que j'aye fuplié M. de Moncan, au cas qu'elle luy eut ecrit à ce fujet, de vouloir bien fufpendre l'execution de fes ordres, jufqu'à ce qu'elle luy ay fait part definitivement de fes intentions.

J'ay l'honneur d'être avec le plus profond refpect, Monfeigneur, de Votre Grandeur le très humble & très obeiffant ferviteur.

A. Maffol de Jonquieres (*figné*).

Lettre du commandant de Moncan au duc de Fitzjames.

A Montpellier, le 8 décembre 1765.

Monfieur le duc, M. Maffol de la Jonquiere m'a efcrit qu'il s'eftoit accomodé avec les etudians dont il vous avoit porté plainte & qu'il me prioit de ne donner aucun ordre contre eux parcequ'il craignoit que la moindre reprimende ne l'expofat à de nouvelles infultes de leur part. J'ay cru ne devoir pas le refufer, & que vous ne trouveriez pas mauvais que je n'executaffe pas les ordres que vous m'aviez envoié contre eux.

Vous devez eftre bien perfuade, Monfieur le duc, que je rendrai à M. le duc de Berwic tout ce qui fera en mon pouvoir. Je compte que la marechauffé ira à fa rencontre & luy faire donner une garde de voftre regiment ; tout ce qui dependra de M. de . . . & de moy ne fera pas negligé, enfin, Monfieur le duc, né nous reverions nous pas bientoft, je le defire de tout mon cœur & pour voftre repos & pour avoir le plaifir de vous faire ma cour & de vous renouveler les affurences du refpect infini avec lequel j'ay l'honneur d'eftre, Monfieur le duc, voftre tres humble & tres obeiffant ferviteur. Moncan (*figné*).

Mme de Moncan vous offre fon refpectueux attachement. Permettez nous à l'un & à l'autre d'offrir nos refpects à Mme la ducheffe.

L'hôpital militaire de Montpellier. — Mémoire fur les origines de cet établiffement, par le docteur H. Fouquet.

(2 feptembre 1771).

Les appointements du medecin de l'hopital royal & militaire de Montpellier etoint, lors de la creation de cette place, comme ils fe font encore aujourd'hui, de trois cents livres, & ceux du chirurgien major d'abord fixés à fix cens livres, ont été portés bientoft dans les fuites à 1200 livres. Cet hopital, deftiné uniquement dans fon inftitution pour les veneriens, n'avoit alors qu'un petit nombre de lits, qui même rarement etoint tous occupés ; l'on n'y traitoit que par les frictions, & le medecin n'etoit obligé qu'à deux vifites par femaine, à moins de cas extraordinaire.

Cependant des ce temps la même, on avoit fenti la difproportion qu'il y avoit dans les falaires refpectifs des deux employés, & independament de la compenfation du petit nombre de vifites, le medecin etoit dedomagé par des gratifications annuelles.

Les chofes en font reftées fur le même pied jufqu'en 1767 ou 1768, tems auquel la celebrité de cet hopital s'etant accrüe avec la confiance des troupes, cette maifon favorifée d'ailleurs de l'expofition la plus avantageufe, a regorgé de malades fimplement veneriens auxquels on a joint bientôt après les fcorbutiques, les galeux, les dartreux, les ecroüelleux & autres qui en leur particulier forment un nombre confiderable.

Mais c'eft principalement depuis environ un an & demi, epoque à laquelle remonte l'inftallation dudit Fouquet dans la place de medecin de cet hopital que cette augmentation de malades eft remarquable, par ceux qu'on ne ceffe d'y verfer des trois provinces meridionales, & de l'ifle de Corfe, comm'il confte par les Etats envoyés tous les mois à la Cour.

En outre, conformément aux nouveaux ordres du miniftre, ce medecin eft obligé de faire aujourd'hui deux vifites par jour aux malades de cet hopital, tout comme le chirurgien qui auparavant ne leur en faifait qu'une feule.

Le premier foin dudit Fouquet a été d'obeir ; mais il efpere qu'on daignera faire quelque attention à cette inégalité humiliante de falaire, à coté d'une egalité de peine, & qu'on voudra bien proteger, auprès du miniftre, la demande qu'il fait d'une augmentation d'appointemens, que l'humanité & l'équité reclament en fa faveur, il fe fonde : 1º Sur la modicité exceffive de fes appointemens réduits encore par les retenües pour charges ou impofitions, à environ 270 livres, fans la moindre compenfation, pas meme celle d'un logement dont neanmoins la plupart des medecins des hopitaux militaires font dans un certain ordre jouiffent ; 2º fur la varieté des methodes qui eft permife aujourd'hui, & qui charge néceffairement les fonctions du médecin ; 3º par l'augmentation confiderable des veneriens & par la furcharge des fcorbutiques, des dartreux, des efcroüelleux & autres malades, tous fujets à un traitement medecinal ; 4º fur les foins extraordinaires qu'exigent les maladies graves & compliquées de toute efpece que le medecin a journellement à traiter dans cet hopital ; 5º fur le prejudice notable que le temps qu'employent deux vifites faites regulierement, tous les jours, aux foldats malades doit caufer néceffairement à un praticien, par raport aux malades qu'il a en ville ; 6º enfin fur l'eloignement de cet hopital, circonftance qui ajoute infiniment aux fatigues des deux vifites par jour, principalement durant les rigueurs des faifons.

Le docteur Fouquet, penetré de la plus grande confiance en la juftice & les bontés du miniftre, fupplie inftament qu'on veuille bien lui expofer tous ces motifs, & il prend la liberté de fe recommander à la protection & à la bienfaifance de M. le comte de Moncan.

A Montpellier, le 2 feptembre 1771.

Statuts de l'Œuvre de la Miséricorde de Montpellier.

(Octobre 1771).

Louis, par la grace de Dieu roy de France & de Navarre, à tous presens & à venir, salut; nos cheres & bien amées les Dames de l'Œuvre de la Misericorde de notre ville de Montpellier nous ont fait très humblement représenter que vers l'an mil six cens vingt deux, des dames de pieté des plus distinguées de la ville se seroient associées pour subvenir au soulagement de certains pauvres malades, surtout parmi les artisans, que la honte & la crainte de préjudicier à leur commerce empechoint de se faire transporter dans les hopitaux; que les srs de Bousquet & de Colbert evêques de Montpellier voulant encourager cette pieuse société, auroient rendu des ordonnances les sept septembre mil six cens cinquante huit & 1er may mil sept cens vingt quatre contenant des reglemens pour son administration, & qu'elle auroit été mise sous la superiorité des eveques diocezains; que le nombre des pauvres augmentant considerablement, & les dames associées ne pouvant plus suffire à tous leurs besoins, elles auroient demandé dès mil six cens soixante huit au superieur general de la congregation de la mission le secours des Sœurs de la Charité, qui, d'abord envoyées au nombre de deux, se sont successivement accruës, à mesure que les besoins ont augmentés, jusqu'à huit, l'une desquelles est destinée aux ecoles pour les pauvres jeunes filles de la ville. Qu'il a aussi été necessaire d'avoir une maison tant pour le logement des Sœurs que pour tenir toutes les provisions qu'exige l'exercice des œuvres de charité. Qu'il en a été acquis une dans l'isle de la Monnoye, & qu'il a été fait depuis d'autres acquisitions joignant cette maison, suivant que les besoins & le plus grand avantage sont exigés. Que ce pieux établissement, connu sous le nom de l'Œuvre de la Misericorde de la ville de Montpellier, est devenu pour cette ville de necessité indispensable; qu'il supplée au bien qui ne se fait point dans les hôpitaux; que tous les pauvres honteux sont à sa charge; que tous les convalescens de l'Hotel-Dieu St-Eloy, dont ils sont renvoyés presque au moment qu'ils cessent d'avoir la fièvre, ne trouvent du secours que dans ses charités. Que de ceux qui sont attaqués de maladies chroniques & presque incurables, ne peuvent en être receu qu'un certain nombre au grand hopital, les autres ne sont soulagés que par l'Œuvre de Misericorde; qu'elle leur procure tous les secours & les services necessaires à leur état; qu'elle s'occupe aussi du soulagement des prisonniers, & que l'une des Sœurs étant destinée à l'instruction gratuite des jeunes filles, il n'est pour ainsi dire aucune manière d'exercer la charité qu'elle n'embrasse. Que cependant, de quelque necessité qu'elle soit pour la ville de Montpellier, son existence, toute ancienne qu'elle est, n'a point de certitude, faute d'avoir été autorisée & approuvée par nous ou les rois nos predecesseurs, ce qui la prive des avantages accordés par les reglemens aux etablissemens de semblable nature, l'expose aux peines prononcées par l'édit du mois d'août mil sept cens quarante neuf contre les etablissemens non autorisés & lui fait courir le risque de la destruction totale, s'il n'y est promptement pourvu.

Pourquoy les exposants nous ont fait très humblement suplier de vouloir bien leur accorder nos lettres patentes d'approbation & confirmation.

A ces causes, & après nous avoir fait rendre compte plus particulierement de l'utilité de l'œuvre de Misericorde de la ville de Montpellier, ensemble du zele des personnes qui en ont l'administration, de fournir tous les secours necessaires aux pauvres & aux malades, & voulant leur donner des marques particulieres de notre protection, de l'avis de notre conseil & de notre grace speciale, pleine puissance & autorité royale, nous avons par ces presentes signées de notre main, statué & ordonné ce qui suit :

ARTICLE PREMIER. — Nous avons autorisé, approuvé & confirmé, autorisons, approuvons & confirmons l'œuvre pieuse appellée de la Misericorde, regie & administrée par les dames de la ville de Montpellier, & deservie par les sœurs de la Charité qui y sont proposées, consistant à secourir les pauvres malades honteux qui ne peuvent être receus aux hopitaux, & au soulagement des pauvres prisonniers, suivant les reglemens contenus dans l'ordonnance dudit sieur de Colbert, évêque de Montpellier, du 1er may mil sept cens vingt quatre.

ART. IIe. — Ladite œuvre sera sous la superiorité dudit sieur eveque de Montpellier. Les dames qui la regissent & administrent s'assembleront tous les premiers vendredis de chaque mois de l'année, en presence dudit sieur évêque, lorsqu'il le jugera necessaire pour traiter des affaires de ladite œuvre; & elles eliront à l'ordinaire tous les ans les officieres, sçavoir : une mere, une tresoriere, une sacristaine & une dame pour la chambre du travail des habits qu'on distribue aux pauvres.

ART. IIIe. — Approuvons & confirmons pareillement l'acquisition faite par ladite œuvre de la maison, dans laquelle les sœurs de la Charité vivent en communauté, scituée dans l'isle de la Monnoye, comme aussi toutes les autres acquisitions qui ont été faites d'immeubles joignant ladite maison dans la meme isle pour l'usage & pour l'avantage de l'œuvre. Ensemble toutes dispositions de fonds & rentes foncieres ou constituées dont elle a jouy jusqu'à present, derogeant à cet effet à notre édit du mois d'août mil sept cens quarante neuf.

ART. IVe. — Permettons à ladite œuvre de la Misericorde de recevoir à l'avenir, jusqu'à ce que les revenus soient portés à la somme de douze mille livres, toutes sortes de legs & institutions, quel que soit la nature & la quantité des biens qui en feront l'objet, à la charge cependant par les personnes qui prennent soin de l'administration de vuider leurs mains des immeubles & autres biens de la quotité exprimée dans les articles 14 & 15 de notre edit du mois d'aout mil sept cens quarante neuf, dans l'année à compter du jour que lesdits biens auront été dévolus & les successions ouvertes, & ce en la maniere prescrite & sous les peines portées par ledit édit de mil sept cens quarante neuf, & par la declaration donnée en interpretation d'icelluy le vingt juillet mil sept cens soixante deux, à l'effet de quoy les notaires qui auront receu des testamens & autres actes de derniere volonté, où il y aura des legs au profit des pauvres de ladite maifon, en enverront gratuitement des extraits aux dames en charge auſſitôt l'ouverture des fucceſſions, à peine de repondre par les refuſans ou negligens en leurs propres & privés noms, de toutes pertes, des depens dommages & interets.

ART. V[e]. — Permettons auxdites dames de continuer de faire, quand bon leur femblera, les quetes qu'elles jugeront neceſſaires, & de tenir des troncs & des baſſins dans les egliſes, avec la permiſſion dudit ſieur évêque.

ART. VIe. — Elles pourront élire un ſecretaire pour ecrire leurs deliberations qui ſeront priſes dans leurs aſſemblées, & pour exiger le payement & faire le recouvrement de toutes les rentes & revenus, dettes, legs & autres choſes appartenants.

ART. VIIe. — Les huit fœurs de la charité qui ſervent ladite œuvre continueront de vivre en communauté dans la maifon de la Miſericorde, & ſeront employées à faire le bouillon, les écoles & l'apoticairerie & autres occupations ſuivant le reglement déjà fait par ledit ſieur évêque.

ART. VIIIe. — Ladite œuvre pourra ſe ſervir de ſix medecins pour viſiter les pauvres malades honteux dans les ſix ſixains ou quartiers de la ville, ſuivant l'ordonnance rendue par le ſieur de Villeneuve, évêque de Montpellier, le cinq mars mille ſept cens ſoixante; & de quatre chirurgiens pour traiter leſdits malades, chacun dans l'étendue de l'une des quatre paroiſſes; & pour les honnoraires des uns & des autres, il ſera accordé ce que leſdites dames jugeront convenable. Si donnons en mandement à nos amés & féaux conſeillers, les gens tenant notre cour de parlement à Touloufe, & notre cour des comptes, aydes & finances de Montpellier; à tous autres nos officiers & juſticiers qu'il appartiendra que ces preſentes ils ayent à faire regiſter, & du contenu en icelles jouir & uzer ladite œuvre de la Miſericorde de Montpellier, pleinement, paiſiblement & perpetuellement, ceſſant & faiſant ceſſer tous troubles & empêchements à ce contraires, car tel eſt notre bon plaiſir. Et afin que ce ſoit choſe ferme & établie à toujours, nous avons fait mettre notre ſcel à ces dites preſentes. Donné à Fontainebleau au mois d'octobre l'an de grace mille ſept cens ſoixante onze & de notre regne le cinquante ſeptieme. Louis (ſigné). Et plus bas : par le roy, Phelypeaux. Viſa De Maupeou (ſigné) pour confirmation de l'établiſſement de l'œuvre de la Miſericorde de Montpellier, ſigné Phelypeaux.

Etabliſſement de chaires pour l'enſeignement des ſciences.

(25 avril 1782).

Arrêt du conſeil d'Etat du roi qui autoriſe la délibération des Etats du 5 janvier dernier, concernant l'établiſſement des chaires de phyſique experimentale & de chimie docimaſtique dans la province de Languedoc, du 5 avril 1782. Extrait des regiſtres du conſeil d'Etat.

Sur la requête preſentée au roi, etant en ſon conſeil, par le ſyndic général de Languedoc, contenant que les États de cette province, toujours occupés des objets qui peuvent tourner à l'avantage du public, auroient, depuis quelques années, formé le projet d'établir trois chaires dans ladite province, l'une de phyſique expérimentale à Touloufe, l'autre du même genre à Montpellier, & une troifieme de minéralogie ou de chimie docimaſtique dans cette derniere ville. Que cette branche d'inſtruction manquant à la foule d'etudiants qui ſe raſſemblent dans ces deux villes confidérables, ne peut que puiſſamment feconder les études de tout genre & celle de la médecine en particulier ; & que la minéralogie & la chimie docimaſtique ne ſont pas moins néceſſaires, puiſque les montagnes du Languedoc recelent autant & plus de richeſſes que les coteaux & les plaines. Que les Etats, fur la propofition qui leur en a eté faite par le ſieur archeveque de Narbonne, dont les vues de ſageſſe & d'utilité pour le bien de la province ne ſauroient être méconnues, auroient fixé leur choix, pour remplir ces chaires, ſur des ſujets que leur merite & la voix publique y appelloient, & par les ſoins defquels il ſe pourra former ſucceſſivement des maîtres habiles, ſavoir : ſur le ſieur Bertholon pour la chaire de phyſique expérimentale de Montpellier, & ſur le ſieur Chaptal pour la chaire de chimie docimaſtique de cette même ville. Qu'ils ont cru devoir porter les honoraires de chacun des profeſſeurs de ces deux chaires de Montpellier à deux mille liv. par année; comme auſſi la dépenſe annuelle de chaque cabinet à la ſomme de douze cents livres, qui ſera laiſſée aux profeſſeurs pour en rendre compte à la commiſſion exiſtante des travaux publics. Qu'enfin on n'a pu accorder moins de 3,000 liv. une fois payées de première miſe, pour commencer à former les cabinets & laboratoires, dont le profeſſeur tiendra pareillement compte à la commiſſion ; leſquelles différentes ſommes ſeront priſes ſur le bénéfice des interêts provenant du fonds de la caiſſe des prêts que la province fait aux diocefes pour leur faciliter les moyens de ſatisfaire à leurs ouvrages publics.

Requéroit à ces cauſes le ſupliant qu'il plut à Sa Majeſté ſur ce pourvoir en autoriſant une deliberation qui tient eſſentiellement à l'intérêt de l'adminiſtration, ſans que l'objet en ſoit en aucune maniere onéreux à Sa Majeſté & à ſes peuples. Vu ladite deliberation priſe par les Etats le 5 janvier dernier ; oui le rapport du ſieur Joly de Fleury, conſeiller d'Etat ordinaire, & au conſeil royal des finances ; le roi etant en ſon conſeil, a approuvé & homologué, &c.

Fait au conſeil d'Etat du roi, Sa Majeſté y étant, tenu à Verſailles le 25 avril 1782. *Signé* : AMELOT.

Renſeignemens ſur les depenſes militaires dans la ville de Montpellier.

(1783).

Logement des officiers.

Il y a des officiers qui reçoivent leur logement les uns en nature & les autres en argent, ainſy qu'il ſera detaillé cy-apres :

La ville paye en argent au gouverneur de la ville pour ſon logement . . . . . 1,000 liv.

La ville paye en argent au même gouverneur

pour l'extinction & suppression de la boucherie de la citadelle . . . . 2,000 liv.
L'hotel ou loge M. le commendant en chef de la province appartient à M. Desplaus & à la Providence & la ville leur paye un loyer de 6,000 liv.
La ville paye en argent aux gens de la suitte de M. le commendant en chef de la province pour leur logement. . . . . 2,496 liv.
La ville paye pour le loyer du corps de garde de M. le commendant en chef de la province. . . . . 260 liv.
La ville fournit un manege pour les equipages de M. le commendant en chef de la province. Elle paye de loyer à la dame de Bussy. 1,200 liv.
La ville paye en argent à M. le commendant en second de la province pour son logement . . . . 1,200 liv.
Elle paye encore en argent à son secretaire pour son logement . . . . 250 liv.
Pour le corps de garde du meme commendant la ville paye un loyer de . . . . . . 100 liv.
La ville paye en argent au brigadier du gouverneur de la province pour son logement. 150 liv.
Les meubles qui servent à meubler l'hotel de M. le commendant en chef de la province appartiennent à un entrepreneur auquel la ville luy paye un loyer tant pour la fourniture des meubles que pour leur entretien . . . . 11,200 liv.
La ville impose annuellement sur les tailles pour les réparations à faire à l'hotel de M. le commendant en chef de la province . . . . 1,000 liv.
La province paye en argent le logement des officiers superieurs & les officiers se logent où ils veulent. La province paye leur logement sur le pied sçavoir :

Au colonel	50 liv.	par mois.
Le lt colonel	40	—
Le major	30	—
Le capitaine	15	—
Le quartier maitre tresorier	15	—
Le chirurgien major	15	—
Le lieutenant	10	—
Le sous lieutenant	10	—
L'aumonier	10	—
Le porte drapau	10	—

Les officiers des troupes n'ont point de pavillon : ils se logent où ils veulent au moyen du logement que la province leur paye.

Logement des troupes.

Les troupes sont cazernées.
Les cazernes appartiennent à la ville qui les a fait construire : deux tiers du battiment en l'année 1695 & le dernier tiers en l'année 1756.
L'entretien des cazernes est à la charge de la ville & la dépense se porte année commune à 900 liv.
Il y a dans les cazernes 1,010 lits; il peut y etre logé 2,020 soldats & 20 ecuries qui peuvent contenir 494 chevaux.
Il n'y a de particuliers logés dans les cazernes que ceux qui y sont placés pour veiller & pour le service des troupes; ils occupent 4 chambres.
La ville ne fournit point de terrain aux troupes; elle s'exerce sur le Cours qui est au devant des cazernes pour lequel la ville paye pour l'entretien 108 liv. & quelques fois les troupes s'exercent sur un terrain à coté de la promenade de l'Esplanade.
La ville ne fournit point de jardins aux régiments.

Lits, bois & lumieres.

Pour la fourniture & l'entretien des ustancilles dans les cazernes & des lits militaires la province passe un traité avec un entrepreneur pour ces deux objets auquel la province paye tant pour l'entretien des ustancilles que des lits militaires 7 liv. 17 s. 6 d. par lit.
Dans les cazernes la troupe se fournit son bois de chauffage.
La ville fournit pendant les six mois d'hiver aux grands corps de garde par jour 36 liv. de charbon & une livre de chandelles poids de marc & aux petits corps de garde la moitié moins, & pendant les six mois d'eté des tourbes en representation du charbon & la 1/2 moins de chandelles.
Cette fourniture est un objet de depense pour la ville, année commune . . . . . . 2,900 liv.
Le nombre de corps de garde n'est point fixé, il diminue ou augmente suivant les circonstances : il y en a actuellement douze.
Il n'est rien fourny pour aucun corps de garde vacans ou non existant.
La ville n'a jamais fourni des magazins pour les vivres & les fourrages, ni des hôpitaux.
Les troupes de passage reçoivent l'etape qui est à la charge de la province; c'est un objet de depense pour la province, année commune, de 150,000 liv.

Etats majors.

La ville paye à l'etat major de la place sçavoir :
Au lieutenant du roy pour son logement, quoique logé dans la citadelle . . . . 400 liv.
Au major pour son logement . . . . 500 liv.
A l'aide major, quoique logé dans la citadelle. . . . . 250 liv.
Au sous-aide major, pour son logement 300 liv.
La ville paye annuellement audit etat major pour lui tenir lieu d'exemption du droit de subvention sur des denrées sujettes à ce droit . 250 liv.
L'etat-major, sous pretexte qu'il est privé des herbes qui croissent dans deux fossés sur tour de la ville servant de glacis, la communauté leur paye une indemnité de . . . . . 420 liv.
La province ayant fait des ouvrages à la promenade du Peyrou & ayant eu besoin des autres fossés, la ville leur paye pour le meme motif cy dessus de deux autres fossés une indemnité ou pour une espace de terrain que la ville a pris pour agrandir la promenade de l'Esplanade une somme de . . . . 380 liv.
Cette somme a eté autorisée par les commissaires du roy des etats des 7 octobre 1780 & 24 avril 1782.

Police des processions.

(1783).

Ordonnance du bureau de police de la ville de Montpellier qui enjoint à tous les habitans de la ville & fauxbourgs, de balayer ou faire balayer les rues, de tapiſſer ou faire tapiſſer le devant de leurs maiſons, pour les proceſſions auxquelles on porte le Saint-Sacrement ; leur fait défenſes de gener la voie dans les rues avec des chaiſes ou autrement pour les voir paſſer, & leur ordonne de ſe tenir debout & à genoux lorſque le Saint-Sacrement paſſera, ſous les peines portées par les arrêts, règlemens & ordonnances de police.

Du ſamedi 14 juin 1783.

Le procureur du roi a dit :

Les devoirs à remplir pour qu'il y ait, dans la ville & ſes fauxbourgs, une exacte police, ont pour fin le ſervice divin, le bien & l'avantage du public.

Le premier de ces devoirs, celui qui doit principalement occuper, nous oblige à demander qu'on renouvelle les diſpoſitions des arrêts du Parlement, les règlemens, les ordonnances de police, qui ont pour objet le reſpect, la décence qui doit paroître dans les rues lors des proceſſions auxquelles on porte le Saint-Sacrement.

Il eſt triſte de rappeller ce qu'on doit à Dieu, ce que demande la religion qu'on profeſſe, dans une ville diſtinguée par ſa conſtance, ſa fermeté dans la religion catholique, apoſtolique & romaine, & qui fait naître dans les plus grandes la jalouſie, par le genie, l'honnêteté & le maintien de ceux qui l'habitent.

Nous ne pouvons cependant diſſimuler que dans les jours où l'on célebre la fête du roi des rois, que nous allons renouveller, dans ces jours où chacun devroit être occupé à ſuivre avec reſpect & tremblement les proceſſions auxquelles on porte le Saint-Sacrement, on voit les rues que les proceſſions parcourent remplies de monde, plus occupés de l'eſprit de curioſité & de diſſipation qui les y attire, que du devoir qu'on a à les remplir ; on les y voit nonchalamment ſur des chaiſes, y former des cercles, parler & agir pour des objets terreſtres, & donner lieu, au moment même où la proceſſion paſſe, à tous les inconvéniens qui naiſſent de ce que les rues ne ſont pas alors entièrement libres, & à des irréverences & indécences dont rougiſſent les moins devots.

Nous ne doutons pas qu'en faiſant de nouveau publier ce que les arrêts, les règlemens, les ordonnances de police enjoignent de faire, lors des proceſſions auxquelles on porte le Saint-Sacrement, chacun ne revienne à lui-même, & qu'on ne ſoit attentif à éviter ce qui donne lieu aux requiſitions que nous laiſſons ſur le bureau pour y etre délibéré.

Vu les règlemens de police des 20 juin 1678, 21 novembre 1699, 22 décembre 1742, l'arrêt du Parlement de Toulouſe du 15 mai 1743.

Le bureau a ordonné & ordonne que les arrêts du Parlement, les reglemens, les ordonnances de police rendues au ſujet des proceſſions, ſeront de nouveau publiés & exécutés en tout leur contenu, & en conſéquence, ordonne à tous les habitans de la ville & fauxbourgs, de balayer ou faire balayer les rues au-devant de leurs maiſons, de tendre ou tapiſſer, ou de faire tendre & tapiſſer le devant de leurs maiſons, pour les proceſſions auxquelles on porte le Saint-Sacrement ; fait défenſes à toutes perſonnes d'embarraſſer, même gêner la voie dans les rues par des chaiſes ou autrement pour voir paſſer les proceſſions, leur ordonne de s'y tenir debout & à genoux lorſqu'on voit paſſer le Saint-Sacrement & d'eviter toutes irreverences & indécences, ſous les peines portées par les arrêts, règlemens & ordonnances de police ; enjoint aux capitaines & valets de ville, de tenir la main à l'exécution de la préſente ordonnance, & de dénoncer ceux qui y contreviendront ; ordonne en outre que la préſente ſera imprimée, lue, publiée & affichée dans tous les endroits accoutumés de la préſente ville, afin que perſonne n'en prétende cauſe d'ignorance. Bouſquet, ſecond conſul, lieutenant de maire, ſigné au regiſtre.

Collationné : Toutin, greffier (Signé).

Comblement des foſſés de la ville.

(1783).

Lettre du maréchal de Segur, maréchal miniſtre de la guerre, au Cte de Perigord.

Verſailles le 26 juillet 1783.

Etant réſulté, Monſieur, des éclairciſſements que j'ai pris ſur la demande des conſuls & maire de Montpellier, à l'occaſion de laquelle vous m'avés fait l'honneur de m'ecrire, qu'il n'y aura pas d'inconvenient à leur permettre de combler entierement les foſſés qui longent les murs depuis la porte de St Guilhem juſqu'à celle de Lattes de cette ville. Je mande à M. Gordon d'Anizy, directeur des fortifications que le roy l'autoriſe à laiſſer executer ce comblement à condition que la partie des foſſés comblés ne ſera jamais occupée par des bâtiments ni jardins & qu'on n'y appuyera aucune maiſon ou barraque ſur le mur d'enceinte pour conſerver un eſpace libre & convenable entre ce mur & les fauxbourgs. J'ai l'honneur, &c.

Appareil militaire lors des exécutions criminelles.

(1785).

I. — Lettre du commandant de la maréchauſſée.

A Montpellier, le 13 ſeptembre 1785.

Mon general, M. le procureur du roy au ſiege de la marechauſſée en cette ville me fit part hier au ſoir qu'il y auroit icy une execution conſiderable vendredy prochain de pluſieurs accuſés de vol, mutilation & profannation de vazes ſacrés & qu'il ſeroit neceſſaire qu'il ſe trouva icy pour ces executions un nombre aſſés conſiderable de bas officiers & cavaliers de maréchauſſée pour l'eſcorte & contenir le peuple ; mais comme il ne ſe trouve icy dans les deux brigades que quatre cavaliers en etat de monter à cheval & faire le ſervice ſans aucun bas officier, je vous prie de vouloir bien donner des ordres pour que le brigr de Lunel & un cavalier de ſa brigade ſoyent rendus icy le jeudy 15 de ce mois, ainſi que deux cavaliers de la brigade de Sommieres, les deux cavaliers de la brigade de Meze & qu'ils y ſejourneront le temps neceſſaire pour la mainforte aux ſuſdittes executions & que l'etape leur ſera fournie & à leurs chevaux leur ſejour en cette ville. Si vous voulez bien m'adreſſer vos ordres, je les leur feray parvenir. J'ai l'honneur d'etre avec reſpect, mon general, votre très humble & très obeissant serviteur.

Signé : Saralier.

II. — Lettre du vicomte de Cambis, substitut du commandant en chef.

A M. Saralier à Montpellier,
14 septembre 1785 (?).

Vous trouverés ci-joint, Monsieur, les trois ordres que vous me demandés par votre lettre d'hyer pour faire rendre à Montpellier jeudi prochain : le brigadier & un cavalier de m^{ée} de la residence de Lunel, deux cavaliers de celle de Sommieres, & deux de la brigade de Meze à l'effet de prêter mainforte à ceux de Montpellier pour assurer les exécutions de plusieurs criminels condamnés par jugement prevôtal.

Je vous prie de faire passer tout de suite ces trois ordres à leurs destinations. J'ay l'hr d'être M.

Ordres : il est ordonné au brigadier & à un cavalier de la brigade de m^{ée} en residence à Lunel d'en partir jeudi prochain 15 septembre pour se rendre le meme jour à Montpellier à l'effet de prêter mainforte aux deux brigades de lad. ville, pour assurer les executions de plusieurs criminels condamnés par jugement prevôtal.

Ordonnons aux maire & consuls de les recevoir & loger & de leur faire fournir l'etape conformement à l'ordonnance du roy le jour de leur arrivée à Montpellier, même pendant le séjour qu'ils seront obligés de faire dans lad. ville, vivant à leur retour à...... au moyen de leur solde, en bonne discipline & police.

Fait, &c.

III. — Lettre de l'intendant au vicomte de Cambis.

A Montpellier, le 14 septembre 1785.

J'ai reçu, Monsieur, avec la lettre que vous m'avés fait l'honneur de m'ecrire le 14 de ce mois, l'extrait des ordres que vous avés expédiés pour faire rendre à Montpellier le 15 un bas officier & cinq cavaliers de maréchaussée des brigades de Lunel, Sommieres & Meze à l'effet de preter mainforte à ceux de Montpellier pour assurer les executions de plusieurs criminels condamnés par jugement prevôtal.

J'ai donné sur le champ les ordres necessaires pour leur faire fournir le logement & l'etape tant le jour de leur arrivée, que ceux du sejour dans cette ville. J'ai l'honneur d'etre avec un respectueux attachement, Monsieur, votre très humble & très obeissant serviteur. *Signé* : De Saint-Priest.

Arrest du conseil d'Etat du roi, portant règlement pour l'administration municipale de la ville de Montpellier.

(22 décembre 1787).

Le roi s'étant fait rendre compte en son conseil de l'état actuel de l'administration municipale de la ville de Montpellier, Sa Majesté a reconnu que plusieurs classes de citoyens n'y sont point appellées ou s'en sont eloignées, & ayant jugé que cette constitution, etant contraire aux saines maximes qui doivent diriger les municipalités, ne pouvoit qu'être prejudiciable aux interêts de ladite ville, qui par son importance ainsi que par les circonstances particulieres de sa position, occupe le second rang parmi les villes de la province, & est exposée à des dépenses considérables ; & Sa Majesté s'étant pareillement fait rendre compte des observations qui lui ont eté remises à ce sujet au nom des Etats de ladite province, elle s'est déterminée à prendre les mesures nécessaires pour etablir un nouvel ordre dans l'administration municipale : à quoi voulant pourvoir, vu l'avis du sieur intendant & commissaire départi en Languedoc : oui le rapport, le roi étant en son conseil, a ordonné & ordonne ce qui suit :

ARTICLE PREMIER. — L'administration municipale de la ville de Montpellier continuera d'être composée à l'avenir d'un corps municipal & d'un conseil politique.

ART. II. — Le corps municipal sera composé d'un premier consul maire, d'un second consul lieutenant de maire, de quatre autres consuls, d'un procureur du roi, d'un syndic & d'un greffier ; lesdits procureur du roi, syndic, greffier, n'auront voix deliberative dans aucune assemblée.

ART. III. — Tous lesdits consuls continueront d'être choisis dans les classes accoutumées, conformément aux usages & règlements particuliers de ladite ville, & ils exerceront les fonctions desdites places pendant le temps prescrit par les reglements actuels de la province.

ART. IV. — Le conseil politique continuera d'être composé de tous les membres du corps municipal, & en outre de vingt-quatre conseillers, lesquels seront choisis, savoir : deux parmi les officiers de la cour des aides, deux parmi ceux du bureau des finances, deux parmi les officiers de la sénéchaussée & siége présidial, deux parmi les chanoines de la cathédrale, deux parmi les ex consuls, deux parmi les gentilshommes ou nobles, deux parmi les avocats, deux parmi les négociants en gros, deux parmi les notables bourgeois, deux parmi les procureurs ou notaires, un parmi les marchands en détail, un parmi les chirurgiens, apothicaires & autres habitants des classes analogues, un parmi les ménagers & un parmi les artisans.

ART. V. — Il sera formé une commission permanente, laquelle sera composée du premier consul-maire, du second consul lieutenant de maire, & de huit autres membres pris parmi les conseillers du conseil politique sans distinction des classes, en observant toutefois de les choisir, autant qu'il sera possible, parmi les conseillers tirés des compagnies, les avocats & praticiens ; cette commission sera chargée de l'assiette & de la confection des rôles des impositions, de l'examen & de l'audition des comptes du trésorier clavaire, & de la discussion de toutes les affaires, tant contentieuses qu'économiques, qui devront être portées au conseil politique, ou qui lui seront renvoyées par ledit conseil, auquel ladite commission en rendra compte pour, sur le rapport qui en sera fait audit conseil politique, être délibéré ce qu'il appartiendra.

ART. VI. — L'élection des consuls continuera

d'etre faite le premier du mois de mars de chaque année par le conseil politique, lequel sera renforcé de vingt-quatre habitants choisis parmi les plus forts contribuables dans les differentes classes qui composent ledit conseil politique. Chaque consul sortant de place proposera audit conseil renforcé trois sujets de sa classe que ledit conseil aura la liberté d'agréer ou de changer à la pluralité des suffrages ; & attendu la prérogative conservée au maréchal de Castries, gouverneur actuel de la ville de Montpellier, par l'arrêt du conseil & les lettres-patentes du 27 octobre 1774, de choisir les consuls de ladite ville sur une liste qui doit lui etre adressée ; lorsque le vœu dudit conseil sera fixé sur trois sujets pour chaque place à remplir, il en sera formé une liste, laquelle sera adressée au marechal de Castries ; & ceux qu'il choisira sur ladite liste entreront en exercice desdites places le 25 du même mois de mars, après avoir prêté serment en la forme accoutumée.

ART. VII. — L'élection des conseillers politiques sera pareillement faite chaque année par ledit conseil renforcé le lendemain de l'installation des consuls nouvellement élus ; les conseillers sortant de place proposeront chacun trois sujets de leur classe, sur lesquels ledit conseil en choisira un à la pluralité des suffrages ; & les conseillers ainsi élus entreront en exercice après avoir prêté le serment accoutumé.

ART. VIII. — Ne seront néanmoins compris dans les dispositions de l'article précédent, ceux desdits conseillers qui doivent être choisis parmi les officiers de la cour des aides, du bureau des finances, de la sénéchaussée & siège presidial, & du chapitre cathédral, voulant Sa Majesté que lesdites compagnies nomment elles-mêmes parmi ceux de leurs membres qui resident habituellement à Montpellier, ceux qu'elles jugeront à propos pour remplir les places de conseillers politiques qui leur sont affectées ; & ceux qu'elles auront nommés se présenteront à l'hôtel de ville avec l'acte de leur nomination, & seront installés dans lesdites places après avoir prêté le serment accoutumé, dérogeant Sa Majesté, pour raison de ce, aux arrêts du conseil du 18 février 1780 & du 4 août 1781.

ART. IX. — Les conseillers dudit conseil politique, sans aucune exception, resteront en place pendant deux années, & tous les ans il en sera renouvellé la moitié, en observant qu'il y ait toujours dans chaque classe un ancien & un nouveau conseiller.

ART. X. — Le lendemain du jour où le présent arrêt aura été transcrit sur le registre des délibérations de ladite ville, il sera procédé au remplacement de ceux des consuls dont l'exercice auroit dû finir au mois de mars dernier & à la nomination du syndic, & le lendemain de l'installation desdits nouveaux consuls, il sera pareillement procédé au remplacement de ceux des conseillers politiques qui auroient dû sortir de place au mois de mars dernier, le tout dans la forme prescrite par les articles VI, VII & VIII ci-dessus.

ART. XI. — Les consuls & conseillers politiques qui seront nommés en execution de l'article precedent entreront en place aussitôt après leur nomination ; & néanmoins, le temps qui s'écoulera depuis leur installation jusqu'au jour accoutumé des élections de l'année prochaine ne sera pas compté pour la durée de leur exercice, & ceux des autres consuls & conseillers politiques qui devroient sortir de place au mois de mars prochain continueront leur exercice jusqu'au mois de mars 1789.

ART. XII. — Il ne pourra être pris aucune délibération par ledit conseil politique s'il n'est composé de quinze deliberants au moins, à peine de nullité des délibérations qui seroient prises par un moindre nombre. Enjoignant Sa Majesté à tous les membres du conseil politique d'assembler exactement à toutes les assemblées qui seront convoquées, à moins d'empêchement légitime.

ART. XIII. — Nul ne pourra être élu consul ou conseiller politique qu'il ne soit contribuable aux tailles, permettant néanmoins Sa Majesté, au défaut des taillables, de choisir lesdits consuls & conseillers politiques parmi les habitants qui seront effectivement domiciliés dans ladite ville depuis dix ans, & qui pendant ce temps-là y auront acquitté la capitation.

ART. XIV. — Le syndic sera pris parmi les avocats exerçant leur profession depuis dix années au moins ; il sera nommé par le conseil politique renforcé, lequel formera à cet effet une liste de trois sujets qui sera envoyée au sieur maréchal de Castries, gouverneur actuel de ladite ville, ainsi & de la même manière qu'il en a été usé pour la nomination des consuls.

ART. XV. — Ledit syndic exercera ses fonctions pendant six années, après lesquelles il sera remplacé ou pourra être continué pour un pareil temps, & ainsi de suite de six en six ans ; le sieur syndic assistera à toutes les assemblées concernant l'administration economique de la ville, & il prendra place dans le banc & à côté du roi. Il assistera pareillement aux assemblées de la commission, & il sera chargé de l'examen & du rapport de toutes les affaires, de veiller à la poursuite de toutes celles qui seront portées en justice, même de les instruire, & de rédiger tous les mémoires qui seront jugés nécessaires pour l'intérêt de ladite ville, le tout gratuitement & sans pouvoir exiger aucuns honoraires ou vacations ; & pour lui en tenir lieu, Sa Majesté attribue audit syndic, à titre d'appointements, la somme de 2,400 liv., laquelle lui sera payée annuellement par la voie de l'imposition qui sera ordonnée & faite conformément aux réglements de la province.

ART. XVI. — Les réglements généraux de la province, en ce qui concerne la nomination, les fonctions & la durée de l'exercice du procureur du roi & du greffier de ladite ville, continueront d'être executés suivant leur forme & teneur.

ART. XVII. — Seront pareillement executés lesdits réglements généraux, tant pour le bureau de police de ladite ville que pour tout ce à quoi il n'a pas été dérogé par le present arrêt, à l'exécution duquel mande Sa Majesté audit sieur intendant de tenir la main, voulant qu'il soit transcrit en préfence dudit sieur intendant ou de son subdélégué sur le registre des délibérations de ladite ville de Montpellier.

Fait au Conseil d'Etat du roi, Sa Majesté y étant,

tenu à Versailles, le 22 décembre 1787. Le baron de Breteuil (*Signé*).

Regiſtre des procès-verbaux des séances tenues pour la nomination des 20 députés que la municipalité de Montpellier devait choisir pour aſſiſter à l'aſſemblée de la sénéchauſſée & y porter le cahier des doléances, conformément à la lettre du roi du 24 janvier 1789 portant convocation des Etats généraux.

L'an 1789 & le second jour du mois de mars, heure de deux de relevée, nous Gilbert Jean Massillan de Sanilhac, premier consul maire ; Louis Daniel Pegat, troisieme consul ; Jean Dorte, quatrieme consul ; Jacques Felix Redier, cinquieme consul & Jean Pierre Bongue, sixieme consul, viguiers de la ville de Montpellier, seigneurs & baron de Caravettes, Valennes, Combes & Puech Conil, juges de police, des causes sommaires du lanefice & manufactures de ladite ville & consulat, assemblés dans la salle consulaire de l'hôtel de ville de Montpellier. M. Farjon, procureur du roy, de la ville & de la police de Montpellier, nous a dit que le sieur Bedos, greffier consulaire, lui a remis un exploit de signification contenant des sommations faites à MM. les maire, consuls & administrateurs de la ville pour la convocation des Etats generaux, que cet exploit signifié en parlant au sieur Bedos a été fait par Pierre Armand, premier huissier royal au présidial de Montpellier, le jour d'hier premier mars, à la requette de M. le procureur du roy au présidial & sénéchal de cette ville, dans lequel exploit est constaté qu'on a remis avec l'exploit un imprimé de la lettre du roy pour la convocation des Etats generaux & un reglement y annexé, fait & arrêté à Versailles le 24 janvier dernier, un imprimé d'une autre lettre du roy pour la meme convocation & un reglement y annexé pour le Languedoc, en date du 7 fevrier dernier, un imprimé de l'ordonnance rendue par M. le sénéchal de Montpellier ou son lieutenant général pour la convocation de la sénéchauſſée de Montpellier relativement aux Etats généraux du 28 fevrier dernier, ensemble plusieurs modèles imprimés des délibérations qui doivent être prises par les différents corps, communautés & corporations, & requiert qu'il soit fait lecture de touttes ces pieces, & qu'il soit procédé à l'exécution de tout ce qui est contenu dans les ordres du roy & dans l'ordonnance renduë par M. le sénéchal de Montpellier où son lieutenant général en conformité des ordres de Sa Majesté.

Lecture ayant été faite par le greffier de la ville, de l'exploit de signification, faite à la requette de M. le procureur du roy au sénéchal & présidial de Montpellier & de toutes les pieces qui y étoient jointes... M. le maire a dit :

« Le grand nombre des corps, communautés & corporations qu'il y a dans la ville & seaux bourgs de Montpellier & le peu de temps qui reste à courir de ce jour au 16 de ce mois, jour indiqué pour l'assemblée générale de la sénéchauſſée, nous a necessité de faire imprimer les lettres ecrites aux sindics & autres officiers principaux des differents corps, communautés & corporations avec l'article 26 des reglements de Sa Majesté qu'ils doivent exécuter.

« Nous nous sommes ensuite occupés de la disposition de l'article 27 du reglement arreté par Sa Majesté & de l'article 6 de l'ordonnance de M. le sénéchal de Montpellier qui portent que les habitants composant le Tiers-Etat qui ne se trouveront pas compris dans aucuns corps, communautés ou corporations, s'assembleront à l'hôtel de ville au jour par nous indiqué & il y sera élu des deputés dans la proportion de deux députés par 100 d'individus & au dessous, 4 au dessus de 100, 6 au dessus de 200, & toujours en augmentant ainsy dans la meme proportion, & considerant le nombre d'individus dont cette assemblée sera composée, qui doit etre d'autant plus nombreuse, qu'il y a dans les six sixains 151 isles & 1,213 maisons & voyant que dans l'hotel de ville de Montpellier il n'a point de loccal propre à recevoir une si nombreuse assemblée, qu'il n'y a aucune salle libre pour remplir dans cette assemblée ce que porte le règlement du roy & l'ordonnance de M. le sénéchal, & voulant nous conformer autant qu'il est possible à ce qui nous y est enjoint, nous avons arreté que l'assemblée du Tiers Etat de la communauté sera faite par sixain, & chaque sixain nommera les deputés qui devront assister à l'assemblée générale de la communauté, que nous avons indiquée au jeudy 12 du present mois de mars, auquel effet il seroit mis des affiches dans chaque sixain pour indiquer que l'assemblée du Tiers-Etat composée des habitans âgés de 35 ans & qui ne sont partie d'aucun corps, communauté ou corporation, se tiendra à l'hôtel de ville par sixain qu'independamment de cette affiche, l'assemblée seroit annoncée par une publication qui sera faite dans chaque sixain de la ville du jour de l'assemblée, par les tambours, le trompette de la ville avec les escudiers & valets de la suite consulaire & encore par la cloche de l'hôtel de ville, qui sonnera chaque jour d'assemblée depuis l'heure qui sera indiquée jusques à ce qu'elle se separera, afin que ceux qui doivent y assister soient avertis du moment & de la durée de l'assemblée & pour qu'il n'y ait point de mélange dans les differentes assemblées de sixain, un de nous assisté des commissaires de quartier s'assureront en appellant tous ceux qui se tiendront à ces assemblées s'y les présens sont veritablement du sixain convoqué & éviter ainsy que chaque habitant ne paroisse que dans l'assemblée de son sixain. »

Du 6e mars 1789, à 8 heures du matin, assemblée du sixain St-Firmin.

On a compté le nombre des vocaux, qui ne s'est porté qu'à dix, quoy qu'il y ait dans ce sixain 12 isles & 149 maisons. Suivent les noms des deliberants & leurs qualités : M. Joseph Cambon, bourgeois ; M. Pierre Pelegrin, bourgeois ; M. Philippe Rigaud, agent de change ; M. Pierre Vals, feodiste ; M. François Chalier, financier ; M. Jean Antoine Galabert, bourgeois ; M. Nicolas André Ferin, repasseur de chapeaux ; M. Chalier Henry, doreur sur metaux ; M. Jacques Euzet, bourgeois ; M. Joseph Debrés, bourgeois.

Après quoy on a appellé chaque personne composant l'assemblée pour donner leur avis à haute & intelligible voix. Les voix comptées, il a été nommé à la pluralité des voix M. Joseph Cambon, bourgeois, & M. Pelegrin, aussi bourgeois, auxquels il a été donné pouvoir d'affifter à l'affemblée générale de la communauté de Montpellier, indiquée au douze de ce mois, d'y porter le cahier des doléances à faire pour le fixain Saint-Firmin, fur tout ce qui peut l'interefler, d'après les connoiffances qu'ils en ont, & d'après celles que chaque perfonne de l'affemblée s'empreffera de leur donner.

Du meme jour, 6e mars 1789 à deux heures de relevée, affemblée du fixain Sainte-Foy.

Il a été reconnu que la prefente affemblée n'étoit compofée que de 20 perfonnes, quoi qu'il y ait dans ce fixain 21 ifles & 307 maifons. Les noms des déliberants ont été : M. Verny, avocat; M. Vernier, receveur de la lotterie de France ; M. Gauffen, bourgeois; M. Michel Simon Fortier, bourgeois; M. Antoine Agard jeune, bourgeois; M. Jean Billiere, menager; M. Pierre Thorel, ancien rotiffeur; M. Pierre Antoine Pagés, bourgeois ; M. Eftienne Leger, bourgeois; M. Pierre Beziers, financier; M. André Reyné, cœffeur de dames; M. Barthélemy Molinier, bourgeois; M. Jacques Efpinas, petit bourgeois ; M. Pierre Fontvielle, degraiffeur ; M. Jean Villard, garçon menuifier ; M. Jean Cofte, marchand commiffionnaire chargeur; M. André Marie Granier, maître de cérémonies; M. Jean Jacques Montréal, bourgeois ; M. Jacques Galot, marchand commiffionnaire chargeur ; M. Oulier, marchand fabriquant de bas. M. Verny, avocat, & M. Gauffen, bourgeois, ont été élus à la pluralité des fuffrages.

Du feptieme mars 1789 à deux heures de relevée, affemblée du fixain Ste Croix.

Nous avons compté le nombre des préfents qui n'a été que de 12, quoique le fixain Ste Croix contienne 30 ifles & 458 maifons : M. François Raynard, bourgeois ; M. Jofeph Touchy, bourgeois ; M. Pierre Mathieu Duffours, bourgeois; M. Jacques Pierre Rifpal, financier ; M. Pierre Lafabrie, bourgeois ; M. Guillaume Batut, ménager ; M. Jean Pierre Batut fils, financier ; M. Jean Pierre Marre, bourgeois ; M. Jean Chapuis, bourgeois ; M. Jean Jaoul, garçon tondeur ; M. Jean Guillaume, travailleur ; M. Jofeph Tremoulet, financier.

M. Reynard & M. Lafabrie, bourgeois, ont été élus à la pluralité des fuffrages.

Du meme jour 7e mars 1789, à deux heures de relevée, affemblée du fixain St Mathieu.

Il n'y a eu dans cette affemblée que 10 déliberants, quoyque dans le fixain St Mathieu il y ait 20 ifles & 461 maifons : M. Louis Gas, bourgeois, M. Antoine Roch Viel, practicien ; M. Jean Aftruc, financier ; M. Pierre Verdier, bourgeois, M. Jean François Pagés, bourgeois ; M. Jean Atgier, bourgeois ; · M. Bellecare, bourgeois ; M. Jofeph Ignace Franc, bourgeois ; M. Jean Claude Lafoffe, bourgeois ; M. François Chauvet fils ainé, entrepreneur, & les voix appelées fucceffivement, les fuffrages donnés à haute voix & comptés, le plus grand nombre des voix a nommé à l'affemblée générale de la ville M. Dorte, M. Lafoffe & M. Gas. Ces deux derniers ayant eu le même nombre de voix, il a été procédé une feconde fois à la nomination du fecond député entre MM. Lafoffe & Gas, & les voix appellées & comptées la pluralité a été en faveur de M. Lafoffe.

Du 9e mars 1789 à deux heures de relevée, affemblée du fixain St Paul.

Nous avons compté le nombre des deliberants qui ne s'eft porté qu'à 20 perfonnes, quoyque le fixain St Paul contienne 31 ifles & 534 maifons : M. Pierre Bouché, bourgeois ; M. Claude Samuel, bourgeois; M. Denis Reboul, bourgeois; M. Jean Pierre Bertrand Denier, petit bourgeois; M. Jacques Rome, bourgeois ; M. Antoine Germain, bourgeois ; M. Jean François Cofte, agent de change ; M. Louis Colot, bourgeois ; M. Daniel Tubert, bourgeois; M. Jean Bourdet, employé dans les fubfiftances militaires ; M. Jean Henry Nouguier, ménager ; M. Pierre Jeanjean, bourgeois ; M. Jean Valfan, travailleur ; M. Antoine Luquet, bourgeois; M. Jean Durand, bourgeois ; M. Jean Baptifte Donnat, poftulan à la Bourfe ; M. Jean Cheylac, travailleur ; M. Guillaume-Genton, travailleur; M. Jean Benoit, ouvrier ; M. François Delon, menager.

Les fuffrages donnés à haute voix & comptés, la pluralité des voix a nommé M. Bouché, bourgeois & M. Cofte, agent de change.

Du 10e mars 1789, heure de deux de relevée, affemblée du fixain Sainte-Anne.

Le nombre des deliberants s'eft porté à 49 perfonnes, quoyque le fixain Ste Anne contienne 28 ifles & 364 maifons, fans y comprendre les bourgs & metteries qui font partie dudict fixain : M. Jean Allut, bourgeois ; M. Charles Fages, bourgeois ; M. Jacques André Bouget, bourgeois ; M. François Bourgoin, bourgeois ; M. Jean François Gautarel, bourgeois ; M. Bernard Gafpard Dardeillers, avocat à la Bourfe ; M. Antoine Hubac, bourgeois ; M. Jacques Philippe Cabanne, bourgeois ; M. Jofeph Eftève, bourgeois ; M. Claude Jaoul, bourgeois ; M. Antoine Amadou, bourgeois ; M. Jean - Baptifte Prunet, bourgeois ; M. Laurens Aftruc, financier ; M. Jacques Eftève, bourgeois ; M. Jean Fabre, bourgeois ; M. Jean Bouquet, bourgeois ; M. Pierre Boufquet, menager ; M. Jean Robert, menager ; M. Jean Roch, menager ; M. Jean Ramadier, menager ; M. Jean Roux, menager ; M. Noel Rieuffet, menager ; M. Antoine Herrand, menager ; M. Pierre Galtier, menager ; M. Réné Sabatier, garçon ferrurier ; M. Jean Gay, menager ; M. Jean Courtin, matelaffier ; M. Pierre Roch Vergnet, matelaffier ; M. François Sicard, bourgeois ; M. Alexandre Efteve, bourgeois ; M. Guillaume Maille, menager ; M. Jofeph Maille, menager ; M. Jean Azema, menager ; M. Jean Caffagne, menager ; M. René Recouly, menager ; M. Barthelemy Caucat, menager ; M. Antoine Ittier, ménager ; M. Pierre Calenda ; M. Jofeph Ricome Deftain, menager ; M. Simon Bonnier, menager ; M. Jean Baptifte Fages, menager ; M. Pierre Layrac, ménager ; M. Pierre Renaud, tinturier en cotton ; M. Jean Antoine Jouquet, menager ; M. Fulcrand Baille, menager ; M. Fulcrand Maillié, travailleur ; M. Jean Pierre Efteve, menager ; M. Julien Martin, menager ; M. Jacques Malzac, menager.

Les deputés du fixain Ste Anne ont été MM. Jean Allut, bourgeois, & Prunet, auffi bourgeois.

Du 12 mars 1789. Affemblée générale. 1re féance.

L'an 1789 & le 12 du mois de mars, à deux heures après midi, Nous Gilbert Jean de Maffilian,

Livre second. — Première partie. 733

premier conful maire, Louis Daniel Pegat, troifième conful, Jean Dorte, quatrieme conful, Jacques Felix Redier, cinquieme conful, Jean Pierre Bongue, fixieme conful, & viguiers de la ville de Montpellier, feigneurs & barons de Caravetés, Valenne, Combes & Puechconnil, juges de police & des caufes fommaires du lanéfice & manufactures de lad^e ville & confulat, revetus de nos chaperons, affemblés dans la grande falle de l'Hôtel de Ville;

M. Farjon, procureur du roy de la ville & bureau de police, a dit qu'il remit fur le bureau les differens actes que M. Bedos, greffier confulaire luy a remis, que ces actes confiftent :

1° L'affiche qui a été pofée dans la ville & fes faux bourgs pour indiquer cette affemblée, avec le certificat du trompette de la ville, contenant qu'elle a été encore annoncée par la publication qui en a été faite par le trompette, les tambours de la ville fuivi de la fuitte confulaire le jour d'hier.

2° Certificat de MM. les quatre curés de la ville par lefquels ils atteftent qu'ils ont publié les lettres & le reglement du roy, que nous leur avions envoyés.

3° Procès verbaux des feances par nous tenues les 6, 7, 9 & 10e du prefent mois de mars lors des affemblées des fix fixains de la ville compofant le tiers etat qui ne fe trouvent pas compris dans aucun corps, communauté ou corporations, dans lefquels il eft fait mention du nom & de la qualité des deputés par ces fixains pour affifter à la prefente affemblée.

M. le procureur du roy a enfuite requis que tous les deputés des différentes corporations d'arts metiers, corps & communautés de la ville, de MM. les avocats, de MM. les juges des eaux & forêts, de la monnoye, de MM. les docteurs en medecine, de MM. les profeffeurs en medecine & en droit, qui ont été par eux nommés pour affifter à la prefente affemblée d'apres les lettres que nous leur avons adreffées le 2 mars 1789, foient tenus de remettre leur procuration ou les actes qui prouvent leur deputation à fin de connoitre fi tous ceux qui fe prefentent à cette affemblée ont droit d'y affifter, donner acte de leur prefence à tous ceux qui y font legitimement & accorder deffaut contre ceux qui ayant droit d'y affifter ne fe ferout pas prefentés.

Sur lefquelles réquifitions il a été remis fur le bureau differentes procurations ou actes juftifiant les pouvoirs de ceux qui les ont remis d'apres laquelle remife & de la prefence des deputés nommés par les fix fixains de la ville fuivant nos proces verbaux des 6, 7, 9 & 10 dudit mois de mars, l'affemblée s'eft trouvée compofée de M^{rs} dont les noms & qualités fuivent :

Gilbert Jean de Maffilian, feigneur de Sanilhac, premier conful maire; Louis Daniel Pegat, procureur au bureau des finances fénéchauffée & fiege prefidial, troifieme conful; Jacques Felix Redier, capitaine ayde major, cinquieme conful; Jean Pierre Bongue, m^e ferrurier, fixième conful; Antoine Jean Jacques Farjon, avocat & procureut du roy de la ville & bureau de police; Jacques Louis Philippe Louis Boufquet, avocat fifcal & Etienne Bedos, greffier confulaire de ladite ville; Gautier & Albiffon, avocats, deputés de leur ordre; Eftor, David Barrau, Ifnel, François Farel, Marc Antoine Bazille & Colombier, deputés du commerce; Cambon fils ainé, Baftide pere, deputés du corps de la fabrique des mouchoirs & toilles de cotton; Grand ainé, Guinard, deputés du corps des drapiers; Grenier pere, Pontier, deputés du corps des fabriquants de couvertés; Aurès, Caizergues, notaires, députés de leur communauté; Baron pere, Bertrand, procureurs à la cour des aydes, deputés de leur communauté; Montels, Leblanc, procureurs au bureau de finances fénéchauffée & prefidial, deputés de leur communauté; Amoreux, Bouiffon, docteurs en medecine deputés de leur faculté; Poutingon, Beaumelle, m^{es} chirurgiens, deputés de leur communauté; Goudon, m^e perruquier, deputé de fa communauté; Sabatier, premier huiffier à la cour des aydes; Jeanjean, huiffier en la meme cour, deputés de leur communauté; Beaumès, garde general en la maitrife des eaux & forêts, deputé du corps des huiffiers en lad^e maitrife; Durand, maitre particulier en lad^e maitrife; Senès, procureur du roy en ladite maitrife, deputés dudit fiege; Noel Dartis & autre Dartis, deputés du corps des orphévres; Bongue ainé, m^e ferrurier, deputé de fon corps; Gontier, m^e vitrier, deputé de fon corps; Joyeufe, Rey, maitres appothicaires, deputés du corps de pharmacie; Dupré, ebenifte, deputé de fon corps; Reynes, m^e tondeur & appretteur de draps, deputé de fon corps; Baron, avocat du corps des palemardiers; Boitel, deputé du corps des chapelliers; Caftan, deputé du corps des marechaux ferrents; Lyonnet ainé, deputé du corps des marchands cartiers & cartonniers; Martel & Rigaud pere, deputés du corps des imprimeurs & libraires; Galliac, deputé du corps des monnoyeurs; Donnat & Viel, deputés du corps des architectes; Jourdan, deputé du corps des pareurs de draps & couvertes; Marcel Deffales, m^e platrier, deputé de fon corps; Alaux, deputé du corps des maitres menuifiers & charpentiers; Dumas, deputé du corps des horlogers; Tiffon, deputé du corps des felliers; Faure, deputé du corps des charrons; Ricome, deputé du corps des fabricants de bas; Largueze, deputé du corps des taneurs; Gallavielle, deputé du corps des jardiniers; Thomaffy, Beziers, deputés des fabriquants en foye, taffetafiers, paffementiers, tinturiers & moliniers; Rolland, deputé des tinturiers en laine; Serre, deputé des tailleurs; Thubert, deputé des graveurs; Michel, deputé des traiteurs & rotiffeurs; Rouillet, deputé des maçons; Bretton, deputé des coutelliers; Mourgues, deputé des bridiers; Cofte pere, deputé des commiffionnaires & rouliers; Gafpard Malafoffe, deputé des arquebufiers; Delzeuzes & Vincens, deputés du corps des maitres cordonniers; Poutingon, deputé du corps des maitres fondeurs; Bernard d'Aurivel, deputé des tifferants de draps & couvertes; Bonhomme cadet, deputé du corps des voituriers; Mathieu Gayral, deputé du corps des fripiers; Lajeune, deputé du corps des maitres gantiers; Dague, deputé des maitres bouchonniers; Roume, deputé du corps des meuniers; Barry, deputé du corps des maitres bourrelliers; Quertau, deputé du corps des tourneurs; Malafoffe, Prunier, Grés, Salade, Cabanon, Maux, Bourguin, deputés des contremaitres ourdisseurs & tisserants en cotton ; Symily, député des marchands mangonniers ; Thibaud, député des caffetiers & limonadiers ; Fabre, député des potiers de terre ; Pouget & Guiraud, maitres boulangers, deputés de leur corps ; Rey, député des corps des ferblantiers & plombiers ; Lajeune, député des traiteurs & gargottiers ; Jean Tuffery, député des charpentiers de rivierre ; Bestieu & Fabre, députés des peintres ; Joseph Cambon, Pelegrin, deputés du quartier du fixain St-Firmin ; Allut fils ainé, Jean Baptiste Prunet, deputés du quartier du fixain Sainte-Anne ; Verny, Gaussen, députés du quartier du fixain Sainte-Foy ; Dorte & Lafosse, deputés du fixain Saint-Mathieu ; Reynard & Lafabrie, deputés du fixain Saint-Paul & le sieur Jeambon député du corps des chaudronniers.

Après quoy le procureur du roi de la ville a demandé qu'en se conformant à la disposition de l'article 28 du reglement arreté par le roy le 24 janvier dernier & à l'article 5 de l'ordonnance de M. le sénéchal de Montpellier, on procedat à rediger le cahier des plaintes & doleances de la ville & ensuitte nommer des députés au nombre de 20 pour porter les cahiers des plaintes & doléances & assister à l'assemblée de la sénéchauffée indiquée au seize de ce mois, ainsy qu'il est porté dans les tableaux inserés dans la lettre du roi du 7 fevrier dernier pour la convocation des deputés du Languedoc à l'assemblée des Etats généraux & qu'il doit laisser à M. Massilian de Sauilhac, premier consul maire, president l'assemblée, à faire connoistre ce qui doit fixer l'attention de toutes les deliberations sur les obligations qu'ils ont à remplir, parce qu'une experience souvent repettée assure qu'on ne peut mieux que luy remplir avec plus de clarté, de lumieres & de genie une pareille fonction.

M. Massilian de Sauilhac a dit :

« Messieurs, l'objet qui vous réunit est trop connu & trop important pour que nous cherchions à fixer votre attention sur les obligations que vous avez à remplir.

« Sa Majesté accorde à ses peuples le bienfait si longtemps désiré d'une assemblée nationnale. Elle fait plus encore : elle veut que ses sujets soyent tous appellés à concourrir aux elections des deputés qui doivent former cette grande & solennelle assemblée.

« Tel est, Messieurs, le motif de ces convocations graduelles si sagement ordonnées par le reglement dont vous connoissés les dispositions.

« Vous repondrés à la sollicitude paternelle du meilleur des rois par des temoignages non equivoques d'amour & de fidelité & par des sacrifices qui assureront à jamais la fidelité publique.

« Les citoyens devant lesquels j'ay l'honneur de parler sont tous animés de ces sentimens géneréreux ; ils travailleront avec précision à la redaction des cahiers de leurs doléances & ils choisiront pour les representer dans l'assemblée générale de la sénéchauffée des députés qui donneront l'exemple du patriotisme & du devouement au service du roy. »

En suitte chaque personne présente a remis sur le bureau les cahiers des plaintes & doleances dont leurs commettants les ont chargés (1), pour etre redigés après que l'assemblée en aura entendu la lecture. Cette remise faite, nous, consuls & administrateurs de la ville, avons donné acte des remises des cahiers des plaintes & doleances & de leur presence & avons octroyé deffaut contre ceux qui ne se sont pas présentés, pour servir & valoir ainsy qu'il appartiendra.

On a de suite fait faire par le greffier consulaire la lecture des cahiers des plaintes & doleances remis, après laquelle lecture, l'assemblée a unanimement deliberé de nommer des commissaires pour faire un seul cahier des plaintes & doleances remises, lesquels seront chargés de porter à l'assemblée qui se tiendra apres demain quatorze de ce mois, dans la même salle où nous sommes, le travail qu'ils auront fait pour y etre deliberé & l'assemblée a nommé pour commissaires : M. Grand, negociant ; M. Verny, avocat ; M. Bertrand, procureur de la cour des aydes ; M. Israel, negociant ; M. Aurès, notaire ; M. Bongue ainé, m^e ferrurier ; M. Poutingon, m^e fondeur ; M. Bonhomme cadet, voiturier ; M. Cambon pere, bourgeois ; M. Prunet, bourgeois ; M. Serres, avocat ; M. Leblanc, procureur au presidial ; M. Baron, procureur à la cour des aydes & M. Grenier pere, negociant.

Et plus par nous n'a été procedé & nous sommes retirés à neuf heures du soir après avoir signé le présent procès verbal. *Signés* : Redier, consul ; Bongue, consul ; De Massilian, p^{er} consul maire ; Pegat ; Farjon, p^r du roy ; Bedos, greffier.

Du quatorzieme mars mil sept cent quatre vingt neuf. Seconde séance de l'assemblée generalle de la ville.

L'an mil sept cent quatre vingt neuf & le quatorzieme mars à huit heures avant midy, dans la grande salle de l'Hotel de Ville, nous maire & consuls de la ville, revetus de nos chaperons, assemblés en execution de la délibération prise par devant nous le douze de ce mois.

MM. les commissaires chargés de la redaction des cahiers des plaintes & doleances remis ledit jour douze par tous ceux qui composent la presente assemblée, ont remis le cahier qui contient la redaction qu'ils ont faite desdites plaintes & doleances pour etre approuvé s'il y a lieu par l'assemblée ; duquel travail de MM. les commissaires, on a fait lecture, laquelle on a continué jusques à deux heures après midy, à laquelle heure l'assemblée a été séparée, & il a été arrêté qu'on la continueroit à trois heures apres midy, & nous sommes signés avec notre greffier. *Signés* : De Massilian, p^{er} consul maire ; Bongue, consul ; Pegat ; Farjon, p^r du roy ; Bedos, greffier.

Dudit jour 14 mars 1789. Troisieme seance de l'assemblée generalle de la ville.

L'an 1789 & ledit jour 14 mars à 3 heures apres midy, nous maire & consuls de la ville de Montpellier, revetus de nos chaperons, assemblés dans la grande salle de l'Hotel de Ville où se sont rendus tous ceux qui composent l'assemblée generalle de la ville qui a commancé ce matin, on a continué la lecture du cahier contenant la redac-

---

(1) La plupart de ces cahiers particuliers ont été publiés p. 638 à 665.

tion des plaintes & doleances faite par MM. les commiffaires nommés par la deliberation du 12 de ce mois, après laquelle lecture on a appellé les voix pour favoir fy l'affemblée approuve le travail de MM. les commiffaires qu'on vient d'entendre, laquelle affemblée a unanimement approuvé ledit travail, après quoy ledit cahier de doleances a été figné par MM. les commiffaires, paraphé à chaque page par M. Maffilian de Sanilhac, premier conful maire prefident de l'affemblée, & a mis à la dernière page ces mots *ne varietur*, au-deffous defquels il s'eft figné.

Suit la teneur du cahier des plaintes & doleances qui doit être porté par les commiffaires qui feront nommés par l'affemblée pour affifter à celle de la fénéchauffée où ils affifteront, indiquée au feize de ce mois.

Cahiers des reclamations du tiers Etat de la ville de Montpellier.

Conftitution generale du royaume.

L'affemblée des Etats generaux ne doit pas fe borner à reparer les maux actuels de la nation, elle doit travailler auffy à affurer les principes de fa conftitution. On doit tenir pour maxime conftitutive que la loy qui garantit au roy fa puiffance pour fon peuple doit garantir au peuple la protection de fon roy.

Que cette protection doit s'etendre fur la nation en general, fur chacun de ces individus, que leur vie, leur honneur, leur liberté, leurs biens, doivent être fous la fauvegarde de la loy.

Que la nation affemblée doit s'occuper à affurer à l'avenir un reglement confervateur de la liberté publique & individuelle contre toute lettre clofe ou ordre minifteriel.

Que toute propriété quelconque doit être fous la protection de l'Etat, mais que tous les ordres ayant droit à cette protection doivent en fupporter les charges.

Qu'il doit être reconnu comme une maxime nationale que tous les fujets du royaume fans diftinction des biens & des perfonnes doivent contribuer à toute nature d'impofitions.

Que nul nouvel impot, nul nouvel emprunt & nulle extention des droits, ne pourra à l'avenir grever la propriété des fujets, fy cet impot, emprunt ou execution n'ont été delibérés & confentis par la nation affemblée aux Etats generaux & que lefdits impôts ne pourront être que pour le temps qui devra s'écouler d'une affemblée à l'autre, en accordant une année en fus pour le fervice de l'Etat ne foit pas interrompu pendant la tenue de l'affemblée.

Sur les Etats generaux.

Que toutes les affemblées d'Etats généraux feront formées par des deputés des trois ordres du clergé, de la nobleffe, du tiers Etat librement elus par leurs pairs dans les affemblées, bailliages & fénéchauffées, qu'aucune place ne pourra donner par elle meme à celui qui en fera pourvu le droit d'y être appelé.

Que les deputés du tiers Etat feront en nombre egal aux deux premiers ordres réunis & que les deliberations feront prifes en comptant les fuffrages par tête & non par ordre.

Que les deputés aux Etats generaux feront fous la protection immediate de la nation & qu'il ne pourra être donné aucune atteinte à la liberté de leurs perfonnes & de leurs opinions.

Que les Etats généraux ne pourront être féparés avant que leurs arrêtés ayent été fanctionnés & promulgués & dans le cas qu'ils viendroient à être diffous par autorité avant la dite promulgation toutes deliberations d'impôts ou emprunts feront nulles & fans effet.

Que le retour periodique des Etats generaux fera fixé de cinq ans en cinq ans au plus tard.

Adminiftration provinciale.

Les Etats provinciaux de Languedoc & les adminiftrations diocezaines étant dans leur forme actuelle affemblées inconftitutionnelles & contraires à l'effence de tous les corps repréfentatifs, feront abfolument & entierement fupprimées, la province du Languedoc fera authorifée à s'affembler par deputés de chaque dioceze, dans la proportion de la contribution aux impôts devant tels commiffaires qu'il plaira au roi d'indiquer pendant la tenue des Etats généraux pour concerter & propofer auxdits Etats généraux un projet de conftitution d'Etats généraux appropriés à ces droits, privilèges, ufages & localités.

Dans le cas qu'il fut propofé aux Etats généraux un plan général de conftitution d'Etat pour tout le royaume & que ce plan fut rendu commun au Languedoc MM. les deputés folliciteront :

1° L'election libre de tous les deputés dans chaque dioceze dans la proportion de fa population & de fa contribution aux impôts ;

2° L'egalité du nombre des deputés du tiers à celuy des deux ordres réunis ;

3° La deliberation par tête & non par ordre ;

4° L'eligibilité de toutes les places ;

5° La fixation d'un terme de quatre années après lequel il fera procédé à une nouvelle election tant des officiers que des deputés ;

6° Commiffion intermediaire des Etats au choix defdits Etats & également amovible ;

7° Affemblées diocezaines formées par des deputés des trois ordres du dioceze, librement elus, laquelle affemblée deputera aux Etats de la province ;

8° L'etabliffement d'une commiffion diocezaine nommée par l'affemblée du dioceze & prife dans les trois ordres, en comptant les voix par tête.

Municipalités.

La forme des adminiftrations provinciales & diocezaines ainfy fixée, on reglera celles des adminiftrations municipales.

La liberté entiere reignera dans l'election des officiers municipaux, le prétendu droit que certains feigneurs eccléfiaftiques ou laïques fe font arrogés de nommer ou choifir les confuls fera aboly, fauf l'indemnité de ceux qui auroient acquis ce droit à titre onéreux.

Que cette élection fera faite par un confeil renforcé, compofé de citoyens librement elus par leurs pairs & que dans les villes principalles, le confeil politique fera compofé des membres élus par les diverfes corporations.

Election confulaire.

Qu'il foit follicité un nouveau reglement pour fixer le rang graduel des places des confuls entre les diverfes claffes des profeffions des arts & metiers.

Dettes nationales & impofitions.

Que les deputés prendront la connoiffance la plus exacte de l'etat des finances du royaume fur les comptes qui feront remis à l'affemblée par les miniftres de Sa Majefté.

Que la dette générale etant conftatée & le befoin de l'Etat étant verifié, les deputés confentiront à celle qui doit etre fanctionnée par la nation & qu'il foit pourvu aux moyens fuffifans fur les plans qui feront préfentés & propofés à l'affemblée.

Que parmy ces plans la preference fera donnée à ceux qui feront moins onereux à la nation & que les deputés fe reffuferont aux plans qui tendroient à jetter dans le commerce des valeurs idéales & fictives en papier & qui confifteroient en opérations de banque.

Que les divers plans concernant la capitation & l'impofition generale, le remboursement de la dette nationale, qui ont été propofés & lûs à l'affemblée de la ville feront remis aux deputés, ainfy que les inftructions pour les faire valoir, fuivant que les circonftances pourront l'exiger.

Les deputés infifteront fur l'impofition foit divifée fur les fonds de terre, fur les perfonnes, fur l'induftrie, fur les capitaliftes, fur les maifons de ville & fur les objets de luxe, & que les rolles des impofitions arbitrairement reparties foient imprimés & affichés annuellement.

Que le nom de taille foit aboly & remplacé par un autre impot territorial, lequel fera perçu en nature, & que chaque communauté ait la liberté de le payer en argent, d'après les abonnemens faits avec connoiffance de caufe.

Que la contribution générale étant établie & n'y ayant plus de diftinction des biens nobles, il n'y ait plus de pretexte pour exiger les francs fiefs des poffeffeurs roturiers & qu'ainfy ce droit doit etre aboly.

Réformes.

Les députés demanderont que l'ordre des prélats foit follicité de renvoyer au dimanche le plus grand nombre des fêtes etablies, fauf aux eccléfiaftiques à les celebrer encore un autre jour, fi bon leur femble; mais fans aucune obligation pour le refte des fidelles.

Dixme.

Que la dixme foit reftrainte aux feuls gros fruits ou principales recoltes, qu'elle ne foit point perçue fur les mefmes fruits & furtout fur ceux fervant à la nouriture des bêtes de labour & troupeaux & moins encore fur la laine & fur le croit defdits troupeaux.

Que le corps des decimables foit receu à payer par abonnement la valeur du droit de dixme ou decimateur, lequel abonnement fera reglé fur les précedents baux & fera renouvellé tous les dix ans, pour que le bénéficier jouiffe de l'augmentation progreffive de la valeur des denrées.

Adminiftration de la juftice.

Qu'on s'occupe inceffament de la reforme des abus des tribunaux & de l'adminiftration de la juftice & que la nation affemblée follicite un nouveau code de legiflation, plus fimple, plus clair & plus uniforme dans fes décifions.

Un code de procedure civile qui abrège la durée des procès, en rende leur pourfuite moins ruineux, furtout en matierre de decrets.

L'envoy au parlement de la declaration du roi du 5 feptembre 1783 enregiftrée au parlement de Paris le 9 janvier 1784 à fin de faire jouir les vendeurs du delay de 40 jours que leur accorde cette loy à compter du fceau des lettres de ratification pour s'arranger avec leurs créanciers, fans que pendant ce delay il puiffe etre fait des pourfuittes de la part des créanciers pour fe faire payer, ni de la part des acquereurs pour avoir leur libération.

Un code de procedure en matiere criminelle qui laiffe moins de doute fur la conviction, & moins de danger fur le fort de l'innocence; qui gradue avec plus d'equité les peines & les proportionne au delit, où la peine de mort ne foit infligée qu'autant que la perte de l'honneur, de la liberté & des biens ne feroit pas un moyen fuffifant pour contenir le vice par l'exemple du chatiment.

Qu'après l'inftruction des procès criminels, il foit un temps où l'accufé puiffe avoir confeil & deffence & propofer des faits juftificatifs.

Que dans les cas où les juges trouveroient que le delit eft graciable, ils feroient autorifés à ordonner qu'il fera furcis à l'exécution pendant un delay moral dans lequel le condamné fe pourvoira devers la clemence du roy auquel l'extrait de la procédure fera envoyé aux frais du domaine.

Que la peine de mort ny meme celle des galeres ne foit jamais prononcée pour contrebande & à moins qu'il n'y eut complication de quelque crime qui eut merité l'une ou l'autre de ces peines.

Que la peine des galeres foit convertie dorenavant en une autre peine qui puiffe employer le fervice du condamné en des travaux utiles au public.

Que les jufticiables ne puiffent être diftraits de leur jurifdiction naturelle & que toute demande en evocation fera reprouvée, excepté dans les cas raifonnables determinés par la loy.

Que toutes jurifdictions de privilege pour des corps ou les particuliers d'un certain rang foient fuprimés, qu'il en foit de même à l'egard des attributions en matiere criminelle.

Que toutes les lettres de repit, furceance, reliet de temps & autres de cette efpece ne foient pas accordées, hors des cas de droit & que l'expedition en foit interditte aux chancelliers.

Qu'il foit fait des reglements qui ramenent l'ordre, la capacité, la difcipline, la confiance publique & l'honnete defintereffement dans les offices & qui remedie aux conflits trop frequentz

Livre second. — Première partie.

& ruineux entre les jurisdictions, qui contienne les tribunaux dans les bornes legitimes de leur competence.

Qu'il ne puisse être accordé des provisions d'office de judicature qu'à des personnes domiciliées veritablement & de fait dans le lieu du service : que l'enquette de bonne vie & mœurs, qui precede la reception, ne se borne pas à une simple formalité.

Que l'usage introduit dans certaines cours souveraines de n'admettre dans leur sein que les personnes nobles soit declaré abusif, injuste & contraire aux loix du royaume qui accordent à ceux du Tiers Etat qui en sont pourvus la noblesse transmissible apres un certain temps de service, abus qui est une atteinte portée au Tiers Etat, principalement à l'ordre des avocats, qui a été en tout temps la pepiniere de la magistrature.

Il sera observé par les deputés que le moyen le plus simple de rendre l'administration de la justice moins dispendieuse, plus prompte & plus raprochée des justiciables seroit d'augmenter la competence des jurisdictions inferieures.

Que les premiers juges pourroient être autorisés en dernier ressort jusques à la somme de cent livres tant au civil qu'au petit criminel.

Les presidiaux pourroient etre autorisés à juger en dernier ressort jusques à la somme de trois mille livres, en abrogeant les jugements de competence pour les objets determinés; la meme ampliation de pouvoirs jusques à la somme de trois mille livres sera sollicitée en faveur de la jurisdiction consulaire.

Que les sentences des premiers juges pourroient être declarées executoires provisoirement nonobstant l'appel & sous caution jusques à la somme de deux cens livres, celles des presidiaux jusques à celle de six mille livres.

Que dans le cas de liquidation amiable des depens, il n'y aura pas lieu à la perception des droits reservés, sauf le cas de la levée des executoires; pour contraindre les parties au payement on ne pourra etendre ces droits sur les domages & interêts, provisions, taxes des temoins & experts, greffier, epices & vacations.

Qu'enfin il seroit à desirer que l'etat des finances de Sa Majesté luy permit de pensionner les juges & de rendre gratuite l'administration de la justice.

Demander la suppression ou moderation des droits de greffe & de petit scel, dont la perception est ruineuse & presque arbitraire.

Qu'attendu la progression excessive des fraix de justice qui excedent souvent l'objet de la demande, les officiers municipaux soient autorisés à juger en seuls & en dernier ressort jusqu'à dix livres & au nombre de trois au moins jusques à trente livres sommairement & sans fraix.

Que dans le cas où il seroit question de demembrer le ressort du Parlement, le roy soit supplié d'établir dans la ville de Montpellier la nouvelle cour souveraine qui seroit créée dans la province, comme la ville capitale du bas Languedoc & la mieux scituée & la plus propre à un pareil etablissement.

Des droits de controlle aux actes.

Ces droits etant devenus excessifs & arbitraires par les extensions onéreuses & successives produittes par la multitude des decisions souvent contradictoires, demander que cet objet soit reduit, seul & veritable but de son etablissement, par un droit simple & uniforme, ou du moins que le tarif soit simplifié de maniere à en rendre la perception facile, afin que le contribuable puisse connoitre son obligation.

Suppression des droits onéreux.

Gabelles. — 1° Que la gabelle soit abolie, & les droits actuels sur les sels soient reduits à un taux moderé, uniforme & perçus sur les salines meme, & que le prix du sel dans tout le royaume n'eprouve d'autre difference que celle provenant des fraix de transport, ce qui produiroit une foule d'avantages tant pour l'agriculture que pour l'utilité du public.

Douanes. — 2° Que toutes les douanes interieures soient suprimées & reculées aux frontieres.

Péages & leudes. — 3° Que tous les peages, coupes, leudes, &c., soient eteints, & que les propriétaires qui justifieront de leurs titres soient rembourses.

Droits d'aides. — 4° Que les droits d'aides & par suitte celuy de l'equivalent en Languedoc soient eteints & suprimés.

Sortie des sels. — 5° Permettre la sortie des sels extraits des salins de Pecais, à fin que les navigateurs soient dispensés de les tirer de l'etranger à cause de la cherté de cette denrée à Sette.

Encouragement aux fabriques. — 6° Deffendre l'entrée des mouchoirs de cotton teints ou peints des Indes dans le royaume & imposer un droit sur les toilles de cotton des Indes, blanches ou ecruës, pour encourager nos manufactures nationales.

Suppression des marques. — 7° Suppression des inspecteurs de marques, plombs & autres droits derivés du système reglementaire, liberté absolüe aux fabriques, obliger seulement chaque fabriquant à mettre son nom & domicile à la tete & queüe de ses pieces pour etablir sa responsabilité.

Exportation des betes à laine. — 8° Que l'exportation hors du royaume des betes à laine soit prohibée, que l'education en soit encouragée, l'espece ameliorée, que les paturages & les bois soient mieux soignés & conservés & les deffrichements deffendus dans les pays des montagnes.

Droit sur les cuirs. — 9° Que le droit de marque sur les cuirs soit aboly, ou du moins abonné pour la province de Languedoc, comme il l'a été pour Marseille.

Liberté de commerce pour le Languedoc.

Commerce. — 10° Que le Languedoc obtienne un commerce libre par le port de Sette avec les échelles du levant, soit pour les expéditions, soit pour le retour.

Transit. — 11° Que le port de Sette jouïsse ainsy que la plus part des autres ports du transit & entrepot.

Députés du commerce. — 12° Que le commerce de Languedoc soit representé à la suite de la Cour, par un député pris dans le corps du commerce & nommé alternativement pour six ans par les chambres de commerce de Toulouze & de Montpellier.

Ampliation de la juridiction consulaire. —

13º Ampliation de pouvoir aux juridictions consulaires à l'instar des présidiaux, & à raison de leur attribution reciproque & primitive.

Faillites & banqueroutes. — 14º Rendre à cette juridiction la connoissance exclusive de tout ce qui est relatif aux faillites & banqueroutes & leurs suittes, sauf l'instruction criminelle & le décret des biens immeubles.

Sceau des lettres missives. — 15º Par vœu unanime de l'assemblée, Sa Majesté sera suppliée d'ordonner que dans les bureaux des postes le sceau des lettres soit sacré & inviolable, que le secret de la confiance publique entre citoyens ne soit pas livré à une inquisition revoltante, que toute atteinte donnée à cette liberté soit regardée comme une infraction du droit public & du decret national.

Intérêts stipulés. — 16º Que les loix qui deffendent de stipuler l'intérêt des prets à jour soient abrogées, qu'en conséquence les stipulations d'intérêt au taux légal soient déclarées valables, tant par acte sous seing privé que par acte public.

Liberté de la presse. — 17º Solliciter encore la liberté legitime de la presse, sauf la responsabilité des auteurs & imprimeurs qui en auroient abusé. Que le traité de commerce récemment conclû avec l'Angleterre, soit pris en consideration par une commission que Sa Majesté est suppliée de nommer. Diminution des droits de l'amirauté & des droits de sauvetage.

Messageries.

La suppression des messageries dans tout le royaume, comme gênant la liberté du public & du commerce, & n'étant d'aucun produit pour les finances du roy : & dans le cas où cette demande seroit rejetée l'exemption particuliere pour la province du Languedoc qui a acquis à titre onéreux la liberté des transports dans tout le royaume.

Prohiber pendant l'espace de dix ans consécutifs la sortie des bêtes de somme & des bêtes à laine & encourager les établissements des haras & la multiplicité des bœufs pendant cette intervalle, afin que s'il y a lieu le commerce de Languedoc avec l'etranger puisse être repris.

Indemnités.

Que les indemnités accordées annuellement par le roy pour les cas fortuits ne puissent être diverties à d'autres usages, mais employées à leur destination & reparties sur les communautés à proportion du domage qu'elles auront souffert, suivant ce qui sera determiné en conseil renforcé.

Devorans.

Que les associations des compagnons d'artisans sous la denomination de gavots & de devorans, soient severement prohibées, soit sous cette denomination, soit sous toute autre, par une loy générale dans tout le royaume, qui sera promulguée au même instant dans toutes les villes & lieux, à fin que les maitres artisans ne soient pas exposés à manquer des compagnons pour le service du public; tous les compagnons arrivant seront tenus de s'addresser aux consuls du corps auquel ils appartiendront, s'ils veulent se procurer du travail, & que dans le cas d'attroupement ou delit des compagnons refractaires, ils soient jugés prevotalement ou présidialement.

Maitrises. Corps d'arts & metiers.

Demander que toutes les corporations d'arts & metiers soient maintenues dans l'exercice exclusif des droits & privileges attachés à leur maitrise, avec deffenses à tous particuliers n'ayant pas la maitrise d'exercer les memes fonctions en aucune façon directe ni indirecte.

Qu'aucun particulier ne puisse faire le mettier des maitres de la ville ou exercer une profession analogue dans la ville, fauxbourgs & banlieue, sans avoir fait preuve de capacité & que dans le cas où des particuliers voudroient exercer quelque fonction de maitre, ils seront tenus de se faire affilier dans le corps du metier duquel ils voudront travailler ou qui aura plus de raport à leur industrie & de concourir au payement des dettes & dépenses annuelles du corps.

Que le roy sera supplié de supprimer les droits & privileges que les seigneurs pretendent avoir d'autoriser les particuliers non maitres à travailler dans l'étendue de leurs seigneuries scituées dans les fauxbourgs & banlieue de la ville de Montpellier, sauf l'indemnité s'il y a lieu.

Que le nombre d'orphevres maitres à Montpellier, fixé par les statuts ne puisse etre excedé par des arrets de conseil & brevets, ni par des translations de domicile, sauf aux maitres étrangers à impetrer les maitrises qui viendront à vacquer s'ils y ont droit par les statuts.

Que le nombre de perruquiers ne puisse etre augmenté, attendu que vû leur nombre excessif ils ont peine à vivre.

Solliciter de la bienfaisance du roy que les droits établis sur les ouvrages d'or & d'argent, cuirs, peaux, papiers & cartons, poudre & amidons, soient abonnés sur le pied de l'année commune prise sur dix à fin de delivrer les maitres & le commerce des entraves, vexations qu'ils éprouvent de la part des commis ou preposés à la levée du droit, ce qui produira au fisc l'economie des frais de régie.

Milices.

Que les communautés soient authorisées à remplacer les miliciens qu'elles seroient tenues de fournir par un autre contingent par d'autres miliciens portés de bonne volonté, aux fraix desdites communautés.

Medecins.

Ils demandent qu'il soit etably un college d'agrégation pour la medecine pratique, & que les jeunes docteurs ainsy que les medecins étrangers qui pourroient venir s'etablir à Montpellier ne puissent y exercer aucune fonction medecinale, sans avoir fait preuve de capacité & s'être faits agréger au college.

De plus que les chaires de professeur qui pourront devenir vacantes par mort ou demission soient mises à la dispute & au concours & données à remplir par celuy qui aura été jugé le plus digne.

Chirurgiens.

Supplient Sa Majefté d'ordonner que les depenfes neceffaires aux reparations de l'amphithéatre du college de chirurgie de Montpellier & les remboursements des fommes que les chirurgiens ont deja avancé pour l'établiffement & la réparation du college foient à la charge de l'Etat.

Que la contrainte perfonnelle ne puiffe avoir lieu ; meme en fait de lettres de change, que pour les fommes qui excéderont 100 livres.

Que toutes les fois qu'il y aura des domages à eftimer relativement aux poffeffions rurales, ces domages foient évalués par des prudhommes nommés annuellement par les communautés & affermentés fans fraix devant le juge du lieu, & en fon abfence par les confuls, pour verifier & apprecier lefdits domages & de plus connoître (affiftés par les confuls) de toutes les conteftations entre les propriétaires & leurs valets & en decider fommairement & fans fraix fauf le cas de delit & que le falaire defdits prudhommes fera reglé par les confuls.

L'uniformité des poids & mefures dans tout le royaume.

Droits d'entrée fur le liège.

Suppreffion des droits d'entrée fur le liege, confideré comme matiere premiere.

Prohibition de l'entrée des rubans & autres articles fabriqués de foye & filozelle venant de la Suiffe & d'Allemagne.

Droit fur les entrées.

Affranchir de tous les droits les denrées de premiere neceffité.

Qu'il fera etably un attelier de charité pour occuper les deux fexes.

Fournir aux hopitaux les moyens de recevoir les enfants trouvés fans retribution.

Gardes terre.

Solliciter le retabliffement des gardes terre, en obfervant qu'il foit avantageux pour l'Etat d'employer à ces fonctions les foldats veterans qui feroient ftipendiés par les communautés.

Le roy fera fupplié que dans le cas où les finances de l'Etat l'obligeroient de laiffer fubfifter le centieme denier, ou de le reduire à une moderation, d'ordonner que tous les officiers royaux indiftinctement y contribueront fans diftinction, ny exception en faveur des officiers des Cours fuperieures & de tout autres, qui jufques à prefent avoient jouy de l'exemption de droits.

Rentes.

Le roy fera fupplié d'ordonner que les rentes fur l'etat financier par les habitans de la province, y feront payées comme elles l'etoient par le paffé, auquel effet qu'il fera fait employ dans les etats de diftribution des finances arretés par les généralités de Montpellier & de Toulouze, comm'auffy que ledit employ fera fait de l'entier montant des rentes, fauf à faire déduction lors du payement des dixieme & quinzieme pendant tout le temps que les befoins de l'Etat l'exigeront.

Fait à Montpellier le quatorzieme mars 1789, Verny, Serres, Bongue ainé, Grenier, Cambon, Bertrand, Grand l'ainé, Bonhomme, Poutingon, Ifnel, Albiffon, Prunet, Baron, Aurez & Leblanc, commiffaires fignés à l'original.

L'HISTORIEN D'AIGREFEUILLE.

Ce qu'on connaît de la vie de Charles d'Aigrefeuille a été publié par le favant M. A. Germain (1). Nous empruntons à fon travail les particularités les plus intéreffantes qu'il contient.

Parmi celles-ci, l'une des principales eft relative au nom même du chanoine. M. Germain l'orthographie *de Grefeuille*, adoptant une forme fuivie dans beaucoup de circonftances par l'hiftorien. Il eft toutefois remarquable que depuis le commencement du XVIIIe fiècle la famille avait repris par actes authentiques la forme « d'Aigrefeuille. » On lit ce qui fuit dans la généalogie relevée par Jean-Pierre d'Aigrefeuille, père de Jofeph-Hyacinthe, premier préfident à la Cour des comptes, aides & finances de Montpellier :

« Jean Pierre d'Aigrefeuille, prefident & confeiller d'etat, ayant ramaffé tous les titres de la maifon, & ayant trouvé que le nom de la maifon en latin a toujours eté *De Agrifolio*, & en françois *D'Aigrefeüil, D'Aigrefeuille, D'Agrefeulh, D'Agrefeuille, D'Argfeuille*, pendant qu'elle a poffedé la terre de Saint Sebaftien d'Aigrefeuil ou d'Aigrefeuille, près d'Andufe, qui a refté dans la maifon depuis 1042 jufques au 10 decembre 1516, que noble Jean de Grefeuille, feigneur de Saint Sebaftien, habitant de Serignac, frere d'Antoine de Grefeuille, trifaïeul dudit feigneur prefident, l'aliena au nommé Sazy, de la ville d'Andufe, lequel Jean de Grefeuille declara enfuite, dans l'aveu qu'il rendit au Roy le 26 fevrier 1539, des biens nobles qui luy reftoint, & qui faifoint la troifieme partie de ceux qui jadis avoint appartenu à Louis d'Aigrefeuille, dit d'Auriac, aïeul de fon pere, avoir aliené fon titre de feigneur de Saint Sebaftien de Grefeuille a noble Jean Sazy d'Andufe, qui etoit le principal titre, & qu'il eftimoit la plus part de fon domaine, ayant trouvé qu'après cette alienation il y avoit eu quelque petit changement au nom de la maifon, ce qui eft arrivé aux plus illuftres & plus anciennes maifons du Royaume, & que dans les branches qui etoint en Languedoc, comme dans celles du Limoufin, du Quercy & de Franche Comté, par fucceffion des temps, negligence, corruption, varieté d'idiome du pays, ou difference du latin en françois, on s'etoit fimplement nommé *Grefeuille, Grifeuille, Grefelhe,* ou *Grefulhe,* en 1702 MM. de Grefeuille, habitans de Montpelier en Languedoc, & MM. de

---

(1) *Charles de Grefeuille & fa famille.* (Académie des fciences & lettres de Montpellier. Mémoires de la fection des lettres, III, 195-254.)

M. A. Germain a fait paraître dans le même recueil deux autres études complétant la précédente :

Le préfident Jean-Pierre d'Aigrefeuille, bibliophile & antiquaire, (Mémoires, &c. III, 289-330).

Notice fur le manufcrit original de l'hiftoire de la ville de Montpellier du chanoine Charles de Grefeuille, (Mémoires, &c., IV, 473-484 & pl.)

Grifeuille, habitans de la Vielle Loy, près de Dole en Franche Comté, ont repris l'ancien nom de la maifon, fe font furnommés *D'Aigrefeuille*, & ont pris acte de leur pretention, par les preuves qu'ils ont données par devant le lieutenant general de Montpelier & le lieutenant general du baillage & fiege de Dole, les 27 avril & 9 juin 1702. »

Nous laiffons pour le furplus la parole à l'éminent doyen honoraire de la Faculté des lettres de Montpellier :

Charles de Grefeuille naquit à Montpellier, du mariage de Louis de Grefeuille, alors tréforier de France, avec Anne de Janvier de la Faverie. Il fut baptifé à l'églife Notre-Dame des Tables, le 22 janvier 1668, dix jours après fa naiffance, ce qui affigne à celle-ci pour date le 13 janvier (1). Il puifa de bonne heure au milieu des fiens les goûts de piété & d'étude qui devinrent comme l'âme de fa vie. La piété était traditionnelle dans cette maifon : notre futur chanoine eut quatre de fes tantes & deux de fes sœurs religieufes. Son père lui-même, une fois veuf, reprit des habitudes eccléfiaftiques que le mariage avait interrompues, & devint en 1674 chanoine de la collégiale d'Aiguesmortes (2). Quant à l'étude, elle allait de pair, avec nos anciens magiftrats, avec la févérité des mœurs, & Charles de Grefeuille trouva auprès des Jéfuites, dont il fréquenta les écoles, le moyen de développer ce qu'avaient ébauché en lui les exemples domeftiques. Il paffa au fein de la docte Compagnie les meilleures années de fa jeuneffe, non-feulement comme élève, mais auffi comme novice & en qualité de profeffeur ; car, après avoir fait au collège des Jéfuites de Montpellier fes claffes de grammaire & d'humanité, & au collège des Jéfuites de Toulouse les deux ans de philofophie alors d'ufage, il enfeigna à fon tour, pendant quatre ans, les humanités dans ce dernier établiffement (3). Ce fut vers la fin de fa première année de philofophie que, le 5 août 1685, il reçut la tonfure (4), & au commencement de fa feconde année qu'il prit les ordres mineurs. L'archevêque de Touloufe, Jofeph de Montpezat de Carbon, les lui conféra, le 22 décembre 1685, dans fa chapelle archiépifcopale. Au fortir de fes études de philofophie, il s'affocia durant quatre ans à la vie enfeignante des membres de la Compagnie de Jéfus. Il commença même, en 1692, à étudier, fous leur direction, la théologie. Il acheva fa première année de théologie, & aborda, en octobre 1693, la feconde. Elle n'était pas encore à moitié, que de Grefeuille, vers la mi-février 1694, rompit foudainement avec les Jéfuites, & quitta leur collège de Touloufe. Il ne paraît pas, néanmoins, qu'on ait eu de reproches à lui adreffer : le certificat qu'il fe fit délivrer en partant, par le provincial de la Société, & qui porte la date du 16 février 1694, attefte qu'il divorça de fon plein gré, pour de juftes motifs (1). Il revint à Montpellier, où on le voit ordonné prêtre, le 17 décembre 1695, par l'évêque Charles de Pradel, dans la chapelle Saint-Charles de notre rue du Saint-Sacrement (2). Cette chapelle, reconftruite & agrandie de nos jours, fervait alors à la fois d'églife aux Urfulines du fecond couvent & d'oratoire à nos évêques, pour les cérémonies d'ordination.

De Grefeuille, parvenu à l'honneur du facerdoce, ambitionnait celui des palmes doctorales. Il fongea d'abord à fe conquérir dans l'Univerfité de Paris. On le rencontre, à partir du mois d'octobre 1698, en même temps qu'il exerçait les fonctions du faint miniftère dans les paroiffes de la capitale, pourfuivant fes études théologiques au collège de Navarre, puis fe faifant recevoir, le 5 août 1701, maître ès-arts par la Faculté de Paris. Il continua, à la reprife des cours de cette même année, fa théologie en Sorbonne. Ce ne fut pas là cependant qu'il obtint le bonnet doctoral, mais à Bourges. Le diplôme ou certificat que lui délivrèrent unanimement à ce propos le doyen & les profeffeurs de la Faculté de théologie de Bourges, eft daté du 27 septembre 1705. De Grefeuille femblerait avoir, entre fes études parifiennes & fon fuccès doctoral, féjourné de nouveau à Montpellier ; car nos Regiftres le montrent nommé, le 3 avril 1703, par notre évêque Colbert, à la chapellenie de la Sainte-Trinité, fondée à Lunel dans l'églife paroiffiale de Notre-Dame du Lac. Il ne garda pas, toutefois, ce bénéfice ; le prélat le lui avait donné fans l'avis du collateur, & il lui fallut, environ fix mois après, s'en deffaifir.

---

(1) L'acte original fe lit de la manière fuivante, fol. 161 v°, du Regiftre de la paroiffe Notre-Dame, pour les années 1663-1670 : « Les an, mois & jour que deffus (22 janvier 1668), a esté baptifé Charles de Greffueille, agé de dix jours, fils de M. Louis de Greffueille, threforier de France en la generalité de Montpelier, & de dame Anne de Janvier La Faverie. Le parrain M. Charles de Varanda ; la maraine dame Charlote de Trinquere Carcenac. » — Cf. Arch. dép. de l'Hérault, Reg. 6, fol. 137 r° des *Infinuations eccléfiaftiques du diocèfe de Montpellier*, & Reg. 12, fol. 576 v° des *Déliberations du Chapitre Saint-Pierre de Montpellier*. — Charles de Grefeuille, quoique l'acte ne précife rien à cet égard, eft né, il y a lieu de le croire, dans notre rue de l'Hirondelle, alors dépendante de la circonfcription paroiffiale de Notre-Dame des Tables. Son père y poffédait les trois maifons, refaites ou reftaurées poftérieurement, marquées aujourd'hui par les numéros 9, 11 & 12, avec le jardin annexé à celle-ci. L'arceau fous lequel fe pourfuit la rue Sacrifite reliait entre elles les deux premières. Arch. mun. de Montp., Compoix de 1600, Sixain Saint-Paul, tom. II, fol. 482 fq ; Cf. 499 fq. On y apprend de plus qu'à partir de 1670 la famille de Grefeuille a commencé à fe deffaifir de ces immeubles, en faveur de la famille Girard.

(2) Il fut inftallé comme chanoine d'Aiguefmortes le 17 janvier 1674, en remplacement de feu Daniel Varanda, chanoine & archidiacre de la même églife, qui s'était démis, le 13 du même mois, en fa faveur.

(3) D'octobre 1686 à août 1690. — Des notes de famille ajoutent « qu'il foutint, durant ces quatre années d'enfeignement, l'idée avantageufe qu'on avoit eue de lui, & qu'on applaudit « furtout à un poëme fur les Orangers, qu'il donna, encore bien « jeune, à la rentrée des claffes. »

(4) Il le reçut des mains de l'évêque de Saint-Bertrand de Comminges, Louis de Rechigne-Voifin de Guron, officiant pour l'archevêque de Touloufe.

(1) Il convient de citer ici le texte même du document, eu égard à fon intérêt fpécial. On l'emprunte au Regiftre 2 des *Infinuations eccléfiaftiques du diocèfe de Montpellier*, fol. 76 r° : « Bernardus Layrae, præpofitus provincialis Societatis Jezu i:i provincia « Tolofana, omnibus in noftra Societate viferit, falutem « in Domino fempiternam. — Quamvis Carolus Greffueille per aliquot annos in noftra Societate viferit, fidem tamen facimus quod « nullam in ea profeffionem emifit, quodque juftas ob caufas authori« tate nobis a fanctâ fede apoftolicâ conceffâ illum ab omni erga Socie« tatem noftram obligatione, volentem ac inftanter petentem, liberum « dimifimus, juxta facultatem nobis ab admodum reverendo patre « noftro generali Thyrfo Gonzales factam. In quorum fidem has litte« ras, figillo noftro munitas & manu noftra fubfcriptas, dedimus « Tolofae, die decima feptima februarii ann. 1694. Bernardus Layrae « fignatus. » Les notes au pouvoir de M. de Bouffairolles difent que les parents de Charles de Greffeuille « l'engagerent, pour « des raifons de famille, à folliciter, & follicitèrent eux-mêmes « fa fortie de chez les Jéfuites. »

(2) C'eft, conféquemment, à tort, que les notes domeftiques poffédées par M. de Bouffairolles placent à Viviers l'ordination de Charles de Grefeuille.

L'archevêque de Narbonne, Le Goux de la Berchere, ne tarda pas à le dédommager, en lui confiant le prieuré-cure de Courfan, l'une des paroiffes les plus confidérables de fon diocèfe. De Grefeuille, difent les notes de famille, « y fit « eclater fa religion, pendant tout le temps qu'il « occupa ce bénéfice, mais furtout en 1709, » année d'hiver exceptionnel & de difette calamiteufe, « par fon zele a aller chercher les paffants « & les pauvres, prefque expirants d'etre rigueur « de la faifon, fur les chemins de cette grande « route, & par fa liberalité a fournir a leurs befoins « & a ceux de fes paroiffiens, aydé dans cet acte « de charité par le fecours de feu M. l'abbé « Caftries, qui etoit alors prieur primitif de Cour« fan, en qualité de grand archidiacre de l'eglife « metropolitaine Saint-Juft de Narbonne, & qui « depuis a été archeveque d'Alby. »

De Grefeuille jouiffait à Courfan de l'eftime & de la vénération générales, lorfque, le 6 octobre 1712, il devint chanoine de la cathédrale de Montpellier.

Cette date eft du moins celle de fon inftallation. Sa nomination eft datée du 25 septembre précédent, & eut pour auteur Paul de Curduchefne, un allié de fa famille, confeiller à la Cour des aides de Montpellier, en même temps qu'abbé de la Chaife-Dieu & de Pleine-Selve, & qui, à titre de vicaire-général de l'ancien évêque de Condom, Jacques de Matignon (1), abbé commandataire de Saint-Victor de Marfeille, fe croyait en droit de conférer le canonicat alors vacant dans notre églife Saint-Pierre de Montpellier. Mais le facriftain grand-prieur de Saint-Victor, Georges Emeri, également vicaire-général de fon abbé, & fe regardant comme invefti d'un pareil droit de collation, avait pris l'avance, en défignant trois jours plus tôt pour le même pofte un prêtre du diocèfe de Riez, François Ricoux, bachelier en théologie, & jouiffant déjà d'un bénéfice à Marfeille, dans l'églife paroiffiale & collégiale Notre-Dame des Accoules (2). Une conteftation s'engagea entre Ricoux & de Grefeuille, fi vive que le débat fut déféré au préfidial de Montpellier, & que l'affaire commençait à tourner au fcandale. Ricoux céda, & remit à des arbitres le foin de tranfiger. De Grefeuille, quoique dernier nommé, & bien que condamné par fentence du préfidial, demeura en poffeffion du canonicat, mais à charge de payer annuellement une penfion de fix cents livres à fon compétiteur.

Afin toutefois de ne pas fubir d'amoindriffement pécuniaire, il eut recours à une compenfation alors tolérée, & poftula auprès de l'évêque & du chapitre d'Alais le bénéfice fimple de Saint-Sauveur. La cour de Rome, puis Louis XIV, par des lettres données à Verfailles le 24 avril 1713, ratifièrent la tranfaction avec Ricoux, & le conflit, qui avait menacé d'être fi périlleux pour de Grefeuille, n'eut pas d'autres fuites.

De Grefeuille, fûr de fa pofition (1), fe remit à l'étude. Il aimait le recueillement, & il utilifa de bonne heure ce goût paifible au profit de l'hiftoire de fa ville natale (2). L'ancien élève & l'ex-profeffeur des Jéfuites devint, à peine inftallé dans fon canonicat, un des plus zélés imitateurs des Bénédictins, en reprenant & en continuant, d'après de plus amples proportions, les recherches primitives de Gariel. Il fallait un certain courage pour fe lancer dans cette voie. D. Vaiffete & D. Devic n'avaient encore rien publié de leur *Hiftoire de Languedoc*, & il paraiffait d'autant plus difficile de s'orienter. De Grefeuille ne recula pas devant la perfpective de cette tâche ingrate. Il eut la patience d'étudier une à une toutes nos vieilles chartes, en dépit des difficultés de lecture & d'interprétation inhérentes à nombre d'entr'elles, & parvint à tirer de leur attentif dépouillement la matière des deux volumes in-folio que tout le monde connaît. Ce double ouvrage n'eft fans doute pas irréprochable: il fe tient à une très grande diftance de l'*Hiftoire de Nifmes* de Ménard. Mais l'*Hiftoire de Nifmes* eft un chef-d'œuvre en fon genre, & je ne prétends nullement lui affimiler celle de Montpellier. Ménard, d'ailleurs, eft venu postérieurement, & a eu l'avantage de pouvoir fe former à une école plus avancée. Non feulement il lui a été poffible, en naiffant une génération après de Grefeuille (3), de mieux s'infpirer de la fcience des Bénédictins ; mais fes fréquents voyages à Paris & fes relations affidues avec les académiciens de la capitale lui ont fourni les moyens d'améliorer périodiquement, ou même de refaire fon livre. De Grefeuille ne paraît pas avoir difpofé d'égales reffources. Il n'a habité Paris qu'à l'âge où l'on hante les écoles, & avant de débuter dans la carrière de l'érudition. Une fois fes travaux fur l'hiftoire de Montpellier entrepris, il n'a plus quitté le lieu de fa réfidence.

Je regrette chez notre hiftorien une infuffifance de critique par trop naïve, qui, jointe à une aridité de ftyle, à une omiffion des formes littéraires allant jufqu'à l'oubli des régles grammaticales, donne à certaines de fes pages l'afpect de purs extraits de procès-verbaux. L'auteur qui defcend à un pareil fans-façon fe condamne, par cela même, à ne préfenter, au lieu d'une Hiftoire vraiment digne de

---

(1) De Grefeuille connaiffait beaucoup M. de Matignon. Il l'accompagna, vers la fin de l'année 1700, dans un voyage que ce prélat fit à Rome. Ils s'y trouvaient l'un & l'autre au moment de l'exaltation de Clément XI ; & cette coïncidence détermina de Grefeuille à écrire fur les cérémonies pratiquées en pareil cas, certaines lettres, que les notes de M. de Bouffairolles difent avoir fait partie d'une Relation, fous forme épiftolaire, de l'enfemble de ce voyage en Italie. « Ce recueil, qui meriteroit d'être imprimé, » ajoutent ces mêmes notes, « ne l'a pas encore été. » Il a dû paffer, avec la bibliothèque de notre de Grefeuille, aux mains de fon neveu, le jéfuite Jean-Baptifte d'Aigrefeuille, &, s'il n'a pas été détruit, dort vraifemblablement oublié, l'heure ignoré, à l'heure qu'il eft, au fond d'archives où le manque de traces n'a pu me conduire.

(2) Regiftre 6 des *Infinuations*, fol. 132 r°, où la nomination de Ricoux eft fuivie du procès-verbal de fa prife de poffeffion par procureur, à la date du 4 octobre 1712, huit jours avant l'inftallation de Charles de Grefeuille. — L'une & l'autre nomination s'appuyaient fur un article de la bulle de fécularifation de 1536, qui en transférant à Montpellier le fiège épifcopal de Maguelone, & en convertiffant en cathédrale un monaftère de Bénédictins dépendant de l'abbaye de Saint-Victor de Marfeille, avait néanmoins laiffé au chef de cette abbaye certains privilèges, foit d'honneur, foit de collation.

---

(1) Il dut avoir, en outre, certain patrimoine. Nos regiftres capitulaires le montrent, à la date de 1721, créancier du Chapitre Saint-Pierre de Montpellier pour une fomme de 9,000 livres, au fujet de laquelle il eut d'affez vives conteftations.

(2) Voy. ce qu'il dit au commencement de la Préface de fon 1er volume.

(3) Léon Ménard naquit le 11 feptembre 1703. Charles de Grefeuille, né le 13 janvier 1668, avait donc, quand Ménard vint au monde, déjà près de trente-fix ans.

ce nom, qu'une charpente & comme un squelette d'Histoire.

Je ne parle pas des vides laissés dans les lignes du second volume, & qui paraissent destinés à recevoir après coup certains noms ou certaines dates à la plume. L'imprimeur aurait une part à revendiquer dans cet extrême abandon (1), & il conviendrait d'y faire également celle de l'âge avancé de notre chanoine. De Grefeuille, alors septuagénaire, ne pouvait apporter tout le soin désirable à la correction de ses épreuves, & craignait sans doute qu'en retardant la clôture de son travail il ne lui fût pas octroyé d'en voir la fin.

Mais n'insistons pas sur ces défaillances, & hâtons-nous de préconiser par un hommage public les inappréciables trésors dont nous a dotés l'œuvre du laborieux chanoine. Ses deux volumes sont un second répertoire, où doivent forcément puiser les érudits jaloux d'approfondir le passé d'une ville qu'il a si longuement & si consciencieusement étudiée. Ils renferment en substance les documents mêmes de nos archives ; ils en offrent un catalogue raisonné &, pour ainsi dire vivant, à la rédaction duquel préside toujours un esprit sagace & judicieux. Ce sont nos vieilles chartes, ce sont nos anciens parchemins qui parlent dans l'*Histoire de Montpellier*, bien plutôt que de Grefeuille. Le modeste interprète semble prendre plaisir à s'effacer. Il n'a, on le croirait, d'autre rôle que celui d'introduire selon leur ordre les pièces où les hommes des anciens âges se chargent d'exposer personnellement leurs actes. L'*Histoire* de Charles de Grefeuille, c'est presque de la diplomatique en action.

Ces deux volumes de Charles de Grefeuille sont, du reste, à peu près les seuls souvenirs qu'il ait laissés de son séjour à Montpellier. L'unique production sérieuse émanée de sa plume, & dont il m'ait été possible de constater authentiquement l'origine, en dehors de l'Histoire mentionnée, est une Oraison funèbre de Louis XIV, qu'il prononça en 1716 dans l'église de nos Pénitents blancs, en présence d'un auditoire d'élite, & au milieu d'un service commémoratif que célébra solennellement la dévote Compagnie en l'honneur du monarque défunt. Ce discours a été imprimé la même année.

Malgré les recherches auxquelles je me suis livré sur notre laborieux chanoine, je ne me trouve guère en mesure de fournir que des dates le concernant. J'aurais aimé à pouvoir recueillir des indications circonstanciées touchant son caractère, ses habitudes, ses qualités, ses défauts ou ses travers (2) : De Grefeuille, tout prêtre & tout savant qu'il était, a dû subir la loi commune.

(1) J'ignore quel imprimeur il faut ici accuser. S'il était sûr que le second volume eût été imprimé à Montpellier, l'accusation atteindrait Rochard ; car il n'existait alors que deux imprimeurs dans notre ville, & il est certain que ce volume n'est, pas sorti, comme le premier, des presses de Martel. Mais il a pu être tout aussi bien imprimé au dehors, soit à Lyon, soit à Avignon, soit à Nimes, &c. Les renseignements m'ont manqué pour éclaircir le fait.

(2) Je n'ai pu rencontrer sur tout cela, dans les notes de famille conservées par M. de Boussairolles, que ce simple passage : « M. d'Aigrefeuille avoit un esprit juste & un jugement solide ; mais sa piété doit le rendre encore plus recommandable. Le P. d'Aigrefeuille, jésuite, son neveu, dépositaire de sa bibliothèque & de ses papiers, en a les preuves les plus évidentes, & que les motifs humains ont moins engagé son oncle a entreprendre l'ouvrage qu'il a donné au public, que le désir de remplir le loisir que lui donnoient les fonctions de son canonicat, par une occupation conforme à son état. »

L'élève & l'ami des Jésuites a-t-il pu rester pendant vingt-six ans face à face avec le janséniste Colbert, sans sortir parfois de sa quiétude de chanoine & d'érudit, quand surtout nous savons, par le témoignage de nos Registres capitulaires, que l'agitation fébrile des passions religieuses se manifestait en plein Chapitre, & que certains de ses collègues se voyaient admonestés pour des attaques survenues entre eux (1), ou pour des paroles inconvenantes, à l'adresse de notre de Grefeuille lui-même (2) ?

Le Chapitre de la cathédrale de Montpellier était donc divisé comme en deux camps. De Grefeuille tenait une des premières places dans celui des partisans de la constitution *Unigenitus*, qui était aussi celui des adversaires de l'évêque. Il demeura constamment fidèle à ses principes de courageuse opposition, toujours ferme & inébranlable dans les maximes d'orthodoxie, en même temps que toujours digne & respectueux vis-à-vis de son évêque (3), dont il repoussait inflexiblement les idées jansénistes. Une décision dogmatique émanée de Rome pour cet esprit croyant & logicien, une sentence à laquelle tout le monde devait se soumettre. Faut-il s'étonner, après cela, que de Grefeuille n'ait pas joui de la confiance de Colbert, & que l'administration l'ait compté à de si rares intervalles parmi ses représentants ? Gardons-nous de nous en plaindre, nous surtout qui recueillons les fruits de cet isolement. Si notre chanoine eût eu lieu d'être distrait de ses recherches érudites, c'eût été par la dignité de vicaire-général, où l'éleva, le 12 avril 1738, au décès de Colbert, avec MM. de Belleval, Le Noir & Boyer, le Chapitre de notre cathédrale. Mais de Grefeuille avait alors presque achevé sa tâche. Son premier volume est daté de 1737, & le second devait être déjà sous presse, puisqu'il est revêtu du millésime 1739, & que, dès le 20 octobre 1738, notre laborieux annaliste priait le Chapitre Saint-Pierre de Montpellier d'en agréer la dédicace.

De Grefeuille mourut à Montpellier, le 28 décembre 1743, & fut inhumé le lendemain dans la sépulture des chanoines de l'église Saint-Pierre (4).

(1) « Sur la proposition faite par M. Jausserand, chanoine « M. de Counesfourde, chanoine, a été réprimandé sur la *poussade* qu'il a donnée à M. Arcilhac, chanoine, & l'un & l'autre « ont été exortés à ne plus se servir de mauvais termes ; en « conséquence ils se sont embrassés en plein Chapitre. » *Délibérations du Chapitre Saint-Pierre de Montpellier*, procès-verbal du 20 juin 1719.

(2) « M. de Greffeuille, sindic, a dit avoir été insulté par M. de « Vin, chanoine. — Le Chapitre a délibéré que M. de Vin sortira, & lui a fait dire par le secrétaire. — Le Chapitre a délibéré ensuite que M. de Vin faira satisfaction à la compagnie « & a M. de Greffeuille. — Ledit sieur de Vin estant entré a fait « cette satisfaction. » *Délibérations du Chapitre Saint-Pierre de Montpellier*, procès-verbal du 25 juillet 1717. — Cet article a été annulé en 1722, sur la prière de M. de Vin. Mais le fait n'en subsiste pas moins.

(3) Plus respectueux que ne le fut Colbert à l'égard de notre chanoine. Voy. tom. XI, pag. 40 & 41 des *Œuvres de Charles-Joachim Colbert*, ce qu'il écrit touchant de Grefeuille, dans ses lettres du 23 mai & du 4 septembre 1717 à M. Louail, où il le traite d'*étourdi*, d'*ex-jésuite*, de *grand brûlot*, *très impertinent*, &c. — Colbert toutefois s'adoucit bientôt après, & contrasta envers de Grefeuille des habitudes d'extrême réserve.

(4) Voici en quels termes ce double fait est inscrit au *Registre des baptêmes, mortuaires & mariages de la paroisse Saint-Pierre de Montpellier, de 1743 id 1745* : « L'an & jour que dessus « (29 décembre 1743), « Messire Charles d'Aigrefeuilles, prêtre chanoine « de l'église de Montpellier, décédé hier à sept heures du matin, « âgé de soixante-seize ans, a été inhumé dans l'église Saint-

Livre second. — Première partie.

Cette Notice demeurerait incomplète, si à ces indications, touchant notre chanoine annaliste, je n'ajoutais les renseignements que m'ont fournis, sur la publication de ses deux volumes, mes recherches dans les archives de Montpellier.

Le premier volume de Charles de Grefeuille, son *Histoire de Montpellier* proprement dite, — a été publié aux frais de l'administration municipale. Non seulement le Conseil de ville en a voté lui-même l'impression, mais il s'est dévoué jusqu'à rembourser à l'auteur les avances que celui-ci, n'osant compter sur une si entière générosité, avait faites pour les gravures destinées à accompagner son livre. Graveurs, imprimeurs, relieurs, ont été payés par la ville; & cette plénitude de libérale responsabilité explique comment les cuivres, d'où émanent les planches répandues dans l'ouvrage, existent encore aujourd'hui au dépôt de nos archives municipales.

Ce fut le 11 août 1731 que le Conseil de ville, jaloux de donner à l'auteur de l'*Histoire de Montpellier* une preuve manifeste de gratitude, vota toute cette dépense. L'ouvrage était alors fini, & de Grefeuille, qui en avait commandé les gravures, avait aussi obtenu le privilège royal, nécessaire pour la publication. La Ville savait-elle, ce jour-là, qu'elle prenait à sa charge une dépense de 4,500 livres? Rien ne le précise; mais les frais qu'elle eut à supporter excédèrent cependant ce chiffre, assez considérable pour l'époque.

Encore lui fallut-il, pour s'en tenir là, renoncer à toute prétention au monopole. Le traité qu'elle passa, le 29 février de l'année suivante, avec l'imprimeur Jean Martel, de Montpellier, stipulait qu'elle paierait quatorze livres par feuille, moyennant lesquelles il lui reviendrait trois cents exemplaires : mais qu'en échange de cette modicité de prix, l'imprimeur pourrait tirer cinq cents autres exemplaires à son propre bénéfice, avec pareil nombre des planches correspondantes.

Le volume renferme cent quatre-vingt-onze feuilles, & la Ville eut, en conséquence, à débourser 2,674 livres, à quoi vinrent s'ajouter 46 livres pour vignettes ou ornements divers, & 542 livres pour reliures, ce qui éleva à 3,262 livres la somme que perçut Martel.

Les gravures coûtèrent, de leur côté, 1,091 liv. 18 sous, non compris le tirage & les menus frais, qui portèrent cette seconde somme à 1,274 livres 5 sous. Elles sont dues au burin d'un artiste de Versailles, Villaret, à qui notre auteur avait remis ses desseins, antérieurement au vote municipal du 11 août 1731.

L'imprimeur fit attendre longtemps leur emploi. Il avait pris l'engagement d'imprimer le volume en moins de deux ans, & il y mit plus de huit ans. Le volume, bien que daté de 1737, n'était pas encore livré en octobre 1740 (1).

« Pierre, au cavot des chanoines, présens Mrs Vincens & Blay, » chanoines de ladite Eglise. Vincens chanoine, Blay, chanoine. Trinquier, curé. »

(1) Aussi le *Journal des Savants* dit-il que le premier volume de l'*Histoire de Montpellier* a paru postérieurement au second. Voy. mars 1744, pag. 190; Cf. novembre 1739, pag. 691, juillet & août 1744, pag. 387 sq. & 465 sq.

Le Conseil de ville, instruit qu'on le reliait alors à Nîmes, décida, le 25 de ce mois, d'en faire relier à part une douzaine d'exemplaires en maroquin rouge, qu'il destinait au cardinal de Fleury, au chancelier d'Aguesseau, au contrôleur général, au comte de Saint-Florentin, au duc de Richelieu, à l'intendant de la province, M. de Bernage, à l'archevêque d'Alby, au marquis de Castries, à l'évêque de Montpellier, & autres personnes de distinction. Le libraire de Nîmes Duyrat se chargea du travail, au prix de vingt livres par exemplaire.

Ce ne fut pas le seul présent de ce genre que fit la Ville. Notre *Mémorial consulaire* dépeint le maire de Montpellier allant, escorté des autres officiers municipaux en grand costume, trompettes & tambours à leur tête, offrir solennellement, le 1er janvier 1744, surlendemain des funérailles de Charles de Grefeuille, le précieux volume, relié en maroquin rouge, avec tranche dorée, au duc de Richelieu, commandant en chef de la province, récemment nommé premier gentilhomme de la chambre du roi. Quatorze ans plus tard, le Conseil de ville, en réglant, dans sa séance du 11 mai 1758, le compte de Martel, qu'on semblerait avoir voulu punir par ce délai de ses lenteurs à imprimer l'*Histoire de Montpellier*, décidait de faire encore relier en maroquin, couleur de feu & tranche dorée, quinze volumes de cette Histoire, auxquels on joindrait, après les avoir acquis du libraire Rigaud, un égal nombre de volumes de l'*Histoire ecclésiastique* du même auteur, pour offrir simultanément les deux ouvrages aux hauts dignitaires protecteurs de la cité, MM. le prince de Dombes, gouverneur de la province de Languedoc, le chancelier de Lamoignon, le comte de Saint-Florentin, l'abbé de Bernis, le contrôleur général, le marquis de Castries, le maréchal de Thomond, l'intendant Guignard de Saint-Priest, le comte de Moncan, l'archevêque de Narbonne, l'évêque de Montpellier, le premier président & le procureur général du parlement de Toulouse, le premier président & le procureur général de la cour des aides de Montpellier.

Il resta aux mains du Conseil de ville, cette nouvelle distribution effectuée, deux cent soixante-huit exemplaires, sur les trois cents qui lui revenaient. On résolut de les remettre au libraire Rigaud, avec ordre de les vendre au prix de cinq livres l'exemplaire tout relié, & de les débiter de préférence aux acheteurs de la localité.

Ce furent donc deux cent soixante-huit exemplaires de l'*Histoire de Montpellier* qui allèrent rejoindre dans le commerce de la librairie les cinq cents que s'était réservés l'imprimeur Martel. Porta-t-il réellement son tirage spécial à cinq cents? Je n'ai pu réussir à m'en assurer. Il est certain, toutefois, que le chiffre du tirage typographique excéda celui des gravures, puisqu'on rencontre aujourd'hui nombre d'exemplaires dépourvus de planches.

FIN DES ADDITIONS

HISTOIRE
DE LA VILLE
DE MONTPELLIER
Par D'AIGREFEUILLE

CONTINUATION, ADDITIONS ET CORRECTIONS

LIVRE SECOND
Seconde partie

CORRECTIONS

VOLUME I.

P. x, note au bas de la page : « Le manufcrit. » Ce manufcrit, préparé par d'Aigrefeuille pour fervir vraifemblablement à une nouvelle édition de fon ouvrage & où fe trouvent les variantes relevées dans le texte & parmi les corrections qui vont fuivre, a été analyfé & décrit par M. A. Germain dans l'opufcule auquel nous avons renvoyé ci-deffus, p. 739, col. 2, note 1.

P. xxx, en marge & dans le texte : Guinilus, *lifez* Guimildus.

P. xxx, l. 32, touble, *lis.* trouble.

P. xxxiv, l. 11, Buza, *lis.* Nufa!

P. xl, l. 38, on, *lis.* ont.

P. 9, l. 13, dons, *lis.* dans.

P. 48, l. 10, plafir, *lis.* plaifir.

P. 88, l. 7, Burgoudion, *lis.* Burgondion.

P. 126, l. 13, Langudoc, *lis.* Languedoc.

P. 173, marge, 1223, *lis.* 1323.

P. 185, avant la première ligne, *ajouter* : L'an 1340 & le 10 de janvier, le roi Jacques III figna à Montpellier la fondation qu'il avoit fait du chapitre dit de la Reale à Perpignan, compofé de douze prêtres, dont le premier devoit être doyen, le fecond facriftain & le troifième précenteur, auxquels il affigne diverfes dîmes & autres revenus de fes Etats de Rouffillon & de Cerdagne (Marca hifp., p. 480).

P. 257, note. *Lis.* comme fuit : Le commencement de ce paragraphe, biffé dans le manufcrit, n'a pas été remplacé par une autre rédaction. La modification introduite par l'auteur fe trouve parmi les additions placées en tête de fa première édition. Voici le texte qui doit être fubftitué à celui des lignes 9 à 11 de la page 257 : « Je ne fçai fi cette fufpenfion eut lieu pour l'execution d'autres lettres que le meme roi avoit données à Vincennes le 19 juillet 1373, par lefquelles il transferoit à Aiguefmortes le droit de bourgeoifie que les rois fes prédéceffeurs avoient accordé aux habitans de Montpellieret. Les motifs allegués dans fes lettres font la néceffité de faire valoir Aiguefmortes, qui étoit alors le principal port de mer que nos rois euffent fur la Mediterranée ; mais je doute fort que le motif fecret ne fut de mortifier davantage le roi de Navarre. Il eft à obferver que durant le féjour que la reine fit à Montpellier elle agit comme procuratrice generale du roi de Navarre fon epoux ; c'eft en cette qualité qu'elle ecrivit d'Evreux le 14 feptembre au bailli de Montpellier, Bernard Ricardi, pour lui marquer qu'à fon, &c. »

VOLUME II.

P. 38, l. 16, dans une foffe. *Var.*, en terre.
P. 50, l. 22, au nommé Gevaudan. *Var.*, au fieur Honoré Gevaudan.
P. 115, l. 21-22. *Var.*, mais fa bonne mine & fa taille avantageufe le relevoint beaucoup mieux & le faifoient paroitre par deffus tous les officiers de fa maifon qui le fuivoient.
P. 132, l. 35. *Lis.* parloit en languedocien aux revoltés.
P. 147, l. 18, Catalogue, *lis.* Catalogne.
P. 159, l. 17, diverfes, *lis.* divers.
P. 171, l. 13, vingt à trente. *Var.*, quinze à vingt.
P. 203, l. 3-4, & il eft memorable. *Var.*, & l'on n'a pas oublié.
P. 207, l. 16, elle a projeté. *Var.*, on a projeté.
P. 208, premier paragraphe. *Var.*, Durant ce tems on ne fe reffentoit pas à Montpellier des troubles de la guerre ; car on raporte que l'opera y vint pour la premiere fois & qu'on en fit la premiere reprefentation le 7e de juillet dans le jeu de Paume du Pas-Etroit, où l'on commença par l'opera d'Amadis, qu'on donna, &c.
P. 218, l. 18-19. *Var.*, pour autorifer aucunes deliberations & figner les mandements.
P. 219, l. 10. *Var.*, qui revint de l'armée (où il avoit efté fait marechal de camp).
P. 219, l. 35, les plus baffes fonctions. *Var.*, les fervices les plus bas.
P. 221, l. 19-20, dame Marie Terefe Elizabet, *lis.* dame Anne Marie Terefe Elizabet.
P. 227, l. 2, tandis qu'on prioit. *Var.*, tandis qu'on en faifoit.
P. 229, l. 23, Velence, *lis.* Valence.
P. 232, au titre courant, 432, *lis.* 232.
P. 235, l. 10, qui avoir, *lis.* qui avoit.
P. 235, l. 15, qui l'avoit vu. *Var.*, qui l'avoit connu.
P. 236, l. 12-13, les officiers. *Var.*, les officiers qui avoient commencé le bruit.
P. 237, l. 22, dont il leur feroit rendu bonne juftice. *Var.*, & qu'il leur rendroit juftice.
P. 237, l. 28, de Nimes & d'Alais. *Var.*, l'un de Nîmes, l'autre d'Alais.
P. 241, l. 9-19. *Var.*, de peur que les gueux, mendians & familles etrangeres n'y portaffent la contagion : on fut d'autant plus excité à cette précaution qu'on apprit que les vaiffeaux d'Italie faifoient quarantaine à Marfeille, fur le bruit qui couroit que la pefte étoit à Gênes & à Venife. Une grande fechereffe qui furvint à Montpellier pendant l'efté de cette année donna lieu aux marchands de bled, aux boulangers & aux meuniers de faire un monopole. Les premiers fermerent les greniers qu'ils avoient dans la ville & allerent en eftablir fur les avenues où ils tenoint enfermé le bled. Les boulangers, &c.

P. 242, l. 28, Claviffon, *lis.* Calviffon.
P. 253, l. 31, aux autres, *lis.* aux autres diocefes.
P. 256, l. 13-14. *Var.*, jufqu'à Candiac ; ce qui fit eftablir à Montpellier, &c.
P. 263, l. 9, trente mile livres. *Var.*, quarante mille livres.
P. 277, en marge, 1707, *lis.* 1708.
P. 277, l. 6, couchée dans fon lit. *Var.*, affife fur fon lit.
P. 277, l. 12. Riaci, *lis.* Riari.
P. 279, l. 27-28. *Var.*, fe trouva bien plus dangereux dans le Vivarez où l'on apprit que les religionnaires avoient pris les armes, &c.
P. 298, l. 6, nos, *lis.* vos.
P. 298, l. 33-35. *Var.*, ...dans cette province. L'intendant en avoit eu un arreft d'attribution au prejudice de la cour des Aydes, qui crut devoir faire fes efforts pour la revocation de cet arreft. Dans cette vue elle deputa, &c.
P. 302, l. 30-31, pourveu que la ville les déchargeât de la taille. Ces mots ont été biffés fur le ms.
P. 302, l. 34 à 37. Ces mots : « la chofe, » &c. jufqu'à ceux-ci : « le fieur Chirac » exclufivement, font biffés fur le ms.
P. 303, l. 3-10. *Var.*, ce nom qui pourroit bien quelque jour exercer nos curieux fut un effet de la bizarrerie ordinaire de la plupart des étimologies ; car quelqu'un ayant voulu pour rire attacher à cette place le fobriquet qu'on avoit donné autrefois à celuy qui en avoit fait réuffir le projet, il fut le premier à en rire lui-mefme & le public reconnoit encore luy eftre redevable d'une des plus belles reparations qui ait été faite dans l'enceinte de la ville.
P. 306, l. 37, mars, *lis.* may.
P. 307, l. 34-35. *Var.*, ce même efpace renferme une partie du temple, &c.
P. 332, l. 24, un repas. *Var.*, un déjeuné.
P. 340, l. 36-39. *Var.*, la ville de Saint Gilles, dont le chemin aboutit à cette porte peut auffi lui avoir donné fon nom.
P. 347, l. 24. *Ajoutez*, pour faire entendre qu'elles eftoient cachées & maffées à peu près comme des riches marchandifes dans un magafin.
P. 348, au titre courant, 548, *lis.* 348.
P. 354, l. 36-39. *Var.*, le lieutenant propofoit quatre nouveaux fujets, fur lefquels les confuls avoient à choifir & s'ils ne convenoient point, le lieutenant nommoit de fon autorité un des quatre fujets.
P. 356, l. 19, en 1496, *lis.* en 1466.
P. 358, l. 39, 1re col. *Ajoutez* : En 1229 Jean Lucien, bailly, fut l'un des deputez de Montpellier au roy Jacques 1er lors de fon mariage.
P. 359, l. 18, 1re col. *Ajoutez* : En 1359 Jean

Bernier est mentionné dans des lettres de Jean, comte de Poitiers du 14 novembre 1359 sous ce titre : *Clericus regius bajulus Montispessulani pro domino nostro Francorum rege*.

P. 361, l. 38, je sçai seulement. *Var.*, à moins que ce ne fût toujours au mesme lieu, comme il y a grande apparence ; je sçay certainement que cette charge, &c.

P. 362, l. 31. Après cette ligne *ajoutez* : En 1450 Guillaume Bossavin, juge de la Part Antique, donne son vidimus des lettres des generaux conseillers du roy en Languedoc pour le transport de certain bled hors la province. En 1482 Pierre Perier, licentié ez loix, juge de la Part Antique.

P. 367. A leurs dates respectives, *ajoutez* les mentions suivantes : En 1345 Gilles Morin est nommé garde du Petit Scel dans des lettres de Philippe de Valois en confirmation des uz, stile & coutumes du Petit Scel de Montpellier. Gerald Andrée y est nommé son juge. — En 1393 Guillaume Gajan, juge du Petit Sceau eust des lettres de lieutenant du conestable qui luy furent données par Philippe d'Artois, comte d'Eu, puis en 1395 Charles VI le nomma pour l'execution de certaines lettres. — En 1428 André Retronchin, juge du Petit Scel & Jean de Lantillaye, garde du sceau, ainsi nommez dans l'acte rapporté dans le corps de cette histoire. — En 1450 Philippe Chaumeau prend la qualité de garde du Petit Scel de Montpellier dans un vidimus qu'il donna des lettres de Charles VII en faveur des marchands aragonois. — En 1482 Berenger de Bozene, docteur ez loix, conseiller & maistre des requestes de l'hostel du roy nostre sire & pour luy juge du Petit Scel de Montpellier (Archives du domaine). — En 1486 François Meinier, conseiller & maistre des requestes de l'hôtel du roy & pour luy juge du Petit Scel royal de Montpellier (Mêmes archives).

P. 367, l. 38, N. Granier, *lis.* Jean Granier.

P. 375, l. 30, depuis le roy Jacques Ier. *Var.*, depuis que la seigneurie de Montpellier eust passé au roy d'Aragon.

P. 375, l. 33, des officiers. *Var.*, des officiers de robe.

P. 376. A la suite de la ligne 27 *ajoutez* : en 1206 Medalla, lieutenant du roy Pierre d'Aragon, mary de la princesse Marie de Montpellier.

P. 379, l. 1 & 2. *Var.*, en 1362 Remi de Marimont estoit gouverneur de Montpellier, suivant plusieurs actes des archives du domaine ; on le voit encor en 1365 & particulierement, &c.

P. 379, l. 10, quintal, *lis.* minot.

P. 379, l. 19. *Ajoutez* : il l'estoit encor en 1498, comme il conste par lettres du roy Louis XII en faveur de l'ecole de medecine où l'on voit à la teste *Guillelmus de Cruce, scutifer, consiliarius domini nostri regis & pro eodem gubernator villæ & baroniarum Montispessulani & Homeladesii, universis & singulis*, &c. — En 1509, Nicolas de Mansis, seigneur de Vaulsiere, conseiller maistre d'hostel ordinaire du roy & pour luy gouverneur ordinaire de la ville & baronie de Montpellier prend ce titre dans une sentence sur les statuts de Montpellier.

P. 379, l. 39. *Var.*, en 1612, François de Montlaur, sieur de Murles, fut installé au présidial le 20 may de cette année : il exerça sa charge jusqu'au, &c.

P. 407, l. 9-10. Ces mots « comme dans les autres du royaume », sont biffés sur le ms.

P. 436, l. 14, 1re col., *lis.* Etiéne Joseph, conseiller.

P. 437, l. 18, 2e col., *lis.* de Jean.

P. 463, l. 6, 1re col., 1565. *Var.*, 1563.

P. 463, 2e col. *Var.*, 1569. Etiéne de Ratte, fils d'Estienne, avocat du roi, à qui il succeda dans cette charge, puis procureur general en la chambre des comptes.

VOLUME III.

P. 52, l. 25, honores, *lis.* honore.

P. 62, l. 21, Larida, *lis.* Lerida.

P. 81, l. 3, premiere, *lis.* derniere.

P. 113, l. 20, Pontanés, *lis.* Fontanés.

P. 117-137, au titre courant, Livre second, *lis.* Livre troisième.

P. 117, l. 25, 1247, *lis.* 1297.

P. 157, l. 29, Piechagur, *lis.* Piechagut.

P. 166, l. 12, 1353, *lis.* 1352.

P. 168, l. 27, 1363, *lis.* 1353.

P. 184, l. 2, Jean Gase, *lis.* Jean Gasc.

P. 210, l. 15, transaction, *lis.* translation.

P. 253, l. dernière, Gornier, *lis.* Gornies.

P. 264, l. 33, le 5 juillet, *lis.* le 7 juillet.

P. 265, en marge, Page 275, *lis.* Page 175.

P. 302, l. 25, en 1596, *lis.* en 1696.

P. 389, l. 30-31, *lis.* Subsisart.

P. 442, en marge, vis-à-vis la première l., *ajoutez* PAGE 292.

P. 569, l. 24, *lis.* Antoine Loisel.

P. 615, l. 4. Voyez l'excellent texte collationné sur les manuscrits par M. A. Germain & publié sous le titre : Arnaud de Verdale. *Catalogus episcoporum Magalonensium*. Montpellier, 1881, in-4o de 420 p. Nous avons emprunté à cet ouvrage les variantes & corrections suivantes :

P. 615, l. 1-2, *lis.* & accipietis gloriam magnam & nomen in æternum. Unde notandum quod Mathathias interpretatur... quod omne datum, &c.

P. 616, l. 5-6, *lis.* professor, minimus Magalonensium episcopus, licet indignus, &c.

P. 616, l. 16-17, *lis.* Sane, quia tempore Caroli Magni imperatoris, qui circa annum Domini 800 imperavit 13 annis, vel circa.

P. 617-625. Contiennent des notices ajoutées au texte de Verdale par un annaliste inconnu. M. A. Germain distingue ces interpolations dans son travail.

P. 617, l. 18, filiam, *lis.* viduam.

P. 617, l. 27, ac septem dies, *lis.* ac per septem dies.

P. 618, l. 26, & quoniam in quarta, *lis.* & quoniam in decima quarta.

P. 619, l. 2-3, *lis.* has constitutiones infectas facere nituntur. Imo, &c.

P. 619, l. 12-20, *lis.* quinimo ut ipsa Badda regina, uxor sua, & quotquot pontifices & proceres, qui eidem concilio adfuerant, subscriberent, voluit. Eodem anno 589, ipsemet Boetius synodo Narbonensi interfuit ; cujus concilii Præfatio apud Jacobum Sirmundum, e societate Jesu, talis invenitur. In nomine domini nostri Jesu Christi, feliciter quarto regni Domini nostri gloriosissimi Reccaredi regis, Narbonæ Migetius, Sedatus, Benenatus, Boetius, Pelagius, Nigridius, Agrippinus & Sergius, episcopi Galliæ provinciæ, concilia antiquorum patrum, vel decreta, &c.

P. 619, l. 27, *lis.* declarantur, quorum capitulorum, &c.

P. 621, note, l. 2, *Eumerins*, *lis.* Eumerius.

P. 622, l. 17-18, *lis.* quidam Hilpericus aut Hildericus.

P. 624, l. 9, per adulterum, *lis.* per adulterium.

P. 626, l. 13, abierunt, *lis.* obierunt.

P. 627, l. 28, præmia, *lis.* præmio.

P. 628, l. 2, Bajanicis, *lis.* Bejanicis.

P. 629, l. 13, funt, *lis.* fint.

P. 630, l. 1, Bajanicis, *lis.* Bejanicis.

P. 631, l. 15 & marge. 1003, *lis.* 1000.

P. 632, avant dernier vers, *lis.* ut rediit moritur, in sua sede sepelitur.

P. 634, l. 4, qui homines latrones inciderat, *lis.* qui hominem, qui in latrones inciderat.

P. 635, l. 22, reservare, *lis.* relevare.

P. 636, l. 14, Alvicus, *lis.* Aldericus.

P. 637, l. 8 à 17. *Var.*, Gifredus, archiepiscopus Narbonensis; Leodegarius, archiepiscopus Viennensis; Raimbaldus, archiepiscopus Arelatensis; Guinervinarius, archiepiscopus Ebredunensis; Austenchus, episcopus Tuscensis; Froterius, episcopus Nemaucensis; Bernardus, episcopus Biterrensis; Gonterius, episcopus Agathensis; Rostagnus, episcopus Lodovensis; Hugo, episcopus Ucetiensis; Alphonsus, episcopus Aptensis; Gilebertus, episcopus Barchinonensis; Arnaldus, episcopus Elnensis; Petrus, episcopus Carcassonensis & dictus Arnaldus, Magalonensis episcopus; quibus, &c.

P. 639, l. 4, *lis.* ecclesiæ facienda piis monitis, &c.

P. 640, l. 7, *lis.* universæ.

P. 640, l. 13, ecclesiæ, *lis.* ecclesiæ.

P. 641, l. 9, *lis.* Gothofredus.

P. 641, l. 14, *lis.* communiæ dedit, omnes ecclesias Villænovæ, ecclesiam sanctarum, &c.

P. 642, l. 3, Corcone, *lis.* Jacone.

P. 642, l. 4, Albanbanicis, *lis.* Albanhanicis.

P. 642, en marge, *lis.* Page 426.

P. 642, l. 13, date, *lis.* dare.

P. 643, l. 3, prædifius, *lis.* prædictus.

P. 643, l. 16, authorite ejus, *lis.* & authoritatem ejus.

P. 643, en marge, *lis.* P. 427.

P. 643, dernière ligne, item, *lis.* id est.

P. 644, l. 4, *lis.* repetit.

P. 644, l. 10, *lis.* vice beati Petri & romani pontificis, in manu, &c.

P. 644, l. 23, anno 1087, *lis.* anno 1088.

P. 645, en marge, *lis.* Page 428.

P. 646, l. 22, usaticas, *lis.* usaticos.

P. 647, l. 1, Narbonensem archiepiscopum, Raymundum, Nemausensem, &c.

P. 647, l. 8-9, *lis.* comitatum substantionensem & totum jus quod, &c.

P. 647, l. 17-18, *lis.* anno 1088, Urbanus, papa secundus, pontificatus sui anno primo, &c.

P. 647, l. 25, vocatum, *lis.* vocato.

P. 648, l. 2, *lis.* & dedit canoniæ ecclesiam sancti Dionysii de Genesteto & ecclesias, &c.

P. 648, l. 10, *lis.* Doctus & astutus, per versus clarus, acutus.

P. 648, en marge, *lis.* Page 430.

P. 649, l. 8, anno 1123, *lis.* 1125.

P. 649, l. 16 & suiv., *lis.* Raymundus primus successit Galterio, anno 1133. Vixit in episcopatu annis 33, mensibus 3, diebus 10. Obiit anno 1166, 2 kal. junarii. Hic, dum vixit, religioni & ordini navavit magnam operam & ecclesiam Magalonensem multis modis ampliavit. Capitulum Magalolonense a fundamentis construxit; cisternam etiam fecit & turrim sancti sepulchri, &c.

P. 650, l. 19, *lis.* Adrianus, papa quartus.

P. 651, l. 13, vociferando, *lis.* vociferando.

P. 652, l. 17, Fulcrandum, *lis.* Bernardum.

P. 652, l. 21-22, *lis.* in pannis & lectis terniis mortuorum, cum consilio tamen episcopi, &c.

P. 652, l. 23, ecclesii, *lis.* ecclesiis.

P. 652, l. 26, *lis.* & quædam alia.

P. 653, l. 26, domino, *lis.* dominio.

P. 653, l. 28, Bernardus, *lis.* Fulcrandus.

P. 654, l. 4, Aganthico, *lis.* Aganthici.

P. 654, l. 5, de qua, *lis.* de quibus.

P. 654, l. 11, Bernardo, *lis.* Fulcrando.

P. 654, l. 21 & 22, Guillelmus, *lis.* Raimundus.

P. 655, l. 5, diebus 17, *lis.* diebus 12.

P. 655, l. 18, *lis.* Anno 1197, 18 Kal. maii.

P. 655, l. 24, proinde, *lis.* provide.

P. 656, l. 28, *lis.* Datum Laterani 18 Kal. maii.

P. 657, l. 1 à 5. *Var.*, Quam in feudationem subsequenter Honorius III, Gregorius VIII, Alexander IIII, Clemens IIII & Gregorius X specialiter confirmarunt, prout in confirmatione dicti Gregorii X continetur. Sane, quia posset in posterum ab aliquibus in devotis ecclesiæ, &c.

P. 657, l. 13, quare, *lis.* quere.

P. 657, l. 28, tibi, *lis.* tamen.

P. 658, l. 1 & suiv., *lis.* quia, sicut judicio cognita constant, sic incognita casu. Sane, quod nuper a nobis tua Serenitas requisivit, quid de comitatu Melgorii, quem, &c.

P. 658, l. 11 & suiv. *Var.*, Bertrandus comes, abavus dicti Petri. Sed & comites Tholosani juste, ut ipsi dicebant, injuste, ut plurimi sentiebant, illum diversis temporibus tenuerunt. Verum cum comes Tholosanus, pater quondam comitis Tholosani proxime jam defuncti, ex causis ad judicium apostolicum, ratione fidei, pertinentibus, per felicis recordationis Innocentium papam, predecessorem nostrum, etc.

P. 658, l. 25, ipse, *lis.* nec.

P. 658, l. 26, auditorio, *lis.* auditore.

P. 659, l. 2, annuam, *lis.* annuatim.

P. 659, l. 13, quoniam, *lis.* quam.

P. 659, l. 25-26, *lis.* & antequam; patre vivo, crucis sacræ suscepto caractere, civitatem adiens Tolosam, &c.

P. 660, l. 18 & suiv. *Var.*, Si enim veteres legant historias de Narbonensis acquisitione provinciæ, personales labores invenient Romanorum pontificum & sudores, qui non tam regum fuerunt socii in victoriis, quam reges, tunc sequentes, nunc socios habuerunt, tanquam, &c.

P. 660, l. 29, fel, *lis.* fel.

P. 661, l. 4, feudi, *lis.* cudi.

P. 661, l. 21, dicebant, *lis.* dicebat.

P. 661, l. 20, fundis, *lis.* feudis.

P. 662, l. 26, 35 libras. *Ajoutez*, Item tres fratres dicti camerarii habuerunt 30 libras.

P. 663, l. 3, libras, *lis.* solidos.

P. 663, l. 8, *lis*. Anno Domini 1191.
P. 664, l. 14, *lis*. Anno 1194 dedit, &c.
P. 664, l. 22, *lis*. Anno 1202 confirmavit, &c.
P. 666, l. 6, *ajoutez*, vixit in episcopatu annis 12, mensibus 4. Obiit Kal. julii anno 1217. Anno 1205 emit medietatem, &c.
P. 665, l. 14, Brianicis, *lis*, Bejanicis.
P. 665, l. 16, vestioriam, *lis*. vestiariam.
P. 666, l. 1, anno 1217, *lis*. 1215.
P. 666, l. 21, esse, *lis*. esset.
P. 667, après la ligne 3 *ajoutez* : Anno 1222, de mense novembris dedit ad acapitum Bertrando de Vallauquesio Montemrotundum, parrochiæ de Grabellis.
P. 667, l. 27, domum, *lis*. dominium.
P. 667, l. 29, Senteiranicis, *lis*. Sestayranicis (Saturargues).
P. 669, l. 6, utrum, *lis*. vetum.
P. 669, l. 16, Bertrandi, *lis*. Bermundi.
P. 669, l. 18, 1246, *lis*. 1236.
P. 669, l. 21, domino villæ, *lis*. pro villa.
P. 669, l. 23, existentes, *lis*. existens.
P. 669, l. 29. *Var.*, Anno Domini 1237, 10 Kal. martii.
P. 670, l. 14-15, *lis*. & curiæ dicti Domini episcopi notarii confectum.
P. 671, l. 1, garrigiæ, *lis*. grangiæ.
P. 671, l. 5, 40 solidorum. *Var.*, 65 solidorum.
P. 671, l. 16, *lis*. Anno 1247, 16 Kal. aprilis.
P. 671, l. 17-18, præposito, *lis*. a præposito.
P. 672, l. 1-2. *Var.*, Vixit in episcopatu annis sex, diebus 24. Obiit anno 1256, 6 idus februarii.
P. 672, l. 4, Dominum, *lis*. Domino.
P. 672, l. 23-24. *Var.*, sub¹ censu annuo quatuor librarum piperis valde nobis & pariariis nostris de Carnone prejudicialem, sed, &c.
P. 673, l. 3, tertius, *lis*. quartus.
P. 673, l. 7-12. *Var.*, Anno 1257, dedit ad acapitum hominibus de Balafuco certas possessiones del Raust, de Moleria de Aquis, de Moleria de Valras, de Podio Mejano, ad usatica quatuor sextariorum hordei & habuit pro intrata decem libras melgorienses. Anno 1260, idibus septembris, compromisit, &c.
P. 673, l. 21, recognitio, *lis*. recognitione.
P. 674, l. 1. *Var.*, Anno 1260, 7. Kal. julii.
P. 674, l. 8, Annis 34, *lis*. Annis 33.
P. 674, l. 10, Anno 1262, *lis*. Anno 1264.
P. 674, l. 20, de Caunellis. *Var.*, de Murlis.
P. 674, l. 24-26. *Var.*, Anno 1265 recepit recognitionem castri de Montelauro a Bermundo de Sumidrio. Instrumentum est in archivo.
P. 675, l. 1-2. *Var.*, Anno 1268, 13 Kal. julii,

emit a Guillelmo & Deodato de Podio, furnum de Balafuco, &c.
P. 675, l. 27-28, pro prædictis imponenda, *lis*. pro prædictis sit imponenda.
P. 676, l. 4, gentes, *lis*. gentibus.
P. 676, l. 20, vel fine, *lis*. vel sine.
P. 677, l. 4, papam III, *lis*. papam IV.
P. 677, l. 5. *Var.*, Anno eodem 10 Kal. decembris.
P. 677, l. 13-15. *Var.*, & unum modium vini puri ; in ecclesia de Balhanicis 8 sestarios frumenti & 8 hordei & in ecclesia de Vendranicis 16 sestarios frumenti & 2 hordei, apud, &c.
P. 677, l. 23, & dominus, *lis*. ut dominus.
P. 677, l. 29, quinquaginta, *lis*. 60.
P. 678, l. 6. *Var.*, sanctæ Christinæ, *au lieu de* sanctæ Perpetuæ.
P. 678, l. 8, anno 1282. *Var.*, anno 1272. Et de même pour le paragraphe suivant.
P, 678, l. 19, & divisit, *lis*. & dimisit. Les faits cités dans ce paragraphe & le suivant se rapporteraient à l'année 1276 d'après les mss.
P. 679, après la ligne 25, *ajoutez*, Anno 1289 excambiavit 9 petias terræ cum Guillermo Augeri, pro nemore quod est juxta viam qua itur de Melgorio versus Cadollam.
P. 679, l. 18, instructoribus, *lis*. instructoribus.
P. 680, l. 1, decembri, *lis*. decembris.
P. 680, l. 10, furtis, *lis*. furcis.
P. 680, l. 17, diœcesis, *lis*. dioceses.
P. 680, l. 26, 1304, *lis*. 1305.
P. 681, l. 11. *Var.*, Deinde fuit anno 1317, 7 de mense, &c.
P. 682, l. 14, Petri de Ossa. *Var.*, Petri de Eusa.
P. 682, l. 26. *Var.*, obiit anno 1328, die ultima, &c.
P. 683, l. 11-12. *Var.*, vixit in episcopatu annis sex, mensibus 6, diebus 11, obiit anno 1334, die 28 augusti, &c.
P. 683, l. 25, campanili, *lis*. campanilis.
P. 684, l. 5-7, Montesquino, *lis*. Montesquivo.
P. 684, l. 14-16. *Var.*, Eodem anno fecit compositionem cum hominibus Aquarum-Mortuarum super leudas & statuta per eos solvenda in passu stagni de Carnone.
P. 685, col. 2, l. 5, *lis*. Affinel (Hugues d').

VOLUME IV.

Pages 681 à 688, titre courant. Au lieu de Seconde partie, *lis*. Première partie.

TABLE
DES MATIÈRES
CONTENUES DANS CE VOLUME

	Pages.
LIVRE PREMIER. — Documents pour fervir à la continuation de l'hiftoire de Montpellier fous l'ancien régime.	1
PREMIÈRE PARTIE. — Depuis le mois de feptembre 1729 jufqu'à la mort de Louis XV.	1
SECONDE PARTIE. — Depuis l'avènement de Louis XVI jufqu'à la fin de fon règne.	249
Documents pour fervir de preuves à la continuation de l'hiftoire de Montpellier, depuis 1789 jufqu'à la fin du règne de Louis XVI.	638
Cahiers des doléances des habitants de Montpellier ayant fervi à la rédaction du cahier des doléances générales du Tiers-Etat de la même ville aux Etats généraux de 1789.	638
Doléances particulières du fixain Saint-Paul de Montpellier.	638
— des architectes.	641
— des bletteurs.	641
— des bouchonniers.	642
— des boulangers.	642
— des cafetiers-limonadiers.	643
— des cartonniers & fabricants de cartes.	644
— des chapeliers.	644
— des chaudronniers.	644
— des chirurgiens.	645
— des cordonniers & favetiers.	645
— des couteliers.	646
— des fabricants de couvertures.	646
— des tondeurs de draps.	647
— des ébéniftes.	647
— des ferblantiers-plombiers.	647
— des fondeurs.	648
— des fripiers-chauffetiers.	648
— des gantiers-parfumeurs.	649
— des huiffiers.	650

	Pages.
Doléances des maçons	651
— des mangonniers	651
— des médecins	652
— des menuisiers	652
— des orfèvres	652
— des peintres-vitriers	653
— des perruquiers	654
— des plâtriers	654
— des rouliers	655
— des sculpteurs	657
— des selliers	657
— des fabricants de soie	657
— des tailleurs	658
— des tanneurs	659
— des tisserands	660
— des négociants en toiles	660
— des tonneliers	660
— des tourneurs	661
— des travailleurs de terre	662
— des voituriers	663
Lettres écrites à la municipalité de Montpellier par les députés aux Etats généraux & à l'Assemblée législative	665
Documents relatifs à la formation du département de l'Hérault & du district de Montpellier	677

LIVRE SECOND. — Additions & corrections 679

PREMIÈRE PARTIE. — Additions. Documents & notes historiques classés chronologiquement . . . 679

Lettre du duc de Châtillon aux consuls de Montpellier pour les engager à armer la ville (1621)	680
Arrêt du Parlement de Toulouse contenant les noms des séditieux accusés du pillage des églises de Montpellier en décembre 1621	680
Ordonnance de la députation des cinq provinces enjoignant qu'il soit procédé à la démolition des églises (1621)	681
Préparatifs pour défendre la ville menacée de siège (1622)	681
Distribution des premières gazettes en province (1636)	681
Enquête relative aux sévices exercés sur les membres du chapitre de Montpellier par l'évêque Fenouillet, pendant la lutte survenue entre celui-ci & ses chanoines (1651)	682
Lettres patentes ordonnant la démolition d'une des tours des remparts (1660)	684
Procès pour la démolition du grand temple de Montpellier (1680)	684
Etat des religionnaires de la ville de Montpellier en juin 1685	694
Ordonnance pour rendre grâces à Dieu de la conversion des huguenots (1685)	694
Ordonnance pour les maîtres & maîtresses d'école (1686)	695
Ordonnance pour l'oraison des quarante heures établie pour remercier Dieu de la conversion des huguenots (1686)	695
Ordonnance pour le respect deu aux églises (1686)	695
Estat des habitants de R. P. R. & nouveaux convertis qui ont quitté la ville & sont sortis du royaume depuis le commencement de la conversion jusques au premier juillet 1687	696
Lettres patentes confirmant les privilèges des consuls de Montpellier (1688)	697
Rachat par la ville de Montpellier des offices de maîtres & gardes jurés & sindics des marchands & communautés d'arts & métiers créés par les édits de mars & décembre 1691	700

Table des matières contenues dans ce volume

	Pages.
Origine de l'éclairage public à Montpellier (1697)	700
Ordonnance de l'évêque de Montpellier pour la confeſſion annuelle & la communion paſcale (1699)	701
Les clés de la ville. Ordre de ne les préſenter qu'au roi	701
Les dépenſes des ſervices funèbres en l'honneur des rois n'incombent pas à la ville (1715)	701
Police du théâtre (1715)	702
Appropriation d'un nouvel hôtel de l'intendance (1718)	702
Tumulte occaſionné par certaines revendeuſes de Montpellier au ſujet de l'application des règlements ſur la vente de la chair de pourceau (1730)	703
Le peintre Ranc & les tableaux conſulaires (1731)	704
Arrêt relatif aux incendies occaſionnés par les tonneliers (1734)	704
Sépulture dans les égliſes & chapelles des couvents (1740)	705
Société du jeu de l'arc (1740)	707
Sécurité de la ville. Lettres échangées entre l'intendant & le commandant militaire (1743)	707
Part de la ville dans les réjouiſſances publiques (1744)	708
Les janſéniſtes de Montpellier & l'évêque Berger de Charancy (1745-1746)	708
Privilèges du clergé. Logement des troupes (1747)	719
Réponſes de la ville de Montpellier à un queſtionnaire envoyé par l'intendant (1745)	719
Déſordres cauſés par les étudiants (1762-1763)	722
Mémoire ſur les origines de l'hôpital militaire de Montpellier (1771)	724
Statuts de l'œuvre de la Miſéricorde de Montpellier (1771)	725
Etabliſſement de chaires pour l'enſeignement des ſciences (1782)	726
Renſeignements ſur les charges occaſionnées par la garniſon de Montpellier (1783)	726
Police des proceſſions (1783)	727
Comblement des foſſés de la ville (1783)	728
Appareil militaire lors des exécutions capitales (1785)	728
Arrêt du Conſeil d'Etat portant règlement pour l'adminiſtration municipale (1787)	729
Procès-verbaux des ſéances tenues pour la nomination des vingt députés que la municipalité de Montpellier devait choiſir pour aſſiſter à l'aſſemblée de la ſenechauſſée & y porter le cahier des doléances, conformément à la lettre du roi du 24 janvier 1789 portant convocation des Etats généraux	731
Cahiers des réclamations du Tiers-Etat de la ville de Montpellier	735
Notice ſur d'Aigrefeuille	739
SECONDE PARTIE. Corrections	745
TABLE DES MATIÈRES contenues dans ce volume	751

Achevé d'imprimer
par Mougin-Rusand
a Lyon
le 24 mai 1883.

www.ingramcontent.com/pod-product-compliance
Lightning Source LLC
Chambersburg PA
CBHW070055020526
44112CB00034B/1280